Franz Ludwig von Erthal
Fürstbischof von Bamberg und Würzburg
1779–1795

Herausgegeben von
Renate Baumgärtel-Fleischmann

Diözesanmuseum Bamberg

Dieses Handbuch erscheint zu der gleichnamigen Ausstellung, die
das Diözesanmuseum Bamberg in Zusammenarbeit mit der
Staatsbibliothek Bamberg, dem Staatsarchiv Bamberg, dem
Kunstreferat der Diözese Würzburg und dem Mainfränkischen Museum
Würzburg veranstaltet.
Die Ausstellung wird vom 24. Juni – 3. September 1995 im
Diözesanmuseum Bamberg und vom 28. September – 3. Dezember 1995
im Mainfränkischen Museum Würzburg gezeigt.

Veröffentlichungen des Diözesanmuseums Bamberg
Band 7

Die Deutsche Bibliothek – CIP-Einheitsaufnahme

**Franz Ludwig von Erthal, Fürstbischof von Bamberg
und Würzburg 1779–1795** / Diözesanmuseum Bamberg.
Hrsg. von Renate Baumgärtel-Fleischmann. – Bamberg :
Diözesanmuseum Bamberg, 1995
    ISBN 3-931432-00-9
NE: Baumgärtel-Fleischmann, Renate [Hrsg.]; Diözesan-
museum <Bamberg>

© 1995, Diözesanmuseum Bamberg
Alle Rechte der Vervielfältigung und Verbreitung einschließlich
Film, Funk und Fernsehen sowie der Fotokopie und des
auszugsweisen Nachdrucks vorbehalten
Gesamtherstellung: SOV Graphische Betriebe GmbH, Bamberg
Printed in Germany
ISBN 3-931432-00-9

Inhaltsverzeichnis

Leihgeber

Aschaffenburg, Hofbibliothek
Dr. Ludwig K. Walter
Otto Hartleitner

Aschaffenburg, Schloßmuseum der Stadt
Dr. Ingrid Jenderko-Sichelschmidt

Bamberg, Archiv des Erzbistums
Dr. Josef Urban

Bamberg, Bibliothek des Metropolitankapitels
Dipl.-Bibl. Maria Kunzelmann

Bamberg, Diözesanmuseum
Dr. Renate Baumgärtel-Fleischmann

Bamberg, Domsakristei
Weihbischof und Dompropst Werner Radspieler

Bamberg, Erzbischöfliches Ordinariat
Prälat Hans Wich

Bamberg, Historisches Museum
Direktor Lothar Hennig

Bamberg, Historischer Verein
Prof. Dr. Gerd Zimmermann

Bamberg, Naturkunde-Museum
Dr. Matthias Mäuser

Bamberg, Bibliothek des Priesterseminars
Regens Hans Schieber
Barbara Pannewick

Bamberg, Staatsarchiv
Prof. Dr. Franz Machilek

Bamberg, Staatsbibliothek
Dr. Bernhard Schemmel

Bamberg, Stadtarchiv
Dr. Robert Zink

Kronach, Frankenwaldmuseum
Michaela Neukum, M. A.

Lohr, Spessartmuseum
Herbert Bald, M. A.

München, Bayerische Staatsgemäldesammlungen
Dr. Rüdiger an der Heiden

München, Bayerische Verwaltung der staatlichen
Schlösser, Gärten und Seen
Dr. Albrecht Miller
Dr. Werner Helmberger

Würzburg, Archiv der Stiftung Juliusspital
Verwaltungsdirektor Günter Jäckel
Thomas Heiler, M. A.

Würzburg, Diözesanarchiv
Diözesanarchivar Erik Soder von Güldenstubbe

Würzburg, Mainfränkisches Museum
Dr. Hans-Peter Trenschel
Dr. Frauke van der Wall

Würzburg, Staatsarchiv
Dr. Hatto Kallfelz
Dr. Ingrid Heeg-Engelhart

Würzburg, Stadtarchiv
Dr. Ulrich Wagner

Würzburg, Universitätsbibliothek
Dr. Gottfried Mälzer
Dr. Karin Morvay

Privatbesitz

Mitarbeiter

Franz Bauer (F. B.)

Renate Baumgärtel-Fleischmann (R. B.-F.)

Lothar Braun (L. B.)

Ottmar Fuchs (O. F.)

Regina Hanemann (R. H.)

Thomas Heiler (T. H.)

Gundolf Keil

Werner Loibl

Franz Machilek (F. M.)

Matthias Mäuser (M. M.)

Horst Miekisch (H. M.)

Walter Milutzki (W. M.)

Barbara Möckershoff

Michaela Neukum (M. N.)

Daniela Nieden

Gabriele Polster (G. P.)

Burkard von Roda

Bernhard Schemmel (B. S.)

Herbert Schott (H. S.)

Johann Schütz

Erik Soder von Güldenstubbe (S. v. G.)

Hans-Peter Trenschel (H.-P. T.)

Josef Urban (J. U.)

Frauke van der Wall (F. v. d. W.)

Bernd Wollner (B. W.)

Hans Jürgen Wunschel (H. J. W.)

Werner Zeißner (W. Z.)

Robert Zink (R. Z.)

Dank

Besonderer Dank gebührt dem Metropolitankapitel Bamberg und dem Kunstreferat der Diözese Würzburg für die großzügige Unterstützung, ohne die die Ausstellung nicht hätte realisiert werden können.

Bei den Vorbereitungen zum Druck des Handbuchs hat sich Frau Dipl.-Bibl. Maria Kunzelmann, Bibliothek des Metropolitankapitels Bamberg, tatkräftig eingesetzt. Dafür sei ihr an dieser Stelle herzlich gedankt. Mit Rat und Tat unterstützten uns weiterhin Frau Dr. Ingrid Heeg-Engelhart, Staatsarchiv Würzburg, und Frau Dipl.-Bibl. Irmgard Hofmann, Staatsbibliothek Bamberg, wofür ihnen ebenfalls Dank gesagt wird.

Herr Dipl.-Ing. Christoph Gatz übernahm die architektonische Gestaltung der Ausstellung. Ihm wird die gute Zusammenarbeit herzlich gedankt.

Für freundlich gewährte Hilfe danken wir außerdem
Herrn Emil Bauer, Bamberg
Herrn Prof. Dr. K. J. Benz, Regensburg
Frau Maria Bräunig, Bamberg
Herrn Dr. Walter M. Brod, Würzburg
Herrn Dr. Josef Domes, Würzburg
Frau Astrid Fick, M. A., Bayreuth
Herrn Prof. Dr. Max H. von Freeden, Würzburg
Herrn Christian Frieß, Ebern
Herrn Prof. Dr. Manfred Fürst, Hallstadt bei Bamberg

Herrn Domkapitular Luitgar Göller, Bamberg
Frau Dr. Gisela Goldberg, München
Herrn Karl Helgerth, Hallstadt bei Bamberg
Herrn Dr. Norbert Kandler, Würzburg
Herrn Elmar Kerner, M. A., Bamberg
P. Laurentius Koch OSB, Kloster Ettal
Herrn Domkapitular Dr. Jürgen Lenssen, Würzburg
Herrn Restaurator Peter Pracher, Würzburg
Frau Nadja Proksch, Bamberg
Herrn Dr. Michael Renner, München
Herrn Dr. Rainer Schoch, Nürnberg
Herrn Prälat Josef Richter, Bamberg
Frau Ursula Schröder, Bamberg
Herrn Franz von Schrottenberg, Reichmannsdorf
Herrn Winfried Theuerer, Bamberg
Herrn Ulrich Thomas, M. A., Mainsondheim
Herrn Bildhauer Albert Ultsch, Bamberg
Herrn Dr. Georg Wirth, Bamberg
Frau Dipl.-Hist. Christine Wittenbauer, Lichtenfels
Herrn Prof. Dr. Gerd Zimmermann, Bamberg
Herrn Pfarrer Bruno Zeißner, Würzburg
dem Stadtmuseum Erlangen
der Staatlichen Graphischen Sammlung München
dem Stadtarchiv Würzburg

Ein Dank geht auch an Herrn Richard Alt von der Bayerischen Verlagsanstalt Bamberg, der die Drucklegung des Handbuchs umsichtig betreute.

Ausstellung

Konzept
Renate Baumgärtel-Fleischmann

Architektonische Gestaltung
Christoph Gatz, Bamberg

Beleuchtung
Berthold Hetzel und Roland Göller von der Firma
Elektro-Bär, Bamberg

Ausstellungssekretariat
Birgit Kandora
Michaela Pfister

Tischvitrinen stellte freundlicherweise die Universitätsbibliothek Bamberg zur Verfügung.

Vorwort

Unter den Fürstbischöfen, die die Bistümer Würzburg und Bamberg bis zur Säkularisation regierten, sind nur wenige, deren Namen heute noch einer breiteren Öffentlichkeit bekannt sind. Abgesehen von den heiliggesprochenen Bischöfen des frühen und hohen Mittelalters, wie dem hl. Burkhard von Würzburg und dem hl. Otto von Bamberg, deren Gedächtnis seit Jahrhunderten von der Kirche gefeiert wird, sind es wohl die Bischöfe, die das äußere Bild der Residenzstädte durch rege Bautätigkeit geprägt haben, wie die Schönborn-Bischöfe Lothar Franz und Friedrich Karl, noch mehr aber die, die durch weitreichende soziale Maßnahmen im Gedächtnis der Bevölkerung lebendig geblieben sind. So wie man heute noch in Würzburg mit dem Namen des Julius Echter von Mespelbrunn (1573–1617) das von ihm gestiftete und nach ihm benannte Juliusspital verbindet, ist in Bamberg bis in die Gegenwart bekannt geblieben, daß Fürstbischof Franz Ludwig von Erthal (1779–95) das Allgemeine Krankenhaus der Stadt gegründet hat. Im Unterschied zur Stiftung Echters trug jedoch das Bamberger Krankenhaus zu keiner Zeit den Namen Erthals, obwohl ihm der Wunsch der Bevölkerung, das Haus „Hospitale Ludovicianum" zu benennen, vorgetragen worden war. Nach reiflicher Überlegung lehnte er mit der Begründung ab, daß damit die eigentliche Bestimmung als Krankenhospital nicht deutlich genug zu erkennen sei. Trotzdem verband die Bevölkerung Bambergs über zwei Jahrhunderte hinweg Erthals Namen mit der von ihm gegründeten und dotierten Institution.

Als der 49jährige Franz Ludwig Reichsfreiherr von und zu Erthal am 18. März 1779 vom Würzburger Domkapitel einstimmig zum Fürstbischof von Würzburg und wenige Wochen später, am 12. April des gleichen Jahres, ebenfalls einstimmig zum Fürstbischof von Bamberg gewählt wurde, war die Wahl auf eine Persönlichkeit gefallen, die bis dahin zwar Mitglied der beiden Domkapitel gewesen, zunächst aber im Bereich der beiden Bistümer nur in Würzburg von 1763–66 als Präsident der Weltlichen Regierung in Erscheinung getreten war. Erthal war jedoch durch seine Tätigkeit jenseits der Grenzen bekannt. Kaiser Joseph II. hatte den juristisch vorzüglich gebildeten Domkapitular 1768 zum Konkommissar für die Visitation des Reichskammergerichts in Wetzlar berufen und ihn 1775 auf seinen eigenen Wunsch hin zum Konkommissar beim Reichstag zu Regensburg ernannt.

Nach seiner Wahl zum Oberhaupt der beiden fränkischen Bistümer widmete sich Franz Ludwig von Erthal trotz seiner instabilen Gesundheit mit erstaunlicher Energie und absoluter Disziplin seinen Aufgaben als weltlicher und geistlicher Regent. Schon am Ende des Jahres 1779, also nach einem Dreivierteljahr, hatte er weit über 2000 Verordnungen und Dekrete erlassen. Während seiner gesamten Regierungszeit prüfte er jedes einzelne Schreiben genauestens und kommentierte die meisten auch schriftlich. Die Hofbeamten in Würzburg und Bamberg durften zwar noch Vorschläge einbringen, die Entscheidungen behielt sich der Fürstbischof aber selbst vor. Das hatte zur Folge, daß notwendige Maßnahmen manchmal verzögert oder gar nicht getroffen wurden, was Erthal bereits von seinen Beamten, im nachhinein auch von den Historikern zum Vorwurf gemacht wurde.

Franz Ludwig von Erthal nahm als Landesherr Einfluß auf die gesamte Verwaltung, auf die Ernennung der Beamten, auf die Entwicklung von Schulen und Universitäten, auf das Bauwesen in beiden Hochstiften und auf viele andere Bereiche. Als Bischof visitierte er zwischen 1783 und 1785 einen großen Teil der Pfarreien beider Bistümer, hielt dabei in den Landgemeinden Gottesdienste, predigte und firmte selbst und besuchte Kranke, um ihnen die Kommunion zu bringen.

Erthal sah sehr wohl, was in den beiden Staaten Würzburg und Bamberg im argen lag. Die Armut der Bevölkerung in den Städten und auf dem Lande und das daraus resultierende Bettelwesen versuchte er auf vielfache Weise zu bekämpfen. Die Gründung von Armeninstituten in Würzburg und Bamberg, die Neustrukturierung der Zucht- und Arbeitshäuser, die Errichtung der Krankengeselleninstitute in beiden Residenzstädten und des Krankendienstboteninstituts in Bamberg als Vorläufer der späteren Krankenkassen sind ihm zu verdanken. Er gab aber nicht nur aus der Staatskasse, sondern versuchte auch, mit seinen persönlichen Schatullgeldern einzelne Personen gezielt zu unterstützen, z. B. unverschuldet in Not geratene Bürger, unbemittelte Schüler und Studenten oder verarmte Witwen seiner Hofbeamten.

Folgerichtig erscheinen deshalb die Bestimmungen in seinem Testament. Zu Universalerben ernannte er die Oberarmeninstitute in Würzburg und Bamberg, wobei ihn sein ausgeprägter Sinn für Gerechtigkeit das Testament durch ein Kodizill noch einmal modifizieren ließ. Anstatt, wie vorgesehen, je zur Hälfte erbte das Würzburger Institut zwei Drittel, das Bamberger nur ein Drittel des Nachlasses. Als Begründung gab Erthal an, daß die Würzburger Schatullgelder reichlicher geflossen seien als die Bamberger. Daß man dem am 14. Februar 1795 nach 80tägiger Krankheit verstorbenen Fürstbischof in allen Bevölkerungsschichten, wohl sogar am meisten in den unteren, nachtrauerte, ist daher verständlich.

Die Trauerpredigten in Würzburg und Bamberg, die später in hoher Auflage gedruckt wurden, Gedichte und Nachrufe in Zeitungen und Journalen und bildliche Darstellungen in Form von Silhouetten, die den „tätigen" Fürstbischof zeigen, und besonders und für längere Zeit die von Erthal ins Leben gerufenen Institutionen hielten die Erinnerung an ihn wach.

So überrascht nicht, daß man im 19. Jahrhundert bei der Gründung von Wohltätigkeitsvereinen diesen Institutionen den Namen des Fürstbischofs gab und daß man Straßen nach ihm benannte. Bereits acht Jahre nach seinem Tod erschien die erste Erthal-Monographie. Erthal-Jubiläen oder ein Ereignis wie die Errichtung des Franz-Ludwig-Denkmals auf dem Bamberger Domplatz im Jahre 1865 regten Historiker zu weiteren Untersuchungen über Leben und Werk des Fürstbischofs an.

Auch 1995, in dem Jahr, in dem sich der Todestag Franz Ludwig von Erthals zum 200. Mal jährt, ist das nicht anders. Die Aufsätze in dem vorliegenden Handbuch stellen das Leben und Wirken des Fürstbischofs so dar, wie man es zwei Jahrhunderte nach seinem Tod sieht. Den Autoren ist bewußt, daß das Thema „Franz Ludwig von Erthal" – auch für die Forschung – lebendig bleiben und die Erinnerung an den großen Fürstbischof nicht verlöschen wird.

Renate Baumgärtel-Fleischmann

FRANZ MACHILEK

Das Leben und Wirken des Franz Ludwig von Erthal vor 1779

Die am 12. April 1779, dem Tag der Wahl des Franz Ludwig von Erthal zum Bischof von Bamberg, an Papst Pius VI. (1775–1799) verschickte Supplik des Bamberger Domkapitels um Bestätigung der Wahl und um das Pallium faßte den Lebensweg Erthals bis zu jenem Zeitpunkt in der dafür üblichen Weise in geraffter und übersichtlicher Form zusammen. Gerade die gebotene Kürze läßt deutlich hervortreten, das es sich bei dem Gewählten um eine in der Bewältigung kirchlicher und weltlicher Angelegenheiten erfahrene, vor allem aber fromme und integre Persönlichkeit handelte. Er stand nach der Supplik damals im 49. Lebensjahr, war Diakon und in den Wissenschaften sehr bewandert. Er besitze die Anlagen für die Behandlung wichtiger Geschäfte; betont werden die von ihm in Rom, als kaiserlicher Geheimer Rat und als bevollmächtigter Kommissar auf dem Reichstag zu Regensburg gesammelten Erfahrungen sowie sein Wirken als Domherr in Würzburg und Bamberg. Nach dem Urteil des Kardinals Bernardinus Giraud sei Franz Ludwig ein durch Unbescholtenheit und Rechtschaffenheit ausgezeichneter Mann, voll Eifer für die Religion, Klugheit, Gelehrsamkeit und Geschäftserfahrung[1]. Dreieinhalb Wochen vor seiner Wahl zum Bischof von Bamberg war Franz Ludwig zum Bischof von Würzburg gewählt worden[2].

Franz Ludwig Karl Philipp Anton Freiherr von und zu Erthal wurde am 16. September 1730 als achtes Kind bzw. als fünfter Sohn von insgesamt sieben Söhnen und drei Töchtern des kurfürstlich mainzischen Geheimen Rats und Oberamtmanns Philipp Christoph von Erthal (1689–1748) und dessen erster Ehefrau Maria Eva von Bettendorf (1694–1738) im Amtsschloß zu Lohr am Main geboren und am gleichen Tag durch Johann Caspar Schlipp, den damaligen Lohrer Pfarrer und Dekan des Landkapitels Spessart, getauft[3]. Die Taufe fand im Schloß statt, wie Philipp Christoph von Erthal 1740 im *Testimonium aetatis* anläßlich der Aufnahme seines Sohnes in das Bamberger Domkapitel bezeugt[4]. Als Paten fungierten neben dem Mainzer Kurfürsten und Erzbischof Franz Ludwig von Pfalz-Neuburg (1729–1732)[5], dessen Namen der Täufling erhielt, der Mainzer Domdekan Karl Joseph Emmerich von Breidbach-Bürresheim[6], der Domherr zu Bamberg und Würzburg Carl Dietrich von Aufseß sowie der Onkel des Kindes, Johann Philipp von und zu Erthal, Kanoniker der Ritterstifte zu Comburg und Bleidenstadt. Der hohe Rang der vom Vater zur Taufe gebetenen Paten weist auf die bedeutende Stellung der reichsritterschaftlichen Familie innerhalb der Reichskirche hin. Die nach ihrem Stammsitz unweit Hammelburg benannten Erthal waren ursprünglich Ministerialen der Abtei Fulda; der erste urkundlich gesicherte Namensträger ist der 1133 erwähnte Bernhard von Erthal. Die Familie gehörte später der Reichsritterschaft Kantons Baunach zu[7]. Franz Ludwigs Vater Philipp Christoph von Erthal zählte zu der nach Elfershausen an der Saale benannten Linie, er erwarb sich als Berater des Mainzer Kurfürsten Lothar Franz von Schönborn (1695–1729) unter anderem im Bauwesen hohes Ansehen und erscheint in den Quellen zwischen 1713 und 1723 als Hofkavalierarchitekt am Mainzer Hof; zu nennen ist hierzu vor allem sein Anteil am Schloßbau zu Pommersfelden, bei der Planung der Würzburger Residenz und beim Bau der Schönbornkapelle am Würzburger Dom. Der an französischen Vorbildern orientierte Architekt arbeitete vielfach mit Maximilian von Welsch zusammen[8]. In seinen letzten Lebensjahren stand Philipp Christoph von Erthal in engen Beziehungen zum Kaiserhof in Wien und diente diesem mehrfach bei diplomatischen Missionen[9].

Die 1717 geschlossene Ehe Philipp Christophs mit Eva Maria von Bettendorf wird in der 1778 von dem damaligen Bamberger und Würzburger Generalvikar Karl Friedrich Wilhelm von Erthal (1717–1780) – einem Glied der nach Leuzendorf bei Burgpreppach in den Haßbergen benannten Linie der Erthal – verfaßten Familiengeschichte als eine *höchst vergnügte* bezeichnet[10]. Philipp Christoph von Erthal wird als *ein Adeliger nach allen Seiten und vielgewiegter Kenner und Hofmann* geschildert, der *seine Kinder wie ein General kommandierte, und seine feine, tieffühlende erste Gattin mit gleicher Promptitude behandelte. Daher kam, neben der tiefgehörigsten Verehrung gegen den Vater, jenes kindliche Anschmiegen an die weiche, duldende Mutter und jene immer größer werdende Hinneigung zu dem friedlichen, von der Ihnen bekannt gewordenen Last der Ehe und der Stammhalterschaft unbeschwerten geistlichen Stande*, wie sie an allen Söhnen Philipp Christophs zu bemerken sei[11]. Franz Ludwig soll dem Vater in allem ähnlich gewesen sein; er war *schlank und mager, sein Kopf länglich, sein Antlitz hoch, Augen und Haare lichtbraun, sein Blick fest und streng und doch milde, sein Benehmen hochadelig*[12]. Philipp Christophs erster Gemahlin Eva Maria von Bettendorf, der Tochter des Adolph Carl von Bettendorf und der Anna Maria von Dalberg, verdankte die Familie Erthal die umfangreiche sog. Bettendorfsche Erbschaft[13]. Über die in Lohr und dann in Mainz verbrachte Kindheit und frühe Jugendzeit Franz Ludwigs liegen keine bzw. kaum Quellen vor. Vor allem mit Rücksicht auf seine Mutter, die wenige Jahre nach Franz Ludwigs Geburt angefangen hatte, *kränklecht* zu werden, ließ der Vater 1733/34 mit dem Bau einer Erthalschen Stadtresidenz in Mainz beginnen, damit jene dort *ihre gesundheit um so besser pflegen mögte;* sie erlebte jedoch die Fertigstellung des Stadtschlosses nicht mehr; die Bauarbeiten fanden erst 1742/43 ihren Abschluß[14]. Zum Zeitpunkt ihres Todes war Franz Ludwig etwas über acht Jahre alt. Wohl von Anfang an hatten die Eltern den nachgeborenen Sohn für den geistlichen Stand bestimmt. Knapp zwei Monate nach dem Tod der Mutter war Philipp Christoph von Erthal mit zwei Söhnen bei Bischof Friedrich Karl von Schönborn (1729–1746) in Bamberg zu Gast. Zum Mittagstisch waren auch der Mainzer Weihbischof Christoph Nebel und der Geheime Rat von Raab eingeladen. Aus der Beschreibung geht hervor, daß Philipp Christoph von Lothar Franz von Erthal (1717–1805) und dessen jüngerem Bruder Friedrich Karl Joseph, dem nachmaligen Kurfürsten und Erzbischof von Mainz (1774–1802), begleitet wurde; neben dem Weihbischof saß der Vater mit seinen beiden Söhnen, *primo loco der jüngere, weilen er als Canonicus Domicellarius Bambergensis mit Mantel und Kragen erschienen, nach ihme aber sein älterer Bruder, in betracht seines Herrn Vattern Gegenwart vor diesseithigem geheimen Rath v. Raab gesezet. Nach dem Herrn v. Raab folgete der P. Rector S. J.*[15]. Wohl wurden bei dieser Gelegenheit in Anwesenheit des für die Ausbildung der jungen Kleriker zuständigen Weihbischofs schon die weiteren Schritte für den künftigen Weg des nicht anwesenden jüngeren Franz Ludwig besprochen. Am 23. Oktober 1739 resignierte der ältere Bruder Friedrich Karl Joseph zugunsten des jüngeren auf die ihm zugedachte Pfründe am Würzburger Dom[16]. Am 29. Dezember 1739 wurde Franz Ludwig durch den in Mainz wirkenden Weihbischof Christoph Nebel (1733–1769) auf Grund eines vorliegenden päpstlichen Indults durch Erteilung der ersten Tonsur in den geistlichen Stand aufgenommen[17]. Nach der Nominierung durch den amtierenden Turnar Karl Theodor von Aufseß erfolgte am 1. Februar 1740 die mit einem Domvikar als Stellvertreter vollzogene Aufschwörung Franz Ludwigs für das Würzburger Domkapitel[18], dem er nun als nichtstimmberechtigter Domizellar angehörte. Bereits wenige Monate später, am 19. Juli 1740, wurde Franz Ludwig nach der Nomination durch seinen Onkel Johann Ludwig Christian von Erthal (1696–1760) durch einen Stellvertreter auch in Bamberg aufgeschworen[19]. Durch Aufschwörung

und anschließende Posseß war Franz Ludwig zwar rechtmäßiger Inhaber der Kanonikate geworden, mußte bis zum Genuß der Pfründen und Antritt der ersten Residenz jedoch noch zwei Karenzjahre abwarten. 1741 zog die Familie Philipp Christophs nach Mainz um[20]. In Lohr und in Mainz wuchs der junge Franz Ludwig in die adlige Umwelt eines am kurfürstlichen Hof hochangesehenen Mitglieds des Rates und in die Hofgesellschaft hinein.

Den ersten Unterricht dürfte Franz Ludwig durch Hauslehrer erhalten haben. 1742 wurde er am Jesuitengymnasium in Mainz für die *Studia inferiora* eingeschrieben, wozu gemäß der *Ratio studiorum* der Jesuiten vor allem die propädeutisch-artistischen Fächer (Grammatik, Poesis und Rhetorik) zählten[21]. Am 23. Juli 1743 erfolgte seine Zulassung zur ersten Residenz als Domizellar in Bamberg[22]. Franz Ludwig wurde hier mit dem Glockendienst beauftragt[23]. Mit Beginn des Studienjahres 1743/44 setzte Franz Ludwig die *Studia inferiora* am Bamberger Jesuitengymnasium fort. Er trug sich hier selbst in die Matrikel der Academia Ottoniana ein, die sich eben in den vierziger Jahren des 18. Jahrhunderts zur Universitas Ottoniano-Fridericiana fortentwickelte[24]. Der Bamberger Hofbuchdrucker Georg Christoph Gertner († 1786) erwähnt ein Menschenalter später in einem Lobgedicht auf Franz Ludwig zu dessen Konsekration, daß dieser 1743 in einer Deklamation unter Magister Böhmer, angetan mit fürstlichem Talar, die Pflichten eines Fürsten im weltlichen und eines Bischofs im geistlichen Staat dargestellt habe, was Gertner nachträglich als „Vorbild" auf Franz Ludwigs eigenes Wirken verstanden wissen wollte[25]. Nach der Residenz in Bamberg begab sich Franz Ludwig zur Residenz nach Würzburg, die er hier vom 30. Juli 1744 bis 28. Januar 1745 ableistete[26]. Seit Ende November 1744 setzte er sein Studium in Würzburg fort, jetzt deutlich im Rahmen der *Studia superiora* an der Julius-Universität; er erscheint bei der Immatrikulation als Logicus[27].

Die Gymnasien und Hohen Schulen in Bamberg und Würzburg wurden zur Studienzeit Franz Ludwigs von der jesuitischen Lehrweise bestimmt. Unter anderem mehrte sich gerade um jene Zeit die Kritik gegen das überbordende Diktieren und Auswendiglernen des behandelten Stoffes sowohl in Würzburg als auch in Bamberg und an anderen Universitäten[28]. In Würzburg und – schwächer – auch in Bamberg nahmen in der Zeit des in Personalunion regierenden Fürstbischofs Friedrich Karl von Schönborn die Bemühungen um Erneuerung des Bildungswesens zu, wobei Anregungen aus Wien eine gewisse Rolle gespielt zu haben scheinen[29]. Auf das Ganze gesehen bestand im Verhältnis zwischen Friedrich Karl und dem Würzburger Kolleg der Jesuiten ein weithin noch recht gutes Einvernehmen[30]. Die vom Fürstbischof initiierte, am Vorbild Halles orientierte Studienordnung von 1731 (erste Fassung) bzw. 1734 (zweite Fassung) zielte darauf ab, philosophische und theologische Spitzfindigkeiten aus dem Studienbetrieb zu eliminieren, den historischen Sinn zu schärfen, die Schwerpunkte der Lehre nach der Praxis und ihrer Nützlichkeit auszurichten, wobei das Leistungsprinzip deutlich betont wurde[31]. Die Rechtsgelehrtheit wurde an den Schluß der Fächerreihe gesetzt und damit besonders hervorgehoben; die Theologie wurde davor eingeordnet und rangierte damit erst auf dem zweiten Platz[32]. Um schon die Studierenden der philosophischen Fächer zu eifrigem Studium anzuspornen, sah die Studienordnung für sie alljährliche Prüfungen vor[33]. Insgesamt leitete die von Friedrich Karl von Schönborn gegen Widerstände vor allem aus dem Professorenkollegium selbst durchgesetzte neue Studienordnung eine Neuorientierung des Studienwesens an der Julius-Universität ein, die allerdings erst später voll zum Tragen kam[34]. Nachdrücklich bemühte sich Friedrich Karl von Schönborn um Reformen, allgemein durch die Erweiterung des Fächerkanons, speziell durch die Aufnahme historischer und praxisbezogener Vorlesungen[35].

In Bamberg wurde 1741 die Errichtung eines Lehrstuhls für Kirchengeschichte in der Theologischen Fakultät empfohlen[36]. Im Herbst 1742 klagte Weihbischof Franz Joseph Anton von Hahn (1699–1748) als Mitglied des bischöflichen Universitätskonservatoriums in Bamberg in einem Bericht an Fürstbischof Friedrich Karl von Schönborn, daß die Jesuiten in ihren Schulen zuviel schreiben ließen[37]. Wie in Würzburg kam es auch hier nicht zu direkten Angriffen auf das Studienwesen der Jesuiten[38].

Nach einem Eintrag vom 9. November 1745 im Protokoll des Würzburger Domkapitels bat Franz Ludwig von Erthal dieses, seine Studien in Mainz fortsetzen und die Früchte seiner Pfründe genießen zu dürfen. Am 26. Januar 1747 legte er dem Würzburger Kapitel Zeugnisse aus Mainz und Bamberg vor, wonach er seit 1742 fortlaufend philosophische und juristische Studien betrieben habe und diese im Winter wegen Krankheit (ob infirmitatem) auf Grund eines ärztlichen Attests zu Hause absolviert habe. Zur Sitzung des Würzburger Kapitels am 9. November 1747 legte Franz Ludwig ein von dem Mainzer Professor Johann Georg Neureuter (1709–1757) ausgestelltes Zeugnis über den Besuch der Collegia über das Naturrecht, die Institutiones des Zivilrechts und das Lehenrecht vor[39]. Nach Ablauf des Trienniums gewährte ihm das Würzburger Domkapitel auf seine Bitten hin am 25. Juni 1748 eine Verlängerung seines Studienaufenthalts in Mainz bis Ende 1749. Am 13. Juli 1748 lag dem Würzburger Kapitel ein weiteres Zeugnis aus Mainz vor,

in dem der seit 1746 als Professor des kanonischen Rechts in Mainz tätige Ludwig Philipp Behlen (1714–1777) bestätigte, daß Franz Ludwig seine Vorlesung über das kanonische Recht besucht habe[40].

Für die Jahre 1749–1751 schweigen die Quellen über Franz Ludwig von Erthal nahezu völlig. Mit großer Wahrscheinlichkeit hat dieser seine Studien seit Ende 1749 in Würzburg weitergeführt[41]. Erst ganz zu Ende des Jahres 1751 wird der Name Erthals wieder ausdrücklich in den Quellen genannt; Franz Ludwig gab damals dem Würzburger Domkapitel Kenntnis von einer bevorstehenden Wallfahrt nach Nothgottes bei Rüdesheim[42]. Nach einem Kuraufenthalt in den Monaten Juli und August 1752[43] billigte ihm das Würzburger Kapitel für die Jahre 1752–1754 einen zweijährigen Studienaufenthalt in Rom zu. Die *peregrinatio academica trans montes* gab ihm die Möglichkeit, den kurialen Geschäftsbetrieb und Amtsstil aus persönlicher Anschauung kennenzulernen. 1753 schuf der in Rom wirkende Ludwig Stern († 1777) ein Porträt des damals Dreiundzwanzigjährigen; die Originalität dieses Bildes ist vor allem im Verzicht auf konventionelle Darstellung des Porträtierten zu sehen[44]. Auf dem heute in der Schloßgalerie zu Aschaffenburg hängenden Bild steht Franz Ludwig mit einem aufgeschlagenen Buch in der Rechten, in elegant gedrehter Haltung „als ein wahrer deutscher ‚blue boy‘, ausgezeichnet mit allen Vorzügen und Reizen des Englischen"[45]. Nach der Familiengeschichte des Karl Friedrich Wilhelm Frhr. von Erthal von 1778 schlug Franz Ludwig die Luft in Rom *nicht zum besten an (. . .), so daß er eine grose Kranckheit in Rom ausstehen muste*[46].

Franz Ludwig nutzte den Aufenthalt in der Ewigen Stadt zu theologischen Studien am Erzgymnasium der durch Papst Alexander VII. (1655–1667) ausgebauten Universität der Sapienza. Zu Anfang des Jahres 1754 legte er dem Würzburger Kapitel ein Zeugnis des dort lehrenden Professors Carlo Domenico de Moya OMConv vor und trug dem Kapitel im Hinblick auf den zu Ostern bevorstehenden Abschluß seiner Studien seine weiteren Pläne vor: Den Rest der ihm zugestandenen Zeit wollte er in Wien *zur Erlernung der Reichshofrathspraxis in Wien sowie zu weiterer Qualificierung* an einigen deutschen Fürstenhöfen verwenden. Auch diesmal wurde ihm die Bitte anstandslos gewährt[47].

Die gelegentlich geäußerte Vermutung, daß Franz Ludwig bereits während seines Ende 1744 an der Julius-Universität begonnenen Studiums Vorlesungen des 1727 zum Professor des kanonischen Rechts ernannten Johann Caspar Barthel († 1771) gehört habe[48], erscheint bei näherer Betrachtung kaum glaubhaft. Die Verbindung Franz Ludwigs zu Barthel dürfte frühestens bei den für 1749 angenommenen Studien in Würzburg oder aber erst nach seinem ersten Romaufenthalt zustande gekommen sein. Barthel soll später mehrfach angedeutet haben, daß er keinen fähigeren Kandidaten für die Lehrkanzel des Kirchenrechts gekannt habe als den Domizellar Franz Ludwig von Erthal[49]. Zweifellos kamen sich der Rechtslehrer, der in der Religion die stärkste Grundlage des Staates sah[50], und Franz Ludwig geistig schon sehr früh nahe. Wohl hatte dieser als Domizellar auch noch mit anderen Vertretern der Würzburger Frühaufklärung Kontakt[51].

Fürstbischof Adam Friedrich Graf von Seinsheim (1755–1779) ernannte ein dreiviertel Jahr nach seinem Regierungsantritt Franz Ludwig am 5. September 1755 zum wirklichen Geheimen Hof- und Regierungsrat bei der Würzburger Regierung[52]; in der Folgezeit entwickelte sich rasch ein immer enger werdendes Vertrauensverhältnis zwischen dem Fürstbischof und Franz Ludwig von Erthal[53]. Am 21. November 1756 empfing dieser durch den Weihbischof und Generalvikar in Würzburg Daniel Johann Anton Frhr. von Gebsattel (1718–1788) die Subdiakonatsweihe[54]. Am 2. März 1757 wurde er als vollberechtigter Kanoniker in das Bamberger Domkapitel aufgenommen[55].

Einen wichtigen Abschnitt im Leben des jungen Domkapitulars bedeutete der vom Würzburger Kapitel zunächst auf ein halbes Jahr angesetzte, dann aber verlängerte und insgesamt vom Herbst des Jahres 1757 bis Ende 1758 andauernde zweite Romaufenthalt. Am Beginn stand der von ihm im Auftrag von Fürstbischof Adam Friedrich von Seinsheim durchgeführte Besuch *ad limina apostolorum*, bei welchem er dem neugewählten Papst Clemens XIII. (1758–1769) die *Relatio status* über den Stand der Diözese Würzburg zu erstatten hatte[56]. In mehreren Briefen berichtete Franz Ludwig aus Rom über Ereignisse in der Ewigen Stadt und über den Papst in seine fränkische Heimat[57]. Aus der Korrespondenz geht hervor, daß Franz Ludwig damals bereits über ausgezeichnete Kenntnisse des Italienischen verfügte[58]. Die Romfahrt schloß eine persönliche Wallfahrt ein, über die er dem Würzburger Domkapitel ein eigenes Zeugnis vorlegte[59]. 1759 malte Johann Nicolaus Treu das heute im Mainfränkischen Museum aufbewahrte Porträt Franz Ludwigs[60]. Die Erthalsche Familiengeschichte berichtet, daß Franz Ludwig zwei Jahre nach seinem zweiten Romaufenthalt nach der Vorstellung Kaiser Franz I. als *Auditor Rotae* nach Rom gehen sollte[61]; aus welchen Gründen es nicht dazu gekommen ist, läßt sich nach dem derzeitigen Stand der Forschung über Franz Ludwig nicht sagen. Am 24. März 1761 weihte Weihbischof Heinrich Joseph von Nitschke (1708–1778) Franz Ludwig in Bamberg zum Diakon[62]. Zweieinhalb Jahre später, am 21. August 1763, erfolgte seine Aufnahme als vollberechtigtes Mitglied in das Würzburger Domkapi-

tel[63]. Ein weiteres Kanonikat erhielt Franz Ludwig am Ritterstift Comburg[64].

Wenige Tage nach seinem 33. Geburtstag wurde der bei seinem Fürsten und am Kaiserhof ebenso wie in den Kapiteln in Würzburg und Bamberg wegen seiner Erfahrungen hochgeschätzte Domherr am 20. September 1763 zum Präsidenten der Würzburger weltlichen Regierung berufen[65]. Das Amt wurde jeweils von zwei Kapitelsmitgliedern ausgeübt, die sich vierteljährlich im Vorsitz ablösten. Neben ihm amtierte Ferdinand Christoph Peter Freiherr von Sickingen als Mitpräsident. Aus der Vielzahl der unter seiner Präsidentschaft erlassenen Maßnahmen seien hier nur jene für den Straßenbau, gegen Viehseuchen und Lebensmittelverteuerung, das 1764 ausgesprochene Verbot anstößiger Bücher, das 1765 nach Bamberger Vorbild erlassene Dekret gegen das Tanzen an Sonn- und Feiertagen, sein Einschreiten gegen das Überhandnehmen von Auswanderungen nach Kanada und Ungarn und gegen die Kaffeehäuser von 1766 sowie die durch ihn geförderte Einführung des Tabakmonopols, gleichfalls 1766, genannt[66].

1766 übertrug ihm Adam Friedrich von Seinsheim die Gesandtschaft an den Kaiserhof in Wien, um dort von dem im Jahr zuvor zum Kaiser gekrönten Joseph II. die Regalien und Lehen der Hochstifte Würzburg und Bamberg zu empfangen. Der Antritt der Reise zog sich aus verschiedenen Gründen bis Sommer 1767 hin, so daß Franz Ludwig genügend Zeit zur Vorbereitung blieb[67]. Die am 4. August 1767 in Würzburg ausgefertigte Instruktion des Adam Friedrich von Seinsheim gibt über dessen Vorstellungen über die Gesandtschaft Aufschluß[68]. Nach einem Eintrag im Rezeßbuch des Bamberger Kapitels zum 2. März 1768, wonach der Gesandte wegen zahlreicher Geschäfte und eines ihm erst kurz zuvor zusätzlich erteilten geheimen Auftrags nicht bis zum Peremptorialkapitel am 5. März aus Wien zurückerwartet werden könne, faßte das Kapitel damals den Beschluß, Franz Ludwig im Hinblick auf seine Verdienste in Wien bei jener Sitzung *als gegenwärtig anzusehen*, was ihm auch den Genuß der üblichen Gefälle sicherte. *Die Folgen würden es zeigen, wie nutzlich und ersprieslich dessen seitheriger Aufenthalt am Kayserlichen Hof, allwo sich derselbe durch seine ausnehmende Geschicklichkeit großen Beyfall erworben hätte, theils schon geweßen, theils in Zukunft seyn würde*[69]. Daß auch der Kaiser mit ihm zufrieden war und ihn zugleich näher an sich zu binden gedachte, lassen die seit Beginn des Jahres 1768 vorbereitete Berufung zum Konkommissar der Visitation des Reichskammergerichts in Wetzlar und die Ernennung zum kaiserlichen Geheimen Rat am 7. August 1768 erkennen[70]. Die außerordentliche Kammervisitation hatte bereits im Mai 1767 unter dem kaiserlichen Kommissar

Carl Egon Fürst von Fürstenberg und dem kurtrierischen Staatsrat und Konkommissar Spangenberg begonnen[71]. Franz Ludwig gab die Berufung zum Konkommissar den Kapiteln in Würzburg und Bamberg am 23. August bzw. 6. September 1768 persönlich bekannt und bat um Entbindung von der Residenzpflicht. Die Kapitel sahen die Ernennung als hohe Ehre auch für ihre Korporationen an[72]. Am 14. September 1768 legte Franz Ludwig vor dem Reichskonseß den feierlichen Eid ab; am Tag darauf wurden dem kurmainzischen Direktorium die Ernennung zum Konkommissar und die Vollmacht zur Vornahme der Revisionen übergeben. Umgehend begann Franz Ludwig mit der Vorlage eigenhändiger Berichte beim Reichsvizekanzler und setzte die laufende Arbeit und Berichtstätigkeit in der Folgezeit trotz mannigfaltiger Querelen und zermürbender Auseinandersetzungen vor allem in Konfessionsangelegenheiten mit unverminderter Sorgfalt fort[73]. 1769 war Franz Ludwig zweimal als Gesandter des Wiener Hofes in Mainz tätig, um in den zwischen dem kaiserlichen und dem kurmainzischen Hof ausgebrochenen Differenzen über die Einteilung der Kammergerichtssenate, die Vornahme der Revisionen und das kaiserliche Ratifikationsrecht in Visitationsangelegenheiten zu vermitteln[74]. Die 1770 von ihm gehegten Hoffnungen, die Visitation nach Erledigung der Personalangelegenheiten in absehbarer Zeit beenden zu können, erwiesen sich als verfrüht[75]. Als 1771 Carl Egon Fürst von Fürstenberg durch Graf Gundacker von Colloredo abgelöst wurde, betonte Franz Ludwig die im Verhältnis mit jenem *bestandene genaueste einverständnus*[76]. Nach empfindlichen, durch Auseinandersetzungen zwischen den konfessionellen Parteien ausgelösten Störungen des Konsesses im Jahre 1772 konnten die Sitzungen erst nach einer mehr als halbjährigen Unterbrechung im Februar 1773 wieder aufgenommen werden[77].

Das wachsende Mißtrauen der allzusehr auf die eigenen Vorteile ihrer Regierungen bedachten Subdelegierten gegen seine Maßnahmen veranlaßte Erthal am 20. Mai 1775 schließlich dazu, sich nach Eintritt einer schweren Erkrankung des bisherigen kaiserlichen Konkommissars beim Ständigen Reichstag in Regensburg, Friedrich Graf von Seydewitz († 1775), mit einer Bewerbung um dessen Nachfolge an Reichsvizekanzler Franz de Paula Fürst von Colloredo–Man(n)sfeld († 1807) zu wenden. Erthal bezog sich dabei auf die von ihm bereits 1770 bei einem Besuch in Wien vorgetragenen und damals beim Kaiser günstig aufgenommenen Empfehlungen hinsichtlich einer späteren Berücksichtigung bei der Besetzung des Amtes eines Konkommissars in Regensburg. Zugleich erinnerte Erthal an die vielen unangenehmen Vorfälle beim Fortgang der Reichskammergerichtsvisitation, an seine angegriffene Gesundheit, nicht zuletzt aber auch an seine stets

erwiesene Bereitschaft zur *allerunterthänigsten Dienstleistung*[78]. Zweieinhalb Monate später gab der Wiener Hof dem inzwischen zum Kurfürsten und Erzbischof von Mainz aufgestiegenen älteren Bruder Franz Ludwigs, Friedrich Karl Joseph von Erthal, die Ernennung Franz Ludwigs zum Regensburger Konkommissar bekannt, wobei dessen Verdienste ausdrücklich hervorgehoben wurden[79]. Das am 5. November 1775 ausgefertigte Ernennungsdekret sprach insbesondere *jene fürtreffliche Eigenschaften und ganz ausnehmend in denen wichtigsten Reichs-Rechts- und Staatsgeschäften zu Tag gelegte stattliche Erfahrenheit sowie seinen besonderen Diensteyfer vor die Kayserliche allerhöchste Vorrechten und vor die Erhaltung der gesetzmässigen Reichsverfassung an*[80]. Noch bis Anfang November 1775 hat Franz Ludwig seine Geschäfte in Wetzlar fortgeführt[81]. Während der sieben Jahre andauernden Tätigkeit in Wetzlar hat Franz Ludwig stets die Hauptlast der Kommissionsarbeit getragen und auch trotz noch so widriger Umstände die Verbesserung der Institution nie aus dem Blick verloren[82]. Mit Recht hat MICHAEL RENNER diese Tätigkeit als „Lehrzeit für das Regentenamt" bezeichnet[83].

Die Franz Ludwig von Erthal in Wien ausgehändigten Instruktionen bildeten die Vorgaben für seine dreijährige Tätigkeit in Regensburg[84]. Die dem Amt des Konkommissars am Wiener Hof beigemessene Bedeutung erhellt nicht zuletzt aus der Höhe der Besoldung von 12 000 fl. jährlich[85]. Noch von Wien aus richtete Franz Ludwig am 19. bzw. 21. Januar 1776 das Ansuchen an die Domkapitel in Würzburg und Bamberg, ihn auch in seinem neuen Amt weiterhin *pro praesente* anzusehen[86]. Am 9. Februar 1776 traf Erthal in Regensburg ein, zwei Tage später erfolgte die amtliche Legitimation beim Prinzipalkommissar Fürst von Thurn und Taxis[87]. Auch als Konkommissar beim Reichstag setzte Franz Ludwig wie zuvor in Wetzlar seine Kräfte im Dienst für das Reich ein. Hatte sich die Tätigkeit in Wetzlar auf eine spezifische Reichsangelegenheit bezogen, so bildete nun die Reichsverfassung als Ganzes und ihr Erhalt den Inhalt seiner Tätigkeit[88]. Auch hier bestimmten wie in Wetzlar vielfach die konfessionellen Unterschiede zwischen den Reichsständen den Fortgang der Verhandlungen. Nicht selten hatte er Stellungnahmen zu Religionsbeschwerden an die Reichsversammlung abzugeben[89]. Wie in Wetzlar trug Franz Ludwig auch jetzt die Hauptlast der täglichen Arbeit[90]. Der Tod Kurfürst Maximilians III. Joseph von Bayern am 30. Dezember 1777 und die folgenden Erbauseinandersetzungen banden die Kräfte in Regensburg für längere Zeit[91]. Wie in der Wetzlarer Zeit mußte Franz Ludwig auch in Regensburg die Arbeit aus gesundheitlichen Gründen zeitweilig durch einen Kuraufenthalt unterbrechen[92].

Über den vielfältigen Aufgaben im Dienst des Reiches hat Franz Ludwig die sich aus seinen Kanonikaten in Würzburg und Bamberg ergebenden Verpflichtungen nie vergessen und stets versucht, diese während der Comitialferien bei persönlichen Besuchen an diesen Orten zu erfüllen[93]. Der zu den Nachfolgern der Jesuiten an der Universität Würzburg zählende Professor für Dogmatik und Polemik Franz Oberthür (1745–1831), der bedeutendste Vertreter der Aufklärungstheologie an der Alma Julia, der bei aller Gegnerschaft zur Scholastik spekulativem Denken durchaus aufgeschlossen gegenüberstand, berichtet später, daß er von Bekannten mehrfach aufgefordert worden sei, sich seinerzeit dem Domherrn von Erthal zu nähern, der seine Bekanntschaft zu machen gewünscht habe. OBERTHÜR beschreibt Franz Ludwig in diesem Zusammenhang als wissenschaftlich gebildeten und geschickten, erfahrenen und selbst fromm-religiösen Staatsmann, der nicht nur in Franken, sondern auch im Deutschen Reich geachtet sei[94]. *Kam dieser Herr von Erthal nach Wirzburg*, schreibt OBERTHÜR, *wohin ihn seine Dompräbende jährlich ein paarmal zur peremptorischen Versammlung des Kapitels rief, und ich begegnete ihm auf der Straße oder in irgendeiner Gesellschaft, so zeichnete er mich auf eine auffallende Art aus, blieb auf der Straße lange bei mir stehen, und trennte sich von jedem, mit dem er bis dahin gesprochen, um mit mir sich zu unterhalten, wenn wir in Gesellschaft zusammentrafen, was öfters selbst im Hofe geschah, wo ich mich zu einem Concerte oder zur Theilnahme an der da aufgeführten Opera einfand*[95]. OBERTHÜR glaubte zunächst, dies alles als persönliche Laune annehmen zu sollen und schon mit Rücksicht auf Adam Friedrich von Seinsheim als seinem Wohltäter keine nähere Bekanntschaft mit Erthal pflegen zu können, um diesem gegenüber nicht undankbar zu erscheinen, *als wollte ich der untergehenden Sonne den Rücken zuwenden, um die aufgehende zu begrüßen*[96]. Er sei von seinem Entschluß erst abgegangen, als Dalberg sein Schreiben in der Isenbiehlischen Sache an Erthal nach Regensburg weitergegeben habe und *dieser in seiner Antwort so liberale Denkungsart äußerte und versicherte, daß er sich in der Sache verwenden wolle*[97]. Die These des Johann Lorenz Isenbiehl, Professors für Exegese der Heiligen Schrift an der Universität Mainz, der in der Jungfrau der Weissagung in Jesaias 7,14 eine junge Frau sah, die der Prophet zur Ehe nehmen und die ihm einen Sohn Emanuel gebären sollte, erregte zusammen mit weiteren Thesen höchstes Aufsehen unter den damaligen Theologen. Die der Mainzer Universität sprachen sich gegen die Thesen aus und forderten andere Universitäten und die Bischöfe zur Verurteilung auf; am 2. September 1779 wurden die Thesen in Rom verurteilt[98]. Angesichts dieser Umstände dürfte Erthals Stellungnahme Oberthür

erstaunt und dazu veranlaßt haben, in jenem einen *Vermittler* zu sehen, der seine *Achtung und Dankbarkeit* verdiente, und der nun bereit war, sich ihm ohne Rücksicht auf frühere Bedenken nähern zu sollen[99].
In nicht allzu großem zeitlichem Abstand zu Oberthürs Urteil über die Persönlichkeit des Franz Ludwig von Erthal steht die des gelehrten Verwandten und Würzburger Generalvikars Carl Friedrich Wilhelm von Erthal in der 1778 niedergeschriebenen Familiengeschichte: *Ein Herr von wahrhaft großen Talenten und verdienstvollen Eigenschaften*[100]. Im Jahr darauf hat Franz Ludwig die Würde eines Fürstbischofs in Würzburg und in Bamberg erlangt. Wie in seinen bisherigen Ämtern war er auch in diesen neuen stets bemüht, die ihm anvertrauten Talente nach Kräften zu nutzen.

Anmerkungen

1 LOOSHORN, Bisthum Bamberg 7 b, S. 476 f. – Zur Überlieferung: LOTHAR BAUER, Vatikanische Quellen zur neueren Bamberger Bistumsgeschichte (vom 16. Jahrhundert bis zum Ende des Fürstbistums). In: BHVB 99 (1963), S. 171–316, hier Nr. 661, S. 293. – Zur Wahl in Bamberg: Bamberg, Bischofs- und Fürstenwahl.

2 Zu den Wahlen in den beiden Bistümern wird auf die Beiträge von ERIK SODER VON GÜLDENSTUBBE und JOSEF URBAN in diesem Handbuch verwiesen. – Zu Franz Ludwig zusammenfassend: RENNER, Erthal. – EGON JOHANNES GREIPL, Erthal, Franz Ludwig, Reichsfreiherr von (1730–1795). In: GATZ, Die Bischöfe des Heiligen Römischen Reiches, S. 93–95. – Zu seinem Wirken vor 1779 insbesondere: RENNER, Erthal. Persönlichkeitsentwicklung. – Eine populäre Darstellung seines Lebens (ohne Nachweise): ANDERLOHR, Erthal.

3 Ausstellungskatalog Franz Ludwig von Erthal, Nr. 2, S. 45, dazu S. 78 (Abb. des Eintrags in der Taufmatrikel der Pfarrei St Michael zu Lohr). – BAUER (wie Anm. 1), Nr. 660, S. 293.

4 StAB, Rep. A 116, Bamberger Aufschwörungsurkunden und -akten, L. 1095. Nr. 240 b.

5 Er war zugleich Bischof von Breslau und Worms. Zu ihm: ERWIN GATZ/JAN KOPIEC, Franz Ludwig, Pfalzgraf am Rhein zu Neuburg. In: GATZ, Die Bischöfe des Heiligen Römischen Reiches, S. 124–127. – Zu den Mainzer Verhältnissen insgesamt: FRIEDHELM JÜRGENSMEIER, Das Bistum Mainz. Von der Römerzeit bis zum II. Vatikanischen Konzil. Frankfurt am Main 1989².

6 FRIEDHELM JÜRGENSMEIER, Breidbach zu Bürresheim, Emmerich Joseph Reichsfreiherr von (1707–1774). In: GATZ, Die Bischöfe des Heiligen Römischen Reiches, S. 42–44.

7 KITTEL, Erthal. – Genealogisches Handbuch des Adels 61. Limburg a. d. Lahn 1975. – BARTELS, Erthal.

8 KARL LOHMEYER, Der Hofkavalierarchitekt Philipp Christoph Reichsfreiherr von und zu Erthal 1689–1748 und die Erbauung des Erthaler Hofes in Mainz. In: Mainzer Zeitschrift 27 (1932), S. 33–54, hier bes. S. 39. – RENNER, Erthal. Persönlichkeitsentwicklung, S. 191. – BARTELS, Erthal. S. 13 f. – JOACHIM MEINTZSCHEL, Studien zu Maximilian von Welsch (Veröffentlichungen der Gesellschaft für fränkische Geschichte VIII/2). Würzburg 1963, S. 25, 123. – FRIEDHELM JÜRGENSMEIER, Politische Ziele und kirchliche Erneuerunsbestrebungen der Bischöfe aus dem Hause Schönborn im 17. und 18. Jahrhundert. In: Die Grafen Schönborn. Kirchenfürsten. Sammler. Mäzene. Nürnberg 1989, S. 11–23, hier S. 17. – WERNER LOIBL. Ideen im Spiegel. Die Spiegelkabinette in den fränkischen Schönborn-Schlössern. In: Die Grafen Schönborn . . . Nürnberg 1989, S. 80–90, hier S. 87.

9 RENNER, Erthal. Persönlichkeitsentwicklung, S. 192.

10 RENNER, Erthal. Persönlichkeitsentwicklung, S. 190. – Zu Karl Friedrich Wilhelm von Erthal, 1767–1780 Generalvikar des Würzburger Bischofs: Egon Johannes Greipl: Erthal zu Leuzersdorf (!) – Gochsheim, Karl Friedrich Wilhelm Reichsfrhr. von. In: GATZ, Die Bischöfe des Heiligen Römischen Reiches, S. 99. – BARTELS, Erthal, S. 11.

11 LOHMEYER (wie Anm. 8), S. 35 f.

12 LOHMEYER (wie Anm. 8), S. 37.

13 BARTELS, Erthal, S. 14.

14 LOHMEYER (wie Anm. 8), S. 48. – RENNER, Erthal. Persönlichkeitsentwicklung, S. 192.

15 StAB, Rep. B 24, Bamberger Hofdiarien, Bd. 3, pag. 568 (6. Februar 1739). – LOOSHORN, Bisthum Bamberg 7 a, S. 189. – Zu den beiden Brüdern Franz Ludwigs: BARTELS, Erthal S. 15–19. – Speziell zu Friedrich Karl Joseph: FRIEDHELM JÜRGENSMEIER, Erthal, Friedrich Karl Joseph, Reichsfreiherr von (1719–1802). In: GATZ, Die Bischöfe des Heiligen Römischen Reiches, S. 95–99. – Zu Nebel: FRIEDHELM JÜRGENSMEIER, Nebel, Christoph (1690–1769). In: GATZ, Die Bischöfe des Heiligen Römischen Reiches, S. 322.

16 RENNER, Erthal. Persönlichkeitsentwicklung, S. 193.

17 StAB, Rep. A 116, Bamberger Aufschwörungsurkunden und -akten, L. 1095 Nr. 240 c.

18 AUGUST AMRHEIN, Reihenfolge der Mitglieder des adeligen Domstiftes zu Wirzburg, St. Kilians-Brüder genannt, 2. Abth. In: AU 33 (1890), Nr. 997, S. 70. – RENNER, Erthal. Persönlichkeitsentwicklung, S 193.

19 StAB, Rep. B 86, Domkapitel Bamberg, Rezeßbücher, Nr . 68, fol. 112–114. Hier fol. 113 auch zur Zahlung des üblichen Statutengelds (20 Reichstaler) – StAB, Rep B 86. Domkapitel Bamberg, Nr 268 II (Aufschwörbuch 1732–1780), fol. 8. – Zu Johann Ludwig Christian von Erthal: RENNER, Erthal. Persönlichkeitsentwicklung, S 198–200. – BARTELS, Erthal S. 11.

20 LOHMEYER, (wie Anm. 8), S. 48.

21 RENNER, Erthal. Persönlichkeitsentwicklung, S. 194. – Zum Gymnasial- und Hochschulwesen der Jesuiten und der *Ratio studiorum* als Grundlage der Studien in den Kollegien der Jesuiten: RAINER A. MÜLLER, The Colleges of the „Societas Jesu" in the German Empire. In: I collegi universitari in Europa tra il XIV e il XVIII secolo. Atti del Convegno di studi della Commissione internazionale per la storia della Università Siena-Bologna 1988, ed. DOMENICO MAFFEI e HILDE DE RIDDER-SYMOENS. Mailand 1991, S. 173–184, hier S. 174–177. – RAINER A. MÜLLER, Hochschulen und Gymnasien. In: Handbuch der bayerischen Kirchengeschichte, Bd. 2, hrsg. von WALTER BRANDMÜLLER. St. Ottilien 1993, S. 535–556 (hier S. 538 Schema der Studien- und Fakultäteneinteilung). – GEORG M. PACHTLER, Ratio studiorum et institutiones scholasticae Societatis Jesu per Germaniam olim vigentes, 4 Bde. Berlin 1887–1894. – LADISLAUS LUKÁCS, Ratio studiorum (1586, 1591/92, 1599). Rom 1986. – Zur geistigen Situation in Mainz im 18. Jahrhundert: ANTON PHILIPP BRÜCK, Die Mainzer theologische Fakultät im 18. Jahrhundert. Beiträge zur Geschichte der Universität Mainz 2). Wiesbaden 1955. – HERMANN WEBER (Hrsg.), Tradition und Gegenwart. Studien und Quellen zur Geschichte der Universität Mainz mit besonderer Berücksichtigung der Philosophischen Fakultät, Bd. 1: Aus der Zeit der Kurfürstlichen Universität. Wiesbaden 1977.

22 StAB, Rep. B 86, Domkapitel Bamberg, Rezeßbücher, Nr. 71, fol. 81.

23 StAB, Rep. A ll6,. Bamberger Aufschwörurkunden und -akten, L. 1095 Nr. 240 i. – Das Residenzjahr begann hier jeweils am 24. Juli.

24 HESS, Matrikel, Nr. 7499. – Faksimile der Unterschrift: WEBER, Gelehrte Schulen, Anhang; dazu WEBER, Gelehrte Schulen I, S. 415; II, S. 763. – RENNER, Erthal. Persönlichkeitsentwicklung, S. 194. – Ein Studienplan des Bamberger Gymnasiums von 1646/47 gibt Auf-

schluß über die Lehrinhalte: PACHTLER (wie Anm. 21) III, S. 261. – MÜLLER, Hochschulen (wie Anm. 21), S. 541. – Zur Entwicklung der Hochschule in jener Zeit: FRANZ MACHILEK, Fürstbischof Friedrich Karl von Schönborn als Förderer der Academia Ottoniana. In: Ausstellungskatalog Academia Ottoniana, Nr. 11.

25 Die Vns in Wahrheit wunderwürdige nach L. Jahren geheiligte IVbel-Zeit, Da der Hochwürdigste eines Fürst und Herr Franz Ludwig [. . .] consecriret wurde. Druck: Bamberg 1779 (unpag.). Eingesehen wurde das Exemplar in: StAB, Rep. B 84, Domkapitel Bamberg, Wahl- und Sterbeakten der Bamberger Bischöfe, Nr. 28 I (unfol.). – Zu Gertner: LEITSCHUH, Erthal. Charakterbild. S. 11 f. – JÄCK, Pantheon, Sp. 315–317.

26 RENNER, Erthal. Persönlichkeitsentwicklung, S. 194.

27 Die Matrikel der Universität Würzburg, Bd. I/2, hrsg. von SEBASTIAN MERKLE. München/Leipzig 1922, Nr. 16345. – RENNER, Erthal. Persönlichkeitsentwicklung, S. 194.

28 LESCH, Neuorientierung, S. 183. – MÜLLER, Hochschulen (wie Anm. 21), S. 543.

29 LESCH, Neuorientierung, S. 74 f. – MACHILEK (wie Anm. 24). – Zu Friedrich Karls Verbindungen nach Wien: HUGO HANTSCH, Reichsvizekanzler Friedrich Karl Graf von Schönborn (1676–1746). Augsburg 1929. – FRIEDHELM JÜRGENSMEIER, Friedrich Karl von Schönborn. In: Fränkische Lebensbilder 12. Neustadt a. d. Aisch 1986, S. 142–162, hier S. 150. – MARGARITA MACHILEK, Zur Gestaltung und zum ikonographischen Programm der Fassade des Kapitelshauses. In: Generalinstandsetzung des staatseigenen Domkapitelhauses in Bamberg, Hrsg. Landbauamt Bamberg. Bamberg 1994, S. 79–90, hier S. 83. – Die Jesuiten und deren Schulsystem hatten in Bamberg erst vergleichsweise spät – unter Bischof Johann Gottfried von Aschhausen (1609–1622) – Fuß gefaßt: FRANZ MACHILEK, Modus et ratio in schola triviali vel seminario docendae iuventutis. Die Vorschläge des Nikolaus Curtius aus Borr für eine kombinierte humanistische Trivial- und Partikularschule in Bamberg (1576). In: HARALD DICKERHOF (Hrsg.), Bildungs- und schulgeschichtliche Studien zu Spätmittelalter, Reformation und konfessionellem Zeitalter. Wiesbaden 1994, S. 201–219.

30 LESCH, Neuorientierung S. 89.

31 FRANZ XAVER WEGELE, Geschichte der Universität Würzburg, T. 2: Urkundenbuch. Würzburg 1882 (Nachdruck Aalen 1969), Nr. 136, S. 323–349 (1731); Nr. 143, S. 356–397 (1734). – Die zweite Fassung wurde in veränderter Form 1743 gedruckt: OTTO MEYER (Hrsg.), Friedrich Karl von Schönborn, Fürstbischof von Würzburg und Bamberg: Studienordnung für die Universität Bamberg. Faksimile der ersten Auflage aus dem Jahr 1743. Würzburg 1980. – Zur Studienordnung von 1732/34: MERKLE, Aufklärung (wiederabgedruckt in: SEBASTIAN MERKLE, Ausgewählte Reden und Aufsätze, hrsg. von THEOBALD FREUDENBERGER. Würzburg 1965, S. 421–441), S. 430. – LESCH, Neuorientierung, S. 74–82. – ANTON SCHINDLING, Die Julius-Universität im Zeitalter der Aufklärung. In: Vierhundert Jahre Universität Würzburg. Eine Festschrift, hrsg. von PETER BAUMGART. Neustadt a. d. Aisch 1982, S. 77–127, hier S. 84 f. – NOTKER HAMMERSTEIN, Ius und Historie. Ein Beitrag zur Geschichte des historischen Denkens an deutschen Universitäten im späten 17. und im 18. Jahrhundert. Göttingen 1972.

32 SCHINDLING (wie Anm. 31), S. 84.

33 LESCH, Neuorientierung, S. 80.

34 LESCH, Neuorientierung, S. 84–89.

35 MACHILEK (wie Anm. 24). – Zur geistigen Situation in Würzburg im 18. Jahrhundert und zu den Voraussetzungen für das Fußfassen der Aufklärung sind nach wie vor die Ausführungen von MERKLE (wie Anm. 31) grundlegend. – Allgemein: LESCH, Neuorientierung. – SCHINDLING, (wie Anm. 31).

36 HELMUT WIESNER, Die Priesterbildung im Schatten von Aufklärung und Säkularisation. In: Seminarium Ernestinum. 400 Jahre Priesterse-

minar Bamberg, hrsg. von MICHAEL HOFMANN, WOLFGANG KLAUSNITZER, BRUNO NEUNDORFER. Bamberg 1986, S. 112–170, hier S. 134.

37 WEBER, Gelehrte Schulen I. S. 237 f. – LESCH, Neuorientierung, S. 183. – Wiesner (wie Anm. 36), S. 121. – Zu Hahn: LOOSHORN, Bisthum Bamberg 7 a, S. 152–155 und öfter – WACHTER, General-Personal-Schematismus, Nr. 3670.

38 Zu Würzburg: LESCH, Neuorientierung S 89.

39 RENNER, Erthal. Persönlichkeitsentwicklung, S. 194 . – Zu Neureuter: JOHANN GEORG MEUSEL, Lexikon der vom Jahr 1750 bis 1800 verstorbenen teutschen Schriftsteller. Bd. 1–15. Leipzig 1802–1816. Hier Bd. 10, S. 94 f.

40 RENNER, Erthal. Persönlichkeitsentwicklung, S. 194. – Zu Behlen: VON SCHULTE. In: ADB 2, Leipzig 1875, S. 282. – FRIEDHELM JÜRGENSMEIER, Behlen, Ludwig Philipp. In: GATZ, Die Bischöfe des Heiligen Römischen Reiches, S. 25 f.

41 ROTHLAUF, Lebensbeschreibung. S. 2.

42 RENNER, Erthal. Persönlichkeitsentwicklung, S. 194. – Nothgottes war z. B. auch für die Eichstätter Domherren ein beliebter Wallfahrtsort: HUGO A. BRAUN, Das Domkapitel zu Eichstätt. Von der Reformationszeit bis zur Säkularisation (1535–1806). Verfassung und Personalgeschichte (Beiträge zur Geschichte der Reichskirche in der Neuzeit 13). Stuttgart 1991, S. 81.

43 RENNER, Erthal. Persönlichkeitsentwicklung, S. 195.

44 Ausstellungskatalog Franz Ludwig von Erthal, Nr. 11 mit Abb. S. 26. – Stern war seit 1741 Mitglied der Congregazione dei Virtuosi: THIEME/BECKER, Bd. 32, S. 7 f.

45 LOHMEYER (wie Anm. 8), S. 37. – Farbabb. in: Altfränkische Bilder 64 (1965), Titelseite.

46 RENNER, Erthal. Persönlichkeitsentwicklung, S. 195.

47 ROTHLAUF, Lebensbeschreibung, S. 2. – RENNER, Erthal. Persönlichkeitsentwicklung, S. 195.

48 So z. B. RENNER, Erthal. Persönlichkeitsentwicklung, S. 194, Anm. 32.

49 MERKLE (zitiert nach dem Wiederabdruck wie Anm. 31), S. 431. – FRIEDRICH MERZBACHER, Johann Caspar Barthel (1697–1771). In: WDGB 39 (1977), S. 183–201, hier S. 198. – SCHINDLING (wie Anm. 31), S. 86–88; ANDREAS KRAUS, Im Vorhof der Toleranz. In: HJb 103 (1983), S. 56–75.

50 HERIBERT RAAB, Die Concordata Nationis Germanicae in der kanonistischen Diskussion des 17. bis 19. Jahrhunderts. Ein Beitrag zur episkopalistischen Theorie in Deutschland (Beiträge zur Geschichte der Reichskirche in der Neuzeit 1). Wiesbaden 1956. – HERIBERT RAAB, Die „katholische Ideenrevolution" des 18. Jahrhunderts. In: HARM KLUETING (Hrsg.), Katholische Aufklärung. Hamburg 1993, S. 103–118. – MERZBACHER (wie Anm. 49), S. 198 f.

51 Keine Verbindung mehr ergab sich in Würzburg mit dem zu den führenden Vertretern dieser Geistesrichtung zählenden Johann Adam Ickstatt (1702–1766), den Fürstbischof Friedrich Karl 1731 nach Würzburg geholt hatte, der die Universität aber bereits nach zehnjähriger Lehrtätigkeit wieder verlassen und der anschließend in München die Erziehung des Kurprinzen Max III. Joseph übernommen hatte: SCHINDLING Julius-Universität (wie Anm. 31), S. 85 f.

52 FLURSCHÜTZ, Verwaltung, S. 8, Anm. 20. – Fürstlichen Hochstifts Wirtzburg und Herzogthums Francken Hof-, Stands- und Staats-Calender 1756, S. 92. – RENNER, Erthal. Persönlichkeitsentwicklung, S. 195.

53 Zum Fürstbischof: Roda, Seinsheim, S. 41–51.

54 AMRHEIN (wie Anm. 18). – RENNER, Erthal. Persönlichkeitsentwicklung, S. 197. – Zu Gebsattel, 1748–1788 Weihbischof in Würzburg: EGON JOHANNES GREIPL, Gebsattel, Daniel Johann Anton, Reichsritter von. In: GATZ, Die Bischöfe des Heiligen Römischen Reiches, S. 146 f.

55 StAB, Rep. B 86, Domkapitel Bamberg, Rezeßbücher, Nr. 85, fol. 25.

56 RENNER, Erthal, Persönlichkeitsentwicklung, S. 197. – Angaben zur Würzburger Relatio status, zur Prokura für Franz Ludwig und zum

Ad-limina-Besuch in St. Paul am 15. Dezember 1758 bei BAUER, (wie Anm. 1), Nrn. 528–531, S. 276. Wohl erstattete Franz Ludwig bei dieser Gelegenheit auch die Relatio status über den Stand der Diözese Bamberg.

57 RENNER, Erthal. Persönlichkeitsentwicklung, S. 197.

58 StAB, Rep. B 23, Bamberger Korrespondenzen, Nr. 100, Brief vom 31. Januar 1759. – RENNER, Erthal. Persönlichkeitsentwicklung, S. 197. Anm. 60.

59 RENNER, Erthal. Persönlichkeitsentwicklung, S. 197, Anm. 56.

60 Farbabb. in: Altfränkische Bilder 64 (1965), letzte Seite. – Zu Treu: RODA, Seinsheim, S. 34.

61 RENNER, Erthal. Persönlichkeitsentwicklung, S. 200.

62 RENNER, Erthal. Persönlichkeitsentwicklung, S. 200. – Zu dem in Mainz geborenen, 1748–1788 als Weihbischof in Bamberg wirkenden Nitschke: FRITZ ARENS, Das Grabmal des Weihbischofs Heinrich Joseph von Nitschke in St. Gangolf zu Bamberg. In: BHVB 120 (1984), S. 457–462. – EGON JOHANNES GREIPL, Nitschke, Heinrich Joseph von. In: GATZ, Die Bischöfe des Heiligen Römischen Reiches, S. 324.

63 AMRHEIN (wie Anm. 18). – FLURSCHÜTZ, Verwaltung, S. 8. – GREIPL (wie Anm. 62), S. 324.

64 GREIPL (wie Anm. 2), S. 93.

65 FLURSCHÜTZ, Verwaltung, S. 8. – RENNER, Erthal. Persönlichkeitsentwicklung, S. 201.

66 RENNER, Erthal. Persönlichkeitsentwicklung, S. 201 f.

67 RENNER, Erthal. Persönlichkeitsentwicklung, S. 203.

68 Universitätsbibliothek Würzburg, M.ch.f. 584, pag. 394–402. – Ausstellungskatalog Franz Ludwig von Erthal, Nr. 39, S. 52; Abb. des ersten Artikels ebd. S. 85.

69 StAB, Rep. B 86, Domkapitel Bamberg, Rezeßbücher, Nr. 96, fol. 11.

70 FLURSCHÜTZ, Verwaltung, S. 8 f. – RENNER, Erthal. Persönlichkeitsentwicklung, S. 203.

71 LEITHSCHUH, Erthal. Charakterbild, S. 14, Anm. 1. – RENNER, Erthal. Persönlichkeitsentwicklung, S. 205.

72 RENNER, Erthal. Persönlichkeitsentwicklung, S. 204.

73 RENNER, Erthal. Persönlichkeitsentwicklung, S. 205, 209–211, 228. – Zum Reichskammergericht grundlegend: RUDOLF SMEND, Das Reichskammergericht, T. I: Geschichte und Verfassung. Weimar 1911 (Nachdruck Aalen 1965). – Zusammenfassend: ADOLF LAUFS, Reichskammergericht. In: Handwörterbuch zur deutschen Rechtsgeschichte IV. Berlin 1990, Sp. 655–662. – ELISABETH NOICHL, Einführung. In: Bayerisches Hauptstaatsarchiv. Reichskammergericht, Bd. 1, bearb. von BARBARA GEBHARDT und MANFRED HÖRNER (Bayerische Archivinventare 50/1). München 1994, S. XI–XVI. – BERNHARD DIESTELKAMP (Hrsg.), Das Reichskammergericht in der deutschen Geschichte. Stand der Forschung, Forschungsperspektiven. Köln – Wien 1990.

74 RENNER, Erthal. Persönlichkeitsentwicklung, S. 208 f.

75 RENNER, Erthal. Persönlichkeitsentwicklung, S. 210.

76 RENNER, Erthal. Persönlichkeitsentwicklung, S. 212.

77 RENNER, Erthal. Persönlichkeitsentwicklung, S. 214 ff.

78 RENNER, Erthal. Persönlichkeitsentwicklung, S. 224 f., 229.

79 RENNER, Erthal. Persönlichkeitsentwicklung, S. 225.

80 Zitiert RENNER, Erthal. Persönlichkeitsentwicklung, S. 229. – Dazu auch unten Kat.Nr. 12.

81 RENNER, Erthal. Persönlichkeitsentwicklung, S. 226 f.

82 RENNER, Erthal. Persönlichkeitsentwicklung, S. 228.

83 RENNER, Erthal. Persönlichkeitsentwicklung, S. 229.

84 RENNER, Erthal. Persönlichkeitsentwicklung, S. 229 f.

85 RENNER, Erthal. Persönlichkeitsentwicklung, S. 230.

86 RENNER, Erthal. Persönlichkeitsentwicklung, S. 230.

87 RENNER, Erthal. Persönlichkeitsentwicklung, S. 231.

88 Den Unterschied zu den Aufgaben in Wetzlar stellte Franz Ludwig

selbst in seinen Schreiben an die Domkapitel in Würzburg und Bamberg vor: RENNER, Erthal. Persönlichkeitsentwicklung, S. 230.

89 RENNER, Erthal. Persönlichkeitsentwicklung, S. 234 f.
90 ANDERLOHR, Erthal, S. 29 f.
91 RENNER, Erthal. Persönlichkeitsentwicklung, S. 237–241.
92 RENNER, Erthal. Persönlichkeitsentwicklung, S. 237.
93 RENNER, Erthal. Persönlichkeitsentwicklung, S. 241.
94 KERLER, Erthal, S. 11. – Zu Oberthür: OTTO VOLK (Hrsg.), Professor Franz Oberthür, Persönlichkeit und Werk (Quellen und Beiträge zur Geschichte der Universität Würzburg 2). Neustadt a. d. Aisch 1966. – HEINRICH POMPEY, Die Pastoraltheologie in Würzburg von 1773 bis 1803. In: WDGB 37/38 (1975), S. 3–55. – LESCH, Neuorientierung, S. 152–162. – KARL JOSEF LESCH, Oberthürs Polemik gegen die Theologie der Jesuiten und seine Bemühungen um eine Reform des Theologiestudiums. In: WDGB 37/38 (1975), S. 57–69. – ANDREAS KRAUS, Vernunft und Geschichte, Freiburg i. Br. 1963, passim. – SCHINDLING (wie Anm. 31), S. 91, 93–95.
95 KERLER, Erthal, S. 11 f.
96 KERLER, Erthal, S. 12.
97 KERLER, Erthal, S. 12.
98 BRÜCK (wie Anm. 21), S. 43 f., 46 ff., 57 ff. – PHILIPP SCHÄFER, Isenbiehl, Johann Lorenz. In: Marienlexikon 3 (1991), S. 321 f.
99 KERLER, Erthal, S. 12.
100 Zitiert bei RENNER, Erthal. Persönlichkeitsentwicklung, S. 195.

1 Franz Ludwig von Erthal

Vermutlich Johann Peter Wagner (1730–1809) oder dessen Schüler und Mitarbeiter Johann Baunach (1765–1828)
Würzburg, um 1780;
Stuckrelief, ohne farbige Fassung, in geschnitztem und vergoldetem Empirerahmen
H. 35 cm, Br. 25,5 cm
Kunstsammlungen des Historischen Vereins Bamberg e. V., Rep. 21/3, Nr. 136   Abb.

Quelle: Archiv des Historischen Vereins Bamberg, Rep. 20 Nr. 39.

Lit.: BHVB 2 (1838), S. 88. – 150 Jahre Historischer Verein Bamberg, Dokumente aus den Sammlungen. In: BHVB 116 (1980), S. 41. – Über die Familie Riboudet vgl. RUDOLF HERD in: Bamberger Kirchweihkalender 1959, S. 88.

Das weiße ovale Stuckrelief zeigt das nach rechts gerichtete Profil des Fürstbischofs. Das scharfgeschnittene Gesicht mit der auffallenden Nase strahlt Ernst und Würde, aber auch Güte aus. Der Bischof trägt einen faltigen, mit sorgfältig gearbeiteten Rüschen besetzten Talar, über den die Beffchen und das Pektorale herabhängen. Im unteren Bereich ist die Gestalt vom teilweise umgeschlagenen Rand eines hermelingefütterten Fürstenmantels umgeben. Das Stuckrelief schenkte um das Jahr 1835 „Madame Riboudet" dem Historischen Verein. Bei der Geberin handelt es sich um die am 2. Februar 1775 in Würzburg geborene Tochter Regina Margaretha Anna des Würzburger Hofbildhauers Johann Peter Wagner. Diese war mit dem aus Besançon/Dep. Doubs/Frankreich stammenden und in Bamberg ansässigen Galanterie- und Gemäldehändler Franz Riboudet (1758–1824) verheiratet und starb am 5. April 1847 in Bamberg. Durch die genau überlieferte Herkunft

Nr. 1

ist die Entstehung des Reliefs im Umkreis von Johann Peter Wagner sehr wahrscheinlich. Auch die künstlerische Gestaltung spricht dafür. Das ohne Rahmen 23,5 cm hohe Relief dürfte als Modell für eine Stein- oder Holzplastik gedient haben. Wegen der treffenden Wiedergabe des allseits verehrten Fürstbischofs wurde es vermutlich erst nach dessen Tod gerahmt und als Wandschmuck verwendet. Eine weitere Ausformung des gleichen Reliefs, die farbig gefaßt ist, befindet sich in Privatbesitz.   L. B.

2 Miniaturbildnis des Kurfürsten Friedrich Karl Joseph von Erthal

Heinrich Friedrich Füger (1751–1818)
Mainz, 1789
Miniatur auf Elfenbein
H. 14,8 cm, Br. 12,5 cm

Rahmen
Köln (?), um 1723–32
Kupfer, getrieben; Wappen Kupfer, getrieben und ziseliert, nachträglich
aufgesetzt
H. 24,6 cm, Br. 19,8 cm
Provenienz: Ehemals Sammlung Gräfin Almeida-Wrede, München. An-
kauf für Aschaffenburg 1956.

Museum der Stadt Aschaffenburg, Inv. Nr. Gemälde 20/56   Abb.

Lit.: Katalog der Miniaturen-Ausstellung. München 1912, Nr. 414. – JEAN
DE BOURGOING, Miniaturen von Heinrich Friedrich Füger und anderen
Meistern aus der Sammlung Bourgoing. Zürich – Leipzig – Wien (1925),
S. 42. – ERNST SCHNEIDER (Hrsg.), Schloßmuseum der Stadt Aschaffen-
burg. Bildführer. Aschaffenburg 1972, S. 25 (mit älterer Literatur). – Aus-
stellungskatalog Franz Ludwig von Erthal, Nr. 30. – Abb. in: Museen der
Stadt Aschaffenburg. Braunschweig 1985, S. 12. – Zu Friedrich Karl Jo-
seph von Erthal: NDB 5 (1961), S. 517f. – GATZ, Bischöfe des Heiligen
Römischen Reiches, S. 95–99 (mit weiterführender Literatur).

Die hochovale Miniatur zeigt den Mainzer Kurfürsten
und Wormser Bischof Friedrich Karl Joseph von Erthal
(1719–1802), den zweitältesten Bruder Fürstbischof
Franz Ludwigs, als 70jährigen, aufrecht in einem Sessel
sitzend, mit der rechten Hand zum Kurhut greifend, der

Nr. 2

auf einem Tisch steht. Als Zeichen seiner erzbischöflichen Würde trägt er das Pektorale, auf der linken Seite
seiner Brust das Kreuz des Deutschen Ordens, dessen
Hochmeister er war. Die Ähnlichkeit mit seinem Bruder
Franz Ludwig ist auffallend. Beide haben das gleiche
schmale Gesicht, das bei Friedrich Karl Joseph jedoch
durch die voluminöse Perücke etwas voller wirkt, vor allem aber die gleiche Nase.
Die nicht signierte und datierte, minuziös auf Elfenbein
gemalte Miniatur wird Heinrich Friedrich Füger zugeschrieben, der 1789 längere Zeit am Hofe des Mainzer
Kurfürsten weilte und Friedrich Karl Joseph mehrfach in
Miniatur, aber auch einmal in Lebensgröße malte.
Der mit durchbrochenem Akanthus- und Bandelwerk
verzierte Rahmen trägt oben das Wappen des Clemens
August von Bayern in seiner Eigenschaft als Erzbischof
von Köln, der 1723 gewählt wurde und bis 1761 regierte.
Als Clemens August 1732 Hochmeister des Deutschen
Ordens wurde, mußte sein Wappen mit dem Ordenskreuz
belegt werden, das hier aber noch nicht dargestellt ist.
Der Rahmen war deshalb wohl für eine zwischen 1723

und 1732 entstandene Miniatur dieses Kurfürsten geschaffen worden, die dann durch das Fügersche Porträt des Friedrich Karl Joseph von Erthal ersetzt wurde.

R.B.-F.

3 Miniaturbildnis des Mainzer Obersthofmeisters Lothar Franz von Erthal

Ende des 18. Jahrhunderts
Miniatur
H. 10,5 cm, Br. 8,6 cm (mit Rahmen)
Provenienz: Auf der Rückseite auf blauem Samt vermutlich um 1900 angebrachter, beschrifteter Aufkleber „M. 76 / Freih. v. Erthal / Sammlung Hoehne / Museum Berlin". – Sammlung Alois Lautenschläger, Aschaffenburg.

Museum der Stadt Aschaffenburg, Inv. Nr. Mi 46   Abb.

Lit.: Ausstellungskatalog Franz Ludwig von Erthal, Nr. 31. – Zu Lothar Franz von Erthal: KITTEL, Erthal, S. 229–248.

Das Brustbild des Lothar Franz von Erthal (1717–1805) ist in ein Hochoval eingestellt. Er hat seine Arme verschränkt, mit der linken Hand ergreift er ein aufgeschlagenes Buch. Diese Geste bringt eine gewisse Lebendigkeit in das Bild. Einen über 70jährigen glaubt man bei der Betrachtung des faltenlosen Gesichts nicht vor sich zu haben. Trotz seines fortgeschrittenen Alters hat sich Lothar Franz nach der neuen Mode gekleidet: Er trägt unter dem Spenzer kein Spitzenjabot mehr, sondern ein Halstuch; unter dem rechten Ärmel schaut allerdings noch eine kleine altmodische Spitzenmanschette hervor. Auf die Perücke hat er verzichtet.

Lothar Franz, der als letzter männlicher Nachkomme des Geschlechts der Freiherrn von Erthal 1805 starb, war der älteste Bruder Franz Ludwigs. Die gute Beziehung zu seinen beiden geistlichen Brüdern belegen seine Position zunächst als Obristkämmerer, später als Obersthofmeister am Mainzer Hof und die zahlreichen Besuche in Würzburg und Bamberg.

R. B.-F.

4 Miniaturbildnis der Maria Sophia von Erthal

Bamberg (?), um 1770/80
Deckfarben auf Pergament
H. 6,3 cm, Br. 4,6 cm
Provenienz: Aus der Sammlung des Apothekers Hans Sippel, Bamberg. 1913 mit der Sippelschen Sammlung für die Staatsbibliothek erworben.

Staatsbibliothek Bamberg, I R 251   Abb.

Lit.: FRANZ FRIEDRICH, Unveröffentlichte Bildnisse zur Bamberger Geschichte des 19. Jahrhunderts (I). In: BHVB 122 (1986), S. 86 f. – Zu Maria Sophia von Erthal: KITTEL, Erthal, S. 217–219.

Nr. 4

Die in ihrer Jugend nach einer Krankheit erblindete Schwester Franz Ludwig von Erthals, Maria Sophia (1725–1796), lebte bis zu ihrem Tod als Pensionärin im Englischen Institut in Bamberg. Die Bamberger Hofdiarien berichten des öfteren, daß sie von ihren Brüdern dort besucht wurde.

Die Miniatur zeigt eine junge Frau in einem grün-orangen Kleid, das mit einem schalartigen Kragen in Weiß und Rosa besetzt ist. Auf der hochaufgetürmten Frisur trägt sie eine ausladende weiße Haube mit rosa Besätzen. Die Frisur war um 1770/80, in Bamberg vielleicht noch etwas länger modern. Das jugendliche Gesicht der Porträtierten ist nur schwer mit dem tatsächlichen Lebensalter der damals 45–55jährigen in Einklang zu bringen. Die großen Augen, die das Gesicht beherrschen, sind auch nicht als die einer Blinden wiedergegeben. Es ist deshalb fraglich, ob die traditionelle Benennung der Miniatur stimmt.

R. B.-F.

5 Jugendbildnis des Franz Ludwig von Erthal

Ludovicus Stern (1709–1777)
Rom, 1753
Öl auf Leinwand
Signiert und datiert links unten am Tisch: *Ludovicus Stern Pic*(tor) *1753*
H. 135 cm, Br. 99,8 cm

Bayerische Staatsgemäldesammlungen München, Inv.Nr. 9804. Dauerleihgabe an die Bayerische Schlösserverwaltung (Aschaffenburg, Schloß Johannisburg). Abb.

Lit.: Bayerische Staatsgemäldesammlungen. Galerie Aschaffenburg – Katalog. München 1975, S. 180 f. (mit älterer Literatur).

Der junge Mann stützt sich mit dem rechten Arm auf einen Tisch, während er die linke Hand auf der Hüfte ruhen läßt. Sein Anzug mit der weit geöffneten Weste wirkt leger, wenn auch der Maler durch die weiche, malerische Darstellung die Kostbarkeit des Stoffes hervorhebt. Zu dieser Kleidung paßt der ernsthafte Ausdruck des jungen Mannes eigentlich nicht. Er sieht den Betrachter nicht an, sondern fixiert sinnend einen unbestimmten Punkt. Einen Hinweis auf seine Gedanken gibt vielleicht das aufgeschlagene Buch in seiner rechten Hand, in dem *Reflessioni sopra la Pittura moderna* zu lesen ist.

Wenn man die Lebensgewohnheiten des späteren Fürstbischofs als Maßstab nimmt, mag das Nachdenken des jungen Franz Ludwig von Erthal über die moderne Malerei verwundern. Wenig bekannt ist aber, daß sich 1795 im privaten Nachlaß Erthals von einst 117 noch 62 Gemälde befanden (siehe S. 268). Darunter waren als Nummer 70 und 76 auch je *ein Blumen Stuck v*[on]*Ludw*[ig] *Stern.* Sie werden allerdings nur mit je 15 fl. taxiert (StAB, Rep. B 84 Nr. 28 III, Wahl- und Sterbeakte Bamberger Bischöfe, fol. 568 r ff., hier fol. 569 v). Vielleicht hatte Franz Ludwig diese beiden Gemälde bei seinem Romaufenthalt 1753 erworben, als er sich von dem damals gerühmten Maler Ludwig Stern porträtieren ließ. R. B.-F.

6 Taufzeugnis für Franz Ludwig von Erthal zur Aufnahme als Domizellar in das Bamberger Domkapitel

Lohr, 15. Dezember 1739
Papier, Doppelblatt, eigenhändige Ausfertigung mit Unterschrift und aufgedrücktem Petschaftsiegel des Lohrer Pfarrers und Dekans Johannes Caspar Schlipp
RV: *Testimonium baptismi*
H. 33 cm, Br. 21 cm

Staatsarchiv Bamberg, Rep. A 116, Bamberger Aufschwörurkunden und -akten L. 1095 Nr. 240/a

Lit.: Ausstellungskatalog Franz Ludwig von Erthal, Nr. 25 a. – Zur Aufschwörung: RENNER, Erthal. Persönlichkeitsentwicklung, S. 193.

Bei Freiwerden eines Kanonikats am Domstift Bamberg mußte der durch den Turnar für den freien Platz im Chor benannte Kandidat selbst oder der ihn vertretende Prokurator dem Domkapitel neben der Ahnenprobe über acht adlige und stiftsgemäße Ahnen eine Reihe von Qualifikationsnachweisen beibringen. Erst nach Prüfung und Ratifikation dieser in Form von beglaubigten Zeugnissen vorzulegenden Unterlagen, der sog. Requisiten, durch das Kapitel wurde der Impetrant bzw. der ihn vertretende Prokurator zur Eidesleistung auf die Statuten und Gebräuche des Kapitels, die sog. Aufschwörung, zugelassen.

Von den für die Aufschwörung des Franz Ludwig von Erthal als Domizellar des Bamberger Domkapitels 1739/40 vorgelegten Requisiten werden in dieser Ausstellung vier von insgesamt acht vorhandenen Nachweisen gezeigt: ein Auszug aus der Taufmatrikel der für den Geburtsort zuständigen Pfarrei als Zeugnis des Taufvollzugs (vorliegende Kat.Nr. 6), das Zeugnis des Vaters über die eheliche Geburt und sein Alter (Kat.Nr. 7), ein Zeugnis über seine körperliche Integrität (Kat.Nr. 9) sowie die auf Pergament gemalten Wappen der Agnaten (Kat.Nr. 8). Nicht gezeigt werden hier das Zeugnis vom 13. Juni 1740 über die erste Tonsur (StAB, Rep. A 116 L. 1095 Nr. 240 c), das Agnatenzeugnis vom 13. Juni 1740 (*Testimonium ingenuitatis agnatorum*, Rep. A 116 L. 1095 Nr. 240 e), die undatierte Aufstellung mit dem Namen der vier adligen Juranten bei der Aufschwörung (Rep. A 116 L. 1095 Nr. 240 h) und das *Procuratorium* vom 17. Juni 1740 für den Bamberger Domvikar Johann Caspar Degen († 1762) (Rep. A 116 L. 1095 Nr. 240 g).

Das Taufzeugnis wurde von Pfarrer Johann Caspar Schlipp ausgefertigt, der Franz Ludwig neun Jahre zuvor selbst getauft hatte. Paten waren neben dem Mainzer Kurfürsten und Erzbischof Franz Ludwig von Pfalz-Neuburg (1729–1732) der Mainzer Domdekan Carl Joseph Emmerich von Breidbach-Bürresheim, der Domherr zu Bamberg und Würzburg Carl Dietrich von Aufseß sowie der Onkel des Taufkindes, Johann Philipp von Erthal, Kanoniker der Ritterstifte zu Comburg und Bleidenstadt. Als Stellvertreter (*patrinus secundarius*) der als Paten gebetenen hohen vier Geistlichen fungierte der kurfürstlich mainzische Rat Jacobus Barth, Kammerer und Zellerar zu Lohr. Gemäß der erforderlichen rechtlichen Form wird ausdrücklich angesprochen, daß das Kind aus einem legitimen Eheverhältnis (*ex thoro legitimo*) hervorgegangen ist. F. M.

Nr. 5

7 Zeugnis des Vaters über das Alter Franz Ludwigs zur Aufnahme als Domizellar

Lohr, 17. Juni 1740
Papier, Doppelblatt, eigenhändige Ausfertigung mit Unterschrift und aufgedrücktem Petschaftsiegel des Philipp Christoph von und zu Erthal
RV: *Testimonium aetatis*
H. 33,5 cm, Br. 20,5 cm

Staatsarchiv Bamberg, Rep. A 116, Bamberger Aufschwörurkunden und -akten, L. 1095 Nr. 240/b

Lit.: Ausstellungskatalog Franz Ludwig von Erthal, Nr. 25 b.

Während für die Aufnahme als Domizellar kein Mindestalter vorgeschrieben war, galt für die spätere Aufnahme als vollberechtigtes Mitglied des Kapitels seit dem Konzil von Trient (1545–1563) die Volljährigkeit, d. h. ein Alter von mindestens 14 Jahren, als Voraussetzung. F. M.

8 Namen und Wappen der Agnaten des Franz Ludwig von Erthal

Johann Philipp Stahl (1684–1756) zugeschrieben
Bamberg, 1740
Deckfarben auf Pergament
H. 54 cm, Br. 39 cm

Staatsarchiv Bamberg, Rep. A 116 Nr. 240/f   Farbtafel I

Lit.: Ausstellungskatalog Franz Ludwig, Nr. 25. – Zu den Agnatenwappen und ihrer Verwendung: RENATE BAUMGÄRTEL-FLEISCHMANN, Die Baugeschichte des Bamberger Domkapitelhauses und seiner Vorgänger. In: Generalinstandsetzung des staatseigenen Domkapitelhauses in Bamberg, Hrsg. Landbauamt Bamberg. Bamberg 1994, S. 58–61, hier Anm. 125. – Zu Johann Philipp Stahl: SITZMANN, Künstler, S. 526.

Wenn ein Domherr in Bamberg oder Würzburg aufgeschworen wurde, gehörte es zu den Formalitäten, daß die Ahnenprobe des neu Aufgenommenen nicht nur dem Domkapitel in schriftlicher Form vorgelegt, sondern auch der Öffentlichkeit durch einen gemalten Stammbaum bekanntgemacht wurde. Er wurde im Dombereich an gut sichtbarer Stelle angeschlagen (im Vorgängerbau des heutigen Kapitelhauses hatte man die vom Dom in den Kapitelsaal führende Tür dafür ausersehen). Daß auch die Ahnenprobe des Franz Ludwig von Erthal einmal so aufgehängt war, zeigen heute noch die Nagellöcher an allen vier Rändern des Pergaments.
Da der Bedarf an solchen Wappenblättern relativ groß war und das Domkapitel auf die korrekte Wiedergabe der einzelnen Wappen größten Wert legte, hatte man einen eigenen Wappenmaler angestellt. Um 1740 war es Johann Philipp Stahl, dem deshalb wohl auch der Bamberger Erthal-Stammbaum zuzuschreiben ist.
Die Namen und Wappen der Ahnen sind in einen Baum eingestellt, wobei das Wappen des jüngsten Glieds, eben

Franz Ludwigs, aber eigenartigerweise knapp über den Wurzeln steht, so daß man hier eigentlich nicht von einem „Stammbaum" sprechen kann. Der Baum verzweigt sich zunächst zweimal. An dieser Verzweigung sind die Wappen und die Namen der Eltern angebracht, über diesen die Namen und Wappen der vier Großeltern, darüber dann – dicht gedrängt – die acht Urgroßeltern mit ihren Namen und Wappen. Um in das Bamberger Domkapitel aufgenommen zu werden, mußten alle acht Ahnen „stiftswürdig" sein.
Bei der Aufnahme des Franz Ludwig von Erthal in das Domkapitel zu Würzburg wurde ebenfalls ein solcher Stammbaum angefertigt. In den Aufschwörungsakten des Franz Ludwig von Erthal liegt eine (wesentlich kleinere) Zeichnung seiner Agnaten, die die Unterschrift *affigiret d*(en) *28 t*(en) *Xbr*(is) *1739. B. Ditterich* trägt. Der Notar Balthasar Ditterich beglaubigte also, daß das Blatt am 28. Dezember 1739 angeschlagen wurde (StAW, Praebendalakten 76). Franz Ludwig wurde aber in Würzburg erst am 1. Februar 1740 Domizellar, da sich wegen der Resignation seines Bruders Friedrich Karl Joseph zu seinen Gunsten formale Schwierigkeiten ergeben hatten (StAW, Würzburger Domkapitelprotokolle 1739, S. 1236 f., S. 1345 f.; 1740, S. 115 ff.). Auch diese Agnaten waren öffentlich ausgehängt worden, wie die Nagellöcher beweisen. R. B.-F.

9 Zeugnis über das Freisein von körperlichen Mängeln bei Franz Ludwig von Erthal anläßlich der Aufnahme als Domizellar

Mainz, 13. Juni 1740
Papier, Doppelblatt, Ausfertigung mit eigenhändigen Unterschriften und aufgedrückten Petschaftsiegeln des Lothar Carl Frhr. von Bettendorf und Philipp Graf von Ingelheim
H. 33 cm, Br. 20,5 cm
RV: *Testimonium non vitiati corporis*

Staatsarchiv Bamberg, Rep. A 116, Bamberger Aufschwörurkunden und -akten. L. 1095 Nr. 240/d

Lit.: Ausstellungskatalog Franz Ludwig von Erthal, Nr. 25 d.

Das Freisein von auffallenden körperlichen Mängeln mußte in Bamberg wie anderwärts entsprechend dem allgemein geltenden Kirchenrecht nachgewiesen werden. F. M.

24

DANIEL JOANNES ANTONIUS DE GEBSATTEL,

Dei, & Apoſtolicæ Sedis Gratiâ Epiſcopus Sigenſis, Reverendiſſimi & Cel-ſiſſimi S. R. I. Principis ac Domini, Domini ADAMI FRIDERICI, Epi-ſcopi Herbipolenſis, Franciæ Orientalis Ducis &c. &c. Suffraganeus, Equeſtris Eccleſiæ ad S. Burckardum Canonicus Capitularis & Cuſtos, Reverendiſſi-morum & Celſiſſimorum Epiſcoporum & Principum Bambergenſis & Herbipolenſis Conſiliarius Intimus. Univerſis & ſingulis hasce noſtras litteras viſuris, lecturis, ſeu legi audituris notum facimus, atque tenore præſentium teſtificamur: Nos Anno Do-mini milleſimo ſeptingenteſimo quinquageſimo *6to 21mo Novembris Feſto praeſentationis BVM. in Sacello domeſtico Dilecto nobis in Chriſto Adm Reverendo ac Perilluſtri Domino Francisco Ludovico Carolo L. B. de et in Erthal Eccleſiæ Imperialis Bambergenſis, et Cathedralis Herbipolensis Canonico Domicell:* legitimè præſentato, ſufficientibusque fidei dignorum teſtimoniis de vitæ, morumque honeſtate commendato, examinato, idoneo reperto, & admiſſo *Sacrum Sub-Diaconatus ordinem* — — — — — — — —

cum neceſſariis cæremoniis, atque ſolemnitatibus, in ſimilibus ſecundum Sanctæ Ca-tholicæ Apoſtolico-Romanæ Eccleſiæ ritum, morem, & conſuetudinem adhiberi ſo-litis, cooperante nobis Spiritûs Sancti Gratiâ, canonicè contuliſſe, atque in Domino ordinâſſe. In cujus fidem has præſentes propriâ manu ſubſcripſimus, Sigilloque no-ſtro, ac Subſcriptione Secretarii Conſilii Eccleſiaſtici munitas extradi fecimus, Anno, Menſe, & Die quibus ſupra.

Nr. 10

---

10 Zeugnis über die Subdiakonatsweihe des Franz Ludwig von Erthal

Bamberg, 21. November 1756

Druck, Papier, einfach gefaltet, mit eigenhändiger Unterschrift und dem Blatt aufgedrücktem Siegel (über Wachs) des Daniel Johannes Antonius von Gebsattel, Bischofs von Siguitana (in Numidien, *Sigenensis*) und Weihbischof in Würzburg, Kustos des Ritterstifts St. Burkard zu Würz-burg und fürstbischöflich-bambergischer und würzburgischer Rat
H. 17,5 cm, Br. 20 cm

Staatsarchiv Bamberg, Rep. A 116, Bamberger Aufschwörurkunden und -akten, L. 1095 Nr. 240/k   Abb.

Lit.: RENNER, Erthal. Persönlichkeitsentwicklung, S. 197. – Ausstellungs-katalog Franz Ludwig von Erthal, Nr. 25 k.

Mit dem vorliegenden Zeugnis bestätigt Daniel Johannes Antonius von Gebsattel, Weihbischof in Würzburg, dem Domizellar Franz Ludwig von Erthal am Fest der Opfe-rung Marias des Jahres 1756 in seiner Hauskapelle die Subdiakonatsweihe erteilt zu haben.   F. M.

25

11 Porträt Franz Ludwig von Erthal als junger Mann

Nikolaus Treu (1734–1786)
Rom, 1759
Öl auf Leinwand
Inschrift (auf dem Zifferblatt der Tischuhr): *PINXIT 1759*, ein Zeiger weist auf die Ziffer III = *Trey*, wie der Maler unterschrieb.
H. 120,0 cm, Br. 95,0 cm

Mainfränkisches Museum Würzburg, Inv. Nr. S. 48572   Farbtafel II

Lit.: MAX H. VON FREEDEN (Hrsg.), Aus den Schätzen des Mainfränkischen Museums Würzburg. Würzburg 1976 3, Nr. 43 (mit Abb., dort weitere Literatur).

Das Porträt zeigt Franz Ludwig von Erthal während seines zweiten Rom-Aufenthaltes, der von 1758 bis 1760 dauerte. Zuvor war er 1755 in Würzburg zum Hofrat ernannt worden und 1757 in Bamberg Kapitular geworden. Im Gegensatz zu seiner ersten Reise in die Ewige Stadt auf seiner Kavalierstour 1753, während der er sich ebenfalls hatte porträtieren lassen (vgl. Kat.Nr. 5), war er nun in offizieller Funktion in Rom: Erthal hatte als Vertreter seines Fürstbischofs eine wichtige Relation an Papst Clemens XIII. zu erstatten. Trotz der legeren Kleidung mit aufgeknöpfter Weste und der selbstbewußt-entspannten Haltung finden sich deutliche Hinweise auf diesen offiziellen Charakter seines Aufenthaltes in Rom im Ambiente: in den Manuskripten auf dem Schreibtisch und in seiner Hand, im Schreibzeug, in den Büchern und auch im dienstbaren Sekretär hinter Erthal.
Der 1734 in Bamberg geborene Maler Nikolaus Treu wurde von Fürstbischof Seinsheim nach Würzburg berufen. Treu hielt sich 1759 in Rom auf, eine spätere Studienreise führte ihn auch nach Paris. Er ist vor allem als Porträtmaler in Erscheinung getreten und entwickelte eine Vorliebe für verschlüsselte Signaturen, wie sie auch auf diesem Bild im Zifferblatt der Tischuhr zu finden ist. Am Würzburger Hof erreichte er die Positionen des Kammerdieners, Hofmalers und Galerie-Inspektors.

F. v. d. W.

12 Ernennung des Franz Ludwig von Erthal zum kaiserlichen Reichstagskommissar in Regensburg

a. Reskript Kaiser Josephs II. an den kaiserlichen Prinzipalkommissar beim Immerwährenden Reichstag zu Regensburg Carl Anselm Fürst von Thurn und Taxis (1733–1805)
Wien, [5. November] 1775

b. Im Namen des Kaisers ausgefertigte Instruktion für Franz Ludwig von Erthal als kaiserlicher Konkommissar bei der allgemeinen Reichsversammlung zu Regensburg
Wien, 22. Dezember 1775

Abschrift, 19. Jahrhundert, Pap., 3 Bll., a und b aneinandergeschrieben
H. 36 cm, Br. 22 cm

Staatsbibliothek Bamberg, Msc. Misc. 79/II,2

Einschlägige Aktenstücke: Wien, Haus-, Hof- und Staatsarchiv, Prinzipalkommission, Personalsachen A–K (1766–1803), Nr. 4 a.

Lit.: RENNER, Erthal. Persönlichkeitsentwicklung, S. 229 f. – Ausstellungskatalog Franz Ludwig von Erthal, Nr. 40. – Zum Prinzipalkommissar: MAX PIENDL Das Fürstliche Haus Thurn und Taxis. Regensburg 1980.

Der Tod des Konkommissars am Immerwährenden Reichstag August Friedrich Graf von Seydewitz (1695–1775) gab Franz Ludwig von Erthal die Möglichkeit zum Wechsel von Wetzlar nach Regensburg. Eine entscheidende Rolle bei der Entscheidung des Wiener Hofes für ihn wird dem Reichsvizekanzler Franz de Paula Fürst von Colloredo-Man(n)sfeld (1731–1807) zugeschrieben. Das im Namen des Kaisers ausgefertigte Reskript würdigte besonders die jenem *beiwohnenden fürtrefflichen Eigenschaften und in allermildesten Anbetracht der von solchem als vnserm kaiserlichen gewesenen Commissario bei der annoch fürdauerndem Kammergerichts-Visitation bereits in das achte Jahr zur Wohlfahrt des Vaterlands und zu Unserer gnädigsten Zufriedenheit gesammelten rühmlichen Verdienste.*
In der Instruktion wird dem *Con-Commissarius* in § 5 als Richtschnurr aufgegeben, *auf die vorhandene Reichsgesetze und deren genaue Erfüllung mit unveränderlicher Standhaftigkeit vest zu bestehen, als wodurch alleinig die Reichs Verfassung zur allgemeinen Ruhe und Sicherheit aufrecht erhalten werden kann, auch hierin der wichtigste Theil Unseres Kayserlichen obristhauptlichen Ambts vor das Wohl des deutschen Vatterlandes beruhet und Uns obliegt.*
Weitere Punkte der Instruktion betreffen die Beglaubigung des Konkommissars (§ 2), das Zeremoniell (§ 3), die Aufsicht über *sämtliche Unserer Kayserlichen Principal-Commission gehörige Acten* und die Kanzleiordnung (§ 4) sowie die Abfassung von Berichten (§ 6).   F. M.

13 Gratulationsmedaille der Reichstagsgesandten zu Regensburg auf die Wahl Franz Ludwigs zum Fürstbischof von Würzburg

Johann Martin Bückle (1742–1811)
Durlach, 1779
Silber
Durchmesser: 44 mm
Avers: Bild des neuen Fürstbischofs mit der Legende *FRANC[iscus]. LVD[ovicus]. PHIL[ippus]. CAR[olus]. ANT[onius]. L[iber]. B[aro]. AB ERTHAL.* Im Abschnitt auf dem Arm des Fürstbischofs liest man *BUCK-LE.*

Nr. 13   Nr. 13

Revers: D[ei]. G[ratia]. / EPISCOPVS / WIRCEBVRGENSIS / S[acri]. R[omani]. I[mperii]. *PRINCEPS / FRANCIAE ORIENTALIS / DUX. / EL- ECTVS / D[ie]. XVII. MARTII / MDCCLXXIX*

Mainfränkisches Museum Würzburg, Münzen- und Medaillensammlung
Abb.

Lit.: HELMSCHROTT, Münzen, Nr. 865. – Zu Johann Martin Bückle: THIE- ME/BECKER, Bd. 5, S. 189.

Als Franz Ludwig am 18. März 1779 einstimmig zum Fürstbischof von Würzburg gewählt wurde, ließen seine Kollegen beim Reichstag es sich nicht nehmen, zu seinen Ehren eine Medaille auf dieses Ereignis prägen zu lassen. Ausführender Künstler war Johann Martin Bückle, der zu dieser Zeit in Durlach arbeitete.   B. W.

HERBERT SCHOTT

Franz Ludwig von Erthal und seine Wahlkapitulation für das Domkapitel zu Würzburg 1779

Am 18. Februar 1779 war Adam Friedrich von Seinsheim, Fürstbischof von Würzburg und Bamberg, verstorben. Bereits am nächsten Tag kam Franz Ludwig von Erthal nach Würzburg, und wieder einen Tag später soll ihn der kaiserliche Wahlkommissar Ried als künftigen Bischof von Würzburg bezeichnet haben. Der Reichsfreiherr Voit von Salzburg schrieb am 23. Februar 1779 an den Mainzer Erzbischof, Franz Ludwig sei *das erledigte Fürstentum Würzburg ganz verdientermaßen schier einstimmig zugedacht*[1]. Lange Zeit fehlte Franz Ludwig zur Einstimmigkeit nur eine Stimme, die er bei der Wahl am 18. März 1779 dann auch noch erhielt[2]. Am 26. Februar 1779 wurden vom Domdechanten zwei Kapitulare, nämlich Lothar Franz Philipp Karl Heinrich von Greiffenclau und Georg Karl von Fechenbach, zu *einrichtung der monitorum episcopalium ernennet*[3]. Diese beiden konferierten mit Domkapitular von Wolfskeel. Sie kamen zu der Ansicht, die Monita des Vorgängers seien *so viel thunlich* beizubehalten und es sei nicht so viel darin zu ändern; sollte etwas angefügt werden, dann solle man darauf sehen, *ob es auch practicable seye*[4].

Am 8. März 1779 ging das Domkapitel in Capitulo die Monita des Adam Friedrich von Seinsheim durch und änderte bzw. ergänzte einige Punkte, am 12. März wurden einige zusätzliche Änderungen vorgenommen. Der Wahlvorgang wurde in den *Observanda in die electionis quoad capitulum* in 26 Punkten festgelegt. Punkt 25 lautete: *Die monita capitularia in duplo und besiegeln solche mit ihren insiegel, welche vorhero, sobald sie werden gefertiget seyn, ad statum legendi vom syndico werden überreichet werden*. Die vollständige Festlegung des Wahlvorganges, auch der Punkt bezüglich der Monita, wurde am 16. März vom Syndikus im Domkapitel verlesen und mit einigen Bemerkungen approbiert[5]. Franz Ludwig von Erthal war am 26. Februar, d. h. bei der Bestimmung der beiden Kapitulare für die Überarbeitung der Kapitulation, wie die Monita gemeinhin hießen, am 12. März bei der Beratung noch ausstehender Bestimmungen und am 16. März bei der Verlesung der Angaben zum Wahlvorgang im Domkapitel anwesend, bei der Sitzung, bei der über die meisten Monita diskutiert wurde, fehlte er – obwohl er wußte, daß er der nächste Bischof sein werde[6]. Das heißt, er war zumindest bei einem Teil der Beratungen über seine Wahlkapitulation anwesend und hätte Zeit genug gehabt, sie en détail zu studieren.

Franz Ludwig wurde dann am 18. März gewählt. Nach der Wahl nahm er die Wahl formell an, der kaiserliche Wahlkommissar wurde benachrichtigt, die Wahl in der Domkirche publiziert. Anschließend erfolgten die *professio fidei* und das *iuramentum episcopale*. Erst dann sollte er die Monita unterschreiben. Bevor er dies tat, gab er dem Domkapitel *zu erkennen*, daß er zwar die Monita durchgegangen wäre, aber die Zeit sei zu kurz gewesen, alle Punkte zu überlegen, jedoch hätte er *bey der geschwinden durchgehung derselben gefunden, daß verschiedene puncta in den monitis enthalten seyen, welche entweder gar niemahlen in ausübung, oder aber schon lang ausser übung gekommen, oder nicht practicabel wären*. Als Beispiele führte er an: *das subsidium charitativum der geistlichkeit, die landsperr, die besoldung und addition der räthen, die annahm der stifftmäsigen landeskinder in hiesiges fürstliche seminarium quoad alumnos nobiles etc.* Er äußerte den Wunsch, *daß über die einen anstand noch leidende puncten ein gewisses vestgesetzet werde, worzu höchst dieselbe, wann ein hochwürdiges domcapitul es an die würde gelangen lassen, die hand zu biethen, jederzeit bereitwillig seyn würden.* Unter dem Vorbehalt dieser Erklärung unterschrieb er die Monita zweifach und ließ sein Siegel mit seinem Wappen durch den Syndikus aufdrücken[7]. Auch in Bamberg mußte Franz Ludwig sog. *Domkapitulische ohntadelhafte Anerinnerungen* unterschreiben, er konnte aber den Hinweis auf die Wahlkapitulation im Wahleid verhindern. Das Bamberger Domkapitel hatte auf die vorherige Verlesung der Kapitulation in Capitulo verzichtet, da sie Franz Ludwig bereits bekannt sei[8].

Die Bamberger Wahlkapitulation umfaßte 19 Paragraphen, die Würzburger immerhin noch 58. Friedrich Karl Joseph von Erthal, der ältere Bruder des Franz Ludwig, seit 1774 Erzbischof von Mainz, war bezüglich seiner Wahlkapitulation ganz anderer Meinung als der neue Würzburger Bischof. Der Mainzer Erzbischof erklärte den Domherren, die „fünf Tage nach seiner Wahl dem Erzbischof die Kopie des Wahlgedinges überbrachten", daß er zukünftig „selbst die Auszüge aus der Kapitulation den verschiedenen Behörden und Beamten zukommen lassen" wolle[9]. Das Verhalten des Franz Ludwig war eine

Ausnahme, zumindest in Würzburg ist kein ähnlicher Fall bekannt. Doch ist auf die Erkenntnisse JOHANN JACOB MOSERS zu verweisen, der schreibt: *Doch weißt man auch von allerley Chur- und Fürstlichen geistlichen Wahlen, daß, nach würcklich geschehener Wahl und ergriffener Possession, man nachmals nichts mehr von Unterschreibung einer Wahl-Capitulation, und noch vil weniger von deren Verbindlichkeit, etwas hat wissen wollen*[10].

Die Würzburger Bischöfe mußten seit 1225 eine Wahlkapitulation akzeptieren[11], in fast allen Hochstiften des Reiches wurden sie im Mittelalter eingeführt, die Kaiser mußten seit dem 16. Jahrhundert eine Wahlkapitulation annehmen, auch für wichtige Funktionsträger im Domkapitel oder in Nebenstiften mußte eine Kapitulation unterzeichnet werden. Z. B. ist die Kapitulation des Karl Friedrich Wilhelm von Erthal für das Amt eines Propstes des Würzburger Kollegiatstifts Haug aus dem Jahre 1780 erhalten[12]. Nach der bekannten Definition des Staatsrechtlers JOHANN JAKOB MOSER aus dem Jahre 1775 ist eine Wahlkapitulation ein *Vergleich zwischen einem geistlichen Reichsstand und seinem Kapitel, in welchem bedungen wird, wie solcher Stand seine Regierung so wohl überhaupt, als auch in denen besonders benambsten Stücken führen sollte*[13]. MOSER hält die Wahlkapitulationen grundsätzlich für rechtmäßig und verbindlich, außerdem für an und für sich nützlich und nötig, um Regenten davon abzuhalten, zu üppig und zu verschwenderisch zu leben, zu viele Schulden zu machen, mit den Nachbarn Streit anzufangen. Allerdings warnt er auch vor dem Mißbrauch der Kapitulationen.

Je nach Sichtweise wird die Beschränkung der Möglichkeiten der Bischöfe, gestaltend oder reformierend zu wirken, als positiv oder negativ beurteilt. Letztere Meinung wurde vor allem von Zeitgenossen Erthals vertreten, da die Domkapitel nicht gerade im Ruf standen, die Aufklärung oder den sog. Fortschritt zu befördern. Schon JOHANN ADAM FREIHERR VON ICKSTATT, bis Januar 1741 Professor an der Universität Würzburg, wandte sich 1765 gegen *eine Dom-Capitularische Ober-Herrschaft*, die Wahlkapitulationen der Domkapitel würden *mehr auf die Beförderung des besonderen Dom-Capitularischen als des gantzen Landes Besten* abzielen[14]. SARTORI meinte in seiner Antwort auf das berühmte Preisausschreiben des Herrn VON BIBRA im Journal von und für Deutschland, daß die Kapitulationen *mit einem Hauptfehler behaftet (seien), bey dem der Staat immer mehr verliert, als er durch dieses Zwangsgesetz jemals gewinnen kann. Die Freyheit, Gutes zu thun, wird dem Regenten dadurch benommen...*[15]. Wahlkapitulationen waren nach RUDOLF VIERHAUS „ein systembedingtes Mittel nicht einmal so sehr der Begrenzung herrschaftlicher Gewalt als vielmehr der Sicherung überkommener und erworbener Rechte

und Besitzstände sowie der Einflußnahme der Kapitel auf die Regierung"[16]. Der Absolutismus wurde durch die Domkapitel, wie GERD ZIMMERMANN wohl nicht nur in Bezug auf Bamberg meint, „gezähmt"[17]. Im Hochstift Würzburg gab es seit 1701 keinen Landtag mehr, das Domkapitel und seine Rechte, vorzugsweise in den Wahlkapitulationen und in den Regierungsrechten während der Interregna ausgeübt, waren alles, was von der Ständeverfassung übrig geblieben war. Das Domkapitel mußte daher für eine Begrenzung sonst weitgehend unbeschränkter Macht des Bischofs sorgen.

Ende des 17. Jahrhunderts waren in Würzburg die Auseinandersetzungen zwischen dem Domkapitel und den Bischöfen eskaliert. Der Streit spitzte sich seit 1686 wegen der Frage des Würzburger Oberrates zu, dieser Streitpunkt wurde rasch mit anderen, etwa der Frage des Subsidium charitativum, Akzis und Umgeld, verschiedener Kammersachen, vermengt und zum Grundsatzstreit. Bischof Johann Gottfried von Guttenberg wollte eine *Capitulatio perpetua*, um zukünftigem Streit aus dem Wege zu gehen, doch der Papst lehnte ab. Auf Wunsch der Kardinalskongregation erließ Papst Innozenz XII. am 22. September 1695 die Bulle *Ecclesiae catholicae*, meist kurz Innocentiana genannt, die Kapitulationen und Verträge **vor** der Wahl eines Bischofs streng verbot; wurde **nach** der Wahl ein Vertrag abgeschlossen, mußte er, um gültig zu sein, von Rom geprüft und gebilligt werden. Am 11. September 1698 erließ Kaiser Leopold I. ein analoges Edikt, es wird meist Leopoldina genannt[18].

Leopold ging aber dann noch einen Schritt weiter: am 11. November 1698 schrieb er an den Würzburger Bischof Johann Gottfried, er habe mißfällig wahrgenommen, daß die Domkapitel durch Kapitulationen versuchten, von gewählten oder postulierten Bischöfen die vom Kaiser *ihnen zu lehen verliehenen regalien undt weltlichkeiten im grossen theil ab- und ahn sich* (zu) *zihen* und in ein Kondominium einzudringen, wodurch die Bischöfe als Fürsten eingeschränkt würden. Kaiser Leopold sprach dem Würzburger Domkapitel das Recht ab, sich in Rechte oder Dinge einzumischen, die des Kaisers seien; Abmachungen dazu, egal ob vor oder nach der Wahl, seien null und nichtig. Der Bischof von Würzburg müsse jeweils die *capitulationes, concordata, beding oder dergleichen* an den Kaiserhof schicken, dort werden sie so geprüft, daß weder Bischof noch Domkapitel Grund zur Beschwerde haben würden[19].

Nach dem kurz danach erfolgten Tod des Würzburger Bischofs wurde keine Wahlkapitulation mehr abgeschlossen, zumindest nicht der Bezeichnung nach. Die Verträge, die man abschloß, nannte man „Projekt", „Contestatio" oder „Monita", in anderen Hochstiften „Anerinnerungen". Es gab sie aber in Würzburg bis zum letzten Fürstbischof Georg Karl von Fechenbach, der seine Wahlkapitulation 1795 unterschrieb. In den Domkapitelsprotokollen wird, sofern auf die Kapitulationen außerhalb der Verhandlungen über sie Bezug genommen wird, meist weiterhin der Ausdruck Kapitulation gebraucht[20]. Die Ansicht ABERTS, die Innocentiana bzw. Leopoldina hätten dem „Würzburger Kapitualationswerk einen tödlichen Stoß versetzt"[21], ist nicht haltbar. JOHANN JACOB MOSER sah das 1775 realistisch: *ich weiß aber nicht anderst, als daß die Domcapitul hierinn dem Pabst ungehorsam seynd, dannoch ihren alten Gang fortgehen, und es darauf wagen, ob es ad statum contradictionis kommen werde oder nicht*[22].

Die Stellung des Würzburger Domkapitels war angesehen, seine Macht war nicht zu unterschätzen. Adam Friedrich von Seinsheim, der Amtsvorgänger Franz Ludwigs, bezeichnete den Bischof als das Haupt und das Domkapitel als die Glieder[23]. Das Würzburger Domkapitel bezeichnete sich als *Erbmutter* der Regierung, Macht und Gewalt seien *devolvirt* (so 1719) oder *revolviret* (so 1724). Es sagte von sich, daß es im Interregnum zwischen dem Tod eines Fürstbischofs und der Wahl seines Nachfolgers *die landesherrschaft repraesentiret*[24]. Das Würzburger Domkapitel strebte anders als noch im 17. Jahrhundert kein Kondominium mit dem Bischof an, was sich darin zeigt, daß es 1756 eine Passage aus dem Eid des Stadt- und Schloßkommandanten strich, die es offenbar vergessen hatte: *oder also regiereten, das ernanntes Dom Capitul aus rechtmässigen ursachen Ihro hochfürstl. Gnaden länger zu regieren nicht gedulten*[25]. Eine Absetzbarkeit des Bischofs auch bei Nichteinhaltung von Abmachungen wie einer Wahlkapitulation war nicht mehr denkbar. Im Interregnum nahm das Domkapitel auch hohe Beamte an, es ließ alle wichtigen Funktionsträger verpflichten, manchmal – so 1729 – erhöhte es auch Steuern[26].

Das Verhältnis der Würzburger Bischöfe zu ihrem Domkapitel war im 18. Jahrhundert nicht immer ungetrübt, die weitaus größten Streitereien gab es mit Johann Philipp Franz von Schönborn 1724. Der Reichshofrat stärkte durch mehrere Urteile ab 1759 die Stellung der Bischöfe gegen ihre Domkapitel, zum einen durch eine Beschränkung von deren Rechten, während des Interregnums gestaltend zu wirken oder auch nur neue Minister oder Räte zu ernennen, zum anderen wurde ihnen regelrecht untersagt, sich nach der Wahl eines Bischofs noch in seine Führung der Regierungsgeschäfte einzumischen[27]. Auf diesem Hintergrund ist das Verhalten Franz Ludwigs und seines Domkapitels zu verstehen.

Was war nun der Inhalt der Wahlkapitulation Franz Ludwigs für das Würzburger Domkapitel? Die Wahlkapitulation ist geschrieben in der Form eines Libells, eingefaßt in einen mit rotem Leder überzogenen und goldfarben verzierten Einband, der weitaus weniger prächtig wirkt als der Einband einer Kapitulation des 17. Jahrhunderts. Die Kapitulation ist nur mehr auf Papier, nicht mehr auf Pergament geschrieben, sie trägt die Unterschrift des *electus episcopus* Franz Ludwig und sein aufgedrücktes Siegel. Auf 70 Seiten werden neben einer Vorrede 58 Paragraphen abgehandelt. In der Vorrede wird in allgemeinen Formulierungen begründet, warum die Kapitulation – der Begriff wird übrigens in der ganzen Urkunde nicht gebraucht – abgeschlossen wird. Als besondere Gründe für die Abfassung werden die Wohlfahrt der Kirche, Heil und Aufnahme des Hochstifts, Trost und Befriedigung der Untertanen und die gute Harmonie zwischen Haupt und Gliedern genannt. Deshalb wolle man dem neuen Bischof *erinner- und anmahnungen* vorlegen, die er zu unterschreiben und *verbindlich zu halten haben wird*, denn sie würden ja nicht irgendeinem Privatnutzen dienen, sondern lediglich das *bonum episcopatus et principatus zum zweck haben*. Die Abmachungen seien in altem Herkommen gegründet, sie seien weder vom Papst noch vom Kaiser *in substantialibus immer improbiret* worden. Das Domkapitel mußte sich angesichts der Innocentiana bzw. Leopoldina in seinem Sprachgebrauch etwas winden, doch in der Sache blieb man hart[28].

Der Inhalt der Wahlkapitulation des Franz Ludwig ist sehr vielfältig, thematisch zusammengehörende Punkte sind verstreut. Die wesentlichen Punkte können in folgenden Gruppen zusammengefaßt werden: 1. Rechte des Domkapitels im allgemeinen, 2. Jurisdiktion, 3. Klöster/Stifte/Stiftungen, 4. Behörden in Würzburg, 5. Adel, 6. Außenpolitik, 7. Finanzen, 8. Bischof.

Die Bestimmungen über die Rechte des Domkapitels umfassen Aussagen über das Domkapitel und die Kapitulare, das Personal des Domkapitels und einzelne Rechte in bestimmten Orten oder Gebieten. Grundsätzlich muß der neugewählte Bischof schon im ersten Punkt der Kapitulation versprechen, die Rechte des Domkapitels, der Prälaten, Domherren etc. nicht anzutasten, er muß ausdrücklich seinen Schutz zusagen gegen die, die diese Rechte stören. Die Rechte und Einnahmen der Dompropstei werden in einem weiteren Punkt vor dem Bischof oder seinen Beauftragten geschützt. Die Beibehaltung der Immunitäten und Freiheiten in Kirchen, Kirchhöfen und Vikarienhäusern werden dem Dompropst, dem Domdechanten und dem Domkapitel zugesagt. Inkorporationen von Pfarreien und die Pfarrerbestellung durch das Domkapitel oder einzelne Kapitulare bleiben erhalten. Im Interregnum gefaßte Beschlüsse bleiben grundsätzlich in Kraft, Landmandate z. B. wegen einer Fruchtsperre sind nicht für Untertanen des Domkapitels gültig. Der letzte Wille von Prälaten oder Domherren darf nicht angefochten werden, bei der Stiftung eines Benefiziums für den Dom verbleibt der Domkirche das Erbe nach dem Tod des Beneficiatus[29].

Das Domkapitel sichert sich einen Einfluß in Scholasterei, Kustorei und Oberpfarrei des Stifts durch die Forderung, daß diese Stellen nur von Kapitularen besetzt werden dürfen. Das Domkapitel macht seine Macht gegenüber den Untertanen des Hochstifts in zwei Punkten deutlich: zum einen darf weder der Stadt Würzburg noch anderen Städten oder Personen ohne Einwilligung des Domkapitels über die Lebens- und Amtszeit eines Bischofs hinaus ein Privileg gegeben werden, zum anderen ist der Bischof bei der Aussschreibung der Erbhuldigung für Bürger, Untertanen und Miliz an den vorherigen Heißbrief des Kapitels gebunden, das außerdem bei der Erbhuldigungszeremonie mit zwei Kapitularen vertreten ist. Zum einen wird dadurch wohl jeder Gedanke an ein Wiederaufleben der Rechte anderer Stände beiseite geschoben, zum anderen dem Volk manifest vor Augen geführt, daß das Domkapitel einen Teil der Landesherrschaft beansprucht[30]. Besonderen Wert legte das Domkapitel auf seine Zehntordnung, wichtig auch für Pfortenamt, Dompropstei etc., und die Zehntordnungen der Nebenstifte. Das Domkapitel legte übrigens auch in der Stadt Würzburg jährlich den Beginn der Weinlese fest. Der Bischof sollte die Zehntordnungen mit dem Sekretsiegel konfirmieren. Was ein Kapitular für seinen Haushalt brauchte oder was er von seinen Gütern nach Würzburg brachte, sollte zollfrei eingeführt werden können, damit wurde u. a. der an die Stadt Würzburg verpfändete Wasserzoll umgangen[31].

Viele Bestimmungen behandeln die Rechte des Domkapitels in einzelnen Orten oder Ämtern. Z. B. dürfen der Bischof und die Kavaliere auf der Würzburger Mainseite eine Meile um die Stadt herum und in den Orten, in denen das Domkapitel das Jagdrecht hat, nicht jagen; das Domkapitel behauptet die niedere Jagd während der Herbstzeit überall dort, wo es den Weinzehnt hat; der Keller des Domkapitels darf im hochstiftischen Amt Trimberg trotz des Widerspruchs der dortigen Amtleute das ganze Jahr über jagen. Reist der Bischof über Land, brauchen die Untertanen oder Dörfer der Dompropstei, des Domkapitels oder der Erboblei weder unentgeltliche Atzung noch Herberge geben. Das Domkapitel verlangt Ersatz für die Domdechanei für deren Rechte am Kloster Gerlachsheim, das evinziert wurde. Ein Abtrag an den Rechten des Domkapitels am Gulden- und Bierzoll im Amt Karlstadt und in dem nicht zum Amt gehörigen Aschfeld wird ausgeschlossen[32]. Durch diese zahlreichen Bestimmungen versuchte das Domkapitel, im wesentlichen seine Rechte und Besitzungen sowie die der Dompropstei und der Domdechanei zu wahren, ein Wille zur aktiven Mitge-

staltung der Politik des Hochstifts ist darin nicht zu sehen, höchstens der einer Abwehr einer dem Einfluß des Kapitels eventuell abträglichen Vergabe von Privilegien.

Das Domkapitel sicherte sich in der Kapitulation eine Reihe an Rechten bezüglich der Jurisdiktion über Kapitulare, Bedienstete und Untertanen des Domkapitels und einige Vorrechte für Gerichte, die sich in der Hand des Kapitels befanden. Die Jurisdiktion in Zivilsachen über Kanoniker und Vikare des Domstifts werden in der Kapitulation bestätigt, die Entscheidung in Kriminalsachen versprochen, es sei denn, es drohten Exkommunikation, Suspendierung, Interdikt, dauernde Haft oder Leibesstrafe, dann werden die Gerichtsrechte des Domkapitels über diesen Personenkreis auf die Beratung beschränkt. Das domkapitelische Keller- oder Kaltergericht soll geschützt werden, vor allem vor dem Stadtgericht Würzburg, das hochstiftisch war und versuchte, Zivilsachen auf breiter Front an sich zu ziehen. Das Pfisterhaus auf dem Bruderhof neben dem Dom bleibt ein kapitelischer Immunitätsbezirk, den hochstiftische Beamte, z. B. der Hofschultheiß und seine Stadtknechte, in der Regel nicht betreten dürfen. Das kaiserliche Landgericht darf keine Prozesse in gemeinen Schuld- und Vogteisachen gegen Untertanen des Domkapitels führen, überhaupt soll das Landgericht reformiert werden. Gemeine Vogtei- und Injuriensachen sind bei Untertanen des Kapitels nicht vor die Zent, die meist hochstiftisch war, sondern vor den Dorfrichter des Kapitels oder dessen Beamte zu ziehen. Untertanen und Bediente des Kartäuserklosters Tückelhausen (heute Stadt Ochsenfurt, Lkr. Würzburg) sind wie auch sich dort aufhaltende Fremde von der Zent Ochsenfurt abzustrafen. Zent und Stadt Ochsenfurt waren im Besitz des Domkapitels. Der Bischof sollte gezwungen werden, sich an den Rezeß des Kapitels mit den Grafen von Limpurg zu halten, der entgegen den vom Hochstift ausgegebenen Lehenbriefen die Zuständigkeit der Zent Ochsenfurt für Sommer- und Winterhausen vorsah[33]. Die Jurisdiktionsrechte des Kapitels bezogen sich zwar im wesentlichen auf Mitglieder oder Untertanen des Kapitels, aber gerade im Maintal südlich von Würzburg, wo das Kapitel seinen wichtigsten Besitz hatte, waren seine Gerichtsrechte größer.

Der Einfluß des Domkapitels auf Stiftungen und Klöster war nur in wenigen Bereichen wichtig. Zum einen wurde der Bischof verpflichtet, die Pröpste der Würzburger Nebenstifte Haug und Neumünster sowie des Klosters Wechterswinkel mit Kapitularen zu besetzen, zum anderen wurden einzelne Forderungen angegeben. Die Patronatsrechte Wechterswinkels über Ober- und Unterelsbach mußten gewahrt, die Rechte der Hofkammer bezüglich des Früchteverkaufs eingeschränkt werden. Die Stiftungen, voran die Julius Echters, also Universität, Juliusspital, Seminar, mußten erhalten werden; das Domkapitel sorgte sich um die Fundation und Dotierung der milden Stiftungen in Stadt und Land, es forderte dringend eine gemischte Kommission zur Untersuchung der milden Stiftungen in Würzburg; diese waren heruntergekommen, wie der Domkapitular, der jährlich die Rechnungen der in der Verwaltung des Stadtrates von Würzburg stehenden Stiftungen abhörte, sicher zu berichten wußte[34]. *Preces Primarum*, d. h. die Zuweisung einer Person in ein Nebenstift, ein Spital oder eine Pflege, wurden ausschließlich dem Domkapitel zugestanden. Die Angabe, für welche Stiftung oder welches Spital ein Kapitular seine „erste Bitte" wünschte, wurde während des Wahlvorgangs noch vor der eigentlichen Wahl getroffen und im Domkapitelsprotokoll protokolliert[35].

Zahlreiche Stellen sollten Domkapitularen vorbehalten sein, beim geistlichen Staat etwa die Präsidentenstellen der Geistlichen Regierung und des Generalvikariats, auch die Vizepräsidentenstellen, außerdem sollte die Leitung des Landgerichts einem Kapitular zustehen sowie die Präsidentenstellen von Hofkammer, Obereinnahme, Universität, Juliusspital. Der Oberrat, das Polizeygericht Würzburgs, das von einem Domkapitular präsidiert wurde, sollte wieder in seinen früheren, mächtigeren Stand versetzt werden[36]. Eine Reihe von Inhabern hochrangiger Stellen sollte dem Domkapitel angeloben und schwören: Kanzler, Vizekanzler, Stallmeister, Jägermeister, Amtleute, die Kommandanten von Stadt und Festung Würzburg und der Festung Königshofen, alle Generäle und hohen Offiziere, Großhofmeister, Obermarschall, Marschall, Oberstallmeister, alle adeligen und gelehrten Hofräte, adeligen Amtleute, Kammermeister, Kammerdirektor, Kammerräte, Zahlmeister, Rentmeister, Zins- und Zollschreiber, außerdem Vizedom und Hofschultheiß[37]. Über die Frage der Angelobung sollte es zu einem langen Streit mit Franz Ludwig kommen (siehe unten).

Bezüglich des Adels begnügte sich das Domkapitel mit allgemeinen Formulierungen, so daß die dem Stift zugehörigen Grafen, Freiherren, Ritter und Knechte in ihren hergebrachten Rechten bleiben. Die Erziehung des Adels sollte im Seminar erfolgen, das ausschließlich für ihn zu reservieren war. Das Domkapitel forderte, die Beisitzer beim Landgericht müßten stiftmäßige Adelige sein, der Vizedom in Würzburg, der den Stadtrat kontrollieren sollte, ein Wappengenossener[38].

Bezüglich der Außenpolitik verlangte das Kapitel, daß zu allen Reichs- und Kreis*verschickungen* ein Kapitular beizuordnen sei; nur wenn ein Kapitular den Gesandtschaftsposten nicht annehme, dürfe ein Adeliger an seine Stelle treten. Ohne Einverständnis des Domkapitels durften keine Bündnisse eingegangen, keine Truppen geworben oder gesammelt, keine fremden Truppen angefordert

oder der Ausschuß aufgerichtet werden, dies war nur für den Fall erlaubt, daß Reich und Hochstift diese Maßnahmen zu ihrer Verteidigung nötig hatten und auch dann war die Billigung des Kapitels die Voraussetzung. Bei Gefahr im Verzug durfte der Bischof auch ohne Plenumsbeschluß handeln, aber nur nach Absprache mit dem Dompropst, dem Domdechanten und ein oder zwei Kapitularen. Die Erbverbindung mit der Krone Böhmen seit 1366 sollte bestehen bleiben[39]. Der Einfluß des Kapitels konnte bei Einhaltung dieser Vorschriften groß sein, als Druckmittel konnte das Kapitel auf die Finanzpolitik verweisen.

Seit Ende des 17. Jahrhunderts gab es zwei getrennte Rechnungen: Obereinnahme- und Hofkammerrechnung. Das Domkapitel behielt sich vor zu bestimmen, was worin verrechnet wurde. Bisher war es üblich, daß Rechnungen von Stiftsbeamten auf dem Lande nur im Beisein des Domdechanten und zweier Kapitulare, sog. Schlüsselherren oder *clavigeri*, abgehört wurden. Zusätzlich sollten beim Verhör der Obereinnahmerechnung der Domdechant, die zwei Schlüsselherren und der Syndikus dabei sein, beim Abhör der Hofkammerrechnung der Domdechant allein mit dem Syndikus; dabei sollten Hofkammer- und Obereinnahmerechnungen, auf Verlangen einschließlich der Beilagen, vorgelegt werden. Bei der vierteljährlichen Abhör der Rechnung des Guldenzolls sollten der Zollherr des Kapitels und abwechselnd einer der Schlüsselherren dabei sein, jedem Kapitelvertreter wurde dafür pro Quartal ein Goldgulden gezahlt. Verträge zwischen Hofkammer und Bischof bedurften des Konsenses des Kapitels, da die Hofkammerräte vom Bischof abhängige Diener seien[40].

Die hohen Schulden des Hochstifts, nicht zuletzt verursacht durch die außerordentlichen Belastungen des 18. Jahrhunderts (Siebenjähriger Krieg, Fortifikations- und Residenzbauten etc.), sollten abgetragen werden, neue Schulden erlaubte das Domkapitel nur im äußersten Notfall und mit seiner ausdrücklichen Zustimmung. Güter, Rechte oder Lehenschaften sollte das Hochstift nicht verkaufen dürfen, im Gegenteil sollte etwa der an die Markgrafschaft Ansbach versetzte vierte Teil des Guldenzolls ausgelöst werden. Das Subsidium Charitativum sollte nur mit ausdrücklicher Zustimmung des Kapitels erhoben werden, allgemeine Steuern oder die Schatzung ebenfalls, und zwar nur bei Notdurft und zur Wohlfahrt von Reich und Stift und als allgemeine Steuer von allen Untertanen[41].

Der Bischof selbst wurde, wollte er aus dem Stift reisen, an den Konsens des Kapitels gebunden; er mußte für die Zeit seiner Abwesenheit einen Statthalter, und zwar in der Regel den Propst oder Dechanten, einsetzen. Verließ er sein Land, mußte er sich von einem oder zwei Kapitularen begleiten lassen. Wenn das Domkapitel einen oder mehrere Kapitulare zum Bischof schickte, mußte er ihnen Audienz gewähren. Als Einnahmen bekam der Bischof zugewiesen: 12000 fl. fr. von der Hofkammer, 2400 fl. fr. Pottaschengeld und nach Wahl entweder die Kleidung oder 3200 fl. fr., dazu 1000 Dukaten Neujahrsgeld, alle genannten Einnahmen erfolgten jährlich. Über sein Erbe durfte der Bischof frei verfügen, Franz Ludwig bedachte die Armeninstitute in Würzburg und Bamberg[42].

Die Unterschiede zwischen der Wahlkapitulation des Franz Ludwig und der seines Vorgängers waren eher gering. Neu war die Forderung nach Untersuchung der vor allem in Würzburg heruntergekommenen Pflegen, die Forderung nach Abtragung der Schuldenlast, nach Festlegung, welche Posten in Obereinnahme- bzw. Hofkammerrechnung kommen sollen. Außerdem wurden die Angaben über die Einkünfte des Bischofs der Realität angepaßt. Gestrichen wurden Vorschriften bezüglich der Epitaphien des Bischofs und seiner Familie, Aussagen über Vorkehrungen gegen Vetternwirtschaft und die Verpflichtung zur Untersuchung der Exzesse der Weinvisitation. Etwas vereinfachend gesagt, wurde die Wahlkapitulation aktualisiert, aber nicht grundlegend geändert[43]. Die vielleicht wichtigste Änderung betraf die Abhör der Hofkammer- bzw. Obereinnahmerechnungen. Der Domdechant hatte bereits vor der Einsetzung der zwei Kapitulare zur Prüfung der Monita im Domkapitel darauf hingewiesen, daß er zwar mit dem Syndikus jährlich auf der Hofkammer bei der Abhör der Obereinnahme- und Hofkammerzahlamtsrechnungen dabei sei, daß er aber die Rechnungen und Beilagen nicht vorher zur Einsicht erhalte, so daß *beider Gegenwart nur ein formale werden wollte, welches jedoch der eigentliche endzweck nicht seyn könnte, sondern selbiger dahin gehen werde, um imstand zu seyn, etwas zum besten des lands moniren zu können.* Auf seinen Antrag hin wurde beschlossen, eine Verfügung zu bedenken, laut der auf Verlangen Rechnungen und Beilagen vorher ausgehändigt werden mußten. Bei der Beratung der einzelnen Punkte der Monita wurde ein entsprechender Passus in die Kapitulation aufgenommen[44]. Die Kontrolle der Hochstiftsfinanzen gelang aber nur teilweise, da die Hofkammer oder andere Behörden die Rechnungslegung immer wieder verschleppten[45].

Die Kapitulation von Franz Ludwigs Nachfolger Georg Karl von Fechenbach wurde eigentlich nur in einem Punkt geändert: als neuer Paragraph 1 wurde ein längerer Passus aufgenommen, der den Bischof zur Aufrechterhaltung der katholischen Religion verpflichtete, an der Universität sollten nur katholische Lehrer lehren, er sollte sich um das geistliche Seminar und die Ausbildung dort kümmern und die Erziehung der Jugend in Religion in Trivialschulen und Universität[46]. Obwohl die Wahlkapi-

tulationen im 18. Jahrhundert keine großen Veränderungen mehr aufwiesen, wurden sie doch unter dem Eindruck aktueller Entwicklungen oder Probleme erweitert, unnötiger Ballast wurde abgestreift.

Eine Forderung des Domkapitels aus der Wahlkapitulation sorgte über Jahre hinweg für Unmut auf beiden Seiten: die Frage der Verpflichtung fürstlicher Räte. 1784 monierte das Domkapitel, daß der Festungskommandant zu Königshofen, General von Redwitz, dann ein Generalfeldwachtmeister und verschiedene neue Regierungsräte und Hochstiftsdiener noch nicht vor dem Domkapitel verpflichtet worden waren; man beschloß, eine Deputation zu Franz Ludwig zu schicken. Dieser sagte, er wolle sich über das Problem informieren[47]. Eineinhalb Jahre später wurde das Domkapitel erneut bei Franz Ludwig vorstellig; dieser fragte, ob es eine besondere Eidesformel gebe. Nach Aussage des Syndikus werde die auf der Regierung in Verpflichtungsfällen übliche Formel vom Hofratssyndikus nach der Observanz im Kapitel verlesen; Franz Ludwig versprach, er werde Bedacht darauf nehmen, daß die Sache weiter gehe[48]. Weitere zweieinhalb Jahre später, zum Peremptorium um Petri Cathedra 1788, wurde die Frage erneut im Domkapitel beraten, da Franz Ludwig bisher nicht reagiert hatte. Insbesondere die *ungebührlichen reden*, die der Hofrat von Bree in der Behausung des Oberjägers gegen das Domkapitel geäußert hatte, wurden gerügt. Georg Karl von Fechenbach konnte berichten, er hätte kürzlich mit Franz Ludwig gesprochen und er habe ihm erklärt, er werde bis zum Kiliani-Peremptorium schriftlich antworten, er sei bisher verhindert gewesen, die Akten aus der Zeit des Friedrich Karl, der auch mit diesem Problem konfrontiert gewesen war, zu lesen[49]. Erst im Sommer 1789, also weitere 18 Monate später, beriet man erneut über diesen Punkt. Er wurde an die Spitze einer Mängelliste gestellt, vier Kapitulare sollten mit Franz Ludwig darüber reden[50]. Am 25. Januar 1790 beriet man in der Domdechanei die strittigen Punkte. Man stellte fest, daß *nach der wohl hergebrachten und ununterbrochenen observanz, so wie es eine hochstiftische verfassung an und für sich selbst erfodere, die hochstifts dienerschaft auch bei dem hochstiftischen gremio capitulari jedesmal verpflichtet worden sey.* Die Konferenz schlug vor, man solle Franz Ludwig vorschlagen, die Verpflichtung in Capitulo oder auf der Regierung im Beisein eines Kapitulars erfolgen zu lassen, dem das Handgelöbnis zu leisten sei. Eine Minderheit sprach sich für die Anwesenheit zweier Kapitulare aus[51]. 1791 wurde Franz Ludwig in beiden Peremptorialkapiteln an eine Entscheidung zu dieser Frage erinnert[52]. Am 1. Februar 1792 schließlich hatte das Domkapitel genug von der Hinhaltetaktik des Franz Ludwig. Er wurde nochmals um eine Entschließung gebeten mit dem Beisatz, daß *sich ansonst reverendissimum capitulum vermüssiget sehe, zu aufrechthaltung seiner auf dem herkommen begründeten befugnis bei der allerhöchsten behörde desfals beschwerende anzeige zu machen, und um reichshilfe zu imploriren.* Jetzt endlich antwortete Franz Ludwig – und zwar, daß es einen Mangel an einschlägigen Akten gebe und daß er, der gewohnt sei, erst dann zu entscheiden, wenn er der Sache genau auf den Grund gehen könne, sich jetzt noch nicht festlegen könne. Das Domkapitel begnügte sich mit einem Appell an Franz Ludwig und den Hinweis, man könne keine eigene Zuständigkeit vernachlässigen[53].

Im Juli 1793, neun Jahre nach Beginn des Streits, äußerte sich Franz Ludwig endlich etwas ausführlicher, und dies war nicht nach dem Geschmack des Domkapitels. Franz Ludwig stellte verschiedene Möglichkeiten dar, die das Domkapitel mit seinem Ansinnen verfolgen könne, sie liefen alle darauf hinaus, daß das Kapitel nur zu seinem Vorteil und zur Beschränkung der bischöflichen Handlungsfreiheit auf der Verpflichtung bestehe. Wenn man das Domkapitel als *untergeordnete richter* betrachte, wäre es *unerhört, wenn dies so wäre, eine verpflichtung des oberrichters, der wir im grunde selbst sind, an den unterrichter behaupten zu wollen.* In anderen Fragen habe das Domkapitel behauptet, eine verpflichtende Stelle zu sein, es habe gesagt, Entschließungen der Hofkammer seien gegen es gerichtet und damit unanständig. Dagegen sei es nach Auffassung des Franz Ludwig Bestandteil der Verfassung des Hochstifts Würzburg, daß kein Fürst von seinen Räten eine andere als die verfassungsmäßige Treue fordern dürfe. *Die regierungs-form unsres staats ist keine despotie, sondern hat eine grundverfassung, über welche sich der regent hinauszusetzen nicht vermag.* So wie er seien auch die Räte an diese Grundverfassung gebunden. Wenn er oder die Räte gegen diese Grundverfassung handeln würden, gäbe es verfassungsmäßige Mittel, den Fürsten bzw. die Räte in die Schranken zu weisen, er erinnerte dabei an die Reichsgerichte und den Reichstag. Franz Ludwig gestand dem Domkapitel nur zu, daß ihm von den Räten Respekt erwiesen werde und daß es die Räte bei Vakanz auf dem Fürstenstuhl verpflichten dürfe[54].

Das Domkapitel wollte aber nicht nachgeben, vielmehr bezeichnete es sich als *das erste corps im staate* und die Verpflichtung für die Fortdauer der Ordnung des Hochstifts als wesentlich. Die Stellung des Kapitels sei Bestandteil der Verfassung, man könne ja schließlich nicht ausschließen, daß diese in eine Despotie ausarte, *und also mittels unsrer herabwürdigung die grundverfassung des staats umgewelzt werden kann.* Aber es gebe in der Reichsverfassung Mittel, Regenten und ihre Räte dann in die Schranken zu weisen. Es sei langfristig für die Staaten besser, solche Rechte unverletzt zu lassen als sie wieder-

herzustellen[55]. Das Domkapitel bemerkte erst jetzt, daß eine Berufung auf ähnliche Streitigkeiten unter Friedrich Karl von Schönborn 1740 die Position des Kapitels eher geschwächt hätte, daß die Position von 1679 besser war. In einem Vergleich zwischen dem Domkapitel und Peter Philipp von Dernbach vom 13. Oktober 1678, den der Kaiser am 19. Januar 1679 konfirmiert hatte, war dem Kapitel die Pflichtablegung bestätigt worden mit der Erläuterung, die Räte müßten damit dem Domkapitel den schuldigen Respekt geben und sie müßten im Interregnum nur ihm treu, gewärtig und gehorsam sein[56].

Das Domkapitel drängte Franz Ludwig nicht mehr auf eine Entscheidung, dieser verstarb am 14. Februar 1795. Unter Georg Karl von Fechenbach erfolgte die Verpflichtung noch 1795 reibungslos[57]. Franz Ludwig hatte die meisten Punkte der Wahlkapitulation erfüllt, bei einigen Punkten, z. B. dem Rechnungsverhör, mußte das Domkapitel drängen. Der Frage der Verpflichtung wich er geschickt aus, doch nach der Wahl des Georg Karl konnte das Domkapitel seine hergebrachten und in der Wahlkapitulation verbrieften Rechte auf die Verpflichtung der Räte problemlos durchsetzen. Das Domkapitel sah sich als entscheidendes Korrektiv gegen den Bischof, seine Einflußmöglichkeit hing nicht zuletzt davon ab, daß der Gewählte die vor der Wahl gemachten, aber erst danach unterschriebenen Abmachungen auch einhielt. Wer dies nicht tat, der konnte nicht darauf hoffen, daß Mitglieder seiner Familie in naher Zukunft von diesem oder einem benachbarten Kapitel zum Bischof gewählt wurden. Das Selbstverständnis des Würzburger Kapitels zeigt sich in seiner Reaktion auf den Streit des Speyrer Bischofs mit seinem Kapitel 1786. Der Syndikus des Kapitels führte in einer Sitzung des Domkapitels dazu aus: *Können nun die hohe domkapiteln mit dem neuerwälten bischofen zum nuzen des staates verträge machen, und sie in die jenige rechte einsezen können, welche die neuerwälte als landesvorsteher auszuüben haben, so könne denen selben auch nach masgab der den bischof in seinen verrichtungen bindenden capitulationen das senatsrecht nicht bestritten werden; folglich seyen sowohl bei lebszeiten des bischofs als nach dessen tod die kapitlen in den mit der bisherigen instrittigen observanz begleitet gewesenen vorzugsrechten, ohne äusserste beschwerde auf keine weise zu verkürzen, es wäre dann, daß gewalt für recht gebraucht werde.* Es sei notwendig, dem Domkapitel seine Vorzugsrechte zu belassen, denn wenn ein Fürstbischof *unabhängig von seinen mitständen herrschen dörfte, und derselbe, damit ihm seine regierungsgewalt erlösche, nicht verbunden wäre, dem mitrath der kapiteln nachzuleben, so könte er durch seine verwaltung den ganzen staat in den äussersten umsturz bringen, welches der grundverfassung eines wahlstaates offenbar entge-*

genlaufe[58]. Hier wird es deutlich ausgedrückt: das Wahlrecht ist die Voraussetzung für die Wahlkapitulation.

Franz Ludwig hielt sich in den meisten Punkten an die Wahlkapitulation, in den Fällen, in denen er es nicht tat, geschah dies sicherlich nicht aus Gründen einer angestrebten Alleinherrschaft, sondern offensichtlich wegen seiner so oft zu beobachtenden zögerlichen Haltung, wie sie sich z. B. auch in der Frage der Armenpolitik immer wieder zeigt[59]. Franz Ludwig war voller Mißtrauen allen Beratern gegenüber, er wollte alles bis ins letzte selbst durchdenken und dann nach Abwägung aller Möglichkeiten entscheiden[60]. Er war sich bezüglich der möglichen Konsequenzen der Verpflichtung der hochstiftischen Räte sehr unsicher, deshalb seine Verzögerungstaktik.

Streitpunkte zwischen Domkapitel und Bischof waren insbesondere die Vorlage der Rechnungen von Hofkammer, Juliusspital und Universität, die von den zuständigen Rechnungsführern verschleppt wurde, was Franz Ludwig offenbar nicht recht war, dann die Frage der Zehntordnung, vom Domkapitel nicht genehmigte Änderungen am Juliusspital und die Veräußerung von Kameralgütern ohne Zustimmung des Kapitels[61]. Die in der Literatur genannten Streitpunkte erscheinen in einem anderen Licht, wenn man die Domkapitelsprotokolle liest. Franz Ludwig genehmigte im April 1790 dem König von Böhmen und Ungarn ohne die sonst übliche Vorgehensweise Truppen zur Verteidigung der Festung und Provinz Luxemburg, aber nach Aussage des Dompropstes drängte Graf von Metternich als kaiserlicher Gesandter den Bischof in Bamberg massiv zu dieser Zusage und Franz Ludwig verständigte sich vor seinem Ja mit drei älteren, in Bamberg anwesenden Würzburger Kapitularen. Das Domkapitel stimmte der Zusage von 2500 Mann an den Kaiser ohne weiteres nachträglich zu. Franz Ludwig war, obwohl er meinte, hier weitgehend selbst handeln zu können, den Vorschriften seiner Wahlkapitulation gefolgt[62].

Anmerkungen

1 BERBIG, Hochstift, S. 66.

2 Nach Oberthür hatte die lange fehlende Stimme Johann Karl Anton Graf von Stadion und Tannhausen; KERLER, Erthal, S. 47 Anm. 4. Franz Ludwigs Nachfolger, Georg Karl von Fechenbach, schrieb am 23. Februar 1779 an einen Freiherrn (sicherlich Franz Ludwig), Gott habe *das dasige wahl gschäfft zu gunsten Euer Exzellenz allbereits ganz gesegnet*. StAW, Adelsarchiv Fechenbach 2168.

3 StAW, Würzburger Domkapitelprotokoll (WDKP) 1779, S. 349. Zu von Greiffenclau vgl. AUGUST AMRHEIN, Reihenfolge der Mitglieder des adeligen Domstiftes zu Würzburg, St. Kilians-Brüder genannt, von seiner Gründung bis zur Säkularisation 742–1803. In: AU 32 (1890), S. 303.

4 StAW, WDKP 1779, S. 445.

5 StAW, WDKP 1779, S. 445ff., 472ff. Die *Observanda* sind im WDKP nach S. 504 eingelegt. Zur Verlesung des Aufsatzes vgl. S. 505f.

6 Vgl. die Anwesenheitslisten in StAW, WDKP 1779, S. 341, 444, 467, 504f. Die Anwesenheitsliste vermerkt je nachdem die Anwesenheit von Erthal sen. und Erthal jun. Karl Friedrich Wilhelm von Erthal, geb. 1717, Domizellar 1729, verstarb 1780. Franz Ludwig wurde erst 1730 geboren und 1740 Domizellar, er ist unter der Bezeichnung Erthal jun. zu verstehen. Zu Erthal sen. vgl. AMRHEIN (wie Anm. 3), S. 87f.

7 StAW, WDKP 1779, S. 523ff.; Zitate S. 536f.

8 BERBIG, Hochstift, S. 73.

9 MANFRED STIMMING, Die Wahlkapitulationen der Erzbischöfe und Kurfürsten von Mainz (1233–1788). Göttingen 1909, S. 84.

10 JOHANN JACOB MOSER, Persönliches Staats-Recht der Teutschen Reichsstände…, 1. Teil. Frankfurt–Leipzig 1775, S. 124. Nachdruck Osnabrück 1967 (= Neues teutsches Staatsrecht Bd. 11,1).

11 Grundlegend ist JOSEPH FRIEDRICH ABERT, Die Wahlkapitulationen der Würzburger Bischöfe bis zum Ende des XVII. Jahrhunderts. In: AU 46 (1904), S. 27–186; vgl. auch RUDOLF VIERHAUS, Wahlkapitulationen in den geistlichen Staaten des Reiches im 18. Jahrhundert. In: RUDOLF VIERHAUS (Hrsg.): Deutschland im 18. Jahrhundert. Politische Verfassung, soziales Gefüge, geistige Bewegungen (Ausgewählte Aufsätze). Göttingen 1987, S. 50–62. – GÜNTER CHRIST, Selbstverständnis und Rolle der Domkapitel in den geistlichen Territorien des alten Deutschen Reiches in der Frühneuzeit. In: Zeitschrift für historische Forschung 16 (1989), S. 257–328; hier besonders S. 271ff.

12 StAW, Histor. Verein f* 44. Vgl. auch Anm. 6.

13 MOSER (wie Anm. 10), S. 90.

14 Zitiert bei KONSTANTIN MAIER, Das Domkapitel von Konstanz und seine Wahlkapitulationen. Stuttgart 1990, S. 12.

15 PETER WENDE, Die geistlichen Staaten und ihre Auflösung im Urteil der zeitgenössischen Publizistik. Lübeck-Hamburg 1966, S. 21.

16 VIERHAUS (wie Anm. 11), S. 61.

17 GERD ZIMMERMANN, Territoriale Staatlichkeit und politisches Verhalten. In: Oberfranken in der Neuzeit, S. 41.

18 Vgl. ABERT (wie Anm. 11), S. 104ff. – MOSER (wie Anm. 10), S. 103ff., druckt die Leopoldina ab.

19 Schreiben Leopolds I. an den Bischof Johann Gottfried, Wien 11. November 1698, in StAW, Histor. Verein f. 235.

20 Vgl. z. B. die Beratung über Klagepunkte des Domkapitels, hier Punkt 6; StAW, WDKP 1790, S. 192ff.

21 ABERT (wie Anm. 11), S. 108. Während WEIGEL noch davon ausging, die Innocentiana habe im Hochstift Bamberg gegriffen, obwohl er die folgenden Wahlkapitulationen zwar auch unter anderer Bezeichnung aufführt, geht BERBIG vom Fortbestand des Kapitulationswesens aus; vgl. GEORG WEIGEL, Die Wahlkapitulationen der Bamberger Bischöfe 1328–1693. Bamberg 1909, S. 123ff.; BERBIG, Hochstift, S. 109. In Konstanz legte man die päpstliche Bulle zu den Akten – und fertigte für die nächste Bischofswahl eine neue, „die dem Umfange nach größte Wahlkapitulation in der Neuzeit" an; MAIER (wie Anm. 14), S. 210.

22 MOSER (wie Anm. 10), S. 92.

23 StAW, WDKP 1755, S. 418f.

24 StAW, WDKP 1719, fol. 121v; WDKP 1724, S. 221; WDKP 1729, S. 143; WDKP 1754, S. 772 und 847 (Zitat).

25 StAW, WDKP 1756, S. 554.

26 Zur Steuererhöhung von 1729 vgl. StAW, WDKP 1729, S. 240.

27 Vgl. CHRIST (wie Anm. 11), S. 275ff.

28 StAW, WU Libell 486; Zitate S. 1f. Im folgenden wird im Text nur noch der Paragraph der Wahlkapitulation genannt, die Zitate sind in der angegebenen Urkunde zu finden.

29 Wahlkapitulation des Franz Ludwig, Punkte 1, 24, 34–37, 47.

30 Wahlkapitulation des Franz Ludwig, Punkte 23, 8, 12.

31 Wahlkapitulation des Franz Ludwig, Punkte 18 und 32.

32 Wahlkapitulation des Franz Ludwig, Punkte 22, 31, 33, 41, 45.

33 Wahlkapitulation des Franz Ludwig, Punkte 2, 5, 6, 16, 17.

34 Wahlkapitulation des Franz Ludwig, Punkte 13, 38, 41, 48.

35 Wahlkapitulation des Franz Ludwig, Punkt 46. 1779 wurden für folgende Stiftungen/Stifte/Spitäler erste Bitten zu Protokoll gegeben (wenn nichts anderes gesagt, dann mit Sitz in der Stadt Würzburg): Stift Haug, Ritterstift St. Burkard, Stift Neumünster, adeliges Damenstift St. Anna, Ritterstift Komburg, Hofspital, Bürgerspital, Stift St. Peter und Alexander in Aschaffenburg, Juliusspital, Gabriels-, Elisabethenpflege, Seelhaus, Hohe Zinne, Spitäler zu Volkach, Arnstein, Iphofen, Kitzingen, Aub, Karlstadt, Mellrichstadt, Röttingen, Neustadt, Gerolzhofen, Königshofen. Von Franz Ludwig hieß es, er *haben supersediret.* StAW, WDKP 1779, S. 526ff.

36 Wahlkapitulation des Franz Ludwig, Punkte 4, 7, 42, 43, 55.

37 Wahlkapitulation des Franz Ludwig, Punkte 10, 11.

38 Wahlkapitulation des Franz Ludwig, Punkte 3, 7, 11, 13.

39 Wahlkapitulation des Franz Ludwig, Punkte 7, 9, 57.

40 Wahlkapitulation des Franz Ludwig, Punkte 21, 27, 44, 45, 52.

41 Wahlkapitulation des Franz Ludwig, Punkte 14, 19, 20, 27.

42 Wahlkapitulation des Franz Ludwig, Punkte 25, 39, 49, 53.

43 Wahlkapitulation des Adam Friedrich von Seinsheim, StAW, WU Libell 467; gestrichen wurde dort der § 27, ein Teil des § 57 und der § 58. Zur Diskussion um die Anpassung der Monita vgl. StAW, WDKP 1779, S. 445ff., 472ff.

44 StAW, WDKP 1779, S. 256 (Zitat), 449.

45 StAW, WDKP 1789, S. 1169ff.; WDKP 1790, S. 192ff.; WDKP 1791, S. 169f.

46 Wahlkapitulation des Georg Karl, StAW, Adelsarchiv Fechenbach 2425.

47 StAW, WDKP 1784, S. 309, 313.

48 StAW, WDKP 1785, S. 1383f., 1404f.

49 StAW, WDKP 1788, S. 189f.

50 StAW, WDKP 1789, S. 1169ff.

51 StAW, WDKP 1790, S. 192ff.; Zitat S. 192f.; das Konferenzprotokoll findet sich auch in StAW, geistliche Sachen 121, Teil 1.

52 StAW, WDKP 1791 II, S. 153f., 983ff., 988.

53 StAW, WDKP 1792 I, S. 131f., 174ff.; Zitat S. 132; StadtAW, Ratsakte 4069 (Franz Ludwig an das Domkapitel, 6. Februar 1792).

54 StAW, geistliche Sachen 117, fol. 68ff.; Zitate fol. 69r, 71r.

55 Schreiben des Kapitels an Franz Ludwig vom 13. Juli 1793; StadtAW, Ratsakte 4069.

56 StAW, WDKP 1793 I, S. 967ff., 985ff.; Vergleich vom 13. Oktober 1678 in StAW, WU Libell 458.

57 StAW, WDKP 1795, S. 694ff., 1092f., 1410f.

58 StAW, WDKP 1786, S. 227ff.; Zitate S. 239f. – Zum Speyrer Streit vgl. CHRIST (wie Anm. 11), S. 276f.

59 Vgl. meinen Aufsatz über „Franz Ludwig von Erthal und die Stadt Würzburg" in diesem Handbuch.

60 Vgl. z. B. GÜNTER CHRIST, Geistliche Fürsten des ausgehenden 18. Jahrhunderts im Lichte der Wiener Diplomatie. In: Aschaffenburger JB 8 (1984), S. 289–310; hier besonders der Bericht des Joseph Heinrich Schlick, Graf von Bossano und Weißkirchen, seit 1788 kaiserlicher Gesandter in Kurmainz und im Fränkischen und Oberrheinischen Kreis (S. 295ff.). Vgl. auch KERLER, Erthal, S. 18 und 36.

61 StAW, WDKP 1789, S. 1169ff.; WDKP 1790, S. 192ff. – Flurschütz, Verwaltung, S. 100f.

62 StAW, WDKP 1790, S. 855ff. – Dagegen FLURSCHÜTZ, Verwaltung, S. 100. Die Akten, die Flurschütz für diesen Fall auswertete, sind 1945 leider verbrannt; die WDKP sprechen meines Erachtens aber eine andere Sprache. Ähnlich verhält es sich mit der Einquartierung in Würzburg, die bei FLURSCHÜTZ, Verwaltung, S. 100f., aufgebauscht wird; vgl. dazu aber StAW, WDKP 1792 I, S. 1313ff., 1334ff., 1378ff., 1448f.; hier scheint der Konflikt nicht mit dem Domkapitel, sondern höchstens mit der Domdechanei zu bestehen, und zwar handelte das Stadtquartieramt auf Befehl der Regierung etwas voreilig und gegen den Willen des Franz Ludwig.

14 Wahlkapitulation des Franz Ludwig von Erthal für das Würzburger Domkapitel

Würzburg, 18. März 1779
Libell, Papier, 74 Seiten; dunkelroter Einband (Lederbezug mit goldfarbenem Muster)
Aufgedrücktes Siegel und Unterschrift des *Franciscus Ludovicus electus episcopus Herbipolensis Francia Orientalis dux*
H. 36,2 cm, Br. 23,6 cm

Staatsarchiv Würzburg, WU Libell 468

Lit.: JOSEPH FRIEDRICH ABERT, Die Wahlkapitulationen der Würzburger Bischöfe bis zum Ende des XVII. Jahrhunderts. In: AU 46 (1904), S. 27–186. – RUDOLF VIERHAUS, Wahlkapitulationen in den geistlichen Staaten des Reiches im 18. Jahrhundert. In: RUDOLF VIERHAUS (Hrsg.): Deutschland im 18. Jahrhundert. Politische Verfassung, soziales Gefüge, geistige Bewegung (Ausgewählte Aufsätze). Göttingen 1987, S. 50–62. – GÜNTER CHRIST, Selbstverständnis und Rolle der Domkapitel in den geistlichen Territorien des alten Deutschen Reiches in der Frühneuzeit. Zeitschrift für historische Forschung 16 (1989), S. 257–328.

Franz Ludwig von Erthal mußte, wie seit dem Mittelalter üblich, eine Wahlkapitulation unterschreiben, die das Domkapitel im Interregnum ausgearbeitet hatte. Sie unterschied sich nur in einigen wenigen Punkten von der, die sein Vorgänger Adam Friedrich von Seinsheim 1755 unterschrieben hatte. Franz Ludwig unterschrieb direkt nach seiner Wahl, allerdings unter Vorbehalt, da er nicht genug Zeit gehabt hätte, die Kapitulation genau zu studieren. In 58 Artikeln versuchte das Domkapitel, Grundlagen der Politik des Hochstifts und insbesondere der Macht- und Vorrangstellung des Kapitels selbst festzuschreiben. Da Wahlkapitulationen im engeren Sinne durch die Päpste und Kaiser seit dem Ende des 17. Jahrhunderts verboten waren, wurde die Wahlkapitulation in der Urkunde selbst *erinner- und anmahnungen* (S. 1) genannt. Wahlkapitulationen des 18. Jahrhunderts sind schlichter als die aus den vorangegangenen Jahrhunderten, auch die des Franz Ludwig ist nicht mehr auf Pergament geschrieben und nicht so prächtig. Franz Ludwigs Nachfolger Georg Karl von Fechenbach mußte dem Würzburger Domkapitel ebenfalls eine Wahlkapitulation unterschreiben. H. S.

15 *Domcapitulische ohntadelhafte Anerinnerungen für das nächstkünftige Hochstift Bambergische Regenten-Amt*

Bamberg, 12. April 1779
Papier, Libell, 19 Bll. (1–2, 16–19 leer), in braunes, in zwei Tönen eingefärbtes Kalbsleder über Pappdeckel eingebunden, mit Goldpressung und goldenem Supralibros des Bamberger Domkapitels, Goldschnitt, mit eigenhändiger Unterschrift und aufgedrücktem Siegel des Franz Ludwig von Erthal sowie aufgedrücktem größerem domkapitlischem Siegel (fol. 15v).
H. 35,5 cm, Br. 24 cm

Nr. 16

Staatsarchiv Bamberg, Rep. A 25, Bullen, Wahlkapitulationen, Erbhuldigung (Urkunden), L. 31 Nr. 77

(eine zweite, gleichfalls aus dem Archiv des Bamberger Domkapitels stammende Ausfertigung lagert ebd. Nr. 77 a).

Lit.: Pius Wittmann, Die Wahl-Capitulationen der Fürstbischöfe von Bamberg. In: Archiv für katholisches Kirchenrecht 49 (1882), S. 337–362, hier S. 360. – Georg Weigel, Die Wahlkapitulationen der Bamberger Bischöfe 1328–1693. Bamberg 1909, S. 127. – Looshorn, Bisthum Bamberg 7 b, S. 472. – Renner, Erthal. Persönlichkeitsentwicklung, S. 242. – Berbig, Hochstift Bamberg, S. 65–76, insbes. S. 73.

Während die nach dem Tod des Würzburger und Bamberger Fürstbischofs Adam Friedrich von Seinsheim (18. Februar 1779) anstehende Wahl eines Nachfolgers in Würzburg schon am 18. März 1779 zugunsten des Franz Ludwig von Erthal und damit auch im Sinn und in der Erwartung des kaiserlichen Hofes entschieden war, blieb der Ausgang der Nachfolgeregelung in Bamberg zunächst durchaus offen. Der Wunsch des Wiener Hofes, die beiden fränkischen Bistümer wieder unter einer Hand vereint zu wissen, veranlaßte die Verantwortlichen zu intensivem Einsatz für Franz Ludwig. Der Kaiserhof erhoffte sich von einer einheitlichen Ausrichtung der Politik in Mainz, wo wenige Jahre zuvor der zweitälteste Bruder Franz Ludwigs, Friedrich Karl Joseph von Erthal die kurfürstliche und erzbischöfliche Würde erlangt hatte, in Würzburg und in Bamberg unter der Ägide der Erthalschen Brüder einen „wirklichen Beitrag zu Ruhe und Frieden im Römischen Reich" (Hans Joachim Berbig). Auf Grund der Bemühungen Wiens, vor allem des kaiserlichen Wahlkommissars Joseph von Ried, entschieden sich bei der Bamberger Wahl am 12. April 1779 alle Stimmberechtigten für den Würzburger Bischof Franz Ludwig.

Bereits zwei Wochen vor der Wahl war der Syndikus vom Domkapitel in Bamberg damit beauftragt worden, auf der Grundlage der früheren Wahlkapitulationen und der Vorschläge von seiten des Kapitels eine neue Wahlkapitulation zu verfassen. Am 8. April wurde der Franz Ludwig zugeleitete Entwurf von jenem in seiner Privatwohnung genauestens geprüft. Franz Ludwig machte, wie das Domkapitelsprotokoll ausweist, keinerlei Ausstellungen, sondern belobigte die Kapitulation vielmehr [. . .] als ganz wohl verfaßter [!] (StAB, Rep. B 86, Nr. 106, fol. 49v). Ausdrücklich ist im Protokoll der Wahlsitzung vom 12. April 1779 die Rede von zwei gleichlautenden Originalien der Kapitulation, die der Syndikus eingebundener schon auf dem grösseren Peremptorialtische parat gelegt hatte, eben den in der Beschreibung oben genannten beiden Exemplaren der Anerinnerungen. Gegenüber den weit umfangreicheren früheren Wahlkapitulationen umfaßten die nun in der Sitzung am Wahltag von Franz Ludwig unterschriebenen und besiegelten Anerinnerungen nur noch 19 Paragraphen.

Die Anerinnerungen entsprachen im wesentlichen den Vorstellungen Franz Ludwigs und wurden von ihm ohne Einwände akzeptiert, zumal dadurch die Ehr Gottes und das Beste der Kirche nach dem gottgefälligen Willen deren heiligen Stifteren wie auch des Landes Wohlfahrt auf das möglichste beförderet, dargegen aber Ihro Päbstlichen Heiligkeit, Kaiserlichen Mayestät, des Heiligen Römischen Reichs und eines jeden Dritten ihre Rechten und Gerechtsame dabey nicht geschmählert werden sollen noch können; wie dann auch die Domcapitlische Meinung gar nicht ist, die allhiesige bischöflich- und fürstliche hergebrachte Vorrechten vermittels ohnerlaubten Eigennuz oder neuerliche Privat-Vortheile zu verringeren [. . .]. War in früheren Kapitulationen das Verbot jeglicher Dispensation ausgesprochen worden, so galten nun nach den Anerinnerungen die allgemein gültigen weltlichen Rechte und Gesetze als Richtschnur für nicht erledigte Vertragspunkte: [. . .] und wann auch dagegen und besonders contra libertatem ecclesiae ohnvermerckt etwas sollte mit eingeflossen seyn, solches selbsten wiederum für ohnverbindlich zu erklären.

F. M.

16 Bamberger Kanzleibuch des Fürstbischofs Franz Ludwig von Erthal, Band 1, 1779–1782

Pergament, VI und 216 und III Bll.
Heller Schweinsleder-Einband über Holzdeckeln mit Blindpressung, Supralibros in Goldpressung, Gold- und Grünschnitt, Messingbeschläge an den Ecken und Messingschließen (letztere abgefallen)
H. 45 cm, Br. 33 cm

Staatsarchiv Bamberg, Rep. B 21, Bamberger Kanzleibücher, Nr. 35 I Abb.

Lit.: Jäck, Pantheon, Sp. 464 f. – Walter M. Brod, Fränkische Schreibmeister und Schriftkünstler. Mit Beiträgen von Otto Meyer und einem Nachwort von Werner Doede (Mainfränkische Hefte 51). Würzburg 1961, S. 41 f. – Michel Hofmann, Prunkschrift und Buchschmuck im 18. Jahrhundert. In: Altfränkische Bilder und Wappenkalender 65 (1966), S. 1–6. – Bambergs christliche Sendung. Zeugnisse aus acht Jahrhunderten, bearbeitet von Rudolf M. Kloos. Ausstellung des Staatsarchivs Bamberg anläßlich des 81. Deutschen Katholikentages in Bamberg. Bamberg 1966, Abb. Taf. VI, dazu S. 32, auch S. 25. – Zu Adam Anton Heyberger: Sitzmann, Künstler, S. 246, 650. – Otto-Karl Tröger, Die Archive in Brandenburg – Ansbach – Bayreuth. Ihr organisatorischer Aufbau und ihre Einbindung in Verwaltung und Forschung. Diss. Regensburg, Selb 1988, S. 369–371. – Wolfgang Leesch, Die deutschen Archivare 1500–1945, Bd. 2: Biographisches Lexikon. München etc. 1992, S. 253.

Die Kanzleibücher enthalten jeweils Abschriften der in der Regierungszeit der einzelnen Fürstbischöfe angefallenen und als besonders wichtig angesehenen Urkunden, Verträge, Creditive und Schreiben. Das vorliegende Kanzleibuch wurde von dem damaligen Ingrossisten am fürstbischöflich-bambergischen Archiv, Adam Anton

IVLIVS GODE-
FRIDVS DE
EHRTHAL.

MARIA MAR-
THA DE
WEILER.

IOANNES CA-
SIMIRVS DE
AVFSEES.

MARIA VRSV-
LA DE
WIESENTHAV.

PETR. IOANN.
CHRISTOPH. B.
D. BETTENDORF.

MARIA MARG.
DE
CRONBERG.

WOLFG. EBERH.
CAM. WORMAT.
B. DE DALBERG.

MARIA EVA
CAM. WORMAT.
B. DE DALBERG.

PHILIPPVS VA-
LENTIN. DE ET
IN EHRTHAL.

CATHARINA
BARBARA DE
AVFSEES.

ADOLPH. CARO-
LVS BARO DE
BETTENDORF.

ANNA MARIA
CAMERA WORMAT.
B. DE DALBERG.

PHILIPP. CHRIS-
TOPHOR. DE ET
IN EHRTHAL..

MARIA EVA
BARON. DE
BETTENDORF.

REVERENDISSIMI ET CELSISSIMI S. R. IMP.
AC DOMINI DOMINI FRANCISCI LVDO-
VICI ECCL. IMPER. BAMBERG. NEC NON CA-
THEDR. VVIRCEBVRG. EPISCOPI. S. C. D. RELREI.
PROSAPIAE NOBILISSIMAE NATALES CLA-
RISSIMI QVIBVS LEGITIME COMPROBATIS SAC-
RO DIVI GEORGII COLLEGIO ADSERTVS EST
BABENBERGAE XIV CALEND. AVGVSTI A. R. H.
MDCCXL.

ad autographum, quod in Comitijs Reverendissimi Capituli Scriptoribus
servatur delineavit Iohanns Antonius Vuernper Ingrediada anno 1740.

Heyberger (* um 1750, † 16. März 1794), beim Regierungsantritt Franz Ludwigs begonnen; das zeitlich späteste Stück des Bands datiert vom 4. April 1782.

Aufgeschlagen sind die von Adam Anton Heyberger signierten Schmuckseiten fol. 1v–2r mit einer Huldigung an den auf der linken Aufschlagseite in einem Medaillon in der Mitte dargestellten Fürstbischof. Unter seinem Porträt reichen sich die personifizierten Gestalten von *Iustitia* und *Pax* die Hand; sie lassen unter seiner Herrschaft eine Zeit der Gerechtigkeit und des Friedens in Fülle erwarten. Über dem Medaillon finden sich neben den zwei Mitren für die beiden Bistümer Würzburg und Bamberg und einem Bischofsstab das Schwert als Insignie des Bischofs von Würzburg und Herzogs in Franken sowie das den Bamberger Bischöfen vom Papst verliehene Pallium. Bei den Wappen darüber erscheint das des kaiserlichen Hochstifts Bamberg gegenüber dem des Hochstifts Würzburg heraldisch rechts, somit an hervorgehobener Stelle. Die mit Schreibutensilien ausgestattete, sternenbekrönte Frau unter der *Iustitia* dürfte die personifizierte Schreibkunst darstellen.

Sowohl die ideenreiche Federzeichnung auf der linken Seite des Aufschlags als auch die kalligraphisch gestaltete rechte Seite sind von Heyberger signiert; er bezeichnete sich hier in der rechten unteren Ecke als *Regiminis Principalis et Tabularii Secretioris Ingrossista.* Unter ihm „erreichte die Schriftkunst in Franken ihren unbestrittenen Höhepunkt" (MICHEL HOFMANN). Der Band umfaßt außer den beiden genannten noch zahlreiche weitere, zeichnerisch in aufwendiger Weise gestaltete Schmuckseiten (u. a. fol. 3r Ahnentafel) sowie zwischen den Texten eingestreute Blumengebinde oder Rocaillen. Adam Anton Heyberger war der Sohn des Johann Wilhelm Heyberger (1720–1781), der seine Karriere unter Fürstbischof Adam Friedrich von Seinsheim als Ingrossist begonnen hatte und der dessen Nachfolger Franz Ludwig von Erthal während der Reichskammergerichtsvisitation in Wetzlar mehrere Jahre lang als geheimer Sekretär und anschließend in Bamberg als fürstbischöflicher Archivar gedient hat. Unter Johann Wilhelm Heyberger wurde 1772 das fürstbischöfliche Archiv neu organisiert. Adam Anton Heyberger, der den ersten Vornamen des Fürstbischofs Adam Friedrich von Seinsheim trug, studierte an der Universität Bamberg Geschichte, bewährte sich als Zeichner vor allem von Siegeln und Karten, folgte 1881 seinem Vater als fürstbischöflicher Archivar nach und lehrte einige Zeit selbst an der Bamberger Hohen Schule. Der Plassenburger Archivar Philipp Ernst Spieß (1734–1794) sprach sich über Adam Anton Heybergers Qualität als Archivar günstig aus. Eine umfassende Würdigung des Werkes von Johann Wilhelm und Adam Anton Heyberger steht noch aus.   F. M.

17 Glückwunsch des Herzogs Karl August von Sachsen-Weimar zum Regierungsantritt

Weimar, 17. April 1779
Papier, Doppelblatt mit Verschlußsiegel und eigenhändiger Unterschrift
H. 33,5 cm, Br. 20,5 cm
Staatsarchiv Bamberg, Rep. B 23, Bamberger Korrespondenzakten, Nr. 100

Lit.: Ausstellungskatalog Franz Ludwig von Erthal, Nr. 69.

Die Courtoisie unter den Reichsfürsten verlangte es, sich bei bestimmten feierlichen Gelegenheiten mit Höflichkeitsschreiben bemerkbar zu machen, mindestens aber beim Regierungsantritt dem Mit-Fürsten zu gratulieren. Auf diese Weise haben sich in den fürstlichen Archiven Autographen wie die hier vorgestellten erhalten.
Die Formulierung des Textes war Sache der Kanzlei; normalerweise dürfte der Unterschreibende darauf keinen Einfluß genommen haben. Trotzdem wird es wohl kein Zufall sein, daß man sich beim Herzog von Sachsen-Weimar, nicht aber beim „Alten Fritz" vom *Höchsten* die Erfüllung der guten Wünsche zum Regierungsantritt erhoffte.   H. J. W.

18 Glückwunsch des Königs Friedrichs des Großen von Preußen zum Regierungsantritt

Breslau, 22. April 1779
Papier, Doppelblatt mit eigenhändiger Unterschrift
H. 31,5 cm, Br. 20,5 cm

Staatsarchiv Bamberg, Rep. B 23, Bamberger Korrespondenzakten, Nr. 100

Lit.: Ausstellungskatalog Franz Ludwig von Erthal, Nr. 65.   H. J. W.

19 Glückwunsch der Bamberger Jura-Studenten zur Konsekration Franz Ludwig von Erthals

Caspar Eder und Johann Georg Klietsch
Bamberg, 1779
Kupferstich
Signiert unten links: *Eder del* (ineavit), unten rechts: *Klietsch sc*(ulpsit)
H. 43,3 cm, Br. 27,5 cm

Staatsbibliothek Bamberg, R.B. Carm. sol. f. 133   Abb.

Vor einem Obelisken, der mit Blumenranken und den Wappen der Hochstifte Bamberg und Würzburg sowie dem Erthalschen Familienwappen geschmückt ist, kniet ein Engel. Er hält Feder und Tintenfaß so, als habe er die Erthal gewidmete Inschrift der Bamberger Jurastudenten

Nr. 19

gener Uniform und gelben Westen, unter Anführung ihres Hrn. Obristens, Herrn Carl von Oberkamp, Majors Herrn Franz Roßhirt. Adjudanten Herrn Joseph Fortner und gesammter ihrer Herrn Officiers, welche alle in Gold-Bortierter Uniform waren, mit ihren Pauken und Trompeten und deren Cornet Herrn Jakob Merx, der eine prächtige Standarte führte, vor der Residenz aufmarschirten, und nach dreymalig unterthänigst geschehener Salutirung die Herrn Staabsofficiers von ihren Pferden abstiegen, und sowohl bey dem neugesalbten Höchsten Bischoff als auch Ihro Churfürstlichen Gnaden zur Audienz zu gehen die unschätzbarste Gnade gehabt, und ihre auf Atlaß gedruckte mit goldenen Borten eingefaßte Dedicationes unterthänigst überreichten, daraufhin sich auf ihre Pferde schwungen, und nach abermalig dreymaliger unterthänigst wiederhohlter Salutirung in voriger Ordnung den Residenzplatz verliesen . . .
R. B.-F.

20 Glückwunsch zur Konsekration Franz Ludwigs

Laurentius Molitor (Müller?)
1779
Deckfarben auf Pergament
H. 25,1 cm, Br. 17,8 cm

Staatsbibliothek Bamberg, H V G 22/71   Farbtafel III

Lit.: JÄCK, Künstler, T. 2, S. 64 (unter Johann Oswald Molitor). – Altfränkische Bilder und Wappenkalender 58 (1959), S. 2.

Das sehr sorgfältig gearbeitete Blatt zeigt einen schwarzen Doppeladler, der in seinen Schnäbeln an roten Bändern rechts das Familienwappen der Freiherrn von Erthal und das bischöfliche Pektorale, links die beiden Hochstiftswappen von Bamberg und Würzburg in einem viergeteilten Schild und das bischöfliche Pallium hält. In den handartig ausgebildeten Fängen sind vom Betrachter aus links Schwert und Kreuzstab, rechts Bischofsstab und Zepter zu sehen. Die Mitte nimmt eine Mitra ein. Auf ihr ist ein Altar mit dem Lamm Gottes und dem Buch mit den sieben Siegeln dargestellt, vor dem die drei Kardinaltugenden, Glaube, Liebe und Hoffnung, knien. Auf die Mitra weisen links ein Papst (mit Phantasiewappen) und rechts das personifizierte Bistum Bamberg, am Hochstiftswappen auf dem Mantel zu erkennen, hin. Beide zeigen auf die sieben goldenen Brote und das rote Kissen, auf dem der Bischofsring liegt. Die kaiserliche Krone, die die „irdische" Zone überhöht, ragt schon in die himmlische hinein, wo die Trinität zusammen mit den Bistumsheiligen Heinrich und Kunigunde sitzt, hinter denen halbe Modelle des Bamberger Domes stehen. Das Kaiserpaar trägt seine Attribute, Zepter bzw. Pflugschar und Li-

am Tage von dessen Konsekration gerade an den Sockel des Obelisken geschrieben.
Auf der Rückseite sind die Namen von 68 Jurastudenten in alphabetischer Reihenfolge aufgeführt, eine Ausnahme bilden die beiden zuerst Genannten, Karl von Oberkamp und der Lizentiat der Rechte Franz Roßhirt. Sie haben 1779 dieser Studentenvereinigung vorgestanden.
Die Hochfürstlich-Bambergischen Wochentlichen Frag- und Anzeige-Nachrichten vom 5. Oktober 1779 berichten ausführlich von der Überreichung des auf Atlas gedruckten, mit Goldborten eingefaßten Originals des Kupferstichs am Konsekrationstag Erthals, dem 19. September 1779: *Kaum war der* [Dom-] *Platz* [von den paradierenden Soldaten] *geräumet, als schon das hiesige Juristen Chor* [gemeint: Korps?] *in grün- und roth ausgeschla-*

lie, diese als Zeichen der Keuschheit. Da der Herzogshut, der Franz Ludwig als Herzog von Franken zustand, noch nicht untergebracht war, gab ihn der Maler Christus in die Hand, der ihn gleichsam aus der himmlischen Zone hinabreicht.

Unter der sehr sorgfältig ausgeführten Malerei, bei der die Farben Schwarz, Braun, Rot, Rosa, Hellblau mit Gold vorherrschen, steht auf dunklem Grund mit Gold geschrieben der Wunsch: *AD MVLTOS ANNOS GESTA LVDOICE* (sic!), *TIARAM QVAM CAPITI IMPOSVIT FRATRIS INVNCTA MANVS. Ita vovet Subditorum infimus Laurenti(us) Molitor Pictor et pinxit. 1779.* (Für viele Jahre trage, Ludwig, die Tiara [gemeint: die Mitra], die die gesalbte Hand des Bruders dem Haupt aufsetzte. So wünscht es der niedrigste der Untergebenen, der Maler Laurentius Molitor, und er hat es gemalt 1779.)

Die Person des Laurentius/Lorenz Molitor/Müller läßt sich in den Matrikeln der Stadt Bamberg (Röttingerkartei) nicht nachweisen. Ob es sich wirklich um ein Mitglied der Bamberger Malerfamilie Molitor handelt, wie Jäck vermutete, ist deshalb sehr fraglich. Vielleicht ist der Verfertiger in einem Bamberger Kloster zu suchen.

R. B.-F.

21 Glückwunsch des Augsburger Kunstverlegers Philipp Joseph Fill zur Konsekration Franz Ludwig von Erthals

Der Zwist der Liebe vom Wohlthun gerührter Schäfer, oder Die Größe Daphnis in einem Schäferliede besungen; Da Der hochwürdigste Fürst und Herr Herr Franz Ludwig Karl, Erwählter Bischof zu Bamberg und Wirzburg, des heiligen römischen Reichs Fürst, auch Herzog zu Franken von Dem Hochwürdigsten des H.R.R. Khurfürst Friedrich Karl Erzbischof zu Maynz, des H.R.R. durch Germanien Erzkanzler, auch Fürst und Bischof zu Worms, als Dero Herrn Bruder zum Bischof feyerlichst gesalbet worden den 19 Herbstmonats 1779.

Philipp Joseph Fill
Augsburg, 1779
Druck, Folioformat

Staatsbibliothek Bamberg, R. B. Carm. sol. f. 125   Abb.

Lit. zu Philipp Joseph Fill: Thieme/Becker, Bd. 11, S. 566.

Der Augsburger Kunst- und Kupferverleger Philipp Joseph Fill stammte aus Würzburg und versuchte bereits bei der Wahl Franz Ludwigs zum Bischof von Bamberg durch ein umfangreiches Gedicht und einen beigefügten Kupferstich (Abb. S. 269) auf sich aufmerksam zu machen. Vermutlich erhoffte er sich Aufträge von dem Neu-

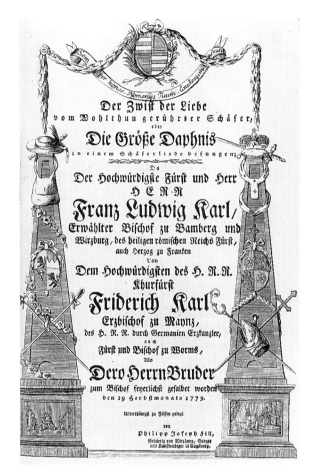

Nr. 21

erwählten. In dem Gedicht zur Bischofsweihe umschrieb er diesen Wunsch in gesetzten Worten: *Mir schmelzt mein liebend Herz, wie weiches Wachs beym Feuer, / Ganz Flamme ist mein Herz! denn Daphnis* [gemeint ist Franz Ludwig] *! – ach wie theuer / Bist Du mir Menschenfreund – erhabner Fürst – Mäcen! / Bey Dem die Künsten an dem höchsten Gipfel stehn . . .*

Der Titel ist durch zwei Obelisken eingerahmt. Der rechte zeigt außer dem hochovalen Schild mit den Wappen der Hochstifte Bamberg und Würzburg Utensilien eines Schäfers, darunter im Sockel zwei an einem Altar mit Brandopfer kniende Gestalten mit Hirtenstäben, die auf das Hirtenamt der Brüder Erthal hinweisen sollten. Auf dem linken Obelisken sind neben den Wappen von Mainz und Worms, den Bistümern, denen Friedrich Karl Joseph vorstand, bischöfliche Insignien, aber auch durch Fürstenhut und Schwert Zeichen der weltlichen Macht dargestellt. Im Sockel ist eine kleine Darstellung einer Bischofsweihe, und zwar der Moment der Überreichung der Mitra, angebracht.

Philipp Joseph Fill hatte bereits dem Tod von Erthals Vorgänger in Bamberg und Würzburg, Adam Friedrich von Seinsheim, ein Gedicht (StBB, R. B. Carm. sol. f. 17/57) gewidmet, ein Jahr darauf, 1780, dem Würzburger Domkapitular und Dechant des Ritterstiftes Comburg, Lothar Franz Gottfried Greiffenklau zu Vollraths, zu dessen Wahl zum Propst des Kollegiatstiftes Haug eine Ode (StBB, R. B. Carm. sol. f. 14/31) dediziert. Die Bemühungen des Kunstverlegers Fill um die Gunst Franz Ludwig von Erthals haben sich nicht ausgezahlt. Soweit zu sehen ist, erhielt er keine Aufträge vom Bamberger oder Würzburger Hof. R. B.-F.

22 Der Heinrichs- und Kunigundenaltar des Bamberger Domes bei der Konsekration Franz Ludwig von Erthals

Auftrag und Prospect des bey dem hohen Consecrations-Fest in Ir(er) Hochfürstl(ichen) Gnaden Franz Ludwig unter 19ten Sept(ember) 1779 in dem Kayserl(ichen) Hohen Dom Stift dahier zu Bamberg errichteten und mit dem Kirchen-Schaz bestelten Altars.

Joseph Clemens Madler (1727–95)
Bamberg, 1779
Federzeichnung, laviert
Signiert unten rechts: *aufgenommen und gezeichnet Joseph Klemens Madler Dom Kapit*(lischer) *Zimmerm*(ei)*st*(e)*r.*
H. 41,4 cm, Br. 36,2 cm

Staatsbibliothek Bamberg, M.v.O. A. II 53   Abb.

Quelle: StAB, Rep. B 24 Nr. 24 c, Hofdiarium über die Konsekration Erthals, S. 411–414 (Beschreibung der aufgestellten Reliquien und Reliquiare).

Lit.: RENATE BAUMGÄRTEL-FLEISCHMANN, Die Altäre des Bamberger Domes von 1012 bis zur Gegenwart. Bamberg 1987, S. 206 und 210 (mit älterer Literatur). – Farbabb. in: Dieses große Fest aus Stein, hrsg. von HANS-GÜNTER RÖHRIG. Bamberg 1987, S. 7. – FRIDOLIN DRESSLER, Geschichte der Handschrift. In: Das Perikopenbuch Heinrich II. Clm 4452 der Bayerischen Staatsbibliothek München. Begleitband zur Faksimile-Ausgabe, hrsg. von FLORENTINE MÜTHERICH und KARL DACHS. Lachen am Zürichsee 1994, S. 48.

Im 18. Jahrhundert fanden die Bischofsweihen in Bamberg am Heinrichs- und Kunigundenaltar des Domes statt. Dieser hatte seinen Platz zwischen den beiden Treppen, die zum Ostchor führen. Für die Konsekration des Franz Ludwig von Erthal wurde der eigentliche Altaraufbau mit der Gleskerschen Kreuzgruppe entfernt

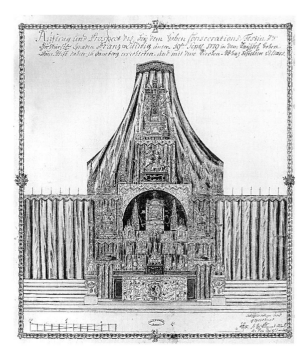

Nr. 22

und durch aufwendige rote Stoffdraperien ersetzt. Vor ihnen plazierte man den gesamten Domschatz. Die kleineren Gegenstände, darunter die goldenen Evangeliare, standen auf der Altarmensa und einem dahinter angebrachten mehrstufigen Gestell. Rechts und links davon waren die Kopfreliquiare Heinrichs und Kunigundes und die dazugehörenden Kronen zur Schau gestellt. Bekrönt wurde der Aufbau durch die große Georgsgruppe und das Domkreuz. Reliquienpyramiden und Silberleuchter bildeten einen zusätzlichen Schmuck.

In das Hofdiarium über die Konsekration ist eine ausführliche Beschreibung der am Altar aufgestellten Gegenstände eingebunden, in der aber auch die bei der Bischofsweihe notwendigen Kredenztische und die Ausstattung des Altars erwähnt werden, an dem sich der neue Fürstbischof ankleidete. Vermutlich gehört die Madlersche Zeichnung in diesen Zusammenhang. Ihre Überschrift legt dies nahe.

Dem Domkapitel gefiel diese festliche Ausstaffierung so gut, daß es der Anregung der Domdechanten, künftig an den Hochfesten der Bistumsheiligen den Altar auf diese Weise zu schmücken, sofort zustimmte. R. B.-F.

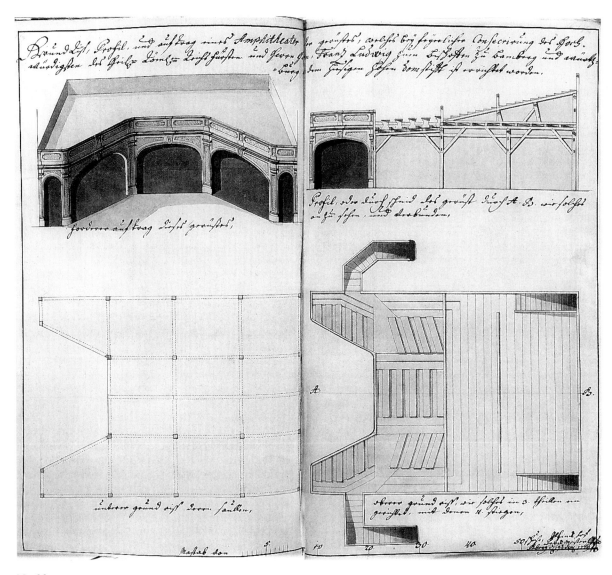

Nr. 23

23 Das zur Konsekration Franz Ludwig von Erthals im Dom zu Bamberg errichtete Amphitheater

GrundRiß, Profil, und Auftrag eines Amphitheaters . . . der [sic!] Gerüstes, welches bey feyerlicher Conse-crirung des Hochwürdigsten des Heil(ig)en Röm(isch)en Reichs Fürsten und Herrn Herrn Franz Ludwig zum Bi-schoffen zu Bamberg und Würtzburg in dem Hiesigen Hohen Domstifft ist errichtet worden.

Johann Lorenz Fink
Bamberg, 19. September 1779
Federzeichnung, laviert
Signiert und datiert unten rechts: J. L. Finck HofwerckMeister m(anu) p(ropri) a. Bberg d(en) 19t (en) Sep(tember) 1779
H. 38,4 cm, Br. 44,6 cm

Staatsarchiv Bamberg, Rep. B 24 Nr. 24 c, Hofdiarium über die Konsekra-tion Erthals, S. 416/17

Unveröffentlicht   Abb.

Quelle: StAB, Rep. B 24 C Nr. 24 c, S. 414.

Lit. zu Johann Lorenz Fink: HANEMANN, Johann Lorenz Fink.

Das sorgfältig kolorierte Blatt zeigt zwei Grundrisse und zwei Ansichten eines Gerüstes, das der Hofwerkmeister Johann Lorenz Fink als *Amphitheater* bezeichnet. Die Grundrisse sind einmal in Höhe der Pfeiler, auf denen die ganze Konstruktion ruht, das zweite Mal als Aufblick von oben wiedergegeben. Auch die vier Treppen, die auf dieses Gerüst führten, sind dargestellt. Die Ansicht von vorn zeigt korbbogenartige Öffnungen, die Seitenansicht läßt deutlich das leichte Ansteigen in einer Schräge erkennen. Der Hofwerkmeister Fink hatte dieses Gerüst im Langhaus des Bamberger Domes errichtet, damit die eingeladenen Gäste die Bischofsweihe besser verfolgen konnten. Auch der *Actus* selbst fand auf einem *Fußgebrück* genannten, sieben Zoll (etwa 15–20 cm) hohen, mit einem roten Teppich belegten Gerüst statt, wie das Hofdiarium über die Konsekration Erthals meldet. Dort heißt es weiter: *Von diesem Gebrück etwann 30 Schuhe (= 8,04 m) davon fanget das Gerüst oder anfideader (= Amphitheater) an, warauf die Zuschauer stunden.* R. B.-F.

24 Bericht über die Konsekration Franz Ludwig von Erthals

Sechs und zwanzigster Jahrgang deren neu- doch gemeinnützlichen Hochfürstlich-Bambergischen Wochentlichen Frag- und Anzeige-Nachrichten

Bamberg 1779, hier Ausgaben vom 1., 5. und 8. Oktober

Staatsbibliothek Bamberg, R. B. Eph. 2 (1779

In der Einleitung erinnert der Berichterstatter, daß seit der Konsekration des Trierer Erzbischofs Franz Georg von Schönborn durch seinen Bruder, den Bamberger und Würzburger Fürstbischof Friedrich Karl von Schönborn, im Dom zu Bamberg gerade 50 Jahre verstrichen seien. Nun stehe wieder ein solches Fest bevor, die Bischofsweihe Franz Ludwig von Erthals, die durch dessen leiblichen Bruder, den Erzbischof von Mainz, Friedrich Karl Joseph vorgenommen werde.

Der auf drei Ausgaben der *Hochfürstlich-Bambergischen Wochentlichen . . . Nachrichten* verteilte Bericht beschränkt sich auf die Äußerlichkeiten der Konsekrationsfeier. Ausführlich wird der Zug der Brüder Erthal mit ihrem Hofstaat von der Residenz zum Dom beschrieben, wo sie vom Domkapitel und den beteiligten Geistlichen erwartet wurden. Namentlich finden Erwähnung die Domkapitulare von Bibra und von Schaumberg als Träger des Mainzer und des Bamberger Kreuzes sowie die Oberhofmarschälle Freiherr von Wambold und Schenk von Stauffenberg *in Spanischer Kleidung,* d. h. in Gewändern nach dem längst aus der Mode gekommenen spanischen Hofzeremoniell, als Träger der Fürstenschwerter.

Auch auf die Ausgestaltung des Domes für die Feierlichkeit wird kurz eingegangen: *In der Kirche selbsten waren geraumige und mit anständigen Verzierungen Staffelweis angebrachte Gallerien. Der Hochaltar ware zu dieser heiligen Handlung auf das prächtigste ausgeschmüket, und mit dem gesammten Domschatz besetzt.* Die für die provisorischen Einbauten Verantwortlichen, Hofwerkmeister Johann Lorenz Fink und Zimmermeister Joseph Clemens Madler, hielten wenig später das sogenannte *Amphitheater* und den Konsekrationsaltar in Zeichnungen (Kat.Nr. 22 und 23) fest, so daß eine gewisse bildliche Vorstellung von dem möglich ist, was der Berichterstatter hier zu beschreiben versuchte.

Daß er während der Bischofsweihe im Dom war, ist zu bezweifeln. Es fehlt jeglicher Kommentar zur Weihehandlung. Deren Ablauf, so wie er geschildert ist, war auch dem von Georg Gertner gedruckten Büchlein zum Konsekrationsaktus zu entnehmen. Wichtiger erschien dem Schreiber das Geschehen, das er auf dem Domplatz miterlebte, wie die Parade der Soldaten, der Aufmarsch der Juristen (siehe Kat.Nr. 19) und der Fackelzug der Bamberger Schüler am Abend. R.B.-F.

ERIK SODER VON GÜLDENSTUBBE

Franz Ludwig von Erthal als Bischof von Würzburg

Der Dualismus von Fürst und Bischof, wie er bei den Regenten der sogenannten geistlichen Staaten des Heiligen Römischen Reiches Deutscher Nation sich in einer Person verkörperte, führte nicht nur zu Spannungen bei den Versuchen, beide Ämter adäquat miteinander zu verbinden. Oft (ver-)führte auch die Staatsgewalt, mit der ein solcher Fürst und Bischof ausgestattet war, die Geschichtsschreibung dazu, das weltliche Regiment in den Vordergrund zu schieben. Viele dieser geistlichen Reichsfürsten konnten politisch die Geschicke des ganzen Reiches nicht wesentlich bestimmen, viel zu sehr hemmten sie Kleinheit und relativ geringe Bedeutung ihrer meist zerrissenen Territorien, viel zu sehr hemmten sie oft Wahlrecht und Mitregierung der jeweiligen Dom- oder Stiftskapitel. Deshalb sah die Historiographie verständlicherweise vor allem die kulturelle Seite von deren Wirken, stellte deren Förderung von Bildung, Wissenschaft und Kunst in den Vordergrund. Die religiösen, kirchlichen Belange sahen viele Geschichtsschreiber, die das Ancien régime im letzten Jahrhundert seines Bestehens untersuchten, oft unter dem Aspekt, wie – vor allem von England und Frankreich her einströmend – Aufklärung, Rationalismus, die Naturwissenschaften die kleineren oder größeren Kirchenstaaten prägten. Sie untersuchten, wie Reichsbischöfe und Päpste miteinander auskamen. Stichworte wie Nuntiaturstreit, Episkopalismus, Febronianismus einerseits, Toleranzdenken, Indifferentismus andererseits sollen hier nur einiges von den Spannungen geistig-kirchlicher Strömungen dieser bewegten Zeit andeuten.

Fragt jemand nach dem, was damals in den Bistümern, in Landkapiteln und Pfarreien selbst vor sich ging, herrscht weithin Tabula rasa. Viele wissen gar nicht mehr, daß das alte Bistum Würzburg immer noch – trotz der Abtretungen des 11. Jahrhunderts an die jüngere Tochterdiözese Bamberg, trotz der großen Gebietsverluste im Gefolge der Reformation und trotz der allmählichen kirchlichen Verselbständigung des Stiftes Fulda, die erst 1752 mit der Erhebung zum eigenständigen Fürstbistum vollendet wurde –, sich trotz alldem über die Grenzen des heutigen Regierungsbezirkes Unterfranken hinaus erstreckte, es schloß weite Teile des heutigen Ober- und Mittelfrankens ein, beispielsweise bis Marktgraitz am Obermain oder im Osten bis Herzogenaurach reichend, vom jetzt thüringischen Wolfmannshausen bis ins heutige badische und württembergische Franken[1]. Erst Jahre nach der Säkularisation trennte bayerische Okkupationsgewalt die weitgedehnten Ebrachischen Besitzungen vom Würzburger Sprengel, zu dem sie größtenteils, wenngleich nicht unangefochten, die meiste Zeit gehört hatten[2]. Wer weiß noch, daß im Gebiet des Fürstbistums Würzburg seit dem Westfälischen Friedensschluß 1648 über dreißig Pfarreien der „Augsburgischen Konfessionsverwandten" waren, in denen der katholische Landesherr die Rechte eines Kirchenoberhauptes oder Notbischofs ausübte[3]?

Fragen wir nach den Gründen für solche einseitige Betrachtungsweise, so erhalten wir oft die pauschalisierende Antwort, in einem geistlichen Staat seien eben weltliche und kirchliche Dinge in eines geflossen.

Archivare pflegen zu fragen nach den Behördenstrukturen, dem Amtsweg, den Zuständigkeitsbereichen, am deutlichsten sichtbar im Provenienzprinzip historischer Quellen. Seit der Beschlagnahme der fürstbischöflichen, der Klöster- und Stiftsarchive durch Kurpfalzbaiern stützte sich die Forschung weithin auf die aus der enteigneten Schriftgutmasse erwachsenen Staatsarchive, die ja bekanntlich auch viele kirchliche Belange, wenngleich hier dem Provenienzprinzip widersprechend, beinhalten. Bereits einige Blicke in die „Hochfürstlich würzburgischen Hof- Staats- und Standskalender" hätten genügt, um eine klare Trennung zwischen den jeweiligen weltlichen und geistlichen Regierungen festzustellen. Dies gilt sowohl hinsichtlich der Strukturen als auch hinsichtlich der dort jeweils amtierenden Personen.

Voraussetzungen

Franz Ludwig von Erthal war 1763 Präsident der weltlichen Regierung in Würzburg geworden, hatte also bis zu seinem Weggang nach Wien 1767 nichts mit geistlich-kirchlichen Amtsdingen zu tun. Daher war für seine damalige Tätigkeit auch keine höhere Weihe nötig. Diejenigen, die im Auftrag des Bischofs die Diözese zu leiten und zu verwalten hatten, Generalvikar, Weihbischof, Offizial, Fiskal, die wirklichen Geistlichen Räte, hatten natürlich alle die erforderlichen Weihen.

Unser Erthal hatte eine breit angelegte Bildung erhalten, deren wissenschaftlicher Schwerpunkt in der Jurisprudenz gelegen war. Mit rechtlichen, politischen, diplomatischen Aufgaben und Problemen hatte er sich auch größtenteils bis zu seinem doppelten, eigentlich aber vierfachen Regierungsantritt im Jahre 1779 beschäftigen müssen. Wie war er auf das Bischofsamt in zwei großen, altehrwürdigen Bistümern wie Bamberg und Würzburg vorbereitet?

Seine erste Bildung erfuhr er durch Hauslehrer und auf Gymnasien, die noch von Jesuiten geleitet waren[4]. Von seinen Universitäts-Professoren sind namentlich der Jurist Johann Georg Neureuter und der Kanonist Ludwig Philipp Behlen, der spätere Weihbischof von Mainz, bekannt[5]. Vermutlich hörte er in Würzburg auch Vorlesungen des bedeutenden Kanonisten Johann Kaspar Barthel[6]. Theologische Studien im eigentliche Sinn betrieb Franz Ludwig an der von Bonifaz VIII. 1303 begründeten Päpstlichen Universität Sapienza in Rom, wie ihm der Minorit Carolus Dominicus de Moya 1754 bescheinigte[7]. Interessant ist es, daß er nicht an das von Jesuiten geführte Collegium Germanicum in Rom ging, dem allein fünf Erthals angehörten, ähnlich wie andere Franken aus ritterschaftlichen Familien, so die Reitzenstein, Hutten, Fechenbach, Voit von Rieneck, Aufsess, Guttenberg, Groß von Trockau[8].

Die Studien der Fachgebiete Kirchenrecht und Theologie legten die eine Grundlage für Erthals künftige kirchliche Wirksamkeit. Daneben pflegte er offensichtlich auch ein intensives religiöses Leben, das für den höheren Klerus seiner Zeit nicht unbedingt typisch scheint. Sein entfernter Verwandter, der Würzburger Generalvikar Karl Friedrich Wilhelm von Erthal aus der Leuzendorfer Linie[9] beschreibt den jungen Domherren Franz Ludwig[10]:

„So gelehrt und einsichtig dieser Herr ist, so geistreich und eiferig ist er auch bei seinen geistlichen Verrichtungen, als öfterer Frequentierung des Chors, Beobachtung deren jährlichen Exercitionum Spiritualium, Mortificationen, Darreichen reichlichen und grosen Allmosens etc. so, daß er in den wichtigsten Geschäften sich seines geistlichen Standes nicht vergessen thut, und dahero für eine Zierde seiner Domstifteren gehalten wird"[11].

Auch die ansehnliche Privatbibliothek, die Franz Ludwig zeitlebens hegte und ausbaute, war stark auf seine Tätigkeitsfelder ausgerichtet[12].

Es mutet heute seltsam an, jemanden zum Bischof einer Diözese zu weihen, der nie eigene pastorale Erfahrung hat machen können, der nie Kaplan oder Pfarrer gewesen war, gleichwohl aber der geistliche Oberhirte dieser Seelsorger wurde. Das hängt mit einer starken Zweiteilung im Weltklerus der alten Reichskirche zusammen:

Die einen kamen meist schon als halbe Kinder in Stifts- oder Domschulen und erhielten so Anwartschaften auf entsprechende Pfründe und Kapitelsstellen. Für den Lebensunterhalt war gesorgt und das meist nicht schlecht. Aus diesen Kreisen rekrutierten sich – oft noch durch Schranken des Geburtsstandes wie bei den fränkischen

Domkapiteln oder einigen Ritterstiften weiter eingeschränkt – die künftigen Domkapitulare, die während einer Vakanz des Bischofsstuhles das Sagen hatten, die aber auch den künftigen Fürstbischof aus ihrem Kreis erwählten und ihn auch auf eine bestimmte Linie in sogenannten Wahlkapitulationen festlegten. Zu Erthals Zeiten nannte man das *Monita episcopalia* oder *Anerinnerungen*. Die Chorherren der Domnebenstifte – in Würzburg waren das neben dem Ritterstift St. Burkard, dessen Kapitularstellen im allgemeinen nur Angehörigen der fränkischen Reichsritterschaft erreichbar waren, das Neumünster und das Stift Haug. Wie ein Blick in die Kanonikerlisten oder in die Hofkalender zeigt, rekrutierte sich aus diesen Stiften weithin der Mitarbeiterstab der Geistlichen Regierung, soweit nicht besonders wichtige Stellen den Domkapitularen vorbehalten waren[13].

Die anderen Weltgeistlichen hatten in der Regel ihre Ausbildung in Priesterseminaren erhalten[14] und an den jeweiligen Theologischen Fakultäten studiert, bevor sie als Kapläne, Kooperatoren, Vikare, gelegentlich auch als Instruktoren in Adelshäusern ihre ersten beruflichen Erfahrungen machen und sich so für das Pfarramt qualifizieren konnten oder sonstige geistliche Ämter übernahmen. Wollte der Bischof jemand aus der Pfarrgeistlichkeit in die Diözesanverwaltung berufen, was Franz Ludwig nicht selten tat, erhielt der Betreffende ein Kanonikat, und damit war dessen Lebensunterhalt gesichert.

Nachdem Erthal von beiden Domkapiteln in Würzburg und in Bamberg zum Nachfolger Seinsheims gewählt und durch Kaiser und Papst bestätigt worden war, bereitete er sich durch zehntägige Exerzitien auf den Empfang der Priesterweihe vor. Beides übernahm Weihbischof von Gebsattel, der Franz Ludwig am Jakobustag (25. Juli) 1779 in der Würzburger Hofkirche die Priesterweihe erteilte[15]. Soweit es seine Pflichten und seine Gesundheit zuließen, zelebrierte Erthal so oft als möglich und besuchte noch im Laufe des Tages eine weitere Messe eines anderen Zelebranten.

Auf den Empfang der Bischofsweihe, die ihm sein Bruder, der Mainzer Erzbischof und Kurfürst[16] am 19. September im Bamberger Dom spendete, bereitete er sich durch achttägige Exerzitien vor. Sein Beichtvater war der Franziskanerminorit Bonaventura Rieger[17]. Wir dürfen annehmen, daß die ihm zeitlebens nahestehenden Franziskaner Erthal auch bei seinen sozial-caritativen Aktivitäten anregten.

Personen und Strukturen

Im Würzburger Bistum hatte Franz Ludwig von seinem Amtsvorgänger Seinsheim den Karl Friedrich Wilhelm von Erthal zu Leuzendorf und Gochsheim als Generalvikar übernommen, der seit 1758 Präsident der Geistlichen Regierung war, aber schon 1780 verstarb. Zu seinem Nachfolger als Generalvikar bestellte Erthal den Freiherrn Johann Franz Schenk von Stauffenberg, 1793 auch zum Präsidenten der Geistlichen Regierung. Dieser überlebte das Ende der Hochstifte und verstarb 1813. Beide waren auch Domkapitulare. Stauffenbergs bürgerlicher Amtsnachfolger, Dr. Josef Fichtl, von Franz Ludwig als Pfarrer und Vorsteher des Würzburger Juliusspitals bestimmt, war von ihm zugleich als Wirklicher Geistlicher Rat berufen worden[18]. Alle drei waren tüchtige und erfahrene Leute.

Wenig jünger als der Generalvikar Erthal war der schon erwähnte Weihbischof Gebsattel, Doktor beider Rechte, Chorherr, zuletzt Dekan des Ritterstiftes St. Burkard, ein wirksamer Förderer des Lehrerseminars und der Universität, der er zehn Jahre lang als Rektor vorstand, ein tiefreligiöser Mensch, der besonders enge Beziehungen zum Wallfahrtsort und Franziskanerkloster Dettelbach pflegte. Gebsattels Art hat sicher auch Franz Ludwig beeindruckt. Als er ab 1782 krankheitshalber kaum mehr wirken konnte, übernahm Franz Ludwig selbst die meisten Pontifikalakte oder ließ sich dabei vom Bamberger Weihbischof vertreten[19]. Dem 1788 verstorbenen Gebsattel folgte als Weihbischof der Zeller Winzerssohn Andreas Josef Fahrmann, der seit 1773 als Moraltheologe an der Alma Julia dozierte. Er war ein gesuchter Prediger und hat Grundlagen für die neue Disziplin der Pastoraltheologie gelegt. Franz Ludwig berief ihn 1780 in den Geistlichen Rat, bestellte ihn 1786 zum Regens des Priesterseminars. 1790 konsekrierte der Fürstbischof Fahrmann zum Bischof in der Bamberger Hofkapelle und dieser war als Auxiliar auch Direktor der Geistlichen Regierung. Am 6. Februar 1802 verstarb er, im 60. Lebensjahr[20]. Zum Subregens hatte Franz Ludwig übrigens 1789 Gregor Zirkel ernannt, der 1802 Fahrmanns Nachfolger als Weihbischof werden sollte[21]. Als Subregens war Zirkel Nachfolger des Dr. Adam Joseph Onymus, den 1782 Franz Ludwig auf diese Stelle berufen hatte. Bereits im Jahr darauf erhielt Onymus dazu noch die Professur für biblische Exegese *mit dem Charakter eines Geistlichen Rates* und 1786 ein Kanonikat im Stift Neumünster. Wirklicher Geistlicher Rat wurde er 1789[22]. Es waren ausgesucht gute und qualifizierte Mitarbeiter, die Erthal in der Diözesanleitung übernahm, ebenso die, die er selbst ernannte und beförderte. Bildungsbeflissen wie er war, lag ihm auch die Verbesserung seiner Seminarien für den Priesternachwuchs am Herzen. So trennte er das Seminarium Nobilium 1790 vom Priesterseminar und gab ersterem in Dr. Onymus einen geeigneten Regenten. Die Alumnen aber bezogen schon 1789 das seit der Aufhebung des Jesuitenordens leerstehende, inzwischen umgebaute ehemalige Jesuitenkolleg, das durch Franz Ludwig den neuen Namen *Seminarium ad Pastorem bonum* erhielt. Das Kilianeum, das auf den Reformerbischof Julius Echter zurückging, verblieb, ebenfalls umgebaut und erweitert, im Universitätskomplex[23].

Über die Bildungsbemühungen Franz Ludwigs wird an anderer Stelle mehr zu sagen sein. Betrachten wir nochmals kurz seinen Mitarbeiterstab, mit dem er das Bistum des hl. Burkard leitete.

Da stand also unter dem Fürstbischof im *Geistlichen Staat des fürstlichen hohen Stiffts Wirzburg* sein Mitbruder im Bischofsamt, der Weihbischof, an erster Stelle: Vicarius generalis in pontificalibus. Dann kam der Präsident der Hochfürstlichen Geistlichen Regierung, der meist auch zugleich der Generalvikar war, also Stellvertreter des Bischofs in der kirchlichen Verwaltung bzw. in der Bistumsleitung, mit der vom Oberhirten delegierten geistlichen Jurisdiktion: Vicarius generalis in spiritualibus. Diesem standen die Geheimen und Geistlichen Räte zur Seite. Dreizehn waren es 1779, zehn 1795. Praktisch alle trugen akademische Grade, viele davon mehrere, meist Theologen und Doctores utriusque juris. Neben den schon erwähnten Persönlichkeiten waren so bedeutende Gelehrte unter seinen Räten, wie der Universitätsprofessor der Geschichtswissenschaft, Michael Ignaz Schmitt, der indes bald nach Wien berufen wurde[24], der Kanonist Johann Nepomuk Endres (1730–91), der Schüler und ab 1771 Lehrstuhlnachfolger Barthels, der seinerseits selbst wieder in Rom Student des Kardinals Prosper Lambertini, des späteren Papstes Benedikt XIV. (1740–58), gewesen war[25]. Endres hatte sich unter anderem mit der Frage nach einer außerordentlichen Gerichtsbarkeit der päpstlichen Nuntien beschäftigt, mit der Notwendigkeit der Naturrechtswissenschaft, er handelte über das gegenseitige Verhältnis des deutschen, des kanonischen und des römischen Rechtes, äußerte sich zum Recht der Konfessionen im Reich und zum Staatskirchenrecht, nicht zuletzt über Konkordate[26]. Auch Johann Philipp Gregel, Ordinarius für Kirchenrecht, den Erthal in seinen Rat berufen hatte, wurde ein namhafter Vertreter seines Faches[27].

Secretarius, Offizianten und Ratsdiener vervollständigten das Amtspersonal.

Parallel neben der *Geistlichen Regierung* stand das *Hochfürstlich Wirzburgische Vikariat und Konsistorium*. Deren Präsidenten waren einerseits die Generalvikare – wie bereits erwähnt Karl Friedrich Wilhelm von Erthal und danach Johann Franz Schenk von Stauffenberg, andererseits fungierte als Officialis Consistorii der Domkapitular Johann Philipp Karl Anton von Fechenbach, Titularbischof des St. Georgsordens, ein bewährter Diplomat[28]., dem aber bald schon Anselm Philipp Friedrich Freiherr

Groß zu Trockau, Würzburgischer und Eichstätter Domkapitular und Landrichter des Herzogtums Franken, folgte[29].

Vikariats- und Konsistorialräte gliederten sich in solche geistlichen und weltlichen Standes auf. Wohl der bedeutendste unter ihnen war der Bildungsreformer und Philanthrop Franz Oberthür, Dr. theologiae et juris utriusque, Professor für Dogmatik und Kanonikus im Stift Haug, ein ausgesprochen aufklärerischer Geist, der allerdings Erthals Vorgänger Seinsheim nachtrauerte, bei dem er mehr Einfluß gehabt hatte[30]. Eng verbunden mit Oberthür – ebenso wie mit dem Weihbischof Gebsattel – war ein anderer Vikariatsrat: Johann David Götz, der Direktor des Schullehrerseminars in Würzburg war, einer Einrichtung zur beruflichen Qualifizierung des Lehrerstandes, die Seinsheim als einer der ersten deutschen Reichsstände eingerichtet hatte und die besonders Gebsattel viel zu verdanken hatte[31].

In pastoraltheologischen Angelegenheiten, einen Lehrstuhl dafür hatte Erthal neben anderen eigens errichtet, standen der Weihbischof Fahrmann, Oberthür und der gleichfalls von Franz Ludwig in das Vikariat berufene Professor Anton Josef Roßhirt einander sehr nahe[32]. Zu nennen wäre aus diesem Gremium auch noch Valentin Franz Stanislaus Neumann, ein Sohn des berühmten Barockbaumeisters Balthasar Neumann. Dieser war Kustos im Neumünsterstift[33]. Elf Vikariatsräte weltlichen Standes, ebenfalls alle studierte Leute, vielfach aber im Nebenamt, ein Sekretär, der Licentiat utriusque juris Ferdinand Christoph Josef Papius, sowie zwei Pedellen taten hier Dienst.

Das Vikariat tagte einmal, die Konsistorialsessiones waren zweimal und die Geistliche Regierung tagte dreimal pro Woche[34]. Der Fürstbischof nahm zwar in der Regel nicht daran teil, aber – wie die erhaltenen Protokolle zeigen – verfolgte er sehr genau die Vorgänge, ließ sich von den Referenten Bericht erstatten und zeichnete die Protokolle entsprechend ab[35].

Rund 350 Pfarreien, aufgegliedert auf sechzehn Landkapitel, an deren Spitze die Dekane standen, dann sechs Pfarreien in der Stadt, dazu rund 35 Benefizien und rund 200 Kaplaneien und rund 40 Alumnen im Klerikerseminar wurden beim Regierungsantritt Erthals gezählt. 16 neue Pfarreien, allein im Würzburger Sprengel, hat er errichtet[36]. Darunter war auch das Priesterseminar, dem er den Status einer Personalpfarrei bestätigte, um den Regenten mehr Freiraum zu verschaffen[37].

In den Geschäftsbereich der Geistlichen Regierung gehörten alle Personalangelegenheiten in Pfarreien, Schulen etc. Dort wurden Eingaben, Berichte, Anfragen, Klagen behandelt und entschieden. Ebenso wurden dort pastorale, katechetische, liturgische Fragen besprochen,

Buchempfehlungen und -verbote oder Warnungen ausgesprochen, Hirtenbriefe und Mandate vorbereitet. Auch Bausachen und ihre Finanzierung wurden hier oder im Vikariat behandelt.

Im Vikariat wurden kirchliche Verwaltungsangelegenheiten von geringerer Tragweite verhandelt.

Das Konsistorium beschäftigte sich mit kirchenrechtlichen Fragen, Bestätigungen und Prozessen.

Parallel zum weitgehend autonomen Domkapitel mit seinen 30 Kapitularen, 24 Domizellaren und 30 Domvikaren existierten im Bistum Würzburg[38] noch die Adeligen Ritterstifte St. Burkard in der Hauptstadt selbst[39] und auf der Comburg bei Schwäbisch Hall[40], die Chorherrenstifte zu Haug[41] und Neumünster[42], 16 Abteien und Kanonien der Benediktiner, Zisterzienser, Augustinerchorherren, Praemonstratenser und Praemonstratenserinnen, weiter 38 Ordensniederlassungen der Augustiner-Eremiten, Dominikaner, Karmeliten, Franziskaner-Konventualen und Recollekten, Kapuziner, Kartäuser, das Adelige Damenstift St. Anna in Würzburg[43], je eine Benediktinerinnen-, eine Zisterzienserinnenabtei, je ein Klarissen- und ein Dominikanerinnenkonvent sowie zwei Niederlassungen von Ursulinen. Ebenfalls der Geistlichen Regierung unterstand das Seminarium St. Kiliani mit den adeligen Knaben, das nach seinem Gründer heute Julianum heißt[44].

Die Ordensgemeinschaften standen in einem sehr differenzierten Verhältnis zum Ordinarius Loci, nicht selten gab es Meinungsverschiedenheiten zwischen den Ordensoberen und der Geistlichen Regierung. Unbestritten war aber deren Zuständigkeit dort, wo Priesterorden in der Gemeinde-Seelsorge wirkten, oder wo Stifte und Klöster Patronatsrechte über Pfarreien und Benefizien ausübten.

Seelsorger und Prediger

Zu den Eigentümlichkeiten Erthals gehörte es, sich auch persönlich einen Eindruck von der Geistlichkeit und vom Zustand der Pfarreien zu verschaffen. Bei seinen Visitationsreisen, die er über mehrere Jahre, vor allem 1783–85, in seinen beiden Bistümern durchführte, – beginnend übrigens in Gößweinstein – nahm er nicht nur alles ihm wichtig Erscheinende in Kirchen, Pfarr- oder Schulhäusern zur Kenntnis, sondern zelebrierte und predigte selbst und spendete oft die hl. Firmung, etwas, was nicht viele Fürstbischöfe gewohnt waren[45]. Keiner aber von allen – ausgenommen Julius Echter – tat es so gründlich und nach Möglichkeit flächendeckend. Mancher Fürstbischof war oft nur bei seinen sogenannten Huldigungsreisen zu Beginn seiner Regierungszeit mit den meisten seiner Untertanen im Blickkontakt gekommen. Das ausgeprägte Amtsethos Erthals suchte indes den Augenschein und persönliche Gespräche mit seinen Diözesanen. Dabei kam jedoch auch ein – im Lauf der Jahre sich steigerndes – Mißtrauen des Regenten zum Vorschein, der sich nicht ausschließlich auf Berichte verlassen wollte und konnte. Wichtig war dem aufgeklärten Bischof aber auch die Pflicht der Verkündigung, seiner Zeit und seinen Neigungen entsprechend oft katechetisch, belehrend, pädagogisch ermahnend und aufmunternd. Bis hin zur körperlichen und nervlichen Erschöpfung, der er schließlich erlag, steigerte er die Anforderungen, die er an sich selbst stellte.

In der Staatsbibliothek Bamberg blieben durch glückliche Umstände 156 seiner Predigtmanuskripte erhalten, manche erschienen auch im Druck[46]. So wie er in der Priesterausbildung die exegetsichen Fächer ausbaute, lag ihm auch daran, bei seinen eigenen Predigten das Evangelium, vorzüglich *dem armen Landvolk* zu verkünden. Seine ganz persönlich gehaltenen Predigten zeichnen sich durch Gedankenklarheit, Schlichtheit und Überzeugungskraft aus, dem Geisteshorizont seiner Zuhörerschaft entsprechend, fernab von barocker Rhetorik und pathetischem Schwulst; er füllte auch nicht seine Redezeit mit Mirakelberichten, Märlein und frommen Exempeln, wie es kurz zuvor noch im Schwange war. Die barocken Kompendien zur praktischen Theologie ersetzte Franz Ludwig 1783 durch das Werk des FRANZ CHRISTIAN PITTROFF, *Anleitung zur praktischen Gottes-Gelehrtheit.* 3 Bände Hildesheim – Paderborn 1782. Wenngleich der aufklärungsfeindliche CARL GUIDO BRAUN[47] Pittroffs Werk sehr ungünstig beurteilt, schien es unserem Fürstbischof sowohl hinsichtlich seiner Rechtgläubigkeit als auch seiner vernünftigen und sachlichen Argumentationsweise für Pastoralzwecke sehr geeignet, wie aus seinen im Archiv des Erzbistums Bamberg[48] noch erhaltenen Stellungnahmen hervorgeht[49].

Der Franziskanerpater GRÉGOIRE GIRARD aus Freiburg in der Schweiz berichtet in seinen *Souvenirs de Würzbourg* unter anderem folgendes: *An den Namen Würzburg knüpfen sich in meinem Gedächtnis eine Menge für mich anziehende Erinnerungen. In dieser alten Hauptstadt Frankens hat sich mein Wesen so zu sagen entwickelt und erweitert... Ich brachte vier Jahre in Würzburg zu, von 1784–88. Die Epoche war merkwürdig. Es war die Zeit, wo Franz Ludwig von Erthal, ebenso groß als Fürst wie als Bischof, den Plan entwickelte, den er in der Stille seines Herzens erwogen hatte...* Daraufhin berichtet er von Erthals Bauten am Juliusspital, vom Zucht- und Arbeitshaus und von dessen sparsamer Haushaltsführung. Dann fährt P. Grégoire fort: *Als Bischof machte er selbst die Pastoralvisiten und bestieg die Kanzel, der Fürst war dann vollständig verschwunden, um dem Apostel Platz zu machen und seine Reden rührten alle Herzen.*

Niemals vielleicht hat ein zweiter Sterblicher die Majestät des Fürsten und die sanfte Demuth des Apostels so völlig in einer Person vereinigt, wie er; zwei Dinge, die so schwierig zueinander passen wollen, daß wir sie in der Geschichte nur allzuhäufig sich befehden und gegenseitig zerstören sehen. Der Bischof wünschte wohl seiner Heerde die Brüder zuzuführen, welche sich von ihr getrennt und die Juden, welche ihr niemals angehört hatten, aber diese Brüder und diese Juden gehörten in die Domäne des Fürsten und der Fürst, in voller Achtung ihrer Gewissensfreiheit, gewährte ihnen seinen bedingungslosen Schutz...

Franz Ludwig war fromm und seine Frömmigkeit war rein evangelisch. Sie wandelte im Lichte und war eine Feindin von jedem Übertreiben, von jedem Zurschautragen... In diesem Punkte versetzt mich mein Gedächtnis in den Palast des Fürstbischofs, wohin sich die jungen Geistlichen am Tage vor den Weihen zu begeben hatten, um ein zweites Examen zu bestehen und die Stimme ihres Hirten zu hören. Nicht weit von mir stand ein junger Capuziner... er hielt den Kopf gesenkt und die Augen zur Erde gerichtet... Der Bischof näherte sich ihm und sagte: „Frater humilis! Die Demuth sitzt nicht in den Mienen, sie sitzt im Herzen, hebe die Augen auf wie deine Genossen und sieh mich gerade an".

Auf das hin schilderte uns der Gottesmann die christliche Tugend in den Worten des göttlichen Meisters und hielt uns als Gegensatz das Pharisäerthum vor Augen, um unsere Jugend davor zu bewahren...

Drei Weihen empfing ich von Franz Ludwig von Erthal. Beim dritten Male war ich der Erste in der Reihe und wurde aufgerufen, um von ihm den Friedenskuß während der heiligen Mysterien zu empfangen. Ich fühlte mich von seinen Armen umschlungen, seine heiße Wange gegen die meine gepreßt, die Flamme stieg hinunter bis in mein Herz. Ich sagte mir: Dur wirst leben in dem Geiste deines Bischofs, der dich den Dienern des Herrn zugesellt, um zu arbeiten an dem himmlischen Werke[50].

Zwei Jahre nach Erthals Tod kam in Bamberg 1797 ein Predigtbändchen heraus, das 21 Ansprachen enthielt, die der Fürstbischof bei seinen Pfarrbesuchen gehalten hat. Jede Predigt leitete er mit einem Vers aus der Heiligen Schrift ein. Um einen kleinen Eindruck von seinen Ausführungen zu bekommen, sollen einige der Inhaltsangaben dazu hier stehen:

– *Vom Gebethe*
    1. dessen Notwendigkeit,
    2. dessen Wirkungen.

– *Vom guten Hirten*
    1. dessen Großmuth gegen seine Schafe,
    2. dessen Kenntnisse von denselben,
    3. dessen Liebe für sie.

– Vom Vertrauen im Gebethe auf die Verdienste Jesu
1. *von deren Werthe,*
2. *von der Weise, ihrer theilhaft zu werden.*
– Von dem Rückfalle in alte Sünden
1. *den Ursachen desselben,*
2. *den Verwahrungsmitteln gegen ihn.*
– Vom Leiden dieser Welt
1. *wie man dasselbe annehmen,*
2. *wie man sich unter selbem verhalten solle…*
– Vom Vergleiche der Weltfreuden mit jenen, die Christus verheißen hat…
– Vom schuldigen Verhältnisse bey unsrer Lebenskürze
1. *Müssen wir unsere Seelen von den begangenen Sünden durch eine eilfertige Buße reinigen,*
2. *müssen wir unser Herz von dem Irdischen losreißen, und auf einen beträchtlichen Vorrath guter Werke unsere erste Sorge anwenden.*
– Von der Beschaffenheit der Christen in Ansehung des Glaubens
1. *Viele wissen nicht, weder was sie glauben, noch was sie glauben sollen.*
2. *Andere denken nicht einmal daran, ihrem Gott für die ihnen verliehene Gnade des Glaubens zu danken.*
– Von den Eigenschaften eines nützlichen Gebethes. Dies sind
1. *ein mit Vertrauen verbundener wahrer Glaube,*
2. *eine wahre Demuth,*
3. *eine wahre Andacht…*
– Von den Gnaden des hl. Geistes. Durch ihn, wenn wir mitwirken wollen, erhalten wir die zu unserer Heiligung nothwendigen Gnaden
1. *die Gnade, vom Bösen abzustehen,*
2. *die Gnade, das Gute zu thun…*
– Von den Gnadenwirkungen des hl. Altargeheimnisses. Es giebt Jesus Christus durch Genuß seines heiligsten Fleisches und Blutes
1. *unserem verdunkelten Verstande ein neues übernatürliches Licht,*
2. *der Schwäche unseres Willens eine ungemeine Stärke,*
3. *in den Widerwärtigkeiten des zeitlichen Lebens einen himmlischen Trost.*
– Vom Opfer der hl. Messe
1. *seinem Werthe, den es in sich hat,*
2. *seinen Vortheilen, die es für uns hat.*
– Von dem Segen Gottes. Um diesen zu erhalten, ist vonnöthen, daß man

1. *dasjenige thue, was Gott einem zu thun befiehlt,*
2. *das Befohlene auf jene Weise thue, wie es Gott haben will…*
– Von den Mitteln, von Jesu nicht entfernt zu werden
1. *Der Gerechte soll die Lauigkeit fliehen, sonst wird er die Gnade Gottes und Jesum verlieren;*
2. *der Sünder soll Buße thun, damit er zur Gnade Gottes und Jesu zurückkehre*[51].

Aufklärung, ein problematischer Begriff

Es ist nicht unbedingt das, was von einem erwartet wird, der als Exponent der philosophischen Aufklärung gilt, von nicht wenigen wurde er im 19. und noch im 20. Jahrhundert der Pietätlosigkeit, der Unkirchlichkeit, des Indifferentismus und anderer Dinge gescholten. „Aufkläricht" war da ein beliebes Schlagwort. Natürlich war Franz Ludwig ein Vorkämpfer der Aufklärung, nicht zuletzt sandte er den Benediktiner P. Maternus Reuß nach Königsberg, um von Immanuel Kant dessen Lehre authentisch zu hören, was den Philosophen sehr wunderte und erfreute[52]. Unter Erthals Förderung blieb die Abtei Banz ein Zentrum aufgeklärter Wissenschaft und Publizistik[53.] Der Bamberger Professor Georg Eduard Daum aus Weismain und P. Ildefons Schwarz aus Banz, ein gebürtiger Bamberger, begutachteten damals Kants Werk „Religion innerhalb der Grenzen der bloßen Vernunft". Anders als Reuß, der glaubte, *durch die Verbindung von Vernunft und Gefühl den moralischen Glauben zu festigen* und der die Beschäftigung mit Kants Philosophie auch aus Gründen der wissenschaftlichen Parität zu den protestantischen Gelehrten befürwortete, sahen die beiden Gutachter Kants Werk sehr viel kritischer an[54].

Sagen wir aber „Aufklärung", so müssen wir differenzieren, was wir darunter verstehen, wenn wir diesen Begriff auf Franz Ludwig anwenden.

August Friedrich Ludwig, der Biograph des späteren Weihbischofs Gregor von Zirkel hatte 1904 bei der Katholischen Aufklärung schon unterschieden:

„1. solche, die einem radikalen Skeptizismus huldigen, der in förmliche Feindschaft gegen das Christentum ausartet", dabei denkt Ludwig vor allem an jene beiden fränkischen Aufklärer, Eulogius Schneider, der auch in Bamberg studiert hatte und im Franziskanerkonvent war, und Franz Berg, den Kirchenhistoriker und Neumünsterchorherrn.

„2. solche, die offen den Gegensatz zwischen positivem Christentum und sogenannter natürlicher Religion hervorgehoben wissen wollen, ohne deshalb mit dem Christentum ganz zu brechen, und

3. Vermittlungstheologen, die das dogmatische Gebäude ihrer Kirche vorderhand stehen lassen möchten, jedoch die einzelnen Dogmen im Sinne der sogenannten moralischen Religion zu deuten sich erlauben"[55].

Der Liturgiewissenschaftler ANTON L. MAYER aber fügte – nicht unbeeinflußt von dem positiveren, weil tieferschauenden Bild, das SEBASTIAN MERKLE von der katholischen Aufklärung gezeichnet hatte –, 1930 mit Recht eine vierte Kategorie hinzu, der wir nach allem, was wir von ihm wissen, auch unseren Erthal zurechnen müssen: „Es sind diejenigen Kreise – Theologen und Laien –, die aus einer tiefen und ehrlichen Erkenntnis der Zeitschäden heraus nach einer Änderung trachten, die, ohne dem Dogma nahe zu treten, ja vielleicht in der besten Absicht, die Reinheit und Klarheit des Dogmas herauszukehren, jedenfalls aber mit dem lauteren Vorsatz, dem Wesentlichen der christlichen Lehre und des christlichen Lebens wieder zur Geltung zu verhelfen, eine Reform in Wissenschaft und Praxis anstrebten. Auch sie sind ‚Aufklärer‘, und wir würden weder ihnen noch der katholischen Aufklärung gerecht, wollten wir sie und ihr Werk und ihre religiöse Einstellung aus diesem Komplexe herausnehmen". Soweit MAYER[56].

Bei Erthal gewinnen wir den Eindruck, daß die hauptsächliche Motivation für all sein vielschichtiges Tun aus religiösen Quellen floß, seine Verbesserungsversuche für die Volkswirtschaft, zur Hebung des allgemeinen Wohlstandes, der Bildung, seine Bemühungen um Frieden und um den rechten Ausgleich der Lasten und Interessen, all das scheint mir aus religiös-ethischen Motiven gespeist. Daß seine Bemühungen sehr wohl auch mit rationalen Argumentationen begründet werden, tut dem keinen Abbruch. Gerade die Verbindung zwischen religiöser-frommer Grundeinstellung, hohen ethischen Haltungen und rationalen Methoden schien ihm nicht nur die natürlichste, sondern auch erfolgversprechendste Garantie bei seinem Tun.

Kirchliches Volksleben und Reformen

In seinem Kirchenregiment sah man aber vielfach mehr das, was in die Augen fällt: Prozessionen und Wallfahrten wurden eingeschränkt und streng reglementiert. Aus der sehr gründlichen Arbeit zur Aufklärung und Volksfrömmigkeit in den Bistümern Würzburg und Bamberg von BARBARA GOY führe ich einiges für diesen Bereich an. Zunächst einmal muß festgestellt werden, daß Franz Ludwig in vielen Dingen schon in der Tradition seiner Vorgänger stand. Die Reduzierung der Feiertage begann schon unter den Schönborn-Bischöfen. Hier und auch bei den Wallfahrten suchte Erthals unmittelbarer Vorgänger

Seinsheim Mißstände, wie z. B. stellvertretende Berufspilger, abzubauen. Die in der Barockzeit weitverbreiteten Bruderschaften waren zum Teil zurückgegangen.

Das oben erwähnte pastoraltheologische Lehrbuch PITTROFFS, das zu den gemäßigten der Aufklärungszeit gehörte, warnte vor neuen Devotionen. Die bereits approbierten Wallfahrten jedoch waren ihm *fromme Reisen, die eine Versammlung der Gläubigen aus gottseeligen Absichten unter der Anführung ihres Seelenhirten an ein von der Kirche berechtigtes Gotteshaus unternehmen*[57].

Akzeptabel erschienen ihm also nur Wallfahrten unter geistlicher Aufsicht und die mit kirchlicher Approbation versehenen Gnadenstätten.

In der Folgezeit wurden die Ansichten radikaler. GREGOR HEEGER, wie Zirkel aus Sylbach bei Haßfurt stammend, unter Erthal Präfekt im adeligen Seminar und Hof- sowie Studentenprediger, veröffentlichte 1791, verlegt in Bamberg und Würzburg, einen „Grundriß der christlichen Moral, nach den vom Herrn Abte von Fabini herausgegebenen Grundzügen der christlichen Sittenlehre mit einigen theils nöthig, theils nützlich geschienen Aenderungen und Zusätzen entworfen"[58], subsummierte Wallfahrten jetzt unter *Andächteleyen*. Darunter versteht HEEGER „all das, was gewisse Leute für Gott gefällig Dinge ansehen, die aber vom Geist des Evangeliums und den von der Kirche gutgeheissenen Andachtsübungen widersprechen".

„In diesem Sinne erklärte Heeger die Wallfahrt als einen jüngeren Brauch des Christentums, der teils aus dem Bedürfnis, die heiligen Orte und Reliquien zu besuchen, teils aus der kriegerischen Wanderlust der germanischen Völker entsprungen sei. Auch die mittelalterliche Buß- und Ablaßpraxis führte er an, fügte aber sogleich hinzu: „um sich zu bekehren, um Buße zu thun, hat man eben nicht nöthig, an fremde Orte zu wandern; in jeder Pfarrkirche kann man Verzeihung seiner Sünden erlangen"[59].

Gegen abergläubische Auffassungen über Benediktionen, also kirchliche Segnungen, wendete sich bereits PITTROFF, der das Recht der Kirche, zu segnen, zwar aus dem neuen Testament begründete, aber die Segenswirkung wie diejenige des fürbittenden Gebetes ansah. Der rechtmäßige Gebrauch des Segens *seye nicht ganz ohne Nutzen*:

a) *weil er das Gemüth zu allerhand Vorstellungen der Glaubenszeichen erhebt,*

b) *weil er einfältige Gemüther zu löblichen Andachtsgesinnungen reizet,*

c) *weil er ein gewisses Vertrauen auf die Kraft des Namens Gottes und der Verdienste Christi einflösset, wenn es demüthig und erkenntlich ist, niemals, wenigstens ohne inwendigen Vortheil abläuft".*

Auch hier ist die Tendenz stärker auf das pädagogisch-moralische Moment gerichtet[60].

Eine Förderung des Bruderschaftswesens ist bei Erthal ebensowenig auszumachen wie eine besondere Aktivität, solches zurückzudrängen. 1792 erschien im „Journal von und für Franken", herausgegeben durch JOHANN CHRISTIAN SIEBENKEES und JOHANN KASPAR BUNDSCHUH[61] ein „Verzeichniß einiger Brüderschaften, die im katholischen Franken im Gange sind".

29 Fraternitäten, meist durch Orden betreut, wurden da aufgezählt, wobei darunter auch weitverbreitete waren, die in fast jeder Pfarrei einen Zusammenschluß hatte, wie die heute noch existierende Corporis-Christi-Bruderschaft. Wir müssen also annehmen, daß diese Zahl in Wirklichkeit weit höher lag. Immerhin hatte deren etwas abschätzige Nennung in einem verbreiteten Blatt der Aufklärung im protestantischen Raum auf Erthal nicht jene Auswirkungen wie bei den Passionsprozessionen, die vor allem in Kitzingen, Herzogenaurach, auch in den Bischofsstädten Bamberg und Würzburg selbst abgehalten wurden, bei denen die Passionsszenen in lebenden Bildern dargestellt wurden, wobei in der traditionell gewordenen biblischen Typologie jeweils Vorbilder aus dem Alten Testament deren Erfüllung in Jesus Christus gegenübergestellt wurden. So verdeutlichte z. B. Melchisedek das Hohepriestertum Christi. Büßende mit ausgespannten Armen, Kreuzträger, Geißler und viele andere kleine oder größere szenische Einlagen waren sehr populär. Die Darstellenden rechneten sich das Mitwirkendürfen als Ehre an, was dem Andersgläubigen zum Teil lächerlich schien. Erthal, der eine mehr verinnerlichte Frömmigkeit pflegte, konnte mit solchen Äußerungen und Versinnlichungen des Glaubes wohl selbst wenig anfangen, war aber bereit gewesen, solche Dinge zu dulden, wenngleich nur unter gewissen Reglementierungen und Einschränkungen. Empfindlich reagiert er aber darauf, wenn solche Gebräuche dazu dienten, die katholische Kirche oder das Christentum insgesamt ins Lächerliche zu ziehen. So ließ er 1790 an seine Geistliche Regierung schreiben, daß er zwar zugunsten der Verantwortlichen annehme, FRIEDRICH HIRSCHING habe mit dem Bericht über die Herzogenauracher Karfreitagsprozession in seinem „Allgemeinen Archiv für die Länder- und Völkerkunde", Leipzig[62], zwar manches übertrieben, aber *doch wenn auch nur die Hälfte davon wahr ist, so liegt hierin immer ein auffallender Beweis, wie verkehrt, wie so ganz dem Endzwecke der Religion zuwider gottesdienstliche Gebräuche werden, wenn falsche Begriffe von Andacht, und überhaupt Unwissenheit und Vorurtheil dieselben leiten. Es wäre viel, wenn dieser verjährte Gebrauch fürstlich geistlicher Regierung zeither ganz unbekannt geblieben seyn sollte; noch mehr aber, wenn dieselbe Wissenschaft hievon gehabt habe, gleichwohl es gleichgültig beim Alten belassen hätte, ohne höchsten*

Orten eine Anzeige darüber zu machen, und gerade zu einem Zeitpunkt, so Seine Hochfürstlichen Gnaden nicht nur durch Worte, sondern auch in der That mehrfältig gezeigt haben, wie sehr Höchst Sie überhaupt Vorurtheile hassen, und wie nahe Höchst Ihnen die Beseitigung derselben am Herzen liege[63].

Ob aber Erthal trotz seiner Beteuerungen seinerseits ganz frei von Vorurteilen war, können wir aus zeitlichem und innerem Abstand heraus heute wohl modifizierter beurteilen. Damals – 1790 – untersagte er den Herzogenaurachern den Mitzug von verkleideten Personen und das Mitführen von *unschicklichen Bildern.* 1793 wurde auch die Karfreitagsprozession von Kitzingen ähnlichen Einschränkungen unterworfen[64].

Persönliche Frömmigkeit

Wie Erthal selbst Fastenzeit, Karwoche und Ostern beging, zeigt ein Bericht, wie ihn beispielsweise für 1782 JOHANNES LOOSHORN zusammengestellt hat: „Von Würzburg reiste der Fürst den 1. März ab nach Bamberg über Preppach und Ebrach; ... Den 3. März, am Kunigundenfeste hielt er ein Pontifikalamt. Dienstag den 5. März fuhr er in die Fastenpredigt im Dom, die der Feiertagsprediger [Gallus Ignaz] Limmer[65] hielt und las nach derselben in der Gruftkapelle am Kreuzaltar h. Messen. Gleiches geschah auch am Freitag während der ganzen Fastenzeit ... Den 4. März war in Bamberg das gedruckte Mandat wegen der österlichen Beicht und Communion erschienen. Für die Charwoche hat der Fürst geistliche Exerzitien in der Universitätskirche angeordnet. Die Predigten hielten Herr [Augustin Andreas] Schellenberger, Vorsteher des Schnappaufischen Priesterhauses[66] und [Johann Joseph Adam] Roppelt, Professor der Beredsamkeit[67]. Der Fürst wohnt bei, alle Hof- und Domsänger wurden eingeladen zum Mitsingen der Lieder, die wie auch die Predigtthemata gedruckt in einem eigenen Büchlein erschienen. Es sind 1800 Büchlein gedruckt und an die Domherren und die Dikasterien verteilt worden. Der Fürst fuhr 6spännig in den Anfang vom Palmsonntag, der von 4 bis halb 6 Uhr dauerte; ebenso auch Montags Vormittag und als dort die h. Messe, und wieder Nachmittag. Auch zweimal fuhr er am Dienstag in diese Andachtsübungen. In die Residenzkapelle sind 2 Kapuziner als Beichtväter bestellt worden. Die beiden Geistlichen, welche die Predigtvorträge bei den dreitägigen Exercitien gehalten haben, erhielten vom Fürsten jeder 6 Ducaten oder 30 fl. rhn. Am Gründonnerstag hielt der Fürstbischof den Gottesdienst mit der Ölweihe, und zwar auch für Würzburg, für das er 128 Pfund Öl weihte; am Charfreitag wohnte er dem Gottesdienst im Dom bei und am Charsamstag, den

30. März ordinierte er in der Hofkapelle. Ein Kandidat erhielt die Tonsur, 4 die Minores, 2 das Subdiakonat und 5 das Presbyterat. Am Ostersonntag hielt der Fürst feierliche Kirchenfahrt und Pontificalamt und ertheilte den päpstlichen Ablaß[68].

Wenn wir auch hören, wie er bei seinen Pfarrvisitationen Betstunden besuchte, selbst Litaneien vorbetete und Kranken die hl. Kommunion und die hl. Ölung spendete, so sah er sich doch nicht nur als Priester, sondern entsprach in vielem einer Frömmigkeit, die weit über das hinausging, was selbst in der Barockzeit die Gläubigen von ihren Fürstbischöfen gewohnt waren. Dies gilt auch, wenn er Schulkinder aus dem Katechismus examinierte oder Exerzitien hielt oder für sich anordnete.

1784 ist die Beschreibung der Kartage noch ausführlicher: „Am Gründonnerstag, den 8. April hat der Fürst pontificirt und Chrysam und die Öle geweiht, bei der h. Communion die hohe und niedere Geistlichkeit nebst dem ganzen Hofstab , der Stallparthie, den Husaren und Gardecorps gespeist, das Allerheiligste für Charfreitag in die Gertrudiskapelle getragen. Der Gottesdienst dauerte von 1/2 9 Uhr bis gegen 3/4 auf 12 Uhr. Abends wohnte er der Rumpelmetten an. Am Charfreitag ging er zu Fuß in den Dom zur Theilnahme am Gottesdienste. Das zum Küssen aufgelegte Kruzifix küßte er nur an den Füßen. Nicht alle von den gegenwärtigen gnädigen Herren verrichteten die Adoration. Um 12 Uhr nach dem Frühstücke ging der Fürst unter Vortreten des sämtlichen Hofstabes zu den Franziskanern zum Besuchen der h. Gräber, ein Commando von 30 Mann, 2 Corporälen und 1 Wachtmeister machten den Schluß. Es wurden Litanei vom Namen Jesu, Miserere und 5 Pasternoster, 5 Ave Maria nebst dem Glauben gebetet und zwar vor jedem h. Grabe. Von den Franziscanern ging die Prozession über die Obere Brücke zur Universitätskirche, in die Katharinen-Spitalkapelle, zu den Englischen Fräulein, Kapuzinern, in die Judenkapelle, nach St. Stephan, in die Obere Pfarre und zurück in den Dom, wo Stabat Mater musikalisch war. Am Ostersamstag ordinierte der Fürst in der Hofkapelle... Auch abends wohnte er dem musikalischen Stabat Mater und der Auferstehungsfeier an"[69].

Bei derart gelebter Frömmigkeit verwundert es nicht, wenn Erthal bei vielen, von radikaleren Aufklärern geforderten Reformen im kirchlichen Bereich eher zurückhaltend war. Sah er sich zu Reformen veranlaßt, so suchte er die Betroffenen mehr mit Argumenten zu überzeugen als durch machtvolle Befehle zu zwingen.

Die teilweise konservative Art ließ ihn gelegentlich zaudern und bestimmte ihn ebenso, wie es teils heftige Reaktionen der Gläubigen taten, zu gewissen Zugeständnissen oder sogar zu Rücknahmen getroffener Anordnungen. Die Reduzierung der Feiertage, die bereits Seinsheim verfügt hatte, versuchte Erthal besonders durch ein Bamberger Hirtenschreiben vom 4. Februar 1785 eindringlich durchzusetzen, erreichte dies aber nicht viel mehr als sein Vorgänger. Dasselbe galt für die Leichen- und Trauerordnungen, die Erthal – auch hier in der Linie des Adam Friedrich – 1783 und 1785 einführte. Nicht zuletzt für die religiösen Volksbräuche sind solche Ordnungen wertvolle Quellen. Bei den Wallfahrten versuchte Erthal die über mehrere Tage dauernden abzuschaffen. Die großen Pilgerscharen und das lange Ausbleiben von Familie und Werkstatt mit auswärtigen, oft unter beengten Verhältnissen erfolgenden Übernachtungen hielt er für problematisch und sah darin wenig geistlichen und sittlichen Gewinn. Allerdings konnte er auch in fünfjähriger Bemühung diese großen Wallfahrten nicht abschaffen und mußte sie also erneut dulden[70].

Bemühungen um den Gottesdienst

Im Bereich der Gebet- und Andachtsbücher zeigte Erthal meist ebenso ein vergleichsweise behutsames Vorgehen. Das weitverbreitete „Neu vermehrte christcatholische Gesangbuch", das in Würzburg 1777 noch unter Seinsheim herausgekommen war, ließ Erthal erneut 1793 auflegen. Deutschsprachige Choralvespern „Über die bekanntesten Vollkommenheiten Gottes" brachte der bekannte Homilet und Geistliche Rat Johann Baptist Deppisch 1794[71] heraus. Sie wurden bald weithin akzeptiert. In manchen Gemeinden regte sich auch Widerspruch, *man halte es für unter der Würde eines achtbaren Ortes, die Vesper deutsch singen zu lassen. Nicht umsonst unterhalte man schließlich Lehrer und Geistliche.* Gelegentlich taucht auch der Vorwurf auf: *Sie wollen uns lutherisch machen*[72]. 1784 war schon in Würzburg anonym eine kleine Sammlung „Gebethe und Lieder zum Frühgottesdienste" herausgekommen, mit Melodien versehen, was damals selten war, ebenso die Anpassung an die Meßliturgie.

In Bamberg war man noch konservativer. 1793 erschien ein Buch „Allgemeine Lehren und Gebethe, mit gewöhnlichen Kirchengesängen", ohne Verfasser, Vorrede und Approbation. Zur Messe sind ausschließlich deutsche Lieder enthalten, nur das Te deum ist lateinisch. Das Kohlbrennersche Gesangbuch, das 1777 in Landshut gedruckt wurde und unter anderem die bekannte Haydn-Messe „Hier liegt vor Deiner Majestät" enthielt, wurde in Würzburg noch im gleichen Jahr approbiert, in Bamberg erst unter Erthal 1782[73].

Der spätere aufklärerische Theologieprofessor Franz Berg brachte 1779, damals noch Würzburger Domkaplan, zwei kleine Büchlein heraus, die „Vesperlieder" für die Sonntage mit drei Texten, dann die „Leichenlieder" mit fünf Texten. Zwei Jahre später ließ er in Fulda seine „Lieder zum katholischen Gottesdienste" erscheinen. Inhaltlich und formal boten sie zwar interessanten Untersuchungsstoff, blieben aber theologisch, pastoral und sprachlich höchst problematisch. Franz Ludwig hat dieses Liederbuch wohl mit Recht nicht approbiert, auch in der fränkischen Bevölkerung fand es wenig Anklang[74]. Bereits 1783 befragte unser Fürstbischof seine Dekane über den deutschsprachigen Meßgesang. Nachdem im Erzbistum Mainz das vom Geistlichen Rat Franz Xaver Turin verfaßte und 1787 gedruckte Gesangbuch zu Ablehnung und sogar Tumulten geführt hatte, war Franz Ludwig erst recht vorsichtig geworden[75].

Synodenpläne

Dieselbe Vorsicht ließ ihn auch eine von ihm für Würzburg beabsichtigte Diözesansynode aussetzen, für die er bereits eine Indulgenz des Papstes Pius VI. hatte ausstellen lassen. In die Konflikte des hier nicht weiter zu schildernden Nuntiaturstreits, in dem die vier Erzbischöfe des Reiches, Trier, Köln, Mainz – wo Franz Ludwigs Bruder regierte – und Salzburg, entschieden Stellung gegen eine Ausweitung der päpstlichen Jurisdiktion bezogen und andererseits ihre metropolitanen Rechte gestärkt sehen wollten, hatte sich Franz Ludwig nicht hineinziehen lassen wollen. Spätestens als sein Bruder für die Mainzer Erzdiözese 1789 eine für 1792 vorgesehene Synode ausgeschrieben hatte, ließ Franz Ludwig seine eigene Synodenpläne stillschweigend fallen[76].

Katechetik

Obzwar Franz Ludwig in seinen vielen Hirtenbriefen, Mandaten, Zirkularen und Predigten sich durchaus auch als Katechet seiner Diözesanen verstand, veröffentlichte er doch keinen eigenen Katechismus. 1784 ließ er in Würzburg eine Neubearbeitung von FRANZ XAVER WIDENHOFER erscheinen unter dem Titel „200 Schrift-Exempel, in dem Katechismus des Hochstifts Wirzburg... etwas weiteres ausgeführt für die größere Jugend", die sein Nachfolger Fechenbach 1797 nochmals erscheinen ließ[77].
Geben wir abschließend Franz Ludwig von Erthal noch selbst das Wort, so wie er 1784 anläßlich einer verheerenden Überschwemmung unter anderem schrieb:
Fürwahr es wäre ein Flecken in eurer Liebe, wenn ihr euch nicht freywillig anerbiethen wolltet, nach Kräften eure Brüder zu trösten und sie zu retten helfen. Jeder

Christ wird von dem Geiste seiner Religion schon also durchdrungen seyn, daß er die Pflicht, seinen Bruder wie sich selbst zu lieben, und an ihm alles zu erfüllen, was er in ähnlichen Fällen von Anderen erwartet, anitzo bereitwillig in Ausübung bringe. Alle wissen die Verheißungen Gottes, daß der Heiland dasjenige, was wir unserem Mitbruder leisten, so aufnimt, als wenn es ihm selber geschehe; und alle werden bereit seyn, nicht nur von ihrem Ueberflusse reichlich Gaben zum Besten der Armen zu verwenden; sondern werden sich auch mit frohem Herzen manches Nothwendige entziehen, um dadurch ihre gekränkten Mitbürger zu unterstützen[78].
Es sieht so aus, als habe damit Franz Ludwig nicht nur aus dem gebotenen Anlaß heraus mit allgemeinen Aufrufen für die Geschädigten Hilfe erbeten, sondern damit seine eigene verinnerlichte Maxime vorgestellt, die ihn als Mensch, Christ und Bischof bestimmte.

Anmerkungen

1 Vgl. ERIK SODER VON GÜLDENSTUBBE, Bistum und Hochstift Würzburg. In: JÜRGEN LENSSEN / LUWIG WAMSER (Hrsg.), 1250 Jahre Bistum Würzburg. Würzburg 1992, S. 11–30.

2 Vgl. JOHANNES JÄGER, Kloster Ebrach. Aus der Zeit des letzten Abtes Eugen Montag und der Säkularisation des Klosters. Gerolzhofen 1897. – KARLHEINZ FRÜHMORGEN, Entstehung und Besonderheiten der neuen Diözesangrenzen zwischen Bamberg und Würzburg. In: BHVB 99 (1963), S. 359–404.

3 Vgl. WALTER SCHERZER, Die Augsburger Konfessionsverwandten des Hochstifts Würzburg nach dem westfälischen Frieden. In: ZbKG 49 (1980), S. 20–43.

4 RENNER, Persönlichkeitsentwicklung. – Zur Erthal-Biographie siehe der Beitrag von Franz Machilek im vorliegenden Band.

5 OTFRIED PRAETORIUS. Professoren der Kurfürstlichen Universität Mainz 1477–1797. In: Familie und Volk 1 (1952), H. 3, S. 99. – FRIEDHELM JÜRGENSMEIER, Behlen, Ludwig Philipp, in: GATZ, Bischöfe des Heiligen Römischen Reiches, S. 25 f.

6 FRIEDRICH MERZBACHER, Johann Caspar Barthel (1697–1771). In: WDGB 39 (1977), S. 183–201. – VALENTIN KLINGEL. Die päpstliche Autorität nach Johann Casper Barthel (1697–1771). Ein Beitrag zur Würzburger Kanonistik des 18. Jahrhunderts (Pontif. Athen. Salesianum Nr. 121 Theses ad Lauream). Roma 1972. – HERIBERT RAAB. Johann Kaspar Barthels Stellung in der Diskussion um die Concordata nationis Germanicae. In: WDGB 14/15 (1952/53), S. 599–616.

7 RENNER, Persönlichkeitsentwicklung.

8 ANDREAS STEINHUBER, Geschichte des Collegium Germanicum – Hungaricum in Rom. Bd. 2. Freiburg/Br. 1906, S. 97–102. – PETER SCHMIDT, Das Collegium Germanicum in Rom und die Germaniker. Tübingen 1984, S. 239 f.

9 KITTEL, Erthal, S. 97–255. – HANS-PETER TRENSCHEL. Die Erthal-Epitaphien in der Pfarrkirche zu Leuzendorf. In: Mainfr. Jb. 21 (1969), S. 183–204.

10 AUGUST AMRHEIN, Reihenfolge der Mitglieder des adeligen Domstiftes zu Wirzburg, St. Kilians-Brüder genannt. 2. Abt. In: AU 33 (1890), S. 70 Nr. 997. Die von Amrhein gefertigte, im DAW erhaltene Abschrift von Liber Ordinationum weist leider eine Lücke für die Jahre 1749–1768 auf. Siehe auch: RENNER, Persönlichkeitsentwicklung, S. 197 mit Verweis auf: StAW, Praebendalakten 76 Urk. 11, und S. 200.

Siehe: Archivio Segreto Vaticano, Processus Datariae 156, 54, lt. einliegender Urkunde des Weihbischofs Johann Adam Behr vom 27. April 1779.

11 RENNER, Persönlichkeitsentwicklung, S. 189–200, hier S. 200 – NIKOLAUS REININGER, Die Archidiacone, Offiziale und Generalvicare des Bisthums Würzburg. In: AU 28 (1885), S. 230 f. – AMRHEIN (wie Anm. 10), S. 87 f.

12 RENNER, Persönlichkeitsentwicklung, S. 254–284. Die Privatbibliothek Erthals übergab sein Würzburger Amtsnachfolger Fechenbach der Universitätsbibliothek Würzburg (ohne die Handschriften), wo der Bestand am 13. März 1945 größtenteils verbrannte (RENNER, Persönlichkeitsentwicklung, S. 254 f.). Die Handschriften kamen in die Fechenbach-Aufseß-Bibliothek im Schloß Laudenbach, Lkr. Miltenberg.

13 Vgl. AMRHEIN (wie Anm. 10), passim. – REININGER (wie Anm. 11 und 15). – PHILIPP EMIL ULLRICH, Mortuarium Haugense. In: AU 30 (1887), S. 85–105. – PHILIPP EMIL ULLRICH., Reihenfolge der Kapitulare und Vikare des Stiftes Haug zu Würzburg. In: AU 31 (1888). – MICHAEL WIELAND, Historische Darstellung des Stiftes St. Burkard zu Würzburg. In: AU 15 I (1860), S. 43–134; 15 II und III (1861), S. 1–178. – ALFRED WENDEHORST, Das Stift Neumünster in Würzburg (Bistum Würzburg 4, Germania Sacra NF 26) Berlin - New York 1989. – ALFRED WENDEHORST mit STEFAN BANZ, Verzeichnis der Säkularkanonikerstifte der Reichskirche. In: JbfrL 54 (1994), S. 1–174. – STEPHAN KREMER, Herkunft und Werdegang geistlicher Führungsschichten in den Reichsbistümern zwischen westfälischem Frieden und Säkularisation. Fürstbischöfe – Weihbischöfe – Generalvikare. Freiburg – Basel – Wien 1992. – HUGO A. BRAUN, Das Domkapitel zu Eichstätt von der Reformation bis zur Säkularisation (1535–1806). Stuttgart 1991.

14 KARL HILLENBRAND/RUDOLF WEIGAND (Hrsg.), Mit der Kirche auf dem Weg. Festschrift 400 Jahre Priesterseminar Würzburg 1589–1989. Würzburg 1989. – WACHTER, General-Personal-Schematismus- – DAW, Klerikerkarteien.

15 LOOSHORN, Bisthum Bamberg 7 b, S. 480 f. – ERIK SODER, Die Familie von Gebsattel. In: Chronik von Homburg am Main (Beiträge zur Geschichte des Marktes Triefenstein 3), 1982, S. 33–40. – NIKOLAUS REININGER, Die Weihbischöfe von Würzburg. Würzburg 1865, S. 270–280.

16 JÜRGENSMEIER, Erthal, Friedrich Karl Joseph, Reichsfreiherr von, in: GATZ, Bischöfe des Heiligen Römischen Reiches, S. 95–99. – PHILIPP JOSEF FILL, Der Zwist der Liebe vom Wohltun gerührter Schäfer . . . da der Hochw. . . . Franz Ludwig Karl . . . zum Bischof feyerlichst gesalbet worden. Augsburg 1779. – CHRISTOPH FRIEDRICH DAVID HOFFMANN, Das höchst feierliche Consecrations-Fest des Hochw. . . . Franz Ludwig Carls Bischofen von Bamberg und Würzburg. o. O. (1779). – JOHANN GEORG KLIETSCH, Die Freude Israels bey der Salbung seines neuen Aarons, in der Persone des Hochw. . . . Franz Ludwig . . . von und zu Ehrthal . . . da Höchstdieselben . . . in der Domstiftskirche zu Bamberg den 19. Herbstmonates 1779 eingeweihet wurden. o. O. u. J. – FRANZ MORITZ, Empfindungen der lebhaftesten Freude . . . beim hohen Konsekrationsfeste meines Hochw. . . . Herrn Franz Ludwig Karl . . . zu Wirzburg und Bamberg. o. O. (1779).

17 LOOSHORN, Bisthum Bamberg 7 b, S. 480–489. – P. Bonaventura Rieger (Rüger), geb. 16. Mai 1737 in Würzburg, verstorben Würzburg 31. Juli 1825, siehe: P. MEINRAD SEHI, Im Dienst an der Gemeinde. 750 Jahre Franziskaner-Minoriten in Würzburg 1221-1971. Ellwangen 1972, S. 233.

18 REININGER (wie Anm. 11), S. 230–238. – ERIK SODER in: GATZ, Bischöfe der deutschsprachigen Länder, S. 731 f., 190.

19 REININGER (wie Anm. 15), S. 279.

20 REININGER (wie Anm. 15), S. 280–291. – JOHANNES STELZENBERGER, A. J. Fahrmann, A. J. Rosshirt, J. M. Feder, Drei Würzburger Moraltheologen der Aufklärungszeit. In: BUCHNER (Hrsg.), Aus der Vergangenheit der Universität Würzburg. Festschrift zum 350jährigen Bestehen der Universität. Würzburg 1932, S. 268–295. – ULLRICH (wie Anm. 13), 1887, S. 101; 1888, S. 131 f. Nr. 99. – Festschrift Priesterseminar (wie Anm. 14) S. 71, 94, 465. – HEINRICH POMPEY, Die Pastoraltheologie in Würzburg von 1773–1803. In: WDGB 37/38 (1975/76), S. 3–55, hier bes. S. 3–15.

21 REININGER (wie Anm. 15), S. 292–428. – ANTON RULAND, Die Anschauungen des Dr. Gregor Zirkel und des Professors Dr. Andreas Metz zu Würzburg über das Verhältnis des Staates zur Kirche. In: Allgemeiner Religions- und Kirchenfreund 31 (1874), S. 260–309. – AUGUST FR. LUDWIG, Weihbischof Zirkel von Würzburg in seiner Stellung zur theologischen Aufklärung und zur kirchlichen Restauration. 2 Bde. Paderborn 1904–06. – AUGUST FR. LUDWIG, Gregorius Zirkel. In: Lebensläufe aus Franken 1, München – Leipzig 1919, S. 533–550. – ALFRED WENDEHORST, Das Bistum Würzburg 1803–1957. Würzburg 1965, S. 10–23. – KARL-JOSEF LESCH, Die Säkularisation des Hochstifts Würzburg und ihre Folgen für die theologische Fakultät der Universität Würzburg. In: WDGB 39 (1977), S. 203–236. – KLAUS WITTSTADT in: GATZ, Bischöfe der deutschsprachigen Länder, S. 839–841. – Festschrift Priesterseminar 1989 (wie Anm. 14). – WOLFGANG WEISS, Ein Kirchenmann zwischen Aufklärung, Romantik und Restauration. Weihbischof Gregor Zirkel. In: WDGB 47 (1985), S. 191–215. – WOLFGANG WEISS, Kirche im Umbruch der Säkularisation. Die Diözese Würzburg in der ersten bayerischen Zeit (1802/1803–1806), QFW 44. Würzburg 1993.

22 REININGER (wie Anm. 15), S. 239–251. – ERIK SODER, Onymus, Adam Joseph, in: Gatz, Bischöfe der deutschsprachigen Länder, S. 545 f. – WENDEHORST (wie Anm. 13), S. 657–659.

23 REININGER (wie Anm. 15), S. 241 f. – Festschrift Priesterseminar 1989 (wie Anm. 14), S. 94–97, 115, 118. – ANTON SCHINDLING, Die Julius-Universität im Zeitalter der Aufklärung, in: PETER BAUMGART (Hrsg.), Vierhundert Jahre Universität Würzburg. Eine Festschrift. Neustadt/A. 1982, S. 77–127. – Nachrichten von dem neu eingerichteten fürstbischöflichen Seminarium zu Würzburg. In: Magazin für Prediger 2, Würzburg 1789, S. 124–134. – Für das Priesterseminarium erschien unter Erthal ein Büchlein mit den täglich dort zu verrichtenden Gebeten: Preces quotidianae in usum alumnorum clericorum seminarii ad pastorem bonum. Würzburg (ca. 1790). 56 Seiten.

24 ANTON RULAND, Series et Vitae professorum ss. Theologiae, qui Wirceburgi a fundata academia... docuerunt. Würzburg 1835, S. 162–165. – OTTMAR SEUFFERT, Michael Ignaz Schmidt (1736–1794). In: Fränkische Lebensbilder 14 (1991), S. 162–174, Nachdruck in: Jahrbuch 1994 des Arnsteiner Heimatkundlichen Vereins. S. 37–62. – WILHELM BÜTTNER, Lichte Seiten am Bilde zweier Würzburger Aufklärer. In: WDGB 14/15 (1952/53), S. 635–655. – GERTRUD DEGENHARD, Das Bild der deutschen Geschichte bei Michael Ignaz Schmidt 1736–1794. Diss. Göttingen 1954. – MICHAEL HAHN, Briefe an und von Michael Ignaz Schmidt. In: AU 5 II (1839) S. 122–125. – DIETRICH KERLER, Die Berufung des Geschichtsschreibers Michael Ignaz Schmidt an das kaiserliche Haus-, Hof- und Staatsarchiv in Wien. In: AU 40 (1898), S. 77–80. – FRANZ OBERTHÜR, Michael Ignaz Schmidt, des Geschichtsschreibers der Deutschen, Lebens-Geschichte. Hannover. 1802.

25 Opera, ediert durch E. DE AZEVEDO, 12 Bde. Rom 1747–51 und 17 Bde. Prato 1839–46; Benedikt XIV. Briefe an Fr. Peggi und Diarium des Konklave von 1740, hrsg. von FRANZ XAVER KRAUS. Freiburg i. Br. 1888² – PAUL MIKAT, Benedikt XIV. In: LThK 2., völlig neu bearb., Aufl., Bd 2, Sp. 177 f. – MERZBACHER (wie Anm. 6).

26 FRIEDRICH MERZBACHER, Der Kanonist Johann Nepomuk Endres (1730 bis 1791). Leben und Werk eines deutschen Kirchenrechtslehrers vor der Säkularisation. In: AKathKR 139 (1970), S. 42–68.

27 PHILIPP EMIL ULLRICH, Reihenfolge der Capitulare und Vicare des Stiftes Haug zu Würzburg vom Jahre 1691–1803. In: AU 31 (1888), 133 f. Nr. 105. – PHILIPP SCHMITT u. a., Geschichte der Pfarrei und

Kirche St. Sebastian zu Prölsdorf im Steigerwald. Landkreis Haßberge 1988, S. 92. – Anonym (F. A. Frey?), Bemerkungen über Johann Philipp Gregels Schrift: Das Landesherrliche Patronat nach verschiedenen Verhältnissen der bischöflichen Gerechtsamen betrachtet. Von einem Unparteiischen. o. O. 1805. – Engelbert Plassmann, Staatskirchenrechtliche Grundgedanken der deutschen Kanonisten an der Wende vom 18. zum 19. Jahrhundert (Freiburger theol.- Studien 28) Freiburg - Basel - Wien 1968. – vgl. auch: Euchar-Franz Schuler. Die Bamberger Kirche im Ringen um eine freie Kirche im freien Staat. Das Werden und Wirken des Bamberger Kirchenrechtlers und Kirchenpolitikers Franz Andreas Frey (1763–1820) in den Auseinandersetzungen mit dem Josephinistischen Staatskirchentum. In: BHVB 115 (1979), S. 1–426. – Alfred Wendehorst, Die fränkische Universitätslandschaft an der Mitte des 18. Jahrhunderts. In: Helmut Neuhaus (Hrsg.). Aufbruch aus dem Ancien régime. Beiträge zur Geschichte des 18. Jahrhunderts. Köln – Weimar – Wien 1993, S. 267–288.

28 Karl Diel. Die Freiherren von Fechenbach. Ihr Wirken in Kirche und Staat (Veröffentlichungen des Geschichts- und Kunstvereins Aschaffenburg 1) 1951, S. 37 f. – Janker, Fechenbach zu Laudenbach, Johann Philipp Karl Anton Reichsfreiherr von (1708–1779), in Gatz, Bischöfe des Heiligen Römischen Reiches, S. 103 f. – Hatto Kallfelz, Archiv der Freiherren von Fechenbach zu Laudenbach 1. Teil: Das Familienarchiv. München 1988 (Bayerische Archivinventare 43). – Wolfgang Schneider, Buchbeschlag. In: Wolfgang Schneider/Norbert Kandler/Erik Soder, Kostbarkeiten aus dem Dom zu Würzburg. Würzburg 1990, S. 96 f.

29 Amrhein (wie Anm. 10), S. 282 Nr. 1585. – Braun (wie Anm. 13), S. 250–252.

30 Otto Volk (Hrsg.), Professor Franz Oberthür. Persönlichkeit und Werk (Quellen und Beiträge zur Geschichte der Universität Würzburg), Neustadt a. d. Aisch 1966. – Ludwig Faulhaber, Oberthür als Pädagoge. Anschauungen eines fränkischen Schulmannes der Aufklärungszeit über Erziehung und Unterricht nach seinen Werken und nach ungedruckten Quellen dargestellt. (Pädagogisches Magazin 847). Langensalza 1921. – Karl-Josef Lesch. Oberthürs Polemik gegen die Theolgie der Jesuiten und seine Bemühungen um eine Reform des Theologiestudiums. In: WDGB 37/38 (1975), S. 57–69. – Remigius Stölzle in: Lebensläufe in Franken 1 (1919), S. 336–358. – Annemarie Lindig, Die Passivkorrespondenz Franz Oberthürs (1745–1831). Diss. Würzburg 1963. – Ruland (wie Anm. 24) S. 3, 167–178. – Paul-Werner Scheele in: Wegbereiter, Wegbegleiter, Franz Oberthürs Antwort auf unsere Frage nach dem Sinn des Lebens. Würzburg 1984, S. 53–66.

31 Ivo Fischer, Necrologium Herbipolense. Würzburg 1931, S. 161. – Stefan Paulus, 200 Jahre Lehrerbildung in Würzburg. (Mainfränk. Studien 10). Würzburg 1975. – DAW, Testament II. Abt. G Nr. 73 von Johann David Götz. – Volk (wie Anm. 30), S. 112 (Lindig).

32 Ruland (wie Anm. 24), S. 178–180. – Stelzenberger (wie Anm. 20). – Pompey (wie Anm. 20), bes. S. 16 ff. – Festschrift Priesterseminar 1989 (wie Anm. 14). – Wendehorst (wie Anm. 13), S. 659 f.

33 Wendehorst (wie Anm. 13), S. 367 und öfter.

34 Vgl. Würzburger Hof- und Staatskalender passim.

35 DAW, Protocolla Regiminis ecclesiastici.

36 August Amrhein, Realschematismus der Diözese Würzburg. Würzburg 1897; persönliche historische Notizen.

37 Festschrift Priesterseminar 1989 (wie Anm. 14), S. 217 f.

38 Vgl. Amrhein (wie Anm. 10). – Schubert, Die Landstände des Hochstifts Würzburg. Würzburg 1967. – Flurschütz, Verwaltung. – Alfred Schröcker, Statistik des Hochstifts Würzburg um 1700 (QFW 30). Würzburg 1977. – Jörg Lusin, Die Baugeschichte der Würzburger Domherrenhöfe. Würzburg 1984. – Theodor Kramer, Die katholische Kirche in Unterfranken seit 1814. In: Unterfranken im 19. Jahrhundert. (Mainfränkische Heimatkunde 3). Würzburg 1965, S.

99–122. – DAW, Domkapitelsakten, Repertorium von Roger Martin 1987.

39 Wieland (wie Anm. 13). – DAW, Ignaz Gropp, Historische Beschreibung des hochadelichen Ritter-Stiftes zu St. Burckhard in Wirtzburg. Manuskript ca. 1720. – Vgl. Klaus Wittstadt/Theobald Freudenberger/Erik Soder (Hrsg.), Würzburger Diözesan-Geschichtsblätter 48 (1986). – Johann Baptist Stamminger (Hrsg.), Die Pfarrei St. Burkard in Würzburg (Franconia Sacra 1). Würzburg 1889. – Dieter Michael Feineis, Die Herrschaft des Ritterstiftes St. Burkard in Waldbüttelbrunn. Würzburg 1978. –Dieter Michael Feineis, Das Ritterstift St. Burkard zu Würzburg unter der Regierung von Fürstbischof Julius Echter von Mespelbrunn (1573–1617) (QFW 36). Würzburg 1986. – DAW, Stiftsakten, Repertorium von Thomas Wehner 1989.

40 Vgl. Rainer Jooss, Kloster Komburg im Mittelalter. Sigmaringen 1987[2] – Elisabeth Schraut (Hrsg.), Die Comburg. Vom Mittelalter bis ins 20. Jahrhundert. (Kataloge des Hällisch-Fränkischen Museums Schwäbisch Hall 3). Sigmaringen 1989.

41 Ullrich (wie Anm. 13). – DAW, Stiftsakten, Repertorium von Thomas Wehner/Ingrid Heeg-Engelhart 1989.

42 Wendehorst (wie Anm. 13). – DAW, Stiftsakten, Repertorium von Stefan Römmelt 1993.

43 Vgl. Hans Roser, Klöster in Franken. Werke und Gestalten einer europäischen Kulturlandschaft. Freiburg/Br. 1988. – Erich Schneider, Klöster und Stifte in Mainfranken. Würzburg 1993. – Johannes Hoh, Die Komture der Johanniterkommende Würzburg. In: WDGB 11/12 (1949/50), S. 113–126. Josef Hoh, Der Streit zwischen den Johannitern und dem Bischof von Würzburg um das pfarrliche Recht in Biebelried. In: WDGB 4 (1936), S. 25–47. – Josef Hemmerle (Hrsg.), Die Benediktinerklöster in Bayern (Germania Benedictina II). Augsburg 1970. – Josef Hemmerle, Die Klöster der Augustiner-Eremiten in Bayern (Bayerische Heimatforschung 12). München-Pasing 1958. – Norbert Backmund, Monasticon Praemonstratense. 3 Bde. Straubing 1949–56. – Norbert Backmund , Die Chorherrenorden und ihre Stifte in Bayern. Passau 1966. – Norbert Backmund, Die kleineren Orden in Bayern und ihre Klöster bis zur Säkularisation. Windberg 1974. – Norbert Backmund, Die Kollegiat- und Kanonissenstifte in Bayern. Windberg/Niederbayern. 1973. – Johann Baier, Geschichte der beiden Karmelitenklöster , in Würzburg. Würzburg 1902. – Max Domarus, Äbtissin Eva Theresia von Schönborn und das Adelige Damenstift zur Heiligen Anna in Würzburg (QFW 16). Würzburg 1964. – Wolfgang Brückner/Jürgen Lenssen (Hrsg.), Zisterzienser in Franken. Das alte Bistum und seine einstigen Zisterzen (Kirche, Kunst und Kultur in Franken 2). Würzburg 1991. – Erik Soder, Schriften und Quellen zur Geschichte der fränkischen Kartausen sowie ihrer Bibliotheken. In: Analecta Cartusiana 125 (1991), S. 12–31. – Ekhard Schöffler. Die Deutschordenskommende Münnerstadt (Quellen und Studien zur Geschichte des Deutschen Ordens 45). Marburg 1991. – Siegfried Back, 700 Jahre, Augustinerkloster Münnerstadt (Cassiciacum 31). Würzburg 1975. – Richard Sattelmair, 700 Jahre Augustiner-Eremiten in Würzburg 1263–1963. Würzburg 1963. – Sehi (wie Anm. 25). – P. Meinrad Sehi., Die Bettelorden in der Seelsorgsgeschichte der Stadt und des Bistums Würzburg bis zum Konzil von Trient. Würzburg 1981. – Maria Fischer-Flach/Wolfgang Fischer, Protokollbuch des Frauenklosters Unterzell bei Würzburg. Die Aufzeichnungen des Propstes Dr. Balthasar Röthlein 1718–1730. Würzburg 1987. – DAW, Klosterakten, Repertoiren von Vaclav Filip, über Münsterschwarzach, Heidenfeld, Bronnbach, Theres, Vogelsburg, Würzburg, St. Jakob und St. Stefan. – Adolar Zumkeller, Die Pflege der Studien bei den Würzburger Augustinern von den Anfängen bis zur Gegenwart. In: WDGB 54 (1992), 177–193, hier bes. S. 190 f.

44 Alexander Büchner, Das Franziskaner-Minoritenkloster in Würzburg (einschließlich der dortigen Klarissen und Terziarinnen). In: Bavaria Franciscana Antiqua 2. München 1955, S. 87–136. – Helmut

SCHMOLZ/HUBERT WECKBACH, Heilbronn, Geschichte und Leben einer Stadt. Weißenborn 1971, S. 56–61, bes. S. 57 f. – JOHANN BAPTIST STAMMINGER, Das Kloster Himmelspforten. In: JOHANN BAPTIST STAMMINGER (Hrsg.), Die Pfarrei zu St. Burkard in Würzburg. Würzburg 1889, S. 110–170. – DAW, Klosterakten von St. Marx, St. Afra, beide in Würzburg, Heidingsfeld, Himmelspforten, Repertoiren von Vaclav Filip und Thomas Wehner. – FRIEDRICH KARL HUEMMER, Das von Fürstbischof Julius gestiftete Seminarium Nobilium... Würzburg 1905. – 1880–1980. 100 Jahre nach der Neuerrichtung. Studienseminar Julianum. Festschrift Würzburg 1980.

45 VGL. LOOSHORN, Bisthum Bamberg 7 b, hier besonders S. 527 ff. – WILHELM SCHLACHTER, Ein Besuch des Würzburger Fürstbischofs Franz Ludwig von Etthal [sic] im Kapitel Mosbach 1784. In: FDA 61, NF 34 (1933), S. 208–218. – PAUL BERNHARD GLÜCK, Eine Visitation des Landkapitels Mellrichstadt durch den Fürstbischof Franz Ludwig. In: Würzburger Diözesanblatt 1 (1855). S. 66–68, 74–76. – Dem Hochwürd.... Franz Ludwig Bischoffen zu Bamberg... als Höchstdieselbe sich anhero zu kommen... erbitten lassen, wollte ihre Freude erzeigen die Waldenburgische cathol. Schuljugend den 11. Sept. 1785. Schwäbisch Hall o. J.

46 RENNER, Predigten. – Zwei Predigten sind z. B. abgedruckt in: Journal von und für Deutschland 1785, 1.–6. Stück, S. 477–482; 7.–12. Stück, S. 24–27.

47 CARL GUIDO BRAUN, Geschichte der Heranbildung des Klerus in der Diözese Würzburg 2. Mainz 1897, S. 253.

48 AEB, Rep. I, A 447.

49 GOY, Aufklärung, S. 13.

50 GEORG HERMANN MÖLLER, Der Fürstbischof von Würzburg Franz Ludwig von Erthal (1730–1795) und sein Schüler, der Franziskaner-Pater Grégoire Girard. Passau 1880, S. 28–30.

51 SPRENKE, Franz Ludwig, S. 228–230. – FRANZ LUDWIG, Predigten. Pfarrvisitationen. Nach gründlichen Überprüfungen von Renner ist allerdings der Text der Druckausgaben gegenüber dem Manuskript verändert, siehe: RENNER, Predigten, S. 535.

52 KARL EUGEN MOTSCH, Matern Reuß, Ein Beitrag zur Geschichte des Frühkantianismus an katholischen Hochschulen. Diss. Freiburg/Br. 1932.

53 WILHELM FORSTER. Die kirchliche Aufklärung bei den Benediktinern der Abtei Banz im Spiegel ihrer von 1772 bis 1798 herausgegebenen Zeitschrift. In: StMBO 63 (1951), S. 172–233; 64 (1952), S. 110–233. – WILHELM HESS. Die Verteidigungsschrift des Banzer Benediktiners und Bamberger Universitätsprofessors J. B. Roppelt. Ein klösterliches und naturwissenschaftliches Stimmungsbild aus dem Zeitalter der Aufklärung. Salzburg 1915. – WILHELM HESS. Die physikalischen Kabinette der Klöster Langheim und Banz bei der Säkularisation. In: BHVB 73 (1915), S. 1–56.

54 WACHTER, General-Personal-Schematismus, Nr. 1406 (Daum). – OTTO FRANK, Andenken an Ildephons Schwarz... von einem seiner Schüler. Bamberg – Würzburg 1795, gewidmet P. Placidus Sprenger. – GOY, Aufklärung, S. 13. – Gutachten in: DAW, GRP 1797.

55 LUDWIG (wie Anm. 21), Bd.1, S. 220.

56 ANTON L. MAYER, Liturgie, Aufklärung und Klassizismus. In: Jahrbuch für Liturgiewissenschaft IX (1930), S. 67–127. – SEBASTIAN MERKLE, Würzburg im Zeitalter der Aufklärung. In: SEBASTIAN MERKLE, Ausgewählte Reden und Aufsätze, hrsg. von THEOBALD FREUDENBERGER (QFW 17). Würzburg 1965, S. 421–441.

57 FRANZ CHRISTIAN PITTROFF, Anleitung zur praktischen Gottes-Gelahrtheit. Nach dem Entwurfe der Wiener Studienverbesserung verfasset und zum Gebrauche akademischer Vorlesungen eingerichtet. Hildesheim und Paderborn 1782. Prag 1783², S. 31 f., 162–164.

58 HEEGER. 1791, S. 258–262.

59 GOY, Aufklärung, S. 136.

60 PITTROFF (wie Anm. 57), Bd. 2, S. 45 f.; GOY, Aufklärung, S. 170.

61 5. Bd., S. 362–365. – Vgl. WOLFGANG WEISS. Die Corporis-Bruderschaft am Dom zu Würzburg. In: WDGB 50 (1988), S. 703–728, hier bes. S. 724 f.

62 1. Bd., 226–254. – Vgl. MANFRED VORHOLZER, Hirsching, Friedrich Karl Gottlob. In: NDB 9 (1972), S. 228.

63 AEB, Rep I, PfA 234, Prod. 23, hier zitiert nach GOY, Aufklärung, S. 38. – Vgl. ERIK SODER. Die katholischen Pfarrer von Herzogenaurach. In: Heimatbuch der Stadt Herzogenaurach, 1979², S. 119–153 und weitere historische Quellennotate.

64 GOY, Aufklärung, S. 248.

65 WACHTER, General-Personal-Schematismus, Nr. 6170.

66 WACHTER, General-Personal-Schematismus, Nr. 8659.

67 WACHTER, General-Personal-Schematismus, Nr. 8199.

68 LOOSHORN, Bisthum Bamberg 7 b, S. 522 f.

69 LOOSHORN, Bisthum Bamberg 7 b, S. 545.

70 GOY, Aufklärung, S. 151, 278. – Vgl. ENGELHARD EISENTRAUD, Die Feier der Sonn- und Festtage seit dem letzten Jahrhundert des Mittelalters. Würzburg 1914, S. 205 f., S. 253–277.

71 NIKOLAUS ALBAN FÖRTSCH, Versuch einer Lebensgeschichte des... Johann Baptist Deppisch. Bamberg – Würzburg 1801. – WACHTER, General-Personal-Schematismus, Nr. 1475. – Circular-Schreiben wegen eines neuen Gebet- und Gesangbuches – für das Hochstift Wirzburg, den 17ten April 1793, in: Journal von und für Franken 6 (1793), S. 684–688. – Verzeichnis der ewigen Anbetung in dem gantzen Hochstifte sammt den gewöhnlichen und ausserordentlichen Feyerlichkeiten in der Residenzstadt Wirzburg. Würzburg 1793, 8 Blätter. – Ein Einblattdruck von 1787 stellte ein „Verzeichnis der Andachten, welche in den Kirchen der... Haupt- und Residenz-Stadt Wirzburg vom 28. Febr. bis den 28. May 1787 gehalten werden" (Würzburg 1787) vor. – Erklärung über die im Hochstifte Wirzburg übliche ewige Anbethung. In: Fränkischer Merkur 3 (1796), S. 123–125.

72 nach GOY, Aufklärung, S. 252 f. – Vgl. JOSEF STEINER, Liturgieform in der Aufklärungszeit. Eine Darstellung am Beispiel Vitus Anton Winters. Freiburg – Basel – Wien 1976.

73 GOY, Aufklärung, S. 257.

74 RULAND. Series 1835, S. 186–191. – MERKLE (wie Anm. 56). – JOHANN BAPTIST SCHWAB, Franz Berg. Ein Beitrag zur Charakteristik des katholischen Deutschland im Zeitalter der Aufklärung. Würzburg 1869. – FRIEDRICH WILHELM KANTZENBACH. Der Anteil fränkischer Theologen an der Grundlagendebatte der deutschen Aufklärung. In: JbfrL 37 (1977), S. 139–189. – GOY, Aufklärung, S. 259–262. – WENDEHORST, Neumünster (wie Anm. 13), S. 660–662 und öfter.

75 GOY, Aufklärung, S. 262 f. – KARL KÜGLER, Aus der Geschichte des Würzburger Diözesan-Gesangbuches. In: RICHARD SCHÖMIG (Hrsg.), Das Neue Lied. Werkbuch zum neuen Ave Maria. Würzburg 1950, S. 11–28, hier besonders S. 22–25. – RUPERT GIESSLER, Die geistliche Liederdichtung der Katholiken im Zeitalter der Aufklärung. Augsburg 1929, hier bes. S. 156–172.

76 FRANZ XAVER HIMMELSTEIN, Synodicon Herbipolense. Würzburg 1855, S. 131–135, S. 498 f.

77 GÜNTER CHRIST, Widenhofer. Franz Xayer, SJ. In: KARL BOSL (Hrsg.), Bosl's Bayerische Biographie. Regensburg 1983, S. 842. – ERIK SODER. In: GATZ, Bischöfe der deutschsprachigen Länder, S. 181 f. – Vgl. auch: JOSEF RABAS, Katechetisches Erbe der Aufklärungszeit, kritisch dargestellt an dem „Lehrbuch der christkatholischen Religion" von Johann Friedrich Batz, erschienen in Bamberg 1799. Freiburg 1963. – WILHELM MAHLMEISTER, Der Bamberger Diözesankatechismus von 1812. Eine Untersuchung zu Franz Stapfs theologischem Schaffen. Würzburg 1978. – POMPEY (wie Anm. 20).

78 DAW, Mandate A XXI/93, Repertorium von Thomas Wehner, Martin Heuberger und Claudia Sussmann-Hanf. Allgemein siehe: ERIK SODER, Würzburg, Stadt des heiligen Kilian, in: Fünfzehn Jahrhunderte Würzburg, hrsg. von HEINZ OTREMBA. Würzburg 1979, S. 56–116, S. 464–417, hier S. 101–104.

25 Hirtenbrief an die Geistlichen zum Amtsantritt Erthals

Würzburg, 29. Dezember 1779
Gedrucktes Rundschreiben

Diözesan-Archiv Würzburg, Bestand: Mandate A. R. A XXI. 2

Lit.: SPRENKE, Franz Ludwig, S. 237.

Mit diesem Schreiben sprach Erthal kurz nach seiner Bischofsweihe die Geistlichen des Würzburger Bistums unmittelbar an. Seine eingangs geäußerten Bedenken, ob er zu einem solch schweren Amt fähig sei, scheinen in ihrer Eindringlichkeit durchaus nicht nur rhetorische Bescheidenheitsfloskeln zu sein. Er weiß sich in seinem Amt aber nicht allein verantwortlich: *Wir sind nur ein Diener Jesu Christi. Wir müssen alle unsere Rathschläge und Gedanken, alle unsere Werke und Vorhaben lediglich nach dem Gewichte des Heiligthums abwägen.*

Er setzt sein Vertrauen auf die vielfältigen Gaben des Heiligen Geistes und auf das Fürbittgebet seiner Diözesanen. Dann weist er die Geistlichen darauf hin, sie seien sowohl *dem Dienste des Herrn gewidmet* und hätten *zugleich dem Seelenheile des Nächsten* zu dienen. Mit Berufung auf St. Augustin will er beide Aufgaben nach dem Beispiel der beiden Schwestern des Lazarus, Maria und Martha, miteinander in Gleichklang bringen.

Nur das ruhige Leben [gemeint ist hier das des Gebetes und der Betrachtung von Gottes Wort] *darf nicht müßig, und das arbeitsame nicht sorg- und lieblos, beide sollen zweckmäßig seyn.* Er schärft den Priestern ein, eifrig, freudig und andächtig beim Gotteslob zu sein, in den Kirchen und im Hause: *Seyd ein Vorbild der Gläubigen in dem Worte und in dem Wandel.*

Ernste und eindringliche Worte findet der Bischof zur Spendung der Sakramente: *Seyd am Altar ein Mittler zwischen Gott und eurem Volke . . . Traget ihm vor den Nothstand eurer Armen, das Leid der Verunglückten, die Thränen der Wittwen, die Nothdurft der Kleinen, das Elend der Waisen, die Sorgen der Eltern, die Gefahren der Kinder, das Wehklagen der Kranken, den Kleinmuth der Schwachen, die Wehmuth der Betrübten, die Gebrechen der Alten, den Leichtsinn der Jungen, und endlich die Seufzer der Frommen, die Begierden der Gerechten . . . Laßt euern Gottesdienst jedesmal eine Gemeinschaft der Heiligen seyn.*

Dann schärft er ihnen das Predigtamt ein: *Redet so, daß sich zugleich die Liebe Gottes in die Herzen ergieße. Traget die Glaubens- und Sittenlehren des Evangeliums in solcher Art und Kraft vor, daß sie ein thätiges Christenthum in euerem Volk erwecken.* Ebenso wichtig ist dem Seelsorger der priesterliche Dienst bei der Beichte, daß *die Gnade Jesu Christi, die er den Sündern in dem Beichtstuhle darbietet,* Frucht bringe.

Besonders empfiehlt der Bischof den Priestern die Kinder, die Armen und die Kranken. Das vorbildliche, an Jesus Christus sich ausrichtende Leben soll nach Erthals Worten nicht nur die Weltpriester, sondern auch die Ordensleute und Klostergemeinschaften prägen. Mit eindringlichen Gebetsbitten schließt er dieses für ihn programmatische Pastoralschreiben. S.v.G.

Nr. 26

26 Fastenmandat von 1781

Gedrucktes Mandat
Würzburg, 11. Hornung [= Februar] 1781

Diözesan-Archiv Würzburg, Bestand: Mandate A. R. A XXI. 3

Lit.: GUTH, Liturgie. – GOLDHAMMER, Landesverordnungen.

Seit langem ist es üblich, daß zu Beginn der vorösterlichen Fastenzeit die Bischöfe ihre Gläubigen zur kirchlich vorgeschriebenen Zeit der Besinnung, der Neuorientierung und der Buße anhalten. Häufig verbinden sie damit praktische Hinweise und Gebote, Dispensen etc. mit geistlichen Ermahnungen. Dies tat auch Erthal in kurzer, heute noch eindrucksvoller Weise auf biblischer Grundlage:

Wie Wir dann auch jedermann in dem Herrn erinnern, daß die vierzig Täge der instehenden Fasten ... seyn und verbleiben eine feyerliche Gedächtniß des Leidens und des Tods des Herrn, eine öffentliche Trauer der Kirche und eine allgemeine Zeit der Buße, welche darum mit der Einäscherung [gemeint ist der Brauch der Auflegung des Aschenkreuzes am sogenannten Aschermittwoch] *ihren Anfang nimmt, damit die Erinnerung des Todes das Herz bekehre, den Leib der Sünde zerstöhre, einen neuen Menschen und bußfertigen Christen bilde. Wir wünschen daher ... daß in diesen geheiligten Fastentägen durch sein göttliches Licht und unendliche Güte Täge des Heils und Täge der Gnade für unser geliebtes Volk aufgehen: Täge der Aussöhnung ... Täge der Werke der Liebe und Barmherzigkeit, Täge des Gebeths ... Täge der Reinigung und Heiligung, Täge der Vorbereitung zum würdigen Genusse des Osterlammes.* S. v. G.

27 Aufruf zu einer pastoraltheologischen Preisarbeit

Nachricht an die Geistlichkeit der Hochfürstl. Wirzburgischen Diözes auf dem Lande

5. Oktober 1787
Druck

Diözesan-Archiv Würzburg, Bestand: Mandate A. R. A XXI. 35

Lit.: HEINRICH POMPEY, Die Pastoraltheologie in Würzburg von 1773 bis 1803. In: WDGB 37/38 (1975), S. 3–55, hier bes. S. 33–35. – RENNER, Erthal, bes. S. 298–303.

Mit einem Preisausschreiben regte Erthal 1787 seine Pfarrseelsorger an, sich verstärkt um die Besserung der allgemeinen Lebensumstände zu kümmern. Nicht nur die rein auf das überzeitliche Seelenheil zielenden Aufgaben der Geistlichen sollten diese beschäftigen, sondern auch die *Sorge für das zeitliche Wohl der Menschen.*
Allerdings wollte der Bischof mit dieser Aktion nicht einfach nur allgemeine Ermahnungen zu christlicher Hilfsbereitschaft anregen, sondern fordert die Ausarbeitung zweckmäßiger Mittel und fragte nach den *angemessensten und gedeihlichsten Wegen,* wie die Seelsorger dazu beitragen könnten, *die Anzahl und die Bedürfnisse der Armen vermindern und derselben Industrie und Moralität befördern* [zu] *helfen.* Am Schluße des Ausschreibens aber vermerkt er noch:

Da aber Schönhandeln noch besser ist, als Schönschreiben, so wolle er zwar bei der Zuteilung des Preises die anonym einzusendenden – aber mit einem Denkspruch gekennzeichneten – Arbeiten auszeichnen, aber wichtiger als die Förderung von Schreibtalenten seien ihm die, *wo Herz und Kopf, Theorie und Praxis übereinstimmen.*
Es liefen 47 Arbeiten ein. Vier davon wurden ausgezeichnet. Die Preisträger waren Martin Klett, Kaplan in Bretzingen, dann aber katholischer Seelsorger im mittelfränkischen Ansbach, der Ebersbacher Pfarrer Kaspar Heinrich Burkard, der Pfarrer von Altenbanz Johann Baptist Deppisch und Johann Adam Hubert, zuerst katholischer Seelsorger in Ansbach, dann Pfarrer in Kissingen. Deren Schriften ließ Erthal 1790 veröffentlichen (DAW, Mandate A. R. WV III 69, 18. März 1789).
Die darin gemachten Vorschläge befruchteten die von Franz Ludwig initiierten Aktivitäten zur Hebung des allgemeinen Wohlstandes und zur Eindämmung der Armut.
S. v. G.

28 Trauermandat für Kaiser Josef II.

Gedrucktes Mandat vom 2. April 1790

Diözesan-Archiv Würzburg, Bestand: Mandate A. R. A XXI. 40

Lit.: RENNER, Erthal. Persönlichkeitsentwicklung, hier bes. S. 203–253. – Renner, Erthal, S. 287–293. – KARL OTMAR VON ARETIN, Heiliges Römisches Reich 1776–1806. Wiesbaden 1967. – SAUL K. PADOVER, Josef II. Revolutionär auf dem Kaiserthron. Düsseldorf 1969. – GOY, Aufklärung, S. 203–227 behandelt ausführlich das Totenbrauchtum und die restriktiven Anordnungen der aufklärerischen Fürsten, erwähnt jedoch nicht den für letztere üblichen Leichenpomp. – HANS MAGENSCHAB, Josef II. Revolutionär von Gottes Gnaden. Graz – Wien – Köln 1979[3]. – LORENZ MIKOLETZKY, Kaiser Josef II. Herrscher zwischen den Zeiten. Göttingen 1979. – PETER F. BARTON (Hrsg.), Im Lichte der Toleranz. Wien 1981.

Der fränkische Freiherr und Fürstbischof Franz Ludwig von Erthal stand von Haus aus und als Regent dem Kaiserreich habsburgischer Prägung innerliche nahe. Dies verstärkte sich noch durch die hohe Vertrauensstellung, die Franz Ludwig in Person durch den Kaiser seit ihrem Kennenlernen 1767 erwarb und über all die Jahre hin halten konnte.
In ihrem Pflichtenethos ebenso wie in ihrer Humanität christlicher Provenienz und gleichzeitig durch ihre Nähe zur philosophischen Aufklärung waren sie sich gewiß einig.
So wird die Anordnung zur Landestrauer, die der Fürstbischof nach dem Ableben des Kaisers befahl, nicht nur dem pietätvollen, zeittypischen Usus eines Reichsstandes entsprungen sein, der dem Reichsoberhaupt die pflichtschuldige Memoria widmet, sondern auch Ausdruck einer ganz persönlichen Trauer Franz Ludwigs gewesen sein.
S. v. G.

Nr. 28

29 Auszug aus einem Geistlichen Ratsprotokoll über eine Putativehe

Würzburg 1791

Diözesan-Archiv Würzburg. Bestand: Bischöfe von Würzburg, Erthal Franz Ludwig von. Signatur 23,5.

Lit.: Würzburger Hof- und Staatskalender 1790. – GOLDHAMMER, Landesverordnungen, S. 270. – NORBERT KANDLER/JÜRGEN LENSSEN (Hrsg.), Diözesan-Archiv Würzburg und seine Sammlungen (Katalogreihe: Marmelsteiner Kabinett Nr. 14). Würzburg 1995, S. 24, 135.

Vorliegender Protokoll-Auszug illustriert beispielhaft die Arbeit des Geistlichen Rates in Würzburg zur Erthalzeit. Auf der linken Seite stehen die damals anwesenden Mit-glieder der Geistlichen Regierung, an der Spitze der Weihbischof Dr. Andreas Joseph Fahrmann, der Stiftsde-kan im Neumünster zu Würzburg, Valentin Franz Stanis-laus Neumann, DDr. Damian Gottfried Günther, Dr. Peter Philipp Sündermahler, Dr. Johann Anton Markard, Dr. Joseph Fichtl als Geistliche Räte, als in diesem Fall vor-tragender Rat Dr. Adam Joseph Onymus, der das Proto-koll auch unterzeichnete, Dr. Johann Philipp Gregel und Dr. Franz Leibes, während der päpstliche und kaiserliche Notar Franz Joseph Herzing, der Registrator der Geistli-chen Regierung, als Protokollant fungierte. Es ging im vorliegenden Fall um die Gültigkeit eine Eheschließung, die deshalb angezweifelt worden war, weil anfangs keine amtlich beglaubigte Todesmeldung über den ersten Gemahl der Braut vorgelegen hatte. Putativehen sind solche, die aufgrund eines Formfehlers an sich als ungültig betrachtet werden müssen, von deren Gültigkeit aber wenigstens ein Partner überzeugt ist. Der Fürstbischof ließ sich von solchen Angelegenheiten genauestens Bericht erstatten und behielt sich die endgültige Entscheidung vor. Der hier vorliegende Extrakt wurde mit den dazugehörigen Akten in der Regierungszeit von Erthals Nachfolger in Würzburg, Georg Karl von Fechenbach, im November 1795 nochmals vorgelegt, um bei einem vergleichbaren Problem als Beispiel zu dienen.   S. v. G.

30 Predigten Erthals an seine Seminaristen

Anreden an die Alumnen des fürstbischöflichen Seminars, welche der höchstselige Fürst-Bischof von Würzburg Franz Ludwig während der vom 9. bis 16. April 1783 dauernden Exercitien, im Seminar zu Würzburg selbst gehalten hat.

Würzburg 1828
Oktavformat

Diözesan-Archiv Würzburg, Bibliotheksbestand: Bischöfe von Würzburg, hier: Erthal, Franz Ludwig von

Lit.: SPRENKE, Franz Ludwig, S. 228–236. – ANTON RULAND Series et Vitae professorum ss. Theologiae, qui Wirceburgi . . . docuerunt. Würzburg 1835, S. 204–206, 347, 350, 353. – SEBASTIAN MERKLE, Zur Geschichte der kirchlichen Publizistik in Würzburg. In: Hundert Jahre bayerisch. Ein Festbuch, hrsg. von der Stadt Würzburg. Würzburg 1914, S. 187–224. Positiv wird Erthal erwähnt auf S. 216. – THOMAS WELZENBACH, Geschichte der Buchdruckerkunst im ehemaligen Herzogthume Franken. In AU 14 II (1857), S. 203. – KARL HILLENBRAND/RUDOLF WEIGAND (Hrsg.), Mit der Kirche auf dem Weg. 400 Jahre Priesterseminar Würzburg. Würzburg 1989, S. 74, 94, 96 f., 217 f. – WEIGAND, Das Verhältnis des Priesterseminars Würzburg zur Theologischen Fakultät. In: Mit der Kirche auf dem Weg, S. 123–146, hier bes. S. 128–131. – CHRISTIAN GREBNER, Die Unterbringung des Priesterseminars im Laufe der Jahrhunderte. In: Mit der Kirche auf dem Weg, S. 181–199, hier bes. S. 194–196. – HERMANN WÜTSCHNER, Verzeichnis der Regenten und Subregenten, Assistenten und Spirituale des Bischöflichen Klerikalseminars Würzburg. In: S. 459–477, hier bes. S. 465 f., 471. – Die von RENNER, Predigten S. 542–549 angeführte Predigt Erthals steht zwar unter demselben Römerbriefzitat, hat auch eine verwandte Argumentationsweise, ist aber sonst verschieden von der hier aufgeführten. – RENNER, Erthal, S. 307 f.

Bekanntlich entfaltete Erthal – besonders in den Jahren seiner Visitationsreisen 1783 bis 1785 – eine rege Predigttätigkeit. Kurz vor seiner ersten Abfahrt hielt er seinen Alumnen im Würzburger Priesterseminar vom 9. bis 16. April 1783 geistliche Exerzitien, deren *Anreden an die Alumnen des fürstbischöflichen Seminars* 1828 separat gedruckt wurden. Ein Jahr zuvor hatte der frühere Würzburger Subregens und Dogmatikprofessor Dr. Ge-

org Martin Bergold, von 1809 bis zu seinem Tode 1834 dann Stadtpfarrer von Haßfurt dem seinerzeitigen Subregens des Würzburger Priesterseminars, Dr. Franz Georg Benkert, die Texte mitgeteilt. Letzterer veröffentlichte sie 1827 im zweiten Heft der Zeitschrift „Athanasia", S. 231–252. Gewiß geht die Textgestaltung auf Bergold zurück, der wenige Tage nach diesen Exerzitien am 19. April die Priesterweihe erhalten hatte. Es müssen für alle Beteiligten eindrucksvolle Erlebnisse gewesen sein. Das verraten die in die Publikation eingestreuten Beobachtungen eines Augenzeugen. So sprach in der vierten Anrede Erthal über die Aufgaben des Priesters bei der Sakramentenspendung. . . . *Er faßt die Seufzer der Gläubigen bei dem heiligen Meßopfer auf und bringet sie vor den Thron des allmächtigen Gottes. Er muß eines unverfälschten Herzens seyn.* Diesen Worten fügte BERGOLD an: „Hier weinte der Fürst und konnte vor Weinen nicht fortfahren". Zum Schluß dieser Rede drückte Erthal den Wunsch aus: *Möchte doch der Geist Christi mein Herz beleben! Möchte er auch bei Ihnen seyn! Möchte er bei allen Ober- und Unterhirten der Kirche seyn! Wie bald würde das Christenthum eine andere Gestalt gewinnen!* Darauf Bergolds Beobachtung: „Alle gingen innigst gerührt, ergriffen und schweigend von einander".

Wie sehr Erthal von seiner geistlichen Berufung erfüllt war, gestand er selbst am Ende der sechsten Anrede: *Ich muß gestehen, daß ich oft vor Begierde, Gott gefällig zu werden, glühe. Außer dem Fall der Betrachtung ist man gemeiniglich sehr schwach. Dieses habe ich oft empfunden und empfinde es täglich. Bethen Sie für mich, daß ich das Muster meiner Heerde werde, so wie ich für Sie bethe, daß Sie das Beispiel Ihrer Heerde werden.* Darauf der seinerzeitige Weihekandidat Bergold: „Thränen standen ihm im Auge und alle Anwesenden waren tief gerührt".

Ähnlich erschütternd waren seine Worte bei der siebten und letzten Anrede. Er zeigt die Höhe der Berufung auf, vereint sie aber mit ganz praktischen, aus der Erfahrung kommenden Ratschlägen: *Gleichwie ein junger Baum sich in seinem ersten Aufschuß noch biegen läßt, so muß auch ein junger Geistlicher sich im Seminarium zur Vollkommenheit bei Zeiten arten. Sie wissen nicht, ob dieß nicht die letzten heiligen Uebungen sind, die sie hier gemacht haben, ob nicht Gott Ihre Seeligkeit daran gebunden. Was die Weise und Art betrifft, so muß ich Ihnen sagen, vertrauen Sie*

1. nicht zuviel auf Rührungen der Andacht, auf Vorsätze, die gemacht werden, wenn der Verstand die Schönheit der Tugend einsieht, die damit verknüpften Schwierigkeiten aber nicht erkennt. Jene Rührungen in der Andacht sind oft eine Wirkung des Temperaments oder Nervengebäudes.

2. *Greifen Sie die herrschende [schlechte] Neigung standhaft an.*

3. *Greifen Sie die Schwierigkeiten so an, als wenn die Ueberwindung derselben bloß von der Thätigkeit abhinge. Auf der anderen Seite aber setzen Sie so wenig Vertrauen auf ihre eigenen Kräfte, daß Sie vielmehr Alles allein von Gott erwarten.*

4. *Thun Sie nicht, als wenn Sie auf einmal zu große Fortschritte in der Vollkommenheit Ihres Standes machen wollten.*

5. *Haben Sie allzeit das Beispiel des obersten Seelenhirten vor Augen, das Beispiel der Apostel, der größten Geistesmänner, die in allen Jahrhunderten gelebt haben.*

6. *Prägen Sie sich das recht ein: poterant hi, et hi, cur non et ego? . . . ich will mich durch nichts, durch kein fürstliches Ansehen abhalten lassen, nach Zeit und Gelegenheit auch dem armen Haufen, der so verachtet ist und von manchem Seelsorger auch so gering geschätzet wird, das Evangelium zu predigen. (Hier weinte er und konnte vor Weinen nicht fortfahren).*

In der hier vorgelegten Buchveröffentlichung fehlt auch eine Fußnote, die entweder Dr. Bergold oder der Herausgeber Dr. Benkert anfügte. Es handelt sich dabei um die zweite Anrede: „Von der übel angewandten Freiheit im Denken", die Erthal unter das Zitat „Liberati a peccato, servi facti estis justitiae" aus dem Paulusbrief an die Römer (6,18) stellte. Offensichtlich nahm jemand an diesen Ausführungen Anstoß, denn die entsprechende Fußnote lautet so: *Dieß ist die Rede, die Jemand vom Hörensagen in einer Schrift liberal nannte und dabei von engherzigen Zeloten, von forschenden Köpfen, von Aufklärung etc. und von Allerlei untereinander – zur Unzeit sprach. Ein Trödler versicherte, die Exemplare diese Productes, worin diese Dinge stehen, seyen schon 8 Tage nach seiner Erscheinung gleich Schneeflocken von den Händen der Käufer zu ihm geflogen.*

Dafür folgt in der Separatausgabe auf S. 24–31 die Lebensregel für Weltpriester auf Latein, die in der Athanasia-Ausgabe nicht enthalten ist. S. v. G.

31 Geistliche Übungen für Studenten

Vom Berufe zur Weisheit ward auf höchsten Befehl unsers gnädigsten Fürstbischofes der studierenden Jugend an der hohen Schule zu Wirzburg und an dem Gymnasium zu Münnerstadt vom 22ten bis zum 26ten des Maymonates eine Geistesversammlung gehalten

Würzburg 1792

Oktavformat, 39 S.

Nr. 31

Provenienz: aus der Franconica-Sammlung des Dr. J. B. Stamminger.

Diözesan-Archiv Würzburg, Bibliotheksbestand: Bischöfe von Würzburg, hier: Erthal, Franz Ludwig von   Abb.

Lit.: Versuch einer kurzen Geschichte des Gymnasiums zu Münnerstadt. In: Fränkischer Merkur 5 (1798), S. 1561–1585. – Zustand der jüngern Geistlichkeit in der Würzburgischen Diöcese unter Fürsten Franz Ludwig . . . In: Archiv für Kirchen- und Schulwesen 1 (1804), S. 191–210. – SPRENKE, Franz Ludwig, S. 236 f. – ANTON RULAND, Franz Ludwigs, Fürstbischofs zu Bamberg und Wirzburg, Verordnungen und Rescripte bezüglich des Studiums der Philosophie an der Universität Wirzberg. Würzburg 1852. – THOMAS WELZENBACH, Geschichte der Buchdruckerkunst im ehemaligen Herzogthume Franken. In: AU 14 II (1857), S. 202 f. – Verordnung des Bischofs Franz Ludwig, dass in Zukunft kein Landeseingeborener zum Besuch der Vorlesungen in der Theologie, Jurisprudenz oder Medizin zugelassen werden, der nicht das Absolutorium des philos. Lehrcursus nachgewiesen hat (vom 24. Januar 1782), abgedruckt in: FRANZ XAVER VON WEGELE, Geschichte der Universität Würzburg. Bd. 2. Würzburg 1882, S. 428–430. – ANTON SCHINDLING, Die Julius-Universität im Zeitalter der Aufklärung. In: PETER BAUMGART (Hrsg.), Vierhundert Jahre Universität Würzburg. Eine Festschrift. Neustadt a. d. Aisch 1982, S. 77–127. – ADOLAR ZUMKELLER, Ein bedeutender Münnerstädter Schulmann und Gelehrter des 18. Jahrhunderts: P. Possidius Zitter. In: 325 Jahre Johann-Philipp-von-Schönborn-Gymnasium Münnerstadt 1660–1985. Münnerstadt 1985, S. 45–70, hier bes. S. 47 f. mit Hinweis auf die im Auftrag Erthals 1781 durch Franz Theodor von Dalberg und 1787 durch den Theologieprofessor Dr. Franz Nikolaus Steinacher erfolgten Visitationen dieses Gymnasiums und die beiden persönlichen Besuche Erthals dort.

Für diese Exerzitien verfaßte Franz Ludwig von Erthal *in Unser Residenzstadt Bamberg*, indem er *allen studierenden Jünglingen Heil und Segen in dem Herrn* wünschte, eine *Allgemeine Aufforderung zur Weisheit*, die er mit vielen Belegen aus der Heiligen Schrift, vor allem aus der alttestamentarischen Weisheitsliteratur bereicherte, eine zwölfseitige Exhorte. Mit bewegten Worten mahnt er die Studierenden an der Universität zu Würzburg und am Gymnasium zu Münnerstadt zu fleißigem Bemühen um Weisheit, wobei er dabei den Blick auch auf das Studium der Natur und aller anderer Wissenschaften lenkt. *Das Vaterland, die leidende Menschheit ist es, die euch zuruft:*

Trachtet nach Weisheit! Einst wird der Schatz der Wahrheut euern Händen anvertraut, wehe euch, wenn ihr ihm im Müssiggange verdarbet; Einst verlangen die Kleinen Lehre und Unterricht von euch, wehe alsdenn, wenn ihr sie in ihrer Hoffnung täuschet; Einst werdet ihr Führer und Rathgeber des Volks, wehe alsdenn, wenn ihr selbst blind seyd und euch mit ihm in die Grube stürzet.

Danach folgen Gebete, Ansprachen, Betrachtungen, Gesänge. Eingangs wird der Heilige Geist um seine Erleuchtung angefleht. An die Gebete zur hl. Messe, deren Opfercharakter deutlich herausgestellt wird – im Gegensatz zu manchen theologisch-liturgischen Auffassungen anderer Aufklärer – folgt unter anderem ein Gebeth *um die Gnade einer wahren Bekehrung*. Der Duktus der Betrachtungen weist zunächst auf die enge, unzertrennliche Verbindung zwischen Weisheit und Tugend hin, sieht in zweiter Linie in der *Religion den Grund aller Weisheit*. In der dritten Betrachtung wird gewarnt vor dem Leichtsinn und einem *verderbten Herzen* als unvereinbar mit der Weisheit. Die vierte Meditation fragt danach, warum so wenige nach der Weisheit trachten. Als Antwort wird gegeben, daß viele die Vorzüge und Vorteile der wahren Weisheit nicht kennen und von einer falschen Wahrheit (vor-)eingenommen sind. Die fünfte Betrachtung beschäftigt sich mit den notwendigen Eigenschaften, die zur Weisheit führen und die sechste behandelt die geeigneten Mittel dazu. Am Schluß werden die *Früchte der Weisheit* im Gegensatz zur Unweisheit gesetzt.   S. v. G.

32 Kelch

Caspar Xaver Stippeldey (Seling, Nr. 2505)
Augsburg, 1774 (Seling, Nr. 259)
Silber, vergoldet
H. 27 cm

Bayerische Verwaltung der staatlichen Schlösser, Gärten und Seen. Hofkirche der Residenz Würzburg, Inv.Nr. Res Wü, HK, GK 1   Abb.

Lit.: Kunstdenkmäler von Bayern, Unterfranken 12, Stadt Würzburg, S. 480. – Ausstellungskatalog Franz Ludwig von Erthal, Nr. 132. – LORENZ SEELIG, Kirchliche Schätze aus bayerischen Schlössern. Berlin 1984, S. 287f. – ALBRECHT MILLER, Festung Marienberg zu Würzburg. Amtlicher Führer. München 1993, S. 70. – Zu Therese Philippine Walburgis von Erthal: KITTEL, Erthal, S. 147.

Der Kelch zeigt an Fuß, Nodus und der halbummantelten Cuppa Ornamente des spätesten Rokoko. Rocaillen sind nur noch sparsam eingesetzt. Die drei Felder des Fußes und die ihnen entsprechenden an der Cuppa sind mit C-Bögen gerahmt und fast symmetrisch angelegt. Sie sind – bis auf zwei Felder des Fußes, die ein Wappen bzw. eine eucharistische Inschrift tragen – mit kleinen Blüten und Blättern gefüllt. Der Nodus zeigt außer dem Blütenschmuck Trauben als eucharistisches Symbol.

Nr. 33

Das Wappen des Fürstbischofs Franz Ludwig von Erthal, das auf einer kleinen, aufgesetzten Platte eingraviert ist, kann auf dem 1774 datierten Kelch erst nach 1779 angebracht worden sein. Darunter befindet sich (nach SEELIG) das Wappen der Therese Philippine Walburgis, Freifrau von Erthal, einer geborenen Freiin von Hohenfeld, der Witwe des 1764 verstorbenen Georg Philipp Valentin von Erthal aus der Leuzendorfer Linie. Wann und aus welchem Grund der Kelch in den Besitz des Franz Ludwig von Erthal überging, ließ sich nicht feststellen.   R. B.-F.

33 Meßkännchengarnitur

Caspar Xaver Stippeldey (Seling, Nr. 2505)
Augsburg, 1774 (Seling, Nr. 259)
Silber, vergoldet
Teller: 32 x 25 cm, Kännchen: H. 15 cm

Bayerische Verwaltung der staatlichen Schlösser, Gärten und Seen. Hofkirche der Residenz Würzburg, Inv. Nr. Res Wü, HK, GK 4.   Abb.

Lit.: Ausstellungskatalog Franz Ludwig von Erthal, Nr. 133. – LORENZ SEELIG, Kirchliche Schätze aus bayerischen Klöstern. Berlin 1984, S. 288. – ALBRECHT MILLER, Festung Marienberg zu Würzburg. Amtlicher Führer. München 1993, S. 70. – Zu Therese Philippine Walburgis von Erthal: KITTEL, Erthal, S. 147.

Die Meßkännchengarnitur trägt das gleiche Beschauzeichen und die gleiche Meistermarke wie der Kelch (Kat.Nr. 32). Sie muß also ebenfalls 1774 in der Werkstatt des Caspar Xaver Stippeldey in Augsburg gefertigt worden sein, erreicht aber trotz verwandter Ornamentformen die Qualität des Kelches nicht.

Unter dem wiederum auf einer kleinen vergoldeten Platte aufgesetzten Wappen des Fürstbischofs Franz Ludwig befindet sich wie bei dem Kelch das Wappen der Therese Philippine Walburgis von Erthal. Kelch und Meßkännchengarnitur gehörten also schon immer zusammen. Die Inschrift *Amplius Lava me ab iniquitate mea / Cor mundum crea in me Deus* (Ps. 51, 11 und 12: ... tilge alle meine Missetaten. / Schaffe in mir, Gott, ein reines Herz) dürfte auf die Stifterin zurückgehen.   R. B.-F.

JOSEF URBAN

Franz Ludwig von Erthal als Bischof von Bamberg

Das Wirken Franz Ludwig von Erthals als Fürstbischof von Bamberg entfaltete sich einmal in seiner Amtstätigkeit als Fürst und Landesherr und bezog sich auf die politische und weltliche Seite (temporalia) der Regierungsgeschäfte. Zum andern war Erthal Bischof und übte als solcher die bischöflichen Amtsrechte in seiner Diözese aus, die auf der geistlichen Regierungsgewalt (jurisdictio spiritualis) und der Weihegewalt beruhten.

Welchen Charakter einen geistlichen Reichsfürsten auszeichneten, schilderte eine zeitgenössische Schrift. *Bringt der geistliche Mann zu seiner fürstlichen Würde sich selbst mit, und mit sich selbst einen großen innern Gehalt und eignen Reichthum von richtigen Kenntnißen, von Erfahrung, Fleis, Tugend und Herzhaftigkeit mit, hat er mithin eine fürstliche Seele: so wird er so gut, wie ein weltlicher Fürst, und mehr noch als dieser, ein großer und beglückender Fürst sein*[1].

Auf Franz Ludwig ist diese Charakteristik anwendbar. Wie ernst er die Würde des Bischofsamtes auffaßte, vermitteln seine „Regierungsgrundsätze", welche er in einer ersten Fassung als Memoire an seinen Bruder Friedrich Karl Josef (1774–1802), den Kurfürsten von Mainz, richtete. Dem dort skizzierten Ideal eines Fürsten und Bischofs, welches er dem verweltlichten Bruder entgegenhielt, suchte er so nahe als möglich zu kommen: *Das Amt eines Bischofs ist: seine Herde mit Worten und Beispiel zu weiden*[2]. Ferner solle der Bischof bestrebt sein, *auch den ihm anvertrauten Schatz des Glaubens unversehrt zu erhalten.*

So sei auch das *Kirchenregiment* selbst *keine weltliche eigentliche Herrschaft*. Vielmehr sollen die Gläubigen *vorzüglich durch sanfte Mittel zum Gehorsam angeleitet werden. Es gibt aber kein sanfteres Mittel, als jenes der Beispiele.* Weiter schreibt der Bischof: *Dem allen zufolge muß der Bischof untrügliche Beweise liefern, daß er von der Wahrheit des Glaubens und der Heiligkeit der Religion überzeugt und durchdrungen sei. Er muß bei öffentlichen Andachten, bei seinen bischöflichen Funktionen ohne Verstellung einen versammelten Geist zu erkennen geben, dabei wie ein anderer Moyses erscheinen.*

Status quo des Bistums Bamberg beim Regierungsantritt Erthals

Das Kaiserliche Hochstift Bamberg hatte eine Ausdehnung von etwa 65 Quadratmeilen und reichte in seinen rechtsmainischen Teilen in das Bistum Würzburg hinein. Jenseits der Bamberger Landesgrenze im Osten lagen in der Oberpfalz acht Pfarreien, die zum Landkapitel Hollfeld und fünf, die zum Eggolsheimer Ruralkapitel gehörten[3]. Das Bistum Bamberg war mit dem Hochstiftsgebiet nur annähernd deckungsgleich. Es bildete einen eigenen geistlichen Staat neben dem weltlichen Staat, der Regierung des Hochstifts. Die Einwohnerzahl der Diözese Bamberg betrug 140000, von denen etwa 6000 Protestanten waren. Allein die fürstliche Residenzstadt Bamberg zählte im Jahr 1779 etwa 16000 Christen Auf dem Diözesangebiet lebten ferner 2600 Juden[4].

Die Regierungsspitze beider Staaten bildete der Fürstbischof. Im geistlichen Staat des „Hochfürstlichen Hochstifts Bamberg" folgte der Weihbischof als Vicarius Generalis in Pontificalibus und Suffraganbischof und der Vicarius Generalis in Spiritualibus als Präsident der „Hochfürstlich-Geistliche[n] Regierung". Zum Regierungskollegium gehörten 16 Geheime und Geistliche Räte und drei titulierte Geistliche Räte. Drei Personen bildeten das Hochfürstlich-Bambergische geistliche Regierungs-, Fiskalats-, Syndikats- und Sekretariatsamt. Drei Offizianten, drei Kanzlisten, zwei Diener des Geistlichen Rats und acht Regierungsadvokaten unterstützten die Bistumsleitung. Die kirchliche Gerichtsbarkeit im Bistum übte ein Consistorium oder Dechantei-Gericht aus, dem ein ordentlicher Richter vorstand. Ihm waren ein Offizial und ein Gerichtssiegler beigegeben. Zum Gericht, das wöchentlich am Mittwoch und Samstag tagte, gehörten vier Assessoren, elf Consistoral-Gerichts-Advokaten und je ein Gerichtsaktuar, Pedell und Gerichtsdiener[5].

Eingeteilt war das Bistum Bamberg in fünf Landkapitel (Kronach mit 15 Pfarreien), Eggolsheim (28 Pfarreien)[6], Hollfeld (23 Pfarreien), Scheßlitz (26 Pfarreien) und Stadtsteinach (20 Pfarreien)[7]. Neben diesen 112 Pfarreien gab es noch 9 hochfürstliche Patronatspfarreien. Davon lagen sechs im Bistum Würzburg, zwei im Bistum Regensburg und eine (Haag) in Österreich[8]. Patronatsrechte über bambergische oder außerbambergische Pfarreien übten auch das Hohe Domkapitel, die Kollegiatstifte und Klöster aus. Fünf Pfarreien waren mit Professen des Klosters Langheim besetzt.

Neben den Landpfarreien bestanden noch vier Pfarreien in Bamberg. An der St.-Veits-Pfarrei des Hohen Domstifts[9] waren zwei Geistliche tätig. In der Pfarrei St. Mar-

66

tin[10] sorgten neben dem Pfarrer, einem Kuraten und zwei Kaplänen noch sechs Benefiziaten für die Seelsorge. Insgesamt zehn Geistliche – darunter ein zum Schnappaufischen Priesterhaus gehörender Priester und fünf Benefiziaten – waren an der Oberen Pfarre tätig[11]. Fünf Benefiziaten waren der Marienkapelle in der Judengasse zugeteilt. Lediglich die Stiftspfarrei St. Gangolf hatte einen Pfarrer, da sich der Sprengel des Stifts – anders als bei den übrigen Bamberger Stiften – über die Kanonikatshöfe und Stiftsgebäude hinaus auch auf das angrenzende Gebiet erstreckte[12].

Zum Personalstand des Bistums Bamberg an Seelsorgsgeistlichen gehörten 1783 neben den Landpfarrern auch 74 Kapläne der Weihejahrgänge 1765–1775, 22 Alumnen im Seminar und 21 Kleriker außerhalb des Seminars, ferner sechs protestantische Geistliche, die die *Hochfürstlich-Bamberg-Augspurgische Confeßions-Verwandte*[n] *Pfarreyen* betreuten, Sie wurden von Erthal mit der gleichen Zuwendung bedacht wie die katholischen[13].

Die Stiftsgeistlichkeit war neben der Pfarrgeistlichkeit ein wichtiger Faktor im geistlichen Bamberger Staat. An erster und vornehmster Stelle stand das Kaiserliche Hohe Domstift, das Domkapitel, das von seinem Aufbau her einen eigenen Staat im Staate bilden konnte und durch die Wahlkapitulationen die Teilhabe an den Regierungsgeschäften beanspruchte. Schon der Aufbau des Kapitels konnte Eindruck erwecken. An der Spitze standen die Dignitäre, Propst und Domdechant, gefolgt von 18 *Capitular-Herren*, 14 *Domicellar-Herren*, einem Syndikus, dem Konsulenten, der als Sekretär und Archivar fungierte, und 24 Vikaren. Es gab 16 Beamte und Offizianten in der Stadt Bamberg und 13 Beamte auf dem Land.

Vom Domkapitel erhielten der Domorganist und zwei Dom-Schulmeister ihren Unterhalt. Im Auftrag des Kapitels war je ein eigner Buchdrucker, Wappenmaler, Bildhauer und Vergolder tätig. Es gab einen Kapitelsmesner und fünf *Kirchnere in dem hohen Domstift*. Dem Domkapitel angegliedert waren vier Ritterbrüder und zehn Stuhlbrüder, außerdem acht *Domkapitulische Handwerks-Leute*.

Zu den weiteren Stiften des Hochstifts Bamberg gehörten das Kollegiatstift zu St. Stephan (zwei Dignitäre, acht Kapitulare, sieben Domizellare, zwei Vikare, sechs Kirchner und Offizianten), das Kollegiatstift zu Unserer Lieben Frauen und St. Gangolf (zwei Dignitäre, sieben Kapitulare, vier Domizellare, zwei Vikare, fünf Kirchner, Offizianten und Schulmeister), das Kollegiatstift zu St. Jakob (zwei Dignitäre, sieben Kapitulare, zwei Domizellare, zwei Vikare, fünf Offizianten, Kirchner, Schulmeister und Stiftsbote). Das Kollegiatstift St. Martin zu Forchheim zählte neben den zwei Dignitären sieben Kapitulare, zwei Kapläne, einen Obleier und einen Kirchner.

Die geistliche Regierungsgewalt: Die Leitung der Diözese

Sie besteht darin, die Angelegenheiten der Ortskirche zu ordnen und zu verwalten und umfaßt die Lehrgewalt, die gesetzgebende, vollziehende und richterliche Gewalt.

Das Lehramt beinhaltet für den Bischof, die von Christus geoffenbarte und von der katholischen Kirche unverfälscht bewahrte Lehre in seinem Diözesansprengel zu bezeugen, zu bewahren und zu verbreiten. Der Bischof übte daher für die gesamte Diözese das Predigtamt aus[14]. Im Verhinderungsfalle hatte er für geeignete Vertreter zu sorgen, wie es Franz Ludwig in seinen Regierungsgrundsätzen darlegte: *Begeht er [der Bischof] aber diese Weide nicht durch sich selbst, so muß er . . . darnach eine gewisse unausgesetzte Treue und Sorgfalt tragen, daß diese Weide durch andere würdige und taugliche Männer, sowie es die Ehre Gottes, das Wohl der Religion und das Heil der Seelen erfordert, versehen werde, auf den Nachwuchs solcher Männer eine besondere Aufmerksamkeit haben*[15].

Bischof Franz Ludwig predigte an Festtagen wie an gewöhnlichen Sonntagen selbst, wobei er einfache und klare Worte ohne jede barocke Verzierung wählte und den Text des Evangeliums zugrundelegte. Erstmals außerhalb der Bischofsstadt predigte er am 18. Mai 1783 anläßlich der Pfarrvisitation in der Wallfahrtskirche zu Gößweinstein[16]. Eine Stunde lang hielt er *eine rührende Predigt an das Volk* und sprach über die Frage, *weshalb er sich entschlossen habe, der ihm als Oberhirten des Bambergisch Bischöflichen Kirchensprengels anvertrauten christlichen Herde das Wort des ewigen Lebens, das Wort der untrüglichen Wahrheit in eigener Person vorzutragen*[17].

Entsprechend den Konzilsbestimmungen von Trient erstreckte sich die bischöfliche Sorge um die Predigt bis zur Predigttätigkeit der Pfarrer oder der von diesen beauftragten Predigern und auf die Teilnahme der Gläubigen an den Predigten[18]. Zur Einübung ins Predigtamt mußten die Alumnen des Klerikalseminars an den Sonn- und Feiertagen vor dem Fürstbischof predigen[19]. In den Anfangsjahren seines bischöflichen Wirkens griff er den schon unter seinem Vorgänger gefaßten Plan auf, das gesamte Bistum zu missionieren. Jährlich wurde bis 1794 eine Volksmission in einer Pfarrei abgehalten[20].

Erthals Bemühen um die Diözese äußerte sich in einem umfassenden Informationsbedürfnis. Kenntnisse über den Stand des Bistums konnte er sich einmal durch die Einforderung von Berichten von Dekanen und Pfarrern verschaffen, zum andern durch das Instrument der Visitation, die der Bischof entweder selbst vornahm oder durch beauftragte Visitatoren vornehmen ließ. Franz Ludwig ging in den Jahren 1783 bis 1785 in den Landkapiteln Hollfeld (Mai, Juni, September, Oktober 1783), Eggolsheim (April, Mai 1784; April, Mai 1785), Kronach (September, Oktober 1784) und Stadtsteinach (Oktober 1785) mit großem Gefolge zu Pferd persönlich auf Visitationsreise, nachdem er von Juli 1781 bis April 1782 das Benediktinerkloster Michelsberg in Bamberg durch eine Kommission hatte visitieren lassen. In den Pfarreien betete der Bischof zu Beginn der Visitation die Allerheiligenlitanei in deutscher Sprache, feierte die hl. Messe, oft auch vor dem ausgesetzten Allerheiligsten, und hörte eine oder zwei weitere Messen an, hielt die Predigt, betete früh das Morgengebet in der Kirche vor, verlieh Ablässe und spendete das Firmsakrament. Er nahm an Betstunden, die vor dem Allerheiligsten gehalten wurden, teil, wie er dies alljährlich auch bei der 40-stündigen Anbetung im Dom zu Bamberg tat. Am Abend nahm er am Maigebet teil, einer jahreszeitlich geprägten Frömmigkeitsform, die nach Mißernten etwa seit 1720 in den Bistümern Würzburg und Bamberg eingeführt und bis weit ins 19., an vielen Orten bis ins 20. Jahrhundert gepflegt wurde[21]. Der Bischof hielt, wie in Kronach, die Prozession der Rosenkranzbruderschaft mit dem Allerheiligsten[22].

Erthals pastorale Sorge um die ihm anvertrauten Menschen ging so weit, daß er Kranken selbst die Wegzehrung brachte, nachdem sie der Kaplan auf den Empfang der hl. Kommunion vorbereitet hatte[23]. Wesentlicher Bestandteil der Visitation war der Besuch der Schulen der Pfarrei und die Prüfung der Schulkinder, die der Bischof auch selbst vornahm und damit seiner Aufsichtspflicht über die Erziehung, den Unterricht und die Katechese in den kirchlichen Schulen nachkam.

Wurde die Visitation durch den Dekan durchgeführt, wie es überwiegend der Fall war, erhielt der Bischof über das fürstbischöfliche Vikariat Kenntnis vom Inhalt der Visitationspunkte. Die ihm übersandten Visitationsprotokolle beantwortete er mit einer Resolution, die mitunter ein beredtes Zeugnis vom Studium dieser Akten ablegte. So kritisierte er am 26. November 1782 bei dem von Dekan Daniel Bihn (1720–1784) abgefaßten Protokoll über die Visitation des Landkapitels Eggolsheim nicht nur formale, auf das Alter des Visitators zurückgehende Mängel, sondern auch hohe Geldausgaben. Zwar betonte der Bischof, daß er aus dem Protokoll *mit Vergnügen ersehen* habe, *daß schier die meisten Gotteshäuser in einem blühenden Vermögensstande sich befinden*. Doch die *starken Ausgaben*, die er zugleich wahrnahm, hätten ihn aufmerksam gemacht. So entschloß er sich, den Stand des Kirchenvermögens, dessen Verwaltung und die stiftungsgemäße Verwendung der Erträge anhand einiger Rechnungsbände selbst zu überprüfen[24].

Die Visitation, die für den Bischof den Stellenwert einer Diözesansynode einnahm[25], vermittelte ein Bild vom religiösen Zustand der Pfarrei wie der kirchlichen Gebäude und Geräte. Sie hatte zum Ziel, Mißstände zu benennen und zu beheben. Neben einer Charakteristik der in der Pfarrei tätigen Schullehrer wurden auch gutbeleumundete Laien, meist der Kirchenpfleger, der Schultheiß und der Lehrer, vor die Visitationskommission geladen und über die Geistlichkeit, insbesondere über deren Lebenswandel befragt. Auf diese Weise kam bei der Visitation in Ebermannstadt am 5. Mai 1785 zutage, daß der Pfarrer Heinrich Bernhard Krautblatter (1739–1797) *einmal in dem Felsen Keller seye berauscht befunden worden* und seine Köchin mit einem Stock traktiert habe[26]. Ferner habe der Pfarrer eine Trauung verweigert und die Ehe erst nach Zahlung einer größeren Geldsumme geschlossen. Zu einer anderen Zeit sei er *gleichermaßen berauscht zu Gasseldorf im Wirtshaus gewesen* und habe dort *dem Schultheisen zu Wollmuthshühl die Haare gleich einem Baader zu recht geschnitten*.

Von Interesse für den Bischof war auch der Bildungsstand der Pfarrer. So finden sich in den Visitationsakten auch Bücherlisten, die einen Blick in die Bibliothek eines Landgeistlichen im Umfeld der Aufklärung gestatten[27].

Für das Theologiestudium hatte Erthal 1782/83 neue Richtlinien erlassen und durch diese Studienreform die Bildungsbeflissenheit der angehenden Geistlichen entscheidend beeinflußt. Eine „wichtige und bedeutende Veränderung für die Theologie" lag in der Schaffung eines kirchenhistorischen Lehrstuhls, in der Einführung eines neuen Lehrbuchs für Moraltheologie wie insgesamt im Bemühen um einen organisch konzipierten Aufbau des Studiums. Daß der Bischof die Früchte dieser Studienreform auch ernten wollte, verdeutlicht seine Gegenwart bei den theologischen Examina[28].

Die Errichtung von Pfarreien und deren freie Besetzung (Collatio libera) fällt in die Jurisdiktion des Bischofs. Erthal ging dabei sehr umsichtig vor und empfahl dem geistlichen Ratskollegium zu Bamberg, dem fähigsten und seelsorglich erfahrensten Bewerber den Vorzug zu geben. 1786 errichtete er die Pfarrei Hochstahl und trennte sie 1789 von der Mutterpfarrei Hollfeld[29].

Die Frage der Kirchenhoheit über die Erlanger Katholiken wurde nach jahrelangem Streit zwischen dem Fürstbischof und den protestantischen Brandenburg-Bayreuther Markgrafen positiv entschieden. Die gütliche Einigung zwischen Erthal und Markgraf Alexander 1786 stellte den Beginn einer geordneten Seelsorge in Erlangen dar. Am 26. Mai 1786 war Kuratus Dr. Johann Georg Franz Xaver Sauer (1758–1826) als Seelsorger in Erlangen präsentiert worden[30].

Die bischöfliche Weihegewalt

Kraft dieser Gewalt verwaltet der Bischof die Sakramente und die von der Kirche herrührenden Sakramentalien. Neben den gemeinsamen, dem Bischof und den Priestern gleichermaßen zustehenden Rechten der Feier des Meßopfers, der Predigt und der Spendung der Sakramente gibt es dem Bischof vorbehaltene Weiherechte (jura ordinis propria seu reservata) im engeren Sinn. Dazu gehören die Spendung der Firmung, die Erteilung der niederen und höheren Weihen, die Weihe der für die Seelsorge benötigten hl. Öle, die Konsekration von Kirchen, Altären, liturgischem Gerät, die Benediktion von Kirchen, Glocken, Kirchhöfen, Paramenten, die Rekonziliation von Kirchen, die Salbung von Königen und die Weihe der Äbte und Äbtissinnen.

Fürstbischof Erthal überließ viele dieser bischöflichen Rechte seinen beiden Weihbischöfen. So weihte der Bamberger Weihbischof Johann Adam Behr (1724–1805) am 1. März 1780 die Pontifikalschuhe und -Strümpfe *pro Celsissimo*[31]. Darüber hinaus war der Weihbischof, wie das erhaltene Weihebuch zeigt, mit vielfachen Weihehandlungen betraut worden. Der Fürstbischof nahm im Bistum Bamberg nahezu jährlich die Ordination von Geistlichen vor. Am 23. September 1779, nur wenige Tage nach seiner Weihe zum Bischof, weihte er erstmals im Dom fünf Diakone und zwei Priester[32]. Die letzten Weihen zum Priesteramt erteilte Erthal für 30 Männer am Samstag vor dem Dreifaltigkeitssonntag 1790[33].

Die nächsten Weihen erteilte am 27. September bereits der Würzburger Weihbischof Andreas Fahrmann in der Kapelle des Klerikalseminars[34].

Als Anfang September 1794 der Bamberger Domdekan und Propst bei St. Jakob, Joseph Georg Karl Frhr. Hutten von Stolzenberg (1740–1812) zum Diakon geweiht wurde, nahm die Weihe Weihbischof Behr vor. Der Fürstbischof erteilte am 18. September lediglich Dispens von den Interstitien zur Priesterweihe[35]. Erthal erteilte im November 1787 Karl Theodor Anton Maria Frhr. von Dalberg (1744–1817), dem Koadjutor des Mainzer Fürstbischofs Friedrich Karl Joseph von Erthal, die Diakonats- und Priesterweihe[36].

Am 16. Mai 1790 weihte er Andreas Fahrmann in der Hofkapelle zu Bamberg unter Assistenz der Weihbischöfe von Mainz und Bamberg zum Weihbischof für das Bistum Würzburg[37]. Der letzte Abt von Langheim, Candidus II. Hemmerlein (1791–1803, gest. 1814), wurde von Erthal am 22. November 1791 bestätigt und investiert. Am 24. November erteilte ihm der Fürstbischof die Abtsweihe[38].

Zu den Weiheverpflichtungen des Bischofs gehört auch die Weihe der hl. Öle. Erthal weihte diese, oft auch den Bedarf für die Diözese Würzburg, in der Karwoche im Dom zu Bamberg. Erst als Erthal in den letzten Lebensjahren kränklich wurde und auch an der Liturgie der Kartage nicht mehr regelmäßig teilnehmen konnte, versah diesen Dienst der Bamberger Weihbischof Johann Adam Behr[39].

In Erthals Episkopat fällt auch die Weihe einiger Kirchen, die er während der Visitationsreisen in den Jahren 1784 und 1785 vornahm. Bereits während der zweiten Rundreise im Landkapitel Hollfeld legte der Fürstbischof am 5. Oktober 1783 den Grundstein zu einer neuen Simultan-Pfarrkirche in Königstein und hielt mit Inful und Stab eine Predigt vor Katholiken und Protestanten[40].

Zu einem Ereignis von besonderer Pracht entfaltete sich die Visitation der Pfarrei Schnaittach mit der Festung Rothenberg und der dort liegenden Garnison vom 2. bis zum 4. Mai 1784. Ihren religiösen Höhepunkt erhielten diese Tage jedoch erst durch die Weihe der Kirche in Kersbach. Von Forchheim waren eigens Zelte nach Schnaittach, wo der Bischof mit seinem Gefolge Rast machte, gebracht worden. Darin wurden Reliquien der hl. Märtyrer zur Verehrung deponiert. Früh beizeiten ritt der Fürstbischof am 9. Mai, einem Sonntag, nach Kersbach, um die feierliche Weihe der dortigen Filialkirche zum hl. Kreuz vorzunehmen und zu den Gläubigen zu predigen[41].

Etwa ein halbes Jahr später erlebte der Frankenwald eine Kirchenweihe durch den Fürstbischof. Zwar war die neugebaute Kirche in Enchenreuth noch nicht vollendet, doch am 17. Oktober 1784 weihte Erthal unter Anwesenheit von 25 Geistlichen des Landkapitels Kronach die Kirche in Zeyern[42].

Während der zweiten Visitationsreise im Landkapitel Eggolsheim im späten Frühjahr 1785 weihte der Fürstbischof am Sonntag, dem 8. Mai, die Pfarrkirche St. Johannes Baptista und Ottilie in Kersbach. Das Langhaus war bereits 1744 nach Plänen des bambergischen Architekten Johann Michael Küchel (1703–1769) errichtet worden[43]. Die Visitation der Pfarreien des Landkapitels Stadtsteinach vom 1. Oktober bis 29. Oktober 1785 eröffnete der Fürstbischof am 30. September mit einer Altarweihe. Für die Kirche des Franziskanerklosters in Kronach konsekrierte er den Hochaltar zu Ehren des hl. Petrus von Alcántara (1499–1562). Er las an diesem Altar eine hl. Messe, bevor er nach einer weiteren Messe des Hofkaplans Anton Moritz Felix Johann Nepomuk Jakob Faber (1746–1807) zur Visitation nach Stadtsteinach fuhr[44].

Ein erster Höhepunkt war am 6. Oktober 1785 die Konsekration der erst 1778 neu gebauten Schloßkirche St. Philippi und Jakobi der adeligen Familie von Guttenberg, nachdem er tags zuvor den Tabernakel, die liturgischen Geräte und die Sakristei dieser Schloßkapelle visitiert hatte[45]. Erthal konsekrierte den Hochaltar zu Ehren des hl. Kreuzes. Bei der Weihehandlung versahen die männlichen Mitglieder der Adelsfamilie den Altardienst[46].

Die Visitation in Stadtsteinach am 7. und 8. Oktober 1785 war wieder mit außerordentlichen Weihehandlungen verbunden. Am Freitag, dem 7. Oktober, weihte der Bischof zwei Nebenaltäre der 1772 bis 1774 als Saalkirche unter Beibehaltung des spätgotischen Chores und des Turmes erbauten Pfarrkirche zu Ehren Mariä Himmelfahrt und der zwölf Apostel. Der Samstag war der Konsekrationstag der Pfarrkirche und der Weihetag des Hochaltares zu Ehren des hl. Michael, des Kirchenpatrons[47].

So festlich die erste Visitationswoche im Landkapitel verlief und mit welch großer Ehrerbietung die katholische Familie derer von Guttenberg dem Fürstbischof begegnete, so unerfreulich sollte sich bald das Zusammentreffen mit der Freiherrlich von Redwitzschen Familie zu Schmölz gestalten. Der Senior der Familie hatte bei der Visitation der katholischen Schloßkapelle zu Küps untersagt, die Glocken der protestantischen Pfarrkirche zu läuten. Eine Visitation der ihm als Patronatsherr unterstehenden katholischen Schloßkapelle zu Schmölz durch den Fürstbischof ließ er ebenfalls nicht zu. Die von Erthal ernannte Visitationskommission sollte die Kapelle visitieren, im Verweigerungsfalle die Kapelle mit dem Interdikt belegen, einer Kirchenstrafe, durch die die Spendung und der Empfang von Sakramenten und die Abhaltung des Gottesdienstes in der Kapelle untersagt werden[48].

Dem Visitationsprotokoll zufolge spielte sich das Weitere wie folgt ab: *Mittwoch, den 12. Oktober* [1785] *wurde der Commission eine 6spännige Postchaise und 2 Hoflaqueien mitgegeben nach Schmölz. Bei ihrer Ankunft war eine zeitlang alles verborgen; nur der Franciscaner aus Kronach, der den Gottesdienst in der Kapelle hielt, war gegenwärtig. Die Commission mußte lange in der Kapelle warten bis sie endlich in das Zimmer des alten geheimen Rathes von Redwitz gerufen wurde. Dort wurde ein Protokoll abgefaßt und alle Herrn von Redwitz protestirten wechselweise gegen die vorzunehmende Visitation der Kapelle unter auffallendstem Betragen gegen die abgeordneten fürstlichen Commissäre. Es wurde das Interdict feierlich verkündet und dies an den Thüren der Kirche angeheftet. Dechant und Pfarrer Molitor erhielt den Auftrag, das Allerheiligste nach Kronach zu transferieren. Das geschah den folgenden Tag und sämtliche Herrn von Redwitz begleiteten dasselbe mit brennenden Lichtern bis an den Ausgang des Schlosses*[49]. Erst ein halbes Jahr später wurde die indizierte Schloßkapelle von Schmölz wieder geöffnet.

Der Fürstbischof ordnete per Reskript die Unterstützung neugebauter Kirchen, wie 1789 die von Tütschengereuth, mit einer Grundausstattung an liturgischem Gerät und Paramenten an[50].

Baufällige Filialkirchen, wie die Katharinenkapelle zu Oberküps, Pfarrei Kleukheim, ließ Erthal schließen und ordnete den Abbruch an. Von 1789 bis 1803 wurde dort auch kein Gottesdienst mehr gehalten. Erthal war zudem der Meinung, daß die nahe bei der Mutterkirche gelegene Filialkirche *nur liederlige leuthe* heranziehe. Unter Erthals Nachfolger wurde die Kapelle neu errichtet[51].

„Bischof Franz Ludwig von Erthal schätzte Fleiß und Zielstrebigkeit jüdischer Bürger, die als Kinder katholisch getauft wurden oder später zum christlichen Glauben übergetreten sind"[52]. Zu nennen sind hier Adalbert Philipp Gotthard und sein jüngerer Stiefbruder Dr. med. Joseph Friedrich Gotthard, ersterer Professor für Wundarznei und Geburtshilfe an der Universität Bamberg, letzterer Professor für Anatomie und Tierheilkunde. Der bekanntere ist der spätere Direktor des Allgemeinen Krankenhauses in Bamberg, Dr. med. Adalbert Friedrich Marcus, der am 11. März 1781 vom Bischof persönlich getauft wurde[53].

Das Amt des Tauf- und Firmpaten übernahm Erthal wiederholt. Am 2. Mai 1779 taufte Weihbischof Behr in der Pfarrkirche St. Martin zu Bamberg den 19jährigen Hamburger Juden Simon. Das Taufpatenamt übernahm der Fürstbischof, der sich während der Taufe durch den Domkapitular Johann Karl Josef Horneck von Weinheim vertreten ließ. Der künftige Name des Neugetauften lautete Franz Ludwig Hornthal[54]. Am 20. Februar 1785 firmte der Fürstbischof den in Würzburg getauften pfälzischen Juden Christoph Philipp Gersberg, für den er gleichzeitig Firmpate war[55].

Erthal starb am 14. Februar 1795. Die Durchführung der Säkularisation des kaiserlichen Hochstifts Bamberg 1802/1803 erlebte er nicht mehr. Wohl aber griffen in seinen letzten Regierungsjahren die Auswirkungen der Französischen Revolution auch auf das Bistum Bamberg über. Als am 26. Oktober 1792 die Stadt Mainz an die Franzosen übergegangen war, traf das Domkapitel auf diese Nachricht hin Vorbereitungen zur Sicherung des Domschatzes und des Archivs[56]. Im Juni 1793 wandte sich der Fürstbischof mit einem Hirtenbrief an die *geliebte*[n] *Einwohner Unsrer Residenzstadt Bamberg*, um sie zu ermahnen, bei der gegenwärtigen drohenden Umstürzung und Vernichtung von *Religion und Ordnung*, den einzigen Stützen *der Glückseligkeit des Menschen*, standhaft zu sein. Um auch den Gläubigen einen sonn- und festtäglichen Gottesdienstbesuch, die nur in den frühen Morgenstunden Zeit dazu haben, zu ermöglichen, ordnete er deswegen in den beiden Stadtpfarrkirchen Sondergottesdienste und Predigten an. Wie zu Beginn seines Episkopats war er auch am Abend seines Lebens von jener *Sorgfalt* und *Pflicht über die ganze Heerde* geleitet, die sechzehn Jahre lang sein bischöfliches Handeln bestimmte.

Anmerkungen

1 [DOMINIKUS ZAUPSER], Briefe eines Baiern. a) Ueber die geistliche Gewalt der Bischöfe, Erzbischöfe und des Papstes, b) über die Nuntiaturen, c) ob man baierisch landesherrlicher Seits bemüßigt und berechtigt sey, eigne Bischöfe aufzustellen etc. o. O. 1787, S. 75.

2 Dazu und zum folgenden LEITSCHUH, Erthal. Charakterbild, S. 121. – In einem Erlaß an die Geistlichkeit vom 25. Dezember 1779 faßte er seine Vorstellungen noch einmal zusammen.

3 Vgl. HEINRICH WEBER, Das Bisthum und Erzbisthum Bamberg, seine Eintheilung in alter und neuer Zeit und seine Patronatsverhältnisse. Nebst einer Beilage über die Vicarien und Benefizien am Domstift. Bamberg 1895, S. 204 f.

4 Vgl. LOOSHORN, Bisthum Bamberg 7 b, S. 477, 491. – LOTHAR BAUER, Die Ad-Limina-Berichte der Bischöfe von Bamberg 1589–1806. Mit zugehörigen Briefen und Akten. (Veröffentlichungen der Gesellschaft für Fränkische Geschichte. Reihe VI, Bd. 3). Neustadt/Aisch 1994, S. 310.

5 Siehe Fürstlichen Hochstifts Bamberg Hof-, Stands- und Staats-Kalender auf das dritte nach dem 20.sten Schalt-Jahre dieses fürwährenden 18.ten Saeculi, nach der gnadenreichen Geburt Jesu Christi MDCCLXXXIII. Bamberg o. J. [1783], S. 15. – Das folgende bezieht sich, sofern nicht anderes vermerkt, auf die Seiten 1–52.

6 Zwei dieser 28 Pfarreien, in denen zehn Kapläne und ein Kooperator tätig waren, waren mit protestantischen Pastoren besetzt. Von den 32 *Schuldiener*[n] des Dekanats waren zwei protestantisch. Benefiziaten und Religiose (Ordensleute) waren im Landkapitel, das im Jahr 1781 27 882 Seelen zählte, nicht vorhanden. – Vgl. AEB, Rep. I, PfA 560.

7 Von den 20 Pfarreien waren 14 mit Bamberger Diözesangeistlichen, vier mit Kloster Langheimer Mönchen und zwei mit protestantischen Pastoren besetzt. Ferner versahen noch zehn Kapläne und ein Kooperator die Seelsorge an 24 279 Seelen. – Vgl. AEB, Rep. I, PfA 555.

8 Die Aussagen über die Zahl der Pfarreien am Ausgang des 18. Jahrhunderts variiert. So spricht ein Schreiben des Domkapitels nach Rom vom April 1779 von 170 Pfarreien und über 50 Filialkirchen, die im Bistum bestanden. – Vgl. LOOSHORN, Bisthum Bamberg 7 b, S. 477.

9 Dazu GÜNTER DIPPOLD, Der Dom als Pfarrkirche. In: HANS-GÜNTER RÖHRIG (Hrsg.), Dieses große Fest aus Stein. Lesebuch zum 750. Weihejubiläum [des Bamberger Domes]. Bamberg 1987, S. 257–279.

10 Sie zählte 1779 8704 Seelen. Davon waren 29 Protestanten. Hinzu kamen noch 60 jüdische Haushalte. Siehe auch NIKOLAUS HAAS, Geschichte der Pfarrei St. Martin zu Bamberg und sämmtlicher milden Stiftungen der Stadt. Bamberg 1845.

11 Sie war mit 7946 Seelen, davon elf Protestanten, etwas kleiner als die Pfarrei St. Martin. Vgl. auch VALENTIN LOCH, Geschichte der Pfarrei zu Unserer Lieben Frau in Bamberg im fünften Jahrhundert ihres Bestehens, 1787–1887. In: BHVB 50 (1888) S. 1–239;

12 Vgl. LOTHAR BRAUN, Von der Stiftspfarrei zur Stadtpfarrei St. Gangolf. In: BHVB 120 (1984), S. 371–398, hier S. 372.

13 Bamberger Hof- und Staatskalender (wie Anm. 5), S. 48. – LEITSCHUH, Erthal. Charakterbild, S. 137 f. – Zum Verhältnis Erthals zu den Protestanten und Juden siehe den Aufsatz von HANS JÜRGEN WUNSCHEL in diesem Handbuch.

14 Vgl. WETZER und WELTES Kirchenlexikon. Bd. 2, 1887[2], Sp. 870 f. (Artikel Bischof).

15 LEITSCHUH, Erthal, Charakterbild, S. 122.

16 Siehe LOOSHORN, Bisthum Bamberg 7 b, S. 530.

17 LEITSCHUH, Erthal. Charakterbild, S. 126.

18 Siehe dazu die Schilderung der Situation in der Pfarrei Neuhaus/Pegnitz bei Looshorn, Bisthum Bamberg 7b, S. 535 f.

19 Vgl. LOOSHORN, Bisthum Bamberg 7 b, S. 567. – Zur Bedeutung der Predigt im Wirken Erthals siehe Renner, Predigten, S. 531–549 und den Aufsatz von OTHMAR FUCHS in diesem Handbuch.

20 Vgl. KARL WOLKENAU, Die Seelsorge im Fürstbistum Bamberg in der Zeit vom Abschlusse des Westfälischen Friedens bis zum Ende des Fürstbistums. Bamberg 1911, S. 50 f. – Bauer (wie Anm. 4), S. 302.

21 Vgl. KURT KÜPPERS, Artikel Maiandacht. In: Marienlexikon 4 (1992), S. 244–246, hier S. 244. – Zum Ablauf der Visitation beispielsweise im Landkapitel Hollfeld vom 15. Mai bis 4. Juni und vom 27. September bis 18. Oktober 1783 siehe die Schilderung bei Looshorn, Bisthum Bamberg 7 b, S. 529–539, zur Klostervisitation S. 511 f. und 524 f.; zur Volksfrömmigkeit während des Episkopats Erthals siehe den Beitrag von BARBARA MÖCKERSHOFF in diesem Handbuch.

22 Vgl. LOOSHORN, Bisthum Bamberg 7 b, S. 554 f.

23 Vgl. LOOSHORN, Bisthum Bamberg 7 b, S. 530 f.

24 Vgl. AEB, Rep. I, 560. Folgende Rechnungen erbat sich der Fürstbischof *brevi manu*: Kirchenrechnungen Buttenheim und Drosendorf, Kapellenrechnung Senftenberg, Kirchenrechnung Drügendorf nebst Filialkirchenrechnung, Kirchenrechnung, Rechnung der Frühmeßstiftung und Rechnung der Stadtkapelle Ebermannstadt, Kirchen- und Hospitalrechnung Eggolsheim, Kapellenrechnung Schirnaidel, Rechnung der Rosenkranzbruderschaft Eggolsheim.

25 Eine Diözesansynode hielt Erthal während seines Episkopats nicht. – Vgl. LOOSHORN, Bisthum Bamberg 7 b, S. 301.

26 AEB, Rep. I, PfA 560 – Protokoll einer Befragung in Ebermannstadt vom 5. Mai 1785.

27 Vgl. AEB, Rep. I, PfA 560, *Designatio Librorum Parochi Pinsbergensis*; *Catalogus* des Pfarrers Johann Georg Krauß (1733–1796) von Reuth und des Kaplans Martin Düll (1753–1831) von Kirchehrenbach.

28 Vgl. LESCH, Neuorientierung, S. 220–228. – Bauer (wie Anm. 4), S. 319. – LOOSHORN, Bisthum Bamberg 7b, S. 524.

29 Vgl. BAUER (wie Anm. 4), S. 315. – Die Pfarreien des Erzbisthums Bamberg. Statistische Notizen. Bamberg 1788, S. 88 f. – LEITSCHUH, Erthal. Charakterbild, S. 130.

30 Vgl. BRANDMÜLLER, Wiedererstehen, S. 172–174. – Bauer (wie Anm. 4), S. 316 f. – WACHTER, General-Personal-Schematismus, Nr 8506.

31 Vgl. AEB, Rep. I, 79, S. 12: *Benedixit caligas (Strümpf), Sandalia, Chirothecas pro Celsissimo*. – Zu Behr siehe JOSEF URBAN, Behr, Johann Adam (1724–1805). In: GATZ, Bischöfe der deutschsprachigen Länder, S. 33.

32 Vgl. LOOSHORN, Bisthum Bamberg 7 b, S. 504. Weitere Weihen Erthals in Bamberg: Karsamstag, 30. März 1782 (eine Tonsur, vier Minores, zwei Subdiakonat, fünf Presbyterat); 15. März 1783 (acht Subdiakonat, 20 Diakonat, drei Presbyterat); Ostern 1784 in der Hofkapelle (sechs Subdiakonat, sechs Diakonat, zwei Presbyterat); am 12. März 1785 und am 11. März 1786 ebenfalls in der Hofkapelle; 13. März 1787 (24 Personen zu verschiedenen Weihen).

33 Vgl. LOOSHORN, Bisthum Bamberg 7 b, S. 604; (neun Minores, 14 Diakonat, neun Presbyterat).

34 Vgl. LOOSHORN, Bisthum Bamberg 7 b, S. 615.

35 Vgl. LOOSHORN, Bisthum Bamberg 7 b, S. 628. – Zu Hutten siehe WACHTER, General-Personal-Schematismus, Nr. 4765. – JOSEF URBAN, Hutten von Stolzenberg, Johann Joseph Georg Karl Freiherr (1740–1812). In: GATZ, Bischöfe der deutschsprachigen Länder, S. 338.

36 Vgl. LOOSHORN, Bisthum Bamberg 7 b, S. 587. – Zu Dalberg: LThK 3 (1959[2]), Sp. 125 f.

37 Vgl. LOOSHORN, Bisthum Bamberg 7 b, S. 604.

38 Vgl. LOOSHORN, Bisthum Bamberg 7 b, S. 609. – Zu Hemmerlein siehe FERDINAND GELDNER, Langheim. Wirken und Schicksal eines fränkischen Zisterzienser-Klosters. Lichtenfels 1990[2], S. 238.

39 Vgl. LOOSHORN, Bisthum Bamberg 7 b, S. 603.

40 Vgl. LOOSHORN, Bisthum Bamberg 7 b, S. 536, 560. – Der katholische Pfarrer Thomas Zengel – er ist bei WACHTER, General-Personal-Schematismus, nicht verzeichnet – bat das Domkapitel um einen Zuschuß zur Errichtung des Simultankirche.

41 Vgl. LOOSHORN, Bisthum Bamberg 7 b, S. 549 f.

42 Vgl. LOOSHORN, Bisthum Bamberg 7 b, S. 555 f.

43 Dazu Tilmann Breuer, Stadt und Landkreis Forchheim (Bayerische Kunstdenkmale. Kurzinventar 12). München 1961, S. 142–146.
44 Vgl. Looshorn, Bisthum Bamberg 7 b, S. 564.
45 Vgl. Karl Ludwig Lippert, Landkreis Stadtsteinach (Bayerische Kunstdenkmale. Kurzinventar 20). München 1964, S. 31.
46 Siehe dazu Looshorn, Bisthum Bamberg 7 b, S. 564.
47 Vgl. Looshorn, Bisthum Bamberg 7 b, S. 565. – AEB, Rep. I, PfA 556.– Stadtsteinach: Lippert (wie Anm. 45), S. 90–92.
48 Vgl. Wetzer und Weltes Kirchenlexikon. Bd. 6, 1889², Sp. 820–825 (Artikel: Interdict).
49 Looshorn, Bisthum Bamberg 7 b, S. 565 f.
50 Vgl. Looshorn, Bisthum Bamberg 7 b, S. 592.
51 Vgl. StAB, Rep. K 3 C I, Regierung von Oberfranken, KdI, Katholisches Religionswesen, Nr. 1287. – Josef Urban, Kirchengeschichtliche Stationen seit 1802. In: Günter Dippold/Josef Urban (Hrsg.), Im Oberen Maintal, auf dem Jura, an Rodach und Itz. Landschaft, Geschichte, Kultur. Lichtenfels 1990, S. 261–301, hier S. 273.
52 Bauer (wie Anm. 4), S. 310 Anm. 338.
53 Vgl. Looshorn, Bisthum Bamberg 7 b, S. 508 f. – Bauer (wie Anm. 4), S. 310 Anm. 338.
54 Vgl. AEB, Rep. I, 79, S. 7; Taufmatrikel der Pfarrei St. Martin, Bamberg, Bd. 8, fol. 316 r.
55 Vgl. Looshorn, Bisthum Bamberg 7 b, S. 569.
56 Vgl. Looshorn, Bisthum Bamberg 7 b, S. 616.

34 Befragungsschema zur Visitation in Pretzfeld

1783
Papier, gebunden, 27 S. Gedruckte lateinische Fragen, handschriftliche Antworten
H. 35,4 cm, Br. 20,4 cm

Archiv des Erzbistums Bamberg, Rep. I, PfA 560 – Pretzfeld

Pfarrer Johann Nikolaus Thaddäus Goenner beantwortete die in mehreren Komplexen vorgelegten Fragen in lateinischer Sprache unterschiedlich ausführlich. 50 Fragen befaßten sich mit der Pfarrei und mit dem Zustand der Pfarrkirche und ihrer Ausstattung. Fragen zum Friedhof – ohne Taufe verstorbene Kinder wurden beispielsweise unter der Dachtraufe der Kirche (*sub stillicidio ecclesiae*) begraben (S. 9) –, und zu den Pfarrangehörigen, auch zu den Akatholiken und Juden (S. 12 f.) schließen sich an. Breiten Raum nehmen Fragen zur Verwaltung der Sakramente ein (S. 15–23). Gefragt wird nach Benefizien, Bruderschaften und nach den Schulverhältnissen.

Aufgeschlagen ist die Seite 12, die sich mit der jüdischen Situation in der Pfarrei Pretzfeld befaßt. So erfährt man, daß es in Pretzfeld 16 jüdische Familien gibt, deren Zahl in den letzten Jahren gleichgeblieben ist, während in Wannbach vor zehn Jahren (1773) noch 13 Familien ansässig waren, die jetzt (1783) auf zehn reduziert waren. An beiden Orten besteht eine Synagoge. Kein Jude ist der bambergischen Jurisdiktion unterstellt.   J. U.

35 Zusammenstellung der Seelen der Pfarrei Pretzfeld von Ostern 1783 bis Ostern 1784

undatiert
Papier, 1 Blatt
H. 36,5 cm, Br. 21,5 cm
Archiv des Erzbistums Bamberg, Rep. I, PfA 560 – Pretzfeld

Lit.: Wachter, General-Personal-Schematismus, Nr. 3167. – Looshorn, Bisthum Bamberg 7 b, S. 563. – Josef Seitz, Pretzfeld. In: Klaus Guth (Hrsg.), Jüdische Landgemeinden in Oberfranken (1800–1942). Ein historisch-topographisches Handbuch. Bamberg 1988, S. 270–282. – Reinhold Glas, Pretzfeld. Häuser- und Familienchronik eines Marktortes in der Fränkischen Schweiz. (Die Fränkische Schweiz – Landschaft und Kultur 9). Erlangen und Jena 1994, S. 369, 378, 395.

Die Pfarrei St. Kilian in Pretzfeld wurde am 6. Mai 1785 durch Fürstbischof Franz Ludwig von Erthal visitiert. Bei den fürstbischöflichen Visitationsakten ist vorliegende Designatio eine von drei (siehe auch Kat.-Nr. 34 und 36) statistischen Zusammenstellungen, die über die Pfarrei während des Episkopats Erthals Auskunft geben und eigens für die Visitation erstellt wurden. Pfarrer Johann Nikolaus Thaddäus Goenner (1724–1791), vom Juni 1772 bis zu seinem Tod am 26. April 1791 in Pretzfeld und Definitor des Landeskapitels Eggolsheim, beschreibt in einer Tabelle die Zugehörigkeit von 1169 Seelen zu acht Ortschaften. 438 Elternteilen stehen 462 Kinder gegenüber, von denen über die Hälfte (235) noch nicht zur Erstkommunion (*non communicantes*) gegangen waren. In der Pfarrei lebten 106 Knechte und Mägde (*famulantes*) und 57 Personen, die aus außerpfarrlichen Orten stammten (*Inquilini*). 258 Personen wurden als *Acatholici* = Protestanten verzeichnet, 106 Personen waren Angehörige der jüdischen Gemeinden Pretzfeld (66) und Wannbach (40). Der Pfarrer nennt 47 legitime Geburten neben einer unehelichen Geburt in diesem Zeitabschnitt, sechs Hochzeiten und 27 Todesfälle. Er betont, daß alle Katholiken der jährlichen Beichte und der österlichen Kommunion nachgekommen seien.   J. U.

36 Verzeichnis der Firmlinge aus der Pfarrei Pretzfeld

undatiert [1784]
Papier, 1 Bl.
H. 36,2 cm, Br. 21,3 cm

Archiv des Erzbistums Bamberg, Rep I, PfA 560 – Pretzfeld

Lit.: Josef Urban (Hrsg.): Pfarrarchive – bedrohtes Kulturgut vor Ort. Ein Handbuch. Bamberg 1995 (im Druck).

Im Rahmen der Visitation einer Pfarrei durch den Bischof spendete dieser auch das Sakrament der Firmung. Firmmatrikel zählen zu den Sonderformen pfarramtlicher Matrikelführung. Vorliegendes, kalligraphisch schön geschriebenes Verzeichnis nennt 38 Firmlinge mit Namen, Alter (zwischen 9 und 18 Jahren) und Herkunft und ist wesentlicher Bestandteil der Visitationsdokumente. Unter den Firmlingen war auch der aus *Cantorf* (Kanndorf, Pfarrei Moggast) stammende 18jährige Konvertit Wolfgang Rahner. J. U.

37 Bücherliste des Uetzinger Pfarrers Johann Euchar Pfaff (1735–1797)

Nach 1781
Papier, Doppelblatt, handschriftlich
H. 36,4 cm, Br. 21,8 cm

Archiv des Erzbistums Bamberg, Rep. I, PfA 556 – Uetzing

Quelle: AEB, Rep. I, PfA 465.

Lit.: WACHTER, General-Personal-Schematismus, Nr. 7419. – HANS ERICH FEINE, Kirchliche Rechtsgeschichte. Die katholische Kirche. Köln – Wien 1972, S. 519.

Die *Designatio Librorum Parochi Ützingensis* stellt die Bibliothek eines Landpfarrers der Aufklärungszeit vor. Das Dokument gehört zu den Unterlagen der am 25. Oktober 1785 vom Fürstbischof vorgenommenen Pfarrvisitation. Pfarrer Johann Euchar Pfaff wohnte vom 14. Juli 1781 bis zu seinem Tod im September 1797 in dem 396 Seelen zählenden Pfarrdorf Uetzing, damals Dekanat Stadtsteinach. Die insgesamt 1284 Seelen der Pfarrei verteilten sich auf dreizehn Orte (nach einer Aufstellung von 1684).

Die Bücherliste des an seiner zweiten – und letzten – Pfarrstelle wirkenden Pfarrers umfaßt 56 Titel und ist in sieben Abschnitte unterteilt. Am schwächsten vertreten ist die Gruppe der kanonistischen Literatur mit zwei Titeln, unter denen die fünf Bände des deutschen Kirchenrechtlers Anaklet Reiffenstuel (1642–1702) wohl zu den bekannteren Hilfsmitteln der Pfarrerbibliothek zählen, da sie der Pfarrer nur mit dem Verfassernamen nennt. Die umfangreichste Gruppe mit 24 zum Teil mehrbändigen Titeln stellt die der *Concionatorum* (Predigten, Predigtsammlungen) dar, gefolgt von Werken der Aszetik (11), (Kirchen-) Geschichte (6), Allgemeinen Theologie und Moraltheologie (je 5). Die Katechetik ist mit drei Titeln vertreten, unter denen FELBIGERS „Katholischer Katechismus. Zum Gebrauch der Schulen Deutschlands" sicher häufiger Verwendung fand als der „Erfurter Katechismus".
Ob die Bibliothek von Pfarrer Pfaff auf der Höhe ihrer Zeit stand und dem damaligen theologischen Bildungsstand und pastoralen Erfordernissen entsprach, muß weiteren Forschungen vorbehalten bleiben. Nicht unerwähnt

sei in diesem Zusammenhang jedoch, daß die Bücherliste des Pfarrers Johann Georg Kraus (1733–1796) von Reuth, Dekanat Forchheim, 116 Titel aufweist. J. U.

38 Hirtenbrief Erthals an die *Einwohner Unsrer Residenzstadt Bamberg* wegen der Einführung von Sondergottesdiensten

1793
Druck, Quartformat, 7 Seiten
Privatbesitz

Der in Würzburg verfaßte Hirtenbrief Erthals vom 23. Juni 1793 wendet sich an die Bewohner Bambergs und nimmt Bezug auf ein bereits am 4. Februar 1793 erlassenes Pastoralschreiben. Erthal schilderte darin *mit lebhaften Farben das traurige Bild der gegenwärtigen Zeiten,* in denen der *schreckbare Empörungsgeist* Religion und Staat mit der Absicht bedrohe, *Religion und Ordnung, die einzige Stütze der Glückseligkeit des Menschen, umzustürzen und zu vernichten.*
Der Fürstbischof sieht in der *öftere*[n] *Anhörung des göttlichen Worts* den einzigen Weg, die *Hochschätzung* der Religion zu erhalten. Um auch jenen Personen, die wie *viele Hausmütter,* Mägde und Knechte wegen ihrer Arbeiten nur wenig Zeit für den Gottesdienst erübrigen können, den Meßbesuch in den frühen Morgenstunden zu ermöglichen, ordnete er vor der *Frühe-Pfarrmesse* eine stille Messe und halbstündige Predigt an. Diese Sondergottesdienste am frühen Morgen sollten in den Pfarrkirchen St. Martin und Unsere Liebe Frau stattfinden. J. U.

39 Ziborium aus der fürstbischöflichen Hofkapelle in Bamberg

Georg Ignaz Bauer (Seling, Nr. 2403)
Augsburg, 1779 (ähnlich Seling, Nr. 262)
Silber, neu vergoldet
H. 35 cm

Domsakristei Bamberg   Abb.

Quelle: Rep. A 231 I Nr. 2009, HKR 1779/80, fol. 342v.

Lit.: ERNST VON BASSERMANN-JORDAN und WOLFGANG M. SCHMID, Der Bamberger Domschatz, Nr. 163.

Das am Übergang vom Rokoko zum Klassizismus entstandene Ziborium vereinigt ältere und jüngere Schmuckelemente auf elegante Weise. Mit C-Bögen begrenzte Felder sind mit Blüten und Blättern gefüllt, die

Nr. 39

Das Ziborium der fürstbischöflichen Hofkapelle dürfte bald nach der am 12. April 1779 erfolgten Wahl Erthals zum Fürstbischof von Bamberg bestellt worden sein, da die Rechnung in Höhe von 93 fl. 44 3/4 Kr. dem Augsburger Goldschmied Georg Ignaz Bauer schon am 16. August des gleichen Jahren bezahlt wurde. Es war das erste Ziborium, das überhaupt für die Hofkapelle angeschafft wurde. Vorher genügten relativ kleine Hostiendosen. Man darf die Anschaffung des Ziboriums wohl auch dahingehend deuten, daß man nun mehr Hofbedienstete bei der Messe in der fürstbischöflichen Hofkapelle erwartete.

Das Ziborium wurde 1821/22 von König Max I. Joseph zusammen mit den übrigen liturgischen Geräten und den Paramenten der Hofkapelle dem wiedergegründeten Bamberger Domkapitel zum Geschenk gemacht. R. B.-F.

das späteste Rokoko verkörpern, während die darübergelegten, durch Medaillons gesteckten und mit Schleifen zusammengebundenen Girlanden bereits ein klassizistisches Leitmotiv sind. Vermutlich hat sich dieser Übergangsstil bei den Augsburger Goldschmieden sehr schnell durchgesetzt. Die Pfarrei St. Martin in Bamberg besitzt einen Kelch, der das Augsburger Stadtbeschauzeichen mit dem gleichen Jahresbuchstaben Y trägt und verwandte Formen zeigt (Ausstellungskatalog 300 Jahre Jesuitenkirche, Nr. 74).

Nr. 40

40 Kelch aus der fürstbischöflichen Hofkapelle in Bamberg

Josef Antoni Seethaler (Seling, Nr. 2512)
Augsburg, 1789 (Seling, Nr. 273)
Silber, neu vergoldet
H. 30 cm

Domsakristei Bamberg   Abb.

Quellen: StAB, Rep. A 231 I Nr. 2019, HKR 1789/90, fol 257v; dazu Nr. 2369 III, HKR-Beleg No. 13 vom 21. Juli 1789.

Lit.: Ernst von Bassermann-Jordan und Wolfgang M. Schmid, Der Bamberger Domschatz. München 1914, Nr. 160.

Der ausgesprochene große Kelch zeigt ausgeprägte klassizistische Formen, wie Zungenblattfriese und über Wirbelrosetten gelegte Girlanden, vereinzelte Blüten und Blütengehänge.

Er wurde durch den Zeremoniar Christoph Lorenz Thaddäus Caramé im Juli 1789 für die fürstbischöfliche Hofkapelle in Bamberg angekauft. Da der Novizenmeister des Bamberger Franzikanerklosters, P. Erhardus, die Rechnung quittierte, in der auch ein Konventionstaler Belohnung für den namentlich nicht bekannten Besteller angesetzt war, muß das Geschäft mit dem Augsburger Goldschmied durch die Franziskaner getätigt worden sein. In

Bamberg hatte man zuvor mit Josef Antoni Seethaler nur wenig Verbindung, am fürstbischöflichen Hof war er bis dahin nicht eingeführt. Er benutzte deshalb die Rechnung (über beachtliche 150 fl. rh.), um für seine Arbeiten zu werben: *Bitte mich bey Seiner Durchlaucht unterthänigst zu Recomendieren, zu mehreren Vorfallenheiten, es mag hernach, große oder kleine, Kirchen- oder Tafelarbeith sein, denn in meinem Laden wird alle Arbeith verfertiget. Besonders, da mir das glückliche bewußtsein jederzeit (auch an großen Höfen) mit mit (sic!) meiner Arbeith alle ehre aufgehoben zu haben, die freudige Hoffnung übrig läßt, auch von seiner Durchlaucht mehrere Arbeithen zu bekommen, der ich hiemit unter stäther Hochschätzung zu verbleiben also dero gehorsamer Diener Joseph Anton Seethaler, Gold- und Silberarbeiter.* Diese Anstrengung Seethalers war jedoch nicht von Erfolg gekrönt. Es blieb bei diesem einen Auftrag. Die wenigen Goldschmiedearbeiten, die während der weiteren Regierungszeit Erthals noch angeschafft wurden, lieferte wieder – wie schon vorher – Seethalers Konkurrent, Georg Ignaz Bauer.

Der Kelch wurde 1821 von König Max I. Joseph zusammen mit dem übrigen Inventar der ehemaligen fürstbischöflichen Hofkapelle dem wiedergegründeten Bamberger Domkapitel geschenkt.   R. B.-F.

OTTMAR FUCHS

Nicht Dummheit und Furcht, Wahrheit und Güte waren deine Wache

Homiletische Themen und Strukturen bei Franz Ludwig von Erthal

Dieser vorläufige Einblick in die Homiletik Franz Ludwigs, der nicht mehr als ein erster Werkstattbericht sein kann, hat ein Zitat zum Titel, das aus der Trauerrede von Professor Franz Berg auf den verstorbenen Fürstbischof (gehalten im Dom zu Würzburg am 5. März 1795)[1] stammt: Berg sagt: *Du regiertest durch Weisheit und Güte, unbekümmert um die sich widersprechenden Bitten der Thoren. Nicht Dummheit und Furcht, Wahrheit und Güte waren deine Wache...*[2]. Meine These: Berg hat nicht nur von seiner eigenen Projektion (von seinem eigenen „gekitzelten Selbst"[3]) her, sondern tatsächlich getroffen, wer Franz Ludwig von Erthal war.

Hermeneutischer Rahmen und Erkenntnisinteresse

Zuvorderst möchte ich mein Erkenntnisinteresse formulieren. Ich gehe von der Vorstellung aus, daß in Gegenwart wie in Vergangenheit Sachthemen immer mit bestimmten Personen zu tun haben, daß beide ineinander verfilzt sind. In gleichstufiger Begegnung klären sich dann aneinander biographisches Kennenlernen und inhaltliche Präzisierungen. Dies geschieht zusätzlich im Zusammenhang und im Austausch der unterschiedlichen Umwelten und soziohistorischen Kontexte. Dabei erschließen sich auch die verschiedenen Reaktionen auf diese Gegebenheiten zwischen Wunsch und Wirklichkeit, zwischen Einflußnahme und Resignation, zwischen Reform und Rückschritt, jeweils abhängig auch von (durch diese Umwelten selbst wieder verursachten, aber) unterschiedlich selektierten biographischen Motiven und konzeptionellen Lebensanschauungen.

Im Gespräch

Der hermeneutische Rahmen, in dem ich auf Franz Ludwig von Erthal zugehe, ist von der Kategorie der dialogischen Interaktion bestimmt, also des **Gesprächs** mit ihm im Medium der Texte über ihn und von ihm[4]. Bei einer solchen interpretativen Hermeneutik geht es nicht nur um die historisch kritische Bemühung um historische Texte und ihre geschichtliche Kontexte. Vielmehr liegt der Hauptakzent auf dem **Diskurs** zwischen den lebenden Interpretierenden in ihrem eigenen Lebens- und Kontextzusammenhang und den historischen Texten, die als Repräsentanzen von Menschen gesehen werden, die gelebt haben und mit denen ein Gespräch angezettelt werden kann. Darin geht es immer auch um eine Auseinandersetzung zwischen impliziten und expliziten Machtkonstellationen, in denen sie sich befinden, und um den Diskurs zwischen ihren diesbezüglichen Parteilichkeiten[5]. In diesem Begegnungsprozeß wird man sich Neues sagen lassen dürfen, wie man selbst Eigenes zu vertreten hat.

Mein Fach ist die Pastoraltheologie und die Homiletik; und aus der Perspektive dieser Fächer möchte ich mich auch Franz Ludwig von Erthal nähern. Dabei leitet mich die Einsicht, daß die Art und Weise, wie ein kirchlicher Amtsträger seine Pastoral versteht und verwirklicht, unmittelbar mit seiner Homiletik zusammenhängt, so daß letztere nicht ohne diesen größeren Zusammenhang verstanden und gewürdigt werden kann. Einfacher formuliert: Sage mir, wie einer predigt, und ich sage dir, welche Pastoral er hat, d. h. wie er mit denen umgeht, für die er verantwortlich ist, wie er seine Machtstellung ausübt, ob er sie von den Betroffenen her entwirft oder gegen sie einsetzt. Diese Verhältnisbestimmung ist aber noch zu einseitig, sie muß auch umgekehrt durchgeführt werden: Sage mir, wie einer mit den Menschen umgeht, und ich sage dir, wie er wohl predigt bzw. ob seine Predigt sein pastorales Handeln authentisch zum Ausdruck bringt. Mit dieser gegenseitigen Verhältnisbestimmung wird also die Frage nach der Authentizität, in neudeutscher Sprache nach der Ganzheitlichkeit einer kirchlichen Amtsperson aufgeworfen. Dabei muß man wohl auch damit rechnen, daß zwischen pastoraler Praxis und homiletischem Sprechen Spannungen und Widersprüche bestehen: manche reden schärfer und zwingender als sie handeln; und manche handeln unterwerfender als sie reden. Im letzteren Fall wird in der Rede kaschiert, vielleicht auch negiert, was in der Tat dann doch mit überraschender Schärfe durchgesetzt wird. Dies dürfte der Tatbestand der Lüge sein.

Inhaltliche Optionen

Spätestens hier zeigt sich bereits, daß ich nicht nur bereichsspezifisch, was mein eigenes Fach anbelangt, auf unseren Jubilar zugehe, sondern mit offenzulegenden inhaltlichen Optionen. Dafür reklamiere ich die wichtigsten Inhalte des II. Vatikanums in der katholischen Kirche. Dieses Konzil hat sich auf eine neue intensive Suche gemacht nach einer integralen Verhältnisbestimmung von **Lehre und Leben,** von Wort und Tat, von Glaube und Erfahrung, von Dogma und Pastoral. Der Tatbestand, daß in „Dogmatischen Konstitutionen" von den Erfahrungen der Menschen die Rede ist, ist bereits in der Textsorte ein Indiz dafür, daß diese Erfahrungen selbst dogmatische Valenz haben. **Glaube und Erfahrung** haben eine gegenseitige Erschließungskraft. Wichtig ist dabei, den Erfahrungsbegriff nicht nur individuell, sondern auch kulturell zu lesen. Auch für die soziokulturellen Bedingungen der Erfahrungen gilt, was für letztere gilt. Dazu gehören auch die spezifischen geistesgeschichtlichen und gesellschaftlichen Ausprägungen des Vernunftgebrauchs.

Hatte das I. Vatikanum etwa hundert Jahre nach dem Aufklärungsbischof Franz Ludwig von Erthal endlich von der *gegenseitigen Erschließungskraft von Vernunft und Glaube* gesprochen, wobei der Vernunftbegriff als eine übersubjektiv und überkulturell hypostasierte Fähigkeit des Menschseins gedacht wurde (nach dem Motto: wenn alle Menschen vernünftig denken, kommen sie alle zum gleichen Ergebnis oder zur gleichen Tugend), so wird im II. Vatikanum der Vernunftbegriff aus dieser luftig generalisierten Höhe heruntergeholt und in die Existenz der Menschen und Kulturen hinein als deren integraler Bestandteil aufgefaßt. Die „reine Vernunft" hat sich längst als eurozentrische Einbildung entpuppt, insbesondere durch die Einsicht, daß auch die Manifestationen der Ratio immer schon kulturell vermittelt, gestaltet und begrenzt sind. Ging sozusagen das I. Vatikanum noch der Ambivalenz der Aufklärung auf den Leim, indem sie einer absoluten Offenbarung eine absolute Vernunft gegenüberstellte, so hat das II. Vatikanum diese Ambivalenz schon einige Jahre vor den diesbezüglichen Einsichten postmoderner Philosophien gründlich korrigiert. Die Dekonstruktion der westlichen Vernunft als einer universal objektiven durch ihre kulturelle Kontextualisierung und Pluralisierung ist unschwer mit der Operation in Verbindung zu bringen, daß es die menschliche Vernunft nicht ohne Erfahrungszusammenhang gibt.

Auch wenn es den Anschein hat, ich habe mich noch nicht von meinem Thema entfernt, geht es doch bei Franz Ludwig von Erthal auch und gerade in seinen Predigten sowohl um eine Akzeptanz der wie auch um eine Auseinandersetzung mit der Aufklärung bzw. mit ihrer Ambiva-

lenz. Epochal war diese Auseinandersetzung, weil es im Grunde um zwei totalisierte Ansprüche ging. Denn nicht nur die christliche Offenbarung erhob einen universalen und absoluten Geltungsanspruch, sondern auch der Aufklärung kann man nicht absprechen, daß sie die Vernunft in „monotheistischer Projektion" divinisierte und verabsolutierte[6].

Wir kennen ja aus der Zeitgenossenschaft des Fürstbischofs durchaus Theologen und Prediger, die die Gültigkeitsdignität, die bislang der religiösen Offenbarung galt, durchaus auf die Vernunft, ihre Tugend, ihr optimistisches Menschenbild und ihre Sittlichkeit übertrugen. Michael Feder beispielsweise, den Franz Ludwig von Erthal 1791 als Universitätsprofessor berief, konnte wenig von einer gleichstufig gegenseitigen Erschließungskraft von Vernunft und Glaube halten, weil er allein von den Einsichten der Aufklärung her den Glauben erschloß und instrumentalisierte. Religiöse Weisheit wird zur Weisheit der Tugend, Jesus Christus zum ethischen Vorbild und seine Lehre zum Weg der Vernunft, ein glücklicher Mensch zu werden[7]. Um es gleich zu sagen: So predigt Franz Ludwig von Erthal nicht, so ist auch nicht seine pastorale Praxis.

Im Gegensatz zu denen, die eine kriteriologische Unterwerfung des Glaubens unter die Vernunft anstrebten, standen auf der anderen Seite jene, die mit Heftigkeit die gleiche Operation umgekehrt anstellten: nämlich die Unterwerfung der Vernunft unter Glaube und Offenbarung konsequenzmacherisch, aggressiv, denunziatorisch und verleumdend. Der Fürstbischof hatte immer wieder darunter bis in tiefe Betroffenheiten hinein zu leiden[8]. Ihn konnten diese Gegner schon überhaupt nicht aushalten, weil sie sehr wohl merkten, daß er von einer gegenseitigen gleichstufigen Erschließungskraft von Aufklärung und Offenbarung, von Vernunft und Glaube, von Sittlichkeit und Religiosität ausging. Deswegen haben sie ihn gern mit denen attackiert, die er aus den anderen Lagern geschützt hat, obgleich er diesen selbst nicht unkritisch gegenüber stand (z. B. Professor Berg)[9].

Ein weiterer inhaltlicher Aspekt ist mir als einem am II. Vatikanum orientierten praktischen Theologen in diesem Zusammenhang wichtig: Wenn die **Erfahrungen der Menschen** wichtig sind, dann sind die **Menschen selber wichtig. Das Volk Gottes** ist die Basis der Kirche, in dem und von dem her das kirchliche Amt sich zu entwerfen hat. Mehr als wohl viele Bischöfe, die nicht Fürstbischöfe waren und sind, hat dieser Fürstbischof in seinen sozialen Entscheidungen vom Volk und in seinen pastoralen und homiletischen Manifestationen von den Gläubigen her gedacht und für sie gehandelt. In Bamberg, bei der Einweihung des Krankenhauses am 11. November 1789, hat er dieses Verhältnis einmal *Liebe* genannt: *Sagen sie meinen lieben Bürgern, daß ich sie liebe und nie aufhören werde sie zu lieben.* Und, bei der gleichen Gelegenheit, spricht er von dem antimachiavellischen Grundsatz: *der Fürst sei für das Volk und nicht das Volk für den Fürsten da.* Sein Bestreben sei es deshalb, *sein Volk so glücklich als möglich zu machen* und *das Wohl seiner Unterthanen* (zu) *befördern*[10].

Drei inhaltliche Aspekte sind mir demnach im Zugang auf das pastorale und homiletische Handeln des Franz Ludwig von Erthal wichtig: Die **ganzheitliche Authentizität** (zwischen beiden), der Weg der gegenseitig **gleichstufigen Erschließungs- und Auslegungskapazität** von Aufklärung und Religion, von Vernunft und Glaube mit der gleichzeitigen Absage an jedes hegemoniale Verhältnis zwischen beiden, gleichgültig, in welche Richtung, und schließlich die **Selbstverausgabung der Macht zugunsten der Würdigung des Volkes.** Ich darf meine mit wachsender Literaturlektüre auch für mich verblüffende Einsicht in der These vorweg formulieren: Franz Ludwig von Erthal war im Kontext seiner Zeit ein Vorschein auf das, was uns die Theologie des II. Vatikanums bescherte. Wäre hier nicht die Tragik der paradoxen Kommunikation, die aber weniger dem Fürstbischof als dieser komplexen Übergangszeit zuzuschreiben ist: Er, der inhaltlich dafür plädierte, daß das Volk aus Einsicht und nicht aus Gesetz zu besserem Denken, Glauben und Handeln kommen möge, vertrat dies seinerseits in der gesetzlichen Struktur autoritativer Entscheidungen, nicht rücksichtslos, aber doch manchmal fast naiv ohne Rücksicht auf die gewachsenen spirituellen Bräuche der Gläubigen[11].

In diesen Bräuchen gab es bereits eine Art von Verbindung von liturgischen Veranstaltungen und Leben, nur war sie aus der Perspektive des Aufklärungsgeistes des magischen Aberglaubens und der sittlichen Unfruchtbarkeit verdächtig. Demnach hatten es die katholischen Aufklärer nicht leicht: Ihre Reform war immer eine „Reform von oben", die zu ihrem Gelingen gerade jene Bildungsarbeit im Volke voraussetzte, dergegenüber sich das letztere nur mühsam öffnen konnte, mußten doch „alte Sicherheiten" in den religiösen Praktiken, wenn nicht aufgegeben, so doch reduziert werden[12]. So hatten die kirchlichen Gegner der Aufklärung durchaus Rückhalt in der Bevölkerung, so daß in der Folgezeit die dogmatische Reaktion hart und erfolgreich zuschlagen und für viele Jahrzehnte die Oberhand gewinnen konnte.

Wie lehrt Franz Ludwig die Seelsorger?

In seinem **Weihnachtsbrief 1779** an den gesamten Klerus im Bistum Würzburg[13], also noch im Jahre seiner Amtseinführung, bringt der Bischof Ermahnungen und

Ermutigungen für eine Seelsorge, wie er sie für wichtig und notwendig hält. Hier begegnet eine **Kriteriologie der Pastoral**[14], die die Anfrage provoziert, ob denn der Bischof in seiner **eigenen Seelsorgs- und Predigtpraxis** diesen Kriterien entspricht. Dieser Zugang ist um so berechtigter, als Erthal zu Beginn des Schreibens wie überhaupt immer wieder in seinen Texten auf die Bedeutung des *guten Beispiels* hinweist. In dieser Beispielhermeneutik[15] thematisiert er genau jene Authentizität, die ich in der Einleitung als das stimmige Verhältnis von Wort und Tat, von Glaube und Erfahrung angedeutet habe.

Für die Pastoral

Namentlich drei Tätigkeitsbereiche bespricht der Bischof. Die Feier des Meßopfers, die Predigt von der Kanzel und die Gnade im Beichtstuhl. In der **Meßfeier** sollen die Priester vornehmlich die Bittseufzer der Pfarrgemeinde vor Gott hintragen. Bis ins Detail sieht Erthal die Nöte und Leiden der Menschen und beschreibt sie nun: *den Nothstand eurer Armen, das Leid der Verunglückten, die Thränen der Wittwen, den Nothdurft der Kleinen, das Elend der Waisen, die Sorgen der Ältern, die Gefahren der Kinder, das Wehklagen der Kranken, den Kleinmuth der Schwachen, die Wehmuth der Betrübten, die Gebrechen der Alten, den Leichtsinn der Jungen und endlich die Seufzer der Frommen...* Erthal reformuliert so den **Opfercharakter** der heiligen Messe in einer ganz besonderen, **sozial relevanten** Weise: In der Erinnerung an das Opfer Jesu Christi geht es zugleich um die Erinnerung an jene, die jetzt in vieler Hinsicht ihr Kreuz zu tragen haben. Hier zeigt sich sehr deutlich eine **optionsgetragene Vermittlung von Sakrament und Leben, von Liturgie und sozialen Erfahrungen.** Darin wird jene spezifische Mittlerverantwortung angesprochen, die der Bischof auch für sich immer wieder beansprucht: indem er die persönliche und soziale *Nützlichkeit*[16] der Religion zu vermitteln sucht, geradezu hin zu einer „anthropologischen Wende" in der Seelsorge. Der Priester hat nicht nur von der Gnade Gottes zu **sprechen**, sondern sie auch den Menschen in seinem eigenen Dienst **erfahrbar** zu machen. Bezüglich der Seelsorger wiederum übernimmt Erthal selbst diesen Dienst, indem er mit einer hohen Detail- und Empathiefähigkeit die Adressaten dieses Dienstes benennt. Die Pflichten der Liebe und Treue, von denen er in diesem Abschnitt spricht, werden damit in seiner eigenen **sprachlichen Mühe** erlebbar, mit der er die Betroffenen aufsucht und seinen Priestern ans Herz legt. Im Bereich der **Bußpastoral** geht nun diese seelsorgerliche Empathie soweit, daß Erthal von seinen Priestern fordert, sie sollten auch selbst über die Sünden des Volkes Schmerz empfinden und um deren Seelenheil bangen.

Zugleich sollen sie ihren Glauben erfahrbar machen, daß in diesem Sakrament für alle die Gnade und die Erquickung für Vergebung und neuen Lebenswandel bereit liegen. Genau daraus wird jenes *Vertrauen fließen, ... damit euer Amt im Beichtstuhle nützlich sey.* Wieder geht es um *die Kunst, die Gnade Jesu Christi in dem Beichtstuhle fruchtbar zu machen*[17].

Damit Gnade nicht ein leeres Wort ist, braucht es von seiten der Seelsorger ihre eigene Sorge, ihre eigene liebevolle Empathie und ihre Beispielhaftigkeit, und zwar Tag und Nacht, d. h. also in ihrem ganzen Leben[18]. Ansonsten wären sie *Miethlinge,* Funktionäre also für die Aufrechterhaltung des Glaubens- und Kirchensystems, ohne allzu viel Sorge darum, welche Erfahrungen die Gläubigen damit machen. Demgegenüber schreibt Erthal: *Euer Herz muß bey eurem Amte, und euer Wandeln muß stäts im Himmel sein*[19]. Namentlich ein Herz für die Kleinen, Armen und Kranken wird er im Folgetext seinen Seelsorgern anempfehlen. Nicht nur hier, sondern durch viele seiner Predigten und Texte hindurch versucht Erthal in einer Sprache mit hohen emotionalen Konnotationen die Authentizität der in der Pastoral Tätigen derart zu benennen, daß bei ihnen beispielhaft die Ganzheitlichkeit der Existenz im Glauben erfahren wird: *Euer Lebenswandel muß mit eurer Lehre und mit eurer Würde einstimmig seyn*[20].

Dies ist aber nicht nur eine Forderung vernünftiger Sittlichkeit, sondern korreliert bei ihm mit theologischen, genauerhin **gnadentheologischen** Kriterien. *Gleichwie die Gnade Gottes unsers Seligmachers allen Menschen erschienen ist...: also müssen auch die Pfarrer und Seelsorger dieses die Ihrigen mit ihrem Beyspiele lehren*[21]. Sie werden also mehr durch sich selber zu geben haben, als sie fordern können. Der **theologische Indikativ der Liebe Gottes** vor seinen Geboten wird hier im Horizont einer ermöglichenden Pastoral rekonstruiert. Mir kommt hier ein Wort von ERNST KÄSEMANN in den Sinn: „Gnade, die nicht tätig wird, ist Einbildung."

Wir wissen, daß Erthal auch als **regierender Fürst** diese hier ausgedrückte pastorale Identität anstreben und verwirklichen wird: in seinen Reformen hinsichtlich der Armen- und Sozialfürsorge, in der Volksschulbildung, in seiner Gesundheitspolitik wie auch in seinen Bemühungen, die Ursachen von Not und Armut durch Arbeitsbeschaffungen und gesteigerte Wirtschaftlichkeit von Landwirtschaft und Handwerk zu bekämpfen. Dafür verwandte er auch einen Großteil seiner eigenen Schatullgelder[22]. So gibt es bei Erthal nicht nur eine **Konsistenz** zwischen selbst realisierter und von seinen Priestern eingeforderter Pastoral, sondern auch zwischen dieser Pastoral insgesamt und seiner weltlichen Verantwortung. Letztere ist vom Bischof nicht abgespalten, sondern von den gleichen Optionen getragen. Dies hat manche, die sich mit ihm beschäftigt haben, zu der Äußerung geführt, er sei mehr Bischof als Fürst gewesen. Ich würde eher sagen: seine weltliche Regentschaft bezog viele inhaltliche Kriterien aus der Pastoral seines Bischofsamtes, begegnet dort aber im Aggregatszustand staatspolitischer Entscheidungen und Strukturen. Er ist also nicht weniger Fürst als Bischof, sondern in beiden Tätigkeitsbereichen geht er, durchaus mit differenzierten unterschiedlichen Motiven und Begründungen, von korrelations- und kooptionsfähigen Intentionen aus.[23]

Wenn ein Fürstbischof seinen Seelsorgern *Mit-Leiden* **mit Betroffenen** aufträgt (*Wird jemand schwach; so müsset ihr mit schwach werden: wird jemand geärgert; so müsset ihr Leid empfinden. Ihr müsset heilen, was krank ist; verbinden was verwundet ist, herbeyführen, was verworfen ist...*[24]), dann darf allerdings seine diesbezüglich **kontrafaktische Position** nicht übersehen werden. Wenn ein authentisches Mitleiden (sympathein) tatsächlich nur aus einem **Mit-Leben** erwächst, dann ist Erthal davon weit entfernt und diesbezüglich ein Praktiker am Schreibtisch. Man kann es aber auch andersherum und biographisch und zeitverhältnismäßig gerechter sehen: Was Erthal in diesen **gegebenen** Autoritätsstrukturen (die er auch nie angetastet sehen wollte) diesbezüglich möglich war, das hat er auch wirklich getan und ausgereizt. Er nimmt die Nöte wahr, aber auch die speziellen Offenheiten des Volkes und entwirft von ihnen her einen Gutteil seiner Pastoral und politischen Tätigkeit. Er holt sich entsprechende Informationen ins Haus und geht selbst, jedenfalls in den ersten Jahren und soweit es die Gesundheit erlaubt, in die Pfarreien, um dort das zu tun, was ansonsten ein Fürstbischof nicht tut, nämlich zu predigen, nicht fürstbischöflich zu predigen, sondern mit einer Sprache, die das Volk verstehen will, es in seinen Erfahrungskompetenzen würdigt und kaum Ermahnungen ausspricht, die nicht auch, wenigstens im Wort, auf ihre heilende und befreiende Erfahrung hin plausibel gemacht werden.

Für die Predigt

Und damit sind wir bei dem Punkt angelangt, den ich bislang aus seinem Weihnachtstext 1779 ausgespart habe, den dortigen zweiten über **das Predigen.** Der erste Satz lautet prompt: *Ebenso sollen eure Predigten Worte des Geistes und des Lebens seyn... Redet so, daß sich zugleich die Liebe Gottes in die Herzen ergieße*[25]. Der Gesetzescharakter christlicher Wahrheit wird damit unterlaufen, daß er mit lebensaufbauenden Erfahrungen in Verbindung gebracht wird. Gottes Wahrheit ist nicht primär ein waagrecht vorgegebenes supranaturalistisches Bekenntnissystem, in das sich alle fraglos hineinzuintegrieren hätten, sondern hat demgegenüber auch und primär die vertikale Dimension, die durch die Natur des Menschen selbst hindurch geht, nämlich Wahrheit **als** Erfahrung, Offenbarung **als** Leben.

Dies ist wohl die Sehnsucht des Bischofs: daß sich Gottes Wahrheit **als** befreiende und heilende Erfahrung im Leben des Volkes bewahrheitet. Dafür hat sich die Predigt zu verausgaben. Sie ist damit nicht dogmatistische Indoktrination, sondern sucht jene Lebenserfahrungen und Hoffnungen auf, die mit den Inhalten des Glaubens verbunden, mobilisiert und erfüllt werden könnten. Dies ist gleichzeitig mit dem Bestreben verbunden, rationale Einsichten des Glaubens in den emotionalen und affektiven Dimensionen zu verwurzeln: *damit euer Herz vielmehr, als euer Mund dem... ermüdeten Volke eine gedeihliche Nahrung und Labung reiche...*[26].

Zumindest andeutungsweise zeigt sich hier jene Einsicht, daß erst eine erfahrungsbezogene Pastoral bzw. Homiletik die integrale Bedeutsamkeit dessen zutage bringt, was im Dogma worthaft behauptet wird. Umgekehrt gibt der Glaube seinerseits diesen Erfahrungen Sinnbilder und Sinn, so daß man insgesamt von einer homiletischen Methode der **gegenseitigen Erschließungskraft von Dogma und Lebenswelt** sprechen kann. In einem solchen Prozeß erschließt sich die Homiletik als das, was sie von Anfang an und von der Wortbedeutung ist, als ein „homilein", als ein „Miteinander-Sprechen", als ein „Miteinander-im-Gespräch-Sein". Des öfteren verweist Erthal explizit darauf, daß ohne Hinhören auf die Möglichkeiten und Nöte des Volkes Predigt und Pastoral nicht möglich seien. Wer nicht den Menschen begegnet, mit den Gläubigen im Gespräch ist, wer sie also nicht oder zu wenig kennt, der kann auch prinzipiell nicht über den Glauben reden. Gespräch und Rede bedingen sich gegenseitig. Und erst in diesem Bedingungsverhältnis findet eine aktuell monologische Predigt ihre kontextuelle Berechtigung. Wenigstens ansatzhaft löst Erthal diesen Anspruch auch bei sich selbst ein, insbesondere in seiner Visitationsethik.

Man wird dem Predigtlehrer Franz Ludwig nicht gerecht, wenn man nicht wenigstens ein kurzes Wort darüber verliert, daß ihn seine eigene homiletische Identität dazu trieb, selbst als homiletischer Lehrer tätig zu werden, insbesondere den Priesterseminaristen und jüngeren Geistlichen gegenüber. Er ließ die Seminaristen an festen Sonntagen in seiner Hofkirche predigen und sprach anschließend mit ihnen darüber, im Zusammenhang mit seinen eigenen Erfahrungen und immer in Richtung auf das Kriterium, auf das Herz und die Praxis hin zu predigen[27].

Wie predigt Franz Ludwig selbst?

Nun besitzen wir hier in Bamberg eine ausgedehnte handschriftliche Predigtsammlung des Franz Ludwig von Erthal, in der wir buchstäblich die Probe aufs Exempel nehmen können. **Genügt der Bischof in seiner eigenen Predigtpraxis den Grundsätzen, die er vorher seinen Pfarrern gepredigt hat?** Wie geht er selbst dabei mit seiner Sprache, mit den Inhalten des Glaubens und mit seinem Publikum um? Ich wähle dafür zunächst eine Predigt, die Franz Ludwig am 18. Mai 1783, also dreieinhalb Jahre nach der Weihnachtsexhortatio an seine Seelsorger, auf seiner ersten Visitationsgelegenheit in Gößweinstein[28] gehalten hat.

Die „Hoheit" der Gläubigen

Zu Beginn der Predigt stellt er sich selbst zwei Fragen, die er für sich und für seine Hörer beantworten will: einmal, warum er, was ungewöhnlich genug ist, selbst predigt, und zweitens, warum er gerade zum Landvolk und an diesem Wallfahrtsort predigt. Zum ersten, so sagt er, könne er eigentlich nicht anders, als ein wichtiges Anliegen auch selbst zu vertreten. Sein Anliegen ist, die Gläubigen *auf den Weg des ewigen Heyls*[29] zu führen, sie von Aberglauben abzuhalten und sie einzuweisen in die tatsächlichen Geheimnisse der heiligen Religion, die in ihrem Leben als Liebe und Tugend wieder aufleben mögen. Dahinter steht die Intention des aufgeklärten Mannes, gerade an einem Wallfahrtsort, wo sich allzuleicht abergläubische und magische Praktiken einschleichen, für einen Glauben zu sprechen, der eher im Alltag der Tugend und der Liebe denn in der Magie Ausdruck findet.

Der Bischof äußert diese Sorge, benutzt sie aber nicht als einen Beschuldigungspfeil gegenüber seinen Zuhörern, sondern setzt ganz anders an, indem er das Landvolk aus dessen Lebenszusammenhang als jene anspricht, die sich der Wahrheit der Religion **eher öffnen,** als andere.[30] Sie sind *nicht so von dem falschen Reiz der Welt verführt.* Und in ihren *vielen Sorgen und Trübsalen* haben sie eine gleichsam natürliche Öffnung für *die tröstliche Aussicht und Hoffnung einer besseren Zukunft.* Der *gemeine Mann* öffnet *sein Herz der Warheit leichter...*[31]. Diese seine Zuhörer aufwertende und in ihrem Lebenszusammenhang würdigende Qualifikation erfährt dann auch ihre **theologische** Entsprechung in der Einsicht, daß Jesus Christus *nicht den Vornehmern und Reichen, sondern meistens dem armen Landvolck sein Evangelium verkündiget hat.*

Hier nun kommt er wieder auf sich selbst zu sprechen, indem er sein eigenes Hirtenamt mit folgender Aufgabe identifiziert: daß er diese *oft nicht genug anerkannte*

Wahrheit mehr fühlbar und begreiflicher machen will, nemlich daß die Seele des armsten und verachtlichsten Menschen eben so von einem unschäzbahren Werth seye, als jene des größten Monarchen, indeme die erste nicht weniger als die lezte... mit dem theuersten Blut Jesu Christi ist erkauft worden, wan ich aber diese Wahrheit eben dadurch, daß ich mich zu dem Landvolck gewendet habe, lebhafter einzuprägen gedencke, so geschiehet es in der Absicht, damit auch ein jeder die Hoheit seiner unsterblichen Seelen sich tieff in das Gedächtnis und in das Herz einschreibe und mit desto größerer und heyligerer Sorgfalt sich bestrebe, selbige zum ewigen Leben zu bewahren[32]. **Deswegen** also geht der Bischof zum Volk, um ihm durch seine eigene Würdigung die Anerkennung Christi darzustellen und erlebbar zu machen, zugunsten der gesteigerten **Selbstwerterfahrung seiner Hörer in ihrem eigenen Glauben.** Auch wenn dies alles letztlich noch als ein hoheitlicher Akt des Bischofs gegenüber seinen Gläubigen geschieht, so hat er doch zum Ziel, das Gefälle zu den Untertanen nicht zu vergrößern, sondern ihnen von einem maßgeblichen Ort, nämlich vom Bischof aus, ihre **eigene „Hoheit" im Glauben zuzusprechen.**

In dieser Form wenigstens ist seine Predigt selbst tatsächlich **gnadentheologisch** orientiert: Was die Gläubigen entdecken und vom Glauben her tun sollten, soll ihnen nicht als Gesetz vermittelt werden, sondern auf der Basis dessen, daß sie ihre eigene Existenz wie auch ihren eigenen Lebenszusammenhang als **wertvollen Indikativ** dafür erfahren, was der christliche Glaube an neuer Praxis einfordert. Im Wort benennt der Bischof also die Ermöglichungsgegebenheiten für das, was nötig ist. Vom ganzen Lebenskontext des Bischofs steht es außer Zweifel, daß hier nicht ein rhetorischer Trick vorliegt, sondern eine homiletische Sehnsucht, die insgesamt in seinem pastoralen und politischen Handeln verwurzelt ist.

Am Schluß fordert er sich selbst wie auch die Gemeinde zum Gebet auf; sich selbst, *damit das Urbild aller Seelen Hirten Christus Jesus in mir mit immer zunehmenden Begierden und Eyfer vor die Ehre Gottes und das Heyl der Seelen von neuem auflebe,... meine Worte in die Herzen meiner Zuhorer eindringen, ich selbst aber in Ansehung meines eigenen Wandels das Muster meiner Heerde werden möge...*[33]. Hier thematisiert der Bischof explizit, wie er sich selber als **Homileten** sieht: als **diese** Repräsentation des Hirten Jesus Christus, zu der ein doppeltes gehört: die Bitte darum, daß er die Herzen der Zuhörer erreicht **und** daß er selbst zum Muster dessen wird, was er sagt. Im Manuskript gibt es gerade an dieser Stelle ziemlich viele Einfügungen und Durchstreichungen, so daß zu vermuten ist: Hier **sucht** Erthal nach immer besseren sprachlichen Möglichkeiten, um diese Identifikation und

zugleich eigene Aufgabenstellung um so dichter zu benennen. Schließlich fügt er jenen Satz des Paulus ein, der wohl assoziativ kommt und am besten das auf den Punkt bringt, was sein Predigtamt und überhaupt seine Pastoraltätigkeit benennt: „Ich lebe, aber nicht ich, sondern Christus lebt in mir."

Ein paar Tage später, nämlich am 24. Mai des gleichen Jahres, thematisiert Franz Ludwig in Oberailsfeld (heute Gemeinde Ahorntal, Lkr. Bayreuth) etwas schärfer, was ich vorhin die **gnadentheologische Basis seiner Homiletik** genannt habe. Es geht in dieser Predigt um das rechte Beten und Bitten, auch hier in deutlicher Kritik abergläubischer und zwanghafter Praktiken. Seine Begründung erfolgt hier mit einer Rechtfertigungstheologie, die Martin Luther nicht allzu ferne stünde. Unser Problem sei, *daß wir aus und in uns kein Recht zu den Gnaden Gottes haben und weilen unser Glauben an die unendliche Verdiensten Jesu Christi nicht lebhaft genug ist.* So sollten wir uns nicht einbilden, *als wan wir das Gute und zum ewigen Leben Verdienstliche aus unseren Kraften gewürket hätten*[34].

Diese Einsicht benennt aber nicht nur eine Defizienz vom Menschen her, sondern gleichsam als ihre andere Medaillenseite jene Botschaft, daß die Menschen ohne ihr Zutun und von vornherein, also als SünderInnen (und nicht etwa nur, wenn sie nicht mehr sündigten, was ohnehin nicht möglich ist), in Gottes Gnade und in Lebensrecht aufgenommen sind. Diese Gnade muß nicht erbittet und erbettelt werden, sondern ist bereits voraussetzungsloses Geschenk. So werden fälschlicherweise *ongleich mehr Heylige Messen zu lesen begehrt, ongleich mehr Wahlfarhten angestellet, ongleich mehr Andachtsübungen vorgenommen... als der Seelen halber und um sich des Reichs der Himmlen zu versichern, wo doch geschrieben stehet und uns befohlen ist ,suchet erst das Reich Gottes und das übrige wird euch beygeleget werden'*[35].

Gnade und Vertrauen

Für Franz Ludwig trifft also nicht zu, was BRUNO DREHER für die Predigt der Aufklärung verallgemeinert hat: er versucht nicht eine „Umgehung des Gnadenbegriffes", er identifiziert nicht den Gnadenstand mit der „Beharrlichkeit im Guten"[36], für ihn ist auch die göttliche Herkunft der Gnade nicht nur die sprachliche Form, um darin die „Eigenkraft der... sittlichen Persönlichkeit" auszudrücken[37], vielmehr ist die rechtfertigende und helfende Gnade Gottes, wie sie in Christus besiegelt ist, für Franz Ludwig eine aus der Transzendenz auf den Menschen zukommende Beziehungswirklichkeit, die er nicht müde wird, in seinen uns bekannten Predigttexten immer wieder darzustellen und in ihrer Erfahrbarkeit ans Herz zu legen. Bereits ein kurzer Blick in das Themenverzeichnis seiner 1797 (und 1841 in der zweiten Auflage) herausgegebenen Predigten zeigt den Gnadenbegriff als einen herausragenden Schlüsselbegriff in seiner Theologie und Homiletik[38]. Als solche ist sie dann selbstverständlich auch die Wirkkraft menschlicher Sittlichkeit, aber sie ist nicht mit der letzteren identisch, sondern ermöglicht sie aus dem entsprechenden Gottvertrauen heraus[39]. Gott bleibt bei Erthal eine die Menschen selbst transzendierende personale Größe, jedoch nicht im Sinne einer die Menschen entfremdenden, supranaturalistisch-autoritären Vorgesetztheit, der man sich zu unterwerfen hat. Vielmehr wird seine Thetik als eine Vorgegebenheit gefaßt, die als Vorgeschenktheit erlebt werden darf.

So ruft er den Gläubigen zu: *eine jede unserer christlichen Gemeinden aber genießt die Gnade, ihrem Gott ein Haus der Anbetung erbauet zu haben; warum bringet ihr da eure Anliegen nicht vor? warum suchet ihr da keine Hülfe? warum schöpfet ihr bei dieser lebendigen Quelle keine Gnaden für euch?*[40] Die *nothwendigen Gnaden* können jederzeit erlangt werden, insbesondere *die Gnade vom Bösen abzustehen... und die Gnade, das Gute zu thun*[41]. Franz Ludwig geht es also nicht nur um das christliche Bekenntnis als Zustimmung zu vorgesetzten Wahrheiten, sondern um den *wahren Glauben* als *lebhaftes Vertrauen* zu der Vorgegebenheit eines die SünderInnen versöhnenden und die Menschen liebenden Gottes[42]. Eben ein solcher Glaube im Kontext der Kirche ist für ihn die unermeßlich größte, unbegreiflichste und trostreichste Gnade, die den Gläubigen *die Macht verliehen hat,* sie also **ermächtigt**(!), Gott als Vater anzurufen[43]. So geht es Franz Ludwig nicht nur um die Erfahrbarkeit des Glaubens in der Mitmenschlichkeit, sondern auch um die Erfahrbarkeit **im** Glauben selbst: daß er als Lebensbereicherung von der Gnade Gottes her und im Vertrauen darauf erlebt werden könne[44].

Zwar ist, im Gegensatz zur reformatorischen Ansicht, bei Erthal die Gnade nicht nur an den persönlichen Glaubensvollzug, sondern auch an Kirche und Sakramente gebunden, insbesondere an das Bußsakrament – ein *ersprießliches Mittel zu seiner* (sc. des in Sünden gefallenen Christen) *Rechtfertigung*[45] –, doch schmälert diese echt katholische Position bei Erthal nicht den prinzipiellen Rechtfertigungsvorgang, demzufolge die SünderInnen unbedingt und voraussetzungslos von Gott anerkannt und geliebt werden. *Die erste und vorzüglichste Gnade aber, von welcher ich hier eigentlich rede, bleibt immer die Gnade, durch welche wir gerechtfertiget und geheiliget werden*[46]. Wie bei Luther der Glaube, so ist auch bei Erthal die Teilnahme am kirchlich-sakramentalen Leben selbst unverdient und reine Gnade. Und in beiden Fällen gilt unablässig: *daß wir Sünder, daß wir unnütze*

Knechte, und nicht wohl verdiente Gerechte seyen[47]. In der gemeinsamen Sündigkeit vor Gott befinden sich übrigens alle Stände und Lebenskontexte. Spricht der Bischof in einem **„wir"** mit dem Volk, dann versetzt er sich mit diesen Menschen als Sünder in die Gebetsbeziehung zu Gott hinein, um sich mit ihnen der Gnade Gottes zu vergewissern. Diesbezüglich ist seine Wahrnehmung äußerst realistisch: *Ist man hohen Stands oder Würde, so ist man der Versuchung des Hoffarths und daß man andere verachte und geringschaze ausgesetzt,* aber auch die Armen werden nicht allein aufgrund ihres Zustandes heilig gesprochen: *Die Armuth und Durftigkeit, weis man, daß sie oft viel Arg und Boses stieften.* Deshalb gilt auch für alle jene authentische Ganzheitlichkeit in den Geheimnissen des Glaubens, die der Bischof für sein Volk wie auch für sich reklamiert: *Daß unser ganzes Betragen Zeugnis davon gebe, daß wir dieser Lehre nicht nur dem Mund, sondern auch und zwar vorzuglich dem Herzen nach anhängen...*[48]. Auch in der Bedürftigkeit dieser Authentizität reiht sich der Bischof in die Wirformulierung mit dem Volke ein.

Die Kraft des Glaubens im Horizont der Vernunft

Erst auf der Basis der gnadenhaften Vorgegebenheit Gottes spricht Erthal dann auch von einer Vorgesetztheit ganz bestimmter sittlicher Pflichten durch die **Autorität** Gottes. Der Gehorsam allerdings, der Gott gegenüber einzuhalten ist, ist wohl in der gleichen „Macht der Liebe" zu verstehen, wie Franz Ludwig sie analog bei den Seelsorgern bespricht. *Die Geistlichen haben zwar eine Macht; aber es ist die Macht der Liebe... ihr brauchet euere Gewalt nicht anzuwenden, wenn ihr das Modell, die Form eurer Heerde seyd. Die Völker werden euch von selbst gehorsamen*[49]. Wo ein *erbauliches Muster* vorliegt, folgen die anderen *von selbst.* So gesehen wird die Macht der Gnade Gottes insbesondere im Erlösungswerk Jesu Christi zu einer derartigen Evidenzerfahrung, daß die Gläubigen gar nicht anders können, als mit Zustimmung ihrer ganzen Freiheit und Vernunft gehorsam zu sein.

Dogma im Kontext

Dieser Zusammenhang wird sehr deutlich in der Predigt Franz Ludwigs am Pfingstfest 1785 im Dom zu Bamberg: *Auch wir werden uns den Hl. Geist wünschen, auch in uns soll seine Gnade wirken...*[50]. Dieser Indikativ entläßt aus sich heraus nun die Gebote dessen, was sittlich zu tun sei: *was befehlen sie uns, als unseren Nächsten, ja unsere Feinde, wie uns selbst zu lieben...*[51]. Hier wird auch deutlich, daß der Gottesbezug nicht etwa als formale Bestätigung für das instrumentalisiert wird, was die sittliche Vernunft ohnehin schon weiß, sondern auch die **materialen** Inhalte der Sittlichkeit werden von Gott her ausgesprochen und bekommen als solche den Beifall des aufgeklärten Verstandes[52]. Mit dem Begriff „Beifall" ist eine Beziehung zwischen Verstand und religiöser Vorgegebenheit angesprochen, die die Freiheit des Verstandes der letzteren gegenüber nicht unterläuft: Der Verstand könnte auch (wenn er es könnte) den Beifall verweigern. Diese Begrifflichkeit knirscht allerdings bei Franz Ludwig zwischendurch mit anderen Formulierungen, in denen von der Schwäche des Verstandes die Rede ist, der deshalb darauf angewiesen sei, sich den Wahrheiten des Hl. Geistes zu *unterwerfen*[53]. Eine gewisse Widersprüchlichkeit muß hier wohl hingenommen werden[54], was sicher auch mit den unterschiedlichen Kontexten und Adressaten der jeweiligen Schriftstücke zu tun hat. So identifiziert sich Franz Ludwig auf der einen Seite ausdrücklich am 19. Februar 1794 von Bamberg aus mit den diesbezüglichen Grundsätzen zwischen Glaube und Aufklärung, wie sie sein Professor Berg aufgestellt hat[55], der eher im Sinne einer aufgeklärten und freien Religion den Glauben der Vernunft unterordnet. So kann er aber auch dem Fuldaer Schuldirektor Trimbach gegenüber 1781 äußern, daß man nicht zuviel vom gemeinem Mann fordern und ihn zum Nachdenken gewöhnen solle: *dieses würde ihn veranlassen, auch nachzudenken, ob er seinem Landesherrn auch so viele Pflichten schuldig sey, als man ihm zumuthe*[56]. Spricht er im ersteren Fall als aufgeklärter Intellektueller, so spricht er im zweiten Fall als Fürstbischof, der weder im Staat noch in der Kirche an seiner pflichtenverordnenden Autorität Zweifel aufkommen lassen will.

Seine ausdrückliche *Meinung und Überzeugung* liegt wohl genau in der Mitte, wie er sie auch reaktionären Angriffen gegenüber formuliert hat: Der Eifer für Moralität (sollte) *mit jenem für den Glauben gleich und sozusagen parallel sein...*[57]. Hier ist die gleichstufige Erschließungskraft von Glaube und vernünftiger Moralität am deutlichsten belegbar. Deshalb also ist die integrale Antwort des Menschen auf die Gnade Gottes nicht nur sein Glaube, sondern auch seine mitmenschliche Praxis. *Sollte denn diese unermessene Liebe des Heilands nicht vermögend seyn, das Feuer einer heilbringenden Gegenliebe in euren Herzen zu entzünden?*[58]. Man darf nicht vergessen, daß es für die Verfechter der reaktionären theologischen Dogmatik durchaus ein Ärgernis war, dieser Dogmatik die christliche Nächstenliebe gleichgewichtig an die Seite zu stellen. Franz Ludwig hat sich auch entsprechenden Anfeindungen gegenüber verteidigen müssen[59]. Der Bischof vertritt unbeirrt seine doppelte Verantwortung, einmal für die *Aufrechterhaltung der Reinigkeit der Religionslehren*, zum anderen für die *christliche Nächstenliebe* als *das unterscheidendste Merkmal der Jünger Jesu Christi*[60].

Ohne Zweifel kommt bei Franz Ludwig auch eine gute Portion eschatologischer Gottesfurcht zum Zuge. Er fürchtet um seine Gläubigen, übrigens auch um sich selbst, daß sie und er zu wenig Gottes Gnade in der Erfahrung des Glaubens wie auch in der Erfahrbarkeit des eigenen Lebens manifestieren könnten[61]. Nicht zuletzt auch aus dieser Motivation heraus schrieb er den folgenden Predigttext, der mir hinsichtlich unserer Frage zusammenhängend und auch zusammenfassend auskunftsfähig zu sein scheint, wie er die von ihm favorisierte Verhältnisbestimmung von Glaube und Verstand bzw. sittlicher Praxis homiletisch realisiert.

Doppelte Plausibilität

In seiner Predigt am ersten Ostertag 1785 im Dom zu Würzburg formuliert Franz Ludwig deutlich, für uns Bamberger vielleicht etwas befremdlich, daß die Jahre zwischen 1783 und 1785, also seine Visitationen und Besuche auf dem Lande und in den Landstädten (die insbesondere im Bistum Bamberg stattfanden), eine Art *Vorübungen* dafür waren, daß er nun etwas verspätet auch in der Hauptstadt seines Bistums damit anfange, zu den Menschen selbst direkt zu predigen[62]. Angesichts der **Auferstehungsthematik** setzt er sich in dieser Predigt in aller Form und Präzision mit jener Aufklärung auseinander, die die Vernunft benutzt bzw. mißbraucht, die Inhalte des Glaubens in Frage zu stellen und zu zerstören. Zwar ist für ihn die Philosophie als die entscheidende Wissenschaft der Vernunft von großer Nützlichkeit, aber nicht, wenn sie die Glaubensinhalte spitzfindig auszuhebeln versucht. Mit großer intellektueller Kraft und präzisierender Differenziertheit bringt der Bischof nun eine Reihe von *Beweisen*, die die Richtigkeit der Auferstehungsbotschaft untermauern.

Diese Beweisführung ist interessant, macht sie doch insgesamt seine Art und Weise, mit der Aufklärung umzugehen, deutlich: Er stellt nicht etwa das Glaubensdogma fideistisch gegen Vernünftigkeitsanfragen, sondern benutzt selbst die **Instrumente der Vernunft**, um **im** Glauben selber dessen diesbezügliche Plausibilität zu belegen. Eine thetische Theologie weicht der argumentativen, ohne aufzuhören, Theologie zu sein. Hier zeigt sich sehr deutlich die Methode der gegenseitigen Erschließungskraft von Vernunft und Glaube, ohne daß sie sich gegenseitig auslöschen und jeweils um ihre bereichernden Pole bringen. Denn umgekehrt geht er in anderen Texten davon aus, daß die Weisheit des Glaubens ihrerseits die menschliche Vernunft zu neuen Ufern hin provoziert und mobilisiert.

Der zitierte Predigttext führt diese Verhältnisbestimmung der gegenseitigen Erschließung aber nicht nur im Vernunftbereich, sondern auch im Bereich einer **sittlichen Lebenspraxis** durch. Denn Auferstehung wird nicht nur als etwas gesehen, was man in bezug auf Christus zu glauben hat, sondern wird eröffnet als eine Erfahrung, die bereits jetzt in einer ganz bestimmten Lebenspraxis gemacht werden kann. In einer wirklich fantastischen Weise buchstabiert der Bischof an verschiedenen Berufs-, Alters- und Standesbeispielen durch, was es für die Betroffenen jeweils bedeutet, in ihrer eigenen Situation aufzuerstehen zu einem Leben, das sich nicht nur vor Christus, sondern auch vor jedem sittlichen Anspruch der Aufklärung zu rechtfertigen vermag. Die **gegenseitige Erschließungskraft von Vernunft und Glaube wird sozusagen unterkellert** durch die **erfahrungs- und praxisbezogene Korrelation von sittlicher Existenz und Nachfolge Jesu.** So bespricht Erthal eine **doppelte Plausibilität des Glaubens,** einmal im Horizont der Vernunft, zum andern im **Horizont einer Praxisgestaltung,** die als bekömmliche Lebenserfahrung allen zugute kommt: *Der Reiche und der Kaufmann ist auferstanden, wenn er seinen Reichthum rechtmäßig gebrauchet, und zum Guten anwendet. Fragen wir uns nun, ob wir mit Christo werden auferstanden seyn, ob unsere Auferstehung die wahre sey...*[63]. Der hier bemühte Wahrheitsbegriff wird also nicht nur in der Verbindung von Vernunft und Glaube, sondern auch in der Verbindung von Erfahrung bzw. Praxis und Glaube durchbuchstabiert.

In dieser Verbindung werden aber wirklich zwei unterschiedliche Größen verbunden und nicht etwa der Glaube durch die sittliche Praxis substituiert. Was Bruno Dreher der Osterpredigt in der katholischen Aufklärung vorwirft, nämlich daß die Auferstehung lediglich als „bildhafte Verkörperung der Idee" für die „sittliche Auferstehung" der Menschen funktioniert[64], trifft bei Franz Ludwig also nicht zu.

Was der Glaube nun diesen Selbstexplikationen in Vernunft und sittlicher Tat gegenüber als **eigenständige Dimension** einbringt, ist letztlich wieder ein gnadentheologisches Datum, nämlich der Glaube an die **Kraft Gottes** im eigenen Denken und Leben. *Immer im guten beständig zu sein: und dieses können wir auch mit der Gnade Gottes. Wir können es nicht aus uns, sondern alles in dem, der uns stärket*[65]. Der Glaube ist gleichsam die **vitalste Ressource,** die es Menschen ermöglicht, gut zu denken und gut zu leben. „Die christliche Religion und die katholische Anschauungsweise war ihm nicht so sehr Lehrbegriff und Glaubensformel, als vielmehr die beseligende Heilsanstalt, eine Kraft Gottes, selig zu machen"[66]. Diese Ermöglichung zum Guten ist es, die die Aufklärung umgekehrt letztlich davor bewahrt, in einer

an Lebensrelevanz armen Anbetung der Vernunft bzw. in bloßen sittlichen Appellen, die defensiv zur Unsittlichkeit reizen, auszuarten[67]. Weil Erthal nun die Vernunft und Praxisbezogenheit des Glaubens so am Herzen liegt, kann er umgekehrt auch keine Kompromisse machen mit Aberglauben und Köhlerglauben. In beiden Fällen würde sich die wahre Religion selbst aufheben[68]. Friedrich Leitschuh trifft vor etwas mehr als hundert Jahren den Nagel auf den Kopf: „Er stürzte nicht den Glauben, als er das Wissen pflegte"[69]. Ich würde noch hinzufügen: Er stürzte nicht den Glauben, als er die Erfahrung und die Praxis pflegte. Darin besteht wohl insgesamt die Wahrheit und Güte dieses Fürstbischofs.

Das ganze Reich der Erfahrung?

In seinen **Exerzitien** an die studierende Jugend 1792 thematisiert Erthal unter der Gesamtüberschrift der *Weisheit,* daß es die Wissenschaft, also den pointierten Bereich der Vernunft, nicht ohne *das ganze Reich der Erfahrung*[70] gibt. Der **Erfahrungsbegriff** wird dabei nicht nur in den gegenwärtigen zwischenmenschlichen Bereich hinein ausgelegt, sondern ausgeweitet auf die Erfahrung der Natur und auf die Erfahrung mit den Texten verstorbener Menschen, wobei nicht vergessen wird, daß man auch *aus eigener Erfahrung die Klugheit des Lebens* lernen könne[71]. Zugleich wird diese Weisheit dann aber auch verbunden mit einer ganz bestimmten **Lebenspraxis, die sich in die Verantwortung den Menschen gegenüber** hineinstellt[72]. So gibt es weder die Wissenschaft (bzw. die Vernunft) noch das Licht der Offenbarung ohne diese Grundlage von **Erfahrung** und **Handeln.** Dabei hat es die Theologie als Wissenschaft des Heils insbesondere mit der Stärkung der Seelenkräfte zu tun, um in all dem bis zum Ende durchzuhalten[73].

Volksnähe?

Gerade im Zusammenhang mit diesen trefflichen Einsichten stellt sich nun am Schluß verschärft die Frage zwischen Wort und Tat, zwischen Denken und Beziehung: Wird hier vielleicht doch, wenn auch in einer beschwörenden Weise, die Erfahrung weitgehend nur **gedacht** und zuwenig in einer tatsächlichen Beziehung mit **den** Menschen eingeholt, um deren Lebenswirklichkeit es geht? Ist das Gespräch mit dem Publikum eher eine Simulation des Predigers, denn ein Ausdruck seines kommunikativen Lebenszusammenhanges?

Hinsichtlich des Franz Ludwig von Erthal kann man zunächst dem Gesamturteil von Chrysostomus Schreiber nicht ohne weiteres zustimmen, daß „die Predigt der

Aufklärung... unverkennbar im Zeichen einer gewissen Volksferne der Homileten" steht[74]. Allerdings ist seine Volksnähe nicht von einer Bestätigung der bestehenden religiösen Praktiken geprägt, sondern von einer diesbezüglich deutlichen Kritik, in der aber der Respekt vor dem Volk und ihren Lebenszusammenhängen niemals verloren geht. So ist es wohl nicht nur psychologische Klugheit, sondern auch ein Ausdruck jener Sehnsucht, mit den Menschen und ihrer Frömmigkeit sensibel umzugehen, sie auf den rechten Weg zu führen, ohne ihnen etwas zu nehmen (sondern ihnen das Bewußtsein zu vermitteln, daß sie damit gewinnen), wenn er auch in seinem Einflußbreich die Feiertagsbeschränkung der Josephinischen Reform übernimmt, entsprechende Feiertage aber nicht einfach abschafft, sondern sie auf Sonntage verlegt, so daß *eine kirchliche Feier solcher Tage am darauffolgenden Sonntage eingeräumt blieb*[75]. Dafür, daß er niemandem im Volk weder liturgisch noch homiletisch etwas nehmen wollte, spricht auch seine Anordnung, daß in St. Martin und in „Unserer lieben Frau" zu Bamberg, zwischen den beiden Frühmessen **Frühpredigten** für die Hausfrauen und Dienstboten einzuführen seien[76].

Trotz der Beliebtheit des Bischofs im Volk dürfte dennoch der Verdacht nicht unbegründet sein, daß er mit seinen Predigten, wohl zusammen mit anderen Seelsorgern, die sich um eine Vermittlung von Aufklärung und Glauben bemühten, beim Volk wohl nur begrenzten Erfolg hatte[77]. Bei aller Empathie für das Volk, die bei Franz Ludwig bis in die emotionale Betroffenheit hinein ausgeprägt war[78], kommt das, was gesagt wird, weniger aus dem Hinhören auf das Volk als aus den eigenen Ist- bzw. Sollvorstellungen, die **er** vom Volk, von seinem Glauben und seiner Sittlichkeit hat. Die Ressourcen, die im Volk selbst, in seiner Religiosität und in seiner Weisheit für das Verständnis der Aufklärung wie auch des Glaubens vorhanden sein könnten, werden zu wenig entdeckt und gehoben. Franz Ludwig bemüht sich zwar immer wieder, die Lebensumstände des Volkes zu benennen und aufzunehmen, insbesondere das Landvolk aus seiner Situation heraus in seinem Selbstbewußtsein zu stärken[79], doch hat er diese zuweilen plakativen Einsichten durch entsprechende Informationen über das Volk, nur wenig aus einer direkten und vor allem **gleichstufigen** Begegnung mit dem Volk selbst.

Er weiß sich, wie viele Auseinandersetzungen in seiner Regierungszeit zeigen, sowohl in seiner bischöflichen Jurisdiktion wie auch in seiner staatlichen Herrschaft als absoluter Landesherr, der sich herabläßt und sich aus eigener Machtvollkommenheit heraus für die soziale Verantwortung zugunsten des Volkes entscheidet. Auch wenn dieses Urteil seinem persönlichen Engagement nicht ganz gerecht wird, so bleibt doch die strukturelle

Tatsache, daß diese soziale Verantwortung von oben nach unten entschieden und damit in die Beliebigkeit des Regenten gestellt wird, ganz im Gegensatz zu einer bei den Betroffenen selbst und ihren Mitstreitern entstehenden notwendigen Solidarität, die von unten her soziale Gerechtigkeit einklagt. Letzteres hätte sich Franz Ludwig wohl wenig gefallen lassen[80].

Ein weiter geistiger und geistlicher Horizont im intellektuellen Bereich paart sich hier mit einer engen bis zwanghaften Defensive des absolutistischen Systems und **seiner** in vielen Details erfolgreichen Humanisierung **und** stabilisierenden Verwaltung. Dies gilt für den Regenten genauso wie für den Bischof. Die Grenzen seiner Solidarität mit dem Volk liegen systemisch genau da, wo auch seine Solidarität den Gläubigen gegenüber endet: Wenn die Macht der Überzeugung und des sittlichen Vorbildes nicht mehr fruchtet, wenn seine pastorale und soziale Verantwortung von den Betroffenen nicht konstruktiv aufgenommen wird, dann, so spricht er es Alumnen gegenüber aus, *werde ich mich all jener Gewalt bedienen, die zur Auferbauung der Kirche in meinen Händen ist*[81]. Ich will diese Bemerkung des Bischofs nicht überbewerten, aber auch nicht unterschlagen, weil sie doch zumindest unterschwellig deutlich macht, wer hier nicht nur das Denken und Sagen, sondern auch das Verordnen hat.

Inkulturationsabbruch?

Erthals Predigten zeugen in der Tat von einem starken emotionalen, argumentativen und appellativen rhetorischen Zugriff, dem man sich nur unter der Gefahr entziehen kann, daß man „draußen" steht. Offene Fragen gibt es kaum, dafür aber viele rhetorische Fragen, deren Beantwortung durch das Publikum vom Prediger her völlig klar ist. Seine Predigten sind dazu oft weitschweifig und umständlich formuliert[82], so daß das Ganze wohl doch eher als eine kognitive Bildungsanstrengung auf das Publikum zukommt: Bewußtseinsbildung von oben, ohne zureichende Verbindung mit dem „Unten". Auch etwas verbunden mit der Einstellung: als solche, die die Menschen **jetzt** noch sind, sind sie als *armer Haufen* unmündig. Sie werden erst mündig werden, wenn sie das entsprechende Soll-Bewußtsein (was ihnen als wahrer Glaube und sittliche Vernunft von anderen vorgesetzt wird) angenommen haben werden. Dies ist ansatzhaft jedenfalls eine von oben vermittelte Entmündigung des Volkes, wie es **jetzt** lebt und die Wirklichkeit erfährt.

Aus dieser Sicht bestätigt sich das Urteil von KLAUS GUTH über die diesbezügliche Ambivalenz der Aufklärungsaktivitäten: „Mag auch die pädagogische Reformbewegung der Aufklärung das Volksschulwesen neu gestaltet haben, im Bereich der Liturgie, der Predigt, der

Katechese, der Volksfrömmigkeit führte sie durch Einseitigkeit in die geistige Stagnation. Der Drang zu bilden, zu erbauen, zu belehren, verdrängte auf Dauer die innere Ansprechbarkeit der Menschen"[83]. Auch Franz Ludwig hat wohl etwas zuwenig damit gerechnet, daß die Vorgegebenheit der Gnade in vieler Hinsicht beim Volk, in seiner Frömmigkeit wie auch in seinem Handeln, bereits **vorhanden** sein könnte. Hier ist seine Pastoral nicht indikativisch genug. Dies ist eine analytische Feststellung und kein Vorwurf. Denn immerhin hat er die angesprochene Ambivalenz nicht verschärft, sondern immer wieder den Mittelweg gesucht zwischen Aufklärung und Fürsorge, zwischen autoritativer Verkündigung von oben und intensiver pastoraler Selbstforderung für die Untertanen.

Dennoch wird man insgesamt wohl noch genauer dem Verdacht nachgehen müssen: Hat etwa nicht nur eine reaktionäre und fundamentalistische Kirche den Glauben der Gläubigen entmündigend „bedient" und für die eigenen Autoritäten instrumentalisiert (was um so erfolgreicher war, als es vom Volk zuweilen als bestätigender und anstrengungsärmer erlebt wurde), sondern haben auch die aufklärungsoffenen Verkündiger und Theologen das Volk um seine eigene Weisheit und religiöse Kultur gebracht[84]? Dann wäre in doppelter Weise ein Inkulturationsabbruch des Glaubens geschehen. Die kulturelle und existentielle Ganzheitlichkeit wird bei letzteren zwar **intellektuell** besprochen, aber in ihrem faktischen Vorhandensein zu wenig erreicht. Auf diese Weise löst sich nicht nur die Homiletik, sondern auch die ganze Pastoral immer mehr von den real existierenden Lebensvollzügen der Menschen ab und **behauptet** eindrucksvoll im eigenen Glashaus eine Lebensrelevanz, die aber mehr inszeniert ist, als daß sie „in der Szene" des Volkes, seiner Kulturen und Subkulturen lebt, also ohne tiefgehendere Andockungen ans „Wurzelwerk" sozialer, kultureller und biographischer Identitäten[85].

Anmerkungen

1 Vgl. BERG, Trauerrede.

2 JOHANN BAPTIST SCHWAB, Franz Berg. Würzburg 1872², S. 299. – Vgl. auch SEBASTIAN MERKLE, Berg, Franz, katholischer Theologe, Historiker und Philosoph. In: ANTON CHROUST (Hrsg.), Lebensläufe in Franken II. Würzburg 1922, S. 14–25.

3 So würde wohl Berg selbst sehr realistisch schreiben, wie er dies in seinem anonym veröffentlichten Aufsatz „Ob man ein Heuchler seyn könne, ohne es selbst zu wissen?" (publiziert im Teutschen Merkur 1776, S. 237–249) geschrieben hat: *Unser Nervenbau ist von der Natur so eingerichtet, daß die Aufmerksamkeit auf unsere Ideen und Empfindungen nur in dem Grade möglich ist, in welchem sie unser Selbst kitzeln* (S. 248). In der Trauerrede dürfte er jedenfalls nicht „leere Komplimente" geheuchelt haben (vgl. zu deren Entstehung S. 241).

4 Vgl. zu dieser Methode DAVID TRACY, Theologie als Gespräch. Eine postmoderne Hermeneutik. Mainz 1993.

5 Vgl. DAVID TRACY, Jenseits von Relativismus und Fundamentalismus. Hermeneutik und der neue Ökumenismus. In: Concilium 28 (1992) 2, S. 183–188.

6 Eine Formulierung von Guitta Pessis Pasternak in einem Gespräch mit Paul Feyerabend. In: PAUL K. FEYERABEND, Irrwege der Vernunft. Frankfurt 1989, S. 262.

7 Vgl. KARL JOSEF LESCH, Johann Michael Feder – ein Prediger der Aufklärungszeit. In: WDGB 41 (1979), S. 169–182, hier S. 181 f.

8 Vgl. dazu SCHWAB (wie Anm. 2), S. 265 ff., 270 ff. – LEITSCHUH, Erthal. Charakterbild, S. 157 ff.

9 Vgl. MERKLE (wie Anm. 2) S. 19 ff.

10 Dieses Zitat findet sich bei ANDERLOHR, Erthal, S. 36. – Vgl. auch REUCHLIN, Erthal, S. 123 ff.

11 Vgl. WIESNER, Priesterbildung, S. 124.

12 Vgl. GUTH, Liturgie, S. 183 ff.

13 *Von Gottes Gnaden Wir Franz Ludwig, Bischof zu Bamberg und Würzburg, des H. R. R. Fürst, und Herzog zu Franken: Unserem gesammten Clerus, besonders den Pfarrern und Seelsorgern unsers Bistums Wirzburg Heil und Segen in dem Herrn!*, Würzburg 29. Dezember 1779.

14 Im Anschluß an die „Geburt" des Faches Pastoraltheologie an der theologischen Fakultät Wien war auch Franz Ludwig bestrebt, in Würzburg und Bamberg diesem Fach durch Dozenten und Lehrveranstaltungen eine neue Bedeutung zuzuweisen. Als Lehrbuch wollte er die Pastoral des Prager Pastoraltheologen Pittroff eingeführt wissen, mit dessen Grundanliegen er sich auch selbst identifizierte: FRANZ CHRISTIAN PITTROFF, Anleitung zur praktischen Gottesgelahrtheit nach dem Entwurfe der Wiener Studienverbesserung, 4 Bände. Prag 1783². Vgl. dazu CARL GUITTO BRAUN, Geschichte der Heranbildung des Klerus in der Diözese Würzburg seit ihrer Gründung bis zur Gegenwart 2. Würzburg-Mainz 1897, S. 252 ff. – WIESNER, Priesterbildung, S. 136. – LEITSCHUH, Erthal. Charakterbild, S. 125 ff.

15 An anderer Stelle appliziert er diesen Beispielbezug auch auf das Verhältnis zu den Aposteln und Heiligen: *Prägen Sie sich das recht ein: poterant hi, et hi; cur non et ego?*. In: Franz Ludwig von Erthal, Anreden an die Alumnen des fürstbischöflichen Seminars während der vom 9. bis 16. April 1783 dauernden Exercitien (Mitgetheilt von Dr. Bergold). In: Athanasia I (1827) S. 231–252, hier S. 250.

16 Vgl. FRANZ LUDWIG (wie Anm. 13), S. 4, dort auch Zitat.

17 Wie Anm. 13, S. 6.

18 Vgl. (wie Anm. 13), S. 6.

19 Wie Anm. 13, S. 9.

20 Wie Anm. 13, S. 9.

21 Wie Anm. 13, S. 9.

22 Vgl. RENNER, Erthal, S. 302.

23 Er selbst wußte beide Ämter durchaus zu trennen, etwa auf seinen bischöflichen Visitationsreisen, wo er sich nicht als Landesherr behandeln und ansprechen ließ: vgl. dazu GUTH, Liturgie, S. 196 ff. – LOOSHORN, Bisthum Bamberg 7 b, S. 527 ff.

24 FRANZ LUDWIG (wie Anm. 13), S. 6.

25 Wie Anm. 13, S. 5.

26 Wie Anm. 13, S. 5.

27 Vgl. dazu REUCHLIN, Erthal, S. 176. – LEITSCHUH, Erthal. Charakterbild, S. 122 ff.

28 Unter der Signatur R.B. Msc. 199, fol. 32–35 in der Staatsbibliothek Bamberg: vornehmlich Texte zwischen 1779 und 1785. Vgl. RENNER, Predigten, S. 532–534.

29 Vgl. RENNER, Predigten, S. 533.

30 Diese Art und Weise des Fürstbischofs, mit den Landleuten umzugehen, hat offensichtlich viel Eindruck gemacht, wie auch Gallus Ignaz Limmer in seiner Trauerrede auf Franz Ludwig am 7. März 1795 im Dom zu Bamberg hervorhebt: vgl. LIMMER, Trauerrede, S. 18 f.

31 RENNER, Predigten, S. 533. Natürlich hat diese Aussage aus unserer Perspektive den höchst problematischen Charakter einer spirituellen Stabilisierung der Verhältnisse. Nur darf man Franz Ludwig das Fehlen eines solchen Bewußtseins in seinem strukturellen Zusammenhang nicht unmittelbar anlasten. Sprechaktanalytisch geht die Illokution (Intention) der Aussage eindeutig in Richtung auf die Aufwertung seines Publikums, wenn auch die Proposition, also der Inhalt der Aussage, mehr plakativ und hilflos als tatsächlich die entsprechende Wirklichkeit wahrnehmend ist: vgl. zu dieser Problematik weiter unten S. 84–86.

32 RENNER, Predigten, S. 534.

33 RENNER, Predigten, S. 534.

34 RENNER, Predigten, S. 540.

35 RENNER, Predigten, S. 541.

36 BRUNO DREHER, Die Osterpredigt von der Reformation bis zur Gegenwart. Freiburg 1951, S. 104.

37 Wie Anm. 36, S. 123.

38 Vgl. FRANZ LUDWIG, Predigten, S. X–XVI: Von 32 Predigten thematisieren sieben die Gnade ausdrücklich; auch in den anderen kommt immer wieder inhaltlich vor, was die Gnade beinhaltet (z. B. unter den Begriffen Segen Gottes, Liebe Gottes usw.).

39 Im Kontrast zu DREHER (wie Anm. 36), S. 123 und 138.

40 FRANZ LUDWIG, Predigten, S. 210.

41 FRANZ LUDWIG, Predigten, S. 152; vgl. auch S. 174, 305. Zum transzendenten Dasein des dreieinigen Gottes vgl. S. 140.

42 Vgl. FRANZ LUDWIG, Predigten, S. 91, auch S. 89, wo vom lebendigen Glauben und festen Vertrauen die Rede ist.

43 Vgl. FRANZ LUDWIG, Predigten, S. 121, auch S. 167 und S. 82–83.

44 Weder die reformatorische noch die katholische Theologie und Spiritualität waren in der damaligen geschichtlichen Situation in der Lage, die Rechtfertigungstheologie über ihre eigenen absolut gesetzten Bedingungen (Glaube bzw. Kirche) hinaus weiterzutreiben, dergestalt daß auch Nicht-zur-Kirche-Gehörige AdressatInnen von der dann radikal bedingungs- und voraussetzungslos gedachten universalen Rechtfertigungsgnade Gottes umfangen sind: vgl. dazu OTTMAR FUCHS, In der Sünde auf dem Weg zur Gnade. In: Jahrbuch für biblische Theologie 9. Sünde und Gericht. Neukirchen-Vluyn 1994, S. 235–259.

45 FRANZ LUDWIG, Predigten, S. 205.

46 FRANZ LUDWIG, Predigten, S. 134.

47 FRANZ LUDWIG, Predigten, S. 94.

48 RENNER, Predigten, S. 539.

49 FRANZ LUDWIG (wie Anm. 15), S. 246–247.

50 Inhalt dieser Rede Franz Ludwigs in: Journal von und für Deutschland 1785 (7. Stück), S. 24–27, hier S. 25.

51 Wie Anm. 50, S. 26.

52 Vgl. (wie Anm. 50), S. 25 und 26.

53 Vgl. (wie Anm. 50), S. 25.

54 Es sei denn, man leistet sich die gar nicht abwegige, sondern auch in den Texten belegbare Unterstellung, daß der natürliche Verstand um so weniger sich der Offenbarung unterwerfen muß und ihr vor sich aus Beifall zollen kann, je gründlicher er denkt, je intensiver er sich also selbst auf den Grund kommt. Der Verstand wird um so finsterer und muß sich um so mehr dem Licht der Offenbarung beugen, je mehr der Satz gilt: *Man will nicht gründlich denken!* FRANZ LUDWIG (wie Anm. 15), S. 237; vgl. dazu auch FRANZ LUDWIG, Predigten, S. 111 und Pfingstfest (wie Anm. 50), S. 25.

55 Vgl. SCHWAB (wie Anm. 2), S. 297.

56 Zitiert bei HANEMANN, Johann Lorenz Fink, S. 57–58.

57 Zitiert bei SCHWAB (wie Anm. 2), S. 279.

58 FRANZ LUDWIG, Predigten, S. 310, vgl. auch S. 86 f.

59 Vgl. SCHWAB (wie Anm. 2), S. 267 ff., vgl. auch S. 257 ff.

60 SCHWAB (wie Anm. 2), S. 267 und 268.

61 Vgl. FRANZ LUDWIG, Predigten, S. 311, auch S. 115 und 147 f.

62 Inhalt dieser Rede Franz Ludwigs in: Journal von und für Deutschland 1785 (1.–6. Stück), S. 477–482, hier S. 478.

63 Wie Anm. 62, S. 480.

64 Vgl. DREHER (wie Anm. 36), S. 97–139, hier S. 121 und 100 ff.

65 FRANZ LUDWIG (wie Anm. 62), S. 481.

66 LEITSCHUH, Erthal. Charakterbild, S. 147.

67 Vgl. REUCHLIN, Erthal. S. 162 ff.

68 Vgl. REUCHLIN, Erthal. S. 142 ff., 153 ff. – LEITSCHUH, Erthal. Charakterbild, S. 175.

69 LEITSCHUH, Erthal. Charakterbild, S. 176, vgl. dazu auch S. 162 ff.

70 FRANZ LUDWIG, Geistesversammlung, S. IV.

71 FRANZ LUDWIG, Geistesversammlung, S. VI.

72 Vgl. FRANZ LUDWIG, Geistesversammlung, S. 12.

73 Vgl. FRANZ LUDWIG, Geistesversammlung, S. 5.

74 CHRYSOSTOMUS SCHREIBER, Aufklärung und Frömmigkeit. Die katholische Predigt im deutschen Aufklärungszeitalter und ihre Stellung zur Frömmigkeit und zur Liturgie. Mit Berücksichtigung von Johann Michael Sailer. München 1940, S. 132. DREHER spricht von der „schlimmen Unterscheidung von ‚Religion der Weisen‘ und ‚Religion des rohen Volkes‘, die da und dort in der Aufklärungspredigt durchschimmert: vgl. DREHER (wie Anm. 36), S. 123.

75 SCHREIBER (wie Anm. 74), S. 58.

76 Vgl. WOLKENAU, Seelsorge, S. 43. – REUCHLIN, Erthal. S. 116 ff.

77 Den Begriff der „Vermittlung" verstehe ich hier durchaus konstruktiv, nicht mit dem Beigeschmack der Harmonisierung, sondern auch, wie bei Franz Ludwig immer wieder feststellbar, im Zusammenhang mit widersprüchlichen Ausformungen, die kaum von einer „Konformität der Offenbarungsdogmen mit der reinen Vernunft" Zeugnis geben: vgl. DREHER (wie Anm. 36), S. 100. So gibt es beispielsweise für Franz Ludwig einen scharfen Gegensatz zwischen allgemeinem Weltgeist und unfehlbarer christlicher Wahrheit: vgl. FRANZ LUDWIG. Predigten, S. 108–115; auch Dompredigt Bamberg (wie Anm. 50), S. 25. Überhaupt kann ich bei den verschiedenen katholischen Reaktionsgraden auf die Aufklärung, wie sie Dreher angibt, Franz Ludwig schlecht zuteilen; vgl. DREHER (wie Anm. 36), S. 100.

78 So wendet er sich gegen jede „Kaltsinnigkeit" gegenüber dem Volk, insofern man nicht für sie vor Gott seufzt, so ermahnt er seine Seelsorger, in ihren Predigten von Herz zu Herz zu sprechen, so ermahnt er sie, besonders für die Armen dazusein, wie Jesus selbst arm und für die Armen da war, so hat er tiefes Mitleid und will sich nicht abhalten lassen, *dem armen Haufen, der so verachtet ist, und von manchem Seelsorger auch so gering geschätzt wird, das Evangelium zu predigen* (vgl. FRANZ LUDWIG [wie Anm. 15], S. 234 und 242 bzw. S. 239 und 233 bzw. S. 248 bzw. 252), wobei er gerade an diesen Stellen seiner Exerzitien für die Alumnen seine Tränen nicht zurückhalten kann.

79 Vgl. FRANZ LUDWIG, Predigten, S. 79, 111 und 195.

80 Vgl. WIESNER, Priesterbildung. S. 122 ff. – LEITSCHUH, Erthal. Charakterbild, S. 142 ff. – FLURSCHÜTZ, Verwaltung, S. 17.

81 FRANZ LUDWIG (wie Anm. 15), S. 237.

82 Vgl. HANEMANN, Johann Lorenz Fink, S. 56 Anm. 11.

83 GUTH, Liturgie, S. 200.

84 Vgl. GUTH, Liturgie, S. 201. Daß auch die aufklärungsfeindlichen Theologen und deren Epigonen nicht viel von der Weisheit des Volkes hielten, zeigt beispielsweise die vernichtende Auseinandersetzung mit Franz Ludwig von Erthal bei BRAUN (wie Anm. 14), S. 252–277.

85 Vgl. HUBERTUS HALBFAS, Wurzelwerk. Geschichtliche Dimensionen der Religionsdidaktik. Düsseldorf 1989; vgl. auch FRANZ WEBER, Freiräume der Inkulturation. In: Theologisch-praktische Quartalschrift 141 (1993), S. 263–274.

41 Predigt-Entwürfe des Fürstbischofs Franz Ludwig von Erthal

1783–1785

541 Bll., fast ausschließlich blaues Papier einheitlichen Folioformats, lose Doppelblätter oder gewöhnlich Zweierlagen, jeweils in der rechten Blatthälfte beschrieben, in der linken gewöhnlich mit Ergänzungen, Korrekturen usw. In Pappkasten 25 x 39 x 13 cm, dieser außen mit graubraunem Türkisch-Marmor-Papier der ersten Hälfte des 19. Jahrhunderts überzogen; oben auf hellem Papierschildchen Beschriftung von der Hand des Bibliothekars Dr. Michael Stenglein (1810–1879) *Fürstbischofs Franz Ludwigs v. Erthal Original-Predigt-Entwürfe* und die Altsignatur *Rh. II. 10.* Der Kasten innen mit hellem Kattunpapier grau-grünen Musters ausgeschlagen, der abklappbare, mit blauem Band verschnürbare Deckel zusätzlich durch zwei grüne moirierte Seidenbänder gehalten; ein ebensolches rotes Band am Boden des Kastens, um die Blätter leichter anheben zu können.

Ca. 156 Predigten aus der Zeit der Visitationen des Fürstbischofs zwischen dem 16. Mai 1783 und dem 29. Oktober 1785. Zwei davon wurden bereits 1785 publiziert; 1797 wurden 32 (nach LEITSCHUH von Gallus Ignatius Limmer) herausgegeben, *als eine getreue Copie der vorgefundenen Originalen. Die übrigen etwas noch unrichtiger Geschriebenen ließ man geflissentlich zurück, einmahl, weil der Copist aus schuldigster Ehrfurcht gegen den Höchstseligen nicht unterfangen, und es wagen dürfte, dieselbe mit jenem erhabenen Geiste in Ordnung zu bringen, mit welchem sie aus dem Munde dieses apostolischen Fürsten floßen: und denn, weil sie nur auf eine Art geschrieben sind, welche deutlich erweißt, daß Franz Ludwig nur gewiße Gegenstände sich aufzeichnete […] mehr apostolisch, als sprecherisch gesinnt* (S. VI). Tatsächlich sind diese Texte allerdings überarbeitet, sprachlich durch Wortumstellungen und Änderungen des Wortlauts verfälscht.

Staatsbibliothek Bamberg, R. B. Msc. 199   Farbtafel IV

Lit.: Predigten bey Gelegenheit der Pfarrvisitationen [!] in beyden Hochstiftern Bamberg und Würzburg dem Landvolke vorgetragen von weiland Franz Ludwig […] von und zu Erthal höchst seligen Andenkens. Bamberg bey Vinzenz Dederich Buchhändler 1797. – Predigten dem Landvolke vorgetragen […]. Zweite verbesserte Auflage Würzburg und Bamberg 1841. – LEITSCHUH, Erthal Charakterbild, S. 245 f. – Katalog der Handschriften der Königlichen Bibliothek zu Bamberg. Bd. 3. Bearbeitet von HANS FISCHER. Bamberg 1912, S. 102. – RENNER, Predigten, S. 531–549.

Schade und ewig Schade ist es, daß nach dessen seligstem Hintritte nicht alle dessen Handschriften von gehaltener [!] Reden, die man doch mit angehört hat, sich vorgefunden haben, klagt der Herausgeber der Predigten (S. V). Die erhaltenen Entwürfe sah, *bei Anschauung der Merkwürdigkeiten Bambergs,* ein reisender Engländer, George Sinclair (1790–1868), zwischen dem 11. und dem 13. Oktober 1816. Dieser fesselte *durch sein Aeusseres, seine Kenntnisse und Bescheidenheit eben so – wie seine höchst geistreiche Gattin durch ihre Sanftmuth und seltene Schönheit* jedenfalls den Bibliothekar Heinrich Joachim Jaeck (1777–1847), der den übersandten Sonderdruck des Bamberg-Berichts sogleich im Fränkischen Merkur vom 27. November 1819, Nr. 331, paraphrasierte. Sinclair hatte bei dem Buchhändler Vinzenz Dederich, dem vormaligen Diener des Fürstbischofs, eines der letzten Exemplare der Predigtausgabe vom 1797 gekauft. *The bookseller from whom I bought them* [d. h. die La-

gen] *also showed me the manuscript of some other sermons, all in the hand-writing of the bishop (which is not a very legible one), with a memorandum at the commencement of each, to indicate where it was preached. They* […] *were left by the bishop (together with his pianoforte) to his old servant M. Dederich (now a bookseller), who served him above thirty years; and he would not part with these manuscripts for any price. He spoke of his old master with an enthusiasm which did honour to them both, and gave infinite pleasure to me* […].

Über persönliche Eigenschaften des Fürstbischofs erfuhr Sinclair unter anderem: *His memory was surprisingly retentive: – M. Dederich told me, that after an absence of some years he would not only remember the countenance of any persons whom he had spoken to, but the tenour of the conversation he had held with them. Though averse to unnecessary pomp and ceremony, his court was always brilliant when occasion required it. His industry was unremitting. He was averse to field-sports and public amusements, and devoted his hours of relaxation either to reading or music, in which he was a great proficient. His person was rather above the middle stature; his countenance acquired a look of manliness from his long aquiline nose: whilst his eyes, which beamed with intelligence and philanthropy, inspired at the same moment both confidence and respect. Such was Francis-Louis of Erthal. – I have written with peculiar pleasure this imperfect delineation of a character which cannot too much be admired, and whose memory will be cherished by the latest posterity of those who lived under his paternal sway.* (George Sinclair, Account of Bamberg and of its Public Institutions, in: The Philanthropist [Juli 1817], S. 106–122; zitiert nach dem Sonderdruck in „B. Jaecks Korrespondenz mit Gelehrten und Großen“, StBB, R. B. Msc. Misc. 165 (1, Nr. 87; dort auch drei Briefe Sinclairs).

Nach dem Tod des letzten Sohnes von Vinzenz Dederich kaufte Stenglein die Predigten auf einer Auktion für 30 fl. Er plante eine Biographie Franz Ludwig von Erthals, wovon auch die umfängliche, von Leitschuh verwertete Exzerptesammlung der Staatsbibliothek (R. B. Msc. Misc. 79) Zeugnis ablegt.   B. S.

42 Predigt, gehalten in Gößweinstein

Sonntag, 18. Mai 1783
Papier, weiß
H. 34,5 cm, Br. 21,5 cm

Staatsbibliothek Bamberg, R.B.Msc. 199, fol. 32r

Lit.: RENNER, Predigten, S. 532–534.

Seine erste Visitationspredigt im Bistum Bamberg hielt Franz Ludwig von Erthal in der Wallfahrtskirche zu

Gößweinstein. Die Manuskripte sind ein beeindruckender Beleg dafür, daß und wie sich Franz Ludwig auf seine Predigten vorbereitete: Sie werden im voraus schriftlich aufgesetzt, wobei in der Regel nur die rechte Längshälfte beschrieben wird, um Platz zu haben für zusätzliche Einfälle und Ergänzungen (siehe fol. 35 in der folgenden Katalognummer). Links oben notiert eine andere Hand in Bleistift die näheren Umstände der Reise nach Gößweinstein wie auch des Gottesdienstes.

Der Bischof wählt als Motto seiner Predigt einen Vers aus dem Johannesevangelium: *cum venerit deo spiritus veritatis docebit vos omnem veritatem Jo: 15 V 13* (Wenn aber der Geist der Wahrheit kommen wird, dann wird er euch alle Wahrheit lehren). Ehc Franz Ludwig auf diesen Vorspruch seiner Rede eingeht, hält er es für notwendig, zuvor auf andere Fragen einzugehen: *Die eine dieser Fragen ist, aus was Ursache ich mich wohl entschlossen haben möge, der mir als Oberhirten des Bambergischbischöflichen Kirchensprengel anvertrauten christlichen Heerde das Wort des ewigen Lebens, das Wort der untrüglichen Wahrheit selbst vorzutragen und selbige in der Wissenschaft des Heyls mit eigenem Mund zu belehren* (so im unteren Abschnitt).

In der Tat war es etwas sehr Ungewöhnliches, daß ein Fürstbischof selbst in seine (noch dazu Land-)Pfarreien ging, um dort zu predigen. Wenn schon mal jemand von außen kam, dann war dies allenfalls der Landdechant oder ein Weihbischof. Franz Ludwig bringt nun eine doppelte Begründung. Einmal die inhaltliche, nämlich daß ihm die Geheimnisse des Glaubens so wichtig seien (insbesondere gegenüber *Wiedersagern* und gegenüber dem Aberglauben), daß er nicht anders könne als selbst mit seiner eigenen Person dafür einzustehen, daß die Geheimnisse des Glaubens im Volk von neuem aufleben können. Dann bringt er aber auch eine beziehungsorientierte Begründung: Er komme zum Landvolk, weil das einfache Volk sein Herz der Wahrheit leichter öffnet (als die *Vornehmern und Reichen*) und weil auch Christus Jesus weniger den Vornehmen als dem armen Landvolk sein Evangelium verkündigt hat. Schließlich habe Christus alle, auch die Geringsten mit seinem Blut erkauft (siehe S. 80–S. 81). O.F.

43 Predigt, gehalten in Gößweinstein

Sonntag, 18. Mai 1783
Papier, weiß
H. 34,5 cm, Br. 21,5 cm

Staatsbibliothek Bamberg, R. B. Msc. 199, fol. 35 r

Lit.: RENNER, Predigten, S. 532–534.

Dieses Blatt aus dem vorbereitenden Manuskript zur gleichen Predigt (siehe Kat. Nr. 42) läßt erahnen, wie intensiv Franz Ludwig an seinen Texten gearbeitet hat, wie er um Formulierungen und Präzisierungen rang, auch in der Suche nach einer rechtfertigenden Verbindung seiner eigenen Gedanken mit biblischen Texten. Der Bischof sagt hier, er habe die Gößweinsteiner Kirche zur allerheiligsten Dreieinigkeit deshalb für seine Predigt ausgewählt, um diese anzuflehen, *auf daß der Vatter und der Sohn den göttlichen Geist uber mich ausgießen, dieses mein Herz entzunden und selbiges (ganz und) dergestalten an sich ziehen mag, damit das Urbild aller Seelen Hirten Christus Jesus in mir mit (immer) zunehmenden Begierden (und Eyfer vor die Ehre Gottes und das Heyl der Seelen von neuem) auflebe, uberhaupt auf das… meine Worte in die Herzen meiner Zuhorer eindringen, ich selbst aber in Ansehung meines eigenen Wandels das Muster meiner Heerde werden moge und ich dereinstens (mit einem Heyligen Paulo ausrufen dürfe: Ich lebe, aber nicht ich, sondern Christus lebt in mir.)*

Die hier in Klammern gesetzten Formulierungen entsprechen den Korrekturen und Zufügungen, die auf der linken Seite des Manuskriptes stehen. Sie zeigen deutlich, wie der Autor nach immer dichteren Ausdrucksmöglichkeiten dessen sucht, was ihn bewegt. So ist er nicht damit zufrieden zu schreiben: damit das Urbild *… in mir mit zunehmenden Begierden auflebe,* sondern mit der Beifügung des *immer* steigert er die Dynamik dieser Begierden, wie er ihren Inhalt durch den beigefügten *Eyfer vor die Ehre Gottes und das Heyl der Seelen* klärt.

Eigentlich hatte er wohl vor, den Satz *… und ich dereinstens…* mit einem lateinischen Zitat aus dem Johannesevangelium (wenn der Geist der Wahrheit kommt…) abzuschließen. Doch fällt ihm dann das Pauluszitat ein, das in der Ichformulierung viel näher zur Identifikation für das Ich des Predigers offen ist. Bezeichnenderweise bringt er es denn auch gleich in deutscher Sprache. Erst danach fügt er nun in lateinischer Sprache eine explizite Rückbindung an das gewählte Predigtthema an (markiert durch die zwei Doppelkreuzchen), nämlich ein lateinisches Verszitat aus dem hohenpriesterlichen Gebet Jesu im Johannesevangelium, das er gleich danach ins Deutsche übersetzt.

Ursprünglich wollte der Bischof wahrscheinlich in etwa wie folgt formulieren *…und ich dereinstens, wenn der Geist der Wahrheit … kommt, als wahrer Hirte befunden werde.* Das aber ist ihm offensichtlich zu ungenau, weil er schon vorher angedeutet hat, daß das Urbild aller Hirtenschaft Christus sei. Also liegt die Wahrheit seiner Hirtenschaft darin, daß er in der Tat mit Paulus einmal ausrufen darf, daß nicht er, sondern

Christus in ihm Hirte gewesen sei. An dieser Stelle wird so recht deutlich, wie sehr sich Franz Ludwig bemüht, zum tieferen Zentrum nicht nur dessen vorzustoßen, was er selbst sagen will, sondern auch dessen, was in Verbindung damit theologisch (hier christopraktisch) auf den Punkt zu bringen ist (siehe dazu auch S. 81).   O. F.

44 Predigt, gehalten in Oberailsfeld

Sonntag, 24. Mai 1783
Papier, blau
H. 37,5 cm, Br. 23,1 cm

Staatsbibliothek Bamberg, R. B. Msc. 199, fol. 84r

Lit.: RENNER, Predigten, S. 537–541.

Das Predigtthema gibt der Bischof mit einem Vers aus Johannes 16, 23 an: *Amen, amen dico vobis sicut petieritis patrem in nomino meo dabo vobis (warlich warlich sage ich euch, so ihr den Vatter etwas bitten werdet in meinem Nahmen, so wird er es euch geben.)* Vorbereitet wurde die Predigt für einen Gottesdienst in Oberailsfeld am 24. Mai 1783.

Franz Ludwig bemüht sich hier, seinem Publikum ein rechtes Verständnis christlichen Betens und Bittens zu vermitteln. Er tut dies im Folgetext nicht ohne deutliche Kritik abergläubischer und zwanghafter Praktiken. Demgegenüber setzt er die Einsicht, daß sich der Mensch Gott gegenüber kein Recht auf seine Gnade herausnehmen kann und auch nicht herausnehmen muß, weil diese Gnade ihm in Christus ohnehin und ohne jede Vorleistung geschenkt ist. So darf man wohl um heilende und befreiende Dinge des Lebens bitten, doch ist es viel wichtiger, Gott gefällig zu sein und zuerst das Reich Gottes zu suchen: denn dann werde das Übrige dazu geschenkt werden. Deswegen ist es so wichtig, im *Nahmen Jesu Christi* zu bitten, weil durch seine Erlösung dem Menschen unbedingte Gnade geschenkt ist und weil in seiner Nachfolge erlebt werden kann, was es heißt, das Reich Gottes zu suchen.

Diese hier nur kurz angedeutete Argumentationsstruktur zeigt, mit welcher differenzierten konzeptionellen Kraft Franz Ludwig theologisch denkt. Zugleich beherrscht er es, in Strukturanalogie zu seinen theologischen Einsichten gegenwärtige Erfahrungen oder Mißstände zuzuordnen und zu qualifizieren.

Von daher kann der Bischof in der Einleitung seiner Predigt selbst von den Aposteln sagen, daß sie nur unvollkommen und fehlerhaft beten konnten, weil sie noch nicht *im Nahmen Jesu Christi verlanget hatten, obschon*

dieses der sicherste Weeg seye, in seinem Bitten erhört zu werden (so am Ende des mittleren Absatzes). Analog dazu nennt Franz Ludwig nun die Gründe dafür, warum die gegenwärtigen Menschen nicht *im Nahmen Christi* beten (letzter Absatz der Manuskriptseite): *Wir konnen hier aus den Schluß auf uns selbsten ziehen, wan wir noch Knecht der Sünd seynd, wan wir den Leydenschaften, die Meister über uns spielen und uns von ihnen beherrschen lassen, wan wir noch so sinnlich (seynd, wan unser Herz noch so sehr an) den irdischen Gütern und den Freuden der Welt (henget und sich so wenig nach den himmlisch- und onverganglichen sehned), wan wir so leicht in die vorigen Sünden zuruckfallen, wan wir so onbeständig in der Tugend seynd, wan wir keine fromme Neygung zu den offentlichen Andachten haben...* Die Menschen beten also, als wäre, wie für die Apostel, Christus noch nicht auferstanden und als dürfe und solle man nicht in seinem Namen und durch seine Nachfolge hindurch die eigene Existenz vor Gott hintragen (siehe S. 81).   O. F.

45 *Inhalt der Rede Franz Ludwigs, des heiligen Römischen Reichs Fürsten und Bischoffs zu Bamberg und Würzburg, am heiligen Pfingstfest den 15ten May 1785. in der Domkirche zu Bamberg gehalten.*

Journal von und für Deutschland 1785, 7. Stück, S. 24–27

Staatsbibliothek Bamberg, M. v. O. Eph. 139/4

Es spricht für das überregionale Renommee, das der Fürstbischof Franz Ludwig in Deutschland hatte, wenn die angesehene und intellektuell anspruchsvolle Zeitschrift „Journal von und für Deutschland" diese Predigt im Dom zu Bamberg (wenige Wochen nachdem sie gehalten wurde) abgedruckt hat. Im gleichen Jahrgang (1.–6. Stück, S. 477–482) erschien übrigens auch die Osterpredigt, die Franz Ludwig im Dom zu Würzburg gehalten hatte.

In der Vorrede begründet der Bischof mit einigen Hinweisen, warum er nun selbst im Bamberger Dom zu diesem Feste predigen will. In den weiteren Ausführungen beschäftigt er sich insbesondere mit der Frage nach dem Verhältnis von Wahrheit und Vernunft und kommt zu der Einsicht, daß in den Offenbarungszeugnissen Gott selbst eine Wahrheit ausgesprochen hat, die nicht nur den Verstand über sich selbst aufklärt, sondern auch die Herzen und das Handeln der Gläubigen erreicht (siehe S. 82–S. 83, zur oben erwähnten Osterpredigt S. 83–S. 84).   O. F.

46 *Predigten bey Gelegenheit der Pfarrvisitazionen in beyden Hochstiftern Bamberg und Würzburg dem Landvolke vorgetragen, von weiland Franz Ludwig, Bischofe, Fürst zu Bamberg und Würzburg, auch Herzoge zu Franken aus dem Reichsfreyherrlichen Geschlechte von und zu Erthal höchst seligen Andenkens*

Bamberg, 1797

Staatsbibliothek Bamberg, R. B. Th. hom. o. 13

Zwei Jahre nach dem Tod des Fürstbischofs wurde in Bamberg diese Predigtsammlung herausgegeben. Ohne eine bedeutsame Nachfrage danach, die Botschaften des verstorbenen Bischofs insgesamt gedruckt vor sich zu haben, wäre diese Publikation wohl nicht denkbar. Die Texte sind auszugsweise den hier ausgestellten handschriftlichen Texten (Manuskripte zwischen 1779 und 1785) entnommen und nach thematischen Gesichtspunkten durchkomponiert und gegliedert: in einer ausführlichen Inhaltsübersicht mit 32 voneinander abgesetzten Predigttexten.

In seiner Vorrede zur ersten Auflage begründet der Herausgeber Vincenz Dederich (vormals Erthals Kammerdiener) die Publikation der Predigten damit, daß der berühmte und geschätzte Fürstbischof *der Nachahmung würdigst*, ein *von allen unter den deutschen berühmtes großes Genie* sei, der *seinen apostolischen Vortrag so sehr zu mäßigen und herabzustimmen wußte, daß er auch der niedrigsten Volksklasse auf dem Lande verständlich und begreiflich wurde.* Zur ersten Leserschaft der Predigten gehören denn auch jene, *deren Beruf* (es) *ist, das ungelehrte Landvolk in dem Geschäfte seines Heils zu unterrichten,* also die Seelsorger. Die zweite Lesergruppe ist wohl jenes gebildete katholische Volk, das diese Predigt *als ein nützliches Lesebuch zur eigenen Erbauung* verwendet.

Auch wenn der Herausgeber schreibt, daß die gedruckten Predigten *als eine getreue Copie der vorgefundenen Originalen* aufzufassen seien, hält diese Behauptung einer näheren Überprüfung leider nicht stand. Aber wahrscheinlich konnte der Herausgeber die Freiheit, die er sich mit Wortumstellungen und -veränderungen herausnahm, durchaus noch mit Originaltreue in Einklang bringen.

1841 gab der gleiche Verlag diesen Predigtband in einer zweiten Auflage heraus, *welche, um das Charakteristische derselben zu bewahren, der ersten Auflage getreu geblieben ist* (so im Vorwort zur zweiten Auflage von seiten der Verlagshandlung). Als Anlaß wird eine offensichtlich schon seit Jahren anwachsende Nachfrage nach diesem Predigtband angedeutet: die Verlagshandlung weiß sich *von verschiedenen Seiten her aufgefordert, die längst vergriffenen Predigten des verlebten Fürstbischofs Franz Ludwig wieder in einer neuen Auflage erscheinen zu lassen ...* (zu Form und Inhalt der Predigten Franz Ludwigs siehe S. 81–S. 83). O. F.

BARBARA MÖCKERSHOFF

Franz Ludwig von Erthal in seiner Einstellung zur Volksfrömmigkeit

„Um nichts besser als am Rhein stand es am Main unter dem trotz vielen guten Eigenschaften in Beurteilung der vom Protestantismus her in die katholische Kirche eindringenden Aufklärung ebenso laxen als kurzsichtigen, ja geradezu stockblinden Bischof Franz Ludwig von Erthal in Würzburg"[1].

Eine derartig polemische Beurteilung einer ganzen Epoche und eines ihrer bedeutendsten Vertreter konnte schon zu der Zeit, als sie geschrieben wurde, nicht unwidersprochen bleiben[2], und die vielen, in diesem Band enthaltenen Beiträge zum 200. Todestag des Fürstbischofs, die sein Wirken von den verschiedensten Seiten her beleuchten, erweisen erneut seine breite Wirksamkeit. Der Bereich der sogenannten Volksfrömmigkeit scheint nur einen ganz geringen Teil seiner pastoralen Tätigkeit auszumachen, aber er ist insofern interessant, als dieser Form religiöser Praxis zu jener Zeit ein ziemlich großes Gewicht beigemessen wurde und sie auch heute noch als Indikator für die Reaktionen breiterer Schichten auf neue philosophische und politische Denkformen und Maßnahmen gelten kann. Unter diesem Gesichtspunkt befaßte sich meine 1968 bei Professor Dr. Josef Dünninger herausgebrachte Dissertation mit diesen Problemen, allerdings in zeitlich weiter angesetztem Rahmen[3].

Es ist notwendig, kurz zu umreißen, was unter „Volksfrömmigkeit" zu verstehen ist. Der Begriff Volk – die damalige Zeit würde dies den „gemeinen Mann" nennen – ist insofern irreführend, als nicht nur Bauern und einfache Schichten der städtischen Bevölkerung sich solcher Frömmigkeitsformen bedienten, sondern gerade in der Zeit des Barock auch hochstehende Persönlichkeiten aller Kreise, Geistliche wie Laien, daran teilhatten. Dies läßt sich vielleicht am deutlichsten am Beispiel Altöttings, der berühmtesten bayerischen Wallfahrt, aufzeigen. Der Einsatz der Wittelsbacher für diese ihre Hauswallfahrt ging weit über staatspolitische Interessen hinaus. Sicher waren sie überzeugt, „daß Altötting zu treuem Festhalten am Thron und Altar helfe", aber die zahlreichen Wallfahrten der bayerischen Herzöge und Kurfürsten „oft beschwerlich zu Fuß in mehrtägiger Wanderung" sind als ein ganz persönlicher religiöser Akt zu erklären. Signifikantestes Zeichen ist der sog. Silberprinz, die Votivfigur des Kurprinzen Maximilian Joseph, nach seinem tatsächlichen Gewicht in Silber geopfert, als Dank für Heilung

bei schwerer Krankheit 1737[4]. Unter Volksfrömmigkeit kann, um es grob abzugrenzen, jede Art der Frömmigkeitsübung des *Volkes Gottes* verstanden werden, die neben dem durch die Liturgie geordneten Gottesdienst und der Sakramentenspendung stattfindet. Die Übergänge sind fließend: Das Kirchenlied in der Landessprache, das früher nur bedingt zum offiziellen Gottesdienst zugelassen war, hat sich heute völlig durchgesetzt. Sakramentalien, wie die vom Papst geweihten Agnus Dei, sind in den Verruf des Abergläubischen gekommen. Dennoch wurde stets auch von höchster kirchlicher Institution der *sensus fidelium*, also der allgemeine Glaube des Volkes, als wichtiger Bestandteil der christlichen Glaubenslehre betrachtet[5].

Es erübrigt sich, hier auf die Vita Erthals näher einzugehen, dies geschieht ausführlich genug in diesem Handbuch. Vielleicht sollte man sich aber bei der Charakterisierung dieses Mannes an zwei Punkte erinnern: Der Berliner Schriftsteller Christoph FRIEDRICH NICOLAI, das Haupt der dortigen Aufklärung[6], berichtet 1781 anläßlich seines Besuchs in Würzburg über Erthal: *Er ist gelehrt und hat große Kenntnisse der Welt und der Geschäfte, und ist niemals für bigot angesehen worden.* Allerdings befremdete es NICOLAI, daß Erthal beim Lesen der Messe oft in Tränen ausbreche, was ihm als Zeichen für durch asketische Übungen zerrüttete Nerven erschien[7]. Andererseits ist aber auch bekannt, daß Erthal zur Untersuchung der neuen philosophischen Strömungen einen Benediktiner, Matern Reuß, nach Königsberg entsandte, um die Lehre Kants kennenzulernen. Dieser befürwortete die Auseinandersetzung mit Kants Gedankengut an katholischen Universitäten[8]. Diese beiden Zeugnisse lassen Erthal als eine Persönlichkeit erscheinen, die einerseits von starken Empfindungen bewegt wird und durchaus über ein ausgeprägtes Gemütsleben verfügt, die aber auch, vielleicht mit allzu ängstlicher Rigidität, auf „orthodoxes", jedenfalls nüchternes Christentum hinzuarbeiten sich bemühte.

Aus dem Bereich des Brauchtums im Kirchenjahr sei die Karwoche herausgegriffen. In sehr vielen katholischen Orten Süddeutschlands fanden zwischen Palmsonntag und Karfreitag Passionsbetrachtungen in verschiedener

Form statt: theatralisch ausgestaltete größere Schauspiele, Prozessionen mit kleinen szenischen Einlagen oder lebenden Bildern, Umgänge, bei denen Figuren mitgeführt wurden, oder Ölbergs- und Passionsandachten mit dramatischen Effekten. In Würzburg war, wie in den meisten Großstädten, die dramatisch ausgeweitete Form der Prozession schon ziemlich früh in Abgang gekommen, etwa 1756 habe das letzte Mal eine Prozession mit lebenden Figuren stattgefunden, berichtet 1795 der Professor der Dogmatik an der dortigen Universität, Franz Oberthür[9]. Jetzt würden nur noch Passionsbilder gezeigt.

In den kleineren Städten des Landes hatten sich reicher gestaltete Passionsprozessionen gehalten. An ihrem Beispiel kann die Einstellung Erthals zu dieser Form volksfrommen Brauchtums abgelesen werden. So wird die in Herzogenaurach stattfindende Karfreitagsprozession 1790 in dem Leipziger „Allgemeinen Archiv für die Länder- und Völkerkunde" beschrieben[10]. Empört notiert dazu der Autor: *Und solche abscheuliche, der Gesundheit höchst nachtheilige Handlungen abergläubischer Leute, welchen die wahren Grundsätze ächter Christus-Religion ganz mangeln, kann der für die Aufrechterhaltung guter Sitten und wahrer Religion Jesu stets wachende Fürst Bischof zu Bamberg dulden?* Erthal wußte indessen offensichtlich nichts von dieser Passionsprozession, sondern erfuhr erst durch den Aufsatz davon. Von der Bamberger Geistlichen Regierung wurde der Fall sogleich an das zuständige Bistum Würzburg weitergegeben mit dem Vermerk: *Es wäre viel, wenn dieser verjährte Gebrauch Fürstlich geistlicher Regierung zeither ganz unbekannt geblieben seyn sollte; noch mehr aber, wenn dieselbe Wissenschaft hievon gehabt, gleichwohl es gleichgültig beym Alten belassen hätte, ohne Höchsten Orten eine Anzeige darüber zu machen, und gerade zu einem Zeitpunct, wo seine Hochfürstliche Gnaden nicht nur durch Worte, sondern auch in der That mehrfältig gezeigt haben, wie sehr Höchst Sie überhaupt Vorurtheile hassen, und wie nahe Höchst Ihnen die Beseitigung derselben am Herzen liege*[11]. Der Würzburger Geistliche Rat beschloß unverzüglich, den Pfarrer von Herzogenaurach zur Rechenschaft zu ziehen. Dieser gab an, er habe bereits Vereinfachungen in der Prozession durchgeführt, eine völlige Abstellung aber nicht gewagt, da gerade erst der sechsstündige Flurumritt eingestellt worden sei, er sehe aber oberhirtlichen Weisungen gerne entgegen. Das Würzburger Ordinariat beauftragte nun den Direktor des Ursulinenklosters in Kitzingen, Laudensack, der 1762–69 in Herzogenaurach Kaplan gewesen war, mit gutachtlicher Stellungnahme. Laudensack nennt den Zeitungsartikel *gut protestantisch* und meint, wenn man dieser spottenden Menschengattung folgen wolle, *würden wir unser Heiliges Meßopfer, die aussezung des*

Hochwürdigen, alle unsre Proceßionen und Bittgänge samt andren Kirchen Ceremonien platterdings abschaffen müßen, die sie ebenfalls als ein abergläubiges Weesen Verdammen und Verwerffen. Er schlägt die Umwandlung in eine Bet- und Bußprozession vor, wie sie derzeit in Kitzingen stattfinde.

Hiermit ist auch das Würzburger Ordinariat einverstanden und ordnet eine Bußprozession an, bei der Bilder mitgetragen werden dürfen, sowie abschließend eine Predigt im Freien vor dem aufgestellten Kreuz. Eine gänzliche Einstellung der Prozession erschien unangebracht und hätte nach Meinung des Geistlichen Rates wieder Stoff für anderweitige unangenehme Kritik geben können. Erthal gab zu diesem Sitzungsbeschluß sein Einverständnis zu Protokoll[12].

Ein zweites Mal mußte Erthal sich mit einer figurierten Passionsprozession beschäftigen und zwar 1793 mit der von Kitzingen, von wo er 1791 die Begutachtung des Direktors Laudensack empfangen hatte. Der neue Pfarrer von Kitzingen beschwerte sich bei seinem Bischof, daß bei der Prozession eine in Ochsenfurter Tracht gekleidete Muttergottesstatue mitgetragen würde, für deren Ersatz durch eine bei Hofbildhauer Wagner bestellte Figur er mittlerweile gesorgt habe[13]. Weiter bemängelt der Pfarrer die Beteiligung von mit roter Farbe bemalten Schulkindern mit kleinen Kreuzen sowie von Erwachsenen, mit Ketten und großen Kreuzen beladen. Erthal tadelt seine Würzburger Geistliche Regierung, daß *dieser Unfug* in unmittelbarer Nähe der Residenzstadt der Aufmerksamkeit der Verantwortlichen entgangen sei. Auf die Rechtfertigung des Geistlichen Rates, der sich mit dem seinerzeitigen Gutachten des Direktors Laudensack zu entschuldigen versucht, bemängelt Erthal in seiner Antwort vom 10. März 1793 scharf, daß man sich auf *Auctoritäten* verlassen habe, anstatt die Angelegenheit selbst in Augenschein zu nehmen. Seine Stellungnahme ist ebenso mißbilligend wie entschieden: *Die Gewohnheit, in der Charwoche Aufzüge mit vermummten Kreutzschleppern zu halten, ist offenbar mißbräuchlich und kann für vernünftige Katholiken so wenig, als für Protestanten erbaulich seyn. Der verstorbene Dechant Friedrich mag also diese religiöse Farce gebilligt haben, oder nicht, und der Director des Ursuliner Klosters, an dessen Bericht ich gar nichts besonderes finde, mag sie erbaulich finden, oder nicht; so ist es Mir noch immer ein Rätsel, wie die geistliche Regierung dieselbe im Angesicht der Residenzstadt und mitten unter Protestanten habe dulden mögen. Ich verordne daher, daß das sogenannte Kettentragen, und dergleichen ein für allemal bey der Charfreytags Procession abgestellt werden. Die Prozession selbst mag zwar noch fortgesetzt werden; aber alle auffallende Verzierungen sind wegzulassen.*

Durch die polemische Darstellung in der Presse gereizt und nachdem in kurzen Abständen zweimal das gleiche Ärgernis an ihn herangetragen worden war, reagierte Erthal besonders heftig auf religiöse Übungen, die in ihrer auf äußerliche „Schau" ausgerichteten Form seiner von der Grundeinstellung her eher meditativen Frömmigkeit konträr waren. Hinzu kommt deutlich die Sorge, *mitten unter Protestanten* durch allzu sehr an barocke *demonstratio catholica* erinnernde Aufzüge aufzufallen und sich dem Gespött auszusetzen.

Eine wichtige Maßnahme, die zugleich tief in das religiöse Empfinden des Volkes eingriff, war die Reduktion der Feiertage. Da diese sich im Laufe der Jahrhunderte außerordentlich vermehrt hatten, reduzierte sie Urban VIII. 1642 auf 34, zuzüglich des Landes- und Ortspatroziniums[14]. Hinzu kamen bald wieder eine Reihe von „Hagelfeiertagen", an denen die ländlichen Gemeinden durch Gottesdienste, Prozessionen und Wallfahrten um Verschonung vor Unwettern beteten, sowie spezielle, auf Gelübden, z. B. wegen der Pest, beruhende Feiertage. Hiermit fiel gerade in der Sommerzeit eine ganze Reihe von Arbeitstagen weg, aber auch religiöse Gründe sprachen für eine Straffung, wurde doch vielfach der Gottesdienst wegen drängender Arbeiten oder aus Nachlässigkeit unterlassen und damit die kirchliche Disziplin untergraben. Nach intensiven Verhandlungen mit Rom brachte Adam Friedrich von Seinsheim schließlich 1770 für beide Bistümer einen Erlaß über die Verlegung verschiedener Feiertage heraus[15]. Demnach fielen 18 Feiertage weg, ebenso viele blieben erhalten. Die betonte Bestätigung der Rechtmäßigkeit der Heiligenverehrung und der wohlüberlegte Kunstgriff der „Verlegung" der Feiertage auf die vorhergehenden Sonntage läßt erkennen, daß man sich bewußt war, wie sehr das Volk an seinen alten Gebräuchen hing. Die Verehrung der Heiligen, die Treue zu Gelöbnissen, die Sorge, die Einstellung gerade der „Hagelfeiertage" könne als Gottesgericht Unwetter und Mißwuchs zur Folge haben, all das machte die Durchführung der Reduktion sehr schwierig. Nicht vergessen darf man freilich, daß solche Feiertage auch den einzigen Urlaub der oft schwer arbeitenden Bevölkerung darstellten.

Erthal mußte jedenfalls die bereits von seinem Vorgänger in regelmäßiger Folge erlassenen Vermahnungen zur Einhaltung der Feiertagsreduktion 1781 fortsetzen[16]. Seine Geistliche Regierung in Bamberg forderte die Pfarrer der Stadt auf, *daß dieselben den mit irrigen Vorurteilen diesfalls befangenen und dieserthalben widerspenstigen Pfarrkindern vom obigen Gegenstand richtige und dem Sinn der Kirche angemessene Begriffe bey zu bringen . . . sich möglichst beeifern sollen.*

Eine zweite Reihe von diesbezüglichen Verordnungen erschien 1785. Die am 4. Februar an Stadt und Land Bamberg gerichtete Ermahnung beginnt mit der bitteren Feststellung[17]: *Wenn jemals ein in mehr als einer Betrachtung gutes und nützliches Gesetz von dem Volke, zu dessen Wohl es gereichen soll, gemißbraucht worden ist, so ist es gewiß die bischöfliche Verordnung, wodurch ein Theil der sonst gewöhnlichen Feyertage und die Verbindlichkeit, an solchen alle knechtliche Arbeit zu unterlassen, aufgehoben worden.* Während vorher noch ein großer Teil des Tages dem Gottesdienst gedient habe, werde jetzt nur noch die kurze Frühmesse gehalten, statt der Arbeit zu dienen, gehe der Tag dann in Müßiggang dahin. Zwang hätte hier vielleicht die durchgreifendste Wirkung: *Allein einem Unserer Grundsätze zufolge, nach welchem ordentlicher Weise Mässigung einem raschen Verfahren vorzuziehen und nur stuffenweise zum Ziele fortzuschreiten ist, wollen Wir zur Zeit nichts, was eigentlich Zwang heißt, verordnen, um Unsere Unterthanen zur Arbeit an aufgehobenen Feiertagen zu bringen.* Überzeugung durch die Predigten der Seelsorger, Beispiele der Beamten, „Wegräumen der Hindernisse" für die Erfüllung des Feiertagsverbots, worunter die Geselligkeiten an solchen Tagen verstanden werden, erscheinen Erthal als die passenden pädagogischen Mittel. In Würzburg erfolgte am 28. Februar 1785 ein ganz ähnlicher Erlaß[18]. Hier wird noch die Notwendigkeit der klugen Überzeugungsarbeit am einfachen Volke erläutert: *Wir kennen die Macht der Vorurtheile, zumalen solcher, wozu die Dummheit einen Anstrich von der Religion entlehnen kann, zu gut, als daß Wir gegen diese Klasse der Menschen die gründliche Belehrung auch jetzo nochmalen wenigstens nicht wollten vorangehen lassen.* Erthals vorsichtige, auf dem Glauben an die Wirkung von „Aufklärung" und gutem Beispiel basierende Vorgehensweise wird hier besonders deutlich.

Im April des gleichen Jahres empfahl Erthal in diesem Sinne seinem Vikariat in Bamberg das populär gehaltene Büchlein „Gedanken eines Land-Pfarrers über die Verminderung der Feyertäge"[19] zur Predigt-Grundlage[20]. Dieses betont das Recht der Kirche auf Einführung und damit auch Abschaffung der Feiertage. Sie sind nicht unmittelbar von Gott herrührend und dieser wird daher auch nicht durch ihre Abstellung beleidigt und könnte sich durch Strafen rächen. Quintessenz dieses katechismusartigen Werkleins ist: *Was geziemt sich, daß wir an den abgewürdigten Feiertägen thun? Antwort: daß wir gehorsamen und arbeiten.*

Im Mai 1785 erschien in beiden Bistümern eine weitere Vermahnung zu den Feiertagen[21]. Diesmal wird noch ausdrücklich darauf hingewiesen, daß die an solchen Tagen gelobten Wallfahrten oder Bittgänge ebenfalls auf die

Sonntage verlegt seien, soweit sie nur einen Tag beanspruchten.

Alle Bemühungen Erthals um die Durchsetzung der Feiertagsreduktionen wurden 1786 im oberpfälzischen Gebiet zunichte gemacht, für das 1786–1801 ein Erlaß von Kurfürst Karl Theodor galt, nach dem *an den verlegten und aufgehobenen Feyertägen die an diesen Tagen sonst gewöhnlich gewesene Gottesdienste, Processionen etc. in den Pfalz Bayerischen Landen wieder wie vorher gehalten werden sollten*[22]. Erthal beabsichtigte zunächst, sich selbst mit dem Kurfürsten hierüber ins Benehmen zu setzen, mußte aber bald feststellen, daß andere Ordinariate, wie z. B. Regensburg, die Verordnung akzeptiert hätten. Resignierend konstatierte er, daß man jedenfalls für diesen Teil seines Bistums die Hoffnung aufgeben müsse, die mit der Feiertagsreduktion erstrebten Ziele zu erreichen. Vielmehr könne man froh sein, wenn nicht das schädliche Beispiel bewirkte, daß seine übrigen Diözesanen *von dem Gehorsame, den sie zu bezeigen angefangen,* wieder abwichen[23].

Bei der Feiertagsreduktion trafen sehr gegensätzliche Grundeinstellungen und Emotionen aufeinander, die eine reibungslose Durchführung dieser im Grunde doch eher utilitaristischen Maßnahme erschwerten. Erthal vertrat, wie wir oben sahen, die Haltung eines vorsichtigen Pädagogen, der mit sanfter Gewalt seine Diözesankinder dazu bringen wollte, das, was sie als richtig erfahren hatten, zu verwirklichen. Er bevorzugte, seiner Art entsprechend, *gelinde Mittel,* zog *Mässigung einem raschen Verfahren* vor (siehe oben).

Von den 1770 verlegten 18 Feiertagen galten 13 den beliebten Volksheiligen wie Jakobus, Michael, Martin oder Maria Magdalena. Es ist daher nicht uninteressant, sich einmal vor Augen zu führen, welche Einstellung nun Bischof Erthal zur Heiligenverehrung hatte. Am aufschlußreichsten ist hier ein Dekret, in dem er sich 1791 an den Ordensklerus der Diözese Würzburg wandte[24]. Dort wird zum äußerlichen Kultus die Schmückung von Heiligenfiguren mit Kleidung scharf getadelt. Es müsse alles Prunkhafte, alles Übertriebene in Verzierungen und Gebräuchen verschwinden *überhaupt alles, was die stille Herzensandacht nur stören, aber nicht befördern kann, abgeschaffet und vernichtet* werden. Das Dekret belehrt auch zur inneren Haltung, die nach Erthals Ansicht einer rechten Heiligenverehrung zugrunde liegen muß: *daß alle Verehrung der Heiligen, indem sie von der katholischen Kirche für erlaubt und nützlich gehalten werde, ihren Zweck und Nutzen nicht anders erziele, als in so fern sie den Menschen zu jenem wahren wesentlichen Gottesdienst hinführt, ihn so fort zur Veredelung seines Herzens und zu jeder Art von Tugenden aufmuntert, und*

darinnen bestärket. Daß folglich eben diese Verehrung der Heiligen hauptsächlich in der Nachfolge ihrer Tugend bestehe.

Der Heilige als Tugendmuster war nun freilich nicht unbedingt das, was sich die größere Masse des Volkes bisher vorgestellt hatte, für sie war er eher der Patron in mancherlei Nöten, zu dem man mit seinen Alltagssorgen um erkranktes Vieh, mangelnden Kindersegen oder Krankheiten als Fürbitter sich wenden konnte. Um diesen eher praktischen Vorstellungen entgegenzutreten, läßt Pfarrer Willmy in seinem 1800 in Würzburg herausgekommenen Gesangbuch die Gläubigen zum Fest des Kirchenpatrons singen[25]:

Was ist es mir für ein Gewinn,
die Heilgen zu verehren,
wenn ich nicht auch beflissen bin,
zu thun nach Christi Lehren?
Hilft mir ein Heilger in der Noth
wenn ich nicht liebe meinen Gott,
nicht hasse alle Sünden?

In diesem Sinne verkündet Erthal auch in einer seiner Predigten[26]: *Die Bildnisse seines Heilands und der Heiligen, die er auf den Altären sieht, welche nützliche Eindrücke müssen diese nicht auf seine Seele machen? Sie erinnern ihn, daß kein anderer Weg zur ewig dauernder Glückseligkeit als nur die Tugend und das Leiden sey.*

Daß Erthal auch hier nicht allzu energisch seine Vorstellungen durchsetzte, zeigt sich am deutlichsten daran, daß sich, aller Kritik zum Trotz[27], die beiden bekleideten Figuren der Muttergottes und der hl. Anna im Würzburger Dom noch wenigstens bis 1802 nachweisen lassen[28].

Im Rahmen des oben genannten Dekretes an die Ordensvorsteher nimmt Erthal auch zum Ablaß Stellung[29]. Seine Meinung zu diesem an sich nicht mehr so brennenden Problem soll wegen der sich auch hier wieder deutlich zeigenden Grundtendenz kurz zitiert werden. Die Absicht der an den Kirchenfesten gewährten Ablässe sei einzig, *daß die Christen zur Buße und zur ernstlichen Sinnesänderung ermahnt und aufgemuntert werden. Und wenn die Kirchenbußen, zu deren Nachlaß die Ablässe ursprünglich eingesetzet wurden, nicht mehr statt haben können, so bleibt doch der wesentliche Zweck derselben noch vest stehen, daß nämlich der ächte Bußgeist, das ist die state Aufmerksamkeit eines jeden auf sich selbsten, und auf sein ganzes sittliches Verhalten, und ein immerwährendes Bestreben, der Sünde zu entsterben, und der Gerechtigkeit zu leben, bey den Gläubigen genährt und unterhalten werde.* Wie das Bußsakrament sollte auch der Ablaß nicht so sehr der Aussöhnung mit Gott dienen, vor dem der Mensch schuldig geworden war, sondern als moralische Institution die Veredelung des Menschen fördern.

Eine sehr beliebte Form volksfrommen Brauchtums ist bis heute die Wallfahrt. Erthal selbst hat nachweislich mehrfach und offenbar nicht ohne innere Anteilnahme Wallfahrtsorte besucht. 1785 schildert die Mainzer Monatsschrift einen Aufenthalt in Walldürn[30]: *Das ganz neue Beispiel des jetzigen eben so erleuchteten, als frommen Fürstbischoffes zu Bamberg und Wirzburg, der erst dieses Jahr das wallthürner Wunderbild besucht, und mit seiner gewöhnlichen Andacht alle ungemein erbauet hat, ist ein Beweis, daß auch gelehrte und einsichtsvolle Männer an einem Orte mehr als an andern gerührt werden können.*

Seine Predigtreihe, die er bei Gelegenheit der Pfarrvisitation in den beiden Hochstiften hielt, begann er bewußt in dem beliebten fränkischen Wallfahrtsort Gößweinstein. Er erklärte dort[31]: *Nach einer Erfahrung, dero Beweis nur Leichtsinnige, oder gar Religionsspötter, und so genannte starke, aber im Grunde sehr schwache Geister verwerfen würden, hat Gott gewiße Orte von Zeit zu Zeit gleichsam ausgezeichnet, an welchen er seine Gnaden, die wir von ihm begehren, mit einem gewißen Vorzuge vor andern zu ertheilen pflegt.*

In scheinbarem Gegensatz zu diesen positiven Äußerungen stehen seine fast fünf Jahre dauernden Bemühungen, die berühmte Wallfahrt der Würzburger Kreuzbruderschaft und ihrer Anhänger zum Kreuzberg in der Rhön abzustellen. 1789 wurde im Geistlichen Rat der Antrag des Superiors des Kapuzinerklosters auf dem „Käppele" verhandelt, dorthin für den 20. August eine feierliche Prozession zu gestatten[32]. Dieser Termin fiel mit dem der Kreuzbergwallfahrt zusammen, Mitglieder des Geistlichen Rates hatten nicht ohne Grund den Eindruck, hiermit wolle man *einen Altar gegen den andern bauen.* Andere Stimmen wurden laut, die zu bedenken gaben, dies entspreche doch den neueren Anschauungen des Ordinariats, *diejenigen Proceßionen, wo die Wallfarther über nacht ausbleiben, so viel möglich einzuschränken und wo es ohne Aufsehen geschehen könne, gantz abzustellen.* Erthal drückte dazu seinen Beifall aus, indem er aus Bad Bocklet schrieb, er sei mit der Prozession zum Käppele einverstanden, *derweil es zu wünschen wäre, daß die Proceßion auf dem sogenannten Kreuzberg ganz eingieng[33].* Hierdurch könnte vielleicht das Volk veranlaßt werden, *von seinem Hange zu entfernten Wallfahrten zurückzukommen[34].* Die gleiche Intention vertrat er in den folgenden Jahren, als jeweils wieder das Gesuch um Zulassung der Prozession zum Käppele gestellt wurde, die Kreuzbergwallfahrt fand jedoch weiterhin statt. Während Erthal hoffte, Gesundheit und Hauswesen seiner Gläubigen durch Verhinderung einer so weiten Wallfahrt schützen zu können, meinte der Bruderschaftspräses, das Zehrgeld bleibe ja im Lande und werde zumeist durch Stiftungen

gedeckt. Auch würde es bei dem einfachen Volke, *welches das Wesentliche nicht wohl vom Außerwesentlichen in der Religion zu unterscheiden wisse,* sicher einen Aufruhr geben, wenn die Wallfahrt abgestellt würde, außerdem würde man dann statt wie bisher in geregeltem Zug hordenweise dorthin wallfahren[35]. Erthal ist keineswegs mit dieser Meinung konform, sondern tendiert weiterhin auf völlige Einstellung der Kreuzberg-Wallfahrt[36]. Unruhen befürchtet er nicht, *denn erstens kenne Ich mein Volk zu gut, als daß Ich bey Abschaffung einer mißbräuchlichen Anstalt so leicht einen Aufstand befürchten sollte, wenn nur dasselbe gehörig vorbereitet und von Meinen eigentlichen Gesinnungen unterrichtet ist . . . Zweitens will Ich zwar annehmen, daß sich nach Aufhebung der Kreutzprozession noch einzelne zerstreute Haufen auf den Kreutzberg verfügen würden. Allein dies würde schon wieder ein weiterer Schritt zur Verlöschung dieser Wallfahrt seyn. Wenn das öffentliche Gepränge vor allem bei Auszug und Empfang der Wallfahrer abgestellt werde, so muß der übertriebene Eifer, der sich in solchen Wallfahrten zeigt, nach und nach erkalten, und einer gemäßigtern, zugleich auch vernünftigern Andacht Platz machen[37].* 1793 gab Erthal endgültig *bey den dermaligen unruhigen Zeiten die Absicht auf, die Kreuzbergwallfahrt zu unterbinden[38].* Alle Bemühungen, diese traditionsreiche Wallfahrt mit sanfter Gewalt, ohne daß *die Sache wie man zu sagen pflegt, übers Bein gebrochen werde[39],* zu ersetzen und damit zum Erliegen zu bringen, konnten in fünf Jahren keinen Erfolg zeitigen. Wieder einmal hatte Erthal jedoch bei dieser Angelegenheit gezeigt, daß ihm mehr an Überzeugung als an einem gewaltsamen Abstellen einer frommen Übung gelegen war, wenn er sie auch von seinem theologischen Verständnis her nicht billigen konnte.

Man wird sich nun vielleicht fragen, warum ein Bischof, der selbst mit Andacht Wallfahrtsorte besucht und dort nach eigener Aussage sich mehr Gnaden erhofft hat als an anderen Gebetsstätten, dann gegen eine so traditionsreiche und beliebte Wallfahrt, wie die zum Kreuzberg, die nicht einmal außer Landes ging, so lange und nachdrücklich eingetreten ist. Grund dafür muß wohl Erthals Mißtrauen gegen die Massenbewegung in eine Entfernung gewesen sein, die sich der direkten Kontrolle seiner Behörden entzog. Vielleicht fürchtete er um die Sittlichkeit der über Nacht Ausbleibenden, tadelte den Verlust an Arbeitszeit und Geld für solche fromme Reisen oder sah doch manches „Abergläubische" in dem *übertriebenen Eifer, der sich in solchen Wallfahrten zeigt.*

Ein kurzer Blick sei auf das Wetterläuten geworfen, das in der Zeit der Erfindung des Blitzableiters (1752 durch Benjamin Franklin) zu besonders eigenartigen Kontroversen führte. Bis zur Liturgie-Reform nach dem 2. Vatikanischen Konzil wurde der Glocke mit der Benediktion in gewisser Weise sakramentalischer Charakter verliehen, sie sollte, nach der alten Benediktionsformel, „die Gläubigen zum Gottesdienste rufen und gegen Dämonen und Unwetter schützen"[40]. Die neue Segensformel beinhaltet nur noch das Zeichen zum Gottesdienst, die Verkündigung kirchlicher Ereignisse und, in besonderen Fällen, Warnung vor Katastrophen[41].

Von der primär religiösen Funktion der Glocken ging man im Zeitalter des Aufblühens naturwissenschaftlicher Erkenntnisse ab und meinte, mit dem Läuten die Gewitter „zerteilen" zu können, was zu andauerndem Läuten während eines Gewitters führte. Andererseits verleitete die Feststellung, daß der Blitz gerade in hohe Türme häufiger einschlug, zu der Vermutung, das Läuten ziehe ihn an. Ein entsprechender Erlaß der pfalzbayerischen Regierung sollte mit Zustimmung Erthals auch für die oberpfälzischen Bistumsteile durchgeführt werden[42]. Danach wurde *wegen erprobter Gefahr des durch Läuten der Glocken bey Gewittern verursacht werdenden öfteren Einschlagens des Tonners . . . das Läuten der Glocken* auf ein kurzes Zeichen vor und nach dem Gewitter beschränkt. 1791 wurde übrigens in Würzburg auf der Festung Marienberg durch Erthal der erste Blitzableiter angebracht[43], ein durchaus fortschrittliches Unternehmen!

Einen wichtigen Bereich des Brauchtums im Lebenslauf bildete schon immer die Sorge um die würdige Bestattung der Angehörigen, das Totenbrauchtum. Im Bistum Würzburg erschienen zwischen 1747 und 1785 fünf Leichen- und Trauerordnungen, die jeweils in kleinen Schritten den hierbei betriebenen Aufwand beschränkten[44]. Die Verordnung unter Bischof Erthal von 1783 basiert auf der seines Vorgängers Seinsheim von 1778. Sie reglementiert die Totenmessen, die an drei hintereinanderliegenden Tagen stattfinden sollen, untersagt das Glockengeläut zu den Exequien und verbietet das Anzünden von Kerzen auf den Gräbern, auch für den Allerseelentag[45]. Außerdem wurde auch der Leichenschmaus abgeschafft, wofür zwar wohl nicht unerhebliche Kosten entstanden, aber die versöhnliche und die Familie verbindende Funktion eines solchen gemeinsamen Mahles sollte nicht unterschätzt werden! Würzburg-Land erhielt 1785 eine ganz ähnliche Anordnung mit einigen speziell auf den ländlichen Brauchtumsbereich ausgerichteten Punkten[46]. Das Geläut wird zwar noch gestattet, aber genau festgelegt, mit wieviel Glocken und wie lange. Interessant ist § 23: *Sollen auch keine Handschuhe und Citronen, dann Blumensträuße, an wen es auch immer sey, bey Leichbegängnissen abgegeben werden.* Auch die Bekleidung der Toten auf dem Lande hatte offenbar eine besondere Maßregelung nötig:

. . . sollen der Todten Kleidung nur aus weißen Leinwand, höchstens von mittelmäßiger Güte, ohne Spitzen, Bänder, Kränze, Sträuße, Limonien und Pomeranzen gezieret, bestehen. Zu dieser Leichen- und Trauerordnung gab es wenig Reklamationen, sie wurde wohl auch nicht allzu rigide durchgesetzt und entsprach dem tatsächlichen Nachlassen des Interesses an gewissen veralteten Brauchtumsformen.

Erthal hatte sich nicht zu solchen extremen Beschränkungen hinreißen lassen, wie die berühmte josephinische Abschaffung der Holzsärge, oder zu der Forderung, *daß man die Toten zur Erde bestattet, ohne die Lebendigen dabey zu inkommodieren*[47]. Eine Reduzierung der im Rahmen der Bestattungen gemachten Aufwendungen schien ihm jedoch gerade im Hinblick auf die finanziellen Lasten für die weniger Begüterten wichtig, wie die Anweisung von 1789 zeigt, in der er die Bamberger Regierung auffordert, sie möge sich um die Begräbnis- und Trauerordnung für die Armen kümmern[48].

Wie sehr viel rücksichtsloser die staatliche Gesetzgebung mit den Gefühlen ihrer Untertanen umging, zeigt die kurbayerische Leichenordnung, die 1805 erschien und die bis zum Verbot der Grabkreuze eine äußerst enge Reglementierung – und entsprechenden Widerstand mit sich brachte[49].

Als letztes Beispiel für die Einstellung Erthals zur Volksfrömmigkeit sei noch das Kirchenlied behandelt. Unter Kirchenlied verstehen wir hier „den volkstümlichen, d. h. den aus dem Volk erwachsenen oder vom Volk aufgenommenen, im Gottesdienst gemeinsam gesungenen Teil der religiösen Dichtung"[50]. Das katholische Kirchenlied hatte sich seit dem Erscheinen des ersten deutschen Gesangbuches von Michael Vehe 1537 sehr langsam weiterentwickelt. Zwar waren eine ganze Reihe von volkssprachlichen Gesängen entstanden, diese waren aber vor allem auf den Gebrauch bei Andachten, Prozessionen und Wallfahrten beschränkt sowie auf die sogenannte Stillmesse. Aber auch hier gab es keine dem Meßritus folgende Lieder, sondern nur allgemeine Texte. Die neue Sicht der Liturgie als ein Mittel der Erbauung des Volkes und nicht ausschließlich als Gottes-Dienst, mußte die Überarbeitung des vorhandenen Liedgutes und eine planmäßige Neuschaffung nach sich ziehen.

Offiziell war im Bistum Würzburg von 1753 bis 1827 das „Christ-Catholische Neu-vermehrte Gesangbüchlein" in Gebrauch[51]. Es bietet 112 Lieder ohne Melodien, dazu 16 aus dem Missionsbüchlein der Jesuiten. Auch in der Ausgabe von 1793 ist darunter noch eine ganze Reihe von inhaltlich wie sprachlich veralteten Texten, die berechtigten Anlaß zu Kritik boten: Barock übersteigerte Szenen, wie z. B. im Weihnachtslied die Schilderung der Verhältnisse im Stall (*Voll Stroh die Kripp von Mist und Wust, da Gottes Sohn auf liegen muß*[52]), mangelhafter metrischer Bau, Wortverstümmelungen und unverständlich gewordene Ausdrücke waren nicht zu übersehende Mängel des alten Gesangbuches.

Die kleineren Sammlungen, wie die 1784 in Würzburg herausgekommenen „Gebethe und Lieder zum Frühgottesdienste", sollen hier unbehandelt bleiben[53], ebenso das zwar in Würzburg 1777[54] und in Bamberg 1782 approbierte Gesangbuch von Kohlbrenner aus Landshut, zu dessen allgemeiner Einführung sich der Fürstbischof aber nicht entschließen konnte[55].

Ein bedeutender Versuch der Neuschaffung von Kirchenliedern waren die „Lieder zum katholischen Gottesdienst", die von Franz Berg 1781 herausgebracht wurden. Dieser wurde 1753 in Frickenhausen am Main geboren, studierte Theologie und war einige Zeit Domkaplan in Würzburg, dann Professor für Patrologie, hierauf für Kirchengeschichte, schließlich für Universalgeschichte an der Universität Würzburg, er starb dort 1821[56]. Bereits während seines Aufenthaltes im Seminar wurde er von seinem Subregens aufgefordert, sich in der Dichtung von Kirchenliedern zu versuchen[57]. Als Domkaplan brachte er 1779 in Würzburg drei Vesperlieder und fünf Leichenlieder heraus[58]. Sein zwei Jahre später erschienenes Werk „Lieder zum katholischen Gottesdienste" wurde auffallenderweise in Fulda gedruckt[59]. Nach 24 Seiten Einleitung bringt es 58 Lieder mit Melodien. Die Einleitung setzt den „Gebildeten" in scharfen Gegensatz zur Masse des Volkes, das Berg noch unter dem Niveau der rohen Wilden sieht. Daher dürfe der Autor sich nicht *die geringste Hoffnung machen, daß auch das faßlichste Lied werde verstanden werden*. Bergs Lieder sind nun alles andere als „faßlich", sie sind von einer derart glaubensleeren Künstlichkeit und vielfach auch sprachlichen Schwäche, daß sie kaum ein Chance auf allgemeine Akzeptanz hatten. Als Beispiel sei, um die oben angeführten Bestrebungen nach einer Verbesserung des Totenbrauchtums weiterzuführen, ein Leichenlied zitiert. Dort heißt es in Strophe 2:
Blind, taub und stumm, erstarret,
und eckelhaft lieg ich:
weilt nicht, verscharret,
verscharret mich![60]
Als zweites Beispiel kann ein Predigtlied dienen. Nach dem Hinweis auf den nicht aufgegangenen Samen und die zu erwartenden jenseitigen Strafen läßt Berg seine Gläubigen singen:
Drum laßt uns klüger seyn und itzt
Schon thun, macht es gleichwohl Beschwerden,
Was wir, wo's Wünschen nichts mehr nützt
Gethan zu haben wünschen werden[61]

Bergs Gesangbuch wurde vom Würzburger Ordinariat nicht approbiert und blieb auf den Privatgebrauch beschränkt, kein einziges seiner Lieder wurde in Diözesangesangbücher übernommen.

Nach diesem fehlgeschlagenen Unternehmen, das sichtlich auch die Billigung seines Oberhirten nicht gefunden hatte, mußten die Bemühungen um ein brauchbares Gesangbuch weitergehen. 1783 wurden die Dekane des Bistums Würzburg nach ihrer Meinung über den deutschen Meßgesang befragt[62]. Die Gutachten fielen allgemein für eine Einführung aus, Art und Weise sollten jedoch den Geistlichen überlassen bleiben.

Tumulte, wie sie Erthals Bruder in Mainz 1787 wegen des dortigen neuen Gesangbuches durchzustehen hatte[63], wollte man sich in den beiden Hochstiften ersparen. Diesem vorsichtigen Vorgehen entspricht ein 1793 erschienenes Zirkular für das Hochstift Würzburg, das für ein neues Gesang- und Gebetbuch Vorschläge einforderte[64]. Aufschlußreich ist die Einleitung zu diesem Erlaß: *Seine Hochfürstlichen Gnaden sehen bey dem dermaligen Stande der Volksaufklärung die unumgängliche Notwendigkeit ein, dem gemeinen Manne solche Erbauungsbücher in die Hände zu liefern, welche sowohl in Sprache als Sachen mit dem verbesserten Schulunterrichte, mit dem geläuterten Kanzel-Vortrage und verschiedenen Polizey-Anstalten in genauem Verhältnisse stünden.*

Unter den eingegangenen Entwürfen erhielt die Arbeit des Pfarrers Georg Willmy aus Stalldorf den ersten Preis[65]. Willmy, geboren 1747 in Kirchheim bei Würzburg, war 38 Jahre Pfarrer in Stalldorf, wo er auch 1816 starb[66]. Prüfung und Verbesserung seines Manuskripts zog sich noch über Jahre hin, Erthal erlebte den Abschluß nicht mehr. Erst 1798 wurde unter seinem Nachfolger Fechenbach die Approbation erteilt[67], zwei weitere Jahre dauerte es, bis es im Druck erschien. Dieses Gesangbuch, das auf 500 Seiten Lieder und Gebete und einen Anhang für die Fastenzeit enthält[68], kann im Vergleich zu anderen Produkten seiner Zeit durchaus positiv beurteilt werden. Es ist von der Praxis des Landpfarrers aus verfaßt, recht volksnah, vermeidet Peinlichkeiten, wie der intellektuell sich abhebende Berg sie verbreitete. Gewisse allzu lehrhafte Töne, die z. B. das oben angeführte Lied zur Heiligenverehrung zeigt, sind natürlich auch hier nicht ganz unterblieben, sagt doch schon das Vorwort, daß es die Absicht des Verfassers gewesen sei, seine Mitchristen zu erbauen, *ihnen solche Lieder und Gebethe in die Hände zu liefern, durch deren Gebrauch sie an christlicher Einsicht, an Besserung, Tugend, Gemüthsruhe, und an innerer Vollkommenheit zunehmen könnten.*

Kritiker haben Willmys Gesangbuch als ziemlich „rationalistisch" verurteilt, außerdem wurden die ca. 70 aus protestantischen Werken übernommenen Lieder gerügt[69].

Als offizielles Diözesangesangbuch scheint es nicht eingeführt worden zu sein[70], was wohl auch mit der schon oben angedeuteten Resistenz der Geistlichen gegen aufgedrängte neue Kirchenlieder zusammenhängt, auf die man klugerweise Rücksicht nahm. Außerdem lag ein großer Nachteil in dem nur losen Verhältnis zwischen Text und Melodien, Lehrer oder Pfarrer konnten zwischen mehreren Melodien wählen, was zu Uneinheitlichkeiten führte, andererseits sang man inhaltlich ganz unterschiedliche Texte auf die gleiche Melodie.

Daß Erthal daran gelegen war, dem Volk eine gute neue Sammlung von Kirchenliedern anzubieten, zeigt deutlich nach dem Mißerfolg der Produktion Bergs – von dem man sich als theologisch hochgebildeten Mann nicht zu Unrecht etwas hätte erhoffen dürfen – das Zirkular an den Diözesanklerus, von dem aus der praktischen Seelsorge erwachsene brauchbare Entwürfe und Vorschläge zu erwarten waren. Dieser Weg war offenbar richtig, Willmys Gesangbuch kann im ganzen als durchaus passend angesehen werden. Seine Einführung als Diözesangesangbuch hinderte sich selbst durch gewisse Mängel, war aber auch, nach dem bereits von Erthal vorgezeichneten Weg, nicht mit oberhirtlicher Gewalt vorzunehmen.

Wenn man zusammenfassend Franz Ludwig von Erthal und sein Verhältnis zu volksfrommen Übungen beurteilen soll, so fallen zunächst zwei grundsätzliche Punkte auf: Er selbst hat in seiner privaten Frömmigkeit offenbar alte Formen benutzt, wie seine Besuche an Wallfahrtsorten oder das lange Festhalten am alten Diözesangesangbuch beweisen.

Als Oberhirte war er jedoch in gewisser Weise im Zwang, Veränderungen zu treffen, wo veraltete oder mit dem Vorwurf des Aberglaubens behaftete Glaubensübungen im Gebrauch waren. Hier stand er unter dem Druck der sich gerade entwickelnden Journalistik, die erbarmungslos alles anprangerte, was nicht in das „aufgeklärte" Weltbild zu passen schien. Zudem sah er sich von Protestanten umgeben, deren kritische Äußerungen merkwürdigerweise seit der Reformation von der katholischen Seite besonders gefürchtet wurden. Das Kitzinger Diktum *und mitten unter Protestanten* (siehe oben) ist signifikant hierfür.

Außerdem ist Erthal in der Reihe seiner Amtsvorgänger zu sehen, was von diesen angeordnet und von ihm selbst als sinnvoll erkannt worden war, mußte weitergetrieben werden. Die Vermahnungen zur Feiertagsreduktion machen dies besonders deutlich.

Bei allen Maßnahmen sind als Grundzüge seines Wesens eine gewisse betonte Nüchternheit und Sachlichkeit zu erkennen, daneben aber stets Vorsicht und Mäßigung, nie wollte Erthal, daß etwas *wie man zu sagen pflegt, übers*

Bein gebrochen werde (siehe oben). Vermittlung der Erkenntnis des Richtigen, Überzeugung und dadurch freiwillige Annahme von Veränderungen hielt er für den besten Weg, das durchzusetzen, was er sich unter „Aufklärung" vorstellte.

Anmerkungen

1 JOHANN BAPTIST SÄGMÜLLER, Wissenschaft und Glaube in der kirchlichen Aufklärung. Essen [1910], S. 62.
2 SEBASTIAN MERKLE, Die kirchliche Aufklärung im katholischen Deutschland. Berlin 1910.
3 GOY, Aufklärung.
4 Siehe ROBERT BAUER, Die bayerische Wallfahrt Altötting. München-Zürich 1970.
5 Zu den Begriffen Volksglaube und Volksfrömmigkeit siehe neuestens den gleichnamigen Aufsatz von ROBERT W. SCRIBNER in: Volksfrömmigkeit in der frühen Neuzeit, hrsg. von HANS-GEORG MOLITOR. Münster 1994 (Katholisches Leben und Kirchenreform im Zeitalter der Glaubensspaltung 54), S. 121–138.
6 LThK. 2., neubearb. Aufl. 1935. Bd. 7, Sp. 543.
7 FRIEDRICH NICOLAI, Beschreibung einer Reise durch Deutschland und die Schweiz, Bd. 1. Berlin-Stettin 1783, S. 127–129.
8 MATERN REUSS, Soll man auf katholischen Universitäten Kants Philosophie erklären? Würzburg 1789.
9 FRANZ OBERTHÜR, Taschenbuch für die Geschichte, Topographie und Statistik Frankenlands, besonders dessen Hauptstadt Wirzburg, Bd. 1. Frankfurt-Leipzig 1795, S. 35–38.
10 Bd. 1 (1790), S. 226–254.
11 Das folgende nach AEB, Rep. I, PfA 234 – Herzogenaurach, Prod. 23.
12 DAW, Protokoll des Geistlichen Rates 1791/I, Gutachen vom 17. Januar 1791, beigeordnet dem Sitzungsprotokoll vom 18. März 1791, ebenso die Resolution des Fürstbischofs vom 11. März 1791.
13 DAW, Protokoll des Geistlichen Rates 1793/I, vom 6. März 1793. Dort beigeordnet: Brief des Pfarrers vom 18. Februar 1793. – Brief des Fürstbischofs vom 22. Februar 1793. – Antwort des Fürstbischofs vom 10. März 1793. – Protokoll des Geistlichen Rates 1793/I, Sitzung vom 11. März 1793, Dekret der Geistlichen Regierung.
14 LThK. 2., neubearb. Aufl. 1931. Bd. 3, Sp. 1017 f.
15 Landesverordnungen, Bd. 2, S. 914–917.
16 AEB, Rep. I, A 469 (24. April 1781).
17 AEB, Rep. I, A 469 (4. Februar 1785).
18 Landesverordnungen, Bd. 3, S. 317–319.
19 Erschienen Wallerstein 1781.
20 AEB, Rep. I, A 469 (4. April 1785).
21 Bamberg: AEB, Rep. I, A 469. – Würzburg: Landesverordnungen, Bd. 3, S.324.
22 StAB, Rep. B 74 II, Vikariatsakten Nr. 19 (18. Oktober 1786).
23 StAB, Rep. B 74 II, Vikariatsakten Nr. 21 (10. Dezember 1786).
24 Landesverordnungen, Bd. 3, S. 495–489.
25 GEORG WILLMY, Erbauliche Lieder und Gebethe beym öffentlichen Gottesdienste im Bisthum Würzburg. Würzburg 1800, S. 437.
26 FRANZ LUDWIG, Predigten. Pfarrvisitationen, S. 238.
27 Journal von und für Franken 2 (1791), S. 747–748. – Der Fränkische Merkur 2 (1795), Sp. 127–130.
28 StAW, Rechnung 37956, *Beylagen zur Würzburgisch Dom Capitulischen Bau Amts Rechnung von Petri Cathedra 1802 bis dahin 1803*, Prod. 243.
29 Landesverordnungen, Bd. 3, S. 495 und 497.
30 Mainzer Monatsschrift von geistlichen Sachen 1 (1785), H. 8, S.783–792, hier S. 790.
31 FRANZ LUDWIG, Predigten. Pfarrvisitationen, S. 4.

32 DAW, Protokoll des Geistlichen Rates 1789/I, vom 5. August 1789.

33 Wie Anm. 32, beigeheftet, vom 14. August 1789.

34 DAW, Protokoll des Geistlichen Rates 1790/II, dort beigeheftet Schreiben Erthals vom 10. August 1790.

35 DAW, Protokoll des Geistlichen Rates 1792/III, vom 30. Juli 1792, dem Protokoll vom 3. August 1792 beigeheftet.

36 Wie Anm. 35, vom 4. August 1792, dem Protokoll vom 3. August 1792 beigeheftet.

37 Wie Anm. 35.

38 DAW, Protokoll des Geistlichen Rates 1793/II, Sitzung vom 15. Mai 1793, Antwort Erthals vom 25. Mai 1793.

39 Wie Anm. 35.

40 LThK. 2., völlig neu bearb. Aufl. 1960. Bd. 4, Sp. 966.

41 Benediktionale. Studienausgabe für die katholischen Bistümer des deutschen Sprachgebietes. Einsiedeln 1978, S. 160–166.

42 AEB, Rep. I, A 462 (6. September 1783).

43 Wirzburger gelehrte Anzeigen, 1791, H. 2, S. 899.

44 GOY, Aufklärung, S. 212 f.

45 Landesverordnungen, Bd. 3, S. 289–293.

46 Landesverordnungen, Bd. 3, S. 332–336.

47 Fränkisches Archiv I (1790), S. 201–214.

48 StAB, Rep. B 67 IV, Bamberger Regierung Nr. 59 (1. September 1789).

49 GOY, Aufklärung, S. 215–227.

50 LThK. 2., neubearb. Aufl. 1933. Bd. 5, Sp. 1008 f.

51 WILHELM BÄUMKER, Das katholische deutsche Kirchenlied in seinen Singweisen, 4 Bde., Freiburg i. Br. 1883–1911, hier Bd. 3, S. 73.

52 Christkatholisches neuvermehrtes Gesangbüchlein, Würzburg 1793, S. 28–29.

53 Vgl. auch BÄUMKER (wie Anm. 51), Bd. 3, S. 104.

54 Vgl. BÄUMKER (wie Anm. 51), Bd. 3, S. 92–94.

55 StAB, Rep. B 74 II, Vikariatsakten Nr. 13 (28. Oktober 1782) und Rep. B 74 II, Vikariatsakten Nr. 14 (31. Oktober 1782).

56 LThK. 2., neubearb. Aufl. 1931. Bd. 2, Sp. 181.

57 JOHANN BAPTIST SCHWAB, Franz Berg, geistlicher Rath und Professor der Kirchengeschichte an der Universität Würzburg. Ein Beitrag zur Charakteristik des katholischen Deutschlands zunächst des Fürstbisthums Würzburg im Zeitalter der Aufklärung. Würzburg 1869, hier S. 54–71.

58 BÄUMKER (wie Anm. 51), Bd. 3, S. 97.

59 Vgl. BÄUMKER (wie Anm. 51), Bd. 3, S. 99–100.

60 FRANZ BERG, Lieder zum deutschen Gottesdienste. Fulda 1781, S. 140.

61 BERG (wie Anm. 60), S. 40.

62 SCHWAB (wie Anm. 57), S. 63 f.

63 HERMANN MATZKE, Die Aufklärung im Kurerzbistum Mainz und ihre besondere Wirkung auf die Einführung des deutschen Kirchgesanges. Diss. Bern 1919.

64 Journal von und für Franken 6 (1793), S. 684–688, vom 17. April 1793.

65 BÄUMKER (wie Anm. 51), Bd. 3, S. 113 f.

66 BÄUMKER (wie Anm. 51), Bd. 3, S. 359.

67 SCHWAB (wie Anm. 57), S. 66.

68 BÄUMKER (wie Anm. 51), Bd. 3, S. 113 f.

69 BÄUMKER (wie Anm. 51), Bd. 3, S. 114. – MATTHÄUS SCHNEIDERWIRTH, Das katholische deutsche Kirchenlied unter dem Einflusse Gellerts und Klopstocks. Münster 1908, S. 52–56, 134.

70 JOSEF HACKER, Die Messe in den deutschen Diözesan-Gesang- und Gebetbüchern von der Aufklärungszeit bis zur Gegenwart. München 1950 (Münchener Theologische Studien. Systematische Abt. 1), S. 14.

HANS JÜRGEN WUNSCHEL

Das Verhältnis Franz Ludwig von Erthals zu Protestanten und Juden

Cuius regio, eius religio hieß die erlösende Formel, mit der die seit dem 16. Jahrhundert aufflammenden Auseinandersetzungen zwischen den Konfessionen im 17. Jahrhundert endlich geschlichtet werden konnten. Ins Deutsche übertragen: Der Landesherr bestimmte die Religion seiner Untertanen, aller seiner Untertanen. In Abschwächungen grundiert dieses Prinzip bis heute unsere gesellschaftliche Wirklichkeit, soweit sie von den Konfessionen noch beeinflußt wird.

Zur Zeit Franz Ludwig von Erthals konnte von solchen Abschwächungen noch nicht die Rede sein. Die konfessionellen Verhältnisse in den einzelnen Herrschaftsbereichen waren deshalb von einer Einheitlichkeit, wie sie heute nirgends mehr zu finden ist. Für den geistlichen Fürsten bedeutete dies, daß er als Regent nur im Ausnahmefall mit Nicht-Katholiken überhaupt in Kontakt kam. Dieser Ausnahmefall konnte in den fränkischen Hochstiften entweder ein Lutheraner oder ein Jude sein; daß auch die geschichtlichen Quellen zu deren Angelegenheiten nur spärlich fließen, darf unter diesen Umständen nicht überraschen.

Es ist heute nicht mehr ohne weiteres geläufig, daß der Bischof von Bamberg im 18. Jahrhundert zugleich geistliches Oberhaupt von sechs protestantischen Pfarreien war, ja, daß es im Hochstift Bamberg durchaus Ortschaften gab, in denen man als Katholik in der Diaspora lebte. Die Ursache für diese Einsprengsel der Augsburgischen Konfession im rein katholischen Gebiet lag in jenem Artikel des Westfälischen Friedens, der das Jahr 1624 als „Normaljahr" festgelegt hatte[1], als dasjenige Jahr, dessen konfessioneller Status für die Zukunft unabänderliche Gültigkeit haben sollte: Herrschaften und Territorien, die 1624 protestantisch waren, blieben es, mochten sich der Inhaber des Gebietes und seine Erben in künftigen Zeiten konfessionell orientieren, wie immer sie wollten. Alle diese Pfarreien – im Landkapitel Eggolsheim Heiligenstadt und Unterleinleiter, im Landkapitel Hollfeld Kirchahorn und im Landkapitel Stadtsteinach Grafengehaig, Presseck und Rugendorf[2] – waren Bestandteile von Gutskomplexen, deren reichsritterschaftliche Inhaber protestantisch geworden waren. Ihrem Bekenntnis waren Pfarrer und Untertanen gefolgt, und dieser Stand war im Jahr 1624 orts- und landeskundig. Als diese Rittergüter zu irgendeinem späteren Zeitpunkt, sei es durch Kauf, sei es

durch Lehenheimfall, an den Bischof von Bamberg fielen, war am konfessionellen Status nichts mehr zu ändern.

Nicht bei allen sechs Pfarreien ist bekannt, ob und in welcher Weise sich Franz Ludwig von Erthal mit seinen protestantischen Untertanen auseinandergesetzt hat. Am deutlichsten wird seine persönliche Stellungnahme da, wo es die heftigsten Streitigkeiten gab und wo die Beziehungen zwischen den Konfessionen des endenden 18. Jahrhunderts ihren unverblümtesten Ausdruck fanden, in Presseck.

Presseck war eine schwierige Pfarrei. Zwar reichten die Wurzeln der Irritationen gut zwei Jahrhunderte zurück, doch im letzten Jahrzehnt vor Bischof Franz Ludwigs Regierungsantritt hatte sich unter dem eifervollen Wirken des Stadtsteinacher Landdekans Wagner eine heftige katholisch-protestantische Spannung aufgebaut[3].

Die Pfarrei Presseck war im 16. Jahrhundert zusammen mit den Besitzern des gleichnamigen Rittergutes, den Herren von Wildenstein, und der ganzen Ortsbevölkerung protestantisch geworden. Der zu Ende des 18. Jahrhunderts gültige Rechtszustand wurde erreicht, als zunächst die Wildensteiner 1693 ihren dortigen Güterkomplex inklusive der beiden protestantischen Pfarrkirchen Grafengehaig und Presseck *cum iure episcopali et patronatus*[4] an das Hochstift Bamberg verkauften und dann 1697 das Hochstift seinerseits die ehedem Wildensteinischen Güter an den Dompropst zu Würzburg, Karl Friedrich Frhr. Voit von Rieneck, weiterveräußerte. Bei diesem Verkauf behielt man sich aber bei beiden Kirchen das *ius episcopale* vor, überließ dem Käufer das Recht, den nicht-katholischen Pfarrer zu präsentieren und wahrte dem Bischof nur das *ius confirmandi*[5]. Darüber hinaus wurde ausdrücklich festgelegt, daß der Bischof jederzeit das *simultaneum religionis exercitium*[6] einführen könne. Der Bischof von Bamberg war also *Summus Episcopus* für den protestantischen Pfarrer, den der Würzburger Dompropst, später seine katholischen Besitznachfolger zu benennen hatten.

In den nächsten Jahrzehnten gewann in dem Rittergut mit der katholischen Herrschaft folgerichtigerweise das katholische Bevölkerungselement an Boden: Um 1770 gab es bereits über 300 Katholiken in Presseck und Umgebung, die ihr Kirchgang meist nach Enchenreuth, teils auch nach Wartenfels als zu den nächsten katholischen Pfarreien führte. Ihrer nahm sich nun der erwähnte Dechant Wagner aufs tatkräftigste an und stieß dabei, wie nicht anders zu erwarten, auf den Widerstand der Protestanten. Der erste Vorschlag, in der Pfarrkirche das Simultaneum einzuführen, wurde von ihnen umgehend zurückgewiesen. Etwas weiter gedieh die nächste Überlegung, nämlich eine katholische Kapelle in Presseck zu bauen: Die Geistliche Regierung in Bamberg erteilte die Genehmigung, der Rittergutsbesitzer erwies sich als großzügig, er stellte einen Bauplatz auf dem Gemeindeeigentum zur Verfügung, der ihm gar nicht gehörte, ein Bauplan wurde erstellt und für gut befunden und ein Tag für das Ausheben der Fundamente bestimmt. An diesem Tag, dem 21. März 1772, wurden die hochfliegenden Pläne auf den Boden der Tatsachen zurückgeholt; die Protestanten von Presseck zeigten, daß sie von dem, was sie für ihr gutes Recht hielten, keinen Fußbreit zu weichen gedachten: Mit Scheltworten und der Androhung von Schlägen trieben sie die Bauwilligen einschließlich des ritterschaftlichen und des hochstiftischen Amtmanns auseinander. In der weiteren Regierungszeit des Bischofs Adam Friedrich von Seinsheim wurde in dieser Angelegenheit nur noch temporisiert.

Als sich nach dem Regierungsantritt Franz Ludwigs der Dechant Wagner wieder mit seinem Anliegen eines Simultaneums in Presseck zu Wort meldete, reichte der Fürst das Schreiben an die Geistliche Regierung weiter und forderte ein Gutachten an. Die Ausarbeitung des Schriftsatzes wurde einem ausgewiesenen Fachmann anvertraut, dem Geistlichen Rat Johann Schott, Professor für Kirchenrecht an der Universität Bamberg[7]. Aus seiner breit angelegten Ausarbeitung auf 71 Seiten, gegliedert in einen Tatsachenbericht mit Beilagen und die *Rationes dubitandi et decidendi*, also die Entscheidungsgründe[8], sollen hier nur die auf das Ergebnis hinführenden Leitlinien dargestellt werden.

Es kann nicht überraschen, daß die Frage, ob es nützlich und nötig sei, den katholischen Gottesdienst in Presseck einzuführen, bei der Geistlichen Regierung bejaht wurde: Schott verwies auf die bischöfliche Pflicht zur Erhaltung und Verbreitung der Religion und auf die Fürsorgepflicht für die katholischen Untertanen; außerdem gelte es, diejenigen Befugnisse, die dem Bischof als Landesherren zustehen, auch aufrechtzuerhalten. Die Einwände, die die Protestanten bisher erhoben hatten, müßten dann gegenstandslos werden, wenn die Einführung des Simultaneums auf rechtlich einwandfreie Weise und ohne Beeinträchtigung des protestantischen Gottesdienstes geschehe.

Dem Referenten war bewußt, daß für das Normaljahr 1624 die Ausübung des katholischen Gottesdienstes in Presseck nicht nachweisbar war, auf diese Weise also die Wiedereinführung des alten Glaubens nicht erzwungen werden konnte. Er wußte weiterhin, daß das Vorhaben, auf Gemeindegrund eine Kapelle zu bauen, rechtlich nicht durchsetzbar war. Sein Lösungsvorschlag lautete, in der Pfarrkirche von Presseck auch den katholischen Gottesdienst abzuhalten. Nach Schotts Ansicht war dies rechtlich einwandfrei, da der Bischof das vertraglich eingeräumte Recht besaß, in Presseck das Simultaneum einzuführen, wobei man bei Vertragsabschluß zweifellos an die protestantische Pfarrkirche gedacht hatte, und da der Art. V § 31 nur die Untertanen gegen den Landesherren im Besitz ihrer Religion von 1624 schütze, aber keineswegs gebiete, alles im Stand des Normaljahres zu belassen. Wenn man das Simultaneum, so der Referent, so einführe, daß durch den Mitgebrauch der Kirche durch die Katholiken den Protestanten kein Nachteil entstehe, dann könnten diese sich nicht mehr beschweren.

Die Argumentation Schotts hatte auf der juristischen und auf der praktischen Seite ihre Schwachstellen, die bald aufgedeckt wurden. Zunächst trat die Geistliche Regierung in ihrer Sitzung am 23. Januar 1780 dem Votum des Referenten Schott einstimmig bei; der Schriftsatz ging damit unverändert an den Bischof. Dieser reichte am 15. März den ganzen Vorgang an die Weltliche Regierung weiter und forderte auch von dieser ein Gutachten an. Mit dessen Ausarbeitung wurde der Geheime Rat Hanauer beauftragt, der das Ergebnis seiner Überlegungen auf 22 Seiten in der Reinschrift am 21. April 1780 vorlegte[9].

Bei der Weltlichen Regierung hielt man sich mit den vorgetragenen Überlegungen zu den Pflichten eines Bischofs nicht weiter auf, sondern stellte – durchaus dem säkularen Bereich verpflichtet – an den Beginn des Gutachtens die Erwägung, daß diese Angelegenheit schnell über die Grenzen des Hochstifts hinaus im ganzen Reich Aufsehen erregen könne; man müsse also sehr genau die möglichen Verfahrensweisen, sei es in der Güte, sei es auf dem Rechtswege, bedenken, damit nicht letztlich mehr Schaden als Nutzen für die Religion gestiftet werde.

Dem Rechtstitel auf Einführung des Simultaneums, den der Bischof von Bamberg im Vertrag von 1697 erworben hatte, maß der Jurist Hanauer geringe Bedeutung zu: Einerseits waren die Protestanten von Presseck beim Vertragsabschluß nicht beteiligt gewesen, folgerichtigerweise durch diesen Vertrag auch in keiner Weise gebunden, andererseits erlaubte die Klausel dem Bischof auch nur ganz allgemein, irgendwo auf den früher Wildensteinischen Gütern den katholischen Gottesdienst einzuführen, keineswegs unbedingt in der protestantischen Pfarrkirche. Ausgerechnet hier das Simultaneum einführen zu wollen, hielt Hanauer für aussichtslos, da aus seiner Sicht der Dinge nur eine Lösung in Frage kam, die die Rechte der

Andersgläubigen nicht verletzte. Jede Mitnutzung der Kirche durch die Katholiken mußte aber die Protestanten, die in ihr bisher schalten konnten, wie es ihnen gut dünkte, einschränken. Aus heutiger Sicht besonders eigenartig ist das Argument des bischöflichen Hof- und Regierungsrates, daß für die Katholiken ein Hauptteil ihrer Religion die Aufstellung und Verehrung von Heiligenbildern im Gotteshaus sei. Wenn also in der Kirche zu Presseck der katholische Gottesdienst mit diesen seinen *wesentlichen Angehörungen* wirklich eingeführt werde, so sei klar, daß sich die Lutheraner mit allen Kräften widersetzen würden, weil die Aufstellung von Heiligenbildern ein Eingriff in ihre Gewissens- und Religionsfreiheit sei.

Wenn zur Einführung des katholischen Gottesdienstes in der Pfarrkirche zu Presseck kein Weg führe, so meinte Hanauer, dann müsse es doch möglich sein, außerhalb des Marktes Presseck einen geeigneten Bauplatz zu finden, der nicht den Protestanten zustehe, sondern dem Grafen oder einem Privatmann, einen Platz, den man kaufen und auf dem man eine Kapelle bauen könne. Der Referent schlug hierfür Heinersreuth vor, wo der Graf selbst in den Zeiten seiner Anwesenheit den katholischen Gottesdienst abhalten lasse.

Diesem Votum schloß sich die Weltliche Regierung unverzüglich an und legte die Angelegenheit zur Entscheidung dem Fürsten vor.

Nach den erschöpfend ausführlichen Darlegungen der beiden Regierungen war die Entscheidung Franz Ludwigs von wohltuender Kürze. In der *Resolutio Celsissimi* vom 14. Oktober 1780[10] auf vier Seiten zeigte sich die Überlegenheit des Bischofs gegenüber seinen Ratgebern; er verzichtete auf alle juristischen Erwägungen und ließ die praktische Vernunft sprechen: Dem von der Weltlichen Regierung vorgetragenen Gedanken an einen Kapellenbau in Heinersreuth konnte er nichts abgewinnen, da die Katholiken von Presseck dorthin etwa dieselbe Wegstrecke zurückzulegen hätten wie bisher zur katholischen Pfarrkirche Enchenreuth. Er schloß sich der ablehnenden Haltung Hanauers gegen die Einführung des Simultaneums in der Pfarrkirche an, wenn auch aus anderen Gründen, als dieser vorgetragen hatte. Erthal hielt einen solchen Eingriff in die Rechte der Protestanten nicht für notwendig. Die Pressecker Katholiken hätten etwa eine halbe Stunde Weges bis Enchenreuth, und dies sei eine auch in rein katholischen Pfarreien keineswegs ungewöhnlich weite Strecke. Wenn ihnen also wirklich daran gelegen sei, die katholische Messe in ihrem Wohnort zu feiern, dann brauche ja nur einer aus ihrer Mitte sein Haus, seine Scheune oder ein Stück Grund zur Verfügung zu stellen, wofür dann die katholischen Einwohner insgesamt den Abtretenden entschädigten; sei ein solcher Platz gefunden und gebe der Graf seine Genehmigung – hieran

zweifelte der Bischof offenbar nicht – dann könne der Kirchenbau beginnen, selbst wenn die Lutheraner widersprechen sollten.

Diese Entscheidung des Bischofs hatte der Pfarrer von Enchenreuth den katholischen Bewohnern Pressecks zu eröffnen. Erst in unserem Jahrhundert ist in Presseck eine katholische Kirche errichtet worden.

Noch ein kleines Mosaiksteinchen möge das Bild von den Beziehungen Franz Ludwig von Erthals zu den Protestanten vervollständigen. Im Januar 1790 hatte ihm der Pfarrer von Schlüsselfeld die Sorgen des rein katholischen Ortes Elsendorf vorgetragen: Dort stand ein Wirtshaus vor der Versteigerung, und die Einwohner befürchteten, ein bestimmter Kaufinteressent protestantischen Glaubens, der Wirt von Vestenbergsgreuth, könnte mit finanzieller Unterstützung seines Lehenherrn Meistbietender bleiben. Die Reaktion Franz Ludwigs war ein Schreiben an den zuständigen Amtmann von Höchstadt a. d. Aisch mit der zunächst generellen Weisung, er wünsche nicht, daß in rein katholischen Orten ein Protestant als Mitbewohner aufgenommen werde. Im speziellen Fall solle der Amtmann diskret dafür sorgen, daß der Protestant von einem Katholiken überboten werde; diesem könne er dann entsprechend seinen Mehrausgaben ein Entgegenkommen bei den allfälligen Gebühren in Aussicht stellen. Um den Geistlichen von Schlüsselfeld, den Pfarrer Clement, nicht bei den Protestanten der Umgebung in Mißkredit zu bringen, solle nicht bekannt werden, daß dieser in der fraglichen Angelegenheit nach Bamberg berichtet hatte[11]. Am 30. Oktober 1790 konnte der Amtmann seinem Landesherrn mitteilen, daß alles geräuschlos nach seinen Wünschen abgelaufen sei[12].

Die erzählten Vorgänge illustrieren die Kluft, die im endenden 18. Jahrhundert zwischen Katholiken und Protestanten offenstand. Sie war jedermann bewußt und wurde normalerweise nicht überbrückt. In den dargestellten Fällen, in denen sich die Verhältnisse zwischen den Konfessionen zu komplizieren drohten, tritt uns Franz Ludwig von Erthal auch da als Landesherr entgegen, wo er seine Eigenschaft als katholischer Bischof hätte betonen können. Es wird ein tiefsitzendes Gerechtigkeitsgefühl, ein Bedürfnis, jedem Untertan gerecht zu werden, erkennbar, das aber zugleich den Zweck hat und das Ziel verfolgt, Frieden im Lande zu halten und Streitigkeiten zwischen den Konfessionen nicht aufkommen zu lassen, zum Beispiel dadurch, wie in Elsendorf, daß man Reibungspunkte gar nicht erst entstehen ließ. Welch zerstörerische Kraft Unfrieden zwischen den Konfessionen entfalten konnte, war noch nicht vergessen.

Noch seltener als Protestanten waren in der Stadt Bamberg Juden. In den letzten Jahren der Regierung Franz

Ludwig von Erthals überschritt die Zahl der Augsburger Konfessions-Verwandten, wie sie offiziell genannt wurden, selten und nur geringfügig die Zahlengrenze von hundert Seelen; an jüdischen Haushalten gab es zu Ende des Jahrhunderts nur 32[13]. Die Juden waren eine kleine, dank ihrer Präsenz in Handel und Geldgeschäft sowie vor Gericht unübersehbare Bevölkerungsgruppe.

Eine Darstellung der Judenpolitik des Fürstbischofs ist an dieser Stelle nicht geplant, sowenig die bisherigen Ausführungen seine Kirchenpolitik gegenüber dem Protestantismus zum Gegenstand hatten. Seine von Wohlwollen getragenen Verfügungen zum Bamberger Rabbinatsgericht[14] brauchen hier also nicht wiederholt zu werden, und auch bei seiner Verordnung, daß den Pfarrkindern besser eingeprägt werden solle, daß die Juden *auch Menschen seyen, folglich so wenig wie Christen mishandlet oder umgebracht werden dörfen*[15], mag es an dieser Stelle beim unkommentierten Zitat bleiben.

Um das Verhältnis Franz Ludwigs zu den Juden zu verdeutlichen, soll sich die Darstellung auf die Aufregungen in Bamberg und die Empörung beim Fürstbischof beschränken, als im Februar 1791, Erthal residierte gerade in Würzburg, ganz unvermutet in größerer Zahl antisemitische Schmähschriften – Pasquille nannte man sie damals – auftauchten: Es dürfte nicht leicht sein, einen getreueren, ehrlicheren Ausdruck der Empfindungen zu entdecken, die Erthal gegenüber Judentum und Antisemitismus bewegten[16].

Der Fürstbischof stand seinen jüdischen Untertanen vorurteilslos gegenüber. Es ist bekannt, daß er deren Spitzenbegabungen – Franz Ludwig Hornthal[17] und Adalbert Friedrich Marcus[18] – förderte, die dann alsbald zum Christentum übertraten. Weniger bekannt ist, welch unerfreuliche Reaktionen sich daraufhin in Bamberg bemerkbar machten.

Die Schmähschriften griffen die Juden frontal an, alle beschnittenen und unbeschnittenen Juden, wie es hieß. Hier lebte nicht mehr der religiös motivierte Judenhaß des Mittelalters auf, der sich gegen die Feinde Christi gerichtet hatte, hier tritt schon der moderne Antisemitismus ans Licht, dessen Haß sich gegen die Juden ganz allgemein und die erfolgreichen unter ihnen im besonderen richtet. Als Protagonisten dieser Gruppe empfand der Schreiber den Hofrat Dr. Marcus, dann dessen Brüder und was sonst noch Rang und Namen in der Stadt gewonnen hatte. Diese, namentlich den als Speichellecker apostrophierten Dr. Marcus, beschuldigte er, sich beim Fürsten eingeschmeichelt zu haben und bei ihm ihren Vorteil zu suchen und zu finden. Damit war, zwar nur indirekt, aber nicht undeutlich, auch der Fürst mit dem Vorwurf angegriffen, sich mit Schmarotzern zu umgeben und deren Einflüsterungen nachzugeben[19].

Einen Schritt weiter ging der Schreiber mit seiner nächsten, etwa Anfang März 1791 auftauchenden Schmähschrift, in der er geradezu zum Pogrom aufrief und die Bürger aufforderte: sich *von einem jüdischen Bettelhaufen . . . nicht beherrschen und mißhandlen* zu lassen: *Reget euch und treibet dieselbe in die ohnehin noch unbewohnte Grafschaft des Grafen von Rotenhann*[20].

Schließlich ging der Pasquillant den Fürsten selbst an: Unter der unschwer aufzulösenden Sigle *F: L:* wird er als *Bamberger bekannter Judenfreund und Christenfeind* verunglimpft. Nicht erhalten und nur aus der Abschrift des Marschalk von Ostheim bekannt ist ein gemaltes Blatt, das den Fürsten auf einem Esel reitend mit der Umschrift *rex Judaeorum* zeigt[21].

Die Empörung des Fürsten über die gemeinen Verleumdungen und den Unrat, der so unvermutet hochgespült wurde, spricht aus jedem der Schreiben, die er in dieser Angelegenheit erlassen hat. Einen seiner ersten Briefe richtete er, wohl am 10. Februar 1791, an Dr. Marcus. Er verurteilte das *größte und boshafteste Bubenstück*, das sich in Verleumdungsangelegenheiten in seiner Regierungszeit zugetragen habe und versicherte den Arzt seines weiteren Vertrauens[22].

Alarmiert war Erthal insbesondere über den Aufruf zu tätlichen Angriffen *gegen die persönliche Sicherheit einiger Mitbürger* (in) *Bamberg*. Hier fühlte sich der Landesherr aufgerufen, seinen Pflichten nachzukommen: *Die Gekränkten haben, ohne daß sie auch darum anrufen, den gerechtesten Anspruch auf thätigen Schutz ihrer Ehre und ihrer Personen*. Er ordnete am 10. März eine Kommission zur Feststellung von Urhebern und Verbreitern der Schmähschriften an[23]; sie konstituierte sich am 15. März in Bamberg unter Leitung des Hofkanzlers Papstmann. Daß die Kommission trotz monatelanger Arbeit und der Vernehmung zahlloser Personen kein greifbares Ergebnis erbrachte, sondern nur allerlei trüben Antisemitismus zu Tage förderte, war fast zu erwarten gewesen[24]. Der Verwaltungsfachmann Papstmann hatte seinen Landesherrn von Anfang an darauf hingewiesen, daß nur eine sehr schwache Hoffnung bestehe, der Sache auf den Grund zu kommen[25].

Mit der Reaktion des Landesherrn sind die Wirkungen der Schmähschriften aber nur zum Teil beschrieben. Franz Ludwig von Erthal, der selbst wußte, wieviel er für Bamberg schon getan hatte, war auch menschlich getroffen. Es war ja nicht so, daß ein verwirrter Einzeltäter der ganzen Stadt Abscheu eingeflößt hätte. Vielmehr wurden die Pasquille begierig aufgelesen, abgeschrieben, weitergereicht und in den Wirtshäusern beredet. Und überdies, so die Überzeugung des Bischofs, rührten die Machwerke wohl nicht *von der niedrigen Klasse der Bamberger Inwohner*[26]. In der Tat, die Pasquille waren zwar geschmiert, aber offenbar von einer im Schreiben geläufigen Hand, und in der Hefe der Bevölkerung wäre man auf hämische antisemitische Anspielungen nicht gekommen. Der enttäuschte Bischof empfand die Vorgänge als groben Undank des *Bamberger Publicums.* Er schrieb seinem Hofkanzler: *Und sie sollen ja nicht denken, daß ich einen unüberwindlichen Hang habe, ihr Bischof und Fürst zu bleiben. Ich würde den Würzburgern nur umso willkommener sein, wenn ich mich ihnen allein widmen wollte*[27]. Als ernstgemeinte Drohung wird man die Sätze nicht auffassen dürfen, aber ein tief gekränkter Franz Ludwig von Erthal wollte doch deutlich machen, daß er auf die Bamberger nicht angewiesen sei.

Daß man in Bamberg merkte, in welch ungewöhnlichem Maße der Fürstbischof über die Schmähschriften verstimmt war, darf unterstellt werden: Es kam sogar das Gerücht auf, es sei auf den Kopf des Pasquillanten ein Preis gesetzt worden[28]!

Als dann auch noch die Arbeit der Untersuchungskommission an der Regnitz auf murrendes Unverständnis stieß und der wohlunterrichtete Bischof vernahm, daß – wiederum *nicht bloß bei gemeinen Leuten* – öffentlich geäußert werde, *es sei nicht der Mühe wert, soviel für einen getaufften Juden zu tun; wäre das Pasquill gegen den Domdechant, könnte man auch nicht mehr tun,* war er beinahe noch mehr als über die Schmähschriften verstimmt. Eine sehr persönliche Empörung brach sich Bahn, als er an die Bamberger Regierung schrieb, daß es *eine äußerst niederträchtige, mehr als bloße Verachtung verdienende Denkungsarth verrathet, dafür zu halten, daß man einen Juden willkührig und ungestraft durch Schandschrifft mißhandeln . . . dürfe.* Nicht nur der Regent und die stiftsmäßigen Kavaliere, sondern jeder rechtschaffene und unbescholtene Bürger habe einen Anspruch auf den Schutz des Staates.

Das Schreiben bestätigt eindrucksvoll die oben gewählte Formulierung von dem tiefsitzenden Gerechtigkeitsgefühl Erthals: Mehr als verächtlich ist derjenige, der meint, daß man einem Juden unrecht tun dürfe. Stärker kann man es kaum ausdrücken, daß auf Gerechtigkeit vor allem derjenige Anspruch hat, der als Außenseiter oder als Schwächerer mehr gefährdet ist. Es ist der Ausdruck einer noblen Gesinnung.

Wenn ich recht sehe, hebt der Bischof nur an dieser einen Stelle ausdrücklich auf die jüdische Herkunft seines Leibarztes ab, gleichsam gezwungen von den Redensarten, die ihm aus Bamberg berichtet worden waren. Normalerweise ist seine Argumentation eine andere, diejenige, die er auch sofort an den wörtlich zitierten Satz anschließt: Die in den Schmähschriften angegriffenen Personen sind – er spricht nicht von Untertanen – unbescholtene Bürger. Man kann diese Beobachtung ver-

allgemeinern: Für Franz Ludwig von Erthal waren die Juden zunächst und vor allen Dingen Bürger, nicht mehr und nicht weniger.

Anmerkungen

1 *Instrumentum pacis Osnabrugense,* Art. V, § 31. Der Text des Westfälischen Friedens ist dutzendfach gedruckt. Die jüngste Edition findet man in: Dokumente zur Geschichte von Staat und Gesellschaft in Bayern, Abteilung I, Altbayern vom Frühmittelalter bis 1800, Bd. 3, T. 2, bearb. von Walter Ziegler. München 1992, S. 1242, Nr. 348.

2 F(ranz) A(dolph) SCHNEIDAWIND, Versuch einer statistischen Beschreibung des Kaiserlichen Hochstifts Bamberg, 2. Abteilung. Bamberg 1797, Beilage 30, S. 146–149. – MATTHIAS SIMON, Die evangelische Kirche (Historischer Atlas von Bayern, Kirchliche Organisation, T. 1). München 1960, S. 315, 337 f., 380, 527, 557 und 628.

3 Die Vorgeschichte des Konfessionsstreits wird im Gutachten der Geistlichen Regierung vom 23. Januar 1780 wiedergegeben (siehe Anm. 8).

4 Mit der bischöflichen Gewalt und dem Recht zur Ernennung des Pfarrers.

5 Das Recht, den ernannten Pfarrer zu bestätigen.

6 Die gleichzeitige Religionsausübung durch beide Konfessionen. Der Begriff schillert in der dieser Arbeit zugrundeliegenden Akten: Er kann die gleichzeitige Religionsausübung in einem Territorium und in einem Gotteshaus bedeuten; letztere Möglichkeit wird auch als *Simultaneum crudum* bezeichnet.

7 JÄCK, Pantheon, Sp. 1038.

8 StAB, Rep. B 49, Bamberger Pfarreiakten, Nr. 149.

9 Konzept: wie Anm. 8, Ausfertigung: StAB, Rep. B 67 IV, Bamberger Regierung, Regierungsprotokolle, Bd. 15, Prod. 27¹/₂. – Zu Hanauer siehe JÄCK Pantheon, Sp. 427.

10 StAB, Rep B 67 VII, Bamberger Regierung, Regierungsprotokolle (Resolutionen), Bd. 13, Prod. 121.

11 StAB, Rep. B 67 IV, Bamberger Regierungsprotokolle, Nr. 63, Prod. 53.

12 StAB, Rep. B 53, Hofkammer-Protokolle, Bd. 414, Prod. 8.

13 SCHNEIDAWIND (wie Anm. 2), 1. Abteilung, S. 181 f.

14 ECKSTEIN, Juden, S. 197.

15 StAB, Rep. B 74 II, Bamberger Vikariatsakten, Nr. 11, Prod. 95. Hier zitiert nach dem Index des Bandes s. v. „Juden". Siehe Kat.-Nr. 52.

16 Hauptquellen für die Vorgänge sind ein Akt über *Die Untersuchungen gegen Pasquillanten unter Fürstbischof Franz Ludwig von Erthal. 1791* (StAB, Bamberger Regierung ex J 2, Nr. 277) und eine Handschrift des Marschalk von Ostheim (StBB, M. v. O. Msc. 15). Der Akt enthält im wesentlichen die Schmähschriften selbst und einige Schreiben Erthals sowie die Protokolle und einige Berichte der Untersuchungskommission. Die Handschrift gibt außer einigen Schriftstücken aus dem zitierten Akt Briefe wieder, die im Bestand des Staatsarchivs gewesen sein müssen, aber dort nicht mehr nachweisbar sind; außerdem hat der Schreiber der Handschrift auch Unterlagen aus dem Nachlaß Seufferts, des Geheimen Referendars Erthals (JÄCK, Pantheon, Sp. 1073) zur Verfügung gehabt, darunter den in Anm. 22 zitierten Brief an Dr. Marcus (vgl. StBB, Msc. Misc. 79/I, 2: Verzeichnis der Manuskripte aus dem Nachlaß des Appellationsgerichtsrats Michael Seuffert). Der Vorgang wird auch bei ECKSTEIN, Juden, S. 290 f. kurz erwähnt.

17 JÄCK, Pantheon, Sp. 487 ff.

18 FRIEDRICH ROTH, Dr. Adalbert Friedrich Marcus, der erste dirigierende Arzt des allgemeinen Krankenhauses zu Bamberg. In Festschrift Bamberg. Krankenhaus, S. 1–67.

19 Das erste Pasquill ist nicht erhalten. Sein Inhalt ist zu erschließen aus dem Schreiben Erthals vom 10. März 1791 an die Bamberger Regierung im Untersuchungsakt (siehe Anm. 16).

20 So von Erthal selbst zitiert im Brief vom 10. März 1791 (siehe Anm. 19).
21 Wie Anm. 16.
22 StBB, M. v. O. Msc. 15, § 16.
23 Wie Anm. 19 und 20.
24 Zum Kommissionsprotokoll siehe Anm. 16. Besonders aufschlußreich sind die Nachrichten über judenfeindliche Äußerungen, die Hornthal am 28. März 1791 zu Protokoll gab.
25 Bericht Papstmanns vom 12. März 1791 (StBB, M. v. O. Msc. 15, § 4).
26 Schreiben Erthals an die Bamberger Regierung vom 22. März 1791 (StBB, M. v. O. Msc. 15, § 8).
27 Das Schreiben Erthals fehlt. Papstmann zitiert diese Passage im Bericht vom 14. März 1791 (StBB, M. v. O. Msc. 15, § 3).
28 StBB, M. v. O. Msc. 15, § 12.
29 Wie Anm. 26.

Nr. 50

47 Weisung des Fürstbischofs an den Amtsverweser zu Höchstadt a. d. Aisch

Bamberg, 14. Oktober 1780
Papier, Entwurf mit eigenhändiger Paraphe
H. 36 cm, Br. 21 cm

Staatsarchiv Bamberg, Rep. B 67 IV, Bamberger Regierungsprotokolle, Nr. 63, Prod. 53

Lit.: HANS FISCHER (Bearb.), Katalog der Handschriften der königlichen Bibliothek zu Bamberg, Bd. 3. Bamberg 1912, S. 155.

Auf eine Warnung des zum Klerus der Diözese Würzburg gehörigen Pfarrers zu Schlüsselfeld, daß möglicherweise ein Protestant das Wirtshaus im bisher rein katholischen Elsendorf ersteigern könnte, befahl Erthal mit diesem Schreiben dem bambergischen Amtsverweser zu Höchstadt a. d. Aisch, ohne Aufsehen den Zuzug eines Lutheraners zu verhindern.
Das Schriftstück ist eine zurückgehaltene Resolutio Celsissimi (Entscheidung des Bischofs), in die nachträglich noch hineinkorrigiert wurde; es ist deshalb als Entwurf zu bezeichnen. H. J. W.

Die *Hochfürstl. wirzburgisch-augsburgischen Confessionsverwandte Pfarrer* werden in den Würzburger Hof- und Staatskalender als letzte in dem Abschnitt *Geistlicher Staat* aufgeführt. In 36 Orten amtieren 30 Pfarrer, zwei Pfarrstellen sind nicht besetzt. R. B.-F.

49 Liste der Augsburger Konfessionsverwandten im Hochstift Bamberg

Fürstlichen Hochstifts Bamberg Hof- Stands und Staats-Kalender . . . MDCCLXXXIII

Bamberg
Papier, Oktavformat

Bibliothek des Metropolitankapitels Bamberg, 8° Bbg. 92

Im Hochstift Bamberg gab es nur sechs *Hochfürstlich-Bamberg-Augspurgische Confeßions-Verwandte Pfarreyen,* die unter der Angabe, zu welchem (katholischen) Landkapitel sie gehören, in den Bamberger Hof- und Staatskalendern aufgeführt sind. R. B.-F.

48 Liste der Augsburger Konfessionsverwandten im Hochstift Würzburg

Wirzburger Hof- Staats und Standskalender für das Jahr MDCCLXXXIII

Würzburg
Papier, Oktavformat

Bibliothek des Metropolitankapitels Bamberg, 8° Franc. 439/1783

Lit.: WALTER SCHERZER, Die Augsburger Konfessionsverwandten des Hochstifts Würzburg nach dem Westfälischen Frieden. In: ZbKG 49 (1980), S. 20–43.

50 Porträt Adalbert Friedrich Marcus

Franziska Schöpfer (1763–1836)
Bildnismedaillon, Elfenbein, in Lederetui
Durchmesser 6 cm
Im Umschlag innen Authentik der Tochter Franziska Markus von 1894, daß es sich um das Lebensbild ihres Vaters handle.

Historisches Museum, Inv. Nr. 11/5

Unveröffentlicht   Abb.

Lit. zu Marcus: GRÜNBECK, Markus. – Ausstellungskatalog Allgemeines Krankenhaus, S. 18–21, 74–79. – Zu Franziska Schöpfer: THIEME/BECKER, Allgemeines Lexikon der bildenden Künstler, Bd. 33, S. 237.

Die Zuschreibung der Miniatur an Franziska Schöpfer (1763–1836) stützt sich auf den Vergleich mit dem von J. Lips nach dem Medaillon geschaffenen Kupfer von 1816 (vgl. Ausstellungskatalog Allgemeines Krankenhaus, Nr. 47).

Adalbert Friedrich Marcus (die Schreibweise wechselt, Marcus – Markus, andere Angehörige der Familie firmieren unter Mark–Marc) (1753–1816), in Arolsen geboren, wurde 1775 bei Ernst Gottfried Baldinger (1738–1804) in Göttingen promoviert, war bei Carl Caspar Siebold d. Ä. (1732–1807) am Würzburger Juliusspital und ließ sich 1778 als praktischer Arzt in Bamberg nieder. 1781 erfolgte die Taufe und die Anstellung als Leibarzt Erthals. Er wurde einer der wenigen Vertrauten des Fürstbischofs und hat bedeutenden fachlichen Anteil am Krankenhaus, dessen erster „dirigierender" Arzt er wurde. Zwar war er nie Professor an der Bamberger Universität, doch hielt er seit 1793 klinische Vorlesungen. Aus der aufgehobenen Universität rekrutierte Marcus ab 1803, als er Direktor der Medizinal- und Krankenanstalten in den fränkischen Fürstentümern geworden war, den Lehrkörper einer medizinisch-chirurgischen Schule für die praktische Ausbildung von Hochschulabsolventen und die theoretische und praktische Ausbildung von Wundärzten und Hebammen. Die Einrichtung bestand unter wechselndem Namen bis 1843. 1804 wurde die Irrenanstalt unter Marcus in St. Getreu eingerichtet.
Marcus wird als begnadeter Diagnostiker und Therapeut gerühmt. Er verband organisatorisches Geschick und die Bereitschaft zu theoretischer Fundierung seiner Arbeit. Als erster Arzt in Süddeutschland führte er die Pockenschutzimpfung ein. Seine Behandlungsmethoden wechselten rasch, er war stets bereit, Neues zu rezipieren, in die Praxis umzusetzen und darüber (statistisch oder polemisch) zu publizieren. Zu nennen ist besonders die John Brownsche (1735–1788) Methode, erweitert durch den Kollegen von Marcus, Andreas Röschlaub (1768–1835), zur Erregungstheorie. In dieser Zeit war Bamberg Zentrum der romantischen Medizin. Friedrich Wilhelm von Schelling (1775–1854) führte hier die naturphilosophische Medizin ein, und Marcus gab später ein Periodikum mit ihm heraus.
Marcus war über seine medizinische Bedeutung hinaus ein gesellschaftlicher und kultureller Mittelpunkt von Bamberg, er beförderte Geselligkeit und künstlerische Produktivität. E. T. A. Hoffmann (1776–1822), der von 1808 bis 1813 in Bamberg wirkte und sich mit ihm porträtierte, ließ er zeitweise in der Altenburg wohnen und arbeiten und öffnete ihm die Bamberger Gesellschaft, z. B. über die „Harmonie" und die Lesegesellschaft „Museum".   B. S.

51 Porträt Franz Ludwig von Hornthal

Johann Waldherr (1779–1842)
Lithographie
signiert unten rechts: *J. Waldherr fecit 1822*
H. 24,6 cm, Br. 15,7 cm (Blattgröße)
H. 14,0 cm, Br. 11,0 cm (Bildgröße)

Staatsbibliothek Bamberg, VA 234 C   Abb.

L. v. HORNTHAL

Lit: JÄCK, Pantheon, Sp 487 ff – OSKAR KRENZER, Hornthal, Dr. Johann Peter von, romantischer Dichter, Jurist und Politiker. 1794–1864. In: ANTON CHROUST (Hrsg.). Lebensläufe aus Franken, Bd. 3. Würzburg 1927, S. 244–277. – Zu Johann Waldherr: THIEME/BECKER, Bd. 35, S. 72.

Franz Ludwig (von) Hornthal, geboren 1765 in Hamburg als Sohn eines Rabbiners, hatte zunächst die Talmudschule in Fürth besucht, löste sich von dort und fand die Protektion Erthals, unter dessen Einfluß er zum Christentum übertrat.

Bei der Taufe am 2. Mai 1779 durch Weihbischof Johann Adam Behr übernahm der Bischof die Patenstelle, ließ sich aber beim Taufakt durch den Oberstallmeister Johann Anton von Horneck vertreten.

Der Neophyt erhielt die Vornamen des Bischofs und einen Familiennamen, zu dem Pate und Vizepate je einen Bestandteil beisteuerten (AEB, Taufmatrikel St. Martin, Bamberg, fol. 316).

Hornthal war in der letzten Zeit des Fürstbistums erfolgreicher Advokat, trat nach dem Übergang des Hochstifts an Bayern in den Staatsdienst und wurde 1815 geadelt. Er wurde 1818 Bürgermeister der Stadt Bamberg, 1819 Mitglied der Kammer der Abgeordneten und starb 1833.

H. J. W.

52 Schreiben des Fürstbischofs Franz Ludwig an das Vikariat

Bamberg, 2. September 1780
Papier, Doppelblatt. Entwurf mit eigenhändigen Korrekturen und eigenhändiger Paraphe
H. 36 cm, Br. 21 cm

Staatsarchiv Bamberg, Rep. B 74 II, Bamberger Vikariatsakten, Nr. 11, Prod. 95

Als im April 1779 Majer Wolf, ein Jude aus Demmelsdorf, im Alter von 18 Jahren erschlagen worden war (StAB, Rep. B 68, Protokolle des Bamberger Malefizamts, Nr. 1010, T. I, fol. 62), hatte sich bei der gerichtlichen Untersuchung herausgestellt, daß der Täter, ebenfalls 18 Jahre alt, offenbar in der Vorstellung lebte, daß es eigentlich kein Unterschied sei, ob man einen Juden töte, oder ob man ein Stück Vieh erschlüge. Der junge Mann schien *in der gröbsten Unwissenheit der ersten Grundsätze der sowohl natürlichen als christlichen Religion* zu stecken und da er offenkundig *von dem göttlichen fünften Gebothe keinen deutlichen und richtigen Begriff*

hatte, wurde nicht die sonst unvermeidliche Todesstrafe, sondern eine *außerordentliche Bestrafung* ausgesprochen, die in der zunächst unbefristeten Einweisung ins Zucht- und Arbeitshaus bestand (StAB, Rep. B 68, Nr. 1011, T. II, fol. 188 v–190).

Der Kriminalfall veranlaßte Franz Ludwig von Erthal, durch das vorliegende Schreiben dem Vikariat ein *Circulare* an die Seelsorger und Schulmeister aufzugeben: Sie sollten durch ihren Unterricht dafür sorgen, daß der Bevölkerung – so vom Fürstbischof eigenhändig dem Entwurf beigefügt – *ein beßerer begriff von den Pflichten der Christlichen Lieb, und daß nach solcher auch kein Jud mißhandelt, vielweniger umgebracht werden dörfte, beygebracht werde.* Erthal erhoffte sich davon, daß *dergleichen Verbrechen aus dem nemlichen Irrthume künftighin nicht mehr begangen werden* oder daß man doch mindestens in der Zukunft an diesem Punkt keine Unwissenheit mehr vorschützen könne.

Dieses für den aufgeklärten Regenten des 18. Jahrhunderts typische Vertrauen auf die bessernde Wirkung der Belehrung hat den Erfahrungen des 20. Jahrhunderts nicht standgehalten.

H. J. W.

53 Untersuchung der Bamberger Pamphlete gegen Fürstbischof von Erthal

2. Hälfte 19. Jhdt.
Papierhandschrift, 1 Bl., 105 S.
H. 23 cm, Br. 18 cm

Staatsbibliothek Bamberg, M. v. O. Msc. 15

Lit.: HANS FISCHER (Bearb.), Katalog der Bibliothek des Freiherrn Emil Marschalk von Ostheim. Bamberg 1912, S. 1208.

Als im Jahr 1791 in Bamberg Schmähschriften in größerer Anzahl gegen Franz Ludwig von Erthal aufgetaucht waren, hatte man eine Untersuchungskommission gebildet, die die Vorgänge allerdings nicht hatte aufhellen können.

Freiherr Emil Marschalk von Ostheim (1841–1903) ließ durch seinen Schreiber Faulhaber in diesem Manuskript Abschriften aus Briefen des Fürstbischofs und des Hofkanzlers Papstmann, aus den Untersuchungsakten und aus einem Privatnachlaß zusammenfassen. Aufgeschlagen ist die Stelle, wo in einem Schreiben Papstmanns die Erwägung Erthals zitiert wird, sich auf diese Kränkung hin überhaupt aus Bamberg zurückzuziehen. H. J. W.

WERNER LOIBL

Franz Ludwig von Erthal und das Manufakturwesen im Hochstift Würzburg[1]

Fabriken und Manufacturen sind unbekannt, stellte der Domherr Sigismund von Bibra als Zeitgenosse Franz Ludwig von Erthals im Würzburger Hochstift lapidar fest[2]. Dieses Urteil könnte eine Untersuchung erübrigen, doch seine Pauschalität weckt eher Zweifel und Fragen. Entsprach dieses Verdikt der Realität oder beruhte es auf falschen Vergleichsmaßstäben, wollte und konnte der Fürstbischof etwas Entscheidendes ändern oder verbessern? Dachte Franz Ludwig von Erthal überhaupt ökonomisch[3]?

Voraussetzungen

Das Hochstift Würzburg umfaßte 1802/03 94 Quadratmeilen (= 5170 qkm) mit 262 000 Einwohnern[4], die Statistiken der Regierungszeit Erthals sind gleichlautend[5]. 1802/03 beliefen sich die gesamten Staatseinnahmen auf 3 Millionen Gulden[6], doch 30 Jahre früher schätzte BÜSCHING die Staatseinnahmen noch auf *4 bis 500 000 Gulden*[7], was auch für das Wahljahr 1779 gelten dürfte. Verglichen mit anderen Staaten (Kurbayern: 1,1 Millionen Einwohner bei 4 Millionen Gulden Jahreseinnahme, Preußen: 24 Millionen, Österreich: 36 Millionen) demonstrieren diese Zahlen die wirtschaftliche Größenordnung des Hochstifts. Auch in der Einzelbetrachtung bot sich dort für zeitgenössische Aufklärer mit der fragwürdigen Gleichsetzung: Industrie = Wohlstand und gute Regierung – kein Anlaß zum Optimismus. Sogar die Residenzstadt Würzburg mit ihrer Möglichkeit zur Kumulation von Großbetrieben machte bei dem desolaten Gesamteindruck keine Ausnahme[8]. Die dortige Porzellanmanufaktur war mit dem Tod ihres Gründers am 19. August 1780 zusammengebrochen, denn der Betrieb war in zeittypischer Weise von diesem Johann Caspar Geyger vollständig abhängig gewesen[9]. Die Privatinitiative des Würzburger Häfners Ferdinand Grünberger aus dem Jahre 1788, Steingut-Geschirr zu fabrizieren, kam ebenfalls wegen des frühen Todes des Unternehmers 1790 rasch zum Erliegen[10]. Erthals Interesse lag dabei lediglich am strengen Verbot der von diesem aus Ton verfertigten Bischöfe, Priester, Leviten und Kapuziner, *denen von hinten eine Pfeife appliciret gewesen*[11]. Mit der Inhaftierung des letzten Würzburger Gobelinwirkers war ausgerechnet im

Wahljahr Erthals die große Tradition der Wandteppichmanufaktur zu Ende gegangen[12]. Die seit Johann Philipp von Schönborn – wie in anderen Territorien des Deutschen Reiches – immer wieder mit wechselndem Erfolg unternommene Seidenraupenzucht fand im neuen Fürstbischof ebenfalls keinen Liebhaber. Rationell denkend, prüfte er nicht die Schönheit der Produkte, sondern ihre fiskalische Verwertbarkeit, kaufte deshalb das Privileg der Seidenbaugesellschaft und löste sie anschließend wegen Unrentabilität auf[13]. *Eine der wichtigsten Manufakturen ist die Huthmanufaktur des Goldmayer* notierten die Freiherren von Eggers 1804 auf ihrer Frankenreise in Würzburg[14], obwohl anscheinend niemand sonst von dieser 1782 gegründeten und zeitweise mit 13 Arbeitern besetzten Einrichtung Notiz nahm[15].

Das ernüchternde Bild der Residenzstadt erhielt auf dem Land keinen prächtigen Rahmen[16]. Selbst im ständigen Experimentiergebiet protektionistischer Maßnahmen[17], in der Rhön, präsentierten sich keine exzeptionellen Einrichtungen oder überraschenden Erfolge. So darf auch die dortige Wollentuch- und Hanf- bzw. Flachsverarbeitung hier übergangen werden, welche überwiegend in Form des Heimgewerbes mit zentralen Verlegern stattfand[18], obwohl Erthal gerade hier ein „wirtschaftsförderndes" Signat hinterließ, da er die dort übliche Verarbeitungsform in Spinnstuben aus moralischen Gründen beschränken wollte[19]. Doch auch die dortigen Kohlengruben und der Torfabbau rentierten sich nicht[20], der Metallerzbergbau war unergiebig, die auf einer geänderten Landwirtschaft aufbauenden Tabakfabriken wären ein eigenes Kapitel wert, wenn nicht ausgerechnet Erthal am 1. Juni 1779 das Tabakmonopol aufgehoben und auch auf einen Sonderaufschlag verzichtet hätte[21].

Traditionelle Handelsgüter waren Getreide und Wein (auch Abfallprodukte, wie Weinhefe, -stein, -essig und Trester wurden verhandelt), die einschlägigen Verkaufsgewinne und die einträglichen Zollgebühren, aber auch der Erlös aus dem Holzverkauf deckten wohl den größten Teil des Staatshaushaltes[22]. Um den Handel zu heben, gründete Erthal in seinen beiden Hochstiften Kommerzkollegien mit dem zweifelhaften Erfolg, daß 1803 in Bamberg bayerischerseits festgestellt wurde: *Kein Titel ist dermalen so herabgewürdiget, als der eines Kommerzien-Rathes*[23]. Auch bei der für Wirtschaft und Finanzen zuständigen Hofkammer sah es nicht besser aus. Erthal hatte wohl fähige Hofräte extra auf Reisen sich über die Kameral-Wissenschaften kundig machen lassen[24], doch über die Besetzung hieß es in Bamberg 1803 – und dürfte in Würzburg nicht anders gelautet haben –, daß darin *sich noch wenigere befinden, die sich von dem Detail der kameralistischen Gegenstände zu den staatswirthschaftlichen Grundsäzen erheben*[25].

Initiativen

Seine aufklärerische Grundhaltung und anfängliche Initiativen lassen vermuten, daß Erthal in mehreren Bereichen der Staatswirtschaft nach seinen Studien und Erfahrungen ein systemartiges Konzept besaß, das er bei Regierungsantritt verwirklichen wollte[26]. Er würde sich damit in den Kreis derjenigen Fürsten einreihen, die auf der theoretischen Grundlage der Kameralisten Schrittmacher einer wirtschaftlichen Entwicklung zum Wohle der Untertanen sein wollten. Der Kameralismus als kleinstaatlich deutsche Ausprägung des Merkantilismus kam seiner juristischen Vorstellung von „Staatswirtschaft" entgegen[27], denn obwohl sein persönlicher Arbeitsstil demjenigen eines Geschäftsmannes völlig zuwider lief[28], verstand er die Verbindung von volkswirtschaftlichen und finanzwissenschaftlichen Theorien mit verwaltungstechnischen Grundsätzen und bevölkerungspolitischen Zielsetzungen. Am 4. Juni 1780 bezog er sich in einer Resolution explizit darauf: *indeme es der cameralischen guten Wirthschaft mehr angemessen zu seyn scheint*[29]. Dieser „Staatswirtschaftslehre", die im Wohlstand der Bevölkerung eine Steigerungschance für den Staatshaushalt sah, richtete Erthal mit dem Kameralismus einen Lehrstuhl der Wirtschaftstheorie ein. In seiner persönlichen Bibliothek fanden sich insgesamt 31 Werke zur Volks- und Finanzwirtschaft[30]. Daß dazu ausgerechnet auch der grundlegende Kameralist Johann Joachim Becher mit seinem „Politischen Discurs" in der Ausgabe von 1754 gehörte und auch umgesetzt wurde, zeigen Erthals massive Abneigungen gegen jede Art von Monopol, einem der *drey Hauptfeinde* Bechers[31].

Eine radikale Desillusionierung mußte Erthal aber gerade im Bereich dieser immer gesamtstaatswirtschaftlich gesehenen Aktivitäten erfahren, die er, mit viel Idealismus und gutem Willen ausgestattet, in beiden Hochstiften begonnen hatte[32]. So gab er bezeichnenderweise schon am 7. September 1779 an die Würzburger Hofkammer und am 29. November 1779 an die dortige Regierung den überraschenden Auftrag, *die Einrichtung zu einer Gesellschaft zu Übernehmung des Bergbaues im gantzen Hochstift* zu überprüfen und zu begutachten[33]. Doch speziell

die in Folge dieses Auftrages behandelten Erörterungspunkte der Regierung werfen ein konturierendes Licht auf die damaligen Denkschemata der verantwortlichen Gremien und zeigen, daß nicht alle Räte die protektionistische Position des Fürstbischofs mittrugen. Der Vorteil wurde durchaus erkannt, aber man glaubte, den Bergbau nur dort einführen zu können, wo *ein Gott, ein Glaub und ein Herr ist*. Man fürchtete die Auswirkungen, daß durch Bergwerke *eine ziemliche Anzahl des liederlichen Gesindels deren Bergknappen und was dem anhängig, ins Land gebracht würden, diese hingegen sich anwiederum vermehrten, soforth dem Land dann so viele Bettlers als Glieder verschafften*. Der Geheime Rat Peter Franz Ludwig Willibald Behr, als Korreferent hinzugezogen, führte aus heutiger Sicht erstaunliche Gründe gegen das Unternehmen an:

1. *Wann die Gewerkschaft einen Berg im Land, als den Stein, Kallmuth zum Bergbau machet, auf welchem zeithero der beste Wein gewachsen, so wird das Land seinen Weinruhm und folglich vieles an dem Weinvertrieb verlieren.*
2. *Zu denen Berggebäuen sowohl als denen Schmelzhütten wird unendlich viel Holz, ja gantze Wälder stehts erforderet, es werden also nicht nur die hochstiftl. Waldungen ruiniret, sondern da endlich die Gewerkschaft ihr nöthiges Holz von solchen Nachbahrschaften erkauffen wird, woher vieles zu hiesiger Stadt und in das Land zeithero verführet worden ist, so mus die größte Theuerung und Mangel erfolgen.*
3. *Bey Bergbauen werden gantze Berg durchhohlet und die Erden ausgeführet, dieses mus einen Platz haben, wohin solche geschüttet wird, folglich werden die auf solchen Berg gewesene Güter sowohl benachbarste, als jene wohin die Menge der Erden geschüttet wird gantz verwüstet und untragbar gemacht.*
4. *Die Gewerkschaft will auch in Flüssen und Bachen Goldsaifen und dergleichen treiben, an diesen Bächen seynd ohnentbehrliche Mühlen, welche unbrauchbar werden.*

Folgerichtig nach solchen Stimmen, die anscheinend die allgemein herrschende Meinung der Verantwortlichen wiedergaben, glaubten die Herren Räte das Unternehmen *ohnmöglich anrathen* zu können, da der Bergbau ihrer Ansicht nach überdies *gewies ein mehr kostspieliges als ergiebiges Unternehmen* sei, mit dem in diesem *von der Natur gesegneten Land gantz sicher mehr durch das Graben verdorben würde, als sich dargegen aus dem Schoos der Erden an Metallen und Mineralien erhoffen liese*. Man wollte lediglich in jeweils zu begutachtenden Einzelfällen auf völlig abgelegenen, *ohnangebauten Bergen und Ödeyen* eine Ausnahme zulassen, was die ganze Angelegenheit – wie so viele andere – unausführbar machte, da angesichts der schwerfälligen Bürokratie sich damit kein Unternehmer anfreunden konnte und wollte[34].

Sah so der Expertenkreis und Beratungsstab des Fürstbischofs aus? Waren das die Interessen einer Führungsschicht, von der ERNST SCHUBERT spricht, deren wirtschaftliche Aktivitäten sich im Handel, insbesondere im lukrativen Weinhandel erschöpften und zu deren Sprachrohr der Benediktiner Gregor Schöpf geworden war: *Es ist wahr: Wirzburg ist kein Fabrikstaat und kann es nicht wohl seyn; denn Manufakturen und Fabriken begünstigen wollen, hieße dem Acker- und Weinbau seine Arbeiter entziehen*[35]? Der geringe Anteil von Manufakturen im Hochstift darf nach den prinzipiellen Ausführungen der Regierung zu den Standortfaktoren im Bergwerkswesen wohl eher dem mangelnden ökonomischen Denken der Verwaltung zugeschrieben werden als der stiefmütterlichen Natur, die es an entsprechendem Reichtum von industriell verwertbaren Rohstoffen fehlen ließ[36].

Grundhaltung

Verständlich ist es auch in der Nachbetrachtung, wenn der – vom persönlichen Interesse her unökonomische – Fürstbischof aufgrund der ihn stärker motivierenden Fortschritte auf anderen Gebieten seiner Politik deshalb frühzeitig das Interesse und die Durchsetzungskraft an einer zusammenhängenden Systematik im Wirtschaftsbereich verlor. Nach den ersten Enttäuschungen kümmerte er sich lediglich um Einzelmaßnahmen, er agierte nicht mehr, sondern verlegte sein Handeln nur noch auf das Reagieren in den zu seiner Kenntnis und Entscheidung gelangten Einzelfällen[37]. Erthal konzentrierte sich damit auf den bloßen Mittelcharakter der Wirtschaftsmaßnahmen und erkannte relativ rasch, daß er auf zweierlei Art und Weise dem einzelnen Untertanen und dem gesellschaftlichen Nutzen helfen konnte. Eine Möglichkeit war die Hilfe zur Selbsthilfe bei unmittelbar wirksamen Maßnahmen, dazu gehörten nicht nur die vielen staatlichen Sozialunternehmungen, sondern auch die Unterstützung von kurzzeitig realisierbaren Privatinitiativen, die zum Erfolg beitragen konnten, die latente Arbeitslosigkeit zu beseitigen und Menschen zu Arbeit und Brot zu bringen. Als eine Form von „Treibriemen" für seine sonstigen Maßnahmen schienen diese dem Fürstbischof besonders förderungswürdig, wenn sich damit ohne Zurücksetzung anderer und Verletzung hergebrachter Rechte unmittelbare Erfolge erzielen ließen. Erthal sah dabei seine Tätigkeit in der Verbesserung der Voraussetzungen durch Privilegien oder Subventionen sowie der Beseitigung institutioneller Hindernisse, wie der Zunftregelungen. Den vollen „Instrumentenkasten" des Staates zur Protektionierung des industriellen Wachstums hat er nicht benutzt, vermutlich auch gar nicht gekannt[38]. Die von BUNDSCHUH angeführte goldene Denkmünze mit seinem Brustbild und der Inschrift „Merces laborum", die der Fürstbischof allen Fabrikanten versprach, die mindestens fünfzig Menschen ein ganzes Jahr hindurch Arbeit gaben, dürfte jedoch in ein solches Aktionsprogramm gehören[39]. Skeptischer war der Fürstbischof bei der anderen Möglichkeit, den wohl direkt zu befehlenden, aber nur indirekt Hilfe für den Lebensunterhalt der Bewohner bewirkenden Maßnahmen in Regiebetrieben oder verpachteten Staatsbetrieben. Erthal fehlte der üblicherweise bei Fürsten vorhandene Prestigedrang und die entsprechenden politischen Ambitionen, die sich mit der Gründung von staatlichen Manufakturen am leichtesten verbinden ließen[40]. Der Fürstbischof behandelte diese Unternehmen dementsprechend nicht wie ein Mäzen, sondern wie ein verantwortungsbewußter Beamter, der wohl alles erledigte, was zur ordnungsgemäßen Aufrechterhaltung notwendig war, ohne daß man ihm Vorwürfe wegen Unterlassung machen konnte, von dem jedoch eine eigentliche Initiative zur Konsolidierung oder Stärkung – geschweige denn eine Neugründung – nicht zu erwarten war. Für Erthal wirkten die möglichen Gewinne solcher Eigenbetriebe nur über den Umweg des allgemeinen Staatshaushaltes auf seine zu begünstigenden Untertanen und dieser Behördenweg war lang und undurchsichtig. Deshalb kamen ihm Erweiterungen oder Dezentralisierung der Produktion zur Arbeitsplatzbeschaffung gar nicht in den Sinn, er war schon zufrieden, wenn derartige Betriebe keine reinen Zuschußunternehmen wurden und dadurch selbst woanders notwendige Gelder verlangten. Unter Beachtung einer feststellbaren unmittelbaren Einflußnahme Erthals auf das Werden oder Vergehen von Unternehmungen[41], die die zunftmäßige Handwerksebene verlassen haben und zu Manufakturen oder Fabriken gezählt werden können, soll die jeweilige Form der Beteiligung des Hochstifts als methodisches Unterscheidungsmerkmal benutzt werden. Die Gliederung erfolgt dementsprechend nach Privatinitiativen, Verpachtung von Staatseigentum, Staatsbetrieb und der Sonderform einer staatlichen Zwangsanstalt[42].

Privatunternehmungen

Von den vielen Gründungsversuchen mit Lederverarbeitung unter Erthals Vorgängern (unter anderem in Marktheidenfeld) war nur noch die 1777 gegründete Lederfabrik des Hofkammerrats Johann Balthasar Buchler in Würzburg übriggeblieben[43]. Er hatte sich neben der alten Glasschleife Balthasar Neumanns angesiedelt und allen

Widerstand der Rotgerberzunft überstanden, auch städtische Klagen gegen die übermäßige Verschmutzung der Gewässer zurückweisen können. Zur Leitung gebrauchte er mit Franz Nörl einen ehemaligen Meister der 1762 gegründeten Münchner Sohlledermanufaktur, deren Hauptgesellschafter bis 1772 der bayerische Kurfürst selbst gewesen war[44]. Ausgerechnet im Todesjahr Buchlers (1781) wollte die Hofkammer die angrenzende Spiegelschleife und Beleganstalt vergrößern, um mehr Absatz zu erzielen. Nun sollte die Lederfabrik weichen, da in der staatlichen Glasveredelungsanstalt gemeinsam mit dem davon abhängigen Glasfabrikationsbetrieb Schleichach mehr Untertanen beschäftigt wurden. Die bedrängte Witwe argumentierte nun, daß die Erfolge der Spiegelmanufaktur *zwar von jeden wahren Patrioten zu gönnen und zu wünschen, allein diese müsten nicht auf dem Schaden eines Privati gebauet seyn*[45]. Dies half, die Lederfabrik konnte bleiben und hatte in der Folgezeit ihrerseits Platzprobleme. Da innerhalb der Stadt das Gelände zu klein geworden war, und die Fabrik mittlerweile 42 Personen ernährte, hatte Buchlers Sohn Peter Wilhelm eine Gerberei in Zell hinzugekauft und wollte seine bisherigen Privilegien auch dorthin ausdehnen. Nun rebellierten die Rotgerbermeister erneut, da alle zusammen mit acht Gesellen nicht die Zahlen Buchlers erreichten (zwölf Gesellen in Würzburg und acht in Zell) und Angst hatten, *ihrem Verderben ganz nahe [zu] seyen, weil Buchler alle Nahrung an sich ziehe.* In der Hofkammer zeigten sich unterschiedliche Auffassungen, vier stimmten gegen Buchler, *weil dieser hierdurch gleichsam ein Monopolium erhalten würde.* Doch fünf Stimmen waren dafür, um sein Engagement zu würdigen und zu verstärken. Am 26. Juli 1792 wurde die Streitfrage Franz Ludwig vorgelegt und dieser entschied: *Dem Lederfabrikanten Buchler ist die nachgesuchte concession in der neu erkauften Samweberischen Gerberey zu Zell all(es) und jedes Leder verarbeiten und verkaufen zu dörfen mit der Einschränkung zu ertheilen, daß ihm auf der Gerberey zu Zell und den darinn zu verarbeitenden Lederwaaren weder einige Zoll- noch Schatzungs-Freyheit zustehen soll*[46]. Erthal unterstützte die privatwirtschaftliche Unternehmung und ihre Erweiterung wohl, aber mit Einschränkungen. Buchler konnte expandieren, doch ohne seine bisherigen Vergünstigungen. Der Fürstbischof übersah nicht, daß die Lederfabrik im Jahr vor der Erweiterung 1791 fertige Lederwaren im Wert von 18 107 fl. ausgeführt hatte, doch den kartellartig gebundenen zünftischen Handwerksmeistern wollte er mit einer extremen Protektion nicht zum Totengräber werden[47]. Den Rotgerbern war damit aber auch nicht geholfen, 14 gab es nach der Statistik nur noch im Jahre 1816[48]. Aber der Buschlersche Betrieb galt 1816 als die einzige wirkliche Lederfabrik im ehemaligen

Hochstift, er beschäftigte neun Arbeiter und erzeugte Waren im Wert von 25 000 fl., wovon für 15 000 fl. ins Ausland verkauft wurden[49].

Erthal entschied auch bei einem anderen Privatunternehmen. Am 25. August 1787 hatte Hofkonditor Bevern den Antrag gestellt, ein Privileg auf die Erzeugung von Schokolade zu erhalten, da das Publikum *von den Italienern bis daher getäuscht worden sey*[50]. Die Regierung wollte dem Gesuch nur nachkommen, wenn Bevern *eine ordentliche Fabrique mit Chokolade anlegen wolle.* Es wurden dafür folgende Gründe ins Feld geführt,

– *daß man von demselben wahrscheinlich sich eine bessere Gattung solcher Waare zu versprechen habe, da deren fabricirung einen Theil seiner Profession ausmache, worauf er gelernet habe,*

– *auch bekanntlich von den Italienern das ganze Jahr hindurch keine geringe Summe für Chokolade ausser Land verbracht würde,*

– *sodann die dahiesige Würzkrämer und Galanterie Händler solchen ebenmäsig von auswärts her beschreiben müsten, supplikant dahingegen bey guter Beschaffenheit seiner Waare, dessen Verkauf weiter ausbreiten und das Geld dafür hereinbringen könnte*[51].

Der Fürstbischof verfügte aus Bamberg am 13. September 1787: *Einen ausschließlichen Eigenhandel mit Chocolade dem Hofkonditor Bevern zu verstatten, ist den Grundsätzen der Staatswirtschaft ganz zuwider. Im übrigen ist ihm zwar die Verfertigung und der Verkauf dieser Waare zu verstatten, jedoch auch nur wiederruflich und in so lang als Ich es für gut finden werde, welches der Concession ausdrücklich einzuverleiben ist*[52].

Bemerkenswert ist, daß Erthal sich hier ausdrücklich auf „Grundsätze der Staatswirtschaft" bezog, wobei die aktuelleren Justi oder Sonnenfels als Ideengeber weniger in Frage kommen[53], als der schon vor einem Jahrhundert gestorbene Monopoliengegner Becher. Denn schon zwanzig Jahre früher hatte Erthal als Regierungspräsident nahezu gleichlautend formuliert, daß *alle monopolia an sich und ihrer Natur nach gehässig und schädlich seyen*[54] und noch unmittelbar nach seiner Wahl dekretierte er: *So können Wir Unsere innere Abneigung nicht bergen, die Wir gegen alle Einrichtungen hegen, so nur von weitem der Schein mit Zwang begleitheten monopolischen Profitmacherey mit sich führen*[55].

Bei Buchler und Bevern zeigt sich, daß im Hochstift am ehesten Mitglieder der fürstlichen Gremien oder angesehene und vom Hof geschätzte Geschäftsleute Aussicht auf Konzessionierung ihrer Bestrebungen hatten. Nur solchen Personen gelang der von allen Handwerkern eifersüchtig kontrollierte Sprung aus dem alten Zunftsystem, der für eine produktionstechnische Innovation, für eine arbeitsteilige, manchmal sogar serielle Produktion mit vielen Angelernten oder Hilfskräften notwendig war. Außenstehenden oder Fremden wurde in Würzburg der wirtschaftliche Neuanfang außerhalb der bisherigen Ordnung nicht erleichtert, alles fürchtete, von unbekannten Hasardeuren und unkontrollierbaren Spekulanten betrogen zu werden. Es wurden auch keine Versuche gemacht, fremdes Geld über Manufakturgründungen in das Land zu ziehen, weil man Angst vor den sozialen Folgen einer gescheiterten Unternehmung hatte[56]. Damit verengte sich automatisch der Kreis der möglichen Unternehmer, da diese im Hochstift nur mit weitreichender Unterstützung in dem an der Tradition orientierten Bürgertum gefunden werden konnten. Die argwöhnische, skeptische und vielfach neidische Bürgerschaft in den Ratskollegien war zu Zugeständnissen aber noch weniger bereit als der aufgeschlossenere und „weltmännischer" besetzte Hofstaat des „modern" denkenden Fürstbischofs. Die ausgedehnte ökonomische Benutzung einer privilegierten Stellung am Hofe kann deshalb nicht verwundern. Am 3. August 1786 hatte der Geheime Rat und Generalfeldzeugmeister Johann Karl Wilhelm von Drachsdorf die Errichtung einer Stärkefabrik beantragt[57]. Bezeichnenderweise war ein solches Unternehmen schon 1770 Adam Trinnt aus Goßmannsdorf wegen *Armut und Einfältigkeit des Antragstellers* abgelehnt worden[58]. Das einflußreiche Mitglied des Hofkriegsrates jedoch begründete sein Gesuch nicht nur merkantilistisch, demnach bisher die Stärke entweder aus der preußischen Stadt Halle oder aus dem Odenwald bezogen werden müsse und damit das Geld aus dem Lande gezogen werde. Drachsdorf wollte die Stärke vielmehr als Ausgangsprodukt zur Verfertigung von Haarpuder benutzen, wobei er bei den eigenen Soldaten die besten Abnehmer zu erwarten hatte[59]. Sein Plan war gut durchdacht, denn er glaubte, aufgrund seiner Beziehungen Weizen billig erwerben und den Abfall der Fabrikation auf seinem Gut Adelsberg noch zur Schweinezucht gebrauchen zu können. Zum Zweck der Fabrik hatte er die Gebäude der ehemaligen Porzellanmanufaktur in Würzburg gekauft[60]. Es half nichts, daß die Regierung in ihrer ersten Stellungnahme das Gesuch ablehnte, da es den Einwohnern von Retzbach und Zellingen, die bislang fast ausschließlich damit handelten, die Nahrung entzogen hätte. Sie verwies dabei auf den bevorzugten Stand des Bewerbers, indem eine solche Fabrik, *dem ohnehin bemittelten Supplicanten nur mehr Reichthum verschaffe, auf der andern Seite, aber Bürger mit den übrigen nur noch mehr Nahrung entziehe*[61]. Jeder der Verantwortlichen erkannte, daß Drachsdorf seine Position ausnützen wollte, da er sowohl den Absatz bei den Soldaten reglementieren konnte, als auch die Soldaten zum Vertrieb in der Stadt Würzburg *verwenden mögte, welche überdies durch das in der*

Stadt heimlich treibende Frisiren die beste Gelegenheit zum Absaz dieser Waaren erhalten[62]. Die Armee als fester Abnehmer und zugleich als Motor des Vertriebs, besser konnte man die beliebteste Zielgruppe aller damaligen Manufakturen nicht benützen. Es war auch unter Erthal kein Wunder, daß der einflußreiche Betreiber trotz aller Einwände die Gründung schaffte, SCHÖPF kennt die Existenz der Fabrik noch vor dem Verkauf der Gebäulichkeiten im Jahre 1803[63]. Das Ende der Produktion kam mit der geänderten Frisurenmode, unter deren Diktat natürliche Haare den aufbrausenden Sturm und Drang der Revolutionskriege zu begleiten hatten. Der gewinnträchtige Haarpuderbedarf starb im Hagel der Geschosse Napoleons.

Während Buchler überwiegend für den überregionalen Markt fabrizierte, hatten Bevern und Drachsdorf vordringlich den hochstiftischen oder regionalen Abnehmer im Auge. Unverkennbar ist jedoch, daß alle drei bevorzugt für den gehobenen Bedarf der bevölkerungsreichen Residenzstadt selbst arbeiteten, dort fand sich dementsprechend auch die stärkste Art „Ballung" von Manufakturen. Dies bestätigt die übliche Ansicht, daß bei den geförderten Manufakturgründungen vordringlich der städtische Bedarf die Zielgruppe definierte. Reine Luxusprodukte dürften aber bei Erthal keine Förderungschance bekommen haben.

Repräsentationsbedarf war für Erthal ebenfalls kein Argument für eine Manufakturgründung, die Wahrung oder Mehrung seines persönlichen Ansehens hing davon nicht ab. Leder, auch in der besseren Ausprägung des gelackten Leders, Schokolade und Haarpuder gehörten am Ende des 18. Jahrhunderts sicher nicht in die Luxus-Kategorie[64], hier wurde bereits mit der später dominierenden Massenfabrikation von billigen Verbrauchs- und Genußgütern begonnen, die zur wirklichen Industrialisierung führen sollte.

Verpachtung staatlicher Einrichtungen

Zur Unternehmensführung in Form einer Pacht staatlicher Einrichtungen gehörten die beliebten „Entrepreneurisierungen" (= Privatisierungen) von unrentablen Staatsbetrieben (wie zeitweise die Schleichacher Glashütte) oder die bloße Übernahme der hohen Investitionskosten von Spezialbetrieben im Staatsinteresse mit anschließendem Benutzungsrecht durch Private. Zur letzteren Form zählt die – gemessen an den Erwartungen – eigentlich mißlungene Einrichtung einer Krugbäckerei, die trotzdem dem Zeitgenossen GREGOR SCHÖPF als *letzter Versuch* der Hofkammer erschienen war und *auch der einzige, der nicht ganz verunglückte*[65].

Erthals Vorgänger, Adam Friedrich von Seinsheim, hatte 1767 Krugbäcker (= auf Steinzeugflaschen spezialisierte Töpfer oder Häfner) extra aus dem Westerwald in die Rhön geholt, um dort die dringend benötigten dichten Versandbehältnisse für Kurwasser im eigenen Territorium fertigen zu lassen[66]. Man wollte damit sowohl von der Einfuhr aus dem ausländischen Westerwald unabhängig werden als auch den einträglichen Wasserhandel zum Wohle der Staatskasse ausbauen. Die Hofkammer stellte den auch von anderen Regierungen umworbenen Fachleuten nicht nur das Rohmaterial günstig in Aussicht, sondern errichtete auch auf eigene Kosten die Gebäude und Einrichtungen. Doch die Krugbäcker hatten nach schweren Anfangsjahren in dem wegen dem Energieträger Holz ausgewählten einsamen Tal bei Oberbach (heute Eckartsroth) trotz der staatlichen Förderung Schulden angehäuft und aufgrund der fehlenden Quantitäten des notwendigen Rohstoffes Ton die ursprünglich geplante Größe ihres Betriebes nie erreicht. Hofrat Johann Philipp Geigel unterstellte den Krugbäckern sogar Eigennutz und schlechte Wirtschaft, um die ökonomischen Mißerfolge zu begründen[67].

Im August 1783 beorderte Erthal Hofkammerräte zum Gutachten in seinen Kurort Kissingen[68]. Geigel und Pickel kümmerten sich daraufhin 1785 um Bocklet, um auftragsgemäß nicht nur die dortigen Anlagen zu verschönern und die Brunnen neu zu fassen, sondern auch den Wasservertrieb neu zu regeln[69]. Trotzdem dauerte es bis September 1786, bis Geigel die Oberbacher Stampfmühle in Stand setzen ließ und jene Erde lieferte, die Pickel in Oberthulba gefunden hatte[70]. Als nach geglückten Probeflaschen jedoch die damit in Menge verfertigten Wasserbehälter nicht dicht blieben, mußten die Krugbäcker von Oberbach 6580 Flaschen am Brunnen in Bocklet und alle in ihrer Krugbäckerei befindlichen Rohlinge zerschlagen. Über die Bezahlung ergaben sich längere Streitereien, denn die Meinung innerhalb der Hofkammer differierte so erheblich, daß Erthal sich selbst am 6. Juli 1794 in Bamberg mit dem Bemerken einschaltete, daß es *wirklich Fälle (gibt), in welchen es billig ist, mehr zu geben, als bescheidene oder schüchtern gemachte supplicanten begehren.*

Diejenigen Prinzipien, nach denen Erthal entschied, wurden von seiner juristischen Ausbildung und seinem sozialen Gerechtigkeitssinn bestimmt und nicht von Kriterien des wirtschaftlichen Rationalprinzips. Franz Ludwig war nicht in erster Linie an der Steigerung seines Handelsüberschusses interessiert, (er war kein bloßer „Plusmacher", wie JUSTI solche Erscheinungen bezeichnete[71]), sondern an der gerechten Behandlung seiner Untertanen. Der wirtschaftliche Zweck hat für ihn nie die einzusetzenden Mittel geheiligt, Erthal ging es um klare Regeln im Verkehr der Menschen untereinander, auch wenn der Vorteil des Staates dabei Nachteile erleiden konnte. Wohl wurden die Mittel des Staates nicht vergeudet und verschwendet, dafür stand Erthals Pflichtbewußtsein und sein Verantwortungsgefühl, doch das Handeln hatte im Rahmen der moralischen Normen des direkten Verkehrs unter lebenden Menschen zu erfolgen und durfte nicht zum autoritären Handeln einer anonymen Bürokratie ausarten.

Staatsbetrieb

Die Glashütte in Schleichach im Steigerwald (heute Fabrikschleichach) mit der angeschlossenen Schleif- und Beleganstalt in Würzburg war als reiner Staatsbetrieb das größte Industrieunternehmen im damaligen Hochstift Würzburg[72]. Trotz der klaren Eigentumslage machen die häufig wechselnden Besitzverhältnisse Schwierigkeiten. Nach dem Tod Balthasar Neumanns und der problemreichen Auflösung des Pachtverhältnisses durch die Witwe wurde die Glashütte in Schleichach erneut an die Frankfurter Glashändler Johann Michael Kochs Witwe und Söhne verpachtet[73]. Kochs erste Bestandszeit lief von 1755 bis 1761, die zweite und letzte bis zum März 1767. Nach zwölf Jahren hatte die Hofkammer gemerkt, daß der Betrieb eine florierende Einnahmequelle für die Frankfurter war und wollte den Gewinn gerne selbst abschöpfen. Man manövrierte den Statthalter des Unternehmens, den Würzburger Schiffer und Bankier Johann Philipp Öhninger aus, der bislang die Geschäfte vor Ort wahrgenommen und durch seinen Transport an jeder Kiste Glas gut verdient hatte, und beteiligte den Stadtrat und Bankier Johann Peter Mohr in einer Sozietät zur Hälfte. Dadurch wurde auch das Risiko für die vorsichtige Hofkammer geteilt, Mohr erhielt für die offizielle Führung der Geschäfte pro Jahr 1000 Gulden extra[74]. Doch statt des erhofften Gewinns stellte sich bereits nach 10 Jahren eine riesige Schuldensumme heraus, die Mohr mit geliehenem Geld immer wieder ausgeglichen hatte. Zur Ertragsverbesserung wurde 1778 der Hofkammerrat Johann Philipp Geigel, der bislang wie in Oberbach nur als Referent zuständig gewesen war, mit der Direktion beauftragt, dessen Maßnahmen aber nur kurzzeitig Erfolg brachten. Als sich nach ständigen Vertröstungen die Geldgeber Mohrs aus Angst um ihr Kapital direkt an den Fürstbischof wandten, verfügte Erthal am 10. März 1786 eigenhändig: *Ich mögte aber doch wissen, wieviel die Fabrique jährlich an reinen Gewinn abwerfe, bey Gelegenheit also ist mir die Berechnung noch vorzulegen[75].* Doch diese Vorlage dauerte zwei Jahre! In der Zwischenzeit war der Vertrag mit Mohr am 1. März 1787 ausgelaufen und da er nicht mehr erneuert wurde, gab es im Steigerwald ab 1787 wieder einen reinen Regiebetrieb des Hochstifts[76]. Zu der Glashütte im Steigerwald gehörte besitzrechtlich und organisatorisch seit 1741 eine Spiegelschleife und -beleganstalt in Würzburg[77], in der die rohen Glasplatten veredelt wurden. Die Spiegelprodukte umfaßten etwa ein Viertel bis ein Fünftel des Gesamtumsatzes, alles andere entfiel auf Hohlglas. 1778 hatte Geigel einen Monopolvertrag mit dem Frankfurter Händler Johann August Tabor abgeschlossen, dieser war aber schon ausschließlicher Abnehmer der kurmainzischen Manufaktur in Lohr und des hessischen Betriebes in Altengronau[78]. Somit bestimmte Tabor als einziger den Absatz und die angebliche Konkurrenz. Sein Würzburger Vertrag ging soweit, daß das Hochstift die selbst zu verwendenden Gläser von Tabor wieder zurückkaufen mußte. Auch in Lohr und Altengronau wurde dem Händler später die meiste Schuld am Niedergang zugeschoben[79]. Wenn wir Erthals Einstellung zu Staatsbetrieben untersuchen, stoßen wir relativ rasch auf seine strikte Ablehnung dieser Form von Unternehmensführung. Seine Auffassung deckte sich so sehr mit der Josephs II. von Österreich, daß nicht nur in diesem Bereich eine Beeinflussung möglich erscheint. Denn der Habsburger war schon in der Zeit seiner Mitregentschaft (1765–1780) ein ausgesprochener Gegner staatlicher Betriebe[80], gerade in dieser Epoche stand Erthal in enger Beziehung zum Kaiserhof[81].

Aufgrund des erst 1778 mit Tabor geschlossenen Abnahmevertrages gab es keinen Entscheidungsbedarf, was die Hofräte sicher nicht bedauerten. Denn die hochstiftische Verwaltung kümmerte sich selten um den Absatz ihrer Produkte. Das Detailgeschäft, die Kundenbetreuung und Marktbeobachtung überließ sie gerne auswärtigen Großhändlern, wie sie es nicht nur im Glasbereich, sondern auch bei der Pottasche schon fast ein Jahrhundert lang praktizierte. Damit begab man sich wohl der Möglichkeit einer Gewinnmaximierung, aber man hatte zum Ausgleich berechenbare und kalkulierbare Einnahmen. Nicht der Geldwert der Zahlen erschien wichtig, sondern nur die richtige Berechnung, klare und zweifelsfreie jährliche Buchungen waren willkommener als das unsichere Spekulieren in den Wellen wechselnder Konjunkturen. Erthals Interesse galt dementsprechend lediglich einer genauen Gewinn- und Verlustrechnung, doch auch das bedurfte keines eiligen Dienstgeschäftes. *Bey Gelegenheit* war für Erthal eine Zeitangabe, die auf eine äußerst geringe Priorität in seinem Arbeitskatalog schließen läßt.

Erst als sich die Klärung der Angelegenheit immer mehr hinausschob, wurde Erthal im Sommer 1794 – nur ein halbes Jahr vor seinem Tod und deshalb eventuell krankheitsbedingt in seiner Reaktion unverhältnismäßig kritisch – so ungehalten, daß der ehrenwerte und verdienst-

volle Geigel die ganze Wucht der Beharrlichkeit und Schärfe des Fürstbischofs zu verspüren bekam. Dieser demonstrierte dabei, daß er gar nicht an grundsätzlichen Problemen der Manufaktur interessiert war, sondern lediglich am ordentlichen Geschäftsgang. Der Fürstbischof konnte sich auch bei der Kontrolle des staatlichen Wirtschaftsbetriebes nicht von seiner üblichen Form der peniblen Rechnungsprüfung trennen, dazu war er viel zu sehr Jurist. Er brüskierte Geigel: *Derselbe muß seltsame Begriffe von Wichtigkeit haben, wenn er kostspielige Anschaffungen von Materialien und Fourage-Früchten, dergleichen Ich(!) in der 1792er Rechnung gefunden habe, nicht für wichtig halten will, da doch bey Aemtern über jede kleine Anschaffung ein Vortrag gemacht werden muß*[82]. Was half es Geigel, wenn er betonte, daß *Amtsverrichtungen und Fabrikwesen seyen sehr weit unterschieden, bey ersteren komme es oft auf 4 Woche nicht an, ob eine Resolution schon dahin abgehe oder nicht, bey letzteren aber müsse solche auf der Stelle erfolgen*[83]. Der mißtrauische Fürstbischof vermutete hinter allen Erklärungen Geigels lediglich Ausflüchte und Unfolgsamkeit, ohne zu erkennen, daß der Manufakturbetrieb selbständige und spontane Entscheidungen erforderlich machte, die auf dem langen Behördenweg nicht rechtzeitig zu bekommen waren. Der redliche Hofkammerrat mußte sich nach Jahrzehnten im Hofdienst sogar über die Bedeutung der Kameralbeschlüsse aufklären lassen[84]. Der immer argwöhnischer werdende Fürstbischof hat die Ebene der Revision bei der Beurteilung des Staatsbetriebes nie verlassen[85].

Wohl postulierten die Ideologen eines „Industriezeitalters" die Vorteile einer ökonomischen Entwicklung als Förderung des gemeinen Mannes, dem dadurch Erwerbsmöglichkeiten angeboten werden, die es ansonsten nicht gäbe[86]. Doch weit über ihr Ziel hinaus schießen die Reformer am Ende des 18. Jahrhunderts, wenn sie den grundsätzlichen Mangel an entsprechenden Großbetrieben in den fränkischen Hochstiften dem Volkscharakter der davon potentiell Begünstigten zuschreiben wollten. Denn dieser Bevölkerungsteil, der damit charakterisiert werden sollte, konnte an den erwarteten Gründungen gar keinen Anteil nehmen, es sei denn als Arbeiter und Lohnempfänger. Die Bewahrung des Althergebrachten und das konservative Empfinden weiter Volkskreise, Mißtrauen gegen Neuerungen oder überhaupt gegen jegliche Art von Versuchen fungierten möglicherweise als Behinderungen für ungestüme Agrarreformer, – Wirtschaftsförderungen und Manufakturgründungen jedoch betrafen andere Sozialgruppen. Das angeblich angeborene Phlegma oder „nachmittelalterliche Denken"[87] der Bewohner konnte als Ursache mangelnder Manufakturen nur dann angeprangert werden[88], wenn der Kritiker im neidvollen Blick auf protestantische Staaten das Übel in der katholischen Grundhaltung zu erkennen glaubte und dagegen mit massiver Aufklärung und strengster Schulung anzugehen empfahl[89]. Die Disziplinierung der Untertanen, wie sie bei den mit hohen Militär- und Staatsausgaben versehenen Großmächten schon längst durchgeführt war, erschien manchen als der eigentliche Sinn und Zweck der Manufakturen[90].

Staatliches Arbeitshaus

Am deutlichsten konnte auch in Würzburg ein derartiger Manufakturbegriff im Arbeitshaus realisiert werden, da dieses – wie seine Vorbilder – gleichzeitig als pädagogische Einrichtung und ökonomische Produktionsstätte benutzt wurde[91].

Das ursprünglich 1690 von Johann Gottfried von Guttenberg gegründete und mit dem Juliusspital vollständig verbundene Zuchthaus, in das zur Resozialisierung Bettler und Kriminalsträflinge eingewiesen wurden, die in einer angeschlossenen Manufaktur arbeiten mußten, hatte Friedrich Karl von Schönborn 1732 durch einen Neubau in der Pleich und eine räumliche Trennung als Disziplinierungsinstrument förmlich neu begründet, um gegen Bettler, herrenloses Gesindel, *die trutzige Dienstboten, die ihren Eltern oder Vormuendern widerspenstige Kinder, und unbaendige Handwercks-Bursch; sonderheitlich aber die aergerliche Weibs-Persohnen* vorzugehen[92]. Doch erst Erthal setzte die tatsächliche Trennung zwischen Strafarbeitshaus und Zuchthaus durch, indem er 1787 die Kriminalsträflinge in das neuerbaute Zuchthaus am Burkarder Tor einwies[93]. Er erkannte rasch, daß in dem als „Beinschellen-Kerker" verschrieenen Arbeitshaus das ursprüngliche Konzept der Resozialisierung durch Arbeit mit der gesellschaftlichen Ächtung des Zuchthausaufenthaltes nicht mehr durchführbar war.

Denn Arbeitshäuser dienten auch als staatliche Regieunternehmen, die durch Veredelung einheimischer Rohstoffe mit billigen und abhängigen Arbeitskräften Gewinn in die Staatskasse bringen sollten. Gerade mit Einsatz unfreier Arbeitskräfte wurde frühzeitig die angestrebte zentralisierte Produktion möglich[94]. Erthal unternahm in seinem Idealismus einen erneuten Versuch, das Arbeitshaus als Zuschußbetrieb abzulösen. Es wurden deshalb mehrere Klassen eingeführt, die nach dem obrigkeitlichen Moralverständnis hierarchisch gegliedert waren. Über alles setzte der Fürstbischof am 1. August 1780 in kluger Auswahl den ehemaligen Schneidermeister Heinrich Quante als erfolgreichen Faktor[95], der später, 1792, auch die Leitung der organisatorisch mit dem Arbeitshaus verbundenen staatlichen Schönfärberei erhielt. Gleichzeitig wurde

Quante 1780 erlaubt, daß er *jene Kinder, deren Eltern in peinlichen Untersuchungen befangen oder gar zeitlebens im Zuchthause verurtheilt,* zu zünftigen Gesellen des Tuch- und Zeugmacher-Handwerks, aber auch der Strumpfmacher während ihres Aufenthaltes ausbilden konnte, um ihre Wiedereingliederung in die Gesellschaft zu erleichtern[96]. Erthal fiel auch hier wiederum das allgemeine Allheilmittel solcher Institutionen gegen die Armut – die Textilherstellung – ein, doch er setzte sich in diesem Falle sogar über die Zunftregeln hinweg, nach denen ein Meister ordentlich gelernt und gewandert sein mußte, um anschließend als Zunftmitglied in Würzburg auf- und angenommen zu werden. Quante durfte als Faktor schon dieses Amtes walten und brauchte künftig nur aufzunehmende Meister der Regierung zu melden, die eine „Einzünftung" verfügen sollte. Doch die freiwillig und zur Unterweisung wirkenden Handwerker zogen sich sofort zurück, als erneut Verbrecher als Arbeiter ins Arbeitshaus eingewiesen wurden, da eine gemeinsame Behausung von ehrbaren Handwerksmeistern mit Sträflingen zu allen Zeiten als ehrenrührig angesehen wurde[97]. Der ansonsten wohlwollend urteilende Deputierte zum Universitätsjubiläum 1782, Johann Matthäus Hassencamp aus Rinteln, kritisierte nach seinem Besuch im Arbeitshaus die dortigen Zustände, denn er traf in Ketten zu arbeiten gezwungene Verbrecher an, aber auch innerhalb *einer solchen abscheulichen Gesellschaft* einen Jungen von 12 Jahren, *welcher hier nicht hätte seyn sollen,* während er die Qualität der Produkte lobte[98]. Nach Erthals Regierungszeit hatten die innerhalb der knapp 16 Jahre im Arbeitshause von teilweise bis zu 600 Arbeitern gefertigten Waren wohl einen Wert von 754 000 Gulden, was einem jährlichen Durchschnitt von 47 000 Gulden entsprach[99], doch die große Quantität an Produkten war trotz staatlicher Subventionen wegen der ständig wechselnden, aber überwiegend mangelhaften Qualität auf dem freien Markt nicht absetzbar. Vergeblich hatten sich die ebenfalls abhängigen Würzburger Offiziere geweigert, das Tuch für ihre Uniformen aus dem verrufenen Etablissement zu beziehen[100], Spitäler, Pflegen, Stiftungen und das Hofzahlamt (für die Livreen) waren ausdrücklich auf diesen Lieferanten verpflichtet worden. So bestätigt sich das Urteil ERNST SCHUBERTS, der darin „eine fiskalisch und gesamtwirtschaftlich unrentable, staatlich subventionierte Arbeitstherapie" erkannte[101]. Erthal wog beim Arbeitshaus zwischen den Anforderungen an die *Züchtlinge,* um mit seinen pädagogischen Idealen *der Bosheit und dem Unfleiße der Sträflinge durch wachsame Aufsicht und zur rechter Zeit mit Ernst eintretende Correction gar wohl zu steuern,* und dem allgemeinen volkswirtschaftlichen Nutzen der Einrichtung genau ab. Er mahnte zur Vorsicht bei der direkten Befragung der Arbeiter, da er glaubte, daß diese nur immer mit verschiedenen Beschwerden auftreten würden, *um nur dem Factor Verdrüßigkeiten zu machen und sich mehr und mehr von den Arbeiten zu entledigen, welches dem Hause den größten Schaden und vielleicht die gänzliche Zerrüttung zuziehen dörfte*[102]. Deshalb mußte sich Quante lediglich eine Belehrung über den Besserungsort Arbeitshaus, der kein Strafort sei, gefallen lassen, als er Frauen mit Rute und Ochsenziemer unsanft zur Arbeit angewiesen hatte[103]. Erthals pädagogischer Idealismus zeigt sich auch darin, denn er wollte mit Erziehung und Schulung eine Besserung erreichen, nicht mit Strafe und Züchtigung. Bereits Zeitgenossen beurteilten die ökonomischen Auswirkungen der sozialen Maßnahme richtig, wenn sie feststellten: *Diese Fabrik sei keine kameralistische Spekulation des Staates,* da dieser sicher davon keinen Gewinn gehabt habe[104].

Fazit

Das eingangs zitierte Pauschalurteil muß relativiert werden, auch wenn nicht alle manufakturartigen Unternehmungen im Würzburger Hochstift den proportional überhöhten Vergleichskriterien finanzkräftiger Territorien genügen konnten. Franz Ludwig von Erthal war kein Spekulant, in keinem Sektor seiner weitgefächerten Initiativen ließ er sich auf unsichere Unternehmungen ein, er brauchte juristisch klare Vertragsbestimmungen und kalkulierbare Kosten. Die Theorie der Ökonomie in der merkantilistischen Ausprägung des Kameralismus war ihm nicht fremd, auch zeigten sich in seinen Äußerungen bereits Ansätze zum Liberalismus, eine adäquate Realisierung wurde jedoch durch die Gleichzeitigkeit vordringlicherer Maßnahmen in subjektiv bevorzugten Bereichen des politischen Handelns verhindert. Schon OTTO MEYER registrierte den Unterschied bei wirtschaftlichen Maßnahmen dieses Fürstbischofs zu anderen Regenten seiner Zeit im unerbittlichen sozialen Engagement und in seiner konsequenten Verantwortlichkeit sozialer Prägung[105]. Der umfassende Ansatz und die generelle Sicht – wie in der Sozialpolitik – blieb ihm jedoch im ökonomischen Bereich versperrt. Denn der Fürstbischof verstand wie seine Zeitgenossen Wirtschaftsförderung immer nur als ein Problem des jeweils Handelnden und der isolierten Unternehmung, deshalb entging ihm und ihnen auch das strukturelle Element des ganzen Systems. Seine Maßnahmen erzielten dadurch nur in Einzelfällen nachhaltige Wirkung, ohne die gesamte Situation sozioökonomisch wesentlich zu verändern. Direkte Maßnahmen zum Wohle des bedürftigen Untertanen kamen seiner Auffassung von Staats- und Regierungsaufgaben mehr entgegen

als indirekte Hilfen über die Förderungen von gewinnorientierten Unternehmern oder ideologisch ihm unverständlichen Regiebetrieben. Ihm daraus in einem marginalen Bereich seines Reformwerks einen Vorwurf zu machen oder seinen sonstigen Leistungen nicht die gebührende Anerkennung zuteil werden zu lassen, hieße den Zeitbezug aller historischen Leistungen zu verkennen und lediglich einen einseitigen Maßstab mit 200jähriger Industrieerfahrung anzulegen.

Anmerkungen

1 „Manufaktur" wird als unzünftischer Großbetrieb mit innerbetrieblicher Arbeitsteilung und vorherrschender Handarbeit verstanden (vgl. GERHARD SLAWINGER, Die Manufakturen in Kurbayern. Stuttgart 1966, S. XVI und ORTULF REUTER, Die Manufaktur im Fränkischen Raum. Stuttgart 1961, S. 4). Der Begriff „Fabrik" wird hier nahezu synonym gebraucht, da das übliche Unterscheidungskriterium – weniger Handarbeit als in der Manufaktur – in den einschlägigen Betrieben (Glashütte, Krugbäckerei, Arbeitshaus) – im Untersuchungszeitraum nicht relevant wurde und *Fabrique* bzw. *Fabrick* ohne erkennbare Differenzierung in den benutzten Quellen verwendet wurde. Bei Privatunternehmungen ist die Abgrenzung zum Handwerk überwiegend nur in den fehlenden Zunftreglementierungen, jedoch kaum in den Fabrikationsmethoden zu finden, damit könnte bei manchen Unternehmungen auch von „industrialisiertem Handwerk" gesprochen werden. Gerade beim Begriff „Industrie" muß auf eine heute unterschiedliche Definition aufmerksam gemacht werden, die bereits mit der Bezeichnung „Industrieschulen" Verwirrung stiftete. Darunter wird in der Erthal-Zeit im Sinne der ursprünglichen lateinischen Grundbedeutung (= Fleiß, Tätigkeit, Betriebsamkeit) alles subsumiert, was nicht in das tradierte Berufsbild von bodengebundener Landwirtschaft und zunftabhängigem Handwerk paßte (ERNST SCHUBERT, Arme Leute, Bettler und Gauner im Franken des 18. Jahrhunderts. Neustadt a. d. Aisch 1983, S. 66 f.) Auf den Begriff „Protoindustrie" wird aus methodischen Gründen verzichtet (PETER KRIEDTE/HANS MEDICK/JÜRGEN SCHLUMBOHM, Industrialisierung vor der Industrialisierung. Göttingen 1977, siehe auch SCHUBERT, S. 79), ebenso auf die Gleichsetzung der „Serienschaltung" von Handwerksbetrieben mit Manufaktur (JACOB VAN KLAVEREN, Die Manufakturen des Ancien Regime. In: Vierteljahreshefte für Sozial- und Wirtschaftsgeschichte 51 [1964], S. 145).

2 SCHUBERT, (wie Anm. 1), S. 73.

3 Die Beschränkung auf das Hochstift Würzburg erfolgt aus methodischen Gründen, da derzeit eine Übersicht zum unterfränkischen Manufakturwesen in Vorbereitung ist. Das Hochstift Bamberg wird lediglich zum Vergleich herangezogen. Grundlegend zum Hochstift Würzburg: FLURSCHÜTZ, Verwaltung, weil dort im Kriege zerstörte Quellen benutzt und zitiert werden.

4 GERHARD KÖBLER, Historisches Lexikon der deutschen Länder. München 1992[4], S. 709 gibt 90 Quadratmeilen an. Umrechnung auf qkm bei: WALTER ZIEGLER, Bayern. In: Panorama der fridericianischen Zeit. Bremen 1985, S. 741.

5 FLURSCHÜTZ bringt zwei Volkszählungen – 1788: 262 409 und 1789: 262 255, sowie die Schätzung vor 1803 mit 267 838 Einwohnern, zusätzlich einschlägige Literaturangaben (FLURSCHÜTZ, Verwaltung, S. 6 und Anm. 10), auch ZIEGLER (wie Anm. 4), S. 741 gibt 260 000 an.
Nach Morlinghaus verdoppelte sich wohl im Bamberger Land die Zahl der Menschen zwischen 1750 und 1811 (OTTO MORLINGHAUS,

Zur Bevölkerungs- und Wirtschaftsgeschichte des Fürstbistums Bamberg im Zeitalter des Absolutismus. Erlangen 1940, S. 71 und S. 79), in Dettelbach stieg sie von 1748 bis 1804 nur um 24 % (SCHUBERT [wie Anm. 1], S. 354, Anm. 279).

6 KÖBLER (wie Anm. 4), S. 709.

7 ANTON FRIEDRICH BÜSCHING, Neue Erdbeschreibung. Hamburg 1771⁵, III. Teil, 2. Bd., S. 1835. – Gesamtbeträge der „Staatskasse" ohne Differenzierung der beiden Hochstifte bei ROTHLAUF, Lebensbeschreibung, S. 31. – FLURSCHÜTZ gibt nur die Einnahmen der Obereinnahme – ohne Hofkammerkasse – im Jahre 1780 mit ca. 350 000 fl. an (FLURSCHÜTZ, Verwaltung, S. 86). – ZIEGLER (wie Anm. 4), 1 500 000 fl. als Durchschnittsbetrag „in der 2. Hälfte des 18. Jhs.". So wirtschaftlich unbedeutend können demnach die Maßnahmen Erthals nicht gewesen sein!

8 Grundlegend für die Zeit bis 1779: HERBERT SCHOTT, Das Verhältnis der Stadt Würzburg zur Landesherrschaft im 18. Jahrhundert. Diss. Würzburg 1993. – FLURSCHÜTZ gibt etwa 18 bis 20000 Einwohner für Würzburg an (FLURSCHÜTZ, Verwaltung, S. 18).

9 HANS-PETER TRENSCHEL, Zur Geschichte der Würzburger Porzellanmanufaktur des Geheimen Kanzlisten, Vikariats- und Konsistorialrates Johann Caspar Geyger. In: Katalog Würzburger Porzellan. Würzburg 1986, S. 19–43.

10 StAW, Gebr. Prot. 1788, fol. 1541r. 1783 hatte schon Friedrich Walz im Schwarzenbergischen Marktbreit eine Fayence-Manufaktur begonnen, die jedoch ebenfalls 1790 zum Erliegen kam (WILHELM STIEDA, Die keramische Industrie in Bayern während des XVIII. Jahrhunderts. Leipzig 1906, S. 179 ff., davon abhängig: JOHANN LUDWIG KLARMANN, Der Steigerwald in der Vergangenheit. Gerolzhofen 1909, S. 155 ff.).

11 StAW (wie Anm. 10). Da auch die Privatgründung einer Fayencefabrik im Castellischen Rehweiler von den Marktbreiter Geldgebern aufgrund der Anfangsschwierigkeiten den Bedarf des Hochstifts über die Territoriumsgrenzen nicht decken konnte, verkaufte deshalb ab 1792 der rührige Glasermeister Neft und spätere Pächter Schleichachs mit Erfolg in seinem Laden in der Domgasse auch ächtes englisches Steingut aus der berühmten Fabrique Weedgwoot (StAW, Gebr. Prot. 1792, fol. 614r).

12 Joseph Helm wurde wegen jahrelangen Materialunterschlagungen verurteilt und mit Arrest bestraft. Zur Gobelin-Manufaktur in Würzburg: KATHARINA FEGG, die Fürstbischöfliche Wandteppichmanufaktur zu Würzburg 1721–1779. In Mainfränkisches Jahrbuch 43 (1991), S. 8–79; LUDWIG BARON VON DÖRY, Würzburger Wirkereien und ihre Vorbilder. In: Mainfränkisches Jahrbuch 12 (1960), S. 189–216; EMIL MARKERT, Zur Tätigkeit des Würzburger Bildwirkers Andreas Pirot. In: WDGB 16/17 (1954/55), S. 375–398; HEINRICH KREISEL, Die Würzburger Gobelinmanufaktur und ihre Erzeugnisse. In: Mainfränkisches Jahrbuch 4 (1952), S. 151–175; HEINRICH GÖBEL, Wandteppiche, III. Teil, Band I. Berlin 1933, S. 260–267.

13 SCHOTT (wie Anm. 8). – FLURSCHÜTZ, Verwaltung, S. 150 mit Verweisen. – KERLER, Erthal, S. 38.

14 C. U. D. FREYHERRN VON EGGERS, Reise durch Franken, Baiern, Oesterreich, Preußen und Sachsen, Bd. 1 (von 4). Leipzig 1810, S. 181.

15 FLURSCHÜTZ kennt nur das Gewerbe und dessen Rohstoffprobleme mit Hasenbälgen (FLURSCHÜTZ, Verwaltung, S. 126). – IGNAZ DENZINGER, Gutachten einer von dem Fürstbischof Johann Philipp Franz ernannten Commission über einige Gegenstände der landesherrlichen Administration. In: AU 11 (1851), Heft 2–3, S. 229–392, hier: S. 368 zum Mandat von 1769).

16 GREGOR SCHÖPF, Historisch-statistische Beschreibung des Hochstiftes Würzburg. Ein Versuch. Hildburghausen 1802, S. 99 f. Wegen Geringfügigkeit in ihrer Bedeutung können an dieser Stelle die Benutzung der Bodenschätze mit Salpetergräbereien, mit Ziegel- und Kalkbrennereien, mit Gipsmühlen und Gipsbrennereien sowie die

vielen Steinbrüche außer acht bleiben. Keiner dieser Betriebe besaß nach heutiger Kenntnis Manufakturcharakter, auch FLURSCHÜTZ geht bei anderer Fragestellung, aber mit gleicher Begründung darauf nicht ein (FLURSCHÜTZ, Verwaltung, S. 149).

17 In der Regel erfolgten alle wirtschaftlichen Maßnahmen mit vordergründiger Gewinnerwartung. Die eine ökonomische Initiative immer begleitende, aber die eigentlichen Ziele verschleiernde Sozialbegründung gehört zum Vokabular einer anfänglichen Wirtschaftspolitik, doch diese populistische Argumentation diente bloß zur Legitimation einer aus lediglich pekuniären Gründen begonnenen und damit nach damaligen Begriffen für einen Fürstbischof „unmoralischen" Handlungsweise. FLURSCHÜTZ' Feststellung, daß sich „nur in jenen Gebieten industrielle Unternehmungen von einigem Umfang (fanden), deren Bewohner wegen der Unfruchtbarkeit des Bodens und der ungünstigen klimatischen Verhältnisse auf einen derartigen Broterwerb angewiesen waren: im Steigerwald und in der Rhön" (FLURSCHÜTZ, Verwaltung, S. 149), ist deshalb nicht zu verifizieren. Denn weder die Glasmanufaktur in Schleichach noch die Krugbäckerei oder die Eisenverarbeitung in Oberbach wurden aus diesen Ursachen mit fremden Spezialisten gegründet, die eventuell damit begründbare „Heimindustrie" unterliegt jedoch einem anderen Industriebegriff!

18 FLURSCHÜTZ, Verwaltung, S. 154.

19 SCHÖPF (wie Anm. 16), S. 168. Die von Erthal offenbar projektierte „ordentliche Leinwandmanufaktur in den Rhöngegenden" kam nicht zur Ausführung (FLURSCHÜTZ, Verwaltung, S. 155).

20 SCHÖPF (wie Anm. 16), S. 98.

21 FLURSCHÜTZ, Verwaltung, S. 138. Die barmherzige Begründung dafür kann jedoch nicht gefunden werden („... weil der Fürst – bezeichnend für seine Haltung – seinen Untertanen den uneingeschränkten Tabakgenuß gönnte"), eher die grundsätzliche Abneigung gegen Monopole jeder Art (siehe unten). SCHOTT (wie Anm. 8) am ausführlichsten.

22 Einschließlich der von der Holzverwertung abhängigen Nebennutzungen, wie die monopolmäßig verpachtete Pottaschenausfuhr (FLURSCHÜTZ, Verwaltung, S. 149). Eine eigene Publikation des Autors über die Bedeutung dieses Rohstoffes ist in Vorbereitung.

23 RENNER, Regierung, S. 315. Eine unbedeutende Kommerzienkommission gab es in Würzburg schon seit 1740 (SCHOTT [wie Anm. 8]).

24 OBERTHÜR erwähnt in seinen Aufzeichnungen, daß Erthal den von 1789 bis 1794 amtierenden Professor für Kameralwissenschaften, Michael Anton Sartorius, mit ihm nach Hamburg schickte, um das dortige Institut für Kameralwissenschaften zu studieren (KERLER, Erthal, S. 21 und Anm. 28).

25 RENNER, Regierung, S. 314.

26 Zumindest ist die Annahme eines gedachten kameralistischen „Systems" nach Erthals berühmten spontanen Worten bei der Einweihung des Bamberger Krankenhauses am 11. November 1789 anzunehmen: „Bei dem Antritte seiner Regierung habe er sich auch in das System gemacht, solche Einrichtungen und Anstalten zu treffen, die das Wohl seiner Unterthanen befördern würde" (Zitat nach: Ausstellungskatalog Allgemeines Krankenhaus, S. 10). Einem kameralistischen „Systemdenken" entspricht auch die von einem Trauerredner überlieferte Methodik der Studienzeit: Wenn Er fremde Gegenden bereiste, den lehrreichen Umgang merkwürdiger Männer aufsuchte, jede gründliche Bemerkung, die er irgendwo gehört, aufzeichnete, jede gute Anstalt und Einrichtung, die Er irgendwo antraf, sich einprägte ... so geschah dieses Alles in der reinsten Absicht ... so viel möglich, in Wirklichkeit zu bringen (LIMMER, Trauerrede, S. 10).

27 FRITZ BLAICH, Die Epoche des Merkantilismus. Wiesbaden 1973, S. 17. Dort auch weiterführende Literatur zum Kameralismus. Erthals umfassender „Staatswirtschafts"-Begriff deckte sich weitgehend mit dem Kameralismus, denn die Ökonomie war darin nur einer von mehreren Aspekten der gesamten Aufgaben des Staates, die

politische, juristische, fiskalische, soziale und eben auch ökonomische Probleme betreffen konnten. – *Man nenne mir einen Gegenstand, der einen merklichen Bezug auf den Wohlstand des Volkes und auf die Thätigkeit desselben hätte, und der nicht eben deswegen von Franz Ludwig einer besonderen Aufmerksamkeit wäre gewürdiget worden!* (LIMMER, Trauerrede, S. 29).

28 „Statt rasch entschlossen und leichtweg zu dekretiren oder mündlich Verfügungen zu treffen, läßt er sich auch über die geringfügigsten Dinge Bericht erstatten und von seinen Referendarien Vortrag halten; dann arbeitet er den Fall durch, läßt ihn liegen, nimmt ihn wieder vor, und endlich folgt die Entscheidung, die er ausschließlich sich selbst vorbehält" (KERLER, Erthal, S. 6).

29 StAW, Hofkammer-Protokolle. 1780 (nicht eingebundene Beilage: *Lit. A. Zum Glas-Fabrique Commissions Protocollum de 30. May 1780*).

30 RENNER, Erthal. Persönlichkeitsentwicklung, S. 284.

31 BLAICH (wie Anm. 27), S. 63. Georg Heinrich Zincke hatte den „noch immer gleichsam als ein classisches Grundbuch" geltenden *Politischen Discurs*, der seit 1721 nicht mehr aufgelegt worden war, 1754 *für jetzige Umstände und Zeiten brauchbarer gemacht und verbessert* (HERBERT HASSINGER, Johann Joachim Becher, Wien 1951, S. 124). RENNER (wie Anm. 30) gibt als Erscheinungsjahr 1759 an.

32 Praktische Erfahrung wird Erthal in seinem Werdegang lediglich in seiner Funktion als Regierungspräsident des Würzburger Hochstifts in den Jahren 1763 bis 1767 gesammelt haben. Während seiner Amtszeit wurde die Einführung des Tabakmonopols und die Getreideausfuhr ins Ausland behandelt (RENNER [wie Anm. 30], S. 202).

33 StAW, Gebr. Prot. 1779, fol. 1026r ff. Gerade das Montanwesen war das bevorzugte Theoriegebiet der im Merkantilsystem beheimateten Kameralisten. Die gewinnbringende Nutzung der aus einem übernommenen patrimonialen Besitzdenken dem Staat gehörenden und damit einer Verwertung zuführbaren Bodenschätze gehörte zu den klassischen Anwendungsgebieten ihrer Lehre.

34 Alle Zitate: StAW, Gebr. Prot. 1779, fol. 1026r ff.

35 SCHÖPF (wie Anm. 16), S. 151. – SCHUBERT (wie Anm. 1), S. 73.

36 Ein differenziertes Urteil über die Personen in den Entscheidungsgremien und ihre Wirkungsweise in wirtschaftlicher Hinsicht kann noch nicht abgegeben werden. Besondere Beachtung verdienen sicher zwei Mitglieder:
– Johann Georg Pickel (1751–1838), seit 1782 Professor für Chemie und Pharmazie in Würzburg, war der naturwissenschaftliche Berater aller Maßnahmen in Erthals Regierungszeit. Er untersuchte die Bodenproben für die Krugbäcker und die Ergiebigkeit der Salzquellen genauso wie die Gemengezusammensetzung in Schleichach. Allein die Aufzählung der verkaufbaren Produkte aus seiner Fabrik für chemisch-pharmazeutische Apparate bei SCHÖPF (wie Anm. 16), S. 156–169 liefert ein gutes Bild von seinem Geschäftsgeist. Auch DENZINGER (wie Anm. 15) kennt seine „Fabrik von chemischen Apparaten und Instrumenten". – Lobendes zeitgenössisches Urteil bei: JOHANN MATTHAEUS HASSENCAMP, Briefe eines Reisenden von Pyrmont, Cassel, Marburg, Würzburg und Wilhelmsbad. Frankfurt – Leipzig 1783, S. 198–202. – BOSLS Bayerische Biographie. Regensburg 1983, S. 589. – FLURSCHÜTZ, Verwaltung, S. 155 Anm. 262, dort falsches Geburtsdatum.
– Johann Philipp Franz Goldmayer gehörte als Finanzdirektor und vertrauenswürdiger Verwalter des fürstbischöflichen Privatvermögens – schon der Vater verwaltete das Erthalsche Familienbesitztum in Elfertshausen – sowie seiner „beispiellosen Thätigkeit" zu den wirkungsvollsten Staatswirten der Erthals Regierungszeit (vgl. KERLER, Erthal, S. 39 und Anm. 74). – Positives Urteil über Tätigkeit im Juliusspital bei: JOHANN GEORG KRÜNITZ, Oekonomisch-technische Encyclopädie . . ., Teil 47. Berlin 1789, S. 477 ff., davon abhängig SCHÖPF (wie Anm. 16), S. 455 ff. Goldmayer war jedoch nicht nur

Praktiker, sondern als Professor für Kameral- und ökonomische Wissenschaften auch ein beachtenswerter Theoretiker (DENZINGER [wie Anm. 15], S. 276).

37 So ist es verständlich, daß sein gesamtes Wirtschaftshandeln bislang als wenig originell erscheinen mußte (OTTO MEYER, Fürstbischof Franz Ludwig von Erthal 1730–1795. In: Lohr a. Main 1333–1983. 650 Jahre Stadtrecht. Lohr 1983, S. 78). Erthal war sicher kein reiner Merkantilist, dazu war das von Montaigne zuerst treffend charakterisierte System: *Des einen Vorteil ist des anderen Schaden!* (HEINRICH BECHTEL, Wirtschaftsgeschichte Deutschlands, Bd. 2. München 1952, S. 17) ihm persönlich zu egoistisch und das stete Kampfverhältnis innerhalb einer so verstandenen Wirtschaftspolitik für einen geistlichen Fürstenstaat zu unergiebig. Teilweise zeigen Erthals überwiegend sozial dominierte ökonomische Prinzipien schon physiokratische oder liberalistische Grundhaltungen, da ihm die freie Konkurrenz auf dem Markt ohne staatliche Eingriffe zeitgemäßer war und persönlich näher stand.

38 BARRY SUPPLE, Der Staat und die Industrielle Revolution. In: Europäische Wirtschaftsgeschichte, Bd. 3. Stuttgart 1985, S. 200.

39 SCHUBERT (wie Anm. 1), S. 71. – *Was hatte sich Franz Ludwig für einen Zweck vorgenommen, . . . wenn Er auf Emporbringung der Fabriken Belohnungen setzte . . . ?* (LIMMER, Trauerrede, S. 28).

40 Der Unterschied zeigt sich deutlich beim Vergleich mit der völlig anderen Einstellung zum Wirtschaftsprotektionismus bei Lothar Franz von Schönborn (WERNER LOIBL, Kunstmäzen oder Wirtschaftsprotektor? Lothar Franz und die Spessarter Glasproduktion. In: Die Grafen von Schönborn. Katalog Nürnberg 1989, S. 72 ff.)

41 SCHOTT stellt fest: Äußerungen der Fürstbischöfe zu ihren Vorstellungen über Wirtschaftspolitik finden sich in den Quellen so gut wie gar nicht . . . Aussagen über wirtschaftspolitische Absichten sind kaum möglich (SCHOTT [Anm. 8], V/2). Trotzdem kann hier ein Versuch bei Erthal aufgrund der relativ guten Quellenlage unternommen werden.

42 Dem Anlaß entsprechend soll an dieser Stelle einer dringend notwendigen umfassenden Manufakturgeschichte der beiden Hochstifte nicht vorgegriffen werden. Leider ist ORTULF REUTER von seinem ursprünglichen Plan abgewichen, den gesamten fränkischen Raum zu untersuchen. Doch die überall feststellbare Fehlen geeigneter Vorarbeiten ließ ihn seine Untersuchung auf den Raum der Fürstentümer Ansbach und Bayreuth beschränken, was leider im Titel seines Werkes nicht entsprechenden Ausdruck fand (ORTULF REUTER [wie Anm. 1], S. 1). Auch SCHOTT prognostiziert: Eine Wirtschaftsgeschichte des Hochstifts Würzburg wird angesichts der Aktenlage leider noch lange ein Desiderat bleiben (Schott [wie Anm. 8], Anm.).

43 Schon Christoph Franz von Hutten und Friedrich Karl von Schönborn ließen in Veitshöchheim eine Lederfabrik in staatlicher Regie betreiben. KARL WILD, Staat und Wirtschaft in den Bistümern Würzburg und Bamberg. Heidelberg 1906, S. 179. – FLURSCHÜTZ, Verwaltung, S. 150.

44 zum Münchner Betrieb: SLAWINGER (wie Anm. 1), S. 168 ff.

45 StAW, Gebr. Prot. 1781, fol. 594r ff.

46 StAW, Gebr. Prot. 1792, fol. 878r.

47 Ob tatsächlich merkantilistische Erwägungen den Fürstbischof zur Unterstützung veranlaßten, wie FLURSCHÜTZ, Verwaltung, S. 150 annimmt, muß bezweifelt werden. Eher ist an unstrukturiertes, lediglich in Einzelmaßnahmen mit deutlichem Bezug zum Individuum sich darstellendes Handeln Franz Ludwigs zu denken, wie es unten näher ausgeführt wird.

48 ANTON CHROUST (Hrsg.), Das Würzburger Land vor hundert Jahren. Würzburg 1914, S. 135.

49 CHROUST (wie Anm. 48), S. 126.

50 StAW, Gebr. Prot. 1787, Band II, fol. 897r.

51 StAW (wie Anm. 50).

52 StAW (wie Anm. 50). Das Problem mit dem Modegetränk Kaffee hatte Erthal schon früher beschäftigt. In seiner Regierungspräsiden-

tenzeit hatte er eine zusätzliche Kaffeeschenke mit dem Hinweis abgeschmettert, daß zu *nothdürftiger Versehung hiesiger Residenz statt mit diesem ohnehin ohnnöthigen Getränck genugsam hinlänglich, zu Verderbung hiesiger Bürgerschaft und besonders der studierenden Jugend schon allzuviele seyen* (RENNER, Regierung, S. 202).

53 Johann Heinrich Gottlob von Justi (1717–1771) erarbeitete als erster eine Systematik der Kameralwissenschaften (BLAICH [wie Anm. 27], S. 73).

Joseph von Sonnenfels (1733–1817); seine 1767 erschienenen „Grundsätze der Polizey" waren bis 1848 das offizielle Lehrbuch der Staatswissenschaften im Habsburgerreich (BLAICH [wie Anm. 27], S. 75).

54 RENNER, Regierung, S. 202.

55 WILHELM STIEDA, Die Besteuerung des Tabaks in Ansbach-Bayreuth und Bamberg-Würzburg im achtzehnten Jahrhundert. Leipzig 1911, S. 111. Danach Erthal in einem Dekret vom 1. Juni 1779.

56 Häufig glaubten die hochstiftischen Räte, daß sich Bewerber um Konzessionen dadurch nur leichter das Bürgerrecht erwerben wollten (Schott [wie Anm. 8]).

57 Wirzburger Hof- Staats- und Standskalender 1785, S. 90: *Hr. Joh(ann) Karl Willhelm Freyh(err) von Drachsdorf, Herr zu Adelsberg, Erb- und Gerichtsherr von Schwickershausen und Debertshausen, Ihro kais. kön. Majestät wirklicher Kämmerer, hochf. wirzb. geheimer- und Hofkriegsrath, auch General-Feldwachtmeister, und Innhaber eines Regiments zu Fuß, dann Commendant des hochfürstl. Artilleriecorps.*

58 SCHOTT (wie Anm. 8).

59 ZEDLER, Grosses vollständiges Universal-Lexicon 29 (1741) Sp. 1169 f.: *Ein feines weisses Pulver, welches gebraucht wird, das Haupt-Haar und die Perucken zu bestreuen, damit sie rein und lucker werden. Er ist von unterschiedlicher Güte, nachdem er bereitet wird. Der gemeine wird von Weitzenmehl, zu dem feineren wird Bohnenmehl, oder besonders zubereitetes Krafft- oder Stärckmehl genommen, und dadurch jährlich eine recht unverantwortliche Menge des bestens Weitzens verthan.*

60 Da Drachsdorf schon in seinem Gesuch davon spricht, *besserer Ansicht wegen, habe er daher vor der Stadt den Geigerischen Garten mit dem darauf haftenden Haus erkaufet,* wird der Erwerb wohl 1786 erfolgt, aber erst 1787 protokolliert worden sein (TRENSCHEL [wie Anm. 9], Anm. 107).

61 StAW, Gebr. Prot. 1786, fol. 868r ff. Mit der Verfertigung von Haarpuder, da *die hiezu nöthige Manipulation und Arbeith eine so bekannte Sache, das deren Verfertigung einem jeden so sich abt abgeben wolle, nicht schwer falle,* verdienten sich viele gescheiterte Existenzen einen bescheidenen Lebensunterhalt, was auf *viele hundert Leuthe* geschätzt wurde.

62 StAW (wie Anm. 61).

63 SCHÖPF (wie Anm. 16), S. 183 und S. 188 f., sonst TRENSCHEL (wie Anm. 9).

64 In Österreich hatte sich die Menge des Kaffeeimports zwischen 1776 und 1800 verdreifacht (ERNST BRUCKMÜLLER, Handel und Gewerbe zur Zeit Josephs II. In: Katalog Österreich zur Zeit Kaiser Josephs II. Melk 1980, S. 52).

65 Nach SCHÖPF (wie Anm. 16), S. 99. Wohl wurden 1816 nur drei Arbeiter beschäftigt, Produkte im Wert von 2000 fl. erzeugt, wovon für 500 fl. ins Ausland abgesetzt wurden, doch der ganze Betrieb sollte ursprünglich nicht in dieser wenig manufakturellen Form geführt werden, sondern viel größer werden (CHROUST [wie Anm. 48], S. 126).

66 DENZINGER (wie Anm. 15), S. 339. Die Initiative gehörte eigentlich in den Katalog der Förderungen aller Salzquellen, die gerade Adam Friedrich von Seinsheim zur Hebung der Staatseinnahmen mit wenig Erfolg unternahm. Dem Salzverkauf der Kissinger Salinen, die jährlich rund 15–17 000 Zentner lieferten (FLURSCHÜTZ, Verwaltung, S. 132 Anm. 140), widmete sich eine der ersten Verordnungen Franz

Ludwigs, die jedoch noch auf Anordnungen seines salzfördernden Vorgängers zurückgehen dürfte. Die dadurch angeregte merkantilistische Verkaufsförderung im Inland war so stark, daß einem Mangel mit Preissteigerungen entgegengesteuert werden mußte (FLURSCHÜTZ, Verwaltung, S. 133). Noch in bayerischer Zeit rechnete man mit einem Reinerlös beim Salzverkauf von mehr als 150 000 fl. (CHROUST [wie Anm. 48], S. 80).

67 Zur Biographie Johann Philipp Geigels: NEUMANN, Nachfolger Neumanns.

68 StAW, Gebr. Prot. 1783, fol. 1131r.

69 SCHÖPF (wie Anm. 16), S. 93.

70 FLURSCHÜTZ, Verwaltung, S. 155.

71 JOHANN HEINRICH GOTTLOB VON JUSTI, Abhandlung von dem sogenannten Plusmachen, Leipzig 1755.

72 Leider bislang viele falsche Angaben (z. B. WOLFRAM BILZ, Die Großherzogtümer Würzburg und Frankfurt. Würzburg 1969², S. 113 f.). Der Autor hielt am 27. Juni 1992 in Fabrikschleichach einen Vortrag zum Thema: „Franz Ludwig von Erthal und die Glasproduktion in Schleichach", abgedruckt in: Aus der Geschichte der Glashütte Fabrikschleichach, zwei Vorträge, Rauhenebrach 1992.

73 WERNER LOIBL, Barocke Hohlglasproduktion im Spessart und Steigerwald. In: ELISABETH M. TRUX, Form- und Scherzgläser, geschliffene und geschnittene Gläser des 17. und 18. Jahrhunderts. Aus der Glassammlung des Mainfränkischen Museums Würzburg. Würzburg 1992, S. 60.

74 FLURSCHÜTZ, Verwaltung, S. 153.

75 StAW, Hofkammer-Protokolle 1788, S. 345.

76 Die Begründung der Hofkammer lautete: *Übrigens seye jede societät gehässig, und für die Hofcammer zu wünschen, daß diese wirklich schon expirirte societät je eher desto besser gänzlich aufgehoben werden möge, um sodann auf den grund setzen zu können, ob die Betreibung dieser Fabrick forthin auf eigene Rechnung nutzlich oder vortheilhafter seye, dieselbe, wie ehemals an einen Unternehmer zu verpachten* (StAW, Hofkammer-Protokolle 1788, S. 1841).

77 Nach dem französischen Ursprungsbetrieb in St. Gobain wurden die Spiegelmanufakturen fast überall in verschiedene Arbeitsstätten aufgeteilt: die holzverbrauchenden Glashütten nahe am Energieträger in Waldgebieten, die arbeitsintensiven Veredelungsanlagen in größeren Städten nahe am Vertriebsweg von Wasserstraßen. So war es auch im direkten Vorbild der Würzburger Unternehmung in der kurmainzischen Spiegelmanufaktur mit dem Veredelungsbetrieb in Lohr und den Glashütten in Rechtenbach, Weibersbrunn und zeitweise Emmerichsthal (vgl. WERNER LOIBL, Vom Pilotbetrieb zur Industrieruine. In: Rechtenbach, Chronik Rechtenbach 1986).

78 Sein Sohn Gerhard und dessen Schwiegersohn Friedrich Daems verkauften das Mondglas aus dem Spessart der Hütten Einsiedel (von 1807 bis 1819) und Weibersbrunn (1820–1844) bis zur vollkommenen Aufgabe dieser Fertigungsmethode.

79 Lohr und Altengronau beendeten ihre Produktion 1791, zwei Jahre vorher hatte Tabor in Schleichach eine Produktionsausweitung gefordert, um genügend Handelsware nach Frankfurt zu bekommen. Die Rolle der Faktoren innerhalb der frühen Glas-Großbetriebe ist überhaupt noch nicht untersucht, weitreichende Auswirkungen sind jedoch heute nicht mehr erkennbar.

80 BLAICH (wie Anm. 27), S. 164.

81 Auch Joseph II. verfolgte die *schädlichen Monopole und Privilegia* genauso wie die altertümlichen Anschauungen der Zünfte (BRUCKMÜLLER [wie Anm. 64], S. 56). Hier wie auch in anderen Bereichen des beginnenden Liberalismus sind Parallelitäten zu Erthal zu finden (vgl. Anm. 37).

82 StAW, Hofkammer-Protokolle 1794/II, S. 1936 ff.

83 StAW (wie Anm. 82).

84 StAW (wie Anm. 82). Erthal: *Alles dieses läßt sich nicht damit entschuldigen, daß das Hüttenwesen wohl bestellt sey, denn der Refe-*

120

rent mag seinem guten Character nach wohl glauben, daß wenn er nicht zu laute Klagen hört, alles seinen ordentlichen Gang gehe, ohne deswegen jemand überzeugen zu können, wenn er die ganz zweckmäßig durch den mehrbesagten cameral schluß getroffene Verfügungen unbefolgt läßt. Dieselben sind vielmehr um da mehr zu befolgen, da solche, wie alle wohlausgedachte Anwendungen, nicht allein dazu dienen, Mißbräuche zu vertilgen, sondern auch dieselben so viel möglich zu verhüten.

85 Die katastrophale Ertragsberechnung für Schleichach bewirkte erst unter Erthals Nachfolger eine Aufgabe der Fabrikführung in Form des Regiebetriebes und die Verpachtung ab 1. Juni 1798 an den Würzburger Glaser und Händler Philipp Neft. Dessen Familie blieb – wohl mit Unterbrechungen – bis zur Aufgabe der Glasproduktion mit Schleichach verbunden.

86 So 1790 SCHNEIDAWIND für das Bamberger Hochstift: *Wo Fabriken und Manufakturen unbekannte Namen sind, wo es an Erwerbsarten fehlt, um die Trägheit zu ermuntern und zur Thätigkeit zu beleben, da sind Diener und Arme moralische Consequenz* (SCHUBERT [wie Anm. 1], S. 73 f.).

87 RUDOLF ENDRES, Staat und Gesellschaft. In: SPINDLER, Handbuch, S. 359. – Auch der Trauerredner Gallus Ignaz Limmer verurteilte: *Die Bequemlichkeit erstickt die besten Talente, das alte Herkommen ist die einzige Regel, über die man nicht hinausgeht; nothdürftige Kenntnisse sind das höchste Ziel, das man sich absteckt; gemeinnützige Erfindungen und Einrichtungen bleiben im Reiche der Möglichkeiten zurück; der Handel stocket, die Produkte des Landes liegen im Schoose der Erde vergraben, oder werden unverarbeitet in das Ausland abgegeben; arbeitsfähige Hände dem Tausend nach liegen müßig im Schoose"* (LIMMER, Trauerrede, S. 25 f.).

88 So wundert sich beispielsweise MORLINGHAUS (Anm. 5), daß die Bamberger nicht sogleich Schneidawinds Vorschläge zum Anbau von Flachs und Hanf oder gar von Maulbeerbäumen übernahmen, ohne zu erkennen, daß in diesen geographischen Breiten derartige Versuche schon früher entweder an klimatischen Bedingungen gescheitert waren oder aufgrund der immer größer gewordenen Märkte und des davon abhängigen Warenstromes nicht mehr konkurrenzfähig waren. Auch FLURSCHÜTZ moniert die „richtige Einstellung bei der ganz auf landwirtschaftliche Interessen ausgerichteten Bevölkerung" und die „mangelnde Unternehmungslust der Bevölkerung" als Industriehemmnis, auch von „Schlaffheit" der Kaufleute ist die Rede (FLURSCHÜTZ, Verwaltung, S. 6, S. 139 und S. 149). Manchmal bekommt man den Eindruck, daß falsche Maßstäbe angelegt werden und die Bedeutung der Manufakturen überschätzt wird.

89 Den Katholizismus verdammende Aufklärer, wie Johann Kaspar Riesbeck, vertraten die gleiche Meinung, auch nach ihnen mußte man in Erthals Hochstift *die Erziehung und die Gewohnheit* ändern, *um ein verschwenderisches Volk sparsam und industriös zu machen* (JOHANN KASPAR RIESBECK, Briefe eines reisenden Franzosen über Deutschland an seinen Bruder in Paris. Stuttgart 1967, S. 256). Die Überbewertung der Aufgabe einer Schule führte auch zu übergroßen Erwartungen hinsichtlich ihrer Ergebnisse. Man forderte *eine kluge Anleitung . . . um den Untertanen von dem eingewurzelten Wahne zurückzubringen, daß das was der Vater und Großvater gethan hat, das Beste immer gewesen sey, und eine mehrere Vollkommenheit nicht zulassen* (PFEUFER, Beyträge, S. 228).

90 Mögen auch die Summen der Einkünfte in den beiden Hochstiften am Main nicht die Höhe dieser Staaten erreicht haben, der Zugriff auf den einzelnen Bürger war noch lange nicht so direkt und besitzergreifend. Darin einen Nachteil zu erkennen, kann am zeitbezogenen Blickwinkel (1940!) des Bearbeiters liegen (vgl. MORLINGHAUS [wie Anm. 5], S. 101).

91 Der Charakter der Manufaktur als Disziplinierungsanstalt zeigt sich nirgends deutlicher, SCHUBERT spricht deshalb auch von „Disziplinierungsinstitut und Drohung des absolutistischen Obrigkeitsstaates" (SCHUBERT [wie Anm. 1], S. 296), weitere Definitionen und bisherige Literatur bei SCHOTT (wie Anm. 8).

92 Deshalb bekam FLURSCHÜTZ Probleme mit der Datierung (FLURSCHÜTZ, Verwaltung, S. 151). Geschichte und Zitat bei SCHOTT (wie Anm. 8).

93 Umfassend bei SCHOTT (wie Anm. 8).

94 JOSEF KULISCHER, Allgemeine Wirtschaftsgeschichte des Mittelalters und der Neuzeit, 2. Bd. Darmstadt 1958, S. 149 f. Mehrdeutig läßt Diderot seinen „Philosophen" sagen: *Die alten Griechen und Römer waren die anständigsten Leute von der Welt, und dabei verehrten sie Götter, die man nur als ein höchst verderbtes Pack bezeichnen kann. Jupiter müßte man lebendig verbrennen, Venus gehört in eine Besserungsanstalt und Merkur ins Arbeitshaus* (nach: Unterhaltung eines Philosophen mit der Marschallin von C. In: DENIS DIDEROT, Erzählungen und Gespräche, Leipzig 1953, S. 17).

95 FLURSCHÜTZ, Verwaltung, S. 151, Anm. 241 weiß Quante seit 1778 im Amt, eine Kontrolle ist nicht möglich, da die zitierten Quellen nicht mehr existieren.

96 StAW, Gebr. Prot. 1787, Band II, fol. 962r.

97 Der englische Philanthrop John Howard hatte noch unmittelbar vor Erthals Regierungsantritt 1778 in Würzburg festgestellt, daß dort 54 Männer und 36 Frauen an den gleichen Arbeiten beschäftigt waren, wie sie in sonstigen Wollmanufakturen üblich waren, es gab sogar ein Warenlager für Uniformstoffe, wo verschiedenes Tuch für Artillerie, Infanterie etc. vorgelegt werden konnte. KULISCHER (wie Anm. 94), S. 151.

98 HASSENCAMP (wie Anm. 36), S. 170–171.

99 SCHÖPF (wie Anm. 16), S. 172.

100 SCHUBERT (wie Anm. 1), S. 301.

101 SCHUBERT (wie Anm. 1), S. 298. Als 1791 die Hofkammer dafür plädierte, daß der Wollenverkauf ins Ausland verboten würde, weil durch Aufkäufer der umliegenden Staaten, in denen das Verbot schon längst vollzogen wäre, der Rohstoff für die Weiterverarbeitung so verteuert würde, daß sogar die Bischofsheimer und Sinngründer im Arbeitshaus Wolle geholt hätten, verfügte Erthal am 26. Mai 1791: *Endlich kann es ein für alle mal nicht bey dem zeitherigen uneingeschränkten Wollenverkauf auser Lands belassen werden, denn rohe einheimische Produkte auswärts verbringen und sie dann veredelt wieder ins Land verkaufen zu lassen, ist einer guten Wirthschaft gerade zu wider, besonders da, wo es der einheimischen so viele gibt, welche sich mit Verarbeitung dieses Produkts abgeben und einzig dabey ihre Nahrung finden* (StAW, Gebr. Prot. 1791, fol. 836r). – vgl. FLURSCHÜTZ, Verwaltung, S. 154.

102 StAW, Gebr. Prot. 1791, fol. 1813r.

103 SCHUBERT (wie Anm. 1), S. 303.

104 PHILIPP JOSEPH HORSCH, Versuch einer Topographie der Stadt Würzburg. Arnstadt-Rudolstadt 1805, S. 307.

105 MEYER (wie Anm. 37), S. 78.

54 *Noth- und Hülfs-Büchlein oder lehr-
reiche Freuden- und Trauer-Geschichte der
Einwohner von Mildheim. Neue verbesserte
Auflage. Mit Hochfürstlich-Bamberg- und
Wirzburgischer höchster Genehmigung und
Freyheit.*

Gotha und Würzburg, 1790.

2 Ausgaben, gedruckt mit demselben Satz, in Großoktav und Kleinoktav,
Titelblatt schwarz und rot, mit Holzschnitt. Pappbände, 428 S., 2 Bll., mit
47 Holzschnitten und unterschiedlichem Kupferstich-Porträt Erthals, im
Rahmen bezeichnet: *Franz Ludwig v. G. G. des heil. Röm. Reichs Fürst,
Bischof zu Bamberg und Wirzburg, auch Herzog zu Franken etc. etc. ein
redlicher Landesvater und wahrhaft christlicher Bischof.* Dann Widmung:
*Ihm – der sein treues Volk, gleich einem Vater liebt, Der von der Christen-
Pflicht selbst Lehr' und Beyspiel giebt, Spitäler stiftet und die Armen lieb-
reich pfleget, Zur Nachwelt Glück den Grund in bessern Schulen leget –
Ihm weihet, mit dem Wunsch: Gott lohne Ihn dafür! Der Autor dieses
Buch, aus Pflicht und Dankgebühr.* – Nach S. 62 Zwischentitel: Noth- und
Hülfsbüchlein für Bauersleute welches lehret, wie man vergnügt leben,
mit Ehren reich werden, und sich und Andern in allerhand Nothfällen hel-
fen kann; alles mit glaubhaften Historien und Exempeln bewiesen und mit
Bildern gezieret durch einen dem lieben Bauernstande Redlich Zugthanen
Bürger.

Staatsbibliothek Bamberg, J. H. Oec. o. 6 a (1 [Großoktav, jedoch beschnit-
ten] – R. B. Oec. pr. o. lae – H. V. H. Fr. 60 b [beide Kleinoktav]   Abb.

Lit.: CLEMENS ALOIS BAADER, Lexikon verstorbener Baierischer Schriftsteller des achtzehnten und neunzehnten Jahrhunderts. Bd. 1,2. Augsburg
und Leipzig 1824, S. 59–61. – NDB 1 (1953), S. 721 f. – Professor Franz
Oberthür. Persönlichkeit und Werk. In: Quellen und Beiträge zur Geschichte der Universität Würzburg 2 (1966). – REINHARD SIEGERT, Aufklärung und Volkslektüre. Exemplarisch dargestellt an Rudolph Zacharias
Becker und seinem „Noth- und Hülfsbüchlein". Mit einer Bibliographie
zum Gesamtthema. In: Archiv für Geschichte des Buchwesens 19 (1978)
Sp. 566–1347. – URSULA TÖLLE, Rudolf Zacharias Becker. Versuche der
Volksaufklärung im 18. Jahrhundert in Deutschland. Münster – New York
1994. – UB Würzburg, Oberthür-Nachlaß, speziell Brief Beckers vom
22. Januar 1784 und Berliner Reisebeschreibung von 1797, Reinschrift, S.
274–276.

Der auf dem Titelblatt nicht, beim Zwischentitel nur mit
den Anfangsbuchstaben „R Z B" genannte Autor ist der
Schriftsteller und Verlagsbuchhändler Rudolf Zacharias
Becker, geboren am 9. April 1752 in Erfurt, gestorben am
28. März 1822 in Gotha. Seine Deutsche Zeitung (seit
1795 Nationalzeitung) und sein Anzeiger der Deutschen
(seit 1793 Reichsanzeiger, seit 1807 Allgemeiner Anzeiger der Deutschen) gehören zu den verbreitetsten mora-
lisch-politischen Zeitungen seiner Zeit. 1797 gründete er
eine eigene Buchhandlung in Gotha. Er erwarb mit der
Holzschnittsammlung Derschau (Nürnberg) Original-
holzstöcke Dürers, von denen er 1808–1816 erneut Abdrucke herstellte.

Becker ging von der aufklärerischen Vorstellung aus, daß
Unwissenheit das größte Hindernis des menschlichen
Glücks sei. Die Aufklärung soll dem individuellen Glück
dienen; dieses erhält aber erst Sinn durch die Einbettung
in das Allgemeinwohl. Eine Grundidee ist das Streben
nach Vervollkommnung und Verbesserung des Menschen, durchgängig ist der Kampf gegen den Aberglauben. Am Anfang der Publikationstätigkeit Beckers steht
die Beantwortung einer Preisfrage über die Zulässigkeit
einer Täuschung des Volkes von 1780/1781. Mit dem
Versuch über die Aufklärung des Landmannes von 1785
startete er eine Werbekampagne zur Publikation des
Noth- und Hülfsbüchleins. Vor Fertigstellung des Manuskripts lagen bereits 28 000 Bestellungen vor; das Buch
wurde in vier Druckereien bis Mai 1788 gedruckt. Bis
1799 wurden in immer neuen Auflagen 150 000 Exemplare verkauft, bis 1813 kam es an die Millionengrenze
heran und wurde damit wohl das erfolgreichste Buch dieser Zeit.

Die ursprüngliche Idee Beckers war, Selbsthilfeanleitun-
gen für Bauern in Notfällen zu liefern. Er erweiterte sie
dann aber zu einer umfassenden Darstellung des theoretischen und praktischen Wissensstoffes des ausgehenden
18. Jahrhunderts, wie er für Leben und Arbeiten des
Landvolks relevant war. Das Ganze wurde in eine Rah-
menhandlung mit den Herren von Mildheim, dem Pfarrer
Wohlgemuth, Wilhelm Denker und anderen eingebettet
und spannungsreich verzahnt, didaktisch geschickt und
mit Beispielgeschichten aufbereitet und mit Holzschnitten illustriert. Das eigentliche Noth- und Hülfsbüchlein
ist in drei Teile gegliedert (Anleitungen zu einem ver-
gnügten Leben, zur Vermehrung des Wohlstandes und zur
Hilfe in Notfällen). Behandelt werden z. B. Brotbacken,
Kartoffeln, Obst, Wasser, Bierbrauen, Kleidung, Heira-
ten, Kinderzucht, Gesinde, Ehre, Gemütsruhe und Gewissen, Kriegsnot usw. Der Erfolg regte Becker zu weiteren Publikationen an (unter anderem Mildheimisches
Liederbuch), die auf ein regelrechtes Mildheim-System
angelegt waren.

Für die Verbreitung im süddeutschen Raum erschien der
protestantische Charakter als hinderlich. Becker schrieb
im Juli 1789 mit Bezug auf das Noth- und Hülfsbüchlein,
die Erfahrung habe gezeigt, *daß für den katholischen
Landmann, weil er noch weniger zu lesen, und sich in
fremde Situationen zu denken gewohnt ist, als jener, noch
manches Auffallende in demselben enthalten sey: wo
nicht in den Grundsätzen, doch in der Darstellung und im
Costume: wodurch aber die darin enthaltenen Rathschläge und Lehren einen Theil ihres Gewichts bey ihm
verlieren. Darum habe ich einige sachkundige katholische Geistliche ersucht, es zu revidiren, und alle ihnen im
mindesten bedenklich vorkommende Stellen anzumerken,
und auszustreichen, oder zweckmäßig zu verändern. – Ich
habe die von ihnen auch über den Ausdruck und die Figuren gemachte Erinnerungen sorgfältig benutzt, und
dem Buche eine solche Gestalt gegeben, daß es dem ka-*

*tholischen gemeinen Manne nun beym Lesen desselben
zu Muthe seyn wird, als wäre er zu Hause und unter den
Seinigen. Daß die auf solche Art bewirkte Verstärkung
des Eindrucks einer solchen Mühe werth war, werden
Sachkenner leicht einsehen. Ich habe bey dieser Gelegenheit auch einige Fehler des Plans verbessert, und verschiedene Capitel in Rücksicht des Inhalts schicklicher
geordnet. So umgearbeitet habe ich dieses Buch Sn.
Hochfürstl. Gnaden dem regierenden Herrn Fürst-Bi-
schofe zu Bamberg und Wirzburg zur Prüfung überreicht,
habe die mir von der Hochfürstl. Censur darüber gemachten Erinnerungen benutzt, lasse es nun mit Hochfürstl. gnädigster Approbation und Privilegium drucken,
und werde es um denselben wohlfeilen Preiß von 18 kr.
rheinisch oder 4 Ggr. (die alte Luisdor um 5 Rthlr gerechnet) verkaufen. Da auch bey mir Nachfrage nach
saubern auf Schreibpapier gedruckten Exemplaren geschehen ist, so soll von dieser Auflage ein Abdruck in gr.
8vo auf schönes holl. oder französisches Papier gemacht,
und den Liebhabern das Exemplar um 1 fl. 12 kr. rh.,
oder 16 Groschen in Golde überlassen werden* (zitiert
nach dem Abdruck in: Wirzburger gelehrte Anzeigen
1789, S. 685 [70. St., 2. September 1789]; vgl. SIEGERT,
Sp. 1064).

Die Verbindung nach Würzburg stellte Beckers Gönner
Karl Theodor von Dalberg (1744–1817) her. Dieser wies
auf den aufgeklärten Würzburger Theologieprofessor
Franz Oberthür (1745–1831) hin, wie ein Brief vom
22. Januar 1784 (UB Würzburg) erweist, in dem Becker
Oberthür als Korrespondenten für die Deutsche Zeitung
zu gewinnen suchte. Bereits 1785 sandte Becker den erwähnten Versuch dem Fürstbischof nach Würzburg. Die
Subskriptionsankündigung der Witwe Stahel in Würzburg für einen umgearbeiteten Nachdruck des Noth- und
Hülfsbüchleins war schließlich der Anlaß, dem Fürst-
schof eine eigene Bearbeitung anzubieten und um 2 Kr.
billiger zu liefern. Erthal erteilte Becker unter dem 14.
Oktober 1789, im Hinblick auf die Gemeinnützigkeit kostenfrei, ein Privileg für den Verkauf dieser Ausgabe und
verbot den Nachdruck in den beiden Hochstiften (StBB,
Msc. Misc. 79/V, 16; abgedruckt auf S. 4 der ausgestellten Ausgabe. – Das Privileg war aus Vereinfachungs-
gründen und um Rivalitäten zwischen Bamberger und
Würzburger Kanzleien auszuschließen, nur einmal, und
zwar in der Geheimen Kanzlei ausgefertigt worden; da es
kostenfrei erteilt wurde, ließ Erthal am 29. Oktober 1789
– offensichtlich auf entsprechende Vorhaltungen – der
Regierungskanzlei die entgangene Gebühr als Ausgabe
der Hofkammer verrechnen (StBB, Msc. Misc. 79/V, 11).
Außerdem bestellte er 2500 Exemplare und bezahlte
750 fl. rh., d. h. den in Würzburg gültigen Vorzugspreis
von 18 Kr. rh. pro Stück. 700 Exemplare hatte er für

Nr. 54

Bamberg vorgesehen; die Kosten wurden von der Hofkammer übernommen (StAB, Rep. B 54 Nr. 70, BHKP
1790, S. 619).

Was Franz Ludwig von Erthal zu dieser Maßnahme bewegte, erklärt er in der Verordnung zur Einführung des
Buches, dabei ausgreifend auf ein 1787 im Würzburgischen unentgeltlich verteiltes Werk, von dem er *Aufklärung, Belehrung, Beobachtung und Überzeugung* ausgehen sah. *Der Landtmann darf nicht nur als Gemeinds-
glied, er muß auch als eigener Wirthschafter, als Vater,
Mitglied einer bürgerlichen Gesellschaft, Vorsteher einer*

123

Familie und Nachbar betrachtet werden: er hat Feldbau und Viehezucht: er muß seine Kinder erziehen: soll für die Nahrung der Seinigen sorgen: muß seinem nothleidenden Mitmenschen Hülfe leisten: hat selbst Unglücksfälle zu gewärtigen: wird krank: hat Pflichten gegen seinen Nachbar, und dergleichen mehr. – Allenthalben giebt es auch da noch manche Lücken und Vorurtheile, wo Verordnungen gleichfalls nicht Alles leiten können, und es – wenn sie auch je allgemein befolget würden – doch meistentheils an dem guten Willen fehlet, mit welcher jede Verbesserung angegangen werden muß, wenn sie pünctlich, dauerhaft und gedeihlich seyn soll.

Mancher klebt unveränderlich und mit Sorgfalt blos darum an dem Alten, weil er wähnt: jede Neuerung, ohne Ausnahme, sey schädlich, und Nichts könne gut seyn, als nur das, was auch seine Väter beobachtet haben. – Auch hier kann also nur eine angemessene Aufklärung die gehoffte Wirkung haben, welche die Folgen solcher Vorurtheile darstellet, die Wege zur Verbesserung zeiget, und von dem daraus entstehenden Nutzen vor der Hand Belehrung giebt. Hierzu scheint Uns das vom Rathe Becker in Gotha verfaßte Noth- und Hülfsbüchlein am dienlichsten zu seyn. Es steht bereits in entschiedenem Werthe: ist in einem der Fassungskraft des Landmannes angemessenen Tone geschrieben: kann den katholischen Lesern – da dasjenige, was dem Landmanne noch hätte anstößig seyn oder scheinen können, von einer besonderen Censur unter Unserer Aufsicht verbessert worden ist – unbedenklich in die Hände gegeben werden: und entspricht überhaupt aller Erwartung (zitiert nach Wirzburger gelehrte Anzeigen 1791, S. 129 f. [Beilage zum 13. St., 12. Februar 1791]; ebenso Magazin zur Beförderung des Schulwesens im katholischen Teutschlande 1 [1791], S. 81–84).

Becker lieferte die Bücher bis zum 29. Mai 1790 und erhielt *die höchst angenehme Nachricht, daß mein Unterfangen, dem Nothbüchl. durch Voransetzung des Hochfürstl. Bildnisses eine Zierde und Würde zu ertheilen, gnädig aufgenommen worden, und daß der großmüthige Fürst beschlossen habe, mir eine Portion guten Frankenwein zu verehren* (Brief vom 10. August 1790 [nicht an Oberthür], Zitat nach TÖLLE, S. 339; da es sich um einen halben Eimer, also um 37½ Liter, handelte, mußte sich Becker um die Beförderung kümmern; laut Journal von und für Franken 1 [1790], S. 338 erhielt er auch noch ein Douceur in Geld). Die – vorher nicht genehmigte – Verwendung des Porträts Erthals war zweifelsohne ein guter Schachzug, wie es sich merkantilistisch als vorteilhaft erwies, den Buchhändler Franz Xaver Rienner als Geschäftspartner zu wählen und Würzburg als zweiten Verlagsort anzugeben (zu Gotha und der Expedition der Deutschen Zeitung). Ob das Buch in beiden Orten gedruckt wurde (auf eine solche Auflagenteilung könnte der

ausdrückliche Hinweis auf die Versandkosten außerhalb beider Orte auf der Titelblattrückseite deuten), ist unbekannt; die Auflage betrug mehrere Tausend. *Von dem ganzen ädlen Unternehmen, daß dieser wahre Landesvater seine Untergebenen mit einem Buche beschenkt, ohne Rücksicht auf das Vaterland und die Religion des Verfassers, blos weil er glaubt, daß es ihnen nützen könne, habe ich dem Publikum eine bloße Erzählung in beyliegendem Zeitungsstücke mit getheilt, ohne das geziemende Lob beyzufügen, weil die Sache sich selbst empfiehlt* (Brief Beckers vom 10. August 1790, wie oben).

Zur Bearbeitung des Textes schreibt der Rezensent in der Banzer Zeitschrift (Auserlesene Literatur des katholischen Deutschlands 3,1 [1790], S. 10–18, hier S. 11 f.): *Einige katholische Geistliche zu Erfurt welche ihren Freunden aus Seite 6 und 148 leicht erkennbar seyn werden, haben ihm auf Ersuchen des Herrn Verfassers die katholische Einkleidung gegeben; den Stempel der Orthodoxie drückte die Büchercensur zu Wirzburg darauf; und so erscheint es ohne gefährliche Proselytenmacherey in einer ganz katholischen Form.* Federführend war, wie an dieser Stelle auch genannt, der ökumenisch gesonnene Erfurter Professor (und ab 1794 Abt des Benediktinerklosters St. Peter) Placidus Muth (1753–1821), gebürtig aus Poppenhausen bei Schweinfurt; er wurde unter anderem unterstützt von dem Erfurter Benediktiner Chrysostomus Horneir. Muth hat *diesem Volksbuche Eingang in die katholischen Schulen* verschafft (Journal für Prediger 62 [1821], S. 397; zitiert nach SIEGERT, Sp. 1066).

Aufschlußreich ist, daß Muth die gleichen Veränderungen vornahm wie die Nachdrucker des Noth- und Hülfsbüchleins. Die gründliche konfessionelle Bearbeitung erstreckte sich sogar auf die Abbildungen, die sprachliche Veränderung betraf Eigennamen, landwirtschaftliche Fachausdrücke und den Predigtstil; geographisch wurden manche Geschichten in Franken lokalisiert, „preußisch" durch „kaiserlich" ersetzt usw. Zwar wurde aus Friedrich II. nicht Joseph II., aber die bayerischen Bauern fressen, saufen und prügeln sich immer noch! Becker hatte damit einen konkurrenzfähigen Text, mit dem er einen Vorstoß gegen Nachdruck auf dem Immerwährenden Reichstag in Regensburg machen und gegen Nachdrucke in Mannheim und in Kempten vorgehen konnte.

Über die Verteilung der 2500 Exemplare im Hochstift Würzburg hat Erthal am 23. Januar 1791 detaillierte Anweisungen erlassen. Je ein Exemplar erhielt jeder Beamte für das Amt, jeder Schullehrer, jeder Dorfschultheiß (bzw., sollte dieser *nicht Kopf oder gutes Herz genug haben, um davon den erwarteten Gebrauch zu machen, so ist das Buch einem andern tüchtigen, gutdenkenden und das Zutrauen der Nachbarn besitzenden Manne aus der Gemeinde zu übergeben*). Ausdrücklich wurde aber festgelegt, daß das Buch nicht als Privat-, sondern als öffentliches Eigentum anzusehen und daß es zu binden sei. *Auch vertrauen Wir mit allem Grunde auf Unsere Beamten, daß sie mit eben der Freude, Unverdrossenheit und Eifer auch hier zum Wohlstande der Unterthanen beytragen werden, womit sie sich größtentheils in anderen ähnlichen Gelegenheiten, zu Unserem Wohlgefallen, bereits ausgezeichnet haben* (zitiert nach Wirzburger gelehrte Anzeigen 1791, S. 129 f. [Beilage zum 13. St., 12. Februar 1791]; ebenso Magazin zur Beförderung des Schulwesens im katholischen Teutschlande 1 [1791], S. 81–84; zur Sache selbst SIEGERT, Sp. 1092).

Das Buch ging also wie sonst auch an eine gebildete Mittlerschicht, kaum an das „Volk". Verschenken allein nützte nichts: *Die Bauern hiesiger Gegend würden den fränkischen Merkur nicht lesen, wenn man ihnen solchen umsonst gäbe* [...]. *Aber die wohlthätige Absicht des Fürsten gieng, besonders bey Empfehlung des Noth- und Hülfsbüchleins, nicht nur auf die Schulen, sondern auch auf den schon erwachsenen Theil des Volkes* [...]. *Allein in dieser letzten Rücksicht hat der wohlmeinende Fürst seinen Zweck nur bey wenigen, und überhaupt nicht so erreicht, wie er ihn zur Absicht hatte. Man trifft zwar hier und da dieses Büchlein noch an; aber es liegt im Staube* (JOSEPH BAUERSCHUBERT, Warum ist der gemeine Mann dem Bücherlesen, bey uns Katholiken, so sehr abgeneigt? In: JOSEPH BAUERSCHUBERT, Kurze Volkspredigten, Bd. 6. Erfurt 1800, S. 126; zitiert nach SIEGERT, Sp. 1142).

Bemerkenswerte aufklärerisch-theologische Reserven, ja Ressentiments, nicht nur kameralistisch-merkantilistischer, sondern auch lokalpatriotischer Art klingen selbst bei Oberthür an. In seiner handschriftlichen Berliner Reisebeschreibung von 1797 (UB Würzburg) führt er weitläufig aus: *Von Beckers Noth- und Hilfsbüchlein ward unter den Auspizien unseres verewigten Fürstens, Franz Ludwig eine neue starke Auflage für's katholische Deutschland zum besten des Verfassers gemacht; ob ich schon nicht einsehe, was hier der Unterschied von Kirche und Konfession machen soll, wo es blos darauf ankömmt, den Menschen als Erdbewohner und Mitglied der bürgerlichen Gesellschaft für Schaden zu warnen, und den sicheren Weg durchs Leben auch über Aberglauben und Vorurtheile hin zu zeigen? Doch der Verfasser scheint die Welt zu kennen, und kalkulirte richtig auf mehrere Käufer, denn der Nahme oder Zunahme empfiehlt oft die Waare mehr als ihr innerer Wehrt; vielleicht – ich muß mich selbst anklagen – ist's so etwas von Jalousie, was mir hier*

diese Anmerkung eingab, ich dachte damals schon, daß sich in Wirzburg – hätte der Fürst nur einen Wink gegeben – Männer würden gefunden haben, die ein Noth- und Hilfsbüchlein für Franken, berechnet auf Lokal Bedürfnisse würden geschrieben, und also für's Vaterland ein eigenes Landesprodukt geliefert haben. Um aber alles gleich wieder gut zu machen, was etwan meinen [!] *Patriotismus könnte übel genommen werden; sage ich hiemit als wahrer Kosmopolit dem Verfasser den ihm gebührenden Dank für alles das Gute, was er durch sein Hilf und Nothsbüchlein, was er durch jede seiner andern Schriften in meinem Frankenlande, in Thüringen, und wo sonst immer noch in Deutschland, und Europa gethan. Wenn das gute* [!] *nur geschieht, dann gilt's gleich, von Wem, und Wo, und Wie es geschieht* (auszugsweise auch bei SIEGERT, Sp. 794 zitiert).

Der angekündigte zweite Teil des Noth- und Hülfsbüchleins ließ auf sich warten. Bereits 1790 führte der namentlich nicht genannte Rezensent der Banzer Zeitschrift aus: *Wir sehen mit Verlangen dem zweiten Theile entgegen, den der Hr. Verfasser am lezten Blatte feyerlich verspricht. Dort will er uns mit den fernern auf einer fünfjährigen Reise des jungen Hern. von Mildheim gesammelten Einsichten und Erfahrungen zum besten seines Orts bekannt machen, welche Bauerordnung er einführte, wie er eine gemeine Nothcasse[,] eine Dorfapotheke, ein Krankenhaus für Menschen und eins fürs Vieh angelegt habe; wie er eine bessere Schul- und Kirchenzucht, eine ganz neue Dorfordnung eingeführt, wie er die Vertheidigung der gemeinen Hut und Trift, die Stallfütterung, die Abschaffung der Hof- und Frohndienste, endlich die Vertheidigung des größten Theils seiner Ländereyen in Bauerngüter zu Stande gebracht, und wie er durch alles dieses, und durch andere nützliche Anstalten das Dorf Mildheim zu einem Paradiese und seine Einwohner zu glücklichen Unterthanen gemacht habe* (Auserlesene Literatur des katholischen Deutschlands 3,1 [1790], S. 10–18, hier S. 11 f.).

Nachdem Becker den zweiten Teil 1798 herausgebracht hatte, zog Muth im darauf folgenden Jahr auch mit dessen Bearbeitung nach. Georg Karl von Fechenbach (Fürstbischof von Würzburg 1795–1808, auch Bischof von Bamberg 1805–1808) erneuerte das Privileg und erhielt das Werk gewidmet. Die Ausgabe trägt nun auf dem Titelblatt ausdrücklich den Vermerk: *Für katholische Leser eingerichtet von Placidus Muth* (StBB, J. H. Oec. o. 6a [2; vgl. SIEGERT, Sp. 1213). B. S.

HERBERT SCHOTT

Franz Ludwig von Erthal und die Stadt Würzburg

Würzburg war die Haupt- und Residenzstadt des Hochstifts Würzburg. Die Stadt wurde von der Anwesenheit zahlreicher Adliger sowie der Geistlichkeit geprägt, doch ebenso von ihrer Eigenschaft als Festungs- und Garnisonsstadt. Die Stadt umfaßte gegen Ende des 18. Jahrhunderts zehn Pfarreien, sie war Sitz von drei Nebenstiften (Stift Haug und Neumünster als geistliche Stifte, St. Burkard als weltliches Ritterstift) und beherbergte zwölf Klöster in ihren Mauern. Obwohl Würzburg katholisch geprägt war, gab es schon unter Franz Ludwigs Vorgänger, Adam Friedrich von Seinsheim, immer wieder vereinzelt Protestanten in Würzburg, die hier offiziell ihren Aufenthalt nehmen durften. Juden durften schon seit Jahrzehnten nicht mehr in Würzburg wohnen. Die Stadt hatte nach den Ergebnissen einer Visitation um 1772 ca. 15 000 Einwohner, dazu kamen das Militär und die Klosterinsassen. Am Ende des 18. Jahrhunderts stieg die Einwohnerzahl wegen der großen Zahl an Soldaten und Flüchtlingen aus dem Westen des Reiches auf ca. 20 000 Personen an. SICKEN errechnete 2800–2900 Soldaten und ca. 1000 Familienangehörige. Die Stadt Würzburg hatte eine Fläche von 135,5 ha, zu ihrer Gemarkung zählten über 2300 Acker- und 6800 Weinbergparzellen, aber nur 140 Wiesen und Weiden. Die Stadt war vom Weinbau geprägt, für den man zahlreiche Tagelöhner benötigte; es gab nur sehr wenige Manufakturen[1].

Viele Menschen fanden als Dienstboten Arbeit. SCHAROLD beschrieb Würzburg als eine Stadt reich an Ärzten und Gasthöfen (er zählt 30 auf), aber arm an Händlern (z. B. gab es nur 31 Spezerei- und 11 Wollentuchhändler, aber 1033 Handwerker); er meinte, ein reicher Brite mache in Leipzig in einer Stunde ein größeres Geschäft als in Würzburg während der Messe in drei bis vier Wochen. SCHAROLD bedauerte, daß von großen Handwerksspekulationen keine Rede sei, es sei *nirgends ein Caravanenzug aus fremden Ländern sichtbar;* es gebe anders als in anderen Städten keine *Kunstreiter, Aequilibristen, Marionettenspieler* etc. keine *WachsCabinete, fremde Thiere, Kunst- und Naturseltenheiten und andere auf Auge, Ohr und Börse wirkende Dinge zu sehen,* obwohl *alles von dieser Art hieher kommt, was zur Frankfurter Messe hin, oder von derselben wegzieht[2].* SCHUBERT beschreibt Würzburg als „geistig geprägt von Kirche und Residenzkultur, sozial von einer vornehmen Welt des an den bischöflichen Hof gebundenen Adels und einem Kleinbürgertum, das wirtschaftlich in vielem von den Bedürf-

nissen des Hofes und der Kirche abhängig war", Würzburg war noch weitgehend „Ackerbürgerstadt", es besaß „keine deutlich wahrnehmbare . . . Mittelschicht"[3]. Würzburg war baulich nicht besonders einheitlich anzusehen, die Straßen galten eher als krumm, nichtsdestotrotz empfanden die meisten Besucher die Stadt als schön. Ein großes Problem zeigte sich allerdings allenthalben: es gab sehr viele Arme und Bettler. Ein dem Hochstift Würzburg sehr kritisch gegenüberstehender Zeitgenosse meinte gar, *in keinem Orte der Welt wird man ferner nach Verhältniß so viele Müßiggänger, Wetterpropheten und Zeitungskrämer . . . treffen[4].* Franz Ludwig förderte die Herstellung von Promenaden, nach OBERTHÜR vor allem zur Förderung der Gesundheit der Bewohner; das Theater, das sein Vorgänger geliebt und gefördert hatte, ließ er abschaffen, was nicht nur OBERTHÜR bedauerte[5].

Würzburg gliederte sich in acht Stadtviertel, und zwar die inneren vier (Cresser, Genheimer, Dietricher und Bastheimer Viertel) und die äußeren vier (Pleicher, Hauger, Sander und Mainser Viertel). Seit der Niederlage der mit der Stadt Würzburg zusammenarbeitenden Bauern 1525 hatten die Viertelhöfe als ursprüngliche Zentren der Viertel keine Bedeutung mehr. In jedem Viertel hatten zwei Viertelmeister, die mit dem Viertelschreiber und Vierteldiener zusammenarbeiteten, das Sagen; alle genannten Viertelbediensteten wurden vom Stadtrat ernannt.

Die Stadtverfassung beruhte im wesentlichen auf der Ratsordnung von 1618, die mit Ausnahme einiger Monate 1724 das ganze 18. Jahrhundert in Geltung war[6]. Der Würzburger Stadtrat umfaßte 24 Räte, eine echte Trennung in inneren und äußeren Rat war nicht mehr gegeben. Abwechselnd bestimmten der Bischof und das Domkapitel, das seit 1756 die Auswahl alternierend an einen Kapitular abtrat, nach dem Tod oder Rücktritt eines Rates einen Nachfolger, fast ausnahmslos richteten sie sich dabei nach der vom Rat eingereichten Vorschlagsliste mit drei Namen. Der Oberbürgermeister und der Unterbürgermeister wurden jährlich am Fest Elisabeth (19. November) gewählt, nach der Bestätigung der Wahl durch den Bischof wurden sie vor dem Domkapitel vereidigt und vom Vizedom im Rat vorgestellt. Der Oberbürgermeister wurde in der Regel mehrfach wiedergewählt, der Unterbürgermeister nie. Die wichtigsten Kompetenzen des Rates bestanden im Recht der Bürgeraufnahme, in der Aufsicht über die städtischen Unterämter und Pflegen/Stiftungen (immerhin 24!), der Aufsicht auf Müller und Bäcker mit Setzung des Brotpreises und der weitgehenden Kontrolle des Almosenwesens. Vertreter des Bischofs im Rat war der Vizedom, der aber seine Kontrollfunktionen kaum wahrnahm.

Daneben gab es als städtisches Polizeygericht den Oberrat; dessen Mitglieder wurden vom Bischof allein bestimmt. In der Regel stand ihm ein Domkapitular vor, der Vizedom war sein Stellvertreter. Im Oberrat waren Vertreter der Nebenstifte, der Händlerschaft und des Stadtrates vertreten sowie vom Bischof bestimmte Einzelpersonen. Der Oberrat sorgte sich vor allem um die Holzversorgung und die Aufsicht über die Zünfte, teilweise auch das Bauwesen. Unter Friedrich Karl von Schönborn hatte er zeitweise die Kontrolle über das Almosenwesen, was der Stadtrat ihm erfolgreich streitig machen konnte.

Die Politik Franz Ludwigs gegenüber Armen und Bettlern ist sicher der wichtigste Gesichtspunkt in seinem Verhältnis zur Stadt Würzburg. Seine Politik baute auf der seiner Vorgänger auf, auch und gerade wenn sie andere Akzente setzte[7]. Bereits am 17. Juni 1779 wurde ein Mandat veröffentlicht, in dem Franz Ludwig zum Armenproblem Stellung nahm. *Wenn es schon nach dem Ausspruche Gottes an Armen unter dem Volke niemal fehlen wird,* so wolle er doch die Not steuern und die Bettelei, die *wie der faule Müßiggang und Landstrich für ein Laster angesehen werden müsse,* abstellen[8]. Grundsätzlich wurde dabei unterschieden zwischen den wahren Armen und den unwürdigen, faulen Armen. Wer arm war infolge Krankheit oder Gebrechlichkeit im Alter, der war *gar nicht zu gebrauchen, mithin blos aus gemeinen mitleiden zu erhalten.* Für ihn sollte man sorgen. Dagegen sei der *bettelstand, welcher mit brauchbaren händen und füßen annoch zu beschäftigen seye, dem publico zu dienst und nutzen in tägliche arbeiten und brod-gewinnung anzustellen, mithin solcherley gattungen leute* wären dem Müßiggang und der Straßenbettelei zu entziehen[9]. Die Ursache der Armut sah Franz Ludwig in der in der Natur begründeten Ungleichheit. Diese verwies die Menschen, also Arme und Reiche, aufeinander, die Menschen würden so *als Glieder eines Leibes zu einem ganzen sittlichen Körper ausgebildet*[10].

Der Domkapitular und spätere Erzbischof von Mainz, Karl Theodor von Dalberg, sah in seiner 1779 für Franz Ludwig verfaßten Denkschrift über die Verbesserung der Armenpolizei die Armut als *Folge des fortwürckenden Eigenthums-Rechts,* denn wo es Reiche gebe, gebe es auch Arme. Als Ursachen der gerade im Hochstift Würzburg weitverbreiteten Armut sah er das Fehlen von Fabriken, die Unbeständigkeit der Erträgnisse von Wein- und Ackerbau und die Tatsache, daß die Bettelmönche die Menschen an die Bettelei gewöhnt hätten,. Betteln gelte nicht als

schändlich im Volk[11]. Andere führten inbesondere das Lotto als Ursache der Armut an. Gerade geistliche Fürsten galten als der Bettelei gegenüber zu nachsichtig[12].

Franz Ludwig, der wohl noch vor seiner Wahl „Schriften über Armen-Anstalten" gelesen hatte[13], gab schon vier Monate nach seiner Wahl dem Domkapitel bekannt, er wolle gegen *dem allzu sehr eingerissenen übel der gutthätigkeit und des müßiggangs, der durch die zuversicht mittels des hie und dort zu erhaltenden allmosens sich bequemer fortbringen zu können, nicht wenig genähret werde,* einschreiten[14]. Er bezeichnete es ausdrücklich als eine seiner ersten Pflichten, den notleidenden Einwohnern seinen *fürstväterlichen Beystand, Hülfe und Aufmerksamkeit* zu widmen, dagegen das Laster des unnützen Bettelns abzustellen[15]. Schon 1779 ließ er Dalberg Vorschläge ausarbeiten, die zwar manches vorsahen, was er später verwirklichte, z. B. eine Armenkommission, doch wird der Einfluß Dalbergs in der Literatur gern überschätzt. Außerdem forderte er noch 1779 die Erstellung von Verzeichnissen der Bettler und Armen[16].

Das Problem der Armen und Bettler war in Würzburg alles andere als neu. Immer wieder hatten der Stadtrat und die Landesherrschaft versucht, dieses Problem zu lösen, immer vergebens. Seit 1490 gab es in Würzburg immer wieder Almosenordnungen, die das Geben aber auch das Annehmen von milden Gaben regeln und damit die Bettelei in Grenzen halten sollten. Allein zwischen 1703 und 1772 erließ die Landesherrschaft in Würzburg fünf Almosenordnungen, die sich weitgehend ähnelten. Erst die vom Geheimen Rat Behr verfaßte und 1772 unter der Regierung des Adam Friedrich von Seinsheim veröffentlichte Ordnung hob sich deutlich davon ab. In der Stadt Würzburg wurde ein totales Bettelverbot erlassen, das Geben von Almosen wurde obrigkeitlich reguliert und kontrolliert, bei unerlaubtem Almosengeben drohte eine Strafe von zehn Reichstalern. Arme, die Almosen sammeln durften, trugen ein Zeichen auf dem rechten Ärmel, Vierteldiener sollten sie mit einer verschlossenen Büchse begleiten. Das sog. Gesindel sollte aus der Stadt geschafft werden, ohne Aufenthaltsschein der Bürgermeister war der Aufenthalt in der Stadt verboten; wer länger als erlaubt blieb, wurde ausgewiesen und Bürgermeister/Rat für ihr zu langes Bleiben zur Verantwortung gezogen. Der Aufenthalt für wandernde Handwerksburschen wurde, sofern sie keine Stelle fanden, auf zwei Tage beschränkt, andernfalls drohte dem Herbergsvater eine Geldstrafe, den Handwerkern eine Leibesstrafe oder die Rekrutierung zum Militär. Die Armen, die arbeiten konnten, sollten vom Hofkammer-Bauamt oder beim Straßenbau beschäftigt werden. Außerdem sollten nach einem Vorschlag des Oberrats die wirkungslosen Bettelvögte durch sog. Rumorwachen ersetzt werden[17].

Die Würzburger Armen erhielten ein Almosen vor allem im Sanderviertelhof. Daneben vergaben der Stadtrat und die geistliche Regierung Almosen im Einzelfall, teilweise wurden Arme in Stiftungen und Spitäler aufgenommen. Almosen wurden in Geld gegeben, aber auch als Sachleistungen (Brot, Brennholz). Der Stadtrat gab 1776 insgesamt 148 Personen ein Almosen, von den Empfängern waren 103 Frauen.

Die Bettelvögte hatten dem Stadtrat in Würzburg unterstanden, seit Friedrich Karl von Schönborn gab es für jedes der acht Viertel einen. Da sie nicht sehr effektiv waren, forderte der Oberrat als Ersatz die Einführung von Rumorknechten, die nachts patrouillieren sollten, um so die Sicherheit auf den Straßen zu verbessern. Es wurden 25 Rumorknechte eingestellt, davon setzte der Stadtrat sieben ein, der Oberrat aber 18. Die Rumorknechte gingen gegen illegale Bierschenker vor, kontrollierten auf dem Wochenmarkt, spürten Bäcker auf, deren Brot zu leicht gebacken war; die Bekämpfung bzw. Verhinderung des Bettels war nur eine ihrer Aufgaben[18]. Zwischen 1781 und 1785 gab es einen Rumormeister (Melchior Werner), vier bzw. fünf Rottführer und 15–16 Rumorknechte. Sie wurden durch einen Aufschlag auf aus dem Holzmagazin verabreichtes Brennholz (5 Kr. rh. pro Karren), auf am Main ausgeführtes Brennholz (7$\frac{1}{2}$ Kr. rh. pro Karren) und von an den Toren geliefertes Brennholz (5 Kr. rh. pro Wagen) finanziert[19].

Einige Oberratsassessoren schilderten Franz Ludwig im Januar 1784 die Lage: Die Bettelei störe die allgemeine Sicherheit auf den Gassen und in den Häusern. Das Militär sollte kontrollieren, wer sich warum in der Stadt aufhalte. Bezüglich der Rumorknechte sei es so, daß *jedermann bey arretirung eines bettlers die rumorknechte nicht nur in ihren aufhabenden dienst zu stöhren, sondern auch noch über dies mit schimpfworten und thätlichkeiten zu behandeln suchet.* Wer Almosen gibt, gibt sie nach Willkür; die angedrohte Strafe dafür kann und darf nicht vollzogen werden, deshalb hegten die Einwohner so die Bettler. Jeden Tag würden zwar acht bis zwölf Personen durch die Rumorwache festgenommen, aber da man sie nicht auf der Wache behalten könne, würden sie am nächsten Tag aus der Stadt verwiesen – aber sie kämen prompt gleich wieder rein. Der Oberrat forderte dringend die Durchsetzung der Geldstrafen für das Almosengeben. Wer immer wieder bettle, der solle zur Bestrafung ins Zucht- und Arbeitshaus kommen[20]. Franz Ludwig antwortete zögernd, er drängte auf die Durchführung der alten Almosenordnung und gab zu, daß die Bestrafung der Bettler *bis zu herstellung deren zu ihrem künftigen nahrungsverdienst erforderlichen hülfsmitteln* auf sich beruhen müsse[21].

Mitte der achtziger Jahre wurde Franz Ludwig verstärkt in der Armenpolitik tätig. Dazu war es wichtig – wie schon 1779 geplant –, die Zahl der Armen im Verhältnis zur Bevölkerungszahl festzustellen. Zuerst wurde die Zahl der Armen in der Stadt Würzburg ermittelt, danach wurden weitergehende Statistiken erstellt. Franz Ludwig stützte sich bei den Erhebungen über die Bevölkerungszahl auf Formulare, wie sie JUSTI[22] entwickelt hatte, allerdings bestand er auf einigen Ergänzungen. Viertelschreiber Wirth erstellte entsprechende statistische Zusammenfassungen 1788[23]. Die Ergebnisse waren vermutlich nicht ganz vollständig, denn einige Bevölkerungsgruppen, z. B. der Adel, gaben nicht gerne alle Daten preis. Als die Stiftsdamen des adeligen Damenstifts in Würzburg ihr Alter nicht angeben wollten, ließ Franz Ludwig es mit der Bemerkung geschehen, *es läßt sich leicht die ursache vorstellen, warum sie dieses unterlassen haben*[24]. Die Grundstatistik für die Stadt Würzburg für das Jahr 1788 wurde gedruckt. Laut dieser Statistik hatte Würzburg 21380 Seelen in seinen Mauern, darunter befanden sich 145 Frauen und 462 Männer im geistlichen Stand; 902 Frauen und 104 Männer lebten von ihren Renten, 296 Frauen und 191 Männer von Almosen in Spitälern oder Pflegen, 593 Frauen und 175 Männer von den Almosen des von Franz Ludwig 1785 gegründeten Armeninstituts, 30 Frauen und 38 Männer waren Müßiggänger. Es lebten 77 Kaufleute in Würzburg, 140 Wirtschaftstreibende, 987 Handwerker, 482 Tagelöhner und 2463 Dienstboten. Von denen, die von Almosen lebten, waren ca. 70,6 Prozent Frauen, 67,4 Prozent waren über 50 Jahre alt[25].

Am 2. Mai 1785 erließ Franz Ludwig ein Reskript an das Juliusspital, in dem er die Errichtung eines Armeninstituts ankündigte: *Lange schon war es uns eine angelegenheit, gute polizeyanstalten für die stadtarme zu errichten; häufige geschäfte aber haben uns immer verhindert, an dieses werk mit ununterbrochener thätigkeit die hand anzulegen; und wir konnten auch glauben, da wir dem stadtarmuth jährlich eine reälle beyhülfe zufließen ließen, daß dieser gegenstand nicht so sonderheitlich dringend sey.* Aber da viele die Almosen dazu benützten, dem Müßiggang zu fröhnen, und er inzwischen neue Arbeits- und Verdienstmöglichkeiten geschaffen habe, er auch von zahlreichen Bittschriften überhäuft werde und die Bettelei in Würzburg überhand nehme, wolle er ein Armeninstitut einrichten, das die Almosenvergabe dirigieren solle[26]. Das Armeninstitut, das seine Arbeit vorerst auf die Stadt Würzburg beschränken sollte[27], sollte *aus einer hand austheilen,* um den wirklich Bedürftigen zu helfen und *den gewissenlosen unterschleifen* vorzubeugen, d. h. Bettler, die arbeiten konnten, durften nichts erhalten[28].

Dalberg hatte in seinem Gutachten aus dem Jahre 1779 bereits eine Kommission vorgeschlagen und auch Namen möglicher Mitglieder genannt, so den Regierungspräsidenten, den Weihbischof, den Kanzler, den mächtigen Geheimrat Prümmer. Die vorgeschlagenen Personen wurden nach 1785 aber mit der Ausnahme Oberthürs und des Herrn von Kaupers nicht dazu berufen[29.] Franz Ludwig forderte das Domkapitel auf, einen oder zwei Domizellare zur Kommission zu delegieren, damit sie *auch bei zeiten eine kenntnis von dem nothstand ihres nebenmenschen erhalten*[30]. Das Domkapitel entsandte aber den Oberratspräsidenten Graf von Rotenhan, Dalberg und den Domizellar Graf von Stadion; außer Dalberg blieben diese lange Jahre Mitglieder[31]. Den Vorsitz der Kommission übernahm Franz Ludwig selbst, allerdings ist es eher unwahrscheinlich, daß er öfter an deren Sitzungen teilgenommen hat[32]. Im Jahre 1792 zählte die Oberarmenkommission neben dem Bischof 14 Mitglieder, und zwar Vertreter des Domkapitels, der weltlichen und geistlichen Regierung, der Hofkammer, des Oberrats und des Stadtrats. Die Spitzen der Hochstiftsverwaltung fehlten aber gänzlich. Die Personalstruktur der Kommission blieb bis zur Säkularisation weitgehend konstant[33]. Franz Ludwig entschied bei Uneinigkeit in der Kommission nach Aussage OBERTHÜRS grundsätzlich zugunsten der Armen[34].

Um das Armeninstitut, das den wahren Stadtarmen Unterstützung gewähren sollte, zu finanzieren, sah Franz Ludwig prinzipiell zwei Wege vor: Spenden der Bevölkerung und Beiträge von Behörden, Stiftungen etc. In seinem „Hirtenbrief zur Unterstützung der Armenpflege" aus dem Jahre 1786 betonte er, die öffentlichen Fonds reichten nicht zur Finanzierung aus. Er ermahnte alle unter Berufung auf Matthäus Kapitel 25, aus christlicher Wohltätigkeit zu geben (was ihr den geringsten meiner Brüder getan habt, . . .), durch Mildtätigkeit könnte man seinen Beitrag leisten für das Wohl des Staates, das der Armen und das eigene Wohl. Die Mildtätigkeit sollte aber gelenkt und reglementiert werden, denn wenn jeder jedem gebe, würde dadurch nur der Müßiggängerei Vorschub geleistet. Ein Müßiggänger war für Franz Ludwig *ein niederträchtiger Faullenzer, ein . . . schädliches und unwürdiges Glied des Vaterlandes;* mache sein Verhalten Schule, sterbe leicht der ganze Körper ab. Gassen- und Häuserbetteln wurden verboten, der Staat wollte das Almosengeben kanalisieren[35].

Bürgermeister/Rat, Juliusspital, Domkapitel etc. wurden beauftragt, sie sollten angeben, wieviel sie bzw. die ihnen unterstellten Pflegen/Stiftungen jährlich für Arme aufbrächten. Diese Gelder und nicht ausgegebene Summen sollten der Armenkommission zur Verfügung gestellt werden. Bürgermeister/Rat hatten z.B. berichtet, die Brücknersche Stiftung gebe jährlich 300 fl., die Getreidestiftung 65 fl., die Reiche Almosenpflege 50 fl., die Rock- und Schuhe-Stiftung 130 fl. Das Juliusspital listete auf:

1856 fl., 309 Malter Korn, acht Fuder Wein (für die Soldatenpflege)[36]. Das Domkapitel gab nach eigenen Angaben jährlich 1490 fl. an Stadt- und Landarme (durch das Präsenzamt, die Wolfskeelsche und Guttenbergsche Stiftung etc.). Das Domkapitel beschloß, jährlich 640 fl. frk. für die Stadtarmen zu zahlen, aber nur solange, wie das Armeninstitut bestand und es unter der Kontrolle des Domkapitulars von Rotenhan stehe. Die Gelder setzten sich wie folgt zusammen: Bauamt 121 fl., Guttenbergsche Stiftung 120 fl., Wolfskeelsche Stiftung 114 fl., Dietrichspital 100 fl., Reuerer-Vogtei 100 fl., Präsenzamt 72 fl., Fraternität 13 fl.[37]. Die Finanzierung war dadurch aber nicht gesichert, Franz Ludwig mußte große Summen zuschießen.

Am 29. April 1786 wurde das Bettelverbot verschärft. Betteln auf der Straße, in Kirchen, Häusern, Gärten, vor den Toren galt als strafmäßige Handlung. Ertappte Bettler sollten beim ersten Mal zwei Tage bei Wasser und Brot festgesetzt werden, beim zweiten Mal drei Tage, beim dritten Mal sollte die Armenkommission über die Strafe entscheiden. Auswärtige Bettler (abgedankte Soldaten, wandernde Handwerker, Exulanten etc.) sollten außerdem ausgewiesen werden. Das Almosengeben auf den Straßen, an den Läden, aus Fenstern wurde bei 5 fl. Strafe verboten. Der Aufenthalt von Handwerksburschen auf Wanderschaft wurde auf 24 Stunden beschränkt, die Übernachtung von Fremden unter strikte Kontrolle gestellt[38]. Die Zahl der Rumorknechte wurde 1786 deutlich von 14 auf 22 Gemeine erhöht. Allerdings wurde ihre Zahl schon 1791 wieder auf 14 reduziert, aus Ersparnisgründen. SCHUBERT verwundert es nicht, „daß auch die Einrichtung der Rumorknechte keinen Bettler oder Vaganten von den Straßen der Bischofsstadt vertreiben konnte"[39].

Das Armeninstitut bestand in der Vergabe von Almosen durch die Oberarmenkommission. Arme wurden seit 1787 in drei Klassen eingeteilt: (1) Arme, die kein Einkommen hatten, alt und gebrechlich waren; diese erhielten 18 Schillinge oder 14 Schillinge und einen Laib Brot pro Person. (2) Diejenigen, die sich oder ihre Familien nicht ganz ernähren konnten, erhielten je nachdem eine Zulage, die die Kommission festsetzte. (3) Wer nur aus Faulheit der Bettelei nachging, sollte natürlich nichts erhalten. Die Almosen wurden freitags im Sanderviertelhof verteilt[40]. 1790/91 zählten in Würzburg 192 Männer und 643 Frauen zur ersten Klasse, waren 49 Kinder bei Bürgern in Kost, wurde für 41 Kinder und drei Mädchen Lehrgeld bezahlt. 307 Personen wurden mit ihrem Almosengesuch abgewiesen, davon traten 138 ins Arbeitshaus ein[41]. Arme Kranke wurden von dazu bestimmten Ärzten behandelt, es wurde ihnen kostenlos Medizin verabreicht. Vom 1. Mai 1791 bis zum 1. Mai 1792 wurden Arzneien im Wert von 1378 fl. 1 Pfd. 8 Pfg. an Arme abgegeben[42]. Die Kommission zahlte im Einzelfall unter anderem für rückständigen Hauszins, Tilgung von Schulden, Auslösung versetzter Mobilien oder Kleider, Unterhalt, Verpflegung kranker Ehefrauen oder von Frauen im Kindbett, Quartiergeld, Aushilfen, Büchergeld (für Studenten), Reisegeld, Kauf von Werkzeug, Lehrgeld etc.[43].

Auch um den Lebenswandel kümmerte sich das Armeninstitut. Der Büttnermeister Joseph Bayer berichtete der Oberarmenkommission, seine Enkelin sei im 17. Jahr *verunglücket;* sie pflege Umgang mit mehreren Männern; er vermutete, daß sie *abermal zum fall gebracht werden mögte.* Da seine Ermahnungen für die Eltern des Kindes fruchtlos waren, bat er die Oberarmenkommission, die Enkelin *zu einem ordenlichen und christlichen lebenswandel* anzuweisen[44].

Um die Arbeit der Oberarmenkommission, von Franz Ludwig „Hauptkommission" genannt, transparenter und sich den Sachverstand der Leute vor Ort nutzbar zu machen, wurden spätestens 1788 Viertelarmenkommissionen eingeführt; diese sollten Gutachten für Einzelfälle erstellen, über die die Hauptkommission dann letztlich entscheiden sollte. Den Viertelkommissionen gehörten vor allem der jeweilige Pfarrer und die beiden Viertelmeister an[45]. Die Kontrolle der Haupt- oder Oberarmenkommission sollte seit Dezember 1791 ein Kontrolleur ausüben; Franz Ludwig ernannte am 1. Dezember 1791 versuchsweise den Viertelhof-Aktuar Franz Joseph Wirth dazu. Er wurde bezahlt von Obereinnahme und Hofkammer (zusammen 2/3 des Einkommens), Stadtrat und Institut[46]. Der Präsident und die Beisitzer der Kommission erhielten kein Gehalt, aber dafür der Pfleger und Kassier sowie der Aktuarius und der Chirurg[47].

In der Literatur wird gesagt, Franz Ludwig sei mit seinem Armeninstitut zufrieden gewesen[48]. Zumindest bezüglich der Finanzierung konnte er es aber nicht sein. Franz Ludwig steuerte einen erheblichen Teil des Geldes aus seiner Tasche zu. Die Abrechnung der Almosengelder für Stadt- und Landarme 1787 führten 10 194 fl. rh. als Einnahmen auf, davon gab Franz Ludwig 8400 fl. *ohnmittelbar,* 1650 fl. wurden aus den bischöflichen Privatgeldern auf das Hofkammerzahlamt gegen drei Quittungen gezahlt, 44 fl. vom Hofrat Reigersberg, 100 fl. vom Bauamt[49]. In den folgenden Jahren konnte zumindest ein Teil der Ausgaben durch Zuschüsse der milden Stiftungen, von Domstift, Klöstern, Stiften, der Hofkammer und wöchentlichen Sammlungen gedeckt werden, doch blieb der Zuschuß des Bischofs die wichtigste und vor allem verläßlichste Einnahmequelle[50]. Für das Jahr 1798 sind die Oberarmenkommissionsprotokolle erhalten. Die Auswertung zweier Monate (März 1798 mit vier Wochenergebnissen, Oktober mit fünf Wochenergebnissen) ergibt

folgendes Bild: Im März wurden 307 fl. 23 Pfg. gesammelt, im Oktober 341 fl. 1 Pfd. 14 Pfg. Ausgegeben wurden aber im März 817 fl. 1 Pfd. 6 Pfg. und 1393 Brote, im Oktober 947 fl. und 1585 1/2 Brote[51].

Die Sammlungen waren wichtig, doch nicht hinreichend[52]. Die Zuschüsse von Behörden/Institutionen flossen offensichtlich spärlich. Um die Zuschüsse der unter Verwaltung des Stadtrats Würzburg stehenden Stiftungen und Pflegen besser für das Armeninstitut nutzen zu können, befahl Franz Ludwig 1791, alle Revenuen aus einer Reihe dieser Stiftungen dem Armeninstitut zu geben; er wünschte, daß auf die damit bisher bezahlten Präsenzgelder und die Bestallung für den Rechnungsführer verzichtet werde, er wollte aber keinen Rat zum Verzicht zwingen. Er forderte einen Bericht, welche Pflegen eigentlich für Arme gestiftet worden seien und wie die Revenuen dem Armeninstitut zuzuwenden seien[53]. Bis zum Tod des Franz Ludwig wurde diese Initiative aber nicht durchgeführt. Georg Karl von Fechenbach fand in den Akten seines Vorgängers diese Forderungen und die Einwände des Rates. Er entschied 1795, der Rat müsse 2/3 der Einkünfte aus neun ihm unterstellten Stiftungen an die Oberarmenkommission geben, dazu von jedem Tausend zuwachsenden Kapitals jährlich 26 2/3 fl. Von den Abgaben an die Oberarmenkommission sollten die ständigen Ausgaben finanziert werden. Damit war der Rat zwar mehr in die Pflicht genommen, aber die meisten der ihm unterstehenden Stiftungen blieben weiterhin verschont[54].

Franz Ludwig dehnte die Tätigkeit des Armeninstituts noch in den achziger Jahren auf das Land aus[55]. Der Staatsrat von Wagner lobte Franz Ludwigs Politik: *Ich würde einen Folianten schreiben können, wenn ich über dasjenige, was dieser große Fürst zur Ausrottung der Bettelei, des damit verknüpften Müßigganges und zur Unterstützung der wahren Armut getan hat. . . . seine Milde gegen die Armen kannte keine Grenzen*[56]. Franz Ludwig vermachte die Schatullgelder, die er während seiner Regierungszeit von den Hochstiften bezogen und noch nicht (meist für Arme) ausgegeben hatte, den Armeninstituten in Würzburg und Bamberg; Würzburg erhielt davon 2/3, da die Würzburger Schatullgelder höher waren[57].

Das Domkapitel forderte nach Erthals Tod eine Bestandsaufnahme des Armeninstituts. Die Oberarmenkommission kritisierte die schlechte Finanzplanung, Franz Ludwig habe alle diesbezüglichen Vorschläge abgelehnt mit der Begründung, er wolle das Defizit vorerst aus seiner Schatulle zahlen. Die Kommission habe mit *diesem kostspieligen aufwande kontinuiren müssen,* die Schulden wuchsen, außerdem hätten *verschiedene stellen sich von ihren verbindlichkeiten losgerissen,* z. B. die Ehehaltenpflege. Der Kapitalstock des Instituts sei zwar gestiegen, doch dafür hatte man einen Schuldenberg angehäuft[58].

Georg Karl von Fechenbach zahlte zwischen dem 15. März 1795 und dem 7. Januar 1796 insgesamt 6900 fl. an das Armeninstitut, offenbar handelte es sich um das Legat des Franz Ludwig[59].

Die Entwicklung des Armeninstituts und der Bettelei in den letzten Jahren des Hochstifts dürfte nicht unbedingt im Sinne Erthals gewesen sein. Der Herausgeber der Landesverordnungen bemerkte anläßlich des Abdrucks von Erthals Bettelverbot aus dem Jahre 1786, am 18. Mai 1798 sei die Verordnung erneut eingeschärft worden, *da sich wieder so viele unverschämte und zudringliche Bettler dahier eingeschlichen hatten*[60]. Der vielleicht schärfste Kritiker der Zustände des Hochstifts Würzburg um 1802 schrieb in seinem anonymen „Abriß", die Zahl der Armen werde durch die Politik nur erhöht; wenn es so weiter gehe, *so wird das Armenwesen für sich verschwinden, indem alles arm seyn wird. Das Armenwesen wird dann zum Gemeinwesen.* Insbesondere kritisierte er die adligen Mitglieder der Oberarmenkommission und die zu leichte Aufnahme ins Armeninstitut, man nehme keine Rücksicht mehr auf Verdienst und wahre Armut[61].

Als ergänzende Maßnahmen zur Armenpolitik sah Franz Ludwig mindestens drei Punkte an: die Aufhebung des Lottos, die Trennung von Zucht- und Arbeitshaus und eine neue Quartierordnung. Ein Lotto führte in Würzburg erstmals Johann Philipp Franz von Schönborn 1724 ein, es scheiterte rasch am Widerstand des Domkapitels. Auch das Lotto aus dem Jahre 1759 war kurzlebig. Längere Zeit hingegen gab es das von Adam Friedrich von Seinsheim 1767 zur Tilgung der Schulden aus dem Siebenjährigen Krieg eingeführte Lotto. Das Lotto galt den Zeitgenossen als ein Übel und eine der Hauptursachen für die Armut (siehe oben). Franz Ludwig hob es wegen der *schädlich(n) Folgen* am 21. Dezember 1786 auf und drohte Geldstrafen für die an, die für ein Lotto sammeln oder für ein auswärtiges Lotto einzahlen wollten[62]. Staatsrat von Wagner lobte die Aufhebung des Lottos überschwenglich[63].

Das seit 1695 in Würzburg bestehende Arbeitshaus war gedacht für arbeitswillige Arme, die sonst betteln müßten, und gleichzeitig für Personen, die nicht nur wegen Bettelei meist für kürzere Zeit inhaftiert werden sollten. Die Aufsicht auf das Arbeitshaus an der Juliuspromenade, das fast immer finanziell auf sehr wackligen Füßen stand, wurde am 1. August 1780 von Herrn Quanti übernommen, der das Fabrikvermögen in der Regierungszeit Franz Ludwigs beachtlich steigern konnte. Durch das Spinnen von Baumwollgarn und Flachs wurde vor allem für Frauen Arbeit geschaffen. Franz Ludwig ließ das Arbeitshaus ausbauen und *nach dem obrigkeitlichen Moralverständnis* (in) *hierarchisch gegliederte Klassen* organisieren. Die Klassen 1 bis 3 umfaßten freiwillige Arbeiter,

im *Zwangssaal* mußten als Klasse 4 ertappte Bettler und Menschen mit moralischen Mängeln arbeiten, sie wurden nachts eingesperrt[64]. Der Stadtphysikus HORSCH übte heftige Kritik am Arbeitshaus, einmal sei in einem ganzen Jahr nur eine Person zur Arbeit dort angewiesen worden, im Sommer würden maximal 30–36 Arme dort arbeiten, im letzten Winter waren es auch nur 41, darunter lediglich zwei Männer[65].

Franz Ludwig ließ 1787/88 ein neues Zuchthaus in der Nähe von St. Burkard errichten. Durch die räumliche und organisatorische Trennung von Zucht- und Arbeitshaus, d. h. von Armen (und ertappten Bettlern) und Sträflingen, wollte er *den arbeitsfähigen Armen die Ausflüchten* nehmen, *als wenn sie keine Gelegenheit zu einem Verdienste hätten*[66]. Die Einrichtung des Strafhauses am Burkarder Tor wurde von einigen Domherren als zu streng empfunden, diese Meinung scheint Franz Ludwig nicht geteilt zu haben[67]. Die Anfangsbelegung waren 24 Männer, von 1787–1789 kamen 40 Männer und 9 Frauen dazu. Die Strafzeiten reichten von einer Verurteilung zu zwei Jahren Haft bis zu lebenslänglicher Haft. Der Prozentsatz der in der Haft verstorbenen Personen war relativ hoch (bis zum 31. Juli 1804 verstarben 37 der bis dahin eingewiesenen 159 Männer). Die Zahl der eingewiesenen Sträflinge war anfangs relativ hoch, später sank der Zuwachs[68].

Die polizey anstalten wegen der armen in der stadt Würzburg können ohne eine gute quartier ordnung nicht fest und dauerhaft bestehen, schrieb Franz Ludwig an Hofrat Lurz am 27. Februar 1787[69]. Die bisherige Praxis des Quartieramtes, das den Aufenthalt Fremder in Würzburg kontrollieren sollte, hatte sich als unzulänglich erwiesen. Der Stadtquartiermeister Anding machte daraufhin ausführliche Vorschläge zur Verbesserung des Quartierwesens. Der Hauger Viertelmeister Köhler beschrieb die Problemgruppen: Personen, die angebliche Verwandte in Würzburg besuchten; Högner oder Personen, die auf dem Wochenmarkt feilbieten wollten; aus dem Dienst getretene Dienstboten. Köhler und andere Viertelmeister machten ebenfalls Vorschläge, wie das Problem anzugehen sei. Franz Ludwig ließ die zu treffenden Maßnahmen in Instruktionen für den Quartiermeister und die Viertelmeister festlegen[70]. Der Kernpunkt war, daß der Quartiermeister nach Billigung durch den Rat für jeden Fremden, der außerhalb eines Gasthauses übernachten wollte (für diese gab es sog. Nachtzettel), einen Quartierzettel ausstellen mußte, in dem der Grund seines Aufenthaltes vermerkt war. Bei Fremden, *die von einiger Distinction und besserer Herkunft zu seyn scheinen*, sowie *Fremde(n), die durch Verzehrung ihres Geldes der Stadt immer Vortheil bringen*, sollte behutsam vorgegangen werden. Umzüge innerhalb der Stadt Würzburg sollten kontrolliert werden, nachts sollten der Quartiermeister, die Viertelmeister etc. Visitationen durchführen[71]. Die Quartierordnung konnte zwar mithelfen, den Aufenthalt Fremder in Würzburg etwas zu steuern, ihre Wirkung sollte man aber nicht überschätzen[72].

Neben seiner Armenpolitik machte sich Franz Ludwig vor allem durch die Einführung einer Stadtbeleuchtung einen Namen. Schon 1759 hatte der Oberrat eine Beleuchtung vorgeschlagen, zu finanzieren aus den sog. Klingelsäckleingeldern bzw. einer Erhöhung des Bürgerannahmegeldes. 1773 wollte die Hofkammer eine Beleuchtung, auch zur Verminderung der Feuergefahr[73]. Franz Ludwig ließ anstelle der üblichen Illumination der Stadt nach einer Bischofswahl das dafür vorgesehene Geld für eine Beleuchtung zurückstellen, doch erst nach dem Besuch des neuen Kaisers Leopold II. setzte er 1790/91 eine Stadtbeleuchtung durch. Franz Ludwig kümmerte sich dabei um eine Unmenge an Details. Zur Finanzierung sollte eine Subskription auf freiwilliger Basis dienen, Stadträte sollten diese vornehmen. Franz Ludwig bezeichnete die Beleuchtung als Zierde und neuen Ruhm der Stadt, sie sollte *zur Bequemlichkeit und Sicherheit der dahiesigen Stadteinwohnern* dienen[74]. Die Subskription erbrachte allerdings weniger als ein Drittel der Einnahmen zwischen 1. März 1791 und 1. März 1792. Hohe Zuschüsse kamen unter anderem von der Hofkammer, aus dem vom Oberrat verwalteten Brunnengeld, von Domkapitel, Klöstern, Stiftungen/Pflegen, der Kasse der Polizeiwache[75]. SCHAROLD beschrieb 1805 die Beleuchtung: Seit 1791 ist Würzburg zu seiner *nicht geringen Zierde sowohl als zur Bequemlichkeit der Einwohner, und bessern Handhabung der Polizey des Nachts hinreichend beleuchtet*[76].

Anmerkungen

1 Zu den Angaben vgl. Herbert Schott: Das Verhältnis der Stadt Würzburg zur Landesherrschaft im 18. Jahrhundert. Diss. Würzburg 1993; Druck in Vorbereitung. SICKEN, Fremde, S. 286.

2 CARL GOTTFRIED SCHAROLD, Würzburg und die umliegende Gegend, für Fremde und Einheimische kurz beschrieben. Würzburg 1805, Nachdruck Erlangen 1980, S. 158–160.

3 ERNST SCHUBERT, Studium und Studenten an der Alma Julia im 17. und 18. Jahrhundert. In: Institut für Hochschulkunde (Hrsg.): 1582–1982. Studentenschaft und Korporationswesen an der Universität Würzburg. Würzburg 1982, S. 11–47; Zitat S. 22.

4 Anonym, Bemerkungen über Würzburgs Lage und Vortheile, in Hinsicht auf den Handel. In: Argus 1. Bd., 2. Heft, Coburg und Leipzig 1803, S. 405–495; Zitat S. 461. – Vgl. allgemein SCHOTT (wie Anm. 1), passim.

5 Vgl. KERLER, Erthal, S. 38 ff.

6 FLURSCHÜTZ verweist in ihrer Arbeit über Erthal immer nur auf die Ratsordnung von 1724, diese wurde jedoch vom Domkapitel im Interregnum 1724 wieder aufgehoben; vgl. FLURSCHÜTZ, Verwaltung, S. 19 Anm. 4, S. 20 Anm. 15 und 18, S. 21 Anm. 20. – Zur Stadtverfassung Würzburgs im 18. Jahrhundert vgl. SCHOTT (wie Anm. 1).

7 Zur Armenpolitik vor Franz Ludwig vgl. SCHOTT (wie Anm. 1). – ERNST SCHUBERT, Arme Leute, Bettler und Gauner im Franken des 18. Jahrhunderts. Neustadt a. d. Aisch 1983. – Zur Armenpolitik Franz Ludwigs vor allem FLURSCHÜTZ, Verwaltung, S. 171 ff.; Flurschütz überschätzt allerdings die Neuartigkeit von Franz Ludwigs Politik.

8 Landesverordnungen, Bd. 3, S. 180 ff.; Zitate S. 180.

9 StAW, WDKP 1779, S. 1051 f.

10 FRANZ LUDWIG, Hirtenbrief. Armenpflege, S. 9 ff., Zitat S. 12.

11 JOSEPH FRIEDRICH ABERT, Vorschläge Karl Theodors v. Dalberg zur Verbesserung der Armenpolizei im Hochstift Würzburg (1779). In: AU 54 (1912), S. 183–215; Zitat S. 189.

12 Ein Aufklärer schrieb kurz vor der Säkularisation auf seinem Weg nach Bamberg: *Das häufige Betteln ist entschieden mehr der nachlässigen Polizey, die dem Armen und Müßiggänger keine Arbeit giebt, als der Armuth zuzuschreiben.* RENNER, Regierung, S. 311.

13 KERLER, Erthal, S. 51 Anm. 24.

14 StAW, WDKP 1779, S. 1054.

15 Landesverordnungen, Bd. 3, S. 180.

16 Zur Erstellung der Listen vgl. Landesverordnungen, Bd. 3, S. 181. – Dalbergs Vorschläge wurden von ABERT (wie Anm. 11) veröffentlicht. Er und in dessen Gefolge KOEPPEL, S. 265 ff., überschätzen Dalbergs Einfluß. FERDINAND KOEPPEL, Karl von Dalbergs Wirken für das Hochstift Würzburg unter Franz Ludwig von Erthal. In: ZBLG 17 (1953/54), S. 253–298.

17 Landesverordnungen, Bd. 3, S. 18 ff. – Vgl. auch SCHOTT (wie Anm. 1).

18 Zu den Rumorknechten und der Almosenpolitik des Rates vgl. SCHOTT (wie Anm. 1).

19 StAW, Rechnungen 31 189–31 194 (Rumorrottenrechnungen 1780 bis 1785).

20 Die Oberratsassessoren Hueber, Hoeffling und Gett an Franz Ludwig, 23. Januar 1784; StAW, Gebrechenamt VII W 122/659.

21 Franz Ludwig am 17. Februar 1784 zum Gebrechenprotokoll vom 19. und 27. Januar 1784; StAW, Gebrechenamt VII W 122/659.

22 Franz Ludwig schrieb am 10. Februar 1788 zu einem ihm vorgelegten Gebrechenprotokoll: *Ich will es indessen einsweil bey diesem aus dem werke des von Justi (grundsätze der policey wissenschaft: vom Beckmann herausgegeben) § 60 entnommenen formular belassen;* StAW, Gebrechenamt VII W 808 Prod. 31. – Franz Ludwig besaß mehrere Werke JUSTIS; vgl. die Aufstellung seiner Bibliothek in UB Würzburg, Handschriftenabt., Archiv der UB I, 18, fol. 117.

23 StAW, Gebrechenamt VII W 808 Prod. 28, 30, 37, 41, 62, 66. – Landesverordnungen, Bd. 3, S. 411 ff. Die Angabe bei SICKEN, Fremde, S. 272, die Zählungen hätten wohl jährlich stattgefunden, ist unwahrscheinlich.

24 Franz Ludwig am 29. Februar 1788 zum Gebrechenprotokoll vom 15. Februar 1788; StAW, Gebrechenamt VII W 808 Pr. 37.

25 Die gedruckte Tabelle ist enthalten in StadtAW, Ratsakte 1120. – HANS-CHRISTOPH RUBLACK, Gescheiterte Reformation. Frühreformatorische und protestantische Bewegungen in süd- und westdeutschen geistlichen Residenzen. Stuttgart 1978, S. 143 ff. (Exkurs 2: Zur Struktur der Armut in der Stadt Würzburg am Ende des 18. Jahrhunderts).

26 Reskript Franz Ludwigs vom 2. Mai 1785 an das Juliusspital, präs. 7. Mai 1785, in JSAW, Akten 5229. – Franz Ludwig sandte dieses Schreiben offenbar an verschiedene Behörden, es wird z. B. auch im Ratsprotokoll auszugsweise zitiert (StadtAW, Ratsprotokoll 1785, S. 97 f.). Dem Domkapitel gegenüber gab er an, die neue Armenpolitik, schon 1779 angekündigt, sei durch viele Geschäfte und *andere zufälle* bis dato verhindert worden. StAW, WDKP 1785, S. 1377 f. – Zur Begründung des Armeninstituts vgl. auch FRANZ LUDWIG, Hirtenbrief. Armenpflege, S. 3 f.

27 Franz Ludwig hatte 1779 noch eine Regelung für das ganze Hochstift vorgesehen, beschränkte sich 1785 aber erst einmal auf die Stadt, eine

Ausdehnung auf das Land strebte er aber ausdrücklich an. Vgl. StAW, WDKP 1785, S. 1377 ff.

28 Dekret des Franz Ludwig an den Stadtrat von Würzburg, 18. November 1785; StadtAW, Ratsprotokoll 1785, nach S. 278.

29 ABERT (wie Anm. 11), S. 206.

30 StAW, WDKP 1785, S. 1381.

31 Peremptorialbeschluß des Domkapitels vom 12. Juli 1785; StAW, Histor. Verein f. 1611.

32 FLURSCHÜTZ, Verwaltung, S. 182. – In den Hof- und Staatskalendern werden die Kommissionsmitglieder seit der Ausgabe von 1792 namentlich genannt, Franz Ludwig wird jeweils als erstes Mitglied aufgeführt.

33 Die Mitglieder sind in den Hof- und Staatskalendern ab 1792 aufgeführt; als Beispiel sei auf die Ausgabe von 1792, S. 114 verwiesen. Aus der Erthalzeit sind nur wenige Auszüge aus Protokollen der Kommission erhalten; vergleicht man die Anwesenheitslisten der Sitzungen vom 21. April 1787 und 17. Oktober 1787 mit der Mitgliederliste im Hof- und Staatskalender 1792, so ergibt sich eine weitgehende Übereinstimmung; alle 10 der 1787 aufgeführten Teilnehmer erscheinen 1792 als Mitglieder. Vgl. StAW, Gebrechenamt VII W 808 als Mitglieder. Die Angabe bei LINDIG, es habe 1792 eine „völlig neue und zahlreichere Besetzung der Armenkommission in Würzburg gegeben", ist demnach nicht korrekt. ANNEMARIE LINDIG, Franz Oberthür als Menschenfreund. Ein Kapitel aus der katholischen Aufklärung in Würzburg. In: OTTO VOLK (Hrsg.): Professor Franz Oberthür. Persönlichkeit und Werk. Würzburg 1963, S. 11–130; Zitat S. 114.

34 KERLER, Erthal, S. 20. Die Protokolle der Oberarmenkommission sind nur für 1798 erhalten; Georg Karl von Fechenbachs Entscheidungen zu den in der Sitzung vorgebrachten Punkten sind nachträglich jeweils an die Spitze des Eintrags gesetzt worden, er entschied sich öfters gegen eine ihm nicht nötig erscheinende Unterstützung. StadtAW, Ratsbuch 336.

35 FRANZ LUDWIG, Hirtenbrief. Armenpflege, S. 5 ff., 29, 66 ff.; Zitat S. 68.

36 StadtAW, Ratsprotokoll 1785, nach S. 278; JSAW, Akten 5229. – FLURSCHÜTZ, Verwaltung, S. 182 f., geht kaum auf die Finanzierungsfrage ein.

37 StAW, WDKP 1785, S. 1377 ff., 1403 f., 2001 ff.; WDKP 1786, S. 393 f.

38 Landesverordnungen, Bd. 3, S. 342 ff. – FLURSCHÜTZ, Verwaltung, S. 183.

39 SCHUBERT (wie Anm. 7), S. 196. – FLURSCHÜTZ, Verwaltung, S. 186 f. – StAW, Rechnungen 31 195–31 197 (Rumorrottenrechnungen 1786–1788).

40 Landesverordnungen, Bd. 3, S. 372 ff. – SCHUBERT (wie Anm. 7), S. 199. – GREGOR SCHÖPF, Historisch-statistische Beschreibung des Hochstifts Wirzburg. Ein Versuch. Hildburghausen 1802, S. 179 f.

41 SCHUBERT (wie Anm. 7), S. 199 f.

42 StAW, Rechnung 35 258. – 1790/91 erhielten 436 Personen Arzneien; SCHUBERT (wie Anm. 7), S. 199 f.

43 Vgl. StAW, Rechnung 34 513: Almosengelder für Stadtarme und Landarme 1787. Die Gelder wurden meist für einige Wochen oder Monate bezahlt. Auch Adelige oder Beamte erhielten Gelder, z.B. Freifrau von Mudersbach oder der ehemalige Hofrat Johann Joseph Ebenhöch. – Vgl. auch SICKEN, Fremde, S. 281.

44 Undatiertes Gesuch des Joseph Bayer an die Oberarmenkommission, StAW, Histor. Verein f. 677.

45 Landesverordnungen, Bd. 3, S. 398 ff. – FLURSCHÜTZ, Verwaltung, S. 183. – SCHÖPF (wie Anm. 40), S. 176 ff. – SICKEN, Fremde, S. 278, schreibt irrtümlich von einem Viertelmeister.

46 Ernennungsdekret in StAW, Standbuch 808, Prod. 88. Der zögerliche Franz Ludwig ließ die Stelle vorerst nur probeweise einführen, weil er sich *zur zeit noch nicht entschließen können, die stelle eines controlleurs auf immer einzuführen*.

47 Würzburger Stadtbesoldungsbuch, erneuert 1802, verfertigt von Joh. Georg Lommel, Hofkammer-Oberregistrator; StAW, Histor. Verein f. 17, S. 235 ff.

48 Vgl. vor allem SICKEN, Fremde, S. 279, 282.

49 StAW, Rechnung 34 513. Leider liegt keine geschlossene Rechnungsserie über die Tätigkeit des Armeninstituts vor.

50 SCHÖPF (wie Anm. 40), S. 183 ff. SCHÖPF legt die Rechnung aus einem nicht genannten Jahr vor. Demnach wurden 21 256 fl. 8 Kr. eingenommen; davon gaben die milden Stiftungen 2955 fl., Domstift/Klöster/Stifte 1040 fl., Universität 50 fl., Hofkammer 1000 fl., die wöchentlichen Sammlungen 5258 fl., der Bischof aber 5923 fl.; hinzu kamen Einnahmen an Brot und Holz.

51 StadtAW, Ratsbuch 336, S. 131, 139, 151, 165, 535, 551, 561, 571, 579. Die Zahlenangaben wurden umgerechnet, wobei gilt: 1 Pfd. = 30 Pfg., 1 fl. frk. = 168 Pfg. In den Protokollen wird nicht angegeben, ob es sich um fl. rh. oder frk. handelt. – SCHUBERT (wie Anm. 7), S. 200, schätzt, daß ca. $^1/_4$ der Einnahmen durch Sammlungen gedeckt werden konnten.

52 Die Sammelergebnisse sollten veröffentlicht werden; vgl. SICKEN, Fremde, S. 279 ff.

53 Franz Ludwig an Bürgermeister/Rat, 10. und 16. November 1791; StadtAW, Ratsakte 1887, Prod. 3 bzw. 29. – Zur Verwaltung der städtischen Pflegen/Stiftungen im 18. Jahrhundert und zum Einfluß der Landesherrschaft darauf bis Adam Friedrich von Seinsheim vgl. SCHOTT (wie Anm. 1). – Zur Rolle der Pflegen bei der Finanzierung nur selten und ungenau FLURSCHÜTZ, Verwaltung, S. 182.

54 Georg Karl an Bürgermeister/Rat, 11. Mai 1795; StadtAW, Ratsakte 1887, Prod. 31.

55 FLURSCHÜTZ, Verwaltung, S. 189 ff.

56 Autobiographie des Staatsrats CHRISTIAN JOHANN BAPTIST VON WAGNER. In: AU 47 (1905), S. 1–124; Zitate S. 78 f.

57 Das Testament ist in einer beglaubigten Abschrift vom 20. Februar 1795 erhalten, hier Punkt 3; das Kodizill zum Testament legte die Aufteilung fest. StAW, Adelsarchiv Fechenbach 2413. Druck: FRIEDRICH FREIHERR VON ZU-RHEIN, Testament des vorletzten Würzburger Fürstbischofs, Franz Ludwig Freiherrn von Erthal. AU 3 (1836), H. 1, S. 127–136.

58 StAW, WDKP 1795, S. 435 ff.; Zitate S. 437.

59 StAW, Rechnungen 35 482–35 485.

60 Landesverordnungen, Bd. 3, S. 342 Anmerkung.

61 Kurzer, und treuer Abriß der seither geführten Staatsverwaltung im Hochstifte Wirzburg. 1803, S. 200 ff., Zitat S. 201. Über Inhalt, Autor und Überlieferung des Abrisses vgl. SCHOTT (wie Anm. 1); zitiert wurde aus dem im StAW verwahrten Exemplar (Amtsbibliothek A 497).

62 Landesverordnungen, Bd. 3, S. 359 f. – Zur Geschichte des Würzburger Lottos vgl. SCHOTT (wie Anm. 1). – Journal von und für Franken Bd. 1, Heft 3. Nürnberg 1790, S. 257 ff.

63 Autobiographie VON WAGNERS (wie Anm. 56), S. 41.

64 SCHUBERT (wie Anm. 7), S. 297 f. SCHUBERT schreibt weiter: „Weitgehend nur der städtischen Bevölkerung kam der positivste Aspekt der Arbeitshäuser, die letzte Zuflucht in der Not, zugute. In der Praxis bedeuteten diese Anstalten eine fiskalisch und gesamtwirtschaftlich unrentable, staatlich subventionierte Arbeitstherapie" (S. 298). – Zu Quanti vgl. SCHÖPF (wie Anm. 40), S. 169 ff.

65 PHILIPP JOS. HORSCH, Versuch einer Topographie der Stadt Würzburg. Arnstadt – Rudolstadt 1805, S. 206 ff.

66 Landesverordnungen, Bd. 3, S. 400. – Vgl. auch FLURSCHÜTZ, Verwaltung, S. 196. – SCHAROLD (wie Anm. 2), S. 300 f.

67 Autobiographie VON WAGNERS (wie Anm. 56), S. 50.

68 StAW, Histor. Verein f. 623: Liste der Arrestanten im Zuchthaus, 14. Mai 1787 – 31. Juli 1804 (Namensliste mit Angabe der Haftdauer, der Entlassung bzw. der Feststellung des Todes während der Haft).

69 StAW, Gebrechenamt VII W 808.

70 Bericht Andings, präs. 16. Mai 1787; Vorschläge Andings vom 17.

Mai 1787; Actum auf der Regierung 21. März 1787 (Köhler), 22. März 1787; Franz Ludwig am 7. Oktober 1787 zum Armenkommissionsprotokoll vom 25. April und Gebrechenprotokoll vom 3. Mai 1787; StAW, Gebrechenamt VII W 808.

71 Instruktion für den Quartiermeister in Landesverordnungen, Bd. 3, S. 417 f., Zitat S. 417; vgl. auch S. 412 ff. und S. 418 ff.

72 Zur Quartierordnung und ihrer Anwendung vgl. vor allem SICKEN, Fremde.

73 StadtAW, Oberratsprotokoll 1759, fol. 230v–231v, und Ratsprotokoll 1760, S. 91 f.; StAW, Gebrechenprotokoll 1760, fol. 158r–158v, und 1774, fol. 2v.

74 Landesverordnungen, Bd. 3, S. 470 (Zitat); zur Stadtbeleuchtung vgl. StAW, Histor. Verein f. 626, hier vor allem: Franz Ludwig an den Stadtrat, 27. November 1790; Franz Ludwig am 10. Dezember 1790 zum Bericht des Rates; Mandat vom 30. April 1791.

75 Rechnungsauszug 1. März 1791 – 1. März 1792 in StAW, Histor. Verein f. 626; summarisch werden die Einnahmen auch genannt in Landesverordnungen, Bd. 3, S. 557. Die Rechnungen für die Stadtbeleuchtung werden im StadtAW verwahrt.

76 SCHAROLD (wie Anm. 2), S. 21.

55 Einschränkung öffentlicher Lustbarkeiten

Würzburg, 16. Januar 1784
Gedrucktes Mandat

Diözesan-Archiv Würzburg, Mandate A. R. A XXI. 14

Lit.: GUTH, Liturgie. – GOLDHAMMER, Landesverordnungen.

Erthal verbietet hier, unter Berufung auf frühere Mandate seines Amtsvorgängers Adam Friedrich von Seinsheim (27. April 1756 und 18. Juni 1765, DAW, Mandate A. R. A XX. 10 und 37), *das Musikantenhalten und Tanzen* an allen Sonntagen und einer Reihe von hohen Feiertagen, in der Fasten- und Adventszeit, auch im Monat Mai, mit Ausnahme von Hochzeiten. An Kirchweihtagen habe das musikalische Tanzvergnügen erst *nach geendigten öffentlichen nachmittägigen Gottes-Dienst*, also erst nach 5 Uhr, zu beginnen und dürfe nur bis 9 Uhr abends in der Zeit von Martini bis Ostern und bis 10 Uhr von Ostern bis Martini dauern. Bis 11 Uhr nachts dürfen Tänze bei Hochzeiten, Kirchweihen und am zweiten und dritten Fastnachts-Tage dauern. Dieses Verbot galt aber nur für öffentliche Gasthäuser, nicht für private familiäre Feiern. Neben der ohnehin asketischen Art Erthals spielte bei solchen Verboten, die vielerorts verbreitet und bei reformierten Staaten oft noch rigoroser waren (Puritanismus), die Furcht vor Ärgernissen, wie Schlägereien, Trunkenheit etc., aber auch vor unproduktivem Müßiggang eine wichtige Rolle.   S. v. G.

56 *Verschiedenheit der Hochfürstl. Wirzburg. Gesinnungen bey Einführung und Aufhebung des Lotto di Genua in einem Zeitraum von 27 Jahren*

Journal von und für Franken, Band 1, Heft 3
Nürnberg 1790, S. 257–262
Oktavformat

Staatsarchiv Würzburg, Amtsbücherei A 784

Lit.: Gründliche Nachricht von dem sogenannten Lotto di Genoa. Würzburg 1768. – Landesverordnungen, Bd. 3, S. 359 f. – MARCUS, Krankenhäuser, S. 35 ff. – Autobiographie des Staatsrats CHRISTIAN JOHANN BAPTIST WAGNER. In: AU 47 (1905), S. 1–124; S. 41. – ERWIN PROBST, Würzburg und das Lotto-Spiel. In: Die Mainlande 9 (1958), S. 51–52, 59–60, 63–64. – BERNHARD SICKEN, Der Fränkische Reichskreis. Seine Ämter und Einrichtungen im 18. Jahrhundert. Würzburg 1970, S. 93 f.

Ein Lottospiel wurde im Hochstift Würzburg im 18. Jahrhundert mehrfach eingeführt, um dem Staat zu weiteren Einnahmen zu verhelfen. Auf Veranlassung des Domkapitels wurde es 1724 bereits nach kurzer Zeit wieder aufgehoben. Adam Friedrich von Seinsheim führte 1759 erneut ein Lotto ein, das aber nicht lange Bestand hatte. Erst das 1767 zur Tilgung der Schulden des Hochstifts Würzburg aus dem Siebenjährigen Krieg eingeführte Lotto bestand bis 1786. Franz Ludwig hob es am 21. Dezember 1786 zur großen Freude vieler Zeitgenossen auf, denn es galt den Aufklärern als eine wesentliche Ursache der Armut. In dem Dekret wird aber nur allgemein auf *schädliche Folgen* hingewiesen (S. 259). Das „Journal von und für Franken" druckt ein Dekret der geistlichen Regierung vom 30. April 1759 ab (S. 258 f.), in dem auf Wunsch des Adam Friedrich die Pfarrer aufgefordert werden, von der Kanzel herab für das Lotto zu werben. 10 % der Einlagen sollten für Arme und gute Zwecke verwendet werden. Anschließend wird das Aufhebedekret des Franz Ludwig abgedruckt (S. 259–262). Nicht nur das Würzburger Lotto wird verboten, es wird vielmehr auch strengstens untersagt, sich durch Einlage von Geld an auswärtigen Lotterien zu beteiligen. Das „Journal" ging offensichtlich irrtümlich davon aus, daß das Lotto in Würzburg unterbrochen seit 1759 bestanden habe, was nicht der Fall ist. Zwischen 1767 und Dezember 1778 erbrachte das Lotto 5,68 Millionen fl. an Einnahmen, allerdings waren diese in letzter Zeit rückläufig gewesen (vgl. StAW, Würzburger Domkapitelsprotokoll 1779, S. 152 ff., 349). Auf Initiative Franz Ludwigs wurde im Fränkischen Kreis am 18. Dezember 1787 das Lotto verboten, denn *die lotto-spielsucht* habe sich *mit ihren gemein-verderblichen folgen fast in allen fränckischen kreiß-landen* ausgebreitet; das Aufhebungsmandat ähnelt dem Würzburger sehr, viele Formulierungen wurden wörtlich übernommen. Im Würzburger Mandat werden insbesondere

Würzburg 1791.

[Marginalie: Reitzer]

eodem ist die Nachricht eingekommen, daß zu Bamberg der Geheime Rath Reitzer Professor und Dr. Juris Canonici den 14ten Februar gestorben, er hat seine Bücher, der Universitäts-Bibliothek und der Univ. Kirche 600 fl. vermacht.

[Marginalie: Beleuchtung]

Mittwochen den 2ten März, ist daher in Würzburg die ganze Stadt durchgehende mit gläsernen Laternen Nachts beleuchtet worden, ich zählte dero nach dem Hofglatz 140. Die Promenade hatte und so waren auch die kleinen Gäßchen, und langen Gartenmauern, so daß man von einen bis zum andern Eck oder Winkel sehen konnte, mit Laternen, worinnen brennende Lampen waren, auch eisernen Armen versehen.

Donnerstag den 3ten März früh morgens um 5 Uhr, gehe von der Geh. Kanzley auf der nach dem Promenade noch brennende Laternlich. Die Summa der Laternen sollen 800 Stück seyn, hierzu werden 50 Personen täglich zum anzünden gebraucht, wovon jeder 15 x rh. erhält, 1 Laterne kostet mit Glas und Kosten 5 fl. rh. wäre demnach die Berechnung also zu machen

800 Laternen kosten — 4000 fl. — x. rh.
50 Personen f. Jahr — 4565 fl. — x. rh.

Summa 8565 fl 30x

ohne Docht, Oel, oder Unschlitt, dann Reparatur des Glases und dergl.

[Marginalie: Thurn Taxis]

eodem sind hierorts der junge Fürst von Thurn Taxis, mit seiner Fr. Gemahlin einer geb. Prinzessin von Mecklenburg allhier angekommen, hier speisten bey Hof, nach der Tafel war Commerce spiel, worinn sich Madame Maria dann hierauf ist deren Durchlaucht ferner waren Appartement, und Cercle, die Fürste

[Marginalie: Steinstein brevis]

Juden bedroht, ihnen droht bei Verstoß gegen das Mandat neben den für alle geltenden Strafen der Verlust des Judenschutzes und ein Handelsverbot; im Kreismandat werden die Juden ebenfalls ausdrücklich gewarnt. Neu war im Kreismandat insbesondere der Hinweis auf die Klassenlotterien (StAW, Würzburger Kreisakten 394, S. 331 ff.; Zitat S. 333). In Bamberg und Würzburg kursierte ein *Leichenzettel*, in dem es u. a. hieß: die Madame Lotto hatte *einen hitzigen Magen, denn sie verzehrte Äcker, Wiesen, Weinberge, Häuser, Uhren, Betten, Vieh und alle möglichen Kleidungen; daher kam, daß sie in ihrem letzten Kindbette erstickte. Bamberg wünscht ihr ewige Ruhe, Würzburg leuchtet ihr; die Exequien werden in Holland gehalten* (PROBST, S. 59 f.). In einer etwas veränderten Fassung dieses *Leichenzettels* aus Bamberg heißt es am Ende bezeichnend für die Stellung der Juden: *die exequien werden hier in pfandthaus und aufm land in allen synagogen gehalten* (StBB, R. B. Caps. g. 5/1). Der ehemalige Lotto-Offiziant Georg Behr erhielt aus den von Franz Ludwig 1787 für Arme gespendeten Geldern (siehe Kat.-Nr. 58) *theils zur auslösung versetzter kleider theils zur tilligung dringender judenschulden* 75 fl. (unfoliiert, zweite Seite der Ausgabenaufstellung).   H. S.

57 *Das Allegorische Leichenbegängniss der Madame-Lotto in Würtzburg*

H. Einert
Nürnberg (?), 1786/1787
bez. unten: *H. Einert inv. et sc.*
Radierung auf Papier
H. 30,6 cm, Br. 35,0 cm (Platte); H. 33,1 cm, Br. 38,7 cm (Blatt)

Mainfränkisches Museum Würzburg, Inv. Nr. 42183   Abb.

Lit.: FRANZ OBERTHÜR, Taschenbuch für die Geschichte, Topographie, und Statistik Frankenlandes, besonders dessen Hauptstadt Wirzburg für das Jahr 1796. Weimar 1796, S. 118. – ERWIN PROBST, Würzburg und das Lotto-Spiel. In: Die Mainlande 9 (1958), S. 59 f. – WOLFGANG PAUL, Erspieltes Glück. 500 Jahre Geschichte der Lotterien und des Lotto. Berlin 1978, S. 67 f., Abb. S. 68. – Belgian National Lottery (Hrsg.), Lotteries in Europe – Five centuries of history. Brüssel o. J. (1994), S. 167 (mit Abb.). – FRANZ XAVER MÜLLER (Hrsg.), Sammlung Franz Xaver Müller. Würzburg 1994, Nr. 132.

Im Lottospiel, das 1767 zur Tilgung der Schulden des Hochstifts Würzburg aus dem Siebenjährigen Krieg vom Fürstbischof wiedereingeführt und sogar über die Pfarrkanzeln propagiert worden war, sahen Franz Ludwig von Erthal und seine aufgeklärten Zeitgenossen eine wesentliche Ursache für die große Armut breiter Bevölkerungsschichten. Deshalb verbot Franz Ludwig am 21. Dezember 1786 das Lottospiel im Hochstift Würzburg (vgl. Kat.

Nr. 56). Um dieses Verbot populär zu verbreiten, entstand Ende 1786 / Anfang 1787 eine Radierung, die die negativen Auswüchse des Lottospiels in satirischer Weise darstellte und sicher wie ein Flugblatt große Verbreitung erreichte.

In einem zeitgenössischen Bericht heißt es dazu: *Ein witziger Kopf hatte auch für die Überzeugung der großen Volks-Menge gesorgt, die nur durch so was leicht bewirkt werden kann, und in einem, zu Nürnberg verfertigten, großen Kupferstiche das Leichenbegängniß der Würzburgischen Lotterie dargestellt. Eine große Anzahl Trauer-Personen, Kollekteurs, Trödler, Juden, vereitelte Hoffnungen und Pläne machten den Leichenkondukt aus. Der Zuschauer mußte dabey bald lachen, bald weinen.* (OBERTHÜR, S. 118).

Das Blatt zeigt eine lange Prozession, die sich serpentinartig auf das ausgehobene Grab im Friedhof zu bewegt. In der Mitte ziehen Affen einen Karren mit dem Sarg der Madame Lotto, in den ein Blitz hineinfährt. Der ganze Weg ist mit Lottokugeln und -zetteln bedeckt. Im Zug der allegorischen Figuren finden sich unter anderem der Teufel (Nr. 5), der eine Fahne mit der Inschrift *Dies ist mein Werck.* trägt, die zerbrochene Hoffnung (Nr. 9), Narren, die durch das Spiel vermeintlich gewonnen (Nr. 14), beziehungsweise verloren haben (Nr. 15: *Durch Lotto abgezehrt*). Rechts ist ein Gefängnis zu sehen, in dem sich die *Lotto Arestanten* hinter Gittern drängen.

Zu dieser Radierung existierte ein langes Poem, in dem es heißt: *... wurde sie [Madame Lotto, d. V.] Ende dieses Jahres in der Stadt Würzburg gefänglich eingezogen, woselbst sie am Schlage gestorben und mit einer ungewöhnlichen Leichenprozession beerdigt worden anderen zum Abscheu und Exempel.* (PAUL, S. 67). Gleichzeitig kursierte ein Leichenzettel, der zwar zur Beerdigung der Madame Lotto gedruckt wurde, aber keinen direkten Bezug auf die Darstellung der Radierung nimmt.   F. v. d. W.

58 *Berechnung der von Ihro hochfürstl. Gnaden zur Austheilung theils unter die dahiesige Stadtarme theils unter die Landarme erhaltenen Allmosengelder für das Jahr 1787*

Papier, 24 Blatt, ohne Unterschrift
H. 36 cm, Br. 22 cm

Staatsarchiv Würzburg, Rechnung 34513

Fürstbischof Franz Ludwig von Erthal gab im Jahre 1787 laut ausgestellter Rechnung 10194 fl. rh., davon wurden 8400 fl. von ihm unmittelbar gegeben, 1650 fl. vom Würzburger Hofkammer-Zahlamt aus seinen Privatgeldern und

Nr. 57

144 fl. auf anderem Wege. Die Rechnung enthält 223 Einträge für Ausgaben in Einzelfällen, dazu kommt die pauschale Angabe von Ausgaben über 1138 fl. 311/4 Kr. (sind theils für stadt- und landarme theils für andere auslagen ausgegeben worden). Als Rezeß bleiben 105 fl. rh.
Die spezifizierten Ausgaben werden bedürftigen Personen im ganzen Hochstift, schwerpunktmäßig aber in der Stadt Würzburg, gewährt, meist als einmalige oder auf einen bestimmten Zeitraum begrenzte Beihilfe. Gezahlt wird für den Lebensunterhalt, zur Bezahlung von Schulden oder rückständigem Mietzins, zur Auslösung versetzter Mobilien, zum Unterhalt von kranken Angehörigen, als Kostgeld für Schüler, als Lehrgeld, zum Ankauf von Werkzeug für Handwerker etc.   H. S.

59 Hirtenbrief Franz Ludwig von Erthals zur Unterstützung der Armenpflege

Würzburg, 1786
Quartformat

Stadtarchiv Würzburg, Bibliothek Pe 100

Lit.: FLURSCHÜTZ, Verwaltung, S. 173 ff.

Franz Ludwigs Hirtenbrief für die Würzburger Diözesanangehörigen zur Unterstützung der Armenpflege datiert vom 23. Februar 1786 (Hirtenbrief, S. 84), er wurde im gleichen Jahr noch gedruckt. Franz Ludwig sieht die Armut als Folge der Ungleichheit. Er betont unentwegt die Pflicht eines jeden, für Arme zu geben, denn Jesus selbst habe für sich den Stand des Armen erwählt. Im Neuen Bund des Neuen Testamentes gebe es neue und erhabene Gründe für die Wohltätigkeit und Liebe. Gott habe die Menschen aufgerufen, den Armen Gutes zu tun, dies sei in der Bibel zahlreich belegt. Wohltätige werden dem himmlischen Vater selbst ähnlich, ihnen verspricht Gott Schutz in zeitlichen und weltlichen Gefahren, Segen, Friede und Schutz im jetzigen Leben und unendlichen Lohn im ewigen Leben. Franz Ludwig betont mehrfach, daß es keinen Grund gebe, sich von der Pflicht zur Wohltätigkeit befreit zu glauben. Das von ihm gegründete Armeninstitut beseitige den immer wieder vorgebrachten Vorwand, daß wahre Arme nicht zu erkennen seien. Das Armeninstitut in Würzburg gebe nur den wahrhaft Armen, dies diene dem Wohl des Staates, das Gassen- und Häuserbetteln werde dadurch gesteuert. Die Menschen bräuchten sich nicht mehr durch ungestümes Betteln angehen zu lassen. Man sei völlig frei im Drang zu spenden, man müsse sich nur den *Polizey-Anstalten* unterwerfen, die das Betteln betreffen. – Das Armeninstitut sollte zu einem erheblichen Teil durch Spenden finanziert werden, doch reichten diese Einnahmen bei weitem nicht aus. Franz Ludwig zahlte einen erheblichen Teil der Kosten für die Armen aus seiner Privatschatulle. H. S.

60 Die Gründung des Armeninstituts in Würzburg

Schreiben des Franz Ludwig von Erthal an das Juliusspital in Würzburg
Forchheim, 2. Mai 1785
Papier, 2 Blatt, erstes Produkt eines gehefteten Aktes; Unterschrift Franz Ludwigs; Rückvermerk: *präs. 7. 5. 1785*
H. 36 cm, Br. 22 cm

Juliusspitalarchiv Würzburg, Akten Nr. 5229

Lit.: FLURSCHÜTZ, Verwaltung, S. 182 f.

Franz Ludwig schreibt an verschiedene Einrichtungen (ausgestellt ist das Exemplar des Juliusspitals) bezüglich

seines Vorhabens, ein *eigenes armen-institut* einzurichten, da viele, die von Almosen leben, nur dem Müßiggang nachgehen, inzwischen verschiedene Verdienstmöglichkeiten für Arme geschaffen worden seien, er von vielen Bittschriften um Beisteuer belästigt und der öffentliche Bettel unverschämt werde. Durch das Armeninstitut sollen *alle almosen-ausgaben dirigiret* werden. Bevor zum *bau dieser anstalten selbst* geschritten werde, müßten beständige Finanzierungsquellen gefunden werden. Er fordert geistliche Regierung, Hofkammer, Oberrat, Juliusspital und den Stadtrat von Würzburg auf, zu berichten, welche Fonds sie zur Finanzierung von wahren Armen haben, wie hoch diese und ob sie beständig sind. Das Juliusspital soll außerdem berichten, was und wieviel im Jahr für die Armensuppe an Fremde und Einheimische gegeben werde, die dabei vorkommende Unordnung sei schon in *öffentlichen druckschriften* gerügt worden. Das Juliusspital listete in seiner Antwort die jährlichen Almosen auf, die es leistete: 1856 fl. 3 Pfd. $8^2/_{25}$ Pfg. an Geld, 309 Malter Korn, 8 Fuder Wein (zur Soldaten-Pflege). Diesen Auszug aus den Rechnungen des Juliusspitals erstellte der Registrator J. Leonhard Helmuth am 20. Mai 1785. H. S.

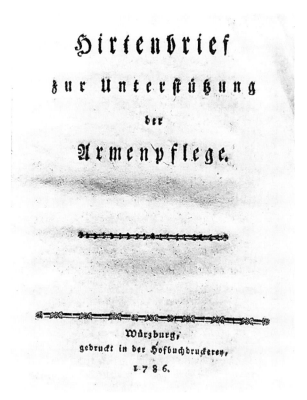

THOMAS HEILER

Das Juliusspital in Würzburg und Franz Ludwigs Reformwerk im Bereich der Armenversorgung und Krankenpflege

Am 16. Februar 1795, zwei Tage nach dem Tod des Fürstbischofs Franz Ludwig von Erthal, erging vom Würzburger Domkapitel an die Vorsteher des Juliusspitals die
Weisung, man solle binnen 14 Tagen einen Bericht vorlegen, in dem der *Status* des Spitals bei Regierungsantritt
des gerade verstorbenen Regenten mit dem derzeitigen
Zustand verglichen werde[1]. Die Verantwortlichen im Spital interpretierten diese Aufforderung völlig richtig im
Sinne einer rein auf die Finanzen bezogenen Gewinn-
und Verlustrechnung. Keine zwei Wochen später über-
sandte man daher pflichtgemäß eine detaillierte Aufstellung des Vermögensstandes der Stiftung in den Jahren
1779 und 1795. Beim Abgleich der Zahlen dieser Eckjah-
re kam man unter Berücksichtigung des baren Kassenbestandes, der verliehenen und entliehenen Kapitalien sowie der unter Fürstbischof Franz Ludwig getätigten Ver-
käufe von Grundstücken, verwertbaren Rechten und Teilen des Inventars vom Weißzeug bis hin zum Haussilber
auf einen Kassenverlust von 207 431 Gulden[2].

Ließe sich der Erfolg oder Mißerfolg einer Regentschaft
allein auf das Materielle reduzieren und könnte somit in
Gulden und Batzen genau ermessen werden, es stünde im
Falle des Würzburger Juliusspitals wohl schlecht um die
Bewertung der Leistungen Franz Ludwig von Erthals.
Seine Sparsamkeit wird zwar allgemein in der Literatur
immer wieder hervorgehoben, doch als großer Finanzre-
former kann er mit Sicherheit nicht angesehen werden[3].
Seine Erfolge liegen anderswo, vor allem im Bereich der
Armenversorgung und Krankenpflege. Als Baustein zur
Untermauerung seines positiven Wirkens auf diesem Ge-
biet erscheint für das Hochstift Würzburg kein Gegen-
stand geeigneter als das in der Residenzstadt gelegene Juliusspital[4].

Fast auf den Tag genau 200 Jahre vor der Wahl Franz Ludwigs zum Würzburger Bischof hatte Julius Echter am 12.
März 1579 die Fundationsurkunde für das von ihm inau-
gurierte Spital ausgestellt[5], mit dessen Bau bereits drei
Jahre zuvor im nördlichen Stadtviertel Pleich auf dem
Areal des jüdischen Friedhofs begonnen worden war[6]. Es
sollte nach dem Wortlaut der Urkunde eine Heimstätte
sein *für allerhand Sorten Arme, Krancke, unvermögliche,
auch schatthaffte Leuth, die wundt und anderer Artzney
nottürfftig sein, deßgleichen verlassene Waysen und dann
für uberziehende Pilgram und dörfftige Personen*[7].

Diese im Stifterwillen angelegte vielfältige Ausrichtung
auf die Armenversorgung, die Krankenpflege, die Wai-
senbetreuung sowie die Sorge für durchziehende Pilger
machte das Juliusspital schon bald zum bedeutendsten
Spital im ganzen Hochstift, zumal der Einzugsbereich
nicht nur die Stadt Würzburg, sondern das gesamte weltliche Territorium umfaßte. Hinzu kommt, daß Julius Echter seiner Stiftung nicht nur den guten Willen und die besten Wünsche mit auf den Weg gab, sondern sie auch
reichlich dotierte, so unter anderem mit dem im Bauern-
krieg verwüsteten Kloster Heiligenthal[8] samt allen seinen
immer noch beträchtlichen Einkünften[9] oder aber den
Orten Oberdürrbach und Gadheim, die Bischof Julius
dem in Not gekommenen Würzburger Stephanskloster
für insgesamt 16 000 Gulden fränkisch abgekauft hatte[10].
Es bleibt ein bisher noch nicht erforschtes Phänomen,
daß innerhalb von nur einer Generation das Juliusspital
nicht nur ein karitatives Zentrum des Landes wurde, sondern zugleich ein wirtschaftlich potentes „Unternehmen", das als Kreditgeber des „kleinen Mannes" ebenso
firmierte wie als „Staatsbank", die dem Bamberger Bischof und Würzburger Dompropst Johann Gottfried von
Aschhausen im Jahre 1612/13 die im Auftrag des Kaisers
Matthias unternommene Gesandtschaftsreise nach Rom
mitfinanzierte[11]. Als Julius Echter 1617 verstarb, lebte
seine Gründung als größter Gläubiger des Hochstifts bereits von den Zinsen der von ihr ausgegebenen Kredite,
die inzwischen auf über eine halbe Million Gulden ange-
stiegen waren[12]. Die Vermehrung des Stiftungskapitals
war aber keinesfalls Selbstzweck, sie entsprang der richtigen Erkenntnis, daß wirksame Hilfe solider Finanzen
bedurfte, die in Notzeiten wie etwa dem Dreißigjährigen
Krieg, der auch das Juliusspital stark in Mitleidenschaft
zog, einen überlebenswichtigen Rückhalt boten. Die reiche Spitallandschaft auf dem Gebiet des Würzburger
Hochstifts, erinnert sei unter anderem an die Niederlassungen in Münnerstadt, Mellrichstadt, Neustadt an der
Saale, Karlstadt, Ebern und Dettelbach[13], vor allem aber
an das im Jahre 1320 von Papst Johannes XXII. bestätigte Würzburger Bürgerspital[14], wurde durch das Reformwerk Julius Echters, der das Netz der Spitäler noch um
die eigenen Gründungen in Rothenfels am Main (1601)
und Volkach (1607) erweiterte[15], auf eine neue Grundlage gestellt.

Es ist nur folgerichtig, daß Franz Ludwig von Erthals Regierungshandeln, das einerseits geprägt war von einer tiefen Religiosität, die den Dienst am Nächsten nie aus den Augen verlor, andererseits aber auch von den pragmatischen Erwägungen eines aufgeklärten Fürsten, der den Zusammenhang zwischen der „Glückseligkeit" des Untertanen und dem Wohl des Staatsganzen sehr wohl kannte, im Bereich der Armenfürsorge und Krankenpflege ihren wichtigsten Ansatzpunkt hatte. Daß hierbei das Würzburger Juliusspital eine besondere Rolle spielte, soll im folgenden exemplarisch dargelegt werden.

Das Armeninstitut und sein Verhältnis zum Juliusspital

Der nachmalige Erzkanzler und Fürstprimas Karl Theodor von Dalberg legte als Würzburger Domherr unmittelbar nach der am 18. März 1779 erfolgten Bischofswahl Franz Ludwigs ein offenbar von seinem neuen Herrn in Auftrag gegebenes Gutachten zur Verbesserung der Armenpolizei im Hochstift Würzburg vor[16]. Dalberg ging von einer äußerst pessimistischen Gegenwartsbeschreibung aus: *In dem Hochstift Würzburg sind Armen-Anstalten sehr nöthig, theils um wahren Bedürfnissen zu steuren, besonders aber um eingerissene Mißbräuche zu vertilgen; Beynahe in allen Katholischen ländern ist das bettlen eingewurzelt, aber meines Wissens nirgends so stark als in diesem Hochstifft*[17]. Dalberg nennt hierfür drei Ursachen. Zum einen sehe man in den katholischen Ländern im Gegensatz zu den protestantischen Territorien das Betteln nicht als Schande an, vor allem deshalb, weil man die Institution des Bettelmönchtums hier sehr hoch schätze. Zum andern sei es eine Erfahrung, daß Armut nicht dort herrsche, wo Fabriken seien, sondern dort, wo sich der Mann bloß vom Feldbau nähre. Hier lägen infolge des Ernterisikos Reichtum und Armut dicht beieinander. Dies gelte auch für das Weinland Würzburg, in dem der Winzer sich in den guten Jahren an das Wohlleben gewöhne, das ihm in der Zeit des Mißwachses dann zum Verhängnis werde. Drittens schließlich sei das Bettelwesen die Folge einer allzu nachgiebigen Regierung, deren Gesetze weitgehend unwirksam seien, eine nach Dalberg typische Erscheinung in der Landesverfassung der geistlichen Staaten[18]. Ganz im Sinne des Zeitgeistes sieht die genannte Denkschrift den Zweck einer jeden echten Staatsverfassung darin, alle Menschen so glücklich zu machen, als es die Umstände immer erlauben. Jeder Mensch habe daher in einer unverschuldeten Notlage das Recht auf Verpflegung und Unterhalt, wie andererseits aber auch im Falle seines Wohlergehens die Pflicht, seinen Lebensunterhalt selbst zu bestreiten. Daher lautet

Dalbergs Empfehlung an Franz Ludwig, die wirklich Armen zu unterstützen, aber nur so lange, wie sich diese nicht aus eigener Kraft helfen können. Zudem müsse man von demjenigen, der staatliche Unterstützung erhalte, verlangen, daß er im Rahmen seiner Möglichkeiten dem Staat nützlich werde und nach besten Kräften eine zugewiesene Arbeit verrichte. Von der Arbeitspflicht seien lediglich die armen Kranken auszunehmen, die ohne jede Bedingung verpflegt werden müßten.

Unmittelbarer Ausfluß des Gutachtens war ein fürstbischöfliches Mandat vom 17. Juni 1779[19], das die Bettelei verbot, diese sogar als ein *Laster* erklärte und als Ziel der Armenpolizei die *Beglückseligung* des Staates mit tüchtigen und arbeitsamen Bürgern proklamierte. Die Beamten wurden angewiesen, in Tabellenform die vom Bettel lebenden Personen aufzulisten und Vorschläge für eine Beschäftigung dieser bisher auf Almosen angewiesenen Menschen zu machen. Ausländische Bettler waren sofort auszuweisen. Mit diesen Maßnahmen bewegte sich Franz Ludwig trotz bester Absichten aber immer noch weitgehend im Bereich seiner Vorgänger, „denn obrigkeitliche Initiativen, die über die üblichen, teils deklamatorischen, teils repressiven Bestimmungen hinausgingen, blieben aus; somit erwies sich, daß die Chancen zur raschen Verbesserung der Lage der Unterschichten selbst für einen engagierten Landesherrn gering waren"[20].

Es kennzeichnet die Ernsthaftigkeit der Erthalschen Reformpolitik, daß er den Weg der absolutistischen Disziplinierungspolitik verließ, als ihm klar geworden war, daß sich die Armut nicht durch das Verbot ihrer offensichtlichsten Ausprägung, nämlich des Bettelns, bekämpfen ließ. Etwas verwunderlich ist aber dennoch, daß Franz Ludwig, wie bei vielen anderen in der Folge noch zu erwähnenden Reformmaßnahmen im Bereich der Armen- und Krankenfürsorge, erst seit etwa 1785 ernsthaft die Initiative ergriff[21]. In diesem Jahr begründete er in seiner Residenzstadt Würzburg das „Armeninstitut", das in den folgenden Jahren auch auf das flache Land übertragen wurde. Es handelt sich bei diesem Institut um ein Bündel von Maßnahmen im Bereich der Armenpolizei[22], das von flankierenden Mandaten gegen das *Bettelunwesen*[23] und zur Regelung der Einwohnerkonskription[24] gestützt werden sollte. Unter der Aufsicht des Fürsten war nunmehr eine Armenkommission für die reibungslose Koordination sämtlicher karitativer Hilfsmaßnahmen verantwortlich. Im Gegensatz zum Bettelmandat des Jahres 1779 wurde nunmehr auch an die finanzielle Untermauerung des Vorhabens gedacht. Verantwortlich dafür waren die Gemeinden, die ihre Aufwendungen durch Spenden finanzieren sollten. Franz Ludwig beließ es in dieser Sache nicht bei spröden Verordnungen, deren Wirkungsgrad schon aus damaliger Sicht sowieso nicht allzu hoch anzusetzen war. Ein 84seitiger „Hirtenbrief zur Unterstützung der Armenpflege" vom 23. Februar 1786[25], in dem der Fürstbischof die Gabe von Almosen zugunsten des Instituts als Zeichen wahrer Liebe pries, zeigt die ehrliche Anteilnahme Franz Ludwigs am Fortgang des Projekts, das in Würzburg jährlich zwischen 18 000 und 25 000 Gulden einnahm und damit über 800 Arme versorgte[26].

Im Krankheits- und Pflegefalle waren allerdings die materiellen und organisatorischen Grundlagen des Armeninstituts für eine wirksame Hilfe zu gering. Es ergab sich daher zwangsläufig, daß die Armenkommission das Juliusspital mit seinen im Hochstift beispiellosen medizinischen und pflegerischen Möglichkeiten in seine Arbeit einbinden wollte. Schon bald entzündete sich zwischen beiden Institutionen ein Streit wegen der nach Meinung des Armeninstituts zu geringen Bereitschaft des Spitals, über die regulären Kapazitäten hinaus kranke bzw. unheilbare Kuristen aufzunehmen. Außerdem forderte die Kommission ein Mitspracherecht bei der Auswahl der bedürftigen Pfründner[27]. Im März des Jahres 1791 trafen sich deshalb auf Weisung des Fürstbischofs Deputierte der Armenkommission und des Juliusspitals, um ihre Differenzen zu bereinigen[28]. Anläßlich dieser Zusammenkunft erfahren wir auch Näheres über die Pfründneraufnahme, bei der jährlich am Montag und Dienstag vor Pfingsten in einem sogenannten Pfründnerkonkurs die Aspiranten persönlich mit ihren Leumundszeugnissen zu erscheinen hatten und über deren Aufnahme eine eigene spitälische Kommission befand[29]. Nach Aussage des Chirurgen Carl Caspar von Siebold kam es bei der Vorauswahl immer wieder zu tumultartigen Szenen. Bis zu 300 Personen hätten sich für die jährlich zu vergebenden 20–24 Plätze interessiert, wobei die Abgewiesenen als Zehrgeld für die Rückreise einen Metzen Korn und sechs Batzen an Geld mitbekommen hätten, bis man gemerkt habe, daß viele nur wegen dieses Almosens gekommen seien. Seit der darauf erfolgten Abschaffung des Zehrgeldes sei die Zahl der Konkursteilnehmer deutlich geringer geworden. Demgegenüber gab allerdings der Spitalpfarrer zu bedenken, daß nunmehr nur noch die Bedürftigen aus der näheren Umgebung kämen und beispielsweise die Rhöner den weiten Weg scheuten, so daß keine Proportion mehr zwischen den Teilen des Landes gewahrt sei. Der Pfarrer schlug deshalb vor, die im Zusammenhang mit der Errichtung des Armeninstituts eingeführten Armenkonskriptionslisten als Grundlage für die Besetzung der Pfründnerstellen heranzuziehen. Dem wurde zugestimmt, wobei die Armenkommission für ein Mitspracherecht bei der Auswahl plädierte, was von seiten des Spitals als *ungewöhnliche Neuerung* gewertet wurde, die ein *volles Mißtrauen* gegenüber der Spitalkommission zeige. Einig war man sich dagegen darüber, daß die Aufnahme der Geisteskranken in die Klinik in allen Fällen geboten sei, wo eine Gefahr für die Allgemeinheit bestehe. Der Spitalarzt, Professor Franz Heinrich Wilhelm[30], sprach von vier Gattungen der *Narrheit,* nämlich den *Tollsinnigen,* den *Wahnsinnigen,* den *Trübsinnigen* und den *Blödsinnigen,* wobei allein die erste Guppe der *Tollsinnigen* aufgrund ihrer Gefährlichkeit in jedem Fall aufgenommen werde. Bei den minder schweren Ausprägungen der Krankheit in den übrigen Klassen werde man, sofern Hoffnung auf Heilung bestehe, diese als Kranke betrachten und ebenfalls aufnehmen[31]. Da auch durch diese Gruppe von Patienten zumindest vorübergehend die Allgemeinheit gefährdet werden könne, wie der durch einen *Narren* in Dettelbach ausgelöste Brand beweise, nehme man solche Fälle auch in unheilbarem Zustande an. Der Spitalpfarrer erinnerte die Deputierten daran, daß für die Geisteskranken in der Residenzstadt auch das hiesige Bürgerspital zuständig sei, dem von Fürstbischof Friedrich Karl von Schönborn die Schaffung von fünf Blockhäusern zur Aufnahme von *Toll-* und *Wahnsinnigen* auferlegt worden war[32].

Zu Differenzen zwischen Spital- und Armenkommission kam es dagegen bei der Aufnahme von unheilbaren und ansteckenden Kranken. Hier weigerten sich die Spitalmediziner kategorisch, den Wünschen der Armenkommission entgegenzukommen. Auch solche Patienten, die an einer unheilbaren Krankheit litten, aber nicht wegen dieser, sondern wegen eines kurierbaren Nebenleidens um Hilfe ansuchten, versagte man in den medizinischen Fällen die Aufnahme[33]. Hinsichtlich der ansteckenden Kranken verwiesen die spitälischen Deputierten auf die hohe Ansteckungsgefahr. Ein Vergleich mit dem Bamberger Krankenhaus ließ man ebenfalls nicht gelten, da dieses sehr geräumig sei, an einem offenen, ringsumher mit frischer Luft umgebenen Platz vor der Stadt liege, die Gefahr einer epidemischen Ausbreitung einer Krankheit hier also viel weniger gegeben sei[34]. Da sich das Spital zudem auch noch dem Ansinnen der Armenkommission widersetzte, die Kapazität der 22 medizinischen und 22 chirurgischen Betten zu erhöhen, um überplanmäßig Kranke aufzunehmen, für die das Armeninstitut die Kosten tragen wollte, gingen die Deputierten in wichtigen Punkten uneins auseinander, so daß Franz Ludwig ein Machtwort sprechen mußte[35], wobei er sich weitgehend auf die Seite der Armenkommission stellte. Bezüglich der Pfründneraufnahme beließ er es bei der persönlichen Vorstellung der Konkurrenten in der Woche vor Pfingsten im Juliusspital. Es blieb auch bei der Abschaffung des Almosens für die Abgelehnten. Die Gefahr eines Fernbleibens von weiter entfernt wohnenden stiftungsberechtigten Pfründnern konnte der Fürstbischof nicht erkennen.

Wenn wenig Rhöner um Aufnahme nachsuchten, so liege das darin begründet, daß sich unter den arbeitsamen, zufriedenen und gesunden Bewohnern der Rhöngegenden wenig spitalmäßige befänden. Dem Ansinnen der Armenkommission nach Mitsprache bei der Pfründneraufnahme gab Franz Ludwig ebenso statt wie dem Wunsch nach einer vom Spital zu erstellenden Liste der ansteckenden Krankheiten, bei denen eine Aufnahme nicht in Frage komme. Dem Leiter der medizinischen Abteilung und früheren Leibarzt des Fürstbischofs Adam Friedrich von Seinsheim, Franz Heinrich Wilhelm, der sich gegen eine solche Liste gesträubt hatte und auch ansonsten in keinem guten Verhältnis zu Franz Ludwig stand[36], drohte der Fürstbischof zwischen den Zeilen mit disziplinarischen Konsequenzen[37]. Völlig unversöhnlich reagierte Franz Ludwig auf die geübte Praxis, unheilbar Kranken mit *heilbaren Nebenzufällen* die Aufnahme zu verweigern. Was dies betreffe, *so braucht man fürwahr dazu, um einsehen zu können, daß es barbarisch sey, unheilbare Kranke an Nebenzufällen vor der Zeit sterben zu lassen, weder medizinische Kenntnisse, noch medizinisches Gutachten. Die Menschenliebe legt jedem die Pflicht auf, einem Menschen, ob er gleich unfehlbar nach einiger Zeit sterben wird, dennoch das Leben so lange zu fristen, als möglich ist*[38]. Schließlich befürwortete Franz Ludwig auch noch die Belegung von zusätzlich bereitgestellten Betten auf Kosten des Armeninstituts. Wenn, wie von Spitalseite vorgetragen, die Aufnahme von Kranken gegen Bezahlung dem Stifterwillen zuwider laufe, dann sei dies irrig, denn zu Bischof Julius' Zeiten habe das Armenwesen nicht wie jetzt eine systematische Verfassung gehabt, so daß der Stifter mit dieser Bestimmung lediglich habe verhindern wollen, daß der Bedürftige durch den Vermögenden verdrängt werde.

Die bisherigen Ausführungen im Zusammenhang mit dem Armeninstitut geben uns nicht nur willkommenen Aufschluß über die Aufnahmepraxis des Juliusspitals, sie zeigen darüber hinaus einen Fürsten, der die Armenpflege und Krankenfürsorge inzwischen zur „Chefsache" erklärt hat. Bestens mit Informationen versorgt und mit den Einzelheiten vertraut, scheut er sich nicht, sein Reformprogramm gegen alle Widerstände und institutionellen Hemmnisse durchzusetzen.

Der Neuaufbau der inneren Ordnung des Spitals

Julius Echter hatte in seiner Fundationsurkunde drei Spitalpfleger vorgesehen, von denen einer dem Domkapitel, einer einem der Nebenstifte und der dritte dem Stadtrat angehören sollte[39]. Diesen war die Aufsicht über seine Gründung anvertraut, in der ein Spitalmeister, ein Priester, eine Mutter für die Waisenkinder und ein Arzt verantwortlich tätig waren. Bereits Anfang des 17. Jahrhunderts wurde die Ordnung dahingehend modifiziert, daß an Stelle von drei kollegialen Pflegern ein geistlicher Spitalmeister die Leitung innehatte, dem ein weltlicher Verwalter mit einem Gegenschreiber unterstand. Das Zusammenleben der Insassen des Spitals, das sich von Anfang an in erster Linie als Pfründneranstalt verstand, orientierte sich an dem Modell eines klösterlichen Konvents[40]. Die Pfründner waren ähnlich einer monastischen Gemeinschaft in einen festen Tagesablauf eingebunden und hatten ihren geistlichen Pflichten nachzukommen.

Im Laufe der Zeit geriet die Idealkonstruktion einer verantwortungsvollen und allein auf das Wohl der Bedürftigen ausgerichteten Stiftungsverwaltung teilweise in Vergessenheit. Während des 18. Jahrhunderts mehrten sich die Klagen darüber, daß der ursprüngliche Stiftungszweck immer mehr vernachlässigt und das Vermögen der Anstalt durch die Mißwirtschaft der Spitalbeamten geschmälert werde. Franz Ludwig reagierte darauf mit einem überraschenden Visitationsbesuch im Spital am 5. Juli 1785[41]. Anläßlich dieses Kontrollgangs rief er eine Visitationskommission ins Leben, die er mit dem Geistlichen Rat und Fiskal Wenzeslaus Strobel sowie dem wegen seiner eigenmächtigen Handlungsweise und seines aufbrausenden Wesens nicht unumstrittenen Hofkammerrat Goldmayer[42] besetzte. Wir wissen zwar aus den Akten direkt nichts über das Ergebnis dieses Besuchs, doch wenn man einem gut informierten Zeitgenossen, nämlich dem Berliner Arzt Künitz glauben darf, dann habe Franz Ludwig *zu seiner großen Betrübniß den wahren traurigen Zustand des Institutes, so wie er ihn bisher nur geahndet hatte*, erkannt[43]. Er beauftragte den von ihm im Jahre 1780 berufenen Juliusspital-Präsidenten und Domkapitular Friedrich Karl Ernst von Guttenberg[44] mit der Ausarbeitung eines Gutachtens zu *besserer Einrichtung des Spitals*[45]. Guttenberg ließ sich nicht zweimal bitten und schüttete dem Fürstbischof auf 42 eigenhändig beschriebenen Seiten sein Herz aus. Das Dokument ist insofern höchst aufschlußreich, als daraus in ungewöhnlicher Offenheit die heillose Kompetenzverwirrung sowie der daraus resultierende Kleinkrieg der offensichtlich nur noch mit sich selbst beschäftigten Verwaltung hervorgeht. In bezug auf seine eigene Stellung und sein Verhältnis zu dem geistlichen bzw. weltlichen Verwalter des Spitals schreibt er: *Ich mögte anbey von Grund meiner Seelen wissen, was das sagen wolle, dieses Wort oder diese Wörter „Das Vorsteher Ambt"? Und was sie bedeuten wollen oder sollen? Und in was dann eigentlich deren beyden Herrn Vorstehern, als nehmlich des hochwürdigen Herrn Spithals Pfarrern und des Spithals Verwalters ihr Pflichten und Schuldigkeiten und besondere Obligen-*

heiten bestünden? Und was dann ihr Macht, Gewalt, Authorität, Ansehen, Jurisdiction . . . wäre und worinnen sie eigentlich bestünde?[46] Das Lamento Guttenbergs über seine schwache Stellung innerhalb der Verwaltungshierarchie gipfelt in dem Ausruf: O, so sehe ich einen zeitlichen Herrn Präsidenten vor ein unnütziges und überflüssiges Moeuble an in dem Spithal[47]. Guttenberg verlangte daher von Franz Ludwig die Herausgabe eines Pflichtenbuchs[48], damit ein jeder Bedienstigter klar wissen thäte, was er zu thun hätte. Franz Ludwig scheint von dem sehr persönlich gehaltenen und nach den anfänglichen Devotionsformeln unverblümt zur Sache kommenden Gutachten des Spitalspräsidenten beeindruckt gewesen zu sein, zumal er selbst in seinen Resolutionen die eindeutige und bisweilen auch derbe Wortwahl jeglichen Floskeln vorzog.

In den folgenden Jahren erließ der Fürstbischof eine Fülle von Instruktionen, die von der Visitationskommission zunächst ausgearbeitet worden waren und deren Entwürfe Franz Ludwig jeweils einer gründlichen Prüfung unterzog. Häufig hatte er dabei Verbesserungsvorschläge, die noch mit eingearbeitet werden mußten. So bemängelte er den Entwurf zu einer Pfründnerordnung als zu abstrakt. Er fürchtete, daß die Worte bey dem Ablesen nicht genug verstanden werden und (nicht) ins Herz eindringen[49]. Selbst vor semantischen Korrekturen schreckte Franz Ludwig nicht zurück: Wird in dem Eingange [der Pfründnerordnung] gesagt: „Ihr lasset eure matten Glieder die Nacht durch auf einem sanften und niedlichen Federbette ruhen", hier glaube Ich, sollte gesagt werden: „auf einem guten Federbette"[50]. Es ist darüber hinaus auch belegt, daß Franz Ludwig in Rage geriet, wenn sich die Vorarbeiten zu einer Instruktion länger als erwartet hinzogen. So ließ er den beiden Visitationskommissaren Strobel und Goldmayer, die sich wegen der Ordnung für den Spitalpfarrer zerstritten hatten und deswegen mit dem Entwurf in Rückstand waren, mitteilen, er habe wegen diesen Mißhelligkeiten schon so viel Verdruß gehabt, daß sogar seine Gesundheit darunter gelitten hätte. Ihm seien inzwischen die juliusspitälischen Geschäfte fast zum Ekel geworden, und er werde sich kaum entschließen können bei seiner nächsten Anwesenheit in Würzburg einen Fuß in das Spital zu setzen, bevor die Sache nicht in seinem Sinne erledigt sei[51].

Diesem rückhaltlosen Einsatz verdankt das Juliusspital über 30 Instruktionen, die kein einziges Mitglied des Spitals ausnahmen und damit die von Guttenberg gewünschte Klarheit der Verhältnisse schufen. Nachdem zunächst die Pfründner und das mit ihrer Betreuung beauftragte Wart- und Dienstpersonal in den Jahren 1785 und 1786 eigene Ordnungen erhalten hatten[52], wurde die Masse der Instruktionen erst kurz vor dem Tode Franz Ludwigs

1793 und 1794 erlassen, so unter anderem für das zentrale Verwaltungsorgan, die Hofstube[53], daneben aber – nur als Auswahl genannt – den Präsidenten[54], den Pfarrer[55], den Kassenmeister[56], den Sekretär[57], die Ärzte[58] bis hin zum Kücheninspektor[59] und Gewölbeknecht[60]. Kern dieser Ordnungen für die Bediensteten war eine exakte Auflistung des jeweiligen Aufgabenbereichs, eine klare Kompetenzabgrenzung sowie die eindeutige Festlegung der Befehlswege. Denjenigen, die in den Genuß der Spitalleistungen kamen, den Pfründnern, Kranken, aber auch den Schülern des Studentenmuseums, wurde der Tagesablauf bis ins einzelne geregelt, so daß auch hier wieder das Stifterideal einer nahezu monastischen Lebensweise, vor allem im Hinblick auf die religiösen Pflichten, angestrebt wurde.

Man mag mit einigem Recht in diesen Instruktionen, von denen ein Teil sogar auf Pergament kalligraphisch fixiert und kunstvoll gebunden wurde[61], einen typischen Ausfluß absolutistischer Regelungs- und Disziplinierungstätigkeit sehen. Allerdings muß zumindest im Falle des Juliusspitals darauf hingewiesen werden, daß tatsächlich ein Regelungsbedarf bestand. Franz Ludwigs Ordnungspolitik schuf hier die Voraussetzungen für die inneren Reformen des 19. und 20. Jahrhunderts, auch wenn einschränkend gesagt werden muß, daß er bei seinem inneren Reformwerk vor wirklich tiefgreifenden organisatorischen Änderungen, möglicherweise aus Pietät gegenüber dem Stifter, zurückschreckte.

Der Neubau des Südflügels (1786–1793)

Die Tätigkeit Franz Ludwigs für das Juliusspital dokumentiert sich am augenfälligsten im Neubau des Südtraktes an der Juliuspromenade, einem Lieblingsgeschäft des Fürstbischofs[62]. Während der Nordtrakt durch Feuer bereits zweimal zerstört worden war und erstmals 1699–1714 durch Antonio Petrini bzw. Joseph Greising, ein zweites Mal unter Balthasar Neumann zwischen 1745 und 1749 völlig neu errichtet wurde, präsentierte sich am Ende des 18. Jahrhunderts der Südtrakt noch wie zu Echters Zeiten, inzwischen aber mit zahlreichen Mängeln in der Bausubstanz. Die katastrophale bauliche Lage geht am eindringlichsten aus dem bereits genannten Bericht des Präsidenten Guttenberg hervor. Er beklagt die engen Zimmer, die sich nicht mehr heizen und auch kaum reinigen lassen, da die Bretter vermodert und verfault seien, vor allem aber klagt er über die üble Luft: O was für üble Lufft und was für einen üblen Geruch hat nicht ein zeitlicher Präsident . . ., der diese Zimmer einsehen oder visitieren mus . . ., einzunehmen. Ich gestehe es, da ich voriges Jahr in dem Monath Maii . . . diesen Bau und seine

Zimmer revidiert habe, so habe ich viel üble Luft und Geruch einnehmen müssen, dergestalten, das ich allzeit mein Schnupftuch vor meiner Naasen gehalten, und fast einem Bedienten übel geworden wäre[63].

Franz Ludwig reagierte schnell und ließ bereits 1786 mit dem Abriß des Südtraktes sowie der Seitenflügel beginnen. Im Herbst desselben Jahres wurde der Neubau in Angriff genommen[64], für den Franz Ludwig am 4. August 1789 nachträglich den Grundstein legte[65]. Unter der architektonischen Leitung des Hofbaumeisters Johann Philipp Geigel entstand bis zum Jahre 1793 ein klassizistisches Gebäude, das in erster Linie für die Krankenpflege bestimmt war und daher auch schon bald als Kuristenbau bezeichnet wurde. Innerhalb des Gesamtgefüges des Spitals verschob sich durch diesen Bau der Akzent von der Pfründneranstalt hin zu einem Krankenhaus, auch wenn nach wie vor die Aufnahmekapazität für Pfründner, die von Franz Ludwig auf 210 (140 weiblich, 70 männlich) begrenzt worden war[66], höher lag als die der Kuristen mit etwa 40 Betten[67]. Mehrere dicke Aktenfaszikel über den Neubau des Südtraktes, die sich im Archiv des Juliusspitals erhalten haben[68], dokumentieren eindrucksvoll, daß der Fürstbischof die Bauarbeiten von Anfang bis Ende nicht nur begleitet, sondern bis in die kleinsten Einzelheiten hinein auch entscheidend mitgestaltet hat. Ob es um die Größe der Zimmer, die Trockenheit im Gebäude, mögliche Feuergefährdung durch die Öfen, die Farbgebung der Türen oder die Form des Dachknaufs ging, über alles ließ sich Franz Ludwig nach Bamberg berichten. Er korrigierte die mitgeschickten Risse, erteilte aus der Ferne Weisungen zu jedem Detail und versuchte auch, sich um die Finanzierung zu kümmern. Über das Relief am Hauptportal, das den Stifter Julius Echter angemessen würdigen sollte, entstand ein eigener umfangreicher Akt, der voll ist von den unzufriedenen Kommentaren des Fürstbischofs über die Entwürfe des Malers Christoph Fesel und des Bildhauers Heinrich Nickel[69]. Außerdem verbat er es sich, daß neben dem Wappen des Stifters auch sein eigenes angebracht werde: *Das meinige Wappen will ich ein für allemal an diesem Baue nicht haben und darüber unbehelligt bleiben*[70]. Über die Art der Vergitterung im Erdgeschoß des Gebäudes kam es von 1787 bis 1792 zu einem ständigen Gerangel zwischen der Visitationskommission und dem Fürstbischof, der die ursprünglich angebrachten geraden Gitter, die dem Gebäude kerkerhaftes Aussehen verliehen, durch ein *in dem untern halben Fenster einige Zoll, vielleicht einen halben Schuh hinaus gehendes Gegatter* ersetzt haben wollte, aber nur, wenn dies nicht zu teuer sei[71]. Zunächst entschied sich der Fürstbischof aus Kostengründen für die Anbringung der geschweiften Gitter nur im Mittelpavillon[72], um dann aber doch noch Jahre später sein ästheti-

sches Empfinden auf die ganze Südfront auszudehnen, obwohl – so äußert er sich gereizt an die Kommission – *mir unter der Hand gesagt worden, das Publikum sey mit den mir so sehr gerühmten Bauchgittern nicht zufrieden*[73]. Der Kommission blieb nichts anderes übrig, als wohl wahrheitswidrig zu antworten, der Tadel des Publikums habe sich keineswegs auf die vom Fürsten bevorzugten neuen Gitter, sondern vielmehr auf die zuvor von der alten Visitationskommission gedankenlos angebrachte, kerkerhaft gerade Vergatterung bezogen[74].

Diese wenigen Beispiele mögen genügen, um den unermüdlichen, bis zur persönlichen Erschöpfung reichenden Einsatz Franz Ludwigs zugunsten des Spitalneubaus zu dokumentieren. Auch hier zeigt sich der an ihm immer wieder zu beobachtende Gestaltungswille, der bis ins Detail ging und dabei Gefahr lief, sich dort zu verlieren, am Ende aber dennoch die große Linie im Auge behielt.

Neben dem Neubau des Südtrakts und der beiden daran anschließenden Seitenflügel wurden während der Regentschaft Franz Ludwigs im Juliusspital noch weitere wichtige Baumaßnahmen verwirklicht. So mußte die zuvor im Südtrakt befindliche Spitalkirche in den Jahren 1789–1791 in den Fürstenbau verlegt werden[75]. Materno Bossi zeichnete dabei für die Stukkaturarbeiten verantwortlich[76]. Die klassizistische Strenge des Kirchenraumes scheint bei der barockverwöhnten Bevölkerung auf wenig Gegenliebe gestoßen zu sein, so daß sich Franz Ludwig gegenüber seinem Hofkanzler Wagner besorgt geäußert haben soll: *Man sagt, wir hätten eine lutherische Kirche gebaut; dies ist mir nicht angenehm . . . Man hätte sich doch nicht soweit von der gemeinen Meinung der hiesigen Menschen entfernen sollen*[77]. Nach den Worten Wagners blieb die Kirche dennoch, wie sie war, *und sie wird ein ewiges, schönes Denkmal des Fürsten sein*[78].

In den Jahren 1787 und 1788 erfuhr das Anatomische Theater einen Umbau, der sich weitgehend an den Wünschen Carl Caspar von Siebolds orientierte und die Voraussetzungen für einen modernen Lehrbetrieb schuf[79]. Bei der Eröffnung am 9. Juli 1788 war Franz Ludwig persönlich anwesend[80]. Schon sechs Jahre zuvor, anläßlich des zweihundertjährigen Universitätsjubiläums im Jahre 1782, hatte der Fürstbischof die Umgestaltung des weitberühmten Spitalgartens in einen Botanischen Garten veranlaßt, wobei gleichzeitig noch ein botanischer Hörsaal und ein chemisches Laboratorium eingerichtet worden waren[81]. Ein eigenes Krankenhaus für die venerisch Kranken und die Epileptiker, für das in den Jahren 1785–1787 bereits Pläne vorlagen[82], ließ sich, wohl infolge der starken finanziellen Beanspruchung der Stiftung durch den Neubau des Südtrakts, nicht mehr verwirklichen.

Zum Schluß sei zumindest darauf hingewiesen, daß im juliusspitälischen Studentenmuseum jährlich zwischen 20 und 30 Schülern aus ärmsten Verhältnissen ein gymnasialer Unterricht erteilt wurde, den Franz Ludwig mittels detaillierter Ordnungen[83] auf eine neue Grundlage stellte[84]. Lediglich bei einer Andeutung bleiben muß es auch hinsichtlich des 1786 von Franz Ludwig begründeten Kranke-Gesellen-Instituts[85], das schon im ersten Jahr seines Bestehens über 100 erkrankten Handwerksangestellten und Handwerksgesellen eine Kur im Juliusspital ermöglichte[86]. Aus der Fülle der Beispiele dürfte deutlich geworden sein, daß Franz Ludwigs Engagement für die Stiftung Julius Echters weit über die Anstrengungen aller Echter-Nachfolger auf dem Bischofsstuhl hinausging. Es bleibt einer Gesamtwürdigung des Fürsten überlassen, die Beweggründe für das hier konstatierte, seit 1785 einsetzende Engagement zugunsten der Armen und Kranken in einen größeren Zusammenhang einzubetten. Mit Sicherheit ist festzustellen, daß die Sozialpolitik ein wesentlicher Pfeiler des Erthalschen Reformwerks war. Hierin spielte das Juliusspital eine bedeutende Rolle. Aus dessen Sicht kann anläßlich des 200. Todestages des vorletzten Würzburger Fürstbischofs nur daran erinnert werden, daß Franz Ludwig von Erthal ohne Übertreibung als zweiter Gründer des Spitals anzusehen ist.

Anmerkungen

1 JSAW, Akten Nr. 3279, fol. 1.

2 Zwei ausführliche Tabellen über den Vermögensstand, die auch die Naturalieneinkünfte einander gegenüberstellen, sind überliefert in JSAW, Akten Nr. 3456.

3 Näheres zu seiner Finanzpolitik bei THOMAS HEILER, Die Finanzen des Hochstifts Würzburg im 18. Jahrhundert. In: WDGB 47 (1985), S. 159–189.

4 Aus der umfangreichen Literatur zum Juliusspital ist als maßgebliche Darstellung das Werk von WENDEHORST, Juliusspital, hervorzuheben. Zur Rechts- und Vermögensgeschichte vgl. FRIEDRICH MERZBACHER, Das Juliusspital in Würzburg. Bd. II: Rechts- und Vermögensgeschichte. Würzburg 1979. Eine 328 Nummern umfassende Bibliographie zur Spitalgeschichte konnte schon vor mehr als 35 Jahren vorgelegt werden, vgl. ERICH STAHLEDER, Das Juliusspital in Würzburg und seine Geschichtsschreibung. Literaturbericht anläßlich der Schlußfeier zum Wiederaufbau der Stiftung Julius Echters. In: WDGB 20 (1958), S. 186–202. Ergänzend heranzuziehen ist WERNER ENGELHORN, Bibliographie zur Geschichte der Universität Würzburg 1575–1975. Würzburg 1975, besonders Nr. 694–804. Das überaus reichhaltige Spitalarchiv ist hinsichtlich seiner Akten und Urkunden durch mehrere gedruckte Inventare vorbildlich erschlossen, vgl. ERICH STAHLEDER (Bearb.), Archiv des Juliusspitals zu Würzburg. Teil I: Akten. München 1957; Teil II: Pergamenturkunden 1162–1575. München 1963 (Bayerische Archivinventare, Heft 9 und 22). – HOFFMANN, Urkundenregesten.

5 StAW, WU 14/49 (Libell 159). Im Spitalarchiv selbst ist keine Originalurkunde vorhanden. Abschriften in JSAW, Akten Nr. 3179 und 3180 sowie im ältesten Kopialbuch des Spitals (JSAW, Literalien Nr. 88, fol. 1r–8v). Noch im Jahre 1794 wurde eine von einem kaiserli-

chen Notar vidimierte Abschrift des Stiftungsbriefs hergestellt und in eine Schmuckkassette eingelegt (JSAW, Literalien Nr. 2262). Druck der Urkunde unter anderem bei LUTZ, Rückblick, Beilage I, S. 67–76.

6 WENDEHORST, Juliusspital, S. 28 f.

7 Zitiert nach LUTZ, Rückblick, S. 68.

8 Zisterzienserinnenkloster, Gde. Schwanfeld/Lkr. Schweinfurt; vgl. ANGELA TREIBER, Heiligenthal. In: WOLFGANG BRÜCKNER/JÜRGEN LENSSEN (Hrsg.), Zisterzienser in Franken. Das alte Bistum Würzburg und seine einstigen Zisterzen. Würzburg 1994², S. 109 f. – ALFRED TAUSENDPFUND, Niedergang und Aufhebung des Klosters Heiligenthal. In: WDGB 34/35 (1975), S. 501–517.

9 Vgl. den Stiftungsbrief (LUTZ, Rückblick, S. 73) sowie HOFFMANN, Urkundenregesten, Nr. 320 (1577 August 14, Rom).

10 HOFFMANN, Urkundenregesten, Nr. 336 a (1579 März 6).

11 Vgl. WENDEHORST, Juliusspital, S. 34.

12 Dies ergibt sich aus der Hauptrechnung des Jahres 1617 (JSAW, Rechnungen Nr. 61).

13 Zum Spitalwesen im Hochstift vgl. WENDEHORST, Juliusspital, S. 5–26. – PETER KOLB, Das Spitalwesen. In: PETER KOLB/ERNST-GÜNTER KRENIG (Hrsg.), Unterfränkische Geschichte, Bd. 2. Würzburg 1992, S. 357–373.

14 EKHARD SCHÖFFLER (Bearb.), Urkundenbuch des Bürgerspitals Würzburg 1300–1499. Würzburg 1994 (Fontes Herbipolenses, Bd. VII), Nr. 9 (1320 Oktober 1, Avignon). Zu den Spitälern und Armenanstalten in Würzburg vgl. die materialreiche Darstellung von PHILIPP JOSEPH HORSCH, Versuch einer Topographie der Stadt Würzburg in Beziehung auf den allgemeinen Gesundheitszustand und die dahin zielenden Anstalten. Arnstadt und Rudolstadt 1805, bes. S. 201 ff. Zum würzburgischen Spitalwesen vgl. auch GOTTFRIED SCHINDLER, Die Huebers-Pflege in Würzburg. [Würzburg 1973].

15 Vgl. PETER KOLB, Die Juliusspital-Stiftung zu Rothenfels. Würzburg 1985, bes. S. 11–14.

16 Vgl. JOSEPH FRIEDRICH ABERT, Vorschläge Karl Theodor von Dalbergs zur Verbesserung der Armenpolizei im Hochstift Würzburg (1779). In: AU 54 (1912), S. 183–215. Das Gutachten ist datiert auf den 27. April 1779.

17 ABERT (wie Anm. 16), S. 190.

18 ABERT (wie Anm. 16), S. 190.

19 Landesverordnungen III, S. 180–182.

20 So das skeptische Urteil von SICKEN, Fremde, S. 277 über die Frühphase der Erthalschen Armenpolitik.

21 FLURSCHÜTZ, Verwaltung, S. 181 spricht davon, daß „dringende anderweitige Geschäfte" den Fürstbischof von seinen „Lieblingsbestrebungen" abgehalten hätten.

22 Vgl. die entsprechenden Mandate vom 29. April 1786 (Landesverordnungen III, S. 342–346). Zum Armeninstitut vgl. die leider auch für künftige Zeiten unverzichtbare Darstellung von FLURSCHÜTZ, Verwaltung, S. 180–200. Die Verfasserin, deren Arbeit zu weiten Teilen auf inzwischen verbrannten Akten des Staatsarchivs Würzburg basiert und damit selbst zu einer Quelle geworden ist, läßt es häufig an der kritischen Analyse ihrer Vorlagen fehlen. Die mangelnde Distanz geht soweit, daß sich FLURSCHÜTZ bedenkenlos der Sprache ihrer Quellen bedient und einen Teil der Bettler als „liederliches Gesindel", „wahre Landplage" und „lästige Schmarotzer" (ohne Anführungszeichen) tituliert (FLURSCHÜTZ, Verwaltung, S. 181 und 193). Auch die von FLURSCHÜTZ eklektizistisch aus den Akten herausgezogenen Zahlenangaben bedürften einer Korrektur, die heute in den meisten Fällen leider aber nicht mehr möglich ist.

23 Vgl. die Mandate vom 10. August 1787, 7. Dezember 1787, 29. März 1788, 1. Oktober 1788, 8. Juni 1791 (Verkündung eines Kreisschlusses vom 24. März 1791) und 13. September 1791 (Landesverordnungen III, S. 372–381, 396 f., 398–402, 420–422, 500–506 und 507–524).

24 Vgl. das Mandat zur Zählung und Beschreibung der Stadteinwohner

vom 23. September 1788 (Landesverordnungen, Bd. 3, S. 411–416). Dieser Verordnung verdanken wir die erste ernstzunehmende Bevölkerungsstatistik der Residenzstadt (StadtAW, Ratsakten Nr. 1120), die alle Einwohner (auch Geistliche und Militär) nach Alter, Erwerbsart und Stand erfaßt: Für das Jahr 1788 ergibt sich demnach bei einer Gesamtbevölkerung von 21 380 ein Anteil von 2,2 % der von Almosen Lebenden in den Spitälern und Pflegen (191 Männer und 296 Frauen) sowie 3,6 % der vom Almoseninstitut versorgten Personen (175 Männer und 593 Frauen). Eine Interpretation der demographischen Erfassung des Jahres 1788 bei SICKEN, Fremde. Zu Fragen der Demographie im Würzburg des späten 18. und frühen 19. Jahrhunderts vgl. auch OLAF GERNDT, Abschlußbericht zum Projekt „Die Kranken der Inneren Abteilung des Würzburger Juliusspitals, 1819–1829". Konstanz 1992, S. 5–18 (Typoskript im JSAW).

25 FRANZ LUDWIG, Hirtenbrief. Armenpflege.

26 Die Zahlen nach FLURSCHÜTZ, Verwaltung, S. 198 f. Allerdings scheint sich die Bevölkerung bei der Gabe von Almosen zurückgehalten zu haben, da mindestens die Hälfte der Gelder aus der fürstbischöflichen Privatschatulle floß. SICKEN, Fremde, S. 281 kommt aufgrund seiner Berechnungen zu einem „Opfer von weniger als zwei Pfennig pro Woche und Kopf der Bevölkerung", so daß „man tatsächlich nicht von einer großen Spendenfreudigkeit der Städter ausgehen [kann]".

27 JSAW, Akten Nr. 4001, 4004 und 4005.

28 Die ausführliche Protokollniederschrift in JSAW, Akten Nr. 4004, fol. 1r–25v.

29 Die Regelung der Pfründneraufnahme bei WENDEHORST, Juliusspital, S. 88–90 und 98–103. Quellen über die Pfründnerkonkurse von 1680 bis 1799 (mit einer Lücke von 1730–1789) in JSAW, Akten Nr. 5276, 5277, 5278 und 5287.

30 Zu ihm vgl. WENDEHORST, Juliusspital, S. 69.

31 Zur bedeutenden Rolle des Spitals bei der Versorgung des psychisch Kranken vgl. WENDEHORST, Juliusspital, S. 153–172. – KONRAD RIEGER, Die Psychiatrie in Würzburg von 1583–1893. Würzburg 1894 (Verhandlungen der Physikalisch-Medicinischen Gesellschaft zu Würzburg. NF 27). Die Aufnahme von Geisteskranken in das Spital ist enthalten in JSAW, Akten Nr. 3963. Das Spital hatte sich bereits 1783 darüber hinaus verpflichtet, *tollsinnige* Soldaten aufzunehmen (JSAW, Akten Nr. 4207 und 4210).

32 Im Jahre 1743 hatten sich Vertreter des Bürgerspitals und des Juliusspitals getroffen, um die Aufnahme der Geisteskranken zu regeln. Eine Abschrift aus dem entsprechenden Protokoll der Geistlichen Regierung vom 2. und 7. Oktober 1743 in JSAW, Akten Nr. 3963, fol. 1r–4v. Von seiten des Bürgerspitals ist ebenfalls ein umfangreicher Akt zu diesem Thema überliefert: StadtAW, Archiv des Bürgerspitals, Abt. II, Nr. 43.

33 Die chirurgischen *Nebenkrankheiten* wurden dagegen behandelt, so JSAW, Akten Nr. 4004, fol. 18v.

34 Wie Anm. 33, fol. 36v–37r.

35 Seine Entscheidung vom 11. Mai 1791 in JSAW, Akten Nr. 4005.

36 Die spannungsgeladene Beziehung zwischen Franz Ludwig und Wilhelm kulminierte im Jahre 1793 anläßlich der Anstellung eines Mediziners statt eines Oberkrankenwärters, der sich Wilhelm als Leiter der medizinischen Abteilung offen widersetzt hatte. In einer Resolution vom 20. Dezember 1793 erklärte der völlig verärgerte Fürstbischof, die medizinische Einrichtung des Juliusspitals habe ihm schon mehr Verdruß gemacht als der gesamte Neubau des Südtrakts. Er bezichtigte nicht nur Wilhelm, sondern alle Ärzte im Spital, sie würden *egoistische Projekte* vertreten und *das Meiste, was sie vorzubringen wissen, trägt das Gepräge der Herrschsucht und des Stolzes* (JSAW, Akten Nr. 3869, fol. 88r).

37 Auch zu Carl Caspar von Siebold, unter dem die chirurgische Abteilung des Spitals in ganz Deutschland bekannt wurde, pflegte Franz Ludwig trotz aller Anerkennung der Sieboldschen Verdienste kein ungetrübtes Verhältnis. Über das angeblich respektlose Benehmen des

selbstbewußten Siebold gegenüber seinem Fürsten hat sich Franz Ludwig des öfteren geärgert, z. B. JSAW, Akten Nr. 3269, fol. 91v.

38 JSAW, Akten Nr. 4005, fol. 6v.

39 WENDEHORST, Juliusspital, S. 33 f.

40 WENDEHORST, Juliusspital, S. 36.

41 JSAW, Akten Nr. 3278, fol. 24. Lediglich der Spitals-Präsident Guttenberg war darüber informiert. Er hatte sämtliche Mitglieder der Verwaltungsleitung (die sogenannte Hofstube) morgens um neun Uhr ins Spital zu bestellen, den Grund dafür aber *auf das strengste verborgen zu halten*.

42 Das Wirken des Geheimen Rats und Finanzdirektors Johann Philipp Franz Goldmayer wird von FRANZ OBERTHÜR äußerst negativ beurteilt. So schreibt er im Hinblick auf das Juliusspital: *. . . übrigens ein Mann von festem Eigensinn und sich selbst vieles zutrauend, der dann auch eigenmächtig handelte und mehr als sein College [Strobel] sich dem Geschäfte unterzog und nach Lust und Gutdünken im Innern der Hausverfassung und Oekonomie wie im Äußeren am Gebäude reformirte, baute, einriß, wieder baute . . . Er [Franz Ludwig], der sonst nicht leicht jemand traute, ließ hier einen Mann walten und schalten, ohne dessen Plane zuvor geprüft zu haben, und ließ Fehler ganz ruhig auf Kosten der Anstalt wieder verbessern . . .*", vgl. KERLER, Erthal, S. 38 f. Noch weitaus schärfer urteilt der allerdings über weite Strecken sehr polemische „Kurtzer und treuer Abriß der seither geführten Staatsverwaltung im Hochstifte Würzburg". 1803, S. 159 f. (StAW, Bibliothek A 497).

43 Zitiert nach WENDEHORST, Juliusspital, S. 93.

44 Zu ihm vgl. AUGUST AMRHEIN, Reihenfolge der Mitglieder des adeligen Domstiftes zu Würzburg, St. Kilians-Brüder genannt, von seiner Gründung bis zur Säkularisation 742–1803. In: AU 33 (1890), Nr. 968, S. 56 f.

45 Das Gutachten in JSAW, Akten Nr. 3278.

46 Wie Anm. 45, fol. 9v.

47 Wie Anm. 45, fol. 10r.

48 Dieses ist nach Guttenberg bereits vorhanden und sei unter Bischof Friedrich Karl von Schönborn verfertigt worden, inzwischen aber in Vergessenheit geraten.

49 JSAW, Akten Nr. 3271, fol. 48v.

50 Wie Anm. 49.

51 JSAW, Akten Nr. 3524, fol. 27r.

52 Instruktionen wurden erlassen für die Pfründner am 17. Juli 1786 (JSAW, Akten Nr. 5647), für die Tor-, Tag- und Nachtwächter sowie die Wärter der gesunden Pfründner am 25. Mai 1786 (JSAW, Akten Nr. 6064 bzw. 5637), für die Krankenwärter am 4. Juni 1786 (JSAW, Akten Nr. 3866) und für den Oberkrankenwärter am 19. Juli 1786 (JSAW, Akten Nr. 3865). Parallel dazu erging eine Speiseordnung für das Spital am 17. Juli 1786 (JSAW, Akten Nr. 3572; ein Entwurf dazu in JSAW, Akten Nr. 6200), in der man einen gemeinsamen Tisch für alle proklamierte und auch die Art und Quantität der zu verabreichenden Speisen aufs genaueste festlegte.

53 JSAW, Akten Nr. 3272 (1794 Februar 15).

54 Wie Anm. 53, nur als Abschrift (1794 Februar 9).

55 Wie Anm. 53 (1793 März 13).

56 Wie Anm. 53 (1793 März 17).

57 Wie Anm. 53 (1793 März 16).

58 Wie Anm. 53 (1794 Januar 2).

59 Wie Anm. 53 (1793 März 29).

60 Wie Anm. 53 (1793 Juni 1). Weitere Instruktionen ergingen 1793 und 1794 an folgende Bedienstete: Registrator, Kaplan, Speiser, Apotheker, Kanzlist, Fuhrknecht, Gärtner, chirurgische Gehilfen, Oberaufseher, Küchenadjunkt, Hausknecht, Büttner, Hausmutter, Wäsche- und Weißzeugaufseher, Pfründner- und Kuristenwärterinnen, Aufseher der *wahnsinnigen* Männer und Frauen, Spitaldiener (alle in JSAW, Akten Nr. 3272). Entwürfe zu den Instruktionen sowie ein Geschäftsverteilungsplan finden sich in JSAW, Akten Nr. 6061.

61 JSAW, Literalien Nr. 2272 (Hausordnung und Vorschriften für die Pfründner vom 13. Juni 1792); Nr. 2274 (Haus- und Tagordnung für die studierenden Zöglinge vom 7. November 1791); Nr. 2276 (Vorschriften für die Präzeptoren des Studentenmuseums vom 25. November 1791). Franz Ludwig hatte selbst den Befehl zur Abfassung solcher Prunkexemplare gegeben (JSAW, Akten Nr. 4402). Sammlungen von Instruktionen seit Julius Echter finden sich als Abschrift in JSAW, Literalien Nr. 2263, 2273 und 2277.

62 So der Staatsrat CHRISTIAN JOHANN BAPTIST WAGNER in seiner Autobiographie. In: AU 47 (1905), S. 1–124, hier S. 51. Zum Neubau des Südtrakts vgl. WENDEHORST, Juliusspital, S. 59–61. – CLEMENS SCHENK, Das Würzburger Juliusspital in seiner architekturgeschichtlichen und städtebaulichen Bedeutung. In: Das Juliusspital in Vergangenheit und Gegenwart, hrsg. vom Oberpflegamt des Juliusspitals. [Würzburg 1953], S. 46–107.

63 JSAW, Akten Nr. 3278, fol. 6r.

64 Am 11. Oktober 1786 meldet die Visitationskommission an den Fürstbischof, daß der Maurermeister Ickelsheimer nun im Begriffe stehe, den Bau gegen die Straße anzufangen (JSAW, Akten Nr. 4788, fol. 53r).

65 JSAW, Akten Nr. 3146 enthält ein Verzeichnis aller Gegenstände, die in den Grundstein gelegt wurden, so unter anderen Münzen, Wein (ein 1540er Leisten und ein juliusspitälischer 1783er Stein), Getreide sowie Brieffschaften (z.B. Abrisse des Spitals aus den Jahren 1580 und 1776, im Würzburger Wochenblatt vom 21. und 28. Juli 1789). Der Ritus pro benedictione et impositione lapidis . . . in StAW, Histor. Verein, Ms. f. 848.

66 JSAW, Akten Nr. 5291 (1786 Mai 24). Bei einer Pfründnervisitation am 24. September 1793 wurden 122 weibliche und 75 männliche Pfründner gezählt (JSAW, Akten Nr. 3271).

67 Zur Kapazität von etwa 40–45 Kuristenbetten vgl. die Verhandlungen zwischen dem Juliusspital und der Armenkommission im Jahre 1791, wo von 22 medizinischen und 22 chirurgischen Betten die Rede ist (JSAW, Akten Nr. 4004, fol. 21r). Das Krankenaufnahmebuch der Jahre 1790–1799 (JSAW, Literalien Nr. 2301) verzeichnet pro Jahr folgende Aufnahmezahlen (männlich und weiblich). 1790: 274; 1791: 282; 1792: 294; 1793: 289; 1794: 279; 1795: 363; 1796: 326; 1797: 361; 1798: 384; 1799: 370.

68 JSAW, Akten Nr. 4787–4795.

69 JSAW, Akten Nr. 4792 (mit Skizzen nicht ausgeführter Entwürfe).

70 JSAW, Akten Nr. 4791, fol. 109v.

71 JSAW, Akten Nr. 4787, fol. 77r–78r, 83r. In JSAW, Akten Nr. 4788, fol. 73r die farbige Skizze eines leicht nach außen gebogenen Gitters. Siehe Kat. Nr. 66.

72 JSAW, Akten Nr. 4787, fol. 83rf.

73 JSAW, Akten Nr. 4795, fol. 128v.

74 JSAW, Akten Nr. 4795, fol. 156v.

75 Ein umfangreicher Bauakt hat sich erhalten: JSAW, Akten Nr. 3558. Beschreibung der Kirche in ihrem Zustand vor der Zerstörung 1945 bei FELIX MADER (Bearb.), Die Kunstdenkmäler von Unterfranken und Aschaffenburg. Bd. XII, Stadt Würzburg. Würzburg 1915 (Neudruck München–Wien 1981), S. 524–531. Vgl. auch WENDEHORST, Juliusspital, S. 202–211.

76 Franz Ludwig war mit der Arbeit Bossis so zufrieden, daß er ihm am 17. Mai 1791 als Belohnung zwei Fuder Wein im Wert von 140 Reichstalern zukommen ließ (JSAW, Akten Nr. 3558, fol. 107).

77 WAGNER (wie Anm. 62), S. 56.

78 Beim Angriff auf Würzburg am 16. März 1945 versank die Spitalkirche, die bei einer vorherigen Bombardierung am 19. Februar schon beschädigt worden war, wie ein Großteil der übrigen Stadt in Schutt und Asche.

79 JSAW, Akten Nr. 4486. Zur Geschichte der Anatomie vgl. WENDEHORST, Juliusspital, S. 77–81.

80 JSAW, Akten Nr. 4486. Grund und Aufrisse der Anatomie in: CARL CASPAR SIEBOLD, Rede von den Vortheilen, welche der Staat durch öffentliche Lehranstalten gewinnt. Nürnberg 1788 (StAW, Bibliothek A 1198).

81 JSAW, Akten Nr. 4525 und 4530. Vgl. dazu auch ALFRED TAUSENDPFUND, Die wissenschaftliche Korrelation von Juliusspital und Universität im 18. und 19. Jahrhundert. In: Mainfränkisches Jahrbuch für Geschichte und Kunst 25 (1973), S. 69–80.

82 JSAW, Akten Nr. 5686.

83 Zu den Instruktionen für die Studenten und ihre Lehrer vgl. Anm. 61.

84 Instruktion über die Studentenaufnahme vom 4. August 1789 in JSAW, Akten Nr. 4401. Aufnahme von Studenten in das Museum (mit korrigierten lateinischen Übersetzungen und einer Liste der Schüler samt ihrer geographischen und sozialen Herkunft) 1780–1787 in JSAW, Akten Nr. 4406. Aufnahme von Studenten in das Museum (mit Lehrplänen und Schülerlisten) von 1790–1793 in JSAW, Akten Nr. 4407. 1786 reduzierte Franz Ludwig die Studentenzahl auf 30; Schüler sollten künftig nicht mehr am Spital, sondern in der Trivialschule bei den Dominikanern unterrichtet werden (JSAW, Akten Nr. 4399). 1788 ließ der Fürstbischof das Studentenmuseum im neuerbauten Westende des Südtrakts unterbringen (JSAW, Akten Nr. 4790). Zum Studentenmuseum vgl. WENDEHORST, Juliusspital, S. 185–192. – REMIGIUS STÖLZLE, Erziehungs- und Unterrichtsanstalten im Juliusspital zu Würzburg von 1580–1803. München 1914, S. 141–234.

85 JSAW, Akten Nr. 4034.

86 WENDEHORST, Juliusspital, S. 198. Vgl. auch WILHELM REUBOLD, Beiträge zur Geschichte der Krankenkassen von Würzburg. In: AU 46 (1904), S. 1–26.

61 Lehenurkunde des Fürstbischofs Franz Ludwig von Erthal

Würzburg, 8. Juni 1790
Original, Pergament mit Sekretsiegel des Bischofs in Holzkapsel
H. 35,5 cm, Br. 60 cm

Archiv des Juliusspitals Würzburg, Urkunden Nr. 998

Regest: HOFFMANN, Urkundenregesten, S. 275.

Bischof Franz Ludwig zu Bamberg und Würzburg belehnt den juliusspitälischen Kanzlisten Johann Andreas Marx mit 408 Morgen Holz zu Mannlehen. Die Lehenurkunde ist wegen der reichen und ungewöhnlichen Verzierung der Intitulatio besonders bemerkenswert.　　　T. H.

62 Haus- und Tagesordnung für die studirenden Zöglinge in dem hochfürstlichen Juliusspitale

Joseph Fichtl (Verfasser), Johann Leonhard Helmut (Schreiber)
Würzburg, 7. November 1791
53 Seiten, Pergament mit vorgesetztem Titel auf Papier, Ledereinband
Signiert: J. L. Helmuth Registr.
H. 28 cm, Br. 20 cm

Archiv des Juliusspitals, Literalien Nr. 2274

Lit.: REMIGIUS STÖLZLE, Erziehungs- und Unterrichtsanstalten im Julius-spital zu Würzburg. München 1914, S. 161–187. – WENDEHORST, Julius-spital, S. 185–192.

Das Würzburger Juliusspital beherbergte nicht nur Kranke und Pfründner, sondern entwickelte sich im Laufe des 17. Jahrhunderts auch zu einer Bildungsanstalt, obwohl dies nicht in der Stiftungsurkunde Julius Echters angelegt war. In dem sogenannten „Museum" (hier in der Bedeutung Akademie, Unterrichtsanstalt) erhielten im 18. Jahrhundert jeweils ungefähr 30 mittellose Landeskinder einen mehrjährigen gymnasialen Unterricht, wobei nicht nur Poetik, Philosophie und Rhetorik, sondern vor allem auch die Musik eine bedeutende Rolle spielte. Der Andrang zur Aufnahme in das Museum war ähnlich groß wie bei den Pfründnern, so daß jährlich ein Auswahlverfahren vorgenommen werden mußte. Die im Spitalarchiv noch vorhandenen Aufstellungen über den sozialen Status der Aspiranten sowie deren angefertigte Prüfungsklausuren geben einen willkommenen Aufschluß über die Bildungs- und Sozialgeschichte des Hochstifts Würzburg im Zeitalter der Aufklärung. Es ist nur selbstverständlich, daß die Reformpolitik Franz Ludwigs auch an dem Studentenmuseum des Juliusspitals nicht vorbeiging. Im Äußeren manifestierte sich dies an der Verlegung der Lehranstalt in den Westtrakt des neuerbauten Südflügels im Jahre 1788. Noch wichtiger war aber die Ausarbeitung von Studien- und Hausordnungen, die ganz auf der Linie seiner Ordnungs- bzw. Reglementierungspolitik im Spital lagen. Im Zeitraum zwischen 1789 und 1793 wurden mehr als 30 Ordnungen für alle Bediensteten und Insassen des Spitals erlassen, die zum einen dem zuvor auch von spitälischer Seite beklagten allgemeinen Niedergang der Stiftung entgegensteuern sollten, zum anderen aber auch als Ausfluß eines wohlgemeinten absolutistischen Dirigismus gesehen werden müssen. Die vorliegende Haus- und Tagordnung regelte den Tagesablauf der Studenten bis ins Detail, damit dem *schändlichen Müssiggange* kein Raum gegeben werde und die Studenten *zu nützlichen und dereinst brauchbaren Gliedern des geistlichen oder weltlichen Staates* aufwachsen mögen, wie es in der Vorrede heißt.   T. H.

63 *Verzeichnuß über das ganze Personale im hochfürstlichen Julier Spital mit Anmerkung der empfangenen Kost*

Würzburg, 18. Juli 1785
Papier, 19 Seiten
H. 35 cm, Br. 21 cm

Archiv des Juliusspitals Würzburg, Akten Nr. 3572

Lit.: WENDEHORST, Juliusspital, S. 103–106.

Die Erthalschen Reformen im Juliusspital zeigten sich unter anderem in einer alle Bereiche des Zusammenlebens umfassenden Verordnungstätigkeit. Vor diesem Hintergrund ist auch das im Jahre 1785 gefertigte Verzeichnis über die Teilnehmer am Essenstisch zu sehen, da hier nicht nur erstmals die Zahl der Spitalbediensteten und Spitalinsassen aufgelistet, sondern auch die zu verabreichende Kost in der Qualität und Quantität genauestens beschrieben wird. Nach dieser Aufstellung befanden sich im Jahre 1785 387 Personen im Spital. Neben den 16 Personen am Herren- und Nebentisch, an dem die Leiter sowie die leitenden Bediensteten des Spitals saßen und deren Verpflegung einstweilen von der Reglementierung ausgenommen war, wurden die übrigen Personen mit jeweils einer eigenen Kost für die Kranken, Pfründner und das Gesinde verpflegt. Nur einige Offizianten und bevorzugte Pfründner erhielten dabei ein Mahl erster Klasse, während an die Mehrzahl der Bediensteten und Insassen ein gemeinsames Essen zweiter Klasse verabreicht wurde. Der Speiseplan für Fleischtage (Sonntag wie Werktag außer den Fasttagen) in der zweiten Klasse sah folgendermaßen aus: Mittags eine Suppe, Rindfleisch mit Gemüse (möglichst frisch), nachts eine Suppe von Weizen-, Gerste-, Gries-, Heidel- oder Habermehl. Zusätzlich erhielt jeder zu Mittag ein halbes Maß Wein, abends ein viertel Maß sowie ein Achtel von einem *Halblaiblein* Roggenbrot.   T. H.

64 *PROSPECT des Hochfürstlichen Julier Spitals in Wirtzburg…*

Joseph Ferdinand Ried
1776
Zweiter Zustand, bez. unten rechts: *Jos. Ferd. Ried delineavit et sculp:*
Radierung auf Papier
H. 35,0 cm, Br. 45,3 cm (Blatt; Plattenrand beschnitten)

Mainfränkisches Museum Würzburg, Inv. Nr. 64754   Abb.

Lit.: ALFRED WENDEHORST, Das Juliusspital in Würzburg, Würzburg 1976, S. 58–60, Abb. 3. – Ausstellungskatalog Franz Ludwig von Erthal, Nr. 110. – WALTER M. BROD/GOTTFRIED MÄLZER, Würzburg, Bilder einer alten Stadt. Druckgraphik aus der Sammlung Brod in der Universitätsbibliothek Würzburg 1493–1938. Würzburg 1987, S. 53 f., Nr. K46.

Die Vogelschauansicht von Süden zeigt das Juliusspital mit den sich nach Norden anschließenden Gärten, der Anatomie und den Wirtschaftsgebäuden. Die Darstellung wird bekrönt von dem Bildnis des Gründers Julius Echter von Mespelbrunn in einem Medaillon, dessen mit Rocaille-Ornamenten verzierter Rahmen von zwei Putten gehalten wird. Darunter ist auf einem Band die Widmungs-

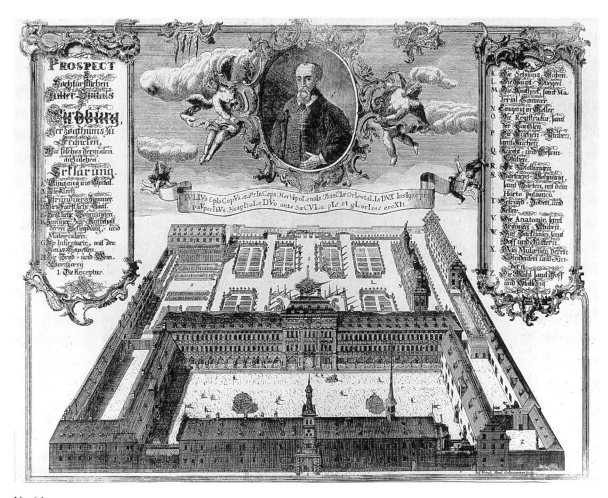

Nr. 64

inschrift an Echter angebracht, die auch die verschlüsselte Datierung des Blattes trägt: *IVLIVs EpIsCopVs et PrInCeps HerbIpoLensIs FranCIae OrIentaLIs DVX InsIgne pro / pa VerIbVs HospItaLe DVo ante SaeCVLa pIè et gLorIosè ere XIt*. Die ganze Darstellung ist von einem schmalen Rahmen mit Rocaille-Ornamenten umgeben. Die erklärende Legende befindet sich in Kartuschen in den oberen Ecken.

Das Juliusspital ist hier vor den Umbauten unter Erthal dargestellt. Erste Planungen zum Neubau des Südtraktes, der Seitenflügel und einiger Wirtschaftsgebäude begannen 1785. Der Neubau kam ab 1787 nach Plänen des Hofbaumeisters Johann Philipp Geigel zur Ausführung. Dieses Blatt zeigt die überarbeitete Fassung der Radierung, deren erste Auflage von 1764 stammt (abgebildet bei BROD/MÄLZER). Die Inschrift auf der Banderole wurde verändert, so daß das Chronogramm die aktuelle Jahreszahl von 1776 ergibt. Die Signatur, die in der ersten Fassung *Jos. Ferd. Ried delineavit et sculpsit 1764* lautete, wurde ab *sculp* entfernt. Die Neuauflage der schon vorhandenen Radierung mit dem *PROSPECT des Hochfürstlichen Julier Spitals in Wirtzburg...* wurde 1776 sicherlich anläßlich des 200jährigen Stiftungsfestes des Juliusspitals, mit dem an die Grundsteinlegung dieser Institution erinnert wurde, in Auftrag gegeben. Eine Wiederverwendung wertvoller Druckplatten mit dem Anlaß entsprechend geänderten Inschriften war ein durchaus übliches Verfahren, das sowohl Material als auch Arbeitszeit sparte.

F. v. d. W.

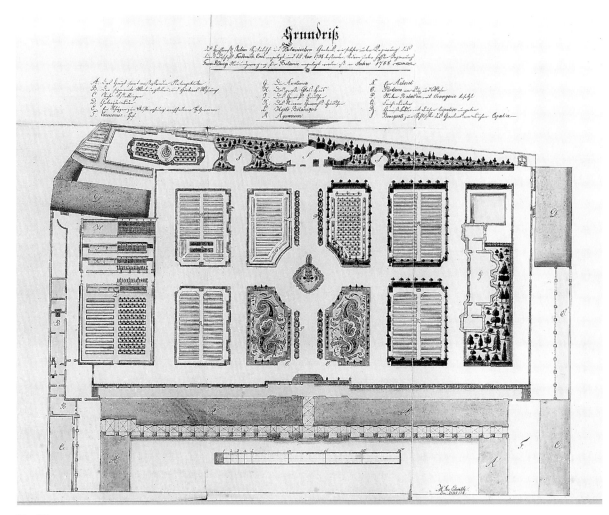

Nr. 65

65 Grundriß des im Jahre 1788 neu angelegten Botanischen Gartens im Würzburger Juliusspital

Mathäus Josef Ebert
Würzburg, 1828
Federzeichnung, laviert
Signiert und datiert: *M. Jos. Eberth, den 21/12/28*
H. 48,5 cm, Br. 61 cm

Archiv des Juliusspitals Würzburg, Akten Nr. 4523, fol. 5r   Abb.

Lit.: ALFRED TAUSENDPFUND, Die wissenschaftliche Korrelation von Juliusspital und Universität im 18. und 19. Jahrhundert. In: Mainfränkisches Jahrbuch für Geschichte und Kunst 25 (1973), S. 69–80. – WENDEHORST, Juliusspital, S. 72–77. – UWE BUSCHBOOM, Der Botanische Garten im Juliusspitalgarten. In: Gärten und Grünanlagen in Würzburg. Ihre Entwick-

lung und Bedeutung. Eine Ausstellung des Staatsarchivs Würzburg und des Stadtarchivs Würzburg anläßlich der Landesgartenschau in Würzburg 1990. München 1990, S. 78–113 (Ausstellungskataloge der Staatlichen Archive Bayerns Nr. 26).

Die Abbildung zeigt den Botanischen Garten des Spitals, dessen Anfänge bis in das 16. Jahrhundert zurückreichen. Der Garten diente zunächst zur Anpflanzung von Obst und Gemüse, daneben aber auch schon seit Beginn des Spitalbetriebs als Lieferant für Heilkräuter. Durch den Einsatz von Johann Bartolomäus Adam Beringer, mit dessen Namen heute leider nur noch die „Lügensteine" verknüpft werden, erlangte der Botanische Garten am Ende des 17. Jahrhunderts einen über die Grenzen des Hochstifts hinausreichenden Ruf. Nach Erweiterungen im Laufe des 18. Jahrhunderts, an denen auch Balthasar Neumann beteiligt war, ließ Bischof Franz Ludwig von Erthal die seit 1744 als „gemeinschaftliches Attribut" von Spital und Universität bestimmte Anlage durch den Botaniker Gabriel Heilmann tiefgreifend umgestalten.

Der Springbrunnen im Zentrum des Gartens wurde unter Bischof Johann Philipp von Greiffenclau-Vollraths (1699–1719) durch Jakob Auvera gefertigt. Die Figurengruppe in der Mitte des Brunnens stellt unter einem Greifen mit dem Wappen des Fürstbischofs die personifizierten Flüsse des Landes dar: Main, Saale, Sinn und Tauber.
T. H.

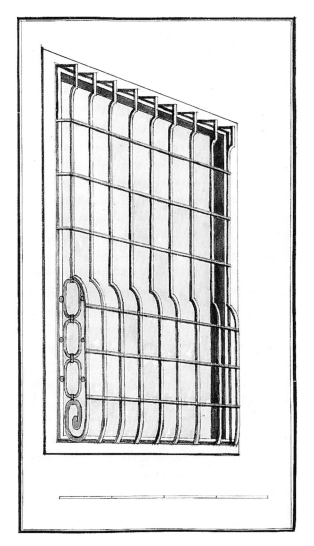

66 Entwurf eines eisernen Fenstergitters für die Südfassade des Kuristenbaus am Juliusspital in Würzburg

Anton Oegg?
Würzburg, 1787
Federzeichnung, laviert
H. 30 cm, Br. 17 cm

Archiv des Juliusspitals Würzburg, Akten Nr. 4788, fol. 73r   Abb.

Das Wirken Franz Ludwig von Erthals für das Würzburger Juliusspital dokumentierte sich am offensichtlichsten in einer regen Bautätigkeit. Hervorzuheben ist dabei der 1786 begonnene Neubau des Südflügels, der hauptsächlich den *Kuristen* zugute kam. Franz Ludwig kümmerte sich während der siebenjährigen Bauzeit um jedes Detail. Exemplarisch läßt sich dies an der Vergitterung der Fensterfront zur heutigen Juliuspromenade dokumentieren. Die ursprünglich eingesetzten geraden Gitter erschienen dem Fürstbischof zu *kerkerhaft*, so daß er zahlreiche Berichte anforderte, in denen die Möglichkeit der preiswerten Abänderung zugunsten einer im unteren Teil ausgebauchten Vergitterung geprüft werden sollten. Die abgebildete Federzeichnung stellt einen nicht realisierten Entwurf des Jahres 1787 dar, der wahrscheinlich von Anton Oegg vorgelegt wurde. Obwohl das Juliusspital hauptsächlich aus Kostengründen dem Ansinnen skeptisch gegenüberstand und bestenfalls die Fenster im Mittelpavillon mit kunstvolleren Gittern versehen lassen wollte, setzte sich doch die Hartnäckigkeit Franz Ludwigs durch. Die gesamte Vergitterung der Südfront wurde auf Spitalkosten ausgetauscht und gab der Fassade ihr charakteristisches Gepräge. Nach der fast völligen Zerstörung des Juliusspitals durch die Luftangriffe auf Würzburg im Februar und März 1945 wurde die Vorkriegsvergitterung nur noch im Mittelpavillon und an den Seitentrakten angebracht.
T. H.

67 Zwei Anatome

Johann Peter Wagner (1730–1809)
Würzburg, 1788/89
Gelblicher, luftgetrockneter Ton
H. 24,0 cm bzw. 21,9 cm

Mainfränkisches Museum, Inv. Nr. A. 14386 und A. 14387   Abb.

Lit.: HANS-PETER TRENSCHEL, Die Bozzetti-Sammlung – Kleinbildwerke des 18. Jahrhunderts im Mainfränkischen Museum. Würzburg 1987, S. 250–253, Nr. 103, 104 (mit weiterer Literatur).

Bei den beiden Figuren handelt es sich um Bozzetti zu den aus Sandstein gefertigten Statuen an der Außenseite des Pavillons (der Alten Anatomie) des Juliusspitals

Nr. 67

Die andere Figur ist ein Orientale, bekleidet mit Turban, langem Untergewand, das an den Oberarmen mit gezatteltem Rand versehen ist, und Überwurf. Um den Hals trägt der Mann eine Kette mit einer anhängenden Medaille. Links neben der Figur steht eine kannelierte Säule, darauf eine Knochenhand und ein Totenschädel, den der Anatom mit der Linken hält, während er mit der Rechten auf ihn weist.

Beide Figuren weisen eine mit Bleigriffel aufgetragene Quadrierung auf, die für die Werkstattmitglieder ein Hilfsmittel bei der Umsetzung der kleinen, vom Meister selbst gefertigten Bozzetti in das gewünschte Großformat war.   H.-P. T.

68 Entwurf für das Portalrelief an der Südfassade des Würzburger Juliusspitals

Christoph Fesel
Würzburg, 1789
Sepiazeichnung
Signiert: *C. Fesel i*[n]*venit*
H. 33 cm, Br. 44,5 cm

Archiv des Juliusspitals Würzburg, Akten Nr. 4788, fol. 151r   Abb.

Lit.: HANS-PETER TRENSCHEL, Das Portalrelief des Würzburger Juliusspitals. In: Altfränkische Bilder 76 (1977), S. 16–18.

Franz Ludwigs Engagement beim Neubau des Spitalsüdflügels zeigt sich auch bei der Auswahl des Motivs für ein Portalrelief am Haupteingang. Der Maler Christoph Fesel legte im Jahre 1789 mehrere Entwürfe vor, die vom Fürstbischof bis ins Detail studiert und kritisiert wurden. Der abgebildete Entwurf mit dem Motiv des Samariters kam nicht zur Ausführung. Von dem tatsächlich realisierten Relief, das die Grundsteinlegung am Spital durch Bischof Julius Echter von Mespelbrunn zeigt, hat sich leider keine Vorarbeit Fesels erhalten. Die Ausführung war dem Bildhauer Balthasar Heinrich Nickel übertragen worden, der sich bei der „Ausschreibung" mit einem günstigen Angebot gegen seinen einstigen Lehrherrn, den Hofbildhauer Johann Peter Wagner, durchsetzen konnte. Das von ihm gefertigte Relief gilt als sein Hauptwerk und wurde schon von den Zeitgenossen bewundert.   T. H.

69 Grundsteinlegung des Würzburger Juliusspitals

Unbekannter Künstler
Würzburg, um 1830
Holzschnitt
H. 15,4 cm, Br. 20,2 cm (Plattenrand)

Würzburg. Die Anordnung, für den anatomischen Unterricht, der in wechselnden Räumlichkeiten des Juliusspitals erteilt worden war, ein eigenes Institut zu errichten, wurde 1724 von Fürstbischof Johann Philipp Franz von Schönborn erlassen. Sein Nachfolger Christoph Franz von Hutten ließ zu diesem Zweck 1726/27 den Pavillon im Spitalgarten umbauen. Ein erneuter, durch die lebhafte Entwicklung des anatomischen Unterrichts erforderlich gewordener Umbau samt einer Erweiterung durch drei rückwärtige Räume fand 1788 unter Franz Ludwig von Erthal statt. Dabei kam es auch zu einer Neuakzentuierung der Westfassade. Eine auf Erthal bezogene Inschrift erregte das Mißfallen des Fürstbischofs, nicht jedoch das Staatswappen Johann Philipp von Greiffenclaus, des ursprünglichen Erbauers des Pavillons, sowie die beiden von klassizistischen Vasen überhöhten Statuen zweier Anatomen. Diese Bildhauerarbeiten wurden an den Hofbildhauer Johann Peter Wagner vergeben. Aus seinem Werkstattnachlaß haben sich Bozzetti zu den zwei Statuen erhalten.

Die eine Figur ist bekleidet mit einem langen, in der Hüfte gegürteten, an den Oberarmen geschlitzten Untergewand sowie einem über die linke Schulter gelegten Überwurf. Links neben der Figur findet sich eine Stele, darauf ein Totenschädel, den der Anatom mit der Linken hält.

Nr. 68

Mainfränkisches Museum Würzburg, Inv. Nr. S. 20517   Abb.

Lit.: HANS-PETER TRENSCHEL, Das Portalrelief des Würzburger Juliusspitals. In: Altfränkische Bilder und Wappenkalender 76 (1977), S. 16–18.

Wie kaum ein anderes Werk der Würzburger Plastik des 18. Jahrhunderts fand das Relief über dem Portal des Juliusspitals mit der Darstellung der Grundsteinlegung die uneingeschränkte Bewunderung der Zeitgenossen. Die Hochschätzung des 1790 durch Balthasar Heinrich Nickel geschaffenen Werkes hatte auch noch im 19. Jahrhundert einen beträchtlichen Nachklang. Die Beschreibung eines Kunstfreundes aus dem Jahre 1792 läßt deutlich werden, wie man damals das Relief sah: *Zur rechten Seite stehet der große Julius, aus dessen Gesichtszügen eine hohe Seele herfür siehet; hinter ihm sind zehn Be-*gleiter angebracht und zur linken Hand hat er den Baumeister, der einen großen Riß vor sich hat, und mit einem Zirkel auf denselben hinweiset. Auf der linken Seite des Monuments ist ein Schwarm von Preßthaften, aus deren ganzen Stellung und Gesichtszügen ihre Dürftigkeit und ihr Elend deutlich hervor leuchtet. Nichts ist vergessen, um den Affect der Unglücklichen auszudrücken.*

Der von Fürstbischof Franz Ludwig von Erthal veranlaßte Neubau des Spital-Südtraktes hatte im Jahre 1789 einen Stand erreicht, der es ratsam erscheinen ließ, die bisher unterbliebene Gestaltung des Portals in Angriff zu nehmen. Die Vorschläge des als künstlerischen Berater zugezogenen Hofmalers Christoph Fesel sahen zunächst eine Beibehaltung des vom Gründungsbau stammenden

Nr. 69

alten Portalreliefs vor. Dies fand die Mißbilligung Erthals, dem jene Darstellung *weder Einheit noch Geschmack genug* aufwies. Fesel lieferte daraufhin zwei eigene Entwürfe, von denen einer dem Regenten *anständiger* erschien und zur Ausführung bestimmt wurde. Sie wurde Balthasar Heinrich Nickel und nicht dem sich gleichfalls bewerbenden Hofbildhauer Johann Peter Wagner übertragen, da sich der sparsame Fürstbischof an denjenigen Bildhauer wandte, *der die Arbeit um geringeren Preiß machen will.*

Das Relief ist Nickels Hauptwerk. In der Literatur der folgenden Jahrzehnte wird es durchweg als „kunstreich"

und „vortrefflich" apostrophiert. Von entscheidendem Einfluß auf das Fortwirken jener Hochschätzung war Anton Nickel, des Künstlers Sohn. Seit 1806 hatte er ein Lehramt im Zeichnen und Modellieren an der Sonn- und Feiertag-Handwerkerschule, 1833 kam ein Lehramt im gleichen Fache an der Kgl. Kreis-, Landwirtschafts- und Gewerbeschule hinzu. Daß er bei seinen Kursen auch das Juliusspital-Relief seines Vaters nicht unbeachtet ließ, ist nur zu gut verständlich. Ein das Relief reproduzierender Holzschnitt weist ein ausgesprochen dilletantisches Gepräge auf; hier ist wohl eine Arbeit aus dem Schülerkreis Anton Nickels überkommen.   H.-P. T.

BERNHARD SCHEMMEL

Das Bamberger Allgemeine Krankenhaus von 1789

Bei der Einweihung des Bamberger Allgemeinen Krankenhauses am Martinstag des Jahres 1789, dem 11. November, *geruhten Celsissimus [. . .] besonders sowol Ihro Höchste Rührung über die zum Besten der leidenden Menschheit wohldenckenden und geneigten, auch den Höchsten Absichten willig und eifrig bey und mit wirckenden lieben Bürger an dem* [!] *Tag zu legen, als auch zu erckennen zu geben, wie Höchst Dieselben schon längstens Höchst Dero gleich bey Eintritt der Regierung gefasten Entschluß zum Besten der Bürgerschaft, besonders der Armen und Krancken, wurden in Vollzug gebracht haben, wann nicht Unbäslichkeit und Schwäche des Körpers Höchst Dieselbe so mancherley Hinternisse gesetzt und die zu nehmenden Resolutionen Höchst Denenselben erschwehrt hätte. Höchst Dieselben geruhten gnädigst die durch die ausgezeichnete Thätigkeit und den rühmlichsten Eifer des Herrn Obermarschalls* [Frhr. Johann Franz Schenk von Stauffenberg] *gehabte Unterstützung in diesem grosen Werck öffentlich zu rühmen, und hoch demselben solches gnädigst zu verdanken, wobey auch der Treüe und des unermüdeten Fleises des Hofwerckmeisters* [Johann Lorenz] *Finck*[1] *gnädigst gedacht wurde. Schlüsslich trugen Höchst Dieselben dem Stadt Consulten* [Georg Albert Schlehlein] *gnädigst auf, dem Stadtrath sowol als der lieben Bürgerschaft Höchst Ihro fernere Fürsten-Huld und Gnaden und landesväterl. Vorsorge zu versichern. Höchst Dieselben behielten sich aber wegen dem Ansuch, Höchst Dero Namen dem neüen Spital beyzulegen, einige Wochen Bedenckzeit aus, indeme Höchst Dieselben glaubten, es mögte durch die Beylegung eines Nammens mit unter andere Spitäler vermenget und die eigentliche Bestimmung eines Krancken Hospitals nicht so gut erckannt werden*[2].

Diesen für uns fast unerträglichen Stil des fürstbischöflichen Geheimen Kanzlisten Johann Georg Endres (1736–1802) müßte man eigentlich der geistig überhöhten Beschreibung des Ereignisses gegenüberstellen, die der zweite Krankenhausdirektor, DR. CHRISTIAN Pfeufer, 1825 publiziert hat[3]. Erwähnenswert sind daraus nicht nur der Regierungsgrundsatz *Der Fürst sei für das Volk und nicht das Volk für den Fürsten da,* sondern auch die von Tränen des Fürstbischofs begleitete und einen Augenblick feierlichen Stillschweigens unter dem Auditorium verursachende Aussage: *Sagen Sie daher meinen lieben Bürgern, daß ich sie liebe und nie aufhören werde sie zu lieben.* Man könnte an solchen Äußerungen ein

Psychogramm des Fürstbischofs aufhängen[4], wobei bemerkenswerterweise die letzte Aussage in der ersten Publikation von 1790 fehlt[5].

✳

Erste Überlegungen zu einem Krankenhaus in Bamberg, einem Ort, der ja nicht über eine funktionierende Einrichtung wie das Würzburger Juliusspital verfügte, sind bei Fürstbischof Franz Ludwig von Erthal bereits 1781 nachzuweisen. Konkret wurden sie am 24. August 1785 bei dem Angebot, den sogenannten Sandgarten des Domherrn Johann Philipp Karl Graf von Stadion und Thannhausen (1733–1800) zu erwerben. Nach über einjähriger Verhandlung wurde der Kauf am 4. /12. Dezember 1786 für 6400 fl. aus der Privatschatulle des Fürstbischofs getätigt[6]. Wir kennen aus einer bildlichen Darstellung von etwa 1770[7] das Aussehen des Gartens mit den beiden sich gegenüberliegenden Pavillons, von denen der am Fluß liegende die Wohnung Stadions enthielt, während der an der Sandstraße Personal- und Wirtschaftsgebäude war. Die Raumaufteilung überliefert ein Riß des Hofwerkmeisters Johann Lorenz Fink (1745–1817) wohl von 1786[8].

Für den Fürstbischof und sein Krankenhausprojekt war freilich die Lage ausschlaggebend, noch in der Stadt, aber ganz am Rand, daher mit guter Luft, vom Michelsberger Wald her, versorgt, außerdem an der Regnitz gelegen, wodurch das Abwasserproblem (für die damalige Zeit) geklärt war. Jahrhundertelang hatte man solche Lagen für Spitäler bevorzugt – die Bamberger Gründung sollte aber das erste Krankenhaus Deutschlands im modernen Sinn, für heilbare Kranke, werden.

Bereits am 11. Mai 1786 erstellte Christoph Augustin Hannbaum (1765 bis nach 1820), Kadett, Geometer und Schüler an der Ingenieur- und Zeichenakademie Leopold Westens, ein Konzept[9]. Dieser (nicht ausgeführte) Entwurf bezeugt zumindest ein weiteres Interesse an den Plänen des Fürstbischofs. Zunächst, d. h. im Jahr 1786, wurde Fink aber auf Kosten der Hofkammer auf Reisen geschickt[10], um Erfahrungen und Kenntnisse zu sammeln, eine nützliche Übung, die Erthal auch sonst praktizierte. Fink besuchte die Spitäler in Würzburg, Bruchsal und Mainz. Nach seiner Rückkehr wurde er gemeinsam mit dem Würzburger Hofarchitekten Johann Philipp Geigel (1731–1800)[11] beauftragt, einen Riß für das Krankenhaus zu entwerfen.

155

Wie auch sonst beteiligte sich der Fürstbischof intensiv an den Planungen. Fest muß von Anfang an gestanden haben, die beiden Pavillons Stadions zu erhalten und für den neuen Zweck einzurichten. Zunächst war aber, wie ein im Berliner Kupferstichkabinett erhaltener Riß[12] des Hofwerkmeisters Fink ausweist, an eine Verbindung der beiden Innenseiten gedacht. Dieser Plan wurde, sicher unter Mitwirkung des fürstbischöflichen Leibarztes Adalbert Friedrich Marcus (1753–1816), deshalb aufgegeben, weil damit das Krankenhausgebäude nicht genug Platz für die vorgesehene Bettenzahl erbracht hätte. Die Lösung, einen Längstrakt auf der Stadtseite vor beide Pavillons zu bauen, war nicht nur ungleich großzügiger, sondern ermöglichte erst die vorbildlich werdende Krankenhausinfrastruktur.

Am 15. Januar 1787 begann man, die Pavillons auszuräumen, am 29. Mai desselben Jahres erfolgte die Grundsteinlegung des Neubaus und am 10. September wurden die Dachdeckerarbeiten vergeben, so daß der Rohbau noch 1787, die Nebengebäude bis Herbst 1788 fertiggestellt waren. *Selbst Bauverständige bewunderten die Schnelligkeit, womit dieses Haus aufgeführt worden, nicht weniger aber dessen schöne, einfache und dauerhafte Bauart*[13]. Bis zur Weihe am 10. und zur Eröffnung am 11. November 1789 scheint aber weiter geplant bzw. verworfen worden zu sein. Das ist weniger der Mitwirkung Geigels zuzuschreiben, der nur kaum merkliche Änderungen an den Plänen vornahm. Vielmehr zeigte Fink, der am 11. Dezember 1788 mit 200 fl. belohnt wurde, in einem Präsentationsplan, daß noch 1788 mehr geplant war, als dann ausgeführt wurde.

Nach diesem Plan hätten zwei entzückende Pavillons für die Anatomie bzw. den Gärtner auf die schloßartige Fassade hingeführt, und die Dreiflügelanlage des Hauptbaus hätte an dem Hof mit Brunnen eine verkleinerte spiegelbildliche Entsprechung für die Irrenanstalt erhalten. Wenn auch der Mittelrisalit mit dem Dachreiter, beides eine Finksche Lösung, das Gebäude wohltuend akzentuiert, so trat doch lange das Äußere des Gebäudes hinter dem Zweck zurück und verstellte den Blick auf die Leistung Finks, der das Vorhandene schonend und geschickt mit dem Neuen verband und so eine epochemachende Krankenhausarchitektur schuf.

An den Kosten von 60000 fl. (ohne den Stadionschen Sandgarten) beteiligte sich der Fürstbischof mit 4000 fl., die Obereinnahme mit 3500 fl., die Hofkammer mit 7500 fl., städtische Stiftungen mit 29500 fl. Zum Vergleich sei angeführt, daß die prächtige Seesbrücke von 1752 140000 fl. und der Umbau des Würzburger Juliusspitals (das freilich für 250–300 Personen ausgelegt war) 221213 fl. kosteten.

∗

Medizinisch hat dem Fürstbischof zweifellos die wichtigsten fachlichen Anregungen für den Krankenhausbau sein Leibarzt und erster Krankenhausdirektor, Dr. Adalbert Friedrich Marcus, vermittelt – der Hinweis auf Wien könnte freilich auch auf eigener Kenntnis Erthals beruhen. Dort ließ Kaiser Joseph II. das 1693–1760 entstandene Großarmenhaus bis 1784 umbauen und erweitern. Er forderte zehn Wiener Ärzte auf, Entwürfe vorzulegen. Der des Marxer Spitalarztes Johann Peter Xaver Fauken (1740–1794), 1784 publiziert[14], wurde, für 1400 Patienten konzipiert, zwar nicht ausgeführt, er gewann aber über die Krankenhäuser von Bamberg und München (1808–1813) maßgeblichen Einfluß auf den deutschen Krankenhausbau des 19. Jahrhunderts bis zu den Lösungen von Augsburg (1857–1859) und München-Haidhausen (1868–1869)[15].

In Bamberg wurde Faukens Entwurf nicht nur den örtlichen und kleinräumigeren Gegebenheiten angepaßt, sondern auch in charakteristischer Weise abgewandelt, so daß der Bau auf mustergültige Weise den ärztlichen Ansprüchen nachkam. Die großen Zimmer hatten laut Finks Plan zehn Betten, die schmalen fünf (laut Beschreibung von Marcus[16] jedoch nur acht und vier, woraus sich die Gesamtzahl von 120 Betten errechnet), die Sonderzimmer in den alten Flügeln entsprechend weniger.

Zwei Neuerungen und Änderungen revolutionierten den Krankenhausbau der nächsten beiden Generationen. Zum einen wurden die Krankenzimmer quer zur Längsachse des Neubaus angeordnet; dadurch kam das Kopfende der Betten an den Zwischenwänden zu stehen. Die Längsachse der Zimmer zwischen Fenster- und Gangwand blieb frei für die Betreuung der Kranken. Fauken hatte Krankensäle vorgesehen, in denen die Betten in zwei Reihen an der Außen- und der Gangwand standen.

Zum anderen wurden zwischen den Krankenzimmern schmale Gänge eingerichtet zur Entsorgung der Leibstühle. *Zwischen einem jeden Bette stehet ein Leibstuhl, der aber nicht im Saal selbst, sondern außer demselben in einem Verschlage stehet. So wie eine Thüre von einwerts den Kranken zum Leibstuhl führt, eben so ist auch von außen ein Schubthürchen angebracht, wodurch der Leibstuhl hinweggenommen, und gereiniget werden kann. – Diese sehr schöne und nützliche Erfindung, die auch in mehreren großen Spitälern schon eingeführt worden, macht, daß auch nicht der geringste üble Geruch in den Krankenzimmern ist*[17]. Fauken hatte lediglich Zwischengänge vorgeschlagen, deren einziger Abort sich an dem Fenster befand.

Faukens Plan war im übrigen auch bestimmend für den Umbau des Juliusspitals in Würzburg. Der Bambergische Geheime Kanzlist Johann Georg Endres (1736–1802) registrierte bei einem Besuch des Juliusspitals am 18. Fe-

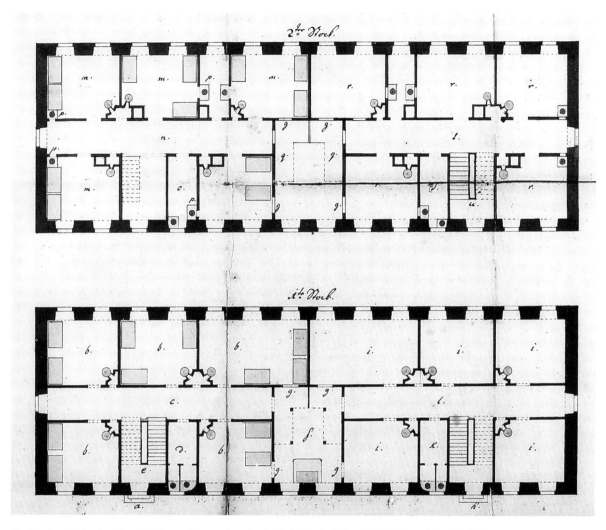

Plan für einen Neubau im Juliusspital-Garten. Erster und zweiter Stock. Archiv des Juliusspitals Würzburg, Akten Nr. 5686.

bruar 1786 in den Krankenzimmern des zweiten und dritten Stocks *beym Eingang in- und aussenher die Kleiderbehälter die mit den an den Bethern angemachten Nummern übereinstimmen, der erste Behälter ist ein Abtritt, damit sich die alte oder Kranke Nachts nicht erkälten, der wird von aussen gesäubert, in den Wänden ist unten und oben ¹/₂ Schuh große Öfnung, hie streicht die Luft durch den Gang und das Zimmer wenn gebethet wird, die Ventilles sind von Blech, werden ganz auf und zugemacht, es sind gar keine Löchlein darin (H. V. Msc. 538, fol. 206 v).* Für einen im Juliusspitalgarten geplanten Neubau eines Hauses für epileptische und syphilitische Kranke finden

sich unter den 1785–1787 datierten Unterlagen zwei Pläne Geigels. Erst im zweiten wird eine Leibstuhllösung nur im Obergeschoß für die syphilitischen Kranken vorgesehen: *p. die Leib Stühl, welche in einem jeden Zimmer angebracht sind, wie diese Kranke auf keinen ziehenden Abtritt gehen darfen*[18]. Für insgesamt zehn Zimmer waren in Würzburg vier schmale Zwischenräume mit je einem Leibstuhl eingeplant, bei den vier Eckräumen befand sich dieser aber im Zimmer selbst und wurde vom Hauptgang aus entsorgt. Die genial einfache und dabei großzügige Bamberger Lösung besticht auch darin, daß für jeden Kranken ein Leibstuhl zur Verfügung stand, im

157

Juliusspitalplan hingegen nur für jedes Zimmer einer. Alte Übung war dagegen die Anlage der Kapelle im Spital, krankenhaushistorisch als Verbindung von Altar und Bett bezeichnet. Sie reicht über zwei Geschosse und hat bei dem Würzburger Entwurf auf jeder Ebene vermittels vier Türen Verbindung zu den beiden anliegenden Räumen und zum Gang. Auch in Bamberg liegt sie in der Mitte des Trakts, hier über dem Eingang, und reicht mit Emporen vom ersten Stock in die Mansarde. An der Fensterseite aller Krankenzimmer der beiden Obergeschosse waren Glastüren, die die Verbindung zur Kapelle herstellten und den Patienten optisch bzw. akustisch das Mitfeiern der Messe ermöglichten.

Im übrigen war, das sei hier angemerkt, das Krankenhaus Erthals konfessionell nicht gebunden; es gab Zimmer für den evangelischen Geistlichen, der von auswärts zu holen war; auch Patienten mosaischen Glaubens fanden Aufnahme.

✳

Die Kapelle und zusätzliche Flügeltüren trennten in Bamberg die Frauen- auf der Flußseite von der Männerabteilung an der Sandstraße. Im Erdgeschoß wurden die *äußerlich* Kranken behandelt, befand sich also die Chirurgie, außerdem die Ärztezimmer. Das erste und zweite Obergeschoß waren die Innere Abteilung, im ersten für die unentgeltlich Aufgenommenen (64 Betten für Arme), in der Mansarde für die zahlenden, darunter die Mitglieder des Krankengesellen- und Dienstboteninstituts.

Das ärztliche Personal bestand aus dem *dirigierenden Arzt*, dem zweiten Arzt, dem Ober- und Unterwundarzt. Allein letzterer, der auch die Aufsicht über die Krankenwärterinnen hatte und die Wetterbeobachtungen anzustellen hatte, wohnte im Gebäude, im Erdgeschoß, wo die beiden Wundärzte ihre Zimmer hatten. *In dem Zimmer des dirigirenden Arztes geschieht zugleich die Aufnahme und Untersuchung der Kranken. In einem Nebenzimmer des zweyten Arztes ist zugleich die Hausapotheke angebracht worden. Das Zimmer des Oberwundarztes dient zugleich zum Operationszimmer*[19].

Die Krankengeschichte eines jeden Patienten wurde in ein besonderes Buch eingetragen, Grundlage für die ausführliche und wissenschaftlich-statistische Verbreitung durch Marcus. Dieser ließ *alle Krankengeschichten niederschreiben, die Veränderungen des Wetters, die herrschenden Krankheiten nebst ihrem Charakter und ihrer Gestalt, den Einfluß der Institution u. s. w. tabellarisch eintragen, von allen daselbst Verstorbenen Leichenöffnungen vornehmen, mit den theuersten Arzneien Versuche machen, und pathologische Seltenheiten aufbewahren*[20].

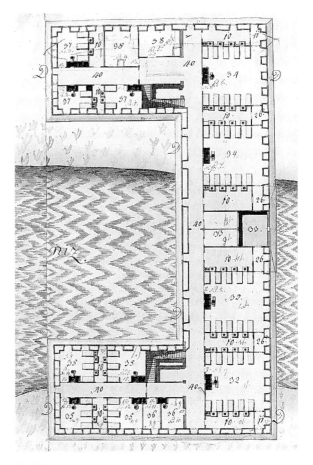

Nr. 70   Detail aus dem Finkschen Krankenhaus-Plan von 1788. Grundriß der Mansarde.

Die Zimmer des Flügelgebäudes, welche an den mittleren und oberen Stock anstoßen, die mit den großen Sälen aber keine Gemeinschaft haben, sind für die Venerische, Krätzige, und übrige ansteckende Kranke bestimmt[21]. Außerdem konnten dort *distingierte* Kranke untergebracht werden.

Ein jeder Kranke hat sein gesöndertes Bett, welches aus einem Strohsack, einer Matrazze, zwey Polstern, zwey Kopfküssen, zwey Bettüchern, und einer wollenen Zudecke bestehet[22]. *Die Bette haben insgesamt in den großen Sälen Vorhänge, und sind numerirt*[23]. – *Vor dem Bette eines jeden Kranken stehet ein kleiner Tisch, und ein Stuhl, und über dem Bette ist ein Brett, worauf, und woran die Trinkgeschirre, Messer, Gabel, Handtücher, und einige Kleidungen bequem angebracht werden können. – An der Thüre, die zum Leibstuhl führt, hängt eine*

Tafel, woran der Nahme des Kranken, dessen Krankheit, und die ihm vorgeschriebene Speiseportion, aufgezeichnet ist.

Zur Reinigung der Luft sind in jedem Saale Dunstschlöte angebracht, die nach Erforderniß geöffnet, und geschlossen werden. – Diese Dunstschlöte werden auch im Winter täglich zwey oder mehrere Stunden offen gehalten, und bewirken, daß der Kranke stets eine reine gesunde Luft einathmet. In dem unteren Stock, wo die chirurgische Kranke liegen, hat man statt der Dunstschlöte, Luftlöcher, und sogenannte Luftreiniger angebracht[24]. – Die Heizung erfolgte durch eiserne Öfen mit gemauerten Vorkammern vom Gang aus.

Reinlichkeit überhaupt ist einer von den vorzüglichen Gegenständen, worauf in diesem Spital eine ganz besondere Sorgfalt verwendet wird. Es müssen daher auch alle Kranke, die dahin kommen, bevor ihnen ein Bett angewiesen wird, entkleidet, und gereiniget werden. Zu diesem Endzwecke werden für beyde Geschlechte Kleidungsstücke in Bereitschaft gehalten. Diese Kleidungsstücke bestehen außer dem Hemde, für Mannspersonen, aus einem leinenen Schlafrock, und Beinkleider, für Frauenzimmer, aus einer Jacke und Rock, dann aus einem Halstuch, Haube, Strümpfen, Pantofeln, und einem Schnupftuche. Die Krankenwärterinnen sind gehalten, die Ankömmlinge zu entkleiden, und zu reinigen. Die dem Kranken eigenthümliche Kleidungsstücke werden, nachdem sie vorher durchräuchert, und gereiniget worden, vom Hausverwalter aufbewahrt, bis der Kranke im Stande ist, das Haus zu verlassen.

Die Kleidungsstücke für Venerische und Krätzige sind besonders gezeichnet, und werden nie mit anderen vermengt. Dieses nähmliche gilt auch von den Betten der ansteckenden Kranken. – Nach dem Ende einer jeden Woche erhalten die Kranke frische Wäsche[25] – bei Bedarf täglich.

Ursprünglich sollte eines der acht Betten der großen Krankenräume für die Krankenwärterinnen frei bleiben (bei den Männern durch einen Verschlag abgetrennt). Bald[26] hat man aber in den kleinen Verbindungsräumen zwischen den Krankenzimmern, den Abortgängen, Räume an der Fensterseite zur Stadt zu abgetrennt. Da je zwei Krankenräume aneinanderstießen, die durch doppelte Glastüren abgetrennt waren, mußten sich die Wärterinnen, die für jeweils acht Patienten verantwortlich waren und auch die Wäsche besorgten, erforderlichenfalls gegenseitig aushelfen.

Besonderer Wert wurde auf gutes und reichliches Essen gelegt, entsprechend genauer Verordnung, und manchem Patienten wird es im Krankenhaus besser gegangen sein als im normalen Leben. Es gab schwache Portionen mit *Wassersuppe oder schwache Fleischbrüh mit Obst,* vier-

tels, halbe, dreiviertels und ganze Portionen, letztere mit *Suppe, Gemüß, Mittags, 3/4 Rindfl. oder gebratenes Kalbfl. Abends Suppe, Gemüß, 1/2 Pf. Kalbfleisch. 20. Loth Semmel überhaupt,* Extraspeisen, Wein, Bier, Milch. Entgegen der Übung in manchen Spitälern war Marcus nicht *wein- oder fleischscheu*[27].

Wenn der Fürstbischof sich bei der Eröffnung wegen des Namens noch einige Wochen Bedenkzeit ausgebeten hatte, so war dies eine nicht untypische Reaktion für ihn. Der schließlich verworfene Name *Hospitale Ludovicianum 1787.* stand ja bereits auf Finks Präsentationsplan von 1788! Es spricht für Erthal und sein Programm, sich für die heute noch bestehende Form mit dem Text *KRANKENSPITAL DER NÄCHSTENLIEBE GEWIDMET IM JAHRE 1787* entschieden und sich mit dem Werk bleibend im Gedächtnis seiner Untertanen und ihrer Nachfahren eingeprägt zu haben.

＊

Zum Bau der im Finkschen Riß vorgesehenen Irrenanstalt auf dem Krankenhausareal, entsprechend dem Entwurf Faukens, kam es nicht, vielleicht, weil man die räumliche Nähe scheute. In bayerischer Zeit sah Marcus dafür zunächst das Heilig-Grab-Kloster vor, doch wählte man dann die Michelsberger Propstei St. Getreu; die Schlüsselübergabe erfolgte am 28. Februar 1804 (nachdem bereits im Vorjahr das ehemalige Kloster Michelsberg als Allgemeines Versorgungshaus für das vereinigte Katharinen- und Elisabethspital eingerichtet worden war).

Planungen gab es hingegen für das Gebiet vor dem Krankenhaus zur Stadt zu. Fink lieferte am 15. Februar 1792 Überschlag und Riß für einen Botanischen Garten mit Anatomie, letzterer wie der Krankenhausplan sehr sorgfältig ausgeführt[28]. Im selben Jahr wurde ein angrenzendes Haus und ein Garten von der Krankenhausstiftung für 2650 fl. erworben, wodurch der Garten vergrößert werden konnte. Aufgegeben wurden die beiden gegenüberliegenden Pavillons des Plans von 1788; dafür waren ein botanischer Hörsaal und ein Glashaus vorgesehen. Als Abschluß der Gartenanlage war die Anatomie als Dreiflügelanlage vom Senckenberg-Typus geplant, dahinter das Gärtnershaus. Auf ein Gutachten von Marcus arbeitete Fink ein neues Projekt aus mit Anatomie und Gebärhaus; erstere wurde am 1. Juni 1793 genehmigt.

Da Fink das angekaufte Haus 1795 abbrach, wäre das Vorhaben sicher ausgeführt worden, hätte der Tod Erthals es nicht vereitelt. Am 18. November 1795 wurde befohlen, Haus und Grundstücke wieder zu verkaufen (Erlös: 1000 fl. rh.). Im Jahr 1862 wurde das Anwesen (es ist die alte Nr. 1724) für 24000 fl. durch die Krankenhausstiftung wieder erworben, um für die Krankenhauserweiterung zur Verfügung zu stehen. Diese erfolgte mit dem Bau der Chirurgie durch Hans Erlwein 1901. Für die Anatomie, 1805 bei der Entbindungsanstalt untergebracht, wurde 1813 der Umbau des Baustadels genehmigt und 1825 durchgeführt[29].

Die Hebammenschule wurde schon 1789 in einem Saal des fast fertiggestellten Krankenhauses eingerichtet. Die Krankenhauskommission wollte keine Schwangeren in das Krankenhaus aufnehmen; der Entwurf für ein eigenes Haus wurde aber 1793 zurückgestellt. In der bayerischen Zeit gelang dann die Errichtung einer Entbindungsanstalt und Hebammenschule innerhalb der Medizinisch-Chirurgischen Schule. Am 8. August 1804 übersiedelte sie in die von Fink kurz vor Erthals Tod gebaute und nun umgebaute Hühnermästerei und Hofwaschküche[30].

An der Stelle, wo Finks Plan die Irrenanstalt vorsah, war später offenbar die Unterbringung von Unheilbaren vorgesehen, Lungensüchtigen, Abzehrenden und Wassersüchtigen. Ebenfalls erst in bayerischer Zeit wurde ein Haus für Unheilbare im Aufseesianum eingerichtet (die Studienanstalt 1829 wieder errichtet) und das Kinder- und Waisenhaus nach Münchner Vorbild umorganisiert.

∗

Erthal konnte also nur die wenigsten Begleitanstalten seiner Gründung vollenden. Anders die vorbildlichenSozialhilfeeinrichtungen für die Handwerker und die Dienstboten. Diese blieben nach ihrer Übernahme durch das Königreich Bayern 1816 bis zur Bismarckschen Sozialgesetzgebung gültig[31]. Zuvorderst war das Krankenhaus jedoch für die Armen eingerichtet. Es gab deren 3000 in Bamberg, weiter 1400 meist weibliche Dienstboten und 1211 Handwerksgesellen und -lehrjungen. Die Einwohnerzahl Bambergs lag bei 20000–21000[32].

Marcus ging von 500 Kranken im Jahr aus, von denen jeder durchschnittlich 20 Tage bliebe. Bei täglichen Unkosten von je 45 Kr., Besoldung, Wäsche, Bauunterhalt eingeschlossen, ergab sich eine Summe von etwa 8000 fl. Der zu entrichtende „Pflegesatz" von 25 Kr. rh. pro Tag deckte die Unkosten also nicht. Für die Krankenkassen waren 1 Kr. pro Woche (bei den Handwerkern) bzw. im Jahr 1 fl. (bei Dienstboten) festgelegt. Erthal schoß (ohne Ärztebesoldung) aus seiner Privatschatulle 3000–4000 fl. pro Jahr zu, insgesamt 21036 fl. 25 Kr. In den Jahren 1790–1802 flossen dem Krankenhaus Spenden von etwa 93000 fl. rh. zu. 1803 wurden die Fonds von fünf milden Stiftungen mit ihm vereinigt, wodurch die Probleme behoben waren (1819 wurde das Krankenhaus städtisch).

Bis 1803 wurden 6076 Kranke (= pro Jahr 405) behandelt; davon blieben 103 unheilbar, 250 verstarben (Mortalitätsrate 1:24). Dazu kamen 1796 und 1800 4990 Soldaten, von denen 132 starben (Mortalitätsrate 1:37).

Was nun die Sozialhilfeeinrichtungen anbelangte, so hatten die Handwerksgesellen, auch die auf Wanderschaft befindlichen, die Beitragssumme selbst zu entrichten; für die Lehrjungen zahlten die Meister. Bei der Zunftverfassung funktionierte dies auch, und bereits im ersten Jahr nach der Gründung gab es 1001 Mitglieder. Die Statuten heben auf unverschuldete Krankheiten ab, schließen also Schlägereien usw. aus.

Für die Dienstboten erstellte Marcus am 11. Juni 1790 einen Entwurf. Ihnen selbst war die Beitragszahlung nicht zuzumuten, doch die Dienstherren, die dafür einstehen sollten, waren zögerlich. Die Gründung erfolgte erst zum 11. November 1790. Die Mitgliedszahlen blieben unter der Rentabilitätsgrenze, die mit 1000 angenommen war, auch wenn bereits im ersten Jahr Dienstboten sogar für sich selbst einzahlten. Die ersten 23, von dem Geistlichen Rat Augustin Andreas Schellenberger (1746–1832) veröffentlichten Jahresberichte schlossen stets defizitär ab, trotz der Zuschüsse Erthals. 1806 wurde von der Königlichen bayerischen Polizeidirektion die Pflichteinschreibung aller neu eintretenden Dienstboten verordnet.

Übrige Patienten zahlten voraus oder wurden gegen Bürgschaft aufgenommen, und zwar für 30 Kr. täglich. Zum Vergleich: Für Arme war ein „Existenzminimum" von 36 fl. 48 Kr. pro Jahr festgesetzt. Dienstboten erhielten zwar nur 6–10 fl. Lohn im Jahr, doch müßte bei ihnen Kost und Logis kapitalisiert werden. Eine fleißige Spinnereiarbeiterin konnte es zu 40 fl. bringen, ein Handwerker auf gut 50 fl., ein höherer Beamter auf 200 fl.; Marcus erhielt 1100 fl. und Naturalien, ein Spitzeneinkommen, das ihm nach achtjähriger Unterbrechung 1803 wieder gewährt wurde.

Anmerkungen

1 Vgl. HANEMANN, Johann Lorenz Fink.

2 StAB, Rep. B 24, Hofdiarien, Nr. 29. – Abdruck: Ausstellungskatalog Allgemeines Krankenhaus, S. 61.

3 PFEUFER, Allgemeines Krankenhaus, S. 4 f. – Vgl. Ausstellungskatalog Allgemeines Krankenhaus, S. 9 f.

4 Vgl. BERNHARD SCHEMMEL, Fürstbischof Franz Ludwig von Erthal als Sozialreformer. Vortrag anläßlich der Feierstunde am 10. November 1989 in der Bamberger AOK, abgedruckt in: Die Heilkunst 103 (1990) H. 2, S. 65–72 und in: Schriften der Stadt Bamberg 5 (1990).

5 MARCUS, Krankenhäuser, Vorrede. Es besteht jedoch kein Zweifel an der Authentizität der Aussage.

6 Vgl. Ausstellungskatalog Allgemeines Krankenhaus, S. 7 f.

7 Vgl. Ausstellungskatalog Allgemeines Krankenhaus, Nr. 1.

8 Vgl. Ausstellungskatalog Allgemeines Krankenhaus, Nr. 2.

9 Vgl. Ausstellungskatalog Allgemeines Krankenhaus, Nr. 3. – Außerdem SCHEMMEL, Leopold Westen.

10 Reisekostenabrechnung in: StAB, Rep. B 54 Nr. 66, BHKP 1786, S. 105, 431.

11 Zu ihm vgl. Franz Georg Neumann, Zwei Nachfolger Balthasar Neumanns. Joh. Philipp Geigel 1731–1800. Heinr. Alois Geigel. 1765–1798. Fürstbischöflich Würzburger Hofarchitekten. Diss. Würzburg 1927.

12 Kunstbibliothek der Staatlichen Museeen Preußischer Kulturbesitz Berlin, Hdz. 6024. – Vgl. Joachim Hotz, Bamberger Baumeisterzeichnungen in der Kunstbibliothek der Staatlichen Museen zu Berlin. In: BHVB 100 (1964), S. 497. – Ausstellungskatalog Allgemeines Krankenhaus, S. 39 f.

13 Marcus, Krankenhäuser, S. 97.

14 Entwurf zu einem Allgemeinen Krankenhause. Verfasset von Johann Peter Xaver Fauken, Arzt und Bestellter im Marxerspital bey Wien. Mit vier Kupfertafeln. Wien 1784. Auf Kosten der Korrespondenz Expedition. 156 S. – Vgl. Ausstellungskatalog Allgemeines Krankenhaus Nr. 27.

15 Axel Hinrich Murken, Die bauliche Entwicklung des deutschen Krankenhauses im 19. Jahrhundert. Göttingen 1979, S. 57–63 (Studien zur Medizingeschichte des Neunzehnten Jahrhunderts 9). – Vgl. Ausstellungskatalog Allgemeines Krankenhaus S. 11 f.

16 Marcus, Krankenhäuser, S. 99.

17 Marcus, Krankenhäuser, S. 101. – Ein Aufriß des Königlichen Landbaumeisters Johann Baptist Eck aus der Zeit um 1825 läßt die Öffnungen erkennen; vgl. Ausstellungskatalog Allgemeines Krankenhaus, Nr. 9.

18 JSAW, Akten Nr. 5686.

19 Marcus, Krankenhäuser, S. 105.

20 Friedrich Roth, Dr. Adalbert Friedrich Marcus, der erste dirigirende Arzt des allgemeinen Krankenhauses zu Bamberg. In: Festschrift Bamberg. Krankenhaus, S. 12. – Carl Hatzold, Geschichtliches und Statistisches über das allgemeine Krankenhaus zu Bamberg. In: Festschrift Bamberg. Krankenhaus, S. 20.

21 Marcus, Krankenhäuser, S. 100.

22 Marcus, Krankenhäuser, S. 99.

23 Marcus, Krankenhäuser, S. 101.

24 Marcus, Krankenhäuser, S. 101 f. – Die Position der Lüftungsschächte auf dem Dach ist auf einer Ansicht des (später) berühmten Architekten Daniel Joseph Ohlmüller (1791–1839) von 1811 zu erkennen; vgl. Ausstellungskatalog Allgemeines Krankenhaus, Nr. 6.

25 Marcus, Krankenhäuser, S. 102 f.

26 Pfeufer, Allgemeines Krankenhaus, S. 20.

27 Marcus, Krankenhäuser, S. 21–23.

28 Vgl. Ausstellungskatalog Allgemeines Krankenhaus, Nr. 5.

29 Ausstellungskatalog Allgemeines Krankenhaus, Nr. 13 und S. 20.

30 Ausstellungskatalog Allgemeines Krankenhaus, S. 19.

31 Renner, Wirtschaftliche Grundlage, S. 51.

32 Marcus, Krankenhäuser, S. 110 f. – Ausstellungskatalog Allgemeines Krankenhaus, S. 15 f.

70 Krankenhaus-Plan, Grund- und Aufrisse

1788
Federzeichnung, farbig angelegt, auf Leinen aufgezogen, mit grüner Seide eingerändelt. Von alter Hand auf der Rückseite am Anfang der Rolle *Num: 17.*, am Ende *494 Franz Koch.*
H. 63,5 cm, Br. 179 cm

Rolle zu dem Krankenhausplan, mit Leder überzogen, mit Goldprägung *RISS ÜBER DAS NEÜ ZU ERBAUENDE KRANCKENHAUSE. 1787.*, an den Rändern florale Goldborten; innen blaues Kleistermarmorpapier.
H. 64,5 cm, Durchmesser 5,7 cm

Staatsbibliothek Bamberg, VIII C 1   Farbtafel V und Abb.

Lit.: Ausstellungskatalog Allgemeines Krankenhaus, Nr. 4.

Der Plan ist rechts außen bezeichnet (vgl. Ausstellungskatalog Allgemeines Krankenhaus, Nr. 4) und unten unterschrieben *J. L. Finck mppr 1788.* Da die Grundsteinlegung am 29. Mai 1787 und die Einweihung am 11. November 1789 erfolgte, sind einerseits bereits im Rohbau ausgeführte, andererseits noch geplante, aber nicht fertiggestellte Gebäude wiedergegeben. Auch darin handelt es sich um ein Dokument des minutiös-skrupulösen Planungswillens Erthals. Von der ganzen Anlage – der Plan ist (wie der des Botanischen Gartens mit Anatomie von 1792, vgl. Ausstellungskatalog Allgemeines Krankenhaus, Nr. 5) der sorgfältigste von Fink überlieferte – kann es sich nur um ein Präsentationsexemplar für den Gebrauch des Fürstbischofs handeln, das dieser dem Architekten wieder zurückgegeben haben muß.

Grundrisse und Aufrisse sind zusammen wiedergegeben, letztere im oberen Bereich, „jenseits" der Regnitz. Die Stadtseite des Krankenhauslängstrakts dominiert (Q), am Mittelrisalit noch mit der von Erthal abgelehnten Inschrift *Hos/pita/le / Ludo/vici/anum / 1787.* Die Ansicht des straßenseitigen Flügelbaus mit den sieben enger und den vier weiter stehenden Fenstern (S) macht die Verbindung des Stadionschen Pavillons mit dem anschließenden Neubau Finks augenscheinlich (ihr entspricht die heute noch erkennbare Baufuge).

Links von den beiden Gärten, dem Botanischen (M) und Ökonomie-, also Wirtschaftsgarten (N), ist der Grundriß des Erdgeschosses des Krankenhauses (B) wiedergegeben, darüber der erste Stock (C) und rechts davon die Mansarde (D). Deutlich erkennbar sind die klare und großzügig-übersichtliche Einrichtung im Neubau und die Abtrennung von kleineren Sonderräumen in den Flügeln, die Krankenzimmer mit der Bettenstellung, die Abortgänge und, über dem mittigen Eingang, die Kapelle mit ihren Emporen.

Dem Hauptgebäude des Krankenhauses mit Brunnen im Hof stadtauswärts liegt eine reduzierte Umkehrung der Dreiflügelanlage gegenüber. Der nicht ausgeführte zweigeschossige Mitteltrakt davon sollte die Irrenanstalt aufnehmen (G, H), die zu beiden Seiten anschließenden eingeschossigen Räume enthalten Bad und Waschhaus (F) bzw. Holzlege und Totenkammer (E). Der schon bestehende Bauhof (CC) wurde 1825 als Anatomie umgebaut (Ausstellungskatalog Allgemeines Krankenhaus, Nr. 13). Hühnermästerei (T, V) und Hofwaschhaus (W, X) wurden von Fink erst kurz vor Erthals Tod gebaut, 1804 umgebaut und als Entbindungsanstalt und Hebammenschule bezogen. Nicht gebaut wurden die beiden sich entsprechenden Pavillons (R) mit der Gärtnerwohnung (O, an

Nr. 70   Detail aus dem Finkschen Krankenhaus-Plan von 1788. Ansicht des straßenseitigen Flügelbaus.

der Sandstraße) und der Anatomie (P, an der Regnitz; dafür entwickelte Fink 1792 neue, ebensowenig ausgeführte Pläne [Ausstellungskatalog Allgemeines Krankenhaus, Nr. 5]).   B. S.

71 Verzeichnis der in den Grundstein eingelegten Gegenstände

29. Mai 1787
Papier, Abschrift, 1 Doppelbl. im Folioformat

Staatsbibliothek Bamberg, Msc. Misc. 79/XIII, 7

Lit.: Ausstellungskatalog Allgemeines Krankenhaus, Nr. 18.

Verzeichniß
Der in dem zinnenen Kästchen befindenden und in dem Eckstein des im Jahr 1787. neu angelegten Kranckenspi-

tals den 29ten Maij desselbigen Jahrs mit eingelegten Sachen.

1. Eine Kupferplatte, worauf das Wappen Sr. Hochfürstl. Gnaden, und der Herren Dom Probsts und Dom Dechants mit den samtl: Namen der bamberg: Herren Dom Capitularen u. Domicellaren der Ordnung nach gestochen sind.

2. Ein unter Vorausgesetzen fürstl. Portrait auf Pergament geschriebenes Verzeichniß des hohen Dom Capituls – des Geistlichen – Hof – und Weltlichen Staates samt Dicasterien; Vor dessen Eingange eine kurze Anzeige für die Nachwelt [als Abschrift auf 1 Doppelblatt hier mit enthalten, aber nicht wiedergegeben]; und am Ende das Verzeichniß der laufenden Münzen, nebst ihren Werth beygesezet war, dem noch ein weiteres Verzeichniß der Seelen in der Stadt Bamberg, die Anzahl sämtl. Geistlichkeit der Clöster, der Handwercksmeister, ihrer Gesellen und Lehrjungen

und der Jüden, nebst den Namen der an dem Spital
Bau arbeitenden Meistern, und endlich das Maas der
Bamberg. Ehle, Holzes und Werckschuhes angefüget
[nach JÄCK, Künstler, S. 92 schrieb der Geheime
Kanzlist Caspar Eder dieses Verzeichnis].

3. *Ein Staats Kalender von 1783. mit der Anzeige, daß
Von dieser Zeit an, bis hieher, aus gewiesen Gründen
keiner gedruckt worden.*

4. *Ein ordinairer Bamberger Kalender mit der Chronik.*

5. *Ein Kupferstich der Seesbrücke, wie solche vor der
großen Überschwemmung im Jahr 1784. gestanden
ist* [von Johann Georg Endres].

6. *Zween Prospecte Von der durch das Wasser zusammen gestürzten Seesbrücke und auf beyden Seiten
ruinirten Häußer* [von Leopold Westen].

7. *Die Beschreibung hiezu nebst einer Denkmünze auf
diese Überschwemmung.*

8. *Der Victualien Preiß, wie er mittelst des Intelligenz
Blattes für dem Monat Maij bestimmt war.*

9. *Der Grundriß über das neue Gebäu des Krancken
Spitals.*

10. *Zwey Verzeichniße der Seelen in der obern und untern Pfarr mit Schlusse des 1786ten Jahrs.*

11. *Das Packtum sämtl. Prälaturen in Bamberg. und
Würzburg. Landen.*

12. *Eine Abschrift des Kaufbrifs über den Gräfl. Stadio-
nischen Garten im Sande.*

An Münzen [...]

Anmerkung.

*Sämtliche Vorstehende Stücke wurden in 4. Päcklein ge-
bunden, mit Pappier umwickelt, Versigelt, und dann wurde jedes Päcklein in gelbes zerlassenes mit Terpentin Ver-
mischtes Wax eingetunckt und gedrocknet, um alles gegen
Schimmel und Fäulniß zu Verwahren; Endlich wurde alles in ein 10. Zoll breites, 15 Zolle langes und 4. Zolle hohes zinnenes Kästchen gelegt, das Kästchen selbst aber
ganz ringsum mit Zinn Verlötet und zerronnen, um das
Eindringen des Wassers zu Verwehren; über dieses Kästchen kam noch ein Eichenes, welches mit Dicken Firniß
angestrichen war.* B. S.

72 Abdruck und Gegendruck der Kupfer-
platte, die in den Grundstein des Bamberger
Krankenhauses eingelegt wurde

Johann Caspar Weinrauch
Bamberg, 1787
H. 20 cm, Br. 32,5 cm

eingeheftet in: JOHANN SEBASTIAN SCHRAM, Grundsteinlegung des Krankenhauses
Papier, 2 Gehefte mit 11 Bll. (einschließlich 2 Kupfern und 1 Druck), unfol.

Staatsbibliothek Bamberg, Msc. Misc. 79/IV, 8   Abb.

Lit.: Ausstellungskatalog Allgemeines Krankenhaus, Nr. 18. – Zu Johann
Caspar Weinrauch: SCHEMMEL, Westen, S. 359–361.

Erthal legte am 29. Mai 1787 den Eckstein *in dem mittleren großen Tor in das Piedestal der rechter Hand oder
gegen das Wasser zu stehenden Säule* (StBB, H. V. Msc.
538, fol. 213r; vgl. Kat.Nr. 133), also den grundstein in
beysein seines gantzen hofstabs zu den von ihm gestifteten Kranckenspithal, *nebst den grundstein wurde unter
einen zelt ein Altar errichtet auf welchen das Kästlein
worin die schrieften Ihro Hochfürstlichen gnaden sambt-
lichen gnädigen Dom Capitularen und Domicellarn nahmen auf einer Kupfernen blatten gestochen eingeschlose-
ner bemerckt waren beygesezt, wie beygelegter abdruck
erprobt* [...].

In die Kupferplatte war eine Art „Monument" eingesto-
chen mit Amtswappen und Insignien des Fürstbischofs
sowie dessen Agnatenwappen, umgeben von den Wappen
von Dompropst und Domdechant und den Namen der
Domkapitulare und Domizellare.

Die Platte der Größe 200 x 325 cm ist signiert: *inv: del:
et Sculps: J. C. Weinrauch Geomet: Archit: et Grav:
Bamb: 1787.* (Johann Caspar Weinrauch, 1765–1846, im
Bamberger Armenkinderhaus aufgewachsen, von krüp-
pelhaftem Körperbau, Schüler Leopold Westens
[1750–1804], mit fürstbischöflicher Unterstützung in
Nürnberg ausgebildet, 1787 einige Zeit in Bamberg, im
selben Jahr nach Wien gekommen, wo er ein bekannter
Illustrator wurde).

Von der Platte wurden ein (seitenverkehrter) Abdruck und
davon ein (seitenrichtiger) Gegendruck hergestellt, beide
in der Dokumentation Johann Sebastian Schrams enthalten. Bei dem Gegendruck ist die Schrift in den Medaillons an vielen Stellen mit Tinte nachgezogen, während
ein anderes, kräftigeres Exemplar (StBB, M. v. O. Her.
75/1) unverändert ist.

*Herr P: T: geistlicher rath und pfarr verweser Augustinus
Schellenberger* [1746–1832] *singeten und betteten mit
dem clero Bambergensi die in der Agent vorgeschriebene
gebetter und psalm wo alsdan Ihro Hochfürstlichen gnaden das Kästlein in dem grundstein Einsezten welches die
Maurer mit einen grosen stein bedeckten und Ihro Hochfürstlichen gnad mit eigener Hand mit einer sielbernen
Kehlen einmaureten. Dieser stein wurde mit mehreren
quater steinen so Hoch aufgemauret das es nicht mehr
kunde endwend werden. Dan wurde die Solennität mit
dem Ambrosianischen Hymno Te Deum Laudamus und
deren Collecten beschlossen.* B. S.

163

73 Maurerkelle

Franz Heinrich Heim (Scheffler, Oberfranken, Nr. 142)
Bamberg, 1752 (Scheffler, Oberfranken, Nr. 11)
Silber mit schwarz lackiertem Holzgriff
26,7 x 8,9 x 4,7 cm

Historisches Museum Bamberg 1/111

Lit.: Ausstellungskatalog Allgemeines Krankenhaus, Nr. 19. – WOLFGANG SCHEFFLER, Goldschmiede Oberfrankens. Daten – Werke – Zeichen. Berlin – New York 1989, S. 31 mit Abb. 18. – BERNHARD SCHEMMEL, Thesenblatt für das Magisterium von Andreas Kratzer, mit Abbildung der Bamberger Seesbrücke und des Fürstbischofs Johann Philipp Anton von Franckenstein. In: Ausstellungskatalog Academia Ottoniana, S. 37–41.

Als Verbindung von Kelle und Griff Flügel mit halbreliefiertem Schwan. Auf der Oberseite Amtswappen des Fürstbischofs Johann Philipp Anton von Franckenstein (1746–1753) auf einem Löwen, bekrönt von einem Adler; dieser ergreift mit einer Klaue das Schwert und hält mit der anderen die Krone. Inschrift um die Spitze: *Pro Laeta aMorIs tessera HanC PrInCeps dabat* (Chronogramm: 1752). In Rokoko-Kartusche der Rückseite Inschrift: *LapIs sVpre/MVs totI operI / apposItVs est / IpsIs ferIIs Nata-/LItIIs, seXto Ka-/LenDas IanVarII / festo S. IoannIs EVange-/LIstae* (Chronogramm: 1752), dazu die Jahreszahl 1752. Eine Inschrift zwischen Meistermarke und Beschauzeichen durch Probierstrich getilgt, die Großbuchstaben noch zu erkennen. Nach dem Abdruck StBB, R. B. Carm. sol. f. 15/23 lautete sie: *Joh. Adam Grözsch sc.* (Krötsch, auch Gretsch, Graveur und Stempelschneider, 1706–1782).

Zwar ist für Erthal eine eigene silberne Zeremonialkelle für Kirchweihen belegt, berechnet Augsburg 28. März 1785 von Georg Ignaz Baur (StAB, Rep. A 231 I Nr. 2365 I, HKR-Belege Nr. 16 vom 7. April 1785 und StAB, Rep. A 231 I Nr. 2015, HKR 1785/86, fol. 272v, doch verwendete der Fürstbischof zweifellos bewußt die vorliegende. Sie hatte, so überliefert Johann Sebastian Schram, der Chorrektor der Oberen Pfarre, der Fürstbischof von Franckenstein auf eigene Kosten machen lassen, *womit er dem* [!] *schlusstein zur seesbrucken in Eigener Höchster person einmaurete und selbe dem Maurer handwerck in ihre Lathen* [Lade] *zum ebigen andencken Verehrte* (StBB, Msc. Misc. 79/IV, 8). Die Kelle gelangte 1905 als Leihgabe der Maurer- und Steinhauerzunft in das Historische Museum Bamberg.

Erthal wird bei der Verwendung kaum an die Zerstörung der Seesbrücke, der „Königin der fränkischen Brücken", beim Eisgang 1784 gedacht haben – dem erst heute das Überdauern des Krankenhauses in ursprünglicher Funktion bis 1984 gegenübergestellt werden kann –, als an die sinnvolle Beteiligung des Maurerhandwerks. Neben der Würdigung der Arbeit beim Bau könnten die Maurer für das Handwerk insgesamt stehen, denn diesem war das Krankenhaus (neben den Dienstboten und Armen) ja zugedacht.

Johann Georg Endres berichtet ergänzend: *Der Mörtel befand sich in einem zierlichen Geschirr mit dem Wappen des Fürstbischofs. Dieser schlug mit einem silbervergoldeten Hammer auf den Eckstein, ebenso der gerade anwesende russische Gesandte, einige Geistliche Räte und zum Schluß der Hofkammerrat Johann Philipp Geigel* (StBB, H. V. Msc. 538, fol. 213 r und v; vgl. Kat.Nr. 133).

B. S.

74 *Von den Vortheilen der Krankenhäuser für den Staat. Adalbert Friedrich Markus, Hofrath, Leibarzt und erster dirigierender Arzt des allgemeinen Krankenhauses in Bamberg.*

Bamberg und Würzburg, 1790.
[9], 114 S.

Staatsbibliothek Bamberg, R. B. M. o. 45

Lit.: Ausstellungskatalog Allgemeines Krankenhaus, Nr. 22.

Das Titelkupfer (links signiert: *A. W. Küffner inv. del. & f. 1789 No 67*) zeigt vor der Stadtseite des Krankenhausgebäudes die von einem Engel bekränzte Büste des Fürstbischofs, seitenverkehrt nach der Darstellung bei Schlehlein (vgl. Kat.Nr. 77), umgeben von zwei weiblichen Gestalten mit Schale und Äskulapstab; rechts zwei Bresthafte, stehend bzw. liegend, und die Hände flehend erhoben. Marcus betont in seiner Vorrede (in der er die programmatischen Äußerungen Franz Ludwigs bei der Eröffnung des Krankenhauses zitiert), daß er hier seine Dankrede am Eröffnungstag (S. 1–16) mit 13 Beilagen publiziere, um darzutun, wie viele seiner Pläne der Fürstbischof entgegen seiner bescheidenen Bemerkung tatsächlich schon verwirklicht habe. Die Beilagen behandeln das Armenwesen (1), die Aufhebung des Lotto (2), die Schulverbesserung (3), Ackerbau, Viehzucht, Kunstfleiß, Wissenschaften (4), Gesetzgebung (5), Folgen der milderen Gesetzgebung (6), Vorkehrungen gegen Getreide- und Holzmangel (7), die Hebammenschule (8), Verbesserung der Wundarzneiwissenschaft (9), Krankenverpflegung für Stadtarme (10), Einrichtung des Allgemeinen Krankenhauses (11), Bevölkerung Bambergs (12; 1789 wurden an Personen gezählt in St. Martin 8611, in der Oberen Pfarre 8240, während die Angehörigen der Klöster und Stifte mit deren Pfarreien, Dom- und Kanonikathäusern auf 4000 berechnet wurden, womit man auf insgesamt 20851 Einwohner kam), Stiftung Christian Ludwig von Erthals für Hausarme und Kranke (13).

B. S.

Nr. 72

75 *Kurze Beschreibung des allgemeinen Krankenhauses zu Bamberg von Dr. Adalbert Friedrich Marcus dirigirendem Arzte an diesem Krankenhause*

Mit Kupfern
Weimar, 1797
46 S., 4 Tafeln

Staatsbibliothek Bamberg, R.B.H.Bbg. o.70

Lit.: Ausstellungskatalog Allgemeines Krankenhaus, Nr. 26.

Marcus beginnt seine Schrift, die wohl dem Nachweis des Florierens dieses Instituts nach dem Ableben Erthals dienen soll und auch die seither eingetretenen Veränderungen umfaßt: *Eine vollständige Beschreibung dieses Hauses, mit allen dazu gehörigen Tabellen und Belegen, würde die Gränzen dieser kleinen Schrift bey weitem überschreiten. Sie soll nur eine kurze Nachricht von der Entstehung dieser Anstalt, und ihrer inneren Einrichtung und Verfassung seyn. Eine ausführliche Darstellung und vollständige Uebersicht des Ganzen behalte ich mir vor zu liefern, wenn Zeit und Umstände es erlauben werden.*

Enthalten sind auch die Pflichten der Krankenwärterinnen (S. 37–40) und der Kranken (S. 41 f.), die Erklärung der Kupfertafeln (Aufriß der Stadtseite, Grundrisse der drei Geschosse), ein Aufruf an die Besucher (S. 33) und eine Speisetabelle (S. 23). Der Stecher ist nicht genannt, doch dürfte sich Marcus von Schülern des Westenschen Zeicheninstituts verkleinerte Kopien des Finkschen Plans haben anfertigen lassen, die, nach dem tatsächlichen Ausbaustand reduziert (also ohne die Irrenanstalt), als Vorlage verwendet wurden.   B. S.

76 *Bey der Eröffnungsfeyer des neuen Krankenspitals im Sande am 11ten November 1789. legen dem Hochwürdigsten des Heil. Röm. Reichs Fürsten und Herrn, Herrn Franz Ludwig, Bischoffen zu Bamberg und Wirzburg, auch Herzogen zu Franken etc. etc. als milde-*

165

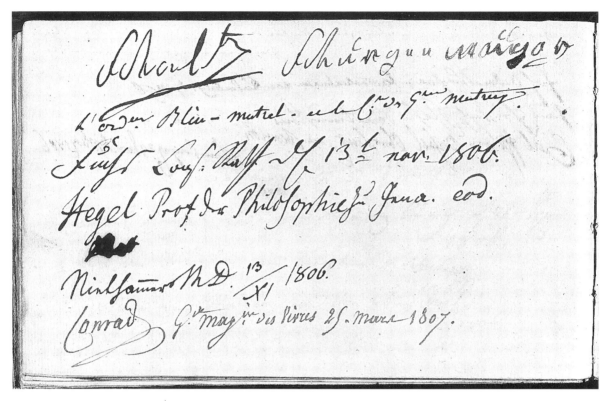

Nr. 78

sten Stifter besagten Spitals im Namen des gesammten Pfarrspiels zu U. L. Frauen am
Kaulberge folgende Verse demüthigst zu
Füßen Marianne Schindele. Marianne
Haukin. Dorothea Richterinn. drey Zöglinge
aus der Realschule im Sande dergleichen
mehrere von Sr. Hochfürstl. Gnaden für die
weibliche Jugend errichtet worden sind. Verfasset von Anton Zink, Landesarchivs Registrant.

Bamberg
2 Doppelbll. im Folioformat

Staatsbibliothek Bamberg, R.B.Carm.sol.f.136

Lit.: Ausstellungskatalog Allgemeines Krankenhaus, Nr. 25.

Der Titel mit schöner Rokoko-Holzschnitt-Verzierung,
signiert *L. Storch*, innen mit drei Holzschnitt-Vignetten.
Die Rezitation der Carmina wird von Schram (StBB,
Msc. Misc. 79/IV,8) erwähnt. B. S.

77 *Dankrede an Sr. [!] Hochfürstl. Gnaden
gehalten von Georg Albert Schlehlein Hofrath
und Stadtkonsulenten. Im Namen der Bürger
Bambergs, bei der feierlichen Eröfnung des
neuen Krankenspitals den 11. Nov. 1789.*

Bamberg, 1790
24 S.

Auf dem Titelbild Porträtbüste Erthals in medaillenartiger Umrandung
mit der Devise *NEC PLURIBUS IMPAR* und *SALUS PATRIAE*

Provenienz: Das eine der beiden ausgestellten Exemplare hat einen zeitgenössischen Bronzefirnisumschlag mit alter Beschriftung und stammt,
wie der eingedruckte Stempel erweist, aus dem Besitz von Gregor Andreas Gundermann (1772–1850), Professe in Ebrach seit 1793, ab 1805 erst
Kaplan, dann Pfarrerverweser und schließlich Kommorand in Burgwindheim (Stempel der Pfarrei). Von ihm kam es an Georg Stürmer
(1812–1869), 1845 Kaplan in Burgwindheim, später Pfarrer in Leutenbach und dann in Sambach; nach dem Eintrag (von anderer Hand) auf
dem Titelblatt hat Stürmer die Rede am 7. März 1869 [in der Kirche] laut
vorgelesen. Über Johann Braun, Bamberg (Stempel) an Oskar Krenzer
und in die Staatsbibliothek

Staatsbibliothek Bamberg, R.B.Orat.o.5 und 5 a

Nr. 78

Lit.: Ausstellungskatalog Allgemeines Krankenhaus, Nr. 24.

Wie Schram (StBB, Msc. Misc. 79/IV,8) berichtet, hielt zuerst Schlehlein die Rede *auswendig,* während danach Marcus mit einer *aufgeschriebenen* folgte und mit einer gedruckten Ode (Ausstellungskatalog Allgemeines Krankenhaus, Nr. 23) abschloß.   B. S.

78 Gästebuch des Krankenhauses

1792–1807
Kalbslederband im Querformat
H. 11,7 cm, Br. 19,3 cm
Auf Vorder- und Rückseite des Einbands in Goldprägung der Hochstiftslöwe mit Fürstenhut, umgeben von zwei girlandenhaltenden Figuren, einem Löwenkopf und Vasen. Titelblatt: *Den Freunden der Kranken und des Krankenhauses gewidmet im Jahre 1792.* 211 Bll.

Provenienz: Aus dem Krankenhausbestand von dessen Direktor, Dr. med. Georg Hornung, Bamberg, dem Historischen Verein Bamberg übergeben.

Stadtarchiv Bamberg, Historischer Verein, Rep. 2, Nr. 590 b   Abb.

Lit.: Ausstellungskatalog Allgemeines Krankenhaus, Nr. 49.

Der erste datierte Eintrag ist vom 17. September 1792, der letzte vom 24. Mai 1807. Außerhalb der chronologischen Ordnung hat sich am 2. Juli 1794 auf der Titelblattrückseite Friedrich Karl Joseph von Erthal (1719–1802), der Bruder des Fürstbischofs und Kurfürst von Mainz, eingetragen, der seiner Bewunderung auch mit Spenden von fast 15000 fl. Ausdruck verlieh. Der Ruhm des Krankenhauses unter der Leitung von Adalbert Friedrich Marcus verbreitete sich schnell und zog Besucher an, wie auch Reisebeschreibungen belegen. Die Bürger ihrerseits machten Fremde auf die „größte Zierde" der Stadt aufmerksam, deren Besuch zum selbstverständlichen Pflichtprogramm gehörte. Unter den bekannteren Namen seien Wilhelm Heinrich Wackenroder (1773–1798), Ludwig Tieck (1773–1853) und Georg Wilhelm Friedrich Hegel (1770–1831) genannt, von den häufig genannten Ärzten (z. B. dem bedeutenden Würzburger Chirurgen Carl Caspar von Siebold [1736–1807]) ganz zu schweigen. Nicht selten sind Bemerkungen zum Lob des Stifters und dessen Einrichtung.   B. S.

79 Kronacher Schießscheibe aus dem Jahre 1789 mit dem Bamberger Allgemeinen Krankenhaus

Kronach, 3. August 1789
Temperafarben auf Holz; beschossen
H. 60 cm, Br. 60 cm

Frankenwaldmuseum Kronach, LNR 20, F V/57   Farbtafel VI

Unveröffentlicht

Das Frankenwaldmuseum in Kronach ist mit seiner 110 Objekte umfassenden Sammlung historischer Schießscheiben aus den Jahren 1723–1877 im Besitz einer einzigartigen Bildquelle zu stadt- und landes- sowie volkskundlichen Themen. Die in fast jährlicher Folge erhaltenen, zumeist quadratischen Holztafeln sind vom 18. bis zur Mitte des 19. Jahrhunderts vorwiegend in zwei Größen (90 x 90 cm, 60 x 60 cm) ausgeführt und mit Temperafarben bemalt worden. Die Scheiben ab dem Jahre 1842, fast ausschließlich von dem Kronacher Maler Lorenz Kaim gemalt, sind kleiner (50 x 50 cm) und in Ölfarbe ausgeführt.

Wer im einzelnen für die dargestellten Motive auf den Schießscheiben verantwortlich war, läßt sich aus den erhaltenen Archivalien nicht ermitteln. Es ist aber offensichtlich, nach den Texten auf den Tafeln zu urteilen, daß hierfür unterschiedliche Auftraggeber in Frage kommen. So belegen Umschriften, Themenbezüge und Widmungsangaben auf einigen Scheiben, daß es der jeweilige Stifter (meist der Sieger des Vorjahresschießens) war, wenn sich das Motiv etwa direkt auf seinen Namen oder auf seinen Beruf bezieht. Die mehrmals gewählten Themen mit stadt- oder landespolitischem Bezug kamen offenbar vorwiegend auf die Entscheidung eines Gremiums aus der *löblichen Schützen Compagnie* hin zustande; zumindest ist diese Widmung mit einer Vielzahl solcher Scheiben verbunden.

Allein aus der Regierungszeit Fürstbischof Franz Ludwig von Erthals sind in Kronach insgesamt 16 Schießscheiben erhalten geblieben (1779: 1; 1786: 2, 1787: 2; 1789: 3; 1790: 3; 1791: 3; 1792: 1; 1795: 1). Mit einer der Tafeln aus dem Jahre 1789, die das neue Allgemeine Krankenhaus in Bamberg zeigt, ist uns ein Bilddokument überliefert, das in bisher unbekannter Weise und in ungewöhnlichem Funktionszusammenhang die Wirkung dieser wegweisenden Einrichtung außerhalb der Bistumshauptstadt belegt. Die bereits auf den 3. August 1789 – also gut drei Monate vor der Einweihung des Gebäudes – datierte Scheibe stammt von einem unbekannten Kronacher Maler; auch hier muß offen bleiben, wer das Motiv auswählte. Dafür, daß die Darstellung aber nicht nach einer graphischen Vorlage geschaffen wurde – eine solche ist aus der Zeit vor der Fertigstellung auch nicht bekannt – sprechen mehrere, von der tatsächlichen Situation abweichende Details im Bild: Zwar ist die Dreiflügelanlage richtig wiedergegeben, hier aber mit drei statt der originalen zwei Vollstockwerke versehen; die Zahl der Fensterachsen ist zu gering; Turmhaube und Brunnen haben so nicht bestanden; der Fluß müßte links im Bild vorbeifließen; der Garten befindet sich vor der Hauptfront und nicht vor dem Seitenflügel. Zumindest ungewöhnlich ist auch die gewählte Ansicht des Krankenhauses von der Hofseite aus, wobei allerdings der Mittelrisalit der Stadtfront hierher verlegt wurde.

Ob nun der Maler das Gebäude von einem Aufenthalt in Bamberg kannte und die Darstellung dann später „aus dem Kopf" fertigte oder ob er das Bild nach einer Skizze oder nach der Beschreibung des Auftraggebers malte, bleibt unklar. Eindeutig ist jedoch, daß es sich bei dem gezeigten Bau um das kurz vor seiner Einweihung stehende neue Bamberger Krankenhaus handelt, wobei aber nicht die detailgetreue Wiedergabe der Architektur gemeint war, sondern die von Fürstbischof Franz Ludwig von Erthal angestrebte soziale Fürsorge für seine Untertanen. Ihre sichtbare Form, das Krankenhaus, beeindruckte offenbar schon vor seiner Inbetriebnahme so sehr, daß man es als Thema für eine Zielscheibe beim Kronacher Freischießen wählte.

Verlaßne Menschenkinder, Wann ihr nicht wist wohin, wann Euch die Kranckheit Quälet, und Euch Verpflegung fehlet, / Hier ist der Zufluchts Ort, Den FRANZ LUDWICH Gestifftet, Wo Euch Mildthätige Händ umarmen, und sich der Leidenten Erbarmen lautet daher auch der Scheibenspruch, womit der Verfasser in einfacher Form zusammenfaßt, woran dem Landesherren gelegen war.

M. N.

80 *Üeber die im fürstlichen Krankenhause verpflegten und behandelten Kranken vom 10ten November 1789. bis Endes Dezember 1790. dann fernere Einladung zum Beytritt des Kranken-Dienstboten Instituts.*

Bamberg den 21ten Jänner 1791. Von hochfürstl. Krankenhaus-Kommission.
2 Bll. im Quartformat

Staatsbibliothek Bamberg, R.B.Caps.f.8

Lit.: Ausstellungskatalog Allgemeines Krankenhaus, Nr. 30.

Die Übersicht über die im genannten Zeitraum behandelten Kranken nennt 307 Behandelte, davon 116 vom Armeninstitut, 150 vom Handwerksgeselleninstitut, 14 vom

Dienstboteninstitut. Letztere Zahl spiegelt die geringere Akzeptanz bei den Dienstherren bzw. Dienstboten nach dem Aufruf im Hochfürstlich Bambergischen Intelligenzblatt vom 28. September 1790 (Ausstellungskatalog Allgemeines Krankenhaus, S. 73).

Die weiter genannten 13 vom Lande *aus besonderer Gnade und auf Rechnung Sr. hochf. Gnaden* Aufgenommenen zeigen, daß Erthal die Einrichtung für die Residenzstadt geschaffen und noch keine flächendeckende Versorgung für sein Hochstift institutionalisiert hatte. – Daß nur 14 Kranke auf eigene Rechnung behandelt werden, spiegelt die Situation der Zeit lange vor der Apparate-Medizin wider, als sich der Bürger zu Hause behandeln ließ, wo er auch die bessere Pflege und Versorgung genießen konnte.

Von den Genannten waren 246 genesen, 6 blieben unheilbar, 30 wurden noch behandelt, 15 waren verstorben. Bis zum 11. November 1793 wurden 1842 Kranke behandelt, davon 512 Arme, 623 Handwerker, 418 Dienstboten, 185 vom Land und 104 auf eigene Rechnung.

B. S.

81 Rechnungen des Krankendienstboteninstitutes

Erste vier Rechnungen 1791 bis 1794

Staatsbibliothek Bamberg, R.B.Caps.q.5/1

Lit.: Ausstellungskatalog Allgemeines Krankenhaus, Nr. 32. – Armenfürsorge und Daseinsvorsorge. Dokumente zur Geschichte der Sozialgesetzgebung und des Sparkassenwesens in Bayern. Ausstellung des Bayerischen Sparkassen- und Giroverbandes und des Bayerischen Hauptstaatsarchivs. München 1992, S. 34 (die Ausstellung wurde vom 3.–25. November 1994 auch in der Kreissparkasse Bamberg gezeigt).

Eine Ankündigung und Einladung zum Beitritt an die Dienstherrschaften und Dienstboten erschien als Beilage zum Hochfürstlich Bambergischen Intelligenzblatt am 28. September 1790 (Ausstellungskatalog Allgemeines Krankenhaus, S. 73). Erst am 11. November 1790, ein Jahr nach der Krankenhauseinweihung, erfolgte die Gründung. Laut Statuten (im ersten Bericht abgedruckt) hätten wenigstens 1000 Dienstboten beitreten müssen, von denen jeder im Vierteljahr im voraus mit 15 Kr. ver-

anschlagt war, *distingierte* mit dem Doppelten (Einnahmen stammten aber auch aus zwei Konzerten). Herangezogen werden sollte der Dienstherr, doch zahlten bereits im ersten Jahr auch Dienstboten für sich selbst ein. Es waren anfangs nur 682 Mitglieder, so daß das Institut lange defizitär blieb. Behandelt wurden im ersten Jahr 101 Patienten. Die Rechnungslegung erfolgte jährlich.

Der ersten Rechnung beigebunden ist ein Muster des Einschreib- und Aufnahmeformulars, außerdem eine *Summarische Berechnung über Einnahme und Ausgabe bey dem Armen-Institut zu Höchstadt Vom 7ten September 1790 bis dahin 1791* (vgl. Kat.Nr. 84).

B. S.

82 Rechnungen des Krankengesellen-instituts

Erste Rechnung 1790 und Rechnungen bis 1889

Staatsbibliothek Bamberg, R.B.Caps.f.8 und R.B.H.Bbg.f.3

Lit.: Ausstellungskatalog Allgemeines Krankenhaus, Nr. 30

Die Versicherung der Handwerksgesellen und -lehrjungen soll noch im Jahr der Krankenhauseinweihung gegründet worden seid (das Würzburger Gegenstück bestand bereits seit 1786). Ein handschriftlicher Eintrag nennt jedoch als förmlichen Termin der Bamberger Gründung erst den 1. Januar 1790, *nach Aussage der im Sessionszimmer dieses Instituts ausgehängten Tafeln.* Dort finde sich auch das Siegel, ein Pelikan mit der Umschrift *Institut Bamberger Kranker Gesellen.* 1791 zählte es bereits 1001 Mitglieder (781 ständige und 220 reisende). 1790 finanzierte es die Behandlung von 150, 1791 von 131 Mitgliedern. Jeder Angehörige entrichtete wöchentlich 1 Kr., doch gab es auch Spenden, unter anderem aus einer im Krankenhaus aufgehängten Büchse, also von Besuchern, vom Maurerhandwerk einmal allein 100 fl., von Erthal einmal 1000 fl. Die Rechnungslegung erfolgte jährlich und in gedruckten Berichten, erst im Quart-, bald im Folioformat; bis zur 27. Rechnung 1817 sind sie von dem Hofwerkmeister und dann Hofarchitekten Johann Lorenz Fink als Prüfer mitunterzeichnet. Zum hundertjährigen Jubiläum 1889 erschien eine Festschrift.

B. S.

Farbtafel I: Namen und Wappen der Agnaten des Franz Ludwig von Erthal (Kat.Nr. 8).

Farbtafel II: Porträt Franz Ludwig von Erthal als junger Mann (Kat.Nr. 11).

Farbtafel III: Glückwunsch des Laurentius Molitor zur Konsekration Erthals (Kat.Nr. 20).

Farbtafel IV: Kasten mit Predigt-Entwürfen des Fürstbischofs Franz Ludwig von Erthal (Kat.Nr. 91).

Farbtafel V: Das Allgemeine Bamberger Krankenhaus. Detail aus Grund- und Aufriß des Johann Lorenz Fink von 1788 (Kat.Nr. 70).

Farbtafel VI: Kronacher Schießscheibe aus dem Jahre 1789 mit dem Bamberger Allgemeinen Krankenhaus (Kat.Nr. 79).

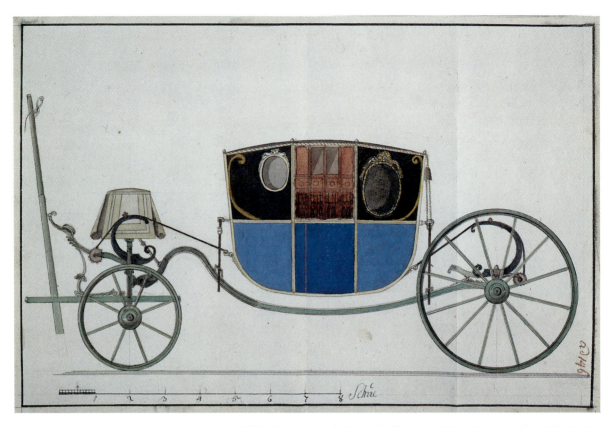

Farbtafel VII: Zeichnung einer Leibchaise des Fürstbischofs Franz Ludwig von Erthal (Kat.Nr 134).

Farbtafel VIII: Franz Ludwig von Erthal mit einem vortragenden Hofbeamten. Getuschtes Silhouettenbild (Kat.Nr. 77).

83 Gesuch der Ursula Ochsin an den Fürstbischof zur Auslösung ihrer Kleider

Bamberg
[11.] Januar 1791
1 Doppel-Bl. im Folioformat, gefaltet

Staatsbibliothek Bamberg, Msc. Misc. 67/3 d

Lit.: Katalog der Handschriften der Königlichen Bibliothek zu Bamberg, 3. Bd., bearbeitet von HANS FISCHER. Bamberg 1912, S. 142.

Die neunzehnjährige ledige Bürgerstochter vom Stephansberg in Bamberg, eine mittellose Waise, führt aus, sie habe der Webermeisterin Erhardin, ebenfalls am Stephansberg, 2 fl. geliehen und noch nicht zurückerhalten; diese, eine *wegen ihrer liederlichen Wirthschaft und Leüth ansezen schon bekannte Frau*, habe überdies ohne ihr Wissen von den Kleidern der Bittstellerin einen Rock und eine Schürze beim Hofkoch versetzt. *Da ich nun ohnehin mit wenigen Kleideren versehen, andurch in Schaden versezet und wegen Abgang dieser benöthigten Kleidung in Dienste als Magd zu gehen nicht imstande bin,* bittet sie *demüthig fußfälligst,* die Armeninstitutskommission anzuweisen, ihr die genannte Summe von 2 fl. und eine solche von 2 fl. 24 Kr. zur Auslösung ihrer Kleider angedeihen zu lassen, *woraufhin ich wiederum künftigen Termin Lichtmes in neue Dienste einstehen werde.*
Der Fürstbischof läßt am 11. Januar 1791 auf der Außenseite des wohl am selben Tag abgegebenen Gesuchs die Anweisung an die genannte Kommission notieren: *Nach vorläufiger Vernehmung der Untercommission über die Umstände und Angaben dieser Supplikantin ist Mir über gegenwärtige Bittschrift Bericht und Gutachten zu erstellen* und unterschreibt mit voller Namensform.　　B. S.

84 *Summarische Berechnung über Einnahme und Ausgabe bey dem Armen-Institut zu Höchstadt Vom 7ten September 1790 bis dahin 1791.*

Beigebunden der ersten Rechnung des Bamberger Krankendienstboteninstituts von 1792
1 Doppelbl. im Quartformat

Staatsbibliothek Bamberg, R. B. Caps. q. 5 (1

Bei den Ausgaben sind erwähnt: *128 fl. 4 kr. An 1921 Handwerkspursche und arme Reisende, deren jeder 4 Kr.*

gegen Vorzeigung eines gedruckten Zettels bey dem Kassier erhält. Das Namensverzeichnis der Armen enthält in der ersten Klasse 13 Namen, in der zweiten 5, in der dritten 19. Die aufgewendeten Summen beginnen in der ersten Klasse bei 60 fl. 40 Kr., in der zweiten bei 13 fl. und in der dritten bei 8 fl. 40 Kr. Zusätzlich aufgeführt sind 9 Männer und 10 Frauen im Höchstadter St.-Annen-Spital.
　　B. S.

85 Ausgaben für arme Leute in der Bamberger Schatullrechnung des Franz Ludwig von Erthal 1786/87

Papier, Libell, 54 S., in mit blauem Buntpapier überzogenen Pappdeckel gebunden, Schlaufen
H. 35 cm, Br. 21,5 cm

Staatsarchiv Bamberg, Rep. A 231 I, Hochstift Bamberg, Ämterrechnungen, Hofhaltung, Schatullrechnungen, Nr. 48

Lit. zu den Schatullrechnungen allgemein: HANS KRAUSERT, Staatsarchiv Bamberg. Rechnungen des Hochstifts Bamberg (Bayerische Archivinventare 6). München 1956, S. 4*, 5.

Die für die Jahre 1781/82 – 1794/95 vorliegenden Schatullrechnungen des Fürstbischofs (StAB, Rep. A 231 I, Nr. 43-56) geben zusammen mit den erhaltenen Belegen der Jahre 1781/82 – 1795/96 (ebd. Nr. 65-79) wertvolle Aufschlüsse über die von ihm laufend für arme und bedürftige Personen zur Verfügung gestellten Gelder. Ausgestellt sind hier zwei Seiten aus der vom fürstbischöflichen Hofkammerrat Johann Joseph Aloys Wunder geführten Schatullrechnung für 1786/87 (S. 42 f.) mit Ausgaben für Doktor- und Apothekerkosten *wegen armen Leuten,* an unverzinslichen hingeliehenen Kapitalien und Kostgeldern zur Kleidung für bedürftige Personen. Auf den vorausgehenden Seiten sind darüber hinaus Ausgaben zur allgemeinen Armenkasse, zu Holz und Reisig für arme Leute und für Lehrjungen, auf den folgenden Seiten zur *Ausstattung solcher Personen, die in ein Closter gegangen,* sowie für Bücher und Buchbinderlohn für bedürftige Personen aufgeführt. Insgesamt belaufen sich die angeführten Ausgaben für arme und bedürftige Personen auf 1578 fl. 89 1/8 Kr.; dies entspricht immerhin rund 9,6% der dem Fürstbischof im Rechnungsjahr 1786/87 insgesamt persönlich zur Verfügung stehenden Mittel in Höhe von 16380 fl. 53 1/16 Kr. (darunter 9000 fl. als jährliches Deputat, 2000 fl. an Kleidergeldern und 288 fl. an Judenschutzgeldern).
　　F. M.

GABRIELE POLSTER

Schule und Universität im Hochstift Würzburg

In Betreff der Innovation so haben sich mein Herr dies zum System gemacht, zu einer jeden Innovation, Verordnung etc. etc. die Gelegenheit abzupassen, und Sie haben gefunden, daß dieser Weg zwar etwas langzügig, in der Folge aber von einer herrlichen Würkung sei (. . .). Die Vorkehrungen sind nach dieser Art weniger auffallend, mehr quasi schleichend, und man ist fast immer sicher vom Erfolge[1].

Grundlinien der Erthalschen Bildungspolitik

Aufklärung, so die Kantsche Begriffsbestimmung im Jahr 1784, besteht im wesentlichen darin, *sich seines Verstandes ohne Leitung eines anderen zu bedienen*. Der *Schritt zur Mündigkeit* setzt daher eines voraus: daß die *Vormünder* im privaten und öffentlichen Bereich ihre Zöglinge aus dem *Gängelwagen* entlassen[2].
Als Maßstab an die Regierungspraxis des ausgehenden 18. Jahrhunderts gelegt, kann nach dieser Definition jedoch keinem der Staaten des Ancien régime das Prädikat „aufgeklärt" verliehen werden. Wenige Abschnitte der neueren Geschichte warteten mit einer solchen Flut an Mandaten und Verordnungen auf, wie das Zeitalter des „aufgeklärten" Spätabsolutismus, und es sind nicht zuletzt seine markantesten Vertreter, Friedrich II. in Preußen und Joseph II. in Österreich, die sich in dieser Beziehung besonders hervortaten[3].
Bekanntermaßen schränkte selbst Kant seinen Pflichtenkatalog für den aufgeklärten Fürsten auf eine Mindestanforderung ein: *in Religionsdingen den Menschen nichts vorzuschreiben* – die bloße Duldung Andersgläubiger *unter dem hochmütigen Namen der Toleranz*, wie sie etwa Josef II. den Protestanten und Juden der Habsburgermonarchie 1781 zugestand, genügte ihm nicht. Und gar *eine beharrliche, von niemanden öffentlich zu bezweifelnde Religionsverfassung auch nur binnen der Lebensdauer eines Menschen* festzulegen, heißt für Kant *die heiligen Rechte der Menschheit verletzen und mit Füßen treten*[4].
Unter solchen Prämissen darf es erstaunen, wenn ein geistlicher Fürst des Reichs, dessen tiefe persönliche Frömmigkeit ebenso zweifellos bezeugt ist wie sein Wille, den geistlich-katholischen Charakter seines Hochstifts und seiner Bildungseinrichtungen unverändert zu wahren[5], an seiner Landesuniversität Vorlesungen über Kantianische Philosophie genehmigt und den Lehrstuhlinhaber, wie 1792 in Würzburg geschehen, zur Vertiefung seiner Kenntnisse mit einem Reisestipendium „nach Königsberg zur Quelle"[6] schickt.
Schon die Zeitgenossen taten sich daher schwer mit einer angemessenen Beurteilung der Erthalschen Bildungsreformen[7]. Gingen den einen, die ihm engherzige Orthodoxie und übertriebene und sich ins Kleinliche verlierende Vorsicht und Gründlichkeit bei administrativen Entscheidungen vorwarfen, die Reformen nicht weit genug, so konnte von anderer Seite nur davor gewarnt werden, daß *die After-Aufklärung der heutigen Modegelehrten*, die nun auch in Würzburgs Ringmauern zu nisten angefangen habe, nur dazu führen könne, daß *in Kurzem mehr Indifferentisten und wahrhaft rohe Asiaten als wahre Katholiken allda anzutreffen sein möchten*[8].
Übertriebene Ängstlichkeit vor Neuerungen oder Blindheit gegenüber den Gefahren des Zeitgeists? Erthal selbst hat sich gegen solche Angriffe mehrfach verwahrt. Am ausführlichsten wohl 1793, als unter dem Eindruck der sich radikalisierenden Französischen Revolution auch in Würzburg die Stimmen lauter wurden, die glaubten, ihn vor den Gefahren seiner Hochschulpolitik warnen zu müssen: *Frei von aller parteilichen Abneigung gegen das Alte und ohne gleich zärtliche Vorliebe für das Neue, hab ich mir bei all meinen Grundsätzen und Maßnehmungen in allem dem, was außer den unveränderlichen Religionswahrheiten einem Wechsel und einer Veränderung unterliegen kann, schon längst die Mittelstraße gewählt, und bin dieser Wahl beständig eingedenk (. . .). Eben darum (. . .) werd' ich mich durch künstlich angelegte Plane, als da sind frömmelndes aber kurzsichtiges Aufmutzen von Religionsgefahr, Revolutionen und dergl. oder Vorspiegeln der Gemeinnützigkeit, der sonst erstickt werden Aufklärung, nicht gewinnen und in solche einflechten lassen, Intriguen aber und Kabalen zu begegnen wissen. All das vorausgesetzt, erkläre ich ferner, daß ich stets ein Beförderer der wahren und zweckmäßigen Aufklärung sein und bleiben werde, von deren Wohltätigkeit, wenn darunter gründlicher Religionsunterricht und steter Betrieb der Sittlichkeit mitverstanden wird, ich vollkommen überzeugt bin*[9].
Deutlich und selbstbewußt hat Erthal damit die Grundlinien seiner Bildungspolitik umrissen: sie hat der Erziehung der Menschen zu einer in bewußter und lebendiger Religiosität und Sittlichkeit wurzelnden Mündigkeit zu dienen, Ziel ist das irdische und jenseitige Wohl des Ein-

179

zelnen wie des Ganzen. Den geistigen Rahmen für die Realisierung bilden die überlieferten Glaubenslehren der Kirche, den organisatorischen der geistliche Territorialstaat des 18. Jahrhunderts. Dessen Einrichtungen gilt es, soweit sie sich bewährt haben, zu bewahren. Veränderungen haben daher nicht durch umfassende Neuorganisationen, sondern schrittweise durch Einzelmaßnahmen zu erfolgen, soweit sich diese nach sorgfältiger und unvoreingenommener Prüfung durch den Bischof und Landesfürsten als notwendig und nützlich erwiesen haben. Diesen moderaten Kurs zwischen Tradition und Innovation, letztendlich eine Gratwanderung zwischen „dogmentreuer Gläubigkeit und aufklärerischen Zeittendenzen"[10], verfolgte Erthal im Bereich der Schul- und Bildungspolitik während seiner gesamten Regierungszeit, und er konnte damit relativ bruchlos an das Werk seiner Vorgänger anknüpfen.

Entwicklung des Würzburger Schulwesens bis 1779

Grundlegung unter Julius Echter

Die Rahmenbedingungen für die Entwicklung des neuzeitlichen Würzburger Schulwesens schuf Fürstbischof Julius Echter von Mespelbrunn (1573–1617). Bei seiner Neuordnung des Hochstifts im Sinne der katholischen Reform nahm das Bildungswesen eine zentrale Stellung ein[11], und seine Maßnahmen waren umfassend und tiefgreifend genug, um dessen Organisation und katholischen Charakter auch für die folgenden Jahrhunderte festzulegen.

Die ersten Reformen Echters galten dem niederen Schulwesen, also den deutschen und lateinischen Schulen. Stand im Unterricht der Pfarrschulen an Stiften und Klöstern des Bistums die religiöse Erziehung ohnehin im Vordergrund, so wurde diese unter Echter nun auch für die städtischen und gemeindlichen Trivialschulen prägend[12]. Bereits kurz nach seinem Regierungsantritt 1573 unterstellte er die niederen Schulen in allen Stadt- und Landgemeinden des Hochstifts der Aufsicht des Geistlichen Rats, der in der Folgezeit für gebrauchsfähige Schulhäuser zu sorgen und die anzustellenden Schullehrer auf ihre Befähigungen hin zu prüfen hatte. Zu diesen Befähigungen gehörten neben ausreichenden fachlichen Kenntnissen im Schreiben, Singen und in der lateinischen Sprache der Nachweis über den regelmäßigen Empfang der Sakramente nach katholischem Ritus und die Ablegung eines Eids auf das Tridentinische Bekenntnis. Die 1589 für das Hochstift publizierte Kirchenordnung, die im Kapitel über die Schulen die Neuerungen zusammenfassend regelt[13], verbietet den Besuch von nichtkatholischen Schulen und schreibt monatliche Visitationen durch die Pfarrer vor. Bezüglich der Lehrinhalte steht die religiöse Erziehung im Vordergrund: nur in einem Nebensatz werden Lesen und Schreiben erwähnt, breiten Raum nehmen dagegen die Anordnungen über die täglichen Schulgebete, die Einübung der Kirchengesänge und die Gestaltung der Katechismusstunden an Sonn- und Feiertagen ein, an denen der Lehrer die Schüler auch zum Gottesdienst zu führen hat.

Die Schulverordnungen nach dem Dreißigjährigen Krieg erneuerten im wesentlichen die Bestimmungen Echters und zeigen vor allem, daß es bis in die Mitte des 18. Jahrhundert hinein nicht gelang, das Volksschulwesen auf den gewünschten Stand zu bringen, geschweige denn ganzjährigen Unterricht und allgemeine Schulpflicht durchzusetzen[14]. Machten die fürstbischöflichen Verordnungen hierfür vorwiegend die Nachlässigkeit der Eltern verantwortlich, so zeigt doch die weitere Entwicklung, daß das niedere Schulwesen vor allem daran krankte, daß die finanziellen Lasten, die Besoldung der Lehrer und der Unterhalt der Gebäude, allein auf den Schultern von Eltern und Gemeinden ruhten. Hinzu kam, daß die Verordnungen zwar die Prüfung und Auslese der Lehrer durch die geistliche Regierung vorsahen, daß für deren Vorbildung jedoch keine geeigneten Einrichtungen vorhanden waren[15].

Besser fundiert und daher auch erfolgreicher waren die Echterschen Bemühungen auf dem Gebiet des mittleren und höheren Schulwesens. Sein Vorgänger Friedrich von Wirsberg hatte 1561 eine Partikularschule errichtet, deren Leitung er 1567 den nach Würzburg berufenen Jesuiten übergab. Das mit dem Jesuitenkolleg eng verbundene Gymnasium, das den Alumnen propädeutische Kenntnisse in den klassischen Sprachen und im Hebräischen, in Physik und vor allem in der Religion vermittelte, wurde zur institutionellen Basis für die Neugründung der Würzburger Universität[16]. Angrenzend an das Jesuitenkolleg errichtet und im Jahr 1582 als dezidiert gegenreformatorische „Academia Catholica" feierlich eröffnet, war der Lehrbetrieb an der Julius-Universität bis ins 18. Jahrhundert hinein maßgeblich von der 1599 abschließend formulierten jesuitischen *Ratio atque Institutio Studiorum* bestimmt. Unter den vier Fakultäten stand die theologische nach Rang und geistigem Gewicht im Vordergrund, humanistische Rhetorik, aristotelische Philosophie und scholastische Theologie, die auch für die nichttheologischen Fächer als normativ galt, prägten die Studien. Jesuiten leiteten das Geistliche Seminar, das Echter 1579 in enger Verbindung mit der Universität als Konvikt und Schule für den Klerikernachwuchs des Bistums errichtet hatte, gleiches gilt für das Gymnasium, das entsprechend der Studienordnung als Propädeutikum in die Universität eingebunden blieb. Bis zur Gründung des Gymnasiums in Münnerstadt, das 1660 unter der Leitung der Bartholomiten aufgebaut und ab 1684 von den Patres des Augustinerklosters betreut wurde, war es das einzige im gesamten Hochstift.

Echter verstand seine Gründung als ein „seminarium ecclesiae et rei publicae" zugleich, abgestellt auf die Bedürfnisse des von ihm geleiteten frühabsolutistischen katholischen Staatswesens. Dem Geistlichen Seminar wurde daher 1607 ein „Seminarium Nobilium" an die Seite gestellt, das die Söhne des hochstiftischen Adels zum Staatsdienst heranbilden sollte.

Obwohl von den Jesuiten bis zur Auflösung des Ordens 1773 maßgeblich geprägt, war die Academia Julia daher von Anfang an weniger Jesuiten- denn Landesuniversität. In rechtlicher und institutioneller Hinsicht war sie vom Jesuitenkolleg deutlich getrennt, die Jesuitenpatres stellten zwar den Großteil der Professoren in Philosophischer und Theologischer Fakultät, aber weder in der Juristischen noch in der Medizinischen Fakultät, die ab 1593 in enger Koppelung mit dem Juliusspital ausgebaut wurde, waren Jesuiten als Professoren vertreten. Die Führungsämter, Rektorat und Kanzleramt, wurden seit 1584 in der Regel von Mitgliedern des Domkapitels verwaltet, wobei das Rektorat gerne auch von den Fürstbischöfen selbst übernommen wurde. Neben Echter wären hier auch Friedrich Karl von Schönborn, Adam Friedrich von Seinsheim und Franz Ludwig von Erthal zu nennen[17]. Hinzu kam, daß die Satzungsbefugnis für die Universität entsprechend dem kaiserlichen Gründungsprivileg von 1575 an die Genehmigungspflicht des Landesherrn gebunden war, die Zuständigkeitsbeschreibung der akademischen Gerichtsbarkeit sah lediglich die Exemtion der Universitätsangehörigen von der lokalen, nicht aber von der landesherrlichen Gerichtsbarkeit vor. Die Universitätsstatuten von 1587 bestimmten darüber hinaus, daß die Ordens- und Weltgeistlichen unter den Universitätsangehörigen der geistlichen Gerichtsbarkeit unterstellt blieben.

Ausschlaggebend für den Bestand der Universitätsgründung war die reiche wirtschaftliche Ausstattung durch den Stifter, bestehend aus einer Vielzahl von Einzeldotationen für die Hochschule, ihre Teilkörperschaften und ihre Nebenstiftungen. Deren Kapitalien und Pfründen wurden zwar seit 1588 durch einen hochstiftischen Beamten unter Aufsicht der fürstbischöflichen Hofkammer gemeinsam verwaltet, die Verfügung über die Einkünfte stand jedoch, zumeist zweckgebunden, den Einzelstiftungen zu und sicherte so deren Fortbestand in weitgehend unveränderter Form und Ausrichtung. Es ist daher kein Zufall, daß erst nach der Zusammenlegung der einzelnen Stiftungskapitalien zu einem einheitlichen Universitäts-

fonds im Jahr 1727 die Errichtung neuer Professuren und Anstalten aus Eigenmitteln der Universität und damit deren schrittweise, aber doch gezielte Modernisierung erfolgen konnte[18].

Neuorientierung unter Friedrich Karl von Schönborn

Sahen die Staaten des konfessionellen Zeitalters in der Beförderung der rechten Religion die allein maßgebliche Basis für die „salus publica", so rückten im Gefolge des Westfälischen Friedens mit seiner Festschreibung der landesherrlichen Libertät Natur-, Völker- und Staatsrecht in den Vordergrund des Interesses. Unter dem Einfluß von Rationalismus und Naturrechtsphilosophie an den protestantischen Universitäten des Reichs entwickelt, wurden die juristischen Fächer unter Fürstbischof Friedrich Karl von Schönborn (1729–1746) auch an der Würzburger Universität zum „Einlaßtor für aufgeklärtes Gedankengut"[19].

Schönborns Studien-Ordnung von 1731 bzw. 1734/43[20], mit Blick auf *mercklich geänderte Umstände und dermahlige Läufften der Zeiten* entworfen, bestimmte, daß an der Juristischen Fakultät neben Römischem und Kanonischem Recht auch das Ius Publicum mit seiner stark rechtsgeschichtlichen Betrachtungsweise zu lehren sei. Mit dem jungen Rechtsgelehrten Johann Adam Ickstatt (1702–1776) berief er im gleichen Jahr einen Schüler des rationalistischen Naturrechtsphilosophen Christian Wolff nach Würzburg, der das ihm übertragene Fach der Reichs-Staatslehre bis 1741 nach den Lehrbüchern der protestantischen Publizisten – der Name Pufendorf mag hier genügen – vertrat.

Nachhaltig gefördert wurde von Schönborn auch der aus Kitzingen stammende Kirchenrechtler Johann Kaspar Barthel (1697–1771), der von 1727 bis zu seinem Tod als Weltgeistlicher Kanonisches Recht an der Universität lehrte. Mit seiner historisch ausgerichteten und mit Blick auf das Reichsstaatsrecht entwickelten episkopalistischen Interpretation des Kirchenrechts begründete Barthel „eine neue Epoche in der Entwicklung der Kanonistik im katholischen Deutschland"[21]. Sein Einfluß in Würzburg ging jedoch über das von ihm vertretene Fach hinaus. Selbst unverhohlener Gegner der von den Jesuiten vertretenen scholastischen Theologie und Philosophie, beeinflußte er als Regens des Geistlichen Seminars von 1727 bis 1748 nachhaltig Theologiestudenten und Priesteramtskandidaten in dieser Richtung. Das Würzburger Priesterseminar entwickelte sich unter Barthel und seinen Nachfolgern zu einem „Musterseminar" der Aufklärung[22], aus dessen Zöglingen sich die maßgeblichen Träger der Schulreformen unter Seinsheim und Erthal rekrutieren sollten. Würzburg wurde so zu einem der wichtigen Zentren der *katholischen Aufklärung*[23], jener innerkirchlichen Reformbewegung, die sich unter dem Einfluß aufgeklärten Gedankenguts seit der Mitte des 18. Jahrhunderts im Reichsklerus und an den katholischen Hochschulen Deutschlands entwickelte.

Zukunftsweisend waren die Neuerungen der Studienordnung Schönborns in der erweiterten Fassung von 1734/43 auch für die Medizinische Fakultät. Sie ordnete regelmäßigen Unterricht am Krankenbett, daneben aber auch botanische und anatomische Demonstrationen an und verwies ausdrücklich auf den botanischen Garten im Juliusspital und das hier 1727 errichtete *Theatrum anatomicum*[24]. Nach dem Vorbild des Leidener Mediziners Hermannus Boerhaave sollte also auch in Würzburg die an Galen und Hippokrates ausgerichtete dogmatische Medizin durch eine klinische ersetzt werden. Im Vordergrund stand hier, wie in der gesamten Studienordnung, der deutliche Bezug auf die praktische Nutzanwendung *zu des Landes wahrer Wohlfahrt*. Allerdings gelang es nicht, qualifizierte und engagierte Fachvertreter für die Universität zu gewinnen, so daß die Reformen in den Anfängen stecken blieben[25].

Fast gänzlich scheiterten Schönborns Bemühungen um die Trivialschulen[26]. Die Bestimmungen seiner Studienordnung sahen in der zweiten Fassung von 1734/43 eine gründliche Unterweisung der Kinder in Orthographie und Rechnen vor und gingen in ihrer Intention über den reinen Religionsunterricht weit hinaus[27]. Schönborn, auch hierin aufgeklärtem Gedankengut verpflichtet, sah das maßgebliche Hindernis für die Umsetzung vorwiegend in der mangelnden Ausbildung der Lehrer und machte deren Anstellung davon abhängig, daß sie zuvor ihre Kenntnisse beim Schulmeister der Pfarrschule zu St. Peter und einem Schreibmeister der Universität vervollkommneten. Die Finanzierung der Schulen und Lehrer blieb jedoch weiterhin den Gemeinden und Eltern überlassen, so daß sich an der schlechten Besoldung der Lehrer, am mangelnden Schulbesuch und am mißlichen Zustand der Schulgebäude nichts änderte.

Neuordnung unter Adam Friedrich von Seinsheim

Erst unter Adam Friedrich von Seinsheim (1755–1779) brachen für das Würzburger Volksschulwesen bessere Zeiten an. Hofkanzler Philipp Christoph von Reibelt (1686–1766) setzte 1764/65 ein Legat von 30 000 fl. zugunsten des hochstiftischen Schulfonds aus und gab damit den Anstoß für eine umfassende Reform der Trivialschulen[28]. Als wichtigstes Vorbild diente die Neuordnung der katholischen Elementarschulen im preußischen Schlesien, die der Abt Ignaz Felbiger (1724–1788) von

1761 bis 1765 durchgeführt hatte. Nach langer Beratschlagung durch eine eigens eingerichtete Hofkommission und auf der Grundlage einer statistischen Erhebung über das Schulwesen in den einzelnen Landdekanaten 1768 konnte 1770 mit der Umsetzung begonnen werden. Finanziert durch eine Stiftung des Fürstbischofs, wurde bei der Pfarrei zu St. Peter in Würzburg eine Schulmeisterakademie für die theoretische und praktische Ausbildung der angehenden Lehrer eingerichtet, die im September 1770 mit 16 Auszubildenden, verteilt auf zwei halbjährige Kurse, ihren Betrieb aufnahm. Würzburg besaß damit eine der ersten Lehrerbildungsanstalten in Süddeutschland[29]. Zum ersten Direktor wurde Kaplan David Götz (geb. 1736) ernannt, der mit Hilfe eines Exerzitienmeisters den Unterricht leitete. Das von ihm verfaßte „Würzburger Lesebuch", 1772 erschienen, bestand aus einer Fibel und dem eigentlichen Lesebuch, dessen Lektionen erstmals auch weltliche Inhalte vermittelten. Die schließlich 1774 erlassene „Schul-Ordnung für die Niedern Stadt- und Landschulen"[30], ebenfalls von Götz entworfen und 1775 in Bamberg erschienen, faßt die Neuerungen systematisch zusammen. Sie schreibt den ganzjährigen Pflichtunterricht für alle Kinder des Hochstifts vom 6. bis zum 12. Lebensjahr vor und umfaßt ein für 6 Klassen berechnetes Lehrprogramm. Der Unterricht hat nach einheitlichen Lehrbüchern zu erfolgen, in deren seminargemäßem Gebrauch sich die Lehrer zu unterrichten haben. Voraussetzung für die Anstellung neuer Lehrer ist der erfolgreiche Besuch des Lehrerseminars, hinreichende und standesgemäße Besoldung wird zugesichert. Unterrichtsgegenstand in den deutschen Schulen sind christliche Glaubens- und Sittenlehre, Lesen, Schreiben und Rechnen, daneben Ökonomie, Hauswirtschaft, geographisches Grundwissen und Singen, wobei das jeweilige Jahrespensum für die einzelnen Klassen genau vorgeschrieben ist. Für die Aufsicht ist der Pfarrer zuständig, der die Schule wöchentlich zu visitieren hat. Methodisch steht die kindgemäße Vermittlung des Lehrstoffs im Vordergrund, und der Anhang über die Schulzucht rät, hierbei auf körperliche Strafen weitestmöglich zu verzichten.

Hatten die Bemühungen der Würzburger Schulkommission zunächst nur den niederen Schulen gegolten, so mußte mit der Aufhebung des Jesuitenordens durch Papst Clemens XIV. im Jahr 1773 auch eine Neuordnung der theologischen und philosophischen Universitätsstudien vorgenommen werden[31]. Seinsheim löste das Jesuitenkolleg mit größter Schonung und Rücksichtnahme im September 1773 auf, begrüßte aber die Aufhebung des Ordens, da er hierdurch die *Hindernisse, die einer notwendigen Reform der Universität in den Weg gelegt worden,* endlich behoben sah[32].

Von den fünf Professoren der Philosophischen Fakultät konnten die drei Professoren für Physik und Mathematik als Weltgeistliche verbleiben, die Professur für Logik und Metaphysik wurde jedoch dem im Kloster Banz beheimateten Benediktiner Columban Rösser (1736–1780) und diejenige für Ethik und Geschichte der Philosophie dem Weltgeistlichen Nikolaus Steinacher (1749–1787) übertragen. Mit ihnen wurde, sicherlich den Intentionen Seinsheims entsprechend, die „Aufklärungsphilophie der evangelischen Universitäten Norddeutschlands während der 1770er Jahre auch in Würzburg heimisch"[33]. In der Theologischen Fakultät blieben nach 1773 die drei Professoren fur Kirchengeschichte, Exegese sowie Dogmatik und orientalische Sprachen im Amt. Mit den Weltgeistlichen Andreas Josef Fahrmann (1742–1802) als Professor für Moraltheologie bis 1779, Franz Oberthür (1745–1831) als Professor für Dogmatik und Polemik und Michael Ignaz Schmidt (1736–1794) als Inhaber eines neuen Lehrstuhls für Reichsgeschichte kamen jedoch drei dezidierte Gegner der Scholastik und der Jesuiten aus dem Lager der katholischen Aufklärung hinzu.

Der in Arnstein/Unterfranken geborene Schmidt[34], wie die meisten der neu berufenen Professoren Zögling des Würzburger Priesterseminars, hatte sich als Präfekt des *Collegium Nobilium* seit 1768 zum führenden Kopf der Schulkommission entwickelt und darf als maßgeblicher Berater Seinsheims bei der Neuorganisation der Lateinschulen, des Gymnasiums wie auch der philosophischen und theologischen Studien der Universität betrachtet werden. Die Berufung Rössers und die Neuregelung der Theologenausbildung mit ihrer starken Betonung von Exegese und Kirchengeschichte im Jahr 1773 gehen auf seine Anregungen zurück, von Schmidt stammt auch der im Jahr 1774 veröffentlichte „Entwurf der Wirzburger Schulen Einrichtung", weitreichendes Konzept eines neuen Studienplans für die Gesamtuniversität[35]. Als Korrespondenzpartner des mittlerweile nach Wien berufenen Schulreformers Felbiger, vor allem aber als Autor eines bahnbrechenden „Methodus catechizandi" (1769), einer „Geschichte des Selbstgefühls" (1772) und einer ab 1778 in Ulm erscheinenden mehrbändigen „Geschichte der Deutschen" erwarb er sich einen weit über Würzburg hinausreichenden Ruf als katholischer Theologe, Pädagoge und Historiker.

Schule und Universität unter Franz Ludwig von Erthal

Franz Ludwig von Erthal, der 1779 mit dem Vorsatz angetreten war, den Franken einen um zwanzig Jahre verjüngten Adam Friedrich von Seinsheim zu präsentieren und dessen Reformpolitik „gerade auch im Bildungsbereich intensiviert fortzusetzen"[36], war daher wenig erbaut, als Schmidt, glänzendster Kopf der Würzburger Schulkommission, 1780 einem Ruf an das kaiserliche Hausarchiv nach Wien folgte[37].

Allerdings gelang es ihm, mit dem mainzischen Statthalter in Erfurt, Carl Theodor von Dalberg (1744–1817), einen ebenso erfahrenen wie engagierten Bildungsreformer als Nachfolger zu finden[38]. Von Erthal am 10. April 1780 zum Domscholastikus berufen, übernahm Dalberg als referierender Vertreter der Schulkommission von 1781 bis 1787 die Aufsicht über das gesamte Würzburger Schulwesen. Die Schulkommission, die unter Seinsheim ein der Geistlichen Regierung unterstelltes Beratungsgremium gewesen war, verselbständigte sich unter seiner Leitung zu einer eigenständigen Staatsbehörde des Hochstifts, für die Ausbildung, Anstellung und Überwachung der Schullehrer und die Einhaltung der Schuldisziplin ebenso zuständig wie für die Instandhaltung und den Bau von Schulen und Lehrerwohnungen. Sie erließ alle das Schulwesen betreffenden Richtlinien und sorgte für deren praktische Durchführung[39]. Dalberg, von 1784 bis 1788 als Rektor der Universität auch um deren Förderung intensiv bemüht, war von Erthal als sachkundiger und gewissenhafter Berater durchaus geschätzt. Die endgültigen Entscheidungen traf der Fürstbischof jedoch selbst, und er versäumte es nicht, bei gegebenem Anlaß höflich darauf hinzuweisen, daß auch auf dem Gebiet des Bildungswesens der Initiator der Reformen in seiner Person zu finden sei[40].

Trivialschulen

Nach eigenem Bekunden hatte sich Erthal bereits als kaiserlicher Kommissar in Regensburg von den philanthropischen Werken Johann Bernhard Basedows (1724–1790) und Friedrich Eberhard von Rochows (1734–1805) einnehmen lassen[41] und richtete daher von Anfang an sein Hauptaugenmerk auf das niedere Schulwesen. *Ich war immer der Meinung*, begründete er dies 1793, *daß das Gebäude des Staats so wie jedes physische Bauwerk vom Fundamente aus aufgeführt werden müsse. Daher war es meine erste Sorge, die Erziehungsanstalten sowohl auf dem Lande, als in der Stadt, vorzüglich die Trivial- und gymnastischen Schulen in eine mit der wahren Aufklärung unseres Jahrhunderts im Verhältnis stehende Verfassung zu setzen*[42].

Die Reformen Seinsheims im niederen Schulwesen waren teilweise auf beträchtlichen Widerstand, vor allem unter den Eltern gestoßen und hatten nicht im vorgesehenen Umfang verwirklicht werden können[43]. Darüber hinaus waren nach Erthals Ansicht die Unterrichtsmethoden mangelhaft, Lehrplan und Schulbesuch ungenügend, die Lehrbücher mittlerweile veraltet, und die Schullehrer schlecht ausgebildet und immer noch zu gering besoldet und die Schulen von ihrer Aufgabe, Pflanzstätte glücklicher Staatsbürger und guter Christen zu sein, weit entfernt[44].

Entsprechend seiner Maxime, Veränderungen nur nach gründlicher Vorbereitung vorzunehmen, ordnete Erthal 1781 aber erst einmal die Generalvisitation der Landschulen des Hochstifts an[45]. Der Landkaplan Johann Strobel (1742–1801) wurde auf eine Ausschreibung hin zum Schulenvisitator ernannt und begann nach einer eigens hierfür ausgearbeiteten Instruktion die erste seiner fast vier Jahre dauernden Visitationsreisen. Erthal maß diesen Visitationen, die er aus eigenen Mitteln finanzierte, große Bedeutung bei und nahm selbst – wie auch Dalberg – mehrere dieser Reisen vor. Deren Ergebnisse fanden bei den 1785 erlassenen Richtlinien für den Bau besserer Schulhäuser ebenso Berücksichtigung wie bei den Versuchen, die Besoldung der Lehrer zu verbessern[46].

Ebenfalls 1781 begann die Ausarbeitung von Reformvorschlägen für das Lehrerseminar[47]. 1783 wurde schließlich der Kaplan zu St. Peter, Johann Michael Lutz (1753–1785), zum neuen Direktor des Schullehrerseminars ernannt, dessen Kapazitäten – finanziert durch Legate der Mitglieder der Schulkommission, einschließlich Erthals – gleichzeitig ausgebaut wurden. Die Zahl der Kandidaten erhöhte sich auf 16 bis 18, die Ausbildungsdauer von einem halben auf ein ganzes Jahr. Das Seminargebäude wurde umgestaltet und erweitert und erhielt eine Bibliothek. Als neue allgemeine Lehrmethode, deren Beherrschung alle Lehrer des Hochstifts in regelmäßigen Prüfungen nachweisen mußten, hatte nach dem Willen Erthals die „Normal" zu gelten, die durch anschaulichen und kindgerechten Unterricht und mit dem Erziehungsmittel der Liebe statt dem der Strafe die Kinder zu freiwilliger und freudvoller Mitarbeit und damit zu selbständigem Denken bewegen sollte[48]. Für die praktische Schulung der Kandidaten standen fünf Übungsklassen zur Verfügung.

Parallel dazu wurden neue Schulbücher eingeführt und, wo nötig, kostenlos zur Verfügung gestellt. Fibel, Rechenbuch, Sprachlehre und Erdkundebuch wurden beschafft, das Lesebuch von 1772 wurde umgestaltet und ergänzt. Daneben erhielten die Lehrer als kostenlose Handreichungen Anleitungsbücher zur Gesundheitsführung und zur Wirtschafts- und Landwirtschaftslehre[49]. Zur Verbesserung der Schulaufsicht an den städtischen Trivialschulen in Würzburg wurde bereits 1780 ein Stadtschuldirektor aufgestellt, erster Inhaber des Amts war auf Vorschlag Dalbergs Professor Franz Oberthür (1745–1831)[50], der seine Aufgaben als humanistisch ge-

sinnter Aufklärer und leidenschaftlicher Pädagoge bis zur Übernahme des Amts durch Strobel 1784 mit Verve versah.

Unter seiner Leitung wurden ab 1782 an jeder Pfarrei in Würzburg Mädchenschulen[51] als Pflichtschulen errichtet. Entstanden auf Wunsch von Erthal – der aus sittlichen, aber auch aus pädagogischen Bedenken heraus ein Gegner der Koedukation war – erwiesen sich diese Schulen in der Stadt als so erfolgreich, daß Erthal sie mit Verordnung vom 23. Oktober 1790 im ganzen Hochstift einführte. Der Unterricht war darauf abgestellt, die Mädchen auf ihren künftigen Beruf als Hausfrau und Mutter vorzubereiten, Hauswirtschaftslehre und Handarbeiten standen daher im Vordergrund. Für die Ausbildung der Lehrerinnen waren die Ursulinenklöster in Würzburg und Kitzingen oder gute Mädchenschulen zuständig.

Als weitere Neuerung wurden von 1789 bis 1793 – unter ausdrücklichem Verweis auf Ferdinand Kindermanns Schrift über die Entstehung von Industrieklassen im Königreich Böhmen – auch im Hochstift Würzburg Industrieschulen[52] eingerichtet. Als Förderung der Heimindustrie dienten sie zwar auch den merkantilistischen Wirtschaftszielen Erthals, sollten aber keine Schulfabriken sein, sondern vorwiegend die Unterweisung der Kinder in nützlichen Handfertigkeiten sicherstellen. Handarbeitslehrerinnen unterrichteten die Mädchen im Nähen, Spinnen und Stricken, an jeder Schule entstand ein Industriegarten zur Vermittlung moderner Methoden des Gartenbaus und der Obstbaumzucht. Daneben sollte die örtliche Industrie berücksichtigt werden. Zur Musterschule entwickelte sich die Industrieschule in Steinbach bei Lohr.

Die Gymnasien

Entgegen Erthals eigener Behauptung von 1793 schenkte er den beiden Gymnasien des Hochstifts, die unter der gemeinsamen Leitung eines Direktors standen, wenig Beachtung[53]. Seine Maßnahmen konzentrierten sich vor allem auf die Hebung der Sittlichkeit unter den Gymnasiasten und auf strenge Auslese der für den Besuch geeigneten. Alle vier Jahre, erstmals 1780, fanden an den Gymnasien fünftägige Exerzitien statt, im gleichen Jahr wurde bestimmt daß jeder Alumne beim Eintritt neben dem Zeugnis über seine Kenntnisse auch ein Gutachten des Pfarrers über seine sittliche Befähigung vorweisen mußte. Da die Vorkenntnisse der Gymnasiasten trotz der Zugangsbeschränkung ungenügend waren, wurde 1781 zusätzlich zu den insgesamt sieben Klassen wieder eine Infima, eine vorbereitende Unterklasse, eingerichtet. Ab 1787 wurde eine Aufnahmeprüfung in lateinischer und deutscher Sprache verlangt, und eine Anordnung von

1791 legte fest, daß zukünftig nur noch jene Armen kostenlose Aufnahme finden sollten, die sich durch Tüchtigkeit, Fleiß und einwandfreies sittliches Betragen auszeichneten.

Soweit die Alumnen, die großteils vom Lande kamen, nicht kostenlose Unterkunft und Betreuung in den Schülerheimen fanden, in Würzburg also im *Collegium Nobilium* oder im *Musäum* am Juliusspital, wohnten sie in Privatquartieren. Ein Hirtenbrief im Jahr 1791, dem 1793 ein Erlaß mit der endgültigen Regelung folgte[54], hielt Eltern und Kostgeber dringend an, auf moralisch einwandfreie Führung der bei ihnen wohnenden Gymnasiasten zu achten. Die Aufnahme von Gymnasiasten bedurfte entsprechend einer ebenfalls 1793 erlassenen Quartierordnung der Genehmigung der Schulkommission, gleichzeitig wurden die Professoren der Gymnasien in Würzburg und Münnerstadt angewiesen, durch regelmäßige Visitationen der Kost- und Wohnhäuser sicherzustellen, daß häusliche Studien und Lebenswandel der Gymnasiasten entsprechend der Verordnung überwacht wurden und daß Wohnverhältnisse und Verköstigung den Mindestanforderungen entsprachen. Verschärfende Verordnungen folgten, scheinen jedoch ebensowenig gefruchtet zu haben wie der Erlaß an die Schüler vom Dezember 1793, der ihnen das Tabakrauchen und die Teilnahme an Trink- und Spielgelagen verbot.

Verglichen mit diesen nachhaltigen Bemühungen Erthals um Zucht und Anstand der Alumnen nehmen sich die Maßnahmen zur Hebung des Unterrichtsniveaus eher bescheiden aus, sie waren, wie ein Kritiker bereits 1803 richtig feststellte, mehr *Fragment, als eine umfassende Grundreform*[55].

Mit Ausnahme der 1780 zur Förderung der Zusammenarbeit der Professoren angeordneten vierteljährlichen Lehrerkonferenzen, die ab 1792 allmonatlich stattfanden, und der bereits erwähnten Einführung der Infima 1781 sind im ersten Jahrzehnt der Erthalschen Regierung keine wesentlichen Reformen festzustellen. Erst mit der Übernahme des Direktorats durch Adam Joseph Onymus 1789, wie seine Vorgänger Geistlicher und Theologieprofessor an der Universität, tritt hier eine Änderung ein. Zu nennen wäre zunächst die Einführung neuer Lehrbücher, darunter die Deutsche Sprachlehre des Würzburger Philosophieprofessors Michael Adam Köl von 1791 und die Klassikerausgaben seines Fachkollegen Johann Bonaventura Andres[56]. Unter dem Direktorat von Onymus fand auch die einschneidendste Maßnahme für das Würzburger Gymnasium statt, die endgültige Trennung von der Universität 1794. Den beiden Oberklassen wurde der bis dahin gestattete Besuch philosophischer Vorlesungen an der Universität verboten, an dessen Stelle trat ein dem Fassungsvermögen der Alumnen angepaßter Unterricht

in Elementarphilosophie durch zwei eigens aufgestellte Professoren. Mit Ausnahme der schon von Schmidt 1774 geforderten Einführung der Naturgeschichte in den Lehrplan im Jahr 1790 gab es hier keine weitergehenden Neuerungen. Die realen Fächer Erdkunde, Naturkunde und Rechnen wurden immer noch stark vernachlässigt, ebenso die lebenden Fremdsprachen – wesentliche Entwicklungen gingen an den hochstiftischen Gymnasien vorbei[57]. An zeitgemäßen Konzepten scheint es hier ebenso gemangelt zu haben wie am geeigneten Personal. Wie Direktor Adam Joseph Onymus 1798 rückblickend richtig feststellte, gab es für die Gymnasiallehrer weder ein Ausbildungsseminar noch Anstellungsprüfungen, und der Großteil unter ihnen sah seine Stellung ohnehin nur als bequeme Versorgung an.[56]

Die Universität

Eine grundlegende Reform der Studien scheint Erthal in den ersten Jahren seiner Regierung bei der Universität nicht für nötig befunden zu haben. Auch hier sah er seine Aufgabe als Bischof und Fürst zunächst und vor allem darin, gegen die drohende sittliche Gefährdung der Studierenden anzukämpfen. Durch regelmäßige Exerzitien, erstmals im Mai 1780, vor allem aber durch moralische Verhaltensmaßregeln versuchte er dem entgegenzutreten. Seine 1785 erlassenen Statuten beschränken sich (für das Genre eher unüblich) darauf, vor den Gefahren von Luxus, Ausschweifungen und Verweichlichung zu warnen, die eine *übel verstandene akademische Freiheit* nach sich ziehe[59].

Dennoch versäumte es der sonst eher zu Sparsamkeit neigende Erthal nicht, das 200jährige Jubiläum der Universität vom 28. Juli bis zum 8. August 1782 gebührend zu feiern[60]. Christian Bönicke (1734–1811), Nachfolger von Schmidt als Professor der Reichsgeschichte, verfaßte auf Anweisung Erthals anläßlich des Jubiläums eine Universitätsgeschichte, deren 1788 erschienener zweiter Teil die Feierlichkeiten ausführlich beschreibt[61]. Geladen waren neben allen katholischen auch die protestantischen Universitäten des Reichs, ein immerhin so ungewöhnliches Vorgehen, daß Duisburg seiner Verwunderung darüber auch schriftlich Ausdruck gab[62]. Von den katholischen Hochschulen waren Bamberg, Fulda, Mainz, Salzburg und Trier mit mehrköpfigen Delegationen vertreten, von den protestantischen sandten Erlangen, Rinteln und Marburg Vertreter. Insbesondere letztere waren erstaunt ob der von „kosmopolitischen Humanitätsidealen" und ungebrochenem Vernunftoptimismus beherrschten Stimmung an einer katholischen Universität des Reichs und darüber des Lobes voll[63]. Erthal, der sehr wohl wußte, daß er hier die Früchte seiner Vorgänger einheimste, versprach daher bei seiner Abschlußrede, die Universität, für die er bisher *eher weniger als mehr gethan* habe, in Zukunft ebenfalls nach Kräften zu fördern[64]. Und *mit Vergnügen* übernahm er für die nächsten beiden Jahre das Rektorat, das ihm die Professoren daraufhin antrugen[65].

Eine grundlegende *Restauration* der Gesamtuniversität, wie sie 1784 Kurfürst Friedrich Karl Joseph von Erthal in Mainz erfolgreich durchführte, konnte Franz Ludwig jedoch nicht realisieren. Im Gegensatz zu seinem Bruder und auch zu Dalberg, der ihm bis 1787 als Rektor nachfolgte[66], lehnte Erthal die Säkularisation von Kirchengut als legitime Geldquelle für solche Vorhaben ab. Die letzte und wichtigste der 1785 von Dalberg festgestellten Bedingungen für einen sicheren Aufschwung der Würzburger Hochschule – *Freyheit, Ehre und Geld* – fiel damit weg[67].

Dennoch gelang es Erthal innerhalb von knapp zehn Jahren, der Universität durch gezielte Einzelmaßnahmen einen Platz unter den bedeutenden Hochschulen im Reich zu sichern. Die personellen und institutionellen Voraussetzungen waren dank der Reformen seiner Vorgänger Schönborn und Seinsheim in wesentlichen Bereichen vorhanden.

Vom neu erwachten Reformwillen Erthals profitierte vor allem die Medizinische Fakultät[68], die 1782 aus acht Professoren bestand. Führende Persönlichkeit war der 1769 zum Professor für Chirurgie ernannte Carl Caspar Siebold (1736–1807), der seine praktischen Erfahrungen als gelernter Wundarzt und Feldchirurg dank eines Reisestipendiums von Seinsheim mit den neuesten Erkenntnissen der medizinischen Wissenschaft Westeuropas hatte verbinden können. Mit Organisationstalent, fachlicher Tüchtigkeit und Rigorosität setzte er seine Qualitätsvorstellungen von chirurgischer Praxis und Lehre am Juliusspital und in der Fakultät durch, und er konnte dies nicht zuletzt deshalb, weil sich seine Ziele mit den sozialpolitischen Anliegen Erthals deckten.

Das Theatrum Anatomicum im Garten des Juliusspitals wurde ab 1784 nach der Konzeption von Siebold für einen zeitgemäßen Anatomieunterricht umgebaut und 1788 in Anwesenheit des Fürstbischofs und des Domkapitels mit der programmatischen Rede Siebolds „Von den Vortheilen, welche der Staat durch öffentliche anatomische Lehranstalten gewinnt" eröffnet[69]. Der Ausbau des anatomischen Theaters war jedoch nur der erste Teilschritt zur Umstrukturierung der Würzburger Medizinerausbildung. Nach dem Vorbild des Allgemeinen Krankenhauses, das Kaiser Joseph II. 1784 in Wien errichtet hatte, ließ Erthal von 1787 bis 1793 das Juliusspital zum modernen Ausbildungskrankenhaus ausbauen. Nach dem Umbau standen im neuen Südtrakt, im *Kuristenbau,* Säle und Zimmer für 200 Kranke zur Verfügung, an deren Betten nun

der Anschauungsunterricht für die Medizinstudenten stattfinden konnte. Flankiert wurden die Baumaßnahmen durch Reformen des Studienplans. Strenge Zulassungsbedingungen und Zwischen- und Abschlußprüfungen schrieb die am 30. Oktober 1787 erlassene Verordnung für die Medizinstudenten vor. Eine Neuregelung des klinischen und chirurgischen Unterrichts erfolgte am 15. November 1790 und enthielt neben chirurgischen Operationskursen auch anatomische Demonstrationen als Pflichtveranstaltungen. Siebold zeichnet hierfür ebenso verantwortlich wie für die bereits 1784 erlassene Verordnung gegen das Quacksalberwesen, die das Praktizieren von Chirurgen, Wundärzten und Badern im Hochstift von einer Prüfung durch die medizinische Fakultät abhängig machte. Ansehen und Qualifikation des Berufsstands, vor allem aber gesundheitspolitische Interessen standen hier im Vordergrund. Gleiches gilt für die Regelung der Hebammenausbildung. Die Absolvierung von Ausbildungskursen an der unter Siebolds Leitung stehenden Hebammenschule, von Erthal 1781 und 1785 mit wenig Erfolg angeordnet, wurde durch einen Erlaß vom 5. Mai 1788 verpflichtend vorgeschrieben. Als Ausbildungskrankenhaus für Ärzte wurde schließlich 1791 ein *Gebärhaus* eingerichtet, an dem Siebolds Sohn als neu ernannter Professor für Geburtshilfe im gleichen Jahr seinen Unterricht aufnehmen konnte[70]. Mit ihren Neuerungen zog die *Academia Sieboldiana*, wie die Medizinische Fakultät der Universität bald genannt wurde, auch auswärtige Studenten an. Trotz der strengen Zugangsbeschränkungen von 1787 stieg die Zahl der Würzburger Medizinstudenten zwischen 1770 und 1800 von 18 auf 264 an, neben Wien, Göttingen und Erlangen galt sie als eine der besten Deutschlands[71].

Neben dem eigentlichen klinischen Unterricht wurden unter Erthal auch die medizinischen Hilfswissenschaften Chemie und Botanik gefördert. Bereits anläßlich des Universitätsjubiläums 1782 wurde der gesamte Spitalgarten zum Botanischen Garten umgestaltet und der Aufsicht eines neu ernannten außerordentlichen Professors für das Fach, Gabriel Heilmann (1751–1806), unterstellt, der ab 1787 Lehrgebäude und Sammlungen ausbaute[72]. Gleichzeitig mit ihm wurde der aus Sommerach stammende Johann Georg Pickel (1751–1838) zum außerordentlichen Professor für Chemie und Pharmazie ernannt, der nach seinem Medizinstudium in Würzburg auf Anordnung Erthals in Wien und Göttingen seine Kenntnisse in Chemie, Experimentalphysiologie und -physik erweitert hatte. Für seine Untersuchungen und Experimente wurde 1786/87 das pharmazeutisch-chemische Laboratorium in der Juliusspitalapotheke ausgebaut[73]. Wie Erthal sah Pickel den Nutzen seines Faches vorwiegend in der praktischen Anwendbarkeit zum Wohle des Staates, zur Förderung von

Handel, Gewerbe und Volksgesundheit. Er betrieb ab 1784 eine Fabrik für chemische Produkte und medizinische Geräte (1784) und untersuchte die Heilquellen in Kissingen und Bocklet, deren Kurbetrieb Erthal ab 1788 modernisieren ließ. Mit seinen Leuchtgasexperimenten wurde er zum Pionier der Gasbeleuchtung (1786) und mit der Entdeckung der Salpeterhöhle bei Homburg a. M. (1791) – als neu ernannter Beauftragter des Bergwerkswesens im Hochstift – zum Förderer der natürlichen Salpetergewinnung. In diesem Zusammenhang ist möglicherweise auch die Einrichtung eines Kunst- und Naturalienkabinetts in der Residenz 1792 zu sehen, angekauft aus Beständen des weitgereisten Konventuals des Würzburger Minoritenklosters, Bonavita Blank (1740–1827), der gleichzeitig zum Professor der Philosophie und Naturgeschichte in der Philosophischen Fakultät ernannt wurde[74].

Die praktische Nutzanwendbarkeit der Wissenschaften stand auch bei der Juristischen Fakultät im Vordergrund[75]. Als Begründer der rechtlichen Landesgeschichte in Franken gilt Joseph Maria Schneidt (1727–1808), der seit 1765 Pandekten und Fränkisches Recht lehrte. Sein Hauptwerk ist der 13bändige „Thesaurus juris Franconici" (1786–94), eine unsystematische, aber grundlegende Sammlung von Abhandlungen und Erläuterungen zum fränkischen und insbesondre hochstiftisch-würzburgischen Recht. Das Kanonische Recht lehrten der Weltgeistliche Johann Nepomuk Endres (1730–1791) und sein Nachfolger ab 1791, Johann Philipp Gregel (1750–1841), in der episkopalistischen Tradition von Barthel. Febronianistische Auffassungen, die darauf zielten, die erzbischöfliche Metropolitangewalt zu stärken, vertraten sie jedoch nicht, und dies entsprach auch der kirchenpolitischen Haltung Erthals gegenüber den rheinischen Erzbischöfen. Wie Gregel hatten auch drei weitere der Würzburger Juristen im protestantischen Göttingen, an der führenden Juristischen Fakultät Deutschlands, studiert: Jakob Joseph Haus (1748–1833), der seit 1775 den mittlerweile selbständigen Lehrstuhl für Natur-, Völker- und Reichsstaatsrecht innehatte und als erster juristische Vorlesungen in deutscher Sprache hielt. Des weiteren Gallus Kleinschrod (1762–1824), seit 1785 Inhaber des Lehrstuhls für römisches und peinliches Recht. Letzteres, das Strafrecht, hatte sich im 18. Jahrhundert ebenfalls zum Spezialfach ausgebildet und war das Hauptarbeitsgebiet von Kleinschrod. Sein Hauptwerk, die naturrechtlich ausgerichtete „Systematische Entwicklung der Grundbegriffe und Grundwahrheiten des peinlichen Rechts" (1794/96), und dessen praktische Umsetzung, das neue Strafgesetzbuch für Bamberg (1795), erschienen jedoch zum Teil erst nach dem Tod des Fürstbischofs. Der dritte schließlich, Johann Michael Seuffert (1765–1829), kam

1788 als außerordentlicher Professor für juridische Enzyklopädie und deutsches Privatrecht an die Fakultät, wurde aber schon 1790 in das fürstliche Kabinett berufen, dessen Leitung er – unter Beibehaltung seiner Professur – 1792 übernahm. Auf die Bedürfnisse der staatlichen Verwaltung abgestellt war auch die Einrichtung neuer Lehrstühle für Diplomatik (1786), Statistik (1786) und Kameralwissenschaften (1787). Dem entsprach die Regelung der Studien. In zwei Mandaten, 1786 bzw. 1787 erlassen, wurde festgelegt, welche Anforderungen Bewerber für juristische Staatsstellen zu erfüllen hätten, der rechtswissenschaftliche Studiengang wurde 1788 neu geregelt und 1793 der Besuch der öffentlichen Vorlesungen als verpflichtend vorgeschrieben. Daneben wurden 1794 zwei öffentliche Repetitorien eingerichtet.

Erthal hatte in der Medizinischen wie in der Juristischen Fakultät an solide Reformansätze seiner Vorgänger anknüpfen können. In der Philosophischen Fakultät fehlten diese, trotz der Neuberufungen unter Seinsheim. Erthal, der wie die meisten seiner Zeitgenossen die Philosophie als unentbehrliche Grundlage des Denkens und jeder echten Bildung sah, verfügte daher bereits 1782, daß die hochstiftischen Studenten vor Aufnahme ihres Fachstudiums einen vollständigen zweijährigen philosophischen Kurs zu absolvieren hatten – eine Bestimmung, die mehrfach eingeschärft werden mußte[76]. Letztendlich unterlief Erthal damit aber selbst seine Absicht, die philosophischen Studien vom Propädeutikum zum eigenständigen Studiengang aufzuwerten. Zwar erhielt die Fakultät mit der Berufung von Johann Bonaventura Andres (1743–1822) als Professor für klassische Sprachen, Literatur und Ästhetik 1783 den ersten Vertreter ästhetisch-philosophischer Literaturbetrachtung an der Universität, den Schwerpunkt von dessen literarischer Tätigkeit bildete jedoch, auf Anweisung von Erthal, die Produktion von Lehrbüchern für das Gymnasium. Dies gilt auch für den 1791 berufenen Michael Adam Köl (1763 – nach 1829), der mit seinen deutschen Grammatiken und Sprachlehren und seinen Vorlesungen über deutsche Sprache und Literatur für Würzburg wissenschaftliches Neuland betrat[77]. Dennoch – bahnbrechende und überregional bedeutende eigene wissenschaftliche Leistungen brachten die Vertreter der Philosophischen Fakultät nicht hervor. Dies gilt auch für den Benediktinerpater Maternus Reuß (1751–98), den Erthal anläßlich des Universitätsjubiläums und auf Empfehlung Dalbergs 1782 als Professor der Logik, Metaphysik und praktischen Philosophie berief[78]. Wie sein 1780 verstorbener Vorgänger und Ordensbruder Columban Rösser war er rationalistisch-aufgeklärtem Denken in der Tradition des Göttinger Aufklärungsphilosophen Feder verpflichtet, dessen Lehrbücher er, wie die Rössers, bis 1793 seinen Vorlesungen zugrundelegte.

Ausschlaggebend wurde für ihn jedoch die Bekannt-schaft mit den 1781 und 1788 erschienenen vernunftkriti-schen Schriften Immanuel Kants. Noch im Jahr 1788 leg-te er seine „Dissertatio aesthetica transcendentalis Kan-tiana" vor und kündigte eine Vorlesung über kantianische Philosophie an. Er war damit der erste, der an einer ka-tholischen Universität die Lehren des Königsberger Phi-losophen erklärte. Daß die Problematik dieses Unterfan-gens bis zu einem gewissen Grad auch ihm bewußt war, belegt seine 1789 veröffentlichte Schrift „Soll man auf katholischen Universitäten Kants Philosophie erklären?". Reuß bejahte die gestellte Frage aber vorbehaltlos und fand mit seiner Schrift auch außerhalb Würzburgs große Resonanz. Dank eines Stipendiums von Erthal konnte er 1792 sogar nach Königsberg reisen, wo er, von Kant aufs freundlichste aufgenommen, in den acht Tagen seines Aufenthalts immerhin sechsmal bei dem Philosophen als Gast zu Tische saß.

Hatte es innerhalb der Universität bereits zuvor Beden-ken gegen die Vereinbarkeit der kritischen Philosophie mit dem Offenbarungsglauben gegeben, so häuften sich diese nach dem Erscheinen von Kants Schrift über „Die Religion innerhalb der Grenzen der bloßen Vernunft" (1793). Erthal forderte daher ein Gutachten der theologi-schen Fakultät ein, die, folgt man dem Zeugnis Ober-thürs, geteilter Meinung war[79].

Reuß blieb im Amt, und Erthal, trotz seiner Bedenken, bei der einmal getroffenen Entscheidung. Dies mag ihm auch eine andere Tatsache erleichtert haben: Reuß war „bis an sein Ende ebenso ein überzeugter Schüler Kants wie ein frommer und dem Ordensleben verbundener Be-nediktinermönch"[80]. Austragungsort der großen geisti-gen Auseinandersetzungen der Zeit war und blieb auch unter Erthal die Theologische Fakultät[81], und deren mar-kantester Vertreter der bereits unter Seinsheim berufene Franz Oberthür. Da die an der Fakultät als Weltgeistliche verbliebenen Jesuiten allmählich starben, traten vier wei-tere engagierte Würzburger Aufklärungs-Theologen, großteils Schüler von Oberthür, an seine Seite: als Pro-fessor für Moraltheologie Anton Joseph Rosshirt (1746–1795), als Professor der Exegese Adam Joseph Onymus (1754–1836) und Johann Michael Feder (1754–1824) als Professor der orientalischen Sprachen, dann der Moraltheologie. Während diese drei wie Oberthür eine gemäßigte Form der theologischen Auf-klärung vertraten, die den Offenbarungsglauben grund-sätzlich bejahte, gelangte mit Franz Berg (1753–1821) als dem ersten Inhaber des neuen Lehrstuhls für Patristik (1785) ein Anhänger freidenkerischer Anschauungen in

die Fakultät, als Theologe ein „radikaler Aufklärer (...) jenseits der katholischen Aufklärung"[82]. Nur: öffentlich verriet dieser wohl eigenständigste der Würzburger Theo-logen seine eigentlichen Überzeugungen nicht. Hier, in der Öffentlichkeit, dominierte Oberthür mit seiner antije-suitischen Polemik, mit seinen pädagogischen und kul-turpolitischen Ambitionen[83].

Die Schaffung der Lehrstühle für Patristik und Kanzelbe-redsamkeit (1785) geht auf seine Initiative zurück. Da-neben Onymus, als Subregens von 1782 bis 1789 der gei-stig führende Theologe des Priesterseminars und als Vor-sitzender der Schulkommission ab 1787 und als Direktor der Mittelschulen ab 1789 verantwortlich für die schul-politischen Fragen im Hochstift. Sie beide, aber auch Fe-der, verstanden Moral, Vernunft und Religion als Syn-onyme und verbanden ihre theologischen Vorstellungen mit humanitär-pädagogischem Engagement und belletri-stischen Neigungen[84].

Unter der Redaktion von Feder erschien von 1791 bis 1796 das „Magazin zur Beförderung des Schulwesens im katholischen Teutschland", das die Neuerungen auf pädagogischem Gebiet kritisch beleuchtete. Auf die An-regung der Theologischen Fakultät geht auch die Grün-dung der offiziösen „Würzburger Gelehrten Anzeigen" zurück, deren Berichte und Abhandlungen nicht nur unter Akademikern, sondern im ganzen Volk Aufklärung, Ge-schmack und gute Sitten verbreiten sollten. Erthal griff insbesondere gegenüber den „Gelehrten Anzeigen" des öfteren „mäßigend" ein, stellte sich aber in der Regel bei Angriffen schützend vor seine Professoren, auch wenn er deren Auffassungen nicht immer teilte[85].

Die Entwicklung an der Theologischen Fakultät bestätigt eine bereits getroffene Feststellung: Die Reformen Er-thals fußten im Bereich der Bildungspolitik auf dem Werk seiner Vorgänger, an ihre Reformansätze knüpfte er an. Erfolgreich war er dabei in den Bereichen, in denen er auf gleichgesinnte und engagierte Mitarbeiter traf. Die dominierende Rolle der Vertreter der Theologischen Fa-kultät in der publizistischen Öffentlichkeit illustriert dar-über hinaus noch eine weitere Grundlinie der Erthalschen Bildungspolitik: die Universität blieb, wie alle Schulen des Hochstifts, katholisch, eingebunden in ein katholi-sches Staatswesen. Und obwohl vieles verbesserungsbe-dürftig blieb, konnte Erthal durch eine Vielzahl einzelner, aber doch gezielter und konsequenter Reformmaßnah-men eine letzte Blüte der Julius-Universität in fürst-bischöflicher Zeit erreichen. Den Zeitgenossen zumin-dest galt sie, nach Wien, als die beste katholische Univer-sität in deutschen Landen[86].

Anmerkungen

1 Heinrich Karl Wilhelm von Rotenhan-Merzbach (1739–1800), Domkapitular und Präsident des Würzburger Obern Rats, Diarium über seine Gesandtschaftsreise nach Aschaffenburg im Juli 1782, hier Wiedergabe eines Gesprächs mit dem Mainzer Erzbischof Friedrich Karl Joseph von Erthal am 23. Juli 1782, zitiert nach KERLER, Erthal, S. 58.

2 IMMANUEL KANT, Beantwortung der Frage: Was ist Aufklärung? In: Berlinische Monatsschrift 4 (1784), S. 481f. Zusammenfassend zu Interpretation und Rezeption PETER PÜTZ, Die deutsche Aufklärung (Erträge der Forschung, Bd. 81). Darmstadt 1991⁴. S. 22 ff.

3 KARL OTMAR FRHR. VON ARETIN (Hrsg.), Der Aufgeklärte Absolutismus. Köln 1974, Einleitung. – GÜNTER BIRTSCH, Der Idealtyp des aufgeklärten Herrschers. In: Aufklärung 2 (1987), S. 9-47. – Zusammenfassend zu Forschungsstand und Literatur HEINZ DUCHHARDT, Das Zeitalter des Absolutismus. München 1992² S. 117 ff., 202 ff. und 244 ff.

4 KANT (wie Anm. 2), S. 490 ff.

5 Einzelnachweise bei GOY, Aufklärung, S. 10 ff., und FLURSCHÜTZ, Verwaltung, S. 11 ff. und 242 ff.

6 KERLER, Erthal, S. 35 und S. 69, Anm. 61.

7 Einzelnachweise bei FLURSCHÜTZ, Verwaltung, S. 12–14, und GOY, Aufklärung, S. 12 ff.

8 Anonyme Flugschrift des Jahres 1787, zitiert nach JOHANN BAPTIST SCHWAB, Franz Berg, geistlicher Rath und Professor der Kirchengeschichte an der Universität Würzburg. Ein Beitrag zur Charakteristik des katholischen Deutschlands zunächst des Fürstbisthums Würzburg im Zeitalter der Aufklärung. Würzburg 1869, S. 261.

9 Resolution vom 26. September 1793, DAW, Geistliche-Rats-Protokolle 1793/III, dem Protokoll vom 17. und 19. Juli beigefügt. Vgl. hierzu: SCHWAB (wie Anm. 8), S. 280. – ANTON SCHINDLING, Die Julius-Universität im Zeitalter der Aufklärung. In: Peter Baumgart (Hrsg.) Vierhundert Jahre Universität Würzburg. Eine Festschrift. Neustadt a. d. Aisch 1982, S. 77–127, hier S 77 f. und 81 f. – GOY, Aufklärung, S. 12 f. – FLURSCHÜTZ, Verwaltung, S. 16, Anm. 70.

10 FLURSCHÜTZ, Verwaltung, S. 16. – Zu diesem Ergebnis kommt auch die Untersuchung von GOLDHAMMER, Landesverordnungen, S. 276 f.

11 HANS EUGEN SPECKER, Die Reformtätigkeit der Würzburger Fürstbischöfe Friedrich von Wirsberg (1558–1573) und Julius Echter von Mespelbrunn (1573–1617). In: WDGB 27 (1965), S. 79–87. Zusammenstellung der wichtigsten Einzelveröffentlichungen zur katholischen Reform im Hochstift Würzburg bei NORBERT KANDLER. Zwei Berichte aus den würzburgischen Ämtern Bamberg/Gemeinfeld und Ebern/Raueneck von 1612. In: WDGB 56 (1994), S. 287.

12 SPECKER (wie Anm. 11), S. 85-87. – JOSEF AUGUST und RUDOLF EICHELSBACHER, Die Volksschule im unterfränkischen Raum von Karl dem Großen bis auf den heutigen Tag und der Neubau im 18. Jahrhundert. Würzburg 1967, S. 19–24.

13 Druck der 1613 erneuerten Kirchenordnung bei FRANZ XAVER HIMMELSTEIN, Synodicon Herbipolense. Geschichte und Statuten der im Bisthum Würzburg gehaltenen Concilien und Dioecesansynoden. Würzburg 1855, S. 384–404.

14 EICHELSBACHER (wie Anm. 12), S. 28–30. – Einzelnachweise der Verordnungen bei STEFAN PAULUS, 200 Jahre Lehrerbildung in Würzburg (Mainfränkische Studien, Bd. 10). Würzburg 1975, S. 10 f. Zum Befund der Visitationsberichte vgl. die Nachweise bei KANDLER (wie Anm. 11).

15 PAULUS (wie Anm. 14), S. 11–18.

16 Zum Folgenden, soweit nicht anders vermerkt: PETER BAUMGART, Die Julius-Universität zu Würzburg als Typus einer Hochschulgründung im konfessionellen Zeitalter. In: Festschrift Universität (wie Anm. 9), S. 3–29. – SPECKER (wie Anm. 11), S. 82–85. – ERNST SCHUBERT, Materielle und organisatorische Grundlagen der Würzburger Universitätsentwicklung 1582–1821 (Quellen und Beiträge zur Geschichte der

Universität Würzburg, Bd. 4). Neustadt a. d. Aisch 1973. – LESCH, Neuorientierung, S. 5 ff. – Zu den Universitätsstudien ADOLAR ZUMKELLER OSA, Neuentdeckte Manuskripte mit theologischen und philosophischen Vorlesungen aus der Frühzeit der Julius-Echter-Universität. In: WDGB 44 (1982), S. 111–124.

17 BAUMGART (wie Anm. 16), S. 24 f. – SCHINDLING (wie Anm. 9), S. 123.

18 SCHUBERT (wie Anm. 16), S. 17 f. und S. 96.

19 SCHINDLING (wie Anm 9), S. 82–88 (mit weiterführender Literatur), hier S. 83. – LESCH, Neuorientierung, S. 108 ff.

20 Text der beiden Fassungen bei FRANZ XAVER WEGELE, Geschichte der Universität Wirzburg, 2 Teile, Würzburg 1882, Neudruck Aalen 1969, hier T. 2, Nr. 136 (S. 323–349) und Nr. 143 (S. 356–397). – OTTO MEYER (Hrsg.), Friedrich Karl von Schönborn, Fürstbischof von Würzburg und Bamberg, Studienordnung für die Universität Würzburg. Faksimile der 1. Auflage aus dem Jahr 1743. Würzburg 1980. Zur Studienordnung ausführlich LESCH, Neuorientierung, S. 72 ff.

21 SCHINDLING (wie Anm. 9), S. 87.

22 CARL BRAUN, Geschichte der Heranbildung des Klerus in der Diözese Würzburg seit ihrer Gründung bis zur Gegenwart, Bd. 2. Mainz 1897, S. 292. – LESCH, Neuorientierung, S. 113–116.

23 Zusammenfassend zu Problematik und Geschichte des von Sebastian Merkle geprägten Begriffs und mit Blick auf die Entwicklung in Franken: ANTON SCHINDLING, Theresianismus, Josephinismus, katholische Aufklärung. In: WDGB 50 (1988), S. 215–224.

24 Studienordnung 1734, §§ 20, 21, 31 und 33, vgl. WEGELE, T. 2 (wie Anm. 20), S. 369 f. und S. 373 f. – MEYER, Studienordnung 1743 (wie Anm. 20), S. D2 f. und S. E2 f.

25 SCHINDLING (wie Anm 9), S. 103. – MARTIN SPERLING, Die Entwicklung der medizinischen Fächer an der Julius-Maximilians-Universität Würzburg. In: Festschrift Universität (wie Anm. 9), S. 814.

26 MAX DOMARUS, Das Bildungswesen in Würzburg unter Friedrich Karl von Schönborn (1729–1746). Diss. Würzburg 1943. – KARL KÜFFNER, Beiträge zur Geschichte der Volksschule im Hochstift Würzburg von Johann Gottfried v. Guttenberg bis zum Tode Adam Friedrichs von Seinsheim. Würzburg 1888, S. 12. – EICHELSBACHER (wie Anm. 12), S. 38–42.

27 MEYER (wie Anm. 20), S. B l.

28 KÜFFNER (wie Anm. 26), S. 20 ff. – EICHELSBACHER (wie Anm. 12), S. 42 ff. – PAULUS (wie Anm. 14), S. 19 ff. – RENNER, Fuldaer Einfluß, S. 376 ff.

29 PAULUS (wie Anm. 14), S. 26.

30 Landesverordnungen, Bd. 3, S. 71 ff. – PAULUS (wie Anm. 14), S. 407 ff.

31 LESCH, Neuorientierung, S. 136–173. – Zur Besitzverwaltung nach 1773 SCHUBERT (wie Anm. 16), S. 65 f. – SCHINDLING (wie Anm. 9), S. 89–95.

32 Schreiben an den Vorsitzenden der Schulkommission, Weihbischof von Guttenberg, vom 15. September 1773, zitiert nach EMIL CLEMENS SCHERER, Geschichte und Kirchengeschichte an den deutschen Universitäten. Ihre Anfänge im Zeitalter des Humanismus und ihre Ausbildung zu selbständigen Disziplinen. Freiburg 1927, S. 390.

33 SCHINDLING (wie Anm. 9), S. 90.

34 LESCH, Neuorientierung, S. 142–152. – SCHINDLING (wie Anm. 9), S. 92 f.

35 Entwurf der Wirzburger Schulen Einrichtung. Herausgegeben auf gnädigsten Befehl des hochwürdigsten des H. R. R. Fürsten und Herrn Herrn Adam Friderichs Bischofen zu Bamberg und Wirzburg Herzogs zu Franken etc. etc. Wirzburg (Göbhardt) 1774.

36 SCHINDLING (wie Anm. 9), S. 96. – KERLER, Erthal, S. 16.

37 FRANZ OBERTHÜR, Michael Ignaz Schmidt's des Geschichtsschreibers der Deutschen Lebens-Geschichte. Hannover 1802, S. 275 ff.

38 THEODOR JOSEF SCHERG, Das Schulwesen unter Karl Theodor von Dalberg. 2 Teile, München-Solln 1939, T. 1, S. 4–13 (Erfurt) und S. 14–51 (Würzburg). – FERDINAND KOEPPEL, Karl von Dalbergs Wirken

für das Hochstift Würzburg unter Franz Ludwig von Erthal. In: ZBLG 17 (1953/54), S. 253 ff. – Zuletzt Albrecht Klose und Hans-Bernd Spies, Carl von Dalberg, der Koadjutor der Schule. In: Konrad M. Färber und andere (Hrsg.), Carl von Dalberg. Erzbischof und Staatsmann (1744–1817). Regensburg 1994, S. 196–200.

39 Konrad, Erthal, S. 36 ff.

40 Kerler, Erthal, S. 36 f., 72 f. – Schindling (wie Anm. 9), S. 100–102 und S. 123. – Flurschütz, Verwaltung, S. 101.

41 Kerler, Erthal, S. 51.

42 Brief an J. Müller vom 10. Dezember 1793, Druck bei Konrad, Erthal, S. 26, berichtigter Auszug bei Flurschütz, Verwaltung, S. 204.

43 Küffner (wie Anm. 26), S. 112–116. Weitere Nachweise bei Flurschütz, Verwaltung, S. 204 f.

44 Konrad, Erthal, S. 38 f. – Flurschütz, Verwaltung, S. 204 f. – Renner, Fuldaer Einfluß, S. 369–374 und S. 381–383.

45 Mit Verordnung vom 30. August 1781. Separatdruck in Taschenbuchform: Sr. Hochfürstl. Gnaden zu Bamberg und Wirzburg Verordnung und Anstalten zur Visitation und gründlichen Untersuchung der Landschulen im Hochstifte Wirzburg. Wirzburg (Sartorius) 1781. – Weitere Drucknachweise bei Flurschütz, Verwaltung, S. 205 f. – Scherg (wie Anm. 38), T. 1, S. 27–32 und 35–37. – Konrad, Erthal, S. 42 ff. – Renner, Fuldaer Einfluß, S. 367 ff. und S. 382 f.

46 Flurschütz, Verwaltung, S. 206 f.

47 Konrad, Erthal, S. 55 ff. – Scherg (wie Anm 38), T. 1, S. 20–26. – Paulus (wie Anm. 14), S. 33–42 und passim. – Renner, Fuldaer Einfluß, S. 373 f. und S. 383 f.

48 Konrad, Erthal, S. 28 ff., 76 ff. und S. 86 f. – Paulus (wie Anm. 14), S. 405 ff und S. 424 f. – Renner, Fuldaer Einfluß, S. 386 f.

49 Flurschütz, Verwaltung, S. 210. – Paulus (wie Anm. 14), S. 409–414. – Renner, Fuldaer Einfluß, S. 386.

50 Annemarie Lindig, Franz Oberthür als Menschenfreund. Ein Kapitel aus der katholischen Aufklärung in Würzburg. In: Otto Volk (Hrsg.), Professor Franz Oberthür, Persönlichkeit und Werk. Würzburg 1963, hier S. 43 ff.

51 Konrad, Erthal, S. 60 ff. und 83 ff. – Scherg (wie Anm. 38), T. 1, S. 33 f. – Flurschütz, Verwaltung, S. 211 f. – Renner, Fuldaer Einfluß, S. 385 f.

52 Einzelnachweise bei Flurschütz, Verwaltung, S. 212 ff. – Scherg (wie Anm. 38), T. 1, S. 47–51. – Lindig (wie Anm. 50), S. 22 f. – Renner, Fuldaer Einfluß, S. 387 f.

53 Zum Folgenden (mit Einzelnachweisen): Flurschütz, Verwaltung, S. 215–222. – Zu Münnerstadt (mit älterer Lit.): Adolar Zumkeller O.S.A., Ein bedeutender Münnerstädter Schulmann und Gelehrter des 18. Jahrhunderts: P. Possidius Zitter O.S.A. In: Helmar Fügert und andere (Bearb.) Festschrift zum 325jährigen Bestehen des Johann-Philipp-von-Schönborn-Gymnasiums. Münnerstadt 1985, S. 45 ff. – Zu Würzburg: Walter Bauer, Die Schule im ausgehenden 18.Jahrhundert. Aufklärung und fürstbischöfliches Gymnasium. In: 425 Jahre Wirsberg – Gymnasium Würzburg. Festschrift zum Gründungsjubiläum 1986, hrsg. vom Direktorat. Würzburg 1986, S. 75–84, hier S. 77 ff. – Hier dürfte sich zunächst auch das Fehlen eines geeigneten Beraters nach dem Weggang von Schmidt gezeigt haben, vgl. Scherg (wie Anm. 38), T. l, S. 18 f.

54 Flurschütz, Verwaltung, S. 219 ff.

55 Andreas Riel, Revision des würzburgischen Schulwesens. Würzburg 1803, S. 116.

56 Einzelnachweise bei Flurschütz, Verwaltung, S. 218.

57 Flurschütz, Verwaltung, S. 221. – Bauer (wie Anm. 53), S. 80 f.

58 Protokoll vom 13. Januar 1798, StAW, Schulsachen 883, zit. nach Flurschütz, Verwaltung, S. 221.

59 Statuten 1785. In: Landesverordnungen, T. 3, S. 336. ff., hier S. 338. – Weitere Drucknachweise bei Flurschütz, Verwaltung, S. 223. – Zur Rezeption Werner Engelhorn, Die Universität Würzburg 1803–1848 (Quellen und Beiträge zur Geschichte der Universität Würzburg, Bd. 7). Würzburg 1987, S. 2.

60 Grundlegend Schindling (wie Anm. 9), S. 96–100. – Weitere Quellen und Lit. bei Flurschütz, Verwaltung, S. 16 f.

61 Christian Bönicke, Grundriß einer Geschichte von der Universität zu Wirzburg. 2 Teile, Wirzburg (Nitribitt) 1782 und 1788, hier Teil 2 (1788), S. 278 ff. – Die gehaltenen Reden in: Orationes habitae in solemnitate qua alterum seculorem annum universitas Herbipolensis celebrabat. Wirceburgi (Nitribitt) 1782. – Weitere Quellennachweise bei Flurschütz, Verwaltung, S. 223; Schindling (wie Anm. 9), S. 96 ff.; Heribert Raab, Der Bericht der Mainzer Professoren Hettersdorf und Frank über das Universitätsjubiläum von 1782. In: WDGB 16/17 1954/55), S. 380–387.

62 Bönicke (wie Anm. 61), T. 2, S. 280.

63 Schindling (wie Anm. 9), S. 99.

64 Bönicke (wie Anm. 61), T. 2, S. 302. – Orationes habitae (wie Anm. 61), S. 69.

65 Bönicke (wie Anm. 61), T. 2, S. 309.

66 Peter Baumgart, Die Wappenseite Karl Theodor von Dalbergs in der Würzburger Universitätsmatrikel. In: Färber (wie Anm. 38), S. 60.

67 Schindling (wie Anm. 9), S. 101–103, mit Nachweis des Zitates.

68 Zum Folgenden, mit Einzelnachweisen: Schindling (wie Anm. 9), S. 103–106. – Flurschütz, Verwaltung, S. 228 f. und S. 162–171. – Georg Sticker, Entwicklungsgeschichte der Medizinischen Fakultät an der Alma Mater Julia. In: Max Buchner, Aus der Vergangenheit der Universität Würzburg. Festschrift zum 350jährigen Bestehen der Universität. Berlin 1932, S. 383–799, hier 510 ff.

69 Druck Nürnberg 1788. – Weitere Quellennachweise zum Ausbau der Anatomie bei Flurschütz, Verwaltung, S. 229.

70 Flurschütz, Verwaltung, S. 163 ff.

71 Schindling (wie Anm. 9), S. 106.

72 Wilhelm Simonis, Zur Entwicklung der Würzburger Botanik. In: Festschrift Universität (wie Anm. 9), S. 606 und 623. – Weitere Quellennachweise bei Flurschütz, Verwaltung, S. 229.

73 Klaus Koschel, Die Entwicklung und Differenzierung des Faches Chemie an der Universität Würzburg. In: Festschrift Universität (wie Anm. 9), S. 703–749, hier S. 708–713.

74 Flurschütz, Verwaltung, S. 229. – Die Universität Würzburg in Fürstbischöflicher Zeit. Ausstellung des Staatsarchivs Würzburg. Würzburg 1982, Nr. 117–120.

75 Schindling (wie Anm. 9), S. 108–110. – Flurschütz, Verwaltung, S. 23, Anm. 34, S. 63–65 und S. 226–228.

76 Flurschütz, Verwaltung, S. 224 f. – Anton Ruland, Franz Ludwigs . . . Verordnungen und Rescripte bezüglich des Studiums der Philosophie an der Universität Wirzburg. Würzburg 1852.

77 Gabriele Polster, Matthias von Lexer und die Errichtung des Seminars für deutsche Philologie an der Universität Würzburg. Magisterarbeit Würzburg 1987, S. 26–28 und S. 32–35.

78 Flurschütz, Verwaltung, S. 225. – Schindling (wie Anm. 9), S. 109–112.

79 Kerler, Erthal, S. 35.

80 Schindling (wie Anm. 9), S. 111.

81 Schindling (wie Anm. 9), S. 112–119. – Flurschütz, Verwaltung, S. 225 f.

82 Schindling (wie Anm. 9), S. 117 und 119. – Anton Schindling, Professor Franz Berg, ein Aufklärer in Würzburg. Eine biographische Skizze. In: Rottenburger Jahrbuch für Kirchengeschichte 3 (1984), S. 35–43.

83 Lindig (wie Anm. 50), 28 ff. – Karl Josef Lesch, Oberthürs Polemik gegen die Theologie der Jesuiten und seine Bemühungen um eine Reform des Theologiestudiums. In: WDGB 37/38 (1975), S. 57–69.

84 Schindling (wie Anm. 9), S. 113.

85 Flurschütz, Verwaltung, S. 226. Zur Bücherzensur Flurschütz, Verwaltung, S. 223 und 243 f.

86 Einzelnachweise bei Flurschütz, Verwaltung, S. 230, und Schindling (wie Anm. 9), S. 78.

86 Instruktion zur Visitation der Landschulen 1781

Sr. Hochfürstl. Gnaden zu Bamberg und Wirzburg Verordnung und Anstalten zur Visitation und gründlichen Untersuchung der Landschulen im Hochstifte Wirzburg 1781.

Mit einem Anhang: *Plan über die Gegenstände, die der aufgestellte Landschulen-Visitator von Ort zu Ort genau und mit praktischer Beurtheilung zu beobachten, sofort getreulich zur Relation zu bringen hat.*
Würzburg 1781
Separatdruck
Papier, Oktavformat, 14 unpaginierte und 46 numerierte Seiten
Diözesanarchiv Würzburg, Bibliothek, Fr. o. 2016   Abb.

Druck: Landesverordnungen, Bd. 3, S. 240 ff. – Sammlung aller jener landesherrlichen Verordnungen und Generalien, welche für das Elementarschulwesen im Großherzogthume Würzburg vom Jahre 1774 bis zum Ende des Jahres 1809 ergangen sind und noch bestehen. Würzburg 1810, S. 96 ff. – Andreas Riel, Revision des würzburgischen Schulwesens. . . Würzburg 1803, S. 177 ff. (Beilage A, ohne Anhang).

Lit.: Konrad, Erthal, S. 42 ff. – Theodor Josef Scherg, Das Schulwesen unter Karl Theodor von Dalberg, T. 1. München-Solln 1939, S. 27 ff. – Flurschütz, Verwaltung, S. 204 ff. – Renner, Fuldaer Einfluß, S. 368 ff. und 381 ff. – Zu Strobel: Annemarie Lindig, Franz Oberthür als Menschenfreund. Ein Kapitel aus der katholischen Aufklärung in Würzburg. In: Otto Volk (Hrsg.), Professor Franz Oberthür. Persönlichkeit und Werk. Würzburg 1963, S. 24, 127 und passim. – Flurschütz, Verwaltung, S. 205.

Nr. 86

Die niederen Schulen des Hochstifts waren, wie Franz Ludwig von Erthal bei seinem Regierungsantritt feststellte, trotz der Reformen unter Adam Friedrich von Seinsheim (1755–1779), nicht in bestem Zustand: die Eltern waren gegen den Besuch öffentlicher Schulen, die Lehrmethoden nicht kindgemäß, die Lehrer zu gering besoldet und die Schulhäuser nicht zweckentsprechend oder baufällig. Um diese *dem bessern Unterricht der unschuldigen Kleinen entgegen stehenden Hindernisse zu heben,* beschloß Erthal daher zunächst, *von dem wahren Zustande der Schulen, sonderheitlich auf dem Lande, verläßige Wissenschaft und Kenntnis zu erhalten* und ordnete am 30. August 1781 die Visitation aller Landschulen des Hochstifts an.

Festgestellt werden sollte aber auch, *ob und wie* die von seinem Vorgänger *sorgsamst erlassenen Verordnungen in wirkliche vollständige Erfüllung, oder warum nicht? gebracht worden seyen.* Beigefügt war seiner Verordnung daher ein umfangreicher Fragenkatalog, nach dem der Visitator vorzugehen hatte, um genaueste Informationen über die Lehrer und deren Bestallung, über die Schüler, den Zustand der Schulgebäude und die Pfarrei- und Gemeindeverhältnisse zu erhalten. Weitgehend inhaltsgleiche Fragenkataloge, die die Ortspfarrer, die zuständigen hochstiftischen Amtsleute, die Gemeindevorsteher und die Schullehrer selbst zu beantworten hatten, schlossen sich an.

Den Entwurf für die Visitationsinstruktion hatte auf eine Ausschreibung der Schulkommission hin der Gaurettersheimer Kaplan Johann Joseph Strobel (1742–1801) gefertigt, der im August 1781 zum Landschulenvisitator ernannt und mit der Durchführung betraut wurde.

Erthal maß dieser ersten vierjährigen Generalvisitation, die er auf eigene Kosten veranstalten ließ, höchste Bedeutung bei. Er ließ sich alle Berichte Strobels vorlegen und begab sich, erstmals 1782, auch persönlich auf Visitationsreisen. Bereits die ersten einlaufenden Berichte übertrafen an Gründlichkeit und Umfang alle Erwartungen der Schulkommission, die daraufhin im Juli 1782 beschloß, mit der Beseitigung der festgestellten Mängel in den einzelnen Ortschaften sofort zu beginnen. Die Visitationen wurden zur Dauereinrichtung. Strobel, 1783 zum wirklichen Geistlichen Rat ernannt und seit 1786 Kanonikus von Stift Haug, blieb bis zum Ende von Erthals Re-

191

gierungszeit als Visitator im Amt. Am 10. Oktober 1785 als Nachfolger von Franz Oberthür auch zum Würzburger Stadtschuldirektor ernannt, war er ab diesem Zeitpunkt für die Überwachung des gesamten Volksschulwesens im Hochstift verantwortlich. Die Visitationen, die genauen und direkten Einblick in die Ortsverhältnisse lieferten, dürfen als Basis für die erfolgreiche und auch in den Nachbarterritorien (Eichstätt, Bamberg, Fürstentum Schwarzenberg, Deutschordensgebiet) als vorbildhaft geltende Durchführung der Erthalschen Trivialschulreformen im gesamten Hochstift betrachtet werden.   G. P.

87 Richtlinien für den Schulhausbau 1785

Fürstbischöfliche Verordnung für das Hochstift Würzburg

Mit einem Anhang: *Ordnung, nach welcher die Schulhäuser erbauet, eingerichtet und erhalten werden sollen.*

Würzburg, 24. Mai 1785
Druck, Papier, Folioformat, 2 Doppelblätter, mit Schlußvignette

Diözesanarchiv Würzburg, Mandate A. R. A XXI.78

Druck: Landesverordnungen, Bd. 3, S. 325 ff. – JOHANN KASPAR BUNDSCHUH (Hrsg.), Der Fränkische Merkur. Schweinfurt 1797, S. 425 ff. – ANDREAS RIEL, Revision des würzburgischen Schulwesens ... Würzburg 1803, S. 181 ff. (Beilagen B und C).

Lit.: KONRAD, Erthal, S. 72 f. – THEODOR JOSEF SCHERG, Das Schulwesen unter Karl Theodor von Dalberg, Teil 1. München-Solln 1939, S. 41 ff. – FLURSCHÜTZ, Verwaltung, S. 162 f. und 206.

Die Schulvisitationen zielten nicht nur darauf, einzelne örtliche Mängel abzustellen, sondern sollten vor allem als Basis für die Erarbeitung von praktikablen Richtlinien für die einheitliche und flächendeckende Verbesserung der Schulen im Bereich des ganzen Hochstifts dienen. Dies konnte nur durch genauesten Einblick in die örtlichen Verhältnisse erreicht werden. Detailliert waren daher auch die Fragen zur Beschaffenheit der Schulhäuser, nach ihrem Bauzustand, nach der Zahl, Lage und Einrichtung der Klassenzimmer und nach dem Zustand der Lehrerwohnungen.

Franz Ludwig, der davon ausging, daß *nur die Vereinbarung wohlausgebildeter Geisteskräfte mit gesunden und dauerhaften Körperkräften der Bürger (...) den glücklichen Zustand des Staats gründen* können, hatte daher die Berichte über den Zustand der Schulhäuser *nicht ohne befremden und Mitleiden* zur Kenntnis genommen. Die Schulräume waren für die Zahl der darin zu unterrichtenden Kinder völlig ungeeignet, *so eng, nieder, finster, dumpfigt und an innerer Einrichtung verwahrloset, (...) daß hieraus nicht nur die Unlust zum Lernen, sondern vornähmlich die traurigsten Wirkungen auf die Gesundheit ihrer Körper entstehen müssen.* Darüber hinaus

machten es die beengten räumlichen Verhältnisse in den Schulhäusern den Lehrern unmöglich, das zu sein, was sie sein sollten: Vorbild und *Muster jeder ordentlichen Haushaltung.*

So äußerte sich zumindest Franz Ludwig selbst in seiner am 24. Mai 1785 erlassenen Verordnung zum Bau und zur Einrichtung der Schulhäuser. Nach Anführung der Motive, die ihn zum Erlaß der Verordnung bewogen hatten, verfügte er daher, die von der Schulkommission erarbeitete und als Anhang zur eigentlichen Verordnung publizierte *Bau-Ordnung der Schulhäuser* mit ihren 25 Punkten bei allen Neubauten zugrundezulegen oder vorhandene Gebäude *zu Ersparung größerer Baukosten* binnen Jahresfrist entsprechend herzustellen. Die Baurisse sollten von der Schulkommission aber zuvor geprüft und nach Abschluß der Baumaßnahmen *zu etwa nöthiger Einsicht* in den örtlichen Pfarreirepositoren aufbewahrt werden. Ausnahmen von dieser Regelung werden nur gemacht, wenn der zuständige Amtmann und der örtliche Pfarrer dies in gesonderten Berichten überzeugend darlegen können, Gegenvorstellungen von einzelnen Ortsvorstehern oder Gemeinden anzuhören, ist Franz Ludwig allerdings nicht gewillt. Des weiteren weist er die Gemeinden, die einen eigenen Schullehrer haben oder einstellen wollen, an, diesen *hinlänglich zu salarieren*, die Lehrer selbst werden angehalten, auf die Sauberkeit der Schulhäuser zu achten und nötige Reparaturen rechtzeitig anzuzeigen.
G. P.

88 Grundrißplan eines Landschulhauses

Hochstift Würzburg, 1788
Federzeichnung auf Papier
H. 44 cm, Br. 26,3 cm

Staatsarchiv Würzburg, Würzburger Schulsachen 12/464, zugleich Pläne und Risse II/118.   Abb.

Quellen: StAW, Würzburger Schulsachen 12/464: Berichte über Holzreichung und Schulhausbauten in den einzelnen Ämtern des Hochstifts 1786/88.

Lit.: KONRAD, Erthal, S. 72 f. – FLURSCHÜTZ, Verwaltung, S. 162 f. und 206 f. – RENNER, Fuldaer Einfluß, S. 386 f.

Um zu überprüfen, inwieweit seiner Verordnung über die Einrichtung der Schulhäuser in den einzelnen Orten Folge geleistet worden war, forderte Franz Ludwig von Erthal 1788 detaillierte Berichte über die Schulhäuser in den einzelnen Ämtern des Hochstifts ein.

Die vorliegende Planzeichnung dürfte in diesem Zusammenhang entstanden sein. Sie zeigt in drei untereinander angeordneten Einzelskizzen die Raumaufteilung des Obergeschosses (A und B) und des Erdgeschosses eines Landschulhauses, wobei die Grundrißzeichnung des Erdgeschosses und die erste Skizze des Obergeschosses den Ist-Zustand des Jahres 1788 wiedergeben. Der zweite Grundriß zeigt das Obergeschoß, wie es nach dem *ersten Riß*, also dem ursprünglichen Plan, hätte aussehen sollen. Was der Visitator hier moniert, ist offensichtlich: auf Kosten der oberen Stube des Lehrers wurde die Ratsstube der Gemeinde vergrößert.

Ansonsten entspricht die gesamte Raumaufteilung bis in kleinste Einzelheiten den Vorschriften der Bauordnung von 1785. Die große Schulstube liegt im Erdgeschoß und, wie die Wohnräume des Lehrers, nach Süden. Sie besitzt einen eigenen Zugang vom Kirchhof aus und ist durch eine gemauerte Wand von der Wohnstube des Lehrers getrennt. Diese ist geräumig und, wie die Nebenkammer und die Räume im Obergeschoß, über einen eigenen Eingang von der Straße im Westen zu erreichen. Die Öfen sind so gesetzt, daß ihre Beheizung von der Küche bzw. vom Gang aus erfolgen kann. Da nur eine Schulstube vorhanden ist, muß davon ausgegangen werden, daß nur ein Lehrer hier tätig war und daß auch die neben der Ratsstube im Obergeschoß liegenden Zimmer ihm als Wohnräume zur Verfügung standen. Die üppige Raumausstattung verwundert zunächst, ein Blick in die Bauordnung zeigt jedoch, daß auch dies rechtens ist: Punkt 12 der Verordnung schreibt vor, daß im Obergeschoß nicht nur ein verschließbarer Raum für Haus- und Küchenvorräte vorhanden zu sein hat, sondern auch genügend Schlafkammern für die nach Geschlechtern getrennte Unterbringung der Kinder des Lehrers.

Nicht zuletzt die detailgetreue Umsetzung der Bauvorschriften von 1785 macht es schwierig, das festzustellen, was der Visitator zu notieren unterließ: die Angabe, in welcher Gemeinde dieses Schulhaus stand. Auch eine Durchsicht des Aktenfaszikels und ein Vergleich mit zeitgleichen Plänen erwies sich nicht als hilfreich: die Schulhäuser der Ära Franz Ludwigs entstanden nach einem durch die Bauvorschriften vorgegebenen Modell, das trotz der Abstellung auf die örtlichen Gegebenheiten nur wenig Variationen zuließ.   G. P.

89 Mandat zur Einführung von Mädchenschulen im Hochstift Würzburg

Fürstbischöflich Würzburgische Landesverordnung Hochstiftisch Würzburgische Schulkommission auf Spezialbefehl seiner Hochfürstlichen Gnaden

Würzburg, 23. Oktober 1790
Druck auf Papier. Folioformat, 1 Doppelblatt

Diözesanarchiv Würzburg, Mandate, A. R. A XXI. 89

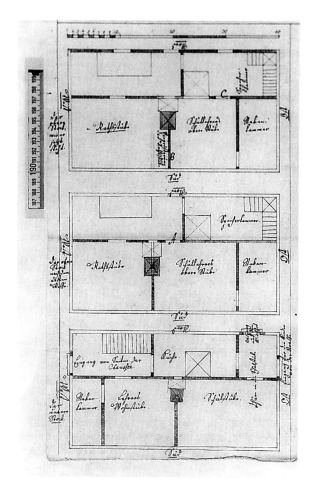

Nr. 88

Druck: Landesverordnungen, Bd. 3, S. 460 ff. – MICHAEL FEDER (Hrsg.), Magazin zur Beförderung des Schulwesens im katholischen Teutschlande, Bd. 1, H. 1. Würzburg 1791, S. 75 ff. – ANDREAS RIEL, Revision des würzburgischen Schulwesens . . . Würzburg 1803, S. 181 ff. (Beilage D). – Im Auszug bei Sprenke, Franz Ludwig, S. 168 ff.

Lit.: KONRAD, Erthal, S. 29 f., 60 ff., 83 ff. – THEODOR JOSEF SCHERG, Das Schulwesen unter Karl Theodor von Dalberg, Teil 1. München-Solln 1939, S. 33 ff. – ANNEMARIE LINDIG, Franz Oberthür als Menschenfreund. Ein Kapitel aus der katholischen Aufklärung in Würzburg. In: OTTO VOLK (Hrsg.), Professor Franz Oberthür. Persönlichkeit und Werk. Würzburg 1963, S. 42, 48 und 51 ff. – FLURSCHÜTZ, Verwaltung, S. 211 ff. – RENNER, Fuldaer Einfluß, S. 385 f. – Zur Einordnung (mit weiterführender Lit.) HELGA GLANTSCHNIG, Liebe als Dressur. Kindererziehung in der Aufklärung. Frankfurt-New York 1987, S. 149 ff., hier vor allem S. 173 f.

Zu den bahnbrechenden Neuerungen der Erthalschen Trivialschulreform zählt die Einführung von Mädchenschulen mit eigenem Lehrplan und weiblichen Lehrkräften, entstanden auf besonderen Wunsch des Fürstbischofs, der die Koedukation aus sittlichen wie auch aus pädagogischen Bedenken heraus ablehnte.

Die Würzburger Schulkommission beschäftigte sich im Juli 1780 erstmals mit dem Problem. Sie verfügte im Februar 1782, daß zunächst an jeder Pfarrei in der Stadt Würzburg eine eigene Mädchenschule eingerichtet werden sollte, deren Besuch für die Mädchen des Pfarrsprengels als verpflichtend vorgeschrieben sein sollte, sobald genügend Schulen vorhanden waren. Als Ausbildungsort für die Lehrerinnen wurde vor allem die bereits vorhandene Mädchenschule des Ursulinenklosters ins Auge gefaßt. Franz Oberthür war als Würzburger Stadtschuldirektor für das Modellprojekt zuständig, betrachtete die Verbesserung der weiblichen Erziehung jedoch auch als persönliches Anliegen, für das er sich – über seine organisatorische Arbeit hinaus – durch pädagogischen Unterricht für die künftigen Lehrerinnen, private Stiftungen und publizistische Arbeiten einsetzte. Nachdem die ersten Mädchenschulen, bei den Ursulinen, im Graben, in der Peters- und in der Burkarderpfarrei, trotz des anfänglich großen Widerstands von seiten der Eltern ab 1783 erfolgreich ihre Tätigkeit aufgenommen hatten, gelang es bis 1787, an allen Pfarrschulen der Stadt Mädchenklassen einzurichten.

Da mittlerweile auch einige Landstädte dem Vorbild der Residenzstadt gefolgt waren – der Landschulvisitator war bereits 1783 angewiesen worden, sein besonderes Augenmerk auf Möglichkeiten hierzu zu richten – erging am 23. Oktober 1790 an die Pfarrer und Beamten des Hochstifts die Weisung, alle Hindernisse aus dem Weg zu räumen, die einer Einführung von Mädchenschulen in ihren Amts- und Pfarrbezirken entgegenstanden.

Die auf *Spezialbefehle Seiner Hochfürstlichen Gnaden* von der Schulkommission erlassene Verordnung führt noch einmal alle Argumente an, die den Fürstbischof zu seiner *Willensmeynung* bewogen hatte: *ärgerliche und der Sittlichkeit nachtheilige Auftritte,* wie in gemischtgeschlechtlichen Schulen üblich, würden vermieden, daneben aber auch die bisherige gemeinschädliche Vernachlässigung *einer der Bestimmung des weiblichen Geschlechts angemessenen Erziehung* behoben. Die Bestimmung des weiblichen Geschlechts, *von jener des männlichen sehr verschieden,* ist nach Auskunft der Verordnung in der künftigen Rolle der Mädchen als Hausmutter oder Dienstmädchen zu sehen, in der sie verantwortlich sind für die erste Erziehung der Kinder und den Wohlstand der einzelnen Familien wie den den gemeinen Ganzen. Da eine weibliche Lehrkraft *die Bedürfnisse des weiblichen Geschlechts genauer einsehen, die demselben nothwendigen Kenntnisse an und für sich besser inne haben und beybringen, und überhaupt schicklicher mit den*

Mädchen umgehen kann, sollen nach Möglichkeit weibliche Lehrkräfte eingestellt werden. Allerdings sollen auch diese vom Land stammen, da bei Anstellung städtischer Lehrerinnen *zu befürchten stünde, daß der Luxus, den solche Lehrerinnen aus der Stadt mitbrächten, auch auf dem Lande verbreitet würde.* Pfarrer und Beamte werden daher angewiesen, unverzüglich Bericht an die Schulkommission zu erstatten, falls durch Erledigung einer Kantorstelle eine Lehrerinnenstelle frei wird oder wenn sie in ihren Amtsbezirken *weibliche zu Lehramte taugliche Subjecte auffinden sollten,* die zur Ausbildung in einer *wohl eingerichteten Mädchenschule* geeignet wären.

Verbunden war diese Anweisung, die im wesentlichen die Positionen der Philantropen Heinrich Campe (1746–1818) und Johann Bernhard Basedow (1724–1790) zur Mädchenerziehung vertritt, allerdings mit der Auflage, auf keinen Fall gewaltsam vorzugehen und nur durch *gütliche Vorstellungen* und mit Rücksicht auf die Gemeindefinanzen die Errichtung von Mädchenschulen zu erwirken.

Die Verordnung war so erfolgreich, daß in den Folgejahren in allen größeren Orten des Hochstifts Mädchenschulen entstanden, die bei interessierten Besuchern den besten Eindruck hinterließen.   G. P.

90 *Universal-Tabelle über den Fortgang des Schul-Industrie-Wesens im Hochstifte Würzburg vom Jahre 1793.*

Würzburg, 1794
Eingeheftet in: MICHAEL FEDER (Hrsg.), Magazin zur Beförderung des Schulwesens im Katholischen Teutschlande, Band 1, Heft 3 und 4
Würzburg, 1792
Druck. Quartformat, 94 Seiten

Stiftsbibliothek Aschaffenburg, Sign. T. 329

Lit.: (mit Einzelnachweisen): KONRAD, Erthal, S. 90. – FLURSCHÜTZ, Verwaltung, S. 212 ff. (Berichterstattung), S. 225 (Feder) und 245 f. (Zensur) – Zu Feder als Publizist: JOHANNES STELZENBERGER, A. J. Fahrmann, A. J. Rosshirt, J. M. Feder. Drei Würzburger Moraltheologen der Aufklärungszeit. In: MAX BUCHNER (Hrsg.), Aus der Vergangenheit der Universität Würzburg. Festschrift zum 350jährigen Bestehen der Universität. Berlin 1932, S. 291 ff. – ANNEMARIE LINDIG, Franz Oberthür als Menschenfreund. Ein Kapitel aus der katholischen Aufklärung in Würzburg. In: OTTO VOLK (Hrsg.), Professor Franz Oberthür. Persönlichkeit und Werk. Würzburg 1963, S. 108 f. (Feder), S. 94 f. und 105 (Bundschuh) sowie S. 125 (Seuffert). – LUDWIG WEISS, Juliusspital-Kapläne und die Universität. In: WDGB 52 (1990), S. 317 f.

Eine der wichtigen Quellen zur Schulpolitik in den letzten Regierungsjahren Franz Ludwig von Erthals ist das *Magazin zur Beförderung des Schulwesens,* das von 1791 bis 1796 mit Berichten über den Erlaß und die praktische Umsetzung der Verordnungen, mit Rezensionen über neu erschienene Schulbücher und pädagogischen Abhandlungen Neuerungen im schulischen Bereich kommentierend begleitete. Herausgegeben wurde das in vier Heften pro Jahrgang bei der Würzburger Verlagsbuchhandlung Rienner am Dom erscheinende Magazin von dem Theologen und Publizisten Johann Michael Feder (1754–1824), seit 1775 außerordentlicher Professor für orientalische Sprachen an der Theologischen Fakultät und seit 1791 auch Universitätsbibliothekar. Als Professor für Moraltheologie und Patristik war Feder ab 1795 daneben als Mitglied in dem 1792 von Franz Ludwig eingerichteten Zensurkollegium vertreten.

Die Einrichtung der Industrieschulen wurde bereits im ersten Heft (1791) ausführlich behandelt. Hier erschien auch der erste von drei Berichten des fürstbischöflichen Geheimreferendars Johann Michael Seuffert, der unter dem Titel „Ueber die Entstehung, den Fortgang und den gegenwärtigen Bestand der Industrie-Schulen in dem Hochstifte Wirzburg" (S. 17 ff.) ausführlichst Hintergründe und Vorzüge dieser neuen Einrichtung beschrieb. Entstanden war dieser wie auch die folgenden Berichte Seufferts (Bd. 1, H. 3 [1792], S. 32 ff; Bd. 3, H. 1 [1794]. S. 11 ff.) in der Absicht, die Angriffe auf das Würzburger Industrieschulwesen zurückzuweisen, die der protestantische Geistliche, Schulmann und Publizist Johann Kaspar Bundschuh (1753–1815) im „Journal von und für Franken" veröffentlicht hatte.

Diesem Zweck dienten auch die im dritten Heft des ersten Bandes 1792 veröffentlichten Berichte über den Erfolg der Industrieschulen in einzelnen Ämtern des Hochstifts, basierend auf den jährlich an die Schulkommission zu erstattenden Berichten. Als Anhang zum ersten Heft des dritten Bandes (1794) erschien schließlich eine *Universal-Tabelle über den Fortgang des Schul-Industrie-Wesens im Hochstifte Würzburg vom Jahre 1793.* Die hier fälschlich dem vierten Heft des ersten Bandes beigeheftete Tabelle (nach S. 94) zählt stolz, Söckchen für Söckchen, die von den Kindern in den einzelnen Schulen produzierten Stücke auf.   G. P.

91 Allgemeines Lesebuch

Allgemeines Lesebuch für katholische Bürger und Landleute für Stadt und Landschulen, eingerichtet von einem katholischen Geistlichen in Franken. Neue, in vielen Stellen berichtigte und vermehrte Auflage.

1791
Druck auf Papier, Oktavformat, 6 unnum. und 600 num. Seiten, mit einer Titel-, zwei Anfangs- und einer Schlußvignette und einer Tabelle *Von den gangbarsten Münzen* (nach S. 570). Bindung des 18. Jahrhunderts (Papier mit Lederrücken und -ecken), beschädigt.

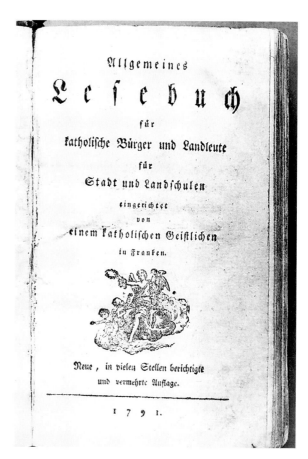

Nr. 91

Besitzvermerke: *An die Schule Trappstadt gehörig Anno 1798* (vorderer Innendeckel, Tinte). – *Zur Schule Trappstadt gehörig* (Vorsatzblatt, Tinte, um 1800). – Al[gemeines] *Lesebuch für die Schule Trappstadt* (hinterer Innendeckel, Tinte, 1. Drittel 19. Jahrhundert). – *Philipp Henner* (vorderer und hinterer Innendeckel, Blei).

Diözesanarchiv Würzburg, Bibliothek, ohne Signatur   Abb.

Quellen: Verordnungen 18. Februar 1787 (Bernhard), 23. Januar 1791 (Becker), 22. März 1791 (Becker und Bernhard), 31. Dezember 1793 (Faust). Abgedruckt in: Landesverordnungen, Bd. 3, S. 364 f., S. 465 ff., S. 468 ff., S. 613 f. – MICHAEL FEDER (Hrsg.), Magazin zur Beförderung des Schulwesens im Katholischen Teutschlande, Bd. 1, H. 3 (Würzburg 1792), S. 33 ff. – *Ueber herrschende Volksaufklärung und über den Zustand der Volksschulen in Franken mit besonderer Rücksicht auf das platte Land. Von einem praktischen Erzieher.* Würzburg, 1803, S. 44 f.

Lit.: ANDREAS RIEL, Revision des würzburgischen Schulwesens . . . Würzburg 1803, S. 78 ff. und 222 ff., vor allem S. 81 f. – KONRAD, Erthal, S. 81 f. – FLURSCHÜTZ, Verwaltung, S. 210. – Zu Becker: ANNEMARIE LINDIG, Franz Oberthür als Menschenfreund. Ein Kapitel aus der katholischen Aufklärung in Würzburg. In: OTTO VOLK (Hrsg.), Professor Franz Oberthür. Persönlichkeit und Werk. Würzburg 1963, S. 98 und 103. – Zu

Faust: NDB 5 (1961), S. 33. – Zu Seiler zuletzt (mit älterer Literatur): GÜNTHER LOTTES, Die Vernunft in der Provinz. Die Universität im Zeitalter der Aufklärung. In: CHRISTOPH FRIEDRICH (Hrsg.): Die Friedrich-Alexander-Universität Erlangen-Nürnberg 1743–1993 (Veröffentlichungen des Stadtmuseums Erlangen, Nr. 43). Erlangen 1993, S. 36 f. – Zum schulischen Wirken: OTTFRIED JORDAHN, Georg Friedrich Seilers Wirksamkeit in der kirchlichen Praxis 1770–1807. In: JBfrL 30 (1970), S. 102 ff., hier S. 119.

Neben den eigentlichen Schulbüchern, die unter Franz Ludwig für die Trivialschulen neu beschafft oder überarbeitet wurden, wurden auch verschiedene andere Bücher in den Unterricht einbezogen, die bereits der Jugend Erthalsche Reformgedanken näher bringen sollten. 1787 wurde die von dem badischen Ökonomierat Johann Christ. Bernhard verfaßte *Wirtschaftliche Polizei der Dörfer* zur Verbreitung fortschrittlicher Grundsätze in der Landwirtschaft kostenlos an die Lehrer verteilt, 1790 folgte das *Noth- und Hülfs-Büchlein* des gothaischen Hofrats Rudolf Zacharias Becker (1751–1822) in einer Bearbeitung für katholische Leser, ein Vademecum der Wirtschaftslehre für künftige Haus- und Familienväter auf dem Lande (siehe Kat.Nr. 54). Beide Werke sollten nach einer Verordnung vom 22. März 1791 bereits in der Schule behandelt werden, *indem es weit leichter ist, die Jugend von Irrthümern und schädlichen Vorurtheilen frey zu erhalten, als sie bey dem Manne, wenn sie einmal tief gewurzelt sind, wieder auszureuten.* In den Schulen sollten regelmäßig vom Lehrer ausgewählte Abschnitte daraus zum Vortrag kommen, gedacht waren beide Werke aber eigentlich als Handreichungen für Erwachsene. Gleiches gilt auch für den Gesundheitskatechismus des bückeburgischen Hofrats Dr. Bernhard Christoph Faust (1755–1842), der mit Verordnung vom 31. Dezember 1793 als Pflichtlektüre in den Schulen des Hochstifts eingeführt wurde.

In diesen Zusammenhang ist auch das *Allgemeine Lesebuch für katholische Bürger und Landleute* einzuordnen, das 1791 erschien und um die Jahreswende 1791/92 zur Verteilung gekommen sein dürfte. Eine eigene Verordnung zur Einführung scheint hier nicht erschienen zu sein. Einen Hinweis gibt jedoch das zu Beginn des Jahres 1792 erschienene Federsche Magazin, das dem Lesebuch einen eigenen Artikel widmet und das Werk nur wärmstens empfehlen kann, *weil es von einem weiteren Umfange ist, und fast alles in sich begreift, was der Jüngling lernen soll, um einst ein glücklicher Mann zu werden.* Als weiteren Gütebeweis führt das Federsche Magazin an, daß das *Lesebuch* bereits *in mehreren Ländern eingeführt* sei. Allerdings erwähnt es nicht, daß es sich hier vorwiegend um protestantische Länder handeln dürfte. Denn der ungenannte Verfasser des *Allgemeinen Lesebuchs* ist der protestantische Erlanger Aufklärungstheologe und Bayreuther Konsistorialrat Georg Friedrich Seiler (1733–1807), dessen *Allgemeines Lesebuch für den Bürger und Landmann* 1790 in Erlangen erschien. Wie beim Beckerschen *Noth- und Hülfs-Büchlein* handelt es sich also auch hier um die überarbeitete Fassung eines protestantischen Werks. Die von einem *praktischen Erzieher* in einer anonymen Schrift über das Würzburger Schulwesen 1803 getroffene Feststellung, der Mangel an brauchbaren Lesebüchern – wie etwa dem Seilers (!) – im Hochstift Würzburg sei verantwortlich für die Vielzahl *Unwissender* in den Schulen (S. 44 f.), dürfte von daher ihrer Grundlage entbehren.

Das in zehn Kapitel gegliederte Lesebuch vermittelte tatsächlich alles, was nach den Vorstellungen eines aufgeklärt-absolutistischen Regimes den Untertanen in Stadt und Land *zum Nutzen und Frommen* (Vorrede) sein konnte. Die Erd- und Länderbeschreibung im ersten Kapitel (S. 1 ff.) enthält neben geographischen Grundkenntnissen auch eine nach Reichskreisen geordnete detaillierte Beschreibung der Staaten Deutschlands, Sittenlehren und Klugheitsregeln im zweiten Kapitel (S. 117 ff.) vermitteln, was im Verhalten gegen die Obrigkeit, die Mitmenschen und Gott zu beachten sei. Das dritte Kapitel handelt unter dem einschlägigen Titel *Uebungen des Verstandes und Witzes* (S. 205 ff.) in Kurzform die Grundbegriffe rationalistischer Erkenntnisphilosophie ab, das *Nötigste aus der Naturlehre* (S. 214 ff.) folgt mit einer Erklärung der Elemente, Ausführungen über ihren sicheren und nützlichen Gebrauch und nicht zuletzt einer kurzen Abhandlung *Von der elektrischen Materie.* Im gleichen Kapitel folgen eine Einführung in die menschliche Anatomie, in die Welt der Tiere und Pflanzen und über deren nutzbringende Verwendung für den Menschen. Ein Kapitel über Erden, Steine, Mineralien und Metalle schließt an (S. 272 ff.), danach *Das Nötigste aus der Himmelskunde und Zeitrechnung* (S. 284 ff.). Das sechste Kapitel handelt dann in extenso alle Bereiche der Landwirtschaft ab (S. 296 ff.), *Gute Rathschläge* zu allen Bereichen der Hauswirtschaft und zur Gesundheitspflege folgen (S. 404). Daran anschließend das achte Kapitel *Wider den gemeinen und schädlichen Aberglauben* (S. 452 ff.), dem eine kurze Einführung in die *Geschichte der Deutschen* seit Christi Geburt folgt. Eigens erläutert wird hier, *Wie die deutschen Bürger und Bauern in ihren gegenwärtigen Zustand gekommen sind und wie sie es unter ihren Regenten so gut haben* (S. 500 ff.) und warum es sich bei den Vorrechten der Regenten um billige handle (S. 507 ff.).

Den Abschluß des Lesebuches bildet eine *Gemeinnützige Rechtslehre*, die auf 60 Seiten eine knappe Einführung in das gültige Zivil- und Prozeßrecht gibt und nach einer Aufstellung der gängigen Münzen und Maße mit einem *Beytrag zur Einführung besserer Tischgebethe* schließt.

Die Vorrede gibt genaue Anweisungen zum Gebrauch. In den Schulen sollen nur ausgewählte Teile behandelt werden, für den Gebrauch zu Hause wird allen katholischen Bürgern und Landsleuten empfohlen, daß sie das Buch *in ihren Feyerstunden, an den Sonn- und Festtagen nachmittags, und in den langen Winterabenden fleißig lesen, über das Gelesene weiter nachdenken, und mit den ihrigen ein Gespräch anstellen wollen.*

Fürstbischof Franz Ludwig von Erthal ließ das *Allgemeine Lesebuch* in den Hochstiften Bamberg und Würzburg mit 24 Kr. günstig verkaufen, für auswärtige Besteller kamen noch Portokosten hinzu. Allerdings wurde auch ihnen bei Mehrfachabnahmen ein Mengenrabatt eingeräumt. G. P.

Nr. 92

92 Porträt Professor Dr. Franz Oberthür

Ferdinand Jagemann
Weimar, 1816
Öl auf Leinwand
Legende: *Franciscus Oberthür aetatis 71 Ferd. Jagemann pinxit Weimaria 1816.*
H. 58,5 cm, Br. 49,5 cm

Mainfränkisches Museum Würzburg, Inv.Nr. 40184   Abb.

Lit.: KONRAD, Erthal, S. 39 ff. – FLURSCHÜTZ, Verwaltung, S. 12 und 210 f. – Die Universität Würzburg in fürstbischöflicher Zeit. Ausstellung des Staatsarchivs Würzburg. Würzburg 1982, Nr. 122 ff. – Zu Oberthür: REMIGIUS STÖLZLE, Franz Oberthür: katholischer Theologe, Pädagoge, Kulturhistoriker und Philantrop (1745–1831). In: ANTON CHROUST (Hrsg.), Lebensläufe aus Franken, Bd. 1. München-Leipzig 1919, S. 336 ff. – ANNEMARIE LINDIG, Franz Oberthür als Menschenfreund. Ein Kapitel aus der katholischen Aufklärung in Würzburg. In: OTTO VOLK (Hrsg.), Professor Franz Oberthür. Persönlichkeit und Werk. Würzburg 1963. – LESCH, Neuorientierung, S. 152 ff. – KARL JOSEF LESCH, Oberthürs Polemik gegen die Theologie der Jesuiten und seine Bemühungen um eine Reform des Theologiestudiums. In: WDGB 37/38 (1975). S. 57 ff. – ANTON SCHINDLING, Die Julius-Universität im Zeitalter der Aufklärung. In: PETER BAUMGART (Hrsg.), Vierhundert Jahre Universität Würzburg. Eine Festschrift (Quellen und Beiträge zur Geschichte der Universität Würzburg, Bd. 6). Neustadt a. d. Aisch 1982. S. 93 ff. und 112 ff. – Zu Ferdinand Jagemann: THIEME/BECKER, Bd. 18, S. 33 f.

Eine der prägenden Persönlichkeit für das gesamte Würzburger Bildungswesen unter Franz Ludwig von Erthal war der Theologe Franz Oberthür (1745–1831), Alumnus des Würzburger Priesterseminars und nach Studien in Würzburg und Rom seit 1773 Professor für Dogmatik und Polemik an der Universität. Er übernahm damit in Teilbereichen die Nachfolge seines Freundes und Mentors, des führenden Würzburger Schul- und Studienreformers unter Adam Friedrich von Seinsheim, Michael Ignaz Schmidt (1736–1794), der 1780 einem Ruf nach Wien gefolgt war.

Der engagierte Aufklärungstheologe Oberthür, der in humanistisch-philanthropischem Erziehungsoptimismus Kirche und Staat vorwiegend als Bildungsanstalten begriff und mit seinen antijesuitischen und meist polemischen theologischen Lehrvorträgen auch bei Erthal zunächst auf Ablehnung stieß, wurde am 10. November 1780 auf Vorschlag Karl Theodor von Dalbergs zum Direktor der städtischen Trivialschulen ernannt. Als solcher gehörte er auch der Schulkommission an, zunächst als Beisitzer, ab August 1781 als Mitglied. Nach einem Entwurf Oberthürs wurden noch 1781 die Pflichten und Aufgaben seines neu geschaffenen Amtes in einer *Instructio für den Stadtschulpräfekten* festgeschrieben. Oberthür gelang es, durch die Errichtung von eigenen Pfarrschulen für jedes Stadtviertel die allmähliche Auflösung privater Schulen und den in der Instruktion vorgesehenen Schulzwang für alle Kinder bis zum zwölften Lebensjahr durchzusetzen. Selbst engagierter Förderer des Mädchenschulwesens, trieb er die von Erthal gewünschte Einrichtung von eigenen Mädchenschulen an jeder Pfarrei in der Stadt so erfolgreich voran, daß ab 1783 auch an deren Einführung auf dem Land gedacht werden konnte. Im ehemaligen Jesuitenkolleg wurden zwei Räume für eine Ingenieur- und Zeichenschule für Knaben eingerichtet, das Lehrerseminar wurde erweitert und die Pfarrschule bei St. Peter in eine Seminarschule umgewandelt. Wei-

197

terreichende Pläne, so etwa die Einrichtung eines festen Schulfonds, die Errichtung einer Singschule, einer höheren Erziehungsanstalt für Mädchen und die Zulassung der Klerikalseminaristen zum katechetischen Unterricht an der Normalschule zu St. Peter, konnte Oberthür nicht realisieren. Erthal hatte Oberthür zwar 1782 in Anerkennung seiner Verdienste zum Geistlichen Rat ernannt, das Verhältnis zwischen beiden blieb jedoch weiterhin ambivalent, zumal Oberthür in seinen Bemühungen um das Schulwesen nicht immer rücksichtvoll vorging und auch gegenüber dem Fürstbischof mit kritischen Urteilen nicht zurückhielt. Nach einigen *Unerquicklichkeiten* wurde er 1785 seines Amtes enthoben und der Schulenvisitator Johann Joseph Strobel am 10. Oktober 1785 zum Nachfolger ernannt.

Oberthür blieb jedoch auch nach seiner Amtsenthebung rege um die Förderung der Volksbildung in allen Bereichen bestrebt. Als Universitätsprofessor setzte er sich für eine besser katechetische und rhetorische Schulung der Theologen ein, als Mann des öffentlichen Lebens konnte er 1785/91 die Gründung einer bürgerlichen Lesegesellschaft durchsetzen. Seine Bemühungen um die Verbesserung des gewerblichen Unterrichts hatten, allerdings erst 1806, mit der Gründung einer *Polytechnischen Gesellschaft* Erfolg. Als rühriger und kunstsinniger Publizist, Bildungs- und Sozialreformer pflegte Oberthür eine Vielzahl auswärtiger Kontakte, die er durch Reisen festigte. Enge Beziehungen, vermittelt über Dalberg, verbanden Oberthür auch mit Weimar, wo er am Hof hohes Ansehen genoß und nach seiner Quieszierung als Universitätsprofessor Einfluß auf das dortige Armen- und Erziehungswesen zu nehmen suchte, als Theaterliebhaber aber auch häufiger Besucher der Weimarer Bühne war.

Das vorliegende Portät, ein Brustbild nach rechts, das den 71jährigen Oberthür im Habit eines Geistlichen Rates zeigt, fertigte der Portätmaler Ferdinand Jagemann (1780–1820), jüngerer Bruder der Weimarer Hofschauspielerin Karoline Jagemann, anläßlich eines Besuches von Oberthür in Weimar im Jahr 1816.   G. P.

93 Porträt Karl Theodor von Dalberg

Kopie nach einem Gemälde von Robert Lefèvre (1755–1830)
1811 oder später
Unsigniert
Öl auf Leinwand
H. 74,3 cm, Br. 60 cm

Mainfränkisches Museum Würzburg. Inv.Nr. H. 33829

Lit.: KONRAD M. FÄRBER (Hrsg.), Carl von Dalberg. Erzbischof und Staatsmann (1744–1817). Regensburg 1994, S. 142 f. – HANS-BERND SPIES (Hrsg.), Carl von Dalberg 1744–1817. Aschaffenburg 1994 (Veröffentlichungen des Geschichts- und Kunstvereins Aschaffenburg 40), S. 17. – Zu Dalberg zuletzt: LThK, 3., völlig neu bearb. Aufl., Bd. 2, Sp. 1376 f. – Zu Dalberg als Würzburger Bildungspolitiker (mit weiterführender Lit. und Quellen): THEODOR JOSEF SCHERG, Das Schulwesen unter Karl Theodor von Dalberg, T. 1. München–Solln 1939, S. 14 ff. – FERDINAND KOEPPEL, Karl von Dalbergs Wirken für das Hochstift Würzburg unter Franz Ludwig von Erthal. In: ZBLG 17 (1953/54), S. 253 ff. – WILHELM BÜTTNER, Lichte Seiten am Bilde zweier Würzburger Aufklärer. In: WDGB 14/15 (1952/53), S. 647 ff. – FLURSCHÜTZ, Verwaltung, S. 104 und 207. – ANNEMARIE LINDIG, Franz Oberthür als Menschenfreund. Ein Kapitel aus der katholischen Aufklärung in Würzburg. In: OTTO VOLK (Hrsg.), Professor Franz Oberthür. Persönlichkeit und Werk. Würzburg 1963, S. 91, 106 und passim. – ANTON SCHINDLING, Die Julius-Universität im Zeitalter der Aufklärung. In: PETER BAUMGART (Hrsg.), Vierhundert Jahre Universität Würzburg. Eine Festschrift. Neustadt a. d. Aisch 1982 (Quellen und Beiträge zur Geschichte der Universität Würzburg 6), S. 100 ff. – PETER BAUMGART, Die Wappenseite Karl Theodor von Dalbergs in der Würzburger Universitätsmatrikel. In: KONRAD M. FÄRBER (Hrsg.), Carl von Dalberg. Erzbischof und Staatsmann (1744–1817). Regensburg 1994, S. 60. – ANTJE FREYH, Dalbergs schriftstellerische Tätigkeit. In: KONRAD M. FÄRBER (Hrsg.), Carl von Dalberg…, S. 170 ff, vor allem S. 175 ff. – HANS-BERND SPIES, Ein Beleg für Dalbergs Studienaufenthalt in Würzburg. In: HANS-BERND SPIES, Carl von Dalberg 1744–1817. Aschaffenburg 1994 (Veröffentlichungen des Geschichts- und Kunstvereins Aschaffenburg 40), S. 21 ff.

Zum unbestrittenen Mittelpunkt des geistigen Lebens Würzburgs und zum führenden Bildungspolitiker der ersten Regierungsjahre Franz Ludwig von Erthals entwickelte sich ab 1780 der spätere Erzbischof von Mainz, Bischof von Regensburg und Fürstprimas des Rheinbunds, Karl Theodor von Dalberg (1744–1817).

Wie in Mainz und Worms bildete auch in Würzburg die Zugehörigkeit zum Domkapitel den Ausgangspunkt seiner Tätigkeit. Als Nachfolger seines Onkels Karl Philipp Damian konnte Karl Theodor von Dalberg am 1. Februar 1754 als Domizeller in das Domkapitel einziehen, persönlich kam er allerdings nachweislich erst 1759 zu einem kurzen Studienaufenthalt in die Stadt. 1779 in eine Würzburger Domherrnstelle eingewiesen, wurde Dalberg im April 1780 zum Domscholaster gewählt. Er war damit dritthöchster Dignitär des Domkapitels und verantwortlich für das gesamte Würzburger Schulwesen von den Volksschulen bis zur Universität.

Mit Engagement nahm der philanthropischen Aufklärungsidealen verpflichtete Dalberg seine Aufgaben wahr. Er leitete ab 1781 die Sitzungen der unter Adam Friedrich von Seinsheim (1755–1779) ins Leben gerufenen Schulkommission, die sich unter seiner Ägide zu einer weitgehend selbständigen Behörde entwickelte. Sein besonderes Augenmerk galt vor allem der Reform der Trivialschulen, deren stringente Konzeption und Durchführung die Hand eines geschulten Politikers verrät.

Daneben wurde ihm im August 1784 auf Vorschlag der Philosophischen Fakultät das Amt eines *Rector magnificus* der Universität übertragen. Dalberg konnte auch hier auf Erfahrungen als kurfürstlich – mainzischer Statthalter in Erfurt (seit 1771) zurückgreifen, wo er seit 1776 um die Verbesserung der Hochschulstudien an der dortigen Universität bemüht war (Neuregelung der Studienzeiten, Verbesserung des chemischen und medizinischen Unterrichts, Neubelebung der Erfurter *Akademie nützlicher Wissenschaften*).

Das Rektorat der Würzburger Universität war aufgrund der akademischen Selbstverwaltung weitgehend Ehrenfunktion, allerdings gelang es Dalberg, nicht zuletzt durch gute persönliche Beziehungen zu einzelnen Professoren, während seiner vierjährigen Amtszeit seinen Einfluß auch hier geltend zu machen. Auf seinen Vorschlag geht nachweislich die Berufung des Kantianers Maternus Reuß in die Philosophische Fakultät 1782 zurück, die Berufung der Aufklärungstheologen Johann Michael Feder (1754–1824) und Franz Berg (1753 bis 1821) erfolgte während seines Rektorats. Weitergehende Anregungen Dalbergs, soweit sie bekannt sind, wurden jedoch nicht realisiert. Sein Vorschlag von 1785, den Universitätsfonds um die Güter des aufgelösten Jesuitenkollegs zu vermehren, dürfte auf die Ablehnung des Fürstbischofs gestoßen sein, während der von ihm 1786 eingebrachte Antrag, künftig alle Kollegien in deutscher Sprache abzuhalten, am ablehnenden Votum der Medizinischen und Philosophischen Fakultät scheiterte. Die allmähliche Aufweichung der akademischen Latinität zugunsten der allgemeinverständlichen Muttersprache signalisieren jedoch die Vorlesungsverzeichnisse: sie erschienen ab 1786/87 in deutscher Sprache.

Die Wahl zum Koadjutor des Mainzer Kurfürsten 1787 beendete Dalbergs Aktivitäten als Würzburger Schulreformer. Die Verabschiedung, die die Universität auf Anregung Franz Ludwig von Erthals dem scheidenden Rektor am 13. Juni 1787 zukommen ließ, war glanzvoll und würdigte fast überschwenglich seine Verdienste.

Trotz seines Weggangs in die hohe Politik blieb Dalberg der Universität verbunden. Vom Domkapitel wurde er 1797 einstimmig zum Dompropst gewählt und damit auch Kanzler der Universität. In Erinnerung blieb er aber vor allem als *alter fundator* der Universitätsbibliothek, der er 1814 ein Legat von 38 000 fl. aussetzte.

Das Porträt aus den Sammlungen des Historischen Vereins Würzburg zeigt Dalberg mit erzbischöflichem Pektorale und dem Großkreuz der Ehrenlegion, das Napoleon dem Primas des Rheinbunds im Dezember 1810 verlieh. Das unsignierte Gemälde ist, wie die Replik in Aschaffenburg, eine Kopie des Porträts, das der französische Maler Robert Lefèvre (1755–1830) bei Dalbergs Aufenthalt in Paris im Sommer 1811 fertigte und das sich heute in der Wessenberg-Galerie in Konstanz befindet.

G. P.

94 Porträt des Professors der Naturgeschichte Bonavita Blank

Ignaz Sebastian Klauber (1753–1817) nach einer Zeichnung von Christoph Fesel (1737–1805)
Würzburg, vor 1810
Stahlstich
Legende: *Dr. Joseph Bonavita Blank, Großherzoglicher Geistlicher Rath, o*[ffentlicher] *o*[rdentlicher] *Professor der Philosophie und Naturgeschichte, und Director des der Julius Universität zugehörigen Blankischen Naturalien und mosaischen Kunst Cabinets zu Würzburg, geb. zu Würzburg am 23. 3. 1740.*

H. 18,6 cm, Br. 11,2 cm (Plattenmaß)

Mainfränkisches Museum Würzbug, Inv.Nr. H. 64424

Lit.: Joseph Bonavita Blank, Übersicht des Blankischen jetzt der Großherzogl. Universität zu Würzburg gehörigen Naturalien- und mosaischen Kunst-Kabinettes. Bamberg und Würzburg 1810. – Kerler, Erthal, S. 27ff. und S. 62. – Zu Blank (mit weiterführender Lit. und Quellen): ADB 2, S. 689. – Leo Günther, Würzburger Chronik, Bd. 3. Personen und Ereignisse von 1802–1848. Würzburg 1925 (Nachdruck Neustadt a. d. Aisch 1987), S. 470ff. – Georg Sticker, Entwicklungsgeschichte der Medizinischen Fakultät an der Alma Mater Julia. In: Max Buchner (Hrsg.), Aus der Vergangenheit der Universität Würzburg. Festschrift zum 350jährigen Bestehen der Universität. Berlin 1932, S. 491ff. und S. 597. – Maria Reindl, Lehre und Forschung in Mathematik und Naturwissenschaften, insbesondere Astronomie, an der Universität Würzburg von der Gründung bis zum Beginn des 20. Jahrhunderts. Neustadt a. d. Aisch 1966 (Quellen und Beiträge zur Geschichte der Universität Würzburg. Beiheft 1), S. 126f. – Flurschütz, Verwaltung, S. 203 und S. 229, Anm. 211. – Die Universität Würzburg in fürstbischöflicher Zeit. Ausstellung des Staatsarchivs Würzburg. Würzburg 1982, Nr. 117–120. – Gerhard Krause und Martin Lindauer, Die Zoologie in Würzburg vom Naturalien-Kabinett des Pater Bonavita Blank bis zur Theorie der Chromosomenindividualität von Theodor Boveri. In: Peter Baumgart (Hrsg.), Vierhundert Jahre Universität Würzburg. Eine Festschrift. Neustadt a. d. Aisch 1982 (Quellen und Beiträge zur Geschichte der Universität Würzburg 6), S. 629 – Siegfried Matthes, Zur historischen Entwicklung des Faches Mineralogie an der Universität Würzburg. In: Peter Baumgart (Hrsg.), Vierhundert Jahre Universität Würzburg…, S. 683ff. Zu Christoph Fesel: Thieme-Becker, Bd. 11, S. 500. – Zu Klauber: Thieme/Becker, Bd. 20, S. 412.

Neben dem Ausbau des Botanischen Gartens, der Anatomie und des chemischen Laboratoriums im Juliusspital gilt die Einrichtung eines universitätseigenen Kunst- und Naturalien-Kabinetts in der Residenz als vierte zukunftsweisende Institutsgründung Erthals. Sie darf als Keimzelle der zoologischen und mineralogischen Museumstradition an der Universität Würzburg betrachtet werden. Initiator und eigentlicher Begründer war hier ein engagierter Autodidakt, der Konventual des Würzburger Minoritenklosters, Joseph Bruno Anton (gen. Bonavita) Blank (1740–1827).

Der im Auftrag seines Ordens weitgereiste Franziskaner, der 1789 nach Würzburg zurückkehrte und Guardian seines Klosters wurde, hatte eine große Zahl von einheimischen und exotischen Mineralien, Tier- und Pflanzenpräparaten zusammengetragen und zu sogenannten *mosaischen* Kunstwerken verarbeitet, kleinen, mit äußerster

Akribie gefertigten Bildern aus Moos, Kork, Vogelfedern, Schmetterlingsflügeln und ähnlichem, von denen er über 120 besaß. Sie stellten sein *Kabinett der Kunsthistorie* dar und lösten bei kaiserlichen und königlich-preußischen Staatsbesuchen 1790/92 so großes Entzücken aus, daß bis 1793 über 6000 auswärtige Besucher ins Franziskanerkloster strömten. Franz Ludwig entschloß sich daher im August 1792, die Sammlung für die Universität anzukaufen und im Südflügel der Residenz unterzubringen.

Gleichzeitig ließ er, wie Franz Oberthür (KERLER) berichtet, unter dem *Vorwand,* den Raum für den Aufbau einer weiteren naturgeschichtlichen Sammlung zu benötigen, das Hoftheater auflösen. Von 1791 bis 1793 wurden hierzu durch die Universität für etwa 3300 fl. von verschiedenen privaten Sammlern Mineralien angekauft, die Ägide darüber erhielt Blank, der 1792 mit ausdrücklichem Verweis auf seine diesbezüglichen Meriten zum Professor für Naturgeschichte in der Philosophischen Fakultät ernannt wurde und in den Stand der Weltgeistlichen übertrat. Neben seiner Sammeltätigkeit für die Universität baute er aber auch eine eigene Naturaliensammlung mit mineralogischen, zoologischen und botanischen Schaustücken auf, die er 1804 an die mittlerweile bayerisch gewordene Universität verkaufte. Das insgesamt 28710 Nummern umfassende Blanksche Naturalienkabinett wurde mit den Universitätssammlungen vereinigt, in einem Saal des Universitätsgebäudes untergebracht und Blank als Direktor eingesetzt, eine Funktion, die er auch nach Niederlegung seiner Professur 1810 bis zu seinem Tod ausübte. Von den Mosaikbildern Blanks ist nach den Zerstörungen des Zweiten Weltkriegs eines erhalten geblieben, das sich als Leihgabe des Zoologischen Instituts im Martin-von-Wagner-Museum der Universität Würzburg befindet.

Das vorliegende Porträt, ein schlichtes Brustbild nach halbrechts im Medaillon, zeigt Blank im Habit eines Geistlichen Rats. Der Stahlstich dürfte um 1810 entstanden sein und wurde von dem aus Augsburg stammenden Stecher Ignaz Sebastian Klauber (1753–1817) nach einer älteren Vorlage des Würzburger Hofmalers Christoph Fesel (1737–1805) gestochen. Das Blatt gelangte 1868 als Schenkung von Johann Baptist Stamminger (1836–1892) in den Besitz des Historischen Vereins Würzburg. G. P.

95 Porträt des Juristen Joseph Maria Schneidt

Franz Wiesen
Würzburg, 1794
Radierung
H. 18,2 cm, Br. 10,7 cm (Plattenmaß)
Legende: *JOS*[EPH] *MARIA SCHNEIDT V*[TRIVSQVE] *I*[VRIS] *D*[OCTOR] *Comes pal*[atinus] *caes*[araeus] *Cons*[ilius] *intim*[us] *Wirceb*[burgensis] *et aul*[i] *Fuld*[ensis] *Pandect*[orum] *et jur*[is] *Franc*[onici] *Prof*[essor] *p*[ublicus] *et o*[rdinarius] *Universitatis Wirceb*[urgensis] *Senior et fiscalis nat*[us] *Manhemii 8. Dec*[embris] *1727.*

Mainfränkisches Museum Würzburg, Inv.Nr. H. 36720

Abb. bei WILHELM ENGEL, Joseph Maria Schneidt und sein Thesauraus Iuris Franconici. In: Mainfränkisches JB 7 (1955), S. 260 ff. (Abb. 15). – FRIEDRICH MERZBACHER, Joseph Maria Schneidt. In: Fränkische Lebensbilder. Neustadt a. d. Aisch 1980. Bd. 9., S. 204 ff. (nach S. 208).

Lit.: Die Universität Würzburg in fürstbischöflicher Zeit. Ausstellung des Staatsarchivs Würzburg. Würzburg 1982, Nr. 142 f. – Zu Schneidt: WILHELM ENGEL, Joseph Maria Schneidt und sein Thesaurus Iuris Franconici. In: MAINFRÄNKISCHES JB 7 (1955), S 260 ff. – FRIEDRICH MERZBACHER, Joseph Maria Schneidt. In: Fränkische Lebensbilder. Neustadt a. d. Aisch 1980. Bd. 9, S. 204 ff. – Zu Franz Wiesen: THIEME/BECKER, Bd. 35, S. 541.

Der in Mannheim geborene Joseph Maria Schneidt (1727–1808) gilt als Begründer der rechtlichen Landesgeschichte in Franken. 1749 Lizentiat der Rechte in Würzburg, danach Konsulent der Abtei Bronnbach, fuldischer und würzburgischer Hofrat, wurde er 1765 als außerordentlicher Professor für die Pandekten, ein Teilgebiet des römischen Zivilrechts, an die Würzburger Universität berufen. Sein Hauptarbeitsgebiet war jedoch das Fränkische Landrecht, über das er seit 1766 mit obrigkeitlicher Genehmigung Kollegien abhielt und das er ab 1771 als ordentlicher Professor vertrat. Als Summe seiner Forschungsarbeit auf diesem Gebiet erschien auf fürstbischöflichen Befehl von 1776 bis 1794 in dreizehn Bänden das wissenschaftliche Hauptwerk von Schneidt, der *Thesaurus Iuris Franconici.* Die unsystematische, aber umfassende und grundlegende Kompilation von juristischen Abhandlungen und Gutachten zu fränkischen, insbesondere aber hochstiftisch-würzburgischen Gesetzen und Verordnungen ab 1546 diente als Gesetzeskommentar den praktischen Bedürfnissen der Verwaltung und Rechtspflege im Hochstift ebenso wie der Schulung der künftigen Staatsbeamten an der Universität. Schneidt, seit 1791 Senior der Universität und in Ansehung seiner Dienste und seines literarischen Ruhms zum fürstlichen Geheimen Rat ernannt, blieb auch nach dem Ende der fürstbischöflichen Zeit bis zu seinem Tod als hochdotierter Fachvertreter im Amt.

Das Brustbild nach halbrechts im Medaillon mit bekrönender Schleife, das der Würzburger Kupferstecher Franz Wiesen (1777–1826) im Jahr des Erscheinens des letzten

Bandes des *Thesaurus Iuris Canonici* schuf, zeigt den Rechtsgelehrten mit Zopf und Perücke und unter Anführung all seiner Titel und Ämter. G. P.

96 Porträt des Chirurgen Carl Caspar (von) Siebold

Johann Elias Haid (1739–1809) nach einer Zeichnung von Leonhard Heinrich Hessell (1757–1830?)
Augsburg, 1789 (?)
Schabkunstblatt
Legende: *Carol*[us] *Caspar*[us] *Siebold. Chirurgus inter Germanos princeps.*
H. 22,3 cm, Br. 14,5 cam (Plattenmaß)

Mainfränkisches Museum Würzburg, Inv.Nr. S. 20302

Abb. bei Hans Körner, Die Würzburger Siebold. Eine Gelehrtenfamilie des 18. und 19. Jahrhunderts. Neustadt a. d. Aisch 1967 (Quellen und Beiträge zur Geschichte der Universität Würzburg 3), Abb. 12.

Lit. zu Siebold: Georg Sticker, Entwicklungsgeschichte der Medizinischen Fakultät an der Alma Mater Julia. In: Max Buchner (Hrsg.), Aus der Vergangenheit der Universität Würzburg. Festschrift zum 350jährigen Bestehen der Universität. Berlin 1932, S. 510ff. – Hans Körner, Die Würzburger Siebold. Eine Gelehrtenfamilie des 18. und 19. Jahrhunderts. Neustadt a. d. Aisch 1967 (Quellen und Beiträge zur Geschichte der Universität Würzburg 3), S. 17ff (mit älterer Lit.). – Flurschütz, Verwaltung, S. 228f. und S. 162ff. – Die Universität Würzburg in fürstbischöflicher Zeit. Ausstellung des Staatsarchivs Würzburg. Würzburg 1982, Nr. 109–116. – Michael Henker (Hrsg.), Philipp Franz von Siebold (1796–1866). Ein Bayer als Mittler zwischen Japan und Europa. München 1993 (Veröffentlichungen zur Bayerischen Geschichte und Kultur 25/93), Nr. 20. – Zu Leonhard Heinrich Hessell: Thieme/Becker, Bd. 16, S. 595. – Zu Johann Elias Haid: Thieme/Becker, Bd. 15, S. 482 f.

Der Aufschwung der medizinischen Fakultät unter Franz Ludwig von Erthal ist unlösbar verbunden mit dem Namen Carl Caspar Siebolds (1736–1807). Seinen Ruf als *Chirurgus inter Germanos princeps* verdankte der aus Nideggen im Herzogtum Jülich stammende Siebold neben Organisationstalent, Fleiß und Durchsetzungskraft seinen Erfahrungen als Feldchirurg, die er bahnbrechend mit fundiertem medizinischem Wissen und Können verband – ein Glücksfall für Würzburg und die *Academia Sieboldiana,* wie die Fakultät, an der neben ihm auch drei seiner Söhne als renommierte Mediziner tätig waren, ab 1790 genannt wurde.

Der Sohn eines Wundarztes war 1760 als Feldscher nach Würzburg gelangt, immatrikulierte sich hier zum Studium der Medizin, das er 1763 glänzend abschloß, und wurde danach von Fürstbischof Adam Friedrich von Seinsheim (1755–1779) auf eine dreijährige Studienreise nach Paris, Rouen, Leiden und London geschickt. Nach der Rückkehr 1766 zum fürstbischöflichen Leibwundarzt und nach dem Erwerb des medizinischen Doktorgrads 1769 zum Oberchirurgus am Juliusspital und zum ordent-

lichen Professor der Anatomie, Chirurgie und Geburtshilfe ernannt, fand Siebold in Franz Ludwig von Erthal einen überzeugten Förderer seiner berufspraktischen und gesundheitspolitischen Vorstellungen. Die Umgestaltung des Anatomischen Theaters im Juliusspital 1788 und die Neuregelung des klinischen und chirurgischen Unterrichts 1790 gehen auf seine Vorschläge zurück, gleiches gilt für die Verordnung gegen das Quacksalberwesen 1784 und die Einrichtung eines Gebärhauses als Schulungskrankenhaus für angehende Mediziner 1791.

Als Anerkennung für seinen Einsatz bei der Verpflegung der Verwundeten nach der Schlacht bei Würzburg am 2. September 1796, in der die österreichischen Truppen unter Erzherzog Karl mit den französischen Truppen unter General Jourdan zusammenstießen, wurde er 1801 von Kaiser Franz II. in den erblichen Adelsstand erhoben. Siebold konnte auch nach dem Übergang Würzburgs an Bayern 1803 sein Ordinariat behalten und starb 1807 in Würzburg.

Das einfache Porträt, ein lebensnahes Brustbild nach links, das den 52jährigen Siebold in einem Medaillon ohne Umrahmung zeigt, gehört zu einer Reihe von Professorenbildnissen, die der aus St. Petersburg stammende Nürnberger Miniaturporträtmaler Leonhard Heinrich Hessell (1757–1830?) in den Jahren 1789/92 schuf und die dem Augsburger Stecher Johann Elias Haid (1739–1809) als Vorbilder für seine Sammlung von Gelehrtenporträts dienten. G. P.

97 *Grundriß einer Geschichte von der Universität zu Wirzburg. Erster Theil. Herausgegeben von Christian Bönicke, ordentlicher Lehrer der Reichsgeschichte, und Hofmeister der adelichen Jugend im hochfürstlichen Seminarium.*

Würzburg 1782
Druck, 74 Seiten,. mit einem Titelkupfer und zwei Vignetten
Zeitgenössische Bindung (Marmorpapier)
Provenienzvermerk am Innendeckel: Joh. Nierendorf um 1910.
Eingebunden nach S. 74: Ansicht der Universitätskirche und Sternwarte zu Würzburg
Nach 1756, vor 1788
Kupferstich (beschnitten)
H. 20 cm, Br. 30,7 cm

Diözesanarchiv Würzburg, Bibliothek, Ufr IV. Würzburg F 3/a

Quellen: StAW, Würzburger Schulsachen 4/107, Schreiben vom 20. April und vom 1. Mai 1782.

Druck des Titelblatts: Peter Baumgart (Hrsg.), Vierhundert Jahre Universität Würzburg. Eine Festschrift. Neustadt a. d. Aisch 1982 (Quellen und Beiträge zur Geschichte der Universität Würzburg, Bd. 6), Abb. 13. – Abb. des Kupferstichs: verkleinert bei REINHARD HELM, Die Würzburger Universitätskirche 1583–1973. Zur Geschichte des Baues und seiner Ausstattung. Neustadt a. d. Aisch 1976 (Quellen und Beiträge zur Geschichte der Universität Würzburg, Bd. 5), Abb. 22. – Lit. zum Titelblatt: GUTENÄCKER, Münzen, S. 42 ff. – Zu Bönicke und Grundriß (mit weiterführender Lit. und Quellen): FRANZ XAVER VON WEGELE, Geschichte der Universität Würzburg, T. 1: Geschichte. Würzburg 1882 (Neudruck Aalen 1969), S. 287 f. und S. 474. – FLURSCHÜTZ, Verwaltung, S. 223 f. – Die Universität Würzburg in fürstbischöflicher Zeit. Ausstellung des Staatsarchivs Würzburg. Würzburg 1982, Nr. 133. – ANTON SCHINDLING, Die Julius-Universität im Zeitalter der Aufklärung. In: PETER BAUMGART (Hrsg.), Vierhundert Jahre Universität Würzburg. Eine Festschrift. Neustadt a. d. Aisch 1982 (Quellen und Beiträge zur Geschichte der Universität Würzburg, Bd. 6), S. 96 ff. – Zu Nitribitt: THOMAS WELZENBACH, Geschichte der Buchdruckerkunst im ehemaligen Herzogthume Franken. In: AU 14 (1857), H. 2, S. 202 f. – HENNING HOLZAPFEL, Universitätsbuchdruck und Zensur im Hochstift Würzburg 1582–1802. Unveröffentlichte Magisterarbeit an der Philosophischen Fakultät II. Würzburg 1991, S. 104, 106 und Anhang, S. IV f.

Zum 200jährigen Jubiläum der Universitätsgründung durch Julius Echter, das Franz Ludwig von Erthal vom 29. Juli bis zum 8. August 1782 aufwendig feiern ließ, erschien auch eine erste Geschichte der Universität. Mit der Abfassung des Werks, das *die Begebenheiten einer Anstalt, die auf das Wohl des Vaterlandes so mächtigen Einfluß hat,* den Mitbürgern näher bringen sollte (Vorrede), wurde vom Fürstbischof Christian Bönicke (1745–1805) beauftragt, seit 1780 Professor der Reichsgeschichte in der Philosophischen Fakultät und Präfekt des 1607 von Julius Echter gegründeten adeligen Knabenseminars. Gewidmet ist das Werk dem fürstbischöflichen Auftraggeber als *Enkel und sechzehnten Nachfolger des großen Julius,* eine durch verwandtschaftliche Beziehungen verstärkte Traditionslinie, in der auch Franz Ludwig – als Nachfahre einer Nichte des Universitätsgründers – sich sah.

Zur Abfassung dürfte Bönicke nur wenig Zeit zur Verfügung gestanden haben – ein im Entwurf erhaltenes fürstbischöfliches Reskript, das den Universitätsbibliothekar anweist, Bönicke für die *Bearbeitung eines sicheren Werkes* die nötigen Bücher auszuhändigen, datiert vom 1. Mai 1782. Der von FRANZ XAVER WEGELE einhundert Jahre später erhobene Vorwurf, Bönicke habe eine große Zahl der zu seiner Zeit noch vorhandenen Quellen nicht benutzt, findet hier möglicherweise eine Erklärung.

Im Jubiläumsjahr konnte Bönicke immerhin einen ersten Teil der geplanten Gesamtgeschichte vorlegen, der von den Anfängen unter Johann von Egloffstein 1403 bis zum Ende des 17. Jahrhunderts reicht. Das Titelblatt des ersten Teils zeigt Vorder- und Rückseite der zum Jubiläum geprägten Gedächtnismünzen mit dem Porträt Franz Ludwigs (Avers) und den Wappen der Gründer Egloffstein und Echter und denen aller danach folgenden Fürstbischöfe bis hinauf zu Erthal (Revers). Der umfang-

reichere zweite Teil der Universitätsgeschichte, der die Entwicklung bis 1787 schildert und auch den Jubiläumsfeierlichkeiten breiten Raum gibt, erschien erst 1788. Gedruckt wurden beide Bände, wie bei Würzburger Universitätsschriften die Regel, beim Universitätsbuchdrucker, in diesem Falle bei Franz Ernst Nitribitt († 1820), der 1763 seine Bestallung erhalten hatte.   G. P.

98 *Würzburger Gelehrte Anzeigen*

herausgegeben von Bonaventura Andres, fortgesetzt von Johann Michael Feder bzw. Michael Adam Köl.
11 Jahrgänge
Würzburg, 1786–96.
Oktavformat

Staatsbibliothek Bamberg, Eph. lit. o. 12

Lit.: BRAUBACH, Aufklärung, S. 60 f. – FLURSCHÜTZ, Verwaltung, S. 226. – HENNING HOLZAPFEL, Universitätsbuchdruck und Zensur im Hochstift Würzburg 1582–1802. Unveröffentlichte Magisterarbeit an der philosophischen Fakultät II. Würzburg 1991, S. 94 ff. und 97 ff. – Zu Andres: ANNEMARIE LINDIG, Franz Oberthür als Menschenfreund. Ein Kapitel aus der katholischen Aufklärung in Würzburg. In: OTTO VOLK (Hrsg.), Professor Franz Oberthür. Persönlichkeit und Werk. Würzburg 1963, S. 23, 102. – GOY, Aufklärung, S. 21. – Zu Feder: KARL JOSEF LESCH, Johann Michael Feder. Ein Prediger der Aufklärungszeit. In: WDGB 41 (1979), S. 169 ff. – JOHANNES STELZENBERGER, A. J. Hartmann, A. J. Rosshirt, J. M. Feder. Drei Würzburger Moraltheologen der Aufklärungszeit. In: MAX BUCHNER (Hrsg.), Aus der Vergangenheit der Universität Würzburg. Festschrift zum 350jährigen Bestehen der Universität. Berlin 1932, S. 268 ff. – Biogramme mit weiterführender Literatur: LUDWIG WEISS, Juliusspital-Kapläne und die Universität. In: WDGB 52 (1990), S. 317 f. – ANNEMARIE LINDIG, Franz Oberthür als Menschenfreund. Ein Kapitel aus der katholischen Aufklärung in Würzburg. In: OTTO VOLK (Hrsg.), Professor Franz Oberthür. Persönlichkeit und Werk. Würzburg 1963, S. 108 f.

Am 4. Januar 1786 erschien das erste Heft der Würzburger Gelehrten Anzeigen, deren Herausgeber zu dem in der Vorrede formulierten Zweck angetreten waren, *gemeinnützige Literatur in unsern Gegenden zu verbreiten und nützliche Beobachtungen so wohl als öffentliche gelehrte Anstalten, besonders von katholischen Universitäten bekannt zu machen.* Ziel des Ganzen war es, wie weiter heißt, *Aufklärung, Geschmack und Sittlichkeit* zu fördern und das Publikum durch *zweckmässig gewählte und unpartheylich geprüfte Schriften* zu unterrichten.

Entstanden war die Zeitung, die von nun ab zweimal wöchentlich erschien, auf Anregung von Professoren der Theologischen Fakultät. Eingebracht wurde der Vorschlag jedoch von Professor Bonaventura Andres (1743–1822), seit 1775 Rhetorikprofessor am Gymnasium und seit 1783 Professor der Philosophie, für klassische Sprachen, Ästhetik und Homiletik (ab 1792 auch Pädagogik) an der Universität. Er erhielt in der Sitzung des akademischen Senats im Juli 1785 die Zustimmung eines Großteils der Anwesenden und übernahm die Schriftleitung.

Besondere Förderung erfuhren die *Gelehrten Anzeigen* von Anfang an durch Franz Ludwig von Erthal, der sich von dem Blatt Unterstützung bei der Durchführung seiner schul- und bildungspolitischen Ziele erhoffte. Die Zeitung erhielt einen Finanzierungszuschuß von der Universität und genoß als offiziöses Organ Zensurfreiheit. Universitätsnachrichten (Vorlesungen, Promotionen, Berufungen) nahmen allerdings nur geringen Raum ein, die Mehrzahl der Hefte füllten Rezensionen der Universitätsprofessoren über neu erschienene literarische und wissenschaftliche Werke. Der Leserkreis ging daher zwar über die Berufsakademiker hinaus, breitere Bevölkerungsschichten erreichten die *Gelehrten Anzeigen* mit einer Auflage von ca. 160 Exemplaren jedoch nicht.

Die Schriftleitung übernahm 1788 auf Vorschlag von Franz Ludwig von Erthal Johann Michael Feder (1754–1824), seit 1785 außerordentlicher Professor für orientalische Sprachen an der Universität, wie Andres engagierter Priester, Pädagoge und Publizist mit stark belletristischen Neigungen.

Die *Gelehrten Anzeigen* wurden nach dem Tod Erthals auf eine wöchentliche Ausgabe umgestellt, erschienen jedoch, unter nur geringfügig wechselndem Titel, bis zum Ende der fürstbischöflichen Zeit 1802. Nach der Säkularisation in ein *Literaturmagazin* umgewandelt, wurde ihr Erscheinen nach Abschluß des Jahrgangs 1804 eingestellt.   G. P.

99 Vorlesung des Philosophieprofessors Matern Reuß über Anthropologie

Kollegheft
Würzburg, 1796 (?)
Papierhandschrift, Quartformat. 196 num. Seiten

Universitätsbibliothek Würzburg, M. ch. q. 302

Lit.: OTTO HANDWERKER, Überschau über die Fränkischen Handschriften der Würzburger Universitäts-Bibliothek. In: AU 61 (1919), S. 85. – Die Universität Würzburg in fürstbischöflicher Zeit. Ausstellung des Staatsarchivs Würzburg. Würzburg 1982, Nr. 134. – Zu Reuß: CHRISTIAN BÖNICKE, Grundriß einer Geschichte von der Universität zu Wirzburg, T. 2. Würzburg 1788, S. 288 f. und 324. – KARL EUGEN MOTSCH, Matern Reuß. Ein Beitrag zur Geschichte des Frühkantianismus an katholischen Hochschulen. Freiburg i. Br. 1932. – FLURSCHÜTZ, Verwaltung, S. 225. – ANTON SCHINDLING, Die Julius-Universität im Zeitalter der Aufklärung. In: PETER BAUMGART (Hrsg.), Vierhundert Jahre Universität Würzburg. Eine Festschrift. Neustadt a. d. Aisch 1982 (Quellen und Beiträge zur Geschichte der Universität Würzburg 6), S. 109 ff.

Anläßlich der bevorstehenden Säkularfeier der Universität berief Franz Ludwig von Erthal am 24. Juli 1782

auch einen neuen Professor der Logik, Metaphysik und praktischen Philosophie als Nachfolger für den Banzer Benediktiner Columban Rösser (1736–1780). Seine Wahl fiel auf dessen Ordensbruder Maternus Reuß (1751 bis 1798), der nach abgeschlossenem Medizinstudium in Würzburg 1777 in das dortige Benediktinerkloster St. Stephan eingetreten war und 1780 zum Priester geweiht wurde. Reuß war zunächst auch in seinem philosophischen Denken Nachfolger Rössers und vertrat wie dieser einen „rationalistischen Eklektizismus" (SCHINDLING). Seine Hauptvorlesungen bestritt er bis 1793 nach den in Anlehnung an die rationalistische Naturrechtslehre Christian Wolffs verfaßten Lehrbüchern seines Vorgängers Rösser und denen des Göttinger Philosophen Johann Georg Heinrich Feder (1740–1821), der vorwiegend als Vermittler der psychologisch orientierten englischen Aufklärung wirkte. Daneben bot er jedoch, erstmals 1788, im Vorlesungsverzeichnis an, *mit Rücksicht auf die Bedürfnisse unserer Zeiten* die erste vernunftkritische Schrift des Königsberger Philosophen Immanuel Kant, die 1783 erschienene *Kritik der reinen Vernunft und Prolegomena zu einer künftigen Metaphysik privat zu erklären und zu prüfen*. Reuß war damit einer der ersten, der an einer katholischen Hochschule Kantianische Philosophie erklärte und der sich öffentlich zu ihr bekannte. Schriftlich niedergelegt hatte Reuß, der in der kritischen Philosophie eine solidere Grundlage für die Religion sah als in der Metaphysik, seine Position bereits in einer 1788 vorgelegten *Dissertatio aesthetica transcendentalis Kantiana*. Über Würzburg hinausgehende Resonanz fand aber vor allem seine 1789 erschienene Schrift *Soll man auf katholischen Universitäten Kants Philosophie erklären?*, eine Frage, die Reuß vorbehaltlos bejahte. Mit Hilfe eines Reisestipendiums des Fürstbischofs konnte er 1792 gemeinsam mit einem Ordensbruder nach Königsberg reisen und den Philosophen persönlich kennenlernen, der ihn aufs freundlichste aufnahm und mehrfach bewirtete. Reuß blieb auch nach dem Erscheinen von Kants religionskritischer Schrift über *Die Religion innerhalb der Grenzen der bloßen Vernunft* 1793 bis zu seinem Tod 1798 ein ebenso begeisterter Anwalt Kants wie ein frommer Benediktinermönch.

Das vorliegende Kollegheft, dessen Schreiber nicht bekannt ist, enthält neben der Mitschrift über eine Mathematikvorlesung (S. 153–193) die Mitschrift einer von Reuß gehaltenen Vorlesung über Anthropologie (S. 1–148). Die Mathematikvorlesung dürfte, wie ein auf den 2. Dezember 1796 datierter eingebundener gedruckter Sterbezettel (S. 185 f.) nahegelegt, aus dem Wintersemester 1796/97 stammen, die Mitschrift der Anthropologie-Vorlesung wäre somit in eines der vorhergehenden Semester zu datieren.

Seine Lektionen bestritt Reuß nach Auskunft der Vorlesungsverzeichnisse bereits ab 1785 in der *lingua vernacula, auf Verlangen,* wie es ab 1787/88 ausdrücklich heißt. Der Großteil der Anthropologievorlesung ist dementsprechend in deutscher Sprache verfaßt, nur in den Passagen, in denen Reuß dem Inhalt nach dogmatische Lehrsätze wiedergibt, wechselt auch die Sprache zurück ins Lateinische.

Einzelne Autoren werden nicht genannt, so daß eine genaue Bestimmung der zugrundegelegten Schriften und Philosophen schwierig ist. Die zentrale Bedeutung, die der kritischen Vernunft als Basis des menschlichen Erkenntnisvermögens im ersten Teil zugeschrieben wird, und die daran anschließenden Ausführungen über das Urteilsvermögen verweisen jedoch deutlich auf Kant, der zweite Teil über die Charaktere und das Gemüt auf ältere, frühaufklärerische Systeme. Hinzu kommen in den Ausführungen über die Sinne und über das Mitgefühl auch Elemente der englischen Aufklärung. Reuß zeigt sich damit auch hier als Eklektizist, der die von Rösser und Feder vermittelten aufklärerischen Systeme ohne größere Problematisierungen mit Elementen der kantischen Philosophie zu vereinen sucht.   G. P.

100 Fürstbischöfliche Anweisung zur Zahlung eines Quecksilberapparates für den Professor der Chemie, Georg Pickel

Bamberg, 3. April 1783
Konzept mit Paraphe Franz Ludwig von Erthals
Papierhandschrift

Staatsarchiv Würzburg, Würzburger Schulsachen 4/107

Lit.: Die Universität Würzburg in fürstbischöflicher Zeit. Ausstellung des Staatsarchivs Würzburg. Würzburg 1982, Nr. 105–108. – CHRISTIAN BÖNICKE, Grundriß einer Geschichte von der Universität zu Wirzburg. T. 2. Würzburg 1788, S. 280, 296 und 322 f. – Zu Pickel (mit weiterführender Lit.): GEORG STICKER, Entwicklungsgeschichte der Medizinischen Fakultät an der Alma Mater Julia. In: MAX BUCHNER (Hrsg.), Aus der Vergangenheit der Universität Würzburg. Festschrift zum 350jährigen Bestehen der Universität. Berlin 1932, S. 512 ff. – MARIA REINDL, Lehre und Forschung in Mathematik und Naturwissenschaften, insbesondere Astronomie, an der Universität Würzburg von der Gründung bis zum Beginn des 20. Jahrhunderts. Neustadt a. d. Aisch 1966 (Quellen und Beiträge zur Geschichte der Universität Würzburg. Beiheft 1), S. 117 ff. – FLURSCHÜTZ, Verwaltung, S. 167 f. und S. 228 f. – WENDEHORST, Juliusspital, S. 512 ff. – KLAUS KOSCHEL, Die Entwicklung und Differenzierung des Faches Chemie an der Universität Würzburg. In: PETER BAUMGART (Hrsg.), Vierhundert Jahre Universität Würzburg. Eine Festschrift. Neustadt a. d. Aisch 1982 (Quellen und Beiträge zur Geschichte der Universität Würzburg 6), S. 703 ff.

Neben den eigentlich medizinischen Fächern förderte Franz Ludwig von Erthal auch die traditionellen medizinischen Hilfswissenschaften Chemie und Botanik, von deren Fortschritten er sich die Verbesserung der medizinisch-pharmazeutischen Versorgung der Bevölkerung ebenso erhoffte wie die Förderung von Wirtschaft und Handel.

Anläßlich des Universitätsjubiläums 1782 ernannte er Georg Pickel (1751–1838) zum außerordentlichen Professor für das Fach Chemie, das der aus Sommerach am Main stammende Mediziner ab 1783 bis zu seiner Ruhestandsversetzung 1836 als ordentlicher Professor vertrat. Als Pionier der Gasbeleuchtung, Förderer der natürlichen Salpetererzeugung und Erfinder des Pigments „Pickelgrün" – um nur die bekanntesten seiner Entdeckungen zu nennen – wurde der rastlos tätige Naturwissenschaftler und -forscher, der seine Vorlesungen zur pharmazeutischen und technischen Chemie nach den modernsten Lehrbüchern bestritt, auch über die Grenzen Würzburgs hinaus bekannt.

Pickel hatte 1778 in Würzburg promoviert und danach auf Geheiß und mit Unterstützung Franz Ludwig von Erthals in Wien und Göttingen seine Kenntnisse in den experimentellen Naturwissenschaften erweitert: drei Jahre betrieb er vorwiegend Experimentalphysiologie bei Ingenhousz, Herberth und Jacquin an der Wiener Universität, in Göttingen beschäftigte er sich als Gehilfe von Gmelin und Lichtenberg bis 1782 mit Chemie und Experimentalphysik. Bei seiner Demonstration physikalischer und chemischer Experimente im Rahmen des Universitätsjubiläums am 6. August 1782 konnte er den im Juliusspital versammelten Zuschauern mit seinen Geräten die neuesten Entdeckungen zur Photosynthese der Pflanzen, zum (später so genannten) Galvanismus und zur Komprimierung von Gasen vorführen. Eines der hier gezeigten Instrumente, einen Quecksilberapparat zur Untersuchung von Gasen nach Priestley und Ingenhousz, verwendete Pickel auch für seine Experimente zur Gewinnung von Leuchtgas und bei Demonstrationen während seiner Vorlesungen. Seine Versuche bescherten den Würzburgern zwar nicht, wie von Pickel erhofft, eine Gas-Straßenbeleuchtung, aber immerhin gelang es ihm 1786 als erstem, sein Laboratorium mit Gas zu beleuchten.

Bis zur Einrichtung eines modernen chemischen Laboratoriums auf Kosten der Universität und des Juliusspitals 1787 war Pickel bei seinen Experimenten großteils auf die Verwendung eigener Geräte angewiesen. Der Fürstbischof weist daher mit seinem hier im Entwurf vorliegenden Reskript aus Bamberg das für die Verwaltung der Universitätsgelder zuständige Rezeptoratsamt an, die Bezahlung des Quecksilberapparates zu übernehmen – immerhin werde er zu Dienst und Nutzen der Universität verwendet und Pickels Salär ohnehin *einsweilen noch* aus dem fürstlichen Kammeraerar bezahlt.   G. P.

FRANZ BAUER

Das Schulwesen im Hochstift Bamberg

Die Aufhebung des Jesuitenordens 1773 brachte für das Schulwesen auch in Bamberg eine Zäsur. Man sah jetzt die Möglichkeit, von einer erstarrten und „verknöcherten Lehrweise" wegzukommen und auf dem Gebiete des Unterrichts Neues gestalten zu können[1].

Zwar bestand bereits seit 1741 mit den vier *conservatores Universitatis* eine Art Aufsichtsbehörde über die gelehrten Schulen, doch für die Aufgaben, die mit einer Neuorganisation der Schulen auf die Schulverwaltung im Hochstift zukamen, brauchte der damalige Fürstbischof Adam Friedrich von Seinsheim eine neue, wirksamere Institution[2]. Er setzte daher 1773 die *hochfürstlich gnädigst verordnete Schulen-Commission* ein[3]. Sie war Mittelbehörde für die fürstlichen Weisungen und hatte die Oberaufsicht über die Philosophische und Theologische Fakultät sowie die Mittelschulen und auch über alle anderen Schulen, denen bisher Jesuiten als ordentliche Lehrer vorgestanden hatten[4]. Eine besondere Aufgabe für sie war die Reform des Bamberger Schulwesens. Und hier hat sie über zwei Jahrzehnte fruchtbare Arbeit geleistet, wobei sich die Schwerpunkte der Reformtätigkeit mit dem Wechsel des Zuständigkeitsbereichs ergaben.

So behandelte sie in ihrer Sitzung vom 21. September 1773 den Lehrplan für das Gymnasium. Latein blieb zwar Hauptfach, es wurde aber in der Stundenzahl eingeschränkt. Unter den Jesuiten hatte das Gymnasium fünf Klassen, jetzt ließ man – wohl aus Sparsamkeitsgründen – die Infima = die unterste Klasse wegfallen[5]. In der Folgezeit widmete man sich der Reform der *teutschen* oder Trivialschulen. Ihre Entwicklung wurde „eine der interessantesten Partien im Schulwesen dieses Zeitraums"[6]. Die Schulenkommission formulierte *Gedanken, wie zur Verbesserung der deutschen Schulen in Bamberg ein Anfang gemacht werden könne*[7].

Schulsituation zu Beginn der Regierungszeit Franz Ludwigs

Um 1780 gab es in Bamberg elf deutsche Schulen[8], und zwar

> fünf Schulen des sogenannten städtischen Bezirks, so „bei St. Martin", auf dem Markte (Ecke Grüner Markt/Franz-Ludwig-Straße), im Zinkenwörth, am unteren Steinweg, im Sand;

drei sogenannte Immunitätsschulen in den Stiften St. Stephan, St. Jakob und St. Gangolf;
drei Schulen der äußeren Stadtteile, nämlich auf dem Kaulberg, am Michelsberg und in der Wunderburg.
Daneben gab es noch drei Freischulen: Die deutsche Abteilung der Domschule im Kapitelhaus, die Schule des Englischen Instituts und die Schule im sogenannten Seelhaus am Kaulberg.

Neben diesen öffentlichen Schulen existierten auch private Schulen, sogenannte Winkel- oder Heckenschulen. So werden welche erwähnt in der Sutte, am unteren Stephansberg und im Sand. Sie zogen zum Ärger der öffentlichen Schulmeister die Kinder bemittelter Eltern an, während sie die der armen dem öffentlichen Schulhalter überließen. Wie heute war auch damals die Stadt in Schulsprengel eingeteilt. Man hielt sich freilich wenig daran. Wechsel der Schule aus geringfügigem Anlaß war an der Tagesordnung. Die Domschule besuchten nur Buben, die des Englischen Instituts nur Mädchen, alle anderen Buben und Mädchen. Schulpflicht bestand für die Kinder von sechs bis zwölf Jahren. Doch der Schulbesuch war oft recht unregelmäßig. So beklagte im Jahre 1783 der Pfarrverweser Andreas Augustin Schellenberger, daß von den 676 Kindern, die der Oberen Pfarre zugewiesen seien, nur ca. 281 regelmäßig zur Schule gingen[9].

Bamberg besaß zu dieser Zeit auch zwei Lateinische Trivialschulen[10], und zwar

– die lateinische Abteilung der Domschule im Kapitelhaus und
– die Philippinische oder Hennebergsche Schule in der Lang-Gaß (heute Lange Straße 20). Benannt war sie einerseits nach dem Stifter Fürstbischof Philipp Valentin Voit von Rieneck (1671) bzw. dem ersten dort wirkenden *lateinischen Schulhalter* Johann Henneberg.

Besucht wurden die lateinischen Trivialschulen von Buben im Alter von sieben bis zwölf Jahren. Voraussetzung für den Eintritt waren Kenntnis des Lesens, Schreibens und einiger Begriffe der Religionslehre. Lehrgegenstände waren Religion, Geschichte, lateinische und deutsche Sprachkunde.

Das Bamberger Gymnasium hat 1586 Bischof Ernst von Mengersdorf gegründet[11]. Das heutige Kaiser-Heinrich-Gymnasium, das in dieser Tradition steht, konnte vor einigen Jahren sein 400jähriges Bestehen feiern. Unter den Jesuiten hatte das Gymnasium, auch Mittelschule genannt, fünf Klassen, nämlich drei Grammatik- und zwei Rhetorikklassen:

1. Infima Grammatica
2. Media Grammatica oder Secunda
3. Suprema Grammatica oder Syntaxis
4. Poetica oder Humanitas (= erste Rhetorikklasse)
5. Rhetorica oder Eloquentia (= zweite Rhetorikklasse)

Dann folgten zwei Philosophieklassen, die bereits zum Universitätsstudium gehörten. Allerdings konnten sich schon die Schüler der Poetik und Rhetorik, der Oberstufe des Gymnasiums, an der Universität immatrikulieren. Es bestand also keine klare Trennung zwischen Gymnasium und Universität[12].

Für die Erlaubnis zum Vorrücken gab es im Laufe des Schuljahres zwei, später – ab 1786 – drei Prüfungen, um Zufallsergebnisse besser auszuschließen[13]. Sie galten auch für die Erlangung der Prämien. Diese Prämienverteilung am Ende des Schuljahres war, wie nach der Zahl der Verzeichnisse der *praemiferi* in den Akten zu schließen ist, eine wichtige Angelegenheit. Die öffentliche Belohnung bestand in der Regel in einem Buchpreis.

Das Volksschulwesen – Die Schulenkommission als Instrument der Reformen

Die Schulsituation auf dem Lande war unterschiedlich, aber insgesamt nicht erfreulich. Die Schulmeister waren nicht ausgebildet, ihre Bezahlung unzureichend, und auch die Eltern hatten oft Vorbehalte gegenüber der Schule. Auf den Dörfern war Unterricht zwischen Martini und Walburgis – also zwischen 11. November und 30. April. Im Sommer fand kein Unterricht statt, denn da benötigte man die Kinder für die Feldarbeit. Nur in Bamberg und auch in den Städten wie Forchheim, Kronach, Burgkunstadt und noch einigen anderen, in Marktflecken und auch größeren Pfarrdörfern wurde ganzjährig unterrichtet[14]. Bereits Adam Friedrich von Seinsheim hatte mit Reformen begonnen, er war jedoch gerade auf dem Gebiet der Volksschulen nicht recht vorangekommen. Unter dem neuen Fürsten ging dann „ein anderer, frischerer Zug durch die Akten der Schulenkommission"[15]. Kennzeichnend war dabei die gute Atmosphäre in der Zusammenarbeit zwischen dem Fürsten und den Mitgliedern der Kommission. Wenn auf der einen Seite die Arbeit bestimmt war vom Vertrauen gegenüber dem Fürsten und dem Streben nach Anerkennung, so bestand auf der Seite Franz Ludwigs durchaus Bereitschaft, auf Vorschläge einzugehen und bei gegenteiliger Ansicht, eingehende Begründungen der Kommissionsmitglieder in die Überlegungen und Entscheidungen mit einzubeziehen. Und

der Fürstbischof brachte den schulischen Belangen nicht allein Sachkenntnis, sondern auch ein „warmes Herz und eine offene Hand entgegen"[16].

Bald nach seinem Regierungsantritt versuchte er mit einer Umfrage, sich ein Bild von der Schulsituation auf dem Lande zu machen.

Die Oberaufsicht über das Volksschulwesen lag freilich beim Fürstbischöflichen Vikariat und war damit dem Wirken der Schulenkommission entzogen. Mit der Ausführung verschiedener Reformvorhaben kamen Überlegungen ins Spiel, auch Fragen der Volksschule an die Schulenkommission zu übertragen. Einen ersten Versuch machte Franz Ludwig im Jahre 1783[17]. Es sollten ihr in Zukunft die Oberaufsicht und Direktion *auch in Hinsicht auf alle Trivialschulen, ohne Unterschied, ob sie teutsche oder lateinische, und ob die Lehrlinge darin männlichen oder weiblichen Geschlechts sind,* zukommen. In allen Fällen, die das Trivialschulwesen betreffen, solle der Normalschuldirektor Johann Gerner *der alleinige und beständige Referent bey der Commission sein.* In Angelegenheiten der Schulbezirke, die zur Oberen Pfarre gehören, solle auch der Pfarrverweser Schellenberger Sitz und Stimme in der Kommission haben. Nicht geklärt freilich blieb, ob es nur um das sachliche Referat über das Volksschulwesen ging oder auch um das Personalreferat. Viele Schulmeister auf dem Lande waren auch Kirchendiener, sie wären so vom Vikariat unabhängig geworden.

Erst im Jahre 1791 wurden die Kompetenzen der Schulenkommission genauer und klarer festgelegt[18]. Für die Universität wurde ein eigener Senatus Academicus aufgestellt. Die Schulenkommission war fortan zuständig für

– die philosophischen Studien
– das Gymnasium
– die lateinischen und deutschen Landschulen im Hochstift
– das neu gegründete Lehrerseminar
– die Industrieschulen
– die Verbesserung des Schulwesens *in jeder, sowohl sittlicher als wissenschaftlicher Hinsicht* und damit auch für die Neueinrichtung von Schulen, die Gestaltung von Lehrplänen und die Einführung von Lehrbüchern.

Auch das gesamte Lehrpersonal wurde der Schulenkommission unterstellt.

Die Kommission hatte 13 Mitglieder. Die Sitzungen sollten vierzehntägig im Universitätshaus stattfinden. Am 28. Dezember 1791 fand die erste in dieser neuen Zusammensetzung statt. Die Verordnung vom 29. Dezember 1791 war ein wichtiger Schritt in der Organisation der Schulen des Hochstifts. Die Oberaufsicht wurde nun der rein kirchlichen Jurisdiktion entzogen und einer eigenen, aus geistlichen und weltlichen Mitgliedern gemischten Behörde übertragen.

Normalschule und Lehrerseminar

Entscheidend allerdings für die Qualität einer Schule, das gilt noch heute, ist vor allem die Qualität der Lehrer. Diese hängt wiederum auch von der Ausbildung ab. Schon Adam Friedrich von Seinsheim hat sich um eine bessere Lehrerausbildung mit der Errichtung einer „Normalschule" bemüht. Wegbereiter einer neuen Lehrmethode für den Unterricht besonders an Volksschulen war der Abt von Sagan in Schlesien, Johann Ignaz von Felbiger. – Er wurde 1774 nach Österreich gerufen und hat dort das Volksschulwesen mit aufgebaut. – In Würzburg war bereits eine Ausbildungsstätte für diese neue Lehrart errichtet worden. Neu war vor allem, daß man von der Einzelunterweisung des Schülers zum Klassenunterricht überging, auch mit Lesen im Chor, und daß als neue Unterrichtsmethode Buchstabieren und Katechetisieren im Vordergrund stand[19].

Auch für das Hochstift Bamberg suchte Adam Friedrich einen Mann, der fähig war, hier die Lehrerbildung in die Hand zu nehmen. Dafür ausersehen wurde Johann Gerner, Kaplan von Stadtsteinach[20]. Ihn schickte der Fürstbischof 1776 zusammen mit zwei Bamberger Lehrern nach Würzburg, wo sie bei einem dreiwöchigen Aufenthalt die neue Lehrmethode kennenlernen konnten. Nach seiner Rückkehr wurde Gerner als dritter Priester ins Schnappaufsche Priesterhaus aufgenommen. Dies war eine Stiftung für drei Priester, die als Hilfsseelsorger in der Oberen Pfarre tätig waren[21]. Daneben hatte Gerner nun den Auftrag, in Bamberg Lehrer in der neuen Methode zu unterweisen. In diesem Priesterhaus, heute Karolinenstraße 9, verbunden damit war das Hinterhaus Schranne 10, hat Gerner am 12. November 1776 seinen Normalunterricht eröffnet, zunächst für die Lehrer in der Stadt, später auch für Lehrer auf dem Lande, ein Jahr lang wöchentlich zweimal, nämlich an den Ausruh- und Spieltagen der Schüler, damit kein Unterricht ausfiel.

Wie wir aus dem Bericht von Gerner an Franz Ludwig aus dem Jahr 1779 wissen, ging es dabei um die Methode der Vermittlung des Katechismus und der biblischen Geschichte, der Hauptregeln der deutschen Sprache und das Abfassen von schriftlichen Aufsätzen, wie Briefen, Bittschriften, Quittungen etc. Auch wurden die Lehrer in der Rechenkunst unterwiesen[22]. Die pädagogische Seite erstreckte sich schließlich auf eine Anweisung über *die Eigenschaften rechtschaffener Schulmänner und deren Betragen gegen die Kinder*[23].

Dieser Normalunterricht wurde durch einen Fonds finanziert, den – wie sich erst nach dem Tode von Adam Friedrich herausstellte – der Fürstbischof aus eigenen Mitteln gegründet hatte[24].

1782 hat Gerner dann auf Vorschlag des Hochfürstlichen Vikariats in Forchheim für Lehrer der Stadt und aus der Umgebung Normalunterricht erteilt – selbst der 70jährige Rektor von Forchheim nahm daran teil[25]. Im Winter 1782/83 unterwies Gerner im Priesterhaus fünf Lehrerinnen des Englischen Instituts. Zwischendurch fiel der Normalunterricht wegen anderer Verpflichtungen Gerners aus, so wegen der Landschulvisitationen bzw. einer Informationsreise nach Würzburg. Dort sollte er die Einrichtung der deutschen Schulen kennenlernen. 1786 weilte Gerner zur Unterweisung der Lehrer in Kronach und dann in Stadtsteinach. Im folgenden Jahr hielt er wieder einen Kurs in Bamberg. Es war der letzte dieser Art.

Daß es großes Interesse für diese neue Lehrart gab, hing weniger mit dem besonderen Eifer der Lehrer und Kandidaten zusammen, wohl eher damit, daß Franz Ludwig bei der Einstellung eines Lehrers Wert darauf legte, daß er in der *Kunst, nach der neuen Lehrart Unterricht zu geben, genau wird geprüft und dazu tüchtig befunden worden seyn*[26].

Bereits 1776 ist von Gerner der Gedanke geäußert worden, *eine vortheilhafte Schulverbesserung sei nur dadurch zu erzielen, dass ein Schulmeister-Seminar errichtet würde*[27].

In vielen Teilen Deutschlands waren in der Zwischenzeit Lehrerseminare entstanden, auch in Würzburg. Und so konnte sich Gerner in seinem Bericht an den Fürstbischof vom 11. Oktober 1787 auf die Ideen der Zeit, aber auch auf seine eigene elfjährige Erfahrung in der Ausbildung der Lehrer stützen, wenn er die Notwendigkeit *eines beständigen Unterrichts- und Erziehungshauses für Schulkandidaten* begründete[28].

Da gab es aber Schwierigkeiten mit dem Unterrichtsraum im Schnappaufschen Priesterhaus, da war auch die Zeit der Ausbildung zu kurz. Auf der anderen Seite standen die Mühen und die Ausgaben der Kandidaten, die bei deren ärmlichen Verhältnissen oft unzumutbar waren. Ja, man könne auf diesem Wege den Andrang zweifelhafter Bewerber vorbeugen, denn man werde in Zukunft nur tüchtige Absolventen des Seminars als Lehrer und Kantoren (Hilfslehrer) nehmen.

Die Vorstellungen von Gerner fanden beim Fürstbischof Gehör. Er ließ das Schnappaufsche Priesterhaus umwidmen[29]. Es solle fortan als Wohnung für emeritierte Priester dienen und als Schullehrerseminarium. Für die drei Hilfspriester der Oberen Pfarre solle dort ein neuer Flügel an das Pfarrhaus gebaut werden, der vierte Priester, Johann Gerner, wurde mit Resolution vom 28. August 1788 zum Direktor des Seminars ernannt. Die baulichen Veränderungen vollzogen sich nicht in dem Tempo, wie es sich Franz Ludwig gewünscht hatte. Erst im Mai 1790 konnten die Priester in den Neubau an der Oberen Pfarre umziehen. Am 11. Juni 1790 fand die wichtige Sitzung des Vikariats statt. Der Hofbaumeister Fink hatte den Bauplan vorgelegt und in einem Gutachten wurde bestätigt, daß die Erträgnisse des Normalschulfonds die Errichtung und den Unterhalt des Seminars ermöglichten. Für das Gehalt des Direktors wurde zusätzlich auch die Schnappaufsche Stiftung in Anspruch genommen. Mit Resolution vom 20. Juni 1790 wurde die Errichtung des Schullehrerseminars durch den Fürsten bestätigt[30].

Im Frühjahr 1791 fand die erste Aufnahmeprüfung statt. Von 47 Prüflingen wurden fünf aufgenommen. Am 25. Juli 1791 zogen die fünf Kandidaten ins bisherige Schnappaufsche Priesterhaus ein. Damit war das Seminar eröffnet, das bis zum Jahre 1804 in diesem Hause blieb. Der Unterricht war kostenlos, die Zöglinge hatten auch freie Kost und Wohnung. Die Ausbildungsdauer betrug ein Jahr. Nur der erste Jahrgang wurde bereits am 20. Dezember 1791 entlassen.

Zum gleichen Termin schied Johann Gerner *seiner leidenden Gesundheit und vieler anderer Geschäfte wegen* aus seinem Amt als Direktor aus. Er blieb aber Mitglied der Schulenkommission und der Prüfungskommission bei den Seminarprüfungen[31]. Sein Nachfolger wurde Johann Baptist Betz, ein 27jähriger Weltpriester, der mit großem Eifer und einigem Erfolg das Werk Gerners weiterführte.

Die Errichtung von Mädchenschulen – Lieblingsprojekt des Fürstbischofs Franz Ludwig

Ein besonderes Anliegen war dem Fürsten die Errichtung von eigenen Schulen für die Mädchen. *Was den Zweck angeht, welcher bey Errichtung der Mädgenschuhlen erreicht werden soll, so bestehet derselbe zur Vermeidung mannigfältigen Unfugs, welcher laut Erfahrung aus dem Beysammensein der Kinder beyderlei Geschlechts entstehet, hauptsächlich* (aber) *in einer Bestimmung des weyblichen Geschlechts angemesseneren Erziehung.* Soweit Franz Ludwig[32].

Eine Mädchenschule führten in Bamberg nur die Englischen Fräulein. 1717 hatten sie ihre Niederlassung gegründet, seit 1726 erteilten sie Unterricht und erfreuten sich großer Beliebtheit. Ihre Schule war eine Freischule und deshalb bei der Aufnahme von Schülerinnen nicht an einen bestimmten Bezirk gebunden. Um geeignetes Lehrpersonal für die bestehenden und zu gründenden Mädchenschulen zu erhalten, verlegte Gerner 1783 seinen Normalunterricht ins Englische Institut, wo er fünf Englische Fräulein unterrichtete. Gleichzeitig führte er einen Kurs für vier weltliche Kandidatinnen im Schnappaufschen Priesterhaus durch[33].

Eine der ersten Aufgaben der 1783 neu geordneten Schulenkommission war nun, Überlegungen zur Errichtung von Mädchenschulen anzustellen und darüber dem Fürsten zu berichten. In einem Conclusum vom 28. Oktober 1783 sind die Vorschläge zusammengefaßt:

1. Es sollen zwei Schulen – eine am Kaulberg und eine im Sand – mit je zwei Lehrerinnen in Aussicht genommen werden, d. h. die Schülerinnen der ersten vier Klassen sollen zusammengefaßt werden, die älteren Mädchen – neun bis zwölf Jahre – werden gesondert unterrichtet.
2. Jede Lehrerin soll ein Jahresgehalt von 150 fl. rh. erhalten nebst freiem Holz und Licht.
3. Da aber die übrigen Schulmeister, wenn sie nun weniger Schüler haben, Einbußen beim Schulgeld erleiden, sollen sie dafür entschädigt werden, d. h. aus dem Normalschulfonds statt bisher 20 jetzt 30 Gulden erhalten.

Schwierigkeiten gab es nicht allein bei der Beschaffung des Geldes, sondern auch mit den *Schulplätzen*, d. h. den Unterrichtsräumen[34].

Am 19. November 1783 wurde die Mädchenschule am Kaulberg eröffnet, und zwar im Hause jetzt Unterer Kaulberg 26; am Tag darauf die im Sand, in einem heute nicht mehr existierenden Gebäude gegenüber der Elisabethenkirche. Jede Schule hatte, wie bereits erwähnt, zwei Abteilungen: eine für die kleineren Mädchen – *Trivialschule* – und eine für die größeren – *Realschule*.

Zur Finanzierung der Mädchenschulen, die ja ein Lieblingsprojekt von ihm waren, trug Franz Ludwig selbst aus seiner Privatschatulle viel bei. Er bezahlte die Einrichtung und die Miete für die Unterrichtsräume, leistete einen ansehnlichen Beitrag zum Gehalt der Lehrerinnen und zahlte außerdem für jede Schule noch 20 fl. rh. Holzgeld[35].

Besonders zugetan war er auch den Englischen Fräulein, denen er seine fast erblindete Schwester Maria Sophia zur Pflege anvertraut hatte. Da das Institut dringend zusätzliche Schulräume benötigte und deshalb ein neuer dreistöckiger Seitenflügel errichtet wurde, steuerte er selbst für den Bau 2500 fl. bei[36]. – Ein Wappen des Fürstbischofs über einer Tür des Klosters am Vorderen Graben – wohl vom Bildhauer Bernhard Kamm – erinnert noch heute daran.

Auch in der Wunderburg gab es seit längerem Pläne für eine Trennung von Buben und Mädchen. Zur Deckung der Kosten wollte der Fürst das Vermögen der Marienkapelle heranziehen. Die Geistliche Regierung hatte Bedenken. Ihr Vorschlag war, man solle von dem entbehrlichen Vermögen Paramente für arme Kirchen anschaffen. Franz Ludwig freilich hielt die Errichtung der Schule für *einen Gott und seiner seligsten Mutter wohlgefälligeren Dienst* als die Anschaffung von Paramenten[37].

1784 wurde nun auch in der Wunderburg eine Schule für Mädchen errichtet. Damit waren es acht neue Schulen bzw. Schulen in neuen Räumen. Und der Fürst besuchte bereits im April 1784 die Schulen im Englischen Institut, am Kaulberg und im Sand. Auch Staatsbesuche, wie den kaiserlichen Gesandten Graf Trautmannsdorf und den Herzog von Württemberg, nahm er – sicher mit Stolz – zu Visitationen in die Mädchenschulen mit.

Sommerschulen – ganzjähriger Unterricht auch auf dem Lande

Nur in größeren Orten wurde bisher das ganze Jahr über Unterricht gehalten, auf den Dörfern bloß im Winter. Daß diese lange unterrichtsfreie Zeit dem Lernerfolg nicht förderlich war, ist verständlich. Und so ist es nicht verwunderlich, daß man beklagte, wie wenig Leute auf dem Lande lesen und schreiben können[38]. Bei seinen Visitationsreisen, die Franz Ludwig ab 1783 unternahm und die zunächst der kirchlichen Situation galten, hat er auch die Landschulen besucht und sich ein Bild von der Schulsituation machen können. Bereits im Mai 1784 ließ er an alle Vogteiämter ein Reskript versenden, ausgefertigt in Stöckach, Rothenberg oder Schnaittach – also bei einer Visitationsreise durch das Dekanat Eggolsheim – in dem angeordnet wird, daß künftighin in allen *fürstlichen Bambergischen Landen im Sommer wie im Winter Schule gehalten werden solle, nur mit dem Unterschied, dass im Sommer weniger Zeit zum Schulunterricht, nämlich des Tages zwei Stunden angewendet werden sollen*[39]. Die Zeit solle jeweils nach den örtlichen Erfordernissen festgelegt werden. Bereits Ende Mai gab es die ersten Rückmeldungen über die Einführung[40]. Als Unterrichtszeit nahm man meist die Stunden zwischen 12 und 2 Uhr mittags, auch die Stunden zwischen 5 und 7 Uhr oder 6 und 8 Uhr, gelegentlich noch gekoppelt mit dem Besuch der Frühmesse. Nur wenige teilten die Stunden auf in eine in der Früh und eine am Abend. Es wurde aber auch auf Schwierigkeiten verwiesen, wie etwa das Fehlen von Lehrern, da im Winter oft nur Handwerker unterrichteten, die im Sommer wieder ganz ihrem Beruf nachgehen mußten. Auch die Eltern zeigten bisweilen wenig Verständnis für diese neue Regelung, und so mußte man mit Zwangsmaßnahmen drohen, falls die Kinder nicht zum Unterricht kommen. Die Schulmeister mußten *ein Verzeichnis der aus der Schule gebliebenen Kinder* der

Amtsstelle übergeben, damit diese gegen die Eltern der säumigen Kinder mit *Amtsgewalt* vorgehen könne[41].

Noch 1792 berichtet der Amtmann von Herzogenaurach, daß die Eltern der benachbarten Ortschaften sich weigerten, ihre Kinder im Sommer auch nur für eine Stunde nach Herzogenaurach in die Schule zu schicken. Er führt für dieses renitente Verhalten noch einige Gründe an, die dies rechtfertigen. Dafür wird dem Amtmann das höchste *Mißfallen über seine schwachmütige Eingabe* ausgesprochen, ja, er wird angewiesen, *die Scheinhindernisse bei den ihm anvertrauten Unterthanen durch selbsteigene Hülfsmittel* zu beseitigen[42].

Hier wurde deutlich, daß es weiten Kreisen, nicht nur dem einfachen Volk, noch an der erforderlichen Einsicht für diese pädagogischen Reformmaßnahmen fehlte.

Industrieschulen – Von der Lernschule zum Versuch einer ganzheitlichen Erziehung

Um eine bessere Bildung für die Kinder auf dem Lande ging es auch bei der Einführung der Industrieschulen. Zunächst denkt man dabei sicherlich an die Hebung der wirtschaftlichen Leistungsfähigkeit der Untertanen. In der Verordnung der Schulenkommission von Würzburg vom 26. Mai 1789 zu den *Industrieschulen* sollen diese aber in den Kindern die Kräfte entwickeln, die den *Landmann* glücklich machen können. Es komme dieser *Menschenklasse* nicht darauf an, *viel denken und raisonieren zu können, sondern viel und gerne zu thun*[43].

Pfarrer Ferdinand Kindermann, später Ritter von Schulstein und seit 1790 Bischof von Leitmeritz in Böhmen, hat es verstanden, diese Industrieschulen auch pädagogisch zu begründen. Sie entsprachen der Forderung von Rousseau, daß die Arbeiten des Körpers und des Geistes gegenseitig zur Erholung dienen sollten, daß Handwerk und Landbau auch Mittel der Erziehung sein könnten. Die bisherige *Lernschule* habe die Erziehung fürs Leben nicht gebracht. *Man müßte deswegen der Jugend in denselben* (den Volksschulen) *nebst den gewöhnlichen Lehrgegenständen, Arbeitsamkeit beybringen; man müßte darin Arbeitsklassen anlegen, sie mit den litterärischen Gegenständen verbinden, und die Schüler zur Arbeit leiten, um sie ihnen von Kindheit her anzugewöhnen*[44]. Damit vertritt Kindermann die Verbindung von *Literär- und Industrieunterricht*.

In der bereits erwähnten Verordnung finden wir die Forderung: *Dass mithin ihre Erziehung im Ganzen praktischer werde, und also die Kinder beyderlei Geschlechts mehr dazu gebildet werden, was sie meistens ihrer Bestimmung nach seyn, und womit sie sich Zeitlebens beschäftigen und ernähren müssen*[45]. Zu diesem Zweck sollen dort, wo nicht schon durch besondere Schullehrerinnen Handarbeitsunterricht erteilt wird, eigene *Arbeitslehrerinnen* eingestellt werden, welche *die weibliche Schuljugend im Nähen, Spinnen, Stricken u. dgl. unterrichten und üben.* Außerdem soll, wenn irgend möglich, bei jeder Landschule ein Industriegarten angelegt werden, wo die männliche und weibliche Jugend in der Pflege des Bodens, in Kräuter- und Futterkenntnissen, in der Wissenschaft, Bäume zu setzen, zu schneiden und zu pflegen, in Bienenzucht, Hopfenbau und dergleichen unterrichtet und geübt werden solle. Die dadurch entstehenden Unkosten sind von der Gemeinde zu tragen.

Kindermann berichtete, daß in Böhmen von 1781 bis 1789 an die 200 Industrieschulen entstanden seien[46]. Einen solchen Erfolg konnte Franz Ludwig mit der Industrieschule und den Industriegärten nicht verzeichnen. Das lag sicher nicht allein an der mangelnden Akzeptanz, sondern nicht zuletzt an der Ungunst der politischen Verhältnisse. Der Umbruch stand kurz bevor. 1796 standen französische Truppen auch in Bamberg.

Doch wenigstens in einigen Orten folgte man dem Wunsch des Fürsten[47]: In Weismain wurde eine Industrieschule zur Bearbeitung der Wolle errichtet, in Wildensorg konnten die Schülerinnen und Schüler Unterricht in Baumzucht und im Veredeln der Bäume erhalten. Auf einem Grundstück neben der Schule wurde ein Industriegarten angelegt. Auch Schönbrunn bei Burgebrach hatte einen Industriegarten. Um 1800 wurde auch in Pettstadt noch eine Industrieschule errichtet.

Reform des Gymnasiums und der Prinzipistenschule

Im Jahre 1787 gibt Franz Ludwig den Anstoß zu einer Reform des Gymnasiums[48]. Er fordert vom Mittelschuldirektor in Würzburg und gleichzeitig vom Universitätshausdirektor in Bamberg ein Gutachten an über Verbesserungen, die in den Mittelschulen nötig seien[49]. Bald darauf verleiht er auch dem Universitätshausdirektor Dietz mit Dekret vom 28. Juli 1787 den Titel *Direktor der Mittel- und philosophischen Schulen* und ernennt ihn zum Mitglied der Schulenkommission mit dem ständigen Referat für die Mittelschulen[50]. Durch diese Maßnahme treten die Reformen des Mittelschulwesens mehr in den Mittelpunkt der Arbeit der Schulenkommission. Bereits 1781 hatte Dietz mit einer Eingabe bewirkt, daß sich die Schulenkommission mit diesem Problemkreis beschäftigt hat[51]. Es ging dabei vor allem um die Stoffhäufung, die einerseits eine Folge des Wegfalls der Infima war, andererseits auch eine Frage der Lehrbücher. Aber auch die Lehrmethode bedurfte einer Verbesserung. Die Lehrer

sollten den Schülern *die Geschichte von Satz zu Satz deutlich erörtern und sich nicht mit dem bloßen Ausfragen begnügen.* Als 1782 die Würzburger Universität ihr 200jähriges Bestehen feierte, bestimmte Franz Ludwig den Universitätshausdirektor Dietz zur Teilnahme an den Jubiläumsfeierlichkeiten und gab ihm zugleich den Auftrag, die dortigen Schulen zu studieren und zu sehen, was für Bamberg übernommen werden könne. Dietz erstattet dem Fürstbischof Bericht und kommt beim Gymnasium wieder auf die Misere des Stoffplans in Geschichte[52]. Er schlägt vor, nach dem Beispiel von Würzburg die Infima, die unterste Klasse, wieder einzuführen. Dann könne in der ersten Klasse das Alte Testament, in der zweiten Klasse das Neue Testament, in der dritten Grammatikklasse und in den beiden Rhetorikklassen, also wenigstens drei Jahre, die SCHRÖCKHSCHE Allgemeine Weltgeschichte behandelt werden. Im übrigen halte er auch grundsätzlich die Wiedereinführung der ersten Grammatikklasse für eine Notwendigkeit, denn nach seiner bisherigen Erfahrung als Direktor müsse er sagen, *daß sehr wenige Kinder gut und ganz für die dermalen untere Grammatik zubereitet, sonderbar von Land Schulmeistern geliefert werden*[53]. Aber erst nach der Aufnahmeprüfung des folgenden Jahres, im Oktober 1783, fällt die Entscheidung für die Wiedereinführung der Infima[54]. Um nun eine *hinzureichende Anzahl von Lehrlingen* für die neue erste Klasse zu erhalten, wurden die bereits im September geprüften Lateinschüler noch einmal examiniert und die *minderfähigen* Anfänger in die erste Klasse verwiesen. Außerdem wurde noch eine zusätzliche Prüfung für den 11. November angesetzt. So besuchten bereits im ersten Jahre ihrer Wiedererrichtung 60 Schüler diese Klasse[55].

Im Schuljahr 1784/85, also ein Jahr nach der Wiedereinführung der ersten Klasse besuchten

die Infima Grammatica	76 Schüler
die Media Grammatica	57
die Suprema Grammatica	45
die Humanitas	62
die Eloquentia	56
Summa Summarum	296 Schüler[56]

Der Lehrplan der neuen Klasse beruht auf einem Gutachten von Direktor Dietz; doch als Franz Ludwig Bedenken gegen die Lektüre von Cornelius Nepos erhebt, entscheidet sich die Kommission, was den Beifall des Fürstbischofs findet, für das Breviarum historiae Romanae des Eutropius[57]. Im Frühjahr 1785 wurde an der Universität und am Gymnasium französischer Sprachunterricht eingeführt. Bereits früher war er in den Lehrplan aufgenommen worden, wurde aber trotzdem nicht gegeben. Im Herbst 1784 hat sich der *Hof- und Universitätssprachmeister* in einem Gesuch an den Fürsten angeboten, Französisch um ein recht geringes Honorar zu geben[58]. Die Schulenkommission befürwortete diesen Unterricht wärmstens wegen der mannigfaltigen Nützlichkeit dieser Sprache, und zwar sollen an den Rekreationstagen jeweils vier Stunden gegeben werden für die Universitätsstudenten und für die drei oberen Klassen des Gymnasiums. Infimisten und Sekundisten dürfen nocht nicht teilnehmen, *damit sie nicht etwa gehindert werden, sich in den Grundsätzen der lateinischen Grammatik vorher hinlänglich zu befähigen*[59]. So wird also Französisch Wahlfach ab der dritten Grammatikklasse, gilt aber, wie aus jüngeren Quellen ersichtlich, für die Prüfungen *pro praemiis*, als Preise gab es französische Bücher[60].

Das Schuljahr dauert von Anfang November bis Ende September. 1785 werden die Ferien neu geregelt[61]. Die Vakanz um Weihnachten wird aufgehoben, die Herbstferien beginnen am 1. Oktober und dauern bis Allerheiligen, um Ostern sind 14 Tage unterrichtsfrei. Auch die Zahl der Lehrstunden *in den unteren Klassen* setzt Franz Ludwig auf vier pro Tag herab, damit die Pflichtstunden der Lehrer am Gymnasium denen der Lehrer in den Philosophieklassen angeglichen werden, *um bey den Professoren Niedergeschlagenheit zu vermeiden, vor allem auch mit Rücksicht darauf, daß jene im Gehalte geringer stehen dann diese und gleichwol mehrere Beschwerniße haben*[62].

Um den Studenten das frühe Aufstehen zur Notwendigkeit zu machen, setzt Franz Ludwig den Unterrichtsbeginn nicht erst im Sommer, wie die Schulenkommission vorschlägt, sondern bereits in der Fastenzeit auf 7 Uhr fest[63].

Die Reform der lateinischen Trivialschulen bzw. Prinzipistenschulen wird dann in der Hauptsache von Professor Georg Daum konzipiert. – Dietz wurde 1791 Regens und Daum sein Nachfolger als Direktor der Mittelschulen. – Ziel dieser Reorganisation der lateinischen Trivialschulen war es, die Grundlage zu verbessern, auf die das Gymnasium aufbauen könne[64]. Die Kommission sieht den Kardinalfehler des bisherigen Unterrichts darin, daß der Jüngling in der Prinzipistenschule *nichts als Katechismus, biblische Geschichte und die Anfangsgründe der Latinität* lernt, *daß die reelen Kenntnisse, wozu ich Geschichte, Kenntnis der Natur, Geographie usw. rechne, bey den Kindern in ihrem ersten Unterricht zu viel vernachlässigt, und das Studium derselben zuweit hinausgeschoben wird.* So formuliert es der Referent Daum. Sehr ausführlich wird die Einführung der neuen Lehrgegenstände begründet, auch mit Argumenten der Jugendpsychologie. Vor allem der lateinischen Sprache wird vorgeworfen, sie sei eine abstrakte Lehre und daher zu schwie-

rig in einem Alter, *wo die junge Seele gegen äußere Eindrücke höchst empfänglich, und die natürliche Neugierde für Sinne- und Sachkenntnis ganz aufgeschlossen ist.* Es sei ein *sprödes und durch keinen angenehme Kenntnis gewürztes Studium.*

Mancher Schüler empfinde daher keine Lust zum Studium, sondern nur *Härte und Eckel* und verlasse deswegen die Schule. Es fehlt auch nicht der Hinweis, daß solche beim Abschied von der lateinischen Trivialschule nicht einmal die wichtigsten, fürs bürgerliche Leben nützlichen Kenntnisse, wie z. B. Rechnen, gelernt hätten. Die lateinische Sprache solle zwar nicht vernachlässigt werden, doch dürfe sie nicht das Recht als *das alleinige Hauptstudium* für die ersten Studienjahre behaupten wollen, sie müsse *gleichen Anspruch den Realkenntnissen lassen.* Vielmehr dienten sogar die Sachkenntnisse nicht nur dem Religions-, sondern auch dem Lateinunterricht. Diese Vermehrung der Fächer, so betont Geistlicher Rat Daum als Referent der Schulenkommission, sei keine Erschwernis, sondern dadurch werde der bisher in der lateinischen Elementarschule gängige Unterricht *merklich erleichtert und befördert.* Diese neuen Gegenstände stünden *in genauem Verhältnis zu den jugendlichen Seelenkräften,* sie *reitzen die jugendliche Wiß- und Lernbegierde ungleich mehr, als das Studium einer zwar edlen, doch abgestorbenen und abstrakten Sprache.*

Auch das Gymnasium konnte sich den Realien nicht mehr verschließen. 1791/92 wurde in der Infima versuchsweise Naturgeschichte eingeführt, und zwar *ad specimen publicum* und zur Prüfung *pro praemio,* noch nicht *pro ascensu*[65]. Heute hieße dies, es war zwar Pflicht-, aber nicht Vorrückungsfach. Da der Erfolg dieses Unterrichts den Erwartungen entsprach, wurde nach drei Jahren im November 1794 dieser Unterrichtsversuch verlängert[66]. Am 30. April 1794 beschäftigte sich die Schulenkommission mit einer Reform der Oberstufe des Gymnasiums[67]. In der fünften Klasse – der zweiten Rhetorikklasse – solle der Unterricht in der Redekunst eingeschränkt werden, dafür seien die Schüler im zweiten Semester in die empirische Seelenlehre und in die Anfangsgründe der Buchstabenrechnung einzuführen. Außerdem solle man eine Anleitung zum philosophischen Studium der Klassiker geben, empfohlen werden dafür Werke von Cicero. Wichtig sei vor allem eine Einführung in das abstrakte Denken, was den Übergang in die Philosophieklassen erleichtere. Die Studenten brauchten oft Monate, bis sie sich im *neuen Klima* zurechtfänden. Zwar sei es ein Vorteil, daß im Dezember 1791 die Grenze zwischen Gymnasium und Universität klar gezogen worden sei, doch müsse der Jüngling so geführt werden, daß er diese nicht bemerkt, sondern *immer die folgende Wissenschaft als Fortsetzung, Erleuterung,*

Erhöhung des Vorhergehenden ansieht, d. i. wenn die eine Wissenschaft der anderen in die Hände arbeite.

Schwierigkeiten mit der Disziplin der Studenten

Bereits kurz nach dem Regierungsantritt von Franz Ludwig von Erthal bereitete die Disziplin der Schüler dem Fürsten wie den Lehrern Sorgen. Beklagt wurde etwa das störende Verhalten der Schüler beim Unterricht des Schreibmeisters, viele blieben weg und zahlten auch nicht die anfallende Gebühr[68].

Ein Verbot des Wirtshausbesuchs für Studenten sowie eine Verordnung, daß Gastwirte ihnen keine Getränke ausschenken dürfen, wurde wenig eingehalten. Die Verordnung wurde wiederholt im Wochenblatt publiziert, damit man sich nicht auf Unkenntnis der Bestimmungen hinausreden könne. Jedem Wirt wurde im Falle der Übertretung, *sollte sie auch nur in Einschenkung eines einzigen Glaß Bier oder Wein bestehen, 5 Thaler unerbittliche Strafe angedroht.* Die Studenten hatten mit Karzer oder gar Entlassung zu rechnen.

Zur besseren Kontrolle sollten die Schüler im Sommer wie im Winter ihre gleichen Mäntel tragen, was man freilich von seiten der Studenten als lästig empfand. Die Kostleute waren gehalten, darauf zu achten, daß die ihnen anvertrauten Schüler im Winter abends um sieben Uhr, im Sommer um 9 Uhr daheim seien.

Öffentliches Baden war den Schülern streng verboten. Zuwiderhandlungen wurden sehr rigoros geahndet. Es gab ein Verhör nach einem 16-Punkte-Schema[69]. Wichtig war natürlich, wo und wann man gebadet habe, aber auch ob ausgekleidet, allein bzw. mit wem. Es wurden Entlassungen ausgesprochen sowie Karzerstrafen *bei Wasser und Brot.*

Daß damals das Verhalten der Schüler außerhalb der Schule zu würdigen war und daß der Erziehungsauftrag der Schule auch in der Öffentlichkeit wirksam sein mußte, war zu dieser Zeit eine Selbstverständlichkeit. Für Franz Ludwig gehörten eine gediegene wissenschaftliche Ausbildung, Formung des Charakters und Festigung der religiösen Haltung zusammen. Das Ziel der *hohen Schulen* sei erst dann voll erfüllt, *wenn sie die Pflanzstädte nicht nur der Wissenschaften, sondern auch der Tugend, die Beförderungsmittel nicht nur der Ehre Gottes, sondern auch des Wohls der Menschen sind*[70].

Wenn man auf die Schulen von heute blickt, so stellt man fest, daß viele der Reformbemühungen von damals recht aktuell erscheinen: Abbau der Stoffanhäufung, Dauer der Ausbildung, Verbesserung der Lehrerbildung. Aber auch Forderungen, wie eine vergleichbare Unterrichtsverpflichtung der Lehrer verschiedener Schularten, und

nicht zuletzt der Bildungswert einzelner Fächer, etwa der alten Sprachen oder der Naturwissenschaften, waren in den vergangenen Jahren Gegenstand reger Diskussion. Sogar die Koedukation, seit einigen Jahrzehnten eine Selbstverständlichkeit, wird in neuester Zeit wieder verschieden beurteilt[71].

Als einem Kind seiner Zeit war Franz Ludwig die Vorstellung von Bildungschancen für alle noch unbekannt. Für ihn war das Ziel seiner Bemühungen auf dem Sektor der Bildung der glückliche und damit auch nützliche Untertan, der fromm und tugendsam ein *praktisches Christentum* lebt[72]. Franz Ludwig hat selbst als Bischof und Fürst in seiner Sorge um Arme und Kranke, nicht zuletzt auch durch seine beispielhafte Förderung des Schulwesens *thätigen Glauben* vorgelebt.

Anmerkungen

1 WUCHERER, Mittelschulwesen, S. 6.
2 WEBER, Gelehrte Schulen, S. 169.
3 HÜBSCH, Reformen, S. 35.
4 StAB, Rep. B 57 VI, Bamberger Schulenkommission, Nr. 1, Prod. 61½.
5 StAB, Rep. B 57 VI, Bamberger Schulenkommission, Nr. 1, Prod. 1 – WUCHERER, Mittelschulwesen, S. 8.
6 WUCHERER, Mittelschulwesen, S. 9.
7 Zitiert nach HÜBSCH, Reformen, S. 37.
8 HÜBSCH, Reformen, S. 55 f.
9 StAB, Rep. B 57 VI, Bamberger Schulenkommission, Nr. 1, Prod. ad 61.
10 WEBER, Gelehrte Schulen, S. 515 ff. – WUCHERER, Mittelschulen, S. 9. Erst 1803 wurden beide Schulen zu einer „Vorbereitungsschule" vereinigt als Zwischenglied zwischen Trivialschule und Gymnasium.
11 WEBER, Gelehrte Schulen, S. 70 f. - BENEDIKT KILIAN, Chronik der Kgl. Studien-Anstalt Bamberg, Programm derselben 1878/79 (zugleich Festschrift zum II. Mitschülerfest). Bamberg 1879, S. 4 ff.
12 WEBER, Gelehrte Schulen, S. 182.
13 WUCHERER, Mittelschulwesen, S. 38.
14 HÜBSCH, Reformen, S. 88.
15 WUCHERER, Mittelschulwesen, S. 22.
16 WUCHERER, Mittelschulwesen, S. 39.
17 StAB, Rep. B 57 VI, Bamberger Schulenkommission, Nr. 1, Prod. 61 und ad 61½.
18 StAB, Rep. B 57 VI, Bamberger Schulenkommission, Nr. 2, Prod. 1 und 2.
19 GEORG HÜBSCH, Abriß der Geschichte der Erziehung und des Unterrichts unter vorzugsweiser Berücksichtigung des deutschen Volksschulwesens. Bamberg 1887, S. 87.
20 HÜBSCH, Reformen, S. 40 f.
21 FRIEDRICH WUNDER, Die Geschichte der Stiftungen des Fürstbischofs Melchior Otto, des Kanzlers Johann Reuß und der Ritter von Schnappaufischen Geschwister. In: BHVB 13 (1850), S. 23 ff.
22 HÜBSCH, Reformen, S. 42 f.
23 Zitiert nach HÜBSCH, Reformen, S. 43.
24 HÜBSCH, Reformen, S. 44.
25 HÜBSCH, Reformen, S. 96 f.
26 Zitiert nach HÜBSCH, Reformen, S. 99.
27 Zitiert nach HÜBSCH, Reformen, S. 123.
28 HÜBSCH, Reformen, S. 124.

29 HÜBSCH, Reformen, S. 125 f.

30 HÜBSCH, Reformen, S. 128 ff.

31 HÜBSCH, Reformen, S. 146.

32 Zitiert nach KONRAD, Erthal, S. 29, Anm. 3.

33 Siehe HÜBSCH, Reformen, S. 72 f.

34 StAB, Rep. B 57 VI, Bamberger Schulenkommission, Nr. 1, Prod. ad 61.

35 HÜBSCH, Reformen, S. 75.

36 HÜBSCH, Reformen, S. 75 f.

37 HÜBSCH, Reformen, S. 76 f.

38 HÜBSCH, Reformen, S. 81.

39 HÜBSCH, Reformen, S. 88 f.

40 StAB, Rep. B 57 VI, Bamberger Schulenkommission, Nr. 4, Prod. 1–50. – HÜBSCH, Reformen, S. 93 f.

41 HÜBSCH, Reformen, S. 91 f.

42 StAB, Rep. B 57 VI, Bamberger Schulenkommission, Nr. 1, Prod. 35 und 35¹/₂. – HÜBSCH, Reformen, S. 95.

43 Landesverordnungen, Bd. 3. S. 434 f.

44 Landesverordnungen, Bd. 3. S. 438. – Kurze Beschreibung des Probsten von Schulstein. Von der Entstehungs- und Verbreitungsart der Industrieklassen in den Volksschulen des Königreichs Böheim.

45 Landesverordnungen, Bd. 3. S. 435.

46 Landesverordnungen, Bd. 3. S. 440.

47 StAB, Rep. B 57 VI, Bamberger Schulenkommission, Nr. 2, Prod. 57. – HÜBSCH, Reformen, S. 159.

48 Vgl. FRANZ BAUER, Fürstbischof Franz Ludwig von Erthal und das Bamberger Gymnasium. In: 76. Jahresbericht des Franz-Ludwig-Gymnasiums 1965/66. Bamberg 1966, S. 60–79.

49 StAB, Rep. B 57 VI, Bamberger Schulenkommission, Nr. 1, Prod. 95.

50 StAB, Rep. B 57 VI, Bamberger Schulenkommission, Nr. 1, Prod. 96 und 98.

51 StAB, Rep. B 57 VI, Bamberger Schulenkommission, Nr. 1, Prod. 49.

52 StAB, Rep. B 57 VI, Bamberger Schulenkommission, Nr. 1, Prod. 58 und ad 62.

53 Siehe Anm. 51.

54 AEB, Rep. I, A 437, Prod. 1.

55 WEBER, Gelehrte Schulen, S. 438. 1771/72 waren es 46 Schüler.

56 StAB, Rep. B 57 VI, Bamberger Schulenkommission, Nr. 1, Prod. 79.

57 StAB, Rep. B 57 VI, Bamberger Schulenkommission, Nr. 1, Prod. 65 und 66.

58 AEB, Rep. I, A 440, Prod. 1. – StAB Rep. B 57 VI, Bamberger Schulenkommission, Nr. 1, Prod. 78.

59 StAB, Rep. B 67 XIV, Bamberger Regierung, Universität Bamberg, Nr. 4, Prod 20¹/₂.

60 AEB, Rep. I, A 440, Prod. 1 vom Jahre 1797.

61 StAB, Rep. B 57 VI, Bamberger Schulenkommission, Nr. 1, Prod. 80. – AEB, Rep. I, A 439, Prod. 1.

62 WUCHERER, Mittelschulen, 29.

63 StAB, Rep. B 57 VI, Bamberger Schulenkommission, Nr. 1, Prod. ad 80.

64 StAB, Rep. B 57 VI, Bamberger Schulenkommission, Nr. 2, Prod. 66.

65 WEBER, Gelehrte Schulen, S. 349, Anm. 1.

66 StAB, Rep. B 57 VI, Bamberger Schulenkommission, Nr. 1, Prod. 160¹/₂.

67 StAB, Rep. B 57 VI, Bamberger Schulenkommission, Nr. 1, Prod. 160¹/₂.

68 AEB, Rep. I, A 440, Prod. 5.

69 StAB, Rep. B 57 VI, Bamberger Schulenkommission, Nr. 2, Prod. 171. – AEB, Rep. I, A 439, Prod. 12.

70 AEB, Rep. I, A 438, Prod. 4.

71 Vgl. Die Woche Nr. 9 vom 24. Februar 1995.

72 AEB, Rep. I, A 470. – Hirtenbrief vom 29. Juni 1793 an *alle Gläubigen unserer Residenzstadt Bamberg*.

101 Prüfungsprotokolle der Kantoren und übrigen Kandidaten zur ersten Aufnahme in das Hochfürstliche Schullehrerseminarium

Bamberg 1791
Papier, Folioformat, 18 Bll.

Staatsbibliothek Bamberg, Msc. Misc. 79/III, 4, fol. 2 v–3 r

Lit.: HÜBSCH, Reformen, S. 122–154.

Bereits 1776 hatte Fürstbischof Adam Friedrich von Seinsheim den Kaplan von Stadtsteinach, Johann Gerner, nach Würzburg geschickt, damit er dort die neue Lehrmethode kennenlerne. In Bamberg hat Gerner dann über ein Jahrzehnt nach der Errichtung der „Normalschule" im Schnappaufschen Priesterhaus (heute Karolinenstraße 9), die neue Lehrart den Lehrern und Lehrerinnen im Hochstift Bamberg in einer Reihe von Kursen vermittelt. Schon bald war Gerner der festen Meinung, daß nur mit der Errichtung eines Schullehrerseminars eine Verbesserung des Schulwesens erreicht werden könne. Diese neue Einrichtung der Lehrerbildung gab es bereits in Würzburg und in einigen anderen deutschen Staaten. 1787 konnte Gerner Franz Ludwig von der Notwendigkeit eines Schullehrerseminars überzeugen. Nach einer Umwidmung des Schnappaufschen Priesterhauses wurde dort 1790 das Seminar errichtet. Im Frühjahr 1791 fand die erste Aufnahmeprüfung statt. 47 Kandidaten wurden geprüft, fünf konnten am 25. Juli 1791 ins neue Lehrerseminar einziehen. Es waren dies:

Friedrich Störcher aus Scheßlitz, 22 Jahre

Johann Neubauer aus Kupferberg, 24 Jahre

Moritz Eibel aus Rothenkirchen, 22 Jahre

Paul Punzelt aus Zeyern, 25 Jahre

Johann Rauh aus Neunkirchen am Brand, Kantor in Hetzles, 21 Jahre

Vorliegendes Protokoll enthält nach dem Alter geordnet – der älteste, Erhard Beez, ist 45 Jahre – die Prüfungsergebnisse und auf der rechten Seite eine ausführliche Beurteilung des Kandidaten nach Kenntnissen, Charakter, sittlichem Verhalten und Einsatzbereitschaft.

Geprüft wurden *Katechisiren, Religionslehre, Bibl. Geschichte, Schönschreibkunst, Rechtschreibkunst, Deutsche Sprache, Schulmethode, Rechenkunst, Orgelspielen (Präludiren, Kirchenlieder, Partitur), Choralschlagen (ausgesetzt, unausgesetzt), Singen (Choral, Figural, Stimme).*

Zeichen in den Spalten der linken Seite:

a) *gut*

b) *zimlich mittelmäßig*

c) *erträglich mittelmäßig*

d) *sehr wenig*

–) *nichts*

F. B.

102 Hochfürstliche Anordnung an die Gastwirte, Studenten keine Getränke auszuschenken

4. April 1780

Archiv des Erzbistums Bamberg, Rep. I, A 440, Prod. 5

Quellen: AEB Rep. I, A 440, Prod. 5 – StAB, Rep. B 57 VI, Bamberger Schulenkommission, Nr. 1 Prod. 40, 44 und 48.

Das Bamberger Wochenblatt bringt am Dienstag, dem 4. April 1780, ein Avertissement, eine Anzeige bzw. Mahnung an die *Gast- und Schenkwirthe*, auch *Koffeeschenkenwirte*. Ihnen wird *eindrucksamst* verboten, Studenten *Zechen und Spielen* in ihren Lokalen zu gestatten. Bei Zuwiderhandlung wird *unnachsichtliche* Strafe angedroht.

Schon bald nach dem Regierungsantritt von Franz Ludwig von Erthal wird über das Verhalten der Studenten Klage geführt. In einem *Conclusum* der Schulenkommission an den Fürsten vom 22. Juli 1780 weist Universitätsdirektor Dietz auf Disziplinlosigkeiten der Studenten hin, vor allem werde das Verbot des Wirtshausbesuchs nicht eingehalten. So sollten auch die Professoren in allen Schulen die Studenten noch einmal eindringlich ermahnen, sich an diese hochfürstliche Anordnung zu halten.

In der Sitzung der Schulenkommission vom 16. August 1780 wird an das Verbot vom März des Jahres erinnert, aber auch beklagt, daß *des vorerwähnten Verbots ungeachtet* sich Studenten unterstanden haben, *bey den dahiesigen Gast- und Schenkwirthen, dann auch jenen auf den benachbarten Ortschaften, die zu einer anständigen Gemüthserholung und Leibesbewegung erlaubte, oder zur Erlernung nützlicher und notwendiger Wissenschaften bestimmten Stunden mit liederlichen Zechen und Spielen, unter einer ihrem Stande gar nicht anstehenden Gesellschaft zuzubringen.*

Im einzelnen werden die Strafen festgelegt, die den Studenten im Übertretungsfalle erwarten. Das erste Mal soll einer *ohne Verzug und ohne Rücksicht auf dessen Geburt und Wissenschaft sogleich 24 Stunden lang mit Wasser und Brod auf den hiesigen academischen Kerker gesezt* werden. Das zweite Mal soll er *dreymal 24 Stunden eingesperrt werden.* Würde aber einer die *boshafte Vermessenheit* haben, zum dritten Mal diesen hochfürstlichen Befehl zu übertreten, so solle er ohne Nachsicht *als ein nicht zu verbessernder Mensch sogleich aus den Schulen geschafft, auch mit einem Zeugnis über seine Aufführung, um allenfalls anderswo seine Studien forsetzen zu können, nicht versehen werden.*

Den Wirten werden, auch wenn sie nur ein einziges Glas Bier oder Wein an Schüler ausschenkten, *5 Thaler* unerbittliche Strafe angedroht.

Aus moralischen Gründen war auch das öffentliche Baden verboten. In Bamberg badeten die Schüler gerne in der Regnitz bei der Wunderburg. Eine Übertretung des Badeverbots wurde ähnlich streng wie der Wirtshausbesuch geahndet. Auch hierauf standen Karzer und im Wiederholungsfall Entlassung. F. B.

103 Die Sailerische Schule und die Absönderung der Knaben und Mägdlein im Schulunterrichte zu Kronach betref.

Bamberg, 3. Dezember 1787
Papier, Folioformat, 17 Bll.

Staatsbibliothek Bamberg, Msc. Misc. 79/ III, 2

Auf eine Anzeige des Pfarrers hin wurden in einem Hochfürstlichen Regierungserlaß vom 26. Juli 1787 Bürgermeister und Rat zu Kronach angewiesen, der *Weibsperson Namens Elisabetha Applin zu untersagen*, weiterhin *eine Art Neben Schule zum Abbruch und Nachtheil der dortigen ofentlichen Schule aufzurichten.* Die Schüler sollten vielmehr in den *gnädigst angeordneten Schulen unterrichtet werden, damit sowohl in den Städten als auch auf dem Lande tüchtige in der Normalschule unterrichtete in der vorgeschriebenen Lehrart geprüfte, und wohl erfahrenen Lehrer denen Schulen vorgesetzt werden mögen.* In Kronach gebe es so eingerichtete Schulen und dorthin sollten die Eltern ihre Kinder schicken.

In einer Art Bürgerinitiative, so nennen wir es wohl heute, reichten daraufhin einige Kronacher eine *unterthänigste Vorstellung* ein, zu der dortigen *verwittibten Freyschulmeisterin Maria Anna Sailerin*, die bereits fünf Jahre die *Mägdeleinschule* hielt, die *Kinder weiblichen Geschlechts* schicken zu dürfen, *damit selbe von den Knaben abgesöndert zu guten Sitten, Gottesforcht und Christenthume vorzüglich möchten angehalten und unterrichtet werden.* Auf Anstiften des Freischulmeisters Berner und mit Beihilfe des Dechanten und Pfarrers werde den Eltern bei Strafe verboten, ihre Töchter in die Sailerische Schule zu schicken. Auch wenn der Lehrerin *der neue Unterricht annoch gebrechte*, solle sie doch die Erlaubnis erhalten, *mit dem Schulhalten fortzufahren.* Sie könne sich ja in der neuen Lehrart unterrichten lassen und wäre auch dazu bereit.

Am 19. August 1787 teilen *Ihro Hochfürstliche Gnaden* auf die *bittliche Vorstellung* der Kronacher Bürger mit: *Da meine Gesinnung, die Knaben und Mägdlein im Schulunterricht zu söndern, und für letztere besondere Lehrerinnen anzustellen, aus einer und der anderen hiesigen Residenzstadt bereits getroffenen Anstalt bekannt*

214

genug ist, dieselbe auch bey eintretenden gleichen Gründen für das Land sich unschwer vermissen läßt, so muß mich befremden, wenn Ich aus gegenwärtiger Vorstellung ersehe, daß das gerade Gegenteil durch Aufhebung der schon bestandenen Mägdleinschule zu Kronach soll verfügt worden seyn; Mir ist demnach über gegenwärtige Vorstellung umständlich zu berichten.

Und nun folgt recht wortreich eine Verteidigung der ersten Entscheidung des Vikariats. So wird erneut betont, daß die Appelin *weder der Normallehre, noch einer guten Schreibart kündig sey*. Das eigentliche Anliegen freilich sei die Förderung der *öffentlichen Lehranstalten* gewesen. Erst bei näherer Betrachtung habe man festgestellt, daß die Sailerische und Appelische Schule ein und dieselbe sei und die Maria Anna Sailer und die Elisabeth Appelin Schwestern seien, welche abwechselnd dort unterrichteten. Und so sei in der pfarramtlichen Vorstellung die Appelische und in der Vorstellung der Bürger die Sailerische Schule genannt worden. Diese sei vor sechs Jahren *willkürlich* errichtet worden.

Die Witwe des Freischulmeisters Sailer habe den Schuldienst fortgeführt, obwohl nicht sie, sondern Georg Berner die Genehmigung für eine Freischule erhalten habe. Zunächst habe Maria Sailer nur die Kinder des Forstmeisters Winkler privat unterrichtet, dann seien weitere Mädchen dazugekommen. Diese Kinder zahlten der Sailerin ihre Quartalgelder, den öffentlichen Schullehrern seien nur die unbemittelten Kinder geblieben. Beide Lehrerinnen seien zwar von *guten Sitten und undadelhaften Lebenswandel*, doch behielten sie noch die alte Lehrart bei, zumal auch Eltern *ohnehin in Ansehung der neueren Lehrart einige Abneigung zeigten*. Bei der Visitation hatten die Kinder der Sailerischen Schule dem Fürsten *mehrere Satisfaktion als jene des Schulmeisters Berner geleistet*. Allerdings könne nicht *alsogleich die nächste beste, ohne Berufe, ohne höchste Genehmigung, ohne Vorbereitung und ohne Prüfung, ob sie auch die zu einem Lehramte erforderliche Fähigkeit und Kenntnis besize, als eine öffentliche Lehrerin darstelle, und gleichsam aufwerfe*. Daß sie sich die neue Lehrart aneigneten, dazu seien beide schon zu alt. Freilich müsse man auch feststellen, daß in den *Landstätten und Ortschaften viele entweder aus Vorurtheil, oder aus Unwissenheit, oder gar aus Widersezlichkeit für die neuere Lehrart nicht eingenommen seyen*. Deshalb dürfe man nicht nachgeben. Es folgt der Vorschlag des Vikariats, daß man eine öffentliche Lehrerin für die Mädchen einstelle. Einige Bürger seien auch bereit, einen finanziellen Beitrag zu leisten. Die Sailerin und die Appelin könnten eventuell in *Nebenlehrstunden* den Mädchen Handarbeit geben. Schließlich könne man im *verbesserten und bequemen Schulhaus* Buben und Mädchen auch

jetzt schon trennen, bis man eine geeignete weibliche Lehrkraft gefunden habe.

In der *Resolutio Celsissimi* vom 11. Dezember 1787 zum *Conclusum* des Vicariats stellt sich der Fürst voll auf die Seite der beiden Lehrerinnen. Jahrelang hätten sie ohne Widerspruch des Pfarrers unterrichtet. Und wenn es eine *Winkel- oder Heckenschule* gewesen wäre, hätte er sie bei einer Visitation nie betreten. Hier habe die Sailerin den *Beweis* geliefert, daß sie *das Schulamt wohl und noch besser verstehe, als der ordentlich angenommene und verpflichtete Freyschulmeister Berner*. Der Fürst fährt dann fort, daß er die Appelin nicht kenne. Bei ihr soll der Schuldirektor Gerner prüfen, ob sie *die zu einer Gehülfin im Schulunterricht nötigen Eigenschaften* besitze. Franz Ludwigs Vorliebe für getrennte Schulen *wegen der Vermeidung der Gefahr der Verführung* zeigt sich auch in der folgenden Feststellung. *Zudem kann Ich den Eltern nicht verdenken, wenn sie ihre jungen Töchter lieber mit den anderen ihres Geschlechts nach der alten Art, als nach der neuen unter Knaben vermischt, in einer Schule unterrichten lassen wollen.*

Im übrigen sei das Schulhaus erneuert worden zur Aufnahme von drei lateinischen Klassen. Die Verfügung des Vikariats vom 26. Juli 1787 an den Bürgermeister und Rat der Stadt Kronach, wonach die Appelische Schule aufgehoben werde, müsse zurückgenommen werden. Die Sailerin wird in ihr Lehramt wieder eingesetzt.

Und schließlich behält sich der Füstbischof gegen den Pfarrer von Kronach *wegen seines ersten hinterlistigen und die Wahrheit verdeckenden Berichts* eine Ahndung vor.

F. B.

104 Teutsche Sprachlehre für die Mittelschulen an der Universität zu Würzburg

Michael Adam Köl
Mit hochfü[r]stl. gnädigster Freyheit
Würzburg, 1791

Bibliothek des Priesterseminars Bamberg, Al spr 1

Auf den ersten beiden Seiten finden wir ein hochfürstliches Privileg zum Verkauf des Buches, um das die Witwe des Buchhändlers Johann Jakob Stahel *demüthigst gebeten* hat. So erteilen *Wir aus landesväterlicher höchster Macht und Gewalt vorernannter Supplicantinn, der Buchhändler Stahelischen Wittib, die Freyheit und das Privilegium hiemit gnädigst, daß sie diese ihre Auflage, nämlich Köls teutsche Sprachlehre auf ihre Kösten verlegen, drucken lassen, und in Unseren fürstl. würzburgischen Landen frey und öffentlich verkaufen dürfe.*

Im folgenden verbietet der Fürst den Nachdruck des Buches und den Verkauf des Nachdrucks *bey Vermeidung schwerer Strafe, und der Konfiskation des Buches.*

In der Einleitung bemerkt der Verfasser zur Zielsetzung des Buches: *Diese teutsche Sprachlehre oder Grammatik gibt uns nun eine Anweisung zur gründlichen Kenntniß der Regeln unserer Muttersprache und zur Erlangung einer Fertigkeit, dieselbe richtig zu sprechen und zu schreiben. Man spricht seine Muttersprache eher, als man sie schreibet; und wenn man sie richtig schreiben will, muß man sie zuvor richtig sprechen lernen.*

Die Sprachlehre hat zwei Teile, wobei der erste, der umfangreichere, unter der Überschrift *Anweisung, richtig zu sprechen* sich in drei Abschnitte gliedert. 1. *Eintheilung und Aussprache einzelner Wörter in Rücksicht auf ihre einfachen Grundbestandtheile.* 2. *Von den so genannten Redetheilen, d. i. von den verschiedenen Gattungen der Wörter, welche die Bestandtheile der Sprache ausmachen.* 3. *Von dem Syntaxe oder von der Verbindung der Wörter zu einem vollständigen Redesatze.*

Der zweite, recht knappe Teil behandelt die *Anweisung, richtig zu schreiben, oder Orthographie.* Hier geht es um Dehnung und Schärfung, den Gebrauch großer Anfangsbuchstaben und die *Unterscheidungszeichen oder Interpunctionen.*

Vor allem die Hinweise auf fehlerhafte Aussprache sind recht amüsant. *Im gemeinen Leben höret man zwischen ä und e keinen merklichen Unterschied, nur daß zuweilen das ä voller und tiefer gesprochen wird. Desto mehr muß man sich hüten, ö wie ä oder e auszusprechen: höre, Heere, Kärrner, Körner.*

Die Aussprache des ü wie i ist nicht edel und fein, sondern fehlerhaft: kühn und Kien, Nüsse und Nisse, spülen und spielen, das Thier und die Thür lauten nur im Munde des weichlichen Städters einander gleich (S. 18).

Zur Aussprache von Mitlauten heißt es in einem Absatz: *In einigen Gegenden Teutschlands wird g so gelinde wie j, und k so gelinde wie g am Anfang einer Sylbe ausgesprochen. Daher lieset man gähnen und jähnen, Gähzorn und Jähzorn; daher spricht man bey uns jähren für gähren, Jäscht für Gäscht, Jörge für Görge oder George. Ganz fehlerhaft ist aber Göchinn, Gutsche, für Köchinn, Kutsche* (S. 19). F. B.

105 *Allgemeine Weltgeschichte für Kinder, von Johann Matthias Schröckh, Professor der Geschichte zu Wittenberg. Dritter Theil. Fortsetzung der Neuern Geschichte. Geschichte der Deutschen. Mit acht und zwanzig Kupfertafeln. Mit Röm. Kaiserl. allergnädigsten Privelegio.*

Leipzig, 1781

Staatsbibliothek Bamberg, H. p. o 131/3

Quellen: StAB, Rep. B 57 VI, Bamberger Schulenkommission, Nr. 1 Prod. 49.

Lit.: WEBER, Gelehrte Schulen, S. 200 f. Abb.

Mit der Neuordnung des Schulwesens und der Neugestaltung der Lehrpläne nach der Aufhebung des Jesuitenordens 1773 stellte sich auch dringend die Frage nach neuen Lehrbüchern. So beschäftigte sich die Bamberger Schulenkommission am 30. März 1781 mit diesem Problem.

In einer sehr ausführlichen Stellungnahme zum Protokoll dieser Sitzung verwirft Franz Ludwig den Druck eines neuen Lehrbuchs für Geschichte, da die hiesigen Professoren trotz ihrer sonstigen guten Kenntnisse in der Geschichte doch *Fremdlinge* seien. Er schlägt dagegen zur Verwendung in den beiden Oberklassen des Gymnasiums SCHRÖCKHS Allgemeine Weltgeschichte vor, allerdings wie in Würzburg in einer Auflage, in der alle die *Religion angreifenden und hart auffallenden Ausdrücke* weggelassen sind.

Viel engherziger fiel das Urteil von HEINRICH WEBER hundert Jahre später aus. Er hätte sich die Einführung eines katholischen Lehrbuchs gewünscht. WEBER sieht in der Übernahme der SCHRÖCKHSCHEN Weltgeschichte „ein merkwürdiges Beispiel von Geistesarmuth jener Zeit, die sich die der Aufklärung nannte, und ein Anlehnen an Fremdes, dem in der Stiftungsurkunde der Akademie ausgesprochenen Zweck sogar Feindliches darbietet, während man Gediegenes, im Schooße der eigenen Kirche Entsprossenes so nahe gehabt hätte" (WEBER, Gelehrte Schulen, S. 200).

Das Lehrbuch hat eine nicht uninteressante Entstehungsgeschichte. Die „Einleitung zur Universalhistorie zum Gebrauche bei dem ersten Unterrichte der Jugend, von HILMAR CURAS, weil. Collegen des Joachimsthal'schen Gymnasiums zu Berlin", war 1774 von dem Professor der Geschichte zu Wittenberg Johann Matthias Schröckh umgearbeitet worden und unter dem Titel „Lehrbuch der allgemeinen Weltgeschichte" in Berlin und Stettin bei Friedrich Nicolai erschienen, und zwar Ende des Jahres 1774 bereits in einer zweiten, unveränderten Auflage. Die dritte Auflage mit einigen Korrekturen und der Beigabe von Zeittafeln folgte im April 1777. Im gleichen Jahr erschien in Bamberg und Würzburg bei Tobias Göbhardt ein „Lehrbuch der allgemeinen Weltgeschichte zum Gebrauch katholischer Schulen eingerichtet". Der Herausgeber bemerkt in der Vorrede, daß „J. M. Schröckh ein Werk geliefert [habe], welchem alle redlich denkenden Schulmänner Beyfall und Dank schuldig sind, und welches man wegen seiner philosophischen Methode durch gegenwärtige Ausgabe für katholische Schulen brauchbar zu machen gesucht" (WEBER, Gelehrte Schulen, S. 201). Was die Intention des Verfassers betrifft, so weist Professor Schröckh in der Vorrede zum vorliegenden dritten Teil darauf hin, daß er den *Endzweck* seines Werkes darin sehe, eine *Anweisung zum Gespräch mit erwachsenen Kindern über die Geschichte* zu liefern. Im Jahre 1795 wurde die siebte Auflage gedruckt. Es war also ein Lehrbuch, das sehr lange Zeit weite Verbreitung fand.

Das gesamte Werk besteht aus vier Teilen in sechs Bänden. Im ersten Teil finden wir die Alte Geschichte – von Adam bis Augustus. Der zweite Teil behandelt den Anfang der Neuern Geschichte von Christus an. Die Geschichte der Deutschen, angefangen bei den Kimbern und Teutonen, enthält der dritte Teil. In den drei Abschnitten des vierten Teils, denen je ein Band gewidmet ist, finden wir die nationale Geschichte der einzelnen europäischen Völker, wobei im dritten Abschnitt noch die chinesische Geschichte dazukommt.

Die Kupfertafel auf Seite 417 macht das Phänomen des starken französischen Einflusses deutlich: *Französische Sprache Moden u*[nd] *Sitten veraendern die Gemüthsart vieler Deutschen.* Im Text auf den folgenden Seiten wird ausgeführt, daß sich vor allem in den letzten zwanzig Jahren des 17. Jahrhunderts bei den Deutschen diese Veränderungen vollzogen hätten. Sprache, Schriften, Trachten, Gebräuche und Sitten hätten einen Großteil dessen, was die Deutschen als Erbe ihrer Vorfahren besessen hätten, verdrängt. Vorbild sei in allem der französische Hof gewesen. Auch hätten die Franzosen, die ihres protestantischen Glaubens wegen nach Deutschland ausgewandert seien, nicht nur ihre Sprache und die Art sich zu kleiden, sondern auch *erfinderischen Fleiß* mitgebracht. Ganz rational und nüchtern werden nun die *vortheilhaften Folgen* und der *nachtheilige Einfluß* gegenübergestellt (S. 419 ff.).

Die Deutschen verwendeten ihre eigene Sprache wieder bewußter und legten Wert auf Sprachrichtigkeit. Auch gesellschaftliche Veränderungen seien eingetreten, so etwa im Umgang miteinander, vor allem sei ein Anfang gemacht worden, *den steifen Stolz vieler Vornehmen und Reichen zu mildern.* Auch habe die *unter den Deutschen so herrschende Liebe zum Trunke merklich abgenommen.*

XVI.

Französische Sprache Moden u. Sitten veraendern die Gemüthsart vieler Deutschen.

Nr. 105

Bei den Nachteilen wird vor allem auf den immensen Einfluß der französischen Sprache hingewiesen. *Das Französische wurde die Sprache der Höfe, und der sogenannten großen und feinen Welt. Viele Vornehme schämten sich beynahe Deutsche zu seyn., ja sie bildeten sich (...) etwas darauf ein, besser französisch als deutsch zu reden und zu schreiben* (S. 422).

Bei tiefen Verneigungen und einem großen Wortschwall sowie feinen Redensarten sei *die alte deutsche Offenherzigkeit und redliche Treue* verlorengegangen (S. 424). Auch in der Kleidertracht habe die französische Mode die für Witterung und Gesundheit bewährte alte deutsche Kleidung verdrängt. Für das *deutsche Frauenzimmer* habe eine *Herrschaft der Moden* begonnen (S. 426).   F. B.

WERNER ZEISSNER

Fürstbischof Franz Ludwig von Erthal und die Universität Bamberg[1]

Die Regierungszeit Franz Ludwigs umfaßt ziemlich genau die Hälfte des Zeitabschnitts zwischen der Aufhebung des Jesuitenordens und der Säkularisation. Während dieser eineinhalb Jahrzehnte drückte der Fürstbischof der Bamberger Universität deutlich seinen Stempel auf. Er betonte ihren Charakter als Landeshochschule, paßte sie den Erfordernissen der Aufklärungsepoche an und ließ nicht nach in dem Bestreben, bei allen Universitätsangehörigen die gleiche Pflichtauffassung einzufordern, die er von sich selbst gewohnt war. Welche Auswirkungen sich daraus für die einzelnen Bereiche der Universität Bamberg ergaben, soll im folgenden dargestellt werden.

Verwaltung und finanzielle Grundlagen

Die Universität Bamberg zählte beim Regierungsantritt Franz Ludwigs rund 250 Studenten[2], die in vier Fakultäten von etwa 20 Professoren unterrichtet wurden. Ihre Verwaltung war von großer Kontinuität geprägt, da Franz Ludwig das gesamte Führungspersonal von seinem Vorgänger übernahm und nur beim Tod der jeweiligen Amtsinhaber sozusagen gezwungenermaßen neue Kräfte einsetzte. Eindrucksvolles Beispiel ist das Ehrenamt des Rector Magnificus, das von 1773 bis 1797 von dem Domkapitular Johann Joseph Heinrich Ernst von Würtzburg[3] bekleidet wurde. Auch die Schulkommission, die als eine Art Mittelbehörde auf die Universität Einfluß nehmen konnte, blieb nahezu unverändert. Sie wurde lediglich durch den Professor für Kirchenrecht, Johann Schott, ergänzt. Als Franz Ludwig aber die begrenzte Sachkompetenz dieser Kommission in Wissenschaftsfragen erkannte, beschränkte er ihre Zuständigkeit innerhalb der Universität auf die Philosophische Fakultät. Für die Angelegenheiten der drei übrigen Fakultäten, soweit sie Studium und Wissenschaft betrafen, richtete Franz Ludwig den Akademischen Senat ein, dem nahezu alle Professoren angehörten, und für Wirtschaftsfragen, die bis dahin in der Kompetenz des Rektors lagen, wurde der Engere Senat, bestehend aus den Dekanen und dem Universitätsfiskal (Richter), zuständig[4].

Die naheliegende Frage, wer den Rektor bei dessen häufiger Abwesenheit vertrat, läßt sich nicht so einfach beantworten. Denn Franz Ludwig wollte trotz mehrfacher Bitten der Professoren keinen Prorektor ernennen. Er entschied lediglich nach heftigem Streit und gegen den dezidierten Widerstand der Juristischen Fakultät, daß der Dekan der Theologischen Fakultät die eingehende Post öffnen und zu den Sitzungen der Universitätsgremien einladen dürfe. Bis dahin galt der Direktor des Universitätshauses als der geborene Vertreter. Diese Stelle wurde stets vom jeweiligen Inhaber des Lehrstuhls für Moraltheologie versehen und umfaßte die Leitung des 1773 in Universitätshaus umbenannten Jesuitenkollegs einschließlich der Aufsicht über seine Bewohner, nämlich die Professoren des Gymnasiums und der Philosophischen Fakulät sowie den Universitätsbibliothekar. Im Grunde hatte er weitgehend die Aufgaben des Kollegiumsrektors (mit Leitung des Gymnasiums) übernommen und war zusammen mit dem „weltlichen" Universitätshausverwalter, dem Nachfolger des Jesuitenprokurators, für den gesamten ehemaligen Jesuitenbesitz verantwortlich[5].

Die Rechnung über die Einnahmen und Ausgaben des Universitätshauses war der zentrale Universitätsetat[6]. Außer den vom Volumen her eher unbedeutenden Fakultätskassen gab es noch die eigenständigen Kapitalfonds für die Universitätsbibliothek und die Universitätskirche sowie vor allem das Universitätsrezeptorat, aus dessen Mitteln die Professoren der beiden „neuen" Fakultäten besoldet wurden. Da aus der Universitätshauskasse auch die Pensionen für die ohne sonstige Versorgung ausgeschiedenen Jesuiten gezahlt wurden, war ihr Abschluß seit 1773 fast ständig defizitär. Zunächst hatte man sich mit dem Verkauf des umfangreichen Weinvorrats aus der Jesuitenzeit (Wert weit über 10 000 fl.) beholfen, und 1776 hatte Bischof Adam Friedrich von Seinsheim 10 000 fl. aus der Extra-Ungeldskasse beigesteuert. Daher war es verständlich, daß die Universität nach dem Regierungsantritt Franz Ludwigs ebenfalls eine namhafte Kapitalaufstockung beantragte[7].

Der Bischof tat ihr aber diesen Gefallen nicht. Er sah nämlich, daß die Gründe für den Geldmangel größtenteils in der wenig professionellen Verwaltung lagen. Wie sonst üblich griff Franz Ludwig aber nicht mit starker Hand durch, sondern wartete den Tod des kränklichen Verwalters Anton Derleth ab, um dann dem Hofkammerrat Johann Adam Kälin, der im Herbst 1785 die Nachfolge antrat[8], seine Erwartungen zu verdeutlichen. Diesem gelang es, innerhalb eines Jahrzehnts die finanziellen Erträge zu verdoppeln und trotz gestiegener Kosten immer einen deutlichen Überschuß zu erwirtschaften. Begünstigt wurde er dabei von der Tatsache, daß die Preise für die auf den ehemaligen Jesuitengütern erzeugten Produkte schneller stiegen, als der sparsame Bischof Besoldungserhöhungen gewährte. Ferner genehmigte der Bischof auch Eingriffe in die Substanz des Besitzes. So veräußerte man noch unter dem Verwalter Derleth das gegenüber dem Universitätshauseingang gelegene sog. Pertachsche Haus, das die Jesuiten 1701 erworben hatten, für 625 fl.[9], und ab 1790 wurde der Holzeinschlag in den universitätseigenen Waldungen stark erhöht, wobei Franz Ludwig dem Verwalter ein Viertel des Umsatzes als Belohnung gewährte[10]; durch diese Regelung stieg Kälin zum mit großem Abstand bestbezahlten Universitätsmitglied auf[11].

Bei der Professorenbesoldung führte Franz Ludwig die Mischfinanzierung aus verschiedenen Universitäts- und Hochstiftskassen ein, wie es bei dem 1794 eingestellten Professor Johannes Baptist Roppelt besonders auffällig war[12]. Der Fürstbischof hatte auf Grund der ihm vorliegenden Rechnungsprüfungsberichte zuverlässigen Einblick in die Leistungskraft der einzelnen Stellen und bestimmte dann die Geldquellen für die jeweilige Besoldung. Dabei ging Franz Ludwig recht großzügig mit dem Bestimmungszweck der Ernestinischen Seminarstiftung um, die bereits im Herbst 1773 durch ein Darlehen von 1200 fl. die Liquidität der Universitätskasse gesichert hatte[13]. Ab 1791 mußte sie allein die Bezahlung des Professors für Naturgeschichte, Konrad Frey, tragen und wurde ab 1793 auch zur Finanzierung des Lehrstuhls für Kirchengeschichte nach dessen Übernahme durch den Weltklerus herangezogen[15].

Die Philosophische Fakultät[16]

Aufgabe der Philosophischen Fakultät war es, in einem zweijährigen Studienkurs die Voraussetzungen für den Übertritt zu den drei übrigen Fakultäten zu schaffen. Der Charakter eines für alle verpflichtenden Grundstudiums blieb auch unter Franz Ludwig erhalten, ja er wurde sogar noch stärker als früher dadurch betont, daß der Fürstbischof genaue Kontrollen anordnete und beispielsweise von jedem Jura-Studenten den schriftlichen Nachweis verlangte, daß er sämtliche philosophischen Pflichtkurse absolviert hatte[17]. War er dazu nicht in der Lage, so durfte er sein Studium nur fortsetzen, wenn er zuvor verbindlich seinen Verzicht auf eine mögliche Anstellung im Hochstiftsdienst erklärt hatte. Dies galt auch für aus dem Hochstift stammende Studenten, die die philosophischen

Fächer außerhalb des fürstbischöflichen Machtbereichs belegt hatten[18]. Konsequenterweise führte diese Haltung schließlich zum generellen Verbot eines Studiums an nichthochstiftischen Universitäten[19]. Der Landesherr behielt sich in jedem Einzelfall die Ausnahmegenehmigung vor.

Zwar erwecken die umfangreichen und zahlreichen Prüfungen den Charakter eines leistungsorientierten Studiums, doch trügt dieser Eindruck. Denn im Grunde konnte man sich bei einer Erfolgsquote zwischen 90 und 100 % die akademischen Grade der Philosophischen Fakultät – nach dem ersten Studienjahr das Baccalaureat und nach dem zweiten den Titel eines Artium Liberalium et Philosphiae Magister – regelrecht „ersitzen"[20].

Erstaunlicherweise störte diese Tatsache Franz Ludwig nicht. Zwar verbot er schon kurze Zeit nach seinem Regierungsantritt die aus Anlaß der Promotionsfeierlichkeiten gedruckten Thesen- und Promotionsschmuckblätter wegen der damit verbundenen Kosten[21] und ließ nur eine schlichte Form zu, aber die Anregung der Schulkommission vom 22. Juli 1780, künftig nur noch die leistungsstärksten Studenten – gedacht war an die sechs sog. *Primi* und einige *Proximi*, also etwa ein Viertel der Absolventen – zu akademischen Ehren gelangen zu lassen, traf auf einen zögerlichen Regenten. Erst im folgenden Jahr, nachdem sich mittlerweile auch die Professoren der Philosophischen Fakultät den Vorschlägen angeschlossen hatten, genehmigte er die Neuregelung[22]. Den Abschluß des Philosophiestudiums bildete fortan die Graduierung der Jahrgangsbesten, während sich das Gros der Absolventen mit einer Bescheinigung über die erfolgreiche Teilnahme begnügen mußte.

Professoren der Philosophischen Fakultät blieben meist nur wenige Jahre auf ihren Posten und bewarben sich, wenn sich ihnen im akademischen Bereich keine Chancen eröffneten, um eine Pfarrstelle. Als Ausnahmen sind der Mathematikprofessor und Exjesuit Johannes Jacobs[23], der seit 1760 bis zu seinem Tod im Dezember 1800 an der Bamberger Hochschule lehrte, und Johann Georg Daum[24] zu nennen.

Daums Tätigkeit ist eng mit der vom Fürstbischof geförderten Rezeption der Philosophie Immanuel Kants[25] unter Beibehaltung katholischer Grundüberzeugung verbunden; er leistete damit einen hervorragenden Beitrag zur Ausprägung der katholischen Aufklärung[26]. In den letzten Regierungsjahren Franz Ludwigs war es für beide Bamberger Philosophieprofessoren schon zur Selbstverständlichkeit geworden, sich mit dem umstrittenen Philosophen aus Königsberg zu beschäftigen. Diese Entwicklung steht am Ende des seit dem Beginn des zweiten Drittels des 18. Jahrhunderts währenden Bemühens der Bamberger Fürstbischöfe um eine Studienreform. In Abkehr von den als veraltet angesehenen Methoden und Inhalten des jesuitisch-scholastischen Lehrbetriebs sollte durch Praxisnähe und wissenschaftlich auf der Höhe der Zeit stehende Auswahl des Lehrstoffes die Nützlichkeit im Sinne der damaligen Epoche erreicht werden.

Diesem Hauptziel ist auch die Verdoppelung des Lehrpersonals der Philosophischen Fakultät von drei auf sechs Professoren zu Beginn des Studienjahres 1794/95 zuzuordnen. Konrad Frey, der noch im Zusammenhang mit der Universitätsbibliothek zu nennen sein wird, lehrte mit Naturgeschichte ein Fach, das bis dahin nur nebenamtlich betreut worden war und nun nach den großen Fortschritten der Wissenschaften im 18. Jahrhundert ähnlich wie an anderen Universitäten einen eigenen Lehrstuhl erhielt[27]. Noch deutlicher sind die Nützlichkeitserwägungen beim Anschluß der Zeichenakademie des Artillerieoberleutnants Leopold Westen[28] an die Universität und bei der Ernennung des Benediktiners Johannes Baptist Roppelt zum Professor für Mathematik und praktische Geometrie zu erkennen[29]. Beide Männer hatten sich in hochstiftischen Diensten bewährt und den Bischof von der Brauchbarkeit der von ihnen dargebotenen Materie überzeugt. Zusätzliche Vorhaben für eine Erweiterung des Fächerangebotes der Philosophischen Fakultät, z. B. um Professuren für die modernen Fremdsprachen oder die Pädagogik, blieben unter Franz Ludwig unentschieden[30].

Die Theologische Fakultät[31]

Auch die Theologische Fakultät hatte sich beim Regierungsantritt Franz Ludwigs Hoffnungen auf personellen Zuwachs gemacht, doch gewährte ihr der Fürstbischof im Gegensatz zu allen übrigen Fakultäten keine neuen Stellen. Das lag sicher nicht an der mangelnden Bedeutung, die er der theologischen Ausbildung zumaß. Allerdings war Franz Ludwig der Ansicht, daß die Theologen mit ihrem geringen Lehrdeputat von nur vier Pflichtwochenstunden keineswegs voll ausgelastet seien und selbst bei langfristigem Ausfall eines Kollegen diesen voll vertreten könnten[32].

Bei der Besetzung vakanter Lehrstühle folgte der Bischof weitgehend den Empfehlungen der Schulkommission, ganz im Gegensatz zu seinem Vorgänger Adam Friedrich, der z. B. 1777 nicht den vorgeschlagenen Bewerber Augustin Andreas Schellenberger[33] zum Inhaber des ersten Lehrstuhls für Dogmatik ernannte, sondern den Exjesuiten Melchior Ignaz Stenglein[34] zum Zuge kommen ließ. Als nun 1784 der zweite dogmatische Lehrstuhl zur Neubesetzung anstand, bemühten sich die Mitglieder der Schulkommission krampfhaft, Franz Ludwig davon abzubringen, ebenfalls einen Exjesuiten zu berufen[35]. Sie

argumentierten, es gereiche dem Weltklerus zur Unehre, wenn kein einziger von ihm in den letzten elf Jahren zu einem theologischen Lehrstuhl gelangt sei. Als Hauptgrund gegen den Kandidaten Kaspar Gundelach[36], dem sie eine gute Eignung bescheinigten, brachten sie gleichwohl vor, *daß er vielleicht beständig bei dem Lehramt zu verbleiben gedenke, ohne jemals eine Pfarrstelle beziehen zu wollen; allein eben dieser Umstand sey bedenklich anerwogen, wenn er wegen Alter oder Krankheiten unfähig werden sollte, demselben ferner vorzustehen, nach der dermaligen und wahrscheinlich auch künftigen Verfassung der Universität gar keine Gelegenheit vorhanden sey, ihm als emeritierten Professor den nöthigen und anständigen Unterhalt zu reichen.* Hier wurde der den Jesuiten gegenüber oft geäußerte Vorwurf eines allzu häufigen Wechsels der Professoren geradezu auf den Kopf gestellt. Als Ersatz schlugen die Mitglieder der Kommission den Kanonikus und Hofedelknaben-Instruktor Joseph Behr vor. Dieser, ein Neffe des Weihbischofs Johann Adam Behr[37], war in praktischer Tätigkeit bewährt und dem Bischof persönlich bekannt. In die gleiche Kategorie gehörten die beiden Theologen, die Anfang der neunziger Jahre in Bamberg Dogmatik lehrten: Johann Georg Franz Xaver Sauer[38] war fünf Jahre Seelsorger in Erlangen und hatte dort zur Freude des Fürstbischofs den Bau eines Bethauses durchsetzen können, während Georg Geuß[39], der Nachfolger des zum Hofkaplan avancierten Professors Stenglein, drei Jahre als Kaplan in Gößweinstein gewirkt hatte.

Die Inhalte der theologischen Lehre und der Aufbau des Studiums waren im Herbst 1782 grundlegend reformiert worden. Zuvor hatte die Schulkommission festgestellt, daß die bei der Aufhebung des Jesuitenordens gesetzten Ziele nicht erreicht worden seien. Die Abkehr von der scholastischen Lehrmethode wurde nun radikal vollzogen und die jesuitische „Theologia Wirceburgensis" durch zeitgemäßere Lehrbücher ersetzt. Bei der Exegese bestimmte der Bischof die Auslegung *secundum sensum literalem* zur Richtschnur. Die Verteilung des Lehrstoffes auf die vier Studienjahre legte Franz Ludwig in Anlehnung an Wiener Vorbilder und Würzburger Erfahrungen fest[40].

Der Aufklärungstheologie war damit zum Durchbruch verholfen worden. Alle drei Professoren für systematische Theologie identifizierten sich mit den neuen Tendenzen. Freilich blieben die beiden traditionell eingestellten Professoren, der Exeget Ferdinand Möhrlein[41] und der Kirchenhistoriker Cajetanus Rost[42], im Amt, und ihre Kollegen bewegten sich ähnlich wie die Philosophieprofessoren in den Bahnen der gemäßigten katholischen Aufklärung. Sie versuchten die Theologie aus der scholastischen Erstarrung zu lösen, sie positiv zu begründen und auf die Praxis hin auszurichten. An die Stelle einer einseitigen Polemik trat eine zeitgemäße Apologetik, und die Einführung der Pastoraltheologie[43] als Teildisziplin der Moraltheologie befähigte die Geistlichen, wirkliche Seelsorger zu sein.

Gerade in der Pastoral hatte der Bischof bei seinen Visitationen etliche Mängel festgestellt und sann auf ihre Abstellung. Von daher ist es auch zu verstehen, daß er beinahe ins Schwärmen geriet, als er das 1781 in Prag erschienene vierbändige Werk von FRANZ CHRISTIAN PITTROFF[44] „Anleitung zur praktischen Gottesgelahrtheit" zu Anfang des Jahres 1783 in die Hände bekam: . . . *Wir haben daher nicht ohne Empfindung des angenehmsten Vergnügens das Buch großen Theils gelesen und wir fahren noch ebenso vergnügt damit fort und werden nie ganz aufhören, selbiges neuerlich zu lesen.* Besonders beeindruckte Franz Ludwig, wie der gelernte Exeget Pittroff aus der Bibel und den Kirchenvätern das Bild eines in den Augen Franz Ludwigs überzeugenden, innerlich und äußerlich gebildeten tiefreligiösen Seelsorgers erstehen läßt. Franz Ludwig empfahl Pittroffs Werk allen Seelsorgegeistlichen zur Lektüre und ermöglichte eine Sammelbestellung mit einem durch das Vikariat subventionierten Preis. Selbstverständlich wurde es auch als Grundlage für die mit dem Studienjahr 1783/84 neu eingeführten pastoraltheologischen Vorlesungen an der Universität Bamberg benutzt[45].

Die Sorge um die Auswahl geeigneter Kandidaten für die Seelsorge trieb bei dem übervorsichtigen Franz Ludwig schließlich eigenartige Blüten. Im Juli 1782 mußten die Theologieprofessoren Sittenzeugnisse über alle ihre Hörer erstellen und sollten sich dafür auch bei Kostleuten und Hauswirten erkundigen[46]. Im einzelnen war für jeden Studenten ein Katalog von zehn Punkten zu bearbeiten[47]. Die meisten Professoren beließen es bei kurzen, nichtssagenden Floskeln. Erstaunlich ist, wieviele Studenten bei den doch überschaubaren Vorlesungsräumen den Professoren unbekannt geblieben sein sollen. Lediglich der Dogmatikprofessor Seuberth[48] machte sich die Mühe, den bischöflichen Anweisungen völlig nachzukommen.

Sechs Jahre später begehrte der Bischof erneut *unpartheyische Zeugnisse in Hinsicht auf Christenthum und Sitten sowie auf Fähigkeit, Fleiß und Wissenschaft* nach dem Muster des Reskripts vom 14. Juli 1782. Diesmal waren nur die 20 Kandidaten, die sich um eine Aufnahme in das Priesterseminar beworben hatten, zu beurteilen. Da Professor Seuberth mittlerweile auf eine Landpfarrei ausgewichen war, gab es fast nur noch lapidare Bemerkungen wie *Modestus, pius, diligens* oder *Bene moratus et eruditus*[49]. Von den damaligen Studenten konnte nur weniger als die Hälfte auf eine Aufnahme in das Priesterse-

minar hoffen[50], und diese wurden in der Regel erst nach Abschluß des Theologiestudiums Alumnen des Seminars, teilweise erst nach der Priesterweihe. Von den 20 Bewerbern des Jahres 1788 hatte einer zwei Jahre zuvor das Studium beendet, sieben ein Jahr zuvor, sieben standen unmittelbar vor dem Abschluß und fünf noch im dritten Studienjahr. Die nicht angenommenen Kandidaten suchten nach Ausweichmöglichkeiten. Für wen der Ordensberuf keine Alternative bot, der fand eine Beschäftigung als Erzieher bei den Adeligen in Stadt und Land. Andere konnten sich durch ein weiteres Studium besser qualifizieren, wobei wegen der vielfältigen Berufsaussichten die Juristische Fakultät die am häufigsten gewählte Option darstellte.

Die Juristische Fakultät[51]

Unter Franz Ludwig war die Juristenfakultät längst eine festverankerte Einrichtung und wies die höchsten Studentenzahlen der vier Fakultäten auf[52]. Die erheblichen Anlaufschwierigkeiten waren vergessen, und man trug nach außen ein hohes Maß an Selbstbewußtsein zur Schau, was verständlicherweise zu etlichen Konflikten mit den anderen Fakultäten und insbesondere der Schulkommission führte. Ihr fühlten sich die Juristen überlegen und akzeptierten grundsätzlich nur Anweisungen des Fürstbischofs. Zwar entschied Franz Ludwig in den Streitfragen meist zuungunsten der Juristen[53], doch die von den Juristen gewünschte Zuständigkeitsregelung kam seinem Führungsstil entgegen und wurde ab 1792 auch offiziell zur Norm. Bei universitären Rechtsfragen im engeren Sinn blieb die Federführung beim Dekan der Juristischen Fakultät bzw. dem aus den Reihen der Rechtsprofessoren kommenden Fiskal der Universität, der für die Universitätsangehörigen als erste Instanz in Zivil- und Strafsachen fungierte[54].

Doch war die Rechtsprechung in Universitätsangelegenheiten natürlich nur eine Nebenaufgabe der Fakultät, die 1779 vier Lehrstühle umfaßte und in den folgenden eineinhalb Jahrzehnten einer hohen Fluktuation unterworfen war[55]. Als neue Professoren ernannte Franz Ludwig ausschließlich Landeskinder, die wie Nikolaus Thaddäus Gönner und Elias Adam von Reider[56] überwiegend Söhne von führenden Hochstiftsbeamten waren.

Die von Franz Ludwig den Juristen 1789/90 dekretierte Studienreform brachte wie bei den Theologen die genaue Verteilung des Pensums auf vier Jahre mit dem Ziel einer größeren Praxisnähe. Das deutsche Privatrecht war nun mindestens drei Jahre lang zu hören, und der Bischof erwartete von den Professoren, daß auch die Kameralistik und das Bamberger Landrecht ausreichend Raum erhielten[57]. Insbesondere die außerordentlichen Professoren bemühten sich meist erfolgreich um die Gunst des Landesherrn, indem sie diese bei Franz Ludwig beliebten Fächer als Schwerpunkt ihrer öffentlichen Veranstaltungen anboten[58].

Die von den Professoren gestellten Prüfungsthemen[59] spiegeln das Bemühen um Aktualität wider. Bevorzugt beim deutschen Reichsrecht war man den politischen Ereignissen auf der Spur und fragte schon 1779 und 1780 die Kandidaten z. B. nach den verschiedenen Folgen der bayerisch-pfälzischen Erbfolge von 1777 oder des Teschener Friedens vom 13. Mai 1779. Im Fach Kirchenrecht sollten sich die Prüflinge im März 1779, also in der Zeit der Sedisvakanz zwischen Adam Friedrich von Seinsheim und Franz Ludwig von Erthal, darüber äußern, ob nicht bei der Wahl eines Bischofs die Zustimmung aller Kleriker und Bürger erforderlich sei[60], und ein Jahr später wollte man wissen, ob der Papst über die beiden durch die Wahl Franz Ludwigs freigewordenen Domkanonikate in Bamberg und Würzburg verfügen könne.

Dem kirchenrechtlichen Lehrstuhl, der seit Gründung der Juristischen Fakultät dieser zugeordnet war, kam eine Sonderstellung zu. Seine Veranstaltungen gehörten zum Pflichtprogramm zweier Fakultäten, wobei die Vorlesungen im neuen Schulbau, also dem theologischen Hörsaal, stattfanden, während die übrigen Juristen unter räumlich widrigeren Umständen im Hochzeitshaus lehren mußten[61]. Der Lehrstuhlinhaber Johann Schott[62], ein Neffe des Prokanzlers Günther[63], war seit 1776 im Amt. Er gehörte nach dem Regierungsantritt Franz Ludwigs zu dessen engstem Beraterteam in Hochschulangelegenheiten und vertrat die gleiche kirchenpolitische Linie wie sein Landesherr. Schott wird meist ein klar josephinischer Standpunkt unterstellt. Er dürfte aber mit dem Begriff „maria-theresianisch" besser umschrieben sein, da beispielsweise die radikale Klosterpolitik Josephs II. weder bei Schott noch bei Franz Ludwig auf Zustimmung stieß. Schott, der sich auch in einer anonymen Schrift zu den Ergebnissen des romkritischen Emser Kongresses von 1786 geäußert haben soll[64], wollte zum Herbst 1789 aus Gesundheitsgründen von seinem Lehramt zurücktreten und untermauerte diesen Antrag mit einem Attest von Dr. Marcus[65]. Als Schott dann erfuhr, Franz Ludwig habe sich unwillig über dieses Vorhaben gezeigt, ergänzte er sein Rücktrittsgesuch in moraltheologisch-kasuistischer Weise. Der Fürstbischof wies diese Bedenken mit einer kurzen Bemerkung zurück und befahl Schott, der sozusagen nebenher noch Dekan und Scholaster zu Sankt Jakob sowie Geistlicher Rat und Mitglied der Schulkommission war, weiterhin auf seinem Lehrstuhl zu bleiben[66]. Wegen der Zusatzeinkommen aus dem geistlichen Bereich wurde Schott von seinen Fakultätskollegen insgeheim benei-

det, doch wagte man erst nach dem Tod Franz Ludwigs, dies vorsichtig zu äußern[67].

Die Medizinische Fakultät[68]

Solche Zurückhaltung stand ganz im Gegensatz zu den Gepflogenheiten innerhalb der Medizinischen Fakultät, deren Professoren sich in einer Art Dauerrivalität befanden. Dabei waren die Rollen doch recht klar verteilt: Johann Ignaz Joseph Döllinger, der Stadtphysikus und fürstbischöfliche Leibarzt, fungierte als Professor Primarius. Johann Baptist Finck, der etwas weniger angesehene Landphysikus, als Professor Secundus und Josef Renatus Joachim, der lediglich Ehrenhofrat des Bischofs von Fulda war, nahm die Stelle eines Professor Tertius ein, übrigens ohne jegliches Gehalt[69].

Auf Anregung der Universität und nach einem ausführlichen Antrag des Betroffenen gewährte Franz Ludwig dem Professor Joachim ab September 1779 das gleiche Jahresgehalt von 80 fl.[70] wie den beiden anderen Professoren, für die dies nur ein Zubrot bedeutete, während Professor Joachim nach seinen eigenen Angaben hauptsächlich vom Vermögen seiner Ehefrau lebte[71].

Alle drei Professoren waren sowohl Doktoren der Medizin als auch der Philosophie und fühlten sich trotz unterschiedlicher Beschreibung ihrer Aufgaben im Grunde für die gesamte Medizin zuständig. In dieser Situation verfügte der Fürstbischof nach einem fakultätsinternen Streit am 2. Mai 1780 als eine Art Zwang zur Einigung, daß nur über von allen drei Medizinprofessoren einhellig gebilligte Sätze öffentlich disputiert werden dürfe[72]. Diese Anweisung verhinderte nicht den heftigen Streit zwischen den Professoren Finck und Joachim im März und April 1783 um die Dissertation des Kandidaten Joseph Berner unter dem Titel „De conceptionis theoria et animatione foetus". Gegen diese Arbeit erhob Professor Finck, unter dessen Vorsitz die Promotion hätte vonstatten gehen sollen, heftige Einwände. Er sei schon oft von Seelsorgern und höchsten Staatsstellen in Fragen der Abtreibung konsultiert worden und habe nachgewiesen, daß der Foetus von der Empfängnis an beseelt sei, und nun solle unter seinem Vorsitz der gegenteilige Standpunkt vertreten werden. Er bat daher den Fürstbischof aus moralischen und politischen Gründen um eine Entscheidung. Franz Ludwig vermied eine Stellungnahme zur Sache und verfügte gemäß seiner Richtlinie von 1780, die Dissertation solle zurückgezogen und der Kandidat auf eine nicht umstrittene Art promoviert werden[73].

Die jüngste Fakultät, als deren Geburtsjahr 1749 angesehen wird, konnte 1776 ihre volle Funktionsfähigkeit mit der ersten Promotion nachweisen[74]. Bis dahin war die Fakultät – und diese Funktion sollte sie bis zu ihrem Ende beibehalten – eine Ausbildungsstätte für medizinische Berufe im weiteren Sinn, vor allem für Bader und Barbiere. Fürstbischöfliche Erlasse versuchten mehrfach, das Ausbildungsniveau dieser sog. Handwerkschirurgen zu heben und den späteren Wundärzten den Besuch von bestimmten, in deutscher Sprache an der Hochschule angebotenen Kursen zur Pflicht zu machen[75]. Die Studenten des wissenschaftlichen Studiengangs blieben lange in der Minderheit, 1788 waren es beispielsweise ganze zwei, und so nimmt es nicht Wunder, wenn in der Regierungszeit Franz Ludwigs nur neun Promotionen nachgewiesen sind. Erst als nach der Eröffnung des neuen Krankenhauses der Ruhm Bambergs als eines Ortes zeitgemäßer medizinischer Wissenschaft sich verbreitete, nahmen die Studentenzahlen deutlich zu[76].

Der Fürstbischof unterstützte die Attraktivität durch einen systematischen Ausbau der Fakultät um weitere Professuren. Zu nennen sind hier Physiologie und Botanik (Professor Ignaz Döllinger jun.), Chemie (Professor Bernhard Sippel) und Tiermedizin mit Anatomie (Professor Joseph Friedrich Gotthard)[77]. Im Zuge dieser Personalvermehrung wurde auch der bereits seit 1770 an der Fakultät als Demonstrator anatomiae tätige Philipp Adalbert Gotthard zum Professor ernannt. Die Brüder Gotthard waren jüdischer Herkunft, und Franz Ludwig hielt an ihnen trotz intensiver anonymer Anfeindungen fest[78]. Vielleicht ist hierin auch der Grund dafür zu sehen, daß der Oberarzt des Krankenhauses, Dr. Adalbert Friedrich Marcus, nicht Universitätsprofessor wurde, obwohl er seit 1793 zum Pflichtpensum gehörende klinische Vorlesungen für die Kandidaten der Medizin und der Chirurgie gab[79].

Die Vergrößerung der Medizinischen Fakultät rief noch zwei bereits geläufige Reaktionen hervor: Franz Ludwig vermutete unter den Studenten Philosphieabsolventen mit mäßiger Qualifikation und sann über eine Art Numerus clausus nach[80], und die drei Medizinprofessoren waren sich beim Erscheinen eines weiteren Kollegen – es handelte sich um den ebenfalls streitbaren Assistenten und späteren Sekundararzt am Krankenhaus, Dr. Georg Anton Dorn – darin einig, daß man diesem den Zugang zu Fakultätsämtern verwehren müsse, bis der Bischof eine gerechte Aufteilung befahl[81].

Die Universitätsbibliothek[82]

Die Universitätsbibliothek befand sich beim Regierungsantritt Franz Ludwigs in zwei unterschiedlich großen Räumen im Nordwestflügel des Universitätshauses und wurde von einem Exjesuiten, dem Universitätsbibliothekar Philipp Grundel[83], betreut. Mit diesem war die Universität offenbar unzufrieden, denn sie erwartete vom neugewählten Fürstbischof die Ernennung eines *tüchtigen Bibliothecarii*[84]. Ihre Meinung wurde schließlich durch die vernichtende Kritik zweier renommierter Bildungsreisender, des Berliner Verlegers Friedrich Nicolai und des Schriftstellers und Professors Friedrich Karl Gottlob Hirsching, nachdrücklich bestätigt[85].

Die Universitätsbibliothek war nach der Aufhebung des Jesuitenordens in eine Art Dornröschenschlaf gefallen[86]. Bis dahin hatte der jeweilige Rektor des Jesuitenkollegs auch die Funktion eines leitenden Bibliothekars ausgeübt[87]. Nun sollte der Unterste in der Hierarchie, der für seine Arbeit im Grunde nur freie Heizung und Wohnung erhielt[88], beides zusammen etwa 40 fl. wert, die gleiche Aufgabe wahrnehmen. Im Sommer 1776 ordnete er mit Unterstützung eines Gehilfen innerhalb von vier Monaten die alte Jesuitenbibliothek neu und erstellte für den ca. 10 000 Bände umfassenden Bestand – wohl bis Ende 1781 – einen Standortkatalog, in den er auch die wenigen Neuerwerbungen nachtrug. Doch fand die zeitaufwendige Arbeit nur wenig Lob. Denn der sehr traditionell eingestellte Grundel hatte sich nicht dazu entschließen können, veraltete Literatur auszusondern. Allein das im Aufstellungssystem weit vorn plazierte aszetische Fach umfaßte 53 eng beschriebene Katalogseiten, und ähnlich umfangreich war das von den Jesuiten übernommene Schrifttum in den Hauptgruppen für Predigtbücher und Polemik[89]. Es ist verständlich, daß „aufklärungsbeflissene" Besucher in kaum verhohlener Freude ihr Entsetzen über den Zustand der Bibliothek kundtaten.

Da ergriff die Schulkommission die Initiative und machte am 10. September 1784 dem Fürstbischof Vorschläge zur Verbesserung der Bibliotheksverhältnisse. Die in diesem Brief und der Antwort Franz Ludwigs vom 18. September 1784[90] angesprochenen Punkte betrafen die räumliche Unterbringung, die Höhe der laufenden Erwerbungsmittel, die Erwerbungskompetenz, das Bibliothekspersonal, die Erschließung und Zugänglichkeit der Bestände sowie die Vereinigung von Hof- und Universitätsbibliothek. Die Diskussion und Verwirklichung dieses umfassenden Programms sollten die nächsten zehn Jahre andauern. Von seiten der Schulkommission war der bereits oben erwähnte Kirchenrechtler Johann Schott federführend. Er hatte 1775/76 in Rom studiert und sich in den dortigen Bibliotheken umgesehen. Er äußerte sich recht zufrieden über die Bibliotheksräume und wünschte lediglich zusätzlich ein angrenzendes Zimmer mit neuer Möblierung und einer Verbindungstüre zur Bibliothek. Für diese „kleine Baumaßnahme" legte der Hofwerkmeister Fink im Auftrag des Fürstbischofs Mitte April 1789 einen Kostenvoranschlag über 324 fl. vor[91]. Doch es sollte ganz anders kommen.

Denn zwei Wochen später plädierte die Schulkommission für eine gleichmäßige Ausstattung aller Bibliotheksräume, was 1000 fl. erfordert hätte, und nach einer weiteren Woche, am 6. Mai 1789, votierte sie schließlich aus ästhetischen Gründen für die Beseitigung aller Trennwände über zwei Stockwerke. Am 11. Mai 1789 stimmte Franz Ludwig dieser großzügigen Lösung zu und ernannte seinen bei der Errichtung des Krankenhauses bewährten Hofmarschall Johann Franz Schenk von Stauffenberg zum Oberdirektor für den Bibliotheksbau[92]. Nach Rücksprache mit ihm genehmigte der Fürstbischof 2000 fl. als erste Rate, für die er in seinem berühmten Reskript vom 29. Mai 1789[93] auch die Finanzierungsmodalitäten festlegte.

Die Bücher wurden noch im Mai 1789 in die Räume der ehemaligen Kollegiumsschreinerei verlagert[94], und nach zügigem Baubeginn[95] waren im Januar 1790 bereits mehr als 2500 fl. verbraucht. Franz Ludwig beteiligte sich in gewohnter Weise an den Entscheidungen über die bauliche Gestaltung und genehmigte ohne Zögern die nötigen Gelder[96]. Neben dem prächtigen Bibliothekssaal, dessen Fertigstellung die Schulkommission am 29. Juli 1791 meldete[97], wurden auch ein allgemeines Lesezimmer – der heutige Vorraum mit Ausleihe der Teilbibliothek 1 – und eine Etage darüber ein eigener Raum zur Aufbewahrung und Benutzung von Handschriften und Inkunabeln eingerichtet[98]. Am 24. März 1792 legte der Oberbaudirektor die Schlußrechnung vor, die sich auf die Gesamtsumme von 6440 fl. 7³/₄ Kr. belief[99].

Schon am 6. April 1789, also noch vor Baubeginn, hatte der Fürstbischof für die Dauer von zehn Jahren die Aufstockung des Erwerbungsetats um jährlich 500 fl. angekündigt[100]. Von diesem Geld ist aber kein Heller ausgezahlt worden[101]. Die Ursache dürfte im Dissens zwischen dem Geistlichen Rat Schott und dem Fürstbischof über die Erwerbungskompetenz zu suchen sein. Franz Ludwig beharrte allen Gegenargumenten zum Trotz darauf, selbst über den Kauf von Büchern zu entscheiden[102]. Die vom Bischof genehmigten laufenden Erwerbungen waren weiterhin aus den schmalen Erträgen des Bibliotheksfonds zu bezahlen, während für größere Sammelkäufe die Hofkammer zuständig war. Z. B. wurden 1790 bei einer Auktion in Wittenberg große Teile der Bibliothek des 1789 verstorbenen Rechtsprofessors Karl Heinrich Geißler ersteigert[103] und in Wetzlar 1792 ein umfangreicher Posten antiquarischer juristischer Literatur erworben[104]. Vom Baiersdorfer Superintendenten Johann Christoph Georg Bodenschatz kam 1793 eine Sendung mit überwiegend hebräisch-philologischem Inhalt[105] in die Bamberger Universitätsbibliothek. In all diesen Fäl-

len hatte der Geistliche Rat Schott die Kontakte geknüpft und dem Fürstbischof die Listen der angebotenen Bücher vorgelegt. Franz Ludwig befahl dann jeweils, streng auf die Vermeidung von Dubletten zu achten, und gab der Hofkammer Anweisung zum Bezahlen der Kosten.

Schott blieb auch weiterhin eine Art Oberdirektor der Universitätsbibliothek, nachdem ab 19. Dezember 1791[106] der Clericus Titularis Konrad Frey als Universitätsbibliothekar und Professor für Naturgeschichte sowie Aufseher des Naturalienkabinetts amtierte. Da Frey erst im Studienjahr 1794/95 seine Vorlesungen aufnahm, konnte er sich mit voller Kraft in die Bibliotheksarbeit stürzen. Als Ergebnis teilte er am 4. August 1793 dem Fürstbischof mit, *daß die Bambergische neue Universitätsbibliothek nunmehr vollendet sey*[107]. Frey hatte alle Literatur, die bei „aufgeklärten" Zeitgenossen hätte Anstoß erregen können, als *Skarteken* ausgesondert und in einem separaten Zimmer untergebracht. Der mißtrauische Franz Ludwig forderte daraufhin eine Liste der ausgeschiedenen Bücher, um sich ein eigenes Urteil über die Auswahlkriterien seines Universitätsbibliothekars zu bilden[108]. Von Frey, der seine Stelle wegen der Bücher- und Sprachkenntnisse erhalten hatte, hieß es bereits vor Amtsantritt, er habe eine schlechte Handschrift und man müsse ihm für die Erstellung der Kataloge einen Gehilfen zur Seite geben[109]. Gedacht war zunächst an einen Alumnus des Priesterseminars, dann kam der ob seines großen Buch- und Kunstbesitzes bekannte Maximilian Joseph Stang[110], Stiftsvikar zu Sankt Gangolf, ins Gespräch, ehe am 4. Mai 1792 der Geistliche Rat Schott meinte, Stang sei für diese Tätigkeit wohl überqualifiziert und es werde sicher zu Reibereien mit Frey kommen[111]. Frey selbst vertrat die Ansicht, daß ein Katalog im Grunde überflüssig sei, da er den Bestand genau kenne und Doppelanschaffungen zu vermeiden wisse. Dagegen legte Schott beim Fürstbischof schärfsten Widerspruch ein und verlangte den Aufbau eines Katalogsystems nach römischem Vorbild mit dem Alphabetischen Katalog als Zentrum und den Realkatalogen als Ergänzung[112].

Erstellt wurde schließlich ein Alphabetischer Katalog für den Lesesaalbestand mit recht ordentlichen Titelaufnahmen, jedoch ohne Angabe des Standortes[113]. Wer ihn zu welchem Zeitpunkt erstellt hat, ist bisher nicht geklärt. Sicher ist er erst nach der Überführung der für die Universität wichtigen Teile der Hofbibliothek in den neuen Bibliothekssaal entstanden, d. h. nach dem Frühjahr 1794[114].

Von dieser Zeit an besaß die Universitätsbibliothek einen unter Repräsentationsgesichtspunkten ausgewählten, in den historischen und juristischen Fächern breit ausgebauten Bestand, dessen Qualität auch von etlichen auswärtigen Besuchern anerkannt wurde[115]. Freilich darf nicht

Universitätsbibliothek Bamberg. Lesesaal der Teilbibliothek Katholische Theologie.

verschwiegen werden, daß die Professoren weiterhin das Fehlen von aktueller Gebrauchsliteratur beklagten und es in nahezu jedem Gesuch um Gehaltsaufbesserung hieß, man müsse wegen des Zustandes der Universitätsbibliothek sehr viel Geld für die Beschaffung der nötigen Bücher aufwenden[116]. Auf diesen Mangel machte Schott seinen Herrn aufmerksam, als dieser wieder einmal ein größeres illustriertes Werk subskribieren wollte[117]. Zwar zeigte sich Franz Ludwig den Erfordernissen der Wissenschaften grundsätzlich aufgeschlossen, was unter anderem auch am Aufwand für die Bibliothek sichtbar wird, doch war eine Universitätsbibliothek am Ende des 18. Jahrhunderts eine zu komplizierte Institution, als daß sie allein aus dem Blickwinkel eines Außenstehenden effizient hätte gelenkt werden können.

Die Universitätskirche[118]

Auch die Universitätskirche war 1779 der Sorge des neuen Fürstbischofs anempfohlen worden. Die jährlichen Einnahmen aus Kapitalzinsen (ca. 130 fl.) und Opfergeldern (ca. 70 fl.) deckten kaum die Kosten für die Kirchenbeleuchtung und die Altarkerzen. Aus der Universitätshauskasse wurden ohnehin Meß- und Kommunikantenwein sowie der Lohn für den Mesner gezahlt. Die übrigen Ausgaben, u. a. für Bauunterhalt, Kirchenmusik, Paramente und Kirchenreinigung, summierten sich zu einem Jahr für Jahr immer höher anwachsenden Defizit. Da half es wenig, daß man entsprechend dem Zeitgeist ab 1783 Weihnachtskrippe und Heiliges Grab nicht mehr aufbauen ließ und so jährliche Ausgaben von 15 fl. einsparte[119].

Verschärft wurde die Situation durch unerwartet eintretende finanzielle Belastungen, wie den Brand am Maria-Trösterin-Altar im Oktober 1779[120], die Hauptreparatur der Orgel 1782[121] und die Behebung der großen Schäden, die ein Sturm 1788 am Kirchturm verursacht hatte[122]. Zu Martini 1790 belief sich der Fehlbetrag in der Kirchenkasse auf 2830 fl.[123]. Gleichwohl schien wenig später die Finanzierung eines dringend nötigen neuen Anstrichs der Kirchenwände, die durch den Rauch von Kerzen und Öllampen stark verrußt waren, gesichert zu sein. Denn der am 15. Februar 1791 verstorbene ehemalige Jesuit und Kirchenrechtsprofessor Adam Reitzer[124] hatte eigens zu diesem Zweck ein Legat von 480 fl. bestimmt. Als Franz Ludwig davon erfuhr, ordnete er eine umfassende Restaurierung der von ihm gerne besuchten Kirche an[125].

Anfang März 1792 lagen die Kostenvoranschläge für die einzelnen Gewerke vor, die eine Gesamtsumme von 2220 fl. ergaben. Unter anderem waren 1230 fl. für Vergolder- und Marmorierarbeiten durch den domkapitelschen Vergolder Andreas Kraus[126], 233 fl. für die Schreinerarbeiten durch Melchior Günther[127] und 75 fl. für die Reinigung der Altar- und Nebenbilder durch Andreas Mattenheimer[128] vorgesehen. Wegen der zusätzlichen Belastungen wurden die Nutzer der Universitätskirche um einen Beitrag entsprechend ihrer Finanzkraft gebeten[129].

Am Karfreitag bzw. Osterdienstag 1792 sollten die Arbeiten beginnen und an Allerheiligen beendet sein. Als Ausweichkirche wurde die benachbarte Kapelle des Katharinen-Spitals genutzt, in die man auch die Beichtstühle brachte. Mit nur geringer zeitlicher Verzögerung konnte am 21. November 1792 die Rückkehr in die restaurierte Universitätskirche begangen werden. Nicht ganz planmäßig war hingegen die Kostensteigerung auf 4692 fl. in der vorläufigen Schlußrechnung vom 9. September 1793. Weitere mit der Restaurierung in Zusammenhang stehende Ausgaben in Höhe von ca. 800 fl.[130] wurden an anderer Stelle verbucht. Die Kostenexplosion verursachte hauptsächlich Franz Ludwig selbst mit seinen erst während der laufenden Restaurierung vorgebrachten zusätzlichen Wünschen. Er ließ sämtliche Kirchenfenster erneuern, für seinen Hofstaat zwei fünfsitzige Betstühle[131] herstellen und schließlich am Hochaltar durch den berühmten Würzburger Hofstukkateur Materno Bossi[132] Tabernakel und Antependium neu verfertigen. Bossi erhielt den Vorzug gegenüber der Bamberger Firma Scheffler, obwohl er den Tabernakel erst im April 1793 liefern konnte. Den Franz-Xaver-Altar[133] und den Ignatius-Altar in den beiden Chorseitenkapellen befahl der Fürstbischof abzubrechen. Auf sein Geheiß dürfte auch der Ersatz von zehn Heiligenfiguren an den Seitenaltären durch Vasen bzw. Urnen des Bildhauers Karl Anton Wur-

zer[134] und die Ausstattung der Kanzel mit vier schlichten Gipssäulen zurückgehen.

Zur Deckung der Mehrkosten versuchten der Universitätshausdirektor und der Engere Senat entbehrliche Kirchengüter zu veräußern. Für altes Silber und Votivgaben aus Edelmetall und Perlen erlöste man 529 fl. Von dem restlichen überzähligen Inventar gelang es nur, das Heilige Grab für 100 fl. an die Pfarrkirche Sankt Martin und zwei Beichtstühle für 28 fl. an die Obere Pfarre zu verkaufen. Unter anderem fand sich für die beiden abgebrochenen Altäre und die Heiligenstatuen kein Interesse. Ein Spendenaufruf bei Professoren und Honoratioren brachte 457 fl. Letztlich lastete auf der Kirchenfabrik eine Deckungslücke von über 2500 fl., die dem Defizit der Universitätskirche hinzuaddiert wurde. Dieses hatte sich so innerhalb von nur vier Jahren zu Martini 1794 auf 5572 fl. nahezu verdoppelt[135].

Gleichwohl waren die Universitätsangehörigen stolz auf ihre Kirche, und Professor Roppelt, dem als Beisitzer des Engeren Senats die Finanzlage wohlbekannt war, berichtet, die Universitätskirche werde *wegen ihrer feyerlichen Facade sowohl, als überhaupt wegen ihrer geschmackvollen neuen Bauart für die schönste der Stadt gehalten*[136]. Die Hochschulmitglieder konnten sich freilich nur ein Jahrzehnt ihrer restaurierten Kirche erfreuen, da sie im Dezember 1803 nach dem Ende der Universität das Gotteshaus des Englischen Instituts als Lyzeumskirche zugewiesen erhielten. Von der Einrichtung ihrer früheren Universitätskirche durften sie neben sechs größeren Behältnissen – wohl mit den Paramenten und einem Teil der vasa sacra – nur zehn Betstühle mitnehmen[137].

Zusammenfassung

Franz Ludwig hat in der ihm eigenen Art die Otto-Friedrich-Universität Bamberg[138] geprägt. Zum einen hat er in allen Fächern für zeitgemäße Lehrinhalte Sorge getragen und insbesonders in der Philosophischen und der Medizinischen Fakultät den Weg zum spezialisierten Wissenschaftler eröffnet. Die Otto-Friedrich-Universität Bamberg ging dabei ähnlich vor wie die habsburgischen Landesuniversitäten und scheute die Auseinandersetzung mit modernen Ideen nicht.

Zum anderen stand hinter den administrativen Maßnahmen der Wunsch des Landesherrn, alle studierwilligen Landeskinder sollten die Hochstiftsuniversität besuchen und nach dem Ende des Studiums zu einer nützlichen Tätigkeit im geistlichen Fürstentum befähigt sein. Das bewirkte eine starke Reglementierung des Studiums und führte zur Bevorzugung der praktischen gegenüber der wissenschaftlichen Qualifikation bei den Professoren, die fast ausschließlich aus der einheimischen Universität hervorgegangen waren.

Etwas überspitzt heißt dies für die Entwicklung der Universität Bamberg unter Franz Ludwig von Erthal: Administrative Provinzialisierung bei gleichzeitiger Erweiterung des geistigen Horizonts.

Anmerkungen

1 Grundlegend zur Hochschulgeschichte des Hochstifts Bamberg bleibt WEBER, Gelehrte Schulen. Ein Verzeichnis der neueren Literatur findet sich im Ausstellungskatalog Academia Ottoniana, S. 102–104. Für 1997 ist mit dem Erscheinen der Dissertation zur Geschichte der alten Universität Bamberg von Bernhard Spörlein zu rechnen. Zum vorliegenden Thema siehe auch LEITSCHUH, Erthal. Charakterbild, S. 76–82, und GÜNTHER CHRIST, Das Hochstift Bamberg und die Aufklärung. In: Katholische Aufklärung – Aufklärung im katholischen Deutschland. Hrsg. HARM KLUETING, Hamburg 1993 (Studien zum achtzehnten Jahrhundert 15), S. 369–409. Über die allgemeine deutsche Hochschulgeschichte im Zeitalter des Absolutismus vgl. ANTON SCHINDLING, Bildung und Wissenschaft in der frühen Neuzeit 1650–1800. München 1994 (Enzyklopädie deutscher Geschichte 30) mit umfangreichen Literaturangaben.

2 Genaue Zahlen für das Jahr 1788 in der Turmknopfurkunde der Universitätskirche. Vgl. Ausstellungskatalog 300 Jahre Jesuitenkirche, S. 118. – FRANZ EULENBURG, Die Frequenz der deutschen Universitäten von ihrer Gründung bis zur Gegenwart. Leipzig 1904, S. 171 f. – WEBER, Gelehrte Schulen, S. 427–434.

3 Zur Person des Rektors vgl. WILHELM HOTZELT, Familiengeschichte der Freiherren von Würtzburg. Freiburg i. Br. 1931, S. 550–561.

4 Zu Schulkommission und Engerem Senat siehe WEBER, Gelehrte Schulen, S. 168–172, 461.

5 StAB, Rep. B 67 XIV Nr. 4, Universitätsakten 1783–1792, fol. 667 f., Schreiben des Fürstbischofs an die Juristische Fakultät, Würzburg, 16. März 1790. – WEBER, Gelehrte Schulen, S. 442–456, 512 f.

6 Wie Anm. 5, S. 459–461.

7 StAB, Rep. B 67 XIV Nr. 3, Universitätsakten 1773–1783, Prod. 82, Bericht der Universitätshauskommission an den Fürstbischof über den Zustand der Universität Bamberg vom 26. April 1779.

8 Übernahme der Geschäftsführung im Herbst 1785 (StAB, Rep. A 232 V Nr. 46185, Universitätshausrechnung 1785/86) und offizielle Ernennung Anfang September 1788 (Hochfürstlich-Bambergisches Intelligenzblatt 35 [1788], Nr. 70 vom 5. September 1788).

9 StadtAB, HV Rep. 2,2 Nr. 1420, Universitätshausrechnung 1782/83, fol. 33 v. Es handelt sich um das Anwesen Jesuitenstraße 3. Vgl. dazu HANS PASCHKE, Die Au zu Bamberg. Bamberg 1965 (Studien zur Bamberger Geschichte und Topographie 29), S. 95–97.

10 Z. B. StadtAB, HV Rep. 2,2 Nr. 1425, Universitätshausrechnung 1792/93, fol. 119v: *385 fl. 53¼ Kr. als der 4te Teil von den fol. 80b mit 1543 fl. 34 Kr. verkauften Holz vermög Gnädigsten Decrets mir Rechnern zalt.*

11 WEBER, Gelehrte Schulen, S. 605.

12 Vgl. Ausstellungskatalog Academia Ottoniana, S. 65, Bestallungsverzeichnis für Professor Roppelt vom 21. Juli 1794.

13 StAB, Rep. A 232 V Nr. 46173, Universitätshausrechnung 1773/74, fol. 1r.

14 AEB, Rep. B 29/2, Seminarrechnung 1792/93, fol. 106 r.

15 Z. B. wie Anm. 14, 1795/96, fol. 82v: *200 fl. vom 26ten Jänner 1795 bis dahin 1796 dem Herrn Professor der Kirchengeschichte . . .* – Vgl. auch StAB, Rep. B 67 XIV Nr. 5, Universitätsakten 1793–1798,

fol. 130 r, Hochfürstliche Entschließung an den Engeren Senat vom 9. Oktober 1793: *. . . daß dem neu aufzustellenden Lehrer der Kirchengeschichte jährlich 100 fl. frk. aus dem Universitätsfonds zu jenem Gehalte, so er von dem Ernestinischen Seminarium zu empfangen hat, verabreicht werden sollen . . .*

16 Von den zahlreichen Darstellungen zur Geschichte der Philosophischen Fakultät seien genannt WEBER, Gelehrte Schulen, S. 204–226, 648–659. – PAULER-VON HOFER, Philosophische Fakultät, S. 69–223, 226, 230–272. – SCHULER, Freie Kirche, S. 40–48.

17 StAB, Rep. B 67 XIV Nr. 4, Universitätsakten 1783–1792, fol. 99, Aushang im juristischen Hörsaal vom 1. bis zum 6. August 1783.

18 Wie Anm. 17, fol. 130–134. – WEBER, Gelehrte Schulen, S. 274 f.

19 WEBER, Gelehrte Schulen, S. 432 f.

20 Bei jährlich meist etwa 50 Kandidaten wurden von 1648 bis 1780 an der Bamberger Hochschule 5529 Baccalaurei und 4602 Magistri promoviert. Vgl. WEBER, Gelehrte Schulen, S. 219.

21 StBB, Msc. Misc. 79/IV, 18. – Vgl. BERNHARD SCHEMMEL in: Ausstellungskatalog Academia Ottoniana, S. 37–41.

22 WEBER, Gelehrte Schulen, S. 217–219. – StAB, Rep. B 67 XIV Nr. 3, Prod. 92, 94, 96.

23 Vgl. die gegensätzliche Beurteilung seines wissenschaftlichen Niveaus bei MORITZ CANTOR (ADB 13 [1881], S. 613 f.) und WILHELM HESS (Lebensläufe aus Franken 3 [1927], S. 277–281).

24 Johann Georg Daum (1752–1800) lehrte seit 1776 Logik und Metaphysik und ab 1781 Allgemeine Philosophie, ehe er 1791 den Lehrstuhl für Moraltheologie übernahm und zugleich Direktor des Universitätshauses wurde. Vgl. WACHTER, General-Personal-Schematismus, Nr. 1406. – PAULER-VON HOFER, Philosophische Fakultät, S. 117–129. – SCHULER, Freie Kirche, S. 47 f.

25 Vgl. dazu Kat. Nr. 99.

26 Zum Begriff der katholischen Aufklärung vgl. die beiden Beiträge von HARM KLUETING und NORBERT HINSKE in: Katholische Aufklärung (wie Anm. 1), S. 1–39.

27 WACHTER, General-Personal-Schematismus, Nr. 2707. – PAULER-VON HOFER, Philosophische Fakultät, S. 137–139.

28 SCHEMMEL, Leopold Westen.

29 WILHELM HESS, Pater Johannes Baptist Roppelt. In: Lebensläufe aus Franken 1 (1919), S. 386–395. Vgl. auch Kat. Nr. 113.

30 StBB, Msc. misc. 31 Nr. 3, Akten zur Errichtung eines Lehrstuhls der Pädagogik 1792–1803. – WEBER, Gelehrte Schulen, S. 309–312. – PAULER-VON HOFER, Philosophische Fakultät, S. 140.

31 Für die Entwicklung der Theologischen Fakultät in der Aufklärungsepoche kann man neben WEBER, Gelehrte Schulen, S. 226–258, 660–673 auf drei Arbeiten aus den beiden letzten Jahrzehnten zurückgreifen: LESCH, Neuorientierung, S. 195–245. – SCHULER, Freie Kirche, S. 51–63. – WIESNER, Priesterbildung, S. 117–141.

32 StAB, Rep. B 67 XIV Nr. 4, fol. 696–698, 714–716, Briefwechsel von April bis August 1790 zwischen der Theologischen Fakultät und dem Fürstbischof anläßlich der seit Herbst 1789 andauernden schweren Erkrankung des Dogmatikprofessors Joseph Behr.

33 Augustin Andreas Schellenberger (1746–1832), ab 1782 Pfarrverweser an der Oberen Pfarre zu Bamberg, sollte einer der eifrigsten Helfer bei den Reformbemühungen Franz Ludwigs werden. Ob er sich noch einmal um eine Professur beworben hat, ist nicht bekannt. Vgl. WACHTER, General-Personal-Schematismus, Nr. 8659.

34 WACHTER, General-Personal-Schematismus, Nr. 9869. – StAB, Rep. B 67 XIV Nr. 3, Prod. 68, Akten über die Lehrstuhlbesetzung vom 3. bis 7. Dezember 1777.

35 StAB, Rep. B 67 XIV Nr. 4, fol. 154r–161r, Schreiben der Schulkommission an den Fürstbischof vom 10. September 1784.

36 Gundelach starb bereits wenige Monate nach seiner erfolglosen Bewerbung. Vgl. WACHTER, General-Personal-Schematismus, Nr. 3539.

37 WACHTER, General-Personal-Schematismus, Nr. 650. Behr starb nach zweijährigem Krankenlager am 11. Oktober 1791.

38 WACHTER, General-Personal-Schematismus, Nr. 8506. – WALTER BRANDMÜLLER, Das Wiedererstehen katholischer Gemeinden in den Fürstentümern Ansbach und Bayreuth. München 1963 (Münchener theologische Studien I, 15), S. 172–178.

39 WACHTER, General-Personal-Schematismus, Nr. 3069.

40 Vgl. zur Studienreform vor allem LESCH, Neuorientierung, S. 220–245.

41 Zum Dissens in der Fakultät vgl. WEBER, Gelehrte Schulen, S. 254–256. Über den Exjesuiten Möhrlein vgl. WACHTER, General-Personal-Schematismus, Nr. 6740.

42 WACHTER, General-Personal-Schematismus, Nr. 8238. Der Benediktiner Rost (1748–1804) schied allerdings bereits im Herbst 1793 aus und wurde Prior im Kloster Michelsberg.

43 Vgl. Pastoraltheologie. Ein entscheidender Faktor der josephinischen Studienreform. Hrsg. von FERDINAND KLOSTERMANN und JOSEF MÜLLER. Wien 1979.

44 Der Prager Professor F. C. Pittroff galt als Begründer der Pastoraltheologie. Vgl. KLAUS FRONZEK, Kirchliche Leitungstätigkeit nach der Lehre von Franz Christian Pittroff (1739–1814). Leipzig 1983 (Erfurter theologische Studien 50).

45 StBB, Msc. Misc. 79/VI, 4, Schreiben Franz Ludwigs an das Vikariat zu Bamberg, Würzburg, 3. Februar 1783 (Reinschrift). – SCHULER, Freie Kirche, S. 55.

46 StAB, Rep. B 67 XIV Nr. 3, Prod. 104: Franz Ludwig hatte am 22. Dezember 1781 die Sittenprüfung angeordnet und am 14. Juli 1782 an den Termin für die Einsendung der Zeugnisse erinnert.

47 Abdruck bei WEBER, Gelehrte Schulen, S. 659 f.

48 Johann Heinrich Seuberth (1746–1828) bewarb sich 1784 erfolgreich um die Pfarrei Neukenroth. Vgl. WACHTER, General-Personal-Schematismus, Nr. 9521.

49 StAB, Rep. B 67 XIV Nr. 4, fol. 374r–397v.

50 Die Angabe bei LEITSCHUH, Erthal. Charakterbild, S. 78, daß kaum ein Sechstel der Theologieabsolventen in den Weltklerus aufgenommen werden konnte, dürfte stark übertrieben sein. Vgl. dazu die Statistik bei NORBERT GLATZEL, Das Priesterseminar in Zahlen. In: Seminarium Ernestinum. Bamberg 1986, S. 303–318, hier S. 306.

51 Vgl. WEBER, Gelehrte Schulen, S. 258, 683–701. – SCHULER, Freie Kirche, S. 79–83. – OTHMAR HEGGELBACHER, Gestaltwandel der Alma Mater Bambergensis. In: Pietati Bonisque Litteris. Bamberg 1987, S. 61 f.

52 Rund die Hälfte der Studenten zählte zur Juristenfakultät. Vgl. Ausstellungskatalog 300 Jahre Jesuitenkirche, S. 118.

53 Vgl. den Versuch der Juristen, für die Kandidaten der Rechtswissenschaft eine besondere Form der Immatrikulation einzuführen. StAB, Rep. B 67 XIV Nr. 4, fol. 615 ff. – WEBER, Gelehrte Schulen, S. 424 f.

54 WEBER, Gelehrte Schulen, S. 386–390.

55 1789 waren nur noch zwei Professoren im Amt, so daß der frühere Professor Georg Friedrich Püls bei Prüfungen das Kollegium vervollständigen mußte. Vgl. StAB, Rep. B 130 Nr. 85, Dekret des Fürstbischofs an die Juristenfakultät vom 8. Mai 1789.

56 Nikolaus Thaddäus Gönner (1764–1827) war Sohn des obersten Rechnungsprüfers Johann Michael Gönner, während Martin von Reider, der Vater des Elias Adam von Reider (1763–1807), als Lehenpropst der Dompropstei 1760 in den Adelsstand erhoben wurde.

57 StAB, Rep. B 67 XIV Nr. 4, fol. 626–628, 636 f., 667 f.

58 StAB, Rep. B 67 XIV Nr. 5, fol 360–362, Brief des a. o. Professors Adam Molitor vom 13. Oktober 1794.

59 Vgl. StAB, Rep. B 130 Nr. 64, Bei der Juristenfakultät eingereichte Prüfungsarbeiten 1759–1789.

60 Die Aufgabe ist aus dem Decretum Gratiani gestellt. Vgl. JOHANN BAPTIST SÄGMÜLLER, Die Bischofswahl bei Gratian. Köln 1908.

61 ROPPELT, Beschreibung, S. 78. – WEBER, Gelehrte Schulen, S. 273. – ELISABETH ROTH, Hochschulgebäude Hochzeitshaus. Bamberg 1975, S. 40 f.

62 WACHTER, General-Personal-Schematismus, Nr. 9132. – WEBER, Gelehrte Schulen, S. 277–280. – SCHULER, Freie Kirche, S. 80 f., 86–90.

63 Franz Friedrich Günther war von 1773 bis zu seinem Tod am 22. Juni 1792 Prokanzler. Vgl. WACHTER, General-Personal-Schematismus, Nr. 3498. – Hochfürstlich-Bamberger Intelligenzblatt 39 (1792), Nr. 49 vom 26. Juni 1792.

64 Bemerkungen über das Resultat des Embser Kongresses. Mit deutscher Freymüthigkeit entworfen. Fiat lux. Athen-Damiat 1789. (Der Sachtitel ist zitiert nach SCHULER, Freie Kirche, S. 422).

65 StAB, Rep. B 67 XIV Nr. 4, fol. 488–491, Brief Johann Schotts an den Fürstbischof vom 4. April 1789 mit Attest vom 1. April 1789.

66 Wie Anm. 65, fol. 612–614, Brief Johann Schotts an den Fürstbischof vom 7. Dezember 1789 (Orig.) mit dessen Antwort vom 22. Dezember 1789 (Entwurf).

67 StAB, Rep. B 67 XIV Nr. 5, Universitätsakten 1793–1798, fol. 437 f., Brief des Professors Georg Michael Weber an den Fürstbischof Christoph Franz von Buseck vom 4. September 1795.

68 Vgl. WEBER, Gelehrte Schulen, S. 280–305, 701–710. – CARLOS LEHMANN-STRUVE, Über die Medizin an der Academia Ottoniano-Fridericiana Bambergensis 1735–1803. Diss. Erlangen 1971. – HEGGELBACHER (wie Anm. 51), S. 60 f.

69 Darstellung nach dem in Anm. 7 genannten Bericht.

70 StAB, Rep. A 232 V Nr. 46219, Beilagen zur Universitätshausrechnung 1779/80, Nr. 60, Dekret des Fürstbischofs vom 25. September 1779 (Abschrift).

71 StAB, Rep. B 67 XIV Nr. 4, fol. 22 f., Brief des Professors Joachim an den Fürstbischof vom 28. März 1783.

72 Wie Anm. 71, Nr. 3, Prod. 89, Entschließung des Fürstbischofs vom 2. Mai 1780.

73 Die handschriftliche Fassung der umstrittenen Dissertation findet sich ebd. Nr. 4, fol. 53–72, die Korrespondenz zu der Auseinandersetzung ebd., fol. 13 ff. – Vgl. auch Ausstellungskatalog Academia Ottoniana, S. 67 f.

74 WEBER, Gelehrte Schulen, S. 707. – Zu diesem Anlaß hatte sich die Fakultät zwei Siegel, ein ledergebundenes Protokollbuch und eine verschließbare Truhe zur Aufbewahrung der Akten beschafft. Vgl. StAB, Rep. A 232 V Nr. 46076, Universitätsrezeptoratsrechnung 1776/77, S. 20.

75 Vgl. LEITSCHUH, Erthal. Charakterbild, S. 118–120. – LEHMANN-STRUVE, Über die Medizin, S. 12–16. – Zur Terminologie der sog. niederen Medizin siehe SABINE SANDER, Handwerkschirurgen. Göttingen 1989 (Kritische Studien zur Geschichtswissenschaft 10), S. 54 ff.

76 LEHMANN-STRUVE, Über die Medizin, S. 30 f.

77 LEHMANN-STRUVE, Über die Medizin, S. 51–70. – Zu Professor Döllinger jun. (1770–1841) siehe ROBERT HERRLINGER in: NDB 4 (1959), S. 20 f. – Zur Tiermedizin vgl. JOHANNES M. TRUM, Ein Beitrag zur Geschichte der ehemaligen Tierarzneischule Bamberg. Diss. München 1957/58.

78 BRUNO MÜLLER, Die Gebrüder Adalbert Philipp und Joseph Friedrich Gotthard – Zwei Professoren der Medizin und Tiermedizin an der Universität Bamberg um 1800. In: BHVB 121 (1985), S. 133–152.

79 LEHMANN-STRUVE, Über die Medizin, S. 56–58. – WOLFGANG GRÜNBECK, Der Bamberger Arzt Dr. Adalbert Friedrich Markus. Diss. Erlangen 1971.

80 StAB, Rep. B 67 XIV Nr. 5, fol. 148r, Hochfürstliche Entschließung vom 5. November 1793 (Entwurf): . . . *wer nicht nebst dem unbescholtenen Karakter und als einer von den Besten in der Philosophischen Prüfung befunden worden, zum Studium der Arzneywissenschaft nicht zugelassen werden solle . . .*

81 Wie Anm. 80, Nr. 4, fol. 590–593.

82 Vgl. WEBER, Gelehrte Schulen, S. 315–337. – SCHOPPER, Gebrochene Kontinuität, S. 193–198.

83 WACHTER, General-Personal-Schematismus, Nr. 3479.

84 StAB, Rep. B 67 XIV Nr. 3, Prod. 82.

85 LESCH, Neuorientierung, S. 189–191. – BAIER, Nicolai, S. 277 ff.

86 Von 1773 bis 1784 wurden nur sechs neue Werke für 153 fl. beschafft. Als Vergleich sei angeführt, daß der Professor für deutsches Staatsrecht eine jährliche Gehaltszulage von 100 fl. zum Erwerb der nötigen Bücher erhielt. StAB, Rep. B 67 XIV Nr. 4, fol. 176–190, Gutachten Johann Schotts zur Bibliothekssituation, ca. April 1785. – StAB, Rep. B 130 Nr. 12.

87 Darstellung nach MAXIMILIAN JOSEPH STANG. Vgl. StBB, HV Msc. 49/II, Collectio scriptorum Bambergensium, S. 485 ff.

88 Von der ihm zustehenden Pension von jährlich 200 fl. wurden jeweils 124 fl. 48 Kr. für Kostgeld abgezogen. Vgl. StAB, Rep. A 232 V Nr. 46213 ff., Universitätshausrechnungen 1773/74 ff., Ausgabegeld für bezahlte Pensionen.

89 StBB, Msc. misc. 195, Index bibliothecae d. Universitatis (Standort). Die Datierung ist möglich durch StadtAB, HV Rep. 2,2 Nr. 1381, Universitätsbibliotheksrechnung 1775/76, S. 18 und StAB, Rep. A 232 V Nr. 46360, Universitätsbibliotheksrechnung 1780/81, S. 18.

90 StAB, Rep. B 67 XIV Nr. 4, fol. 154r–163v.

91 Wie Anm. 90, fol. 496–498.

92 Die Korrespondenz des Frühjahrs 1789 (wie Anm. 90), fol. 492–518. Zur Person des Hofmarschalls vgl. GERD WUNDER, Die Schenken von Stauffenberg. Stuttgart 1972 (Schriften zur südwestdeutschen Landeskunde 11), S. 266 f., 467.

93 Siehe Kat. Nr. 110.

94 StAB, Rep. A 232 V Nr. 46368, Universitätsbibliotheksrechnung 1788/89, fol. 7r, *Ausgab Geld insgemein: 48 Kr. auf 4 Taglohn 14 Zimmer in oberen Gang auszuputzen, die darin befindlich gewessene Schreinerei abzutragen, dem Lorenz Höllein zalt; 11 fl. 24 Kr. die Bücher aus der grosen und kleinen Bibliothec aus und in den oberen Gang Zimmern zu tragen und ordentlich zu hinterstellen, dem Buchbinder Jacob zalt den 30. Mai 89 L. No. 3.*

95 Zum Bibliotheksbau vgl. THOMAS KORTH, Die „Universität in der Stadt" – Das Gebäude des ehemaligen Jesuitenkollegs in Bamberg. In: Bamberger Universitätszeitung 3 (1982). H. 4, S. 10–14. – BREUER/GUTBIER, Stadt Bamberg – Innere Inselstadt, S. 67, 156 f. – HANEMANN, Johann Lorenz Fink, S. 68–72.

96 StAB, Rep. B 67 XIV Nr. 4, fol. 573–588, 645–651, 655–659, 711–713, 808–810, 835 f., 852–854.

97 Wie Anm. 96, fol. 887–889 mit dem Vorschlag, den über dem Lesezimmer befindlichen Raum für Handschriften und Inkunabeln einzurichten.

98 Wie Anm. 96, fol. 899–901, Kostenvoranschlag des Hofmarschalls vom 24. August 1791 über 206 fl. für die Kästen des oberen Lesezimmers (Orig.) und Genehmigung des Fürstbischofs vom 29. August 1791 über die Kästen und den Fußboden (Entwurf).

99 Wie Anm. 96, fol. 942–944. – WEBER, Gelehrte Schulen, S. 710 f.

100 SCHOPPER, Gebrochene Kontinuität, S. 198.

101 StAB, Rep. B 67 XIV Nr. 4, fol. 955 ff., neues Bibliotheksgutachten des Johann Schott für den Fürstbischof vom 4. Mai 1792 mit der Bitte, endlich die am 6. April 1789 genehmigten Gelder in halbjährlichen Raten an den Verwalter Kälin auszahlen zu lassen.

102 WEBER, Gelehrte Schulen, S. 333 f. – SCHOPPER, Gebrochene Kontinuität, S. 198.

103 StAB, Rep. B 67 XIV Nr. 4, fol. 652–654, 660–662, 681, 687 f., 703–706, umfangreiche Korrespondenz über diesen Sammelkauf vom 18. Januar 1790 bis zum 7. Mai 1790. – StAB, Rep. A 232 V Nr. 46390, Beilagen zur Universitätsbibliotheksrechnung 1789/90, Beilage 1, Reskript des Fürstbischofs vom 6. April 1790 über die Finanzierung. – WEBER, Gelehrte Schulen, S. 334.

104 StadtAB, HV Rep. 2,2 Nr. 1395, fol. 8v mit Beilage vom 5. Juli 1792 über die Transportkosten von zwei Bücherkisten aus Wetzlar für die Universitätsbibliothek.

105 StAB, Rep. B 67 XIV Nr. 5, fol. 38, 68, 134–138. – JÄCK, Öffentliche Bibliothek, Theil 2, S. LX.

106 Von diesem Zeitpunkt an wurde Frey zu Lasten des Priesterseminars bezahlt. Vgl. AEB, Rep. B 29/2, Seminarrechnung 1792/93, fol. 106r: *324 fl. 48 Kr. . . . dem als Universitäts Bibliothecar und Professor der Naturgeschichte angestellten Clerico Titulari Herrn Conrad Frey vom 19ten Decemb. 1791 bis dahin 1792 fürs erstemal zahlt vermög geheimen Canzley – vom 19ten und geistlichen Regierungs Decrets vom 23ten Decemb. 1791 . . .*

107 StAB, Rep. B 67 XIV Nr. 5, fol. 106, Zitat aus Hochfürstlicher Entschließung, Würzburg, 26. August 1793.

108 Wie Anm. 107.

109 StAB, Rep. B 67 XIV Nr. 4, fol. 887–889.

110 WACHTER, General-Personal-Schematismus, Nr. 9744. – KARIN DENGLER-SCHREIBER. Die Handschriften des Historischen Vereins Bamberg in der Staatsbibliothek Bamberg. Bamberg 1985 (BHVB Beiheft 18), S. 17, 23–25.

111 StAB, Rep. B 67 XIV Nr. 4, fol. 955 ff.

112 Wie Anm. 111, Nr. 5, fol. 131–133, Brief Johann Schotts an den Fürstbischof vom 20. September 1793.

113 StBB, Msc. misc. 194, Catalogus librorum bibliothecae domus Universitatis Bambergensis ordine alphabetico digestus. 2 Bde.

114 Durch ROPPELT, Beschreibung, S. 77 darf die Tatsache als gesichert gelten; die Terminangabe richtet sich nach JÄCK, Öffentliche Bibliothek, Theil 2, S. LXI.

115 BAIER, Nicolai, S. 293–295.

116 Z. B. StAB, Rep. B 67 XIV Nr. 5, fol. 360 f., Brief von Professor Molitor an den Fürstbischof vom 13. Oktober 1794.

117 Wie Anm. 116, fol. 207, Brief Johann Schotts an den Fürstbischof vom 14. März 1794: *. . . so halte ich doch dafür, daß dergleichen Werke erst dann anzuschaffen seyen, wenn für jedes Fach die nothwendigsten und nützlichsten vorher aufgestellt sind.* Aus der Büchervorschlagsliste Professor Döllingers zur Botanik kann Schott dem Fürstbischof wegen Geldmangel nur ein einziges Werk vorschlagen.

118 Von der umfangreichen Literatur seien nur erwähnt BREUER/GUTBIER, Stadt Bamberg – Innere Inselstadt, S. 60–63, 67–145. – Ausstellungskatalog 300 Jahre Jesuitenkirche.

119 Die Kirchenrechnungen für das letzte Viertel des 18. Jahrhunderts sind lückenlos im Staatsarchiv Bamberg (Rep. A 232 V Nr. 46473–46524) und im Stadtarchiv Bamberg (HV Rep. 2,2 Nr. 1440–1456) erhalten.

120 Ausstellungskatalog 300 Jahre Jesuitenkirche, S. 136 f.

121 StadtAB, HV Rep. 2,2 Nr. 1451, Universitätskirchenrechnung 1784/85, S. 25 (Nachtrag aus dem Jahr 1782).

122 Wie Anm. 121, Nr. 1454, Universitätskirchenrechnung 1787/88, S. 18 f.

123 StAB, Rep. A 232 V Nr. 46489, Universitätskirchenrechnung 1789/90.

124 WACHTER, General-Personal-Schematismus, Nr. 7967. – Reitzer war 1763 auf Intervention des Fürstbischofs Adam Friedrich von Seinsheim als Professor des Kirchenrechts abgelöst worden. Von 1773 bis zu seinem Tod lebte er als Kommorant in Bamberg und führte die Sodalitätsbücher.

125 Die folgende Darstellung stützt sich auf die Beilagen zur Universitätskirchenrechnung 1792/93 (StAB, Rep. A 232 V Nr. 46513). Die Datierung der Restaurierung in das Jahr 1791 nach NIKOLAUS HAAS, Geschichte der Pfarrei St. Martin zu Bamberg. Bamberg 1845, S. 563, ist zu korrigieren.

126 Zu Andreas Kraus (1733–1800) vgl. SITZMANN, Künstler, S. 316 (mit 2. Teil, Ergänzungen und Berichtigungen. Kulmbach 1962, S. 27 f.).

127 Zu Melchior Günther (1740–1799) vgl. SITZMANN, Künstler, S. 223.

128 Zu Andreas Mattenheimer (1752–1810) vgl. SITZMANN, Künstler, S. 360 f. – EDGAR BAUMGARTL, Maler in Franken. Nürnberg 1993, S. 249.

129 Kat.Nr. 112.

130 StadtAB, HV Rep. 2,2 Nr. 1456, Universitätskirchenrechnung 1791/92, fol. 11r–12r. – StAB, Rep. A 232 V Nr. 46493, Universitätskirchenrechnung 1793/94, S. 21, 24.

131 BREUER/GUTBIER, Stadt Bamberg – Innere Inselstadt, S. 71, 115.

132 Auch für die Würzburger Universitätskirche hatte Materno Bossi (1739–1802) einen von Franz Ludwig gestifteten Tabernakelaltar geschaffen. Vgl. REINHARD MÜLLER, Materno Bossi. Diss. Würzburg 1920. – REINHARD HELM, Die Würzburger Universitätskirche 1583–1973. Neustadt/Aisch 1976, S. 94, 134.

133 BREUER/GUTBIER, Stadt Bamberg – Innere Inselstadt, S. 74, 112.

134 Zu Karl Anton Wurzer (1739–1810) vgl. SITZMANN, Künstler, S. 598.

135 StAB, Rep. A 232 V Nr. 46494, Universitätskirchenrechnung 1794/95, S. 23: Vorjahresdefizit.

136 ROPPELT, Beschreibung, S. 78.

137 StAB, Rep. A 232 V Nr. 46503, Universitätskirchenrechnung 1803. Beilage 3.

138 Diese Bezeichnung findet sich in den Akten nur sehr selten, meist ist von der *Hochfürstlich-Bambergischen Universität* die Rede.

106 Vorlesungsverzeichnis der Universität Bamberg für das Studienjahr 1792/93

VNIVERSITATIS BAMBERGENSIS … FACVLTATVM PROFESSORES AC DOCTORES AVDITORIA ET COLLEGIA SVA … AD MENSEM NOVEMBREM ANNI MDCCXCII IN ANNVM MDCCXCIII … PVBLICE IN-DICTA VOLVNT. TYPIS IOANNIS GEORGII KLIETSCH; ALMAE VNIVERSITATIS TYPOGRAPHI.

Bamberg
Druck, Papier, 12 ungezählte Seiten

Staatsbibliothek Bamberg, R.B.H.l.q. 13(2

Druck: LEONHARD CLEMENS SCHMITT, Geschichte des Ernestinischen Klerikalseminars zu Bamberg. In: BHVB 20 (1856/57), S. 477–486. – Teildruck: LEHMANN-STRUVE, Über die Medizin, S. 118 f. – PAULER-VON HOFER, Philosophische Fakultät, S. 85.   W. Z.

107 Vorlesungsverzeichnis für die Zeit vom 26. Oktober 1794 bis zum 31. März 1795 und vom 25. April bis zum 30. September 1795

CATALOGVS PRAELECTIONVM QVAE IN VNIVERSITATE BAMBERGENSI A XXVI. OCTOBR. MDCCXCIV VSQVE AD XXXI. MARTII MDCCXCV. ET A XXV. APR. VSQVE AD XXX. SEPT. INSTITVVNTVR. TYPIS IOANNIS GEORGII KLIETSCH, ALMAE VNIVERSITATIS TYPOGRAPHI.

Bamberg
Druck, Papier, 12 Seiten, davon 9 gezählte Textseiten

Staatsbibliothek Bamberg, R.B.H.l.q. 13(4

Teildruck: LEHMANN-STRUVE, Über die Medizin, S. 123–126. – PAULER-VON HOFER, Philosophische Fakultät, S. 87 f.

Quellen: StAB, Rep. B 67 XIV Nr. 5, Universitätsakten 1793–1798, fol. 157r–161v, Conclusum des Akademischen Senats vom 5. November 1793. – StAB, Rep. B 67 XIV Nr. 5, fol. 163r–164r, Hochfürstliche Entschließung vom 10. November 1793. – StAB, Rep. B 130 Nr. 21, Verbesserung des Vorlesungskatalogs der Universität Bamberg 1793.

Lit.: WEBER, Gelehrte Schulen, S. 293, 398, 435. – HESS, Matrikel. Teil 1, S. VIII.

Die Abkehr von der barocken Gestaltung des Titelblattes, wie sie die Universität unverändert aus der Regierungszeit Adam Friedrich von Seinsheims übernommen hatte, offenbart deutlich den Charakter Franz Ludwigs und sein Verhältnis zur Bamberger Hochschule. Ausdrücklich verbot er jegliche Erwähnung des eigenen Namens und Wappens und ließ nur die schlichte Inhaltsangabe zu. Freilich tritt in dem späten Zeitpunkt der Veränderung auch die Schwerfälligkeit der Entscheidungsfindung zutage, die erst Ende 1791 zu tiefgreifenden Strukturreformen führte, obwohl schon seit 1780 über Satzungsänderungen diskutiert wurde.

Wie schlecht Franz Ludwig, der bei der Anstellung eines jeden Professors sehr detaillierte Instruktionen erließ, über die tatsächlichen Zustände an der Universität informiert war, zeigt die Tatsache, daß er erst im Herbst 1793 erfuhr, daß keineswegs alle in den Vorlesungsverzeichnissen ausgedruckten Veranstaltungen auch stattfanden – insbesondere die Juristische Fakultät den vorgeschriebenen Studienplan nicht einhielt – und die Fakultäten, teilweise sogar die einzelnen Professoren, Beginn und Ende der Vorlesungszeit nach eigenem Gutdünken festlegten. Erbost mußte er feststellen, daß sich zwischen den prunkvollen Formulierungen des Barocktitelblatts die höchst vagen Zeitangaben *ad mensem Novembrem MDCCXCII in annum MDCCXCIII* (November 1792 bis in das Jahr 1793) verbargen. Ab dem Studienjahr 1794/95 wurden deshalb die genauen Termine für die Vorlesungszeiten des Winter- und Sommerhalbjahres ausgedruckt, und es galt für die Universität eine einheitliche Ferienordnung. Das Vorlesungsverzeichnis mußte unmittelbar nach dem Ende des vorhergehenden Studienjahres erscheinen; freilich wollte der Fürstbischof den Entwurf noch vor der Drucklegung überprüfen.

Auch im Inneren des Vorlesungsverzeichnisses setzte Franz Ludwig seine Tendenz zur schlichten, sachlichen Darstellung durch. Professoren durften ihre nichtakademischen Hofrats- und sonstigen Titel nicht mehr anführen; die Mediziner mußten sogar auf ihre in der Philosophischen Fakultät erworbenen Titel verzichten. Entsprechend dem seit 1790 eingeführten Brauch, die Schüler der beiden gymnasialen Oberklassen nicht mehr in die Universitätsmatrikel einzutragen, fehlt der Lehrplan des Gymnasiums ab dem Studienjahr 1793/94 im Verzeichnis der Universität. Bei den Professoren stieß Franz Ludwig mit seinen Maßnahmen auf wenig Begeisterung. Kaum einer konnte aber einen unverhüllten Widerspruch wagen; selbst der Mediziner Johann Ignaz Joseph Döllinger, der ab 1790 nach der Kritik Franz Ludwigs an der Verwendung angeblich veralteter Lehrbücher nur noch die Themen seiner Vorlesungen und Übungen, nicht aber die dazu gehörige Literatur angab, nannte ab 1794/95 wieder die entsprechenden Buchtitel. W. Z.

108 Liste der Preisträger des Bamberger Gymnasiums für die Ehrung am 29. September 1786

CONSPECTVS FELICIVM IN ARENA LITERARIA PVGIL VM ... BAMBERGAE, DIE XXIX. SEPTEMBRIS, ANNO MDCCLXXXVI. TYPIS IOANNIS GEORGII KLIETSCH; ALMAE VNIVERSITATIS TYPOGR.

Bamberg
Druck, Papier, 2 ungezählte Doppelblätter

Staatsarchiv Bamberg, Rep. B 130 Nr. 12

Unveröffentlicht

Lit. zu den Universitätsprüfungen: WEBER: Gelehrte Schulen, S. 190–193.

Die beiden späteren Universitätsprofessoren Johann Friedrich Batz und Ignaz Döllinger befinden sich unter den Preisträgern der gymnasialen Abschlußklasse 1786. Nach dem Ende des Philosophiestudiums trennten sich die Bildungswege der beiden Altersgenossen. Ignaz Döllinger begann das Medizinstudium in Bamberg, das er mit fürstbischöflicher Billigung alsbald in Würzburg, Wien und Pavia fortsetzte, ehe er dann zum Zwecke der Promotion im Herbst 1793 nach Bamberg zurückkehrte. W. Z.

109 Theologische Dissertation des Johann Friedrich Batz 1794

APHORISMI THEOLOGICI QVOS PRO SVMMIS IN THEOLOGIA HONORIBVS RITE CAPESSENDIS PRAESIDE ... EDVARDO GEORGIO DAVM ... TVEBITVR AVTHOR ET DEFENDENS IOANNES FRIDERICVS BATZ CLERICVS ALVMNVS PRES-BYTER. BAMBERGAE DIE 18. JVLII, MDCCLXXXXIV AB HORA 8 VSQVE AD 11.

Theologische Sätze des Johann Friedrich Batz, die dieser unter dem Vorsitz von Eduard Georg Daum am Vormittag des 18. Juli 1794 zwischen 8 und 11 Uhr verteidigt.

Druck, Papier, 24 Seiten, davon die letzte unbedruckt.

Staatsbibliothek Bamberg, R.B.Th.theol.q. 7

Unveröffentlicht

Quellen: StAB, Rep. A 231 I Nr. 2024, Hofkammer-Zahlamtsrechnung 1793/94, fol. 144v 153v. 160v.

Lit. zu Johann Friedrich Batz: WEBER, Gelehrte Schulen, S. 254–256. – HESS, Matrikel, Nr. 11303. – WILHELM HESS, Johann Friedrich Batz. In: Lebensläufe aus Franken 3 (1927), S. 4–20. – JOSEF RABAS, Katechetisches Erbe der Aufklärungszeit. Freiburg i. Br. 1963 (Untersuchungen zur Theologie der Seelsorge 19), S. 51–60. – LESCH, Neuorientierung, S. 296 f.

Johann Friedrich Batz (1770–1807) stammte aus einfachen Verhältnissen; der Vater war zunächst Soldat, später Spitaldiener. Bei seiner Eintragung in die Universitätsmatrikel wurde Batz als *pauper* bezeichnet, auch die Unterbringung im Hospitium Marianum entsprach dieser Zuordnung. Den sozialen Nachteil machte Batz durch Spitzenleistungen an Gymnasium und Universität wett. Die Liste der Jahrgangsbesten (Kat.Nr. 108) zeigt ihn unter den Absolventen der Rhetorikklasse als dreifach Ausgezeichneten. Wenn auch der materielle Wert der verteilten Prämien sich in engen Grenzen hielt – für die jeweils rund 60 Preisträger standen im Hochstiftetat jährlich 120 fl. zur Verfügung –, so eröffneten sich doch für begabte Schüler gute soziale Aufstiegschancen. J. F. Batz hat sie genutzt und sich durch sein Wirken als Universitätsprofessor, Subregens am Priesterseminar, Seelsorger und Verfasser wissenschaftlicher Werke einen guten Ruf über die Grenzen seines Heimatbistums hinaus erworben. Dabei mußte er sich als Vertreter einer gemäßigten Aufklärungstheologie gegen Widerstände in der Theologischen Fakultät behaupten, so daß seine „Aphorismi theologici" in etlichen Formulierungen als Kompromiß zwischen den gegensätzlichen Richtungen anzusehen sind. Er selbst erhielt nur den Titel eines Lizentiaten der Theologie. Wie sehr Batz freilich von radikalen aufklärerischen Positionen entfernt war, beweist seine Ablehnung von Kants Methode der Bibelinterpretation: *In specie exegesi eius criticae, die nur Deutung des Schrifttextes zum moralischen Zweck ist, minime adsentio* (Aphorismi..., Theologia Dogmatica XIII, S. 10). Franz Ludwig griff in diese Debatte nicht persönlich ein; dadurch daß er Batz aber nach Abschluß der Prüfung zum Professor für Hermeneutik und Kirchengeschichte ernannte, nahm er überzeugend für dessen theologische Einstellung Partei. W. Z.

110 Neuorganisation der Universitätsbibliothek durch Franz Ludwig von Erthal

Bamberg, 29. Mai 1789
Papier, Doppelblatt mit eigenhändiger Unterschrift des Fürstbischofs
H. 34,2 cm, Br. 21,7 cm

Staatsarchiv Bamberg, Rep. A 149 Nr. 1005, Prod. 1.

Druck: JÄCK, Öffentliche Bibliothek, Theil 2, S. LVIII f. – SCHOPPER, Gebrochene Kontinuität, S. 195 f.

Lit.: HEINRICH JOACHIM JÄCK, Kurze Geschichte der K. Bibliothek zu Bamberg. In: Kulmbacher Wöchentliches Unterhaltungs- und Anzeigenblatt 14 (1819), Sp. 113 ff., hier Sp. 117–119. – WEBER, Gelehrte Schulen, S. 328–330. – SCHOPPER, Gebrochene Kontinuität, S. 190–198. – Katalog, Academia Ottoniana, S. 72–74. – HANEMANN, Johann Lorenz Fink, S. 68–72, 142 f.

In dem Reskript an die Hofkammer zur Auszahlung von 1000 fl. für den Bibliotheksneubau nennt Franz Ludwig die von ihm beabsichtigten Maßnahmen zur Verbesserung der Literaturversorgung an der Universität Bamberg:

(1) Laufender Erwerb von Neuerscheinungen und wichtigen antiquarischen Büchern,

(2) Vereinigung der Hofbibliothek mit der Universitätsbibliothek,

(3) bauliche Erweiterung des Bibliothekssaals

Als Hauptgrund gibt der Fürstbischof neben der seinem Land abträglichen Kritik auswärtiger Besucher an, daß künftig keines seiner Landeskinder zum Studium an einer auswärtigen Universität genötigt sein möge. Erstaunlich bleibt, wie schnell Franz Ludwig Anfang Mai 1789 seinen ursprünglichen Plan für eine kostensparende Raumlösung verwarf und einem großzügigen Neubau den Vorzug gab. Eine Schlüsselrolle dürfte dabei der Oberhofmarschall Johann Franz Schenk von Stauffenberg (1733–1797) gespielt haben, der sowohl in der beratenden Schulkommission als auch im mitentscheidenden Geheimen Kabinett saß. Stauffenberg hatte zusammen mit dem Hofwerkmeister Johann Lorenz Fink (1745–1817) bereits etliche repräsentative Bauten, unter anderem das Schloß in Amerdingen/Lkr. Donau-Ries und das Allgemeine Krankenhaus in Bamberg, errichtet. Er besaß als adeliger Baufachmann bei Franz Ludwig genügend Überredungskraft, um ihn zur Aufführung eines Bibliothekssaales zu bewegen, wie er damals in vergleichbaren deutschen Territorien auch erbaut wurde. Das Nachsehen hatte der bürgerliche Bibliotheksexperte Johann Schott, dem mehr an einer ausreichenden Bestandsvermehrung und dem verstärkten Personaleinsatz für ein umfassendes Katalogsystem gelegen war.
Da das Hochstift Bamberg nur über begrenzte Finanzmittel verfügte, blieben die negativen Folgen nicht aus: Ein Universitätsbibliothekar im Nebenamt, der ohne genügenden Erwerbungsetat beim Literaturkauf stets auf das Wohlwollen seines Landesherrn angewiesen war, sah sich nicht zur notwendigen Katalogisierung der Bücher in der Lage; lediglich die Hofbibliothek wurde wie geplant, wenn auch erst im Jahre 1794, mit der Universitätsbibliothek vereinigt.   W. Z.

111 Testament des Universitätsbibliothekars Philipp Grundel (1732–1790)

Bamberg, 8. Februar 1788
Papier, Doppelblatt mit vier aufgedrückten Wachssiegeln
H. 35,5 cm, Br. 20 cm

Staatsarchiv Bamberg, Rep. B 130 Nr. 137, *Universitäts-Fiscalatsacta über die Hinterlassenschaft des Universitäts-Bibliothekär und Weltpriester Grundel.*

Lit. zu Philipp Grundel: JÄCK, Öffentliche Bibliothek. Teil 2, S. LVIIf. – WEBER, Gelehrte Schulen, S. 325. 647. – WACHTER, General-Personal-Schematismus, Nr. 3479. – Katalog, Academia Ottoniana, S. 81.

Ist der Bibliothecarius Grundel der Mann, von welchem sich eine regelmäßige Einrichtung der Bibliothek versprechen läßt? Diese Frage stellte Franz Ludwig am 18. September 1784 (StAB, Rep. B 67 XIV Nr. 4, fol. 162 r ff.). Die Antwort seines Beraters Johann Schott fiel eindeutig negativ aus, wobei der schlechte Gesundheitszustand und die innere Einstellung Grundels als Begründung dienten (StAB, Rep. B 67 XIV Nr. 4, fol. 176 r ff.). Diesen schlechten Ruf verfestigte noch eine Generation später HEINRICH JOACHIM JÄCK mit seinem Verdikt über Grundels völlige Sorglosigkeit um die Bibliothek, die unter ihm *ein verlassenes Chaos* geworden sei.
Bei dem solchermaßen Abqualifizierten handelt es sich um den ehemaligen Jesuiten Philipp Grundel. 1732 in Heiligenstadt (Eichsfeld) geboren, trat er 1753 in den Orden ein und diente ihm als Professor an verschiedenen Kollegien, zuletzt 1771–1773 in seiner Heimatstadt, ehe er Anfang April 1773, d. h. wenige Monate vor der Aufhebung des Jesuitenordens, als Nachfolger des Ende Februar 1773 schwer erkrankten und 1773/74 verstorbenen Philosophieprofessors Georg Vogt nach Bamberg berufen wurde. Infolge der Auflösung des Bamberger Jesuitenkollegs mußte Grundel sein Lehramt aufgeben, durfte aber als Universitätsbibliothekar im Universitätshaus wohnen. Freilich blieben seine Aufgaben zunächst unklar; erst 1776 wurde er mit Dienstkleidung, Arbeitsmaterial und einer Hilfskraft zur Neuordnung der Bibliothek ausgestattet (StadtAB, HV Rep. 2,2 Nr. 1381, S. 18). Als Grundel merkte, daß das Ergebnis seiner mehrjährigen Mühen weder bei den meisten Professoren noch beim Fürstbischof positiv gewürdigt wurde, flüchtete er resi-

gnierend in die Krankheit und beklagte in Gesprächen mit dem Stiftsvikar Joseph Maximilian Stang das Schicksal seines Ordens, dessen Unterdrückung er nie verwunden hatte (StBB, HV Msc. 49/II, S. 491 ff.).

Vor diesem Hintergrund ist das hier vorliegende, von Grundel eigenhändig geschriebene Testament zu interpretieren, das er am 8. Februar 1788 vor dem Subregens und Kaplan bei St. Martin, Andreas Roppelt, als Vertreter des zuständigen Pfarrers und zwei Zeugen errichtete. Anders als bei den meisten Universitätsangehörigen fehlt jeglicher Bezug zur Hochschule, sogar das Requiem sollte in der Pfarrkirche St. Martin gehalten werden. Zu Erben wurden seine beiden Neffen eingesetzt, die als Söhne eines kurmainzischen Beamten im Eichsfeld lebten. Testamentsvollstrecker sollte der ehemalige Jesuit Professor Ferdinand Möhrlein sein, den er nach Ordenstradition als *R(everendum) P(atrem)* bezeichnete. Für die fortdauernde Bindung Grundels zum Jesuitenorden spricht besonders das Bild des persönlichen Petschafts des Erblassers: Es ist das alte Symbol der Gesellschaft Jesu, nämlich das Monogramm des Namens Jesu. Selbst die Zeugen scheinen sich in ihrem Vermerk diesem Tenor angepaßt zu haben, da sie von Grundel als des *Bibliothecarii in Collegio hujate*, d. h. des Bibliothekars im hiesigen Jesuitenkolleg, sprechen.

Als Grundel am Abend des 6. November 1790 starb, verblieb ein Nachlaß im Wert von knapp 500 fl. Angesichts des geringen Gehalts für seine Berufstätigkeit muß Grundel sehr einfach gelebt haben; auch das in den Fiskalatsakten erhaltene Inventar seiner persönlichen Habe spiegelt eine bescheidene Lebensführung wider.

Philipp Grundel ist das Musterbeispiel für einen Menschen, der entgegen dem Strom der Zeit bis an sein Lebensende an seiner Überzeugung festgehalten hat. Daß die Universität seine Fähigkeiten nicht mit ihren Bedürfnissen in Einklang bringen konnte, bedeutete für die dringend nötige Verbesserung der Bibliotheksverhältnisse eine Verzögerung von mehr als einem Jahrzehnt.   W. Z.

112 Fürstbischof Franz Ludwig von Erthal gibt in einem Brief an den Rektor der Bamberger Universität Anweisungen zur Restaurierung der Universitätskirche

Würzburg, 2. März 1792
Papier, Doppelblatt, eingebunden in Beilagenband
H. 34,7 cm, Br. 21 cm

Staatsarchiv Bamberg, Rep. A 232 V Nr. 46513, Beilagen zur Universitätskirchenrechnung 1792/93, Nr. 3, Lit. A.

Lit.: NIKOLAUS HAAS, Geschichte der Pfarrei St. Martin zu Bamberg. Bamberg 1845, S. 563 f. – THOMAS KORTH, Die „Universität in der Stadt" – Das Gebäude des ehemaligen Jesuitenkollegs in Bamberg. In: Bamberger Universitätszeitung 3 (1982), H. 4, S. 10–14. – WERNER SCHARRER, Laienbruderschaften in der Stadt Bamberg vom Mittelalter bis zum Ende des Alten Reiches. In: BHVB 126 (1990), S. 24–392, hier S. 131. – Ausstellungskatalog 300 Jahre Jesuitenkirche, S. 116–118. – BREUER/GUTBIER, Bamberg – Innere Inselstadt, S. 67, 110, 115.

Die Restaurierung der Universitätskirche war das erste Projekt, das der zu Beginn des Jahre 1792 eingesetzte Engere Senat abzuwickeln hatte. Das Zusammenwirken des neuen Gremiums mit dem Rector Magnificus, dem Universitätshausdirektor und dem Verwalter hatte den hier von Franz Ludwig referierten Plan für die Vergabe der einzelnen Gewerke und ihre Finanzierung hervorgebracht.

Die Grundlage bildete das Legat des ehemaligen Jesuiten Adam Reitzer über 480 fl. Es war wohl in seiner Höhe mit dem Tünchermeister Mitternacht abgesprochen, daß es zur bloßen *Ausweißung* der Universitätskirche ausreichte. Franz Ludwig gab in diesem Brief irrtümlich 460 fl. an; dies war der im Akkord mit Mitternacht vereinbarte Preis zuzüglich eines Karolin Trinkgeld. Der Fürstbischof wollte aber gleichzeitig alle sonstigen nötigen Reparaturen durchführen lassen, und deshalb sah sich der Engere Senat gezwungen, weitere Geldquellen zu erschließen. Sein Blick traf dabei auf die Sodalitäten. Als Nutzer der Universitätskirche mußten sie 1220 fl. beisteuern, wobei der Löwenanteil von 900 fl. auf die Große Marianische Sodalität entfiel (StAB, Rep. A 232 V Nr. 44393); diese Summe entsprach rund der Hälfte ihres Kassenbestandes. Dabei ist zu berücksichtigen, daß das Hochstift als Rechtsnachfolger des Jesuitenordens der Sodalität noch 3600 fl. schuldete, da die Jesuiten mit zinslos entnommenen Sodalitätsgeldern jeweils ihren Weinvorrat vorfinanzierten. Auch der Fonds der Aloisius-Bruderschaft hatte seinen Beitrag zu leisten, obwohl diese Vereinigung mit dem Ende des Jesuitenorden ihre Tätigkeit eingestellt hatte. Die für das Universitätshaus vorgesehenen 540 fl., also etwa ein Viertel der veranschlagten Gesamtkosten, erscheinen angemessen. Doch durch die von Franz Ludwig angeregten Mehrarbeiten entstand ein hohes Defizit, das letztlich die Kasse des Universitätshauses auszugleichen hatte.

Ähnlich wie bei der Bauplanung für die Bibliothek hat auch bei der Restaurierung der Universitätskirche der ansonsten sparsame Fürstbischof den ursprünglich ins Auge gefaßten Kostenrahmen ohne großes Zögern deutlich überschritten. Als Motive sind gleichermaßen die persönliche Frömmigkeit Franz Ludwigs und sein Bestreben anzunehmen, für seinen Staat und dessen Institutionen die erforderliche bauliche Repräsentation in zeitgemäßen Formen zu gewährleisten.   W. Z.

Nr. 113

113 Porträt des P. Johannes Baptist Roppelt O.S.B. (1744–1814), Professors der Mathematik und der angewandten Geometrie.

Kloster Banz, um 1790
Ölgemälde auf Holz in zeitgenössischem Rahmen
H. 60 cm, Br. 45,5 cm

Historischer Verein Bamberg, HV. Rep. 21/3, Nr. 128.

Provenienz: 1863 von Geheimrat Professor Dr. Johann Lukas Schönlein (1793–1864) dem Historischen Verein Bamberg geschenkt; seit 1969 als Leihgabe in der Staatsbibliothek Bamberg.

Unveröffentlicht

Lit. zu Johann Baptist Roppelt: WILHELM HESS, Pater Johannes Baptist Roppelt. In: Lebensläufe aus Franken 1 (1919), S. 386–395. – EDGAR KRAUSEN, Benediktiner als Kartographen. In: Studien und Mitteilungen aus dem Benediktinerorden 68 (1957), S. 232–240. – HANS VOLLET, Oberfranken im Bild alter Karten. Neustadt a. d. Aisch 1983 (Ausstellungskataloge der staatlichen Archive Bayerns 15), S. 79 f. – HANS VOLLET, Weltbild und Kartographie im Hochstift Bamberg. Kulmbach 1988 (Die Plassenburg 47), S. 203–212. – Ausstellungskatalog Academia Ottoniana, S. 65 f.

Am 21. Juli 1794 ernannte Franz Ludwig von Erthal den Banzer Benediktinerpater Johannes Baptist Roppelt zum Professor der Mathematik und der praktischen Geometrie an der Universität Bamberg (StAB, Rep. B 130 Nr. 15). Die Qualifikation für dieses Lehramt ist an dem ausgestellten Porträt abzulesen, das Roppelt bei der Arbeit mit dem Zirkel an einer Landkarte zeigt, auf der unschwer das Territorium des Klosters Banz zu erkennen ist. Auf dem Tisch im Hintergrund stehen gebundene Urbare, die grundherrschaftlichen Besitznachweise der wohlhabenden Benediktinerabtei.

Roppelt, der am 17. Dezember 1744 Sohn des Hofkriegsrats Georg Roppelt in Bamberg geboren wurde, hatte von 1756 bis 1764 in seiner Heimatstadt das Gymnasium und die Akademie besucht, ehe er am 12. November 1764 als Novize in das Kloster Banz eintrat, wo er nach der Priesterweihe am 23. September 1769 seine zeichnerischen und mathematischen Fähigkeiten in den Dienst der klösterlichen Wirtschaftsverwaltung stellte.

Urbare als bloße Güter- und Abgabenverzeichnisse gab es schon seit dem Frühmittelalter, doch im Zeitalter des Absolutismus wurden sie im Sinne einer exakten Landesaufnahme verfeinert. Ihr wichtigster Bestandteil war die genaue kartographische Erfassung eines Territoriums. Diese Aufgabe erledigte Roppelt für sein Kloster in so hervorragender Weise, daß auch Fürstbischof Franz Ludwig seine Hilfe in Anspruch nahm. Schließlich machte sich Roppelt mit theoretischen Abhandlungen zur Urbarerstellung einen Namen über die Grenzen der fränkischen Hochstifte hinaus und war gerade dabei, eine ihm angebotene Professur an der Akademie zu Mainz anzutreten, da übertrug ihm Franz Ludwig, der den versierten Benediktiner seinem Land erhalten wollte, einen Lehrstuhl an der einheimischen Universität. Der Fürstbischof legte großen Wert darauf, daß durch die zusätzliche Professur sich das Lehrangebot in der Mathematik verbessern, die Belastung der Studenten mit zusätzlichem Stoff sich aber nicht erhöhen sollte. Roppelt war verpflichtet, die *gemeinnützigsten und notwendigsten Lehrgegenstände* auszuwählen. Außerdem mußte er bei Einrichtung und Unterhaltung des Naturalienkabinetts mitarbeiten und bei Bedarf gegen zusätzliche Entlohnung der Hochstiftsverwaltung weiterhin zur Verfügung stehen. Zwei handgezeichnete Kabinettskarten des Hochstifts Bamberg zeugen von dieser Tätigkeit. Die größte Breitenwirkung erzielte freilich das heute noch unentbehrliche, 1801 kurz vor der Säkularisation im Druck erschienene Werk „Historisch-topographische Beschreibung des Kaiserlichen Hochstifts und Fürstenthums Bamberg nebst einer neuen geographischen Originalcharte dieses Landes" in dem sämtliche Orte des geistlichen Territoriums beschrieben sind.

W. Z.

MATTHIAS MÄUSER

Zur Gründung des Bamberger Naturalienkabinetts durch Fürstbischof Franz Ludwig von Erthal

Einleitung

Im vergangenen Jahr konnte das Naturkunde-Museum Bamberg sein 200jähriges Bestehen feiern. Das Datum nimmt Bezug auf die Beendung der ersten Ausbauphase des großen frühklassizistischen Ausstellungssaals als Kernstück des ehemaligen „Naturalienkabinetts". Heuer jährt sich zum 200. Male der Todestag des Fürstbischofs Franz Ludwig von Erthal, der für die geistige und soziale Entwicklung seiner Zeit Großes geleistet hat. Beide Jahrestage stehen miteinander in Bezug, da Franz Ludwig als der Gründer des Bamberger Naturalienkabinetts gilt.

Diese Tatsache ist jedoch weithin unbekannt und findet auch in den Publikationen über den geistvollen Kirchenfürsten wenig oder gar keine Erwähnung[1]. Der Grund dafür liegt zum einen sicher darin, daß die Einrichtung eines Naturalienkabinetts in der Würdigung der Überfülle seines politischen, kirchlichen und kulturellen Wirkens sozusagen „untergeht". Zum anderen spielt in dieser Beziehung auch eine Rolle, daß das Kabinett und die dazugehörigen Sammlungen zu Lebzeiten Franz Ludwigs noch nicht so weit gediehen waren, daß ein ordnungsgemäßer Betrieb aufgenommen werden konnte. Ein dritter Aspekt zeichnet sich darin ab, daß es kein definiertes Gründungsdatum gibt oder gar eine Gründungsurkunde vorhanden wäre.

Man kann also nicht von einer „Gründung" als spontanem Akt sprechen. Vielmehr handelt es sich um die kontinuierliche Entstehungsgeschichte eines Naturalienkabinetts, wie sie sich etwa zeitgleich an vielen Universitäten Europas – in nächster Nähe seien Eichstätt, Regensburg und Heidelberg genannt – abgespielt hat und in ihren Ursprüngen bis in die Zeit der Jesuiten zurückreicht. Franz Ludwigs Verdienst, das ihn als Gründer des Naturalienkabinetts ausweist, besteht zusammenfassend darin, daß er den damaligen Wandel im Anspruch an die Naturwissenschaften erkannt und für den Ausbau der Sammlungen sowie deren Unterbringung und Betreuung gesorgt hat. Er folgte damit einem Bedürfnis der Zeit, welches sich in dem Bemühen äußerte, die Inhalte und Gesetze der Natur erkennbar zu machen und der menschlichen Nutzung im weitesten Sinne zuzuführen.

Das Aufblühen der Naturwissenschaften im 17. und 18. Jahrhundert

Seit dem 17. Jahrhundert zeichnete sich ein rasantes Fortstreben der Naturwissenschaften ab[2]. Vorbereitet und begleitet wurde diese Entwicklung durch die großartigen geographischen Entdeckungen, die von Kolumbus (1451–1506) bis Cook (1728–1779) die exotische Welt für die Europäer erschlossen. Die Entdeckungsfahrten waren in der Regel nicht wissenschaftlich orientiert, vielmehr ging es um die Beschaffung von Waren, Rohstoffen und Kolonien. Dennoch brachte jede Expedition eine Überfülle an neuem Wissen über die exotische Tier- und Pflanzenwelt, über organische und anorganische Rohstoffe sowie geologische, geographische, physikalische und klimatische Daten mit.

Außerdem führte der Konkurrenzkampf zwischen den europäischen Mächten zu einer nie dagewesenen Vielzahl an Erfindungen, Entdeckungen und Forschungsergebnissen. Jeder Zweig der aufstrebenden Naturwissenschaften hatte Anteil daran: die Physik lieferte die Grundlagen für mechanische Konstruktionen, optische Geräte, Navigations- und Zeitmeßgeräte und militärische Hilfsmittel. In der Astronomie obsiegt im 17. Jahrhundert das heliozentrische über das geozentrische Weltbild, und Newton stellt die Gravitationstheorie auf. Im 18. Jahrhundert erreichte die Kenntnis über die Bewegungen der Gestirne mittels der Verwendung neuester Teleskope einen hohen Stand und versorgte die Hochseeschiffahrt mit verbesserten Navigationsmitteln. In der Mathematik wurde die rechnerische Basis für Physik und Astronomie geschaffen.

Die Chemie schafft im 17. Jahrhundert allmählich den Übergang aus der Alchemie. Eine gewisse Zeitmarke stellt Johann Friedrich Böttger dar, der zu Beginn des 18. Jahrhunderts bei dem Versuch, Gold aus unedlen Metallen zu gewinnen, das Geheimnis der Porzellanerzeugung entdeckt. Das chemische Gewerbe zielt auf die Herstellung und Verwendung von Salzen, Säuren, Farben und auf eine verbesserte Glasherstellung ab. Nachdem Mitte des 17. Jahrhunderts Theorien zum atomistischen Aufbau der Materie entwickelt wurden, machte im 18. Jahrhundert die Gaschemie enorme Fortschritte; in den 70er Jahren wurde erstmals der Sauerstoff als Element nachgewiesen und die Assimilation der Pflanzen entdeckt.

Die Biologie konnte sich seit dem 17. Jahrhundert mit dem Mikroskop eines neuen Hilfsmittels bedienen. Neue Erkenntnisse folgten: die Entdeckung des menschlichen Blutkreislaufes und der Blutkörperchen, der Zellaufbau der Pflanzen, Kenntnisse über Bakterien und vieles mehr. Im 18. Jahrhundert wurde schließlich die Vorstellung von spontaner Lebensentstehung aus toter Ausgangssubstanz fallengelassen. Um die Mitte des Jahrhunderts schließlich sorgte der schwedische Naturforscher Linné für eine revolutionäre Neuerung in der Biologie, indem er das noch heute gültige Klassifizierungssystem der Pflanzen und Tiere einführte.

Die Geowissenschaften befanden sich zum Teil noch in einer vorwissenschaftlichen Periode. Die Erforschung der Erd- und Lebensgeschichte wurde von der Kirche unterdrückt, da die biblischen Grundlagen nicht angetastet werden durften. Bis zum Ende des 18. Jahrhunderts hielten sich deshalb die Vorstellungen von dem nur wenige tausend Jahre zählenden Alter der Erde, von der Unveränderlichkeit der Arten und von der Sintflut als Erzeugerin der Versteinerungen. Erst ganz allmählich setzten sich modernere Anschauungen durch, die mit der Erkenntnis, daß in gleichen Gesteinsschichten gleiche Versteinerungen vorkommen, und der damit verbundenen Nutzanwendung an der Wende zum 19. Jahrhundert in die wissenschaftliche Periode überleiten.

Dieser (zu) kurze Einblick in die Geschichte der Naturwissenschaften soll verdeutlichen, daß diese im 17. und 18. Jahrhundert – jene Zeitspanne, die in der Aufklärungsbewegung gipfelt – auf den meisten Gebieten eine sprunghafte Entwicklung nahmen. Dabei war die Wissenschaft fast durchweg rein ökonomisch orientiert. Sie schuf die Voraussetzungen für den Übergang zur industriellen Revolution, die das 19. Jahrhundert prägte. Das bescherte ihr gleichzeitig einen neuen, überlegenen politischen und gesellschaftlichen Status.

Im musealen Bereich drückten sich die Veränderungen in der Entstehung der ersten Spezialmuseen aus[3]. Sie gingen aus den sogenannten „Kunst- und Wunderkammern" hervor, die von Herrschern, reichen Privatleuten und einigen Gelehrten in Europa bis ins 18. Jahrhundert hinein angelegt worden waren. In ihnen sollte alles gesammelt und ausgestellt werden, was die Welt an natürlichen und vom Menschen gemachten Schätzen zu bieten hatte: Kunsterzeugnisse, Münzen, Geräte, Waffen, Mineralien, Tierpräparate und ganz allgemein Naturseltenheiten. Dabei lag das Hauptinteresse im Beschaffen kurioser und monströser Gegenstände. Bald wurde die Fülle verfügbarer Objekte zu groß, und von den Universalsammlungen spalteten sich im 18. Jahrhundert zwangsläufig Spezial-

museen ab, die nunmehr einem einzigen Themenbereich gewidmet waren – im naturkundlichen Bereich die „Naturalienkabinette". Diesen Sammlungen des 18. Jahrhunderts ist in der Regel ein Streben nach wissenschaftlichem Hintergrund zueigen, das sich unter anderem in dem Drang zum systematischen Ordnen äußert. Hinzu kommt der Wille, die Sammlung einem größeren Publikum zu zeigen.

Auch an den Universitäten waren nun verstärkt die naturwissenschaftlichen Fächer gefragt. Es ist deshalb leicht verständlich, daß Franz Ludwig bestrebt war, den naturwissenschaftlichen Unterricht an der Bamberger Universität auszubauen und aufzuwerten.

Physik und Mathematik wurden bereits zur Zeit der Jesuiten gelehrt, wie die Anschaffung von Büchern sowie entsprechender Instrumente zu Demonstrationszwecken belegen[4]. Darüber hinaus beschließt Franz Ludwig, einen eigenen Lehrstuhl für Naturgeschichte einzurichten. In einer Resolution vom 29. Juli 1791 schreibt er[5]: *Ich habe vor einiger Zeit den Gedanken gefaßt, den Alumnus Frey wegen seiner vorzüglichen Kenntnisse im Literaturfach zum Bibliothekar aufzustellen. Ich habe aber zugleich die Absicht, auf meiner Bambergischen Universität eine besondere Lehrschule für die Naturgeschichte zu errichten, sozwar, daß der Lehrer derselben auch die Oberaufsicht über dasiges Naturalienkabinett welches ihm ohnehin für sein Lehramt zur Hand seyn muß, zu übernehmen haben soll.* Und weiter: *. . . so denke ich ihn mir unter der Bedingung die Bibliothekstelle angedeihen zu lassen, wenn er um den einen und denselben Gehalt, den ich für diesen bestimmt habe, auch die Stelle eines Professors der Naturgeschichte und Oberaufsicht über das Naturalien-Cabinett mit zu übernehmen, sich anheischig machen wird.*

Konrad Frey: Erster „Aufseher" des entstehenden Naturalienkabinetts

Offenbar sind es Sparsamkeitsüberlegungen, die den Fürstbischof auf Empfehlung seiner Berater Schott und Marcus[6] verleiten, einen Laien in naturkundlichen Belangen für die Repräsentation der Naturgeschichte in Bamberg auszuwählen und diesen gleichzeitig mit einer Dreifachfunktion zu belasten: Bibliothekar an der neuen Universitätsbibliothek, Professor für Naturgeschichte und Aufseher über das geplante Naturalienkabinett.

Gleichwohl beginnen kurze Zeit nach dieser Resolution die Gespräche mit Frey. Dieser erklärt sich bereit, alle Fächer der Naturwissenschaften, mit Ausnahme der Botanik, zu unterrichten; zu diesem Fach wünschte er zunächst Kenntnisse durch den Besuch von Vorlesungen in Jena oder Göttingen zu erwerben. Dieses Vorhaben wurde jedoch von der Schulkommission am 13. September 1791 abgelehnt[7].

Frey hatte bis zur Fertigstellung der Räumlichkeiten für das Naturalienkabinett im Jahr 1794 Zeit, sich in die naturgeschichtliche Materie einzuarbeiten. Er nutzte die Zeit zum Studium der Fachliterartur, die er zum Teil aus eigenen Mitteln bezahlte[8], und durch Übung an den neuerworbenen Naturaliensammlungen. Ein Vorfall, den er im Mai 1793 dem Fürstbischof meldet, wirft ihn in seinen Bemühungen zurück: Durch Fremdverschulden gingen viele Naturalien verloren, andere wurden in größte Unordnung gebracht[9]. Am 7. Mai beauftragte Franz Ludwig daraufhin den Bergmeister Carl Friedrich Illig aus Kupferberg[10], der gerade in Bamberg weilte, Frey bei den Aufräumungsarbeiten zu helfen[11]. Am 11. Mai fordert er ferner dringlichst Aufklärung über die Sache von seinem Reisemarschall, Graf von Rotenhan[12]. Es entsteht der Eindruck, daß Franz Ludwig mit seinem Professor der Naturgeschichte, Bibliothekar und Aufseher des Naturalienkabinetts nicht immer ausnahmslos zufrieden war.

Daß Frey zu diesem Zeitpunkt noch nicht die nötige Fachkenntnis besaß, um die isolierten Etiketten wieder den entsprechenden Stücken – in diesem Fall Mineralien – zuzuordnen, wird durch einen Bericht von ERNST WILHELM MARTIUS deutlich, der auf einer Reise in Bamberg Station machte, mit der Hauptabsicht, das *neue fürstliche Naturalienkabinett* zu sehen. Er berichtet – offensichtlich enttäuscht von der vorgefundenen Lage –, daß Frey mit der Aufgabe, in der Sammlung Unordnung mit Ordnung zu vertauschen, überfordert ist[13]. Zur Ehrenrettung Freys sei aber angemerkt, daß die *Kenntnis der natürlichen Körper* eben nur unzureichend anhand der damals noch sehr spärlichen Literatur zu erlangen war.

Das wußte auch Frey, der deshalb den Fürstbischof mehrfach um Erlaubnis fragte, für einige Zeit nach Würzburg reisen zu dürfen, um dort entsprechende Vorlesungen zu hören[14]. Freys erste diesbezügliche Bitte vom 1. Mai 1793 lehnt Franz Ludwig kategorisch ab, unter dem Hinweis, Frey solle zunächst einmal Ordnung in Bibliothek und Kabinett bringen[15]. Auf Freys zweite Anfrage vom 29. Oktober 1793 fordert der Fürstbischof zunächst ein Gutachten darüber von seinem Berater Schott[16]. Erst am 7. November 1793 bekam Frey die Erlaubnis, nach Würzburg reisen zu dürfen, wo er bis zum September des kommenden Jahres blieb[17]. Am 8. Mai 1795, also kurz nach dem Tode Erthals, nahm Frey seine Lehrtätigkeit als Professor der Naturgeschichte mit einer vielbeachteten Antrittsrede auf, die sogar im Druck erschien[18].

Die Entwicklung der Bamberger Naturaliensammlung unter Franz Ludwig

Bereits am Beginn des 18. Jahrhunderts wurden von den Jesuiten Sammlungen zusammengetragen, die der Philosophischen Fakultät als Demonstrationsmaterial dienten. JOACHIM HEINRICH JÄCK erwähnt als *seltene Kunst- und Naturprodukte* eine Sammlung von *z. B. chinesischen Tapeten und Hängematten, Muscheln, Achaten und anderen vornehmen Steinen, z. B. 200 Marmorstücken, auch verschiedenen Mineralen, seltenen Kupfer-, Gold-, und Silbermünzen*[19]. In ihrer Zusammensetzung ähnelt diese Sammlung noch sehr den fürstlichen Kunst- und Wunderkammern. Die Bestände gehen auf den Bamberger Mathematikprofessor Georg Reuß zurück, der auch nach seiner Umsiedelung nach Rom um 1758, wo er als Provinzialkommissär tätig war, von dort noch Sammlungsgegenstände nach Bamberg schickte[20]. Die Sammlung wurde außerdem bis zur Aufhebung des Jesuitenordens 1773 durch diverse Ankäufe, meistens Mineralien und Gesteinsproben, erweitert; sie wurde von Gymnasiallehrern und Physikprofessoren ausgiebig zu Demonstrationszwecken genutzt.

In diesem Sinne betrachtete auch Franz Ludwig sein entstehendes Naturalienkabinett als eine zweckorientierte Hilfseinrichtung der Universität, das ebenso notwendig war und einen gleichen Status haben sollte wie die Universitätsbibliothek. Sammlungen, die das neue Kabinett bereichern sollten, fanden sich bald. Zunächst bot der Geheime Kabinettssekretär Hofrat Schmidt aus Ansbach seine umfangreiche Naturaliensammlung zum Kauf an. Franz Ludwig schickte daraufhin den Bergmeister Illig nach Ansbach, um die Sammlung zu taxieren. Am 19. April 1790 geht dessen detaillierter Bericht ein[21]. Die Sammlung besteht im wesentlichen aus Erzstufen, Gesteinsproben und Versteinerungen (insgesamt über 2000 Objekte), deren Wert er auf 450 fl. frk. schätzt. Ferner enthält die Sammlung ca. 100 ausgestopfte Vögel. Illig empfiehlt, die komplette Sammlung für 500 fl. frk. zu kaufen, was Franz Ludwig noch am gleichen Tag verfügt[22].

Am 4. November des gleichen Jahres bot besagter Bergmeister Illig einen Teil seiner eigenen Mineraliensammlung für 80 Taler zum Kauf an, vor allem solche Stücke, die – wie er schreibt – zur Komplettierung der Universitätssammlung (die er gut kannte) beitragen würden[23]. Am 13. November teilt der Fürstbischof seinen Kaufentschluß zum angebotenen Preis mit[24]. Kurze Zeit später, am 11. Februar 1791, erhält Illig die Anweisung, die Mineraliensammlung des Bergmeisters Schmidt in Johanngeorgenstadt zu besichtigen und zu erwerben, was mit einem Preis von 100 Carolinen gelingt[25].

Der umfangreichste Sammlungsankauf durch Franz Ludwig steht bevor, als ihm von dem Kanonikus von St. Stephan, Johann Nepomuk Laudensack[26], dessen reichhaltige Naturalien- und Büchersammlung angeboten wird. Bei diesem Geschäft wird ganz besonders deutlich, daß sich Franz Ludwig um alle Einzelheiten bezüglich der Komplettierung des Kabinetts selbst kümmert und keine Entscheidungen von einem anderen treffen läßt[27]. Zunächst beauftragt er am 8. Dezember 1791 den schon früher in solchen Dingen kompetenten und hilfreichen Bergmeister Illig, die Laudensacksche Sammlung zu begutachten und Preisvorstellungen ausfindig zu machen. Das Ergebnis wird ihm über den Reisemarschall Graf von Rotenhan mitgeteilt. Am 13. Dezember teilte er sein Gefallen an dem Ergebnis mit und beauftragte Rotenhan, ein Sammlungsverzeichnis von Laudensack zu erbitten, um damit ein Wertgutachten von dem Hofrat Esper aus Erlangen erstellen zu lassen. Am 17. Dezember forderte er einen speziellen Katalog über die Büchersammlung. Schließlich teilte er am 16. April 1792 mit, daß er *nach gründlichsten Aufklärungen* keine Bedenken mehr hat, die Sammlung zu erwerben. Der Kaufpreis beträgt 3000 fl. rh. Gleichzeitig legt er die Zahlungsmodalitäten fest, die er am 25. April jedoch auf Wunsch von Laudensack nochmals modifizierte. Im gleichen Schreiben verlangte er, daß die Schlüssel zur Sammlung an den Professor und Bibliothekar Frey gegeben werden sollen, damit dieser die Sammlung übernehmen könne.

Die Übernahmen der Mineraliensammlung Fortenbach[28] und der Fossiliensammlung Bothmer[29] sowie des Nachlasses von Chordirektor Schramm[30] kamen nicht zustande. Schließlich finden sich in der Literatur – jedoch ohne Nennung von Einzelheiten und Quellenangaben – Hinweise auf den Ankauf der Schmetterlingssammlung des Bamberger Goldarbeiters Hermann[31] und die Beschaffung einer größeren Anzahl der berühmten „Würzburger Lügensteine"[32].

Die Schaffung des großen Ausstellungssaals

Während die Sammlungen allmählich ein stattliches Ausmaß annahmen, wurde gleichzeitig damit begonnen, eine repräsentative Unterbringung derselben zu schaffen. Als Standort des neuen Kabinetts wurde der Nordflügel des Universitätshauses (ehemaliges Jesuitenkolleg) gewählt, der vormals im ersten Obergeschoß die Bibliothek und im zweiten Obergeschoß ein Museum der Altertümer beherbergte. In dem bereits in anderem Zusammenhang erwähnten Schreiben vom 29. Juli 1791 vermerkt Erthal[33]:
... und sehe im übrigen der Einsendung des Modells zur Einrichtung des Saals für die Naturaliensammlung, die

Physicalischen und Mathematischen Instrumente, wie auch der Vorlage der Accorde über das Manuscriptenzimmer entgegen.
Man kann vermuten, daß Franz Ludwig zu jenem Zeitpunkt bereits plante, durch bauliche Veränderungen die größten Bereiche vom ersten und zweiten Obergeschoß zu einem großen Saal zusammenzufügen, ähnlich wie es in der neuen Bibliothek nebenan verwirklicht worden war. Offensichtlich plante er weiterhin, Naturprodukte, physikalische und mathematische Instrumente in ein und demselben Saal zu vereinen[34]. Letztere Absicht kam jedoch nicht zum Tragen – der neue Raum wurde später ausschließlich für die Unterbringung der Naturprodukte verwendet.
Mit der Oberaufsicht über die gesamte Projektplanung wurde – wie bereits bei dem Bibliotheksumbau, der im Juli 1791 abgeschlossen war[35] – Obermarschall von Stauffenberg betraut. Dieser beauftragte, offenbar auf der Basis des im erwähnten Schreiben Franz Ludwigs vom 29. Juli angekündigten Modells ein Mitglied der Krankenspitalverwaltung, mit Handwerkern bezüglich der zu erwartenden Kosten in Verbindung zu treten, wie aus einem entsprechenden Antwortschreiben vom Juli 1792 ersichtlich ist[36]. Aus diesem geht hervor, daß erste *Köstenüberschläge* des Hofarchitekten Fink vorliegen, wobei der unbekannte Autor des Schreibens gleichzeitig vorschlägt, zunächst erst einen Schrank zur Aufbewahrung der Naturalien herstellen zu lassen, damit *die Handwerksleuthe ihren Verdienst besser bemessen und folglich auch mit mehreren Grundt ein accord mit deren selben abgeschlossen werden* könnte.
Diese Empfehlung gibt Stauffenberg an den Fürstbischof weiter, der daraufhin am 19. Juli 1793 einen Schrank für die Seitenwand und einen Schrank für die Längswand in Auftrag gibt, nachdem er zuvor am 18. Mai die Kostenvoranschläge für die gesamte Einrichtung erhalten hatte[37]; diese umfassen: für Schreinerarbeiten (J. Bauer) 2984 fl., Bildhauerarbeiten (G. J. Mutschele) 276 fl., Glaserarbeiten (A. Burkhard) 413 fl. 36 Kr., Schlosserarbeiten (E. Lindtner) 1010 fl. 16 Kr. und Anstrich der Kästen und Galerie 350 fl.[38]. Die Aufträge werden dann erst am 4. Juli 1794 vergeben, und zwar unter einer Gesamtsumme von 3025 fl. 36 Kr. (ohne Anstrich)[39].
Wie stark Franz Ludwig an der baulichen Entwicklung des Naturalienkabinetts Anteil nahm, verdeutlicht ein Vorgang, der bei HANEMANN[40] geschildert wird und der mit dem konvexen Vorsprung der Galerie an der östlichen Schmalseite in Zusammenhang steht: Stauffenberg erinnert Erthal in einem Brief vom 14. September 1794[41] an den mit allgemeinem Beifall aufgenommenen Vorschlag einer hochgestellten Person (nach JÄCK[42] war diese Person Franz Ludwigs Bruder, der Mainzer Kurfürst Fried-

Naturkunde-Museum Bamberg. Großer Ausstellungssaal. Gesamtansicht.

rich Karl Joseph), den großen, noch aus der Zeit der Jesuiten stammenden Erdglobus auf der Galerie zu plazie-
ren und dafür nachträglich einen Vorsprung anzubauen.
Stauffenberg legt einen Aufriß bei, der von den Handwerkern unter Zuziehung des Hofarchitekten Fink erstellt
wurde und *alternativ zweyerley Schweifung anzeiget,*
Stauffenberg meint; . . . *daß die Schweifung sub Nro 1
zum schönsten seyn möge,* Franz Ludwig entschied sich
in einer Entschließung vom 18. September 1794[43] jedoch
für die andere Variante, *denn es möchte natürlicher und
architekturmäßiger, besonders in Beziehung auf das
Ganze, herauskommen.*
In welchen Zeitraum genau die rein baulichen Maßnahmen fielen – Herausnehmen der Zwischenwände, Abbau
der Decke zwischen erstem und zweitem Obergeschoß,

Vermauerung jedes zweiten Fensters in beiden Etagen,
Einbringung der neuen Decke einschließlich Stuckge-
sims – ist nicht exakt nachvollziehbar. BREUER vermutet,
daß der Umbau 1794 durchgeführt worden ist[44]. Die Realisierung der Inneneinrichtung hatte in diesem Jahr einen
Stand erreicht, an dem sich etwa zehn Jahre lang nichts
ändern sollte, und der noch sehr verschieden war von
dem Erscheinungsbild des Saales, wie es sich uns heute
darbietet.
Man kann von einer ersten Ausbauphase sprechen, die
mit dem Tod Franz Ludwigs endet. In diese Phase fällt
die Herstellung der Ausstellungsschränke der unteren
Etage (mit Ausnahme des Mittelschrankes der östlichen
Schmalseite) sowie der geschnitzten Verzierungen auf
den Schränken. Diese Schnitzereien aus der Hand von

Georg Joseph Mutschele[45] zeigen Urnen mit flankierenden, rankentragenden Putten sowie die Büsten berühmter Naturforscher[46]. Ferner fällt in diese Zeit die ornamentreiche Wandvertäfelung mit den allegorischen Darstellungen der vier Elemente der Antike in den abgerundeten Raumecken direkt unter dem Galeriedach sowie die Gestaltung der Galerie mit Geländer und Holzverkleidung der Untersichten und Stirnseiten. Wahrscheinlich gehören auch die zwei obeliskenartigen, mit Flammenurnen gekrönten Vitrinen, die heute in den westlichen Raumecken stehen, in diese erste Ausbauphase[47].

Das Schicksal des Naturalienkabinetts nach Franz Ludwigs Tod

Fürstbischof Franz Ludwig von Erthal verstarb am 14. Februar 1795. Er erlebte die Vollendung des Naturalienkabinetts, dessen Vorwärtskommen er soviel Interesse entgegengebracht hatte, nicht mehr.

Bei seinem Tod fehlten noch die halbhohen Schränke der Raummitte, die gesamte Ausgestaltung der Galerie, die farbliche Fassung der Schränke und – als eigentliche Krönung und Zweckerfüllung – die Bestückung mit den Naturprodukten.

Konrad Frey, der von Franz Ludwig eingesetzte Aufseher des Naturalienkabinetts, sagt in seiner bereits erwähnten Rede vom 8. April 1795[48]: *Der Tod des besten Fürsten hemmte die weitere Ausführung dieser gemeinnützigen Anstalten[49]; aber die seit gestern in der Person eines Christoph Franz, Reichsfreyherrn von Buseck geschehene höchstglückliche Wahl unseres gnädigsten Landesfürsten eröffnet uns von nun an die frohesten Aussichten, die gegründetsten Hoffnungen. – Die naturhistorischen Kenntnisse von Ihm mit Huld angesehen werden sich allmählich weiter verbreiten; sie werden Liebhaber finden, welche sie unterstützen und emporbringen werden.*

Die Hoffnungen Freys wurden jedoch enttäuscht. Zwei Kostenvoranschläge für die farbliche Fassung des Kabinetts vom Mai 1795[50], deren Ausführung die Vollendung des Saals dargestellt hätte, wurden vom neuen Fürstbischof folgendermaßen behandelt: *. . ., ja nicht den geringsten Aufwand unter dieser Rubrik kann und will ich aus dem von dem Herrn Obermarschall berührtem und noch aus anderen Gründen mehr passieren lassen; vielmehr ist mein ausdrücklicher Wille, daß das Naturalienkabinett ledig in dem Stande, in welchem sich selbiges dermal befindet, auch verbleibe, und nur die Naturalien in die daselbst vorhandenen Kästen eingelegt und darin bloß gegen Verderbnis geschützt, aufbewahrt werden, auch ehestens ein ordentliches Verzeichnis darüber verfertigt und in Mein Kabinet einbefördert werde[51].*

Offenbar forderten die beginnenden Revolutionskriege ihren finanziellen Tribut. Besonders schlimm wurde die Lage für das kaum geborene Naturalienkabinett, als in den Kriegswirren des Jahres 1796 das Universitätshaus, speziell das Naturalienkabinett, in ein österreichisches Heeresmagazin umgewandelt und als Fabrikationsort für Getreidesäcke mißbraucht wurde[52]. Dazu mußten die Sammlungen vorübergehend ausgeräumt werden, es wurde gestohlen und Unordnung verursacht.

Das Kabinett blieb bis zum Jahr 1803 praktisch ohne die ihm zugedachte Bedeutung[53]. In diesem Jahr wurde der Benediktinerpater Dionysius Linder als *Inspektor* an das Naturalienkabinett berufen. Linder hatte zuvor die Naturaliensammlung der Abtei Banz betreut und beträchtlich erweitert. Nach der Säkularisation von Banz 1803 konnte er den größten Teil der dortigen Sammlungen als sein Privateigentum geltend machen und unter der Bedingung, lebenslange Anstellung zu finden, mit der bestehenden Bamberger Sammlung vereinen. Diese war jedoch zu einem kläglichen Rest zusammengeschrumpft. Nach Linders eigenen Angaben[54] waren neben einer größeren Anzahl von Mineralien nur noch ein bis vier unbrauchbare Säugetiere, elf bis zwölf verdorbene Vögel, wenige Schildkrötenpanzer, ein Krokodil, einige Fische, sechs bis acht Krabben und um die 1300 Schnecken und Muscheln vorhanden. Der Rest war während der unruhigen Verhältnisse seit 1796 verschwunden oder verdorben.

Mit Linder setzte die zweite Ausbauphase des Naturalienkabinetts ein. JÄCK[55] erwähnt, daß durch den Einsatz Linders bis zum Jahr 1810 eine Summe von 2500 fl. für die Anfertigung der Mittelvitrinen[56], neuer Wandschränke auf der ganzen Galerie, die Fassung aller Schränke mit weißer Farbe außen und blauer Farbe innen[57], für die Vergoldung der Büsten und Herstellung zahlreicher Aufbewahrungsgefäße aus öffentlichen Quellen bereitgestellt wurden. Eine Handwerkerrechnung vom 7. Juli 1807 läßt vermuten, daß Linder auch die zwei Ausstellungspyramiden, die heute in der Mitte des Saales stehen, anfertigen ließ[58]. Die meisten Arbeiten der zweiten Ausbauphase waren aber schon im Jahr 1808 abgeschlossen, wie aus einem Inventar Linders vom 24. Mai dieses Jahres hervorgeht, in dem unter der Beschreibung der Einrichtung auch die Mittelschränke, die Schränke der Galerie sowie die farbliche Fassung erwähnt werden[59].

Linder vermehrte in der Folgezeit auch die Sammlungen ganz außerordentlich und brachte das Kabinett zu europaweiter Bedeutung. Ferner sicherte er durch mehrere Stiftungen den finanziellen und räumlichen Fortbestand des Museums für lange Zeit[60].

Das Erbe Franz Ludwigs existiert auch heute noch. Im Lauf der Zeit wurden dem ursprünglichen Ausstellungs-

Naturkunde-Museum Bamberg. Großer Ausstellungssaal. Porträt des Fürstbischofs Franz Ludwig von Erthal.

saal weitere Räume angegliedert. 1958 wurde der Name von „Naturalienkabinett" in „Naturkunde-Museum" abgeändert[61]. 1988 wurde die technische und wissenschaftliche Betreuung des Museums von der Generaldirektion der Staatlichen Naturwissenschaftlichen Sammlungen Bayerns übernommen und gleichzeitig eine hochmoderne Neukonzeption der später hinzugekommenen Schauräume verwirklicht[62]. Der große frühklassizistische Ausstellungssaal blieb jedoch als „Museum im Museum" nahezu unverändert in der Form erhalten, wie er von Franz Ludwig von Erthal vor 200 Jahren geplant war – und erfreut sich steigender Beliebtheit.

Anmerkungen

1 FRIES, Bischöfe von Würzburg, S. 529, erwähnt . . . *für die Naturgeschichte eine ansehenliche Naturaliensammlung.* Damit bezieht er sich aber auf Sammlungsankäufe für die Würzburger Universität. LEITSCHUH, Erthal. Charakterbild, S. 80, erwähnt das Bamberger Naturalienkabinett in einem Satz. In der Begleitschrift zur Sonderausstellung zum 250. Geburtstag Franz Ludwigs (Schriften des Geschichts- und Museumsvereins Lohr am Main 16 [1980]) findet das Naturalienkabinett Bamberg gar keine Erwähnung.

2 Übersichtliche Darstellung der Geschichte der Naturwissenschaften in: Hans WUSSING (Hrsg.), Geschichte der Naturwissenschaften. Köln 1983.

3 FRIEDRICH KLEMM, Geschichte der naturwissenschaftlichen und technischen Museen. In: Deutsches Museum, Abhandlungen und Berichte 41 (1973), H. 2, S. 37. – GERHARD HANDSCHUH, Museen in Oberfranken: Kulturelle Dokumentation und pädagogische Vermittlung. Diss. Bamberg 1986.

4 WEBER, Gelehrte Schulen, S. 337 ff.

5 StAB, Rep. B 67 XIV Nr. 4, Prod. 152 (fol. 891).

6 JOACHIM HEINRICH JÄCK, Taschenbuch auf 1815. Erlangen 1815, S. 4. Johann Schott war Professor des Kirchenrechts und wurde von Franz Ludwig zum Wirklichen Geistlichen Rat ernannt. Friedrich Adalbert Marcus, Doktor der Philosophie und Medizin, war Leib- und Hofmedikus sowie hochfürstlich-bambergischer Hofrat.

7 WEBER, Gelehrte Schulen, S. 347.

8 JÄCK (wie Anm. 6).

9 JÄCK (wie Anm. 6), S, 6.

10 Das Bergbauterritorium Kupferberg, Neufang und Himmelkron gehörte seit dem Jahre 1260 zur bambergischen Abtei Langheim und

wurde später an das Hochstift Bamberg verkauft. Erzabbau und Verhüttung auf Kupfer und Vitriol mit wechselndem Erfolg und Intensität bis 1903. Vgl. RAINER SLOTTA, Technische Denkmäler der Bundesrepublik Deutschland. In: Der Metallerzbergbau, Teil II. Bochum 1983, S. 1422 ff.

11 StAB, Rep. B 67 XIV Nr. 5, Prod. 14 (fol. 61).

12 StAB, Rep. B 67 XIV Nr. 5, Prod. 16 (fol. 65). Dem Bamberger Hof- und Staats-Kalender (StAB, F 77, 8) ist zu entnehmen, daß Friderich Christoph Graf von Rotenhan auf Rotenhausen und Merzbach auch Berghauptmann war. In dieser Funktion diente er Franz Ludwig als Berater beim Ankauf von Naturaliensammlungen.

13 ERNST WILHELM MARTIUS, Wanderungen durch einen Teil von Franken und Thüringen. Erlangen 1794. Martius schreibt: *Dieses Kabinet . . . ist sehr reichhaltig an mancherley Seltenheiten . . . insbesondere aber an schönen Mineralien, von welchen man aber gleichwohl nicht viel sagen kann, indem sie alle in der größten Unordnung noch durcheinander liegen, und den meisten Stücken die Beschreibung fehlt. Herr Professor Frey kommt bei diesem Stücke Arbeit am meisten in Verlegenheit, da ihm, wie er selbst gesteht, die nöthigen Kenntnisse hierzu fehlen, auch schiebt er die ganze Unordnung auf andere, die die Hände vorher im Spiel hatten, denn daß die Stücke doch sämtlich beschrieben waren, ist daraus ersichtlich, weil die Zettel alle beisammen auf einem Haufen lagen . . .; kurz, alles liegt durch einander, und erwartet durch die Hand eines Sachverständigen in Ordnung gebracht zu werden.*

14 StAB, Rep. B 53 IV Nr. 427, 431.

15 StAB, Rep. B 67 XIV Nr. 5, Prod. 13 (fol. 60).

16 StAB, Rep. B 67 XIV Nr. 5, Prod. 31 (fol. 140).

17 StAB, Rep. B 67 XIV Nr. 5, Prod. 57 (fol. 209).

18 KONRAD FREY, Rede über die Naturgeschichte, ihre vornehmsten Schicksale, und die mit derselben zu verbindenden Wissenschaften. Bamberg 1795.

19 JÄCK (wie Anm. 6), S. 1.

20 WEBER, Gelehrte Schulen, S. 342 f.

21 StAB, Rep. B 67 XIV Nr. 4, Prod. 106 (fol. 689).

22 WEBER, Gelehrte Schulen, S. 344.

23 StAB, Rep. B 67 XIV Nr. 4, Prod. 122 (fol. 757).

24 StAB, Rep. B 67 XIV Nr. 4, Prod. 122 (fol. 759). JÄCK (wie Anm. 6) und MARTIUS (wie Anm. 13) geben 120 Taler als Kaufpreis an. Vielleicht rechnen sie irrtümlicherweise die 40 fl. hinzu, die dem Bergmeister Illig am 13. November 1790 von Franz Ludwig als Reisekostenentschädigung für die Fahrt nach Ansbach (Taxieren der Schmidtschen Naturaliensammlung) zugewiesen werden (StAB, Rep. B 53 IV Nr. 415, fol. 206).

25 JÄCK (wie Anm. 6), S. 3 – WEBER, Gelehrte Schulen, S. 345 f.

26 Johann Nepomuk Jakob Ladislaus Laudensack, geb. 1731 in Würzburg, gest. 1806 in Bamberg, Stiftsherr in St. Stephan, eifriger Freund der Naturgeschichte (JÄCK, Pantheon, S. 288. – WACHTER, General-Personal-Schematismus, Nr. 5958).

27 Zum Erwerb der Laudensackschen Sammlung: StAB, Rep. B 53 IV Nr. 422, fol. 89; Nr. 423, fol. 187, 518, 533, 549; Rep. B 67 XIV Nr. 4, fol. 161, 162, 163, 164, 175, 176.

28 Am 27. August 1792 richtete der Hofkammerrat Wilhelm Stenglein ein Schreiben an Erthal, in dem er das Angebot der *Geheimen Räthin* von Fortenbach bezüglich der Mineraliensammlung ihres verstorbenen Mannes übermittelte. Die Preisvorstellung belief sich auf 1000 fl., obwohl der Witwe angeblich von anderer Stelle bereits 1400 fl. geboten worden seien. (StAB, Rep. B 67 XIV Nr. 4, Prod. 184¹/2 [fol. 1020–1021]).

29 Am 29. Juni 1794 schlägt Konrad Frey den Kauf der Bothmerschen Fossiliensammlung vor und legt dazu offensichtlich ein Verzeichnis der angebotenen Stücke vor. Am 8. Juli 1794 antwortet Franz Ludwig mit leicht schroffem Unterton, indem er indirekt auf fehlende Ordnung und Katalogisierung im Kabinett anspielt: *So lange ich nicht be-*

stimmt weiß, was die bereits bei dahießiger Universität vorhandene Naturaliensammlung für Stücke enthält, werde ich mich überhaupt, um nicht vielleicht für Dupletten oder gar Dripletten unnütz Ausgabe zu machen zu weiteren Anschaffungen von Naturalien so leicht nicht entschließen, am wenigsten aber bey dermaligen zeitumständen, wo ohnehin so viele nöthigere Ausgaben gemacht werden müssen. (StAB, Rep. B 67 XIV Nr. 5, Prod. 66 [fol. 235]).

30 WEBER, Gelehrte Schulen, S. 344 f. Die Übernahme des Erbes von Chorrektor Johann Sebastian Schramm kam anscheinend aufgrund ungeklärter rechtlicher Verhältnisse nicht zustande. Das Erbe bestand aus dem Inhalt seines – wie es im Testament heißt – *Cubiculum Mathematicum*: im wesentlichen Bücher, Bilder, Münzen, Rehköpfe sowie Schnecken- und Muschelschalen. Schriftliche Quellen: StAB, Rep. B 67 XIV Nr. 4, Prod. 118 (fol. 744–750), Prod. 119 (fol. 753).

31 JÄCK (wie Anm. 6), S. 3.

32 MARTIUS (wie Anm. 13). – JÄCK (wie Anm. 6), S. 3.

33 Wie Anm. 5.

34 Diese offensichtliche Absicht Erthals, die in diesem Schreiben zum Ausdruck kommt, veranlaßt WILHELM AMENT von der Gründung eines „Naturalien- und physicalischen Cabinets" zu schreiben: WILHELM AMENT, Führer durch das Naturalien-Cabinet des Lyzeums zu Bamberg. In: WILHELM AMENT, Bamberg, die fränkische Kaiser- und Bischofsstadt, die Stadt der Romantik und des E. T. A. Hoffmann. Bamberg 1923.
Der Plan gelangte jedoch nicht zur Ausführung. In den späteren schriftlichen Quellen ist nicht mehr davon die Rede, in dem großen Ausstellungssaal auch die physikalischen Instrumente unterzubringen. Das Physikalische Kabinett wurde stattdessen in den beiden an das Naturalienkabinett anschließenden Räumen im ersten Obergeschoß des Nordflügels untergebracht, wie es noch in Grundrißplänen des Landbauamtes Bamberg aus dem Jahr 1958 ersichtlich ist.

35 WEBER, Gelehrte Schulen, S. 331.

36 StadtAB, Rep. C 26 Nr. 36.

37 JÄCK (wie Anm. 6), S. 5 f.

38 JÄCK (wie Anm. 6), S. 5 – WEBER, Gelehrte Schulen, S. 348.

39 WEBER, Gelehrte Schulen, S. 348. – Breuer/Gutbier, Stadt Bamberg – Innere Inselstadt, S. 67 f.

40 HANEMANN, Johann Lorenz Fink, S. 73.

41 StAB, Rep. B 67 XIV Nr. 5, Prod. 81 (fol. 333–334).

42 JÄCK (wie Anm. 6), S. 20.

43 StAB, Rep. B 67 XIV Nr. 5, Prod. 81 (fol. 335).

44 BREUER/GUTBIER, Stadt Bamberg – Innere Inselstadt, S. 68.

45 BREUER/GUTBIER, Stadt Bamberg – Innere Inselstadt, S. 160.

46 Nach BREUER/GUTBIER, Stadt Bamberg – Innere Inselstadt, S. 162 handelt es sich bei den Büsten um die Darstellungen der Naturforscher Avicenna, Paracelsus, Aldovrandi, Leclerc, Linné und Dioskurides. Die Büste auf dem Mittelschrank der Ostseite, die nicht mehr aus der ersten Ausbauphase stammt, soll Franz Oberthür darstellen.

47 Genaue Beschreibung der Einrichtung der ersten Ausbauphase sowie der späteren Einbauten bei: BREUER/GUTBIER, Stadt Bamberg – Innere Inselstadt, S. 160 ff.

48 FREY (wie Anm. 15), S. 23 f.

49 FREY meint mit diesen „gemeinnützigen Anstalten" das Naturalienkabinett und die Professur für Naturgeschichte.

50 StAB, Rep. B 67 XIV Nr. 5, Prod. 110 (fol. 432–433).

51 StAB, Rep. B 67 XIV Nr. 5, Prod. 110 (fol. 434).

52 JÄCK (wie Anm. 6), S. 9.

53 Am 8. Mai 1798 ergeht ein fürstbischöfliches Schreiben an den Schuldirektor Limmer mit folgendem Text: *Da das Naturalienkabinett bisher so ganz ohne Bestimmung geblieben ist, so verordnen seine hochfürstliche Gnaden, daß den Professoren, welche der studierenden Jugend die Naturgeschichte vortragen, daraus die nöthigen instructiven Körper gegen jedesmalige Hinterlegung eines Empfangsscheines verabfolgt werden; wobey der Bibliothekar Frey anzuweisen*

ist, ein Inventarium über den ganzen Naturvorrath wenn es noch nicht geschehen ist, nach kunstmäßiger Classification zu fertigen. (StAB, Rep. B 67 XIV Nr. 5, Prod. 199 [fol. 818]).

54 StAB, Rep. K 3 F VIII Nr. 309 I.

55 Jäck (wie Anm. 8), S. 19.

56 Die Mittelvitrinen, die heute vorhanden sind, entsprechen nicht denen, die Linder in Auftrag gegeben hatte. Jäck (wie Anm. 6), S. 19, 22 betont, daß Linder für die Mitte des Raumes Kästen mit Schubladen anfertigen ließ und daß man vom Eingang aus den ganzen Saal mit einem Blick übersehen kann – was heute durch die neueren, hohen Mittelvitrinen nicht mehr möglich ist.

57 Zur ursprünglichen Farbfassung liegt ein Befundbericht aus dem Jahr 1981 im Naturkunde-Museum vor.

58 StAB, Rep. K 3 F VIII Nr. 300.

59 wie Anm. 54.

60 Die Verdienste Linders waren so groß, daß ihn Wilhelm Hess sogar als den eigentlichen Gründer des Naturalienkabinetts bezeichnete. Wilhelm Hess, Linder, P. Dionysius, Naturaliensammler, sowie Gründer des K. Naturalienkabinetts. In: Anton Chroust, Lebensläufe aus Franken. Würzburg 1930, S. 267–275.

61 Anton Kolb, 180 Jahre Naturkunde-Museum Lindersche Stiftung. In: Bericht der Naturforschenden Gesellschaft Bamberg 58. Bamberg 1983, S. 130–150.

62 Matthias Mäuser, Das neue Naturkunde-Museum Bamberg. In: Archaeopteryx 10. Eichstätt 1992, S. 65–70. – Matthias Mäuser, Naturkunde-Museum Bamberg – historisches und modernes Naturerlebnis. In: Die Fränkische Schweiz, 2/93. Ebermannstadt 1993, S. 30–33. – Matthias Mäuser, Das Neue Naturkunde-Museum Bamberg. In: Bericht der Naturforschenden Gesellschaft Bamberg 69. Bamberg 1995.

Nr. 114

114 Büste des schwedischen Naturforschers Carl von Linné

Georg Joseph Mutschele
Bamberg, 1794/95
H. 43 cm

Naturkunde-Museum Bamberg   Abb.

Lit.: Joachim Heinrich Jäck, Taschenbuch auf 1815. Erlangen 1815, S. 22. – Joachim Heinrich Jäck, Kurze Beschreibung des königlichen Naturalien-Kabinetts zu Bamberg. München 1818, S. 7. – Trost, Bildhauerfamilie Mutschele, S. 157 f., 246 f. – Breuer/Gutbier, Stadt Bamberg – Innere Inselstadt, S. 162 f. – Zu Carl von Linné: Ilse Jahn/Konrad Senglaub, Carl von Linné. In: Biographien hervorragender Naturwissenschaftler, Techniker und Mediziner 35 (1978), S. X.

Die ausgestellte Büste ist eine von den insgesamt sechs Büsten, die auf den Schränken an den Längsseiten des großen Ausstellungssaals angebracht sind und die noch zur ursprünglichen Ausstattung der ersten Ausbauphase gehören. Die Büsten stellen allesamt berühmte Naturforscher dar (vgl. S. 242, Anm. 46). Carl von Linné (1707–1778) war insofern bedeutend, als er mit der Einführung der binären Nomenklatur in der Biologie als der Begründer der modernen Ordnung und Benennung von Tieren und Pflanzen gilt.

Die Büsten stammen, wie auch die anderen Schnitzarbeiten, von der Hand des Georg Joseph Mutschele. Sie sind bronziert. Folgt man den Beschreibungen bei Jäck, waren sie früher einmal vergoldet. Nach einem Befundbericht aus dem Jahr 1981 (aufbewahrt im Naturkunde-Museum) befindet sich unter der heute sichtbaren Bronzierung eine gelblichbraune Fassung, die auf Kreidegrund aufgetragen wurde. Reste einer Vergoldung konnten jedoch nicht nachgewiesen werden. Möglicherweise wurde eine ursprünglich vorhandene Vergoldung zu unbestimmter Zeit abgetragen.   M. M.

115 Würzburger Lügensteine

Christian Zänger?
Eibelstadt 1725
Muschelkalk, geschabt
H. 18,0 cm, Br. 20,0 cm (Nr. 15)
H. 9,0 cm, Br. 19,0 cm (Nr. 19)
H. 8,5 cm, Br. 9,3 cm (Nr. 20)
H. 10,5 cm, Br. 10,0 cm (Nr. 25)
H. 10,5 cm, Br. 7,0 cm (Nr. 48)
H. 15,5 cm, Br. 6,7 cm (Nr. 63)

Naturkundemuseum Bamberg, Provisorische Inventar-Nummern 15, 19, 20, 25, 48, 63.

Nr. 115

Die Würzburger Lügensteine stammen aus dem Jahr 1725. Sie sind die Zeugnisse des berühmtesten Betruges in der Geschichte der Naturwissenschaften. In jenem Jahr brachten drei junge Burschen aus Eibelstadt dem Würzburger Professor für Medizin und fürstbischöflichen Leibarzt, Johann Bartholomaeus Adam Beringer, einige Steine, auf denen die Reliefs seltsamer Figuren zu sehen waren. Die Burschen gaben an, die Muschelkalksteine auf einer Anhöhe unweit ihres Heimatdorfes gefunden zu haben. Beringer belohnte die „Finder" reichlich und spornte sie zu weiterer Suche an. Angeblich brachten sie ihm daraufhin in den folgenden sechs Monaten 2000 solcher Figurensteine, auf denen Tiere, Pflanzen, Himmelskörper und sogar Schriftzeichen zu sehen waren. Der Professor verfaßte eine umfangreiche wissenschaftliche Abhandlung über die Steine mit dem Titel „Lithographiae Wirceburgensis". In dieser Arbeit ventilierte er alle damals gängigen Vorstellungen zur Fossilienentstehung im Hinblick auf seine Figurensteine. Er kam zu dem Ergebnis, daß es sich nicht um „normale" Versteinerungen handelt und gab zu, daß er die Art ihrer Entstehung nicht zu deuten vermag. Sein Fehler war, daß er sie nicht als Fälschungen erkannte: Zwei Neider aus dem akademischen Umfeld Beringers beauftragten einen der Eibelstädter Burschen, die Figuren in die Steine zu schaben. Als der Betrug aufflog, war der Spott groß.

Aufgrund der zweifelhaften Berühmtheit, die der Betrug erlangte, waren die „Lügensteine" schon damals besonders kostbare und streng gehütete Objekte. Heute existieren noch rund 500 dieser corpora delicti in diversen Sammlungen der Welt – 54 davon im Naturkunde-Museum Bamberg. Nach bisheriger Kenntnis sind sie – wahrscheinlich mit Ausnahme von kleinen Teilen der Mineraliensammlung – die einzigen Objekte, die noch von der Sammeltätigkeit unter Franz Ludwig von Erthal übriggeblieben sind.

Bereits MARTIUS erwähnt anläßlich seines Besuchs des Naturalienkabinetts im Jahre 1793 als Bestandteil der Sammlungen *jene künstlichen Versteinerungen, womit Beringer, ein ehemaliger Doktor, Leibarzt und Professor in Würzburg hintergangen wurde.* Auf welchem Wege Franz Ludwig die Stücke erhalten hat, ist nicht durch Quellen belegt. JÄCK schreibt: *Als Regent von Würzburg hatte er auch die günstige Gelegenheit … an diese begehrten Objekte heranzukommen.* Wahrscheinlich wurden sie ihm zum Geschenk gemacht, da bislang keine Rechnungen über den Erwerb derselben bekannt sind. Möglicherweise gelangten einige der Lügensteine auch erst 1803 nach Bamberg, als die Bamberger Sammlungen mit denen des säkularisierten Klosters Banz vereinigt wurden, denn auch dort war eine ungewisse Anzahl dieser Fälschungen vorhanden.

M. M.

Lit.: JOHANN BARTHOLOMAEUS ADAM BERINGER, Lithographiae Wirceburgensis. Würzburg 1726. – ERNST WILHELM MARTIUS, Wanderung durch einen Theil von Franken und Thüringen. Erlangen 1795. – JOACHIM HEINRICH JÄCK, Taschenbuch auf 1815. Erlangen 1815. – K. ANDRÉE, Die Autorenschaft Beringers an der „Lithographia Wirceburgensis". In: Naturwissenschaftliche Wochenschrift N.F. 19 (1920). – HEINRICH KIRCHNER, Die Würzburger Lügensteine im Lichte neuer archivalischer Funde. In: Zeitschrift der Deutschen geologischen Gesellschaft 87 (1935). – JOSEF WEISS, Die „Würzburger Lügensteine". In: Abhandlungen des Naturwiss. Vereins Würzburg 4 (1963). – MELVIN E. JAHN, Dr. Beringer and the Würzburg „Lügensteine". In: The Journal of the Society for the Bibliography of Natural History 4/2 (1963). – MELVIN E. JAHN & DANIEL J. WOOLF, The Lying Stones of Dr. Johann Bartholomew Adam Beringer being his Lithographiae Wirceburgensis. Berkeley and Los Angeles 1963. – MELVIN E. JAHN, A note on the „editions" of Beringer's Lithographia Wirceburgensis. In: The Journal of the Society for the Bibliography of Natural History 6/3 (1972). – REINHARD FÖRSTER, „Beringersche Lügensteine". In: Jahresbericht 1979 und Mitteilungen Freunde Bayer. Staatssamml. Paläontol. hist. Geol. München 8 (1980). – JON M. MALLATT, Dr. Beringer's Fossils: A Study in the Evolution of Scintific World View. In: Annals of Science 39 (1982). – HERBERT UND HEIDE VOSSMERBÄUMER, Deutsche Übersetzung der Lithographiae Wirceburgensis. In: Naturw. Jahrbuch Schweinfurt 7 (1989). – HANS FRANKE, Die Würzburger Lügensteine, Würzburg 1991. – MATTHIAS MÄUSER, Die „Würzburger Lügensteine" im Naturkunde-Museum Bamberg. In: Bericht der Naturforschenden Gesellschaft Bamberg 69 (1995).

REGINA HANEMANN

Zum Bauwesen im Fürstbistum Bamberg unter Franz Ludwig von Erthal

Voraussetzungen

Bis heute ist das Gesicht der Residenzstadt wie auch der Landstädte und Dörfer des ehemaligen Fürstbistums Bamberg ganz wesentlich von den barocken Umgestaltungen seit dem späten 17. Jahrhundert geprägt. Doch wären diese punktuell geblieben, hätten sie nur aus den von der Kunstgeschichte gefeierten bischöflichen Kirchen- und Schloßbauten bestanden. Vielmehr aber waren sie das Ergebnis einer Politik, mit der das Kirchen- und Landesoberhaupt weit über die eigenen Aufträge hinaus das gesamte Bauwesen im Land anzutreiben und zu beeinflussen suchte. Mittel dazu waren etwa der Erlaß von Baubestimmungen, Ordnungen für das Bauhandwerk und die Kontrolle über die Baumaßnahmen durch die Baubehörden.

Bauordnungen der Vorgänger

Wohl noch im Zusammenhang mit den Folgen des 30jährigen Krieges sind die Versuche der Bamberger Regierung zu sehen, die zum Teil brachliegenden Städte wieder zu bevölkern. Vom 17. November 1696 ist ein gedrucktes Baudekret von Fürstbischof Lothar Franz von Schönborn erhalten, das vorschreibt, daß künftig zu errichtende Bauten zumindest einen gemauerten Sockel haben müßten[1]. Zur Verschönerung des Stadtbildes und zur Wiederbesiedlung verlassener Flächen wird schon ein Jahr später, am 30. September 1697, erlassen, daß *ödliegende Hoffstätt mit gehörigen Häusern* in den nächsten zwei bis drei Jahren bebaut werden sollten – dazu wird Steuerfreiheit für sechs Jahre zugesichert. Wer sich gar verpflichtet, ein leeres Grundstück zu bebauen, soll dieses umsonst erhalten. Sollte er sein Versprechen nicht halten, muß er den Grund wieder abgeben. Anscheinend kommt es immer noch nicht zum gewünschten Bauaufschwung, denn schon ein Jahr später, am 13. Mai 1700, muß neu geworben werden, daß bei Häusern aus Stein mit drei Stockwerken eine bis zu 20jährige Steuerbefreiung winken kann. Weniger gibt es für Holzbauten mit Kalkbewurf (sechs bis neun Jahre). Am wenigsten erwünscht (unter anderem wegen der Feuersgefahr) sind Häuser, die je zur Hälfte aus Stein und Holz bestehen, die Steuer wird hier nur für sechs bis acht Jahre ausgesetzt.

Auf dem Lande dagegen darf nur ein Stockwerk hoch gebaut werden; die Steuerbefreiung gilt hier weiterhin nur für drei Jahre. Auf solche Art gefördert, wurden das gesamte 18. Jahrhundert hindurch in Bamberg (und Würzburg) Häuser neu gebaut oder zumindest die Fassaden modernisiert. Eine gewisse Kontinuität der Bauten des frühen zu den Bauten des späten 18. Jahrhunderts ist dabei durchaus feststellbar. In bester fränkischer Tradition wurde das Ideal der von den Landesherren vorgeschriebenen Stadtverschönerung verfolgt und führte zu den stadtprägenden vornehmen Bauten Bambergs. Als Erthal 1779 den Thron bestieg, war durch die andauernde Beschäftigung mit dem Thema Bauen in seinen beiden Ländern ein solides Fundament an Kenntnissen und Fähigkeiten bei den Bauhandwerkern gewachsen. An landesherrliche Verordnungen, die in die Arbeit eingriffen, war man gewöhnt.

Das Bauhandwerk in Bamberg / Die Zunft

Die *Ordnung des Maurer und Steinhauer Handwercks dato Bamberg den 6ten Marty 1680* wurde vom Bamberger Fürstbischof Peter Philipp von Dernbach erlassen[2]. Die Ordnung von 1680 galt in Bamberg mindestens bis zur Säkularisation, wenn nicht bis zur Aufhebung der Zunft. Gelegentlich finden sich Erlasse, in denen an die Einhaltung einzelner, wohl in Vergessenheit geratener Punkte der Zunftordnung erinnert wird. Partielle Änderungen waren seitens der Regenten üblich. Die Zunftordnungen waren nicht im ganzen Fürstbistum gültig, vielmehr hatte fast jeder Ort eigene. Zudem wurden oft verschiedene Berufe des Bauhandwerks (z. B. Maurer, Steinhauer, Ziegler, Zimmerer) zusammengefaßt.

Für Vergehen der Zunftangehörigen wurden Geldstrafen festgesetzt. Die erhaltenen Protokolle der Maurer- und Steinhauerzunft[3], das Aufding- und Freisprechbuch[4] sowie das Meisterbuch[5] zeigen, wie die Zunftordnung in der Praxis angewandt wurde. Genau geregelt waren die Ausbildung, die Bedingungen beim Anfertigen des Gesellenstücks, die Wanderzeit, die Eheschließung, die Meisterprüfung, die Wahl zum Zunftmeister, Zwistigkeiten, Beleidigungen und Fehltritte der Meister untereinander. Als Vorstände wurden bewährte Meister immer wieder gewählt. So tauchen Friedrich Schneller, Georg Dennefiel, Daniel Baals, Georg Rumenal, Adam Weis, Niclaus Ederl und Conrad Fink abwechselnd auf[6]. Die Meister konnten sowohl bei der Stadt als auch gleichzeitig bei Domkapitel und Hof angestellt sein[7]. War ein bei Hofe dienender Meister für das Domkapitel tätig, wurde er extra entlohnt. Als Beispiel hierfür sei die Tätigkeit Lorenz Finks beim Neubau des dompropsteilichen Amtshauses in Maineck benannt, die mit 70 Gulden extra belohnt wurde[8].

Von den Zimmerleuten – zu den wichtigsten in Bamberg gehörte die Familie Madler –, die ebenfalls Häuser entwarfen und Baustellen betreuten, wissen wir aus einem Dekret vom Jahr 1789, daß die Prüfungsbestimmungen unter Erthal verschärft wurden. Die Fähigkeiten der Gesellen, die sich als Meister bewarben, sollten in Zukunft besser überprüft werden. Sie sollten in der Lage sein, den *Riß eines 3stöckigen Hauses, und das Dachwerk in der ganzen Befindung, auch zerlegend, nebst dem genauen Ueberschlag der Kösten zu fertigen; dann ferner [. . .] eine Kirche mit einem Kuppelthurn und Kreuzgewölbe, den Dachstuhl auch in Kleinem stuckweis aufzuzeichnen, sofort auch hierüber einen genauen Köstenausschlag zu fertigen*[9].

Daß es auch möglich war, unter Umgehung der Vorschriften zur Meisterwürde zu gelangen, zeigt die Karriere von Conrad und Lorenz Fink. Mit der Protektion des Fürstbischofs mußte 1761 der Landmaurermeister Conrad Fink aus Memmelsdorf als städtischer Zunftmeister zugelassen werden. Auch seinem Sohn Lorenz verschaffte der Fürstbischof unter Umgehung der Vorschriften den Titel des Maurer- und Steinhauermeisters am 5. Dezember 1776 durch ein entsprechendes Dekret[10]. Der Hofwerkmeister gehörte nun der städtischen Zunft an und konnte jetzt ein eigenes Baubüro unterhalten und Lehrlinge ausbilden. Das erfahren wir aus dem Aufding- und Freisprechbuch der Bamberger Maurerzunft, das im Jahr 1767 beginnt und bis ins 19. Jahrhundert reicht. Es bezieht sich auf die Zunftordnung. Der Band enthält in chronologischer Folge Aufzeichnungen über Lehrlingseinstellungen (Aufdingungen) und -entlassungen (Freisprechungen). Die Texte sind formelhaft abgefaßt. Hier erfahren wir beispielsweise über das Baubüro des wichtigsten Erthalschen Baubeamten, Lorenz Fink, daß die Lehrlingsausbildung erst 1780 einsetzte, obwohl er seit 1776 städtischer Meister war. Dies deutet auf einen Wandel seiner Aufgaben für das Hochstift Bamberg nach 1779, dem Jahr des Regierungsantrittes von Franz Ludwig, hin. Vom Bauaufseher konnte sich Fink unter ihm zum entwerfenden Architekten entwickeln; seine Aufträge, bei denen ihm die Mithilfe der Lehrlinge willkommen war,

vermehrten sich ab 1780 deutlich. Insgesamt bildete er aber in den Jahren 1780 –1798 nur acht Lehrjungen aus.

Die Organisation der Baubehörden

Bisher sind für Bamberg Aufgaben und Institution des Hofbauamts kaum näher definiert worden[11], wie es im Falle Würzburgs wenigstens für den Zeitraum zwischen 1720 und 1750 geschehen ist[12]. Ohne Überprüfung der Quellen können diese Ergebnisse nicht auf andere Zeiten und Orte übertragen werden, da selbst bei einer Personalunion von Bamberg und Würzburg Gesetze und Verordnungen nicht automatisch dieselben waren. Die Kontrolle über die Handwerker und ihre Tätigkeit durch die fürstbischöflichen, städtischen und domkapitelschen Behörden, deren Mitspracherecht bei Baumaßnahmen oder auch die Abhängigkeit der verschiedenen Behörden voneinander, müßten für Bamberg endlich systematisch erfaßt werden. Schon die Quellenlage ist in Bamberg im Vergleich zu Würzburg sehr viel besser, da keine Kriegsverluste zu beklagen sind. Insgesamt darf man sich die Kontrolle nicht so umfassend und regelmäßig vorstellen wie bei heutigen Baubehörden. Die Intensität der Überwachung war von Regent zu Regent verschieden. So lehnte Franz Ludwig ausdrücklich den Vorschlag der Hofkammer vom 10. Dezember 1792 ab, bei Bauvorhaben, die die geringe Bausumme von insgesamt fünf Gulden nicht übersteigen, nicht mehr die Einwilligung des Fürstbischofs einzuholen[13]. Er wollte das letzte Wort behalten, auch wenn dies den Arbeitsablauf erschwerte. Sein Nachfolger Christoph Franz erklärte dagegen sofort nach Amtsantritt am 25. April 1795, daß er nur über Baumaßnahmen und Reparaturen unterrichtet werden wolle, *wenn an einem stehenden Gebäude, etwa eine Hauptveränderung [. . .] oder gar ein neuer Bau aufgeführt werden solle*[14]. Aus den Anweisungen Franz Ludwigs wird deutlich, daß er sich auch mit Fragen der Architektur intensiv auseinandersetzte. Verständnis und Offenheit dafür stehen sicher in direktem Zusammenhang mit der Rolle des Vaters, des angesehenen Kavaliersarchitekten Philipp Christoph von Erthal, der dem Mainzer Baukonzilium des Lothar Franz von Schönborn angehörte[15]. Wir wissen auch, daß sich einige wichtige Architekturpublikationen in Franz Ludwigs Besitz befanden[16]. Bei einem (nicht erhaltenen) Riß für ein Gartensalettel im Geyerswörth-Garten kritisierte er recht fachmännisch: *[. . .] Erlaube ich ein neues Salett nach dem eingeschickten Riße zu erbauen. Zu überlegen ist aber noch, ob nicht ein förmlicheres und mehr proportioniertes Dach, als auf dem Riße ersichtlich ist, angebracht werden könne. Mich dünkt es zu hoch, weil es zwey Drittel von der Höhe der Säulen hat, worauf es ruhen soll*[17].

Daß Franz Ludwig oft übergenau informiert werden wollte, zeigt auch ein Schreiben an die Hofkammer, indem er darum bat, ihm technische Fachausdrücke zu erklären, von denen er sich *keinen deutlichen und anschaulichen Begriff* machen könne, bevor er sich zu einem Gutachten äußerte[18]. Franz Ludwig griff, wie übrigens seine Vorgänger auch, immer wieder direkt in das Handwerksleben ein. So verordnete er etwa zum Wohl der übrigen Bevölkerung, daß Maurergesellen, die keinerlei Verdienst in Aussicht hätten, von den Gerichten nicht zu Bürgern gemacht werden dürften, bevor eine Untersuchung ihrer Vermögenslage nicht klarstellen konnte, daß sie dem Staat nicht später als Bedürftige zur Last fallen würden[19].

Bei der Auswahl der Handwerker für die neu zu besetzenden Stellen beim Hofbauamt, die meist den städtischen Zünften angehörten, verließ sich Franz Ludwig oft auf Rat und Gutachten Lorenz Finks, z. B. als sich Joseph Dennefeld und Johann Baals 1786 um die Hofmaurerstelle bewarben. Die Hofkammer empfahl Dennefeld, mit der Einschränkung, zuerst eine Probe seines Könnens zu verlangen. Dazu hatte Dennefeld in *Gegenwart des Hofbauamts Deputati und des Hofwerkmeisters Finck einen Grundriß über ein Wohnhauß zu fertigen und soviel die Maurerarbeit betrifft, einen angemessenen Kostenüberschlag zu berechnen [. . .], welcher von dem Hofwerkmeister Finck zu beurtheilen sei*[20].

Ein wichtiger Schritt zur verbesserten Organisation des Bamberger Bauwesens war die Entscheidung des Fürsten, ab dem Jahre 1783 ein *doppeltes Bauprotocoll* führen zu lassen. Diese Neuerung wurde wohl nach Würzburger Muster eingeführt, wo ab 15. Oktober 1782 *drei besondere Kammerprotokolle geführt werden sollen, davon das eine Stadtbau-, das andere Landbau-, das dritte Fortifikationsbauprotokoll*[21]. Im Hofbauamtsprotokoll wurden Gebäude und Reparaturen in der Residenzstadt Bamberg (mit Seehof) aufgeführt; das Landbauamtsprotokoll betraf die Gebäude im übrigen Hochstiftsgebiet[22]. Eine weitere vorbildliche Maßnahme war die von Franz Ludwig 1784 durchgeführte, sehr moderne statistische Erhebung, in der die Handwerker aller Berufssparten im Fürstbistum festgestellt werden sollten. Die Fragebogen, die an die einzelnen Ämter im Hochstift verschickt wurden, sind zum Teil noch erhalten[23]. Franz Ludwigs Interesse am Handwerk und an der Stabilisierung der Zünfte zeigt sich auch in einem Dekret vom 25. August 1790, in dem er bestimmte, daß kein Landmeister *einen anderen Jungen als seine leiblichen Söhne und Stiefsöhne in die Handwerkslehre aufnehmen darf*. Eine Ausnahme könne sein, wenn der Antragsteller nachweise, daß er sich *besser zum Handwerk als zur Bauerey*

schicke[24]. Nach Franz Ludwigs Tod wurde diese Verordnung sofort vom Bamberger Hofrat am 6. Juli 1795 aufgehoben[25].

In den Hofkalendern fällt auf, daß die Hof- und Stadtämter häufig unter Familienmitgliedern, die dasselbe Handwerk ausübten, verteilt waren oder von ein und derselben Person besetzt waren[26]. Die domkapitelschen Angestellten waren sogar fast durchweg entweder bei Hofe oder bei der Stadt tätig, weil die Aufträge des Domkapitels ihren Lebensunterhalt nicht sichern konnten. Ausgefallene Handwerksberufe wurden von denselben Handwerkern für Hof, Domkapitel und Stadt ausgeübt. Franz Ludwig versuchte, das Potential von Hofarbeitsleuten abzubauen und war nicht bereit, sich *in Auswahl eines und des anderen noch tüchtigeren die Hände gleichsam zu binden*. Gleichzeitig forderte er die Hofkammer auf, darauf zu achten, größere Aufträge nicht verschiedenen Handwerkern zu übergeben, weil *deren Art zu arbeiten und ihre Modelle verschieden sind*[27].

Die Hofarchitekten

Als Erthal 1779 an die Regierung kam, waren in Würzburg und Bamberg mehrere Baumeister bei Hofe beschäftigt. Einem Protokollbericht zur Neugestaltung des Bauwesens zufolge waren in Würzburg nebeneinander Johann Philipp Geigel für den Residenzbau, Johann Michael Fischer für die Fortifikation, Franz Ignaz Michael Neumann für die Ingenieurbauten zuständig[28]. Allerdings wurde die Trennung der Arbeitsbereiche nicht sehr streng durchgehalten. Zur Durchführung solcher Anordnungen sei nur das Beispiel Geigels genannt, der sich beschwert, daß ihm noch nie eine Baudirektion übertragen worden wäre und ihm des öfteren die Baurisse für Neubauten nicht zur Genehmigung vorgelegt worden wären, obwohl dies nach der Instruktion von Adam Friedrich hätte immer geschehen sollen. Den höchsten (militärischen) Rang hatte der Sohn Balthasar Neumanns, Obrist Franz Ignaz Michael Neumann, doch scheint dem Architekten nach dem Tode Adam Friedrich von Seinsheims durch Franz Ludwig keine besondere Wertschätzung mehr zuteil geworden zu sein[29]. Auch die Aufträge für den Würzburger Hofarchitekten Johann Michael Fischer (1720–1788) gingen zurück. Er war überaus häufig in bambergischen Landen tätig gewesen, oft gemeinsam mit seinem Schüler Johann Lorenz Fink, wo er im Park von Schloß Marquardsburg (Seehof) bei Bamberg vor allem das Brunnen- und Wasserleitungssystem betreute[30] sowie für die Fassade der Jakobskirche und den Universitätsneubau in Bamberg eingesetzt wurde[31]. Ein Jahr nach seinem Tode wurde sein Sohn, der bisherige Straßenbauingenieur Adam Salentin Fischer, zum Hofarchitekten ernannt[32]. Über dessen Biographie und Tätigkeit sind wir leider noch schlecht unterrichtet[33].

Der Würzburger Hofarchitekt Johann Philipp Geigel (1731–1800) ist 1755 als Amtmann im fürstlichen Bauwesen erstmals achivalisch faßbar[34]. In Bamberg ist er unter Adam Friedrich von Seinsheim beim Neubau des Theaters im Park von Schloß Marquardsburg (Seehof) in den Jahren 1774/75 und unter Franz Ludwig bei der Bauleitung des Allgemeinen Krankenhauses (ab 1786) nachweisbar. Fast gleichzeitig hatte er ab 1787 in Würzburg den zweiten Erthalschen Krankenhausbau, den Umbau des Juliusspitals zu betreuen. Sein Sohn Heinrich Alois Geigel (1765–1798) wurde 1789 zum Bauamtmann und Hofarchitekten bestellt, scheint aber in Bamberg nie in Erscheinung getreten zu sein.

In Bamberg selbst wirkte der Hofwerkmeister Johann Lorenz Fink (1745–1817), Sohn des Hofmaurermeisters Conrad Fink und Schüler Johann Michael Fischers. Er stand ab 1769 in bambergischen Diensten, wo er zunächst unter Fischer vor allem im Park von Schloß Seehof eingesetzt wurde. 1792 wurde er von Franz Ludwig für seine Verdienste beim Bau der Straße unterhalb der Residenz wie auch beim Neubau des Allgemeinen Krankenhauses rückwirkend zum 1. Januar 1790 zum Hofarchitekten befördert[35]. Er war für die staatlichen Baumaßnahmen im ganzen Land zuständig. Dabei hatte er sowohl einfache Reparaturen auszuführen wie auch Gutachten zu erstellen, Baustellen zu überwachen und Neubauentwürfe für Amtshäuser, Schulen, Pfarrhäuser, Getreidespeicher, Jägerhäuser zu liefern. Insgesamt sind von ihm zweihundert Pläne erhalten[36].

Neuerungen unter Erthal

Eine bereits oben angesprochene Neuerung im Würzburger Bauwesen war die am 15. Oktober 1782 erlassene Verordnung Franz Ludwigs, die auch für Bamberg so weitreichende Folgen hatte, daß sie ausführlich zitiert sei:
Nachdem die Verfassung des dortigen Bauwesens mir überhaupt ganz und gar nicht gefällt, indem ich aus den nun schon zweimal durchgegangenen Baurechnungen und Anlagen viel Willkür, viel schädliche Unordnung und Verwirrung und allzuwenig Obsorge für das herrschaftliche Interesse wahrgenommen habe . . . ich eine ganz neue Einrichtung mit Zeit und Gelegenheit zu treffen entschlossen bin, unterdessen aber verlange, daß von nun an gleich unter allen vorkommenden Bausachen sowohl in der Stadt als auch auf dem Land 3 besondere Kammerprotokolle geführt werden sollen, davon das eine Stadtbau-, das andere Landbau- und das dritte Fortifikationsbauprotokoll zu rubrizieren sei; im ersten nur die Resi-

denz- und alle herrschaftlichen Stadtbäulichkeiten, im zweiten aber ebensolche Herrschaftsbau- und Reparationsnotwendigkeiten auf dem Land, im dritten endlich die Militär und Fortifikationsbäulichkeiten vorzutragen und abzuhandeln sind. Außerdem darf nicht die geringste Arbeit bestehen, ohne im Bauprotokoll eingetragen zu sein . . . gestalten denn ein jeder, der sonst in Zahlungsanweisungen unterschreibt Gefahr läuft, daß ich mich an ihn halte[37].

Die Baukommission

Bauwillige Bamberger Bürger mußten ihre Baurisse der Regierung vorlegen und genehmigen lassen. Dazu war nach dem Brand im Sand für den Wiederaufbau eine Kommission aus Hof- und Regierungsräten sowie aus Architekten nach Würzburger Muster eingesetzt worden, um einerseits die Einhaltung feuerpolizeilicher Bestimmungen, andererseits auch die Einpassung der Neubauten in das Stadtbild kontrollieren zu können[38]. Aus einem Schreiben Franz Ludwigs an die Regierung vom 3. November 1787[39] ist abzulesen, daß der Fürstbischof an der Wirksamkeit der Bauverordnungen zweifelte, doch die Einrichtung der Baukommission für eine gute Idee hielt. Zusätzlich forderte er, daß dem Werkmeister Fink sämtliche Pläne vorgelegt werden müßten, jede endgültige Entscheidung aber immer nur von ihm selbst getroffen würde. Unerbittlich ging Franz Ludwig gegen Bauherren vor, die vorschriftswidrig bauten. Sie konnten von Glück sagen, wenn sie nur ihre Schwarzbauten wieder abreißen und nicht noch hohe Strafen zahlen mußten[40]. Eine Sammlung solcher Baubewilligungen – in einigen Fällen sogar noch mit Baurissen – hat sich für das Stadtviertel um St. Gangolf erhalten[41]. Das Verfahren ist wahrscheinlich auf die übrigen Stadtteile übertragbar. Die Schriftstücke aus der Zeit von 1787 bis 1802 sind von der Regierung (bzw. der Polizeikommission) an den Richter von St. Gangolf adressiert. Die erhaltenen Pläne (u. a. ein Gärtner- und ein Weberhaus) beweisen, daß selbst unscheinbare Fassadenentwürfe und Neubauprojekte von der Regierung und der Stadt abgesegnet werden mußten, bevor eine Baubewilligung erteilt wurde. Die Baurisse wurden bei der Regierung bzw. der Polizeibehörde eingereicht und von dort an den Bürgermeister und Stadtrat weitergegeben, die zusammen mit einer Hochfürstlichen Baukommission die Pläne zu prüfen hatten[42]. Mit dem Gutachten der Baukommission gingen sie zurück an die Regierungsbehörde. Anschließend wurden sie dem Stadtteilrichter zugestellt, der dem Bauherren die Baugenehmigung sowie etwaige Auflagen zu überbringen hatte. Der

Richter war dann verantwortlich dafür, daß die Bauauflagen der Gutachter auch durchgeführt wurden. Die Pläne wurden also dem Bauherren zurückgegeben und als Bauvorlage genutzt, was erklärt, wieso in den Akten kaum derartige genehmigte Pläne enthalten sind[43]. Die Baukommission war wohl nicht immer aus den gleichen Gutachtern zusammengesetzt; sie wurde anscheinend von Fall zu Fall neu berufen. Fink gehörte öfters zu den Unterzeichnenden, ebenso der Hofkriegsrat Johann Georg Roppelt, Stadtbaumeister Mayer[44] oder Zimmermeister Joseph Clemens Madler, später auch Philipp Madler. Den Bauherren wurde z. B. durch die Baukommission zur Auflage gemacht, der Neubau müsse in gleicher Flucht mit den Nachbarbauten gehalten werden, *weillen das ihrigen Nachbarns hauß etwas vorstehet, die Facade dermahlen ebensoweit allda heraus zu rücken haben*[45]. In einem anderen Gutachten vom 7. Juli 1789 heißt es, es sei kein eigentlicher Neubau vorgesehen, sondern nur eine Reparatur; die *Facade wird von Stein, welches höchst nöthig ware, hergestellet; die Scheidwände um das Küchlein und mitten durch den Hausplatz, wie auch das Feuermeuerlein gegen den Nachbarn/: wie man im Riße gestrichelt hat:/ müsse von Backstein aufgemauert werden*[46]. Daß die Kommission das äußere Aussehen nicht stur vornan stellte, sondern auch die Funktion der Gebäude berücksichtigte, zeigt das Gutachten vom 23. Februar 1792 für ein Gärtnerhaus mit der Empfehlung: *Dieses Haus würde freilich besser aussehen, wenn die Fenster etwas höher gemacht würden; allein es pflegen es die Gärtner gerne in den Stuben einen Unterschlag an der Decke machen zu lassen, um Saamwerck darauf trocknen zu können, so kann man es schon passiren lassen*[47]. Auch ein weniger repräsentativer Entwurf hatte durchaus Chancen. So gestatteten am 26. April 1793 Roppelt, Mayer, Fink und Madler einen von Meister Dennefeld für den Gärtnermeister Förtsch vorgelegten Plan, weil *das Haus in einer Nebenstraße der Gärtnerey liegt, wo kein sonderliche Zierde erforderlich seyn wolle, sondern daß überhaupts Feuerfest gebaut werde.*

Die wenigen Beispiele belegen die umfangreiche Arbeit der von der Regierung eingesetzten Baukommission. Sie zeigen aber auch, daß die städtischen Behörden durchaus ein Mitspracherecht hatten, wenngleich die Kommissionen unausgewogen, z. B. vor allem mit Hofhandwerkern, besetzt wurden. Die an der Überwachung der korrekten Bauausführung Beteiligten wurden für diese Tätigkeit auch entlohnt, doch erst unter Christoph Franz, der die Einrichtung der Baukommission weiter beibehielt, wurde per Dekret vom 24. September 1801 eine genau gestaffelte Bezahlung nach erbrachter Leistung eingeführt[48].

Die Bauhandwerker

Es gab in der zweiten Hälfte des 18. Jahrhunderts eine große Zahl durchschnittlich begabter Bauhandwerker in Bamberg, die an der Stadterneuerung beteiligt waren. Gerade deswegen ist die stichhaltige Zuschreibung an einzelne, im Gegensatz zur lokalen Praxis der Kunstgeschichtsschreibung, unmöglich. Bis zur Säkularisation wurde eine Reihe von Neubauten errichtet, die Mehrzahl der Baumaßnahmen betraf Fassadenerneuerungen. Archivalische Belege, nach denen sich einzelne Entwürfe für Bamberger Bürgerhäuser sicher zuschreiben lassen, gibt es eher selten[49]. Planzeichnungen verschiedener Meister zeigen, daß das Niveau in Bamberg allgemein recht hoch war. Einige ausgewählte Beispiele sollen demonstrieren, daß es weder möglich noch sinnvoll ist, bei schlichten, qualitätsvollen Bauten von der „Handschrift" einzelner Architekten zu sprechen, wenn übereinstimmende Formen, beispielsweise im Baudekor, eingesetzt wurden. Man muß sich bewußt machen, daß nicht nur akademisch ausgebildete Architekten Fassadenentwürfe lieferten, sondern Maurer- und verstärkt auch Zimmermeister. Im Fürstbistum Bamberg und besonders in der Residenzstadt Bamberg kommen unter Erthal von den älteren Bauhandwerkern vor allem noch der Zimmermeister Joseph Clemens Madler (1727–1795)[50], Stadtmaurermeister Joseph Vogel (um 1735–1785) und Friedrich Schneller († vor 1789) sowie Hofmaurermeister Conrad Fink als Entwerfer in Frage. Während die Hofarchitekten und -baumeister länderübergreifend eingesetzt wurden, so scheint dies bei den Handwerkern nicht üblich gewesen zu sein. Auch in den Landstädten Kronach, Forchheim oder Burgkunstadt wurden, soweit möglich, ansässige Handwerker verpflichtet; der Hofarchitekt überwachte die Baustellen auf seinen Inspektionsreisen. Bei Reparaturen im Dorf Nestelreuth, das zum Markt Enchenreuth (heute Lkr. Kulmbach) gehörte und damit im Gebiet der Markgrafschaft Bayreuth lag, sollten nach der Resolution vom 7. Juli 1786[51] möglichst Werkleute eingesetzt werden, die ihr Meisterrecht in Bamberg *und* Bayreuth erworben hatten. Sollten solche nicht greifbar sein, seien bayreuthische Handwerker anzustellen.

Unter den jüngeren Handwerkern, die an der Gestaltung Bambergs maßgeblich beteiligt waren, sind die Maurermeister Otto Schumm (*1735), Carl Dietrich Weiß (*1754), Joseph Dennefeld (1746–1813) sowie der Zimmermann Franz Ludwig Madler (*1758) zu nennen. Von der nächsten Generation, die etwa bis zur Jahrhundertwende in Bamberg tätig war, ist der Zimmermeister Philipp Madler (1764–1834) hervorzuheben, der häufig mit Lorenz Fink zusammenarbeitete und in verwandtschaftlichen Beziehungen stand[52]. Von diesen Handwerkern sind uns viele sehr unterschiedliche Pläne erhalten, auch ganz schlichte sind dabei[53]: Ein bescheidenes Plänlein Joseph Dennefelds für ein Haus auf dem Zinkenwörth, das mit einem Approbationsvermerk des Bauamtmanns Joseph Gruber aus dem Jahr 1786 abgezeichnet ist, zeigt dies. Der Entwurf für ein schlichtes zweistöckiges Haus mit einfachen Eckpilastern, geraden Fensterschürzen, geohrten Fenster- und Türrahmen war zur Zufriedenheit der Baukommission ausgefallen und genehmigt worden[54].

Aus den strengen Reglements der Zunftordnung und den Bauvorschriften der Regierung kristallisierte sich allmählich eine Architektur heraus, deren Einzelbauten einander sehr ähnlich waren. Letztlich geht sie auf Formen zurück, die Balthasar Neumann in Franken entwickelt hatte. Vor allem über dessen Architektur erfolgte die Rezeption österreichischer Barockarchitektur – wenn man in der zweiten Jahrhunderthälfte überhaupt davon sprechen will – im Hochstift Bamberg, doch auch über Bauten in Franken, an denen österreichische Architekten maßgeblich beteiligt waren, sowie über Stichwerke wie Johann Bernhard Fischer von Erlachs „Entwurff einer Historischen Architektur" von 1721. Für das letzte Viertel des 18. Jahrhunderts, nach dem Tod Johann Michael Fischers und Franz Ignaz Michael Neumanns, lassen sich in Bamberg keine Architekten mit Studium mehr nachweisen. Auch ist kein Fall bekannt, in dem Franz Ludwig einen jungen Baumeister zur Weiterbildung ins Ausland schickte und die Reisekosten übernahm, wie dies bei seinen Vorgängern üblich war. Dagegen setze er sich für die Gründung der Zeichenschule Leopold von Westens (1794) ein, die in Bamberg eine Art „akademischer" Ausbildung ermöglichte. Sie ist in direktem Zusammenhang mit den künstlerisch begabten Handwerkern zu sehen[55]. Auch Erthals Hofarchitekt Fink unterrichtete wohl an der Zeichenschule, da eine sehr sorgfältig gearbeitete Bauaufnahme des Hochzeitshauses am Kranen, in dem die Zeichenschule untergebracht war, existiert[56]. Die Vorzüge dieser Zeichenschule wurden auch vom nächsten Fürstbischof, Christoph Franz von Buseck, erkannt. Er bestimmte 1801, daß zwar nicht wie bisher (z. B. in Kriegszeiten) die Wanderjahre der Handwerksgesellen völlig entfallen dürften, wohl aber sollten Maurer- und Zimmergesellen, die die Bamberger Zeichenschule ein Jahr besuchten, die Hälfte ihrer Wanderzeit erlassen bekommen[57]. Der Hauptzweck der Wanderschaft – von fremden Meistern in fremden Ländern zu lernen – wurde nun im eigenen Land durch gute Lehrkräfte erfüllt. Daß man von seiten der Obrigkeit bestrebt war, die Wanderzeit nicht völlig zu erlassen, macht deutlich, daß das Interesse der Handwerksburschen an der Weiterbildung nicht immer so groß war wie bei Lorenz Fink oder den Mitgliedern der Familie Madler. Diese begrenzten ihren Auslandsaufenthalt nicht auf die umliegenden Länder, sondern wanderten aus eigenem Interesse an zeitgenössischer „guter" Architektur bis nach Frankreich. Heinrich Alois Geigel, der bis nach Prag, Wien und Italien (bis Palermo) kam, war eher die Ausnahme.

Die Bauvorhaben

Ein großer Eingriff in die Stadtgestaltung Bambergs war die grundlegende Veränderung des Dombergs, die in zwei Abschnitten erfolgte[58]. So schlug schon 1730 Balthasar Neumann Fürstbischof Friedrich Karl von Schönborn vor, den Platz vor der Residenz neu anzulegen, damit er nicht mehr so *irregular steht*. Dieser Vorschlag wurde nicht ausgeführt. Der Fürstbischof unternahm 1737 einen weiteren Vorstoß zum Weiterbau der Residenz und zur Veränderung des Dombergs, doch war das Domkapitel entschieden dagegen, da die alte Hofhaltung abgerissen werden sollte[59]. Erst Adam Friedrich von Seinsheim begann den Domberg abzutragen, um einen annähernd regelmäßigen Schloßplatz zu erhalten.

Mit der Durchführung der Arbeiten wurde Franz Ignaz Michael Neumann beauftragt. Der Hofwerkmeister Lorenz Fink war bei diesen Arbeiten zur Beaufsichtigung miteingesetzt worden. Schon 1776 hatte er einen Riß des Dombergs kopiert, den wahrscheinlich Franz Ignaz Michael Neumann entworfen hatte[60]. Das Hauptproblem bei der Abtragung bestand darin, eine günstige Lösung für die Wasserführung zu finden. 1777 zeichnete Fink zwei Pläne zur Umgestaltung der Treppe am Katzenberg, die in Kopien von Joseph Rössert von 1845 erhalten sind[61]. Sie sind als Konkurrenzentwürfe zu Neumann zu verstehen.

Die Umbauten an der Katzenbergtreppe wurden erst später im zweiten Bauabschnitt der Dombergveränderungen durchgeführt, doch könnte Finks intensive Auseinandersetzung mit dem Projekt ausschlaggebend für Franz Ludwig von Erthal gewesen sein, ihn mit der Neuanlage der Residenzstraße zu beauftragen. Am 29. Juli 1787 war in der Lochei an der Ostseite der Residenz im Herzwirtshaus im Sand ein Großbrand ausgebrochen und hatte auf die umliegenden Häuser übergegriffen. Die Residenz war bei diesem Brand höchst gefährdet gewesen. Franz Ludwig beschloß, nachdem alles glimpflich verlaufen war, die schmale Locheigasse zu verbreitern und einen neuen Zufahrtsweg zur Stadt zu schaffen, die heutige Residenzstraße. Die Organisation dieser Arbeiten war Obermarschall Schenk von Stauffenberg übertragen, unter dessen Oberaufsicht der Hofwerkmeister Lorenz Fink arbeitete[62]. Zu dieser Baumaßnahme gehörten eine Stützmauer zum Hang, das Eiserne Tor am Fuße der Straße, eine

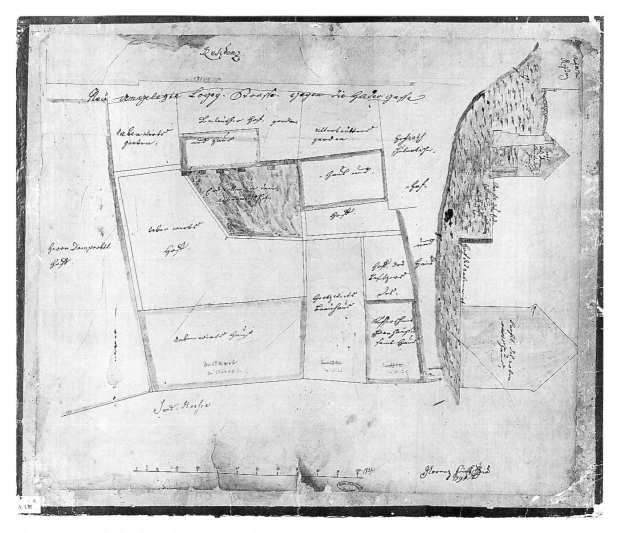

Johann Lorenz Fink, Situationsplan der Grundstücke unterhalb der Locheigasse. 1791. Staatsbibliothek Bamberg, M. v. O. A. VIII 19.

Freitreppe zur Sandstraße mit begleitender Bebauung, die den Domplatz abschließende Mauer zur Stadt hin mit einer Brunnenanlage[63], der Abriß des Neumannschen Brunnens am Vierzehnheiligen-Pavillon der Residenz sowie die Veränderung der Katzenbergtreppe und die Errichtung neuer Vikariatshäuser im Anschluß daran[64].

Für den Straßenausbau waren erhebliche Substruktionsmaßnahmen durchzuführen. Mit den komplizierten Grundstücksverhältnissen, der alten Wegführung und den abzureißenden Häusern der Ritterbrüder und des Domläuters machen einige Pläne vertraut: Der erste zeigt die Situation im Dombezirk vor Beginn der Bauarbeiten und

ist datiert *Anno 1747*[65]. Vermutlich entstand das Blatt erst gegen Ende des 18. Jahrhunderts. Im Bereich der Locheigasse sind nämlich die nach 1787 abgerissenen Häuser der Stuhlbrüder und des Domläuters nicht mehr eingetragen, während z. B. die in den 1730er Jahren wesentlich verbreiterte Auffahrt zum Domplatz noch als schmale Durchfahrt zwischen Stadionhof und Fürstlichem Kammerhof (vor dem Vierzehnheiligen-Pavillon gelegen) oder die 1777 eingelegte oktogonale Andreaskapelle an der Hofhaltung noch eingezeichnet wurden. Sehr gut ist die enge Locheigasse zu erkennen, die unterhalb der Residenz entlangführte und in einer Treppe zum Grün-

251

Bamberg, Residenzstraße. Zustand 1994.

hundsbrunnen endete. Auf der Rückseite ist ein von Lorenz Fink signierter Situationsplan von 1791 aufgeklebt, der die Grundstücke unterhalb der Locheigasse, die Standorte der Häuser der Stuhlbrüder und des Domläuters wiedergibt (Abb. S. 251). Der Querschnitt zeigt die Hanglage und vor allem die Substruktionsmauer der Straße deutlich. Durch die talwärtige Verstärkung der Strebemauer entstanden Konflikte mit den Anwohnern unterhalb des Hangs, vor allem mit dem Rabenwirt, aber auch zwischen Hofkammer, Obereinnahme und Extrabauamt, die sich über die Verteilung der Kosten nicht einigen konnten. Diese Streitigkeiten verzögerten den Bau der Strebemauer bis ins Jahr 1796, in dem der Nachfolger Erthals, Christoph Franz von Buseck, feststellte, *die Locheygasse ist lediglich zur Sicherheit und Verzierung*

unserer Residenz gebaut worden. Auch der Bau der Brüstungsmauer entlang der neuen Straße zu den Gärten hin verzögerte sich erheblich. Christoph Franz entschied, daß die *Bauzierde* nicht so wichtig sei wie *Bequemlichkeit und Nutzen* für seine Untertanen[66]. Deshalb wurde die Mauer nicht, wie von Fink geplant, mit einem zentralen Zugang zu allen Gärten versehen, sondern jeder der Anlieger bekam einen eigenen. Zur Auflage wurde aber gemacht, daß alle Zugänge gleich gestaltet werden müßten. So wurde die Mauer, die keinesfalls die Sicht auf die Stadt behindern sollte, in unregelmäßigen Abständen durch fünf portalartig hochgezogene Eingänge akzentuiert (Abb. S. 252).

Der Plan, in der Mitte der heutigen Residenzstraße eine Freitreppe anzulegen, kam nicht über die Kostenvoran-

Bamberg, Domplatz, Trautmannsmauer. Zustand 1994.

schläge von Johann Georg Roppelt, Johann Philipp Geigel, Wegbereiter Johann Lang[67] und Lorenz Fink[68] hinaus. Nachdem Franz Ludwig erfuhr, daß die neue Straße inklusive Treppe zum Sand 12 000 fl. kosten würde[69], war er nicht mehr daran interessiert[70]. Die Baukommission hielt zudem die Treppe im Brandfall für nutzlos und befürchtete neue Schwierigkeiten mit den Anwohnern[71]. Bereits 1789 beschloß man, bei einer Verbreiterung der Straße unterhalb der Residenz den Domplatz mit einer Abschlußmauer (sogenannte Trautmannsmauer) zu begrenzen. Hofwerkmeister Lorenz Fink schlug vor, den Brunnen vom Vierzehnheiligenpavillon hierher zu versetzen, was Franz Ludwig am 8. Juni 1792 befürwortete. Ein 1791 datierter und von Lorenz Fink signierter Plan ist zwar verschollen, doch glücklicherweise in einer Abbildung überliefert[72]. Der Planung ist die Ausführung sehr verwandt: Antikisierende Metopen, Triglyphen und Guttae sind stark vereinfacht, vergrößert und großflächig herausgestellt, ganz im Gegensatz zu dem kleinteiligen, verspielten Skulpturenaufsatz. Urnen und Girlanden schmücken einen hohen Sockel, auf dem ein Vogel mit ausgebreiteten Schwingen, gehalten von einer Gestalt mit menschlichem Oberkörper und Fischschwanz, auf einer Kugel zu sehen ist. In der Brunnennische sollte das Wasser aus einem Medusenhaupt fließen. Die Ausführung des Skulpturenschmucks übernahm Georg Joseph Mutschele. Er hatte Urnen und Ornamente neu gemacht sowie vorhandene Figuren aus Seehof überarbeitet[73]. Teile des alten Brunnens, wahrscheinlich Rohre und ähnliches, wurden wiederverwendet und eine neue Wasserzuleitung geschaffen.

Ein zweiter Riß Finks (Kat.Nr. 117) stimmt mit der Ausführung (Abb. S. 253) fast gänzlich überein[74]. Kannelierte Pilaster rahmen den eigentlichen Brunnenteil. Darüber stehen Urnen auf Sockeln, ähnlich wie sie in der Ausführung rechts und links auf der Mauer plaziert wurden. In der Mitte eine Nische mit Apsidenabschluß, in der sich über einem Ornamentkränzchen eine Muschel mit ausgreifenden Akanthusranken befindet. Das flache Relief der darüberliegenden Wandzone ist mit von Schleifen gehaltenen Tuchfestons geziert. Die Urnen über dem Mittelteil verbindet ein aus Blattwerkquadraten gebildeter Fries, über dem sich ein bauchiger Fuß für einen kannelierten Sockel erhebt. Darauf steht heute ein Fortitudo. Das Brunnenbecken ist nicht als einfaches rundes Becken mit schlichtem vertikalem Mittelband, sondern als eckiger Trog ausgeführt. In dem Schreiben vom 28. Juli 1792 ist erst von zwei Urnen und einer *oberhalbigen Figur* die Rede, wie auch auf dem Riß offensichtlich nur zwei Urnen und der Figurensockel eingeplant waren. Danach kann der Riß auf 1792 datiert werden.

Für den unteren Abschluß der neuen Straße hatte man einen Teil der alten Stadtmauer niedergelegt und ein neues Tor geschaffen. Lorenz Fink hatte dafür zwei nicht erhaltene Alternativen vorgelegt: ein bedecktes und ein offenes Tor mit Pfeilern und eisernem Gitter[75]. Wegen des freien Durchblicks wurde entschieden, das Schmiedeeisengitter auszuführen, von dem nur noch der Aufsatz erhalten ist (Abb. S. 254). Der Fürstbischof verfügte, daß er statt Urnen lieber Kugeln als Zierde beim Eisernen Tor hätte[76], doch sind diese heute verloren. Über der Querstrebe, die mit Girlandenmotiven geziert ist, befindet sich eine antikisierende Balustrade mit Lorbeergehängen, darüber ein bekränztes hochstiftisches Wappen, gerahmt von Lorbeer und gekrönt vom Fürstenhut.

Schon vor Erthals Regierungsantritt war der überwiegende Teil der Erneuerungen oder Neubauten der Adeligen und Bürger in der Stadt Bamberg längst abgeschlossen, die Barockstadt dem Ideal sehr nahegekommen. In den wirtschaftlich schlechten Zeiten nach dem Siebenjährigen Krieg kam es nur noch zu größeren Baumaßnahmen, wenn zwingende Gründe vorlagen. Solch eine Notwendigkeit war beispielsweise die Wiederherstellung der Häuser im Sand (Obere Sandstraße 11–17) nach dem Locheigassenbrand (siehe S. 250), bei dem aber von staatlicher Seite kein allzu großer Einfluß auf eine einheitliche Bebauung vorgenommen werden konnte. Weder kennen wir Quellen hierüber, noch kann man dies an den ausgeführten Bauten ablesen. Der Qualität der Fassadenarchitektur nach zu schließen, stammen die zusammengehörigen Häuser Nr. 11 und 13 (ehemals Rabenwirtshaus) von Lorenz Fink. Sie sind verwandt mit seinen Fassaden am 1797/98 errichteten Bamberger Hof oder seinen

Bamberg, Residenzstraße, Tor. Zustand 1994.

Pfarrhäusern zu Hohenmirsberg, Geisfeld und Straßgiech. Die benachbarten Häuser, das ehemalige Herzwirtshaus (Nr. 15) und das ehemalige Kupferschmiedshaus (Nr. 17) lehnen sich im Formenrepertoire mit flankierenden Pilastern und Fensterschürzen deutlich daran an, sind jedoch schlichter und unharmonischer. Auch springen die Dachlinien, sind die Übergänge nicht angepaßt, was gegen den Entwurf eines federführenden Architekten spricht. Dieser hätte die Übergänge wohl geschickter kaschiert und z. B. einheitliche Stockwerkshöhen aneinandergestellt. Für kleinere Privathäuser mit anspruchsloserer Gestaltung sei stellvertretend das Eigenhaus des Stadtmaurermeisters Vogel im Graben (Vorderer Graben 28–36) von 1784 vorgeführt (Abb. S. 255)[77]. Bedeutender war in unserem Zusammenhang die Einflußnahme Franz Ludwigs auf die Bauten, die entweder von der Hofkammer oder von ihm

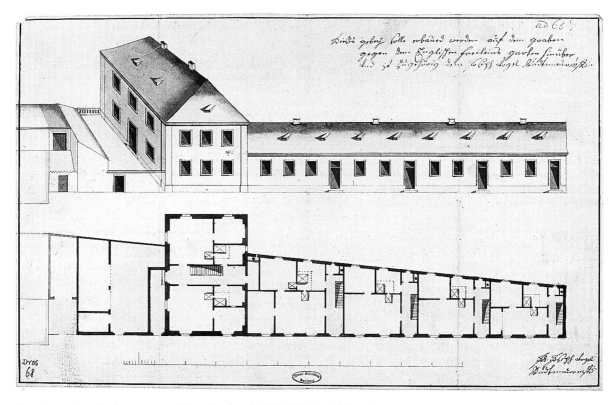

Haus des Bamberger Stadtmaurermeisters Vogel. Grund- und Aufriß. 1784. Staatsbibliothek Bamberg, VIII B 68.

persönlich finanziert wurden. Dazu gehört das Allgemeine Krankenhaus (ab 1787)[78], der Umbau der Universitätsbibliothek (ab 1789) und des Naturalienkabinetts (ab 1791) im 1773 aufgelösten Jesuitenkloster[79]. Zeitlich vor diesen vom Fürstbischof mit enormen Engagement betriebenen Projekten liegt der Erweiterungsbau der Schule der Englischen Fräulein am Vorderen Graben in Bamberg. Dazu steuerte er aus seinem persönlichen Besitz immerhin die Hälfte des benötigten Geldes bei, der Rest kam von der Regierung. Maurermeister Vogel hatte für den Schulbau verschiedene Entwürfe vorgelegt, von denen sich ein Plan erhalten hat (Kat.Nr. 118)[80]. Am 27. Februar 1783 genehmigte der Fürstbischof einen Riß des Hofwerkmeisters Fink, der Vogels Entwurf überarbeitet und verbessert hatte[81]. Hauptgliederungselemente sind einfache Stockwerksgesimse und leicht geohrte Fensterrahmungen in Sandstein. Glatte Fensterschürzen lockern die Wand zurückhaltend auf. Ein bescheidener Akzent wird mit dem Portal und dem Erthalschen Wappen gesetzt. Die Maurerarbeiten führten Stadtmaurermeister Vogel und Hofmaurer Schumm gemeinsam aus.

Auch in den Landstädten und Dörfern kümmerte sich der Fürstbischof besonders intensiv um den Bau von Schulen; die Planungen dafür oblagen meist Lorenz Fink. So legte dieser 1789 für Forchheim einen Entwurf vor, der sowohl eine Neueinrichtung des alten Schulbaus als auch einen über Eck im rechten Winkel anstoßenden Neubau vorsah.

Der heutige Bau (St.-Martin-Straße) ist durch vielfache rücksichtslose Umbauten von einem schlichten, aber wohlproportionierten Schulbau zu einem gesichtslosen Kasten verkommen – wichtige Gliederungselemente fehlen bzw. sind entscheidend verunstaltet: den umlaufenden Sockel, an den Ecklisenen verkröpft, und die Treppen zu den Eingängen gibt es nicht mehr, beide Eingänge wurden verlegt, der ganze Trakt 1864 um ein Stockwerk erhöht, was die Dachneigung ungünstig veränderte. Beim Umbau in den 1980er Jahren zu einem Verwaltungsgebäude der Stadt Forchheim wurde die Bausubstanz nochmals verändert. Zu dem von Lorenz Fink entworfenen Schulhausbau besteht kaum mehr als ein historischer Bezug.

255

Dabei verdienten die zahlreichen Schulhausneubauten, die unter Franz Ludwig in Zusammenhang mit seiner Schulreform erbaut wurden, mehr Beachtung, nachdem bereits unter Adam Friedrich von Seinsheim in Bamberg 1755 die Schulpflicht eingeführt[82] und in Würzburg 1774 eine Schulordnung verabschiedet worden war[83]. Doch erst Franz Ludwig kontrollierte das Schulwesen (u. a. durch zahlreiche Visitationen) und sorgte unter dem Motto „führet, ja zwinget in die Schulen" für seine Verbreitung in beiden Ländern. Schon allein wegen der großen Zahl von Landschulen im späten 18. Jahrhundert wäre eine gesonderte Untersuchung lohnenswert. Die Zusammenstellung der Entwürfe Lorenz Finks gibt natürlich nur eine vage Vorstellung, was im ganzen Land gebaut wurde. Überwiegend kleine Schulen mit nur einem Klassenzimmer wie in Schlüsselau (1781), Langenbruck (1785), Pinzberg (1785) und Lohndorf (1792) waren sicher die Regel. Doch neben den oben genannten großen Schulen in Bamberg und Forchheim gibt es auch in Knetzgau (1793), Scheßlitz und Ampferbach Pläne für größere Schulbauten mit mehreren Klassenzimmern. Auf jeden Fall war die Neugestaltung des Schulwesens vorbildlich, vor allem im Vergleich zum benachbarten Bayern, das noch 1802 *in schulischer Hinsicht als völlig unterentwickeltes Land* bezeichnet wird[84].

Derselben aufklärerischen Haltung des Fürstbischofs, der seine Untertanen mit Wissen versorgt sehen wollte, entsprach auch die Befürwortung zahlreicher neuer Pfarrhausbauten im Zuge der Verbesserung der Seelsorge. Bei den Pfarrvisitationen war wohl kein Mangel an Kirchen bemerkt worden, wohl aber eine Neuordnung der Pfarrbezirke und damit verbunden der Bau von Pfarrhäusern notwendig erschienen. So war in Straßgiech bereits 1737/38 nach Plänen Johann Jakob Michael Küchels eine Kirche errichtet worden, doch erst 1790 entschloß man sich, auch eine Pfarrei einzurichten. Im Herbst 1790 wurden für das Pfarrhaus Plan und Kostenüberschlag von Lorenz Fink angefordert[85] und 1791 das stattliche Gebäude nach diesem Plan errichtet. In seinen Formen entspricht es dem fast gleichzeitig entstandenen Pfarrhaus in Geisfeld mit stark geometrisierender Gliederung durch Ecklisenen, Fensterschürzen und großes Mansardwalmdach. Auch das Pfarrhaus in Hochstahl bei Hollfeld entstand unter der Ägide Franz Ludwigs[86]. Die Bauausführung war dem Landmaurermeister J. B. (?) Schwesner (bzw. Schwesinger) aus Waischenfeld übertragen, der jedoch nicht nach seinem eigenen Riß, sondern nach dem Entwurf des Hofwerkmeisters Fink von 1786 zu bauen hatte[87]. Das baufällige Küchelsche Pfarrhaus in Leutenbach ersetzte Fink 1792 durch einen Neubau[88], für Kemmern legte er einen Plan vor[89]. Auch das fast hochherrschaftlich erscheinende Pfarrhaus in Altenkunstadt ist 1784 –

wahrscheinlich von Lorenz Fink – neu gebaut worden[90]. In Bamberg selbst können als vergleichbare Bauaufgabe die Vikarshäuser des Domkapitels am Katzenberg genannt werden, die Fink im Auftrag des Fürstbischofs 1790/92 entwarf[91].

Franz Ludwig von Erthal war nicht nur um das geistige Wohl seiner Untertanen besorgt, sondern veranlaßte auch durch die Errichtung von mehreren Getreidespeichern im Land die Sicherung des leiblichen Wohlstandes, der durch die Folgen des Siebenjährigen Krieges und einige Mißernten in den 1770er Jahren gefährdet war. Er ließ die Getreidevorräte sorgfältig verwalten, untersagte in schlechten Erntejahren den Verkauf ins Ausland und stützte die Marktpreise, indem er gelegentlich herrschaftliche Getreidevorräte billig auf den Markt brachte. 1782 leitete Lorenz Fink den Umbau des Forchheimer Schüttbodens, wofür ein Querschnitt von ihm selbst und zwei weitere Pläne unbekannter Baumeister existieren[92] (Kat. Nr. 119). In Kronach wurde 1794 der Bau des neuen Kastenbodens unterhalb der Festung Rosenberg verkündet und eingeleitet, was auch eine Erleichterung für die Ablieferungspflichtigen bedeutete, die nun nicht mehr den steilen Weg auf die Festung nehmen mußten. Doch erst ab 1796, ein Jahr nach Erthals Tod, wurde der Speicher nach Plänen des Hofarchitekten Fink errichtet[93]. Da die Holzwirtschaft ein sehr wesentlicher Einnahmefaktor war, kam auch der Inspektion der Forsthäuser und der Bereitstellung finanzieller Mittel im Zuge der Verbesserung des Forstwesens eine wichtige Stellung zu. Deshalb gehörte auch der Bau von Forsthäusern zu den wichtigen Bauaufgaben der Landesregierung. Als Beispiel sei der Plan für das Jägerhaus in Wallenfels im Frankenwald von Georg Adam Schwesner genannt, dessen Entstehung wir allerdings nicht mit letzter Sicherheit in die Erthalzeit setzen können (Kat.Nr. 120)[94].

Auch die Verwaltungsbauten, wie Amtshäuser, Vogteien, Kastenhöfe, Jäger- und Forsthäuser und Zehntscheuern sowie ihre Wirtschaftsgebäude (Stallungen, Scheunen, Waschhäuser, Backöfen etc.) wurden von staatlicher Seite unterhalten. Die Tätigkeiten und Inspektionsreisen des Hofwerkmeisters Fink mündeten in umfangreichen Gutachten, nach denen zahlreiche Reparaturen und einige Neubauten ausgeführt wurden. Ein Bau, der am Rande zu den Verwaltungsbauten zählt und eine Sonderstellung einnahm, da er Erthal besonders am Herzen lag, war die Schweizerei bei Schloß Seehof, der erste größere Bau des Hofwerkmeisters Fink für Franz Ludwig. 1782 wurde entschieden, das Gebäude nach Finks Plan durch Maurermeister Schumm und Zimmermeister Madler erstellen zu lassen[95]. Das repräsentative Ökonomiegebäude mit zweigeschossigem Hauptbau und Masardwalmdach mit den niedrigen Seitenflügeln ist gestaltet wie ein Land-

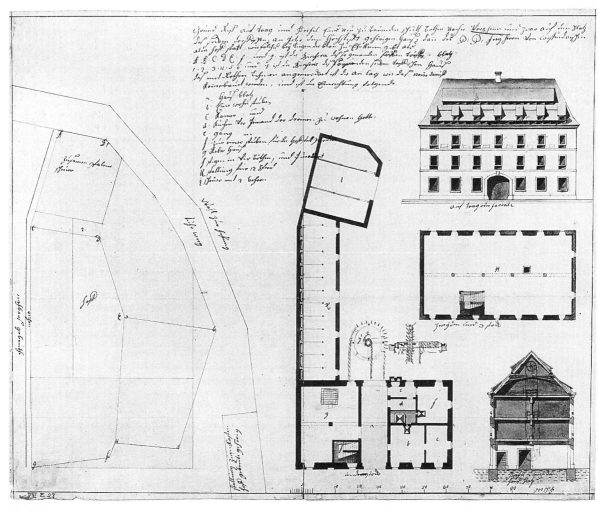

Nr. 119

schlößchen, liegt in Sichtweite auf der südöstlichen Mittelachse zum Schloß, auf die *Gleichheit* zur nordwestlich gelegenen Fasanerie wurde Wert gelegt[96]. Einziger auffälliger Schmuck ist das große fürstbischöfliche Wappen von Johann Bernhard Kamm im geschweiften Mittelgiebel[97]. Hier wurde wie im Würzburger Hofgarten schon ab 1779 ein Mustergut für Stallfütterung und Viehwirtschaft betrieben. Wir wissen allerdings nicht, ob es sich letztendlich wie in Würzburg um einen Zuschußbetrieb handelte, bei dem nur die Verwaltung den Fürstbischof im Glauben ließ, daß er erfolgreich wirtschafte[98].

Abschließend noch ein Blick auf die unter Franz Ludwig erstaunlicherweise am meisten vernachlässigte Gattung,

den Kirchenbau im Fürstbistum Bamberg: Gerade bei den Kirchen versuchte der Fürstbischof der angespannten Finanzlage entsprechend die Bauzeiten hinauszuzögern und so die Baukosten niedrig zu halten. Als typisches Beispiel sind die Baumaßnahmen an der Pfarrkirche St. Heinrich und Kunigunde in Burgkunstadt zu werten, wo der Werkmeister Fink ab 1783 bis 1786 in einer ersten Bauphase nach der Abtragung des ruinösen Turms dem noch verwendbaren Langhaus eine neue Einturmfassade in Haustein vorblendete. Erst fast dreißig Jahre später, lange nach der Säkularisation, erfolgte dann 1812/13 mit dem Neubau des Langhauses – in reduzierter Form nach Finks Vorschlag – die zweite Bauphase[99]. Manchmal

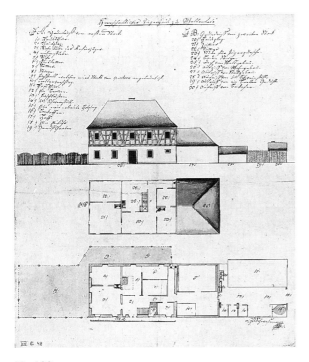

Nr. 120

kam es noch nicht einmal zu solch einer sparsamen Lösung. So verlangte Franz Ludwig in Oberküps, daß die
Gemeinde, der die Baulast für die Kirche oblag und deren
Seelsorge durch eine benachbarte Pfarrei gesichert war,
ihren Neubau selbst zu finanzieren hätte. Kam das Geld
nicht zustande, wurde eben gar nicht oder erst Jahre später gebaut[100]. Daß Erthal mit der Förderung oder Hem-
mung verschiedener Baumaßnahmen aber nur Prioritäten
zum Wohle seiner Untertanen setzen und ganz sicher
nicht die Seelsorge vernachlässigt sehen wollte, kann angenommen werden.

Anmerkungen

1 Dieser Erlaß und alle im folgenden Abschnitt genannten: StAB, Rep.
B 26 c Nr. 112, Bausachen.
2 StAB, Rep. A 38 L. 392 Nr. 494; enthalten sind ein Konzept der Mau-
rerhandwerksordnung und drei damit inhaltlich übereinstimmende
Abschriften.
3 StadtAB, H. V. Rep. 2 Nr. 27.
4 Zusammen mit der Zunftlade noch im Besitz der Bamberger Maurerzunft, die seit Bestehen der Maurerinnung als Verein existiert.
5 StadtAB, H. V. Rep. 2 Nr. 27.
6 Rumenal und Ederl fehlen bei SITZMANN, Künstler.

7 Vgl. hierzu auch die Bamberger Hof- und Staatskalender im StAB,
F 778.
8 Zu Maineck vgl. HANEMANN, Johann Lorenz Fink, S. 117 f.
9 StAB, Rep. A 38 L. 392 Nr 502. Weiter heißt es dort wie bei den
Maurern, daß Riß und Überschlag im Hause des Zunftrichters ohne
Hilfe anderer angefertigt und anschließend den Viermeistern der
Zimmererzunft zur Begutachtung vorgelegt werden sollen. Das Protokoll ist der Regierung vorzulegen.
10 StadtAB, H. V. Rep. 2 Nr. 27, Protokollbuch der Maurer und Steinhauer.
11 Ansatzweise bei HANEMANN, Johann Lorenz FINK.
12 ANNEGRET VON LÜDE, Studien zum Bauwesen in Würzburg
1720–1750. Würzburg 1987. – KARL WILD, Staat und Wirtschaft in
den Bistümern Würzburg und Bamberg. Eine Untersuchung über die
organisatorische Tätigkeit des Bischofs Friedrich Karl von Schönborn 1729–1746. Heidelberg 1906, geht ungenau auf das Bamberger
Bauwesen ein.
13 StAB, Rep. B 53 Nr. 423, Prod. 589 (Fürstbischof an Hofkammer 27.
Dezember 1792).
14 StAB, Rep. B 53 Nr. 434, Prod. 81 (Fürstbischof an Hofkammer).
15 Vgl. KARL LOHMEYER, Der Hofkavalierarchitekt Philipp Christoph
Reichsfreiherr von und zu Erthal 1689–1748 und die Erbauung des
Erthaler Hofs in Mainz. In: Mainzer Zeitschrift XXVII (1932),
S. 33 ff.
16 Zum Nachlaß siehe RENNER, Erthal. Persönlichkeitsentwicklung,
S. 279 f.
17 StAB, Rep. B 53 Nr. 398, Prod. 59 (Antwort des Fürstbischofs
vom 14. Februar 1786 auf Hofbauamtsprotokoll vom 6. Februar
1786).
18 StAB, Rep B 53 Nr. 427, Prod. 664 (Fürstbischöfliche Resolution
vom 22. September 1793).
19 StAB, Rep. B 53 Nr. 398, Prod. 348 (Resolution Fürstbischof an
Hofkammer vom 3. November 1786).
20 StAB, Rep. B 53 Nr. 396, Prod. 83 (Hofbauamtsprotokoll vom 29.
Juli 1786; Resolutionen hierauf vom 11. August und vom 27. September 1786).
21 Zitiert nach FRANZ GEORG NEUMANN, Zwei Nachfolger Balthasar
Neumanns. Joh. Philipp Geigel 1731–1800. Heinr. Alois Geigel
1765–1798. Fürstbischöflich Würzburgische Hofarchitekten. Würzburg 1927, S. 5.
22 StAB, Rep. B 53 Nr. 380, Prod. 284 (Fürstbischof an Hofkammer 27.
November 1782).
23 OTTO MORLINGHAUS, Zur Bevölkerungs- und Wirtschaftsgeschichte
des Fürstbistums Bamberg im Zeitalter des Absolutismus. Erlangen
1940, S. 102.
24 StAB, Rep. B 53 Nr. 415, Prod. 384; nach MORLINGHAUS (wie Anm.
23), S. 126 stellte eine gleichlautende Verordnung vom 9. September
1789 (StAB, Rep. B 26 c Nr. 64) den letzten Versuch dar, das städtische Handwerk zu schützen.
25 Nach MORLINGHAUS (wie Anm. 23), S. 126 in: StAB, Rep. B 26 c Nr.
64.
26 Bamberger Hof- und Staatskalender (StAB, F 778); z. B. Tüncher Jacob und Heinrich Mitternacht; Zimmermeister Andreas und Joseph
Gruber.
27 StAB, Rep. B 53 Nr. 376, Prod. 183 (Fürstbischof an Hofkammer
7. September 1781).
28 Protokollbericht zur Neugestaltung des Bauwesens vom 3. Januar
1783. Der Bericht Geigels an die Hofkammer im Hofkammerprotokoll (Würzburg) im vollen Wortlaut abgedruckt bei NEUMANN (wie
Anm. 21), Anhang A, S. 116 ff.
29 Hierzu PETER VAN TREECK, Franz Ignaz Michael von Neumann.
Würzburg 1973 (Mainfränkische Studien, Bd. 6), S. 111. Obwohl
Adam Friedrich wohl besonders die technischen Fähigkeiten Neumanns schätzte, war er doch auch mit seinen künstlerischen Entwür-

fen so zufrieden, daß er testamentarisch ein Epitaph nach Neumanns Vorschlag festlegte. Vielleicht ahnte Neumann schon, daß er künftig nicht mehr so häufig herangezogen werden würde. Möglicherweise rührt daher sein Versuch, schon 1779 bei der Inthronisation Franz Ludwigs sich bei dessen Bruder, dem Mainzer Kurfürsten Friedrich Karl von Erthal, wieder in Erinnerung zu bringen. Er überreichte ihm eine Zeichnung, die mit einem Entwurf eines Lustgebäudes den Namen und die Familie Erthal im „Ehrental" glorifizieren sollte. An einen konkreten Bauvorschlag ist dabei nicht zu denken. Dazu TREECK, S. 206 ff., Abb. 79. Das Blatt ehemals Geheimes Staatsarchiv Berlin, Rep. 110 B 116.

30 Zu den Wasserkünsten in Seehof vgl. MANFRED SCHULLER, Die Kaskade von Seehof. Bauforschung und Dokumentation. München 1986 (Arbeitsheft 29 des Bayerischen Landesamts für Denkmalpflege).

31 Zu Johann Michael Fischer jüngst eine Dissertation, deren zahlreiche Fehler die wenigen neuen Erkenntnisse fast verdecken: JÜRGEN EMINGER, Ein Schüler Balthasar Neumanns: Johann Michael Fischer (1720–1788). Hofarchitekt in den Hochstiften Würzburg und Bamberg. Ein Beitrag zum Mainfränkischen Bauwesen in der zweiten Hälfte des 18. Jahrhunderts. München 1994.

32 FELIX MADER, Die Kunstdenkmäler von Bayern. Ufr. 12, Stadt Würzburg. München 1915, S. 687; als Quelle werden hier die Hofkammerprotokolle von 1789, S. 626 angeführt.

33 Einer der wenigen Hinweise bei NEUMANN (wie Anm. 21), S. 107: Nach dem Tode des jungen Geigel z. B. übernahm Adam Salentin Fischer 1798 den Bau der Pfarrkirche in Herbolzheim.

34 Zu den beiden Geigels immer noch vorbildlich NEUMANN (wie Anm. 21).

35 StAB, Rep. B 26 b Nr. 57, Prod. 7 (Hochfürstliches Dekret vom 9. Juni 1792).

36 HANEMANN, Johann Lorenz Fink.

37 Zitiert nach NEUMANN (wie Anm. 21), S. 5 f. Als Quelle dort nur angegeben *Baus. 5.*

38 Ab wann dies geschah, konnte bisher nicht ermittelt werden. Das Protokoll der Polizeikommission, worin dieser Vorschlag gemacht wird, ist erhalten: StBB, Msc. Misc. 79/IV, 1. Die sehr allgemein gehaltene Bauordnung von 1609 liegt in Abschrift bei.

39 StAB, Rep. B 26 c Nr. 112; Fürstbischof an Regierung. Abgedruckt bei HANEMANN, Johann Lorenz Fink, S. 178.

40 Wie beispielsweise der Krämer Franz Bayer, der entgegen dem genehmigten Riß noch einen dritten Stock auf seine Nebengebäude aufsetzte (StadtAB, H. V. Rep. 3 Nr. 1390, Prod. 19), abgedruckt bei HANEMANN, Johann Lorenz S. 178 f.

41 StadtAB, H. V. Rep. 3 Nr. 760, nicht paginiert; die im folgenden genannten Schreiben und Risse stammen aus diesem Faszikel. Es wäre zu überprüfen, ob für andere Stadtteile ähnliche Unterlagen aus den Akten der Stadtrichter erhalten haben.

42 So geht es aus dem Baugesuch des Revierjägers Koch für ein Wohnhaus am Steinweg in Bamberg hervor (StadtAB, H. V. Rep. 3 Nr. 760).

43 Wieso trotzdem einige Pläne beim Richter von St. Gangolf zurückblieben, erklärt sich nicht aus dem Vorgang und ist nicht unbedingt vorgesehen gewesen. Insgesamt scheint das Verfahren recht umständlich, doch nimmt auch heute ein Baugenehmigungsverfahren einige Zeit in Anspruch.

44 In den Akten unterzeichnete P. Mayer (StadtAB, H. V. Rep. 3 Nr. 760; SITZMANN, Künstler, S. 365 und S. 657 vermutet in anderem Zusammenhang, daß es sich um den Sohn Martin Mayers (1715–1771) handelt.

45 Das Schreiben vom 23. September 1788 betrifft den Fassadenneubau der *Wagnermeister Rohmännischen Eheleute* (StadtAB, H. V. Rep. 3 Nr. 760).

46 StadtAB, H. V. Rep. 3 Nr. 760: Gutachten für das Bauwesen des Zimmerergesellen Wolfgang Seifried bei St. Gangolf, unterschrieben von J. B. Roppelt, P. Majer, L. Fink, J. C. Madler.

47 StadtAB, H. V. Rep. 3 Nr. 760: Gutachten für den Gärtner Lorenz Schmitt, unterzeichnet von Roppelt, Fink und Madler.

48 StAB, Rep. B 26 c, Nr. 112, Prod. 35: So bekamen z. B. die Richter oder Bürgermeister für die Besichtigung des Bauplatzes und die Bauaufsicht 30 Kr., für ihre Berichte 24 Kr., für Schreibgebühren 6 Kr. erstattet; die beiden Mitglieder der Baukommission, Stadtbaumeister Mayer und Hofarchitekt Fink, bekamen 30 Kr. – ersterer für die Bauaufsicht, letzterer für die Bauplatzbesichtigung und ein Gutachten. Stadtmaurermeister Weiß und Hofzimmermeister Madler erhielten 15 Kr. Diese Verordnung bestätigt indirekt, daß die Baugenehmigungsverfahren unter Franz Ludwig ähnlich abgelaufen sein müssen.

49 Als Beispiel sei das Werk des Hofarchitekten Lorenz Fink genannt. Die von ihm errichteten Pfarr- und Jägerhäuser, deren Baugeschichte in den Verwaltungsakten gut dokumentiert ist, stehen vorerst stellvertretend für seine nicht belegbaren Entwürfe für Wohnhäuser ganz allgemein.

50 Seine Daten und die der im folgenden genannten Bauhandwerker nach SITZMANN, Künstler.

51 StAB, Rep. B 53 Nr. 398, Prod. 235.

52 Philipp Madler war mit Kunigunde Fink, der Nichte des Hofarchitekten Fink, verheiratet (AEB, Matrikel Bamberg Dompfarrei St. Peter und St. Georg, Bd. 3, S. 200), der dann Taufpate beim Sohn Lorenz Madler (geb. 1796) wurde. Zusammen mit dem Bildhauer Wilhelm Wurzer, der auch eine Nichte Finks geheiratet hatte, wurde er zum Erben Finks eingesetzt.

53 Bamberger Baumeisterzeichnungen finden sich außerhalb der Archive vor allem in der Staatsbibliothek Bamberg, im Mainfränkischen Museum Würzburg und in der Kunstbibliothek Berlin.

54 StBB, VIII B 67.

55 BERNHARD SCHEMMEL, Die Ingenieur- und Zeichenakademie des Leopold Westen und ihre Entwicklung 1794–1833. Bamberg 1986.

56 Abb. bei ELISABETH ROTH, Hochschulgebäude Hochzeitshaus. Bamberg 1975; in dem Bau ist heute ein Teil der Universität untergebracht.

57 StadtAB, H. V. Rep. 3 Nr. 1048, nicht paginiert. Zur Zeichenschule vgl. SCHEMMEL (wie Anm. 55).

58 FRANZ VON SCHROTTENBERG, Der Domberg in seiner neueren Gestaltung mit der neuen Locheygasse. In: BHVB 49 (1886), S. 112 f.; HEINRICH MAYER, Bamberger Residenzen. Eine Kunstgeschichte der Alten Hofhaltung, des Schlosses Geyerswörth, der Neuen Hofhaltung und der Neuen Residenz zu Bamberg. München 1951, S. 127 ff. und S. 231 ff., besonders S. 239 ff. Im folgenden wird MAYER unter Angabe der dort genannten Fundstellen zitiert. – HANS PASCHKE, Katzenberg und Lubichau im Sande zu Bamberg. Bamberg 1958. S. 20 ff. – HANS LÖWISCH, Die Gestaltung des Domplatzes. In: Fränkisches Land in Kunst, Geschichte und Volkstum, Beilage zum Neuen Volksblatt, 8. Jg. (1960), Nr. 5 und 6; zuletzt TREECK (wie Anm. 29), S. 192 ff. und HANEMANN, Johann Lorenz Fink, S. 130 ff.

59 SCHROTTENBERG (wie Anm. 58), S. 95 ff.

60 HANEMANN, Johann Lorenz Fink, S. 13; von diesem Situationsplan aus der Sammlung Eckert SE 346+ (verbrannt) ist im Mainfränkischen Museum ein Foto erhalten. Vgl. dazu JOACHIM HOTZ, Katalog der Sammlung Eckert aus dem Nachlaß Balthasar Neumanns im Mainfränkischen Museum Würzburg. Würzburg 1965, S. 74 f. und TREECK (wie Anm. 29), der in Anm. 626 richtig vermutete, hier eine Kopie von der Hand Lorenz Finks erhalten zu sehen.

61 StBB, VIII E 6 und VIII E 7.

62 Die beiden waren verschiedene Male zusammen tätig, so beim Bau des Krankenhauses, beim Umbau von Bibliothek und Naturalienkabinett und immer wieder bei Arbeiten in und um Schloß Seehof.

63 Heute irrtümlicherweise Trautmannsmauer genannt.

64 Die ganze Baumaßnahme ausführlich bei SCHROTTENBERG (wie Anm. 58), S. 95 ff. – HANEMANN, Johann Lorenz Fink, S. 130 ff.

65 StBB, M. v. O. A VIII, 19; dazu HANEMANN, Johann Lorenz Fink, Abb. 66.

66 PASCHKE (wie Anm. 58), S. 24 zitiert die fürstbischöfliche Entscheidung vom 5. Februar 1796.

67 Nach JÄCK, Künstler, T. 2, S. 49, war Johann Lang (geb. 1749 in Bamberg) der Stiefsohn Joseph Clemens Madlers und erlernte bei ihm das Zimmererhandwerk. In Bruchsal erwarb er sich bei J. L. Stahl Zeichenkenntnisse und wurde 1788, also während des Neubaus der Straße unterhalb der Residenz in Bamberg, von Franz Ludwig zum Wegbereiter und Wasserbaumeister ernannt. Von Lang sind in der Kunstbibliothek Berlin acht signierte Pläne erhalten. Jäck betont, daß Lang allein das Straßen- und Wasserbauwesen für den mäßigen Sold von 600 fl. besorgte, und daß diese Stelle nach 1802 von einem ganzen Büro besetzt wurde! Doch gerade am vorliegenden Fall wird deutlich, daß Erthal in seinem Bauwesen stets Vorschläge von mehreren Sachverständigen einholte und sie auch an der Ausführung beteiligte.

68 Erhalten ist nur einer dieser Konkurrenzentwürfe (StBB, H. V. G. 21/125; Schenkung Heinrich Mayer); vgl. auch MAYER (wie Anm. 58), S. 129 f. und S. 240; dort in Umzeichnung abgebildet. Nach Art der Zeichnung und Schrift stammt er wahrscheinlich von Roppelt.

69 Die Hofkammer am 15. Februar 1790, nach MAYER (wie Anm. 58), S. 240.

70 Nach MAYER (wie Anm. 58), S. 130 und S. 242 (18. Oktober 1791 und 19. Oktober 1791).

71 Nach MAYER (wie Anm. 58), S. 242 (StadtAB, H. V. Rep. 3 Nr. 1084, Baukommission an Fürstbischof 19. Oktober 1791).

72 In: Bayerische Ostmark vom 22./23. April 1939. Vgl. HANEMANN, Johann Lorenz Fink, Kat. Nr.12.

73 Zu Mutschele vgl. TROST, Bildhauerfamilie Mutschele. – Nach LÖWISCH (wie Anm. 58), stammte die bekrönende Hauptfigur, eine Fortitudo mit Pyramide, aus dem Seehofer Gartenlabyrinth. Danach ist die heutige Figur eine rekonstruierte Kopie des sehr beschädigten Originals, das 1960 in einer Nische im Rosengarten der Bamberger Residenz stand. Alle Figuren und Urnenaufsätze sind heute Kopien. Die Mauer wurde samt Brunnen und Figuren bereits nach einem Protokoll vom 29. April 1794 mit Ölfarbe gestrichen. Die Akten zu den verschiedenen Restaurierungen des zuständigen Landbauamts Bamberg sind nicht mehr erhalten. Laut einer Notiz im StAB, Rep. K 25 sind sie zusammen mit den Domrenovierungsakten im Landbauamt verblieben.

74 StAB, Rep. A 240 Rolle 301.

75 StadtAB, H. V. Rep. 3 Nr. 1084 (Baukommission an Franz Ludwig, 19. Februar 1791), zitiert nach MAYER (wie Anm. 58), S. 241.

76 StadtAB, H. V. Rep. 3 Nr. 1084 (Baukommission an Franz Ludwig), fol. 86.

77 Vgl. BREUER / GUTBIER, Stadt Bamberg – Innere Inselstadt, S. 1193.

78 Vgl. Beitrag SCHEMMEL in diesem Handbuch.

79 Vgl. Beitrag MÄUSER in diesem Handbuch.

80 Mainfränkisches Museum Würzburg, Inv.-Nr. S. 39622, dort fälschlicherweise unter Forchheim abgelegt.

81 StBB, Msc. Misc. 79/III, 9.

82 ELISABETH ROTH, „Teutsche Schulen" in Stadt und Land. In: Oberfranken in der Neuzeit bis zum Ende des Alten Reichs (Hrsg. ELISABETH ROTH). Bamberg 1984, S. 685.

83 Würzburger Chronik. Geschichte, Namen, Geschlecht, Leben, Tathen und Absterben der Bischöfe und Herzöge zu Franken . . ., Bd. 2, Würzburg 1849. Zu Franz Ludwigs Reformen im Schulwesen vgl. FLURSCHÜTZ, Verwaltung, S. 204 ff. und RENNER, Fuldaer Einfluß.

84 ANTONIA GRUHN-ZIMMERMANN, Schulpolitik und Schulbau unter Ludwig I. In: Romantik und Restauration. Architektur in Bayern zur Zeit Ludwigs I. 1825–1848 / hrsg. von Winfried Nerdinger, München 1987, S. 79.

85 Kunstbibliothek Berlin, Hdz. 6045. HANEMANN, Johann Lorenz, Fink, S. 97 ff.; Kat.-Nr. 158, S. 255.

86 Zur Baugeschichte: AEB, Rep. I Pf. A. 251, Nr. 7 (Bausachen).

87 Vgl. HANEMANN, Johann Lorenz Fink, S. 100 f.

88 StAB, Rep. B 49 Nr. 103, Prod. 631.

89 StBB, H. V. G. 43/7.

90 HANEMANN, Johann Lorenz Fink, S. 102.

91 StBB, VIII C 9.

92 StBB, H. V. G. 43/10 (Fink); VIII B 159 und VIII E 23.

93 HANEMANN, Johann Lorenz Fink, S. 119 ff. und Kat.-Nr. 93–95.

94 StBB, VIII E 48. Georg Adam Schwesinger aus der Waischenfelder Maurerfamilie wurde nach SITZMANN, Künstler, S. 507 1773 geboren und war ab 1808 Bauinspektor in Amberg.

95 StAB, Rep. B 53 Nr. 380, Prod. 87 (Resolution des Fürstbischofs an die Hofkammer vom 11. Mai 1782). Zum Bau der Schweizerei umfassend MARGARETE KÄMPF, Das Fürstbischöfliche Schloß Seehof. In: BHVB 93/94 (1956), S. 113 ff.

96 StAB, Rep. B 53 Nr. 377, Prod. 83$\frac{1}{2}$ (Hofbauamt an Hofkammer, 17. April 1782).

97 Für das Wappen von Stein, das im November 1782 angebracht wurde, erhielt Kamm 18 fl. (StAB, Rep. A 231 I Nr. 5901).

98 FLURSCHÜTZ, Verwaltung, S. 119 f. Ähnliche Mustergüter gab es auch an anderen Höfen, z. B. in Bayern, wo Kurfürst Karl Theodor etwas später (1790) im Englischen Garten in München eine Schweizerei einrichten ließ.

99 Zur Baugeschichte vgl. HANEMANN, Johann Lorenz Fink, S. 80 ff.

100 Zur Baugeschichte von Oberküps vgl. HANEMANN, Johann Lorenz Fink, S. 84 ff.

116 *Wie künftig zu bauen* – Schreiben des Fürstbischofs Franz Ludwig von Erthal an die Regierung

3. November 1787
Folioformat

Staatsarchiv Bamberg, Rep. B 26 c Nr. 112

Lit.: HANEMANN, Johann Lorenz Fink, S. 27 ff., S. 178.

Hiermit wird die Baukommission offiziell eingesetzt, die künftig alle Bauvorhaben zu prüfen hat. Sie besteht zunächst aus *Hofkriegsrath Roppelt, Stadtbaumeister Mayer, Hofwerkmeister Fink und Zimmermeister Madler* und hat dem Fürstbischof direkt Bericht zu erstatten. Der Kommission sind Baurisse vorzulegen, die nach feuerpolizeilichen als auch nach gestalterischen bzw. stadtplanerischen Aspekten beurteilt werden sollen. Die endgültige Entscheidung behält sich Franz Ludwig aber selbst vor.

R. H.

Nr. 117

118 Schulbau der Englischen Fräulein in Bamberg: Aufriß, Erdgeschoßgrundriß und Grundriß des ersten und zweiten Stocks in jeweils zwei Varianten

Johann Joseph Vogel (um 1735–1785)
Bamberg, 1782/83
Federzeichnung, farbig laviert
H. 46,3 cm, Br. 54,1 cm

Mainfränkisches Museum Würzburg, Inv.-Nr. S. 39 622   Abb.

Quellen: StBB, Msc. Misc. 79/III, 9 (nicht paginiert); AEB, Rep. 3/4 Nr. 156 (nicht paginiert); StAB, Rep. B 53 Nr. 348, Prod. 47.

Lit.: Hans Burkhard/Heinrich Mayer, Das Institut der Englischen Fräulein zu Bamberg 1927, S. 15, 25. – Hanemann, Johann Lorenz Fink, S. 109 f. – Breuer/Gutbier, Stadt Bamberg – Innere Inselstadt, S. 419.

Wegen akuten Raummangels veranlaßte Franz Ludwig den Erweiterungsbau der Englischen Fräulein am Vorderen Graben in Bamberg, zu dem er aus seiner Privatschatulle die Hälfte der Bausumme beisteuerte. Mit der Baudirektion wurde der Hofmarschall Freiherr Schenk von Stauffenberg betraut, der von den verschiedenen Rissen zum Neubau berichtet. Er erwähnt auch den vorliegenden Riß Vogels, der nach maßgeblicher Änderung und Verbesserung durch den Hofwerkmeister Johann Lorenz Fink der Ausführung zugrunde gelegt wurde. Vertraglich wurde extra festgelegt, daß nur der zweite Stock für die Schwestern als Wohnraum dienen darf, was auch im Plan ablesbar ist.   R. H.

117 Bamberg, Residenzstraße, Brunnenentwurf für die Abschlußmauer zur Stadt

Johann Lorenz Fink (1745–1817)
Bamberg, um 1792
H. 100,4 cm, Br. 63,3 cm

Staatsarchiv Bamberg, Rep. A 240 Rolle 301   Abb.

Lit.: Hanemann, Johann Lorenz Fink, S. 131 ff., S. 194.

Nach der teilweisen Abtragung des Dombergs wurde im Juli 1789 beschlossen, eine repräsentative Abschlußmauer zur Stadt hin zu errichten. Der Hofwerkmeister Johann Lorenz Fink schlug vor, den am Sockel des Vierzehnheiligenpavillons der Bamberger Residenz angebrachten Brunnen von Franz Ignaz Michael Neumann hierher zu versetzen. Obwohl der Fürstbischof den Vorschlag befürwortete, wurde im Bauverlauf der hier ausgestellte Plan Finks verwirklicht, der keine Teile des älteren Brunnens enthielt.   R. H.

119 Getreideboden in Forchheim. Situationsplan, Aufriß, zwei Grundrisse und Querschnitt

H. 44,2 cm, Br. 56,3 cm

Staatsbibliothek Bamberg, VIII E 23   Abb.

Lit.: Hanemann, Johann Lorenz Fink, S. 119 ff.

Unter den Bauplänen aus dem Fürstbistum Bamberg, die in die zweite Hälfte des 18. Jahrhunderts datiert werden, finden sich mehrere Entwürfe für Getreidespeicher (auch Kastenböden oder Getreidekästen). Der größte Speicherbau wurde in Kronach unterhalb der Festung Rosenberg errichtet, doch auch die kleineren Bauten in Burgkunstadt, Ebermannstadt oder in Forchheim sind stattliche Erscheinungen. Sie stehen für die kluge Vorsorgepolitik Franz Ludwig von Erthals, der durch geschickte Lagerhaltung drohenden Hungersnöten nach Mißernten oder Krieg vorbeugen half. Außerdem wurde verboten, die staatlichen Getreidevorräte gewinnbringend ins Ausland zu verkaufen, wenn eine Knappheit im eigenen Land

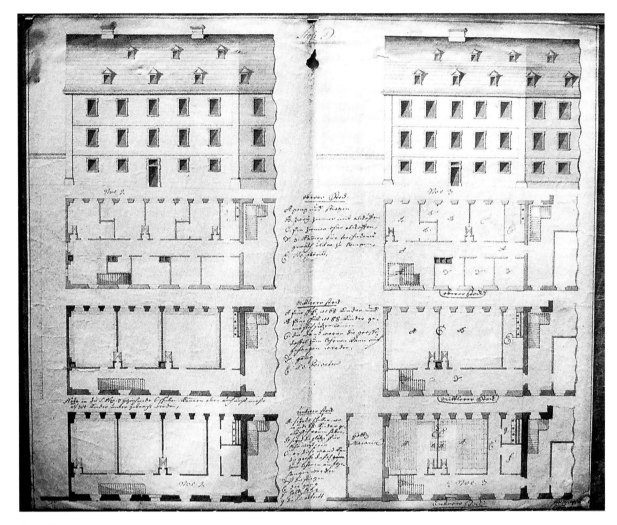

Nr. 118

herrschte. Schon in den Koalitionskriegen der 1790er Jahre erwiesen sich diese vorausschauende Maßnahmen als sehr nützlich.

In den beiden Obergeschossen des Speichers sind die Belüftungsluken unter den Fenstern deutlich zu sehen. Eine Seilwinde im obersten Dachgeschoß erleichterte den Lastentransport in die großen, nicht unterteilten Speicherräume. Auch die Dachhaut ist mit Lüftungsluken und -schlitzen versehen, damit das Getreide nicht verschimmelt. Im Erdgeschoß war eine Wohnung für den Verwalter vorgesehen. Über den Entwerfer des Plans ist bisher nichts bekannt, der Plan ist nicht signiert.　　　R. H.

120 Jägerhaus in Wallenfels, Situationsplan, Aufriß und zwei Grundrisse

Georg Adam Schwesner (1773–nach 1808)
H. 44,5 cm, Br. 37,4 cm

Staatsbibliothek Bamberg, VIII E 48　　　Abb.

Lit.: FLURSCHÜTZ, Verwaltung, S. 122 ff. – HANEMANN, Johann Lorenz Fink, S. 124 ff. – Zu Georg Adam Schwesner: SITZMANN, Künstler, S. 507.

Der Plan für das *Herrschaftliche Jägerhaus zu Wallenfels* zeigt ein schlichtes fünfachsiges Gebäude mit Nebengebäuden, dessen unteres Geschoß gemauert, der obere Stock jedoch in einfachem Fachwerkbau errichtet werden

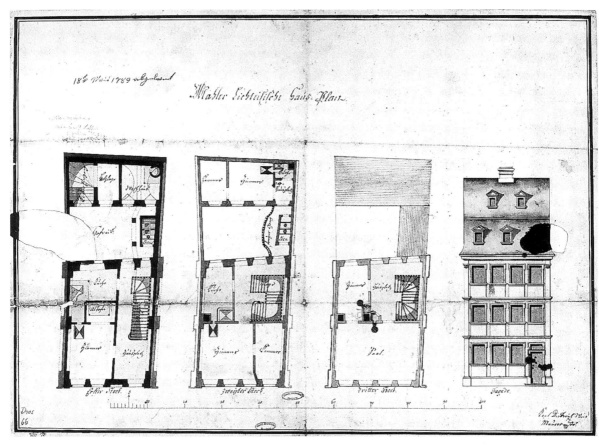

Nr. 121

sollte. Dies war, wie wir aus zahlreichen Baubestimmungen wissen, auf dem Lande durchaus bis in das 19. Jahrhundert üblich.

Offenbar war hier geplant, das Fachwerk sichtbar zu lassen. Das hohe Walmdach bietet wohl zusätzlichen Speicherraum. Ständige Pflege und Neubau der staatlichen Forst- und Jagdhäuser waren die Voraussetzung für die Aufrechterhaltung wichtiger Einnahmequellen – Holzverkauf und Jagd – im Hochstift.

Franz Ludwig von Erthal erließ für das Fürstbistum Würzburg Verordnungen für die Forstwirtschaft, nach denen das Schlagen junger Bäume, der Verkauf von eigenem und gestohlenem Bau- und Nutzholz sowie von Reisig an die alles aufkaufenden holländischen Händler untersagt wurde. Man darf annehmen, daß auch für Bamberg ähnliche Maßnahmen ergriffen wurden.   R. H.

121 Haus des Malers Lichteis in Bamberg

Karl Dietrich Weiß (1754–1808)
Bamberg, 1789
Präsentationsvermerk vom 9. Juli 1789 auf der Rückseite
Federzeichnung, farbig laviert
H. 42,5 cm, Br. 61,8 cm

Staatsbibliothek Bamberg, VIII B 66   Abb.

Nach einem Brand entwarf der Maurermeister Karl Dietrich Weiß für den Maler Bartholomäus Lichteis im Jahre 1789 ein Haus, das als Beispiel für das bürgerliche Bauen steht, das durch die Baukommission kontrolliert wurde. Vergleichbare schlichte Fassaden mit geohrten Fensterumrandungen, doppelt geohrter Türrahmung und Lisenengliederung finden sich in Bamberg häufig. Auf den gehobenen Anspruch des Bauherrn deutet der Saal im zweiten Obergeschoß.   R. H.

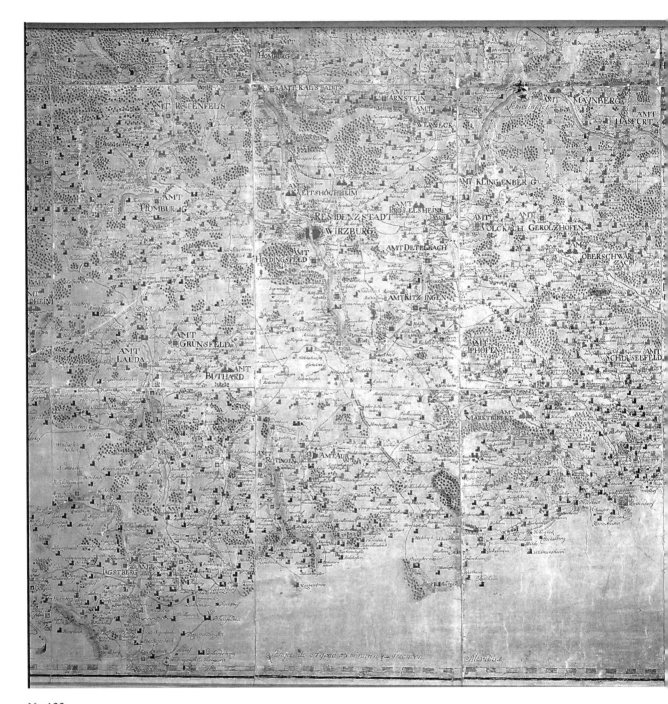

Nr. 122

264

122 Die Würzburger Hochstiftskarte des Carl von Fackenhofen

GEOGRAPHISCHE / MAPPE / des / Fürstlichen Hochstifts Wirzburg / mit den auf 3–4 Stunden auslaufenden Graenzen / welche / auf hoechsten Befehl des / Hochwürdigsten des Heiligen Roemischen / Reichs Fürsten und Herrn Herrn / Franz Ludwig / Bischofs zu Bamberg und Wirzburg auch / Herzoges zu Francken / nebst einer Genauen Alphabetischen Conscription aller / darinn enthaltenen so inn als auslaendischen Ortschaften / unter der aufsicht des Obrist Lieutenants und Ober Kriegs Commisaire / Seelmann aufgenommen und gefertiget worden ist von / Seiner Hochfürstlichen Gnaden / unterthänigst treu gehorsamsten / Carl Joseph von Fackenhofen Ober / Lieutenant unter des Hochloeblich / Fraenkkischen Creises Fürst / Wirzburgischer Infanterie / im Jahre 1791

1791
Papier auf Leinwand aufgezogen, Maßstab ca. 1 : 205 000
Federzeichnung mit farbigen Eintragungen
H. 162 cm, Br. 168 cm

Staatsarchiv Würzburg, Würzburger Risse und Pläne I/1   Abb.

Quellen: StAW, Würzburger Hofkammerprotokoll (WHKP) 1787, S. 1473 ff.; WHKP 1788, S. 265 ff.; WHKP 1791 I, S. 1065 ff.; WHKP 1791 II, S. 2763 ff.; WHKP 1792 I, S. 1351 ff.; WHKP 1792 II, S. 1434 ff.

Lit.: HANNS HUBERT HOFMANN, Die Würzburger Hochstiftskarte des Oberleutnants von Fackenhofen (1791). Würzburg 1956 (Mainfränkische Hefte 24). – ALFRED HÖHN, Franken im Bild alter Karten. Kartographische Zeugnisse aus 7 Jahrhunderten. Würzburg 1986, S. 102 ff. – ALFRED HÖHN, Cassini de Thurys Dreiecksmessungen von Würzburg nach Coburg und die Landesaufnahmen bis zur Mitte des 19. Jahrhunderts. In: Jahrbuch der Coburger Landesstiftung 32 (1987), S. 1–42, hier S. 16 ff.

Georg Carl Joseph von Fackenhofen, geb. 7. August 1745 in Karlstadt, trat mit knapp 20 Jahren in den Militärdienst des Hochstifts Würzburg ein. Am 2. Februar 1785 wurde er zum Oberleutnant befördert. Am 25. Februar 1800 wurde er zum Obristwachtmeister befördert, am 13. April 1804 verstarb er.

Kriegskommissarius Seelmann, der den Marschdeputatus Hofkammerrat Körner vertrat, stellte anläßlich des Durchmarsches kaiserlich-königlicher Kriegsvölker (in die Niederlande) fest, daß es dem Hochstift Würzburg *einer richtig und vollständigen land charte, und einer genauen beschreibung der sowohl innländisch als inclavirt* und angrantzenden fremdherrischen ortschaften fehle (StAW, WHKP 1787, S. 1474). Angesichts der schlechten Zeiten und trüben politischen Aussichten solle man, *bevor grössere verwirrungen in der politischen weldt solche etwan gar unmöglich machen* (StAW, WHKP 1787, S. 1479), die nötigen Hilfsmittel schaffen. Die vorhandene Homannsche Karte sei fehlerhaft und umfasse nur ca. zwei Drittel der Orte des Hochstifts, sie sei unbrauchbar für Marschzwecke. Im Siebenjährigen Krieg habe zwar ein unbekannter sächsischer Ingenieur die Karte verbessert, aber es fehlten einige Orte sowie die Ämter Hardheim, Ripperg, Schlüsselfeld, Freudenberg und Markt Bibart; die Karte sei zu groß und nicht trigonometrisch. Seelmann schlug vor, Beamte vor Ort sollten die Kartenangaben berichtigen, ein Ingenieur die Grenzangaben einfügen. Dazu habe er von Fackenhofen ausersehen, der sich schon vor Jahren *zur landes mappirung bereits anerbothen* habe; er sei in diesem *metier sehr geübt und sy-*

stematisch (StAW, WHKP 1787, S. 1487). Herr Mergenthaler sollte ihm bei der Arbeit behilflich sein. Außerdem sollten Ortsbeschreibungen hergestellt werden. Franz Ludwig genehmigte am 26. September 1787 dieses Vorhaben: *Es ist mir eben so angenehm als es nothwendig ist, das man zur herstellung und berichtigung einer, so viel es möglich ist, vollständigen charte über das hiesig land sorge trägt* (StAW, WHKP 1787, S. 1496).

Oberleutnant von Fackenhofen bereiste vom 1. Oktober bis 7. Dezember 1787 das nördlichste Amt des Hochstifts, Hilders, dann weitere Ämter im Norden. Er stellte fest, daß die von dem sächsischen Ingenieur gefertigte Karte kaum besser sei als die Homannsche, besonders die Distanzen und die Lage der Orte seien fehlerhaft. Er schlug vor, die Zugehörigkeit zum Hochstift Würzburg als immediater bzw. mediater Ort, zu einer fremden Reichsstandschaft oder zur freien Reichsritterschaft durch farbige Markierungen vorzunehmen. Der Referent der Hofkammer schlug nach eingehender Prüfung vor, die Karte aus dem Siebenjährigen Krieg nicht zu berichtigen, sondern er wollte die Ämter des Hochstifts *neu aufnehmen und mappiren* lassen (StAW, WHKP 1788, S. 274). Oberleutnant von Fackenhofen sollte noch im Winter die Ämter um Würzburg herum bearbeiten (die Ämter Heidingsfeld, Veitshöchheim, Kitzingen, Prosselsheim) und dann die *für das marschweesen besonders interessante gegenden* (StAW, WHKP 1788, S. 279), nämlich die Ämter Haßfurt, Ebern, Hofheim, Lauringen, Münnerstadt, Poppenlauer, Ebenhausen, Neustadt, Bischofsheim, Waldaschach, Bad Kissingen, Aura Trimberg, Aura im Sinngrund, Rothenfels, Gemünden, Homburg am Main. Franz Ludwig stimmte den Vorschlägen am 12. März 1788 zu, die ihm vorgelegte Mappe bezüglich des Amtes Hilders beurteilte er als *sehr gut und zweckmässig eingerichtet* (StAW, WHKP 1788, S. 279), doch wünschte er, daß die mediaten Orte im Hochstift durch dunkelgraue und nicht braune Markierungen gekennzeichnet werden sollten, da die Farbe Braun für Wege und Chausseen gebraucht werde. Diesem Änderungswunsch des Franz Ludwig wurde entsprochen. Oberleutnant von Fackenhofen wollte *einen nicht nur auf trigonometrische art, sondern auch nach geometrischer proportion gefertigten riß* vorlegen, *worinnen sowohl ortschaften, als äcker, wiesen, waldungen, berge und thäler, auch der lauf der flüsse, wendungen der strassen und weege etc.* dargestellt sei (StAW, WHKP 1791 II, S. 2764 f.). Die Vermutung HÖHNS, der Landesaufnahme seien „keine trigonometrischen Messungen vorausgegangen" (HÖHN, Cassini, S. 18), kann wohl korrigiert werden. Ende Januar 1791 überreichte er Franz Ludwig ein Exemplar seiner *haupt mappe* (StAW, WHKP 1791 II, S. 2767), die aus *etlichen 50 einzeln aufgenommenen parti-*

Detail aus Nr. 122

cular amts mappen erstellt worden war (StAW, WHKP 1791 II, S. 2773). *Ein mit besonderem fleise rein ausgezeichnetes exemplar* der Karte wurde für Franz Ludwig hergestellt, von Fackenhofen forderte dafür 100 Rt. *in rücksicht der besonders reinlichen zeichnung und gewieser äussern dabey anzubringenden verzierungen* (StAW, WHKP 1791 II, S. 2776); Franz Ludwig erhielt dieses Exemplar, das ganz offensichtlich das hier ausgestellte Stück ist. Der Referent der Hofkammer bezeichnete von Fackenhofens Karte als *genie werke* (StAW, WHKP 1791 II, S. 2774). Ein ursprünglich geplanter Druck wurde aus politischen bzw. militärischen Gründen vorerst abgelehnt, 1802 soll die Regierung den Druck schließlich beschlossen haben, doch rückten noch im gleichen Jahr bayerische Truppen in das Hochstift Würzburg ein, es erfolgte die sog. militärische Inbesitznahme als Vorläufer der politischen.

Die Karte besteht aus 24 Einzelblättern, die in vier Reihen zu je sechs Blatt zusammengefügt sind. Oben links findet sich der eingangs zitierte ausführliche Titel. Rechts neben „das Titelblatt ist eine Pyramide gestellt, die ein Wappenmedaillon schmückt, in dem das Allianzwappen der Hochstifte Bamberg und Würzburg von den vier Ahnenwappen des Fürstbischofs Franz Ludwig von Erthal umrahmt wird" (HOFMANN, S. 15). Die Inschrift auf dem Pyramidensockel lautet: *Freude und Wonne dem / besten Fürsten bey / der Übersiht den Plan / eines großen Landes / das / Er / beglücket.* Der Fürstenmantel wird von zwei Engeln gehalten. Über dem Bild ist das Auge Gottes zu sehen. Oben rechts steht die Legende (*ERKLAERUNG DER ZEICHEN*), insbesondere werden durch unterschiedliche Farben die Herrschaftsverhältnisse verdeutlicht: rot gekennzeichnet sind die immediat würzburgischen Orte, grau die mediat würzburgischen (z. B. die des Würzburger Domkapitels), gelb die der freien Reichsritterschaft und blau die fremdherrischer Reichsstandschaften. Das Hochstift Würzburg war kein geschlossenes Territorium, seine Ämter erstreckten sich insbesondere in das heutige Bundesland Baden-Württemberg hinein. Carl von Fackenhofens Karte reicht von Amorbach im Westen bis Burgkunstadt im Osten. Unten links und unten rechts sind bildliche Darstellungen zu sehen.

HANNS HUBERT HOFMANN veröffentlichte 1956 nicht die hier ausgestellte, sondern eine in Privatbesitz befindliche Karte, die er als Vorlage für die im Staatsarchiv Würzburg verwahrte Karte bezeichnete. Sie unterscheidet sich von der ausgestellten Karte in einer Reihe von Details. Möglicherweise handelt es sich um eine der von Mergenthaler, dem Mitarbeiter von Fackenhofens, erstellten Karten. Ein weiteres, sich von den beiden genannten Karten deutlich unterscheidendes Exemplar wird im Staatsarchiv Würzburg unter der Signatur „Histor. Verein Geographia 119 b" verwahrt. Es trägt die Aufschrift: *Das / Fürstenthum Würzburg / aufgenommen und herausgegeben / von / C. J. Freyherrn von Fackenhofen / Major in Churbayrischen Diensten.* Der Text ist mit einer Landschaftsdarstellung hinterlegt. Die Karte ist deutlich kleiner (H. 98 cm, Br. 100 cm) und es fehlen die Verzierungen in den vier Ecken. Lediglich links oben ist ein bekröntes Wappen (Löwe, Rauten, Reichsapfel) zu sehen. Die Legende wird ergänzt durch eine Aufstellung, wieviele Angaben zu jedem Zeichen in die Karte eingetragen sind (Summe: 3709) sowie einer Liste mit den Namen der eingezeichneten Flüsse (32 an der Zahl).   H. S.

RENATE BAUMGÄRTEL-FLEISCHMANN

Porträts des Fürstbischofs Franz Ludwig von Erthal

Von keinem anderen Bamberger oder Würzburger Bischof haben sich so viele Porträts erhalten wie von Franz Ludwig von Erthal. Große Staatsporträts sucht man jedoch vergeblich. Im Gegensatz zu anderen geistlichen Fürsten, wie z. B. seinen Amtsvorgängern in Bamberg und Würzburg Friedrich Karl von Schönborn (1729–46) und Adam Friedrich von Seinsheim (1755 bzw. 57–1779), von denen zahlreiche qualitätvolle Ganzfigurenporträts von der Hand bedeutender auswärtiger Maler erhalten sind, begnügte sich Erthal mit den Halbfigurenporträts oder Kniestücken, die sein Bamberger Hofmaler Johann Joseph Scheubel d. J. oder andere in Bamberg und Würzburg lebende Maler schufen. Fremde Künstler holte er, soweit aus den schriftlichen Quellen zu ersehen ist, während seiner Regierungszeit weder nach Bamberg noch nach Würzburg. Das mag seinen Grund darin haben, daß ihm, dessen erklärtes Ziel es war, sein Volk glücklich zu sehen, das Wohl seiner Untertanen wesentlich wichtiger war als einer besonders prächtigen Hofhaltung vorzustehen. Da er sich aber trotzdem seiner Stellung als Landesherr durchaus bewußt war und die Repräsentationspflichten in keiner Weise vernachlässigte, hatte er nichts dagegen einzuwenden, wenn seine Porträts in hochfürstlichen Amtszimmern, in Rathäusern auf dem Land und in Pfarrhäusern hingen oder wenn er sein Konterfei als Kupferstich in einem Buch wiederfand.

Erthal stand, trotz seiner im Vergleich zu der anderer geistlicher Landesfürsten bescheidenen Hofhaltung, den Schönen Künsten nicht ablehnend gegenüber. An den Höfen in Würzburg und Bamberg gab es Orchester, waren Sänger und Sängerinnen engagiert, wie die Hof- und Staatskalender an beiden Orten überliefern. Für die bildende Kunst tat Erthal als regierender Fürst offiziell aber sehr wenig, er lud weder auswärtige Künstler ein noch förderte er einheimische Maler durch Reisestipendien. Daß er während seiner Regierungszeit Gemälde sammelte, ist nicht wahrscheinlich.

Die in Bamberg erhaltenen Hofkammern-Rechnungen belegen nur, daß er aus dem Nachlaß seines 1780 verstorbenen Verwandten, des Würzburger Generalvikars Karl Friedrich Wilhelm von Erthal, für den Bamberger Hof zwölf Gemälde, darunter Landschaften, Architekturstücke, aber auch Tierbilder, erworben hat[1]. Hier mag vielleicht der Beweggrund gewesen sein, dem Nachlaß des hochverschuldet Verstorbenen Bargeld zukommen zu

lassen. Fast ein Jahrzehnt dauerte es, bis ein weiteres – das letzte – Gemälde, eine Kreuzabnahme, zum erstaunlich hohen Preis von sechs Carolin (die 52 fl. 48 Kr. entsprachen) von Erthal für Bamberg angekauft wurde[2]. Der Bamberger Maler Joseph Dorn hatte es von einer Reise nach Mannheim mitgebracht[3].

Jugendbildnisse

Wenig bekannt ist, daß Franz Ludwig von Erthal selbst in jungen Jahren eine mittelgroße Gemäldesammlung angelegt hatte. Von den 117 Bildern, die sie nach einem zu unbekannter Zeit erstellten Inventar umfaßte, waren beim Tode des Fürstbischofs noch 62 vorhanden, die dann, dem Testament entsprechend, zugunsten der Armen veräußert wurden[4]. Die in dieser Bilder-Liste von 1795 aufgeführten Maler sind heute – mit einigen Ausnahmen, wie Albrecht Dürr (!), von dem er ein Muttergottesbild auf Kupfer besaß, Paolo Veronese oder Correggio[5] – wenig bekannt.

Landschaften, Stilleben, Blumen- und Früchtestücke von italienischen Meistern des 17. und 18. Jahrhunderts wie Francesco Trevisani (1656–1746) oder dessen Mitarbeiter Maximilian Pfeiler[6] scheint Erthal besonders geschätzt zu haben. Nicht ganz auszuschließen ist, daß er sich beim Kauf auf Werke solcher Meister konzentrierte, deren Namen auch sonst in Bamberg oder Würzburg geläufig waren.

Zu ihnen zählte der Deutschrömer Ludwig Stern (1709–77), von dem ein Porträt Papst Benedikts XIV. (1740–58) in der Würzburger Residenz hing[7]. Erthal besaß zwei (1795 nicht besonders hoch taxierte) Gemälde von ihm. Vermutlich erwarb er sie, als er sich 1753 von ihm malen ließ. Der damals 23jährige Domizellar Franz Ludwig von Erthal hielt sich in Rom auf, um Theologie zu studieren. Das Porträt[8] zeigt nicht den künftigen Geistlichen, sondern hält das Aussehen eines aufwendig gekleideten, recht leger an einem Tisch lehnenden jungen Mannes aus gutem Hause fest.

Sechs Jahre später porträtierte der Würzburger Hofmaler Johann Nikolaus Treu den 29jährigen Bamberger Kapitular Erthal, der nun schon in Amt und Würden war, zusammen mit einem Bediensteten[9]. Das Ambiente, bestehend aus einem durch einen schweren Vorhang fast verdeckten Bücherregal, einem Tisch mit einer pompösen Tischuhr und einem hohen Lehnsessel, verrät, daß sich hier ein jüngerer Mann aus wohlhabendem Haus in seiner gewohnten Umgebung malen ließ. Die Schriftstücke am kleinen Pult, die Feder im Tintenfaß und die Streusandbüchse zeugen davon, daß er auch geistig zu arbeiten gewohnt war. Asketische Züge, die seine Bildnisse während seiner Regierungszeit so unverwechselbar machen, sind in dem Porträt des Würzburger Hofmalers Treu noch nicht wahrzunehmen.

Bischofsporträts aus dem Jahr 1779

Nach seiner Wahl zum Fürstbischof von Würzburg am 18. März und zum Fürstbischof von Bamberg am 12. April 1779 erhielt Franz Ludwig von Erthal von vielen Seiten Glückwünsche und Huldigungsadressen in Form von Gedichten in lateinischer und deutscher Sprache, denen auch Kupferstiche beigelegt waren[10]. Solche Gedichte kamen nicht nur von Untertanen, die sich bei ihrem Landesherrn beliebt machen wollten. Sie konnten auch der Versuch sein, sich bei dem neuen Fürstbischof vorzustellen, um später einmal von ihm Aufträge irgendwelcher Art zu erhalten. Der aus Würzburg stammende und in Augsburg als *Kunst- und Kupferverleger* tätige Philipp Joseph Fill[11] spricht das in einem Huldigungsgedicht an Franz Ludwig von Erthal zu dessen Bamberger Wahl am 12. April 1779 recht offen aus[12]. Er fügte dem langen, im Folioformat gedruckten Gedicht einen kleinen Kupferstich (Abb. S. 269) bei, der die Signatur des Augsburger Kupferstechers Johann Carl Schleich (1759–1842)[13] trägt. Der Stich zeigt eine Darstellung des Emmaus-Ganges. Im Vordergrund ragt eine Palme auf, die Palmwedel sind auseinandergebogen und lassen Platz für ein hochovales Medaillon mit dem Bildnis Erthals. Daß ihm ein Porträt aus jüngeren Jahren zugrunde liegt, erscheint wegen der fehlenden Ähnlichkeit eher fraglich. Fill war auch sonst nicht besonders gut über den neuen Fürstbischof informiert, benannte er doch den Neugewählten mit dessen zweiten und dritten Vornamen – Ludwig Karl. Der Kupferstich ist wohl noch im ersten Halbjahr 1779 entstanden, da Fill seinen gereimten Glückwunsch mit der Bitte um Gewogenheit Erthal sicher recht schnell zukommen lassen wollte[14].

Es bestand vermutlich auch außerhalb der Bistümer Bamberg und Würzburg Interesse, den neugewählten Fürstbischof kennenzulernen, was am ehesten durch ein Porträt möglich war, wofür vor allem Kupferstiche in Frage kamen, die in hoher Auflage gedruckt und durch reisende Buchhändler vertrieben werden konnten. Für rührige Kupferstecher bedeutete das eine gute Einnahme-

Johann Carl Schleich, Gang nach Emmaus mit Erthal-Porträt. 1779. Staatsarchiv Bamberg, Rep. B 24 Nr. 24 a, S. 1131.

quelle. Vermutlich aus diesem Grunde stach der eben erwähnte Johann Carl Schleich im gleichen Jahr 1779 einen weiteren Kupferstich mit dem Bildnis Erthals[15] (Abb. S. 270). Dafür stand ihm nun ein authentisches Porträt des Fürstbischofs zur Verfügung, das die Bamberger Malerin Rosalie Treu (1741–1830), die Schwester des bereits genannten Würzburger Hofmalers Johann Nikolaus Treu, gefertigt hatte. Allerdings scheint er nicht das (heute verlorene) Original[16], ein Ölgemälde auf Leinwand, sondern eine Vor- oder Nachzeichnung verwendet zu haben. Das ovale Bildnis ist in eine klassizistische Architekturrahmung eingestellt. Das Halbfigurenporträt des sitzenden Fürstbischofs wird durch Mitra und Fürstenhut, die auf einem Tisch an der rechten Seite des Bildes plaziert sind, zu einem offiziellen Porträt. Auffallend ist, daß das Pallium (noch) fehlt[17]. Das fürstbischöfliche Wappen, hinterlegt mit dem Hermelinmantel, und der Name des Dargestellten mit den Daten der Bischofswahlen in Bamberg und Würzburg vervollständigen den Stich und geben erste Auskunft über den Neugewählten.

Johann Carl Schleich (nach einem Gemälde der Rosalie Treu), Porträt des Fürstbischofs Franz Ludwig von Erthal. 1779. Staatsbibliothek Bamberg, V A 85.

Dieser Kupferstich Schleichs dürfte für die signierte und datierte aufwendige Federzeichnung des Ingrossisten Adam Anton Heyberger in dem Bamberger Kanzleibuch von 1779[18] Vorbild gewesen sein. Die gleiche Wendung des Kopfes, die gleiche Perücke, die Stellung der Augen, die Ausarbeitung der Augenbrauen und des Mundes sowie die identische Modellierung des Gesichts sprechen für eine direkte Abhängigkeit der Heyberger-Zeichnung von dem Kupferstich, obwohl eine Übereinstimmung der Gesichtszüge nicht besteht. Heybergers Wiedergabe hat im Vergleich zu anderen Erthal-Bildnissen mehr Porträtähnlichkeit.

Nicht Heyberger, sondern sein Kollege, der Geheime Kanzlist Johann Caspar Eder wurde jedoch vom Hof herangezogen, wenn man – vor allem nach dem Regierungswechsel – dort Vorlagen für Münzen und Medaillen sowie für Wappen und Porträts benötigte, die dann für Ka-

lender in Kupfer gestochen wurden. Ihm dürfte die Vorzeichnung zu dem nur 9,2 x 7,6 cm messenden hochovalen Kupferstich mit dem Brustbild Erthals zuzuschreiben sein, der zu dem großen Wappenkalender des Bamberger Domkapitels gehörte[19]. JOACHIM HEINRICH JÄCK berichtet *aus authentischen Quellen, daß Eder in seinen wenigen Nebenstunden noch verschiedene äußerst künstliche Zeichnungen, welche die Bewunderung der Nachwelt wie der Zeitgenossen verdienen, z. B. bestens getroffene Portraits . . . schuf.* JÄCK vermerkt auch – allerdings aus einer anderen, nicht genannten Quelle –, daß Eder eine Federzeichnung mit dem Porträt Franz Ludwig von Erthals fertigte, die der Kupferstecher Peter Rücker in Mainz als Vorlage für das Erthal-Porträt im Wappenkalender des Ritterstifts St. Burkard in Würzburg verwendete[12].

Eng verwandt mit dem in Kupfer gestochenen kleinen Erthal-Porträt sind zwei Federzeichnungen auf Pergament (ehemals Lohr, Sammlung Hönlein, und Mainfränkisches Museum Würzburg, S. 21002; Abb. S. 271). Ihre Signaturen *fecit Joann Eder 1779* und *fecit Joann Eder Bamberg 1780* machen wahrscheinlich, daß es sich um Werke des Bamberger Regierungskanzlisten Johann Rudolf Eder, des jüngeren Bruders des Caspar handelt, dessen Rufname Johann war. Damit würde auch die Zuschreibung des hochovalen Kupferstichs an Caspar Eder gestützt. Vielleicht hat sich Johann Eder den außerdienstlichen Aktivitäten seines Bruders angeschlossen und Porträts des neugewählten Bischofs für Interessenten gezeichnet. Für einen Dilettanten sind die lebensvollen kleinen Bildnisse beachtlich.

Das Original-Porträt von 1780 und seine Kopien

Lebensgroße Porträts der Bamberger und Würzburger Fürstbischöfe in Öl auf Leinwand hingen in den Prunkräumen der Residenzen Bamberg und Würzburg. Für den heutigen Betrachter sind diese Bildnisse nicht mehr als ein mehr oder minder qualitätvoller Wandschmuck, der das Aussehen der Bischöfe überliefert und an die ehemals regierenden fränkischen Landesfürsten erinnert. Zu ihrer Entstehungszeit hatten die Gemälde jedoch eine ganz andere, eine bedeutende Funktion, auch der Umgang mit ihnen war ein anderer. ZEDLERS „Grosses vollständiges Universal-Lexicon" gibt darüber Auskunft: *Was das Bild eines souverainen Herrn anlanget, so stehet selbiges in denen Audientz=Zimmern, bey denen Gesandten zwischen dem Baldachin und Barade=Stuhl, meistens in Form eines Brust=Bildes erhöhet. Es präsentiret die Person, gleich als wäre selbe gegenwärtig, dahero mag auch selbigen im Sitzen nicht leicht der Rücken zugewendet werden, auch niemand in dem Zimmer, wo das Bildniß ei-*

nes regierenden Potentaten befindlich, mit bedecktem Haupte . . . erscheinen darff[22]. Den Bildnissen der Landesherren wurde demnach eine ähnliche Ehrerbietung erwiesen wie dem Regenten selbst.

Es genügte den Fürstbischöfen aber nicht, daß jeweils nur **eines** ihrer Porträts in ihrer Residenz hing. Für die Bamberger Neue Residenz gibt es zwar keine Aufzeichnungen, aber einem 1778 in der Würzburger Residenz, in Werneck und Veitshöchheim aufgenommenen Gemälde-Inventar[23] ist zu entnehmen, daß sich damals allein in den Prunk- und Wohnräumen der Würzburger Residenz z. B. noch 15 Porträts des Fürstbischofs Friedrich Karl von Schönborn (1729–46) befanden, während der damals regierende Bischof Adam Friedrich von Seinsheim (1755 Würzburg, 1757 Bamberg – 1779) mit immerhin sieben Bildnissen vertreten war.

Wenn sich Franz Ludwig von Erthals Vorgänger in kürzeren Abständen, manchmal sogar jährlich von bedeutenden, von anderen Höfen herbeigerufenen Künstlern malen ließen[24], ist diese Art der Zurschaustellung Erthal sicher fremd gewesen. Es war vermutlich seine Sparsamkeit in persönlichen Dingen, die ihn davon abhielt, in diesem Punkt seinen Vorgängern nachzueifern. Gegen notwendige Porträts hatte er aber, wie zu zeigen sein wird, nichts einzuwenden.

Allen Bildnissen dieser Art ist gemeinsam, daß der Fürstbischof nicht in Pontifikalkleidung, d. h. in liturgischen Gewändern dargestellt ist, sondern als weltlicher Landesherr im geistlichen Stand in einem schwarzen bodenlangen Talar mit Beffchen. Der hermelinbesetzte rote Samtmantel ist nicht über die Schultern gelegt, er ist vielmehr so auf dem Sessel des Fürstbischofs angeordnet, daß auf den ersten Blick nicht wahrzunehmen ist, ob der Porträtierte sitzt oder steht. Als Zeichen des regierenden Landesherrn eines geistlichen Fürstentums trägt er ein kostbares Brustkreuz an einem kragenartigen bzw. locker herabhängenden roten Band. Seine Insignien sind auf einem Tisch drapiert. Mitra und Pallium, letzteres vom Papst verliehen, dazu das Birett sind die Zeichen seiner geistlichen Würde, der Fürstenhut steht für die weltliche Macht. Da Erthal wie seine Vorgänger Friedrich Karl von Schönborn und Adam Friedrich von Seinsheim zwei Bistümern vorstand, ist es verständlich, daß auch bei ihm alle Insignien (zumeist) in zweifacher Ausfertigung gezeigt werden. Abweichungen von diesem Schema kamen vor und gingen vermutlich auf den Wunsch des Bestellers zurück. Selbst der geraffte Vorhang, der das Bild nach hinten abschließt, hat eine Bedeutung; nach SCHOCH handelt es sich um ein Epiphaniesymbol[25].

Da die „Staatsporträts" auf Staatskosten angefertigt wurden, war die fürstbischöfliche Hofkammer für die Bezahlung zuständig. In Würzburg sind deren Rechnungsbände

Johann Eder, Porträt des Fürstbischofs Franz Ludwig von Erthal. 1780. Mainfränkisches Museum Würzburg.

für die Regierungszeit Erthals verlorengegangen. Deshalb können hier nur die Bamberger Hofkammer-Rechnungen herangezogen werden. Soweit aus diesen zu ersehen ist, ließ Erthal für Bamberg nur ein einziges, in den Rechnungen als *Original=Portrait* bezeichnetes Staatsporträt anfertigen, das dann mehrfach kopiert wurde. Der Auftrag für das Original und die Kopien erging an seinen Bamberger Kammerdiener und Hofmaler Johann Joseph Scheubel d. J. (1733–1801)[26].

Johann Joseph Scheubel war der Sohn und wohl auch der Schüler des Bamberger Hofmalers Johann Joseph Scheubel d. Ä. (1686–1769). Er wurde von Erthals Vorgänger, Adam Friedrich von Seinsheim, protegiert und 1763–66 zur weiteren Ausbildung nach Frankreich und Italien geschickt. Am 30. Juni 1766 erhielt er wegen der *auf denen verschiedenen Reisen in der Mahlerey Kunst sich erworbener guther Befähigung, dann hierüber dargelegte Probe und Geschicklichkeit* den Titel eines Hofmalers, wobei er sich allerdings, solange sein Vater noch lebte, mit dem

271

halben Gehalt begnügen mußte[27]. Außerdem wurde ihm in dem Dekret aufgetragen, alle Arbeiten für den bambergischen Hof *um einen leydentlichen Preys* zu machen, da er ja auf Hochstiftskosten seine Ausbildung habe vollenden können. Noch im gleichen Jahr 1766 stellte Scheubel seine neu erworbenen Kenntnisse zweimal unter Beweis, als er Seinsheim kurz nach seiner Rückkehr aus Venedig[28] und *neuerlich*, d. h. ein weiteres Mal, in *Lebens=gröse* malte[29], wofür er am 3. Dezember 120 fränkische Gulden (die 100 Reichstalern entsprachen) erhielt[30].

Mit Hinweis auf die damals gewährte (geradezu fürstliche) Entlohnung verlangte Scheubel im Juni 1780 für das Original-Porträt Erthals ebenfalls 100 Reichstaler, für die beiden gleichzeitig angefertigten Kopien nach diesem Original 100 bzw. 50 fränkische Gulden, etwa den zehnfachen Betrag dessen, was Bamberger Maler in dieser Zeit normalerweise für ein Porträt erhielten. Vermutlich erschien die Rechnung Scheubels dem Bamberger Ober-Marschall-Amt zu hoch. Die Beamten hatten sich die Akten von 1766 heraussuchen lassen und danach erst die Scheubelsche Forderung dem damals in Würzburg weilenden Fürstbischof gemeldet. Sie warteten auf dessen Anweisung, wie zu verfahren sei. Erthal genehmigte mit Dekret vom 25. Juni die Auszahlung der insgesamt 270 fl. für die drei Porträts[31].

Zwei weitere Bildnisse Erthals, ein Kniestück und ein ovales Bruststück, lieferte der jüngere Scheubel noch im gleichen Jahr an den bischöflichen Hof. Zu vermuten ist, daß es sich dabei wiederum um Kopien des schon erwähnten Original-Porträts handelte. Dieses Mal wurden die Preise des Hofmalers kräftig gedrückt. Statt der geforderten 100 Gulden für das große Kniestück wollte man ihm nur 60 zahlen, erhöhte die Summe aber dann nach einer Intervention des Malers wenigstens auf 66 Gulden. Für das ovale Bruststück erhielt Scheubel 30 Gulden anstelle der in Rechnung gestellten 40 Gulden[32]. Es war der letzte Auftrag, den Scheubel vom bischöflichen Hof erhielt[33] und den die Hofkammer zu begleichen hatte. Vielleicht waren es wirklich seine in den Augen der bischöflichen Beamten überhöhten Rechnungen, die sie veranlaßten, den Maler nicht mehr zu beschäftigen. Seine Kammerdiener-Besoldung lief jedoch ohne jegliche Abzüge weiter.

Scheubel wurde also 1780 von der Bamberger Hofkammer für insgesamt fünf Erthal-Porträts bezahlt. Nicht nur das Original, auch die vier Kopien dürften eigenhändige Werke des Meisters sein[34], wobei letztere das Original wohl recht getreu wiederholt haben.

Scheubel griff außer bei der Bezahlung auch bei der Anlage des Bildnisses auf das Seinsheim-Porträt vom Dezember 1766 zurück. Ob es sich dabei um das Original

oder um eine der beiden eigenhändigen Kopien (ehemals Schloß Seehof, seit 1971 im Diözesanmuseum Bamberg, Inv.Nr. 2725/28, bzw. in der Würzburger Residenz) handelt, ist nicht zu klären[35.] Die Verwandtschaft des Erthal-Porträts mit dem 14 Jahre vorher entstandenen Bildnis des Seinsheim ist offensichtlich. Sie zeigt sich vor allem in der Anordnung der Insignien auf der rechten Seite des Gemäldes. Diese liegen auf einem hellblauen, mit einem Goldband besetzten Polster, das auf beiden Bildern gleich dargestellt ist. Birett und Fürstenhut stehen 1780 noch genauso nebeneinander wie 1766, selbst das Pallium ist im gleichen Schwung über das Birett drapiert. Die Mitren haben allerdings den Platz gewechselt[36]. Das zweite Pallium ist beim jüngeren Bild hinzugekommen. Die auffallenden Übereinstimmungen in der Amtstracht, dem schwarzen (bodenlangen) Talar, wird man allerdings nicht auf den Maler zurückführen können. Der Schnitt und die Verzierungen der Talare waren im 18. Jahrhundert über Jahrzehnte hinweg gleichgeblieben. Daß sich Seinsheim und Erthal mit dem gleichen Brustkreuz malen ließen[37], ist ebenfalls nicht verwunderlich, verfügten sie doch beide über die Hochstiftspretiosen in Bamberg und Würzburg. Bemerkenswert ist jedoch, daß sie das Kreuz am gleichen breiten roten Kragen tragen. Er wird bei Seinsheim als äußeres Zeichen seiner Kardinalswürde gedeutet[38]. Sowohl Erthal als auch dessen Bamberger Nachfolger Buseck tragen den steifen Kragen aber ebenfalls, ohne jedoch Kardinäle gewesen zu sein.

Verwandt sind die Porträts von 1766 und 1780 auch in der Anordnung des hermelingefütterten roten, teilweise ins Rosa spielenden Samtmantels und in der Wiedergabe des Stoffs, dessen weiche, vom Material bestimmte Oberfläche durch das Spiel von Licht und Schatten außerordentlich lebendig wirkt. Es kann kein Zweifel daran bestehen, daß beide Bildnisse von der gleichen Hand, eben der des Johann Joseph Scheubel d. J., stammen.

In der Auffassung des Porträtierten hat sich aber ein Wandel vollzogen. Seinsheim sitzt, den rechten Arm locker auf ein blaues Kissen gestützt, in barocker Leibesfülle, von dem hermelinbesetzten roten Samtmantel umhüllt, ja eingerahmt, in dem kostbaren Ambiente mit dem reichgeschnitzten Tisch, einem nur angedeuteten Lehnsessel auf der linken Bildseite und vor dem hellbraunen Vorhang des Hintergrundes. Erthal dagegen steht am Tisch, so daß seine hagere, aufrechte Gestalt im Bild dominiert. In seinen Gesichtszügen ist keine Lebendigkeit zu erkennen. In diesem Punkt gleicht das Erthal-Bildnis dem seines Vorgängers noch vollständig. Gemütsregungen, gleich welcher Art, bei solchen Staatsporträts darzustellen geziemte sich nicht. Wichtig war vor allem die Unteransicht, die eine gewisse Distanz zum Porträtierten schuf. Das Scheubelsche Original-Porträt von 1780 existiert

Johann Joseph Scheubel d. J., Kopie des Original-Porträts Franz Ludwig von Erthals. 1780.
Bayerische Staatsgemäldesammlungen München (als Leihgabe im Spessartmuseum Lohr a. Main).

nach heutigem Kenntnisstand nicht mehr, erhalten sind jedoch sechs Kopien[39], also mehr als in den Hofkammer-Rechnungen aufgeführt sind. Sie gleichen sich in der Wiedergabe der Person, unterscheiden sich aber in der Auswahl der Insignien. Vielleicht hängt das mit dem Ort zusammen, für den das Porträt jeweils gedacht war. Am vollständigsten sind die Insignien auf dem Erthal-Porträt im Erzbischöflichen Ordinariat Bamberg (Abb. auf dem Einband). Bei dem hier wiedergegebenen Exemplar der Bayerischen Staatsgemäldesammlungen (heute als Leihgabe im Spessartmuseum Lohr; Abb. S. 273) fehlt gegenüber dem Bild im Bamberger Ordinariat an allen vier Seiten ein schmaler Randstreifen. Damit ist z. B. das Wappen Erthals in der schweren Schnitzerei des Tisches, das auf dem Bamberger Bild noch zur Hälfte zu sehen ist, weggefallen. Auf der Kopie im Historischen Museum Bamberg, das dem Bamberger Gesellen-Institut gehörte, sind keine Insignien dargestellt. Die Geschichte des Gemäldes ließ sich nicht erhellen, so daß offenbleiben muß, ob es sich hier um ein Geschenk des Fürstbischofs an das Institut handelte. Da er es aber ansonsten vermied, seinen Namen und sein Wappen an Stiftungen anbringen zu lassen[40], ist es wahrscheinlicher, daß das Gemälde erst zu einem späteren Zeitpunkt an das Gesellen-Institut gelangte. Vielleicht war es Säkularisationsgut. Der qualitätvolle klassizistische Rahmen trägt nämlich das Bamberger Hochstiftswappen. Wenn dieses Bild zunächst für eine weltliche Dienststelle bestimmt war, waren vielleicht die Insignien nicht dringend erforderlich. Bei der Kopie des Bamberger Ordinariats, das sehr wahrscheinlich aus dem Sitzungszimmer der Geistlichen Regierung stammt, waren zumindest die Mitren und die Pallien als Zeichen der geistlichen Macht zwingend notwendig.

Johann Joseph Scheubel lieferte im Sommer 1780, wie schon erwähnt, neben dem Original eine erste und eine zweite Kopie. In dem Hofkammerdekret vom 30. Juni 1780[41] und gleichlautend in den Belegen zu den Hofkammer-Rechnungen 1780/81[42] wurde *die erste Copie* als **mit einer Hand** beschrieben. Es ist deshalb davon auszugehen, daß Scheubel den Fürstbischof auf dem Original mit zwei Händen darstellte, während er auf der ersten Kopie nur eine Hand ausführte und die andere mit dem Samtmantel bedeckte, eine Maßnahme, die immerhin 20 fränkische Gulden einsparte. Vermutlich ist der Umstand, daß die Kopie billiger war, wirklich auf die nicht wiedergegebene Hand zurückzuführen und nicht etwa darauf, daß sich Scheubel beim Original seinen Entwurf hätte vergüten lassen. Er forderte nämlich, wie schon gesagt, für ein weiteres, ebenfalls noch 1780 gefertigtes Erthal-Porträt, das Kniestück für das Vikariat, auch wieder 100 fränkische Gulden, erhielt aber dann nur 66 Gulden ausgezahlt.

Zwei Hände, eine Hand oder gar keine zu malen war eine Kostenfrage, ebenso wie kleinere Kopien preiswerter waren als große. Die ebenfalls am 5. Juli 1780 bezahlte, schon erwähnte zweite Kopie, *die etwas kleiner* war, kostete nur 50 fl. Vielleicht hatte man die Sparmaßnahme in Form der Bestellung solcher kleinen Porträts zu einem späteren Zeitpunkt nicht mehr gutgeheißen. 1790 erhielt nämlich der Bamberger Maler Andreas Mattenheimer zwölf Gulden dafür, daß er *drey Portraits von seiner Hochfürstlichen Gnaden auf frische Leinwand aufgetragen, alle 3 vergrößeret und daß vergrösserte neu gemahlet hatte*[43].

Es ist weder bekannt, wo das verschollene Original-Porträt noch wo die erhaltenen sechs Kopien einst hingen (eine Ausnahme bildet das Bild im Erzbischöflichen Ordinariat Bamberg, das von der Geistlichen Regierung herrühren dürfte). Die Hofkammer-Rechnungen geben jedoch Auskunft, für welche Räume Porträts des Fürstbischofs angeschafft wurden, wobei nicht zu sagen ist, ob sich unter den dort genannten Bildnissen das eine oder andere der übrigen erhaltenen Kopien befand. Bischofsporträts wurden nicht nur für die Prunk- und Wohnräume der bischöflichen Residenzen benötigt. Mindestens ebenso wichtig war es, daß die Bildnisse des regierenden Landesherrn in den Diensträumen der hochfürstlichen Regierung hingen.

Das Würzburger Hofkammer-Protokoll von 1755[44] verzeichnet, daß man damals eine Bestellung über elf Porträts des Fürstbischofs Adam Friedrich von Seinsheim bei dem Frankfurter Maler Franz Lippold aufgab. Nur eines davon war für die Prunkräume bestimmt, einige waren für die Hofkammer, ein nicht viel kleineres Kniestück für eine nicht genannte Dienststelle, weitere Porträts für die Hochfürstliche Regierung und die Geheime Kanzlei vorgesehen. Wo die übrigen Seinsheim-Kopien verwendet werden sollten, war bei der Bestellung noch nicht bekannt. Sie waren sozusagen als Vorrat angeschafft worden.

Es ist kaum anzunehmen, daß Erthal bei seiner Sparsamkeit ähnlich großzügig disponiert hätte. Er wird aber die 1778 nachgewiesenen sieben Porträtserien[45] der Bischöfe in den Amtsräumen der Würzburger Residenz sicher mit seinem Porträt vervollständigt haben. Nach dem noch unter Seinsheim erstellten Gemälde-Inventar von 1778[46] befanden sich solche Bildnisreihen der Würzburger Fürstbischöfe im Gebrechen-Amt, bei der Geistlichen Regierung, im Polizei- und im Landgericht, im Bruchen- und Feldgericht, im Vikariat und Konsistorium sowie bei der Hofkammer[47], während das Hofkammer- und Obereinnahmezahlamt nur über ein Porträt des gerade regierenden Fürsten verfügte.

Man darf vermuten, daß es auch in Bamberg solche Porträtserien in den Amtsräumen gab. Hier fehlt allerdings das entsprechende Gemälde-Inventar, dafür geben aber die Hofkammer-Rechnungen Auskunft, für welche Amtsräume der Neuen Residenz bzw. des Schlosses Geyerswörth Erthal-Porträts angeschafft wurden. Nicht immer gelingt die Zuweisung nur mit den Abrechnungen für die Gemälde, einige Male wird der Bestimmungsort erst bei der Abrechnung für den Rahmen genannt. Die meisten der relativ teuren und deshalb wohl aufwendig gearbeiteten Rahmen lieferte der Bamberger Bernhard Kamm[48], ihre Vergoldung besorgte der Vergolder Andreas Müller.

An welche Amtsstellen die beiden ersten, dem Hofmaler Johann Joseph Scheubel am 5. Juli 1780 bezahlten Kopien gegeben wurden, ist allerdings gar nicht auszumachen[49]. Schon vorher hatte Erthal sein 1779 von Rosalie Treu gemaltes Porträt für das Kaiserliche Landgericht bestimmt[50]. Die beiden Porträts in Form eines ovalen Bruststücks bzw. eines großen Kniestücks, die Scheubel Ende November 1780 bezahlt wurden, gingen an die Hofkammer bzw. an das Hochfürstliche Vikariat für das geistliche Sessionszimmer. Das letztere könnte, wie schon oben kurz angedeutet, in dem Gemälde erhalten sein, das sich heute im Erzbischöflichen Ordinariat Bamberg befindet. Auch sein alter schwarzer Rahmen mit der kleinen goldenen Leiste stimmt mit der Beschreibung in den Hofkammerrechnungs-Belegen überein[51].

Die Provenienz der übrigen Kopien des Scheubelschen Original-Porträts ist entweder überhaupt nicht zu eruieren oder nur bis in die Mitte des vorigen Jahrhunderts zurückzuverfolgen. Es ist aber durchaus denkbar, daß unter den Scheubel-Kopien auch ehemals für Würzburg bestimmte Porträts sind.

Daß bischöfliche Beamte solche Porträts, die ihnen ihr Dienstherr für die Amtsräume schenkte, nicht nur devot entgegennahmen, sondern auch kritisch betrachteten und diese Kritik sogar zu äußern wagten, geht aus einem Schreiben der bambergischen Hofräte an Erthals Nachfolger, Christoph Franz von Buseck, vom 12. Juni 1795 hervor[52]. Buseck hatte sich sehr bald nach seinem Amtsantritt von den Bamberger Malern Andreas Mattenheimer (1752–1810) und Joseph Dorn (1759–1841) porträtieren lassen. Eines der beiden Bildnisse war für das Sitzungszimmer der Regierung gedacht, die Hofbeamten durften selbst entscheiden, welches sie nehmen wollten. Mit dem Dornschen Porträt waren sie überhaupt nicht einverstanden, wie sie dem Fürstbischof in ihrem Brief ziemlich unverhohlen mitteilten. Sie gaben der Arbeit Mattenheimers den Vorzug, da dessen Porträt *jenes des Mahlers Dorn an ächten Zügen und überhaupt einer genauern und vollständigern Abbildung weit übertroffen habe.* Aber auch

mit dem Werk Mattenheimers waren sie nicht ganz zufrieden. Es fehlte die Porträtähnlichkeit. Sie baten deshalb den Fürstbischof: *„Möchten Se(ine) Hochfürst(liche) Gnaden zur Freude treu gehorsamster Regierung gnädigst geruhen, dem Maler Mattenheimer nur noch ein wenig zu sitzen; so verspreche man sich von demselben in voller Maaße das, was man sehr sehnlichst zu erhalten wünsche.*

Vermutlich hätten sich die bischöflichen Beamten in Bamberg und Würzburg mit den sogenannten „Amtsstubenporträts" als Wandschmuck ihrer Diensträume nicht einverstanden erklärt. Sie beharrten auf Qualität und wünschten für ihre Dienststellen in den beiden Residenzen entsprechende Bildnisse.

Weitere Bischofsporträts

Porträts des regierenden Landesherrn gehörten nicht nur in die Prunkräume der Residenzen und in hochfürstliche Amtszimmer, sondern auch zur notwendigen Ausstattung anderer vom Landesherrn abhängiger Institutionen. Wenn er sich zu einem Besuch ansagte, z. B. um die Einrichtung zu visitieren, wurde er dort mit seinem Porträt konfrontiert. Wer kein solches Bildnis besaß, mußte es sich für diesen Tag ausleihen, so etwa die Mädchenschule am Kaulberg in Bamberg. Der Geheime Kanzlist Johann Georg Endres hielt in seinem Tagebuch im Jahr 1784 fest: *den 23ten April visitirte Cel(issi)mus die Mägdleinschulen im Sand, zuvor aber die Englische* [d. h. die Schule des Englischen Instituts] *und die im Kaulberg, wohin* [ich] *das H(och)fürst(liche) Portrait gelehnet* [d. h. ausgeliehen] *habe . . .* [53]. Die bedeutenden Einrichtungen in beiden Bistümern, denen Franz Ludwig von Erthal besonderes Interesse entgegenbrachte, besaßen aber wohl selbst Porträts, z. B. das Juliusspital und die Universität in Würzburg oder das Allgemeine Krankenhaus und das Naturalienkabinett in Bamberg. Wenn sich in diesen Institutionen bis in unser Jahrhundert Erthal-Bildnisse erhalten haben, zum Teil sich sogar heute noch dort befinden, bedeutet dies nicht, daß es die gleichen sind, die schon zur Regierungszeit Erthals dahin gegeben wurden. Aus dem alten Bamberger Krankenhaus gelangte (erst in jüngerer Zeit?) ein relativ großes Porträt des Fürstbischofs ins Historische Museum der Stadt[54] (Abb. S. 277). Es ist ein großes Kniestück, das noch dazu den Bischof mit seinen zwei Händen zeigt und deshalb zu den aufwendigsten Erthal-Porträts zu rechnen ist. Es wäre also für die Erthalsche Lieblingsstiftung angemessen gewesen. Trotzdem gehört es nicht zu deren altem Bestand, wie ein Briefwechsel des Hofsekretariats König Ludwigs I. von Bayern mit dem Bamberger Stadtmagistrat von

1863 zeigt[55]. Man bat von München aus, für das geplante Erthal-Denkmal das Porträt des Fürstbischofs, das man im Bamberger Krankenhaus vermutete, zur Verfügung zu stellen. Die Bamberger antworteten umgehend, daß man im Krankenhaus zwar ein Brustbild besitze, das Erthal-Bildnis des Juliusspitals in Würzburg aber qualitätvoller sei. Heute lassen sich weder das 1863 erwähnte Brustbild des Bamberger Krankenhauses noch das Erthal-Porträt des Juliusspitals mehr nachweisen. Zu vermuten ist, daß letzteres bei der Zerstörung Würzburgs 1945 zugrunde ging. Mit dem kleinen Porträt, das sich gegenwärtig im Pfarramt des Juliusspitals befindet, einem sog. Amtsstubenporträt von nur mäßiger Qualität, kann es nicht identisch sein.

Auch das anscheinend so gut in den Raum passende ovale Erthal-Porträt des Bamberger Naturalienkabinetts in seiner aufwendigen Rahmung (Abb. S. 241) wird bei der Beschreibung des Saales durch JOACHIM HEINRICH JÄCK 1815, der im übrigen das Loblied Franz Ludwigs singt, nicht erwähnt[56]. Die Frage, ob das Bildnis damals noch nicht an dieser Stelle hing oder ob er es nur zu nennen vergaß, ist nicht mehr zu entscheiden.

Gesicherte Provenienzangaben zu Erthal-Porträts bis in die Entstehungszeit sind jedenfalls die Ausnahme. Da viele Bildnisse, z. B. aus Hof- oder Klosterbesitz, während der Säkularisation ihre Besitzer gewechselt haben, ist zu vermuten, daß sich staatliche oder städtische Institutionen im Laufe des 19. Jahrhunderts mit qualitätvolleren Bildnissen des Fürstbischofs versorgten. Hier sei noch einmal auf das große Erthal-Porträt hingewiesen, das das Scheubel-Original von 1780 wiederholt und dem Bamberger Gesellen-Institut gehört. Von seinem aufwendigen Rahmen mit dem Hochstiftswappen her zu schließen, hing es ursprünglich sicher in einer hochfürstlichen Amtsstelle.

Da diese Porträts weder in den Bamberger Hofkammer-Zahlamtsrechnungen noch in den Bamberger Schatullrechnungen Erthals auftauchen[57], sind sie wohl auf Kosten der Institutionen angeschafft worden.

Es ist nicht anzunehmen, daß Erthal für jedes einzelne der zahlreichen Porträts dem Maler gesessen hat. Daß es sich auch bei den qualitätvolleren Gemälden zumeist um „Serienproduktion" handelte, wurde schon an den Scheubel-Porträts von 1780 exemplarisch gezeigt. Aber auch dem eben erwähnten Erthal-Porträt des nach 1791 eingerichteten Naturalienkabinetts sind weitere Bildnisse anzuschließen, so eines im Bamberger Diözesanmuseum (1993 aus Bamberger Privatbesitz erworben)[58] und ein weiteres – noch am ursprünglichen Ort – im Rathaus Lichtenfels, wo Erthal eine ganze Bischofsreihe beschließt[59]. Die Wendung des Oberkörpers, der Gesichtsausdruck und die Blickrichtung sind auf allen Bildern gleich. Ob die rechte Hand wiedergegeben wurde oder nicht, war eine finanzielle Frage. Das Ambiente bestimmte sicher auch der Besteller. Ein Vorhang im Hintergrund und die bischöflichen Insignien konnten dargestellt werden oder auch nicht.

Eine zweite Serie zeigt den Fürstbischof in einem etwas reicher gestalteten Raum, der mit Säule und Vorhang, aber auch mit einem Lehnsessel und dem üblichen Tisch mit den Insignien ausgestattet ist. Erthal selbst ist auf diesen Gemälden mit sehr schmalem Kopf dargestellt, bei dem die markante Nase noch mehr ins Auge fällt. Diese Gemälde befinden sich überwiegend im Würzburger Raum, so im Mainfränkischen Museum (allerdings unbekannter Provenienz)[60], im Diözesanarchiv Würzburg[61] und in altem unterfränkischem Privatbesitz. Sie nähern sich in der Qualität fast den sog. Amtsstubenporträts. Sehr ähnlich ist Erthal auf einem der wenigen Gemälde wiedergegeben, die vom Bildausschnitt her zu den aufwendigeren zählen. Das Kniestück hing in der Universitätsbibliothek Würzburg und ist 1945 verbrannt. Die Abbildung, die von ihm existiert[62], läßt erkennen, daß die Malerei, vor allem in den Falten des Mantels, recht hart war, d. h. auch hier – trotz der prunkhaften Darstellung des Äußeren – nur ein Maler mittlerer Güte am Werk war. Ob er in Würzburg arbeitete, muß offenbleiben.

Ebensowenig konnte, da nur ein einziges Porträt (von Andreas Mattenheimer) signiert ist, geklärt werden, wer die übrigen Erthal-Bildnisse im Bereich der Hochstifte Würzburg und Bamberg fertigte. Zunächst wäre an die fürstbischöflichen Hofmaler zu denken. In Würzburg waren es – noch von Erthals Vorgänger, Adam Friedrich von Seinsheim, berufen – der Hochfürstliche Kammerdiener und *Cabinets Mahler* Johann Nicolaus Treu (1734–86)[63] und der *Cabinet-Mahler* Christoph Fesel (1737–1805)[64], in Bamberg der bereits genannte *Hof-Mahler* und Kammerdiener Johann Joseph Scheubel d. J. (1733–1801), außerdem Johann Christoph Treu (1739–99)[65], der jüngere Bruder des Würzburger Hofmalers. Der Bamberger Treu trug zunächst nur den Titel *Hofmaler,* ohne eine Bezahlung zu bekommen. Nachdem er aber Erthal wiederholt um ein Gehalt gebeten, auch ein Schreiben von Erthals Bruder Friedrich Karl Joseph, dem Kurfürsten von Mainz, vorgewiesen hatte, bekam er seit 1781 eine jährliche Zuwendung von 100 fl. frk.[66]

Erthal hielt bei der Beschäftigung der Hofmaler nur an der Tradition fest. Er benötigte diese Künstler wohl eigentlich gar nicht, was sich z. B. daran zeigt, daß er die Stelle des Johann Nicolaus Treu nach dessen Tod 1786 gar nicht mehr besetzte.

Die Aufgaben der Hofmaler werden nicht näher umrissen. Als der Würzburger Treu 1779 um die Weitergewährung des Kostgelds für seine beiden Kinder bat,

Unbekannter Meister, Porträt des Fürstbischofs Franz Ludwig von Erthal.
Historisches Museum Bamberg (Leihgabe der Krankenhausstiftung Bamberg).

Andreas Mattenheimer, Porträt des Fürstbischofs Franz Ludwig von Erthal. 1782. Historisches Museum Bamberg.

machte die um eine Stellungnahme angegangene Würzburger Hofkammer den Fürstbischof darauf aufmerksam, daß es *bey anderen fürst*(lichen) *Höfen üblich, das die salarirte Cabineths-Mahler alljährlich ein cabinet-masiges von ihrer Hand gefertigtes Stuck ohnentgeldlich liefern müsen, also auch jedem derer hier besoldeten zweyen Cabinet-Mahlern Fesel und Treu eine gleiche Auflage zu machen seyn mögte, darmit dem Hochfürst*(lichen) *Hof für die Beziehung ihres Gehalts doch etwas zu theil werde*[67]. Erthal fand diesen Vorschlag *ganz wohl angebracht* und behielt sich vor, den Hofmalern das Thema für das Gemälde jeweils vorzuschreiben. Daß diese Hofmaler unentgeltlich fürstbischöfliche Porträts liefern mußten, ist an keiner Stelle belegt.

Nicht nur die bestallten Hofmaler, sondern auch andere in den fürstbischöflichen Residenzen arbeitende Maler haben Erthal porträtiert. Das bezeugt das einzige signierte und dazu datierte Erthal-Porträt, ein Werk des Bamberger Malers Andreas Mattenheimer (Abb. S. 278). 1782, also nur ein Jahr nachdem er sich noch in einem Rechnungs-

beleg für die Bamberger Hofkammer als *Scholar bey H*(errn) *Cammerdiener Scheubel* bezeichnet hatte[68], schuf er ein Halbfiguren-Porträt mit der gleichen Drapierung der Insignien wie auf den Scheubel-Bildnissen. Die Provenienz des Gemäldes (heute im Depot des Historischen Museums Bamberg[69]) steht nicht fest. Gesicht und Hand sind so übermalt, daß das Bildnis nicht für die Zuschreibung weiterer Porträts an Mattenheimer herangezogen werden darf.

Mattenheimer bekam ein einziges Mal, 1789, vom bischöflichen Hof, wohl auf Veranlassung Erthals, einen Auftrag für ein fürstbischöfliches Porträt. Er erhielt dafür 12 Taler (die 10 fränkischen Gulden entsprechen), wobei der Preis schon davon zeugt, daß man diesmal kein teueres Bildnis des Hofmalers Scheubel benötigte. Der Fürstbischof hatte es einem der Lehensträger des Hochstifts Bamberg, dem Abt Placidus von Schuttern (im Rheingau) zugedacht. Da der Abt sich zunächst für dieses Geschenk nicht bedankt hatte und daraufhin von einem Bamberger Hofrat, wohl dem mit der Angelegenheit befaßten Geheimregistrator Benignus Pfeufer, gemahnt wurde, erfährt man aus dem Entschuldigungsbrief des Abtes, wie der Beschenkte das „großzügige" Geschenk aufgenommen hat. Er entschuldigte sich damit, daß der Bote, der das Dankschreiben zur nächsten Poststelle tragen sollte, dieses und andere Schreiben verloren habe. Deshalb bestätigte er nun – über ein Vierteljahr später – nochmals *den besten Empfang des theursten Bildnises,* das er als *höchste Wohlthat* ansah. Pfeufer sollte dem Fürstbischof mitteilen, daß Abt Placidus für die ihm und seinem Kloster *erwiesene Höchste Gnade in ansehung des uns gnädigst zugedachten Bildnises* danke und Erthal *in vollester Ehrfurcht die geheiligte Hande küsse.* Das Porträt sollte nach den Worten des Abtes *zu einem ewigen Denkmal in seinem* [d. h. des Fürstbischofs von Bamberg] *lehenbaren Stift Schuttern mit möglichster Sorgfalt und Ehrbezeigung aufbewahrt* werden[70], ist aber spätestens bei der Säkularisation veräußert worden.

Die sogenannten Amtsstuben-Porträts

Die Mehrzahl der zahlreichen erhaltenen Erthal-Porträts ist von minderer Qualität. Für sie hat sich der Terminus „Amtsstuben-Porträt" eingebürgert. Eine Ehrenrettung solcher Bilder versuchte GÜNTHER HEINZ, der zu bedenken gab, daß man sich so von verlorengegangenen Meisterwerken, die als Vorlage dienten, noch eine Vorstellung machen könne[71].

Von dem am weitesten verbreiteten Erthalschen Amtsstuben-Bild in Form eines Halbfiguren-Porträts existieren zwei leicht variierte Fassungen, die auf das gleiche (bis-

Unbekannter Maler, sogenanntes Amtsstubenbild. Bamberger Privatbesitz.

chen und weltlichen Amtsstuben waren sie sicher obligatorisch[76]. Sie hängen noch heute in Pfarr- und Rathäusern fränkischer Kleinstädte, befinden sich aber auch in erstaunlich großer Zahl in Privatbesitz[77]. Der Bestand dürfte während der Regierungszeit Erthals natürlich noch viel größer gewesen sein[78]. Daß es selbst in kleineren Orten mehrere Bildnisse des Landesherrn gegeben hat, geht aus einem Eintrag im Bamberger Hofdiarium von 1783 hervor, der auch über ihre Verwendung Auskunft gibt[79].

Als der Fürstbischof am 17. Oktober 1783 nach der Frühmesse von Bamberg aus zu einem Besuch von Scheßlitz und Memmelsdorf bei Bamberg aufbrach, benutzte er erst einen Wagen. Er setzte sich dann aber in der Nähe von Würgau aufs Pferd und ritt in Scheßlitz ein, *allwo die Schuhlkinder, die Geistlichen, die Beamten, Burgermeister und Rath an dem Thor paradirten, allwo eine Triumphpforte errichtet ware, und waren auch noch an 3 Orthen das Portrait Cels(issi)mi aufgehangen. Es wurden auch, vermuthlich von Studenten, Stücker abgefeueret, welches Cels(issi)mus mißfällig aufnahme, weilen gegen das verbott gehandelt würde.* Der Besuch Erthals muß, nach dem Aufwand für den Empfang zu schließen, sowohl in Scheßlitz als auch in Memmelsdorf angekündigt gewesen sein. Erstaunlich ist, daß man in der Kleinstadt Scheßlitz immerhin über drei fürstbischöfliche Porträts verfügte, die man in die Festdekoration integrieren konnte.

Porträts in Holz, Alabaster und Stuck

Über das Material der Scheßlitzer Bildnisse gibt das Hofdiarium keine Auskunft. Die Mehrzahl aller Erthal-Porträts war wie die bereits erwähnten Amtsstuben-Porträts in Öl auf Leinwand gemalt. Es haben sich aber auch kleine Holz-, Stuck- und Alabaster-Reliefs erhalten, die den Fürstbischof, ähnlich wie auf den Münzen, im Profil zeigen. Diese Reliefs, fast durchweg in vergoldeten klassizistischen Holzrahmen, hingen wohl in Privathäusern.

Als der Hausrat des 1791 in Würzburg verstorbenen Geistlichen Rats Strobel aufgelöst wurde, erwarb der Geheime Kanzlist Johann Georg Endres unter anderen Kunstwerken ein Erthal-Porträt. Ihm ging es aber offensichtlich nicht darum, unbedingt das Konterfei des Fürstbischofs zu erstehen. In seinem – natürlich nicht für die Öffentlichkeit bestimmten – Tagebuch hielt er fest, daß bei der Versteigerung des Strobelschen Besitzes *1 Salvator mundi Allewaster durch Hofb*[ildhauer Johann Peter] *Wagner gefertigt* abgegeben wurde, er, Endres, aber, *um auch einige Werke von diesem Künstler zu haben, deren 3 gekauft habe,* wobei die Rahmen, wie er extra vermerkte, nicht von Wagner stammten, sondern von dem Geistlichen Rate Strobel selbst geschnitten und vergoldet wor-

her nicht aufgefundene) Original zurückgehen wie die Gruppe um das Erthal-Porträt im Bamberger Naturalienkabinett[72]. Sie zeigen den sitzenden, nach links gewendeten Fürstbischof, der Talar und Brustkreuz trägt, in Halbfigur. Die Insignien stehen – wie üblich – (vom Betrachter aus) rechts auf einem Tisch. In der rechten Hand hält Erthal ein Birett, das er als Behältnis für an ihn adressierte Briefe benützt. In der ersten Serie liegt nur ein Brief im Birett. Auf diesen Bildern steckt der Bischofsring am Ringfinger Erthals[73] (Abb. S. 279). Bei der anderen Serie, die nicht ganz so umfangreich ist, enthält das Birett mehrere Briefe, zumeist vier oder fünf, der Ring befindet sich am kleinen Finger[74].

Ein weiterer Typus von Amtsstuben-Porträts ist an dem sehr schmal wiedergegebenen Kopf des Bischofs zu erkennen. Der mit Hermelin besetzte rote Samtmantel ist hier – ein weiteres Charakteristikum – auf der rechten Schulter mit einer Agraffe an dem Talar befestigt[75]. Bei den meisten Bildern dieser Reihe ist Erthals rechte Hand, die in den Mantel greift, zu sehen. Ein Bild in Privatbesitz weicht insofern ab, als bei ihm ausnahmsweise die linke Hand dargestellt ist.

Diese Amtsstuben-Porträts sind auf die Hochstifte Bamberg und Würzburg etwa gleich verteilt. In den kirchli-

Alabaster-Porträt des Fürstbischofs Franz Ludwig von Erthal. Mainfränkisches Museum Würzburg.

die Bürger in den Hochstiften Bamberg und Würzburg Bildnisse des Fürstbischofs preiswert erwerben, die den Landesvater sozusagen aus ihrer Sicht, gleichsam als „Herrscherbilder von unten"[82] zeigten. Nach Erthals Tod kulminierte diese Begeisterung in den zahlreichen Silhouettenbildern[83].

Kupferstich-Porträts

JOSEPH HELLER kannte nur vier Kupferstiche mit dem Porträt Franz Ludwig von Erthals[84]. Außer dem Stich mit der Wiedergabe der großen Würzburger Universitätsmedaille von 1782[85] und außer dem in die Trauerpredigten

Posthumes Kupferstich-Porträt des Fürstbischofs Franz Ludwig von Erthal. Diözesanmuseum Bamberg.

den seien. Neben einem Christus- und einem Marienbild erwarb er für 1 rheinischen Gulden und 42 Kreuzer ein *Fürst*(liches) *Franz Ludwig Portrait*[80].
Falls die noch erhaltenen Alabasterreliefs (Abb. S. 280) mit dem Erthal-Porträt wirklich aus der Werkstatt des Würzburger Hofbildhauers Johann Peter Wagner stammen, sind sie wegen der minderen Qualität nicht dem Meister selbst, sondern Mitarbeitern zuzuschreiben. Feiner durchgearbeitet sind die etwas kleineren Stuckreliefs, ebenfalls mit dem Fürstbischof im Profil, von denen zumindest eines wiederum in den Umkreis des Johann Peter Wagner weist[81]. Eine gewisse Geschäftstüchtigkeit wird man dem Bildhauer wohl nachsagen dürfen. Anscheinend verkauften sich die Porträts des Fürstbischofs Franz Ludwig gut. Mit den Alabaster- und Stuckreliefs konnten

eingebundenen Kupferstich[86] führt er nur das kleine Porträt in der Schlehleinschen Dankrede bei der Eröffnung des Bamberger Krankenhauses[87] und ein größeres, das mit *Stumpf sc*(ulpsit) signiert ist, auf[88].

Als Vorbild für die Kupferstiche dienten wohl die Erthal-Porträts auf den im Umlauf befindlichen Würzburger und Bamberger Geldstücken. Eine besondere Genehmigung, solche Porträts anzufertigen, die Stiche zu vertreiben oder Bücher damit zu schmücken und ihnen auf diese Weise einen „amtlichen" Anstrich zu geben, benötigte man offenbar nicht. Trotzdem war der Rat Becker zu Gotha, der noch nachträglich den Fürstbischof bat, ob er dessen Porträt seinem Werk voransetzen dürfe, erleichtert, daß sein *Unterfangen, dem Nothbüchl*(ein) *durch Voransetzung des Hochfürstl*(ichen) *Bildnisses eine Zierde und Würde zu ertheilen, gnädig aufgenommen worden ist*[89].

Von den posthumen Kupferstichen sei nur das aus einem Buch herausgetrennte Porträt Erthals im Profil, eine vergleichsweise sehr ordentliche Arbeit eines nicht zu identifizierenden *C. Müller*, genannt[90] (Abb. S. 280), auf dem nicht nur Erthals Name, seine Lebensdaten und sein Sterbealter angegeben sind, sondern auch eine Devise zu lesen ist, die der unbekannte Stecher als Motto über Erthals Leben und Schaffen stellte: *Sibi res, non se Submittere rebus* (die Sache sich, nicht sich den Sachen unterwerfen). Damit würdigte er das Lebenswerk und die Arbeitsleistung des Fürstbischofs Franz Ludwig von Erthal.

Anmerkungen

1 StAB, Rep. A 231 I Nr. 2011, HKR 1781/82, fol. 367r und Nr. 2361 I, Beleg No. 13 vom 2. März 1781. – Für Würzburg liegen keine Quellen vor, da die Würzburger Hofkammer-Rechnungen aus der Regierungszeit Erthals nicht erhalten sind.

2 StAB, Rep. A 231 I Nr. 2020, HKR 1790/91, fol. 225r und Nr. 2370 I, Beleg No. 16 vom 19. April 1790.

3 StAB, Rep. B 54, BHKP, Nr. 70, S. 331.

4 StAB, Rep. B 84 Nr. 28 III, Wahl- und Sterbeakte Bamberger Bischöfe, fol. 568r ff. und 572r-575v.

5 Ob diese Zuschreibungen zutreffen oder nicht, muß natürlich dahingestellt bleiben.

6 THIEME/BECKER, Bd. 26, S. 30. Die Lebensdaten Pfeilers sind dort nicht genannt.

7 StAW, Histor. Ver. Würzburg, M.S. f. 45, *Inventarium aller in der Hochfürstlichen Residenz und in dem Regierungs Bau, dann in denen beeden Lust-Schlösseren Werneck und Veithshöchheim befindlichen Schildereyen 1778 Neuerlich aufgenommen und gefertiget durch Pancratius Pfriem, Johann Jacob Sibold, Heinrich Schwarz,* S. 41.

8 Kat.Nr. 5.

9 Kat.Nr. 11.

10 Die Bamberger Jurastudenten überbrachten einen Kupferstich mit der Darstellung eines Obelisken, um den sich eine Ranke windet, die in regelmäßigen Abständen mit Wappen von Erthals Vorfahren in Medaillons belegt ist. Vgl. Kat.Nr. 19.

11 THIEME/BECKER, Bd. 11, S. 566.

12 Das Huldigungsgedicht ist erhalten in: StAB, Rep. B 24 Nr. 24a, Hofdiarium, S. 1127 ff.

13 THIEME/BECKER, Bd. 30, S. 101.

14 Einen zweiten, ähnlichen Versuch startete Fill im Herbst des gleichen Jahres bei der Konsekration Erthals. Vgl. Kat.Nr. 21.

15 Abb. in: EDUARD DIENER, Aus Bambergs verklungenen Tagen. Selbstverlag des Verfassers 1954², zwischen S. 70 und 71.

16 Es war für das Kaiserliche Landgericht in Bamberg bestimmt. StAB, Rep. A 231 I Nr. 2359, Beleg No. 8 vom 22. Oktober 1779.

17 Das Pallium erhielt Erthal am 12. Juli 1779 (LOOSHORN, Bisthum Bamberg 7b, S. 480). Vermutlich ist das Bildnis vorher entstanden.

18 Kat.Nr. 16.

19 Das Domkapitel verwendete immer noch die 1766 von den Gebrüdern Klauber in Augsburg gefertigte Kupferplatte (StAB, Rep. B 86 Nr. 94, fol. 19r, 156v, 217r). Nach einem Regierungswechsel wurde das Porträt des neuen Fürstbischofs zunächst extra gedruckt, ausgeschnitten und auf den Kalender geklebt. Das Stadtarchiv Bamberg besitzt ein Exemplar des domkapitelschen Kalenders von 1781, wo das Erthal-Porträt aufgeklebt ist, die darunter befindliche Schriftzeile aber noch auf seinen (bereits 1779 verstorbenen!) Vorgänger Adam Friedrich von Seinsheim weist.

20 Künstler, T. 1, S. 92.

21 Eder erhielt, nach JÄCK, *für jene bestens gelungene Zeichnung* zwei Dukaten von St. Burkard. – Zu den Wappenkalendern mit St. Burkard vgl. WALTER M. BROD, Mainfränkische Kalender aus vier Jahrhunderten. Festgabe der Freunde mainfränkischer Kunst und Geschichte e. V. Würzburg zur Zwölfhundert-Jahrfeier 1952, S. 44 mit Abb. S. 43 (Kalender mit Seinsheim-Porträt). Auf den beiden erhaltenen St. Burkarder Wappenkalendern der Erthal-Zeit (Mainfränkisches Museum Würzburg und Staatliche Graphische Sammlung München) findet sich kein Porträt Franz Ludwigs.

22 Bd. 3, Leipzig 1733, Sp. 1825.

23 Inventarium (wie Anm. 7).

24 Die Porträts von Erthals Vorgänger, Adam Friedrich von Seinsheim, hat RODA, Seinsheim, S. 51–83 zusammengestellt.

25 RAINER SCHOCH, Das Herrscherbild in der Malerei des 19. Jahrhunderts. München 1975, S. 19.

26 JÄCK, Künstler, T. 2, S. 96. – THIEME/BECKER, Bd. 30, S. 39. – SITZMANN, Künstler, S. 477. – Eine umfassende Monographie zu dem jüngeren Scheubel steht noch aus.

27 StAB, Rep B 26b, Bamberger Bestallungen, Nr. 52, fol. 357r f. – Der Vater erhielt sein Gehalt als Kammerdiener wie später auch der Sohn.

28 RODA, Seinsheim, S. 35, 64.

29 Nach StAB, Rep. A 231 I Nr. 2346 IV, HKR-Beleg No. 14 vom 3. Dezember 1766 handelte es sich um ein großes Kniestück.

30 StAB, Rep. A 231 I Nr. 1996, HKR 1766/67, fol. 249r; dazu Nr. 2346 IV, HKR-Beleg No. 14 vom 3. Dezember 1766. – Der ältere Scheubel erhielt z. B. im Jahre 1760 für zwei Porträts 28 fl. (frk.) 48 Kr. (StAB, Rep. A 231 I Nr. 1990, HKR 1760/61, fol. 248r).

31 StAB, Rep. B 54 Nr. 60 II, BHKP, S. 716. – StAB, Rep. A 231 I Nr. 2010, HKR 1780/81, fol. 305v; dazu Nr. 2360 III, HKR-Beleg No. 3 vom 5. Juli 1780.

32 StAB, Rep. A 231 I Nr. 2010, HKR 1780/81, fol. 305v; dazu Nr. 2360 V, HKR-Beleg No. 2 vom 16./25. November 1780. In der Hofkammer-Rechnung ist vermerkt, daß Scheubel drei Porträts abgeliefert habe. Aus der Abrechnung des Malers geht allerdings eindeutig hervor, daß es nur die beiden genannten Bildnisse waren.

33 Da er außerdem kein Kammerdiener war und als solcher ein festes jährliches Gehalt von 160 fl. frk., dazu einen Zuschuß zum Hauszins, außerdem Kleider, Schuh- und Stiefelgeld erhielt, war er wahrscheinlich auf Aufträge des bischöflichen Hofes nicht angewiesen (vgl. StAB, Rep A 231 I Nr. 2011, HKR 1781/82, fol. 179v; Nr. 2022, HKR 1792, fol. 124r; Nr. 2024, HKR 1793/94, fol. 130v).

34 Es ist kaum anzunehmen, daß Scheubel Gesellen bzw. Lehrlinge in seiner Werkstatt beschäftigte. Schriftliche Quellen liegen dazu nicht vor. Eine Ausnahme bildet der Bamberger Maler Andreas Mattenheimer (1752–1810), der sich in einer Abrechnung für die Restaurierung von fünf älteren Bischofsporträts aus dem Jahr 1781 als *Scholar bey H(errn) Cammerdiener Scheubel* bezeichnet (StAB, Rep A 231 I Nr. 2361 II, HKR-Beleg No. 16 vom 2. Juni 1781). Gesellen werden im allgemeinen nicht als „Scholar" bezeichnet. Es könnte sein, daß Mattenheimer vorübergehend bei Scheubel hospitierte.

35 RODA, Seinsheim, Abb. 32. – Ein solcher Rückgriff auf ältere Porträts ist nicht ungewöhnlich, so gibt es von Erthals Nachfolger, Christoph Franz von Buseck (1795–1805) ein Porträt im Erzbischöflichen Ordinariat Bamberg, das im Seinsheim-Porträt von 1772 getreu wiederholt (RODA, Seinsheim, Abb. 36). – SCHOCH (wie Anm. 25), S. 23.

36 Der Maler gab hier zwei Mitren wieder, die wirklich vorhanden waren und zu den Hochstiftspretiosen in Bamberg und in Würzburg gehörten. Die Mitra mit dem Besatz von auffallend großen Perlen und Edelsteinen auf goldenem Stoffgrund ist als Umrißzeichnung mit genauer Beschreibung der Edelsteine und Perlen im um 1765 angelegten Inventar des fürstbischöflichen Silbers in Würzburg (StAW, Rentamt Würzburg Stadt Nr. 135) überliefert und am Ende des 18. Jahrhunderts nochmals genauestens im *Inventarium über Samtliche bey der Hochfürstlichen Hofhaltung befindliche Pretiosen, Gold, und Silber-Geräth, neuerlich aufgenommen und gefertiget Anno 1797* (StAW, Rentamt Würzburg Stadt Nr. 127, S. 19) beschrieben.
Auf der Bamberger Mitra haben die Edelsteine das größere Gewicht. Diese Mitra steht auf dem Scheubelschen Erthal-Porträt eindeutig im Vordergrund. Sie ist bereits auf dem 1757 entstandenen Paradebett-Bild des Bamberger Bischofs Franz Konrad von Stadion (Diözesanmuseum Bamberg) dargestellt und erscheint noch auf dem großen Kniestück des Christoph Franz von Buseck (im Erzbischöflichen Ordinariat Bamberg), hier allerdings auf hellblauem Grund. Da Stadion und Buseck nur Bischöfe von Bamberg waren, muß es sich um eine Bamberger Mitra handeln.

37 Erthal hatte bei seinem Regierungsantritt – so wie es üblich war – sowohl die Bamberger als auch die Würzburger Hochstiftspretiosen übernommen. In den Pretiosenverzeichnissen sind die Stücke genau beschrieben. Trotzdem fällt es schwer, die auf den Porträts dargestellten Schmuckstücke nach den Beschreibungen in den Inventaren zu identifizieren.

38 Vgl. RODA, Seinsheim, S. 65f.

39 Erzbischöfliches Ordinariat Bamberg, Bayerische Staatsgemäldesammlungen München, Inv.Nr. 3975 alt (als Leihgabe im Spessartmuseum Lohr), Historisches Museum Bamberg, Inv.Nr. 166 L (Leihgabe des Gesellen-Instituts Bamberg), Residenz Würzburg (Leihgabe der Bayerischen Staatsgemäldesammlungen München, Inv.Nr. 7653 alt), Residenz Würzburg, Inv.Nr. Res. Wü. G 53, Schloß Seehof bei Bamberg.

40 Vgl. die Beiträge von BERNHARD SCHEMMEL und ROBERT ZINK in diesem Handbuch.

41 StAB, Rep. B 54 Nr. 60 II, BHKP, S. 716.

42 StAB, Rep. A 231,1 Nr. 2360 III, Beleg No. 3 vom 5. Juli 1780.

43 StAB, Rep. A 231,1 Nr. 2020, HKR 1790/91, fol. 225r (hier ist fälschlich angegeben, daß Mattenheimer drei fürstliche Porträts kopiert habe); dazu Nr. 2370 V, Beleg No. 2 vom 29. Oktober 1790. Diese drei Porträts sind bisher nicht gefunden worden.

44 RODA, Seinsheim, S. 57.

45 Jede Serie umfaßte sechs bis sieben Porträts. Ältere Bischofsporträts – von der zweiten Hälfte des 16. bis zum Ende des 17. Jahrhunderts – hatte man in Nebenräumen aufgehängt.

46 Wie Anm. 7, S. 231, 234, 247, 249, 251.

47 In dem Gemälde-Inventar von 1778 sind einige Änderungen mit Bleistift nachgetragen, z. B. auf S. 226: *Auf der Hofkammer* befanden sich *4 Portrait Seinsheim, Erthal, Hutten, Fechenbach.* Es ist der einzige Nachweis eines Erthal-Bildnisses in diesem Inventar.

48 1780 werden dem Bildhauer Kamm *ein großer ovaler Rahmen von Bildhauerarbeit fleißig geschnitten,* 1781 *ein großer Rahm, geschnitten,* kurz darauf im gleichen Jahr ein weiterer *nebst allen daran geschnittenen so wohl Bildhauer als Schreinerarbeit glanz- und mattvergoldet* bezahlt. Er erhielt 12 bzw. 10 Gulden für die beiden ersten, für den letzten, der immerhin sieben Schuh hoch und 4 1/2 Schuh breit war, sogar 30 Gulden. (StAB, Rep. A 231 I Nr. 2010, HKR 1780/81, fol. 289r, dazu Nr. 2360 III, Beleg No. 3 vom 7. August 1780; Nr. 2011, HKR 1781/82, fol. 289r, dazu Nr. 2361 II, Beleg No. 7 vom 25. April 1781 und Beleg No. 5 vom 25. April 1781 (der Hofvergolder Andreas Müller erhielt für das Vergolden 30 fl.)).

49 Ob der *große ovalle Rahm, wo das Hochfürst*(liche) *Porthreth* (!) *zu stehen komt,* für das Original-Porträt oder eine der beiden Kopien bestimmt war, ist heute nicht mehr zu sagen. Der ausführende Bildhauer, Bernhard Kamm, erhielt zehn Reichstaler (bzw. zwölf fränkische Gulden). StAB, Rep. A 231 I Nr. 2010, HKR 1780/81, fol. 289r; dazu Nr. 2360 III, Beleg No. 3 vom 7. August 1780.

50 Siehe S. 269.

51 StAB, Rep. A 231 I Nr. 2360 V, Beleg No. 19 vom 14. Dezember 1780: *Auf einen Hochfürst*(lichen) *Geistlichen Vikariat eine schwarz gepaizte bordere Rahm von 5 Schuh hoch 4 Schuh breit, den inwendigen 2 Zoll breiten Stab mit guten Gold glanz zu vergolden. Vor solche meisterhafft hergestelte Arbeit 4 fl. fr*(änkisch). *Andreas Müller Hoffvergolder.*

52 StAB, Rep. B 67 V Nr. 18, Regierungsakten 1795, Prod. 136.

53 StBB, HV Msc. 538, fol. 182v. – Das Englische Institut Bamberg, wo die erblindete Schwester des Fürstbischofs als Pensionärin lebte, besaß vielleicht damals ein eigenes Erthal-Porträt. Heute befinden sich dort zwei Bildnisse von ihm. BREUER/GUTBIER, Stadt Bamberg – Innere Inselstadt, S. 452 nehmen an, daß es sich um Repliken nach einem Gemälde des Andreas Mattenheimer handelt.

54 Inv.Nr. 964. Laut Inventarblatt „vom städtischen Krankenhaus übernommen".

55 Vgl. dazu den Beitrag von ROBERT ZINK in diesem Handbuch.

56 Beschreibung des Naturalienkabinetts zu Bamberg. In: Taschenbuch auf 1815. Erlangen 1815, S. 21–55. – Vgl. BREUER/GUTBIER, Stadt Bamberg – Innere Inselstadt, S. 158–163.

57 Für Würzburg sind keine Aussagen möglich, da diese Rechnungsgattungen dort nicht erhalten sind.

58 Kat.Nr. 124.

59 Das Gesicht Erthals wirkt auf diesen Bildnissen so jugendlich, daß man sie nicht in die Entstehungszeit des Naturalienkabinetts, also in die frühen 90er Jahre des 18. Jahrhunderts, datieren möchte. Da das Porträt sehr wahrscheinlich erst im 19. Jahrhundert dorthin kam, wäre eine Spätdatierung auch nicht unbedingt notwendig.

60 Inv.Nr. H. 35/06.

61 Farbabb. in: Volk Gottes unterwegs. Unser Bistum in Geschichte und Gegenwart. Ausgabe 63 vom 29. Januar 1995.

62 Abb. auf Vorsatzblatt bei KERLER, Erthal.

63 JÄCK, Künstler, Bd. 2, S. 111 f. – THIEME/BECKER, Bd. 33, S. 384 f. – SITZMANN, Künstler, S. 119 f. – RODA, Seinsheim, S. 34 und öfter.

64 JÄCK, Künstler, Bd. 1, S. 101. – HARRY HEIMANN, Johann Christoph Fesel. Das Lebensbild eines fränkischen Malers in der Wende vom Rokoko zum Klassizismus. Kallmünz 1933. – THIEME/BECKER, Bd. 11, S. 500 f. – SITZMANN, Künstler, S. 142. – RODA, Seinsheim, S. 33 und öfter. – EDGAR BAUMGARTL, Maler in Franken. Nürnberg 1993, S. 254 f. – Ausstellungskatalog Sammlung Franz Xaver Müller, hrsg. von FRANZ XAVER MÜLLER. Würzburg 1994, S. 20.

65 JÄCK, Künstler, Bd. 2, S. 113 ff. – THIEME/BECKER, Bd. 33, S. 385. – SITZMANN, Künstler, S. 120 (hier als Christoph Joseph Treu). – RODA, Seinsheim, S. 92.

66 StAB, Rep. B 54 Nr. 61, BHKP 1781, S. 1000.

67 StAW, Würzburger Hofkammer-Protokolle 1779, S. 835 f., hier S. 836.

68 Siehe Anm. 34.

69 Inv.Nr. 37D. – Abb. noch in besserem Zustand bei JOHANNES KIST, Fürst- und Erzbistum Bamberg. Bamberg 1962, vor S. 129. S. 186 die Provenienzangabe „Bamberg, Neue Residenz".

70 StAB, Rep. A 231 I Nr. 2369 III, Beleg No. 1 vom 3. August 1789. – Rep. B 67 IV Nr. 58, Prod. 69. – Abt Placidus von Schuttern erhielt das Porträt nicht etwa bei der Belehnung, die 1787 stattfand (LOOS-HORN, Bisthum Bamberg 7b, S. 584), sondern aus unbekanntem Grund zwei Jahre später.

71 Katalog Porträtgalerie zur Geschichte Österreichs von 1400 bis 1800, bearb. von GÜNTHER HEINZ und KARL SCHÜTZ. Wien 1976, S. 19.

72 Siehe S. 276.

73 Bildnisse dieses Typs sind erhalten unter anderem in den Pfarrhäusern von Marienweiher/Lkr. Stadtsteinach und Pottenstein/Lkr. Pegnitz, in den Rathäusern von Ebern und Sulzfeld in Unterfranken, im Historischen Museum Bamberg (Leihgabe an das Franz-Ludwig-Gymnasium Bamberg) und im Spessartmuseum Lohr, außerdem in Privatbesitz.

74 Porträts dieses Typs befinden sich unter anderem im Rathaus Lohr, im Mainfränkischen Museum Würzburg, Inv.Nr. 40563, in der Staatsbibliothek Bamberg und in Privatbesitz. – Ein Bildnis von Erthals Nachfolger Buseck in Bamberger Privatbesitz zeigt den gleichen Typ, jedoch seitenverkehrt.

75 Z. B. im Diözesanmuseum Bamberg, Inv.Nr. 2727/14, im Stadtmuseum Erlangen (aus dem Bamberger Kunsthandel) und im Spessartmuseum Lohr.

76 Vgl. dazu KONRAD KUPFER, Bildnisse Bamberger Fürstbischöfe in Forchheim. In: Fränkische Blätter für Geschichtsforschung und Heimatpflege 10 (1958), S. 24. KUPFER führt die ihm bekannten Porträts in Forchheim auf. Hingewiesen sei hier besonders auf die schriftlichen Quellen über den Ankauf der Bischofs-Bildnisse durch die Stadt Forchheim, die er in diesem Aufsatz veröffentlichte. Die Porträts der Landesherren waren demnach nicht deren Schenkungen, die Stadt Forchheim erwarb sie vielmehr von einheimischen (!) Malern. Obwohl KUPFER kein Erthal-Porträt in Forchheim aufführt, hat es doch mindestens zwei gegeben. TILMANN BREUER, Stadt und Landkreis Forchheim (Bayerische Kunstdenkmale 12, Kurzinventar). München 1961, S. 42 f. erwähnt ein Erthal-Porträt unter den Gemälden des Rathauses, ein zweites im Krankenhaus.

77 CARL VON SPRUNER, Die Wandbilder des Bayerischen National-Museums, Bd. 4. München 1868, S. 74 überliefert eine Anekdote, die vermutlich in der erstaunlichen Menge der erhaltenen Erthal-Porträts ihren Grund hat: „Mit Zusendung seines Porträts von allen Seiten bestürmt, sagte er einmal zu seinem Hofbildhauer Wagner lachend: ‚Da sieht Er, wie mir's geht! Jeder, der eine große Nase machen kann' – und der Fürst war mit diesem Kennzeichen gescheiter Leute verschwenderisch bedacht – ‚meint auch mein Porträt machen zu müssen'." Daß der Fürstbischof jemals ein alle gesellschaftlichen Schranken durchbrechendes Gespräch mit dem Hofbildhauer Johann Peter Wagner geführt haben könnte, ist undenkbar.

78 Nicht alle fürstbischöflichen Porträts wurden für die Nachwelt aufbewahrt. Als Beispiel für die Weiterverwendung sei hier ein relativ großes Porträt des Bischofs von Bamberg und Kurfürsten von Mainz, Lothar Franz von Schönborn (1693 bzw. 95–1729), genannt. Es fand sich während einer 1992/93 durchgeführten Restaurierung durch die Firma Thomas Seidenath, Bamberg, auf der Rückseite des aus der ersten Hälfte des 19. Jahrhunderts stammenden Altarbildes der Kapelle in Thüngfeld bei Schlüsselfeld. Man hatte also aus Ersparnisgründen die Rückseite des Schönborn-Porträts als Bildträger für das neue Gemälde benutzt.

79 StAB, Rep. B 24 Nr. 27, Hofdiarium 1783/84.

80 StBB H. V. Msc. 538, fol. 260v f. Vgl. Kat.Nr. 133.

81 Kat.Nr. 1.

82 SCHOCH (wie Anm. 25), S. 33.

83 Vgl. Beitrag WALTER MILUTZKI in diesem Handbuch.

84 Verzeichniß von bambergischen Portraits in Holzschnitt, Kupferstich, Lithographie etc. In: BHVB 8 (1845), S. 89 f.

85 Kat.Nr. 141.

86 Kat.Nr. 158.

87 Kat.Nr. 77.

88 Von ihm sind einige Exemplare, teils mit Signatur, wie z. B. in StBB, V A 85 aa, teils ohne Signatur, wie im Exemplar des Diözesanmuseums Bamberg, erhalten. Die Stiche sind aus Büchern herausgetrennt worden. Es sind Abdrucke von einer vielfach benützten Platte, die mindestens einmal nachgestochen worden ist. Ob dieser Kupferstecher Stumpf mit dem Würzburger Kupferstecher Christoph Joseph Stumpf (1754–1809) identisch ist, läßt sich nicht sagen. Die Stiche des letzteren in der Würzburger Ausgabe des Calmetschen Bibelkommentars sind qualitätvoller (vgl. THIEME/BECKER, Bd. 32, S. 247).

89 Zitiert nach: URSULA TÖLLE, Rudolph Zacharias Becker. Versuche der Volksaufklärung im 18. Jahrhundert in Deutschland. New York 1994, S. 339. – Vgl. Kat.Nr. 54.

90 Aus welchem Buch der Stich stammt, ließ sich bisher nicht ermitteln. Das Exemplar im Diözesanmuseum Bamberg gibt keinen Hinweis.

123 Porträt des Fürstbischofs Franz Ludwig von Erthal

Johann Joseph Scheubel d. J. (1733–1801)
Bamberg, 1780
Öl auf Leinwand
H. 134,5 cm, Br. 106 cm

Erzbischöfliches Ordinariat Bamberg   Farbabb. auf dem Einband

Unveröffentlicht

Quellen: StAB, Rep. A 231 I Nr. 2010, HKR 1780/81, fol. 305v, 306 r; dazu Nr. 2360 V, Belege No. 2 vom 27. November 1780 und No. 19 vom 14. Dezember 1780.

Fürstbischof Franz Ludwig von Erthal ließ sich im Jahre 1780 von seinem Bamberger Hofmaler Johann Joseph Scheubel d. J. porträtieren. Von diesem sogenannten Original-Porträt mußte der Maler noch im gleichen Jahr mehrere Kopien anfertigen. Vier von ihnen bezahlte die Bamberger Hofkammer, da sie für verschiedene hochfürstliche Amtsräume gedacht waren. Zu ihnen gehörte auch das Erthal-Bildnis, das sich heute im Besitz des Erzbischöflichen Ordinariats Bamberg befindet und einst im geistlichen Sessionszimmer des hochfürstlichen Vikariates hing.

Es ist die größte der insgesamt sechs bisher bekanntgewordenen Kopien. Sie gibt die Insignien des Fürstbischofs am vollständigsten wieder.

Der jüngere Scheubel nahm hier eines seiner Porträts von Erthals Amtsvorgänger, Adam Friedrich von Seinsheim, zum Vorbild, das er bereits 1766 gemalt hatte. Das ganze Ambiente ist nahezu identisch, während sich die beiden Bildnisse in der Auffassung des Porträtierten – Seinsheim in barocker Leibesfülle, Erthal dagegen eher hager – voneinander unterscheiden.   R. B.-F.

Nr. 124

124 Porträt des Fürstbischofs Franz Ludwig von Erthal

Umkreis des Johann Joseph Scheubel d. J. (?)
Bamberg (?), 1780–90
Öl auf Leinwand
H. 87 cm, Br. 70 cm

Diözesanmuseum Bamberg, Inv. Nr. 2725/92   Abb.

Unveröffentlicht

Obwohl sich Erthal nicht seinen Amtsvorgängern an-schloß, die sich nahezu jährlich von bedeutenden Malern porträtieren ließen, gibt es gerade von ihm eine Fülle von Bildnissen, allerdings zumeist von minderer Qualität. Für sie wurde der Begriff „Amtsstubenbild" geprägt. Zu die-sen einst in Pfarr- und Rathäusern würzburgischer und bambergischer Landstädte hängenden Porträts gehören aber auch einige, deren Qualität besser ist. Zu ihnen zählt dieses 1993 aus Bamberger Privatbesitz erworbene Bild, das den jugendlich wirkenden Erthal zeigt.

Die größte Verwandtschaft mit diesem Porträt weisen die Erthal-Bildnisse im Naturkunde-Museum Bamberg und im Rathaus von Lichtenfels auf. Ihre Provenienz spricht für einen Bamberger Meister. Da die Bamberger Malerei des ausgehenden 18. Jahrhunderts jedoch noch wenig er-forscht ist, können sie keinem bestimmten Maler zuge-schrieben werden.   R. B.-F.

WALTER MILUTZKI

Erthal-Darstellungen als Silhouettenbilder und Eglomisés

Die Kunst des Silhouettierens – in der Technik von geschnittenen bzw. getuschten Schattenrissen oder als Eglomisé – erlebte in der zweiten Hälfte des 18. und weit bis ins 19. Jahrhundert hinein eine große Blüte. Eine Vielzahl dieser Arbeiten haben sich aus jener Zeit erhalten. Neben großen Künstlern wie etwa Daniel Chodowiecki (1726–1801), Johann Caspar Lavater (1741–1801) und Luise Duttenhofer (1779–1829) schuf auch ein breiter Kreis von anonymen Personen solche Bilder. Sie zeigen unter anderem Porträts, Landschaften und Pflanzen. Es entstanden teils künstlerisch wertvolle, teils dilettantische Arbeiten. Sie wurden zu allen erdenklichen Anlässen verschenkt und zierten gerahmt die Wände der Wohnzimmer und Salons. Es war Mode geworden, die Mitglieder ganzer Klosterkonvente, Domkapitel oder Universitätskollegien im Konterfei wiederzugeben. Häufig wurden die Porträts der Fürsten oder bedeutender Persönlichkeiten des öffentlichen Lebens als Silhouettenbilder angefertigt[1].

Auch von Fürstbischof Franz Ludwig von Erthal gibt es getuschte und aquarellierte Silhouttenbilder sowie Eglomisés. Dabei beschränken sich die Darstellungen auf zwei Motive, deren (verlorengegangene?) Originale später immer wieder kopiert wurden.

Das erste Motiv zeigt den Fürstbischof in einem Raum, der durch einen Fußboden und seitlich gerafften Vorhang angedeutet ist. Erthal, der einen Talar trägt, sitzt in einem Sessel am Tisch. In einer Hand hält er ein Buch, während er mit der anderen Hand etwas notiert. Vor ihm stehen ein Kreuz, seine Insignien – Mitra, Pallium und Fürstenhut – sowie ein Lichtschirm mit angezündeter Kerze und das Schreibzeug. Der Fürst arbeitet ganz offensichtlich in der Nacht. Auf diesem Bild wird deutlich, was später ein unbekannter Verfasser, der nur mit dem Kürzel *F.* unterzeichnet, in einem Gedicht in Form einer fiktiven Grabschrift festhielt:

. . . Ich les in Marmor gegraben – – –
Hier ruht
Franz Ludwig
der
Erhabenste Fürst,
der nur für sein Volk lebte,
der gern Nächte durchwachte,
Damit sein Unterthan in Sicherheit und Ruhe schlaffen
möchte . . .

Der ob des Bürgers Wohl so ganz sein Selbst vergaß, und von dem Guten,
das sich in Strömen aus seiner Hand über uns ergoß, so wenig
So gar nichts selbst genoß![2]

Eines der Bilder ist zweimal 1785 datiert. Wenn die Jahreszahlen das Entstehungsjahr angeben, wurde es noch zu Lebzeiten Erthals erstellt. Die Fürsorge des Fürstbischofs für seine Untertanen war bekannt und wurde auf diese Weise liebevoll verklärt im Bild festgehalten.

Bei dem zweiten, ebenfalls mehrfach dargestellten Motiv, dürfte es anders sein. Hier steht Erthal einem referierenden Hofbeamten gegenüber. Er lehnt sich mit dem Rücken an ein Tischchen an, auf dem bei den meisten Bildern ein Kreuz und die bereits erwähnten Gegenstände stehen. Erthal hat die Beine überkreuzt und hört den Bericht des Hofbeamten an. Aus einer Dose nimmt er eine Prise Schnupftabak[3]. Die Kleidung des Fürsten, Kniebundhose und Gehrock, unterstreicht seine legere Haltung. Er ist durch sein Profil mit der hervorstechenden Nase und der Perücke eindeutig zu erkennen. Der Beamte dagegen läßt sich weder durch sein Profil noch durch seine Kleidung, nämlich die Uniform, die Zopfperücke und den umhängenden Degen, eindeutig identifizieren. Er ist in aufrechter Haltung wiedergegeben und hält ein Aktenstück in seinen Händen. Nachträglich angebrachte Beschriftungen auf den Holzrückwänden der Bilder bzw. auf den Passepartoutkartons bezeichnen ihn entweder als Kanzler *Pabstmann* oder Geheimreferendar *Pflaum,* der dem Bischof Bericht erstattet. Johann Adam Joseph Pabstmann (1737–1804) war als Kanzler Mitglied der *Hochfürstlich Geheimen Staats-Conferenz.* Matthäus Pflaum (1748–1821) bekleidete das Amt des *Geheimen Referendars* in der Hofkanzlei. Beide waren hohe Bamberger Beamte, wobei von Pabstmann bekannt ist, daß er sich durch die Erledigung täglicher Regierungsgeschäfte fast ständig in unmittelbarer Nähe des Fürsten aufhielt. Pflaum dagegen genoß beim Fürsten unter anderem wegen der Ausarbeitung der neuen Kriminalgesetzgebung großes Ansehen. Trotzdem ist es undenkbar, daß man diese Darstellung zu Lebzeiten Erthals fertigte. Er hätte es nicht geduldet, wenn er in solch lockerer Haltung mit einem Untergebenen abgebildet worden wäre. Sicher sind diese Silhouettenbilder erst nach dem Tode des Fürstbischofs entstanden, in Erinnerung daran, wie ihn hohe Be-

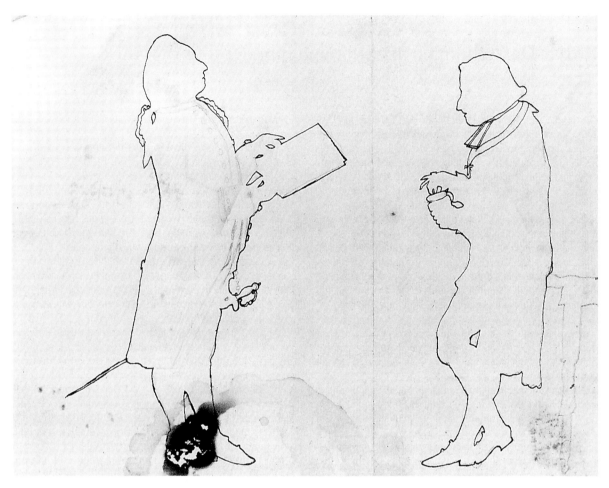

Fürstbischof Franz Ludwig von Erthal mit einem vortragenden Hofbeamten. Umrißzeichnung. Diözesanmuseum Bamberg (ehemals Sammlung Franz Friedrich, Bamberg).

dienstete erlebt hatten[4] und wie ihn das Volk später, besonders nach den Wirren der Säkularisation, verklärt hat. Von den derzeit bekannten Bildern sind nur zwei (Kat. Nr. 125 und Kat.Nr. 127) mit Signatur und Jahreszahl versehen. Die anderen wurden bisher ohne ausreichende Begründung durch Zuschreibungen eingeordnet.

Anmerkungen

1 MARIANNE BERNHARD, Schattenrisse, Silhouetten und Scherenschnitte in Deutschland im 18. und 19. Jahrhundert. München 1978, S. 49 ff. – Kloster Banz, Konvent 1780. In: 50 Jahre Historischer Verein Bamberg, Dokumente aus den Sammlungen. Ausstellung in der Staatsbibliothek Bamberg, 15. 6. – 30. 9. 1980. In: BHVB 116 (1980), S. 423 und Abb. 30. – Porträts der Universitätsprofessoren von Altdorf in Privatbesitz, unveröffentlicht. – Silhouetten des Mossgerichtes und Silhouettenporträts der Familien des Kurfürsten von Pfalz Bayern und des Erbprinzen von Baden. In: Wittelbach und Bayern. Bd. 3: Krone und Verfassung. T. 2. Katalog der Ausstellung im Völkerkundemuseum in München. München 1980, S. 64 f., S. 103 f.

2 Bamberger Intelligenzblatt vom 20. März 1795.

3 LOOSHORN, Bisthum Bamberg 7 b, S. 534 f. Erthal verwendete sehr gerne Schnupftabak. Als er sich am 1. Oktober 1783 im Kloster Michelfeld aufhielt, wird bemerkt: *Der Fürst übernachtete in der Wohnung des Prälaten; daß er auch in der Hauskapelle desselben gewesen, erkannte man daraus, daß er auf dem Betstuhle Toback zurück gelassen.*

4 Autobiographie des Staatsrats Christian Johann Baptist Wagner. In: AU 47 (1905), S. 52 ff. Dort berichtet der Verfasser, daß der Fürst quer auf dem Kanapee saß, die Füße hochlagerte und seinem Vortrag zuhörte.

Nr. 125

125 Getuschtes Silhouettenbild mit aquarelliertem Interieur

Ende 18. Jahrhundert
Papier, Tusche, Aquarellfarben
H. 38,5 cm, Br. 35,9 cm (mit Passepartoutkarton)
H. 18,5 cm, Br. 15,5 cm (Bildausschnitt)

Mainfränkisches Museum Würzburg, Inv. Nr. S.62394

Quellen zu Hermann Siebel: AEB, Traumatrikel der Dompfarrei 1799, fol. 63. – AEB, Sterbematrikel Unsere Liebe Frau Bamberg 1847, fol. 531.

Unveröffentlicht   Abb.

Lit. zu dem Silhouettenbild in unbekanntem Privatbesitz: SIGMUND VON PÖLNITZ, Bamberg, Bild einer tausendjährigen Stadt. Bamberg 1977, S. 152.

Der Fürstbischof sitzt mit dem Talar bekleidet, die Beine übereinandergeschlagen, in einem rot gepolsterten Sessel. Um den Hals trägt er das Bischofskreuz. Vor ihm auf dem Tisch befinden sich ein Stehkreuz, der Fürstenhut, das Pallium, eine Mitra, Schreibzeug und ein Lichtschirm mit angezündeter Kerze. Erthal hält in der rechten Hand ein Buch. Mit der linken Hand schreibt er Notizen auf einen Bogen Papier. Die Szene ist also seitenverkehrt wiedergegeben. Auf der rechten Seite ist ein Vorhang mit

Kordeln und Quasten zusammengerafft. Die Konturen der Gewänder und Möbel werden durch einen Goldstrich hervorgehoben. Die Darstellung zeigt den Fürstbischof, wie er bis tief in die Nacht hinein arbeitet und um das Wohl seiner Untertanen besorgt ist. Auf dieser Silhouette wirkt die Person Erthals fast „großmütterlich". Dieser Eindruck wird durch die dilettantische Abbildung der Perücke, die hinten wie ein Haarknoten zusammengefaßt ist, und den langen Talar, hervorgerufen.

Das gleiche Motiv, ebenfalls als Silhouette, wurde 1977 von Sigmund von Pölnitz veröffentlicht, ohne den Aufbewahrungsort zu nennen.

Erthal ist auf der linken Bildseite, mit der rechten Hand schreibend, dargestellt. Auf dem Bogen Papier, der vor ihm liegt, steht die Jahreszahl *1785*. Das Blatt ist mit *Johannann(?) Herrmam Sieboll (Siebell?) Anno 1785* signiert und datiert. Siebel war möglicherweise ein Verwandter des Malers Franz Anton Siebel. Ein Hermann Siebel ist in den Heiratsmatrikeln der Bamberger Dompfarrei 1799 nachweisbar. Er vermählte sich am 28. Januar mit Anna Katharina Rüttinger. Als Beruf wird in

der Traumatrikel Koch angegeben. Am 8. Dezember 1847 verstarb er im Alter von 75 Jahren, als *fürstl[ich] bamb[ergischer] Hof-Mundkoch*, wie aus den Sterbematrikeln der Oberen Pfarre zu ersehen ist. Demnach müßte Siebel das Bild, von dem es sicher eine Vorlage gab, als dreizehnjähriger Junge gemalt haben. Dafür könnte auch die fehlerhafte Beschriftung sprechen. Es bestätigt die These, daß dieses Motiv mit dem am Tisch sitzenden Erthal früher entstanden ist als das zweite, wo er den Vortrag des Hofbeamten anhört. Ehemals war die ausgestellte Silhouette mit einem Rahmen versehen, wie am Passepartoutkarton zu erkennen ist.   W. M.

126 Eglomisé mit Stoff

Neuzeitlich, um 1900 (?)
Glas, Holz, Stoff
H. 19,5 cm, Br. 13,5 cm (mit Rahmen)
Rahmen, Kirschbaumholz mit schwarzen aufgesetzten Ecken, neuzeitlich

Provenienz: Aus dem Bamberger Kunsthandel

Privatbesitz Bamberg   Abb.

Lit.: Ausstellungskatalog Franz Ludwig von Erthal, Nr. 79.

Der Fürstbischof sitzt schreibend an einem Tisch. Die Szene ist vereinfacht wiedergegeben. Durch Stoffcollagen des Vorhanges und des Fußbodens wird eine Dreidimensionalität angedeutet. Der Stoff sowie das als Rückwand verwendete Papier und der Rahmen sprechen dafür, das das Bild erst am Ende des letzten oder am Anfang unseres Jahrhunderts entstanden ist.   W. M.

127 Getuschtes Silhouettenbild mit aquarelliertem Interieur

Gregorius Leydl
Würzburg (?), 1800
Papier, Tusche, Aquarellfarben
Signiert unten rechts: *Gregorius. Leydl. gezeichnet im Jahre 1800*
Rückseitig beschriftet: *Reprod. in: „Bechtold, Aus dem alten Würzburg S. 256/257"*
Ovaler Stempelabdruck: *Dr. Bechtold.*
H. 38,3 cm, Br. 40,5 cm (mit Passepartoutkarton)
H. 34,2 cm, Br. 36,5 cm (Bildausschnitt)

Mainfränkisches Museum Würzburg, Inv. Nr. 42467   Abb.

Lit.: ARTHUR BECHTOLD, Aus dem alten Würzburg. Würzburg 1940, S. 256/257. – Leben unter dem Krummstab. Die Hochstifte Bamberg und Würzburg im späten 18. Jahrhundert. In: Unser Bayern. Heimatbeilage der Bayerischen Staatszeitung 28 (1979) Nr. 2, S. 11. – Ausstellungskatalog Franz Ludwig von Erthal, Nr. 124.

Das getuschte Silhouettenbild zeigt den Fürstbischof in einem Raum. Er lehnt an einem Tischchen, auf dem sich unter anderem die Mitra, der Fürstenhut und ein Kreuz befinden. Erthal, rechts im Bild, hört den Bericht eines gegenüberstehenden Hofbeamten an. Währenddessen nimmt er eine Prise Schnupftabak aus einer Dose. Er ist durch sein Profil deutlich zu erkennen, der Beamte dagegen kann namentlich nicht benannt werden. Die Szene ist etwas in den Hintergrund versetzt. Dieses Bild ist der Darstellung Kat.Nr. 128 ähnlich. Beiden dürfte eine gemeinsame Vorlage zugrunde liegen. Durch die Aquarellierung wirkt das Bild lebendig. Die abgebildeten Figuren sind trefflich gestaltet. An ihnen wurden sogar Details nachgezeichnet. Dagegen ist das Interieur teilweise sehr dilettantisch wiedergegeben, so z.B. die Mitra auf dem Tisch. Auch die Vorhänge, zwischen denen eine Lampe herabhängt, sind schablonenhaft angelegt. Das vorliegende Schattenbild war ursprünglich in einem Rahmen, wie am Passepartoutkarton zu erkennen ist.
Lebensdaten des Gregorius Leydl ließen sich nicht ermitteln.   W. M.

128 Getuschtes Silhouettenbild mit aquarelliertem Interieur

Anfang 19. Jahrhundert
Papier, Tusche, Aquarellfarben
Rückwärts angehefteter Zettel mit der Aufschrift: *Franz Ludwig von Erthal (1779–1795 Bischof) mit seinem vortragenden Rat (Pabstmann)*. Schriftzug aus der zweiten Hälfte des 20. Jahrhunderts

H. 41,0 cm, Br. 40,5 cm (Rahmengröße)
H. 34,8 cm, Br. 34,2 cm (Bildausschnitt)
Obstholzrahmen, an den Kanten innen und außen schwarz abgesetzt
Provenienz: Ankauf 1970 aus einer Bamberger Privatsammlung

Staatsbibliothek Bamberg, Gem. 48   Farbtafel VIII

Lit.: FRANZ FRIEDRICH, Bamberger Glasradierungen. In: BHVB 116 (1980), S. 161. – Zu StBB, M.v.O. B.I.10: Katalog der Bibliothek des Freiherrn Emil Marschalk von Ostheim. Bamberg 1911, Abt. 2, S. 1270.

Auf dieser Silhouette steht ein referierender Hofbeamter dem Fürstbischof vis-á-vis. Der Beamte hält eine Mappe mit der Aufschrift *Franz Ludwig* in der Hand. Die darin enthaltenen Schriftstücke sind offensichtlich für den Fürstbischof bestimmt. Das Geschehen wird hier in den Bildvordergrund gerückt. Ein angeklebter Zettel auf der Rückseite des Bildes mit einer Schrift aus der zweiten Hälfte des 20. Jahrhunderts gibt den Hinweis, daß es sich um den Hofkanzler Pabstmann handeln soll. Dies kann aber nicht bestätigt werden.
Eine zweite sehr ähnliche Darstellung verwahrt die Staatsbibliothek Bamberg unter der Signatur M.v.O.

Nr. 127

B.I.10. Dieses Bild unterscheidet sich vom ausgestellten nur durch das größere Format und die Gestaltung des Fußbodens. Der Vermerk *Nach einer Silhouette* auf dem Passepartoutkarton läßt darauf schließen, daß das Werk ein Vorbild hatte. Ob allerdings der Geheimreferendar Pflaum dargestellt ist, wie weiterhin vermerkt ist, muß offen bleiben. W. M.

129 Eglomisé im Rahmen

Franz Anton Siebel (1777–1842) zugeschrieben
Lichtenfels
Glas, Gold/Schwarz beschichtet
H. 42,5 cm, Br. 50,5 cm (Rahmengröße)
H. 34,5 cm, Br. 42,0 cm (Bildausschnitt)
H. 27,0 cm, Br. 35,0 cm (Eglomiségröße), zusätzlich auf allen vier Seiten
ca. 3 cm Randstreifen aus Papier

Originalrahmen, Holz, vergoldet, Profil treppenförmig abgestuft, mit aufgesetztem Perlstab. In den Ecken Quadrate mit Rosetten

Beschriftet mit Bleistift von einer Hand der ersten Hälfte des 19. Jahrhunderts auf der Holzrückwand: *Franz Ludwig und Referend Bapstmann*
Ebenfalls auf der Holzrückwand mit blauem Kopierstift Schriftzug des frühen 20. Jahrhunderts: *Franz Ludwig & Ferdinand Bapstmann*

Provenienz: Geschenk des Königlich Bayerischen Hofrates und Oberwundarztes im Allgemeinen Krankenhaus zu Bamberg, Dr. med. Michael Funk (1790–1853)

Historischer Verein Bamberg, Rep. 21/2, Nr. 130   Abb.

Quellen zu Franz Anton Siebel: AEB, Traumatrikel Lichtenfels 1815, pag. 17. – AEB, Sterbematrikel Lichtenfels 1842, pag. 34. – Die Matrikel der Pfarrei Frickenhausen bei Würzburg sind z.Zt. wegen Sicherungsverfilmung nicht zu benutzen.

Lit.: Katalog der Sammlung Buchner in Bamberg, hrsg. von HANS E. VON BERLEPSCH . . . Bamberg 1891, S.80. – FRANZ FRIEDRICH, Bamberger Glasradierungen. In: BHVB 116 (1980), S.158 ff. – Ausstellungskatalog Allgemeines Krankenhaus, S.90 f. – Zu Eglomisé: Reallexikon zur Deutschen Kunstgeschichte, Band IV. Stuttgart 1958, S.750. – Zu Franz Anton Siebel: JÄCK, Künstler, T.2, S.103. – THIEME/BECKER, Bd.30, S.591. – SITZMANN, Künstler, S.513. – Ausstellungskatalog Franz Ludwig von Erthal, Nr.78. – Kunstdruck des Historischen Vereins Bamberg 1975. In: BHVB 112 (1976), S.395.

Das Eglomisé zeigt Fürstbischof Franz Ludwig von Erthal, der sich an ein leeres Tischchen anlehnt. Er hat die Beine überkreuzt und nimmt mit der linken Hand eine Prise Schnupftabak aus seiner Tabatiere. Der Bischof ist mit Kniebundhosen und einem Gehrock bekleidet. Als Zeichen seiner bischöflichen Würde trägt er (an der linken Hand!) den Ring und um den Hals das Bischofskreuz. Erthal hört einem Hofbeamten zu, der ihm in aufrechter Haltung gegenübersteht. Der Beamte hält ein Aktenstück in der Hand. Unter seinem rechten Arm hat er die dazugehörige Aktenmappe geklemmt, die mit Bändern verschnürt ist. Seitlich trägt er einen Degen. Ob es sich tatsächlich bei der Darstellung um den Kanzler Johann Adam Joseph Pabstmann (1737–1804) handelt, wie auf der Holzrückwand des Bildes angegeben, muß letztlich offen bleiben. Ein Vergleich mit einem Porträt Pabstmanns in der Staatsbibliothek Bamberg (Historischer Verein Bamberg, Rep. 21/2 Nr.124) läßt jedenfalls keine zuverlässige Identifikation mit dem Abgebildeten zu.

Ein weiteres, vielleicht ähnliches (heute verschollenes) Eglomisé befand sich bis 1891 in der Sammlung Buchner, Bamberg. Es zeigte, wie im Versteigerungskatalog angegeben ist, den Fürstbischof Franz Ludwig von Bamberg, der den Vortrag seines Geheimrats Pflaum entgegennimmt.

Mit größter Wahrscheinlichkeit ist die Szene bei unserem Bild seitenverkehrt wiedergegeben worden. Darauf deuten der Bischofsring, der immer an der rechten Hand getragen wird und hier an der linken Hand zu sehen ist, sowie die Entnahme der Prise mit der linken Hand hin.

Das Mainfränkische Museum (Kat.Nr. 127) und die

Staatsbibliothek Bamberg (Kat.Nr. 128 und Inv.Nr. M.v.O. B.I.10) verwahren drei ähnliche Bilder, jedoch getuschte Zeichnungen, bei denen der Fürstbischof rechts im Bild steht. Hier nimmt er die Prise mit der rechten Hand, so wie es von einem Rechtshänder gehandhabt wird. Während diese Zeichnungen noch viele Details zeigen, z.B. verschiedene Gegenstände auf dem Tisch, beschränkt sich das Eglomisé auf das wesentliche, nämlich die beiden Personen und den Tisch, der notwendig ist, um die Haltung Erthals zu verdeutlichen. Es dürfte daher später als die anderen Bilder zu datieren sein, wofür auch die rahmende Zierleiste mit den Blütenornamenten spricht.

Eines dieser Silhouettenbilder oder ein anderes gemeinsames Vorbild könnte die Vorlage für unser Eglomisé gewesen sein, bei dem die seitenverkehrte Wiedergabe auf die Herstellungstechnik zurückzuführen ist.

Mit einer Schablone wurde das Motiv auf die Rückseite der Glasplatte aufgezeichnet. Auch für die Herstellung unseres Bildes gab es sicher eine Schablone. Das Diözesanmuseum Bamberg besitzt eine solche (Abb. S. 286), die aber hier nicht verwendet wurde, da die Maße nicht übereinstimmen. Im folgenden hinterlegte man einzelne Teile der Darstellung mit Goldfolie. In diesem Zwischenstadium des Arbeitsprozesses konnte man das Motiv durch Radierung oder Ritzung der Goldfolie ergänzen. Gegenstände, die später als Schatten erscheinen sollten, blieben ausgespart. Zum Schluß überzog der Künstler die gesamte Glasscheibe mit einem schwarzen Lack. Dadurch entstanden die gewünschten Schattenrisse oder Schwarznuancen in der Goldfolie. Bei unserem Bild wurde nur das eigentliche Eglomisé überzogen. Der verbliebene äußere Rand der Glasscheibe wurde mit Papier abgedeckt. Das Verfahren wird nach dem französischen Zeichner und Rahmenhändler Jean Baptiste Glomy († 1786) benannt. Die Methode, Bilder so zu gestalten, ist jedoch schon wesentlich älter. Ihre Anfänge gehen bis in das 12. Jahrhundert zurück.

Im Bamberger und Würzburger Raum haben sich einige Eglomisés erhalten. Sie werden dem Porzellanmaler Franz Anton Siebel zugeschrieben. Allerdings sind die beiden signierten Arbeiten des Künstlers, die sich in der Würzburger Residenz befanden, vermutlich 1945 zugrundegegangen. Fotos dieser Werke sind nicht bekannt. Das eine Bild zeigte Franz Ludwig von Erthal und war mit *Siebel* bezeichnet. Die andere Darstellung, eine Musikergesellschaft, trug die Signatur: *Fra. And. Siebel, gemacht den 2. Jan. 1798.*

JOACHIM HEINRICH JÄCK erwähnt Siebel in seinem Pantheon der Literaten und Künstler als einen, der gut silhouettieren kann, aber auch die Fertigkeit des *Malens* und *Goldauftragens auf Glas* beherrscht. Diese Fähigkei-

Nr. 129

ten hatte er nach JÄCK in Würzburg, Wien und Lichtenfels erlernt.

Siebel wurde, wie die Angabe des Geburtsortes bei der Heirat und die Altersangabe beim Tod erkennen lassen, 1777 in Frickenhausen bei Würzburg geboren. Am 30.

Juli 1815 heiratete er die Taglöhnertochter Cunegunda Leier aus Lichtenfels. Spätestens seit seiner Heirat arbeitete er in der Silbermannschen Porzellanmalschule in Lichtenfels. Sein Tod ist in den Matrikelbüchern von Lichtenfels am 28. Januar 1842 eingetragen. W. M.

BURKARD VON RODA

Thaten dieser Art in den Jahrbüchern der Menschheit ewig werden

Die Einschmelzung Bamberger Hofsilbers unter Franz Ludwig von Erthal 1795

Gerade noch rechtzeitig fand das vollständige Bamberger Hofsilber seine Erwähnung in der Reiseliteratur des ausgehenden 18. Jahrhunderts. Allerdings, was der interessierte Leser dem 1797 im Druck erschienenen Bändchen[1] des Konsistorialrats zu Salzburg und Kanonikus zu St. Andre in Freising, KLEMENT ALOIS BAADER, entnehmen konnte, entsprach bereits nicht mehr ganz dem damaligen Stand der Dinge. Der gelehrte Reisende hatte 1792 auf seiner Reise durch Süddeutschland in Bamberg auch die Neue Residenz besichtigt und über diesen Besuch festgehalten: ... *Man zeigte uns auch die Konditorey und die Silberkammer. Hier sind unter Glasschränken*[2] *und in schöner Ordnung zwei silberne und zwei porcellanene große Tafelservices, eine prächtige, mit Edelsteinen besetzte Infel sammt dem dazugehörigen kostbaren Bischofsstabe und das große Marschallschwert aufbewahrt ...*
Dank der großen Neuanschaffungen Fürstbischof Adam Friedrich von Seinsheims (1757–1779) war die Bamberger Silberkammer nach den Verlusten des Siebenjährigen Krieges seit 1770 wieder soweit gefüllt, daß zusammen mit dem Franckenstein-Silber von 1752 der Grundbedarf des Hofes an Tafel-, aber auch an sonstigem Gebrauchssilber, gedeckt war. Dieser glückliche, allerdings nur 25 Jahre währende Zustand, der sich nach außen in einer letzten glanzvollen Periode des Bamberger Hoflebens zeigte, ist im Hofsilberinventar 1774 dokumentiert: Dort sind 1790 Teile (173 Nummern) an Tafelsilber und 86 Teile (38 Nummern) an Zimmersilber verzeichnet; noch um verschiedene Stücke bis 1785 ergänzt, umfaßte das Bamberger Tafelsilber auf dem letzten Höhepunkt seiner Geschichte schließlich mehr als 1850 Teile[3].
Zu diesem Silberkammerbestand hatte Fürstbischof Franz Ludwig von Erthal das wenigste beigetragen. Die Ergänzungskäufe während seiner Regierung, von denen sich offenbar nichts erhalten hat, seien im folgenden aufgezählt[4]: Eine erste Lieferung erfolgte im dritten Regierungsjahr am 3. April 1781 vom Augsburger Silberhändler Georg Ignaz Bauer. Dieser hatte dafür aus der Bamberger Silberstube soviel wie das neue Silber wog, nämlich 67 Mark, 14 Loth und 3 Quint, an nicht weiter spezifiziertem älterem Silber erhalten. Geliefert wurden:

Zwölf Teller von *extra schön rein glatter Fahson nach Muster* im Gewicht von 26 Mark, 2 Quint, 1 Gran sowie ein Lavoir mit Kanne in der gleichen Art, im Gewicht von 7 Mark, 3 Loth, 2 Gran, drei kleine stark vergoldete Suppenschalen, 24 Bestecke. Zwei Jahre später, im Februar 1783, traf, wieder aus Augsburg, eine zweite Ergänzungslieferung ein, sie umfaßte drei Dutzend Teller mit einem Gewicht von 91 Mark, 2 Loth, 3 Quint, vier Glocken (Wärmeglocken) mit einem Gewicht von 16 Mark, 13 Loth, 2 Quint sowie ein Dutzend Löffel mit einem Gewicht von 4 Mark, 9 Loth, 2 Quint. Für diese zweite Lieferung, für die Bauer am 7. März 1783 949 Gulden und 36³/₄ Kreuzer bezahlt wurden, hatte man an Altsilber 1626 große Rockknöpfe und 1398 kleine Westen- und Hosenknöpfe im Gewicht von 74 Mark, 14 Loth, 2 Quint dreingegeben, also kein älteres Tafelsilber einschmelzen lassen. Im Gegenteil: Mit den Ergänzungskäufen wurden das schon 1752 angeschaffte Franckensteinische Tafelservice und das Seinsheimsche von 1770 ergänzt, der Petschierstecher Johann Adam Krötsch wurde für die Anbringung der entsprechenden Wappengravuren bezahlt.
Eine letzte Silberbestellung unter Franz Ludwig von Erthal erfolgte noch 1785 mit zwei großen und zwei kleinen für die Konditorei bestimmten Löffeln.
Was der eingangs zitierte Reisende Baader 1792 in der Bamberger Silberkammer noch gesehen hatte, war bei der Veröffentlichung seines Reiseberichts 1797 nur noch zum Teil vorhanden.
Das Bamberger Hofsilber war in der Zwischenzeit beträchtlich reduziert worden: So ließ der bereits todkranke Fürstbischof Franz Ludwig von Erthal zehn Tage vor Weihnachten 1794 der Hofkammer seinen Entschluß mitteilen, einen großen Teil – *es mag Zimmer- oder Tafelsilber seyn* – einzuschmelzen[5]. Silber im Gewicht von 2045 Mark[6], damit bereits fast die Hälfte des profanen Silberbestandes der Bamberger Silberkammer, sollte zur Prägung von Konventionstalern in die Würzburger Münze geschafft werden. Nicht viel mehr an Silbergewicht, nämlich 2330 Mark, wog der laut Inventar von 1802 verbleibende Restbestand.

Veranlaßt wurde dieses Vorhaben durch die fortgesetzten Kriegsereignisse in der Folge der Französischen Revolution: Bereits am 4. März 1794 hatte der Fürstbischof in einem Reskript an das Bamberger Domkapitel darauf hingewiesen[7], daß er sich zur Erfüllung seiner vom Reich und vom Reichskreis auferlegten Kontingente und Kosten nicht imstande sehe. Eine Kriegssteuer aufzulegen sei unmöglich, da das Volk verarmt und gegen die Wohlhabenden aufgewiegelt sei, außerdem durch Unglücksfälle, Überschwemmung und die preußische Kontribution im Siebenjährigen Krieg entsetzlich gelitten habe. Die Verringerung der Einnahmen der Geistlichkeit und des Domkapitels und die Erhebung eines Bierpfennigs beim Volk waren deshalb damals als Vorschläge des Fürstbischofs zur Abhilfe angenommen worden.

Dies schien jedoch nicht weit hinzureichen, denn . . . *die Vermehrung des Wehrstandes auf das fünffache erfordere einen ungeheuren Kostenaufwand*, heißt es im Hofkammerprotokoll vom 27. Dezember . . . *Um nun die Fürstliche Obereinnahme hierinfalls zu erleichtern, hätten Höchstdieselbe den gnädigsten Entschluß gefaßt, das Hofsilber dahier jedoch unter folgenden Ausnahmen in die Münze zu geben . . .*: Zurückbehalten werden sollte nämlich

1) ein Service für 24 Personen und die zur anständigen Beleuchtung erforderlichen Leuchter,
2) alles Kirchensilber, da davon kein überflüssiger Vorrat vorhanden sei und da das Kirchensilber derzeit noch nicht angegriffen werden solle,
3) alles Gold und alles vergoldete Silber.

Das Oberhofmarschallamt war beauftragt worden, das geeignete Silber aus der Silberkammer auswählen und ein Verzeichnis darüber anfertigen zu lassen; zur abschließenden Überprüfung sollte es dem Fürstbischof vorgelegt werden. Wohl in Erwartung seines nahenden Todes drängte Franz Ludwig von Erthal in der Erledigung seiner Anweisung, ja zeigte sich sogar ungehalten, als das mit Hofkammerprotokoll vom 15. Dezember angeforderte Gutachten am 27. Dezember noch nicht erstellt war[8].

Schon bald darauf – Erthal hatte nur noch 14 Tage zu leben – konnte der Bericht des Kammerbeauftragten Franz Ignaz Rohrbach über den Vollzug der Einschmelzung zu Protokoll genommen werden[9]. Wegen Überbeschäftigung nicht in der Würzburger Münze, sondern in Nürnberg, war das Bamberger Hofsilber am 14. Januar 1795 *von früh acht bis nachts 10 Uhr unter ständiger Anwesenheit der Hofdeputation geschmolzen* worden.

Die nach Nürnberg eingelieferte Menge von 2045 Mark 1 Loth 1 Quint nach Augsburger Gewicht war dort zuvor nochmals genau gewogen und auf 2023 Mark 3 Loth Kölnisches Gewicht umgerechnet worden. Das eingeschmol-

zene Silber wog schließlich 2014 Mark bei einem Feingehalt von 12²/₃ Loth pro rauhe Mark. Die feine Mark zu 24 fl. gerechnet, hatte die Nürnberger Münze dem Hochstift Bamberg damit den Betrag von 38 265 fl. zu vergüten. Davon verblieben nach Abzug der nicht geringen Unkosten der Münzstatt, nämlich 1019 fl. für Schmelzspesen, Münzerlohn und Legierung (393 Mark Feinsilber), noch 37 246 fl.

Die Ausmünzung in Konventionstaler sollte sich jedoch noch einige Zeit hinziehen. So lange, daß der am 7. April gewählte neue und letzte Bamberger Fürstbischof, Christoph Franz von Buseck, Mißbrauch befürchtete und Nachforschungen anstellen ließ[10]. Daraufhin stattete der bambergische Beauftragte, Adalbert Philipp Hepp, der Nürnberger Münze einen Besuch ab und konnte sich davon überzeugen, daß man dort bereits mit der Zubereitung zum Prägen beschäftigt war[11]. Er erhielt die Zusicherung, daß die Ausmünzung des Silbers innerhalb sechs Wochen geschehen könne, gleichzeitig wurden verschiedene Entschuldigungsgründe, wie das verspätete Eintreffen einer Silberlieferung aus Augsburg, die dazwischengeschobene Prägung der Würzburger und Bamberger Interregnumsmedaillen und der vom Bamberger Stadtrat zu Busecks Wahl in Auftrag gegebene Dukaten ausführlich dargelegt; letztere hätten außerdem zweimal geprägt werden müssen, da beim ersten Mal der Wahltag des Fürstbischofs vergessen worden sei! Auch die Stempel der jetzt zur Ausmünzung vorgesehenen Konventionstaler hätten vom Stempelschneider nochmals übergangen werden müssen.

Zwar liegt uns für die einzelnen Teile des nur sieben Jahre vor der Säkularisation zu Geld gemachten Bamberger Tafelsilbers kein Verzeichnis vor, doch läßt sich der damalige Verlust – mit dem Zimmersilber zusammen wurde nahezu eine halbe Tonne Silber eingeschmolzen – recht genau umreißen. Die Inventare von 1774 und 1802 belegen den Bamberger Silberkammerbestand vor und nach der Einschmelzung.

So machte den Hauptanteil der nach Nürnberg eingelieferten Menge von 2045 Mark das ältere der beiden vorhandenen Tafelservice aus, jenes nämlich, das Fürstbischof Philipp Anton von Franckenstein 1752 hatte anschaffen lassen. Dies geht aus dem Vergleich der Inventare und anhand der bis heute erhaltenen Teile des Seinsheim-Tafelservice hervor. Den ersten Hinweis darauf gibt jedoch die im Zusammenhang mit der Erstellung der Abgabenliste im Hofkammerprotokoll festgehaltene Bemerkung[12]: *Da das Franckensteinische Service hir und dort abgenutzt wäre, bey der Abwägung in der Münze noch etwas abgehen könne.* Offensichtlich wurden die Gewichtsangaben aus dem zwanzig Jahre alten Inventar übernommen.

Einzeln aufgeführt wird in dem genannten Bericht Rohrbachs lediglich das Zimmersilber, das zur Vereinfachung schon in Bamberg *in Bruch gelegt worden, um des vielen Packens entübriget zu werden.* So wurden mit dem Tafelservice auch folgende ältere Stücke im Gewicht von rund 490 Mark[13], etwa 114 kg Silber, eingeschmolzen: Zwei Tische, ein größerer zu 55 Mark und ein kleinerer zu 53 Mark, beide 1774 im oberen fürstlichen Audienzzimmer der Neuen Residenz inventarisiert, vier Gueridons, zwei zu 41, zwei zu 36 Mark Gewicht, ein zwölfarmiger Kronleuchter, 107 Mark schwer, sechs Wandleuchter zu insgesamt 57 Mark Gewicht aus dem oberen fürstlichen Audienzzimmer, sechs kleinere Wandleuchter zu insgesamt 23 Mark aus dem Prinzessin-Saal der Kurfürstenzimmer, zwei Spiegelrahmen mit Aufsatz, ein großer zu 42 Mark und ein kleinerer zu 36 Mark Gewicht, ein Ofenschirm aus dem fürstlichen Kabinett in der oberen Etage, mit roter Samtbespannung, 43 Mark an Gewicht.

Damit fiel der Einschmelzung 1795 neben dem Franckenstein-Tafelservice auch das gesamte damals noch vorhandene Zimmersilber des Bamberger Hofes zum Opfer, es sind alle Stücke, die das Inventar von 1774 unter dieser Abteilung noch aufführt.

Wir verlangen aber dafür keine Obligationen von der Fürstlichen Obereinnahme, hatte der Landesherr versichert[14], *sondern machen damit unserem Lande ein Geschenk und wünschen, daß unsere getreuen Unterthanen dieses als einen neuen Beweis unserer landesväterlichen Liebe, und unserer Neigung, sie wo immer möglich zu schonen, ansehen mögen . . .* Der vorletzte Bamberger Fürstbischof verwirklichte mit der Einschmelzaktion 1795 somit ein letztes Mal den während seiner ganzen Regierungszeit gelebten Grundsatz, daß der Fürst für das Volk, nicht das Volk für den Fürsten da sei[15]. Er setzte sich damit aber auch – im ideellen Sinne – ein Denkmal. So rühmte die Hofkammer bereits die bekundete Absicht, auf einen Teil des Hofsilbers ersatzlos zu verzichten[16]: *Thaten dieser Art, in den Jahrbüchern der Menschheit, ewig werden.*

Der Bestand der Bamberger Silberkammer war also durch die von Fürstbischof Franz Ludwig von Erthal 1795 veranlaßte Einschmelzung bereits beträchtlich reduziert, als mit dem Eintreffen der pfalzbayerischen Truppen am 3. September 1802 in Bamberg die Säkularisation des Hochstifts und damit das Ende der fürstbischöflichen Hofhaltung eingeleitet wurde. Die Enteignung des bis dahin reichsunmittelbaren Territorialstaates unter geistlicher Herrschaft zugunsten des Kurfürstentums Bayern nahm ihren schnellen Lauf[17]. Die Verbringung der bedeutendsten Stücke des Bamberger Domschatzes und des fürstbischöflichen Tafelsilbers in die kurbayerische Residenzstadt und sein Verbleib in München bis auf den heutigen Tag – in der Schatzkammer und der Silberkammer der Münchner Residenz und in der Bayerischen Staatsbibliothek – gehen auf die damaligen Ereignisse zurück. Es ist naheliegend, daß seitdem die berühmten Stücke aus dem Domschatz nicht zuletzt aufgrund ihrer jahrhundertelangen kultischen Funktion immer wieder Aufmerksamkeit auf sich zogen, während das Gebrauchssilber nicht im öffentlichen Bewußtsein verankert war und trotz seiner Weiterverwendung[18] durch die neuen Eigentümer als Bamberger Tafelsilber in Vergessenheit geriet.

Anmerkungen

1 KLEMENT ALOIS BAADER, Reisen durch verschiedene Gegenden Deutschlands in Briefen. Bd. 2, Augsburg 1797, S. 277 f.

2 Nur die verglasten Schränke der Konditorei im Erdgeschoß des Gebsattelbaus haben sich erhalten.

3 Siehe dazu zusammenfassend: BURKARD VON RODA, *. . . doch dass es sich gut putzen lasset . . . . Das Bamberger Tafelservice, Augsburger Silberarbeiten des 18. Jahrhunderts.* In: Kunst und Antiquitäten IV/1989, S. 66–73.

4 StAB, Rep. A 231,1 Nr. 2011, HKR 1781/82, fol. 343r, 371v; dazu Nr. 2361 I, HKR-Belege No. 12 vom 3. April 1781; Nr. 2363 I, HKR-Belege No. 16 vom 7. März 1783; Nr. 2014, HKR 1784/85, fol. 203v f.; Nr. 2015, HKR 1785/86, fol, 272v. Außerdem StAB, Rep. B 24 Nr. 27, Hofdiarium 1783, S. 3.

5 StAB, Rep. B 53 Nr. 430, Geheimes Kabinett, 27. Dezember 1794, dort Hinweis auf ein Reskript vom 14. Dezember 1794. Ergänzend StAB, Rep. B 54 Nr. 74, S. 1399 f., BHKP vom 15. Dezember 1794 sowie StAB, Rep. B 53 Nr. 434, Geheimes Kabinett, 1795, fol. 2r und 257r.

6 LOOSHORN, Bisthum Bamberg 7 b, S. 631, gibt die Menge des einzuschmelzenden Hofsilbers irrtümlich nur mit 279 Mark, 15 Loth an, den bei Hof verbliebenen Rest mit 151 Mark, 11 Loth, 2 Quint. Zu dem von ihm angegebenen Zeitpunkt der Abwiegung, 10. April 1795, war die von Erthal verfügte Einschmelzung jedoch längst geschehen (vgl. unten). Die von LOOSHORN genannte, in der Fundstelle nicht richtig zitierte Quelle (Rezeßbuch) läßt vermuten, daß es sich um Silber aus dem Besitz des Domkapitels handelte.

7 LOOSHORN, Bisthum Bamberg 7 b, S. 618.

8 StAB, Rep. B 54 Nr. 74, BHKP vom 27. Dezember 1794, S. 1426.

9 StAB, Rep B 53 Nr. 432, Geheimes Kabinett, 19. Januar 1795, Prod. 3.

10 StAB, Rep. B 53 Nr. 434, Geheimes Kabinett, 1795, fol. 257r f. zur hochfürstl. Entschließung vom BHKP vom 7. Juni 1795.

11 StAB, Rep. B 53 Nr. 432, Geheimes Kabinett 1795, Prod. 77, Schreiben des A. P. Hepp vom 10. Juni 1795 aus Nürnberg.

12 StAB, Rep. B 54 Nr. 74, BHKP vom 27. Dezember 1794, S. 1426.

13 Gewogen wurden 499 Mark, 6 Loth, $1^3/_4$ Quint, doch wurden davon wieder 9 Mark, 11 Loth, $1^3/_4$ Quint wegen der eisernen Armierung des Kronleuchters abgezogen.

14 StAB, Rep. B 54 Nr. 74, BHKP vom 15. Dezember 1794, S. 1399 f.

15 PFEUFER, Allgemeines Krankenhaus, S. 4 ff.

16 StAB, Rep. B 53 Nr. 430, Geheimes Kabinett, 27. Dezember 1794.

17 Dazu ausführlich, mit einer Chronologie der Ereignisse: MAXIMILIAN PFEIFFER, Beiträge zur Geschichte der Säkularisation in Bamberg. Bamberg 1907.

18 Siehe dazu: RODA (wie Anm. 3), S. 66–73.

130 Wappenpokal Franz Ludwig von Erthals

Böhmen, Ende 18. Jahrhundert
Farbloses Glas. Schliff, Matt- und Klarschnitt, Vergoldung
H. 18,3 cm, Durchmesser oben 7,4 cm

Mainfränkisches Museum Würzburg, Inv. Nr. S. 47395.   Abb.

Lit.: ELISABETH M. TRUX, Form- und Scherzgläser, geschliffene und geschnittene Gläser des 17. und 18. Jahrhunderts. Aus der Glassammlung des Mainfränkischen Museums Würzburg. Würzburg 1992, S. 274 f., Nr. 96 (mit Abb.).

Der Mundrand der trichterförmigen, eng facettierten Cuppa des Pokals ist vergoldet. Die Schauseite trägt in sehr feiner Schnittechnik das Wappen Franz Ludwig von Erthals als Fürstbischof von Würzburg und Bamberg: das Wappenmedaillon ist von dem Herzogshut bekrönt und mit Schwert und Bischofsstab hintersteckt. Es wird von einem hermelinbesetzten, baldachinartig gerafften Wappenmantel hinterfangen. Dieser ist bekrönt von der Kaiserkrone und beidseitig von aufrecht stehenden Löwen flankiert. – Über den Anlaß zur Herstellung dieses Pokals ist bisher nichts bekannt.   F. v. d. W.

131 *Fortgesetzter CODEX AUGUSTEUS, Oder Neuvermehrtes CORPUS JURIS SAXONICI, Worinnen Die in dem Churfürstenthum Sachsen und darzu gehörigen Landen, Auch denen Marggrafthümern Ober- und NiederLausitz, publicirte und ergangene CONSTITUTIONES, DECISIONES, MANDATA und Verordnungen bis zum Jahre 1772 enthalten, Nebst einem ELENCHO, dienlichen Summarien und vollkommenen Registern, Mit Ihrer Churfürstlichen Durchlauchtigkeit zu Sachsen, Gnädigster Bewilligung ans Licht getreten.*

Leipzig 1772
2 Abteilungen, [54 S.], 1836 Sp. und 1204 Sp., [52 S.], 449 Sp., [9 S.]
Beide Bände im Folioformat sind in braunes Kalbsleder gebundene Franzbände, vorn und hinten mit dem in Gold geprägten Supralibros des Fürstbischofs Franz Ludwig von Erthal, dem Amtswappen; die Vorsätze sind gewöhnliches Türkisch-Marmor-Papier, die Schnittverzierung blau, in der Art des Herrnhuter Kleistermarmorpapiers. Auf dem fliegenden Blatt von der Hand des Bibliothekars Heinrich Joachim Jaeck (1777–1847): *(Gesch. d. Bibl. Secretärs Friedrich Eder 1816).*

Staatsbibliothek Bamberg, 23 C 18 und 23 C 19.

Die grundlegende Sammlung setzte eine entsprechende Publikation unter König August dem Starken

Nr. 130

(1670–1733) fort, den *CODEX AUGUSTEUS,* 1724 von dem auch unter dem Pseudonym Germanus Sincerus bekannten Historiker Johann Christian Lünig (1662–1740) herausgegeben; sie erfuhr ihrerseits weitere Fortsetzungen. Eine achtbändige Sammlung davon befindet sich in der Bibliothek des Oberlandesgerichts Bamberg (Universitätsbibliothek Bamberg, 39/PL 2755 OL 187–190). Auf dem Titelblatt des hier ausgestellten Bandes befindet sich ein roter Stempel mit dem sächsischen Wappen. Da sich dieser auch auf dem identischen Band des Oberlandesgerichts findet, wird es sich um eine Form der amtlichen Legitimation handeln. Das hier ausgestellte Werk ist demnach, wie damals üblich, vom Eigentümer zum Binden bestimmt worden, und zwar repräsentativ. B. S.

132 Ein Treffen des Franz Ludwig von Erthal, Konkommissar am Reichstag zu Regensburg, mit Fürstbischof Adam Friedrich von Seinsheim in Höchstadt an der Aisch am 13. Oktober 1778

Bamberger Hofdiarium, Bd. 23, 6. Januar 1775 – 17. Dezember 1778
Handschrift, Pap., 575 S., mit zahlreichen eingehefteten Drucken, in mit Buntpapier überzogenem Pappdeckeleinband, aufgeklebte Titelvignette, Schweinslederrücken
H. 38 cm, Br. 23 cm

Staatsarchiv Bamberg, Rep. B 24, Bamberger Hofdiarien, Nr. 23

Unveröffentlicht.

Lit. zu den Hofdiarien: RODA, Seinsheim, S. 6, Anm. 7. – Allgemein zum Hofleben: WEBER, Bamberger Hofleben.

Die Bamberger Hofdiarien stellen die wichtigste Quelle für das Leben am Hof der Bamberger Fürstbischöfe im 18. Jahrhundert dar. Die Serie der gebundenen Diarien umfaßt den Zeitraum 1716–1795; eine Reihe nicht gebundener Aufzeichnungen reicht darüber hinaus bis zum Jahr 1802. Für Würzburg liegen nur Reste des Hofdiariums für die Jahre 1746–1748, 1750–1751 und 1754–1755 vor.

Das hier vorzustellende Treffen des Reichstagkonkommissars mit dem Bamberger Fürstbischof fand während des vom 13.–21. Oktober 1778 abgehaltenen herbstlichen *Hasentreibens* in der Gegend um Höchstadt an der Aisch statt, worüber auf den Seiten 521–530 des hier ausgestellten Bandes detaillierte Aufzeichnungen vorliegen. Die Jagd begann am Nachmittag des 13. Oktober mit einem festlichen Essen im Gräflich Schönbornschen Schloß zu Pommersfelden, an dem 18 geladene Gäste teilnahmen, und wurde dadurch in den gebührenden höfischen Rahmen gestellt. Auf Einladung des Fürstbischofs machte Franz Ludwig von Erthal am 15. Oktober nach dem Hasentreiben dem Fürstbischof in Höchstadt seine Aufwartung. Aus einem Bericht Erthals für den Reichstag geht hervor, daß er in Regensburg am 8. Oktober zu einer Reise nach Bamberg und Würzburg aufgebrochen war. Bei der an das Gespräch mit dem Fürstbischof anschließenden fürstlichen Tafel in Höchstadt, an der 21 Personen teilnahmen, saß Erthal nach den Tagebuchaufzeichnungen zur Rechten, Graf Schönborn zur Linken des Fürstbischofs (S. 523).

Das Diarium gibt weder hier noch sonst Aufschluß über den Inhalt der geführten Gespräche. Bis in die Einzelheiten festgehalten sind dagegen die weiteren Stationen des Tagesablaufs: die *Retirade*, zu der auf Bestellung Graf Schönborns Räume im Frankensteinschen Logie bereitstanden, das anschließende *Caffé-Trinken*, die Rückkehr nach Pommersfelden unter Begleitung eines Husaren mit Fackeln sowie die anschließende Nachtpartie *(Partie de l'ombre),* nach welcher noch ein Glas Wein und *etwas Kaltes* gereicht wurden. Die Begleitung Franz Ludwigs bestand nach dem Hofdiarium aus einem Kammerdiener und zwei Bedienten; ersterer wurde zum fürstlichen Kammerdienertisch angewiesen; von den zwei Dienern empfing jeder ein Kostgeld von 30 Kr. täglich sowie einen Vespertrunk (S. 524).
Franz Ludwig von Erthal hielt sich auch in den folgenden Tagen bei der Jagdgesellschaft auf; sein Name erscheint in der Liste der zum sonntäglichen Festessen in Pommersfelden am 18. Oktober 1778 geladenen Gäste an erster Stelle (S. 526). F. M.

133 Tagebuch des Geheimen Kanzlisten Johann Georg Endres

1775–1791
XVI, 312 foliierte Papier-Bll. im Quartformat, einzelne mit Zeichnungen; mit zahlreichen, fast ausnahmslos unfoliierten, z. T. kleinerformatigen Drucken durchschossen, auf die im Text verwiesen wird.
Bl. III *Verzeichnis der Reisen, welche von [...] Franz Ludwig [...] in beyden Hochstiften gemacht worden sind vom Jahr 1779* (bis Bl. VIIr) und Bl. X r/v *Ordnung der Reisen zur Visitationszeit* (beides im vorgebundenen Teil). Bl. 1 r *Diarium vom Anfang meiner gnädigsten Aufnahme in die Hochfürstlich Bambergische geheime Hofcanzley ad notitiam privatam,* beginnend mit dem 29. April 1775, bis zum 6. Oktober 1791 reichend. Bl. 269 r–310 r *Index Ueber das ad notitiam privatam verfertigte Endresische Diarium von 1775 anfangend, bis 1791.* Einzelne Marginalien von dem Hauptmann a. D. Georg Steinhauer (1824–1885).
Halbleder, auf dem Titelschild in Golddruck *ENDRES NOTAMINA PRIVATA.* Auf dem vorderen fliegenden Blatt *Urkunden (Handschriften) des Historischen Vereins zu Bamberg Nro: 1699. Aus der Hinterlassenschaft des Professors Martin Jos. v. Reider* [1793–1862] *angekauft im J. 1863.*

Staatsbibliothek Bamberg, H. V. Msc. 538

Lit.: JAECK, Künstler, T. 1, S. 92 f. – HANSWERNFRIED MUTH, Die Ansichten und Pläne der Stadt Bamberg vom Ausgang des 15. Jahrhunderts bis zur Mitte des 19. Jahrhunderts. Bamberg 1959, Nr. 58. – Ausstellungskatalog Franz Ludwig von Erthal, Nr. 77. – KARIN DENGLER-SCHREIBER, Die Handschriften des Historischen Vereins Bamberg in der Staatsbibliothek Bamberg. Bamberg 1985, S. 130.

Über Johann Georg Endres (1736–1802) schreibt JAECK aus authentischen Quellen: *Er hatte mit seiner Schönschreibkunst sehr gute architectonische Kenntnisse, und große Fertigkeit in solcher Zeichnung schon frühzeitig sich erworben. Er genoß das Glück, als Kastner eines Domherrn von Aufsees ganz Italien und Österreich zu*

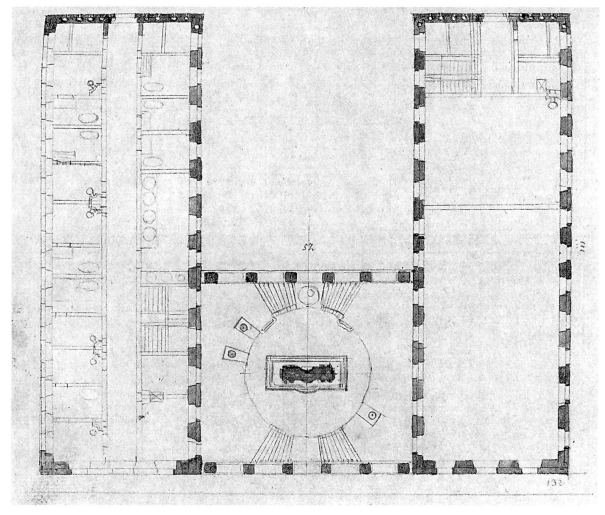

Nr. 133   Grundriß des unter Fürstbischof Franz Ludwig von Erthal 1787 in Bad Bocklet erbauten Brunnengebäudes. Lavierte Bleistiftzeichnung des
Johann Georg Endres in seinem Tagebuch. Staatsbibliothek Bamberg, H. V. Msc. 538, zw. fol. 213/214.

*durchreisen, und bei seinem geraumen Aufenthalte zu
Rom und Wien seine spezielle Bildung sehr zu erhöhen.
Durch diese Reise wurde auch in ihm ein sehr lebhafter
Sinn für schöne Natur- und Kunst-Produkte erregt, was
Veranlassung zur Anlage seines Münz- und Naturalien-
Kabinetts gab.* Die Charakterisierung läßt erkennen, daß
man in Endres einen gebildeten und interessierten Zeitge-
nossen erwarten darf, im übrigen auch mit musikali-
schem Verständnis (er nimmt Cembalo-Unterricht, fol.
92 v).
Die von JAECK angeführten Glockenzeichnungen sind er-
halten (H. V. Msc. 57 a); der Entwurf zu einem vollstän-

digen Grundriß der Stadt Bamberg wurde nicht vollendet
(StBB, HVG 1/8), eine Bamberg-Ansicht dagegen für
Handwerkskundschaften gestochen (MUTH, Nr. 58). Eine
Zeichnung der Seesbrücke zeigte Endres dem Fürstbischof (fol. 182 v), um sich die Erlaubnis zu holen, sie von
Klauber in Augsburg stechen zu lassen (StBB, V B 221);
eine andere hatte er bereits 1755 gezeichnet (StBB, V B
220 a.b).
Endres war Kastner des Domherrn (wohl nicht Aufsees,
vielmehr) Franz Ludwig von Bibra (1741–1790), der
zunächst Kurmainzischer Gesandter und später Statthalter im Eichsfeld war. Zu ihm muß er eine enge Beziehung

gehabt haben; 1787 schied er aus dieser Position mit einer jährlichen Rente von 50 fl. aus. – Am 30. August 1764 wurde Endres als Registrant ins Fürstbischöfliche Archiv und am 19. März 1775 als Fürstbischöflicher Geheimer Kanzlist aufgenommen. Er war mit Maria Barbara, geb. Klietsch verheiratet, hatte einen Sohn Franz Erasmus (4. April 1775 – 15. Februar 1781) und eine Tochter Maria Kunegund (3. – 4. Juli 1783).

Sein Diarium ist in einem sachlich-berichtenden Stil gehalten, manchmal mit Lücken für nachzutragende Details wie Namen, Daten usw. Insofern hat sich Endres als Chronist gefühlt. Die Bedeutung für die Nachwelt hat er dadurch erhöht, daß er nach Kanzlistenart am Rand jeweils Namen (z.B. mehrmals Eulogius Schneider) oder Betreff ausgeworfen und schließlich ein (recht brauchbares) Register angelegt hat. Die Aufzeichnungen sind eigentlich ein Merkbuch, auch für allerlei Wissenswertes, Rezepte usw., einmal für eine ausführliche Inhaltsangabe des Robinson Crusoe (fol. 63 r–70 r). Da Endres unmittelbar mit dem Fürstbischof zu tun hatte, sind in gewissem Rahmen auch Rückschlüsse auf diesen bzw. seine Tätigkeit möglich.

Freilich berichtet Endres von den dienstlichen Vorgängen nur das Formale, eigentlich Zeremonielle, nicht das Sachliche. Auch ist er schweigsam und diskret (was an Bemerkungen zu Fällen in der Art des ausgepeitschten Küchenjungen zu erkennen ist: *nun hat das Mensch keinen Anspruch mehr an ihn zu machen, und er darf auslernen*, fol. 182 r). Außerdem gibt er keine Beurteilung oder Stellungnahme (Ansätze dazu finden sich lediglich, wenn er 1790 die Marschdauer der Bamberger Truppen in die Niederlande berechnet, um sie der Zeit des Schiffstransports gegenüberzustellen (S. 244, um die Deserteure geht es später), oder bei der Berechnung der Kosten für die neue Würzburger Laternenbeleuchtung (fol. 252 v).

Die Reisen mit ihren gewöhnlichen Fährnissen, wie Umwerfen, Achs- oder Radbruch usw. sind reichlich und zum Teil detailliert dokumentiert, auch mit verschiedenen Routen nach Würzburg, z.B. einmal über den Main bei Hallstadt (fol. 134 r) und einmal mit einem Halt auf dem zugefrorenen Main bei Schwarzach, um zum Gedenken einen Wein zu trinken (fol. 230 r), mit Hinweisen auf die Vorteile der neuen Chaussee westlich von Schweinfurt, bei Geldersheim (die wegen der Aufenthalte in dem Schloß Werneck benutzt wurde, fol. 123 r, 141 r). Als Beispiel diene folgende Schilderung:

Den 5ten Julius [1781] *an einem Donnerstag früh um 2. Uhr bin unter Donner und Blitz in die geheime Kanzley gegangen um wegen der Abreiß nacher Wirzburg vergewißert zu seyn, man vernahm daß Celsissimus auf den Schlag 3 Uhr abfahren würden, inzwischen ist die P. Beichtvater Chaisen, worinne H. Eder, H. Messow* [die anderen Kanzlisten] *und ich sassen mit des Sensburg 4 Pferd bespannt* [Erthal fährt sechsspännig] *um* $\frac{1}{2}$3 *Uhr vorausgefahren, bey Dornhof aber wegen abgematteten Pferden liegen geblieben, also daß wir von Celsissimo nicht nur eingeholt, sondern H. P. Beichtvater wegen der zu lesen habenden Hl. Meß in ein andere Chaisen sich begeben muste, Celsissimus hörten zu Burgwinheim Meß, und stiegen in dem Schloß mit Ihro Suite ab, um alda zu frühstücken, da aber der Chocolade in der verunglükten Beichtvaters Chaise zurükgeblieben, wurde solcher durch einen Husaren abgeholt, und auf solche Art ist es auch bekannt worden, daß diese Chaise noch immer auf der freyen Strasse liege, H. Eder und ich giengen zu Fuß über Dornhof, Sambach, Harnsdorf, Kötsch bis uns die Chaise wiedrum einholte, in Burgwinheim bekammen wir Coffee Mürbbrod und Wein, man sezte die Reis über Ebrach fort, da man aber an die H. Ministers wegen dieser Reiß keine Schreiben erlassen, so waren an der Überfahrt bey Schwarzach auch keine Pferde vorhanden, jedoch sind in der Gegend Dettelbach die ankommende Releen auf den Weg angehalten und sogleich eingespannt worden, welchem nach Celsissimus auf den Schlag 12 Uhr in Wirzburg in Ihro Residenz angelanget sind; nur muste man wegen den Essen bis 2 Uhr in Gedult stehen, indem der Hof anerst gegen 10 Uhr von der Ankunft Nachricht bekommen hat, welches wir wohl konnten geschehen* [lassen]*, da P. Beichtvater Kalbsschlegel, gebratnen Hüner und Mürbbrod, Burgunder und andre Weine in Vorrath hatte* (fol. 152 r/v); warum diese Reise, die 9 gegenüber sonst $7\frac{1}{4}$ Stunden dauerte, offensichtlich ungeplant war, bleibt unklar, weilte Franz Ludwig doch traditionellerweise zu Kiliani, dem 8. Juli, in Würzburg.

Das Gros der Eintragungen betrifft Tagesabläufe, Termine, Ernennungen, Besuche von Beamten und Gästen, mit manchen Randbeobachtungen (z. B. daß ein Gesandter in seiner Rede *irr* wurde, fol. 138 r). Besonderes Augenmerk liegt auf dem Zeremoniell. So vermerkt Endres eigens, wie Erthal seinen Bruder, den Kurfürsten von Mainz, empfing (der bei der Konsekration das Pallium nicht trug, fol. 121 r), wie die Statthalterin der Niederlande auf das Zärtlichste, doch ohne Freundschaftskuß begrüßt und im Arm eingehängt in den Würzburger Kaisersaal geleitet wurde (fol. 207 r/v), daß der Bischof von Olmütz nicht die rechte Hand bekam (fol. 243 r/v), daß Erthal den Nuntius nicht vorangehen ließ (S. 244), daß die verwitwete Markgräfin von Erlangen unten an der Treppe der Würzburger Residenz empfangen wurde (fol. 254 r), daß der Fürstbischof dem Kaiser Leopold II. entgegenging (fol. 254 v) und anderes mehr. Empfänge, Tafeln, Musik waren bei solchen Gelegenheiten angesagt.

Den Höhepunkt solcher Besuche bildete zweifellos der des gerade gekrönten Kaisers Leopold II. in Würzburg, auch wenn man die ausgeteilten Geschenke und ihre Wertangaben ansieht (fol. 256 r). Schon vorher hatte Endres die Würzburg passierenden Wagen des Trosses registriert: *Freytag den 3ten Septemb:* [1790] *sind allhier die Kaiserl. Bagage Wägen, mit Silber, Gold, Pretiosen, dann 3 Millionen Geld etc. bestehend in 1. Halbchaise mit 2. Pferden, dann 27 Wägen mit 4. Pferden bespannt, worunter einer mit 6 Pf:, dem am Ende noch besonders 6 Pferd leer folgten, um 10. Uhr hiedurch passirt, die ersten Wägen waren 11. mit schwarzen Überschlagtuch gelb und weiß geprämt* [verbrämt], *die übrigen aber nur mit weißen Tüchern bedeckt, es waren also in allem 118. Pferd, eine Bedeckung von Mannschaft war nicht dabei* (fol. 249 v). Man versteht, daß die Reisen wegen der Gefahren und des hohen Aufwands häufig incognito erfolgten (auch Franz Ludwig reiste einmal so nach Mergentheim, fol. 177 v).

An Ereignissen wird der Würzburger Gesellenaufstand vom 27. Juli 1789 erwähnt (fol. 235 v–236 r). Geschichtliche Bedeutung ist höchstens an Randbemerkungen festzumachen, z. B. die Französische Revolution ein einziges Mal bei der Erwähnung eines aus dem Elsaß vertriebenen Abtes, der beinahe aufgeknüpft worden wäre, weil er den Eid auf die Nation nicht leisten wollte (fol. 261 r).

Der Tageslauf begann häufig sehr früh und endete nicht selten spät, wobei die Fülle insbesondere der geistlichen Tätigkeiten des Fürstbischofs bei Messen, Kommunionausteilung, Visitationen, Firmungen, Prozessionen usw. minutiös, aber sicher nicht erschöpfend verzeichnet ist (Endres wechselte sich ja mit anderen Kanzlisten ab und berichtete nur besonders interessante Ereignisse nach Dritten). Daß Erthal gerade diese Pflichten von Anfang an außerordentlich ernst nahm, verwunderte die Zeitgenossen zunächst. Wie weit er darin ging, zeigt zum Beispiel der Bericht, wonach er persönlich eine Chorjungfernkandidatin für die Würzburger Ursulinen examinierte (fol. 193 r, wenngleich hier auch seine Musikliebe mithereingespielt haben mag) oder daß er am Gründonnerstag *unterm Serviet die Eyer* im Würzburger Juliusspital auftrug (fol. 149 v/150 r).

Von der ersten Messe am 25. Juli 1779 in Würzburg berichtet Endres, Erthal habe *wie gewöhnlich die Benediction und Hände zu küssen geben. Celsissimus hat sich verschiedenes Zusprechens, auch der H. Leib-Medici von der langen Nacht-Bemühung nicht abhalten lassen, weilen hierinnen der Fürst nichts zur Sache thäte, Sie seyen Priester wie andere auch, und wolten nichts Gewöhnliches unterlassen; der Anstand, die zarte Frömmigkeit, welche mit vielen Thränen vermischt, kann nicht genug beschrieben werden, alles Volk hat sich auferbauet, so wie es bey der Priesterweyh selbsten schon geschehen. Vir rectus, simplex, et humilio corde. Benedictus Deus*

(fol. 118 r). – Nach der bekannten *rührenden* Gößweinsteiner Predigt fragte der Fürstbischof Endres, ob er sie verstanden habe (fol. 167 r). Der überliefert die Gliederung dieser und mancher anderen Predigt. – Bei einem Besuch in Gerlachsheim begrüßte der Prälat den Fürstbischof unter Vivatschreien des Volkes, *und so unverhoft antworteten Celsissimus nach Ihro erprobten großen Beredsamkeit* (fol. 250 v–251 r).

Bei den Visitationen auf dem Land gab es einen Stützpunkt für die Kanzlei, zu dem der Fürstbischof für Anordnungen, Unterschriften usw. zurückkehrte. Die von Endres notierten Äußerlichkeiten wie die Kurierdienste machen die Organisation zur Aufrechterhaltung der Verwaltung der beiden Fürstbistümer ersichtlich. – Gleich am Anfang der Regierung, am 15. April 1779, ging Endres um 6 Uhr früh mit mehr als 40 Dekreten zur Unterschrift, und daß Erthal um $^1/_2$ 8 Uhr fertig war, beweist, daß er sie nochmals gelesen hatte. Endres machte sich die Mühe, alle 2731 Dekrete des ersten Jahres zu zählen (fol. 125 v–126 r). Daß sich Erthal bei einer solchen Beanspruchung aufgearbeitet hat, verwundert nicht, doch deutet Endres nur ganz selten Krankheiten an (im Gegensatz dazu ist er fast geschwätzig bei seinen eigenen) – sicher auch ein Zeichen für Erthals Disziplin.

Die Jagden, die Endres noch unter Seinsheim erlebt hatte, fielen unter Franz Ludwig ganz weg. *Täglich haben sich Celsissimus mit einer Cavalcade a 12. Pferd divertirt,* heißt es Anfang August 1780 (fol. 141 v). – Es gab Kirchenmusik (einmal in der Würzburger Hofkirche *à la Bamberg,* fol. 164 r), Tafel- oder Kammermusik in unterschiedlicher Besetzung und Qualität (Endres erwähnt mehrmals Haydn). Am 14. Juli 1791 *war große Dames Tafel von 44 Couverts, um 5 Uhr Kammermusik im Weißen Saal,* als vortrefflich gerühmt, von und mit Vincenzo Righini (1756–1812), der schon am 10. Juli zum Kilianifest die bei der Kaiserkrönung in Frankfurt aufgeführte Messe nochmals gegeben hatte (fol. 267 r/v). Manchmal gab es eine Oper oder ein Theaterstück (1781 in Würzburg Lessings Minna von Barnhelm, fol. 150 v), manchmal Bälle anläßlich von Empfängen, selten eine Illumination (fol. 255 v), alles mehr in Würzburg.

Sogar aus Bocklet hat Endres den strengen Tagesablauf überliefert: *Vormittags früh bis gegen 8 wird nach der Kirch Wasser getrunken und darauf spazirengegangen, von 9–12. gearbeitet, kein Frühstück bekommt man nicht, um 12. Uhr geht man zu Tisch, um 2. Uhr zur Arbeit, um 4. Uhr zur Unterschrift, um 6. Uhr in die Kirch, nach der Kirch wird spazirengegangen zum Bronnen, um $^3/_4$ auf 7. wird der Husar* [mit der Post] *expedirt, um 7. Uhr abends geht man zu Tisch, um 9. Uhr ist Retirade, um 10. Uhr geht man Schlaffen, um 5. Uhr früh steht man wiederum auf und so ist die Ordnung täglich. Man geht zum Herrn* *in Ueberrock und mit Stiefel und folgt Celsissimo sogar in solcher Kleidung zur Kirch, und bis an Bronnen, und das zwar auch am Sonntag* (fol. 214 r).

Von dieser Zeit, dem 24. und 25. Juni 1787, gibt Endres auch den schönen Bericht, wie Trou-Madame gespielt wurde, ein Spiel mit 13 Kugeln, die durch numerierte Bögen gerollt wurden (auch fol. 217 r). Der Fürstbischof kam dazu, und sie *mußten samtlich die Hüth aufsetzen und fortspielen* (fol. 214 v). Am nächsten Tag errichtete Endres eine Kegelbahn, Erthal ritt dorthin *und befahlen ich solte schieben;* es wurden immer mehr auch hochrangige Teilnehmer, schließlich *spiehlte ich bis zur Essenzeit, und Celsissimus setzten sich auf einen Sessel dazu nieder, probirten auch einge Schüb* (fol. 215 r).

Solche persönlich-menschlichen Bemerkungen sind aber selten. Einmal hob Erthal in Forchheim auf den Festungsanlagen *mit freyer Hand ein 24 Pfund schwere Kugel in die Höhe und hielten solche eine Zeitlang ohne die andere Hand dazu zu nehmen*; als aber bei der Prozession nach St. Martin die Himmelträger die Balance verloren, vermahnte Endres sie, *etwas accurater zusammen zu sehen, wo es sodann ganz leicht wäre, auch bey Wind den Himmel zu tragen, dies hörten Celsissimus, probirten sodann selbsten das Tragen an der letztern rechten Stangen in instanti: sie war aber zu schwer* (fol. 192 r). – Ein andermal erwähnt Endres, daß es den Fürstbischof nicht störte, als die ihn begleitenden Geistlichen Räte und Kanzlisten in Dettelbach mit ihm Hörnchen und Kaffee zu sich nahmen (fol. 157 r).

Am Ostersonntag 1788 war mittags offene Tafel und Musik, *vor 5. Uhr war anerst die Unterschrift, Celsissimus sind alles langen Aufenthalts unter denen vielen Herren aufgeräumt und lustig gewesen. Höchstdieselbe fragten mich wegen Neüigkeiten aus Bamberg* (fol. 223 r). – *Rührendes Vergnügen* hatte Erthal an einem 5½jährigen Buben aus Dettelbach, der zu seiner Konsekretionstafel eingelassen wurde und *etliche Bögen Vers auswendig gelernt* vortragen durfte (fol. 121 r). – Verschiedentlich ritt oder ging der Fürstbischof allein „spazieren", besuchte bei letzterem soziale Einrichtungen und beschenkte sie. – Einmal vermerkt Endres, daß Erthal, wie sein junger Gast, sein eigenes Haar trug, also keine Perücke (fol. 218 v).

Gewöhnlich spricht er von *Celsissimus*, nur einmal heißt es *unser liebster Fürst* (fol. 252 r). Gleich am Anfang seiner Tätigkeit bei Erthal berichtet Endres einige aufschlußreiche Details am Rande seiner Arbeit. Der Fürstbischof hatte bemerkt, daß bei einem Hirtenwort Formulierungen geändert worden waren, und Endres konnte klarstellen, daß Pabstmann sie ausgebessert habe, worauf der Fürstbischof bemerkte, Kröner (der Kollege von Endres) habe nicht richtig gehört (fol. 126 v–127 r).

Ein Problem waren Endres zunächst die Douceurs bei der Überbringung von Ernennungsdekreten, so daß er rubriziert: *Domherrn zahlen nach Belieben.* Da er das erste Mal persönlich eine hohe Summe bekam, wollte er sich beim Fürstbischof rückversichern, und dieser entschied: *Ich will die Accidentien nicht schmälern* (fol. 128 r/v). Andere Male bekam Endres dafür gar nichts, und einmal, als nicht gesagt wurde, ob der Betrag für ihn oder die Kanzlei bestimmt war, wurde eine Teilung vorgenommen.

Dabei brachte es Endres, der sicherlich sehr sparsam war, zu etwas, so daß er der Obereinnahme 700 fl. zu 4% leihen konnte. Er hatte ein Haus im Sand und ererbte offensichtlich eines in der Sutte. Nach einer Schwarzwälderuhr (fol. 156 v) 1781 leistete er sich zehn Jahre später bei günstiger Gelegenheit (zu einem *leidentlichen* Preis) eine goldene Uhr mit Kette (fol. 258 r, 260 r/v) und ließ sich vom Hofmaler Christoph Fesel (1737–1805) porträtieren (fol. 233 v, 235 v). Auch Bücher kaufte er (fol. 193 v–194 r), machte sich sogar Gedanken über Preise und Gewinn (fol. 265 r/v).

Endres war ein fleißiger Schreiber, der auch für einen Kollegen einzuspringen hatte, wenn dieser die fünf Kinder bei Erkrankung seiner Frau versorgen mußte (fol. 208 r). Nicht oft spricht er über seine Arbeit, und die folgende Situation in Würzburg ist bestimmt unüblich für ihn gewesen: *Mondtag den 7ten März* [1791] *war ein merkwürdiger Faschings*[tag] *für mich, die Diversion bestunde darinn um 5. Uhr abends kam noch ein Nebenrescript zu fertigen ad 4 Seiten eng geschrieben, H. Kröner kam ganz langsam von Kammerdienerzimmer herunter und las es unterwegs einsweilen durch, brachte es dem H. G. E. S. Fracassini zum Durchlesen, dann es war verschiedenes von Celsissimo hinein corrigirt, da gar niemand von dieser Expedition etwas meldete, glaubte es würde nicht expedirt, endlich fragte ich selbst nach, da kam die Arbeit an mich, unerachtet das große Rescript auch schon geschrieben hatte, ich fienge es gern an, um noch vor der Dämmerung fertig zu werden, da wurde schon 2mal geschikt, man soll zur Unterschrift kommen, ich eilte so viel möglich, und unter den vielen darzwischen gewessenen Geschwätz schrieb ich ein paar Wort zweymal, welches anerst merkte, als ich in Kammerdienerzimmer ½ Stund warten muste, ich striege sie aus, Celsissimus machten nicht daraus und unterschrieben die Expedition, überlaßen sie nochmal, und wolten doch mit eigener Hand die Worte besser ausstreichen, da entfiele dem Herrn ein großes O nun mußte dieses nochmal abschreiben und es war vor 7 Uhr, die Post wurde aufgehalten, ich schriebe sogleich von meiner eigenen Hand dieses Nachschreiben nochmal ab, und um ½ 8. Uhr war es von Celsissimo unterschrieben, und auf die Post gebracht* (fol. 263 r/v). Dabei schrieb Erthal am 10. März 1791 selbst vier Stunden den Bogen einer Stellungnahme an die Regierung auf ein Pasquill und sagte *man soll sich nicht eilen* (fol. 263 r).

Unmut ahnt man hinter den seltenen (sachlichen) Berichten, wenn Endres sich verausgabt hatte und dies als Selbstverständlichkeit angesehen wurde (fol. 154 r), wenn er bis nachts 10 Uhr arbeiten mußte (fol. 204 r/v) oder gar bis 12 Uhr (fol. 251 r), wenn er wegen der Menge der Arbeit nicht ausgehen konnte (fol. 224 r), oder daß er von einer Reise heimgekehrt war und gerade ausgepackt hatte, als die Anweisung zur erneuten Abreise für den nächsten Tag kam (fol. 192 v). Das Austeilen der Eintrittskarten zur Konsekration im Dom hinderte ihn mehrmals am Essen bis um 6 Uhr (fol. 121 r).

Eine große Rolle spielten für Endres der Rang und die Rangfolge, z. B. beim Platz in der Chaise, bei der Tafel (vor allem letzteres auch gezeichnet). Natürlich ging es auch um den kleinen Vorteil und die kleinen Freuden am Rand, etwa besonders hofiert, oder sogar „invitiert“ zu werden. Leid muß es ihm getan haben, eine Einladung unterwegs aus Zeitgründen nicht annehmen zu können (fol. 201 r). Daß der zurückgelassene Pförtner im Kloster Dettelbach zwar die Haus-, aber nicht die Kellerschlüssel hatte (fol. 208 v), klingst schon maliziös. Um das Recht der teils aufwendigen, anfangs noch mit Reichnissen (alter Karren) versehenen traditionellen Essen der Regierungs- und Geheimen Kanzlisten um Martini herum (*Martinale* genannt, ausführlich z. B. fol. 96 r–99 v) wird öfter gerungen.

Wenn Endres im Hinblick auf die Douceurs einmal feststellt, *diese vorhin so kostbar gewesene Mode ist also nun abgeschaft* (fol. 219 r), so könnte darin schon ein Quentchen Ironie stecken. Der Schalk muß ihm im Nacken gesessen haben, als er anläßlich der *Kopulation* einer Base im September 1790 schrieb, *das kann bis 25ten Juni 1791 ein Johannes Vögelchen geben* (fol. 250 v). Er war mitfühlend, z. B. bei Schwächen öffentlicher Auftritte, Prüfungen, Strafen oder wenn die jubelnden Untertanen in Gerlachsheim von 7–12 Uhr nachts in der Kälte aushalten mußten (fol. 252 r–253 r). – Einem freundlichen Postillon gab er selbst ein gutes Trinkgeld, dem anderen aber nicht, da diesem sein Koffer zu schwer war (fol. 208 v).

Das Kegelspiel erwähnt Endres manchmal. Er badete in Bocklet in einem Mühlenkanal (fol. 86 v). Sicherlich war er gern fröhlich, doch finden sich nur wenige entsprechende Bemerkungen. So freute er sich über höfliche und wohlaufgeräumte, lustige und vergnügte Anverwandte (fol. 208 r); *wir waren munder und blieben bis 10 Uhr* (fol. 258 r), heißt es einmal. Ganz selten lud er selbst Gäste ein; einmal beschreibt er ein Pfandspiel, Jerusalem genannt, mit guten Freunden (fol. 149 r). Seiner 19jähri-

gen Köchin trauert er nach, weil sie trotz ihrer Jugend trefflich kochen konnte (fol. 119 v). Mit seiner Frau machte er wenige Ausflüge, auf die Altenburg (fol. 241 r), nach Lichtenfels, Vierzehnheiligen und Mistelfeld (fol. 174 v–175 r), nach Vierzehnheiligen und Staffelstein (fol. 217 v –218 r, mit schöner Schilderung). Einmal reiste seine Frau mit dem Sohn Franz Erasmus nach Lichtenfels (fol. 120 r/v), einmal kam sie ihrem Mann entgegen (fol. 229 r), 1782 war sie zum Universitätsjubiläum auch in Würzburg (fol. 159 r). An sonstigen sie betreffenden Bemerkungen findet sich nur einmal, daß sie die Treppe hinuntergefallen sei (fol. 240 r).

Persönliche Meinungs- oder Gefühlsäußerungen sind nicht zu erwarten. Nur bei den Erwähnungen des Sohns schwingen solche Valenzen mit, als dieser vierjährig in die Domschule kam (fol. 117 r) und zum ersten Mal ministrierte (fol. 120 r). Dann wurde Endres bei den Würzburger Ursulinen eine Vierjährige vorgeführt, die den französischen Katechismus, Fabeln und Lieder hersagen konnte. Er ließ sich das Buch *zum Exerciren* für seinen Sohn geben und bewunderte, *wie dieses Kind in der Stellung, Christenthum und guten Lebensart abgerichtet war, aber der Edelmann stak ihr im Kopf.* Auf die Frage, ob es dort noch viele solcher artigen Kinder gebe, antwortete sie nämlich, *es sind nur gemeine Hofraths Kinder* (fol. 127 r).

Schmerzlich wurde es für Endres, als der Sohn erkrankte. Am Altar des Domkreuzes und Hl. Nagels ließ er eine Messe lesen und hängte an der Altarpyramide ein Opfer auf (fol. 147 r). Nach monatelangem Siechtum, mit dessen Aufzählung er Seiten um Seiten fast ausschließlich füllte, starb das Kind schließlich, und Endres vergaß nicht, die Kosten in Höhe von 62 fl. 30 Kr. (einschließlich des Honorars für die Ärzte, darunter Adalbert Friedrich Marcus) fein säuberlich aufzulisten, so 6 fl. 15 Kr. für einen *braun angestrichenen mit Creuz und Blumen gemahlten Sarg a 6 Stollen.* Nach einer *musikalischen Freudenmess* in der Oberen Pfarrkirche teilte Endres den Schülern 154 mürbe Wecklein aus (fol. 148 r). Mit der lateinischen und deutschen Inschrift des Grabsteins und zwei *Chronographica* beschließt er dieses Kapitel.

Endres hatte auswärts auch Zeit, z. B. bei den Visitationen. Wenn er in Gößweinstein allerdings von der 1774 durch ein Buch bekannt gemachten Burggaillenreuther Höhle schreibt, sie sei *merkwürdig* (fol. 168 r), so läßt diese Formulierung nur auf ein Urteil vom Hörensagen schließen. In Würzburg ging er offenbar zielstrebig herum, in Kirchen und Klöstern, und schließlich maß er die Entfernungen aus. Er versuchte durchaus, hinter die Dinge zu kommen, z. B. wenn er in Gößweinstein oder Walldürn auf die Altäre stieg, um das Wallfahrtsbild und das Korporale zu betrachten (fol. 168 r und 186 r).

Er hatte, wie schon JAECK bemerkt, vielfältige Interessen, z. B. für Pflanzen, die er manchmal malte (er setzte Spalierobst im Domherrngarten, fol. 132 v), und Tiere (vom Rotschwänzchennest, fol. 154 r, bis zu amerikanischen Mäusen, fol. 176 r, Bienen, Hunden, deren einem er fol. 19 r/v ein „Epitaph" schrieb), aber auch für Kunst, Architektur, Malerei, Techniken – kurz, er war offen für das, was sich ihm am Rand seiner Tätigkeit bot. – Häufig finden sich Bemerkungen über das Wetter, das ja noch elementar auf die der Urgewalt ausgelieferten und von ihr abhängigen Menschen wirkte (z. B. fol. 241 r; Mondfinsternis fol. 33 r).

Das Diarium ist in vielem auch eine Fundgrube für kulturgeschichtlich, kunstgeschichtlich und volkskundlich Interessantes (z. B. Inschriften). Für den Bereich der Riten und Bräuche brachte Endres ein geschärftes Sensorium mit, z. B. bei der *Emancipation* der Domizellare (ein mehrfach erwähnter Initiationsritus beim Übergang vom Schüler ins Kapitel, aber noch ohne Platz im Chor: *beede wurden bis an die Hosen am ganzen Leib entblöst, und in der Schul in Gegenwart der Domschulenknaben durch 7 Domicellaren einmal auf und ab geführt, und mit Ruthen gehieben, also daß ein jeder 14 Hieb, und sodann durch den H. Scholaster noch 3, mithin 17 Hieb bekommen hat,* hier fol. 177 v), aber auch bei Erscheinungen wie der Fürstentrauer mit der (bezahlten) Trauerkleidung (fol. 240 v), dem Trauerrand bei den Kanzleischreiben und dergleichen mehr. Er registriert 1779 den Abbruch der als Auferstehungschristus (also als Erbärmdebild) gedeuteten Tattermannsäule auf dem Bamberger Domplatz und zeichnet sie ab (fol. 101 r/v).

Die Schilderung der Heimkehr der Würzburger Kreuzbergwalleute am 24. August, einem bis heute traditionellen Ereignis, sei hier wörtlich angeführt, wenngleich das Jahr 1777 vor der Regierungszeit Erthals liegt: *seind die Walleude von H. Creuz-Berg zurük gekommen, hierorts gienge man mit 3. Stadt-Schulen-Kindern, 5. Clöster Ordensgeistlichen und den Venerabili selbsten ihnen entgegen, in der Mitte der Semmels-Gass wird ein Altar errichtet, und nach gegebenen H. Seegen, wurde unter Begleitung der Jungesellen ad 400. dann Burger Sodalität ad 300. Personen diese Walleude in die Neu Münster Collegiat-Stifts-Kirch geführt, auch Frauenzimmer von Distinction giengen mit diesen Wallleuthen, wunderlich daß so viele Leüthe Wachholder- und Fichten-Sträusse mit Bretzen, Eyerrink, Hippel [Backwerk], Pisquit, Creüz, und Pimsen Eyer geziert ofentlich daher trugen, und die mehriste Creüz anhangend ausser Ordnung gienge* (fol. 49 r).

Zum Fronleichnamsfest (24. Mai) 1780 registriert Endres für Würzburg, wieder mit Bamberg vergleichend: *die Procession wurde von den hiesigen Handwerkern mit ihren Stäben und Faklen, Ordens und anderen Geistlichen zahlreich geziert, bey Ablesung des Evangelii wurden die Canonen auf der Vestung jedesmal gelöset, ausser den gewöhnlichen Altären, ware an den Juliersspithal die Bildniß Christi Crucifixi zu sehen, allwo Wasser aus der H. Seiten gesprungen, und verschiedene Wassersprüng deren 1 die Wappen Celsissimi vorstelte und auf beeden Seiten 6. kleine Sprüng, oberhalb aber die Weltkugel in sich umlaufend, über dieser ein Adler die Flügel bewegend und zu oberist 1. Kelch worauf aus der H. Hostien verschiedene feine Sprüng wie Strahlen zu sehen waren, nebst diesen ware unterhalb des Creüz ein 3fache Cron, so ebenfals wie auf der Seite ein andere Kugel in sich gedrehet wurde, auch schwebte oberhalb den Nebensprung stets ein kleines Kügerl, auf beyden waren Schlangen zu sehen an welchen die Augen durch die Zungen beym Ausfall des Wassers bewegt wurde[n . . .] Die Fahnen und Handwerks Pratonen [=Patronen] und Heiligen hat man hierort nicht, auch wird wenig auf die Stäbe verwendet* (fol. 136 r/v).

Am Vormittag des Karfreitags (21. März) 1788 ging Endres in Würzburg über den Kreuzweg mit den Statuen des Hofbildhauers Johann Peter Wagner zum Käppele und beschrieb es. In der Hofkirche war das Stabat mater von Pergolesi „aufgelegt" worden, dann ging man zu Tisch *und nach $^1/_2$ 7 Uhr anerst unterschrieben. Nach der Unterschrift besuchte man die Heil. Gräber, in der Domkirche, in Neümünster, in der Capucinerkirche, in dieser allein sahe man noch die altmodischen gefärbten Kugel und um das Venerabile Strahlen von Flor, und hinter den Venerabile ein Rad von Silber Sendel in beständiger Bewegung von der Hitz getrieben. Es wurden auch Fastenlieder vom Volke gesungen, und ein Mann von nicht deütlicher Stimme schrie den abgesungen werden sollenden Text zuvor aus, bliebe auch manchmal im Aussprechen ganz steken. Wir begnügten uns mit diesen und giengen nach Haus* (fol. 222 r).

Beim Besuch der Hl. Gräber am 5. April 1776 berichtet Endres, *man findet sie nicht zum Prächtigsten, in ein und anderen Kirchen stellen sie nur etwas gezierte Altäre vor, die sonst gewöhnlich dabey vorgestellten Figuren sind gänzlich abgeschaft, nur alleins bei den Dominicanern siehet man die Sonne und den Mond verfinsteren* (fol. 22 v).

Besonders anfangs ist deutlich zu merken, daß Endres Würzburg als weltläufiger empfand und manches mit Staunen oder auch Kritik registrierte. Die Rangeleien zwischen Würzburger und Bamberger Beamten brauchen nicht eigens herausgestellt zu werden (fol. 83 r), doch sei dem Bamberger Bier das letzte Kapitel gewidmet. 1780 war bei Endres die Freude groß: *Den 12 Junii hat H. Prälat des Closter Mönchsberg von Bamberg 2. Eymer*

Nr. 135

[= 150 l] *Bier hieher an H. Geh. Referendari Pabstmann schiken lassen, welches besonders gut ware, und wovon wir in der Kanzley so viel haben trinken dörfen, als es uns gefällig ware. Es muste 2 Tag auf der Hefte* [Hefe] *im Faß liegen bleiben, sodann wurde es in Krüg gefühlt, und vest zu machet. Es ware aber auch in gläßern Flaschen gut zu trinken* (fol. 137 v). Nachdem Endres einmal schreibt, daß ein Buchdruckergeselle den Unterschied zwischen Bamberger und Würzburger Bier kennengelernt habe (fol. 236 v), konnte er selbst einmal Scheßlitzer Bier in Würzburg trinken (fol. 264 v). Im August 1791 erhielt er in Würzburg schließlich Bamberger Bier in Krügen mit der Post und stellte befriedigt fest, daß es bei Kellertemperatur von Tag zu Tag besser wurde, ja, sich drei Wochen hielt (fol. 268 1/2). B. S.

134 Entwurfszeichnung eines Reisewagens für den Fürstbischof

Bamberg, vor 2. April 1783
Lavierte Federzeichnung auf Papier
H. 21,5 cm, Br. 32,5 cm

Staatsarchiv Bamberg, Rep. B 66, Korrespondenz mit dem Oberstallmeisteramt, Nr. 5, Prod. 146   Farbtafel VII

Unveröffentlicht

In der Regierungszeit Erthals wurden die Kosten für bestimmte größere Anschaffungen für den Fürsten nicht zwischen den Kassen von Würzburg und Bamberg geteilt, sondern immer umschichtig einem der beiden Hochstifte aufgegeben. Es ist unbekannt, was zuletzt von Würzburg bezahlt worden war, aber für die Anfertigung eines neuen Reisewagens war das Bamberger Hofkammerzahlamt zuständig, das für das Gefährt etwa 645 fl. ausgegeben hat, wobei das sparsame Oberstallmeisteramt durch den Verkauf alter Sättel und Geschirre wenigstens einen Teil der Kosten wieder einbrachte.

Der Reisewagen – der Bamberger Maler Jakob Turban nannte ihn in seiner Rechnung eine *Scheße* (chaise) – wurde viersitzig gebaut. Man erkennt an den größeren Fenstern im Fond, daß hier der Platz des Fürsten war, und an den kleineren Fenstern, wo das Personal zu sitzen hatte. Das Wageninnere war mit Plüsch verkleidet, der mit das teuerste (100 fl.) an den Herstellungskosten war. Die Entwurfszeichnung wurde dem Fürsten am 2. April 1783

zugesandt, am 6. Juli des Jahres legte der genannte Jakob Turban Rechnung über Handwerksarbeiten, die den Abschluß des Werks voraussetzen (StAB, Rep. A 231 I, HKR-Belege Nr. 2363 III); zwischen diesen beiden Daten ist der Wagen also angefertigt worden.

Daß das Fahrzeug als elegantes Gefährt empfunden wurde, leuchtet auch dem heutigen Betrachter der Zeichnung ein. Die Rechnung Turbans verrät darüber hinaus, daß die Außenseite der Kutsche mit Pariser Firnis überzogen wurde und *glenzent abgeschliffen wie ein spiegel*. In dieser Beziehung hat sich also in den Vorstellungen, wie eine Prunkkarosse auszusehen habe, nichts geändert. H. J. W.

135 Christus an der Geißelsäule

Johann Peter Wagner (1730–1809)
Würzburg, 1779
Alabaster
H. 87,0 cm

Mainfränkisches Museum Würzburg, Inv. Nr. S. 14463   Abb.

Lit.: HANS-PETER TRENSCHEL, Der Würzburger Hofbildhauer Johann Peter Wagner. Würzburg 1980, S. 114 f., Nr. 162, Abb. 50 (mit weiterer Literatur).

Die große, vollrund ausgearbeitete Alabaster-Figur stammt aus der Würzburger Residenz. Das am 18. November 1779 zur Vorlage gekommene Inventar führt die Figur als Bestand des fürstbischöflichen Schlafzimmers auf. Am 15. September 1780 erhielt der Hofbildhauer Johann Peter Wagner die Figur mit der enormen Summe von 55 fl. $20^4/_5$ Kr. bezahlt.

Christus ist mit einem Lendentuch bekleidet. Der Oberkörper ist nach links gedreht, das Haupt nach rechts erhoben. Beide Hände sind in Höhe der linken Hüfte gebunden. Der Strick ist durch eine Öse des neben Christus sich findenden toskanischen Säulenstumpfes gezogen.

Ein um 1765 entstandener Bozzetto Johann Peter Wagners (Mainfränkisches Museum Würzburg, Inv. Nr. H. 14108) bringt bereits die gleiche Form der Darstellung, an der der Hofbildhauer dann zeit seines Lebens festhielt. Zahlreiche kleine, aus Alabaster bestehende Statuetten aus der Spätzeit Wagners (u. a. Mainfränkisches Museum Würzburg, Inv. Nr. S. 35237 und S. 35742) sind ohne die große, für Fürstbischof Franz Ludwig von Erthal geschaffene Figur nicht denkbar. Sie ist ein Hauptwerk Johann Peter Wagners. H.-P. T.

BERND WOLLNER

Münzen und Medaillen

Die Prägetätigkeit unter Franz Ludwig von Erthal in Würzburg und Bamberg

„So häufig wie in Oesterreich die Bildnisse Josephs II. waren in Franken jene Franz Ludwigs verbreitet. Auch die unter ihm geprägten Münzen und Medaillen haben das Volk mit seinen ernst-milden Zügen vertraut gemacht. 55 verschiedene Arten von Gold- und Silbermünzen tragen das Bildnis des Fürsten, abgesehen von den gewöhnlichen kleinen Kursmünzen. Wir finden Dukaten mit dem Brustbild und Wappen, andere mit dem Brustbild und den drei Heiligen (Kilianus cum sociis), Doppelgoldgulden von 1786 mit Brustbild und dem heil. Kilian, ebenso einfache Goldgulden, aber auch solche mit dem heil. Burkard. Unter den Kursmünzen sind am meisten verbreitet die Würzburger und die Bamberg-Würzburgischen Konventionsthaler mit dem Brustbild und dem Wappen... sowie die mit der Patrona Franconiae... und die mit dem heil. Kilian... Doppel- und einfache Würzburger Konventionsthaler mit dem Brust Bilde auf dem Avers und der Umschrift Merces Laborum und Pro Patria und Bamberger Konventionsthaler mit dem Wappen und ‚Zum Besten des Vaterlandes' wurden während der französischen Invasion ausgegeben und bekundeten damals den edlen Patriotismus des Fürsten..".[1] Mit diesen treffenden Worten charakterisierte FRIEDRICH LEITSCHUH 1894 die Variationsbreite an Prägungen des Würzburger und Bamberger Fürstbischofs Franz Ludwig von Erthal. Für die folgende Betrachtung wird in die beiden Bereiche der Münz- und der Medaillenprägung unterschieden.

Münzen ließ Franz Ludwig weit weniger als seine Vorgänger prägen, Medaillen überhaupt nur zu einem einzigen Anlaß: Zur 200-Jahr-Feier der Universität Würzburg. Gegenüber seinem Vorgänger Adam Friedrich von Seinsheim ging Erthal auf diesem Gebiet – das sei schon vorweggeschickt – einen deutlichen Schritt auf dem Weg von der prunkenden Barockprägung hin zur streng funktionsorientierten Medaille und Münze eines aufgeklärten Fürsten[2].

Dabei gab Franz Ludwig, wie seine Vorgänger, weitaus mehr Münzen in Würzburg als in Bamberg in Auftrag[3], wie denn überhaupt die Stadt am Main über Jahrhunderte hinweg mehr Münztypen als Bamberg aufzuweisen hat[4]. Die Gepräge für beide Fürstbistümer wurden unter Erthal, wie meist schon in früheren Zeiten, hauptsächlich in Nürnberg hergestellt[5]. Aufträge und Überwachung für die Prägung der Münzen unterlagen den Hofkammern in Bamberg und in Würzburg[6].

Für die Herstellung war eine ganze Reihe von Personen in der jeweiligen Münzstätte nötig und wichtig. Auf den Geprägen selbst sind aber nur der Graveur des Stempels und manchmal der Münzwardein genannt[7]; beide trugen die Verantwortung für das Ergebnis[8]. Die Stempelschneider zur Zeit Franz Ludwig von Erthals[9] waren aber, das muß vorweg bemerkt werden, nur noch geschickte Kunsthandwerker[10] und in der Qualität ihrer Arbeit weit von der Kunst früherer Graveure entfernt[11]. Der Niedergang der Medaillenkunst offenbart sich gegen Ende des 18. Jahrhunderts in zum Teil nur noch in Zinn als Massenware gefertigten Produkten, die meist steril wirken und ohne tieferen Ausdruck bleiben[12].

Die Münzen Franz Ludwig von Erthals

„Das Portrait-Brustbild des Fürstbischofs Franz Ludwig ist auf allen von ihm geprägten Münzen hinsichtlich der Physiognomie ziemlich gleich...".[13] Daß diese Aussage GUTENÄCKERS zutrifft, kann man ohne Mühe an allen Silber- oder Goldmünzen verifizieren. Überhaupt ähneln sich die Münzen Franz Ludwigs auf ihrem Avers, der Münzvorderseite, stark. Neben dem Brustbild findet sich immer in dieser – oder in leicht variierter Form – *FRANC*[iscus] *LUD*[ovicus] D[ei] *G*[ratia] *EP*[iscopus] *BAMB*[ergensis] *ET WIR*[zeburgensis] *S*[acri] *R*[omani] *I*[mperii] *P*[rinceps] *F*[ranciae] *O*[rientalis] *DUX* (Franz Ludwig von Gottes Gnaden Bischof von Bamberg und Würzburg, des Heiligen Römischen Reiches Fürst, Herzog zu Franken).

Goldmünzen

Bei den Goldmünzen sind Dukaten, Gulden und ihre Vielfachen zu nennen[14]. Neben dem Brustbild des Fürstbischofs steht die oben erläuterte Legende. Das im Abschnitt stehende *R*[iesing] *f*[ecit] bedeutet, daß die Ausführung der Stempel durch Veit Riesing erfolgte[15]. Der Revers, die Rückseite der Münze, zeigt das fürstbischöfliche Wappen und die Legende *DUCATUS DUCIS FRANCORUM* (Dukat des Herzogs von Franken), versehen mit der entsprechenden Jahreszahl. Eine weitere Goldprägung Erthals stellt der Dukat von 1785 dar, der auf dem Revers die drei heiligen Kilian, Kolonat und Totnan zeigt. Die Legende lautet hier *KILIANUS CUM SOCYS FRANCOR[um] APOSTOLI*[16]. Weiter gibt es einen Doppelgoldgulden mit dem heiligen Kilian und der Legende *S. KILIANUS FRANCORUM APOSTULUS*, was im Abschnitt von *ZWEY GOLD / GULDEN* ergänzt wird; der Name des Graveurs ist in diesem Fall nicht angegeben[17]. In den Jahren 1786 und 1790 münzte man einfache Goldgulden aus. Das Besondere an diesen Exemplaren ist, daß hier ausnahmsweise einmal der heilige Burkard auf dem Revers dargestellt ist. Die Legende lautet *S[anctus] BURKARD[us] PRIM[us] E-P[iscopus] HERB[ipolensis] FR[anciae] O[rientalis] DUX*[18]. Auch bei diesen Prägungen wird der Name des Graveurs nicht genannt[19].

Konventionstaler[20]

Interessant und in der gesamten Münzprägung Franz Ludwigs an erster Stelle zu nennen ist der Konventionstaler, den der Fürstbischof unmittelbar nach dem 18. März 1779, dem Tag seiner Wahl zum Bischof von Würzburg, schlagen ließ[21]. Dies geschah noch vor seiner Wahl zum Bischof von Bamberg am 12. April 1779, denn in der Legende wird nur auf sein neues Würzburger Amt Bezug genommen[22]. Unmittelbar darauf muß dann der Konventionstaler geprägt worden sein, der Franz Ludwig als Inhaber beider Bischofsstühle nennt. Auf dem Avers dieser Münze erscheint das bekannte Brustbild mit der schon bei den Goldmünzen (siehe oben) beschriebenen Legende, während auf dem Revers das Erthalsche Wappen und die Legende *10 EINE FEINE MARK 1779* sowie das Kürzel *M.-P.* für die Verantwortlichen stehen[23]. Die Reihe der Konventionstaler setzt eine Edition mit dem Bild der heiligen Kilian, Totnan und Kolonat auf dem Revers fort[24]. Ein anderer Taler zeigt die Gottesmutter Maria als Patrona Franconiae (auf einer Wolke sitzend und von Strahlen umgeben, hält sie das Kind auf dem Arm)[25] und schließlich entstand ein Konventionstaler mit dem heiligen Kilian[26]. Alle diese Münzen waren in beiden Fürstbistümern gültige Zahlungsmittel.

Die Bildauswahl

Die Entscheidung, welche Darstellung für eine Münze oder Medaille gewählt wurde, lag letztendlich beim Auftraggeber, das heißt beim Fürstbischof[27]. GUTENÄCKER weist darauf hin, daß „... die beiden letzten Fürstbischöfe von Bamberg, Franz Ludwig von Erthal und Christoph Franz von Buseck, ihr Land nicht mehr mit den Lan-

despatronen bedachten. Doppelt auffallend muß dies von Franz Ludwig erscheinen, da er als Fürstbischof von Würzburg seine Unterthanen mit den Bildnissen der Patrona Franconiae, des heiligen Kilian, dann dieses und seiner Gefährten Kolonat und Totnan, und endlich des hl. Burkard auf Ducaten, Thalern und Vierundzwanzigern und Schillingern beglückte. Was mag wohl der Grund hievon sein?"[28] Für Bamberg wählte Franz Ludwig keinen der Bistumsheiligen für ein Münzbild aus[29]. Für diesen Tatbestand gibt es noch keine Erklärung.

Die MERCES LABORUM-Taler

Eine Sonderstellung unter den Münzen nehmen die Taler mit der Legende *MERCES LABORUM* ein[30]. Auf dem Avers weisen sie – wie üblich – das Porträt des Fürstbischofs auf, während der Revers eine Art Altar mit einer ausgebreiteten Landkarte zeigt, auf der ein Globus mit einem Abseher steht; daran lehnt ein aufgeschlagenes Buch. Links am Altar/Tisch ist ein nackter, geflügelter Genius mit einem leichten Umhang dargestellt, der mit der Rechten einen Kranz in die Höhe hebt und mit der Linken ein Füllhorn. Als Legende trägt diese Münze *MERCES LABORUM*[31]. Aus dem Jahre 1786 gibt es einen doppelten Konventionstaler dieser Ausprägung[32]; ein einfacher Konventionstaler dieser Art wurde in den Jahren 1786, 1791 und 1794 geprägt[33].
Diese Exemplare, obwohl als normale Kursmünzen ausgebracht, verwandte Franz Ludwig sehr gerne, um sie zur Belohnung für herausragende Leistungen seiner Untertanen[34] „... theils als Preise, zur Aufmunterung der Schuljugend, theils als Belohnung für pflichtgetreue Lehrer, theils als Anerkennung besonders rühmlicher Leistungen in anderen Berufsarten..."[35] zu vergeben.

Die Konventionsmünzen mit PRO PATRIA und ZUM BESTEN DES VATERLANDES

Den Hintergrund für die Münzen mit der Legende *PRO PATRIA* in Würzburg[36] und *ZUM BESTEN DES VATERLANDES* in Bamberg bildeten die französischen Revolutionskriege, für die alle Reichsstände unweigerlich erhöhte Militärausgaben zu bestreiten hatten. Sie konnten einerseits durch die Aufstellung zusätzlicher Truppen entstehen: In den Reichskriegen der Vergangenheit hatten sich die Reichsstände nach der Regel der Reichsverfassung am Kriege beteiligt, jetzt jedoch ging es um die Erhaltung des politischen Systems, und so war man gezwungen, zusätzliche Anstrengungen zu unternehmen und beispielsweise die Landmilizen zur Verteidigung des jeweiligen „Vaterlandes" aufzubieten[37]. Andererseits aber bedrückte die militärisch direkt, also durch Kampfhandlungen betroffenen Staaten auch die an Frankreich zu zahlende Kriegssteuer[38]. Beide Belastungen führten letztendlich zur Ausbringung dieser „Kontributionsmünzen" in verschiedenen süddeutschen Staaten.

Die Würzburger Prägungen zu diesem Anlaß hatten folgendes Aussehen: Auf dem Avers befindet sich das Brustbild Franz Ludwigs, dazu die schon eingangs beschriebene Legende. Der Revers zeigt einen dichtgewundenen, oben von beiden Seiten zusammenlaufenden und unten durch eine Schleife gebundenen Lorbeerkranz. Darüber steht *PRO PATRIA*, darin *X* / *EINE FEINE* / *MARK* / *1794* bzw. *1795* / *M M*.[39] Die Bamberger Stücke haben im Avers das Wappen und die Legende *FRANZ LUDWIG* B[ischof] *ZU BAMBERG U*[nd] *WÜRZB*[urg] *D*[es] *H*[eiligen] *R*[ömischen] *R*[eiches] *FÜRST. HERZOG Z*[u] *FRANKEN*. Der Revers zeigt innerhalb eines Laubgewindes, das durch Schleifen gebunden ist, die Worte *ZUM BESTEN* / *DES* / *VATERLANDES*. Oben, zwischen Schleife und Laubgewinde, steht *BAMBERG* und unten *1795* / *ZEHN EINE FEINE* / *MARK*[40].

Auch Franz Ludwig von Erthal war weder für Würzburg noch für Bamberg zur Erfüllung seiner vom Reich und dem Fränkischen Kreis auferlegten Zahlungen imstande[41]. Schlechte Ernten, Überschwemmung und immer noch die Nachwirkungen der preußischen Kontribution des Siebenjährigen Krieges hatten schwere Schäden in seinen Bistümern angerichtet[42]. Drastisch beschreibt dies LOOSHORN: „Auch die Geistlichkeit und das Domkapitel sollen beisteuern durch Decimation des Einkommens, und das Volk soll ferner den Bierpfennig geben.... Das Kapitel war mit den Vorschlägen des Fürsten einverstanden, bemerkte aber, daß seine Einkünfte sehr unsicher sind, weil auf den Obleien und Fragmenten meistens Consens Schulden lasten, die Consense nicht erneuert wurden, die Einnahmen nicht bezahlt und die Concurse gestundet werden, weil sie nicht ausführbar sind. Auch auf den Wäldern ... sind jährlich viele Gerechtigkeits-Abgaben zu berichten ... Die mehrjährigen Mißjahre hatten neben der Ausrüstung der Truppen nach den Niederlanden die so schön geordneten Finanzen und Ersparnisse erschöpft"[43].

Am 2. Oktober 1794 faßte das Kollegiatstift Haug in Würzburg den Beschluß, alles entbehrliche Kirchensilber für die nötigen Maßnahmen einschmelzen zu lassen[44]. Dabei sollte zwei Drittel des Materials als Darlehen bis zum Frieden oder zumindest fünf Jahre unverzinslich sein, danach zu drei Prozent verzinst werden, bis die Landeskasse das Kapital wieder zurückzahlen konnte. Das letzte Drittel sollte das Stift sofort nach der Ausprägung in Form von Münzen erhalten. Franz Ludwig sprach nach

einem Reskript vom 28. Oktober 1794 dem Kollegiatstift seinen Dank für diese Initiative aus: *Eurer Deputation haben Wir bereits mündlich zu erkennen gegeben, wie wohlgefällig Wir das schöne und edle Beispiel, welches ihr von eurer aufgeklärten Denkungsart und eurer Vaterlandsliebe gegeben habt, aufgenommen haben. Wir wiederholen es daher nun schriftlich, daß euer Anerbieten, der Beweis der Aufklärung und Liebe für die Verfassung des Staates, und das wirksame Beispiel, welches ihr gegeben habt, Unsern landesväterlichen Dank und Unsern landesherrlichen Beifall in einem ausgezeichneten Grade verdienen*[45]. Dem Beispiel des Stiftes Haug folgten die übrigen würzburgischen Stifte, und der Fürstbischof ließ ebenfalls das überschüssige Silber (siehe unten bei Bamberg) zum Einschmelzen aussortieren, woraus dann die Münzen mit der Aufschrift *PRO PATRIA* geprägt wurden[46]. So konnte er vermeiden, die Untertanen mit neuen Steuern zusätzlich zu belasten.

Ähnlich wie in Würzburg verfuhr der Bischof in Bamberg. Franz Ludwig ließ am 14. Dezember 1794 von Würzburg aus der Hofkammer in Bamberg seinen Entschluß zukommen, daß zur Erleichterung der Obereinnahme das Hofsilber in die Münze abgegeben werden solle, jedoch mit folgenden Ausnahmen: Ein Service für 24 Personen mit den dazugehörigen Leuchtern sowie alles Kirchensilber, und außerdem nahm Franz Ludwig ausdrücklich alle vergoldeten Silberstücke aus[47]. Vom Ergebnis der Einschmelzung wollte der Fürstbischof keinen Anteil, sondern beließ den ganzen Ertrag seinem Staat[48]. Das so zusammengebrachte Silber wurde am 10. April 1795 in Bamberg in Gegenwart des Hofkammerrats Steinlein und des Aktuars Lamprecht vom Goldarbeiter Rudolf Weißenfeld abgewogen und zum Einschmelzen gegeben[49].

Franz Ludwig erlebte aber die Ausmünzung der Bamberger Stücke nicht mehr[50] – er starb am 14. Februar 1795. Für die mit der Prägung beauftragte Münzstätte Nürnberg hatten nun andere Aufträge zunächst Vorrang: Die beiden Domkapitel von Bamberg und Würzburg setzten die Neuwahl des Erthal-Nachfolgers auf den 7. April bzw. den 12. Mai 1795 fest und gaben nun die Sedisvakanzmedaillen in Auftrag. Außerdem wünschte kurz darauf die Stadt Bamberg die Ausprägung der Huldigungsmedaille auf den neuen Bamberger Fürstbischof Christoph Franz von Buseck. So verzögerte sich die Fertigstellung der Kontributionsmünzen bis zum Juli 1795[51].

Geld des täglichen Bedarfs – „Kleingeld"

Neben diesen Talern gab es auch kleinere Nominale, die man für den täglichen Zahlungsverkehr brauchte. Scheidemünzen – Silber-, Nickel- und Kupferprägungen – waren das Kleingeld für den Alltag. Sie bildeten zwar den Löwenanteil der Prägungen in jedem Staat, können hier aber nur summarisch beschrieben werden.

Es handelte sich zunächst einmal um sogenannte Zwanziger (fränkisch), nach rheinischem Fuße 24 Kreuzer wert. Wir finden solche aus den Jahren 1780, 1783, 1784 und 1791 mit den Staatswappen, aus den Jahren 1785, 1786, 1787 und 1790 mit dem hl. Kilian[52]. Aus dem Jahre 1795 gibt es sie, wie die Taler aus Würzburg, mit der Legende *PRO PATRIA*[53]. Es folgen als nächstkleinere Einheit die Schillinge, wovon 28 einen fränkischen Gulden oder 1fl. 12 Kr. rh. galten; hier haben wir Prägungen aus den Jahren 1794 und 1795[54]. Aus Bamberg finden wir Kreuzer vom Jahre 1786[55], 1794 einen Dreier aus Würzburg[56]. Neben diesen Silbermünzen treten aber auch kleinere Nominale aus Kupfer auf, zum Beispiel die Bamberger Heller[57] in verschiedenen Variationen und Würzburger halbe Pfennige[58].

Die Medaillen auf das Jubiläum der Universität Würzburg

Medaillen waren – und sind – nicht für den täglichen Geldverkehr bestimmt, sondern als Geschenk bzw. zur Erinnerung an bestimmte Anlässe[59]. Aber nicht nur Fürsten und Herrscher verwandten diese Form des Geschenkes, sondern es war seit dem 16. Jahrhundert auch bei der besitzenden Bürgerschicht beliebt. Große Künstler wie zum Beispiel Albrecht Dürer und Lucas Cranach d. Ä. lieferten Entwürfe und Stempel für verschiedene Medaillen[60].

Es ist aber symptomatisch für den großzügigen Freund der Wissenschaft und Bildung, Franz Ludwig von Erthal, der den Universitäten alle denkbare Förderung angedeihen ließ[61], daß er seine einzige Medaille zu einem Ereignis prägen ließ[62], das ihn sehr beschäftigte: Die 200-Jahr-Feier der Würzburger Universität[63]. Schon auf die erste Zentenarfeier der Universität hatte Fürstbischof Peter Philipp von Dernbach zwei Stücke von gleichem Gepräge, aber unterschiedlicher Größe schlagen lassen[64]. Der Bedeutung dieses Festes angepaßt, wollte auch Franz Ludwig repräsentative Medaillen herausgeben[65], wobei er selbst die Themen vorgab[66].

Bei der großen, in Gold geprägten Medaille zeigt der Avers das Brustbild des Fürstbischofs mit der schon erläuterten Legende (siehe S. 305), darunter *RIESING F*[ecit][67]. Auf dem Revers befinden sich – bekrönt von einem Herzogshut, Schwert, Bischofsstab und geziertem Hermelinmantel – in einem Kranz die Familienwappenschilde der achtzehn Würzburger Fürstbischöfe, die seit der Universitätsgründung bis zur Feier des 200jährigen

Jubiläums regiert hatten. Die Wappen laufen, von den beiden ersten unter dem Herzogshut stehenden angefangen, immer von der Rechten zur Linken fort und bezeichnen folgende Fürstbischöfe:

1. Johann I. von Egloffstein (1400–1411)
2. Julius Echter von Mespelbrunn (1573–1617)
3. Johann Gottfried I. von Aschhausen (1617–1622)
4. Philipp Adolph von Ehrenberg (1623–1631)
5. Franz von Hatzfeld (1631–1642)
6. Johann Philipp I. von Schönborn (1642–1673)
7. Johann Hartmann von Rosenbach (1673–1675)
8. Peter Philipp von Dernbach (1675–1683)
9. Konrad Wilhelm von Wernau (1683–1684)
10. Johann Gottfried II. von Guttenberg (1684–1698)
11. Johann Philipp II. von Greiffenklau (1699–1719)
12. Johann Philipp Franz von Schönborn (1719–1726)
13. Christoph Franz von Hutten (1724–1729)
14. Friedrich Karl von Schönborn (1729–1746)
15. Anselm Franz von Ingelheim (1746–1749)
16. Karl Philipp von Greiffenklau (1749–1754)
17. Adam Friedrich von Seinsheim (1755–1779)
18. Franz Ludwig von Erthal (1779–1795)

Der Wappenkranz umschließt die Legende *ACADEMIA / WIRCEBURGENSIS / A. IOANNE I. CONDITA / A. IULIO INSTAURATA / A. XV. SUCCESSORIB. AUCTA / SACRUM SAECULARE II. / IUBENTE IULII / AB NEPOTE / IV. KAL*[endas] *AUGUSTI / MDCCLXXXII / CELEBRAT*[68].

Die Medaille wurde in verschiedenen Gewichten bis zu 20 Dukaten ausgegeben. Wie GUTENÄCKER aber berichtet, hatte ein „...Münzliebhaber und Freund dieser Jubelfeier... sich diese Medaille in Gold zu 25 Dukaten ausprägen...“ lassen[69].

Die zweite Medaille, die zu diesem Anlaß entstand, zeigt auf dem Avers unter dem Herzogshut, zu dessen Seiten sich Schwert und Bischofsstab kreuzen, ins Dreieck gestellte Wappenschilde, oben Egloffstein, unten rechts Echter und unten links Erthal. Darüber läuft ein Band mit der Inschrift *IOANNES. I. IULIUS. FRANC*[iscus] *LUDOV*[icus]. Als Einfassung dienen ein Lorbeer- und ein Palmzweig, unten durch ein Band gebunden; der Revers weist die gleiche Legende wie das oben beschriebene große Gepräge auf[70].

Alle Medaillen wurden „...unter dem Domkapitel und Adel, unter den fremden Gelehrten und dem Universitätspersonale nach Verhältnis des Standes und Ranges vertheilt. Auch die jungen Gelehrten, welche sich im Laufe dieser Festlichkeiten einen akademischen Grad errungen, so wie die Gymnasiasten, welche sich hier einer öffentlichen Prüfung unterzogen hatten, wurden von dem hocherfreuten Fürsten unter belobenden und ermunternden Worten mit silbernen Gedenkmünzen eigenhändig beschenkt. Den Aeltesten jener Familien, welche seit Gründung der Universität dem Vaterlande einen Fürstbischof gegeben hatten, schickte der hochherzige Franz Ludwig goldene Medaillen zu als Zeichen der Achtung und Dankbarkeit gegen die Verewigten…"[71].

In seiner Freude über das Jubiläum der Universität ließ Franz Ludwig gleich noch zwei weitere Medaillen entwerfen[72]. Bei der einen ist der Revers etwas anders gestaltet als bei der zuerst beschriebenen; die Vorderseite gleicht der letztbeschriebenen. Der Entwurf der anderen Medaille ist im Avers wie die oben als zweite beschriebene gestaltet, nur ohne Bänder bei den Namensschildern. Der Revers zeigt *ACADEMIA / WIRCEBURGENSIS / SACRUM SAECULARE / II. / IV. KAL*[endas] *AUG*[usti] */ MDCCLXXXII / CELEBRAT.*

Die Stempel für diese Medaillen wurden zwar noch geschnitten, da Franz Ludwig anfangs beabsichtigte, jedem Universitätsstudenten und jedem Würzburger Gymnasiasten eines dieser kleinen Silberstücke als Andenken an das Universitätsjubiläum zu schenken, jedoch als „…ihm die ersten Abschläge mit der Kostenberechnung überreicht wurden, fand er denn doch die Summe zu hoch, behielt die Abschläge zurück und befal von der weiteren Prägung abzusehen. Die ursprünglichen Abschläge von den beiden genannten Stempeln sind daher wahre Seltenheiten…"[73]. Die Universität ließ aber dann von den Stempeln in den dreißiger Jahren des 19. Jahrhunderts für Sammler Gepräge in Silber und Bronze herstellen[74].

Münzen und Medaillen zu Ehren Fürstbischof Franz Ludwigs

Huldigungsprägungen Würzburgs und Bambergs

Die Huldigungs- oder Neujahrsgoldgulden[75] der Stadt Würzburg wurden in den Jahren 1779[76], 1786[77], 1791 und 1794 ausgebracht, jeweils in einer Menge von 50 Stück. Sie waren ein Geschenk für den Fürstbischof[78]. Während der Regierung Franz Ludwigs ließ die Stadt Würzburg zu diesem Zweck verschiedene Stempel schneiden. Sie zeigen im Avers das Brustbild Franz Ludwigs, am Arm das Familienwappen, mit der bekannten Legende. Auf dem Revers ist ein Palmbaum zu sehen, an dem das Würzburger Stadtwappen lehnt. Außerdem ist dort die Bezeichnung *EIN GOLD-GULDEN* und *S*[enatus] *P*[opulus]-*Q*[ue] *W*[irzeburgensis] angebracht[79]. Diese Art von Gepräge ist eine Zwischenform zwischen Medaille und Münze. Eigentlich dient es – wie eine Medaille – für ein bestimmtes Ereignis und fast ausschließlich Geschenkzwecken, ist aber andererseits, dank seines den Kursmünzen angepaßten Gewichtes, umlauffähig[80].

Auch die Stadt Bamberg ließ einen Huldigungsdukaten für den Fürstbischof prägen. Erstmals hatte man dies im Jahre 1746 zu Ehren des neugewählten Fürstbischofs Johann Philipp von Franckenstein veranlaßt, dann bei jeder folgenden neuen Wahl und schließlich – als Endpunkt der Bamberger Prägungen – auf die Vereinigung mit Bayern im Jahre 1802[81].

Die für Franz Ludwig erstellte Medaille zeigt im Avers das Brustbild des Fürstbischofs und als Legende im Abschnitt *PVLCHRIVS / HAEC ANIMIS / IMPRESSA REFVLGET / IMAGO.* Darunter ein *G*. Der Revers zeigt die personifizierte Stadt Bamberg als weibliche Gestalt mit dem zur Seite gestellten Stadtwappen und einer Pyramide mit Posaune und Lorbeerzweig. Die Legende lautet: *ELECT BAM/BERGAE / D · / 12 APR / 1779*[82].

Gratulationsmedaille der Reichstagsgesandten zu Regensburg

Seit 1776 war Franz Ludwig von Erthal in Regensburg als kaiserlicher Konkommissar beim Reichstag tätig. In dieser Stellung scheint er sich die Hochachtung seiner Kollegen erworben zu haben[83], denn als er am 18. März 1779 einstimmig zum Fürstbischof von Würzburg gewählt wurde, ließen sie es sich – so scheint es – nicht nehmen, auf diese Wahl eine Medaille prägen zu lassen[84]. Der Avers zeigt neben dem Bild Erthals die Legende *FRANC*[iscus] *LVD*[ovicus] *PHIL*[ippus] *CAR*[olus] *ANT*[onius] *L*[iber] *B*[aro] *AB ERTHAL.* Im Abschnitt liest man *BUCKLE*, den Namen des Medailleurs[85]. Der Revers zeigt die Legende *D*[ei] *G*[ratia] *EPISCOPVS / WIRCEBVRGENSIS / S*[acri] *R*[omani] *I*[mperii] *PRINCEPS / FRANCIAE ORIENTALIS / DVX. / ELECTVS / D*[ie] *XVIII. MARTII / MDCCLXXIX*[86].

Sterbemünzen

1617, beim Tode des Fürstbischofs Julius Echter von Mespelbrunn, gab man in Würzburg die erste Sterbemünze aus; in Bamberg ließ man zum ersten Mal eine Begräbnismünze bei der Leichenfeier Johann Gottfried von Aschhausens (1622), der auch zugleich Fürstbischof von Würzburg gewesen war, ausgeben[87]. Die erste selbständige Prägung in Bamberg dieser Art erfolgte dann für Melchior Otto Voit von Salzburg[88]. In beiden Bistümern wurden für Franz Ludwig von Erthal die letzten Medaillen dieser Art hergestellt.

Die Würzburger Sterbemünze zeigt im Avers die bekannte Legende und das Erthalsche Wappen, im Revers + / *NATUS / D 16. SEPT. 1730 / ELECTUS / IN EPISC. WIRCEB / D 18 MERZ 1779 / DENATUS / D 14. FEBR. 1795*

/ *AETAT 64 AN / 4 M 29 D*[89]. Auf der Bamberger Sterbemünze ist auf der Vorderseite das fürstbischöfliche Wappen mit dem Erthalschen Herzschild in der Mitte abgebildet. Die Legende lautet *FRANC. LUDOV. D: G: EP. BAMB. & HERB. S. R. I. PRIN. F. O. D.* Revers: + *NATUS / D. 16. SEPT. 1739 EL / IN EPISC. HERB. D. 18 / MART: 1779 / ET IN BAMBERG / D. 12. APRIL 1779. / DENATUS / D. 14. FEBR. 1795 / AETAT. 64 AN. 4 / MEN. 29 DIES*[90].

In Erthals Fall sollten am 9. März 1795 1265 Exemplare ausgegeben werden, deren Verteilung der Hofkammerdirektor übernahm. Diese Sterbemünzen sind sehr häufig mit einem kleinen Loch versehen, da man sie anhängen und bei den Leichenfeierlichkeiten an der Brust tragen konnte[91]. Wie viele Medaillen im Ganzen geprägt wurden, läßt sich nicht feststellen[92].

Zusammenfassung

Wie gezeigt, war die Münz- und Medaillenprägung unter Franz Ludwig von Erthal zwar nicht so groß wie unter vielen seiner Vorgänger, doch bildet sie durch einige sehr interessante Stücke einen wichtigen Abschitt in der Bamberger und Würzburger Münzgeschichte. Die *Merces Laborum*- und die *Pro Patria / Zum Besten des Vaterlandes*-Stücke zeigen doch deutlich, daß sich Franz Ludwig, ebenso wie in seiner sonstigen Regierung, auch im Bereich der Münzprägung als ein aufgeklärter Fürst gab, der sich um seinen Staat und das Wohl seiner Untertanen sorgte.

Anhang

Medailleure und Münzmeister

Für die Würzburger (und Bamberger) Münzen sind uns einige Stempelschneider und Münzwardeine durch das Monogramm auf ihren Erzeugnissen und aus den Würzburger Staatskalendern bekannt[93]. Friedrich Götzinger, auf den Geprägen durch *G.* gekennzeichnet, war ein Sohn des 1791 in Ansbach verstorbenen fürstlich-ansbachischen Medailleurs und Münzmeisters Johann Samuel Götzinger[94]. Nach dem Tode Veit Riesings erhielt er dessen Position[95]; die würzburgischen Staatskalender von 1790 bis 1802 nennen ihn als Münzstempelschneider[96]. *M.* ist zum einen das Zeichen für Johann Nikolaus Martinengo, der als kurtrierischer und dann fürstlich würzburgischer Münzrat und Münzmeister in den Würzburger Staatskalendern von 1765–1802 auftaucht[97]. Er war aus Trier mit Einverständnis des Kurfürsten nach Würzburg abgeworben worden[98]. Zum anderen steht diese Abkürzung aber auch für seinen Sohn Gotthard Martinengo, der, am 4. Mai 1765 in Würzburg geboren, im Jahre 1794 neben seinem Vater auf Münzen als Münzwardein[99] erscheint (Zeichen beider: *M.-M.*)[100] und auch gleichzeitig für Kurtrier tätig war[101]. Über ihn ist weiterhin bekannt, daß er 1806 als kurbayerischer und von 1806 bis 1812 als großherzoglicher Landesdirektionsrat provisorisch auch das Münzamt versah[102].

Das Signum *P.* verweist auf Franz Hermann Prange, der in den würzburgischen Staatskalendern von 1765 bis 1781 als Spezial-Münzwardein geführt wird[103]. Für einige der Gepräge zeichnete auch Johann Leonhard Oexlein (Oechsel/Oechslein) verantwortlich, ein Sohn von Christian Daniel Oechslein, eines um 1720 in Nürnberg berühmten und gesuchten Medailleurs und Edelsteinschneiders. Johann Lorenz wurde am 28. Januar 1715 in Nürnberg geboren und starb hier auch am 26. Oktober 1787[104].

Veit Riesing, auf Münzen und Medaillen durch ein *R.* vertreten, tritt im würzburgischen Staatskalender 1765 als Münz-Stempelschneider-Assistent[105] und von 1770 bis 1788 als Münzstempelschneider auf. Zusammen mit Johann Nikolaus Martinengo war auch er vom Kurfürsten von Trier abgeworben worden. Für das Jahr 1789 wird er nicht mehr genannt. Sein Sohn Friedrich Karl Ernst Riesing, am 1. Juli 1775 in Würzburg geboren, wird im Jahre 1794 kurz erwähnt, als er sich in Würzburg als Münzgraveur ansässig macht[106].

Die Münzkonvention von 1753

Im 18. Jahrhundert zeichnete sich eine deutliche Entwicklung zu einem leichteren Münzfuß[107] ab, zunächst im norddeutschen Bereich, bald aber auch in Süddeutschland[108]. Festgelegt wurde dies in der Münzkonvention von 1753 zwischen Österreich und Bayern, der schließlich auch die anderen süddeutschen Staaten beitraten[109]. Nach dieser Übereinkunft sollten nunmehr Münzen gefertigt werden, deren Hauptnominal der Konventionstaler bildete. Davon prägte man 10 Stück aus der Gewichtsmark Feinsilber (233,855 g). Dieses Nominal war grundsätzlich in 120 Kreuzer eingeteilt, doch man ging, zunächst in Bayern, auf den Taler mit 144 Kreuzer über, verwandelte aber auch den Münzfuß zu einem 24-Gulden-Fuß. Damit änderte sich materiell nichts am Taler. (Bei einem leichteren Münzfuß war der Taler also mehr Kreuzer wert / bei einem schwereren Münzfuß weniger Kreuzer = trotzdem gleicher Wert für einen Taler). Weitere Nominale: Der Gulden, nun ein Halbtaler, hatte 60 Kreuzer mit der aufgeprägten Stückzahl *20 EINE FEINE MARK*, der Halbgulden (Vierteltaler) 30 Kreuzer mit der Zahl *40*, die sogenannten Kopfstücke 20 Kreuzer (Zahl

60), halbe Kopfstücke 10 Kreuzer mit der Zahl *120* und 5 Kreuzer mit der Zahl *240*. Die Scheidemünzen wurden in Kupfer ausgebracht. Der Kreuzer galt vier Pfennige, der Pfennig zwei Heller[110]. Diese Münzen bezeichnen sich dann meist selbst, wie auch im Falle Bambergs und Würzburgs, durch die Legende als „Konventionsmünzen"[111].

Anmerkungen

1 Leitschuh, Erthal. Charakterbild, S. 185.
2 Vgl. zum unterschiedlichen Denken und Handeln beider Fürstbischöfe Brandmüller, Katholische Kirche, S. 446.
3 Vgl. H. E[ichhorn], Münzgeschichte. In: Veit, Münze, S. 12–22, hier S. 14.
4 Gutenäcker, Darstellungen, S. 256 f.
5 Vgl. Hess/Klose, Taler, S. 150 f.
6 Rudolf Endres, Staat und Gesellschaft. Zweiter Teil: 1500–1800. In: Spindler, Handbuch, S. 349–415, hier S. 358. Zum Münzwesen von Friedrich Karl von Schönborn bis zu Erthals Vorgänger Adam Friedrich von Seinsheim vgl. ausführlich Anton Ruland, Beiträge zur Geschichte des Wirzburgischen Münzwesens unter den Fürstbischöfen Friedrich Carl von Schönborn, Anselm Franz von Ingelheim, Carl Philipp von Greifenklau und Adam Friedrich von Seinsheim. In: AU 23 (1875), S. 1–90.
7 Nach der Konvention von 1753 mußte eine Münze neben dem Münzstand und der Jahreszahl die Prägestätte, den Münzmeister und dann auch den Wardein angeben. An die Stelle der früher üblichen Zeichen und Symbole traten nun die Anfangsbuchstaben des jeweiligen Namens. Vgl. Hess/Klose, Taler, S. 148.
8 Dabei ist allerdings zu beachten, daß nicht auf allen Münzen die Verantwortlichen genannt sind.
9 Vgl. zu den Verantwortlichen für die Bamberger und Würzburger Münzen und Medaillen Anhang 1, S. 310.
10 L[udwig] V[eit], Medaillen. In: Veit, Münze, S. 25–28, hier S. 27: „Die Erzeugnisse von Peter Paul Werner . . . und die Johann Leonhard Oexleins . . ., der sich bei Bengt Richter und Antonio Maria Gennaro in Wien schulte, erreichten die Medaillen der Schega, Domanöck, Donner, Großkurt nur noch in der technischen Vollendung".
11 Roda, Seinsheim, S. 23: „Seit Beginn des 18. Jahrhunderts waren für den Würzburger Hof und das Domkapitel Nürnberger Medailleure tätig. Unter ihnen stechen besonders Georg Wilhelm Vestner und sein Sohn Andreas hervor . . . Nach Nürnberg werden auch Leute zum Anlernen für die Würzburger Münze geschickt, in der kleinere Münzen in eigener Regie geprägt werden, für die man die Prägestempel teils in Nürnberg, teils aber auch von Würzburger Meistern anfertigen läßt." Vgl. S. 24: „Seinsheims gute Beziehungen nach München . . . [ließen] den gesuchtesten Medailleur seiner Zeit, Franz Andreas Schega (1711–1787) und im Zusammenhang damit, den Hof- und Kabinettbildhauer Charles de Grof (1712–1774), für sich arbeiten . . ." Vgl. dazu Ruland (wie Anm. 6), S. 71 f.
12 V[eit] (wie Anm. 10), S. 27 f.
13 Gutenäcker, Münzen, S. 11.
14 Dukatenprägungen dieses Typs erfolgten in den Jahren 1780, 1781, 1782 und 1783 (Heller, Münzen, Nr. 533–536 – Helmschrott, Münzen, Nr. 857).
15 Vgl. zu ihm Anhang 1, S. 310.
16 Heller, Münzen, Nr. 556 – Gutenäcker, Münzen, S. 18 – Helmschrott, Münzen, Nr. 859.
17 Aus dem Jahre 1786 (Heller, Münzen, Nr. 555 – Helmschrott, Münzen, Nr. 855).

18 Sankt Burkhard, erster Bischof von Würzburg, Herzog von Franken (741/42 – 754).
19 Gutenäcker, Münzen, S. 19 – Gutenäcker, Darstellungen, S. 286: „Mit dem Bildnisse des hl. Burkard besitzen wir nur zwei würzb. Goldgulden aus den Jahren 1786 und 1790, wodurch der fromme, weise und gerechte Franz Ludwig von Erthal eine längst verfallene Schuld abtrug. Auf diesen beiden Goldgulden ist der hl. Burkard stehend abgebildet . . .". – Helmschrott, Münzen, Nr. 863, ordnet sie in die Reihe der von der Stadt Würzburg für den Fürstbischof geprägten Neujahrsgoldgulden ein. Vgl. S. 306.
20 Zum Begriff der Konventionsmünzen vgl. Anhang 2, S. 310 f.
21 Helmschrott, Münzen, Nr. 882.
22 Geschaffen wurde dieses Gepräge von Martinengo. Vgl. dazu Gutenäcker, Münzen, S. 20 f.
23 Diese Prägereihe entstand in den Jahren 1779, 1781 und 1784. Heller, Münzen, Nr. 523–525 – Gutenäcker, Münzen, S. 22 – Helmschrott, Münzen, Nr. 883 u. 884.
24 Heller, Münzen, Nr. 548 – Helmschrott, Münzen, Nr. 885. Hier zeichneten Riesing für den Avers und Martinengo für den Revers verantwortlich, Prange war der Wardein.
25 Im Jahre 1786. Heller, Münzen, Nr. 549 – Helmschrott, Münzen, Nr. 886.
26 1790. Heller, Münzen, Nr. 550 – Helmschrott, Münzen, Nr. 889 und 890. – Gutenäcker, Darstellungen, S. 293: „Franz Ludwig von Erthal, der seine Verehrung gegen den hl. Kilian, gegen diesen und seine beiden Gefährten und gegen den hl. Burkard dadurch bezeigte, daß er ihre Bildnisse auf Münzen setzte, ließ auch 1786 einen schönen Conventionsthaler mit der Patrona Franconiae ausmünzen . . ." Dieses Stück wurde vom Vorderseitenstempel Götzingers und vom Rückseitenstempel Martinengo geprägt.
27 Arthur Suhle, Geschichtsmünze. In: Schrötter, Wörterbuch, S. 221–223, hier S. 223 mit weiterführender Literatur.
28 Gutenäcker, Darstellungen, S. 298.
29 Möglicherweise steht damit in Zusammenhang, daß auf den Sedisvakanzmedaillen nach Erthals Tod Kaiser Heinrich und Kaiserin Kunigunde erscheinen, was dann als eine bewußt so getroffene Auswahl des Domkapitels gewertet werden kann. Immerhin demonstrierte man in der Sedisvakanz mit der Auswahl der Bildmotive auch einen Teil des zu dieser Zeit vertretenen Herrschaftsanspruches.
30 Sie gehören eigentlich in den Bereich der Schautaler, also kursfähiger Umlaufmünzen, die hauptsächlich zu Geschenk- und Repräsentationszwecken hergestellt wurden. Die Grenzen sind hier fließend. Vgl. zu diesem Punkt Hess/Klose, Taler, S. 217 und 221.
31 Gutenäcker, Darstellungen, S. 307 f.
32 Heller, Münzen, Nr. 526–531 – Gutenäcker, Münzen, S. 24 f. – Helmschrott, Münzen, Nr. 880 und 881. Geschnitten wurde dieser Stempel von Riesing.
33 Helmschrott, Münzen, Nr. 887 und 891. Für den Jahrgang 1791 war für eine Ausgabe Riesing zuständig, für eine andere Serie Götzinger.
34 Vgl. zur Ausgabe solcher Münzen und Medaillen z. B. Kurt Regling/Friedrich Frhr. von Schrötter, Schulmedaillen. In: Schrötter, Wörterbuch, S. 616, und Arthur Suhle, Altdorfer Schulprämie. In: Schrötter, Wörterbuch, S. 23.
35 Gutenäcker, Darstellungen, S. 307 f. – Gutenäcker, Münzen, S. 26 f., führt auch ein Beispiel dafür an: „So beauftragte derselbe seinen Oberhofmarschall und Spitalpräsidenten Joh. Franz Schenk Freiherrn von Stauffenberg, der Margaretha Endres, Wärterin im hiesigen Krankenhause, wegen ihres besonderen Fleißes und unermüdeten Eifers im Krankenwartdienste, durch den sie namentlich eine schon aufgegebene Kranke vom Tode gerettet hatte, zum Zeichen seiner höchsten Zufriedenheit und zur Aufmunterung der übrigen Krankenwärterinnen das größere Gepräge diese Thalers in seinem Namen zuzustellen (Bamb. Int. Bl. 1791, Nr. 9)." Vgl. auch Flurschütz, Verwaltung, S. 229 f. mit Anm. 214.

36 Die Würzburger Stücke sind mit *M-M* gekennzeichnet.

37 FORNECK, Kontributionsmünzenprägung, S. 153.

38 FORNECK, der sich zuletzt mit dieser Problematik beschäftigt hat, nennt hier als Beispiel die Frankfurter Kontributionstaler von 1796. Vgl. allgemein FORNECK, Kontributionsmünzenprägung, S. 153, zur Problematik „Kriegssteuer" und „Propagandamittel": „Die Kontributionstaler als besondere Prägungen zur Leistung der Kriegssteuer (Kontribution) mit eindeutig aufgeprägtem Hinweis auf den Verwendungszweck und propagandistische Devisen aus der Zeit des ersten Koalitionskrieges (1792–1797) sind Belege für eine Ideologisierung des Krieges im Sinne der Erhaltung der alten Ordnung des Heiligen Römischen Reiches deutscher Nation . . . Die Ideologisierung wird vor allem auf den Prägungen deutlich anhand der Rückseitenlegenden. Hier werden Begriffe wie ‚Pro Deo et Patria', ‚Salus Publica', ‚Zum Besten des Vaterlandes' und ‚Pro aris et focis' (= Für Staat und Familie) gewählt, um bewußt an das ‚Vaterlandsgefühl' zu appellieren . . . In diesem Zusammenhang müssen auch die Prägungen der süddeutschen Hochstifte Bamberg, Eichstätt, Fulda und Würzburg in Verbindung mit dem französischen Vordringen und den damit vergrößerten Rüstungsanstrengungen 1795/96 gesehen werden." Daß dabei Ablieferung und Einschmelzung von Silberwaren üblich waren, vgl. weiter S. 156: „Zur Beschaffung der nötigen Geldmittel war man zu außerordentlichen Maßnahmen gezwungen und rief die Untertanen auf, Silber jeglicher Art zur Münzprägung zu spenden; kirchliche Einrichtungen wurden davon nie ausgenommen. Die Verwendung von liturgischem Gerät zur Finanzierung des Militärwesens war nichts Neues." Solche Maßnahmen ergriff man allerdings auch in anderen Zeiten. Siehe RULAND (wie Anm. 6), S. 76: 1759 läßt man „altes bei Hof befindliches Silber, welches außer Facon gekommen, im Werthanschlage zu 2000 fl. . . .", in Nürnberg einschmelzen und prägen.

39 HELMSCHROTT, Münzen, Nr. 893–895.

40 HELLER, Münzen, Nr. 532 – HELMSCHROTT, Münzen, Nr. 896–897.

41 Vgl. zu dieser Entwicklung FLURSCHÜTZ, Verwaltung, S. 238–242.

42 LOOSHORN, Bisthum Bamberg 7 b, S. 631.

43 LOOSHORN, Bisthum Bamberg 7 b, S. 618 f. – Vgl. auch FLURSCHÜTZ, Verwaltung, S. 241.

44 Vgl. FLURSCHÜTZ, Verwaltung, S. 241 f. mit Anm. 62.

45 Zitiert nach GUTENÄCKER, Münzen, S. 28. Vgl. allgemein zu Sinn und Ausbreitung FORNECK, Kontributionsmünzenprägung, S. 155: „Bemerkenswert ist, daß die aufgeprägten Devisen der Kontributionsmünzen den Opfercharakter gegenüber dem ‚Vaterland' seitens der geistlichen Institutionen und der Bevölkerung betonen. In ihrer zeitlichen Abfolge spiegeln die Kontributionsmünzen den Verlauf des Krieges bis zur Vertreibung der Franzosen aus Süddeutschland wider."

46 GUTENÄCKER, Münzen, S. 28. Das Silber für die Prägung von Münzen mußte sonst teuer über Händler auf den Edelmetallmärkten in Hamburg und Amsterdam gekauft werden, wenn man es nicht von den sogenannten „Münzjuden" bezog, die im Lande herumzogen und hausierend das Metall erstanden. Vgl. zu diesem Thema FRIEDRICH FRHR. VON SCHRÖTTER, Über die Edelmetallversorgung deutscher Münzstätten im 18. Jahrhundert. In: Blätter für Münzfreunde 60, Heft Nr. 10 (1925), S. 337–343. Vgl. zum Bistum Bamberg auch HERMANN CASPARY, Staat, Finanzen, Wirtschaft und Heerwesen im Hochstift Bamberg (1672–1693) (BHVB Beiheft 7). Bamberg 1976, S. 221 u. 224 f.

47 StAB, Rep. B 84 Nr. 28 III, fol. 288r: *Würzburg, 15. 12. 1794 / Cel[sissi]mus haben alles dahiesige Hofsilber, ausgenommen was vergoldet, und so viel als zu Servirung 24 Personen vonnöthen ist, der dahiesigen Obereinnahme als ein Geschenk zum Einschmelzen zu einiger Erleichterung des Kriegskostenaufwandes. Ein gleiches wird auch in Bamberg geschehen.* GUTENÄCKER, Münzen, S. 31. Zu den ähnlichen Maßnahmen unter Fürstbischof Joseph Graf von Stu-

48 GUTENÄCKER, Münzen, S. 31.

benberg 1790–1802 in Eichstätt siehe C. F. GEBERT, Die Münzen und Medaillen des ehemaligen Hochstiftes Eichstätt. In: Mittheilungen der Bayerischen Numismatischen Gesellschaft 4 (1885), S. 76–136, hier S. 129.

49 StAB, Rep. A 231 I Nr. 2026, fol. 65v: *30612 f 44 $^3/_4$ Xr sind von Münzmeister Riedner zu Nürnberg statt dem ihm übergebenen Hofsilber an neu geprägten Konventionsthalern den 20ten August 1795 anhero geliefert worden. L. Decret von 22ten August 1795.* Zu Kurtrier siehe FORNECK, Kontributionsmünzenprägung, S. 157. Zur Lage in Eichstätt GEBERT (wie Anm. 47), S. 130: „Nach Buchenau wäre diese Münze zur Bezahlung der Contribution, nach Sax zur Bezahlung der erlittenen Schäden an die Unterthanen, geprägt worden. Nach den Nachrichten aus jener Zeit ist es jedoch zu einer eigentlichen Contributionserhebung gar nicht gekommen. Die Franzosen hatten vom 12.–17. September Eichstätt besetzt, die Staatskasse, in der 80,000 fl waren, zum grössten Theil der französischen Hauptkriegskasse einverleibt . . . Es scheint daher die Annahme richtiger zu sein, dass diese Münzen zur Bezahlung der Verluste der Unterthanen geprägt wurden."

50 GUTENÄCKER, Münzen, S. 33: „Daß Bamberg die Wohlthat des unvergesslichen Fürsten zu schätzen wußte, zeigt sich aus der Pietät, mit der diese Thaler häufig als Schatzgeld aufbewahrt und zu Andenken verwendet werden und daß man sie daher auch oft noch stempelblüthig findet."

51 GUTENÄCKER, Münzen, S. 32. – Vgl. GUTENÄCKER, Darstellungen, S. 268. Vgl. dazu StAB, Rep. A 231 I Nr. 2376/I, Prod. 8.

52 HELMSCHROTT, Münzen, Nr. 898–920.

53 HELMSCHROTT, Münzen, Nr. 921–925.

54 HELMSCHROTT, Münzen, Nr. 931–937.

55 HELMSCHROTT, Münzen, Nr. 939.

56 HELMSCHROTT, Münzen, Nr. 942. Dreier heißt diese Münze, weil je drei einen Schilling wert waren. Die Zahl 84 im Reichsapfel bedeutet, daß 84 davon einen fränkischen Gulden galten. Diese Münzen werden oft auch als „Körtling" bezeichnet. Vgl. zu diesem Begriff ARTHUR SUHLE, Körtling. In: SCHRÖTTER, Wörterbuch, S. 313.

57 1780 und 1786. HELLER, Münzen, Nr. 516–522 – HELMSCHROTT, Münzen, Nr. 938.

58 Vgl. HELLER, Münzen, Nr. 541–547. – HELMSCHROTT, Münzen, Nr. 940 und 941. Zum Währungsproblem und den verschiedenen Münzsorten siehe RITTMANN, Geldgeschichte, S. 313 f. für Bamberg und S. 315 zu Würzburg.

59 Als einer der ersten hatte wohl Ludwig XIV. von Frankreich die Möglichkeit erkannt, seine Taten und Leistungen mit Hilfe der Medaille darzustellen. Vgl. dazu HERMANN MAUÉ, Schönborn-Medaillen. In: HERMANN MAUÉ (Hrsg.), Die Grafen von Schönborn. Kirchenfürsten, Sammler, Mäzene. Germanisches Nationalmuseum Nürnberg. Nürnberg 1989, S. 148–153, hier S. 148.

60 BERND WOLLNER, Eine Prunkmedaille nach einem Entwurf Lucas Cranachs d. Ä. In: Zeitschrift des Vereins „1000 Jahre Kronach", Heft 6 (1993), S. 16–17.

61 GUTENÄCKER, Münzen, S. 43: „Mit welch' sittlich-religiösem und wissenschaftlichem Ernste, dann aber auch mit welchem Aufwande und welcher Pracht im Staatshaushalte sonst so sparsame und nichts weniger als prunksüchtige Fürstbischof Franz Ludwig diese Feier beging, sehen wir teils aus dem Festprogramme".

62 BRANDMÜLLER, Katholische Kirche, S. 448.

63 LEITSCHUH, Erthal. Charakterbild, S. 74: „Mit ausgesuchter Pracht wollte der Fürst diese zweite Säkularfeier 1782 begangen wissen. Sie zeichnete sich als das glänzendste Feste, welches während der ganzen Regierungszeit Franz Ludwigs gefeiert wurde." Vgl. allgemein zur Intention bei der Medaillenprägung MAUÉ (wie Anm. 59), S. 148 f.

64 Vgl. allgemein zu Medailleur und Auftraggeber, bzw. zur Invention von Medaillenbildern BERND WOLLNER, Der heilige Georg auf Mün-

zen und Medaillen. In: Lothar Hennig (Hrsg.), St. Georg. Ritterheiliger, Nothelfer, Bamberger Dompatron (Schriften des Historischen Museums Bamberg Nr. 25). Bamberg 1992, S. 85–98, hier S. 87 f. und S. 93 Anm. 10.

65 Leitschuh, Erthal. Charakterbild, S. 186.

66 Vgl. zu ähnlich gelagerten Fällen Maué (wie Anm. 59), S. 150 ff.

67 Auflösung der Legende siehe oben S. 305. – Gutenäcker, Darstellungen, S. 305.

68 Heller, Münzen, Nr. 557 – Gutenäcker, Münzen, S. 44 – Helmschrott, Münzen, Nr. 851, 852, 866 a, 868–870 b.

69 Gutenäcker, Münzen, S. 45. – Vgl. Helmschrott, Münzen, Nr. 851.

70 Heller, Münzen, Nr. 558 – Gutenäcker, Darstellungen, S. 305 – Helmschrott, Münzen, Nr. 853, 854, 871–874 a. Auch sie ist in Gold und Silber ausgegeben worden.

71 Gutenäcker, Münzen, S. 46.

72 Die restlichen Medaillen des Universitätsjubiläums gingen übrigens in den Privatbesitz Franz Ludwigs über und von dort in seinem Nachlaß an das würzburgische Münzkabinett. Vgl. StAB, Rep. B 84 Nr. 28 IV, Wahl- und Sterbeakten Bamberger Bischöfe, Prod. 2.

73 Gutenäcker, Münzen, S. 47 f.

74 Gutenäcker, Münzen, S. 47 f. – Gutenäcker, Darstellungen, S. 305 Anm. 1 zeigt Beispiele dafür und ihre Vergabe, zum Beispiel 1865 an die Würzburger Feuerwehr.

75 Vgl. dazu Suhle (wie Anm. 27), S. 223 mit weiterführender Literatur.

76 Heller, Münzen, Nr. 552.

77 Heller, Münzen, Nr. 553.

78 Leitschuh, Erthal. Charakterbild, S. 186.

79 Helmschrott, Münzen, Nr. 860, 862 und 864. Helmschrott, Münzen, Nr. 863, zählt aber auch die Goldgulden von 1786 und 1790 mit dem hl. Burkard zu dieser Serie.

80 Vgl. Hess/Klose, Taler, S. 221. – Gutenäcker, Münzen, S. 48. Bei diesen wie bei den früheren und späteren Huldigungsgoldgulden ist es auffallend, daß Name und Titel des jeweiligen Fürstbischofs, der diese Münzen ja selbst prägen ließ, im Nominativ angegeben sind, während doch eigentlich wegen des folgenden *Senatus populusque Wirceburgensis* der Dativ gefordert wäre.

81 Gutenäcker, Münzen, S. 50. Erthal soll vom Rat der Stadt Bamberg 100 Exemplare in Gold und 100 in Silber erhalten haben. Von den Stempeln der Huldigungsdukaten wurden auch Silberabschläge hergestellt.

82 Heller, Münzen, Nr. 537.

83 Gutenäcker, Münzen, S. 50 f.

84 Heller, Münzen, Nr. 539 – Gutenäcker, Münzen, S. 50 – Helmschrott, Münzen, Nr. 865.

85 Gutenäcker, Münzen, S. 50 Anm. 14. Johann Martin Buckle, geb. 1742 in Geißlingen, arbeitete zunächst in Augsburg und fand 1778 in Durlach eine Anstellung als Medailleur und Münzmeister; gest. 1811 in Karlsruhe.

86 Außerdem wurden zwei Konsekrationsmedaillen auf ihn geprägt, meist in Zinn vorkommend. Helmschrott, Münzen, Nr. 866 und 867. – Heller, Münzen, Nr. 538, urteilt: „Diese Medaille gehört weder unter die geschmackvollen, noch ist das Bildniß getroffen." Es gibt noch einige weitere Medaillen, die in Erthals Regierungszeit in Würzburg geprägt wurden (Heller, Münzen, Nr. 561–563 – Helmschrott, Münzen, Nr. 875–879), zum Beispiel auf die reiche Getreideernte und die gesegnete Weinlese 1779 und auf ein Hochwasser von 1784.

87 Gutenäcker, Münzen, S. 54.

88 Gutenäcker, Münzen, S. 54.

89 Heller, Münzen, Nr. 559 – Helmschrott, Münzen, Nr. 926–929. Vgl. Leitschuh, Erthal. Charakterbild, S. 186.

90 Heller, Münzen, Nr. 540 – Gutenäcker, Münzen, S. 55.

91 Gutenäcker, Münzen, S. 57.

92 Nach dem domkapitelschen Beschluß sollten beim Vorgänger 5250 Sterbemünzen geprägt und davon 4968 verteilt werden; 282 blieben unverteilt. Gutenäcker, Münzen, S. 56.

93 Gutenäcker, Münzen, S. 16.

94 Vgl. zu diesem Amt und seiner Entwicklung in der Neuzeit Friedrich Frhr. von Schrötter, Münzmeister. In: Schrötter, Wörterbuch, S. 424 – Rittmann, Geldgeschichte, S. 150–154.

95 von Schleiss-Löwenfeld, Zur Münzgeschichte Würzburgs. In: Mittheilungen der Bayerischen Numismatischen Gesellschaft 2 (1883), S. 81–94, hier S. 94.

96 Gutenäcker, Münzen, S. 16.

97 Gutenäcker, Münzen, S. 16.

98 Schleiss-Löwenfeld (wie Anm. 95), S. 94: „Er berief den ausgezeichneten kurtrierischen Münz-Direktor Hofrath Johann Ferdinand Maidinger nebst dem geschickten Münzmeister Johann Nikolaus Martinengo und dem Wardein Franz Herrmann Pranche [siehe dort] mit Bewilligung ihres Herrn des Kurfürsten von Trier jeden in gleicher Eigenschaft in seine Dienste…"

99 Ein Münzwardein hatte zum Beispiel die Stempel zu verwahren und nur bei Bedarf auszugeben. Weiterhin mußte er die Münzen vor der Auslieferung auf die Einhaltung von Schrot und Korn prüfen und die Menge aufzeichnen. Nicht den Münzordnungen entsprechende Stücke hatte er unbrauchbar zu machen und zum Einschmelzen zu geben. Vgl. dazu Rittmann, Geldgeschichte, S. 154 f.

100 Im würzburgischen Staatskalender ist er nicht aufgeführt.

101 Forneck, Kontributionsmünzenprägung, S. 157.

102 Gutenäcker, Münzen, S. 16.

103 Gutenäcker, Münzen, S. 16.

104 Gutenäcker, Münzen, S. 16 f. Vgl. zu weiterführender Literatur Wollner (wie Anm. 64), S. 93 Anm. 13.

105 Er scheint aber bereits 1763 als dritter Münzgraveur angestellt worden zu sein. Vgl. Schleiss-Löwenfeld (wie Anm. 95), S. 94.

106 Gutenäcker, Münzen, S. 17. – Roda, Seinsheim, S. 26 Anm. 113: „Aus Trier wird der Münzdirektor Meidinger samt Personal 1762 berufen, der Graveuer Gg. Fr. Loos wird eingestellt, außerdem der Stempelschneider G. R. Potevin und die Graveure Joh. Veit und Fr. K. Rießing."

107 „Münzfuß nennen wir die von einem Münzberechtigten ausgehende Festsetzung, wieviel Münzstücke aus einer Gewichtseinheit Metall, das Feinmetall sein kann, gewöhnlich jedoch eine im voraus bestimmte Metallmischung… ist, ausgebracht werden sollen…" Ebengreuth, Münzkunde, S. 197.

108 Vgl. zur Entwicklung, die schließlich zum Konventionsfuß führte, Rittmann, Geldgeschichte, S. 335–337.

109 Zur Münzkonvention von 1753 vgl. Rittmann, Geldgeschichte, S. 338–343.

110 Hess/Klose, Taler, S. 149: „Der Taler, 10 Stück aus der feinen Mark, sollte 13 Lot 6 Grän (833/1000) fein [Feingehalt ist die Beschaffenheit der Metallmischung, das heißt der verhältnismäßige Anteil des Edelmetales am Gesamtgewicht] ausgebracht werden. Bei einem Rauhgewicht [absolutes oder Gesamtgewicht mit den zur Legierung nötigen Materialien] von 28,062 g enthielt er 23,385 g Feinsilber…" Kopfstücke waren 594/1000 mit 3,897 g, halbe Kopfstücke 500/1000 mit 1,948 g, 5 Kreuzer 359/1000 und 0,584 g fein. Zu den einzelnen Definitionen vgl. auch Ebengreuth, Münzkunde, S. 197 f. und S. 200–202.

111 Vgl. Herbert Rittmann (Hrsg.): Deutsches Münzsammler-Lexikon. München 1977. S. 190 f., s. v. Konventionsfuß. E[ichhorn], (wie Anm. 3), S. 15. – Vgl. zum Konventionsfuß auch Hess/Klose, Taler, S. 148 f.

Nr. 137   Nr. 139

136 Würzburger Huldigungsdukat

Würzburg, 1779
Gold
Durchmesser 21 mm
Avers: *FRANC·LUD·D·G·EP·BAMB·ET WIR·S R·I·P·F·O. DUX·*
Revers: *EIN GOLD·GULDEN·/ORE ET – CORDE/FIDE–LIS·/S.. P. –
Q. W./1779·*

Mainfränkisches Museum Würzburg, Münzen- und Medaillensammlung

Lit.: HELMSCHROTT, Münzen, Nr. 860.

Auch die Stadt Würzburg ließ Huldigungsgoldgulden auf
Franz Ludwig prägen. Der Avers zeigt das Brustbild
Franz Ludwigs mit dem Familienwappen am Arm und
mit der oben zitierten Legende. Der Revers zeigt eine
Palme, an der das Würzburger Stadtwappen lehnt und den
obigen Text.
Diese Art Prägung war eine Art Zwischending zwischen
Münze und Medaille, meist als Geschenk gedacht, war
sie doch dank ihres entsprechenden Gewichtes umlauf-
fähig.   B. W.

137 Bamberger Huldigungsdukat

Gold
Durchmesser 22 mm
Avers: *FRANZ LUD·D·G·/E·B·&·H·S·R·I·P·F·O·D·* und *PVLCHRIVS
HAEC ANIMIS IMPRESSA REFVLGET/IMAGO/G.*
Revers: *ELECT/BAM/BERGAE/D 12 APR/1779·*

Mainfränkisches Museum Würzburg, Münzen- und Medaillensammlung
Abb.

Lit.: HELLER, Münzen, Nr. 537. – HELMSCHROTT, Münzen, Nr. 856.

Die Stadt Bamberg ließ im Jahre 1779 zu Ehren des neu-
en Fürstbischofs einen Huldigungsdukaten prägen.
Auf dem Avers ist ein Brustbild des Fürstbischofs zu
sehen, das in der Physiognomie etwas von den später
recht gleichförmigen Darstellungen Franz Ludwigs auf
Münzen und Medaillen abweicht. Der Revers zeigt die

personifizierte Stadt Bamberg als weibliche Gestalt mit
dem zur Seite gestellten Stadtwappen, einer Pyramide,
Posaune und Lorbeerzweig.   B. W.

138 Prägestock für den Revers einer Me-
daille zum Würzburger Universitätsjubiläum

Würzburg, 1782
Eisen
H. 52 mm, Br. 47 mm, T. 47 mm; Durchmesser des Münzstempels 24 mm

Staatsarchiv Bamberg, Rep. G 35 IV c Nr. 6   Abb.

Unveröffentlicht

Nr. 138

Nr. 140

Nr. 141   Detail

Der Prägestock für die Rückseite der Medaille (Helmschrott 854 und 873) trägt – seitenverkehrt – die Inschrift *ACADEMIA/WIRCEBURGENSIS/A · IOANNE I · CONDITA/ A · IULIO INSTAURATA/ A · XV SUCCESORIB · AUCTA./ SACRUM SAECULARE II · / IUBENTE IULII AB NEPOTE / IV · KAL · AUG / MDCCLXXXII · / CELEBRAT ·*. Der Text bezieht sich auf das 200jährige Jubiläum der von Johann I. von Egloffstein gegründeten und von Julius Echter von Mespelbrunn 1582 erneuerten Universität Würzburg. Das Jubiläum wurde nicht nur – mit ausdrücklicher Billigung Erthals – aufwendig gefeiert, es wurden auch zur Erinnerung Medaillen in verschiedenen Größen und Materialien geprägt.

Auf welchem Weg der Prägestock in das Staatsarchiv Bamberg kam, ist nicht bekannt.   R. B.-F.

139 Kleine Medaille zum Würzburger Universitätsjubiläum 1782

Johann Veit Riesing
Würzburg, 1782
Silber
Durchmesser 24 mm
Avers: *IOANNES·I·/IULIUS·/ FRANC·LUDOV·*
Revers: Vgl. Kat. Nr. 138.

Mainfränkisches Museum Würzburg, Münzen- und Medaillensammlung
                                                             Abb.

Lit.: HELMSCHROTT, Münzen, Nr. 873. – Zu Johann Veit Riesing: THIEME/BECKER, Bd. 28, S. 343 (mit älterer Literatur).

Die Medaille zeigt auf dem Avers die ins Dreieck gestellten Wappenschilde der Fürstbischöfe Egloffstein, Echter von Mespelbrunn und Erthal.   B. W.

140 Große Medaille zum Würzburger Universitätsjubiläum 1782

Johann Veit Riesing
Würzburg, 1782
Silber
Durchmesser 57 mm
Avers: Brustbild Franz Ludwigs nach rechts gewandt, im Abschnitt *RIESING F.* und die Legende *FRANC·LUDOV·D·G·EP·BAMB·ET WIRC·S·R·I·PR·FR·OR·DUX·*
Revers: Hier sieht man einen Wappenkranz mit den Familienwappenschilden der 18 seit der Gründung der Universität bis einschließlich Franz Ludwig regierenden Fürstbischöfe. Dieser Wappenkranz umschließt die Legende *ACADEMIA/WIRCEBURGENSIS/A·JOANNE I· CONDITA/A· IULIO INSTAURATA/A· XV· SUCCESORIB· AUCTA/SACRUM SAECULARE II·/IUBENTE JULII·/ABNEPOTE IV· KAL · AUGUSTI/ MDCCLXXXII·CELEBRAT·*

Historischer Verein Bamberg, Inv. Nr. 408   Abb.

Lit.: HELMSCHROTT, Münzen, Nr. 868. – Zu Johann Veit Riesing: THIEME/BECKER, Bd. 28, S. 343 (mit älterer Literatur).   B. W.

141 Abbildung der Medaille zum 200jährigen Universitätsjubiläum 1782 in Würzburg

Würzburg, 1782
Radierung auf Papier
H. 42,3 cm, Br. 28,3 cm (Blatt)

Mainfränkisches Museum Würzburg, Inv. Nr. H. 37652   Abb.

Lit.: PETER BAUMGART (Hrsg.), Vierhundert Jahre Universität Würzburg, Neustadt an der Aisch 1982, S. 96–100, Abb. 14.

Das 200jährige Jubiläum der Würzburger Universität 1782 beging Franz Ludwig von Erthal mit sehr aufwendigen Festlichkeiten, die sich über elf Tage erstreckten. Aus diesem Anlaß wurde auch eine Medaille geprägt, zu deren Erklärung vorliegender Druck diente. Das Blatt bildet oben Vorder- und Rückseite der Medaille ab. Die Vorderseite zeigt ein Brustbild Franz Ludwig von Erthals im Profil nach rechts mit der Umschrift: *FRANC · LUDOV ·*

*D · G · EP · BAMB · ET WIRC · S · R · I · PR · FR · OR ·
DUX ·.* Die Rückseite der Medaille trägt die Jubiläumsinschrift, umgeben von den Wappen der Universitätsstifter und der Fürstbischöfe seit Julius Echter von Mespelbrunn, die darunter in einer *ERKLAERUNG* nochmals abgebildet und benannt werden. Die Inschrift lautet: *ACADEMIA / WIRCEBURGENSIS / A· IOANNE I· CONDITA / A· IULIO INSTAURATA / A· XV· SUCCESORIB· AUCTA / SACRUM SAECULARE II· / IUBENTE IULII / AB NEPOTE / IV· KAL· AUGUSTI / MDCCLXXXII / CELEBRAT·.*   F. v. d. W.

Nr. 144

142 Würzburger Konventionstaler von 1785

Johann Veit Riesing
Würzburg, 1785
Silber
Durchmesser 40 mm
Avers: *FRANC·LUDOV·D·G·EP·BAMB·ET WIRC·S·R·I·PR·FR·OR·DUX,*
unten *R*(iesing) *f*(ecit)
Revers: *S·KILIANUS CUM SOCYS FRANCORUM APOSTOLI/
17–85 / X·E·FEINE MARCK*

Mainfränkisches Museum Würzburg, Münzen- und Medaillensammlung

Lit.: HELMSCHROTT, Münzen, Nr. 885.

Bei diesem Taler handelt es sich um eine „normale" Kursmünze. Sie zeigt auf der Vorderseite das Brustbild Franz Ludwigs, auf der Rückseite den heiligen Kilian mit seinen Gefährten Kolonat und Totnan, das Wappen des Fürstbischofs und die Jahreszahl 1785.   B. W.

143 Würzburger Dukat

Würzburg, 1790
Gold
Durchmesser 21 mm
Avers: *FRANC·LUD·D·G·EP·BAM·ET WIR·S·R·I·P·F·O· DUX·*
Revers: *S·BURKARD: PRIM: E–P: HERB: FR: O: DUX,* unten *17–90*
und *EIN GOLD/GULDEN*

Historisches Museum Bamberg, Inv. Nr. 3678

Lit.: HELMSCHROTT, Münzen, Nr. 863.   B. W.

144 Merces-Laborum-Taler

Johann Veit Riesing
Würzburg, 1786
Silber
Durchmesser 41 mm
Avers: *FRANC·LUDOV·D·G·EP·BAMB·ET WIRC·S·R·I·PR·FR·OR DUX*
und *R*(iesing) *f*(ecit)
Revers: *MERCES LABORUM·/17–86/M–P/V·EINE FEINE/MARCK*

Diözesanmuseum Bamberg, Münzsammlung   Abb.

Lit.: HELMSCHROTT, Münzen, Nr. 880.

Die sogenannten Merces-Laborum-Taler verwandte Fürstbischof Franz Ludwig sehr gerne zur Belohnung herausragender Leistungen seiner Untertanen, aber auch zur Belobigung für Leistungen im schulischen Bereich. Der Avers zeigt das Brustbild des Fürstbischof nach rechts gewandt. Der Revers bildet einen nackten geflügelten Genius mit Kranz und Füllhorn an einer Art Tisch oder Altar ab, auf dem sich eine Landkarte und ein Globus befinden.   B. W.

145 Würzburger Sterbemünze

Würzburg, 1795
Silber
Durchmesser 21 mm
Avers: *FRANC·LUD·D·G·EP·BAM·ET·WIRCEB·S·R·I·P·F·O·DUX*
Revers: *NATUS/D 16·SEPT·1730/ELECTUS/IN·EPISC·WIR EB (!)/D
18 Merz·1779/DENATUS/D 14·FEBR·1795/AETAT 64 AN/4 M 29 D*

Historisches Museum Bamberg, Inv. Nr. 3637   Abb.

Lit.: HELMSCHROTT, Münzen, Nr. 927.

Damit man diese Münzen bei den Leichenfeierlichkeiten anhängen konnte, wurden sie oft mit einem kleinen Loch versehen.   B. W.

Nr. 145

146 Prägestock für den Avers des Bamberger Sterbegroschens Erthals

1795
Eisen
H. 42 mm, Br. 40 mm, T. 40 mm; Durchmesser des Münzstempels 24 mm

Staatsarchiv Bamberg, Rep. A 301 L. 959 Nr. 250   Abb.

Unveröffentlicht

Der Prägestock für die Vorderseite des Sterbegroschens (Helmschrott 929) zeigt – seitenverkehrt – im Geviert die Wappen des Hochstifts Würzburg, den Würzburger Rechen (1) und das Rennfähnlein (4), sowie das Wappen des Hochstifts Bamberg, den Hochstiftslöwen (2 und 3). Die Mitte nimmt das Familienwappen des Fürstbischofs Franz Ludwig von Erthal ein. Fünf Helmzieren, Bischofsstab und Schwert vervollständigen die Darstellung, die von der – hier ebenfalls seitenverkehrten – Umschrift *FRANC*[iscus] *LUDOV*[icus] *D*[ei] *G*[ratia] *EP*[iscopus] *BAMB*[ergensis] & *HERB*[ipolensis] *S*[acri] *R*[omani] *I*[mperii] *PRIN*[ceps] *F*[ranciae] *O*[rientalis] *D*[ux] umgeben ist.

Es ist nicht bekannt, wie der Prägestock in das Staatsarchiv Bamberg gelangte.   R. B.-F.

Nr. 146

147 Bamberger Sterbemünze

Nürnberg, 1795
Silber
Durchmesser 27 mm
Avers: vgl. Kat. Nr. 146.
Revers: +/NATUS/D·16·SEPT·1739 EL/IN EPISC·HERB·D·18/ MART·1779/ET IN BAMBERG/D·12·APRIL 1779·/DENATUS/D·14·FEBR·1795/AETAT·64 AN·4/MEN·29 DIES
Mainfränkisches Museum Würzburg, Münzen- und Medaillensammlung

Lit.: Helmschrott, Münzen, Nr. 929.   B. W

148 Bamberger Kontributionstaler *ZUM BESTEN DES VATERLANDES*

Nürnberg, 1795
Silber
Durchmesser 42 mm
Avers: FRANZ LUDWIG B. ZU BAMBERG. U. WÜRZB. D. H. R. R. FÜRST. HERZOG. Z. FRANKEN
Revers: BAM-BERG/ZUM BESTEN/DES/VATERLANDS/17–95 /ZEHN EINE FEINE/MARK.

Diözesanmuseum Bamberg, Münzsammlung

Lit.: Helmschrott, Münzen, Nr. 896. – Forneck, Kontributionsmünzenprägung, S. 156, 159.

Zur Finanzierung der Kriegslasten in den Auseinandersetzungen mit dem revolutionären Frankreich ließ man in verschiedenen Städten Süddeutschlands sogenannte Kontributionsmünzen ausprägen. So geschah das auch für die Fürstbistümer Würzburg und Bamberg. Zur Finanzierung stifteten kirchliche Institutionen, was sie an Silber glaubten erübrigen zu können. Fürstbischof Franz Ludwig steuerte große Teile des bambergischen und würzburgischen Tafelsilbers bei.   B. W.

149 Würzburger Kontributionstaler *PRO PATRIA*

Johann Veit Riesing
Würzburg, 1795
Silber
Durchmesser 40 mm
Avers: FRANC·LUDOV·D·G·EP·BAMB·ET WIRC·S·R·I·PR·FR·OR·DUX und R(iesing) f(ecit)
Revers: PRO PATRIA/X/EINE FEINE/MARK/1794/M–M
Mainfränkisches Museum Würzburg, Münzen- und Medaillensammlung
                                                     Abb.

Lit.: Helmschrott, Münzen, Nr. 893. – Forneck, Kontributionsmünzenprägung, S. 156, 163 ff.

Der Würzburger Kontributionstaler zeigt auf dem Avers das Brustbild Franz Ludwig von Erthals, auf dem Revers einen unten mit einer Schleife gebundenen Lorbeerkranz.   B. W.

JOHANN SCHÜTZ

Die Kriminalgesetzgebung des Fürstbischofs Franz Ludwig von Erthal

Die große abendländische Geistesbewegung der Aufklärung erreichte im Laufe des 18. Jahrhunderts auch die geistlichen Territorien in Franken. Franz Ludwig von Erthal, von 1779 bis 1795 Fürstbischof von Bamberg und Würzburg, wurde zu einem herausragenden Vertreter aufgeklärten Herrschertums. Dem Fürstenideal der Epoche folgend sah er sich weniger als absoluten Herrn des Landes und seiner Untertanen, sondern mehr als Organ, ja als Diener der Gemeinschaft, dazu verpflichtet, sein Herrscheramt zum Wohle und Glück seiner Untertanen auszuüben[1]. Seine Regierungszeit war durch eine umfangreiche, segensreiche Reformtätigkeit geprägt.

Die Strafrechtspflege beim Regierungsantritt Franz Ludwigs

Der Kirchenfürst, zugleich ein bewährter Jurist, kannte und teilte auch die aufklärerische Vorstellung vom Wesen und von der Aufgabe staatlichen Strafens. Im Lichte der Vernunft, dem entscheidenden Kriterium der Aufklärung, waren nur Strafen zu rechtfertigen, die einem vernünftigen Zwecke dienten und den Forderungen der Humanität entsprachen. Die Strafrechtspflege, die Franz Ludwig bei seinem Regierungsantritt vorfand, war von dem aufklärerischen Ideal weit entfernt und verkörperte noch ein Stück mittelalterlich anmutender Grausamkeit. So wurden Mordbrenner und Kirchenräuber verbrannt, Mörder gerädert, andere Straftäter gebrandmarkt und verstümmelt[2]. Die Wahrheit suchte man mit Hilfe der Folter zu ermitteln. In dem Fürstbistum Bamberg mit seinen etwa 65 Quadratmeilen und etwa 190000 Einwohnern waren von 1759 bis 1779 52 Verbrecher hingerichtet worden, hatten von 1764 bis 1768 1523 Verurteilte hinter Gittern gesessen[3].
Rechtsgrundlage für diese harte Strafrechtspflege war die Constitutio Criminalis Bambergensis von 1507 in einer 1580 revidierten Fassung – künftig abgekürzt CCB. Der Bamberger Landeshofmeister Johann von Schwarzenberg hatte mit diesem Gesetzeswerk seinerzeit dem deutschen Strafrecht den entscheidenden Reformanstoß gegeben. Die CCB war zum Vorbild eines Reichsstrafgesetzes der Constitutio Criminalis Carolina von 1532 – künftig abgekürzt CCC – geworden. Der Ruhm Schwarzenbergs und seines Werkes war auch im 18. Jahrhundert – zumal

in Bamberg – noch lebendig. Aber die inzwischen eingetretene Änderung der Verhältnisse und mehr noch des Rechtsbewußtseins – der Vorstellung vom richtigen Recht – forderte dringend eine Reform des einst Bewährten. Das – inzwischen von der Theologie emanzipierte – Naturrecht (Vernunftrecht), das der Aufklärung wesentliche Impulse gab und die Rechtsphilosophie damals beherrschte, ließ nur noch, wie schon eingangs erwähnt, Strafen zu, die einem vernünftigen Zweck dienten und den Forderungen nach Gerechtigkeit und Menschlichkeit entsprachen. Diese Maxime paßte auch in die herrschende Staatstheorie. Diese ging von einem Gesellschaftsvertrag aus, durch den die Individuen angeborene natürliche Rechte auf die Gemeinschaft und auf den Herrscher zur Bildung einer staatlichen Gemeinschaft übertragen hatten. Der Herrscher, zum Dienst an der Gemeinschaft verpflichtet, besaß zur Sicherung derselben Strafgewalt über deren Mitglieder. Er nahm im absoluten Staat als oberster Richter das Recht in Anspruch, Strafurteile zu bestätigen oder abzuändern. Ein aufgeklärter Fürst konnte so mithelfen, die Grundsätze einer aufgeklärten Strafrechtspflege zu verwirklichen. Das Recht, in laufende Gerichtsverfahren selbst einzugreifen, wurde dem Herrscher bestritten und kam ab[4].
Zwischen dem kodifizierten Strafrecht und der naturrechtlichen Idealvorstellung klaffte eine tiefe Kluft. Um diese zu überbrücken, beanspruchten Gerichte, die dem Naturrecht anhingen, größere Freiheit bei der Auslegung und bei der Anwendung der veralteten Gesetze. Gegen die harten, durchwegs absolut angedrohten Strafen wurde der Gedanke entwickelt, diese Strafen stellten nur auf den Normalfall ab. Der Richter sei berechtigt, von dieser Strafandrohung abzuweichen, um eventuell vorliegenden besonderen Umständen gerecht werden zu können (außerordentliche Strafe)[5]. Schon wurde vereinzelt auch das Naturrecht an Stelle des Gesetzes auf Straffälle angewandt.
Eine heillose Verwirrung[6] bedrohte die Rechtssicherheit und Rechtsgleichheit, wesentliche Elemente einer intakten Rechtsordnung. Hinzu kam, daß das Volk im 18. Jahrhundert die barbarische Härte der Strafen und des Strafvollzugs immer entschiedener ablehnte. In dieser Lage war der Gesetzgeber aufgerufen, durch Gesetzesreformen Abhilfe zu schaffen. Die Wissenschaft hatte auch schon Straftheorien gemäß den neuen Ideen und umfas-

sende reformierte Strafrechtsentwürfe erarbeitet. Aber die Gesetzgebung zögerte. Das deutsche Reich blieb untätig. Desgleichen Frankreich, wo sich dann die namentlich von Montesquieu[7] und Voltaire[8] dringend geforderte Strafrechtsreform in der Französischen Revolution mit Gewalt Bahn brach. In Italien, wo Beccaria[9] wirkte, dessen Reformideen europaweit Beachtung fanden, erließ Großherzog Leopold I. – der spätere deutsche Kaiser Leopold II. – 1786 für die Toskana ein fortschrittliches Strafgesetzbuch. In den deutschen Territorialstaaten setzte sich Friedrich II., der Große, von Preußen schon 1740 mit der Beseitigung der Folter – richtiger mit ihrer Beschränkung auf die Aufklärung schwerster Verbrechen – an die Spitze der Entwicklung. In Österreich erließ Joseph II. 1787 ein vom aufklärerischen Geist geprägtes Strafgesetzbuch.

Die Strafrechtsreform Franz Ludwigs

Franz Ludwig, als Anhänger des Naturrechts ebenfalls zur Reform der Strafrechtspflege in seinen Ländern entschlossen, beschränkte sich seiner bedächtigen Art[10] entsprechend nach seinem Regierungsantritt zunächst darauf, durch Ausübung seines Begnadigungs- und Bestätigungsrechts korrigierend einzugreifen. Durch einzelne Verordnungen änderte er ferner die bestehende Rechtsordnung in bestimmten Bereichen ab. Er vermied so einen schroffen Bruch. Besondere Beachtung verdient seine Verordnung vom 1. Dezember 1781, die die Anwendung der Folter nur noch bei der Aufklärung von Verbrechen erlaubte, die mit der Todesstrafe bedroht waren. Wir wissen um den zweifelhaften Wert der Tortur für die Wahrheitsfindung. Mit Recht wurde sie, die auch die Menschenwürde tief verletzt, von der Aufklärung entschieden bekämpft. Sie gerade in den Fällen beizubehalten, in denen die schwersten Strafen drohten, erscheint uns im höchsten Maße inkonsequent. Dieser auch bei Friedrich dem Großen festzustellende Mißgriff hatte seine Ursache wohl in dem ausgeprägten Sicherheitsgedanken, der gerade die gefährlichsten Verbrecher der Strafe nicht entkommen lassen wollte.
Im Jahre 1787 entschloß sich Franz Ludwig zu einer Gesamtneuregelung des Strafrechts. Die einzelnen aufgepfropften Neuerungen paßten wohl nicht so recht in das bestehende System. Auch mag das Beispiel Österreichs und der Toskana motivierend gewirkt und den Fürsten bewogen haben, sein Vorhaben nunmehr zügig voranzutreiben. So verzichtete er auf gesonderte Vorarbeiten und befahl mit Reskript vom 5. August 1787, bei den Arbeiten am Gesetzeswerk von dem als ausgereift anerkannten Gesetzesentwurf des Rostocker Juristen JOHANN CHRI-

STIAN QUISTORP[11] auszugehen, diesen Entwurf mit den neuen Strafgesetzen in Österreich und in der Toskana zu vergleichen und ihn auch unter Berücksichtigung der einschlägigen Literatur auf seine Eignung für das Hochstift Bamberg zu überprüfen. Soweit dabei dem mit der Aufgabe betrauten Referenten, Hofrat Pflaum, und den Räten, die ihn zu unterstützen hatten, Abweichungen vom Quistorpschen Entwurf notwendig erschienen, war die Entscheidung des Fürsten einzuholen. Dieser verfügte dann auch in etlichen Punkten Abänderungen. Im übrigen ist festzustellen, daß der Bamberger Entwurf im Aufbau und in den Rechtsregeln weitgehend seinem Vorbild folgte.
Einige von Franz Ludwig gebilligten Teile des Entwurfs wurden noch vor Beendigung des Gesamtwerkes als Gesetz in Kraft gesetzt. Das Werk war dann im Frühjahr 1792 abgeschlossen und wurde zunächst als Entwurf veröffentlicht, um der Kritik Gelegenheit zur Stellungnahme zu geben. Die Arbeit wurde positiv aufgenommen[12]. Franz Ludwig wollte das neue Strafgesetzbuch auch im Fürstbistum Würzburg einführen, stieß aber dort auf Widerstände. Kriegswirren und Krankheiten hinderten ihn, sein Werk weiterzuverfolgen. Am 14. Februar 1795 starb er. Sein Nachfolger in Bamberg, Fürstbischof Christoph Franz von Buseck, verlieh dem Werk am 30. Dezember 1795 Gesetzeskraft.
Die Geltungsdauer des Gesetzes war kurz. Die Säkularisierung des Fürstbistums 1802/03 berührte zwar die Weitergeltung noch nicht; denn Bayern tastete bei der Übernahme die bestehende Rechtsordnung zunächst nicht an. Das – von Feuerbach entworfene, fortschrittliche – neue bayerische Strafgesetzbuch von 1813 galt aber in ganz Bayern und setzte das Bamberger Gesetz vom 30. Dezember 1795 außer Kraft.

Der Entwurf zur neuen Bambergischen peinlichen Gesetzgebung

Dieses Gesetz, das hier kurz charakterisiert werden soll, gliedert sich in drei Teile: Teil I regelt das materielle Strafrecht; Teil II und III normieren das Verfahrensrecht.

Materielles Strafrecht und Strafvollzug

Zu Teil I: Ein aufklärerisches Hauptanliegen war es, das Individuum im Strafverfahren vor richterlicher Willkür zu schützen. Eine lückenlose gesetzliche Regelung – die also keiner Ergänzung bedurfte – und strenge Bindung des Richters ans Gesetz sollten dies garantieren. Franz Ludwig hielt eine lückenlose Regelung – schon wegen der ständigen Änderung der Verhältnisse – nicht für erreichbar und fürchtete, daß eine allzu enge Bindung des Richters ans Gesetz die Verfolgung mancher schwerer Untaten verhindere. Er ging daher seinen eigenen Weg. Der Entwurf normierte zwar die grundsätzliche Bindung des Richters ans Gesetz und verbot ihm auch, andere Rechtsregeln heranzuziehen, gestattete aber, wenn auch in engen Grenzen, eine analoge (entsprechende) Anwendung des Gesetzes auf gesetzlich nicht erfaßte, aber ähnlich gelagerte Fälle.

Ein Großteil der Normen steht unter dem Einfluß der Imputationslehre Pufendorfs (1632–1694)[13]. Imputation bedeutet Zurechenbarkeit, moralische Verantwortung eines Menschen für sein freies Handeln. Nach dem Grad der Freiheit des Handelns richtet sich der Grad der Zurechnung, und dieser Grad ist ein entscheidender Faktor für den Strafausspruch. Eine Handlung, die nicht frei war, wird nicht zugerechnet und daher auch nicht bestraft. Einschränkungen der Zurechenbarkeit – das Gesetz zählt zahlreiche solche Fälle, wie z. B. Geistesschwäche, Trunkenheit auf – führen zu milderer Bestrafung. Konnte der Täter die Wirkungen und Umstände seiner Handlung nicht erkennen (Tatirrtum), so entfällt die Bestrafung. Unverschuldeter Rechtsirrtum entlastet ebenfalls. Das Schuldprinzip, das Schwarzenberg einst unter Ablehnung des Erfolgstrafrechts dem deutschen Strafrecht eingefügt hatte, erscheint nun bereits wissenschaftlich vertieft und praxisnah weiterentwickelt.

Strafbewehrte Gebote verpflichten den Einzelnen, Verbrechen zu verhindern, bei Unglücksfällen Hilfe zu leisten, geplante und begangene Verbrechen anzuzeigen. Diese Regeln haben ihre Rechtsgrundlage in dem oben erwähnten Gesellschaftsvertrag, der die Mitglieder der staatlichen Gemeinschaft verpflichtet, für diese, deren Schutz und Wohltaten sie genießen, aktiv tätig zu werden. Der Abschnitt über die Strafen zeigt den Einfluß der neuen Ideen besonders deutlich. Die frühere theokratische Straftheorie, die im Verbrechen zugleich eine Sünde sah und eine grausame Strafhärte zu rechtfertigen hatte, war überwunden. Die Strafe mußte mit irdischen vernünftigen Zwecken begründet werden. Ausgangspunkt war auch hier der Gesellschaftsvertrag und die dem Einzelnen daraus erwachsende Pflicht, die Wohlfahrt der Gemeinschaft zu fördern. Die Straftat war Verletzung dieser Pflicht. Der Staat hatte das Recht, den Einzelnen durch Strafe zur Erfüllung dieser Pflichten anzuhalten und notfalls zu zwingen. Der Nutzen der staatlichen Gemeinschaft als oberster Rechtswert erforderte und legitimierte es, die Kriminalität durch Strafen, die bessern, die abschrecken, notfalls auch unschädlich machen, zu bekämpfen. Konsequenterweise ist die Höhe des Schadens, den eine Straftat der Gesellschaft verursachte, wichtigster Maßstab für die Bemessung der Strafe. Die Verletzung

einzelner Mitglieder der Gemeinschaft durch Straftaten galt auch als Verletzung der Gemeinschaft, die ja die Wohlfahrt aller zum Ziele hatte, und löste ebenfalls den Strafanspruch aus.

Das herrschende Naturrecht forderte gerechte Strafen. Zwischen der Straftat und der Strafe mußte daher ein angemessenes Verhältnis bestehen. Je nach der Tatausführung sollte die Strafe differenziert werden. Dieser Forderung wurde das Gesetz nur teilweise gerecht. Das im Vordergrund stehende Reformziel, richterliche Willkür auszuschließen, führte dazu, daß zahlreiche Strafen absolut angedroht wurden. Die heutigen weiten Strafrahmen, aus denen der Richter je nach Sachlage differenzierend die konkrete Strafe bestimmen kann, waren damals noch unvorstellbar. Gewisse Milderungen oder Strafschärfungen je nach der Tatausführung konnten dann berücksichtigt werden, wenn sie im gesetzlichen Tatbestand ausdrücklich fixiert waren. Dem richterlichen Ermessen wurde nur im geringen Umfang Raum gegeben, so wenn vereinzelt die Wahl zwischen Geldstrafe und Gefängnis oder zwischen Gefängnis und Zuchthausstrafe dem Gericht überlassen wurde.

Bei den Strafarten zeichnet sich eine große Umschichtung von den früher vorherrschenden Strafen an Leib und Leben auf Freiheitsstrafen ab. Die Todesstrafe ganz abzuschaffen, wie einige Aufklärer forderten, lehnte Franz Ludwig aus Gründen der Staatssicherheit ab. Doch beschränkte er sie auf die Ahndung einiger besonders schwerer und gemeinschaftsgefährlicher Verbrechen. Auch beseitigte er den Großteil der früher vorgesehenen Verschärfungen der Hinrichtung. Geblieben war die Hinrichtung mit dem Schwert und in wenigen Ausnahmefällen mit dem Rad, wobei aber der Verurteilte vor dem Rädern erdrosselt wurde. Von den Leibesstrafen blieb die körperliche Züchtigung erhalten. Die Verstümmelungsstrafen wurden beseitigt. An Freiheitsstrafen waren Zuchthausstrafe – lebenslänglich oder zeitig –, Festungsarrest, Verurteilung zu öffentlichen Arbeiten sowie Gefängnisstrafe vorgesehen. Die Geldstrafe, die heute das Hauptkontingent der Strafen stellt, spielte nur eine geringe Rolle.

Im Strafvollzug griff der Fürst die Gedanken der großen anglo-amerikanischen Gefängnisreform und namentlich John Howards[14] auf. Er setzte auf Klassifizierung der Gefangenen und auf Trennung der Unverbesserlichen von den Verbesserlichen. Die ersteren sollten in Zuchthäusern verwahrt und so unschädlich gemacht werden. Die letzteren sollten in Arbeitshäusern im Arbeitseinsatz erzogen werden. Diese Grundsätze prägten namentlich eine Würzburger Verordnung des Fürsten vom 20. Mai 1787 über den Strafvollzug. Um die Absonderung der unverbesserlichen Gefangenen strikte zu verwirklichen, ließ er in Würzburg ein eigenes Zuchthaus erbauen und die Schwerverbrecher 1787 dorthin verbringen. Die noch Erziehungsfähigen arbeiteten in einem Fabrikbetrieb des Arbeitshauses.

Die Strafe sollte nur den Verurteilten treffen und nicht unschuldige Familienmitglieder. Mit dem Vollzug der Strafe sollte auch für den Verurteilten die Sache erledigt sein. Es war verboten, ihm die Strafe später noch *in schimpflicher Weise* vorzuhalten. Beachtung verdient in der damals noch nach Ständen gegliederten Gesellschaft auch die Bestimmung, daß die Strafe ohne Rücksicht auf den Stand des Täters festzusetzen war.

Der Abschnitt über die einzelnen Tatbestände verrät schon durch seine Einteilung den neuen Geist. Früher, als das Verbrechen noch als Sünde galt, folgte man dabei dem Dekalog. Nach der Säkularisierung und Rationalisierung des Strafrechts sah Pufendorf im Wert des angegriffenen Rechtsgutes für die Gemeinschaft den richtigen Maßstab, und so beginnt die Reihenfolge mit Tatbeständen, die Angriffe gegen den Staat, gegen den Landesherrn und seine Regierung sowie gegen die öffentliche Gewalt und Ordnung behandeln. Der Forderung der Aufklärung nach Deutlichkeit der gesetzlichen Regelung wird das Gesetz durch genaue Bestimmung und Abgrenzung der Tatbestände gerecht. Die weitere Mahnung, in der Strafrechtspflege mit Menschenblut sparsamer umzugehen, wurde beachtet. Ein Vergleich der Strafandrohungen des Entwurfs mit denen der CCB macht die eingetretene Milderung deutlich. Stellte in der CCB die Todesstrafe noch ein beachtliches Kontingent der Strafandrohungen, so ist sie in dem neuen Gesetz die Ausnahme. Sie wird nur verhängt, wenn die öffentliche Sicherheit dies dringend gebietet, so bei Hochverrat und bei Mord. Die Behandlung der Religionsdelikte zeigt, daß die Säkularisierung des Strafrechts sich auch in einem geistlichen Territorium durchzusetzen vermochte. Es gibt keine Hexen- und Ketzerprozesse alten Stils mehr. Gotteslästerung wird nur mäßig bestraft. Der Grund der Ahndung ist Störung der öffentlichen Ordnung, nicht etwa Sühne der Beleidigung Gottes. Dies soll, wie das Gesetz ausführt, *dem höchsten und allwissenden Wesen überlassen bleiben.* Der Kirchenraub wird strafrechtlich als Diebstahlsart behandelt. *Zauberei, Wahrsagerei, Ketzerei und anderer Aberglauben* werden in den Bereich des *Unverstands* verwiesen und wegen Betrugs und Störung von Ruhe und Ordnung bestraft. Selbstmord gilt noch als Verbrechen. Der Rechtsgrund für seine Kriminalisierung wird aber nunmehr darin gesehen, daß der Täter sich damit seiner Pflicht zur Arbeit zum Wohle der Gemeinschaft entzogen hat bzw. dies versucht hat. Die Sittlichkeitsdelikte, die den religiösen Grund für ihre frühere strenge Bestrafung ebenfalls verloren haben, werden verhältnismäßig milde

bestraft. Ihre Strafwürdigkeit wird mit Gedanken der gemeinen Wohlfahrt, mit der Sicherung der Ordnung und der guten Sitten, der Familie sowie der Stärke des Staates gerechtfertigt.

Das Strafverfahren

Das Strafverfahren, geregelt in Teil II und III, ist immer noch der geheime, schriftliche Inquisitionsprozeß. Von den Forderungen der Aufklärung, diese Verfahrensart abzuschaffen, jedenfalls dem Beschuldigten eine umfassende Verteidigung zu gestatten, die Einflußnahme des Herrschers auf das Strafurteil zu beseitigen und die Tortur zu verbieten, ist in dem Gesetzesentwurf nur die letzte voll erfüllt. Doch ist eine allgemeine Tendenz zur Humanisierung des Verfahrens festzustellen.

Die Ausgestaltung des Strafverfahrens hängt stets auch von der herrschenden Staatstheorie ab. Der absolute Staat, der die Epoche beherrschte, stellte die Interessen des Staates, namentlich den Sicherheitsgedanken über die Interessen und Rechte des Einzelnen. Zu diesem Staat paßte der Inquisitionsprozeß, der die Strafverfolgung ganz dem Staate anvertraute. Diese Verfahrensart wurde daher nicht angetastet. Sie wurde sogar weiterentwickelt. Hatten CCB und CCC neben dem Amtsverfahren noch den überkommenen Anklageprozeß vorgesehen, der die Initiative für das Verfahren in die Hand des Verletzten legte, so wurde diese Verfahrensart nunmehr beseitigt. Der Staat hatte den alleinigen Strafanspruch, und die Strafverfolgung war nunmehr eine ausschließlich staatliche Aufgabe. Der Staat hatte aber auch die Pflicht, jeden Straffall aufzugreifen und zu verfolgen (Legalitätsprinzip). Der vom Staat bestellte und besoldete Richter griff auf Grund einer Anzeige oder eines Verdachts von Amts wegen ein (Offizialprinzip). Das ganze Verfahren wurde von dem allzuständigen Gericht dominiert. Es verfolgte, klärte auf und urteilte. Der Beschuldigte war Objekt des Verfahrens und weitgehend rechtlos.

Das frühere Recht des Beschuldigten, sich durch den Reinigungseid vom Schuldvorwurf zu befreien, war abgekommen. Das Verfahren zielte darauf, den Beschuldigten zu überführen. Das Gesetz zählt die Beweismittel, die dafür zur Verfügung stehen, auf, regelt ihre Anwendung und normiert auch ihren Beweiswert, bindet also das Gericht an feste Beweisregeln. Dem uns heute vertrauten Grundsatz der freien Beweiswürdigung, der es dem Gericht überläßt, den Beweiswert selbst zu bestimmen, stand damals die Furcht vor richterlicher Willkür entgegen. Die wichtigste Beweisregel war, daß der für eine Verurteilung notwendige volle Beweis nur durch das Geständnis des Beschuldigten oder durch das übereinstimmende Zeugnis von mindestens zwei einwandfreien Tatzeugen geführt werden konnte. Da diese Zeugen oft nicht zur Verfügung standen, war es Hauptziel des Verfahrens, den Beschuldigten zum Geständnis zu bewegen. Früher konnte zu diesem Zweck beim Vorliegen erheblicher Verdachtsmomente die Folter angewandt werden. Das Gesetz beseitigte nun diese Barbarei endgültig.

Für den weitgehend auf Geständnis angelegten Prozeß bedeutete das einen tiefen Einschnitt. Der Verzicht auf die Tortur führte unter anderem dazu, daß die schon früher entwickelte Verdachtsstrafe nunmehr an Bedeutung gewann. Uns ist der Grundsatz selbstverständlich, daß der Beschuldigte freizusprechen ist, wenn noch Zweifel an seiner Schuld bestehen. Diesen Verfahrensausgang wollte man aus Interesse an einer möglichst wirksamen Verbrechensbekämpfung nicht mehr hinnehmen. So verhängte man bei einer verbleibenden näher bestimmten gesteigerten Verdachtslage eine mildere außerordentliche Strafe als Verdachtsstrafe. Bei geringerer Verdachtslage erfolgte Entbindung von der Instanz, d. h. das Verfahren wurde zwar beendet, konnte aber – bei Auftauchen neuer Tatsachen und Beweismitteln – wieder aufgenommen werden[15]. Ein Freispruch erfolgte nur, wenn die Unschuld des Beschuldigten erwiesen war.

Im Hochstift Bamberg bestanden für die Bearbeitung der Strafsachen bei der Regierung das Malefizamt und unter ihm 29 Zentämter. Diese Zentämter waren für einfache Strafsachen zuständig und hatten bei Straftaten, die mit Leib- oder Lebensstrafen bedroht waren, nur die Untersuchung zu führen. Die Entscheidung selbst oblag in diesen Fällen dem Malefizamt. Dessen Mitglieder urteilten also auf Grund der Akten über Straftäter, die sie wohl nie gesehen hatten.

Das Gesetz hielt an der Zerlegung des Verfahrens in eine General- und in eine Spezialinquisition fest. Das Gericht hatte sich zunächst hinreichend Gewißheit zu verschaffen, daß eine bestimmte Straftat begangen worden war. Erst dann kam es zur Spezialinquisition, die sich gegen eine bestimmte Person richtete, diese zum Untersuchungsobjekt machte und oft auch zu deren Verhaftung führte. Der Beschuldigte hatte sich im Verfahren wahrheitsgemäß einzulassen, Lügen konnten mit Schlägen und Haft geahndet werden. Andererseits verbot das Gesetz, Zwangsmittel gegen den Beschuldigten anzuwenden, ihn eigenmächtig zu schlagen, ihm *schnöde* zu begegnen. Es verpflichtete das Gericht ferner, in seine Aufklärungstätigkeit auch Entlastungsmaterial einzubeziehen und alle Beweisergebnisse, namentliche Aussagen, kritisch auf ihren Wahrheitsgehalt zu überprüfen. Das Prozeßziel, den Täter zu überführen, durfte die Pflicht zur Objektivität nicht überrennen.

Der Verteidiger war von seiner heutigen Stellung als selbständiges Organ der Rechtspflege noch weit entfernt.

Immerhin hatte das Gesetz seine Stellung verbessert. Er durfte – unter gerichtlicher Aufsicht – mit dem verhafteten Beschuldigten verkehren, konnte die Gerichtsakten einsehen, Entlastungszeugen benennen, Einwendungen erheben, konnte – und das war der traditionelle Schwerpunkt seiner Tätigkeit – nach Abschluß der Beweisaufnahme eine Verteidigungsschrift einreichen. Das Gesetz sah auch bereits die Bestellung von Pflichtverteidigern vor.

Das Gericht entschied nach eingehender Beratung. Notfalls wurde Ergänzung der Ermittlungen angeordnet. Sonst erging Endurteil. Dieses konnte auf Verurteilung zu einer bestimmten Strafe, auf Entbindung von der Instanz oder auf Freispruch lauten. Bevor eine Verurteilung ausgesprochen wurde, mußte dazu erst die Bestätigung des Fürsten eingeholt werden.

Gegen das Urteil gab es keine Appellation (Berufung), gegen Urteile der Zentämter lediglich eine Aufsichtsbeschwerde an das Obergericht. Der Verurteilte konnte sich mit einer Supplikation (Gnadenbitte) an den Fürsten wenden. Konnte er aber neue Tatsachen oder Beweismittel geltend machen, so stand ihm noch der Rechtsbehelf der weiteren Verteidigung (remedium ulteroris defensionis) offen. Mit der Behauptung der absoluten Nichtigkeit des Verfahrens oder des Urteils konnte er schließlich noch die Nullitätsquerele (Nichtigkeitsbeschwerde) bei den Gerichten des Reiches erheben.

Zusammenfassung

Zusammenfassend läßt sich feststellen: Der unter Franz Ludwig geschaffene Gesetzesentwurf war zwar keine reformerische Großtat wie einst das wegweisende Werk Schwarzenbergs. Aber er stand dogmatisch auf der Höhe der damaligen Strafrechtswissenschaft, brachte Rechtsklarheit und damit Rechtssicherheit und führte zu einer effektiven Rationalisierung und Humanisierung der Strafrechtspflege im Hochstift Bamberg[16]. Er wurde in einem und für einen absoluten – wenn auch aufgeklärt absoluten – Staat geschaffen. Die Forderung der Aufklärung nach Sicherung der Freiheit des – nach ihrer Auffassung vernünftigen und mündigen – Bürgers im Strafverfahren stieß daher auf eine unabdingbare Position des Staates. Dessen aufgeklärter Herrscher bejahte für sich die Pflicht, für seine Untertanen umfassend zu sorgen und nahm für sich das Recht in Anspruch, bindend zu bestimmen, was dem Wohle seiner Untertanen und dem Gemeinwohl diente. Seine Strafgewalt setzte er ein, um das Gemeinwohl zu schützen und zu sichern. Dieses Sicherheitsdenken durchzieht das ganze Strafverfahren und erklärt auch Absurditäten, die uns heute unverständlich erscheinen, wie die Lügenstrafen und Verdachtsstrafen. Rechte des Einzelnen gegen den Staat – als Menschenrechte waren solche Rechte damals bereits in amerikanische Verfassungen aufgenommen worden, und die Französische Revolution verkündete sie 1789 feierlich – wurden im absoluten Staat nicht anerkannt. *Geht die Sicherheit des ganzen Volkes nicht der Privatsicherheit eines verdächtigen Individuums vor? Der Fürst ist ersterer, nicht aber letzterer volle Sicherheitsleistung schuldig*[17]. Diese Sätze Franz Ludwigs verraten seinen Standpunkt, beweisen aber auch, wie sehr ihn die Problematik der Regelung beschäftigt hat.

Für ihn war übrigens die Kriminalgesetzgebung nicht das einzige und nicht einmal das wichtigste Mittel seiner Kriminalpolitik. Seine ganze segensreiche Reformtätigkeit sieht er auch unter dem Gesichtspunkt der Verbrechensvorbeugung[18]. Seine Überzeugung ging dahin, daß ein Volk nicht durch Gesetze, sondern durch Erziehung gesittet wird[19]. Mit dem ungebrochenen Glauben der Aufklärung an die Besserungs- und Erziehungsfähigkeit des Menschen setzte er neben der Verbesserung der wirtschaftlichen Verhältnisse des Volkes namentlich auf gute Erziehung. Er glaubte, so auch die Kriminalität so wirksam bekämpfen und soweit senken zu können, daß eines Tages sogar die Todesstrafe unnötig werde. Seine optimistische Fortschrittsgläubigkeit verstieg sich hier in den Erwartungen wie auch bei anderen Reformbereichen. Die den Aufklärern als Reformziel vorschwebende „Glückseligkeit" konnte er seinen Untertanen natürlich nicht bringen. Aber er hat durch seine Reformen und nicht zuletzt durch seine Reform der Strafrechtspflege ihr Los so nachhaltig verbessert, daß in den fränkischen geistlichen Territorien kurz vor ihrem Untergang noch einmal der Satz bestätigt erschien: „Unterm Krummstab ist gut leben".

7 Montesquieu (1689–1755) forderte in seiner Gewaltenteilungslehre, der Regierung jede Einflußnahme auf die Findung des Rechts zu verwehren.
8 Voltaire (1694–1778) wandte sich, aufgewühlt durch einen Justizmord, gegen das Inquisitionsverfahren, namentlich gegen die Anwendung der Folter und gegen die Todesstrafe.
9 Beccaria (1738–1794) entwickelte in seinem Buch Dei delitti e delle pene, das in alle europäischen Kultursprachen übersetzt wurde, seine Reformgedanken. Er wandte sich namentlich gegen die Folter, die gesetzlichen Beweisregeln und gegen die Heimlichkeit des Verfahrens.
10 Diesen Charakterzug des Fürsten betonen sowohl Leitschuh, Charakterbild, S. 23 und 213 als auch Flurschütz, Verwaltung, S. 15 und 19.
11 Joh. Christian Quistorp, Ausführlicher Entwurf zu einem Gesetzbuch in peinlichen Strafsachen. Rostock-Leipzig 1782.
12 Kleinschrod (1762–1824), Professor für Römisches und für Kriminalrecht in Würzburg, billigte den Entwurf ebenfalls, kritisierte aber einige Punkte und schlug – erfolglos – kleinere Änderungen vor. Archiv für Kriminalrecht, 1. Band, 2. Stck. Halle 1798.
13 Pufendorf (1632–1694) war ein Wegbereiter der Aufklärung in Deutschland. Er erhob das Naturrecht zur Weltanschauung. Im Strafrecht überwand er endgültig die theokratische Auffassung und vertiefte das Schuldprinzip wissenschaftlich.
14 John Howard (1726–1791) beeinflußte mit seinem Buch State of prisons nachhaltig die große anglo-amerikanische Gefängnisreformbewegung. Er verlangte Isolierung der Gefangenen und einen progressiven Vollzug.
15 Siehe dazu Planitz/Eckhard (wie Anm. 5), S. 307.
16 Franz Ludwig konnte sich rühmen: *Unter Meiner Regierung hat sich die Anzahl der gröberen Verbrechen vielleicht über zwei Dritteile gemindert, der Grund liegt nicht in der Vergrößerung der Strafen, denn diese sind weit gelinder geworden, sondern in der Anwendung aller direkten und indirekten Mittel, die Verbrechen zu verhüten, oder mit einem Wort, in einer besseren Polizei.* (Polizei ist hier noch als Gesamtheit aller öffentlichen Aufgaben des Staates gemeint.) Siehe Flurschütz, Verwaltung, S. 65.
Während der Regierungszeit Franz Ludwigs erfolgten nur noch zwei Hinrichtungen, und die Zahl der Strafgefangenen sank deutlich. Von 1779–1789 betrug sie 765. Im Jahre 1788 wurden nur noch 25 Strafgefangene neu eingeliefert. Siehe dazu Sagstetter, Pflaumscher Entwurf, S. 24, und Leitschuh, Charakterbild, S. 108.
17 Zitat nach Sagstetter, Pflaumscher Entwurf, S. 24.
18 Siehe dazu Leitschuh, Charakterbild, S. 65, und auch Anm. 16.
19 Siehe Leitschuh, Charakterbild, S. 25.

Anmerkungen

1 *Von der ersten Stunde an, wo ich zur Regierung gekommen, hege ich den Grundsatz, der Fürst sei für das Volk da und nicht das Volk für den Fürsten*, erklärte Franz Ludwig. – Leitschuh, Charakterbild, S. 14.
2 Die CCB sah außerdem noch folgende Strafen vor: Lebendig begraben, Vierteilen, Ertränken, Erhängen mit der Kette oder mit dem Strang, Reißen mit glühenden Zangen, Abschneiden der Ohren, der Zunge, Abhauen der Finger – CCB Art. CCXXIX und Art. CCXXIII – entnommen aus der revidierten Constitutio Criminalis Bambergensis von 1580, Druck bei G. A. Gertner, Bamberg 1738.
3 Die Zahlen sind entnommen aus Sagstetter, Pflaumscher Entwurf, S. 28.
4 Franz Ludwig vermied jeden Eingriff in gerichtliche Verfahren. Siehe dazu Flurschütz, Verwaltung S. 64.
5 Siehe dazu Hans Planitz/Karl August Eckhardt, Deutsche Rechtsgeschichte, Graz-Köln 1961², S. 303.
6 Siehe dazu Hans Fehr, Deutsche Rechtsgeschichte. Berlin 1962⁶, S. 232.

150 *Ausführlicher Entwurf zu einem Gesetzbuch in peinlichen und Strafsachen, von D. Johann Christian Quistorp, des Königl. Schwedisch-Pommerschen Oberappellationsgerichts und hohen Tribunals zu Wismar Assessor.*

Rostock und Leipzig, 1782
3 Teile in einem Band mit Vorrede, im 3. das Register
[10], 376, 116, 219 S.
Franzband mit Goldumrandung und B.B. (Bibliotheca Bambergensis).
Auf dem Titelblatt Stempel des Appellationsgerichts Bamberg, also aus der Amtsbücherei über das Oberlandesgericht in die Bestände gekommen.

Staatsbibliothek Bamberg, I.cr.o.79am   B. S.

151 *Entwurf zur neuen Bambergischen peinlichen Gesetzgebung, Verfasset von M. Pflaum, B. R. L. Seiner hochfürstlichen Gnaden zu Bamberg und Wirzburg, auch Herzogs zu Franken, wirklichen Hof- und Regierungsrathe, geheimen Referendaire, und Obereinnahmsconsulenten.*

Bamberg, 1792
[8], 216, 108, 128 S.

Auf dem Titel Kupfer mit aufgeschlagenem Buch vor Zweig mit Text *Nur Zur Besserung des Menschen*; ein Schwert ist am Knauf mit einer Fußkette umschlungen, hat diese aber an einer Stelle zertrennt. Das ausgestellte Exemplar ist ein Franzband mit *B.B.* (Bibliotheca Bambergensis) und Hochstiftslöwen, bekrönt vom Herzogshut, in Goldprägung, stammt also aus der Amtsbücherei.

Der Entwurf wurde in einer Auflage von nur 200 Exemplaren gedruckt (handschriftliche Bemerkung in einem anderen Exemplar: StBB, R.B.Coll.leg.o.3). Eine zweite Auflage ist druck- und seitengleich (doch sind die Reklamanten nicht eingerückt), hat aber im dritten Teil als S. 129–162 zusätzlich ein *Sachenverzeichniß aller drey Theile*. Das Buch kommt mit zwei verschiedenen Titelblättern vor, beide Male ohne das Kupfer, dafür mit einer Vignette, ohne Verlegerangabe (lediglich: *Frankfurt und Leipzig 1793.*, einmal mit dem Eindruck *Zweyte Auflage*. (StBB: R.B.Coll.leg.o.4.5)

Staatsbibliothek Bamberg, R.B.I.cr.o.1

Lit.: SAGSTETTER, Pflaumscher Entwurf.

Im Bestreben, das Strafrecht der noch geltenden peinlichen Halsgerichtsordnung zu humanisieren, bestimmte Erthal in einem Reskript vom 5. August 1787: Aus Zeitgründen solle das anerkannt gute Buch Quistorps zugrundegelegt, geprüft, verbessert und der Verfassung seiner Lande angepaßt werden. Deshalb solle sich Hofrat Matthäus Pflaum (1748–1821) insbesondere das Werk von Quistorp anschaffen und im Rat paragraphenweise jeweils mit seiner Stellungnahme vortragen, die Meinung der Räte einbringen und das Conclusum sogleich dem Fürstbischof vorlegen. Als Beispiel für die akribisch genaue Vorgehensweise sei das Reskript in Auszügen wörtlich zitiert.

2) Derselbe [d. h. Pflaum] *vergißt auch nicht die besten Lehrvorträge über das peinliche Recht, die Commentarien über die Halsgerichtsordnung Carls V, practische Observationen und peinliche Rechtsfälle zu Rathe zu halten, als die ihm Licht geben können, den Sinn Quistorpens sicherer zu erforschen, und dessen Meynungen anzunehmen oder zu verwerfen.*

3) Wenn Hofrath Pflaum sich über jede Materie genug einstudirt zu haben glaubt, dann schreitet er zum Vortrage eines Abschnittes zum andern, so wie sie in dem Quistorpischen Entwurfe aufeinander folgen.

4) Dieser Vortrag kann lediglich durch Ablesung der Paragraphen, in die jeder Abschnitt abgetheilt ist, erstattet werden. Daß solches Lesen deütlich, langsam und mit Bedacht geschehen müsse, versteht sich von selbst.

5) Bey jedem Paragraphen bemerkt Referent voti loco, ob er ganz mit Quistorpen einverstanden oder worinn er entgegengesetzter Meynung sei: auch der wörtliche Ausdruck, so wie er steht, unverändert bleiben könne, oder wie er anders zu fassen seyn möge, um bestimmter, genauer und verständlicher zu werden.

6) Während der Referent laut abließt, was Quistorp enthält, lesen solches auch drey Räthe in stillem; zu welchem Ende Wir noch drey Exemplarien des Quistorpischen Entwurfs, eines für die adeliche und die zwey anderen für die gelehrte Bank auf Hofkammer Kosten anschaffen lassen wollen.

7) Bey jedem Paragraphe wird gleich von den anwesenden Räthen votirt, wiefern sie den Bemerkungen und Meynungen des Referenten beypflichten oder nicht.

8) So oft in Absicht des neüen Criminalrechts Vortrag geschehen soll, wird immer zuvor plenum angesagt. Dieses aber soll vor anderthalbstündigen Vortrage und Beratschlagen nicht abgebrochen, und, wenn kein besonderer Umstand ein Hinderniß macht, alle Samstäge von neün bis halb 11 Uhr gehalten und nur die übrige Zeit zur Policeysession angewendet werden.

9) So oft ein Abschnitt durchgenommen ist, wird sogleich an Uns referirt, welches mittelß eines Conclusi oder Berichts von ein paar Zeilen, wenn solchem die Bemerkung abschriftlich beygelegt werden, geschehen kann.

Sollte Euch übrigens ein anderer Weg, als den Wir so eben vorgezeichnet haben, näher, leichter und sicherer zum Zwecke zu führen dünken, so möget Uns Ihr solchen ganz ohne Bedenken in unmaßgeblichen Vorschlag bringen. (StBB, Msc.Misc. 79/V,13).

Erthal verfügte in etlichen Punkten Abänderungen, doch folgte der Bamberger Entwurf weitgehend seinem Vorbild.

Einzelne Bestimmungen erlangten vorab Gesetzeskraft. Das laut Vorrede am 3. Juni 1792 abgeschlossene Ergebnis wurde zunächst nur als Entwurf gedruckt, von denen 43 Exemplare an die Bamberger Hofräte, andere an die Zentämter verteilt wurden. Innerhalb eines halben Jahres sollten Einwände und Verbesserungen mitgeteilt werden. Zur Einführung im Hochstift Würzburg kam es nicht mehr; Fürstbischof Christoph Franz von Buseck verlieh dem Werk am 30. Dezember 1795 für das Hochstift Bamberg Gesetzeskraft. B. S.

GUNDOLF KEIL

morbus feralis – letzte Krankheit und Tod
Anmerkungen zur Pathographie Franz Ludwig von Erthals

Seine Hochfürstliche Gnaden, unser gnädigster Fürst-Bischof starben den 14ten Februar 1795 frühe Morgens 3/4 nach drey Uhr am[1] *81ten Tag der Krankheit, an Abzehrung und Brand als den*[2] *Folgen eines schleimicht=gallischen*[3] *Fiebers*[4]. So lesen wir auf dem unmittelbar nach dem Ableben ausgestellten (und am Folgetag ebenso eilig kopierten) Totenschein, der die Unterschriften der drei fürstbischöflichen Leibärzte trägt: Karl Kaspar von Siebolds, des herausragenden Wundarztes, der die Chirurgie in den akademischen Bereich rückgegliedert und die Würzburger Universität stärker geprägt hat als irgendein anderer[5]; Adalbert Friedrich Marcus', des Assistenten von Siebolds,[6] der sich 1781 in Bamberg niedergelassen hatte und durch das Bamberger Allgemeine Krankenhaus Weltruhm erlangte[7], und Johann Kaspar Gutberlets, der seit 1779 der Fakultät angehörte und zunächst die Gerichtsmedizin, ab 1782 die Pathologie vertreten hatte: obwohl er 1806 auch seitens des Würzburger Großherzogs zum *Leibmedikus* angenommen wurde, kann er sich hinsichtlich ärztlicher Leistung und wissenschaftlicher Reputation weder mit seinem Lehrer von Siebold noch mit dessen Schüler Marcus vergleichen[8].

Trotz des in einem Fall deutlich werdenden Dignitätsunterschieds kann davon ausgegangen werden, daß sich in den drei Leibärzten, die den Totenschein Franz Ludwigs am Tage des Ablebens unterfertigten, die Spitze der europäischen Medizin repräsentiert: Karl Kaspar von Siebold war als juliusspitälischer Oberwundarzt in die Führungsriege der internationalen Chirurgie aufgestiegen[9]; Adalbert Friedrich Marcus hatte nicht nur den mustergültigen Entwurf für das neuzeitliche Universitätsklinikum vorgelegt, sondern sich an der Seite Friedrich Schellings auch in den „Jahrbüchern der Medizin als Wissenschaft" ein weithin vernehmbares Sprachrohr geschaffen; und Johann Kaspar Gutberlet war mit kleineren pathologischen Abhandlungen – darunter eine über die forensische Obduktion – in die Fußstapfen seines Lehrers Karl Kaspar von Siebold getreten, der sich 1790 entschieden für die Solidarpathologie ausgesprochen[10] und in die Morgagni-Nachfolge gestellt hatte. All dies macht deutlich, daß der Fürstbischof unter beispielhafter medizinischer Versorgung stand und die jeweiligen Koryphäen ihres Fachs als Leibärzte zur Verfügung hatte. Seine ärztliche Betreuung kann unter diesen Voraussetzungen nicht

nur als paradigmatisch, sondern gradezu als idealtypisch gelten. Insofern lohnt es, seine Pathographie sowohl von der nosologischen wie von der therapeutischen Seite kurz zu umreißen – dies insbesondere deswegen, weil die Quellensituation günstig ist und das Krankheitsgeschehen im Totenschein[11], im Sektionsprotokoll[12], in regelmäßigen Bulletins[13] sowie in einer zusammenfassenden „Beschreibung"[14] mit hinlänglicher Detailgenauigkeit belegt ist[15].

Als Franz Ludwig am 18. März 1779 in Würzburg und 25 Tage später in Bamberg erwählt wurde, war er als 48jähriger bereits ein kranker Mann[16]. Zwar *hatte . . . die Natur* ihm *einen starken, festen Körperbau und die vortrefflichsten . . . Geistesanlagen* verliehen, aber in seiner asketischen Haltung *versäumte* er früh *schon die Pflege seines Körpers*[17] und begann entsprechend im *beßten* Mannesalter *zu kränkeln*. Das Erscheinungsbild wurde von Unterleibssymptomatik geprägt, die gastroenterologisch mit *Unverdaulichkeiten* sowie *Verstopfungen* imponierte, *besonders aber durch hypochondrische Krämpfe* bestimmt war, die den Fürsten in ihrer Heftigkeit ängstigten und *in der Folge*zeit *nie mehr verließen*. Obwohl das diagnostische Fahnden der ihn behandelnden Ärzte von der Humoralpathologie[18] gelenkt und digestionsorientiert gerichtet wurde, ist doch aufgefallen, daß diese Unterleibskrämpfe[19] sich nicht allein von den Därmen her erklären ließen, sondern gleich von Anfang an die Blase mit einbezogen: Sowohl von der subjektiven Krankheitsbewertung aus wie von der Frequenz und Dauer des Auftretens her standen Blasenbeschwerden im Vordergrund, die den Fürsten niemals verließen, zumindest unter dem Erscheinungsbild einer Reizblase permanent erhalten blieben, sich aber unter der Symptomatik des Harnzwangs bis zu den unerträglichen Schmerzsensationen einer exzessiven Strangurie steigern konnten. Zunächst scheinen diese *häufigsten und beschwerlichsten Symptomen* noch verhalten aufgetreten zu sein; aber gleich bei Amtsantritt mußte in der Umgebung Franz Ludwigs auffallen, daß der Würzburger (und bald auch Bamberger) Fürstbischof permanent zu peinlichen Unterbrechungen seiner Amtsgeschäfte gezwungen war, daß er *unter einem beständigen Triebe zum Urinieren* litt und *ohne besondere Schmerzen . . . nicht* in der Lage war, seinen Harn *länger als höchstens eine bis zwey Stunden* zu halten. Wenn die Strangurie aufgehoben und *der Urin . . . lange ohne Beschwerden zurück gehalten werden* sollte, mußte der Fürst *durch den Gebrauch von Opium* dazu in die Lage versetzt werden[20].

Freilich hat man diese Blasentenesmen und die damit verbundene Pollakisurie nicht als Hinweis auf ein lokales Krankheitsgeschehen gewertet, sondern als Folgesymptom einer anderen Ätiologie gedeutet, wobei die Auslöser schmerzhaften Harndrangs unter humoralpathologischer Perspektive in die Rolle der Urheber rückten: Die häufigen Blasenkrämpfe erschienen statt dessen unter den abgeleiteten *Symptomen,* über die sich andere, blasenferne Krankheitsprozesse mehr beiläufig als signifikant zu erkennen gaben: *So bald Blähungen, Krämpfe im Unterleibe da waren – auch bey Geistesanstrengungen, Erkältung, fand sich auch die Strangurie ein*[21]. Der schmerzhafte Drang zum Harnen erweist sich unter diesem Blickwinkel als gewiß *beschwerliches,* aber von seiner semiologischen Aussage her doch nur als akzidentell zu wertendes Begleitsymptom anderer nosologischer Entitäten, deren Fächer von allgemeinen Dispositionen (wie der zu einer *kränklichen Reitzbarkeit des Körpers*[22]) über Darmgrimmen und *Verstopfung* bis hin zum vielgestaltigen Erscheinungsbild der *Unverdaulichkeit* ausgriff. Wie unproblematisch sich der Harnzwang als Endglied einer Symptomenkette des digestiv-gastroenterologischen Geschehens einordnen ließ, zeigt Marcus in seinem Krankenbulletin vom *4. Januar 1795,* niedergeschrieben 40 Tage vor dem Tode seines fürstbischöflichen Patienten am *40ten Tag der Krankh*[eit][23]:

Die MagenKrämpfe zogen sich tiefer herab in den Unterleib, und verursachten die Strangurie. Der Schlaf war indennoch besser, besonders gegen früh, als gestern. – Die Schwämmchen, der Husten und noch einige andere minder bedeutende (zurück gebliebene[24]*) Zufälle der Fieber-Krankheit, stehen in der letzten Periode und neigen*[25] *sich also ihrem ganz nahen Ende [entgegen].*   *AFMarcus.*

Die Semiotik der Erkrankung erhellt aus diesen wenigen, mit flüchtiger Feder hingeworfenen Zeilen beispielhaft; sie ist hierarchisch gegliedert, zeigt als substantielles Phänomen die Leitsymptomatik des Fiebers und weist allen anderen, außerhalb des Fiebergeschehens sich ergebenden Veränderungen akzidentellen Charakter eines sekundären Symptoms zu, als da sind *Husten, Schwämmchen* usw. – wir werden auf die einzelnen Krankheitszeichen noch zurückkommen. Zu diesen akzidentellen *Zufällen* sekundärer Symptomatik gehören auch die *MagenKrämpfe,* aus denen ihrerseits durch Absteigen sich die *Strangurie* entwickelt. Dem Harnzwang kommt hiermit die Rolle eines abgeleiteten Sekundärsymptoms zu; der Blasenkrampf als *herab in den Unterleib . . . sich ge-*

zogen habender *MagenKrampf* ist noch einmal ein gutes Stück tiefer angesiedelt als sein Auslöser und repräsentiert unterhalb der Stufe der Sekundärsymptome die Ebene tertiärer Symptomatik. Von ihrer semiotischen Wertigkeit her steht die Strangurie also an unterster Stelle und besitzt aufgrund ihres Nachgeordnetseins in der semiotischen Hierarchie die geringste diagnostische Aussagekraft.

Um diesen scheinbaren Widersinn für den modernen Arzt aufzulösen und ihm einsehbar zu machen, warum jenes Leitsymptom, von dem er (geschult in klinischer Diagnostik, wie er ist) als erstem ausgehn und auf das er seine Krankheitsfindung vorrangig gründen würde; warum grade dieses Kardinalsymptom von den fürstbischöflichen Leibärzten derart zurückgestuft und damit jeder diagnostischen Aussagefähigkeit beraubt wurde –: um ihm dies nicht als Fehler, sondern als zwangsläufiges Ergebnis aus der Anwendung eines wissenschaftlichen Paradigmas heraus begreifbar zu machen, ist es unumgänglich, rasch einen Blick auf jene drei Paradigmen zu werfen, die in der Medizin des ausgehenden 18. Jahrhunderts miteinander konkurrierten.

Da ist zunächst als wichtigstes das altehrwürdige Paradigma der **Humoralpathologie,** das 1795 bereits auf ein Alter von 22 Jahrhunderten zurückblicken konnte[26]: Vom Hippokratiker Polybos um 405 vor unserer Zeitrechnung entworfen, hat es sich über zwei Jahrtausende gehalten, bevor es von Würzburg aus für ungültig erklärt und 1856 durch Virchows neues Paradigma der Zellularpathologie ersetzt wurde[27]. Aufbauend auf den Empedokleischen Elementen, ging das antike Modell von den Vier Leibessäften Rotz (Phlegma), Blut (Sanguis), Gelber (Chole[ra]) und Schwarzer Galle (Melancholie) aus, die es mit je einer polaren Eigenschaft des thermischen bzw. hygrischen Gegensatzpaares (heiß/kalt; feucht/trocken) hinsichtlich ihrer Primärqualitäten definierte und 600 Jahre später durch Galens vierstufige Intensitätsgradierung für zusätzliche Differenzierung tauglich sowie für das Beschreiben dynamistischer Sekundärqualitäten geeignet machte. Zum Deuten aller bekannten Phänomene einschließlich okkulter Erscheinungen[28] in der Lage, zeichnete das Paradigma ein faszinierendes Bild vom mittelalterlichen Kosmos[29], in dessen Mitte es den Menschen stellte: mit seinen Komplexionen, Temperamenten, makrokosmisch-mikrokosmischen Korrespondenzen; aber auch mit all seinen Krankheiten, die es aus einem Ungleichgewicht der Säfte ableitete, aus deren Verderbnis erklärte, aus Fehlverdauung sowie Fäulnis herleitete; die es freilich auch von außen durch Gift in den Körper hineingelangen ließ.

Die „Natur" des Patienten (entsprechend dem von „Hippokrates" entworfenen funktionellen „Natur"-Begriff)[30] versucht, die aus dem Gleichgewicht geratene Normalität wieder herzustellen, indem sie die krankheitsverursachenden Materiae peccantes ausscheidet: durch den Schweiß, den Harn, den Stuhlgang und durch die – erst im 16. Jahrhundert entdeckten – „Ausdünstungen" der Perspiratio insensibilis[31]. Sperrige und verstopfende Krankheitsmaterie wird dabei verkocht – lokal im Abszeß, generalisiert im Fieber. Dieses Konzept rückte die Verdauungsvorgänge, die Entzündungserscheinungen und insbesondere das Geschehen fieberhafter Prozesse in den Mittelpunkt ärztlicher Bemühung.

Ganz anders beim **Brownianismus:** Dieses von den schottischen Ärzten John Cullen sowie John Brown entwickelte (und im modernen Homoio-Pathie-Konstrukt Hahnemanns noch lebendige) Paradigma geht von dynamistischen Konzeptionen aus, legt den aristotelischen Stoffbegriff des 4. vorchristlichen Jahrhunderts zugrunde, kreuzt die „status strictus"-„status-laxus"-Antithese des römischen Atomisten Asklepiades ein und benutzt die Nerv-Muskel-Experimente Albrecht von Hallers[32], der im menschlichen Organismus die sensilen (reizleitenden) Strukturen den irritablen (reizbeantwortenden) gegenübergestellt hatte: Aus der Perspektive einer Stimulationstheorie sieht der Brownianismus[33] im menschlichen Leib so etwas wie eine „Dynamis", das heißt ein dynamisches Gefüge aus Reizeinwirkung und Reizbeantwortung, dessen lebenserhaltendes Prinzip die „Erregbarkeit" ist. Dieses – durch Haller entworfene – Irritabilitätskonzept legt die individuell gegebene „Menge" an Erregbarkeit fest, setzt sie in Korrespondenz zu den von außen (bzw. auch von innen) anflutenden Reizen und mißt den Grad ihrer Normabweichung, der bei unangemessen starken oder zu häufigen Reizen den sthenischen Zustand des Überreiztseins, bei zu schwacher oder seltener Stimulierung als dessen Gegenteil die Asthenie resultieren ließ. Daneben gibt das System Raum für zahlreiche Varianzen, beispielsweise für anlagebedingte oder auch konditionierte Sonder-Reizbarkeiten, die als „diathetische" Empfänglichkeiten den jeweiligen Träger für spezielle Erkrankungen disponierten. Nach derartigen „kränklichen Reizbarkeiten"[34] des Patienten hatte der Arzt zu fahnden; darüber hinaus oblag es ihm, anhand von Krankengeschichte und Pulsqualitäten das Ausmaß des sthenischen bzw. asthenischen Zustands auf der 80-Punkte-Skala festzulegen und entsprechend eine reizabschwächende oder reizverstärkende Behandlung vorzunehmen.

Während der Brownianismus als Paradigma sich im Handumdrehn das romantische Deutschland von Wien bis Brüssel[35] eroberte, hat sich die von Morgagni[36] entwickelte **Solidarpathologie** nur mühsam gegen den Widerstand der beiden konkurrierenden Systeme durchsetzen können: Wirklichkeitsorientiert, wie sie war, und induktiv aus langwieriger Erfahrung gewonnen, fehlte ihr in Auseinandersetzung mit den spekulativen Konkurrenten die deduktive Griffigkeit, wie sie fiktionalen Paradigmen (wie beispielsweise der Irritabilitätslehre und deren Nebenideologem, der Homoiopathie[37]) üblicherweise eignet. Ausgeformt von einem Anatomen, aus klinischer Erfahrung erwachsen und aus Sektionsbefunden abgeleitet, fragt die Solidarpathologie nach dem „Sitz der Krankheit", wie das schon Paracelsus getan hatte[38], und legt derartige „sedes morborum" unter anatomischer Perspektive mit deutlichem Organbezug fest. Obwohl hierbei organtherapeutische Reminiszenzen melothetischer Provenienz[39] mitschwingen, wie sich das auch für den Hohenheimer nachweisen läßt, kann doch – gemäß Virchows Vorschlag zur 200-Jahrfeier[40] – der Paduaner Anatom an den Anfang jener Entwicklungsreihe gestellt werden, die Krankheiten aus strukturellen Veränderungen herleitet und zunächst vom krankheitsbedingenden Organ über das pathogenetische Gewebe bis zur Cellularpathologie ausgriff, um dann weiter in den molekularen Bereich vorzustoßen[41] und inzwischen bei den molekulargenetischen Voraussetzungen krankheitsverursachender Gegebenheiten anzulangen.

Unter den drei fürstbischöflichen Leibärzten hatte sich zweifelsfrei nur einer, und zwar der anatomisch wie chirurgisch tätige Karl Kaspar Siebold, von spekulativen Paradigmen gelöst und auf den sicheren Boden der Solidarpathologie gestellt[10]; er kam bei der Behandlung Seiner hochfürstlichen Gnaden freilich ebensowenig zum Zuge wie sein Schüler Gutberlet, der wie Siebold anscheinend erst post mortem tätig werden durfte, nämlich beim Ausstellen der Sterbeurkunde und einen Tag später bei der Sektion. Die Hauptlast des Therapierens (und entsprechend die ärztliche Verantwortung) hatte Adalbert Friedrich Marcus zu tragen, dem sich der kranke Fürst seit 1781 anvertraute und dessen Anordnungen bzw. Applikationen er sich bis zur Todesstunde mit hoher Disziplin und Patiententreue[42] unterzog. Dabei war er bereit, seinem jüdischen[43] Leibarzt auch auf „moralischem" Gebiet Kompetenz einzuräumen und willig selbst bei psychologischer Führung Folge zu leisten[44].

Bekanntlich hat der ebenso intelligente wie geistig bewegliche Marcus nicht nur seine Religion, sondern auch seine politische Einstellung[45] sowie mehrfach sein therapeutisches Konzept gewechselt: Ausgebildet auf dem Boden der Humoralpathologie, ist er 1789 nicht nur unter den Einfluß französisch-revolutionärer Ideen gekommen, sondern gleichzeitig in den Sog des dynamistisch-polaren Paradigmas von John Brown geraten[46], wie er später auch sich mit Röschlaubs[47] Modifikationen der Erregungslehre befaßte und mit Schellings[48] pneumatisch-funktionellen Umstrukturierungen des Irritabilitätskonzepts auseinandersetzte[49].

Entsprechend dieser Gleichzeitigkeit des Anwendens unterschiedlicher Paradigmen ist Franz Ludwig während seiner Erkrankung nach zwei verschiedenen Systemen ätiologischer Deutung und therapeutischen Vorgehens behandelt worden, um schließlich infolge seines Ablebens noch einem dritten Paradigma – dem solidarpathologischen – über die Sektion und pathologische Befundung unterworfen zu werden.

Dabei sind die Spuren brownianischer Irritabilitätsspekulationen verhältnismäßig schwach ausgeprägt: Der Einfluß des Erregbarkeits-Paradigmas zeigt sich zunächst im Konstatieren eines konstitutionellen *Nervenleidens*[50], das 1789 diagnostiziert, anamnestisch auf frühere Zeiten zurückprojiziert[51] und aus einer *zu lebhaften Einbildungskraft*[52] abgeleitet wurde. Die *Wurzel* dieses *Hauptübels* verlegt Marcus modellgerecht in ein überaus *lebhaftes Nervensystem*[53], das den überreizten Sthenie-Zustand konstitutionell fördere, ätiologisch aber noch auslösender Reize bedürfe, als da sind: *Eindrücke des Mißvergnügens,* die ihrerseits *Unzufriedenheit verursachen, Uebelbefinden* bedingen und entsprechend der *Gesundheit sehr schaden*[54]. Durch *moralische Fehler* – und Marcus denkt hier gezielt an einen Anfall von Neid und Mißgunst, den Franz Ludwig anläßlich des Wahlerfolgs seines geistlichen Rivalen durchlitt – werde derartigen Mißempfindungen *Nahrung gegeben*, das *Übelbefinden* ausgelöst und eine *schwankende Gesundheit* hervorgerufen[55]. Als Therapie empfiehlt Marcus eine Art Psychohygiene und veranlaßt seinen Fürsten, derartigen Affekten entschieden entgegenzutreten, und zwar gleich beim Auftreten *erster Eindrücke*[56].

Zum therapeutischen Repertoire des brownianischen Paradigmas gehörten gewiß Badekuren und andere balneologische Anwendungen[57], was indessen nicht bedeutet, daß die Kaltwasserbäder[58] in *den ersten drey Regierungsjahren* (1779–82) und der *fortgesetzte Genuß . . . eiskalten Wassers, frühe Morgens . . .*[59] vom Indikationsspektrum des Brownianismus abgedeckt waren: Einmal wurden sie zeitlich zu früh empfohlen, nämlich acht bis zehn Jahre bevor Marcus sich dem Stimulationskonzept der Erregungslehre anschloß[60], und zum andern scheinen sie zur allgemeinen Abhärtung dem Fürsten verordnet worden zu sein, dessen *Kräfte* denn auch so weit *wieder hergestellt* wurden, daß er *Wochen und Monathe lang fast ganz* ohne Schlaf auskam, sich *anstrengenden bischöflichen Verrichtungen* bis zur völligen Erschöpfung hingeben konnte und, ohne gesundheitlichen Schaden zu nehmen, in der Lage war, *sich* [auch] *in den rauhesten Jahreszeiten, zu Pferde, aller Witterung auszusetzen*[61]. Dieser ebenso erwünschte wie erzielte Abhärtungseffekt

lenkt den Blick von der Erregungslehre weg und läßt die schlesische Naturheilkunde ins Blickfeld treten, deren zweite[62] (bis heute ungebrochene) Welle 1738 von Schweidnitz aus aufgebrandet war und „Die wunderbare Heilkraft des frischen Wassers bei dessen innerlichem und äußerlichem Gebrauche" propagierte: bevor Vinzenz Prießnitz (und nach ihm Kneipp) die „hydropathischen" Verfahren vervollkommnet und auf den Stand moderner Physiotherapie gebracht hatten, erfreuten sich die Sigmund-Hahnschen Kaltwasser-Bäder, -Trinkkuren und Kaltwasser-Applikationen aus Schweidnitz hoher Akzeptanz[63].

Was die übrigen therapeutischen Bemühungen betrifft, so konzentrierten sie sich auf das Fieber. Zwar hatte der Fürstbischof zuweilen an Gallenkoliken zu leiden, die – solidarpathologisch korrekt – auf *Verstopfungen im Gallensysteme und in der Leber* zurückgeführt wurden[64] und die dann auch bei der Leicheneröffnung in Gestalt *zweyer Steinchen von der Größe einer Erbse am Grunde . . . der Gallenblase* in Erscheinung traten[65]; aber im Vordergrund für das diagnostische Beobachten, für die ätiologischen Erwägungen und für die diätetischen wie therapeutischen Maßnahmen standen doch die febrilen Erscheinungen, die kurz nach Übernahme der Amtsgeschäfte bereits ärztliches Eingreifen erforderlich machten: Während der Winterzeit zum Ausbruch gekommen, als der Fürstbischof durch *überspannte Thätigkeit* und *rastlose Anstrengung seine Gesundheit* angegriffen und obendrein durch Unbillen der *Witterung* sowie *eiskalte* Trünke sich die *Erkältung* zugezogen hatte[66], wurde die hochfieberhafte Erkrankung als lokalisiert gewertet, als katarrhalisch gedeutet und organisch vom Respirationstrakt abgeleitet. Diese als *Lungenentzündung* diagnostizierte[67] (vielleicht aber nur als Bronchopneumonie mit Rippenfellbeteiligung[68] abgelaufene) hochfieberhafte Erkrankung kam indessen auch nach ihrem Abklingen nie mehr recht zum Erliegen und führte zu jenem generalisierten Zustand *allgemeiner Nervenschwäche*[69], den das Irritabilitätskonzept als *kränkliche Reizbarkeit der festen Theile*[70] zu beschreiben und als konstitutionelle Diathese[71] anzusetzen erlaubte. Unter brownianistischer Ägide ließen sich aus solch einer Konstitution (oder Disposition) zwanglos die Rezidive erklären und die Strangurie-Anfälle als absteigende Magenkrämpfe interpretieren.

Indessen wird unter dem rezenten Firnis irritabilitätsbezogener Nosologie noch das ältere Substrat humoralpathologischer Krankheitsdeutung sichtbar, das beim Fahnden nach der Krankheitsursache nicht nach „Reitz" und „Reitzbarkeit" zu suchen hatte, sondern bei seiner Krankheitsfindung darauf aussein mußte, den gleichgewichtsstörenden Krankheitsstoff aufzuspüren und als humorale bzw. toxische Materia peccans zu erkennen. Soweit es sich nicht um Vergiftungen handelte, arbeitete die humoralpathologische Ätiologie bei derartiger Krankheitsdeutung mit dem Konzept entarteter (bzw. im Ungleichgewicht vorhandener) Leibessäfte, unter denen die Angesengte Galle, der Glasige Rotz oder das Gipsartige Phlegma[72] besonders gefürchtet waren.

Zweifellos hat Marcus im Fall von Franz Ludwig Harnschau betrieben, vermutlich nach dem Lehrgedicht des Gilles de Corbeil[73], das – gegen 1200 in Salern entworfen – bis zur Mitte des 19. Jahrhunderts grundlegend blieb und den humoralpathologischen Diagnostiker beim Finden des Krankheitsstoffes leitete. Und was er dabei am Boden des bauchigen Urinals sich absetzen sah – in großer Menge, abwechselnd *hoch-roth* und dann wieder *weiß schleimartig* bzw. *stark-weiß eiterartig*[74] – bestätigte ihn in der Auffassung, die er angesichts des schleimigen Auswurfs bei der *Lungenentzündung* schon gewonnen hatte: daß nämlich er es mit einer *entzündlich katarrhalischen*[75] Krankheitsmaterie zu tun habe, die es aus dem Leibe herauszubringen gelte, und daß (durch den Bodensatz angedeutet) diese Materie als *Anhäufung von Unreinigkeiten* sich vor allem *im Unterleibe* seines fürstlichen Patienten befinde. Entsprechend wertete er die erste febrile Erkrankung Franz Ludwigs zunächst als *Katarrhfieber*[76], ohne indessen mit dieser Anfangsdiagnose ganz zufrieden zu sein: Die Tatsache, daß der Fürstbischof auch nach scheinbarer Genesung weiterhin (wie wir heute sagen würden: an Hämaturie litt und immer noch) bei *einem beständigen Triebe zu Uriniren* kleine Mengen an Harn absetzte, die *roth gefärbt* waren und einen *ziegel*[mehl]*artigen* Boden-*Satz* aufwiesen[77], machte ihn darauf aufmerksam, daß ein einziger Leibessaft zum Verstehen der Krankheit nicht ausreiche und daß er gut daran täte, neben dem Rotz oder Phlegma einen zusätzlichen *humor* zu suchen, der die Tenesmen und Unterleibskrämpfe erklären sowie die Rotfärbung des Harnes verständlich machen konnte: Er entschied sich für die Gelbe Galle, die als *cholera* im Gegensatz zum kalt-feuchten, weißlichen[78] Rotz die Primärqualitäten heiß-trocken aufweist und als *pyr*-Äquivalent die feurig-gelbe Farbe erzeugt. Ihre stechend-scharfe Sekundärqualität diente darüber hinaus als Erklärungsmodell für das Zustandekommen von Tenesmen[79].

In diagnostischer Engführung seines semiotischen Ansatzes spricht Marcus deswegen nicht bloß von einem *Katarrhfieber*, sondern im Hinblick auf die *Rückfall*-Neigung von einem *Katarrhfieber gallichter Art*: Ätiologisch verantwortlich sei eine dystopische Cholera, die außerhalb der Gallenblase sich krankheitsverursachend bemerkbar mache; es handle sich um *einen gallichten Stoff in dero* [Hochfürstlichen Gnaden] *Magen,* sagt der Leibarzt und fügt hinzu: *Ich spreche hier*[80] *aus der Fülle der*

Erfahrung. Alle Symptome, die sich angesammelt haben, sprechen laut dafür, daß es ein gallichtes Fieber ist. Rückschauend nennt Marcus in seiner „Beschreibung"[81] von 1795 dieses febrile, gleichzeitig von zwei konkurrenden Leibessäften[82] hervorgerufene Krankheitsgeschehen eine *Febris bilioso-pituitosa* und verwendet im Totenschein[83] die Lehnübersetzung *schleimicht-gallisches Fieber.*

Und damit nicht genug! Marcus verlängert den Terminus um drei Adjektive, von denen die ersten beiden den Verlauf beschreiben, das letzte eines der auffälligsten Symptome andeutet: *. . . quartana duplicata, soporosa*:Wir (das heißt: die drei unterzeichnenden Leibärzte) *nahmen nun keinen Anstand mehr, diese Krankheit für ein gallicht schleimiges, viertägiges doppeltes, schlafsüchtiges Fieber zu erklären*[83].

Marcus hatte spätestens 1793 ein ätiologisches Konstrukt entworfen, das zwei konträre, in ihren Primärqualitäten einander entgegengesetzte Leibessäfte als krankheitsauslösende Materiae peccantes bemühte und die *Bösartigkeit*[84] dieser gegeneinander ins Feld geführten Leibesfeuchten noch dadurch verstärkte, daß es sie nicht in ihrer *natürlichen* Form gelten ließ, sondern sie als *schadhafte*[84], das heißt krankhaft entartete Humores[85] ansetzte. Das damit gewonnene nosologische Modell war in der Lage, die hochfieberhafte Symptomatik in ihrer gesamten Breite abzudecken: mit ihren Rezidiven, mit ihren intermittierenden Fieberschüben[86], mit ihrem vielstündigen Schüttelfrost[87] im nicht endenwollenden Stadium incrementi, mit ihrer langanhaltenden Akme im Verlauf einer Continua oder einer Febris remittens[88] und mit ihrem steilen Temperaturabsturz nach Art einer kritischen Lysis[89]. Das Konstrukt lieferte im Fiebertyp einer *febris intermittens soporosa*[90] auch die Erklärung für die anfallsbegleitende Somnolenz und stellte darüber hinaus im Modell der *febris intermittens quartana duplicata*[91] das ätiologische Deutungs-Konzept für komplizierte Fieber-Verläufe bereit. Selbstverständlich war das Modell auch in der Lage, bei andauerndem Husten den krankmachenden Leibessaft Rotz anzuschuldigen[92] und obendrein einen schmerzhaft geröteten Rachen[93] auf den Katarrh der phlegmatischen Leibesfeuchte zurückzuführen. Was indessen die *Unverdaulichkeiten,* die *Verstopfungen* und die vom Magen in den Unterleib absteigenden *Krämpfe*[94] betraf, so sah sich Marcus genötigt, für diese abdominelle Symptomatik noch ein zusätzliches Konstrukt der Krankheitsdeutung zu bemühen, nämlich das der *Miltz=Sucht* oder *Hypochondrie*[95]. Seit der Antike überwiegend humoralpathologisch gewertet, der Schwarzen Galle zugewiesen und in deren Speicherorgan, der Milz, lokalisiert, hatte sich für die *Miltz=Beschwerung* im Vorfeld der Solidarpathologie eine Umdeutung der Organzuweisung ergeben, die unter *gastrischer* Perspektive den Magen mit seiner schlechten Verdauung an den Anfang und in den Mittelpunkt des Krankheitsgeschehens stellte. Bald übersäuert, bald ausgekleidet mit rotzigem Schleim[96], zeigte er sich stark erweitert und brillierte mit einer grandiosen Symptomatik[97], die von *herbem Geschmack im Munde*[98] bis zu unüberwindbaren Angstzuständen auffächerte, vor allem aber gastroenterologische Beschwerden umgriff. *Insgemein* als *Kranckheit derer Gelehrten* gedeutet, auf *vieles Sitzen* zurückgeführt und entsprechend aus *verhinderter . . . Bewegung derer Eingeweide* abgeleitet[99], eignete sich das semasiologische Repertoire der Hypochondrie hervorragend, alles an Unterleibsbeschwerden des Fürstbischofs abzudecken, und dies um so mehr, als Franz Ludwig durch sein hohes Amt für das *hypochondrische Uebel* gradezu disponiert erschien; denn als Regierender hat er die *Sorgen und . . tieffen Gedanken* niemals *meiden* können, so daß er wie alle *diejenigen, welche in grossen Aemtern und Verrichtungen stehen,* unweigerlich *miltz=süchtig* werden mußte, schon deswegen, weil er wie all die andern Herrscher und Leitenden *offt dergestallt von der Arbeit überhäuffet* war, daß er weder zum Essen sich die erforderliche Ruhe noch zum Schlafen die notwendige Zeit gönnen konnte und sich *abmartern mußte*[100]. Und obendrein litt er wie alle Milzsüchtigen an den entarteten Leibessäften Rotz und Gelbe Galle.

Ein großartiges Krankheitsbild, dem Würzburg-Bamberger Fürstbischof durch die Humoralpathologie gradezu auf den Leib geschneidert! Es saß paßgenau und warf nur an einer einzigen Stelle Falten, und zwar hinsichtlich der Mentalität. Der Fürstbischof war zweifellos ein ebenso asketischer wie mutiger Mann, dem gewiß nicht Sorgen, aber doch **Angst** fremd war. Wenn er sich am 6. Dezember 1794 und dann nochmals wenige Stunden vor dem Ableben die Sterbesakramente geben ließ[101], so geschah dies ausdrücklich *nicht* aus Todesfurcht, *als wären Höchstdieselbe todeskrank, sondern aus einer guten Vorsorge,* das heißt aus geistlichen Erwägungen und einem spirituellen Bedürfnis heraus. Noch wenige Tage vor seinem Sterben, als *der erhabene Fürst selbst die nahe Lebensgefahr . . . ahndete,* befaßt er sich *mit wichtigen Regierungs=Angelegenheiten,* und das unter *vollkommenstem Bewußtseyn* [sowie] *mit aller Gegenwart und Heiterkeit des Geistes*[102]. Franz Ludwig hat bis in seine Todesstunde nicht zu Regieren aufgehört; *über alle Erwartung* blieben trotz *fürchterlichen Symptomen* sein *Kopf so wie überhaupt die Seelenkräfte in erwünschtestem Zustand*[103]: Obwohl er so schwach ist, daß er sich beim Laufen im Zimmer führen lassen muß[104], obwohl er sich gezwungen sieht, seine Unterschrift auf ein Siebtel ihrer Länge zu kürzen[105]; obwohl er selbst dann, wenn er

fieberfrei ist und sich *sehr erquickt fühlt,* doch noch an *Heiserkeit des Halses, . . . Nervenzittern der Hände* sowie andern *Ueberbleibseln der Fieberkrankheit* leidet[106], bringt er – sowie er nur kann – einige *Stunden des Tages außer dem Bette* zu, um *die Regierungsgeschäfte . . . wieder vorzunehmen*[107]. Als er von der Treue seines Bistumsvolkes hört, das um ihn bangt und in den Kirchen für ihn betet, ist er gerührt und fühlt sich – psychosomatisch bedingt – kurzfristig *von Tag zu Tag besser*[108]. Wenn also der Leibarzt von *Aengstlichkeit* seines Patienten spricht, die *Furcht eines nahen schnellen Todes* akzentuiert und immer wieder auf den *hohen Grad . . . hypochondrischer Aengstlichkeiten* abhebt[109], so entbehrt dies jeder sicheren Grundlage und geschieht offensichtlich nur, um die Diagnose „Hypochondrie" dadurch zu rechtfertigen, daß deren Leitsymptom ebenso plakativ wie häufig vorgezeigt wurde. Marcus sah sich zu diesem Betrug (wenn nicht Selbstbetrug) gezwungen, da er ohne Angst-Symptomatik auf sein ätiologisch zentrales Deutungs-Konstrukt der Hypochondrie hätte verzichten müssen. Denn in der Medizin galt als Leitsatz: Ohne Angstzustände keine Hypochondrie[110].

Aus der paradigmatisch stimmigen Einordnung der Symptome und aus der daraus abgeleiteten Ätiologie ergab sich für Marcus die Sicherheit des therapeutischen Vorgehns. Mit Fieber-Paroxysmen hatte er es zu tun, er kannte deren humoralpathologische Ursache und wußte, daß er als Ursprung für den glasigen Rotz sowie die angesengte Galle den Magen ansehen durfte. Dies ließ ihn mit optimistischer Zuversicht ans Werk gehn, wobei er sich in seiner kurativen Sicherheit auch durch eine hohe Selbsteinschätzung wenn nicht Arroganz bestätigt sah: Denn aufs Kurieren von Fiebererkrankungen glaubte er sich zu verstehen; hier hatte seiner Kurmethode bereits allzuoft der therapeutische Erfolg (bzw. Scheinerfolg) recht gegeben. Wie hoch er seine eigene Leistungsfähigkeit einschätzte und wie anmaßend er seinen Würzburger Kollegen schon 1789 entgegentrat, zeigt er in einem aus Bamberg nach Würzburg gesandten und an den Fürstbischof gerichteten Brief, in dem es um ein Mitglied des Domkapitels und gleichzeitigen Patienten von Marcus geht –: der dirigierende Arzt des Bamberger Krankenhauses lastet den schlechten Gesundheitszustand den juliusspitälischen Ärzten an und nimmt für sich in Anspruch, den kranken Geistlichen im Handumdrehn heilen zu können, wenn man ihm dazu nur die Gelegenheit gäbe[111]: *Der Kapitular von Bibra ist vorerst der einzige Patient, der vorzüglich meines medizinischen Beystands bedarf. Ich wünschte er stünde zu bereden, sich noch einen Monat hier aufzuhalten. Ich könnte mich verbürgen, ihn vollkommen herzustellen. Er hat ein gallichtes Fieber, das vier Jahre nacheinander vegetiert hat. Keiner seiner bis-*

her gebrauchten [und das sind die Würzburger] Ärzte hat es gewagt, ihn auszureinigen. Daher ist er seit vier Jahren so elend. Vorgestern erbrach er auf ein zweites Brechmittel, über eine Maaß gelber Galle, mit vieler Erleichterung. Er gedenkt mit Anfang kommender Woche von hier nach Würzburg abzugehen, und freut sich ungemein in diesem Falle die Reise in meiner Begleitung machen zu können. Ich erwarte also den gnädigsten Befehl Ew. Hochfürstlichen Gnaden, ob ich noch in dieser Woche oder mit [Bibra] anfangs der kommenden in Würzburg eintreffen soll.

Diese Zeilen in vollem Wortlaut wiederzugeben war lohnend in mehrfacher Hinsicht –: nicht nur wegen der fachlichen Selbsteinschätzung von Marcus und keineswegs allein wegen der Spannungen, die sich aus dem Brief hinsichtlich Kompetenzstreitigkeiten zwischen Juliusspital und Allgemeinem Krankenhaus herauslesen lassen; sondern die Wiedergabe des Schreibens war erforderlich, weil es von einem gleichartigen Fall wie dem des Fürstbischofs berichtet und schlaglichtartig das therapeutische Konzept hervortreten läßt, nach dem Marcus ein „gallichtes Fieber" anging.

Leitbegriff für das therapeutische Vorgehn ist das *Ausreinigen* des Krankheitsstoffes, das die Alte Medizin nach dem Modell des Purgierens vornahm und das in unsrer modernen „Natur"heilkunde als Schrothsche[112] Entschlackung weiterlebt. Es zielt darauf, die Materiae peccantes durch Ausdünstungen, Schweißausbrüche, vor allem aber durch Darmentleerungen und Erbrechen aus dem Leibe hinauszubringen[113]. Und entsprechend hat Marcus seinen Patienten unentwegt purgiert: mit oralen Laxantien, mit Klistierspritzen, mit Brechmitteln, mit Cholagogen, mit schweißtreibenden Maßnahmen: Sachgerecht verzeichnet er in den Bulletins jeweils genau Menge, Art und Konsistenz des Ausgeschiedenen, wobei er im Auswurf, im Harn, im Erbrochenen sowie im abgesetzten Kot stets nach den ätiologisch angeschuldigten Leibessäften[114] fahndet. Und je mehr der geplagte Fürst von den vermeintlichen Krankheitsstoffen fest, flüssig oder gasförmig nach außen abgibt, desto näher sieht der Leibarzt die Genesung seines Patienten gerückt[115].

Adalbert Friedrich Marcus hat fest und unerschütterlich an sein ganzheitliches Konzept geglaubt. Er hielt an seinem Paradigma einer Ganzheitsmedizin selbst dann noch fest, als seine Kurmethode in Zweifel gezogen wurde und unter solidarpathologischem Aspekt seine ätiologische Deutung ins Wanken geriet. Zunächst hatte Meinolph Wilhelm, der erfahrene Würzburger Kliniker[116], am Beispiel purgativer Hustenbehandlung Kritik geübt und den (ihm übrigens wenig gewogenen) Fürstbischof vor ebenso quälenden wie wirkungslosen *Reinigungsarzneyen* des Bamberger Leibarztes gewarnt, an deren Stelle er neu

eingeführte Hustensäfte setzte. Marcus sah in diesem unverlangten Konsilium des Würzburger Kollegen eine *kränkende . . . Verunglimpfung,* die letztlich nichts anderes bedeute als die unerhörte Behauptung, er – Marcus – habe die *theure Gesundheit* seines *gnädigsten Landesherren . . . durch wiedrige Arzneyen* verdorben. Mit all seiner ihm zu Gebote stehenden Rhetorik wendet er sich deswegen gegen die Gefahr, *der Gnade* Franz Ludwigs *verlustig* zu gehn: *Auf den Husten muß man gar nicht achten, sondern auf die Materie, die den Husten veranlaßt . . . Ihr müsse* – so schreibt er – *durch abführende Mittel . . . vorgebogen* werden. *In manchen Fällen [sey auch] ein Brechmittel höchst nothwendig . . . Säftchen und Brustmixturen sind in dergleichen Falle unnütze und schädliche Arzneyen; dies mögen Sie Hofrath Wilhelm in meinem Namen gerade unter[s] Gesicht sagen*[117].

Schwieriger wurde die Lage für Marcus bei den *medicinisch-chirurgischen Berathungen,* die er *wiederholt abzuhalten* sich gezwungen sah und bei denen er nicht umhin konnte, auch Karl Kaspar von Siebold hinzuzuziehen, welcher als konkurrierender Leibarzt aufgrund hoher Reputation eine latente Gefahr darstellte und als Chirurg sowie Anatom für spekulative Konstrukte einer wie auch immer faszinierenden Ganzheitsmedizin wenig übrig hatte. Siebold lehnte entsprechend die von Marcus präsentierte Diagnose einer gastrisch-hypochondrischen Ätiologie auch rundweg ab und setzte seine urologischen Befunde dagegen, die solidarpathologisch untermauert waren und die Fieberanfälle von einer *voraus gegangenen . . . Entzündung und Eiterung an der Blasengegend* herleiteten. Dem therapeutischen Optimismus seines Bamberger Kollegen konnte er sich demzufolge niemals anschließen; in seiner Prognose beurteilte er die Krankheit als infaust und *sagte voraus,* daß der Sektionsbefund ihm recht geben würde[118].

Und wie der erfahrene Chirurg mit seinem Urteil recht hatte! In der von Marcus mit bebender Hand zu Papier gebrachten Erstfassung des Sektionsprotokolls[119] schwingt noch das Entsetzen nach – weniger über den Tod *des Fürsten,* den er *wie seinen Vater geliebt* hatte[120], als über den Zusammenbruch seines so fest gefügten, ganzheitsmedizinischen Konstrukts: *Der Tod des Hochseelig*[sten] *Fürsten* sei *also eine Folge des Geschwürs und der Eiterung an der Blase.*

Franz Ludwig ist in septikämischen Fieberschauern gestorben, gezeichnet von brandigen Dekubitalgeschwüren[121], ausgemergelt von einem Furor therapeuticus, der ihn ständigen Purgazen unterwarf und zusätzlich in den letzten Tagen fasten ließ. Er hat alle Therapien heroisch über sich ergehen lassen; doch waren – wie auch opportunistische Infektionen in Mund und Rachen anzeigten – seine *Kräfte . . . zu sehr geschwächt*[122], als daß er in sei-

331

ner Kachexie noch weiter hätte durchhalten können: Dem pyämischen Fieberanfall, der sich *gegen Abend* [des] *13ten Februars 1795 . . . mit Frost und starker Hitze einstellte*[123], ist er nach zehnstündiger Akme *unterlegen.*

Was das Skalpell des sezierenden Chirurgen zutage förderte, waren die Folgen einer interstitiellen Zystitis, die prostata-nahe lag, zu jauchigen Abszessen und buchtigen, eitergefüllten Hohlräumen geführt hatte. Auf zeitweiligen Harnstau deutete der rechte, stark erweiterte Ureter hin. Wie groß die (in die Blase fistelnden) Abszeßkammern waren, läßt sich an der Menge des *dicken,* spontan ausfließenden Eiters ermessen, die *einige Unzen,* also etwa einen Achtelliter ausmachte[124].

Karl Kaspar von Siebold hat die richtige Diagnose gestellt und als Chirurg die Ursache der Strangurie korrekt erkannt. Zu operativer Hilfe war indes auch er nicht in der Lage. Hinsichtlich des Unvermögens der operativen Urologie klagte noch vier Jahrzehnte später der berühmte Berliner Fachvertreter **Johann Friedrich Dieffenbach**[125]: „Mit Trauer blicken wir auf die Unvollkommenheit unserer Kunst und klagen bald diese, bald die sonst so hilfreiche Natur an, welche uns hier so wenig unterstützt".

Anmerkungen

1 „am"] „den" Hs.

2 „den"] „die" Hs.

3 Die Fachausdrücke *Abzehrung, Brand, schleimicht-gallisches Fieber* durch Unterstreichung hervorgehoben.

4 Sterbeurkunde vom 14. Februar 1795, unterfertigt in Würzburg durch die drei Leibärzte Karl Kaspar von Siebold, Adalbert Friedrich Marcus und Johann Kaspar Gutberlet, erhalten in der notariell beglaubigten Abschrift aus der Würzburger Kanzlei Joseph Anton Oeggs, datiert vom 15. Februar 1795 (StAB, Rep. B 84 Nr. 28 III).

5 Vgl. zu ihm GEORG STICKER, Entwicklungsgeschichte der Medizinischen Fakultät der Alma Mater Julia. In: Aus der Vergangenheit der Universität Würzburg. Festschrift zum 350jährigen Bestehen der Universität, hrsg. von MAX BUCHNER, Berlin [und Würzburg] 1932, S. 383–799, hier S. 502–746. – HANS KÖRNER, Die Würzburger Siebold: Eine Gelehrtenfamilie des 18. und 19. Jahrhunderts, Neustadt a. d. Aisch 1967 (Quellen und Beiträge zur Geschichte der Universität Würzburg 3), S. 17–97 und öfter.

6 Nicht zu verwechseln mit seinem gleichfalls internistisch tätigen Adoptivsohn, der als Oberarzt am Würzburger Juliusspital wirkte und 1836 die „Geschichte der Medizin" als Nominalfach an der Würzburger Medizinischen Fakultät einführte; vgl. RUDOLF WOLF, Das Leben und Wirken von Carl Friedrich von Marcus (1802–1862), Diss. Würzburg 1980, S. 60 f.

7 WOLF (wie Anm. 6), S. 13–16. – Ausstellungskatalog Allgemeines Krankenhaus, S. 18 f. – GRÜNBECK, Markus.

8 STICKER (wie Anm. 5), S. 514 und öfter.

9 Was sich auch an den von ihm geleiteten Dissertationen zeigt; vgl. Würzburger Dissertationen (1581–1803). Ausstellungskatalog, bearbeitet von GOTTFRIED MÄLZER zusammen mit GUNDOLF KEIL, DIETMAR WILLOWEIT, WERNER GERABEK und anderen. Würzburg 1992 (Kleine Drucke der Universitätsbibliothek Würzburg 14), S. 50–55.

10 KARL KASPAR VON SIEBOLD, Abhandlung von der durch Leichenöffnungen zu erhaltenden Gewißheit über die Natur, den Sitz und die Ursache der Krankheiten. In: Würzburger Gelehrte Anzeigen vom 21. Juli 1790, S. 569–576. – Vgl. dazu MIRIAM ELZE, Die Geschichte des Anatomischen Institutes in Würzburg von 1582 bis 1849. Diss. Würzburg 1990, S. 248 sowie S. 50.

11 Wie oben Anm. 4.

12 StAB, Rep. B 84 Nr. 28 III, fol. 520r. – (Sektionsprotokoll; Erstfassung, gegeben zu Würzburg am ersten Tage nach dem Tode [15. Februar 1795] und unterfertigt von Marcus). – Letzte Krankheit, S. 15–20 (= Sektionsprotokoll, vollständige Fassung, unterfertigt von Marcus, Siebold, Gutberlet sowie vom Hofarzt David Anton Ehlen und dem Hofchirurgen Georg Joseph Werrlein).

13 StAB, Rep. B 84, Wahl- und Sterbeakte Bamberger Bischöfe, Nr. 28 III, *Bulletins bey Krankheit Celsissimi Francisci Ludovici,* 23. Juli 1794 bis 13. Februar 1795, fol. 273r–369r.

14 Letzte Krankheit. Vgl. auch die lateinische Übersetzung: Historia morbi feralis Reverendissimi . . . Francisci Ludovici . . . / [Karl Kaspar Siebold, Adalbert Friderich Marcus . . .]. Würzburg 1795.

15 Siehe zum folgenden GRÜNBECK, Markus, S. 88–93.

16 Zu den Frühsymptomen siehe Letzte Krankheit, S. 2f.

17 Sie folgte dem Regulativ der Sex res non naturales; vgl. GUNDOLF KEIL, „regimen sanitatis – râtes lëben": Gesundheitsregeln des Mittelalters. In: Voeding en geneeskunde. Acten van het colloquium Brussel, 12. Oktober 1990, hrsg. von RIA JANSEN-SIEBEN und FRANK DAELEMANS. Brussel 1993 (Archief- en bibliotheekwezen in België, extranummer 41), S. 95–124.

18 Zum wissenschaftstheoretischen Paradigma der Humoralphysiologie siehe KLAUS BERGDOLT und GUNDOLF KEIL, Humoralpathologie. In: Lexikon des Mittelalters, Bd. 1 ff. München und Zürich 1980 ff., hier Bd. 5, Sp. 211–213.

19 *Krämpfe im Unterleibe,* vgl. Letzte Krankheit, S. 4.

20 Letzte Krankheit, S. 5.

21 Letzte Krankheit, S. 4.

22 Letzte Krankheit, S. 3.

23 Bulletin (wie Anm. 13), fol. 328.

24 *zurück gebliebene*] marginal mit Einlaßzeichen nachgetragen Hs.

25 *neigen*] marginal nachgetragen.

26 Das folgende nach KONRAD GOEHL, Guido d'Arezzo der Jüngere und sein ‚Liber mitis'. Bd. 1–2. Pattensen bei Hannover 1984 (Würzburger medizinhistorische Forschungen 32), hier Bd. 1, S. 99–115.

27 FRANÇOIS DUCHESNEAU, La génèse de la théorie cellulaire, Montréal und Paris 1987 (Collection „Analytiques" 1), S. 213–244. – Zu ergänzen bleibt, daß Virchow das neue Paradigma nicht erst 1856 entwickelt, sondern schon einige Jahre vorher auszuarbeiten begonnen hat, wie ein Blick auf seine Würzburger medizinischen Schriften zeigt; vgl. RUDOLF VIRCHOW, Sämtliche Werke, hrsg. von CHRISTIAN ANDREE, Abt. I: Medizin, Bd. 4: Beiträge zur wissenschaftlichen Medizin aus den Jahren 1846–1850. Bern-Frankfurt a. M. 1992.

28 GUNDOLF KEIL, **„virtus occulta"**: Der Begriff des „empiricum" bei Nikolaus von Polen. In: Die okkulten Wissenschaften in der Renaissance, hrsg. von AUGUST BUCK. Wiesbaden 1992 (Wolfenbütteler Abhandlungen zur Renaissanceforschung 12).

29 Vom Einfluß der Gestirne auf die Gesundheit und den Charakter des Menschen. Das ‚Iatromathematische Hausbuch', dargestellt am Nürnberger Kodex Schürstab, [I: Faksimile; II:] Kommentar zur Faksimile-Ausgabe des Manuskriptes C 54 der Zentralbibliothek Zürich, hrsg. von GUNDOLF KEIL zusammen mit FRIEDRICH LENHARDT und CHRISTOPH WEISSER. Luzern (1981–)1983, hier II, S. 127a–130b.

30 FRITZ-PETER HAGER, Natur, I: Antike. In: Historisches Wörterbuch der Philosophie, hrsg. von JOACHIM RITTER und KARLFRIED GRÜNDER, Bd. 1 ff. Basel 1971 ff., hier Bd. 6, S. 421–441. – Daß „Hippokrates" nicht für nur eine einzige Person, sondern für die Vertreter unterschiedlicher Ärzteschulen des fünften vorchristlichen sowie späterer Jahrhunderte (und somit für ein ebenso umfangreiches wie

heterogenes Schriftenkorpus) steht, zeigt der Blick auf den „Hippokrates"-Artikel im Lexikon des Mittelalters (wie Anm. 18), Bd. 5, Sp. 31–33; vgl. auch GUNDOLF KEIL, „Ipocras". Personalautoritative Legitimation in der mittelalterlichen Medizin. In: Herkunft und Ursprung. Historische und mythische Formen der Legitimation, hrsg. von PETER WUNDERLI. Sigmaringen 1994 (Akten des Gerda-Henkel-Kolloquiums, Düsseldorf 13.–15. Oktober 1991), S. 157–178.

31 Zu Santorio Santorio und seinem Prinzip der „unmerklichen Ausdunstung" (1614) siehe KARL EDUARD ROTHSCHUH, Geschichte der Physiologie. Berlin 1953 (Lehrbuch der Physiologie in zusammenhängenden Einzeldarstellungen), S. 37, nach KARL SUDHOFF und THEODOR MEYER-STEINEG, Geschichte der Medizin im Überblick mit Abbildungen. 3., durchges. Aufl. Jena 1928, S. 322 f.; dass., 4., durchges. und verm. Aufl. hrsg. von BENNO VON HAGEN. Jena 1950, S. 220 f.

32 RICHARD TOELLNER, Albrecht von Haller (1708–1777). In: Klassiker der Medizin, hrsg. von DIETRICH VON ENGELHARDT und FRITZ HARTMANN. Bd. 1–2. München 1991, hier Bd. 1, S. 245–261, 401 f., besonders 257–260.

33 Günter B. Risse, John Brown (1735–1788). In: Klassiker der Medizin (wie Anm. 32), Bd. 2, S. 24–36, 393, besonders S. 29–32. – GRÜNBECK Markus, S. 100–110. GERABEK (wie Anm. 48), S. 68–76. – Vgl. auch PAUL DIEPGEN, Geschichte der Medizin. Bd. 1–2,2. Berlin 1949–1955, hier Bd. 2,1, S. 25–27.

34 Vgl. zum Terminus oben Anm. 22.

35 Die Französierung („verfransing van Brussel") der Stadt setzt erst 1830 ein nach der Abtrennung der Österreichischen Niederlande von den nördlichen Niederlanden und ihrer Umwandlung in den Staat Belgien unter allgemein durchgesetzter französischer Amtssprache. Vgl. De Brusselse randgemeenten, hrsg. vom Kultuurraad voor Vlaanderen. [Antwerpen] 1964, S. 88 f. und öfter.

36 LORIS PREMUDA, Giovanni Battista Morgagni (1682–1771). In: Klassiker der Medizin (wie Anm. 32), Bd. 1, S. 231–244, 399–401.

37 Vgl. SÖNKE DREWSEN, Hahnemanns Streit mit der „bisherigen alten Arzneischule" als Streit um wissenschaftliche Methoden. Versuch einer Rekonstruktion und Würdigung seines Ansatzes als eines methodenkritischen Ansatzes. In: Würzburger medizinhistorische Mitteilungen 11 (1993), S. 45–58.

38 und die Homöopathie im Anschluß an den Hohenheimer das bis heute tut; vgl. GUNDOLF KEIL, Der **anatomei**-Begriff in der Paracelsischen Krankheitslehre. Mit einem wirkungsgeschichtlichen Ausblick auf Samuel Hahnemann. In: Lebenslehren und Weltentwürfe im Übergang vom Mittelalter zur Neuzeit. Politik – Bildung – Naturkunde – Theologie. Hrsg. von HARTMUT BOOCKMANN . . . Göttingen 1989 (Abhandlungen der Akademie der Wissenschaften in Göttingen. Philologisch-Historische Klasse. 3. Folge 179), S. 336–351.

39 Ungeachtet ihrer Maschalismós-Grundlage hat sich die Melothesie im Rahmen der Therotherapie entfaltet, wie sich das beispielhaft an organotherapeutischen Wunderdrogentraktaten ableiten läßt; vgl. die exemplarische Untersuchung von RAINER MÖHLER, „Epistula de vulture". Untersuchung zu einer organotherapeutischen Drogenmonographie des Frühmittelalters (Mittelalterliche Wunderdrogentraktate IV). Pattensen bei Hannover [jetzt Würzburg] 1990 (Würzburger medizinhistorische Forschungen 45).

40 Vgl. dazu JOHANNES STEUDEL in: RUDOLF CREUTZ und JOHANNES STEUDEL, Einführung in die Geschichte der Medizin in Einzeldarstellungen. Iserlohn 1948, S. 247 f.

41 Den entsprechenden Vorstoß in den molekularbiologischen Bereich hatte Albert von Koelliker bereits 1855 gefordert, siehe THEODOR HEINRICH SCHIEBLER, Zur Geschichte der Würzburger Anatomie. In: Würzburger medizinhistorische Mitteilungen 1 (1983), S. 139–145, hier S. 142.

42 Der Terminus „Patiententreue" ist inzwischen weitgehend durch das teilsynonyme, aus der Lungenphysiologie übernommene „compliance" (= ‚passive Beweglichkeit') verdrängt worden.

43 Unter dem Namen Max Israël in Arolsen aufgewachsen, ist der junge Mediziner 1781 (79 Tage vor seiner Ernennung zum fürstbischöflichen Leibarzt und getauft durch Franz Ludwig höchstselbst) vom mosaïschen zum christlichen Glauben katholischer Konfession übergetreten; vgl. GRÜNBECK, Markus, S. 5 und 11 f.

44 Ein gutes Beispiel bietet die „Antwort des Dr. Adalbert Friedrich Marcus zu Bamberg vom 29. September 1789, als Leibarztes an den Bischof Franz Ludwig von Erthal zu Würzburg". Abgedruckt in: BHVB 7 (1844), S. 60–66.

45 Bemerkenswert ist sein Eintreten für Montesquieusche Konzeptionen gegenüber dem Fürstbischof und sein Lob für die „französische Revolution" wenige Wochen nach deren Ausbruch; er sieht in ihr „einen der merkwürdigsten Auftritte" in der Geschichte und erwartet von ihr „den wohlthätigsten Einfluß auf die ganze Menschheit" (MARCUS [wie Anm. 44], S. 65 f.).

46 GRÜNBECK, Markus, S. 111.

47 GRÜNBECK, Markus, S. 108 und öfter; zu Friedrich [Johann] Andreas Röschlaub siehe auch RISSE (wie Anm. 33), S. 34 f.

48 GRÜNBECK, Markus, S. 119; zu Friedrich [Wilhelm Joseph] von Schelling siehe auch WERNER GERABEK, Friedrich Wilhelm Joseph Schelling und die Medizin der romantischen Ära. Studien zu Schellings Würzburger Periode 1803–1806. Habil.schr. Würzburg 1994 [masch.schr.], besonders S. 70–72. – Schellings Anleihen bei der antik-Galenischen Pneumalehre und deren drei Funktionsbereichen liegt auf der Hand; vgl. zur Sache MAX NEUBURGER, Geschichte der Medizin, Bd. 1–2,1 [mehr nicht erschienen], Stuttgart 1906–1911, hier Bd. 1, S. 371 f., sowie GOEHL (wie Anm. 26), Bd. 1, S. 107 f.

49 Entsprechend erlitt seine Reputation bereits um 1803 erhebliche Einbußen; siehe GERABEK (wie Anm. 48), S. 184–188: „Der Skandal um Marcus".

50 MARCUS (wie Anm. 44), S. 61, Z. 1 f. – In Letzte Krankheit, S. 2, wird dieses konstitutionelle „Nervenleiden" von MARCUS noch angeführt als *Kränkliche Reitzbarkeit der festen Theile*.

51 MARCUS (wie Anm. 44), S. 61, Z. 2: die . . . *leiden* seien *wieder die nämlichen wie vormals*.

52 MARCUS (wie Anm. 44), S. 61, Z. 26.

53 MARCUS (wie Anm. 44), S. 61, Z. 23 und 10.

54 MARCUS (wie Anm. 44), S. 61, Z. 20 f., 9 f., 7, 19.

55 MARCUS (wie Anm. 44), S. 61, Z. 30, 27, 16 f.

56 MARCUS (wie Anm. 44), S. 61, Z. 25 f.

57 beispielsweise kalte Umschläge zur Abmilderung der Übererregtheit bei sthenischen Zuständen; vgl. RISSE (wie Anm. 33), S. 32.

58 Letzte Krankheit, S. 3: *kalte Bäder* in Verbindung mit dem Trinken *Pyrmonter Wassers*.

59 Letzte Krankheit, S. 3, Z. 16 f.

60 Siehe oben S. 327.

61 Letzte Krankheit, S. 3, Z. 22, und S. 4, Z. 1–3.

62 Zur ersten schlesischen naturheilkundlichen Welle der Jahre um 1280 siehe GUNDOLF KEIL, Niklas von Mumpelier/Nikolaus von Polen. In: Die deutsche Literatur des Mittelalters. Verfasserlexikon, 2. völlig neu bearbeitete Aufl. hrsg. von GUNDOLF KEIL, KURT RUH [federführend für Bd. I–VIII], WERNER SCHRÖDER, BURGHART WACHINGER [federführend ab Bd. IX] und FRANZ JOSEF WORSTBROCK, Iff., Berlin und New York (1977–)1978ff., hier VI (1987), Sp. 1123 f., 1128–1133. – ANTONI JONECKO zusammen mit GUNDOLF KEIL, Studien zum Dichterarzt Nikolaus von Polen. In: Würzburger medizinhistorische Mitteilungen 11 (1993), S. 205–226; vgl. auch KEIL, „virtus occulta" (wie Anm. 28) sowie KEIL, Alternativmedizin (wie Anm. 28), S. 248–251.

63 GUNDOLF KEIL, Medizinische Bildung und Alternativmedizin. In: „Nicht Vielwissen sättigt die Seele". Wissen, Erkennen, Bildung, Ausbildung heute, hrsg. von WINFRIED BÖHM und MARTIN LINDAUER, Stuttgart 1988 (Würzburger Symposien 3), S. 245–271, hier S. 253.

64 Letzte Krankheit, S. 2.

65 Sektionsprotokoll (wie Anm. 12), § II m = Letzte Krankheit, S. 16.

66 Letzte Krankheit, S. 3 f.

67 Letzte Krankheit, S. 3.

68 Auf abgelaufene pleuritische Prozesse deutet der Lungenbefund (Sektionsprotokoll, § III x = Letzte Krankheit, S. 18), der von ausgeprägten Verwachsungen der linken Lunge mit der Pleura parietalis spricht und auch für die rechte Lunge angibt, daß sie *an der Spitze der Brusthöhle mit dem Brustfelle . . . verwachsen* war. Die *innere Substanz . . . der beyden Lungen* sei dagegen unauffällig *natürlich* gewesen.

69 Letzte Krankheit, S. 3, Z. 18 f.

70 Letzte Krankheit, S. 2, 20, vgl. auch S. 3 *(kränkliche Reitzbarkeit des Körpers)* und S. 20 *(kränkliche Empfindsamkeit des Nervensystems)*.

71 Vgl. zur Sache oben S. 326.

72 Siehe zu den pathologisch entarteten Leibessäften GOEHL (wie Anm. 26), Bd. 1, S. 111 f.

73 Siehe PETER KLIEGEL, Die Harnverse des Gilles de Corbeil [mit Übersetzung und Kommentar hrsg.]. Diss. Bonn 1972, und vgl. auch GUNDOLF KEIL, Die urognostische Praxis in vor- und frühsalernitanischer Zeit. Habil.schr. Freiburg i. Br. 1970 [masch.schr.].

74 Letzte Krankheit, S. 5 f. – Bulletin (wie Anm. 13) vom 29. Dezember 1794 (fol. 321r: *critisches Sediment* des Urins).

75 Letzte Krankheit, S. 6.

76 GRÜNBECK, Markus, S. 80.

77 Letzte Krankheit, S. 4. – „ziegelartig"] S. 4, „ziegelmehlartig" S. 6.

78 Die Zuordnung der Vier Farben (weiß/rot/dottergelb/schwarz) zu den Vier Elementen bzw. Leibessäften (Phlegma/Sanguis/Cholera/Melancholie) ergibt sich aus der Tabelle bei GOEHL (wie Anm. 26), Bd. 1, S. 101.

79 Vgl. FRANZ KNOEDLER, **De egestionibus.** Texte und Untersuchungen zur spätmittelalterlichen Koproskopie, Pattensen bei Hannover 1979 (Würzburger medizinhistorische Forschungen 18), S. 34, Z. 9–18: „Color eius (scilicet colere) naturalis dicitur esse citrinus . . . et suo colore citrino commisceatur cum superfluitatibus (scilicet egestionibus aut urina) et eas tingit . . ., et ingenio naturali colera mandatur a kisti fellis ad intestina et pungat musculos, quibus uirtus expulsiua perficit suam operacionem in expellendo superfluitates . . ."

80 In einem Brief vom 10. März 1789, abgedruckt bei GRÜNBECK, Markus, S. 79 f.

81 Letzte Krankheit, S. 10, vgl. auch S. 19 die Bezeichnung: *bösartiges Gallenfieber* [aufgrund eines] *schadhaften galligen und schleimigen Stoffes*.

82 Nämlich einerseits ein *schadhafter* Rotz (griech. „Phlegma", lat. „pituita"), andererseits eine gleichfalls entartete und dadurch *bösartige* Gelbe Galle (gräkolat. „Cholera", griech. „cholé", lat. „bilis").

83 Sterbeurkunde vom 14. Februar 1795 (wie Anm. 4).

84 Vgl. das Zitat oben in Anm. 81.

85 Zum Konzept der Säfteverderbnis und den entarteten Leibesfeuchten („humores corrupti") siehe oben S. 328 f. mit Anm. 72.

86 *dem aussetzenden Fieber,* so übersetzt in: Letzte Krankheit, S. 12.

87 *Der Anfall kam . . . mit . . . heftig erschütterndem zweystündigen Froste wieder* (Letzte Krankheit, S. 9); *der Fieberanfall . . . erfolgte . . . mit einem dreystündigen erschütternden Froste* (Letzte Krankheit, S. 14).

88 *Dieses Fieber nahm den Gang eines nachlassenden (remittirenden) an, machte gegen Abend, . . . einen Tag um den andern, stärkere Anfälle, welche sich gegen frühe Morgens mit Schweiß endigten* (Letzte Krankheit, S. 12). – Vgl. auch den Artikel „Fièvre" in: Dictionnaire des sciences médicales, I-LX. Paris 1812–1822 [im folgenden abgekürzt als DSM], hier XV (1816), S. 217–486, besonders S. 411, § 989: „Les pyrétologistes désignent sous le nom de **fièvre rémittente** une pyrexie continue, dans laquelle les paroxysmes, commençant par le frisson, reviennent à des intervales à peux près ègaux".

89 Letzte Krankheit, S. 8: *Das Bewußtseyn war verloren; der Kranke lag in einem tiefen Schlafe versunken; der ganze Körper war kalt, starr und steif.* – Vgl. auch Bulletin vom 20. Dezember 1794, fol. 312 v: *Alle Umstände zeigen, daß noch eine wichtige, entscheidende Crisis bevorstehet.*

90 Dictionnaire XV (wie Anm. 88), S. 311, § 383.

91 Dictionnaire XV (wie Anm. 88), S. 308, § 362: „La fièvre [intermittente] double-quartre . . . se caractérise . . . en ce qu'elle n'a, en quatre jours qu'un seul jour de libre".

92 Dictionnaire XV (wie Anm. 88), S. 313, § 395: „Fièvre intermittente catarrhale . . . Les accès . . . de cette fièvre . . . étaient marqués, par une toux déchirante (‚herzzerreißender Husten') . . . D'autres symptomes caractéristiques sont: la rougeur de la gorge . . ."

93 Das Bulletin (wie Anm. 13) vom 19. Dezember 94, fol. 292r, spricht von *den Incommoditäten des Halses, womit Höchstdieselben einige Täge hindurch befallen waren;* zwei Tage später (fol. 312ar) berichtet Marcus von einem entzündeten Mund und Hals, der – soweit man hinabsehen konnte – mit *Schwämchen* bedeckt war; am 26. Dezember 94 (fol. 318r) begannen nach morgendlichem Gurgeln die *Schwämchen . . . sich abzustoßen* und das Sprechen war weniger beschwerlich. Vier Tage später (30. Dezember 94; fol. 322r) gelingt das *Schlingen und Sprechen fast ungehindert;* die *Schwämchen* im Munde haben abgenommen, im Halse sitzen sie aber noch fest. Am 20. Januar (fol. 345r) tritt vermehrt *Halßweh* auf, und am 2. Februar (fol. 358r) sind die *Schwämchen* wiedergekommen, lassen sich mit äußerlich angewandten Mitteln aber noch beseitigen, was indessen schon zwei Tage später nicht mehr gelingt (4. Februar 95; fol. 360r): *. . . die Schwämchen haben sich an mehreren Stellen im Munde und Halse angesetzt, das Schlingen ist beschwerlich, ebenso noch das Auswerfen des im Halse sich angehäuften Schleimes.* Nachdem am 8. Februar (fol. 364r) *die Schwämchen und der Schleim im Halse merklich abgenommen* hatten und es entsprechend zwei Tage später heißt (fol. 366r): *die Schwämchen mindern sich, der Schleim im Halse wird flüssiger,* kommt zum Ende auch bei den Soor-Belägen (und -Granulomen) die Verschlimmerung der Symptome: Wenige Stunden vor dem Tode des Fürstbischofs notiert der übernächtigte Leibarzt mit zittriger Hand (fol. 369r): *Würzburg, den 13ten Februar 1795, den 79ten Tag der Krankheit. – Der Schleim im Halse und die Schwämchen haben sich gestern wieder stärker angelagert. Gegen Abend stellte sich das Fieber mit Frost und starker Hitze ein* [danach: *worauf* getilgt], *gegen früh* [kam der (*Schw* getilgt)] *Schweiß, worauf das Fieber aber diesesmahl nicht viel nachgelassen hat. – Marcus.*

94 Vgl. zu diesem Krankheitsgeschehen oben S. 325 f. und S. 328.

95 Siehe zum folgenden die Hypochondrie-Artikel. In: ZEDLER, Bd. 13, Sp. 1479–1487. – STEVEN BLANKAART (Stephanus Blancardus), Lexicon medicum, 2. Aufl. Jena 1683, Neudruck, hrsg. von KARL-HEINZ WEIMANN. Hildesheim und New York 1973, S. 254. – BARTOLOMEO CASTELLI, Lexicon medicum graeco-latinum. Venedig 1643, S. 174 f. – P.-H. NYSTEN, Dictionnaire de médecine, de chirurgie, de pharmacie, des sciences accessoires, et de l'art vétérinaire. Paris 1824⁴, S. 415ab; vgl. ferner den umfangreichen „Hypocondrie"-Artikel im DSM (wie Anm. 88), Bd. 23 (1818), S. 107–191.

96 *der gleichsam in ein gläsern Gewächs verwandelt* wird (ZEDLER, Bd. 13, Sp. 1480), so daß sich der Patient nur schwer davon befreien kann; vgl. das Bulletin (wie Anm. 13) vom 20. Januar 95 (fol. 345r) und vom 6. Februar 95 (fol. 362r): *Sehr vieles vom Auswurf, das im Halse zurugkgeblieben war, wurde durch ein frey williges Erbrechen ausgestossen.* Siehe auch Letzte Krankheit, S. 13 f.: *Der Schleim in dem Halse, da er durch das Husten nur selten heraus geworfen wurde, häufte sich inzwischen sehr, einige Mahl besonders bis zu einer zu befürchtenden Erstickung, an. Es wurde wieder eine Gabe Brechwurzel angeordnet, worauf viel verkochter Schleim mit Erleichterung ausgebrochen wurde.* – Im Bulletin vom 20. Januar 95 ist neben dem *Schleim* auch von *vermehrterem Schaum* die Rede, dessen Symptomatik im Bulletin vom 4. Februar (fol. 360r) mit der

Wendung *Der Speichelfluß ist stark* wiedergegeben wird. – Was die Viskosität des schleimig-galligen Krankheitsstoffes betrifft, so wird sie mit *zäh* angegeben (Letzte Krankheit, S. 7, 8, 13).

97 Mit bemerkenswerter Ausführlichkeit abgehandelt im DSM (wie Anm. 95).

98 *Oft . . . ergoß sich die Galle in den Magen; die Eßlust verlor sich; es stellte sich Drücken in der Herzgrube, gelbe Gesichtsfarbe, bitterer Geschmack ein . . .* (Letzte Krankheit, S. 7, vgl. Anm. 8).

99 ZEDLER, Bd. 13, Sp. 1479.

100 ZEDLER, Bd. 13, Sp. 1483 f.

101 Bulletin (wie Anm. 13), fol. 282r. – Letzte Krankheit, S. 15.

102 Letzte Krankheit, S. 14.

103 Letzte Krankheit, S. 11.

104 Bulletin (wie Anm. 13) fol. 326r, vom 2. Januar 1795.

105 Nur noch *F. Ludwig m*[anu] *p*[ropria] statt des ursprünglichen *Franz Ludwig Bischof und Fürst zu Bamberg und Würzburg, Herzog zu Franken*, das sind bloß noch neun statt ursprünglich 61–63 Graphen; vgl. Bulletin (wie Anm. 13) vom 4. Dezember 1794, fol. 280r.

106 Wenn Marcus (im Bulletin vom 19. Dezember 1794, fol. 310r) behauptet, daß dies die *einzigen* Residuen nach Abklingen der Paroxysmen gewesen seien, wird man ihm nicht beipflichten können.

107 Letzte Krankheit, S. 12; Bulletin vom 30. Dezember 1794, fol. 300r.

108 Bemerkenswert ist, daß dieses Wohlbefinden trotz Fieberanfällen anhält, vgl. die Bulletins (wie Anm. 13) vom 7.–13. Dezember 1794, fol. 283r–286r.

109 Letzte Krankheit, S. 3, 7, 11, 20; vgl. auch Bulletin (wie Anm. 13) vom 18. Dezember 1794, fol. 291r.

110 *Wie man das Hypochondrische Übel erkennen soll . . .: besonders . . . muß man dabei allezeit auf die Angst sehen: indem das blose Grimmen im Unterleibe, die blosse Verstopffung des Leibes, das blosse Hertz=Weh, der blosse verlohrne Appetit [für sich allein] die Miltz=Beschwerung nicht anzeigen, sondern es wird über dieses erfordert, daß Angst da sey, welche das Haupt=Kennzeichen dieser Kranckheit ist;* vgl. ZEDLER, Bd. 13, Sp. 1482.

111 StBB, Msc. Misc., 79/II, 19, Brief Nr. 2, zitiert nach GRÜNBECK, Markus, S. 86.

112 Nach dem Schlesier Johannes Schroth, der über das Schrot[h]brot bis heute bekanntgeblieben ist; vgl. zur Schrothkur und deren therapeutischem Ansatz GUNDOLF KEIL (wie Anm. 63), S. 254 f.

113 Siehe zur Sache oben S. 326 f.

114 Beispielsweise *viel Schleim und Galle* (Bulletin vom 14.[?] Dezember 1794, fol. 303r), [viel] *Schleim und Galle* [ausgebrochen] (15. Dezember 1794, fol. 305r), *starke schleimicht gallichte Ausleerung* (7. Februar 1795, fol. 363r); *Celsissimus fasten seit 24 Stunden, zehn ziemlich starke gallicht schleimichte Ausleerungen* (8. Februar 1795, fol. 364r); *Celsissimus hatten gestern sehr viele Ausleerung* (9. Februar 1795, fol. 365r); *Es erfolgten gestern wieder mehrere Ausleerungen . . .; der Schleim im Halse wird flüssiger* (10. Februar 1795, fol. 366r); *Celsissimus erbrachen gestern wiederholten mahlen vielen Schleim und etwas Galle. Gegen Abend erfolgten mehrere Ausleerungen* (11. Februar 1795, fol. 367r); *Celsissimus erbrachen . . . wiederholter[mahlen] eine beträchtliche Menge sehr verkochten eiterartigen Schleim* (13. Februar 1795, fol. 368r); *einige sehr starke, übelriechende Ausleerungen* (Letzte Krankheit, S. 8).
In den Bereich humoralpathologisch zu wertender Ausscheidungen hat Marcus neben Erbrochenem und Kot auch den Harn (vgl. oben S. 329), den Schweiß sowie die abgehenden Darmgase einbezogen (*Celsissimus schliefen diese Nacht ganz ruhig und hatten dabei* [eine] *sehr starke Ausdünstung;* 13. Februar 1795, fol. 368). Über die gleichfalls berücksichtigten Zungenbeläge (es *fand sich die Zunge schleimicht=gallicht stark beleget;* Letzte Krankheit, S. 9) kam Marcus dazu, auch die Soor-Beläge an Lippe, Mund- und Rachenschleimhaut als Ausscheidung innerlicher Krankheitsmaterie zu deuten (*die Schwämchen stoßen sich an mehreren Stellen ab, an anderen*

aber legen sie sich dicker und in speckichter Gestallt fester an, 28. Februar 1794, fol. 320r; vgl. auch die Zitate oben in Anm. 93), und als sich bei seinem fürstbischöflichen Patienten ebenso lang anhaltender wie quälender Schluckauf einstellte, so hat er auch dieses Symptom humoralpathologisch gewertet, als *ein schluchsen-artiges Aufstossen der Magenwinde* gedeutet (14. Dezember 1794, fol. 304r; *Aufstossen der Blähungen* 14. Dezember 1794, fol. 310r) und auf einen Fäulnisprozeß des perigastrischen Blutes zurückgeführt, dem er dann therapeutisch mit *allem, was . . . der Fäulniß zu widerstehen vermochte*, entgegentrat (Letzte Krankheit, S. 11).

115 *die Fieberhitze . . . hat . . . merklich nachgelassen . . . Alle Umstände zeigen . . . aber, daß noch eine entscheidende, wichtige Crisis bevorstehet, von der wir hoffen, daß sie glücklich vorüber gehen werde* (Bulletin [wie Anm. 13] vom 20. Dezember 1794, fol. 312v); . . . *das Fieber ist nun vier Tage ganz ausgeblieben. – Da die Lebenskräfte, unterstützt durch Arzneyen, hinzureichen scheinen, die schon entwickelten Krankheitsstoffe gar auszustossen, so dürfte nun in einigen Tagen alle Gefahr dieser gallicht-schleimicht-faulichten Krankheit[en] vorüber seyn* (24. Dezember 94, fol. 315v); *die Natur scheint daher sich zu noch einer entscheidenden Crisis, welche durch mehrere der vorzüglichsten Reinigungsarzneyen erfolgen dürfte, vorzubereiten: dieser Entscheidungspunkt muß nothwendig[erweise] in wenigen Tagen erfolgen; die ietzt noch aufrecht stehenden Kräfte lassen [noch zur Zeit] mehr hoffen, als fürchten* (28. Dezember 94, fol. 320v); *noch einige andere mehr bedeutende (zurück gebliebene) Zufälle der Fieberkrankheit stehen in der letzten Periode und neigen sich also ihrem ganz nahen Ende [zu]* (4. Januar 1795, fol. 328r); *Celsissimus hatten gestern sehr viele Ausleerung, befanden sich darauf [sehr] erleichterte und schliefen diese Nacht [sehr] ganz ruhig* (9. Februar 95, fol. 365r).

116 Mitstreiter Karl Kaspar von Siebolds und wie dieser juliusspitälischer Oberarzt; vgl. STICKER (wie Anm. 5), S. 505–509.

117 Briefe Marcus' vom 10. März 1789 und späteren Wochen, StBB Msc. Misc. 79/II, 19, Nr. 2, 5, 8, 10; zitiert nach dem auszugsweisen Abdruck bei GRÜNBECK, Markus, S. 79–86.

118 Letzte Krankheit, S. 7 und 18.

119 vom 15. Februar 1795 (wie Anm. 12, Absatz [1]).

120 Wie Anm. 117, bei GRÜNBECK, Markus, die S. 80.

121 Sektionsprotokoll, vollständige Fassung vom 15. Februar 1795 (wie Anm. 12, Abs. [2]), § 1 b: *Brandige Blasen in der Lendengegend von großem Umfange.*

122 Letzte Krankheit, S. 20.

123 Vgl. Anm. 93.

124 Anm. 121, §§ II o, r-v. – Eine Unze als Zwölftelpfund wog etwas mehr als 400 Gramm.

125 1795–1847: vgl. H[ORST] KREMLING, Geschichte der gynäkologischen Urologie. München-Wien-Baltimore 1987, S. 32 f.

152 *Beschreibung der letzten Krankheit des Hochwürdigsten des heil. röm. Reichs Fürsten und Herrn, Herrn Franz Ludwig, Bischofes zu Bamberg und Würzburg, auch Herzoges zu Franken etc. aus dem Reichs-Frey-adeligen Geschlechte von und zu Erthal.*

Würzburg, 1795
Quartformat, 20 S.

Staatsbibliothek Bamberg, R. B. Bg.q.10a

Der Bericht ist unterzeichnet: *Karl Kaspar Siebold, würzburgischer Hofrath und Leibarzt, Professor und Oberwundarzt des Julius-Spitales – Adalbert Friderich Marcus, bambergischer und würzburgischer Hofrath und Leibarzt, auch Referendarius in dem Medicinalfache und dirigirender Arzt des fürstlichen Krankenhauses zu Bamberg – Johann Kaspar Gutberlet, Würzburg. Hofrath, Leibarzt und Professor – David Anton Ehlen, Hof- und erster Julius-Spital-Arzt – Georg Joseph Werrlein, Kammerdiener und Hof-Chirurgus.* Die lateinische Fassung siehe unter folgender Katalognummer.   B. S.

153 *HISTORIA MORBI FERALIS REVERENDISSIMI AC CELSISSIMI S. R. I. PRINCIPIS ET DOMINI DOMINI FRANCISCI LUDOVICI EPISCOPI BAMBERGENSIS ET WIRCEBURGENSIS... WIRCEBURGI MENSE FEBRUARIO 1795. Typis Francisci Sebastiani Sartorius, Typographi aulici.*

Quartformat, 19 S.

Universitätsbibliothek Würzburg, 52/Rp. XXIV, 143 a   B. S.

HORST MIEKISCH

Trauerfeierlichkeiten und Testament

Vermischte Nachrichten   Bamberg den 14. Hornung Heute Mittags erhielten wir dahier die unselige Nachricht, daß unser bester Fürst, der hochwürdigste Bischof, Franz Ludwig, des heil. röm. Reichs Fürst und Herzog zu Franken, diesen Morgen um halb 4 Uhr zu Wirzburg in die Ewigkeit abgegangen sey. Beschreiben läßt sich der Schmerz nicht, den diese Nachricht über die ganze Stadt verbreitet. Seine rastlose Sorge für das Wohl seiner Untertanen ließ jede Sorge für sich selbst weit hinter sich; und obgleich er deutlich merken mußte, daß der Tod schon seit langer Zeit sichtbar an seinem Körper nagte, so war dennoch der Trieb zu Geschäften unaufhaltsam der nämliche; bis endlich die mürbe Maschine der Gewalt unterliegen mußte . . .

So meldete das „Hochfürstlich-Bambergische Intelligenzblatt" den Tod des Fürstbischofs[1]. Die Trauer in der Bevölkerung über den Tod dieses Fürsten war groß und echt, das zeigen die überaus zahlreichen Beileidsbekundungen und Trauergedichte im genannten „Intelligenzblatt" und andere Veröffentlichungen[2] und auch die Urteile von Zeitgenossen. FRANZ OBERTHÜR, Professor für Dogmatik in Würzburg, schreibt in seinem „Taschenbuch für die Geschichte, Topographie und Statistik des Frankenlandes, besonders dessen Hauptstadt Würzburg" von 1797 folgendes: *Daß es reine historischen Wahrheit ist, Franz Ludwig sey unter der tiefen Trauer seines Volkes und beinahe allgemeiner Theilnahme von ganz Deutschland gestorben, brauche ich . . . meinen Landsleuten und Zeitgenossen nicht weiter zu beweisen . . .* OBERTHÜR betont dann, daß auch die im Land weilenden Fremden von der allgemeinen Trauer ergriffen worden seien, zitiert Äußerungen der Achtung und Teilnahme anderer deutscher Fürsten über Franz Ludwig und schließt mit den Worten: *Wie hätte Frankenland zu jeder anderen Zeit bey dem Tode eines Fürsten minder trauern sollen, der freywillig Freude, Ruhe, Gesundheit und Leben, der sich ganz und gar einzig dem Wohle seines Volkes aufgeopfert[3].*

Man wußte also in der Öffentlichkeit von der angegriffenen Gesundheit des Fürstbischofs und mußte nach dem Ausbruch der letzten, schweren Krankheit ständig mit seinem Ableben rechnen. Am 26. November 1794 erlitt er in Würzburg einen schweren Fieberanfall, so daß er in den folgenden Tagen keine Dokumente mehr unterschreiben konnte. Zwar erholte er sich zunächst wieder und

freute sich am 5. Dezember über die Nachricht, daß die Bürger in Bamberg für seine Genesung Betstunde und Amt gehalten hatten[4], am 20. Dezember verfaßte er aber schon sein Testament, das er einige Tage später noch durch einen Nachtrag ergänzte[5]. Nach der notariellen Beglaubigung verstarb er *am 14. Februar 1795 frühe Morgen 3/4 nach drey Uhr den 81ten Tag der Krankheit, an Abzehrung und Brand als die Folgen eines schleimicht gallichten Fiebers[6].*

Die Trauerfeierlichkeiten verliefen nach dem in Würzburg und in Bamberg üblichen festgelegten Zeremoniell, über das in den Hoftagebüchern und anderen Aufzeichnungen ganz genau von Tag zu Tag berichtet wurde[7].

So wie die offizielle Todesanzeige mit einem kurzen Lebenslauf und der Würdigung seiner Leistungen ist auch die Überführung des Sarges aus der Hofkirche in den Würzburger Dom im Druck verbreitet worden[8]. Die zwölfseitige Broschüre *Ordentlicher – Leich – Conduct . . . des* Hofbuchdruckers Franz Sebastian Sartorius enthält alle Einzelheiten über den Weg und die Teilnehmer der Prozession, über ihre Kleidung und über den Ablauf der Feierlichkeiten. Für Würzburg läßt sich aus diesen Quellen folgendes zusammenfassend berichten: Nach dem Bekanntwerden des Todes Franz Ludwigs ließ der Domdekan in der Residenz den Tod des Fürstbischofs notariell beurkunden. Zwei Domherren bezogen als Statthalter die Residenz, das Domkapitel übernahm interimsweise die Regierung und ließ sich entsprechend huldigen. Nach Bamberg wurde ein Kurier mit der Todesnachricht gesandt und für die Begräbnisfeierlichkeit das Pallium angefordert. Nach der Öffnung des Körpers des Fürstbischofs wurden die Eingeweide für die in Würzburg bei den Bischöfen übliche Beisetzung auf dem Marienberg entnommen, wohin sie am Vorabend der Beerdigung des Körpers im Dom in einem feierlichen Leichzug gebracht wurden. Auch das Herz wurde entfernt, es sollte im Bamberger Dom beigesetzt werden. Beim Trauerzug in Würzburg trug es der Obriststallmeister in einem Behältnis unmittelbar hinter dem Leichenwagen, anschließend wurde es in feierlichem Zuge vom Oberhofmarschall bis an die Bamberger Grenze nach Burgebrach gebracht und dort von der Bamberger Abordnung in Empfang genommen. Der Leichnam des verstorbenen Fürstbischofs wurde zunächst im sogenannten „weißen Saal" auf einem Paradebett ausgestellt. Er war in einen schwarzen Talar gekleidet, die Insignien seiner Würde lagen auf Tischen neben dem Sarg, auf beiden Seiten, wo auch Altäre zum Lesen von Messen errichtet worden waren, standen Pagen und Kammerdiener.

Wenige Tage später wurde der Sarg mit dem im bischöflichen Ornat gekleideten Leichnam in der Hofkirche öffentlich aufgestellt, Geistliche aus den Stiftskirchen und Klöstern wechselten sich hier stündlich im Gebet ab. Am 2. März früh um sieben Uhr wurde von zwölf Priestern und weiteren Amtsträgern aus den vier Stiftskirchen *das Officium Defunctorum sub ritu duplici unter stäten Celebriren von dreyen Priestern daselbst gesungen, darauf von dem Geistlichen Rat und Regenten in dem hochfürstl. Seminario ad Pastorem bonum, Herrn Doctor Leibes, eine Trauerrede gehalten: nach disem in ersagter Hofkirche das Hohe Amt von dem Herrn Geistl. Rath und Hofpfarrer Doctor Mangold abgesungen, mithin der erste Dies Depositoris mit der gewöhnlichen Absolution daselbsten geendigt; sodann wurden Dienstag, den 3. ten und Mittwoch den 4. ten die übrigen zwei Exequientage gewöhnlichermaßen in der Hofkirche abgehalten*[9].

In seiner Predigt würdigte Dr. Leibes Leben und Leistung des Verstorbenen, hob bei der Darstellung der Politik des Fürsten von allem dessen Gerechtigkeit und die Erfolge im Bereich der Wohlfahrts- und Krankenpflege hervor und betonte, daß Franz Ludwig nie für sich, sondern immer für sein Volk gelebt und seine Kräfte und sein Vermögen für dieses Volk geopfert habe[10].

Am 5. März, einem Donnerstag, wurde von früh 4 Uhr bis zum Abend und ebenso an den folgenden beiden Tagen das „Silberglöcklein" geläutet. Um 7.30 Uhr sammelte sich im mittleren Hof der Residenz die Prozession zur Überführung des Leichnams aus der Hofkirche in den Dom. Die Aufstellung des Trauerzuges ist wieder in allen Einzelheiten genau beschrieben[11]. An der Spitze des Zuges gingen Domizellare mit Kreuz und Weihrauchfässern. Ihnen folgten die Schüler und Studenten, die Angehörigen der verschiedenen Orden, die Alumnen, die Chorherren der Kollegiatstifte, die Mitglieder des Domkapitels und die Prälaten der übrigen Klöster des Hochstifts. Dann kamen die Vasallen, die Verwandten des Verstorbenen, die Statthalter, die Minister, die Testamentarier und viele andere Gruppen in insgesamt 56 Abteilungen. Als Vertreter Bambergs nahmen die Domkapitulare Baron von Guttenberg und Freiherr Voit von Salzburg an der Prozession teil.

Der Leichenwagen, auf dem der Sarg des Fürsten – mit einer schwarzen Samtdecke überzogen und an den Seiten mit den fürstlichen und den Hochstiftswappen geschmückt – stand, wurde von sechs Leibkutschpferden gezogen und von 18 Gardereitern unter der Aufsicht des Hofpfarrers Dr. Mangold begleitet. Unter dem Geläut aller Glocken der Stadt bewegte sich der Trauerzug den Graben hinunter, durch die Augustinergasse, dann die Domgasse hinauf in den Dom. Auf der Strecke standen die verschiedenen hochstiftischen Regimenter und fünf Bürgerkompanien Spalier. Vor dem Dom wurde der Sarg *dann durch die Leibgardisten abgehoben, sodann durch 16 adelige Vasallen in den Dom getragen, in das Castrum Doloris auf die zubereitete Bahr, und zu dieser das fürstliche Herz gesetzt, die beiden Herzogthum- und Stiftsfahnen in gemeltes Castrum Doloris gestellet. Um das Castrum Doloris aber sind die Edelknaben mit Flamben, Agnaten-Stangen, Stabkerzen und geschränkten Fackeln, ferner die Heyducken und Trabanten, sofort auf beiden Seiten des Langhauses die Dom- und Korherrn samt den Vicariis in gewohnlicher Ordnung gestanden. Nachdem nun der völlige Conduct in die Kirche gekommen, wurde einige Zeit musicieret, darauf die Leichpredigt von Professor und Kanonikus des Kollegiatstiftes Neumünster, Herrn Franz Berg, der heiligen Schrift Doctor, gehalten, und nach Vollendung derselben von Reverendissimo Domino Suffraganeo das Requiem in Pontificalibus abgesungen*[12]. Die lange Trauerpredigt von Professor Berg stand unter dem Motto: *Wahrheit und Güte sind die Wachen des Thrones"* Sprüch. Salom. XX, 28. In eleganter Rede und mit überzeugender Argumentation stellte er den Zuhörern die Leistungen Franz Ludwigs als eines aufgeklärten Fürsten und Bischofs vor Augen und verglich die kluge Reformpolitik des Fürstbischofs in den Hochstiftsterritorien mit der im revolutionären Frankreich: *Was aber . . . unsern Höchstseligen Fürsten von allen nur erdenklichen Arten des feinern Despotismus freyspricht, besteht darin, daß Er sogar seinen Befehlen die Härte des Befehls nahm. Nie hörten wir Ihn im Asiatischen Style sprechen: Das ist unser Wille. Immer gab er die Gründe seiner Befehle an, und zeigte ihre Vernunftmäßigkeit. Seinen Zepter hatte er also von der Vernunft selbst entlehnt. Nicht über blinde Sclaven, sondern über selbstüberzeugte, durch ihre Vernunft sich bestimmende und freye Menschen wollte er herrschen . . . und hielt den aus allen Seinen Unternehmungen lesbaren Grundsatz – Sein Volk nicht nur nach der Vernunft, sondern, so viel als möglich, durch die Vernunft zu regieren*[13]. In aller Schärfe kritisierte Berg dabei auch die unaufgeklärten, orthodoxen Gegner der Aufklärungspolitik des Fürstbischofs, *die ihr verderbliches Handwerk im Dunkeln treiben zu können glauben, deren krankes Auge von dem schwächsten Lichtstrahle convulsivisch gereitzt wird; die entweder dem Christenthum recht viel Ehre zu erzeigen und Vortheil zu bringen glauben, wenn sie Dummheit und Unwissenheit zu Eigenschaften eines guten Christen machen, . . . oder ihr kleines Maaß von Kenntniß zum allgemeinen Maaßstabe für alle Köpfe machen, . . . die glau-

ben, es geschähe Gott eine Gefälligkeit, wenn man die Vernunft, die edelste Gabe desselben, an den heiligsten Stätten lästert und mißhandelt und die Quelle des öffentlichen Unterrichts vergiftet; die sich endlich nicht entblöden, zu Verläumdungen und Intriguen zur Unterdrückung verdienstvoller Männer, zu Pasquillen und anonymischen Schriften ihre Zuflucht nehmen, um ihre politischen Zwecke zur größeren Ehre Gottes durchzusetzen, es koste, was es wolle – diesen Vernunfthassern setzte Franz Ludwig seine Einsicht, Wachsamkeit und Billigkeit entgegen . . . Schon dem Tode nahe und dem kommenden Richter entgegensehend, beschwur er noch mit dem Reste seiner Kräfte im Testament Seinen würdigsten Nachfahrer, in seine Erziehungs-Plane einzugehen, weil Er überzeugt sey, daß Aufklärung an sich der Sittlichkeit und Religion nicht nachtheilig, sondern zuträglich sey. Hört es, ihr lichtscheuen Seelen, und, seyd ihr dazu fähig, schämt euch, wenn ihr euer finsteres, abergläubisches und heuchlerisches Christentum der ungeheuchelten und erleuchteten Religion Franz Ludwigs gegenüber stellet[14].

Nach der Predigt und dem anschließenden Hochamt, bei dem wiederum alle Glocken der Stadt läuteten, wurde der Leichnam des Fürstbischofs von Leibgardisten zu der Grabstätte – gegenüber der Ruhestätte seines Vorgängers Adam Friedrich von Seinsheim – gebracht und dort beigesetzt. Das Herz des Fürsten trug der Oberstallmeister in einer kleinen Prozession in die Ornatkammer des Domkapitels. Auch an den folgenden beiden Tagen wurden zu Ehren des Verstorbenen Trauergottesdienste im Dom abgehalten.

In Bamberg traf die Nachricht vom Tod des Fürstbischofs durch Kurier am 14. Februar um ein Uhr beim Domdekan von Hutten ein, der sofort die notwendigen Vorkehrungen traf und den Hofadel und die Offizianten in Trauerkleidung für drei Uhr nachmittags zur Eröffnung des Capitulum Interregni an den Hof bestellte[15]. Durch einstündiges Läuten der Schlaf-Glocke und auch aller anderen Glocken der Stadt sollte der Todesfall den Bambergern bekannt gemacht werden. Die Residenzwache wurde um fünf Uhr, bis zur Vereidigung durch das Domkapitel, von der Bürgerwache mit 100 Bürgern und einem Hauptmann abgelöst. Neben dem Oberstatthalter, dem Domdekan von Hutten, wurden die Domkapitulare Graf von Stadion und Kammerpräsident Graf von Walderdorf zu Statthaltern ernannt. Am 16. Februar verpflichtete das Domkapitel alle Dikasterien, das adelige Hofpersonal, die Bürgermeister und die Truppen durch feierliches Gelübde, die Bürgerwache konnte daraufhin wieder durch das Militär bei den Wachen abgelöst werden. Bei der Sitzung beschloß das Domkapitel an diesem Tag, daß vier Wochen lang jeden Abend nach dem Gebet alle Glocken der Stadt geläutet werden sollen, daß Subregens Limmer die Trau-

errede halten und daß Hofkammer und Obereinnahme eine Zusammenstellung der finanziellen Mittel vornehmen sollen. Mit den Trauergeldern, Münzen und Gedächtnismünzen solle es wie im Interregnum von 1779 gehalten

Grabmal Erthals im Dom zu Würzburg.

werden. Am 18. Februar beschloß das Domkapitel in einer Sitzung unter anderem: *dem Maler Mattenheimer sollen für Malung des fürstl. Portraits auf dem Paradebett 40 fl. fr. bezahlet werden . . . Das benötigte Wachs zu den Exequien und Trauerbeleuchtungen soll die Wachslieferantin Mangin allein besorgen*[16]. Am 20. Februar bestellte es als Statthalter für den Mönchsberg Kapitular von Kerpen, für Forchheim Herrn von Redwitz und für Kronach, Langheim und Banz den Regierungspräsidenten von Buseck. *Der Beginn der Ansagung der kleinen Trauer wurde für den 22. Februar allgemein festgelegt, weil die vielen anwesenden Fremden mehr Zeit der Ansage erfordern und weil Konferenzen und Nebengeschäfte viel Zeit wegnehmen*[17]. Die Pfarrer aller Kirchen im Hochstift verpflichtete das Kapitel, ihre Pfarrkinder auf der Kanzel wegen der Trauer nachdrücklich zu ermahnen und abends nach dem Ave Maria alle Glocken eine halbe Stunde läuten zu lassen[18]. Das fürstliche Pallium wurde am 21. Februar nach Würzburg gebracht, die Würzburger meldeten, daß die Delegation mit dem fürstlichen Herzen am 6. März abgeschickt werde und die Übergabe am 7. März früh um 9 Uhr in Burgebrach erfolgen solle. Die Errichtung des Traueraltars vertraute man dem Hofarchitekten Fink und dem Subkustos Frey an[19].

Am Freitag, 6. März, wurde im Bamberger Dom die *Vigil pro Celsissimo defuncto* der Geistlichen und der Ordensmitglieder des Hochstifts gehalten. Am 7. März, dem ersten Exequientag, begann der Gottesdienst im Dom, zu dem der Hof und die Gäste in festgelegter Ordnung zogen, wegen der Predigt bereits früh um neun Uhr. Für alle Teilnehmer der Prozession waren im Dom Plätze reserviert. Sie wurden von zwei Domkapiteloffizianten und drei Kammerkanzlisten empfangen, die an die Eintretenden die Leichenzettel mit der Biographie und der Würdigung der Leistungen des verstorbenen Fürstbischofs verteilten[20]. Die Trauerrede des Gallus Ignaz Limmer, Kanoniker von St. Gangolf und Subregens im Seminar, dauerte eineinhalb Stunden. Sie wurde, wie die Würzburger Trauerreden, ebenfalls im Druck verbreitet[21]. Ausgehend von dem Motto *Der hohe Priester, der für sein Volk gesorgt hat (Jesus Sirach 50, 1–4)* beantwortete Limmer die Frage: *Wer war Franz Ludwig?* und ging dabei im ersten Teil seiner Rede auf Franz Ludwigs Jugend und Ausbildung, auf seine Erfolge im Dienste des Reiches und auf seine besonderen Verdienste als Fürstbischof von Bamberg und Würzburg ein. Im zweiten Teil würdigte er vor allem die Einrichtungen für Gesundheit und Glück seines Volkes, die den Ruhm Franz Ludwigs auch in Zukunft begründen werden. Dabei hob er vor allem die Verbesserung von Ausbildung und Unterricht, die Einrichtung des Krankenhauses, die Reform der Strafgesetzgebung und die Förderung der Armeninstitute hervor.

Am gleichen Tag übergaben die Würzburger Deputierten, Obrist von Bubenhofen und Graf von Reuß, das Herz des Fürstbischofs den Bamberger Kammerherren von Guttenberg und von Münster, die es mit Begleitung und vor einem paradierenden Infanterie-Kommando durch den Burgebracher Kirchhof zur Kirchentür trugen. Der Ortspfarrer mit seinen drei Kaplänen trug es dann zum Hochaltar unter entsprechenden Gebeten, worauf der Bamberger Hofkaplan das Meßopfer feierte. Nach der Messe beteten die Schulkinder und die Pfarrangehörigen bis zur Abreise der beiden Delegationen. Nach der Ankunft in Bamberg stellte man den Behälter mit dem fürstlichen Herzen am Hohen Kreuz auf einen Trauerwagen und brachte ihn unter großer Anteilnahme der Bevölkerung zur Residenz, wo ihn der Obermarschall auf einem Tisch vor dem Altar der Hofkapelle absetzte und der Subkustos ihn einsegnete. Die aus Würzburg überbrachten Bamberger Pretiosen wurden in der Domschatzkammer auf dem Peterschor in einem Schrank verschlossen. Bis zur eigentlichen Beisetzung des Herzens am Sonntag, dem 8. März, lösten sich in der Hofkapelle die Bamberger Geistlichen mit Gebeten und Messelesen ab. Auch die Kavaliere und Offizianten des Hofes und der Geheimen Kanzlei nahmen an den Andachten teil[22]. Der Leichenkondukt und die Beisetzung des Herzens im Dom verlief ähnlich wie die Beisetzung des Körpers in Würzburg, nur in einem bescheideneren Rahmen. Auch in Bamberg war die Kleiderordnung und die Reihenfolge im Trauerzug genau festgelegt[23]. Als Vertreter der Würzburger Diözese nahmen der Prälat von Banz und der Propst von Heidingsfeld daran teil. Am Abend um sechs Uhr zog die Infanterie auf und bildete vom Residenztor bis zum Domkranz Spalier. Zwei Kompagnien Dragoner besetzten Plätze in der Residenz und im Dom. Um halb sieben wurde dem Hofstatthalter Graf von Walderdorf gemeldet, daß alles zum Kondukte bereit sei (*Hofstatthalter Graf von Stadion konnte Unpäßlichkeit und übler Witterung halber dem Conducte nicht beiwohnen*). In 25 Abteilungen zog dann der Trauerzug in den Dom, wo auf allen Altären und auf den Gittern der Chöre Kerzen brannten. Der Zugang zum Peterschor war mit einem doppelten Dragonerposten besetzt worden, *um das Eindringen des zugelaufenen Volkes zu hindern . . .*[24]. Nach der feierlichen Messe trug der Obermarschall den Behälter mit dem Herzen in die Domschatzkammer, wo er ihn dem Subkusto zur Einsegnung und Unterbringung übergab. Für die folgenden zwei Exequientage war die Teilnahme der Geistlichen der Stifte und Klöster in der Stadt und die Form und Dauer des Geläuts der Kirchenglocken wieder in allen Einzelheiten vorgeschrieben[25]. Außerdem wurden an die Prälaten und die verschiedenen Amtsträger Geschenke und Gedenkmünzen ausgegeben.

Testament und Kodizill

Am 23. März um 10 Uhr trafen sich der Oberstatthalter von Hutten, die beiden Hofstatthalter und die übrigen geladenen Gäste im „Grünen Saal" der Bamberger Residenz zur Testamentseröffnung. Der Domkapitelkonsulent von Heinrichen las das vom Würzburger Regierungspräsidenten Freiherrn von Groß als Testamentsvollstrecker mitgebrachte Testament samt dem Kodizill stehend vor. Freiherr von Groß bestätigte dann die Echtheit des Testaments und erklärte, daß es von dem einen Haupterben, der Würzburger Armenkommission, bereits angenommen sei und forderte den Vertreter der Bamberger Armenkommission, Assessor Stieler, zur Annahme der Erbschaft auf[26]. Franz Ludwig hatte dieses Testament am 20. Dezember 1794 in Würzburg abgefaßt und eigenhändig unterschrieben[27].

Es ist in 13 Abschnitte eingeteilt:

I.   Er erklärt, daß er seine Seele Gott empfehle und daß sein Körper in der herkömmlichen Weise bestattet werden soll.

II.   Die Untertanen empfiehlt er seinem Nachfolger mit der Bitte, ihr Gück und ihren Wohlstand durch Fortsetzung und Ausbildung guter Erziehungs- und Polizeianstalten und eine weise Regierung immer mehr zu fördern.

III.   Als Erben setzt er die beiden Oberarmeninstitute in Bamberg und Würzburg ein. Zwar habe er keine Schätze gesammelt und die Schatull-Gelder schon zu Lebzeiten den Armen und zur Förderung nützlicher Anstalten ausgegeben. Was er aber an Schatull-Geldern und Privatvermögen noch hinterlasse, solle für diese Institute verwendet werden. Seine übrige Hinterlassenschaft soll durch Versteigerung zu Geld gemacht werden und dieses mit sonstigen Einkünften und dem Geld, das er noch von seinem Bruder Lothar Franz, Obersthofmeister zu Mainz, zu fordern hat, in sicherem Kapital angelegt und für die Armeninstitute verwendet werden. Die Zinsen des Kapitals sollen ebenfalls den Armen in den Residenzstädten zugute kommen. Zwar hätte er auch gerne für die Armen auf dem Lande eine entsprechende Verordnung getroffen, dafür reiche aber sein Vermögen nicht aus, er müsse diese deshalb dem milden Herzen seines Nachfolgers empfehlen.

IV.   In beiden Diözesen sollen nach seinem Ableben je tausend Messen gelesen werden und jeder der Lesenden solle aus seiner Hinterlassenschaft dafür sechs Batzen erhalten.

V.   Jedem seiner Kammerdiener in Bamberg und Würzburg, mit deren Diensten er sehr zufrieden sei, hinterlasse er 1000 Gulden. Sie dürfen auch seine Kleidung unter sich aufteilen.

VI.   Bei der Sichtung seiner Papiere sollen sein Beichtvater Bonaventura Rüger, der Würzburger Hofrat Seuffert und der Bamberger Hofrat Pflaum zugezogen werden.

VIII.   Alle zu den Bamberger Stellen gehörenden oder von diesen eingesandten Papiere sollen dem Hofrat Pflaum zugestellt werden.

VIII.   Alle übrigen Papiere, die nicht zu den Würzburger und Bamberger Landesstellen gehören, ob sie auch vor zwei Zeugen verbrannt werden sollen oder nicht, sind dem Beichtvater zu übergeben.

IX.   Die übrigen Papiere, die sein Gewissen betreffen, soll der Beichtvater für sich behalten, alle anderen aber dem Hofrat Seuffert übergeben.

X.   Zu Testamentariern ernennt er den Mainzer Domdekan Georg Karl Freiherr von Fechenbach und den Würzburger Domkapitular Heinrich Karl, Reichsgraf von Rotenhan, und vermacht jedem der beiden für ihre Mühen 100 Spezies-Dukaten.

XI.   Dem Domkapitel und sämtlichen Landesstellen seiner Staaten dankt er für ihre kluge Mithilfe bei der Regierung und bittet sie, ihn und seine Grundsätze nicht zu vergessen.

XII./XIII.   Franz Ludwig bekräftigt die Gültigkeit dieses Testaments und behält sich vor, eine Ergänzung (Kodizill) folgen zu lassen, die dann ebenso gültig sein soll.

In diesem Kodizill, das nicht datiert, in Würzburg aber vom päpstlichen und kaiserlichen Notar Joseph Anton Oegg in Abschrift beglaubigt ist, bestimmt Fanz Ludwig ergänzend in sieben Paragraphen:

1. Da die Schatull-Gelder in Würzburg für den Fürsten beträchtlicher sind als die in Bamberg, soll das Würzburger Oberarmeninstitut zwei Drittel, das Bamberger nur ein Drittel des Erbes erhalten.

2. Seinem Nachfolger in Bamberg empfiehlt er das schon in ganz Deutschland berühmte Krankenhaus, er soll es in Schutz nehmen und nicht zulassen, daß es in ein Pfründnerspital umgewandelt wird, und auch nicht, daß unheilbar Kranke aufgenommen werden.

3. Er ersucht seine Nachfolger in Bamberg und Würzburg die dort neu begründeten Schulanstalten zu un-

terstützen und fortzusetzen, da diese untrügliche Mittel zur Erhaltung und Verbesserung von Religion und Sittlichkeit seien.

4. Von den 50 000 Gulden, die er noch von seinem Bruder zu erhalten hat, legiert er 20 000 für die Schulfonds, wobei auch hier Bamberg ein Drittel und Würzburg zwei Drittel erhalten soll.

5. Die Legate für die Kammerdiener im Testament ändert er so ab, daß die jeweilige Dienstzeit und die erbrachte Leistung der Betroffenen stärker berücksichtigt werden.

6. Da er seine Garderobegelder größtenteils ad pias causas verwendet habe und seine Garderobe deshalb nicht viel wert sei, sollen die Kammerdiener für diesen Teil des Vermächtnisses aus der Hofkammer bezahlt werden.

7. Da er im Testament noch keine Testamentsvollstrecker für Bamberg bestellt habe, ersucht er den Bamberger Domdekan von Hutten und den Würzburger Domherren Otto Philipp von Groß, diese Aufgabe zu übernehmen und sich dafür mit einem kleinen Andenken von hundert Dukaten zu begnügen.

8. Die Zinsen von den 50 000 Gulden seines Bruders sollen nach seinem Tode für den angegebenen Zweck verwendet werden, dem Bruder steht es aber frei, ob er das Kapital noch zu Lebzeiten zurückzahlen will.

9. Der Bamberger und Würzburger Kathedralkirche vermacht er – wie üblich – je einen Kirchenornat, der aber nicht mehr als 500 Reichstaler kosten darf. Da er selbst sein ganzes Vermögen für fromme Anstalten bestimmt habe, legt er den Domkapiteln nahe, auf dieses Vermächtnis freiwillig zugunsten der frommen Anstalten zu verzichten, da beide Kirchen schon reich genug an Ornaten seien.

Franz Ludwigs Regierungszeit und seine testamentarischen Verfügungen haben in seinen Residenzstädten Spuren hinterlassen. Die finanziellen Zuwendungen an die Oberarmeninstitute und die Schulfonds wurden erfüllt, die von Franz Ludwigs Bruder schon im Juni 1795 zurückgezahlten 50 000 Gulden Kapital entsprechend ausgezahlt. Auch seine Krankenhauseinrichtungen, das Juliusspital in Würzburg und das Allgemeine Krankenhaus in Bamberg, haben jahrhundertelang in seinem Sinne zum Wohle der Kranken gewirkt und entsprechende Nachfolge gefunden. Würzburg und Bamberg sind auch durch seine Vorleistungen heute noch bedeutende Schul- und Universitätsstädte.

Anmerkungen

1 Hochfürstlich-Bambergisches Intelligenzblatt Nr. 14, Bamberg, 17. Februar 1795, S. 1 (StadtAB, ZA 1, 1795).
2 Deutsche und lateinische Gedichte zu Ehren des verstorbenen Fürstbischofs sind auch in den Monaten März und April des Jahrgangs 1795 in den Nummern 20, 23, 24, 25 und 27 des Hochfürstlich-Bambergischen Intelligenzblattes abgedruckt.
3 zitiert bei LEITSCHUH, Erthal. Charakterbild, S. 193.
4 zitiert bei LEITSCHUH, Erthal. Charakterbild, S. 188.
5 Notariell beglaubigte Abschrift des päpstlichen und kaiserlichen Notars Joseph Anton Oegg von 1795. StAB, Fränkische Adelsurkunden, Rep. A 205 L. 743 Nr. 3378.
6 StAB, Rep. B 84 Nr. 28 III, Wahl- und Sterbeakten der Bamberger Bischöfe.
7 StAB, Rep. B 24, Hofdiarien, Nr. 32 a, *Hoftagebuch über die nach Ableben Celsissimi Francisci Ludovici ab Erthal bis nach wiederbesetztem Fürsten Stuhle am Hofe vorgegangenen und damit verwandten Geschäften. 1795.*
8 StAB, Rep. B 24, Hofdiarien, Nr. 32 a, darin als Beilage Nr. 28 *Ordentlicher-Leich-Conduct . . .*, eine zwölfseitige Broschüre, gedruckt vom Würzburger Hofbuchdrucker Franz Sebastian Sartorius, mit der genauen Beschreibung des Leichenzugs in Würzburg am 5. März 1795.
9 StAB, Rep. B 24, Hofdiarien, Nr. 32 a, Beilage Nr. 28, S. 3.
10 LEIBES, Trauerpredigt.
11 (Wie Anm. 9), S. 4 ff.
12 (Wie Anm. 9), S. 11.
13 BERG, Trauerrede, S. 25.
14 BERG, Trauerrede, S. 40 ff.
15 StAB, Rep. B 24, Hofdiarien, Nr. 32 a, S. 2 f.
16 StAB, Rep. B 24, Hofdiarien, Nr. 32 a, S. 23 f.
17 StAB, Rep. B 24, Hofdiarien, Nr. 32 a, S. 27.
18 StAB, Rep. B 84, Nr. 28 III, Wahl- und Sterbeakten der Bamberger Bischöfe. fol. 389.
19 StAB, Rep. B 24, Hofdiarien, Nr. 32 a, S. 57.
20 StAB, Rep. B 24, Hofdiarien, Nr. 32 a, S. 78 und Beilage 33.
21 StAB, Rep. B 24, Hofdiarien, Nr. 32 a, S. 49 und Beilage 10.
22 StAB, Rep. B 24, Hofdiarien, Nr. 32 a, S. 81.
23 StAB, Rep. B 24, Hofdiarien, Nr. 32 a, S. 64 und Beilage 23.
24 LIMMER, Trauerrede.
25 StAB, Rep. B 84, Nr. 28 III, Wahl- und Sterbeakten der Bamberger Bischöfe, fol. 400.
26 StAB, Rep. B 24, Hofdiarien, Nr. 32 a, S. 97.
27 (Wie Anm. 5).

154 Testament und Kodizill des Fürstbischofs Franz Ludwig von Erthal

Testament (notariell beglaubigte Abschrift)
Würzburg, 20. Dezember 1794
Papier, 20 Seiten
Kodizill (notariell beglaubigte Abschrift)

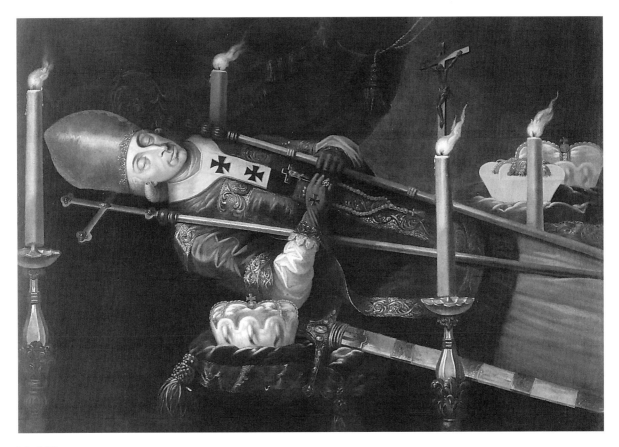

Nr. 157

Undatiert (nach dem 20. Dezember 1794)
Papier, 6 Seiten
Papiersiegel und Unterschrift des Notars Joseph Anton Oegg
Datum der Beglaubigung: 2. Februar 1795

Staatsarchiv Würzburg, Adelsarchiv Fechenbach Nr. 2413

Eine weitere beglaubigte Abschrift, bei der Testament und Kodizill zusammengeheftet sind, befindet sich in: Staatsarchiv Bamberg, Rep. A 205, Fränkische Adelsurkunden II, Nr. 3378. Unbeglaubigte zeitgenössische Abschriften auch in: Staatsarchiv Bamberg, Rep. B 84 Nr. 28 IV, Wahl- und Sterbeakten Bamberger Bischöfe und Stadtarchiv Bamberg, Rep. A 21, 1795 Dezember 20, Rep. C 26 Nr. 25 und HV Rep. 1 Nr. 525.

Druck: JOHANN KASPAR BUNDSCHUH, Testament des Höchstseligen Franz Ludwig, Freyherrn von und zu Erthal, Fürstbischofs zu Bamberg und Würzburg. In: Der Fränkische Merkur 5 (1798), Sp. 103–114. – SPRENKE, Franz Ludwig, S. 193–202. – FRIEDRICH AUGUST FRHR. VON ZU-RHEIN, Testament des vorletzten Würzburger Fürstbischofs, Franz Ludwig Freiherrn von Erthal. In: AU 1 (1835), S. 127–136. – ROTHLAUF, Lebensbeschreibung, S. 55–62.

Lit.: LOOSHORN, Bisthum Bamberg 7 b, S. 634–637. – LEITSCHUH, Erthal. Charakterbild, S. 190 f. – HANS LASSMANN, Die Testamente der Bamberger Fürstbischöfe von Albrecht Graf von Wertheim bis Johann Gottfried von Aschhausen (1398–1622). In: BHVB 108 (1972), S. 203 ff.

In 13 Abschnitten formuliert der Fürstbischof seinen Letzten Willen, der darin gipfelt, daß er seinen Nachfolger ersucht, Glück und Wohlstand seiner Untertanen durch Fortführung und Ausbildung guter Erziehungsanstalten und Auswahl rechtschaffener und fähiger Beamter zu fördern und daß er zu gleichen Teilen die beiden Oberarmeninstitute in Würzburg und Bamberg als seine Erben einsetzt.

Im Kodizill verändert Franz Ludwig die im Testament erklärte Aufteilung des Erbes zu gleichen Teilen an die Armeninstitute. Da die Einnahmen aus den Schatullgeldern in Würzburg beträchtlicher seien als die in Bamberg, soll das Würzburger Oberarmeninstitut zwei Drittel des Erbes, das Bamberger nur ein Drittel erhalten. Die gleiche Aufteilung solle bei den Zuwendungen für die Schulfonds in beiden Städten erfolgen. H. M.

155 Würzburger Leichzettel

Offizielle Traueranzeige des Würzburger Domkapitels zum Tode des Fürstbischofs Franz Ludwig von Erthal (deutsche Fassung)
Würzburg, Februar 1795
Papier
H. 34 cm, Br. 39 cm
Reich ornamentierte, schwarze Umrandung

Archiv des Juliusspitals Würzburg, Akten Nr. 3148

Lit.: Ausstellungskatalog Franz Ludwig von Erthal, Nr. 166.

Der Nachruf enthält eine ausführliche Würdigung von Herkunft und Werdegang des Fürstbischofs. Die Leistungen im Reichsdienst vor der Bischofswahl, besonders die Visitation des Reichskammergerichts in Wetzlar und die Tätigkeit als kaiserlicher Konkommissar beim Reichstag in Regensburg werden besonders betont.
Als Fürstbischof sei es ihm gelungen, *durch sein Beispiel die Möglichkeit, in reinster Harmonie die geistliche und weltliche Macht in Einer Person zu vereinigen,* zu beweisen. Besonders hervorgehoben werden die Anstrengungen des Fürstbischofs für die Bildungsarbeit, seine Visitationstätigkeit in mehr als hundert Pfarreien, Kirchen und Schulen seines Bistums und seine Sorge für die Kranken, denen er das Juliusspital *beynahe in einen Palast... verwandelte,* und für die Armen, die er in seinem Testament als Erben einsetzte.
Außer der deutschen gab es noch eine lateinische Fassung des Würzburger Leichzettels. H. M.

156 Traueranzeige des Bamberger Domkapitels zum Tode des Fürstbischofs Franz Ludwig von Erthal

Bamberg, März 1795
Papier
H. 34,5 cm, Br. 41 cm

Staatsbibliothek Bamberg, M. v. O. Bamb. 267/121

Diese offizielle Traueranzeige, der *Leichzettel,* wurde am 8. März 1795 im Bamberger Dom an die Teilnehmer des Trauerzuges verteilt. Sie enthält alle wichtigen Angaben über Herkunft und Werdegang des Fürstbischofs, betont, daß er alle Pflichten als Fürst **und** Bischof hervorragend erfüllt habe, und hebt vor allem seine Seelsorgetätigkeit durch Visitationsreisen und seine Bemühungen um die Armen und Kranken besonders hervor. Betont wird auch die überregionale Anerkennung seiner Politik als Reichsfürst durch Hinweis auf den Besuch *der drei größten Monarchen unseres Zeitalters...* (gemeint sind Kaiser Leopold II., sein Sohn und Nachfolger Franz und König Friedrich Wilhelm II. von Preußen). H. M.

157 Fürstbischof Franz Ludwig von Erthal auf dem Paradebett

Andreas Mattenheimer (1752–1810)
Bamberg, 1795
Öl auf Leinwand
H. 111 cm, Br. 163 cm

Historisches Museum Bamberg, Inv.-Nr. 966. Leihgabe der Krankenhausstiftung Bamberg seit 1972. Abb.

Quellen: StAB, Rep. A 231 I Nr. 2640, *Rechnung über Einnahm und Ausgab auf das erfolgte Ableben des Fürsten Franz Ludwig 1795,* fol. 18 r, dazu Nr. 2641, Beleg Nr. 195 und Rep. B 24, Hofdiarien, Nr. 32 a, S. 23 (Eintrag vom 18. Februar 1795).

Lit.: Ausstellungskatalog Franz Ludwig von Erthal, Nr. 157. – Zum Castrum Doloris bei den Trauerfeierlichkeiten für Bamberger Domherren: RENATE BAUMGÄRTEL-FLEISCHMANN, Trauerfeierlichkeiten für Bamberger Domherren im 16. und 17. Jahrhundert. In: Textile Grabfunde aus der Sepultur des Bamberger Domkapitels (Arbeitsheft 33 des Bayerischen Landesamtes für Denkmalpflege). München 1987, S. 22 mit Anm. 139–143.

Bei den Trauerfeierlichkeiten für die Bamberger Fürstbischöfe und Domherren, aber auch für die Trauergottesdienste nach dem Tod der deutschen Kaiser wurde im Bamberger Dom ein Castrum Doloris errichtet. Der mit einem schwarzen Tuch bedeckte Katafalk stand unter einem oben offenen Baldachin, an dessen vier Säulen die Wappen des Verstorbenen und Sinnsprüche, sogenannte Serta, angebracht waren. Auf den Bögen, die die Säulen miteinander verbanden, fanden unzählige weiße Wachskerzen ihren Platz, der Bogen, der der Trauerversammlung zugewandt war, trug jedoch ein Gemälde – den Verstorbenen auf dem Paradebett. Eine bisher nicht veröffentlichte lavierte Federzeichnung (StBB, R. B. Carm. sol. f. 15/32) zeigt das für den 1753 verstorbenen Bamberger Fürstbischof Philipp Anton von Franckenstein errichtete Castrum Doloris mit dem Paradebett-Bild.
Im Diözesanmuseum Bamberg befinden sich fünf solcher Bilder (siehe BAUMGÄRTEL-FLEISCHMANN, Trauerfeierlichkeiten, Anm. 39), als sechstes kommt das im Historischen Museum Bamberg verwahrte Gemälde hinzu, das Franz Ludwig von Erthal auf dem Paradebett zeigt. Der am 14. Februar 1795 in Würzburg verstorbene Fürstbischof wurde dort aufgebahrt und auch bestattet. In Bamberg fanden aber trotzdem Trauerfeierlichkeiten statt, für die das Castrum Doloris errichtet wurde.
Der Bamberger Maler Andreas Mattenheimer erhielt den Auftrag, das dafür notwendige Gemälde zu schaffen. Da in solchen Fällen wegen der Kürze der zur Verfügung stehenden Zeit schnell gearbeitet werden mußte, konnte Mattenheimer keine Zeichnung vor Ort in Würzburg anfertigen. Er kopierte deshalb das in der Bamberger Dom-Kustorei aufbewahrte Paradebett-Bild des Fürstbischofs Philipp Anton von Franckenstein und fügte nur im Vordergrund – deutlich sichtbar – einen zweiten Fürstenhut (für Würzburg) hinzu.

Beim Vergleich der Paradebett-Bilder von Franckenstein und Erthal zeigt sich, daß Mattenheimer auf seinem Bild die Mitra abgeändert hat, wie man an den Übermalungen erkennt. Das war notwendig geworden, da er den Kopf des Verstorbenen erst dann einfügen konnte, als er eine Zeichnung des in Würzburg aufgebahrten Erthal oder zumindest von dessen Gesicht in Händen hatte. Das Dreiviertelprofil Erthals war nur schlecht mit der bereits kopierten Körperwendung des Franckenstein, dessen Gesicht en face dargestellt ist, in Einklang zu bringen.

Mattenheimer erhielt auf Befehl der beiden Herren Statthalter für *das Porträt des seligsten Landes Herrn und Fürsten Franz Ludwig* stattliche 40 fl.   R. B.-F.

158 Franz Ludwig von Erthal auf dem Paradebett

Franz Wiesen
Würzburg 1795
Kupferstich auf Papier
Signiert: *F. Wiesen Sculp. Wirceb.*
H. 29 cm, Br. 36,8 cm (Plattengröße)
Legende: *FRANCISCUS LUDOVICUS / D. G. Episcopus Bambergensis et Wirce-/burgensis S.R.J. Princeps Franc. Orient. / Dux & c. Natus die 16 Septem 1730 [,] electus / Episcopus Bamb. 12 April [,] Episcopus / Wirceb. 18 Mart. 1779. Obiit 14 Febr. 1795 / Requiescat in pace.*

Staatsbibliothek Bamberg, V A 85 c

Quellen zum Ankauf der in Bamberg verwendeten Paradebett-Kupferstiche: StAB, Rep. A 231 I Nr. 2640, *Rechnung über Einnahm und Ausgab auf das erfolgte Ableben des Fürsten Franz Ludwig 1795*, fol. 18v und Nr. 2641, Beleg Nr. 213.

Lit.: JOSEPH HELLER, Verzeichniß von bambergischen Portraits in Holzschnitt, Kupferstich, Lithographie etc. In: BHVB 8 (1845), Nr. 149. – Ausstellungskatalog Franz Ludwig von Erthal, Nr. 161. – Zu Franz Wiesen: HARRY HEIMANN, Johann Christoph Fesel, Hochfürstlich Würzburgischer Kabinetts-Maler. .., Diss. Würzburg 1933, S. 23.

Eingeklebt in die Würzburger Trauerrede des Franz Leibes (Kat.Nr. 160) und in die Quartausgabe der Bamberger Trauerrede des Gallus Ignaz Limmer (Kat.Nr. 161), hier gefaltet.

Der verstorbene Fürstbischof liegt in einer halbrunden Nische auf einem Katafalk. Er trägt Pontifikalkleidung. Bischofsstab und Rosenkranz hält er in der rechten, das Herzogsschwert in der linken Hand. Zwei personifizierte Tugenden, zu seinen Füßen Justitia, am Haupt Caritas, halten die Totenwache. Im Vordergrund löscht ein Putto die Fackel, während ein zweiter einen Kranz hochhält. Sie weisen auf den Tod und den Eingang in das ewige Leben hin. Im Gewölbe bedeckt Chronos den Wappenschild des Fürstbischofs mit einem Tuch. An den Pfeilern rechts und links sind die Agnatenwappen des Verstorbenen angebracht.

Franz Wiesen war eigentlich Geheimer Kanzlist in der Würzburger Regierung, beschäftigte sich aber, ähnlich wie seine Bamberger Kollegen Caspar und Johann Eder, nebenbei mit Zeichnen und Kupferstechen. Er soll, nach HEIMANN, Schüler des Christoph Fesel gewesen sein. Vermutlich erhielt er den Auftrag für den Paradebett-Kupferstich nur, weil es damals keinen anderen Kupferstecher in Würzburg gab und eine Vergabe nach auswärts Zeit gekostet hätte. Den Druck übernahm Christina Gutwein in Würzburg, die Witwe des Kupferstechers Balthasar Gutwein. Für die Bamberger Leichenpredigten wurden ihr 1000 Exemplare abgenommen, die insgesamt 16 fränkische Gulden kosteten. Ähnlich groß dürfte auch die Zahl der in Würzburg benötigten Stiche gewesen sein. Damit ist auch die oft schlechte Qualität der noch erhaltenen Abdrucke erklärt.   R. B.-F.

159 *Trauerrede bey der Beerdigung Franz Ludwigs, des Weisen, Fürstbischofs zu Bamberg und Würzburg etc. im Hohen Dom zu Wirzburg den 5. März im Jahre 1795 von Franz Berg, Professor zu Wirzburg*

Jena, 1796
Papier, Oktavformat, 83 Seiten

Staatsbibliothek Bamberg, R. B. Bg. o. 21 g

Lit.: LEITSCHUH, Erthal. Charakterbild, S. 195.

Ausgehend von dem Motto *Wahrheit und Güte sind die Wache des Thrones (Sprüch. Salom. XX, 28)* würdigt Berg in eloquenter Rede und mit überzeugender Argumentation den Menschen und den Politiker Franz Ludwig von Erthal. Er schildert ihn als erleuchteten Aufklärer in einer zum Teil rückständigen Umgebung, betont die Vernunftgemäßheit seiner Entscheidungen und spart auch nicht mit kritischen Seitenhieben auf unaufgeklärte und eigennützige Gegner des Fürstbischofs, denen er unter anderem zuruft: *Hört es, ihr lichtscheuen Seelen, und, seyd ihr dazu fähig, schämt euch, wenn ihr euer finsteres, abergläubisches und heuchlerisches Christenthum der ungeheuchelten und erleuchteten Religion Franz Ludwigs gegenüberstellet.*

Wohl wegen dieser Angriffe wurde diese Trauerrede nicht wie die von Leibes in Würzburg, sondern in Jena gedruckt.   H. M.

160 *Trauerrede auf den höchstseligen Hintritt des Hochwürdigsten Fürsten und Herrn, Herrn Franz Ludwig, von Gottes Gnaden Bi-*

schofes zu Bamberg und Würzburg, des heil. Röm. Reichs Fürsten, auch Herzog zu Franken etc. etc. aus dem Reichsfreyherrlichen Geschlechte von und zu Erthal, unseres gnädigsten Fürsten und Herrn, bey den in der Fürstlichen Hofkirche zu Würzburg gehaltenen Exequien, vorgetragen von Franz Leibes, der heil. Schrift Doctor. Hochfürstl. geistlichem Rathe, Regens des Seminarums zum guten Hirten und des Collegiat-Stiftes Canonicus. Am 2ten des Märzes 1795

Würzburg, 1795
Papier, Folioformat, 33 Seiten
Kupferstich von Franz Wiesen (eingeklebt)

Staatsbibliothek Bamberg, R. B. fun. f. 103

Lit.: LEITSCHUH, Erthal. Charakterbild, S. 194 f. – LOOSHORN, Bisthum Bamberg, 7b, S. 640. – Ausstellungskatalog Franz Ludwig von Erthal, Nr. 16.

Leibes stellt seine Trauerrede unter das Motto *Diejenigen, welche die Völker unterrichtet und zur Weisheit und Tugend angewiesen haben, werden glänzen wie die Sterne in ewigen Zeiten (Dan. XII. Kap. 3. Vers).*
In drei Abschnitten charakterisiert der Regens des Würzburger Priesterseminars zunächst die gerechte Regierung des Fürsten, zeigt sein Vorgehen gegen Vorurteile und Sittenlosigkeit und schließt mit einem überschwänglichen Lob auf die Menschenfreundlichkeit und Opferbereitschaft des Fürsten: *Franz Ludwig opferte seine Ruhe, sein Vergnügen, seine Geistes und Körperkräfte, sein Privatvermögen und sein Leben seinem Volke auf: Er lebte nicht sich, er lebte nur ihm.* H. M.

161 *Trauerrede auf den Hochwürdigsten Fürsten und Herrn, Herrn Franz Ludwig, Bischof zu Bamberg und Würzburg, des heil. R. R. Fürsten, auch Herzog zu Franken etc. etc. bey den öffentlichen Exequien in der kaiserlichen hohen Domstiftskirche zu Bamberg, den 7. März gehalten von Gallus Ignaz Limmer, Hochfürstl. geistl. Rath, Kanonikus des Kollegiatstiftes zu unserer lieben Frau u. heil. Gangolf, des hochfürstl. Ernestinischen Seminariums bei der heil. Martinspfarre Subregens in Bamberg.*

Bamberg, 1795
Papier, 64 Seiten
Kupferstich von Franz Wiesen (eingeklebt)

Bibliothek des Metropolitankapitels Bamberg, Bbg. 998

Lit.: LEITSCHUH, Erthal. Charakterbild, S. 195 f. – LOOSHORN, Bisthum Bamberg 7b, S. 639.

Limmer stellt seine Predigt unter das Motto *Der Hohe Priester, der für sein Volk gesorgt hat (Jesu Sohn Sirach 50, 1–4).* Nach einem kurzen Rückblick auf den Werdegang Franz Ludwigs erinnert der Redner im ersten Teil an die vielen gemeinnützigen Einrichtungen und Entscheidungen des Fürstbischofs, mit denen dieser versucht hat, ganz für sein Volk zu leben und es glücklich zu machen. Im zweiten Teil geht er auf Franz Ludwigs zukunftsweisende Leistungen im Bereich von Bildung, Krankenpflege und Strafrechtsreform ein, die den Ruhm dieses Fürstbischofs auch in Zukunft bei den Menschen begründen und verewigen müssen. H. M.

ROBERT ZINK

Das Nachwirken Franz Ludwig von Erthals

Bereits beim Tod Franz Ludwig von Erthals war den Zeitgenossen die außerordentliche Bedeutung des Lebenswerks dieses Mannes bewußt. In den Grabreden waren seine zukunftsweisenden Leistungen, die er gerade auf sozialem Gebiet erbracht hatte, genannt und in ihrer Bedeutung hervorgehoben worden. Es konnte damit auch nicht ausbleiben, daß die folgenden Generationen immer wieder dieses Fürsten gedachten und ihn in den unterschiedlichsten Formen ehrten.

Als besonderes Indiz für die hohe Wertschätzung müssen die Publikationen gelten, die sich mit seinem Leben und seinen Werken beschäftigen[1]. Den in Würzburg und Bamberg entstandenen und im Druck verbreiteten Trauerreden von LEIBES, BERG und LIMMER und einer 1803 veröffentlichten Biographie eines anonymen Verfassers, der den Bischof noch selbst gekannt haben muß, folgten weitere umfassende Biographien wie – stellvertretend – die von JOHANN BAPTIST ROTHLAUF zur Einweihung eines Denkmals in Bamberg 1865, verschiedene Arbeiten des Bamberger Bibliothekars FRIEDRICH LEITSCHUH in zeitlicher Nähe zum 100jährigen Bestehen des Krankenhauses (1889), danach schließlich ein Zyklus mehrerer Veröffentlichungen von MICHAEL RENNER nach 1962. Daneben fand die Leistung Franz Ludwigs für einzelne Bereiche wie etwa das Schul- und Universitätswesen, die Seelsorge und vor allem natürlich die soziale Fürsorge immer wieder eigene Würdigungen. Erst in jüngerer Zeit wurde auch auf die Vereinnahmung Franz Ludwigs durch die Konzilsgegner des 1. Vatikanischen Konzils 1869 aufmerksam gemacht; mit der Schrift „Franz Ludwig von Erthal, Fürstbischof von Bamberg und Würzburg, Herzog von Franken, namhafter Vertheidiger der deutschen Kirchenfreiheiten gegen die errichtete römische Nuntiatur in München vom Jahre 1785–1791" hatte der Bamberger Kleriker und Bibliothekar MICHAEL STENGLEIN (1810–1879) versucht, die deutschen Minoritätsbischöfe in ihrer Haltung gegen die Konzilsbeschlüsse zu unterstützen[2]. Große Bedeutung für das Nachwirken Erthals kommt auch den Ausstellungen – und den damit verbundenen Publikationen – zu, da mit ihnen stets eine zusammenfassende Würdigung und beträchtliche Aufmerksamkeit in der Öffentlichkeit verbunden waren: 1980 zum 250. Geburtstag im Spessartmuseum in Lohr, aus gleichem Anlaß eine Ausstellung der Staatsbibliothek Bamberg – zusammen mit einem Festvortrag des Würzburger

Landeshistorikers OTTO MEYER an der nach dem Bischof benannten Schule in Bamberg–, schließlich 1984 zur Verlegung des 1789 errichteten Allgemeinen Krankenhauses Bamberg wiederum in der Staatsbibliothek Bamberg[3].

Auch zu früheren Gedenktagen hatten Erthals Leistungen stets gebührende Erinnerung gefunden, so etwa bei den Festlichkeiten zum 100jährigen Bestehen des Krankenhauses 1889, zu dem neben offiziellen Veranstaltungen im Krankenhaus selbst und auf dem Domplatz vor dem Erthal-Denkmal[4] auch eine Festschrift erschien[5]. Auch Kunstgewerbe, Heimatkunde und die Folklore thematisierten die Erinnerungen an ihn, wie Abbildungen auf Bierkrügen[6], Medaillen[7] und Pfeifenköpfen[8] oder Festzüge[9] belegen. Aber auch nur schwer greifbares heimatkundliches Schrifttum beschäftigte sich immer wieder mit dem Bischof und seinen Werken; Autoren wie ALOIS RAUCH[10], LUDWIG JOSEF PFAU[11], HANS SCHNEIDMADL[12] oder HANS PASCHKE[13] stehen stellvertretend für viele andere, gleiches gilt für Presseartikel[14] und Vorträge[15].

Eine besondere Form des Nachwirkens stellen – abgesehen freilich von den bleibenden Einrichtungen wie etwa dem Bamberger Krankenhaus – die mit dem Namen des Bischofs verknüpften Denkmäler gegenständlicher oder ideeller Art dar. Sie erinnern unmittelbar und direkt an die Person, deren Leistung besonders anerkannt ist, so daß damit eine ständige, zumindest aber eine regelmäßige Erinnerung gewährleistet wird.

Franz-Ludwig-von-Erthal-Stiftungen

Stiftungen sind in einem auf breiter Grundlage beruhenden Mäzenatentum eine nahezu zeitlose Form, die Erinnerung an einen Vorgang oder an eine Person wachzuhalten und gleichzeitig eine Verknüpfung mit einem ideellen, meist karitativen Zweck herzustellen. Dies gilt für Franz Ludwig in einem besonderen Maße, wirkten doch bereits Stiftungen, die unter ihm oder durch ihn errichtet worden und mit seinem Namen[16] verbunden waren, weit über seinen Tod hinaus. So bestand in Würzburg der „Franz-Ludwigs-Fonds", aus dem – nachweislich 1807 und 1808 – Unterstützungen für Lehrer gewährt wurden[17]. Sozialem Zweck diente auch die am 22. November bzw. 5./6. Dezember 1889 zur Erinnerung an die Einweihung des Krankenhauses 1789 von den beiden Bamberger Kollegien des Magistrats und der Gemeindebevollmächtigten errichtete Franz-Ludwig-Jubiläums-Stiftung[18], aus der Zuschüsse an die in der Krankenpflege tätigen Niederbronner Schwestern und Diakonissinnen *als den lebendigen opferwilligen Trägern des großen Wohltätigkeitssinnes des edlen Fürstbischofs* und an den Verein zur Fürsorge für israelitische Waisen geleistet wurden. 1930 wurde die Stiftung mit anderen zur Stiftung für Studierende zusammengeschlossen.

Eine besondere Bedeutung kommt durch Entstehung, beteiligte Personen und weiterer Verlauf der „Franz-Ludwig-Stiftung" in Bamberg zu. Als die in Würzburg erscheinende konstitutionelle Wochenschrift „Das bayerische Volksblatt" am 14. Februar 1829 eine kurze Reminiszenz auf den 34 Jahre zuvor verstorbenen Franz Ludwig von Erthal veröffentlichte, wurde dies auch in Bamberg aufmerksam registriert[19]. In Kenntnis dieses Artikels wandten sich am 28. Februar 1829 die Gemeindebevollmächtigten der Stadt Bamberg mit dem umfangreich begründeten Vorschlag an den städtischen Magistrat, Erthal die Dankbarkeit Frankens durch die Errichtung eines Denkmals zum 1830 zu begehenden 100. Geburtstag zu erweisen: Aber *nicht in Erz oder Stein,* weil dies *den Gesinnungen Franz Ludwigs nicht entsprechen würde; denn nicht in todten Bauwerken, sondern in Werken der Liebe und des Lebens hat er seine Größe bethätigt.* Daher plante man die Errichtung einer Wohltätigkeits-Stiftung, deren finanzielle Grundlage aus Überschüssen des Krankenhauses und des Bürgerspitals bestehen sollte und deren Zinsen jährlich zum Geburtstag des verstorbenen Fürsten am 16. September an Bedürftige auszuzahlen seien[20]. Der Magistrat lehnte den Vorschlag mit Hinweis auf sinnvollere Nutzung der Überschüsse, Unsicherheit der Finanzierung allgemein sowie mit Bedenken über die Rechtmäßigkeit der Verwendung der Überschüsse ab. Er konnte damit den Wunsch der Gemeindebevollmächtigten aber keineswegs abtun, die nun eine gemeinsame Einladung zur Überlassung von Geldern als Stiftungsgrundlage vorschlugen. Die in dem darüber entstandenen Streit angerufene Kreisregierung entschied schließlich, den Plan zur Sammlung von Geldern als *Privat-Unternehmen* zuzulassen; sie lehnte zwar regelmäßige Zuschüsse aus anderen Stiftungen ab, stellte aber solche in namhafter Höhe befristet in Aussicht; schließlich dürfe der Aufruf für Spenden auch keine amtliche Beteiligung erkennen lassen, zuletzt wurde auch eine Beschränkung der in weit größerem Umfang vorgesehenen Stipendien vorgeschlagen.

Unterzeichner des Antrags der Gemeindebevollmächtigten war deren Vorsitzender Franz Ludwig von Hornthal, in dem man sicher auch den Motor dieses Unterfangens zu sehen hat. Geboren[21] in Hamburg um 1760 als Sohn eines Rabbiners war er während seines Studiums an der Fürther Talmud-Schule in Kontakt zu Bischof Franz Ludwig gekommen; 1779 konvertierte er zum katholischen Glauben, wobei Erthal und der Bamberger Domherr Johann Karl Joseph Horneck zu Weinheim die Patenschaft übernahmen; deren Namen verband Hornthal zu seinem neuen Familiennamen. Nach juristischem Studium in Bamberg war Hornthal vorwiegend als einflußreicher Advokat und als Assessor des Bamberger Landgerichts tätig. Nach dem Übergang des Hochstiftes an Bayern trat er in kurfürstliche Dienste, anfangs als Polizeidirektor in Bamberg, dann auch als Generalkriegskommissar unter Napoleon, Oberster Justizrat in Franken und als Leiter der Staatskommission für das Nürnberger Schuldenwesen. 1818 wurde Hornthal zum Ersten Bürgermeister der Stadt Bamberg gewählt. Während seiner dreijährigen Amtszeit erwarb er sich besondere Verdienste um die Ordnung des kommunalen Haushaltes und die Förderung der städtischen Anstalten und Wohltätigkeitsinstitutionen. Seine Wiederwahl wurde durch die Vorgänge um den Kleriker Fürst Alexander von Hohenlohe[22] verhindert, der in Bamberg, Würzburg und an anderen Stellen angebliche Wunderheilungen vollbrachte. Dabei war es zu heftigen Konflikten mit dem von Hornthal geleiteten Bamberger Magistrat gekommen, in dessen Verlauf – wie vorher mehrfach – seine unbestechliche, rechtlichen Prinzipien verhaftete, aber auch undiplomatische Art Hornthal erheblichen Anfeindungen aussetzte. Er gehörte dem 1819 tagenden ersten Landtag und seinem Nachfolger 1822 an, seine Wiederwahl in die anschließenden Landtage wurde von Regierungsseite verhindert, obwohl auf Ludwig I. als neuem König zahlreiche Hoffnungen auf politische Erleichterungen geruht hatten. In der Folge beschäftigte sich Hornthal – erbittert über die ihm aufgezwungene Passivität – als politischer Schriftsteller. Insgesamt erscheint er als ein Mann von hohem fachlichem Wissen, unbedingter und absoluter Gerechtigkeit.

Mit Schreiben vom 10. September 1830[23] genehmigte die Regierung die „Franz-Ludwig-Stiftung", nachdem zwischenzeitlich auf einen Aufruf Hornthals hin[24] eine nicht unwesentliche Summe eingegangen war, zu der der Initiator selbst und seine nächsten Familienangehörigen einen wesentlichen Teil beitrugen. Die Satzung von 1832[25] sah die Verteilung von Zuschüssen jährlich am 16. September, dem Geburtstag Erthals, vor. Dabei sollte nach dem Prinzip „Hilfe zur Selbsthilfe" ein Mindestbetrag von jeweils 50 Gulden verteilt werden an *unbescholtene fleißige, überhaupt tadellose Bürger...,* an *solche, die zwar nicht verarmt, ..., jedoch ohne ihr Verschulden in gedrängte Lage gerathen, der Gefahr der Verarmung ausgesetzt sind.* Hornthal ließ allerdings – offenbar bewogen durch die anfänglichen Widerstände gegen die Stiftung im Magistrat – auch festschreiben, daß er als *Veranlasser und Mitbegründer* der Stiftung oder der jeweils älteste seiner männlichen Nachkommen in Bamberg eine Mitaufsicht an der Stiftung wahrzunehmen befugt sein solle. Auch der jeweilige Erzbischof solle um die Übernahme der Mitaufsicht gebeten werden.

Im Sog des Kulturkampfes und der Sozialistengesetze wurde die Stiftung in heftige politische Kontroversen innerhalb der Bürgerschaft verstrickt. Bei der Beratung des Stiftungs-Haushaltes am 13. Dezember 1882 entstand aus der Bestimmung über einen Gottesdienst im Dom bei der jährlichen Verteilung der Mittel die Frage nach einem möglichen katholischen Charakter der Stiftung. In der Folge führte dies zu einer breiten Auseinandersetzung in der örtlichen und überörtlichen Presse vor dem Hintergrund der weltanschaulichen Differenzen der Zeit. Die Gemeindebevollmächtigten widersprachen mehrheitlich in ihrer Sitzung vom 26. Januar 1883 einem Beschluß des Magistrats und beschlossen, aus der Stiftung weiterhin nur katholische Bürger zu unterstützen. Noch 1904 führte dies dazu, daß in einer Dokumentation die Entwicklung dargelegt und mit der Forderung an den Magistrat verbunden wurde, den konfessionellen Charakter der Stiftung abzuschaffen[26]. Die Stiftung wurde 1930 mit anderen Stiftungen ähnlichen Zweckes zur „Stiftung für Arme" zusammengelegt[27].

Auch in Würzburg scheint die Veröffentlichung über Franz Ludwig von Erthal in der Wochenschrift „Das bayerische Volksblatt" vom 14. Februar 1829, die die Errichtung der Stiftung in Bamberg ausgelöst hatte, den Plan zur Gründung einer Stiftung hervorgerufen zu haben. Dort hat der politisch unter Ludwig I. verdächtigte Jurist Johann Adam von Seuffert, der Sohn eines hochrangigen Beamten unter Erthal[28], zu einer Stiftung aufgerufen, der allerdings nur teilweise Erfolg beschieden war[29]. Aufgrund des Aufrufs übergab ein anonymer Spender durch den Spitalpfarrer Haaf Obligationen im Wert von 800 Gulden mit der Maßgabe, aus den Zinsen ehrbare Würzburger Familien bei der Bestreitung des Hauszinses zu unterstützen gegen die Verpflichtung, den Gottesdienst am Geburtstag Franz Ludwigs zu besuchen oder für ihn zu beten[30]. Gleichermaßen wurde 1830 eine Summe für arme Bürger und Studenten gestiftet, die noch nicht gänzlich verarmt und ohne Verschulden in Not geraten sind[31]. Beide Stiftungen existierten bis 1926.

Der Franz-Ludwig-Verein in Bamberg

Zu einem der zentralen Probleme des Staates war im 19. Jahrhundert die soziale Frage geworden. Nach der mit der Säkularisierung einhergehenden Auflösung vieler Klöster und dem daraus entstandenen Verlust deren karitativer Bemühungen und der zunehmenden Zentralisierung auch im Bereich des städtischen und kirchlichen Stiftungswesens sowie der Fortentwicklung des Handwerks und des Gewerbewesens sowie der beginnenden Industrialisierung war eine Lösung der Armenfrage als staatliche Aufgabe zunehmend deutlicher und dringlicher geworden.

Die „Verordnung, die Armenpflege betr." vom 22. Februar 1808[32] hatte die Armenpflege als Staatsanstalt zentralisiert und Armeninstitute bei den Distriktspolizeibehörden eingeführt, wobei der Vollzug den Stiftungsadministrationen und den Pfarrern übertragen war. Aufgrund des Widerstandes, dem diese Regelungen bei den Unterbehörden, der Bevölkerung und der Kirche begegneten, wurde diese Vorschrift durch die Verordnung vom 17. November 1816[33] ersetzt. Mit ihr fand die Rückkehr zu der vor 1803 üblichen örtlichen Armenpflege statt, die allenfalls bei Überlastung durch höhere Armeneinrichtungen unterstützt wurde. Die Geschäftsführung lag nun in den Städten bei einem „Armenpflegschaftrat", dem der Polizeidirektor, der Stadtgerichtsarzt, ein Pfarrer, der Bürgermeister, ein Mitglied des Magistrats sowie Abgeordnete aus allen Ständen der Bevölkerung angehören sollten. Ihm oblag es, die Anerkennung der Armen festzustellen („Armenkonskriptionen"), für ihre Bedürfnisse zu sorgen, die Armen *unter polizeiliche und sittliche Vormundschaft zu nehmen* und *die nöthigen Hilfsquellen auszumitteln, zu verwalten und zu verwenden;* dafür war besonders die Einrichtung von Arbeitsanstalten, Verpflegungseinrichtungen und Almosenstellen vorgesehen. Zur Kostendeckung bot die Verordnung verschiedene Wege an, neben Zwangsbeiträgen und Krediten auch freiwillige Beiträge und Zinsen aus Stiftungskapitalien.

Mit einem an die Mildtätigkeit und die Zuneigung der Bamberger Einwohnerschaft zum Herrscherhaus appellierenden Aufruf im Bamberger Tagblatt vom 11. März 1854 riefen angesehene Personen zum Anschluß an den neuen „Franz-Ludwig-Verein" auf[34]: Ziel des Vereins[35], der sich am 15. März konstituierte, sollte es sein, den *in neuerer Zeit gesteigerten Bedürfnissen der Armen Abhilfe . . . zu gewähren*. Darunter verstanden die Gründer besonders das Engagement für städtische *Rettungsanstalten armer verwahrloster Kinder katholischer Religion* und für die Errichtung eines *katholischen Gesellen-Vereines*[36]. Bereits 1855 konnte der auf den Gedanken Adolf Kolpings (1813–1865) beruhende und besonders dem Handwerkswesen verhaftete Gesellenverein gegründet werden[37]. Ihm folgten ein „Unterstützungs-Verein für arme Taubstumme und verwahrloste Knaben" sowie eine „Rettungs-Anstalt für verwahrloste Mädchen"[38]. Mit der Gründung dieser Organisationen wurde der ursprüngliche Vereinszweck bald erreicht, so daß er schließlich auf die Unterstützung weiterer katholischer Einrichtungen erweitert werden konnte[39].

Die Wahl des Vereins-Namens war den Bamberger Initiatoren Programm: *Wir glauben unseren Verein ehrenvoll und zweckmäßig mit dem Namen ‚Franz-Ludwig-Verein' bezeichnen zu können, zum Andenken an Bamberg's großen Fürsten, den besonderen Wohlthäter der Armen und Förderer freiwilliger Armenpflege.* Der als Ursache der Armut angesehene *Mangel an Religion, Sittlichkeit, Arbeitsamkeit und Sparsamkeit* sollte durch *religiöse Umstimmung, Belehrung, Erbauung und Trost überhaupt sowie durch Erziehung verwahrloster Kinder und Heranbildung der Gesellen zu tüchtigen Meistern und Bürgern* bewirkt werden, wobei der Verein ein klares Bekenntnis zu seinem *katholischen Standpunkte* ablegte.

Den Aufruf unterzeichneten an führender Stelle der Dompropst Dr. Leonhard Friedrich und – noch als Weihbischof – der spätere Erzbischof Michael von Deinlein[40], dann aber auch der Erste Bürgermeister Ferdinand Glaser und der städtische Rechtsrat Friedrich Schneider; einige Geistliche, Beamte, Kaufleute und Handwerksmeister vervollständigten das Gründungskollegium, unter ihnen befanden sich der pensionierte Hofrat Philipp Freiherr von Künsberg, der Pfarrer von St. Gangolf – Caspar Anton Schweitzer – und der Modelleur Carl Schropp.

Die gemeinsame Führung des Franz-Ludwig-Vereins durch Angehörige des Bamberger Klerus (Weihbischof von Deinlein, Dompfarrer Engert) und Mitglieder des Stadtmagistrats blieb ein Merkmal des Vereins in der Anfangszeit. Seit dem Übergang der Vorstandsführung auf Repräsentanten der Stadt 1864, zuerst Bürgermeister Glaser, dann dessen Nachfolger Dr. Schneider, August von Brandt und Franz Michael Lutz, verschoben sich die Gewichte stärker zugunsten der Verwaltung, ohne allerdings die Geistlichkeit ganz auszuschalten.

Während es dem Verein gelang, seine im Gründungsaufruf enthaltenen anfänglichen Ziele zu erreichen, führten die Liberalisierungspolitik und der mit dem „Gesetz, die öffentliche Armen- und Krankenpflege betr." vom 29. April 1869[41] verbundene Übergang der öffentlichen Armenpflege auf die Kommunen zu einer Veränderung und zu einer gewissen Erstarrung des Vereinslebens, dem die Entwicklung der Sozialpolitik in der Zeit des Deutschen Reiches (z.B. Krankenversicherung 1883, Unfallversicherung 1884, Alters- und Invalidenversicherung 1889, Reichsversicherungsordnung 1901) weiteren Abbruch tat. Das spätere Wirken des Vereins mag an dem 1901 erstatteten Bericht für das Jahr 1900 deutlich werden. Danach hatte der Verein – bei 118 Mitgliedern – Einnahmen von 810 Mark, denen 443 Mark an Ausgaben gegenüberstanden; diese verteilten sich auf den Ankauf von Pfand-

briefen in Höhe von 46 Mark und auf die Verteilung von 320 Mark an den katholischen Gesellenverein, die Niederbronner Schwestern, die St.-Josefs-Anstalt, den St.-Heinrichs-Verein, den katholischen Arbeiter-Verein und an die Kinderbewahranstalten im II. und III. Distrikt. Das Kapitalvermögen des Vereins betrug zu diesem Zeitpunkt 6 783,– Mark.

In der Folge nahm der Mitgliederstand kontinuierlich ab, so daß bei der Generalversammlung am 16. April 1912 erstmals der Gedanke laut wurde, das geringfügig auf 8 200 Mark angewachsene Vermögen dem Lokalarmenfonds der Stadt Bamberg zuzuweisen und den Verein aufzulösen. Diesem Antrag wurde in der Generalversammlung am 19. Oktober 1912 stattgegeben mit der Bedingung, die bisher bereits unterstützten Einrichtungen aus den künftigen Renten vorrangig zu bedenken.

Entstehung und Aufgaben des Franz-Ludwig-Vereins sind ohne Hinweis auf Vereine mit ähnlicher Zielsetzung nicht recht zu beurteilen[42]. Bereits 1853 war in München unter dem Protektorat und mit tätiger Förderung des bayerischen Königshauses der St. Johannis-Verein errichtet worden, der sich die Unterstützung der freiwilligen Armenpflege zur Aufgabe gesetzt hatte.[43] Ihm trat bald nach seiner Gründung auch der Franz-Ludwig-Verein als Zweigverein bei, da er sich den gleichen Zielen verpflichtet sah. Mit Schreiben vom 16. Mai 1854 beantragte er die Zustimmung zur Aufnahme in den Zentralverein, die dieser auch zwei Tage später bereits bestätigte.

Dabei mag allerdings erstaunen, daß bereits seit 25. Februar 1854 die Gründung eines „St. Johannis-Vereins für freiwillige Armenpflege in Bayern" in Bamberg betrieben wurde, dessen Gründer sich am 23. März 1854 – also kurz nach der Gründung des Franz-Ludwig-Vereins, jedoch vor dessen Anerkennung durch den Münchner Zentralverein – zur Beratung einer Satzung trafen[44]. Initiator des neuen Vereins war der Hofrat und Advokat Dr. Peter von Hornthal (1795-1864)[45], der Sohn des früheren Polizeidirektors, Justizrats und – seit 1818 – Ersten Bürgermeisters der Stadt Bamberg Franz Ludwig von Hornthal (1765-1833), des Patenkindes Franz Ludwig von Erthals[46]. Das Wirken des Vereins ist aus seinen bis 1916 bestehenden Rechnungen[47] fast lückenlos zu verfolgen. Während die Vorstandschaft in den Anfangsjahren aus Mitgliedern des Klerus (Domdekan Dr. Adam Gengler, dann Domkapitular Johann Rothlauf) und der Beamtenschaft (von Hornthal, der städtische Rechtsrat und Rektor der Gewerbeschule, Dr. Eugen Schneider) eine dem Franz Ludwig-Verein vergleichbare Struktur aufwies, entstammten die Mitglieder vorwiegend den gehobenen Ständen des Bürgertums und des Militärs sowie dem Klerus – mit Erzbischof Bonifaz von Urban an der Spitze –,

Hugo Barthelme, Franz Ludwig bei der Eröffnungsrede zum Würzburger Universitätsjubiläum 1782. Fresko im alten Bayerischen Nationalmuseum München (Maximilianstraße).

während Handwerker eine eindeutige Minderheit unter den für 1857/58 namentlich aufgeführten 253 Mitgliedern des Vereins[48] bildeten. Im Franz-Ludwig-Verein dagegen waren – soweit angesichts des Fehlens früher Mitgliederlisten aus dem Gründungsaufruf auf die Mitgliederstruktur geschlossen werden darf – eher Handwerksmeister und kleinere Gewerbetreibende vertreten.

Auch hinsichtlich der Zielsetzung unterschieden sich beide Vereine durchaus. Der dezidierten Unterstützung katholischer Einrichtungen durch den Franz-Ludwig-Verein stand eine in der Satzung ausdrücklich festgelegte, vom Zentralverein übernommene überkonfessionelle Zweckbestimmung beim St. Johannis-(Zweig-)Verein gegenüber, der sich die *Fürsorge für arme Kranke, die* zur Aufnahme in öffentliche Krankenanstalten sich nicht eignen, die Linderung geheimer Familiennoth und die Unterstützung der Kleinkinder-Bewahranstalt zur Aufgabe machte.

Franz-Ludwig-Verein und St. Johannis-(Zweig-)Verein erweisen sich daher als Einrichtungen, die aus gleicher Wurzel entstanden sind, die sich aber auf unterschiedlichen Wegen, vielleicht sogar als Konkurrenten, an der Lösung des Armenproblems beteiligten. Dabei zeigte sich freilich der St. Johannis- (Zweig-)Verein als bei weitem langlebiger und aufgrund seiner Überkonfessionalität auch wirkungsvoller. Indem der eine für individuelle Notfälle, der andere zur Unterstützung sozialer Einrichtungen konzipiert war, ergänzten sich beide Vereine freilich auch.

Franz-Ludwig-Denkmäler[49]

Das 19. Jahrhundert hat die Errichtung von Denkmälern als staatstragende und identitätsstiftende Idee genutzt. Mit Monumenten verband sich gleichermaßen Erinnerung wie zweckgebundene Absicht und ohne größere Schwierigkeiten konnten sie als städtebauliches Gestaltungselement eingesetzt werden. Die Franz Ludwig in dieser Form zugedachten Ehrungen waren allerdings nur in Bamberg von Erfolg gekrönt.

Die Regierungszeit König Ludwigs I. (1825–1848) hatte zu einem Aufschwung in nahezu allen Lebensbereichen in dem seit 1803 wesentlich vergrößerten Bayern geführt. Neben seiner Begabung als zielsicherer und finanztüchtiger Politiker hatte sich Ludwig I. aber auch als eine ebenso empfindliche wie hartnäckige Künstlernatur erwiesen. Ein besonderes Anliegen war ihm dabei stets die Stärkung und die Pflege des Geschichtsbewußtseins auf bayerischer, regionaler und lokaler Ebene[50]. Dazu diente die Einführung der bayerischen Geschichte und der Heimatgeschichte als Unterrichtsfächer in den Schulen ebenso wie die Gründung Historischer Vereine. „Wie die Geschichte auf Ludwigs Kunstpflege von Einfluß war, so war umgekehrt die Kunst für ihn auch eine Deuterin und Vermittlerin der Geschichte"[51]. Diesem Bewußtsein verdankten die großen bayerischen Nationaldenkmäler wie die Walhalla, die Pinakothek, die Befreiungshalle und das Bayerische Nationalmuseum ihre Entstehung, ebenso zahlreiche Standbilder für bedeutende geschichtliche Persönlichkeiten und andere Aktivitäten wie etwa die Bemühung Ludwigs um die Rettung des Theresienvolksfestes in Bamberg 1843 oder die purifizierende Restaurierung des Bamberger Domes nach 1828[52].

Zu Bamberg hatte Ludwig I. zum Ende seiner Regierungszeit ein nicht ganz ungetrübtes Verhältnis. Nicht

nur, daß hier Wortführer der radikalen Demokraten wie Nikolaus Titus[53] und Heinrich Heinkelmann[54] ihre politische Heimat hatten, kamen aus Bamberg auch außergewöhnlich kritische Töne zu Ludwigs Verhältnis mit Lola Montez, was seine Abdankung ganz wesentlich beeinflußte.

Erst nach der Abdankung des Königs 1848 hat die Initiative seines Sohnes und Nachfolgers Maximilian II. für die Beachtung Franz Ludwigs gesorgt, als in dem 1855 gegründeten Bayerischen Nationalmuseum – geschaffen zu Ehr und Vorbild des bayerischen Volkes[55] mit volkspädagogischer Zielsetzung[56] – nach dem Vorbild der „Versailler Galerie" eine aus 143 Fresken bestehende Bilderfolge entstand[57]. Dabei stellte der aus Eußenhausen stammende Historienmaler Hugo Barthelme (1822–1895)[58] Franz Ludwig bei der Eröffnungsrede zur zweiten Jubiläumsfeier der Universität Würzburg 1782 dar[59], die mit einem elftägigen Fest unter ungewöhnlichem Prunk gefeiert worden war.

Aber auch Ludwig I. blieb trotz seiner Resignation als König – politisch nicht unumstritten – noch als Privatmann bemüht, die Integration der neubayerischen Gebiete dadurch zu fördern, daß er Respekt vor dem Selbstverständnis der Regionen zeigte, diese nicht einem altbayerischen Monopolanspruch auslieferte, ohne ihm gleichzeitig gesamtstaatliche Bedeutung beizumessen[60]. Daraus mag sich erklären, daß ihn das Gemälde Barthelmes zu weiteren Initiativen anregte.

In einem Schreiben vom 12. Januar 1863 wandte sich das Hof-Sekretariat Ludwigs I. mit einer Bitte an den Magistrat der Stadt Bamberg[61]. Auf Wunsch des in Nizza weilenden Königs wurde nach einem lebensgleichen Bildniß des Fürstbischofs von Würzburg und Bamberg Franz Ludwig von Erthal gefragt, das in dem von ihm gestifteten Krankenhaus zu Bamberg erwartet wurde. Der Stadtmagistrat bestätigte in seinem Antwortschreiben vom folgenden Tag die Existenz eines solchen Bildes im Krankenhaus, wies jedoch gleichzeitig darauf hin, daß ein noch besseres aber im Besitze des Julius-Hospitales zu Würzburg sein soll. Lapidar wird angefügt, daß die hiesige Gewerbeschule eine getreue Gypsbüste des höchstseligen Fürsten besitze.

Vor weiteren Schritten ließ Ludwig I. anfragen, ob das im Krankenhaus befindliche Bildniß ... mit der in der dortigen Gewerbschule aufgestellten Gypsbüste ... harmoniere. Der Stadtmagistrat holte zur Klärung dieser Fragen ein Gutachten des Magistratsrates und Gewerbeschullehrers Schäfer ein. Dieser teilte mit, daß das Brustbild in der vormaligen Zeichen-Akademie[62] seit 1797 vorhanden sei und nach allgemeiner Aussage, besonders jene der verstorbene Herr Conservator Joseph Martin von Reider das beste sei. Dem Gutachten entnahm der Magistrat, daß Bild und Büste harmonierten und daß das Bild jünger als die Büste sei. Die darüber mitgeteilte Stellungnahme schien jedoch nicht überzeugend, denn mit Schreiben vom 1. April 1863 wurde von Ludwig I. weitere Auskunft darüber erbeten, ob es sich bei der Büste um *eine wahre*, d.h. ein Original, handle; gleichzeitig wurde angefragt, ob eine Ausleihe der Büste zum Zweck einer *Modellierung für ein Standbild* gestattet würde. Noch ehe der Magistrat freilich antworten konnte, kündigte am 6. April 1863 das Hof-Sekretariat den Besuch des von Ludwig I. geförderten Professors Widnmann[63] für den 8. April an, der das Gemälde und die Büste in Augenschein nehmen wolle[64]. Offensichtlich fiel das Urteil des Akademielehrers zugunsten der Gipsbüste und des Bildes aus, denn der König ließ um deren Übersendung nach München nachsuchen.

Zwischenzeitlich war dem Magistrat die Absicht dieser Anfragen bekannt geworden. In einem Schreiben vom 18. Mai 1863 bedankte er sich dafür, daß *Ew. Kgl. Majestät die Absicht ausgesprochen hätten, den in der Geschichte Deutschlands und insbesondere Frankens hochberühmten Fürstbischofe Franz Ludwig von Erthal ein Standbild dahier errichten zu lassen und solches der Stadtgemeinde als Schenkung abzutreten*[65]. Bereits zwei Tage später schlug der Magistrat den Domplatz als Ort für die Aufstellung des Denkmals vor. Dabei wurde in einer detaillierten Begründung angeführt, daß die Stadt nur über wenige und dazu kaum geeignete Plätze verfüge, *so daß immerhin der Domplatz unter den gegebenen Verheltnissen als der einzig passende erscheinen möchte*. Nach einjähriger Überlegung, während der Max von Widnmann die Modellierung des Standbildes abschloß, ließ der König am 25. Mai 1864 seine Zustimmung zum Aufstellungsort mitteilen, er wünschte gleichzeitig, daß das Denkmal nach Osten gerichtet sein solle und forderte den Abschluß der Vorarbeiten für Fundament und Sockel bis Ende März 1865. Zu deren Planung machte er detaillierte Angaben; für die Anfertigung des Sockels brachte er den Steinhauermeister Erhardt Ackermann aus Weißenstadt in Oberfranken in Vorschlag, mit dem am 6. Juli 1864 ein Vertrag geschlossen wurde. Ergänzungen ergaben sich noch dadurch, daß der städtische Baurat Lang vorschlug, zur *Erzielung einer entsprechenden Umgebung des Standbildes sowie zur Sicherung desselben* das Denkmal mit einem Gitter zu umgeben. Die Ausführung des Denkmals als Bronzeguß war Ferdinand (II.) von Miller (1842–1929)[66] übertragen worden. Es zeigte den Fürsten im bischöflichen Chorgewand, darüber den herzoglichen Hermelinmantel, die rechte Hand zum Segen erhoben, links das priesterliche Birett haltend[67]. Am 29. Mai 1865, dem Jahrestag der Grundsteinlegung zum Allgemeinen Krankenhaus 1787, wurde das Denk-

Erthal-Denkmal vor dem Verwaltungsgebäude der Allgemeinen Ortskrankenkasse in Bamberg. Zustand 1995.

mal durch den Münchner Domdekan von Reindl als königlichen Übergabe-Kommissar im Auftrag des Königs unter Anteilnahme aller Teile der Bevölkerung feierlich enthüllt[68]. Der Vertreter des Königs ging dabei in seiner Rede auf die Verdienste Franz Ludwigs im allgemeinen ein, während der Vorstand des Magistrats den Dank der Stadt an Ludwig I. zum Ausdruck brachte und die Wohltaten des Bischofs gegenüber der Stadt aufzählte.

Mit zunehmendem Bewußtsein für das Gesamtbild der Stadt geriet der Standort und die umgebende Anlage immer stärker in die Kritik, selbst vor *bübischer Rohheit* war das Denkmal nicht mehr sicher[69]. Bereits 1901 wurde auf Anregung des Zweiten Bürgermeisters und verdienstvollen Heimatforschers Joseph Valentin Herd (1837–1902) das bis dahin dem Verlauf des Domplatzes folgende Gefälle der gärtnerisch gestalteten Anlage – unter Verwendung von Erdaushub beim Schrottenberghof – planiert; der dadurch notwendige Ausgleich zum Domplatz mußte durch Trittstufen hergestellt werden; gleichzeitig wurde das ursprüngliche Drahtgeflecht um das Denkmal durch ein passenderes Eisengitter ersetzt[70].

In den dreißiger Jahren wurden die Bedenken gegen den Standort immer lauter, wobei die Vermischung der Baustile und besonders die abschätzige Haltung der Fachwelt gegenüber der Kunst des 19. Jahrhunderts eine wichtige Rolle spielten. Im Juni 1936[71] erzielten die Stadt Bamberg und das Landesamt für Denkmalpflege in München Einigkeit über eine Neuaufstellung des Denkmals an der zur Dientzenhoferstraße hin gelegenen Front des Priesterseminars, verbunden mit einem Ersatz des von 1865 stammenden Syenitsockels durch einen dem Gebäude angepaßten Muschelkalksockel. Der Einspruch der Seminarleitung, der vor allem auf dem weitgehenden Fehlen besonders enger Beziehungen Franz Ludwigs zu dieser Einrichtung und auf der weitgehenden Publikumsferne des vorgesehenen Standorts beruhte, verhinderte den Plan; stattdessen schlug sie den Platz vor dem Erzbischöflichen Palais vor, dem in der Folge auch die Stadtverwaltung zuneigte. Allerdings kam diese bald mit der Verlegung in Terminnöte, denn der Domplatz sollte für die Führerinnentagung des „Bundes deutscher Mädels" (BdM) im September 1936 frei sein. Ohne Rücksicht auf die Tatsache, daß ein neuer Standort noch nicht gefunden war, wurde das Denkmal im August 1936 abgebrochen und zusammen mit dem Sockel in den ehemaligen fürstbischöflichen Jagdzeugstadel verbracht. Der Krieg verhinderte schließlich weitere Aktivitäten.

Erst mit einem Schreiben des Historischen Vereins vom 2. Dezember 1948[72] an die Stadtverwaltung wurde das Problem erneut aufgegriffen. Nach längerer, heftiger Diskussion, in deren Verlauf der Heinrich-Weber-Platz, das Krankenhaus, der Schiffbauplatz und andere Orte, aber auch erneut der Domplatz und das Priesterseminar, vorgeschlagen wurden, nahm die Angelegenheit 1955 eine überraschende Wende. Bei der Einweihung des neuen AOK-Gebäudes an der Herzog-Max-Straße am 7. Mai 1955 rief der Verwaltungsdirektor der AOK, Adolf Firsching, in seiner Festrede die besonderen Verdienste des Fürstbischofs auf sozialem Gebiet in Erinnerung. Er wies auf die Errichtung des Krankenhauses, auf die Einrichtung der Normalschule, die Verbesserung des Gerichtswesens und schließlich auf die Gründung des „Gesellen- und Dienstboten-Institut" hin, das sich in der AOK fortsetzte. Damit verband er den Vorschlag, das Denkmal in die Anlage vor der AOK zu stellen und so eine sinnfällige Verbindung zwischen Franz Ludwig und der in ihren Wurzeln auf ihn zurückgehenden Krankenkasse herzustellen[73]. Diesen Gedanken nahm Oberbürgermeister Luitpold Weegmann auf und versicherte sich dazu der grundsätzlichen Zustimmung der AOK, des Landesamtes für Denkmalpflege und des Stadtrates. Eine erneute Verzögerung – bedingt durch die Frage der Verwendung des alten oder der Anfertigung eines neuen Sockels – wurde dann durch die Entscheidung des Stadtrates zugunsten eines der neuen Umgebung angepaßten, niedrigen Muschelkalk-Sockels am 11. Juli 1957 abgeschlossen, so daß das Denkmal schließlich im November 1957 aufgestellt werden konnte.

Gleichfalls umstritten war aber wiederum die Vorstellung der AOK, das Denkmal 1983 auch an ihren neuen Standort an der Pödeldorfer Straße verlegen zu dürfen: die stilistisch und historisch unpassende Umgebung und die mit der direkten Bindung an die AOK verknüpfte Unterdrückung *geschichtlicher, städtebaulicher und künstlerischer Eigenarten und Aussagen*[74] wurden gegen eine Verlegung ins Feld geführt. Dennoch stimmte der Stadtrat am 21. Dezember 1983 der Versetzung zu, am 24. April 1984 erteilte die Regierung von Oberfranken die nach dem Denkmalschutzgesetz erforderliche Zustimmung. Die Arbeiten wurden am 4. Mai 1984 rechtzeitig vor Eröffnung des neuen Verwaltungsgebäudes ausgeführt; 1986 wurde in unmittelbarer Nähe zum Denkmal eine Bronzetafel angefügt[75].

Das Bamberger Standbild blieb das einzige, das zu Ehren Franz Ludwig von Erthals tatsächlich errichtet wurde. Über das Stadium einer Planung nicht hinausgelangt ist der Plan für ein Erthal-Denkmal in Lohr 1895. An der Westseite des Lohrer Schlosses – in Verbindung mit einem Erthal-Wappen – war ein Bronzestandbild des Bischofs in Überlebensgröße vorgesehen. Es sollte in einer Gartenanlage auf einer Erhöhung postiert und mit Sandsteinmauerwerk eingefaßt werden[76].

Straßen und Schulen

Seitdem um die Mitte des 19. Jahrhunderts in allen Städten Straßennamen als amtliche Bezeichnungen eingeführt wurden, finden dafür die Namen von Personen Verwendung, an die erinnert werden soll oder die zu ehren sind. Dies galt auch für Franz Ludwig von Erthal an seinen wichtigsten Lebensstationen.

Bereits 1867 wurde in Bamberg im Zuge des Baues der Sophienbrücke (heute Luitpoldbrücke) über den linken Regnitzarm als Verbindung zwischen Schönleinsplatz und Bahnhof die bisher inoffiziell benannte Garküchen-

straße zwischen dem Grünen Markt und dem Häfners-
markt umbenannt. In zeitlicher und ideeller Nähe mit der
1865 erfolgten Errichtung des Denkmals zu Ehren des
Bischofs auf dem Domplatz erhielt sie den Namen
„Franz-Ludwig-Straße"[77]. Durch die Stadterweiterung in
diesem Bereich nach Südosten infolge der Dammbauten
erreichte die Straße kurz nach 1900 ihre endgültige Ausdehnung und heutige Bebauung.

Auch in Würzburg wurde 1880/81 die Erinnerung an
Erthal wachgehalten, als die bisherige Kirchbühlstraße
in der Sanderau in „Franz-Ludwig-Straße" umbenannt
wurde, wobei die Meinung, daß diese Straße die *ihrem
kunstbeflissenen Namensvetter Ehre macht; denn wahre
Prachtbauten stehen dort* – die offensichtliche Unkenntnis des Charakters Franz Ludwigs widerspiegelt[78]. Für
den äußeren Teil der Straße beschloß der Magistrat dann
allerdings am 18. Juni 1900 wegen der großen Straßen-
länge die Umbenennung in „Erthal-Straße"; ein bereits
am 26. Januar 1895 dazu gefaßter Beschluß einer entsprechenden Kommission und Anregungen aus der Bevölkerung hatten darüber hinaus eine *bessere Hervorhe-
bung, wer unter Franz Ludwig zu verstehen sei,* vorgeschlagen[79]. Ein Intermezzo stellte die am 5. März 1935
beschlossene Umbenennung in „Hans-Schemm-Straße"
dar, die am 5. Mai 1945 wieder rückgängig gemacht
wurde.

Lassen Straßenbenennungen allein die Verdienste der damit geehrten Personen nicht unbedingt erkennen, so erlaubt die Berücksichtigung von Personen in Schulnamen
eher Rückschlüsse auf die Beziehungen. Dies gilt für
Franz Ludwig von Erthal in besonderem Maße, weil eine
seiner bleibenden Leistungen die Hebung des Elementar-
und Gymnasial-Schulwesens gewesen ist. Als das
Bayerische Staatsministerium für Unterricht und Kultus
1964 die Schulen aufforderte, einen geeigneten Namen
anzunehmen, wählte das Neue Gymnasium in Bamberg
die Bezeichnung „Franz-Ludwig-Gymnasium". Ursäch-
lich für den Vorschlag des aus Würzburg stammenden
und mit den Verdiensten Erthals wohl vertrauten Schul-
leiters Dr. Liesering waren die besonderen Tugenden des
Bischofs („im Grundsätzlichen treu, dem Neuen aufgeschlossen, der Gutes kennenlernen und unbedingt fördern
wollte"), seine besondere Beziehung zu Bamberg und
seine Sorge um das Schulwesen, nicht zuletzt aber auch
die Lage der Schule an der Franz-Ludwig-Straße[80]. In der
Folge sah sich die Schule der Pflege des Gedächtnisses
an ihren Namensgeber besonders verpflichtet. So veran-
staltete sie z.B. Kolloquien, beschaffte ein Gemälde für
das Direktorat und regte die Errichtung einer Stele an, die
1967 durch den Bildhauer Kurt Strabenow angefertigt
und vor dem Haupteingang des Gebäudes aufgestellt
wurde[81].

Auch das Gymnasium in Erthals Geburtsort Lohr hielt
die Erinnerung an den Bischof in seinem Namen wach.
Nachdem dort verschiedene Vorschläge diskutiert worden waren, wurde als neuer Namen „Franz-Ludwig-von-
Erthal-Gymnasium" vorgeschlagen. Das Kultusministe-
rium stimmte diesem Vorschlag am 1. April 1974 zu. Mit
der gewählten Namensform konnte die Schule auch der
Bestimmung gerecht werden, keinen bereits anderswo
verwendeten Schulnamen anzunehmen[82].

Ehrungen und Erinnerung an Franz Ludwig von Erthal
finden sich an seinem Geburtsort und in seinen beiden
Residenzstädten in vielfachen Formen, teilweise bis in
die Gegenwart. Der unterschiedliche Anteil, den diese
Städte daran haben, mag ein Spiegelbild seiner bis heute
ablesbaren Verdienste sein, der als Gründer des Bamberger Krankenhauses in dieser Stadt stets präsent ist, so daß
die nach ihm benannte Straße und benannte Schule bewußt mit dem Bischof identifizierbar sind. Die wissenschaftliche Anerkennung seines Lebenswerkes wird freilich von der Vergänglichkeit von Stiftungen, Standbildern
und Vereinigungen nicht beeinträchtigt, da Erthals Leistungen gerade auf sozialem Gebiet so zukunftsträchtig
gewesen waren, daß das Fortwirken seiner Initiativen
auch unsere Zeit weit überdauern wird.

Anmerkungen

1 Im einzelnen vgl. dazu das Literaturverzeichnis
2 JOSEF URBAN, Die Bamberger Kirche in Auseinandersetzung mit dem
  Ersten Vatikanischen Konzil, 2 Bde. Bamberg 1982 (BHVB Beiheft
  15), hier: Bd. 1, S. 410 f.
3 Vgl. StadtAB, B.S. 7321/2. – Allgemeines Krankenhaus.
4 StadtAB, Rep. C 2, VII B/987/14.
5 Festschrift, Bamberg. Krankenhaus.
6 Die Würzburger Hofbräu gab ab 1984 eine Serie von Bierkrügen mit
  Abbildungen Würzburger Fürstbischöfe heraus; Franz Ludwig ist
  dabei mit seinem Wappen vertreten, ein beigefügtes Zertifikat enthält
  eine biographische Würdigung mit Bildnis. – Zu einem ähnlichen Unternehmen der Kaiserdom-Privatbrauerei in Bamberg vgl. Fränkischer
  Tag Nr. 268 vom 22. November 1994, S. 18.
7 Medaillenserie der Stadtsparkasse Bamberg „Die Fürstbischöfe von
  Bamberg" von 1503 bis 1802, 1983, dort Nr. 23. – Zu einer Medaille
  auf den Tod des Fürstbischofs 1795 vgl. StadtAB, Rep. C 26, Nr. 37.
8 Pfeifenkopf mit Porträt-Darstellung Franz Ludwigs in Privatbesitz
  (Sammlung Franz Friedrich Erben).
9 Anläßlich des historischen Festzugs zur 1000-Jahr-Feier der Stadt
  Bamberg 1973 hatte ein Wagen des Bürgervereins IV. Distrikt das
  Krankenhaus und seinen Stifter zum Thema.
10 Franz Ludwig von Erthal. Ein Erinnerungsblatt zum 200. Geburtstag.
   In: Alt-Franken 6 (1930), Nr. 7.
11 Zum 200. Geburtstag Franz Ludwigs von Erthal. In Alt-Franken 6
   (1930), Nr. 10, S. 73–78.
12 Bamberger Walhalla (Postkartenserie). Bamberg o. J.
13 Franz Ludwig von Erthal, Fürstbischof von Bamberg, sein Wirken und
   Schaffen, seine Schöpfungen und Werke. In: Sand-Kerwa 1955 (zugleich Studien zur Bamberger Geschichte und Topographie 5),
   S. 80–88.

14 Z.B. „Franz Ludwig von Erthal zum Gedenken" (Fränkischer Tag Nr. 18 vom 11. Februar 1950, S. 12). – „Was er geschaffen hat, wirkt heute noch nach" (Fränkischer Tag Nr. 214 vom 16. September 1980, S. 11). – „Menschenfreund und Sittenwächter. Vor 200 Jahren starb Franz Ludwig von Erthal, Fürstbischof von Bamberg und Würzburg" (Fränkischer Tag vom 14. Februar 1995, W 3). – Menschenfreund und Sittenwächter" (Bamberger Bistumskorrespondenz Nr. 3 vom 8. Februar 1995, S. 6–10).

15 Z. B. „Franz Ludwig von Erthal". Vortrag von Stadtkaplan Freitag 1931 vor dem Frankenbund Bamberg.

16 Damit nicht zu verwechseln sind Erthal-Stiftungen in Aschaffenburg, Mainz, Würzburg und Bamberg, die auf andere Familienangehörige zurückgehen.

17 Allgemeiner Schul- und Landschulfonds zu Würzburg (StAW, Würzburger Schulsachen Nrn. 1022 und 1022 a.

18 LEITSCHUH, Erthal. Charakterbild, S. 224. – StadtAB, Rep. C 2, VII B/961/8: Gründung einer Franz Ludwigs-Jubiläums-Stiftung. – Rechnungen 1891–1893 mit Darstellung der Stiftung in StadtAB, Rep. C 27, Nr. 129, ferner auch Nrn. 115 und 117.

19 Zum folgenden StadtAB, Rep. C 2, VII B/961–963/1, 1. Bd. – LEITSCHUH, Erthal. Charakterbild, S. 222 f. – Ausstellungskatalog Allgemeines Krankenhaus, S. 109.

20 Abgedruckt in Bamberger Neueste Nachrichten, Jg. 23 vom 6. Januar 1883, Nr. 6, S. 2. – Vgl. auch StadtAB, B.S. 7321/2.

21 JOHANN PETER VON HORNTHAL, Franz Ludwig von Hornthal. In: Bericht über den Kunstverein zu Bamberg seit seinem Entstehen am 12. Dezember 1823 bis zum Jahre 1843. Bamberg 1843, S. 67–74. – ULRICH WIRZ, Franz Ludwig von Hornthal. Eine politische Biographie. (Unveröffentlichte Diplomarbeit) Bamberg 1989.

22 STEPHAN BARON VON KOSKULL, Wunderglaube und Medizin. Die religiösen Heilungsversuche des Fürsten Alexander von Hohenlohe in Franken. Bamberg 1988 (BHVB Beiheft 22).

23 Abdruck der Genehmigung durch Ludwig I. am 2. Dezember 1832 in Festschrift. Bamberg, Krankenhaus, Beilage S. 7.

24 Abgedruckt in Bamberger Neueste Nachrichten, Jg. 23 vom 6. Januar 1883, Nr. 6 mit ausführlicher Würdigung Erthals.

25 Abgedruckt als Beilage in Festschrift, Bamberg. Krankenhaus, ferner in Bamberger Neueste Nachrichten, Jg. 23 vom 27. Januar 1883, Nr. 27.

26 C. H. ZIMMER, Die Franz Ludwig von Erthal'sche Wohltätigkeits-Stiftung. Bamberg 1904.

27 Rechnungen in StadtAB, Rep. C 26, Nr. 873 f. (bis 1882), fortgesetzt in Rep. C 27, Nrn. 99 und 105 (bis 1922) und Nr. 260 (ab 1930)

28 DIETER SCHÄFER, Johann Michael von Seuffert (1765–1829). In: Fränkische Lebensbilder 13 (1990), S. 114–134 (Veröffentlichungen der Gesellschaft für Fränkische Geschichte VII A/13).

29 LEITSCHUH, Erthal. Charakterbild, S. 223 f.

30 StadtAW, Ratsakten 2717 und 2580; vgl. auch Verzeichnis der Stiftungen in Würzburg, die unter städtischer Verwaltung stehen. Stand: 1. Januar 1966, S. 14.

31 Verzeichnis der Stiftungen in Würzburg, die unter städtischer Verwaltung stehen. Stand: 1. Januar 1966, S. 15.

32 Sammlung der im Gebiete der inneren Staats-Verwaltung des Königreichs Bayern bestehenden Verordnungen, hrsg. von GEORG DÖLLINGER und FRIEDRICH VON STRAUSS. München 1835–1860, Bd. XII (1837), S. 298–302.

33 Döllinger (wie Anm. 32), Bd. XII, S. 275–297.

34 Zum gesamten Vorgang vgl. StadtAB, Rep. C 2, Nr. 20998.

35 Die Zulassung von Vereinen war erst kurz vorher durch das Gesetz vom 26. Januar 1850 neu geregelt worden.

36 Enthalten in den „neu gedruckten Statuten" als Beilage zur Mitteilung des Wahlergebnisses an die Stadtverwaltung vom 16. Januar 1871.

37 Festschrift zum 70jährigen Jubiläum des Katholischen Gesellenvereins, verfaßt von JOHANN SCHERLEIN. Bamberg 1925. – Vgl. auch StadtAB, B.S. 6958/8.

38 StadtAB, Rep. C 2, Nr. 6353 d-f. – ELISABETH ROTH, Bildung und Sorge für Hörgeschädigte. 150 Jahre Verein Taubstummenanstalt Bamberg. In: Volkskultur in Franken, Bd. 2: Bildung und Bürgersinn, hrsg. von KLAUS GUTH. Bamberg, Würzburg 1992 (Mainfränkische Studien 49/II, zugl. BHVB Beiheft 26/II), S. 116–140.

39 Die Satzung vom 29. Januar 1880 (StadtAB, B.S. 69536/16) nennt weiter die in der ambulanten Krankenpflege tätigen „Niederbronner Schwestern" und die Kindergarten im III. Distrikt.

40 Zu Deinleins Haltung in sozialen Fragen vgl. URBAN (wie Anm. 2), Bd. 1, S. 359 ff.

41 Neue Gesetz- und Verordnungen-Sammlung für das Königreich Bayern, hrsg. von KARL WEBER. München 1880 ff., hier: Bd. 8, S. 34.

42 Zum Vinzenzverein und Deinleins Anteil daran vgl. URBAN (wie Anm. 2), S. 361 f.

43 GÜNTHER MÜLLER, König Max II. von Bayern und die soziale Frage. München 1964 (Politische Studien Beiheft 1).

44 StadtAB, Rep. C, Nr. 30085; ferner auch Nrn. 30086-30088 und Rep. D 3018 (Johannis-Zweig-Verein).

45 OSKAR KRENZER, Hornthal, Dr. Johann Peter von, romantischer Dichter, Jurist und Politiker. 1794–1864. In: Lebensläufe aus Franken 3. Würzburg 1927, S. 244–277 (Veröffentlichungen der Gesellschaft für Fränkische Geschichte VII/3).

46 WIRZ (wie Anm. 21).

47 StadtAB, Rep. D 3018.

48 Rechenschaftsbericht für 1857/58 (StadtAB, Rep. C 2, Nr. 30085).

49 LEITSCHUH, Erthal. Charakterbild, S. 224 f. – HANS LÖWISCH, Das Erthal-Denkmal in Bamberg. In: FL 8 (1961), Nr. 12. – Ausstellungskatalog Franz Ludwig von Erthal, Nr. 174. – Ausstellungskatalog Allgemeines Krankenhaus.

50 Grundsätzlich zusammengefaßt in Bayerische Geschichte im 19. und 20. Jahrhundert 1800–1970 hrsg. von MAX SPINDLER, 2 Bde. München 1978, hier: Bd. 1, S. 130–132. – Zu den Fresken vgl. CORNELIA ANDREA HARRER, Das älteste Bayerische Nationalmuseum an der Maximilianstraße in München. München 1993 (Schriften aus dem Institut für Kunstgeschichte der Universität München 63), bes. S. 77–79.

51 SPINDLER (wie Anm. 50), S. 131.

52 ACHIM HUBEL, Die beiden Restaurationen des Bamberger Domes. Zur Geschichte der Denkmalpflege im frühen 19. Jahrhundert. In: BHVB 121 (1985), S. 45–90, bes. S. 69 ff.

53 Nikolaus Titus. In: Bambergs unbequeme Bürger, hrsg. von GERHARD C. KRISCHKER. Bamberg 1987, S. 49–58.

54 KRISCHKER, Heinrich Heinkelmann (wie Anm. 53), S. 59–70.

55 SPINDLER (wie Anm. 50), Bd. 2, S. 875.

56 OSKAR LENZ, Hundert Jahre Bayerisches Nationalmuseum. München 1955 (Kunst und Kunsthandwerke des Bayer. Nationalmuseums, Festschrift zum 100jährigen Bestehen), S. 7 ff.

57 HARRER (wie Anm. 50), S. 77–79

58 THIEME/BECKER, Bd. 2, S. 549.

59 Die Wandbilder des Bayerischen National-Museums, historisch erläutert von CARL VON SPRUNER. München 1868, hier: Bd. 4, Nr. 127. – W[alter] M. B[rod], Ein verschollenes Gemälde von der 200-Jahr-Feier der Universität Würzburg. In: Altfränkische Bilder 82 (1983), S. 17–19.

60 Umfassend dargestellt bei HANS-MICHAEL KÖRNER, Staat und Geschichte in Bayern im 19. Jahrhundert. München 1992 (Schriftenreihe zur bayerischen Landesgeschichte 96), bes. S. 204 ff.

61 Zum folgenden vgl. StadtAB, Rep. C 2, Nrn. 18290 f.

62 BERNHARD SCHEMMEL, Die Ingenieur- und Zeichenakademie des Leopold Westen und ihre Entwicklung 1794–1833. In: Buch und Bibliothek. Festschrift zur Einweihung des zentralen Bibliotheksgebäudes der Universitätsbibliothek, hrsg. von DIETER KARASEK. Bamberg 1986.

63 Max Ritter von Widnmann (1812–1895), Bildhauer; seit 1848 Professor an der Kunstakademie München als Nachfolger Ludwig von

Schwanthalers (vgl. Bosls Bayerische Biographie, hrsg. von Karl Bosl. Regensburg 1983, S. 844).

64 Der von Ludwig I. eigenhändig unterzeichnete *Contract* mit Widmann über die Fertigung eines Gipsmodells vom 15./18. Juni 1863 befindet sich in StBB, Autogr. L 12.

65 Schenkungsurkunde StadtAB, Rep. A 21, 1865 März 18.

66 Vgl. Bosl (wie Anm. 63), S. 527.

67 Am Fuß des Denkmals sind links bzw. rechts folgende Inschriften enthalten: *Erfunden und modeliert von Max Widnmann München 1863* und *Gegossen in München 1864 von Ferdinand Miller junior*; der Sockel mit dem Hinweis auf den Stifter wurde 1957 ersetzt.

68 Tag-Blatt der Stadt Bamberg Nr. 147 vom 30. Mai 1865; dabei auch die Werbeanzeigen Otto Reindls über eine „Photographie des Monuments Franz Ludwig's. Visitenkartenformat"; in der folgenden Ausgabe eine Anzeige des gleichen Verlags über die „Kurze Lebensbeschreibung Franz Ludwig's von u. zu Erthal, Fürstbischofs von Bamberg und Würzburg, Herzogs in Franken. Eine kleine Festgabe, dargebracht bei der feierlichen Enthüllung des von Seiner Majestät dem König Ludwig I. von Bayern demselben zu Bamberg errichteten Monuments von J. B. Rothlauf"; vgl. auch StadtAB, B.S. 365/2.

69 Vgl. den Artikel im Bamberger Volksblatt vom 16. September 1895 über Verunreinigungen mit Hinweisen auf Leistungen des Fürstbischofs.

70 Vgl. StadtAB, Rep. C 2, Nr. 18290 (wie Anm. 61).

71 Zum folgenden vgl. Hauptregistratur der Stadt Bamberg: Denkmal für Fürstbischof Franz Ludwig von Erthal (Tit. VI M, Fach 655, Akten-Nr. 5), Bd. 2. – Vgl. auch StadtAB, B.S. 365/2 (Fürstbischof Franz Ludwig von Erthal). – StadtAB, Rep. C 6, Nr. 109.

72 Als Abschrift enthalten im Akt des Kulturbundes Bamberg „Wiederaufstellung von Denkmälern" (StadtAB, Rep. D 3028, Nr. 18).

73 Bamberger Volksblatt Nr. 73 vom 12. Mai 1955, S. 4.

74 Stellungnahme des Landesamtes für Denkmalpflege vom 12. Dezember 1983.

75 *Fürstbischof Franz Ludwig von Erthal 1779–1795 wird geehrt als Stifter des ersten Allgemeinen Krankenhauses und als Begründer einer Frühform der Krankenpflege.*

76 Ausstellungskatalog Franz Ludwig von Erthal, Nr. 174.

77 Bamberger Tagblatt Nr. 217 vom 10. August 1867, S. 1743 f. – Vgl. auch Breuer/Gutbier, Stadt Bamberg: Innere Inselstadt, hier: T. 2, S. 575 ff.

78 Neue Würzburger Zeitung vom 20. April 1881.

79 Fränkisches Volksblatt vom 21. März 1898. – StadtAW, Ratsprotokoll vom 18. Juni 1900.

80 Niederschrift über die fünfte Lehrerratssitzung des Neuen Gymnasiums am 10. März 1965, S. 2 (frdl. Mitteilung des Franz-Ludwig-Gymnasiums Bamberg). – Vgl. Franz-Ludwig-Gymnasium Bamberg, 75. Jahresbericht (1964/65), S. 3. – Franz Bauer, Fürstbischof Franz Ludwig von Erthal und das Bamberger Gymnasium. In: Franz-Ludwig-Gymnasium Bamberg, 76. Jahresbericht (1965/66), S. 60–79.

81 Franz-Ludwig-Gymnasium Bamberg, 77. Jahresbericht (1966/67), S. 70 f. (Abb. vorgebunden).

82 In: Jubiläumsjahr 1980. Franz-Ludwig-von Erthal-Gymnasium Lohr am Main. Lohr a.M. 1980 z.B. Beiträge über „Franz Ludwig von Erthal" (S. 12), „Nota bene ‚Schulnamen' (S. 13) und „Ein junger Mann mit Interessen" (S. 14 f.) (frdl. Hinweis Franz-Ludwig-von-Erthal-Gymnasium Lohr am Main).

162 Einladung, dem Franz-Ludwig-Verein in Bamberg beizutreten

11. März 1854
Original, Papier
H. 22,3 cm, Br. 17,8 cm

Stadtarchiv Bamberg, Rep. C 2 Nr. 20998

Die Armenfürsorge war im 19. Jahrhundert zu einem zentralen Problem der Gesellschaft geworden. Karitative Stiftungen und Vereine beteiligten sich an der Lösung des Problems.

Auf Initiative hochrangiger Vertreter der Kirche, der Verwaltung und des Bürgertums wurde in Bamberg am 11. Mai 1854 dafür geworben, dem neu gegründeten „Franz-Ludwig-Verein" beizutreten, der sich vor allem die finanzielle Unterstützung katholischer Hilfsvereine und -organisationen zur Aufgabe machte. Mit Hinweis auf den Mangel an Religiosität als Ursache der Armut wurde dabei an die Zuneigung der Bürgerschaft an das Königshaus appelliert und gleichzeitig an das soziale Engagement des Namengebers Franz Ludwig von Erthal erinnert.

Der Verein bestand – neben dem für die Linderung unverschuldeter individueller Not gegründeten „St.-Johannis-Zweig-Verein" – bis 1912, als infolge der Sozialgesetzgebung Bismarcks mit der Einführung der Sozialversicherung neue Bedingungen bestanden, die diese Form der privaten Armenfürsorge obsolet machten.

Das Blatt lag gemeinsam mit der Vereinssatzung dem „Tag-Blatt der Stadt Bamberg" Nr. 70 vom 11. März 1854 bei und erreichte damit den bürgerlichen Leserkreis dieser Tageszeitung. R. Z.

163 Urkunde König Ludwigs I. über die Schenkung des Franz-Ludwig-Denkmals an die Stadt Bamberg

18. Mai 1865
Original, Pergament, mit anhängendem Lacksiegel Ludwigs I. in Holzkapsel
H. 39,9 cm, Br. 54,8 cm

Stadtarchiv Bamberg, Rep. A 21 (1865 Mai 18)

Unveröffentlicht

König Ludwig I., der bereits während seiner Regierungszeit der Stärkung und der Pflege des Geschichtsbewußtsein der Bevölkerung auf bayerischer, regionaler und lokaler Ebene große Bedeutung beigemessen hatte, blieb auch nach seiner Abdankung 1848 um ein selbständiges Geschichtsbewußtsein der einzelnen Regionen bemüht, das er durch die Errichtung von Denkmälern berühmter Persönlichkeiten förderte.

Nr. 165

Ein in der städtischen Gewerbeschule in Bamberg vorhandenes Gemälde und eine ebenfalls dort befindliche Gipsbüste Franz Ludwig von Erthals dienten dem Akademie-Professor Max von Widnmann als Vorlage für ein Modell, nach dem Ferdinand von Miller jun. ein Standbild goß. An seinem Standort auf dem Bamberger Domplatz wurde es am 29. Mai 1865 enthüllt. Das Denkmal ging als Geschenk des Königs an die Stadt.

In der mit einer vorgedruckten Intitulatio versehenen Urkunde vom 18. Mai 1865 wurde die Schenkung des vom König aus Privatmitteln errichteten Standbildes an die Stadt Bamberg bestätigt, verbunden mit der Erwartung, daß der Magistrat für die notwendigen Erhaltungskosten aufkommt. Die Rechtskraft der Urkunde ist durch das königliche Siegel und durch die eigenhändige Unterschrift Ludwigs I. nachgewiesen. R. Z.

164 Zeitungsbericht zur Enthüllung des Franz-Ludwig-Denkmals in Bamberg

Tag-Blatt der Stadt Bamberg Nr. 147 vom 30. Mai 1865
Aufgeschlagen: S. 1153

Stadtarchiv Bamberg ZA 2 1865/I

Lit: HANS LÖWISCH, Das Erthal-Denkmal in Bamberg. In: Fränkisches Land 8 (1961), Nr. 12. – Ausstellungskatalog Franz Ludwig von Erthal, Nr. 175. – Ausstellungskatalog Allgemeines Krankenhaus, S. 109.

Das von dem 1848 abgedankten bayerischen König Ludwig I. in Auftrag gegebene, von Max von Widnmann entworfene und von Ferdinand von Miller jun. gegossene Denkmal war eines von mehreren Standbildern, mit denen Ludwig I. das Geschichtsbewußtsein und das Selbstverständnis in den verschiedenen Teilen des Königreiches fördern wollte.

Der Artikel charakterisiert die Stimmung bei der Enthüllung des Franz-Ludwig-Denkmals auf dem Domplatz am 20. Mai 1865, die in der Stadt mit großer Begeisterung begangen wurde. Auf Einzelheiten wie den Inhalt der Reden der Honoratioren wurde in dem Artikel – entsprechend der auch sonst sehr kurzen Berichterstattung – verzichtet.

Auf der dem Artikel gegenüberliegenden Seite ist ein Verlagshinweis auf die zu diesem Anlaß neu erschienene Erthal-Biographie des Bamberger Domkapitulars Johann Baptist Rothlauf enthalten. R. Z.

165 Franz-Ludwig-von-Erthal-Denkmal in Bamberg

Um 1865
Stahlstich
Signiert unten links: *G. Perlberg del*[ineavit], unten rechts: *Chr. Riedt sc*[ulpsit]
H. 29,5 cm, Br. 21 cm

Staatsbibliothek Bamberg, III B 202 a   Abb.

Lit.: HANS LÖWISCH, Das Erthal-Denkmal in Bamberg. In: Fränkisches Land 8 (1961), Nr. 12. – Ausstellungskatalog Franz Ludwig von Erthal, Nr. 175. – Ausstellungskatalog Allgemeines Krankenhaus, S. 109. – FRANZ FRIEDRICH, Die druckgraphischen topographischen Ansichten Bambergs des 19. und 20. Jahrhunderts. Bamberg 1989 (BHVB Beiheft 21).

Das am 29. Mai 1865, dem Jahrestag der Grundsteinlegung des Allgemeinen Krankenhauses 1787, enthüllte, von König Ludwig I. der Stadt Bamberg geschenkte Standbild auf dem Domplatz in Bamberg erinnerte an die sozialen Leistungen des verstorbenen Fürstbischofs. Damit wollte Ludwig I. gleichzeitig auch ein selbständiges Geschichtsbewußtsein im ehemaligen Hochstift Bamberg wecken, das erst 1802/03 an das Kurfürstentum Bayern gekommen war.

Nr. 166

Das von dem Nürnberger Maler Christian Johann Georg Perlberg (1806–1884) und dem Kupferstecher Chr. Riedt angefertigte Erinnerungsblatt zeigt den Fürstbischof im bischöflichen Chorgewand mit dem herzoglichen Hermelinumhang, die rechte Hand zum Segen erhoben, mit dem Birett in der linken Hand.

Die Umgebung des Standbildes auf dem ursprünglichen Sockel aus Syenit vor dem Hintergrund der Alten Hofhaltung entspricht allerdings nicht ganz der Realität: sie ist ohne die tatsächlich vorhandene Gitterumrandung und gärtnerische Anlage dargestellt, in die das Denkmal 1865 hineingestellt worden war.

Das Denkmal wurde 1936 vom Domplatz entfernt und erst 1957 vor dem damaligen Verwaltungsgebäude der Allgemeinen Ortskrankenkasse an der Herzog-Max-Straße wieder errichtet. R. Z.

166 Festakt zum 100jährigen Bestehen des Bamberger Krankenhauses

Fotografie von Alois Erhardt
24. November 1889
Rückseitig signiert: B1 bzw. B2
H. 17,2 cm, Br. 23 cm

Stadtarchiv Bamberg, B. S. (B) 365/2 Abb.

Unveröffentlicht

Zum 100jährigen Bestehen des von Franz Ludwig von Erthal gegründeten Krankenhauses in Bamberg fand am 24. November 1889 ein Festakt statt, der von der Stadtverwaltung, der Krankenhausdirektion, der Ortskrankenkasse, der Staatsbibliothek und verschiedenen Schulen und öffentlichen Einrichtungen getragen wurde. Vor dem Franz-Ludwig-Denkmal auf dem Domplatz wurde dabei

Nr. 167

in Anwesenheit zahlreicher Honoratioren durch Kranz-
niederlegungen und Ansprachen an die wohl wichtigste
Leistung des Fürstbischofs erinnert.

Das von Fahnen umgebene und durch Lorbeerbäume ge-
schmückte Denkmal befand sich zu diesem Zeitpunkt
noch in seinem 1865 geschaffenen Zustand vor der Alten
Hofhaltung; 1901 wurde die gärtnerische Gestaltung verändert. 1936 wurde das Denkmal abgebrochen und erst
1957 an anderer Stelle und mit neuem Sockel wieder
errichtet.

Der Photograph dieses Vorgangs, Alois Erhardt
(1827–1902), dokumentierte – z. T. im Auftrag der Stadt
Bamberg – unzählige Ereignisse, Hausabbrüche und Personen kurz vor der Jahrhundertwende. Die als Bildzeug-
nisse sehr wertvollen Vergrößerungen sind häufig an den
abgerundeten Ecken erkennbar.   R. Z.

167 Plan über ein Franz-Ludwig-Denkmal in Lohr

C. Mayer
1895
Aquarellierte Tuschezeichnung (in Rahmen)
H. 67,7 cm, Br. 86,5 cm

Spessartmuseum Lohr a. M.   Abb.

Lit: Ausstellungskatalog Franz Ludwig von Erthal, Nr. 174.

Der Plan zeigt an der Westseite des Schlosses in Erthals
Geburtsort Lohr – mit einem Erthal-Wappen am Erker –
auf einer Aufschüttung, eingefaßt von einer Sandstein-
mauer die aufrechte Gestalt Franz Ludwig von Erthals
auf einem brunnenartigen Sockel, flankiert von zwei
Frauenfiguren. Unten rechts ist ein Grundrißplan der pro-
jektierten Gartenanlage eingefügt.   R. Z.

168 Büste des Fürstbischofs Franz Ludwig
von Erthal

19. Jahrhundert
Gips
H. 65 cm

Diözesanmuseum Bamberg, Depot   Abb.

Unveröffentlicht

Die auf einem runden Sockel stehende Büste zeigt Fürstbischof Franz Ludwig von Erthal mit Brustkreuz und
Beffchen, während der auf zeitgenössischen Porträts wiedergegebene rüschenreiche Talar nicht einmal angedeutet
ist. Der Mantel schmiegt sich schalenförmig um den
Oberkörper. Die Perücke mit den röllchenartigen Locken
ist den Perücken des späten 18. Jahrhunderts getreu nach-
gebildet. Eine Porträtähnlichkeit ist jedoch – trotz der
charakteristischen gebogenen Nase – nicht festzustellen.
Der Kopf ist leicht nach vorn geneigt. Anscheinend war
die Büste für einen erhöhten Standort bestimmt. Über ihre ursprüngliche Verwendung ist jedoch nichts bekannt.
Sie gehört zum alten Bestand des Diözesanmuseums
Bamberg.
Mit der im Spessartmuseum Lohr aufbewahrten Gipsbüste auf viereckigem Sockel, die im Aufbau Ähnlichkeiten
mit den Büsten der Münchener Ruhmeshalle zeigt, hat
das Bamberger Stück nichts gemeinsam. In Bamberg gab
es im 19. Jahrhundert mehrere Erthal-Büsten, z. B. in der
städtischen Gewerbeschule (die eines der Vorbilder für
das Erthal-Denkmal war) und im Besitz des Historischen
Vereins. Da sie nur in Archivalien erwähnt sind und von
ihnen keine Abbildungen existieren, ist nicht zu sagen,
ob sie aus der gleichen Gußform wie die hier gezeigte
Erthal-Büste stammten.   R. B.-F.

Nr. 168

DANIELA NIEDEN

Itinerar des Fürstbischofs Franz Ludwig von Erthal

JOHANN LOOSHORN hat in seiner „Geschichte des Bisthums Bamberg", Band 7b, die Bamberger Hofdiarien während der Regierungszeit Franz Ludwig von Erthals ausgewertet. Diese Angaben liegen der folgenden Aufstellung zugrunde. Zur Vervollständigung, vor allem der von Würzburg ausgehenden Visitationsreisen, diente das Diarium des Bamberger Geheimen Kanzlisten Johann Georg Endres (Staatsbibliothek Bamberg, H.V. Msc. 538). Bei Unstimmigkeiten wurden die Bamberger Hofdiarien der Jahre 1779–95 (Staatsarchiv Bamberg, Rep. B 24 Nr. 24a–32a) hinzugezogen.

Jahr	Monat Tag	Ort	Bemerkung
1779	März 18 – April 10	Würzburg	
	April 10 – Mai 3	Bamberg	
	Mai 4 – August 10	Würzburg	in Begleitung seines Bruders Lothar Franz, des Obrist-Kämmerers zu Mainz; Übernachtung in Gerolzhofen
	August 10 – September 25	Bamberg	Tagesreise über Haßfurt, dort Besuch der hl. Messe
	September 25 – Oktober 5	Würzburg	über Gerolzhofen; in Begleitung seines Bruders Friedrich Karl Josef, des Kurfürsten von Mainz, der Franz Ludwig am 19. September in Bamberg zum Bischof geweiht hatte
	Oktober 5 – November 18	Bamberg	über Kloster Ebrach und Breitbach[1]
1780	November 19 – Februar 26	Würzburg	über Haßfurt, mit Übernachtung in Werneck
	Februar 26 – Mai 9	Bamberg	
	Mai 9 – August 24	Würzburg	über Breitbach
	August 25 – November 28	Bamberg	Übernachtung in Werneck, weiter über Haßfurt
1781	November 28 – Februar 20	Würzburg	über Haßfurt, mit Übernachtung in Werneck
	Februar 21 – April 5	Bamberg	Übernachtung in Zeil, dort wurde am 21. Februar die hl. Messe gelesen

---

1 Ehemals Preppach im Alt-Landkreis Gerolzhofen.

Jahr	Monat Tag	Ort	Bemerkung
1781	April 5 – Mai 22	Würzburg	über Kloster Ebrach
	Mai 22 – Juli 5	Bamberg	über Breitbach und Kloster Ebrach; in Begleitung des Würzburger Hofmarschalls von Guttenberg
	Juli 5 – September 28	Würzburg	über Burgwindheim, dort Besuch der hl. Messe
	September 28 – Dezember 13	Bamberg	über Breitbach
1782	Dezember 13 – März 1	Würzburg	über Oberschwarzach
	März 1 – April 9	Bamberg	über Breitbach und Ebrach
	April 9 – Mai 28	Würzburg	über Ebrach und Breitbach
	Mai 28 – Juli 4	Bamberg	über Breitbach und Ebrach, wo er die „neueingerichtete Klosterkirche"[2] besichtigte
	Juli 4 – September 27	Würzburg	bei den Franziskanern in Dettelbach wurde die hl. Messe gelesen
	September 27 – Dezember 17	Bamberg	über Breitbach
1783	Dezember 17 – Februar 28	Würzburg	
	Februar 28 – April 4	Bamberg	über Kitzingen und Breitbach; in Kitzingen wurde die hl. Messe besucht
	April 4 – Mai 13	Würzburg	Besuch der hl. Messe in Burgebrach
	Mai 13 – Mai 16	Bamberg	über Breitbach
	Mai 16 – Mai 19	Gößweinstein	Visitationsreise im Dekanat Hollfeld; über Eggolsheim; Besichtigung der Kirchen in Kirchehrenbach und Pretzfeld
	Mai 19	Wichsenstein	
	Mai 20	Truppach	
	Mai 21	Elbersberg	

2 LOOSHORN, Bisthum Bamberg 7b, S. 523.

Jahr	Monat Tag	Ort	Bemerkung
1783	Mai 22	Hohenmirsberg, Poppendorf	über Pottenstein; Übernachtung in Oberailsfeld
	Mai 23	Volsbach	
	Mai 24	Oberailsfeld	
	Mai 24 – Mai 26	Gößweinstein	Rasttage
	Mai 27 – Mai 28	Königsfeld	
	Mai 29 – Mai 31	Steinfeld, Arnstein, Stadelhofen	
	Mai 31 – Juni 1	Hollfeld	
	Juni 2	Schönfeld	
	Juni 2 – Juni 4	Gößweinstein	Besichtigung der Kirche in Nankendorf
	Juni 5	Pottenstein	
	Juni 6 – Juni 10	Bamberg	über Pretzfeld, Weilersbach; Besichtigung der Jägersburg, Eggolsheim
	Juni 10 – Juni 20	Würzburg	in Begleitung des Grafen Oettingen-Wallerstein
	Juni 20 – Juli 4	Bamberg	über Breitbach
	Juli 4 – August 19	Würzburg	über Breitbach
	August 19 – September 16	Bischofsheim[3]	Visitationsreise im Landkapitel Mellrichstadt
	September 16 – September 23	Würzburg	
	September 23 – September 26	Bamberg	
	September 26 – September 27	Gößweinstein	Visitationsreise im Landkapitel Hollfeld; kurzer Aufenthalt in Pretzfeld
	September 27 – September 30	Neuhaus	Besichtigung der Kirche in Kirchenbirkig

---

3 Endres gibt keine genaueren Auskünfte zum Verlauf der Visitationsreise, er nennt nur die erste und die letzte Station, Bischofsheim und Wechterswinkel. Vgl. Endres, fol. 173r und v.

Jahr	Monat Tag	Ort	Bemerkung
1783	September 30	Hartenstein	
	Oktober 1 – Oktober 2	Michelfeld	
	Oktober 2	Auerbach	
	Oktober 3	Hopfenohe	
	Oktober 3 – Oktober 4	Neuhaus	
	Oktober 4 – Oktober 5	Königstein	
	Oktober 6 – Oktober 10	Vilseck	
	Oktober 10	Kirchenthumbach, Thurndorf	
	Oktober 10 – Oktober 11	Troschenreuth	
	Oktober 11 – Oktober 12	Büchenbach	
	Oktober 13	Trockau	
	Oktober 13 – Oktober 14	Waischenfeld	
	Oktober 15	Hollfeld	über Nankendorf
	Oktober 16	Freienfels	
	Oktober 17 – Dezember 12	Bamberg	
1784	Dezember 12 – März 23	Würzburg	
	März 23 – April 27	Bamberg	über Breitbach
	April 27 – April 29	Neunkirchen am Brand	Visitationsreise im Dekanat Eggolsheim; über Eggolsheim und Forchheim
	April 30	Langensendelbach	
	Mai 1	Stöckach	
	Mai 1 – Mai 2	Weißenohe	
	Mai 2 – Mai 3	Schnaittach	

Jahr	Monat Tag	Ort	Bemerkung
1784	Mai 3	Festung Rothenberg	
	Mai 4	Schnaittach	
	Mai 5	Bühl	
	Mai 6	Kirchröttenbach	
	Mai 7	Neunkirchen am Sand	
	Mai 8	Schnaittach	Rasttag
	Mai 9	Kersbach	Kirchweih
	Mai 10	Neunkirchen	Rasttag
	Mai 11 – Mai 15	Bamberg	über Forchheim
	Mai 15 – Mai 22	Würzburg	
	Mai 22 – Juni 25	Königshofen[4]	
	Juni 25 – Juli 12	Würzburg	
	Juli 12 – Juli 27	Bamberg	
	Juli 27 – August 2	Würzburg	
	August 2 – August 9	Aschaffenburg	Treffen mit seinem Bruder Friedrich Karl Josef, dem Kurfürsten von Mainz
	August 9 – August 13	Würzburg	
	August 13 – August 16	Hardheim	Visitationsreise im Landkapitel Mosbach; über Höchberg, Kist, Gerchsheim, Großrinderfeld, Tauberbischofsheim, Königsheim, Schweinberg
	August 16	Walldürn	
	August 17 – August 18	Buchen	
	August 19	Rittersbach	Übernachtung in Mosbach
	August 20	Dallau	

---

4 Diese Reise wird von Endres zwar im Register der Visitationsreisen genannt, taucht dann aber im Diarium nicht auf.

Jahr	Monat Tag	Ort	Bemerkung
1784	August 21 – August 22	Mosbach	
	August 23 – August 24	Mespelbrunn	über Rohrbrunn
	August 25	Neckargerach	
	August 26 – August 27	Eberbach	
	August 28 – August 29	Neckargemünd	
	August 30	Dilsberg	
	August 31	Wiesenbach	
	September 1	Billigheim	Visitation im Landkapitel Buchheim
	September 2	Waldmühlbach	
	September 3 – September 4	Billigheim	
	September 5	Oberschefflenz	
	September 6	Hainstadt	
	September 7 – September 9	Hardheim	
	September 10	Höpfingen	
	September 11 – September 12	Freudenberg	
	September 13	Boxtal	
	September 14	Hardheim	
	September 15	Schweinberg	
	September 16 – September 24	Würzburg	
	September 24 – September 29	Bamberg	
	September 29 – September 30	Kronach	Visitationsreise im Dekanat Kronach; über Leiterbach, Lichtenfels, Zettlitz, Redwitz, Unter- und Oberlangenstadt, Küps, Johannisthal
	September 30 – Oktober 1	Lahm	

Jahr	Monat Tag	Ort	Bemerkung
1784	Oktober 1 – Oktober 2	Steinberg	
	Oktober 2 – Oktober 5	Kronach	
	Oktober 5 – Oktober 6	Posseck	
	Oktober 7	Teuschnitz	
	Oktober 8 – Oktober 9	Windheim	
	Oktober 10	Rothenkirchen	
	Oktober 11	Neukenroth	
	Oktober 11 – Oktober 12	Kronach	
	Oktober 12 – Oktober 13	Nordhalben	über Zeyern
	Oktober 14	Tschirn	
	Oktober 15	Birnbaum	
	Oktober 15 – Oktober 16	Neufang	
	Oktober 16 – Oktober 17	Zeyern	Einweihung der Kirche
	Oktober 18 – Oktober 19	Steinwiesen	
	Oktober 19 – Oktober 20	Wallenfels	
	Oktober 20 – Oktober 21	Kronach	
	Oktober 22 – Oktober 23	Marienweiher	Visitation im Dekanat Stadtsteinach
	Oktober 23 – Oktober 24	Enchenreuth	
	Oktober 24 – Oktober 25	Wartenfels	
	Oktober 25 – Oktober 26	Kronach	

Jahr	Monat Tag	Ort	Bemerkung
1784	Oktober 27	Festung Rosenberg	
	Oktober 28 – Oktober 29	Kronach	
	Oktober 29 – Dezember 10	Bamberg	
1785	Dezember 10 – Februar 8	Würzburg	
	Februar 8 – März 15	Bamberg	
	März 15 – April 26	Würzburg	
	April 26 – April 28[5]	Bamberg	
	April 28 – Mai 2	Forchheim	Visitationsreise im Dekanat Eggolsheim
	Mai 3	Pinzberg	
	Mai 4	Reuth	
	Mai 5	Ebermannstadt	
	Mai 6	Pretzfeld	Besuch des Gräflich Seinsheimschen Schlosses
	Mai 6 – Mai 7	Kirchehrenbach	
	Mai 8 – Mai 9	Kersbach	Übernachtung in Forchheim; Einweihung der Kirche in Kersbach
	Mai 10 – Mai 11	Forchheim	
	Mai 12	Wiesenthau	
	Mai 13 – Mai 19	Bamberg	
	Mai 19 – Mai 31	Würzburg	
	Mai 31 – Juni 27	Hardheim	
	Juni 27 – August 10	Würzburg	

---

5 Looshorn gibt im Gegensatz zu Endres und den Hofdiarien den 29. April als Abfahrtstag an. Vgl. Looshorn, Bisthum Bamberg 7b, S. 561.

Jahr	Monat Tag	Ort	Bemerkung
1785	August 10 – August 12	Hardheim	Visitationsreise im Landkapitel Buchheim
	August 12	Gissigheim	
	August 13	Pülfringen	
	August 14	Waldstetten	
	August 14 – August 15	Gerichtstetten	
	August 16 – August 17	Eubigheim	
	August 18	Berolzheim	Übernachtung in Hardheim
	August 19	Rosenberg	
	August 20	Hüngheim	
	August 20 – August 22	Rosenberg	Kirchweihe
	August 23	Götzingen	
	August 23 – August 24	Hardheim	Rasttag
	August 25 – August 26	Bieringen	
	August 26	Berlichingen	Übernachtung in Bieringen
	August 27	Aschhausen	
	August 27 – August 28	Bieringen	
	August 28 – August 29	Ballenberg	
	August 29 – August 30	Oberwittstadt	
	August 31	Windischbuch	
	August 31 – September 1	Boxberg	
	September 1 – September 2	Mulfingen	Visitation im Landkapitel Krautheim; über Schweinberg, Königheim, Bischofsheim, Distelhausen, Königshofen, Edelfingen, Gerlachsheim, Balbach, Herbsthausen, Hollenbach

Jahr	Monat Tag	Ort	Bemerkung
1785	September 3 – September 4	Jagstberg	
	September 5	Amrichshausen	Übernachtung in Mulfingen
	September 5 – September 6	Ailringen	
	September 7	Rengershausen	
	September 7 – September 8	Klepsau	
	September 9 – September 10	Nagelsberg	
	September 10	Kupferzell	
	September 11	Waldenburg	Übernachtung in Nagelsberg
	September 12	Mulfingen	
	September 13 – September 27	Würzburg	über Mergentheim
	September 27	Bamberg	
	September 30 – Oktober 1	Kronach	Visitation im Landkapitel Kronach
	Oktober 1 – Oktober 2	Stadtsteinach	
	Oktober 3	Ludwigschorgast	
	Oktober 4	Kupferberg	
	Oktober 5	Marktschorgast	
	Oktober 5 – Oktober 6	Guttenberg	
	Oktober 7 – Oktober 8	Stadtsteinach	Konsekration der Pfarrkirche und zweier Nebenaltäre
	Oktober 9	Küps	
	Oktober 10	Kronach	Examination der Schuljugend
	Oktober 11	Mitwitz	
	Oktober 12	Schmölz	da die Visitation der Schloßkapelle von dem Freiherrn von Redwitz verweigert wurde, wurde das Interdikt verhängt

Jahr	Monat Tag	Ort	Bemerkung
1785	Oktober 12 – Oktober 13	Burgkunstadt	
	Oktober 14	Kirchlein	
	Oktober 15	Mainroth	
	Oktober 16	Weißmain	
	Oktober 17	Modschiedel	
	Oktober 18	Isling	
	Oktober 19	Altenkunstadt	
	Oktober 20	Weißmain	
	Oktober 20 – Oktober 21	Lichtenfels	
	Oktober 21	Mistelfeld	
	Oktober 22	Vierzehnheiligen	
	Oktober 22 – Oktober 23	Lichtenfels	Visitation des Spitals
	Oktober 24	Staffelstein	
	Oktober 25	Uetzing	
	Oktober 25 – Oktober 26	Lichtenfels	Besichtigung des Rathauses und der Amtsregistratur
	Oktober 27	Ebensfeld	
	Oktober 28	Zapfendorf	
	Oktober 29	Breitengüßbach	
	Oktober 29 – November 3	Bamberg	
	November 3 – November 5	Würzburg	
	November 5 – November 13	Bamberg	
1786	November 13 – Februar 24	Würzburg	
	Februar 24 – März 22	Bamberg	

Jahr	Monat Tag	Ort	Bemerkung
1786	März 22 – April 6	Würzburg	
	April 6 – Juli 4	Bamberg	der Termin der Rückreise wurde wegen Krankheit Franz Ludwigs verschoben
	August 10 – August 31	Bad Bocklet	
	August 31 – Oktober 26	Würzburg	
	Oktober 26 – Dezember 15	Bamberg	
1787	Dezember 15 – Februar 20	Würzburg	
	Februar 20 – März 30	Bamberg	
	März 30 – Mai 4	Würzburg	
	Mai 4 – Mai 31	Bamberg	
	Mai 31 – Juni 8	Würzburg	
	Juni 8 – Juli 3	Bad Bocklet	
	Juli 3 – August 17	Würzburg	
	August 17 – September 18	Bamberg	
	September 18 – September 27	Würzburg	
	September 27 – Dezember 18	Bamberg	
1788	Dezember 18 – April 10	Würzburg	
	April 10 – Juli 3	Bamberg	
	Juli 3 – Juli 11	Würzburg	

Jahr	Monat Tag	Ort	Bemerkung
1788	Juli 11 – Juli 30	Bamberg	
	Juli 30	Forchheim	eintägiger Besuch der Stadt
	Juli 30 – September 4	Bamberg	
	September 4 – November 6	Würzburg	
1789	November 6 – Januar 3	Bamberg	
	Januar 3 – April 16	Würzburg	
	April 16 – Juni 4	Bamberg	
	Juni 4 – Juni 9	Würzburg	
	Juni 10 – Juni 22	Bamberg	Übernachtung in Oberschwarzach
	Juni 22	Forchheim	eintägiger Besuch der Stadt
	Juni 22 – Juli 3	Bamberg	
	Juli 3 – August 6	Würzburg	
	August 6 – September 3	Bad Bocklet	
	September 3 – Dezember 15	Bamberg	
1790	Dezember 15 – März 23	Würzburg	
	März 23 – Juli 1	Bamberg	
	Juli 1 – September 28	Würzburg	
	September 28	Gerlachsheim	über Höchberg, Kist, Tauberbischofsheim
	September 29 – September 30	Mergentheim	über Königshofen, Unterbalbach

Jahr	Monat Tag	Ort	Bemerkung
1790	September 30 – Oktober 1	Gerlachsheim	
	Oktober 1 – November 11	Würzburg	
	November 11 – November 22	Bamberg	
	November 22	Forchheim	Besichtigung der Straßenreparatur; halbtägiger Aufenthalt
1791	November 22 – Januar 25	Bamberg	
	Januar 25 – Oktober 6	Würzburg	
	Oktober 6 – Dezember 20	Bamberg	
1792	Dezember 20 – April 19	Würzburg	
	April 19 – Juni 27	Bamberg	
1793	Juni 27 – Januar 3	Würzburg	
	Januar 3 – Juni 11	Bamberg	in Begleitung seines Bruders Lothar Franz, des Mainzer Obersthofmeisters
	Juni 11 – August 6	Würzburg	über Oberschwarzach, in Begleitung seines Bruders Lothar Franz
	August 6 – August 9	Bad Kissingen	
1794	August 9 – Februar 18	Bamberg	in Begleitung seines Bruders Lothar Franz und des Würzburger Obermarschalls von Guttenberg
	Februar 18	Spazierfahrt nach Hallstadt	
	Februar 18 – Juli 9	Bamberg	
	Juli 9 – Juli 15	Ausfahrten und Spaziergänge von Bamberg nach Bug, Strullendorf, Gaustadt und in die Breitenau	

Jahr	Monat Tag	Ort	Bemerkung
1794	Juli 15 – Juli 22	Bamberg	
	Juli 22 – September 3	Bad Kissingen	
1795	September 3 – Februar 14 †	Würzburg	über Haßfurt

Verwendete Abkürzungen

Abb.	Abbildung		Kat.	Katalog
ADB	Allgemeine Deutsche Biographie		Kbl Gv	Korrespondenzblatt des Gesamtvereins der deutschen Geschichts- und Altertumsvereine
AEB	Archiv des Erzbistums Bamberg			
AO	Archiv für Geschichte und Altertumskunde von Oberfranken		Kr.	Kreuzer
			L.	Lade
AU	Archiv des Historischen Vereins von Unterfranken und Aschaffenburg		lat.	lateinisch
			Lkr.	Landkreis
Aufl.	Auflage		NDB	Neue Deutsche Biographie
BB	Bamberger Blätter für fränkische Kunst und Geschichte. Beilage zum „Bamberger Volksblatt", Bamberg		N. F.	Neue Folge
			Nr.	Nummer
			Orig.	Original
Bd.	Band		Pap.	Papier
bez.	bezeichnet		Perg.	Pergament
BHKP	Bamberger Hofkammer-Protokolle		PfA	Pfarrarchiv
BHKR	Bamberger Hofkammer-Zahlamtsrechnungen		Pfd.	Pfund
BHVB	Bericht des Historischen Vereins Bamberg		Prod.	Produkt
Bll.	Blätter		QFW	Quellen und Forschungen zur Geschichte des Bistums und Hochstifts Würzburg
Br.	Breite			
d.	Pfennig		Rep.	Repertorium
DAW	Diözesanarchiv Würzburg		rh.	rheinisch
Diss.	Dissertation		Rt.	Reichstaler
Entw.	Entwurf		S.	Seite
FB	Fränkische Blätter für Geschichtsforschung und Heimatpflege. Beilage zum „Fränkischen Tag", Bamberg		S.-H.	Sonderheft
			Slg.	Sammlung
			Sp.	Spalte
FDA	Freiburger Diözesanarchiv		StAB	Staatsarchiv Bamberg
FL	Fränkisches Land in Kunst und Volkstum. Beilage zum „Neuen Volksblatt", Bamberg		StadtAB	Stadtarchiv Bamberg
			StadtAW	Stadtarchiv Würzburg
fl.	Gulden		StAW	Staatsarchiv Würzburg
fol.	folio		StBB	Staatsbibliothek Bamberg
Frhr.	Freiherr		StMBO	Studien und Mitteilungen zur Geschichte des Benediktinerordens und seiner Zweige
frk.	fränkisch			
GRP	Geistliche Ratsprotokolle		UB	Universitätsbibliothek
H.	Höhe		vgl.	vergleiche
HJb	Historisches Jahrbuch			
Hrsg.	Herausgeber		WDGB	Würzburger Diözesangeschichtsblätter
HV	Historischer Verein		WDKP	Würzburger Domkapitelprotokolle
Inv.	Inventar		WHKP	Würzburger Hofkammer-Protokolle
Inv.-Nr.	Inventarnummer		Z.	Zeile
JB	Jahrbuch		ZBLG	Zeitschrift für bayerische Landesgeschichte
JbfrL	Jahrbuch für fränkische Landesforschung			
Jg.	Jahrgang			
JSAW	Juliusspitalarchiv Würzburg			

Abgekürzt zitierte Literatur

ALTMANN, Staat
A. ALTMANN, Der Staat der Bischöfe von Bamberg. In: Kbl Gv 54 (1906), S. 209–225

ANDERLOHR, Erthal
KARL ANDERLOHR, Franz Ludwig von Erthal. In: Franz Ludwig von Erthal (1730–1795). Lohr 1980, S. 23–41

Ausstellungskatalog Academia Ottoniana
Von der Academia Ottoniana zur Otto-Friedrich-Universität Bamberg. Eine Ausstellung des Staatsarchivs Bamberg anläßlich des 37. Deutschen Historikertages. Katalog: FRANZ MACHILEK … München 1988 (Ausstellungskataloge der Staatlichen Archive Bayerns 25)

Ausstellungskatalog Allgemeines Krankenhaus
Das Allgemeine Krankenhaus Fürstbischof Franz Ludwig von Erthals in Bamberg von 1789. Ausstellung der Staatsbibliothek Bamberg. Ausstellung und Katalog: BERNHARD SCHEMMEL. 2., verb. Aufl. Bamberg 1989

Ausstellungskatalog Franz Ludwig von Erthal
Franz Ludwig von Erthal (1730–1795). Sonderausstellung zum 250. Geburtstag im Spessartmuseum Lohr a. Main vom 17. 9. 1980 mit 9. 10. 1980 veranstaltet vom Landkreis Main-Spessart. Lohr 1980 (Schriften des Geschichts- und Museumsvereins Lohr a. Main 16)

Ausstellungskatalog 300 Jahre Jesuitenkirche
300 Jahre Jesuitenkirche / St. Martin Bamberg 1693–1993 / hrsg. von RENATE BAUMGÄRTEL-FLEISCHMANN und STEPHAN RENCZES. Bamberg 1993 (Veröffentlichungen des Diözesanmuseums Bamberg 5)

BAIER, Nicolai
HANS BAIER, Friedrich Nicolai und die Bamberger Universitätsbibliothek 1781. In: Buch und Bibliothek in Bamberg. Festschrift zur Einweihung des zentralen Bibliotheksgebäudes der Universitätsbibliothek / hrsg. von DIETER KARASEK. Bamberg 1986, S. 277–297

Bamberg, Bischofs- und Fürstenwahl
Beschreibung der zu Bamberg, den 12. April 1779 höchst-gewünscht und beglücktest ausgefallenen Bischofs- und Fürsten-Wahl: da der Hochw. … Franz Ludwig, Bischof zu Wirzburg … auch als Bischof zu Bamberg ernannt worden. Bamberg 1779

Bamberger Hof- und Staatskalender
Fürstlichen Hochstifts Bamberg Hof- Stands- und Staatskalender auf das … Jahr … Bamberg. 1764. 1767–1803 mit einzelnen Unterbrechungen.
Wechselnde Titel:
Hof- Stands- und Staats-Calender des fürstlichen Hochstifts Bamberg auf das … Jahr …
Bamberger Hof- Staats- und Standskalender für das Jahr …
Bamberger Hofkalender für das Jahr …

BARTELS, Erthal
KARLHEINZ BARTELS, Die Familie der Freiherren von Erthal. In: Franz Ludwig von Erthal (1730–1795). Lohr 1980, S. 7–22

BERBIG, Hochstift
HANS J. BERBIG, Das kaiserliche Hochstift Bamberg und das Heilige Römische Reich vom Westfälischen Frieden bis zur Säkularisation. T. 1–2. Wiesbaden 1976 (Beiträge zur Geschichte der Reichskirche in der Neuzeit 5.6)

BERG, Am Grabe
FRANZ BERG, Das Muster eines guten Fürsten oder Bergs Trauerrede am Grabe des verewigten Franz Ludwig … Bischofs zu Bamberg und Würzburg … mit Vorrede, Anmerkungen und Bergs selbstgeschriebener Apologie. Gotha 1796

BERG, Trauerrede
FRANZ BERG, Trauerrede bey der Beerdigung Franz Ludwigs des Weisen, Fürstbischofs zu Bamberg und Wirzburg im Hohen Dom zu Wirzburg den 5. März im Jahre 1795. Jena 1796

Biographische Nachrichten
Biographische Nachrichten von weiland dem Hochwürdigsten, des H. R. R. Fürsten, und Bischofes zu Bamberg und Würzburg Franz Ludwig, Frhrn. von und zu Erthal. Meersburg 1803

BRANDMÜLLER, Handbuch
Handbuch der Bayerischen Kirchengeschichte / hrsg. von WALTER BRANDMÜLLER. Bd. 2: Von der Glaubensspaltung bis zur Säkularisation. St. Ottilien 1993

BRANDMÜLLER, Katholische Kirche
WALTER BRANDMÜLLER, Die katholische Kirche zwischen Tridentinum und Säkularisation. Das Zusammenleben der Konfessionen. In: Handbuch der Bayerischen Geschichte 3/1. München 1979, S. 426–455.

BRANDMÜLLER, Wiedererstehen
WALTER BRANDMÜLLER, Das Wiedererstehen katholischer Gemeinden in den Fürstentümern Ansbach und Bayreuth. München 1963 (Münchener theologische Studien. 1. Hist. Abt. 15)

BRAUBACH, Aufklärung
MAX BRAUBACH, Die kirchliche Aufklärung im katholischen Deutschland im Spiegel des „Journal von und für Deutschland" (1784–1792). In: MAX BRAUBACH, Diplomatie und geistiges Leben im 17. und 18. Jahrhundert. Bonn 1969 (Bonner historische Forschungen 33). Auch in: Historisches JB 54 (1934) S. 1–63 u. S. 178–220

BREUER/GUTBIER, Stadt Bamberg – Innere Inselstadt
Die Kunstdenkmäler von Bayern 8: Die Kunstdenkmäler von Oberfranken VII, Stadt Bamberg, Bd. 5: Innere Inselstadt / von TILMAN BREUER und REINHARD GUTBIER. Bd. 1–2. München 1990

BUNDSCHUH, Lexikon
JOHANN CASPAR BUNDSCHUH, Geographisches Statistisch-Topographisches Lexikon von Franken … Bd. 1–6. Ulm 1799–1804

EBENGREUTH, Münzkunde
ARNOLD LUSCHIN VON EBENGREUTH, Allgemeine Münzkunde und Geldgeschichte des Mittelalters und der Neueren Zeit. 2., stark verm. Aufl. München u. a. 1926 (Handbuch der mittelalterlichen und neueren Geschichte. Abt. IV, Hilfswissenschaften und Altertümer 5)

ECKSTEIN, Juden
ADOLF ECKSTEIN, Geschichte der Juden im ehemaligen Fürstbistum Bamberg. Bd. 1–2. Bamberg 1898–1899. Nachdr. 1988

Festschrift Bamberg. Krankenhaus
Festschrift zum 100jährigen Jubiläum des allgemeinen Krankenhauses zu Bamberg 1889. Bamberg 1889

FLURSCHÜTZ, Verwaltung
HILDEGUNDE FLURSCHÜTZ, Die Verwaltung des Hochstifts Würzburg unter Franz Ludwig von Erthal 1779–1795. Würzburg 1965 (Veröffentlichungen der Gesellschaft für Fränkische Geschichte. 9. Reihe 19)

FORNECK, Kontributionsmünzenprägung
GERD MARTIN FORNECK, Zur Kontributionsmünzenprägung im ersten Koalitionskrieg (1792–1797). In: Neue Forschungen und Berichte zu Objekten des Bischöflichen Dom- und Diözesanmuseums Trier. Trier 1994 (Kataloge und Schriften des Bischöflichen Dom- und Diözesanmuseums Trier 3), S. 153–167

FRANZ LUDWIG, Geistesversammlung
FRANZ LUDWIG <Würzburg, Fürstbischof>, Vom Berufe zur Weisheit ward auf höchsten Befehl unsers gnädigsten Fürstbischofes der studirenden Jugend an der Hohen Schule zu Wirzburg und an dem Gymnasium zu Münnerstadt vom 22ten bis zum 26ten des Maymonats eine Geistesversammlung gehalten. Würzburg 1792

FRANZ LUDWIG, Hirtenbrief
FRANZ LUDWIG <Würzburg, Fürstbischof>, Frage: Was soll der Christ den moralischen Uebeln dermaliger Zeit entgegensetzen? Beantwortet in einem Hirtenbriefe. Bamberg 1794

FRANZ LUDWIG, Hirtenbrief. Armenpflege
FRANZ LUDWIG <Würzburg, Fürstbischof>, Hirtenbrief zur Unterstützung der Armenpflege. Würzburg 1786

FRANZ LUDWIG, Landesherrliche Verordnung
FRANZ LUDWIG <Würzburg, Fürstbischof>, Landesherrliche Verordnung über die häusliche Aufsicht der Aeltern und Kostleute in Ansehung der auf hiesigem Gymnasium studirenden akademischen Jugend. Bamberg 1793

FRANZ LUDWIG, Landesväterliche Aufforderung
FRANZ LUDWIG <Würzburg, Fürstbischof>, Landesväterliche Aufforderung und Ermahnung an Aeltern und Kostleute in Ansehung ihrer Pflichten gegen die auf dahiesigem Gymnasium studirende akademische Jugend. Bamberg 1793

FRANZ LUDWIG, Predigten
FRANZ LUDWIG <Würzburg, Fürstbischof>, Predigten dem Landvolke vorgetragen. Bamberg; Würzburg 1841

FRANZ LUDWIG, Predigten. Pfarrvisitationen
FRANZ LUDWIG <Würzburg, Fürstbischof>, Predigten bey Gelegenheit der Pfarrvisitationen in beyden Hochstiftern Bamberg und Würzburg dem Landvolke vorgetragen. Bamberg 1797

FRIES, Bischöfe von Würzburg
LORENZ FRIES, Geschichte, Namen, Geschlecht, Leben, Thaten und Absterben der Bischöfe von Würzburg und Herzoge zu Franken auch was während der Regierung jedes Einzelnen derselben Merkwürdiges sich ereignet hat. Würzburg 1849 (Würzburger Chronik 2), Bd. 2, S.502–560. Franz Ludwig, Freiherr von Erthal, der zweiundachtzigste Bischof

GATZ, Bischöfe der deutschsprachigen Länder
Die Bischöfe der deutschsprachigen Länder. 1785/1803 bis 1945, ein biographisches Lexikon / hrsg. von ERWIN GATZ. Berlin 1983

GATZ, Bischöfe des Heiligen Römischen Reiches
Die Bischöfe des Heiligen Römischen Reiches. 1648–1803, ein biographisches Lexikon / hrsg. von ERWIN GATZ. Berlin 1990

GEYER, Armenpflege
KARL GEYER, Die öffentliche Armenpflege im kaiserlichen Hochstift Bamberg mit besonderer Berücksichtigung der Stadt Bamberg. Diss. Erlangen 1909. Bamberg 1909

GOLDHAMMER, Landesverordnungen
KARL-WERNER GOLDHAMMER, Füstbischöfliche Würzburgische Landesverordnungen zu Brauchtum und Liturgie während der Aufklärungszeit und deren pädagogische Absicht. In: WDGB 53 (1991), S. 253–277

GOY, Aufklärung
BARBARA GOY, Aufklärung und Volksfrömmigkeit in den Bistümern Würzburg und Bamberg. Würzburg 1969 (QFW 21)

GRÜNBECK, Markus
WOLFGANG GRÜNBECK, Der Bamberger Arzt Dr. Adalbert Friedrich Markus. Diss. Erlangen-Nürnberg 1971

GÜSSREGEN, Wehrverfassung
JOSEF GÜSSREGEN, Die Wehrverfassung des Hochstifts Bamberg im 18. Jahrhundert. Diss. Erlangen 1936

GUTENÄCKER, Darstellungen
JOSEPH GUTENÄCKER, Die fürstbischöflich-bambergischen und würzburgischen Münzen und Medaillen in ihren sinnbildlichen Darstellungen und Sprüchen. In: Österreichische Vierteljahresschrift für katholische Theologie 6 (1867), S. 253–320

GUTENÄCKER, Münzen
JOSEPH GUTENÄCKER, Franz Ludwig Fürstbischof von Bamberg und Würzburg … in seinen Münzen. Mit einem Nachtrag zur Abwehr der Verunglimpfungen des Fürstbischofs Franz Ludwig durch … GEORG ALOIS RESCH. In: BHVB 27 (1863/64), S. 1–80

GUTH, Krankenhaus
KLAUS GUTH, Bambergs Krankenhaus unter Fürstbischof Franz Ludwig von Erthal (1779–1795). Medizinische Versorgung und ärztliche Ausbildung im Zeitalter der Aufklärung. In: BHVB 114 (1978), S. 81–96

GUTH, Liturgie
KLAUS GUTH, Liturgie, Volksfrömmigkeit und kirchliche Reform im Zeitalter der Aufklärung. Ein Beitrag zur kirchlichen Aufklärung in den alten Bistümern Bamberg und Würzburg. In: WDGB 41 (1979), S. 183–210

HANEMANN, Johann Lorenz Fink
REGINA HANEMANN, Johann Lorenz Fink. (1745–1817). Fürstbischöflicher Hofwerkmeister und Hofarchitekt in Bamberg. München 1993 (Beiträge zur Kunstwissenschaft 49)

HEGGELBACHER, Alma mater Bambergensis
OTHMAR HEGGELBACHER, Gestaltwandel der alma mater Bambergensis. In: Universitas Bambergensis. Pietati bonisque litteris. Werden und Fortwirken der Universitätsstiftung zu Bamberg / hrsg. von SIEGFRIED OPPOLZER. Bamberg 1987, S. 49–84

HELLER, Münzen
JOSEPH HELLER, Die bambergischen Münzen. Chronologisch geordnet und beschrieben. Bamberg 1839

HELMSCHROTT, Münzen
KLAUS UND ROSEMARIE HELMSCHROTT, Würzburger Münzen und Medaillen von 1500–1800. Kleinrinderfeld 1977

HERD, Universität Bamberg
RUDOLF HERD, Die Universität Bamberg (1648–1803). In: Einst und Jetzt. JB des Vereins für Corpsstudentische Geschichtsforschung 13 (1968), S. 163–167

HESS, Matrikel
Die Matrikel der Akademie und Universität Bamberg / hrsg. von WILHELM HESS. Teil 1 Bamberg 1923. Teil 2 Aschaffenburg 1924

HESS, Taler
Vom Taler zum Dollar 1486–1986 / bearb. von WOLFGANG HESS … München 1986

HÖCKE, Bischöfe
J. D. A. HÖCKE, Die Bischöfe Julius und Franz Ludwig von Würzburg. Eine historische Parallele. In: Archiv für Geschichte und Alterthumskunde des Ober-Main-Kreises 1 (1831), S. 46–60

HOFFMANN, Consecrations-Fest
CHRISTOPH FRIEDRICH DAVID HOFFMANN, Das höchst feierliche Consecrations-Fest des hochwürdigsten Fürsten und Herrn Herrn Franz Ludwig Karls, gnädigst regierenden Bischoffen zu Bamberg und Wirzburg … in einer Ode von 2 Gesängen … besungen. S. 1. 1779

HOFFMANN, Urkundenregesten
Urkundenregesten zur Geschichte des Juliusspitals in Würzburg 1576–1849 / bearb. von HERMANN HOFFMANN. Würzburg 1976 (QFW 29) (Regesta Herbipolensia 6)

HÜBSCH, Reformen
GEORG HÜBSCH, Die Reformen und Reformbestrebungen auf dem Gebiete der Volksschule im ehemaligen Hochstift Bamberg unter den Fürstbischöfen Adam Friedrich von Seinsheim (1757–79) und Franz Ludwig von Erthal (1779–95). Bamberg 1891

JÄCK, Künstler
JOACHIM HEINRICH JÄCK, Leben und Werke der Künstler Bambergs. Teil 1–2. Erlangen; Bamberg 1821–1825. Fortsetzung von: JOACHIM HEINRICH JÄCK, Pantheon der Literaten und Künstler Bambergs.

JÄCK, Öffentliche Bibliothek
JOACHIM HEINRICH JÄCK, Vollständige Beschreibung der Öffentlichen Bibliothek zu Bamberg. Mit Nachrichten über Bamberg'sche Gelehrte, Schriftsteller, … Theil 1–3. Nürnberg 1831–1835

JÄCK, Pantheon
JOACHIM HEINRICH JÄCK, Pantheon der Literaten und Künstler Bambergs. Bd. 1–7. Bamberg 1812–1815

JÄCK, Zweites Pantheon
JOACHIM HEINRICH JÄCK, Zweites Pantheon der Literaten und Künstler Bambergs. Vom 11. Jh. bis 1844. 2., im nämlichen Jahr sehr verm. und verb. Abdr. Bamberg 1844

KERLER, Erthal
DIETRICH KERLER, Zum Gedächniß des Fürstbischofs Franz Ludwig von Erthal. Mittheilungen aus Oberthürs handschriftlichem Nachlaß und anderen zeitgenössischen Quellen. In: AU 37 (1895), S. 1–77

KIST, Fürst- und Erzbistum Bamberg
JOHANNES KIST, Fürst- und Erzbistum Bamberg. Leitfaden durch ihre Geschichte von 1007 bis 1960. 3., völlig neugestaltete Aufl. Bamberg 1962

KIST, Tridentinum
JOHANNES KIST, Bamberg und das Tridentinum. In: Das Weltkonzil von Trient. Sein Werden und Wirken / hrsg. von GEORG SCHREIBER. Freiburg i. Br. 1951, Bd. 2, S. 119–134

KITTEL, Erthal
MARTIN BALDUIN KITTEL, Geschichte der freiherrlichen Familie von und zu Erthal. In: AU 17 (1865), S. 97–255

KONRAD, Erthal
NIKOLAUS KONRAD, Franz Ludwig von Erthal. Fürstbischof von Würzburg und Bamberg (1779–1795). Ein Organisator der Volksschule der Aufklärung. Düsseldorf 1932 (Katholische Pädagogen 3)

Landesverordnungen
Sammlung der hochfürstlich-wirzburgischen Landesverordnungen / hrsg. von PHILIPP HEFFNER. Bd. 1–3. Würzburg 1776–1801

Lebensbeschreibung
Kurze Lebensbeschreibung und Charakterschilderung Franz Ludwigs … weiland Fürstbischofs zu Bamberg … In: Bamberger Stadt- und Landkalender 1834, S. 9–11

LEHMANN-STRUVE, Über die Medizin
CARLOS LEHMANN-STRUVE, Über die Medizin an der Academia Ottoniana und Universitas Ottoniano-Fridericiana Bambergensis 1735–1803. Diss. Erlangen 1967

LEIBES, Trauerrede
FRANZ LEIBES, Trauerrede auf den höchstseligen Hintritt des hochwürdigsten Fürsten ... Franz Ludwig ... Bischofes zu Bamberg und Würzburg ... von und zu Erthal ... Bey den in der fürstlichen Hofkirche zu Würzburg gehaltenen Exequien am 2. des Märzes 1795. Würzburg 1795

LEITSCHUH, Erthal. Charakterbild
FRIEDRICH LEITSCHUH, Franz Ludwig von Erthal, Fürstbischof von Bamberg und Würzburg, Herzog von Franken. Ein Charakterbild nach den Quellen bearbeitet. Bamberg 1894

LEITSCHUH, Erthal. Wirken
FRIEDRICH LEITSCHUH, Franz Ludwigs von Erthal ... Wirken für die Aufklärung. Bamberg 1881

LEITSCHUH, Verordnungen
FRIEDRICH LEITSCHUH, Die Verordnungen des Fürstbischofs Franz Ludwig zur Hebung des Handwerks. In: Bayerische Gewerbezeitung 6 (1893), S. 25–32 u. S. 49–54

LESCH, Neuorientierung
KARL JOSEF LESCH, Neuorientierung der Theologie im 18. Jahrhundert in Würzburg und Bamberg. Diss. Würzburg. Würzburg 1978 (Forschungen zur fränkischen Kirchen- und Theologiegeschichte 1)

Letzte Krankheit
Beschreibung der letzten Krankheit des Hochwürdigsten ... Herrn Franz Ludwig ... Bischofes zu Bamberg und Würzburg ... / [KARL KASPAR SIEBOLD, ADALBERT FRIDERICH MARCUS ...]. Würzburg 1795

LIESE, Reform
WILHELM LIESE, Reform und Blüte der öffentlichen Wohlfahrtspflege in dem Fürstentum Würzburg und dem Hochstift Bamberg unter Fürstbischof Franz Ludwig v. Erthal 1779–1795. In: Soziale Kultur 39 (1919), S. 209–240

LIMMER, Trauerrede
GALLUS IGNAZ LIMMER, Trauerrede auf den Hochwürdigsten Fürsten und Herrn Herrn Franz Ludwig, Bischof zu Bamberg und Würzburg ... in der kaiserlichen hohen Domstiftskirche zu Bamberg den 7. März 1795 gehalten. Bamberg 1795

LOOSHORN, Bisthum Bamberg
JOHANN LOOSHORN, Geschichte des Bisthums Bamberg. Nach den Quellen bearbeitet. Bd. 1–7. München und Bamberg 1886–1910

LThK
Lexikon für Theologie und Kirche / hrsg. von MICHAEL BUCHBERGER. 2., neubearb. Aufl. Bd. 1–10. Freiburg i. Br. 1930–1938

Lexikon für Theologie und Kirche / begr. von MICHAEL BUCHBERGER. Hrsg. von JOSEF HÖFER ... 2., völlig neu bearb. Aufl. Bd. 1–14. Freiburg i. Br. 1957–1968

Lexikon für Theologie und Kirche / begr. von MICHAEL BUCHBERGER. Hrsg. von WALTER KASPER ... 3., völlig neu bearb. Aufl. Bd. 1 ff. Freiburg i. Br. 1993 ff.

LUTZ, Rückblick
CASPAR LUTZ, Rückblick auf die Entstehung und Entwicklung des Julius-Hospitals in Würzburg. Festvortrag zur Feier des 300jährigen Gedächtnistages der Grundsteinlegung dieser Wohltätigkeits-Anstalt gehalten ... am 12. März 1876. Würzburg 1876

MARCUS, Allgemeines Krankenhaus
ADALBERT FRIEDRICH MARCUS, Kurze Beschreibung des allgemeinen Krankenhauses zu Bamberg. Weimar 1797

MARCUS, Krankenhäuser
ADALBERT FRIEDRICH MARCUS, Von den Vortheilen der Krankenhäuser für den Staat. Bamberg und Würzburg 1790

MERKLE, Sailer
SEBASTIAN MERKLE, Johann Michael Sailer. In: Religiöse Erzieher der katholischen Kirche. Leipzig 1920, S. 183–212

MERKLE, Würzburg
SEBASTIAN MERKLE, Würzburg im Zeitalter der Aufklärung. In: Archiv für Kulturgeschichte 11 (1914), S. 166–195

MICHEL, Aufklärer
KONRAD MICHEL, Aufklärer auf dem Bischofsstuhl. Ein Porträt Franz Ludwig von Erthals. In: BHVB 114 (1978), S. 63–79

MÜLLER, Akademische Ausbildung
RAINER A. MÜLLER, Akademische Ausbildung zwischen Staat und Kirche. Das bayerische Lyzealwesen 1773–1849. Bd. 1–2. Paderborn 1986 (Quellen und Forschungen aus dem Gebiet der Geschichte. Neue Folge 7)

MURKEN, Armenhospital
AXEL HINRICH MURKEN, Vom Armenhospital zum Großklinikum. Die Geschichte des Krankenhauses vom 18. Jahrhundert bis zur Gegenwart. 3., veränd. Aufl. Köln 1995

MURKEN, Deutsches Krankenhaus
AXEL HINRICH MURKEN, Das Bild des deutschen Krankenhauses im 19. Jahrhundert. Münster 1978[2] (Studien zur Geschichte des Krankenhauswesens 12)

MURR, Merkwürdigkeiten
CHRISTOPH GOTTLIEB VON MURR, Merkwürdigkeiten der fürstbischöflichen Residenzstadt Bamberg. Nürnberg 1799

NEUKAM, Territorium und Staat
WILHELM NEUKAM, Territorium und Staat der Bischöfe von Bamberg und seine Außenbehörden (Justiz-, Verwaltungs-, Finanzbehörden). In: BHVB 89 (1948/49), S. 1–35

NEUMANN, Nachfolger Neumanns
FRANZ GEORG NEUMANN, Zwei Nachfolger Balthasar Neumanns. Joh. Philipp Geigel 1731–1800. Heinr. Alois Geigel 1765–1798. Fürstbischöfl. Würzburger Hofarchitekten. Diss. Würzburg 1927

Oberfranken in der Neuzeit
Oberfranken in der Neuzeit bis zum Ende des Alten Reiches / hrsg. von ELISABETH ROTH. Bamberg 1984

PAULER-VON HOFER, Philosophische Fakultät
IRENE PAULER-VON HOFER, Personalbibliographien der Professoren an der Philosophischen Fakultät der Academia Ottoniana

und Universitas Ottoniano-Fridericiana Bambergensis von 1646–1664 und 1770–1803. Diss. Erlangen 1971

PFEUFER, Allgemeines Krankenhaus
CHRISTIAN PFEUFER, Geschichte des allgemeinen Krankenhauses zu Bamberg von seiner Entstehung bis auf die gegenwärtige Zeit. Bamberg 1825

PFEUFER, Beyträge
BENIGNUS PFEUFER, Beyträge zu Bambergs Topographischen und Statistischen sowohl älteren als neueren Geschichte. Bamberg 1791 und 1792

RAAB, Würzburger Universitätsjubiläum
HERIBERT RAAB, Der Bericht der Mainzer Professoren Hettersdorf und Frank über das Würzburger Universitätsjubiläum von 1782. In: WDGB 16/17 (1954/55), S. 380–387

RENNER, Erthal
MICHAEL RENNER, Franz Ludwig von Erthal. In: Fränkische Lebensbilder / hrsg. von GERHARD PFEIFFER. Würzburg 1967. Bd. 1, S. 286–312

RENNER, Erthal. Persönlichkeitsentwicklung
MICHAEL RENNER, Franz Ludwig von Erthal. Persönlichkeitsentwicklung und öffentliches Wirken bis zum Regierungsantritt als Fürstbischof von Bamberg und Würzburg (1730–1779). In: WDGB 24 (1962), S. 189–284

RENNER, Fuldaer Einfluß
MICHAEL RENNER, Fuldaer Einfluß auf die Würzburger Schulreform Fürstbischof Franz Ludwigs von Erthal. In: ZBLG 28 (1965), S. 386–391

RENNER, Medizinisches Zentrum 1967
MICHAEL RENNER, Bamberg als medizinisches Zentrum um 1800. In: Mitteilungen für die Archivpflege in Bayern. Sonderheft 5 (1967), S. 40–47

RENNER, Medizinisches Zentrum 1969
MICHAEL RENNER, Bamberg als medizinisches Zentrum Oberfrankens und Bayerns im frühen 19. Jahrhundert. Medizinisch-chirurgische Schule – Irrenhaus – Kranken- und Versorgungshäuser. In: Bayerisches Ärzteblatt 24 (1969), S. 250–267, S. 364–377, S. 517–528

RENNER, Predigten
MICHAEL RENNER, Zu den Predigten Franz Ludwigs von Erthal. In: BHVB 102 (1966), S. 531–549

RENNER, Regierung
MICHAEL RENNER, Regierung, Wirtschaft und Finanzen des Kaiserlichen Hochstifts Bamberg im Urteil der bayerischen Verwaltung 1803. In: JbfrL 26 (1966), S. 307–349

RENNER, Wirtschaftliche Grundlage
MICHAEL RENNER, Zur wirtschaftlichen Grundlage und Leistung des Bamberger Allgemeinen Krankenhauses. Von seiner Gründung bis zum Beginn der bayerischen Herrschaft 1789–1803. In: Bayerisches Ärzteblatt 22 (1967), S. 46–70

REUCHLIN, Erthal
HERMANN REUCHLIN, Franz Ludwig von Erthal, Fürstbischof von Bamberg und Würzburg, Herzog zu Franken, von

1779–1795. Ein Lebensbild aus den letzten Jahrzehnten des Deutschen Reichs / von Bernhard. Tübingen 1852

RITTMANN, Geldgeschichte
HERBERT RITTMANN, Deutsche Geldgeschichte 1484–1914. München 1975

RODA, Seinsheim
BURKARD VON RODA, Adam Friedrich von Seinsheim – Auftraggeber zwischen Rokoko und Klassizismus. Zur Würzburger und Bamberger Hofkunst anhand der Privatkorrespondenz des Fürstbischofs (1775–1779). Neustadt/Aisch 1980 (Veröffentlichungen der Gesellschaft für Fränkische Geschichte. 8. Reihe 6)

ROPPELT, Beschreibung
JOHANN BAPTIST ROPPELT, Historisch-topographische Beschreibung des kaiserlichen Hochstifts und Fürstenthums Bamberg nebst einer neuen geographischen Originalcharte dieses Landes in 4 Blättern. Teil 1–2. Nürnberg 1801

ROTHLAUF, Lebensbeschreibung
JOHANN BAPTIST ROTHLAUF, Kurze Lebensbeschreibung Franz Ludwigs von und zu Erthal, Fürstbischofs von Bamberg und Würzburg Herzogs in Franken. Eine kleine Festgabe dargebracht bei der feierlichen Enthüllung des von … Ludwig I. von Bayern demselben zu Bamberg errichteten Monuments. Bamberg 1865

SAGSTETTER, Pflaumscher Entwurf
ALFRED SAGSTETTER, Der Pflaumsche Entwurf zur neuen Bambergischen peinlichen Gesetzgebung von 1792. In: BHVB 90 (1950), S. 1–91

SCHEFFLER, Oberfranken
WOLFGANG SCHEFFLER, Goldschmiede Oberfrankens. Daten, Werke, Zeichen. Berlin 1989

SCHEMMEL, Leopold Westen
BERNHARD SCHEMMEL, Die Ingenieur- und Zeichenakademie des Leopold Westen und ihre Entwicklung 1794–1833. In: Buch und Bibliothek in Bamberg. Festschrift zur Einweihung des zentralen Bibliotheksgebäudes der Universitätsbibliothek / hrsg. von DIETER KARASEK. Bamberg 1986, S. 299–378

SCHONATH, Die liturgischen Drucke
WILHELM SCHONATH, Die liturgischen Drucke des Bistums und späteren Erzbistums Bamberg. In: BHVB 103 (1967), S. 387–418

SCHOPPER, Gebrochene Kontinuität
WERNER SCHOPPER, Gebrochene Kontinuität – Skizzen zur Geschichte der Bamberger Hochschulen und ihrer Bibliotheken. In: Buch und Bibliothek in Bamberg. Festschrift zur Einweihung des zentralen Bibliotheksgebäudes der Universitätsbibliothek / hrsg. von DIETER KARASEK. Bamberg 1986, S. 189–250

SCHRÖTTER, Wörterbuch
Wörterbuch der Münzkunde / hrsg. von FRIEDRICH VON SCHRÖTTER. Berlin 1970[2]

SCHROTTENBERG, Bamberger Domherrn-Curie
FRANZ CONRAD VON SCHROTTENBERG, Die Bamberger Domherrn-Curie des Fürstbischofs Franz Ludwig von Erthal. In: BHVB 54 (1892), S. 1–11

SCHULER, Freie Kirche
EUCHAR-FRANZ SCHULER, Die Bamberger Kirche im Ringen um eine freie Kirche im freien Staat. Das Werden und Wirken des Bamberger Kirchenrechtlers und Kirchenpolitikers Franz Andreas Frey (1763–1820) in den Auseinandersetzungen mit dem josephinistischen Staatskirchentum. In: BHVB 115 (1979), S. 5–426

SELING
HELMUT SELING, Die Kunst der Augsburger Goldschmiede. 1529–1868, Meister, Marken, Werke. Bd. 1–3. München 1980. Suppl. zu Bd. 3 1994

SICKEN, Fremde
BERNHARD SICKEN, Fremde in der Stadt. Beobachtungen zur „Fremdenpolitik" und zur sozioökonomischen Attraktivität der Haupt- und Residenzstadt Würzburg gegen Ende des 18. Jahrhunderts. In: Europäische Städte im Zeitalter des Barock / hrsg. von KERSTEN KRÜGER. Köln 1988 (Städteforschung. A 28) S. 271–329

SITZMANN, Künstler
KARL SITZMANN, Künstler und Kunsthandwerker in Ostfranken. Kulmbach 1983[2] (Die Plassenburg 12)

SPINDLER, Handbuch
Handbuch der bayerischen Geschichte. Bd. 3/1 / hrsg. von MAX SPINDLER. 2., verb. Aufl. München 1979

SPRENKE, Franz Ludwig
G. M. SPRENKE, Franz Ludwig aus dem freiherrlichen Geschlechte von und zu Erthal. Von 1779–1795 Fürstbischof zu Bamberg und Würzburg, und in Franken Herzog. Eine vaterländische Geschichte. Würzburg 1826

THIEME/BECKER
Allgemeines Lexikon der bildenden Künstler von der Antike bis zur Gegenwart / hrsg. von ULRICH THIEME und FELIX BECKER. Bd. 1–37. Leipzig 1907–1950

TROST, Bildhauerfamilie Mutschele
BEATRICE TROST, Die Bildhauerfamilie Mutschele. Studien zur Bamberger Dekoration und Skulptur im 18. Jahrhundert. Neustadt/Aisch 1987 (Veröffentlichungen der Gesellschaft für Fränkische Geschichte. 8. Reihe 8)

VEIT, Münze
Münze und Medaille in Franken. Ausstellung im Germanischen Nationalmuseum Nürnberg vom 31. März bis 15. Juni 1963 / LUDWIG VEIT. Nürnberg 1963

WACHTER, General-Personal-Schematismus
FRIEDRICH WACHTER, General-Personal-Schematismus der Erzdiözese Bamberg 1007–1907. Bamberg 1908

WEBER, Bamberger Hofleben
EMMA MARIA WEBER, Bamberger Hofleben im 18. Jahrhundert. Diss. Erlangen 1939

WEBER, Christenlehr-Unterricht
HEINRICH WEBER, Geschichte des Christenlehr-Unterrichtes und der Katechismen im Bisthum Bamberg zur Zeit des alten Hochstifts. Regensburg 1882

WEBER, Gelehrte Schulen
HEINRICH WEBER, Geschichte der gelehrten Schulen im Hochstift Bamberg von 1007–1803. Bd. 1–2. Bamberg 1880–1881. Beilagen 1882

WEBER, Kirchengesang
HEINRICH WEBER, Der Kirchengesang im Fürstbisthum Bamberg. Ein Beitrag zur Geschichte des Kirchengesangs in Ostfranken. Köln 1893

WEGELE, Erthal
FRANZ XAVER WEGELE, Franz Ludwig von Erthal. In: ADB, Bd. 7 (1878), S. 310–314

WENDEHORST, Juliusspital
Das Juliusspital in Würzburg. Bd. 1: Kulturgeschichte / von ALFRED WENDEHORST. Würzburg 1976

WIESNER, Priesterbildung
HELMUT WIESNER, Die Priesterbildung im Schatten von Aufklärung und Säkularisation. In: Seminarium Ernestinum. 400 Jahre Priesterseminar / hrsg. von MICHAEL HOFMANN … Bamberg 1986, S. 112–170

WILL, Erthal
CORNELIUS WILL, Franz Ludwig von Erthal … In: Chilianeum 6 (1865), S. 57–64

WOLKENAU, Seelsorge
KARL WOLKENAU, Die Seelsorge im Fürstbistum Bamberg in der Zeit vom Abschlusse des Westfälischen Friedens bis zum Ende des Fürstbistums. Diss. Straßburg. Bamberg 1911

WUCHERER, Mittelschulwesen
FRIEDRICH WUCHERER, Mittelschulwesen im Hochstift Bamberg 1773–1802. In: Jahresbericht des Alten Gymnasiums in Bamberg für das Schuljahr 1903/04. Bamberg 1904

Würzburger Hof- und Staatskalender
Wirzburger Hof- Staats- und Standskalender für das Jahr … Würzburg 1705–1802 mit einzelnen Unterbrechungen
Wechselnde Titel (u. a.)
Fürstlichen Hochstiffts Wirtzburg und Herzogthums Francken Hof- Staats- und Stands-Calender auf das … Jahr …
Würzburger Hof- und Staatskalender für das Jahr …

ZEDLER
Großes vollständiges Universal-Lexicon aller Wissenschaften und Künste / JOHANN HEINRICH ZEDLER. Bd. 1–64, Suppl.-Bd. 1–4. Halle und Leipzig 1732–1754. Nachdr. Graz 1961–1986

ZEISSNER, Bistum Bamberg
Das Bistum Bamberg in Geschichte und Gegenwart. Teil 3: Reformation, Katholische Reform, Barock und Aufklärung (1520–1803) / von WERNER ZEISSNER. Straßburg 1992

Weitere ältere Literatur siehe auch Fränkische Bibliographie 4740 ff. und 48272 ff.

Abbildungsnachweis

Aschaffenburg, Ines Otschik: S. 20 (oben und unten)

Bamberg, Emil Bauer: S. 287

Bamberg, Historisches Museum: S. 106

Bamberg, Foto-Limmer: Umschlag; Farbtafeln I, VI, VII; S. 19, 25, 37, 39, 44 (oben und unten), 225, 243, 244, 252–254, 269, 277–279, 284, 286, 314 (unten), 315 (zwei Aufnahmen oben links), 316 (vier Aufnahmen), 317, 343, 353, 361

Bamberg, Staatsarchiv: S. 261

Bamberg, Staatsbibliothek: Farbtafeln III, IV, V, VIII; S. 21, 41–43, 107, 123, 135, 157, 158, 162, 165–167, 217, 234, 255, 257, 258, 263, 270, 291, 297, 351, 358

Bamberg, Stadtarchiv: S. 359

Lohr am Main, Spessartmuseum: S. 360

München, Bayerisches Landesamt für Denkmalpflege: S. 241

München, Bayerische Staatsgemäldesammlungen: S. 23, 273

München, Bayerische Verwaltung der staatlichen Schlösser, Gärten und Seen: S. 64, 65

Reichenberg, Martina Wohanka: S. 27, 149, 154, 271, 314 (vier Aufnahmen oben), 315 (oben rechts)

Würzburg, Alfred Burkholz: S. 152

Würzburg, Diözesanarchiv: S. 59, 61, 63, 138, 191, 195

Würzburg, Foto-Gundermann: S. 289

Würzburg, Juliusspital: S. 150, 151, 153

Würzburg, Kunstreferat der Diözese: S. 339

Würzburg, Mainfränkisches Museum: Farbtafel II; S. 137, 197, 262, 295, 303

Würzburg, Staatsarchiv: S. 193, 264/265, 266